国家哲学社会科学基金"十五"规划重点项目

北京市社会科学理论著作出版基金重点资助项目

马克思主义哲学体系的当代构建

马克思主义哲学创新研究 第1部

主　编◎黄枬森

副主编◎赵光武　赵家祥　陈志尚
　　　　田心铭　王玉樑　孙小礼

MAKESI ZHUYI ZHEXUE CHUANGXIN YANJIU

【上册】

人民出版社

序

黄枬森

  马克思主义哲学体系从上世纪 30 年代以来就被公认为是从苏联传来的辩证唯物主义和历史唯物主义，没有过不同说法。改革开放以后，由于时代的变化，西方哲学思潮的传入，特别是许多哲学问题的探讨与争论，马克思主义哲学体系逐渐成为学者们热烈讨论的问题之一，例如认为马克思主义哲学应该是实践唯物主义、马克思主义哲学就是人学、历史的唯物主义是马克思主义的新世界观等观点都是对原体系的否定，特别是对辩证唯物主义的否定。同时，由于教学的需要，教师们在课堂讲授中和教材编写中已在着手改造旧教材体系，只是这些改动都还没有达到根本废除旧体系代之以新体系的地步。在这种情况下，关于马克思主义哲学的体系的讨论也就多起来。

  关于马克思主义哲学体系的问题很多。首先是马克思主义哲学要不要体系，有种意见认为它是实践和思维的方法，不需要体系，讲究体系是教条主义思想作祟，但多数人都认为体系还是需要的，问题不在于体系，而在于体系是否合理，在于是以科学的态度还是以教条主义的态度来构建和对待体系。后来大家的注意点便转移到构建怎样的体系，转移到对旧体系的讨论。大家对旧体系——辩证唯物主义与历史唯物主义都不满意，甚至对名称也不满意，但不满意的问题和程度大不相同，因而对于应该如何改变，以怎样的体系取代它，也是见解各异。这些意见分歧首先源于对马克思主义哲学的理解，坚持它是辩证唯物主义的，主张它是实践唯物主义的，主张它是人学的，主张它是历史的唯物主义的，其体系当然各个不同；其次源于对构建体系的原则的不同理解，认为体系不过是一种便于受众理解的叙述方式的，认为体系不过是一个思想家的哲学思想的内部联系的，认为体系是由世界普遍规律和人类认识规律决定的，其体系当然也会各不相同；第三源于对哲学学科性质的不同看法，认为哲学不可能成为科学，只是一种信念的，认为马克思主义哲学是一门科学的，其体系当然会大不相同。这样，哲学体系的讨论逐渐成为涉及马克思主义哲学的全局问题。就是在这种条件下，1985 年国家教委组织当时全国普通高校的 8 个博士点的马克思主义哲学博士导师，开展一项科学研究——国家教委"七五"规划重点项目《马克思主义哲学原理体系改革研究》，第二年这个项目又被批准为国家"七五"规划重点项目，我一直参加这项研究，直至 1993 年写成《马克思主义哲学原理》一书，次年由中国人民大学出版社出版。

　　课题组是由观点不同的学者们组成的，可以代表当时国内对哲学体系的各种见解，课题组内部争论颇为热烈，有时针锋相对，尽管如此，在有些问题上大家还是达成了共识。大家一致同意马克思主义哲学是时代精神的精华，因此，其体系的改革应与时代及其精神的变化发展一致，首先应该了解时代精神，掌握时代及其精神的变化发展。大家认为时代及其精神应分为三个方面去具体把握，一是国内外和境内外的经济、政治、文化的状况；二是自然科学和社会科学的发展状况；三是中西哲学的发展状况。于是课题组组织其成员参加一系列调查研究和学术会议：先后赴广东、江苏、上海、四川、天津、北京、湖北等省市考察了社会主义建设，又到香港、澳门两地考察了现代资本主义状况；又与自然辩证法研究会、中国哲学史研究会分别探讨了自然科学与马克思主义哲学的关系、中国哲学史与马克思主义哲学的关系等问题，还计划与外国现代哲学研究会合作探讨西方现代哲学与马克思主义哲学的关系问题，惜因故停止。这些活动虽然在许多问题上未能达成共识，但对大家进一步思考这些问题有极大的启发，从而对体系的改革和构建发挥了一定的积极作用。这次活动的最终成果《马克思主义哲学原理》不但吸收了大量新的内容，在体系上也有较大的变动。它坚持了辩证唯物主义世界观的优先地位，再辅之以若干部门哲学，首先是历史观，然后是科学学、认识论、价值论、文化论，等等。这个思路与旧体系有一致之处，但打破了两大板块框架。这个体系显然并不成熟，因而未能得到我国理论界的普遍肯定。在我看来，构建一个新的马克思主义哲学科学体系这个目标绝不是少数十几名学者几年内所能达成的，不过这次活动仍不失为一个有益的开端、一次有益的尝试，其是非得失都会成为马克思主义哲学体系改革中的宝贵财富。

21世纪初我主持的这项课题——《马克思主义哲学体系的坚持、发展与创新研究》可以说是上述课题的继续。这个课题于2002年作为国家重点课题立项，后又得到北京市社科联出版基金的大力资助，已于今年完成了最终成果的写作。最终成果为《马克思主义创新研究》，分为4部：第1部《马克思主义哲学体系的当代构建》、第2部《时代精神与马克思主义哲学创新》、第3部《现代科学技术与马克思主义哲学创新》、第4部《中西哲学的当代研究与马克思主义哲学创新》。不难看出，这项成果也是在努力体现真正的哲学是时代精神的精华这一原则。第1部的体系仍然沿袭了世界观优先，辅以若干部门哲学的思路。下面我将我在项目进行这几年中思考得较多的几个关键问题简略谈一谈，作为本书的序言。

第一，思想体系是任何一门科学都不能不具有的东西，是任何学科建设都不能回避的问题，哲学也不能例外。在人类科学史上，一门新科学的诞生至少要具备三个条件：明确的对象、真实的内容和合理的思想体系。一门科学，在其萌芽和成长时期，可能已有对象，但其对象与相邻学科的对象往往界限不清；可能已有不少论断、观点、原理，但这些内容往往泥沙俱下，鱼龙混杂，真伪难分，是非共处；特别是各种观点之间或者缺乏联系，或者联系勉强，甚至互不相容，前后矛盾，缺乏一个首尾连贯的合逻辑的思想体系。这时它徒有学科之名，但还不是一门真正的科学。这三个条件是互相联系的，这三个条件差不多同时成熟时，这门科学就算真正诞生了。合理的思想体系不可少，没有它，对象也明确不起来，内容的整体真实性也无法保证。西方历史上的哲学家们十分重视构建自己的哲学体系，就是一种力图使自己的哲学成为科学的自觉努力。由于种种原因，他们的努力都失败了，他们虽然都构建了自己的哲学体系，但都没有使哲学成为真正的科学。因此，现代许多哲学家都根本放弃了这种构建科学的哲学体系的努力。马克思主义哲学的创立使空想社会主义成为科学社会主义，也结束了哲学的前科学的历史，使哲学成为科学，但其创始人马克思和恩格斯也没有自觉地构建完整的科学的马克思主义哲学的思想体系，只是在其著作中包含其哲学思想体系的基本内容，而作为自觉地构建的完整的科学思想体系——辩证唯物主义和历史唯物主义，是在 20 世纪 30 年代初才在苏联完成的，下面我们将具体谈谈这一过程。

第二，马克思和恩格斯最初自觉地提出的是历史唯物主义，至于辩证唯物主义只是作为世界观前提蕴涵于历史唯物主义之中。我国理论界一般把写于 1845—1846 年的《关于费尔巴哈的提纲》，尤其是《德意志意识形态》作为马克思主义及其哲学形成的标志，因为其中提出了实践观点和历史唯物主义的基本框架，他们不仅批判了那种以人的本质的异化和异化的扬弃来解释历史的人道主义历史观，而且指出实践是人的本质，也是社会的本质，并从最根本的实践活动——生产劳动的矛盾运动中去寻求历史发展的最终动力。他们在《德意志意识形态》中相当系统地表述了历史唯物主义的思想体系，称之为"这种历史观"，说："这种历史观和唯心主义历史观不同，它不是在每个时代中寻找某种范畴，而是始终站在现实历史的基础上，不是从观念出发来解释实践，而是从物质实践出发来解释观念的形成。"① "唯物主义历史观"的名称已经是呼之欲出了，但他们在《德意志意识形态》中始终没有这样叫。他们又说："当费尔巴哈是一个唯物主义者的时候，历史在他的视野之外；当他去探讨历史的时候，他不是一个唯物主义者。在他那里，唯物主义和历史是彼此完全脱离的。"② 可见，反过来说，他们是完全以唯物主义原则来探讨历史的。那么，他们自己的历史观除了唯物主义历史观而外又能是什么呢？他们当时虽未如此命名，应该说这是最确切的名字。他们当时对自己哲学称呼过的名称大致有唯物主义、新唯物主义、历史观、现代唯物主义等，所有这些名称包含的核心内容就是唯物主义历史观。后来，他们便自己把它命名为唯物主义历史观，恩格斯又称之为历史唯物主义。那么，如何看待辩证唯物主义呢？他们创立马克思主义时有没有世界观呢？如有，又是什么呢？

马克思和恩格斯的唯物主义历史观无疑是有世界观前提的，那就是唯物

① 《马克思恩格斯选集》第 1 卷，人民出版社 1995 年版，第 92 页。
② 《马克思恩格斯选集》第 1 卷，人民出版社 1995 年版，第 78 页。

主义。这一点不但从上述那些称呼，而且从他们的许多言论中表现的观点都可以看出来，如他们在谈到人的实践时承认自然界的"优先地位"，批评费尔巴哈没有把唯物主义原则贯穿于对历史的研究，他们的历史观与唯心主义历史观相反，等等，只要不带偏见，这点是非常清楚的。那么，这是怎样的唯物主义呢？马克思和恩格斯曾经是青年黑格尔派，其世界观是唯心主义的，但在工作实践中，特别是在接受了费尔巴哈的唯物主义影响之后，他们加入了批判德国唯心主义的行列，并开始运用唯物主义来探讨人类社会历史问题，同时也批评了包括费尔巴哈唯物主义在内的旧唯物主义的直观性（不了解实践的作用）和不彻底性（只限于自然界）。可以断言，他们的唯物主义世界观是实践的、非直观的、彻底的、非机械的、非形而上学的。如果考虑到他们对黑格尔哲学的态度（否定其唯心主义，肯定其辩证法），考虑到他们多次明确宣称他们的辩证法是唯物主义的，可以进一步断言他们的唯物主义世界观是辩证的。但是，大家知道，他们当时只有一些零星的世界观论断，并无辩证唯物主义世界观的思想体系，像唯物主义历史观那样，因此，我认为，他们的辩证唯物主义是作为世界观前提逻辑地蕴涵于历史唯物主义之中，其思想体系是恩格斯后来才提出来的。

第三，苏联哲学家们上世纪30年代初构建的辩证唯物主义和历史唯物主义是马克思主义哲学的科学的思想体系，是根据马克思、恩格斯、狄慈根、普列汉诺夫、列宁等人的观点构建起来的。恩格斯实际上明确揭示了逻辑地蕴含在唯物主义历史观中的辩证唯物主义。19世纪后半叶，马克思和恩格斯之间有一种自然的分工，马克思着重研究政治经济学，恩格斯着重研究自然观，这就是恩格斯在19世纪70年代研究自然辩证法的工作，他当时提出了若干世界观的基本观点。自然辩证法的手稿没有完成，没有发表，但若干观点在当时的《反杜林论》中得到表达，使他实际上提出了辩证唯物主义世界观的思想体系。恩格斯在《反杜林论》1888年第二版序中曾说："本书所阐述的世界观，绝大部分是由马克思确立和阐发的"，并称之为"辩证的同时又是唯物主义的自然观"①，虽然他没有提出辩证唯物主义这一名称，但这不会影响问题的实质。辩证唯物主义这一名称是狄慈根于1886

① 《马克思恩格斯选集》第3卷，人民出版社1995年版，第347、349页。

年首先提出来的，几年后普列汉诺夫也使用了这一称呼。列宁于 1909 年发表的《唯物主义与经验批判主义》的重大贡献之一就是论证了马克思主义哲学就是辩证唯物主义，并奠定了它在马克思主义理论体系中的世界观地位。它又经过 20 多年的传播、研究，于 20 世纪 30 年代初在苏联形成了辩证唯物主义与历史唯物主义的科学体系。辩证唯物主义实际包括世界观与认识论，历史唯物主义是历史观。由于社会主义在苏联、中国以及世界各地取得辉煌胜利，这个体系在世界范围内获得过高度认可，认可的广度、深度和强度以及实际效果，在世界哲学史上都是绝无仅有的。随着世界史上社会主义低谷的出现，这个体系已不再有昔日的地位。但在今天的中国，马克思主义哲学仍然是辩证唯物主义和历史唯物主义，虽然在理论界持异议者大有人在。概括起来，异议不外来自历史和来自学术，即认为它不符合马克思的思想，也不符合科学，这两方面又往往互相交叉。从历史上讲，有人认为马克思表达过历史唯物主义，没有表达过辩证唯物主义，不但没有这个名称，而且没有这种思想。这个理由显然不能成立。马克思确实没有提过这个名称，但不能说他没有这个思想，前面多处都谈到过这个问题，这里就不多说了。从道理上讲，有人企图以历史唯物主义取代辩证唯物主义的世界观地位，有人企图以实践唯物主义，甚至以实践本体论或实践一元论来取代辩证唯物主义的地位，所有这些企图的主要目的都是要取消马克思主义哲学的核心——辩证唯物主义世界观，都是要否定现实世界及其规律的客观存在。我过去写过很多文章同这些观点争论，这里就不谈了，我想还是正面分析一下这个体系的科学性更有意义。

我们以明确的对象、真实的内容和合理的思想体系三个条件来考察它，它基本上是合格的。它由三个部分构成：世界观、认识论和历史观，三者的对象都是很明确的，三者之间的关系也很清楚，世界是整体，世界观是哲学总体，历史观和认识论是其分支（人类社会历史与认识现象都是世界内的部分），是部门哲学。它们的所有内容都是以人类实践和科学原理为依据，都是经过实践的反复检验的，而且承诺继续接受实践检验，并在实践的检验中不断修正和发展。它从世界观开端，世界观又以物质范畴为开端，从抽象到具体，从简单到复杂，逐步展开，基本上呈现出一个合理的思想结构。应该说，苏联哲学家们为马克思和恩格斯所创立的马克思主义哲学构建了基本上科学的思想体系，基本完成了哲学从前科学向科学的转变。但是作为一个科学的哲学体系，它并不是无懈可击的。

辩证唯物主义的对象缺乏足够的明确性。它包括世界观和认识论，其实它们并未适当地区分开而是混在一起（中间还插了一个意识论）。就内容看，苏联的体系强调批判西方现代资产阶级哲学及其在科学研究中的影响，忽视了西方哲学发展中的积极因素，忽视了如何从现代科学发展去吸取其哲学因素来丰富马克思主义哲学。在思想体系上也有诸多不合理的地方。实践、意识、认识这些内容应该摆在历史观之后或之中，然而在这个体系中它们都在历史观之前。总之，这个体系只能说基本上是一个科学的思想体系，许多地方都表现出不够科学。

第四，今天应该更加自觉地来从事构建一个更加科学的，即更加真实、更加完整、更加严密的马克思主义哲学的思想体系。在我看来，今天从事马克思主义哲学学科建设，不应该完全抛弃原有体系，另立门户，而应该采取分析的态度，保留其科学的基础，修正其不科学之处，补充其缺失，使之更加真实、更加完整、更加严密。那么，怎么才能做到使它更加真实、更加完整、更加严密呢？马克思说，真正的哲学是时代精神的精华。这是颠扑不破的真理。马克思主义哲学的学科建设离不开这个真理。我们只能从时代的变化发展中，从自然科学和社会科学的进展中，从西方哲学、东方哲学和中国哲学的研究和创新中去取得新的借鉴、启迪、素材、因素、观点、方法等等，借以构建更加科学的思想体系。前面提到的那次哲学学科建设就是按照这个原则进行的。在本课题进行中，我根据这个原则，结合几十年来我国理论界的努力和我个人的思考，提出了由4本书（包括一个马克思主义哲学的理论框架）组成的建议，并得到了课题组成员的认可。4本书的名字前面已经提到，第1本的理论框架由6个部分组成：世界观、历史观、人学、认识论、价值论和方法论。那么，我们是怎么考虑的呢？我们认为，假如真正的哲学是时代精神的精华，那么，马克思主义哲学的理论体系的构建就绝不仅是对一些哲学范畴的取舍和范畴顺序的安排，如果没有新颖的科学内容，仅仅在形式上做文章是无济于事的。新颖的科学内容要到各方面去探寻。

首先是从对时代的研究中去寻求。马克思主义哲学创立至今一个半世纪过去了，经济、政治、文化的形势都发生了巨大的变化，出现了许多新鲜事物。从经济领域看，知识经济、网络经济、经济全球化、伴随着生产高度发展的空前严重的生态问题、资本主义的一统天下为两种经济制度的复杂关系所取代、世界大战为战争与和平的此伏彼起所取代、各种社会经济政治制度既明争暗斗又互相借鉴、各种意识形态和文化形态既争夺市场和阵地又互相渗透……如何从哲学上认识和对待这些现象，如何明确把握时代精神，是马克思主义哲学必须回答的，也必须用时代精神的哲学总结来丰富和构建马克思主义哲学体系。

其次是从自然科学与社会科学的研究去寻求。科学的发展包含在时代的发展中，以其对哲学的特殊意义有必要作专门研究，特别是自然科学，因为社会科学的发展的许多内容已包含在时代的研究之中。自古代到近代，哲学与自然科学的关系是非常密切的，许多伟大的哲学家同时也是地道的自然科学家，如培根、康德、笛卡尔等。但到了现代，由于自然科学的专业化程度越来越高，分工越来越细，要精通多门学科越来越难，哲学与自然科学的距离也拉大了。但哲学作为世界观绝不能离开自然科学，以自然科学的成果来支撑世界观，丰富和发展世界观，就成为不能回避的难题。马克思主义哲学为了构建更真实、更完整、更严密的科学体系，必须以现代自然科学如相对论、量子力学、系统科学、生命科学等等成果的哲学概括作为基础。

第三是从外国哲学（特别是西方哲学）与中国哲学的发展中去寻求。马克思主义哲学必须以其他学派的哲学作为自己的思想资料并从中吸取营养。马克思主义哲学的创立是如此，它的发展也是如此，今天也应如此。这在今天已成为共识。但西方哲学，特别是当代哲学中哪些理论、哪些观点可以经过改造而融入马克思主义哲学之中；中国哲学，特别是传统哲学中哪些理论、哪些观点可以经过改造而融入马克思主义哲学之中，尽管理论界多所涉及，但缺乏系统的回答和总结，这也是构建马克思主义哲学科学体系不能回避的问题。

有了新颖的丰富的思想，当然还要按照一定的原则把这些思想联系起来，形成一个思想体系。我认为这个体系应由几个组成部分构成，这就是前面谈到的 6 个组成部分，其中世界观是整体，5 部分均是分支，世界观就是哲学本身，其余 5 部分均是部门哲学；如果更细一点分层，这 6 部分可分为

3个层次：一层世界观，二层历史观和人学，三层认识论、价值论和方法论。这6部分的顺序是按照从抽象到具体、从简单到复杂的顺序原则安排的，每一部分的内容也是按这一原则安排的。为什么如此安排呢？有4点理由可谈：

其一，学科对象明确。哲学的对象在历史上是不明确的，问题主要在于哲学家所说的对象五花八门，莫衷一是。一般学科都以对象命名，从名称即可知其对象，但我们不能从哲学之名推知其对象，因为我们不知"哲"是什么东西。但是两千多年以来，中外哲学家们实际上还是有个共同的对象，即一切事物存在的最后根据，中国人称之为道，为理，为精，为神，为阴阳，为五行；外国人称之为本体，为形而上学的理念，为存在，为原子，为上帝，为物质，为梵，为四大，为空，为无；中国人称这种学问为道学、玄学或理学，外国人称这种学问为形而上学、本体论。西方现代哲学中的实证主义流派从根本上否定这种学问，认为其中原理的真假都是无法肯定或否定的，提出"拒斥形而上学"的口号。实际上，这种学问是无法拒斥的，除非你不思考、不研究、不言说。马克思主义是肯定这种学问的，它的对象就是无所不包的物质世界，即宇宙，这种学问被称为世界观或宇宙观。但中外哲学家所说的哲学，除世界观外，还包括大量对各式各样对象的研究，这些对象不外是世界的这个部分或那个部分，有自然、社会、人、生命、精神、意识、认识、美、善……等等。这样，哲学的对象实际就是整体，一个是世界整体，其余都是世界的大大小小部分的整体，哲学都是整体研究：一个是世界观，其余是部门哲学。每一个哲学家的哲学、每一个流派的哲学都包括世界观和其他部门哲学。马克思主义哲学，即辩证唯物主义和历史唯物主义，也不例外。只有实证主义否定世界整体研究，但他们的哲学也是整体研究，即部门哲学。其实，一门学科包括一个整体和若干部门这种情况具有很大的普遍性。任何一门科学的对象都是一个整体，要说明它必须说明它的各个组成部分，每一部分就是一门部门科学。如生物学就有动物学、植物学、古生物学、微生物学等。哲学当然有其部门哲学，问题是：部门哲学甚多，可以说，不可胜数，我们为什么选择上述5种纳入马克思主义哲学的思想体系之中呢？

其二，选择历史观、人学、认识论、价值论和方法论作为世界观的部门哲学，共同构成一个思想体系，是出于两个理由，一是它们在学科分类中的重要地位；一是学科发展的实际需要和实际可能。从学科分类来讲，自然哲学、社会哲学、精神哲学都是很重要的，但自然哲学的内容与世界观的内容有很大部分重复，没有必要重复这些内容；历史观就是社会哲学，是一个非常重要的部门哲学，当然不可缺少；精神哲学很需要，但研究很差，还难于形成部门哲学；人学是过去马克思主义理论研究的一个薄弱环节，经过几十年的研究，形成了人学的思想体系，就是说，成为部门哲学的条件已经成熟。人有三种基本活动，即改造世界的活动、认识世界的活动和评价世界的活动，以这三种活动作为研究对象的部门哲学就是实践论、认识论和评价论，实践论的大部分内容已在历史观和人学中论述，再列为部门哲学似无必要。认识论过去已成为部门哲学，现在显然应该保留。研究评价活动的价值论过去为理论界所忽视，近年来，已成热门学科，应该而且已有条件进入部门哲学之列。价值论已涵盖美学与伦理学，而且美学与伦理学均已成为专业目录中的二级学科，就没有必要列入马克思主义哲学中了。方法论过去一直被公认为辩证唯物主义一部分，常与世界观并列，即辩证法，但实际上它并不是方法论，而是世界观本身的一部分。世界观包括物质观、时空观、发展观等部分，辩证法即为发展观。世界观一方面是理论，而被运用来指导人的活动时就是方法，不仅发展观是方法，物质观、时空观也是方法，所以在原来的辩证唯物主义理论体系里并不存在真正的方法论。看来应该有一个部门哲学来专门研究人的活动的方法，即论述方法的理论。马克思主义哲学于是成了包括一个整体哲学和5个部门哲学的思想体系。

其三，这些组成部分的顺序以及每一部分内部原理的顺序之所以按从抽象到具体、从简单到复杂安排，因为这种安排符合事物发展的规律，也符合认识的规律，作为叙述的顺序也符合从易到难的顺序，最易于为受众所接受。这就是列宁常讲的逻辑与历史一致的原则，逻辑即思想体系，历史包括客观的历史和认识的历史。不仅哲学内容的展开应该遵循这个原则，一切科学体系的展开也应该遵循这个原则，实际上人们在叙述或介绍一种主张或谈论一种理论时往往自发地遵循了这个原则，否则受众难于理解、接受你的思想。

其四，马克思主义哲学的最确切的名称是辩证唯物主义，称之为辩证唯物主义和历史唯物主义也能恰当地表达其主要内容。近30年来对辩证唯物主义与历史唯物主义这一名称持异议者越来越多，其理由主要有：辩证唯物主义不是马克思，甚至也不是恩格斯提出的名称；辩证唯物主义与历史唯物主义并列把统一的哲学二元化了；历史唯物主义是辩证唯物主义在人类社会历史领域的应用和推广是斯大林说的，等等，这些观点我认为都不能成立，其道理从前面的一些论述即可明白，无须多说。那么，什么名称与实相副呢？据我所知大致有以下几种建议：应称为历史唯物主义，应称为新唯物主义，应称为实践唯物主义，应称为辩证的历史的实践的唯物主义，等等。这些名称均与其建议者的观点有关。在我看来，原来的称呼并非无懈可击。历史唯物主义的名称与辩证唯物主义的名称不协调。辩证唯物主义的"辩证"是形容词，描摹唯物主义的特征；历史唯物主义的"历史"则是指唯物主义所研究的对象，辩证唯物主义与历史唯物主义字面上很对称，其实并不对称。但用"辩证"来描摹马克思主义唯物主义确实是十分确切的，因为辩证的可以概括那些与直观的、机械的、形而上的等特征相反的特征。哲学的核心是世界观，把马克思主义的世界观称做辩证唯物主义，辩证唯物主义就足以代表马克思主义的全部哲学。至于其他部门哲学也应顺理成章地叫做辩证唯物主义历史观、辩证唯物主义认识论等等。大家知道，在这些部门哲学中最重要的是历史观，因为历史观是科学社会主义的直接的理论基础，过去的称呼中特别把它标明出来，与世界观并列，叫做辩证唯物主义和历史唯物主义，我认为是可以的。而且这一称呼已使用了几十年，今天也没有什么非改不可的理由。因此，我认为"辩证唯物主义"和"辩证唯物主义和历史唯物主义"这两个名称都是可以使用的。

马克思主义哲学不能不有一个理论体系，但这个体系不会是单一的，也不会是僵化的。说到底，真正的哲学既然是时代精神的精华，而时代及其精神总是不断发展的，马克思主义哲学及其体系当然是会相应地不断变化发展的。不存在一劳永逸的一成不变的绝对完美的哲学体系，我们只能不断地探索更加真实、更加完整、更加严密的哲学体系。

根据以上的认识，我们课题研究的最终成果被设计成前面提到的4本书。后3本分别研究时代精神的不同方面与马克思主义哲学体系创新的关系，第1本应该充分反映这3本的研究成果，但事实上4本书的写作是齐头并进的，第1本没有完全反映后3本的研究成果。第1本不可能在后3本完成后再来写作。但这绝不是说这本书不是按照时代精神原则来写作的，相反，这本书的作者们都努力根据自己的理解以时代精神、科学的发展和中西哲学的成就来构建当代马克思主义哲学体系。同样，后3本的作者们也是根据自己的研究来得出自己关于马克思主义哲学体系的观点。由于4本书各自同时进行，它们的基本倾向和基本观点虽然是一致的，但在一些较具体的问题上的观点仍然是有差异的。按照课题组原来的设计，全书应由编委会负责进行最后的统稿和定稿，由于全书规模较大，作者们分属若干单位，工作又忙，最后的统稿和定稿只有由各部书在主编的主持下分别进行了，这当然就更难保证观点的一致。但是，无论如何，各个成员和整个课题组，都是在遵循着真正的哲学是时代精神的精华这一原则从事体系的研究和创新的。这些成果显然达不到我们预期的目标，看来，这个任务不是几个人用几年时间就能完成的，要真正构建起真实完整严密的马克思主义哲学的科学体系，我想需要几代哲学家的艰辛努力，但随着人类社会的发展，随着社会主义事业的发展，随着整个科学事业的发展，这个科学体系终有一天是会出现的。

　　本课题的立项、实施和完成得到了许多同志的关注与支持。首先是国家哲学社科基金的哲学评议组的支持，还有北京市社会科学理论著作出版基金的大力支持与资助，人民出版社的同志们为此书出版付出了大量辛勤的劳动，此外还有些热心的同志为课题工作的开展贡献了无私的劳动，让我代表课题组全体成员向他们表示衷心的敬意和谢意。

目　　录

第一篇　导　论

第二篇 辩证唯物主义世界观

第三篇　辩证唯物主义历史观

第四篇　辩证唯物主义人学

第五篇　辩证唯物主义认识论

第六篇　辩证唯物主义价值论

第七篇 辩证唯物主义方法论

第一篇

导　论

第 一 章

哲学与哲学史

第一节　哲学的基本性质

在对马克思主义哲学的基本原理进行阐释之前，需要对一般哲学的基本性质和特点，包括哲学史上对哲学的代表性界定、哲学的存在方式、哲学与社会实践、哲学的方法和哲学的社会功能等问题作出分析，对西方哲学和中国传统哲学的形态演进及其思维特点进行简单的梳理，对哲学的当代处境及其未来命运进行探讨。这些工作将有助于廓清马克思主义哲学与一般哲学的关系，同时体现其在人类思想史、哲学史上特有的价值和地位。

一、哲学史上对哲学的代表性界定

从事哲学研究工作的人，可能都会遇到这样一个问题，即"哲学是什么"。可以想象，即使是一位资深的哲学专家，在面对一个非专业人士提出的这一问题时，也很难不假思索地提供一个明确的答案。几千年来，哲学家们所面对的一个最为尴尬的处境，可能就是做了一辈子哲学工作却不能一口气回答上来这个问题。究其实，这并不表明哲学家们不够聪慧，而是因为，一方面这一问题蕴涵的复杂内容很难用明晰而简练的语言概括出来；另一方面不同的哲学家、哲学流派对哲学都有形形色色的看法，这些看法有时甚至是截然相反、互相冲突的。因此，要对哲学的基本性质进行深度拷问，回答"哲学是什么"这一问题，就有必要考察哲学史上对这一问题的主要解答方式，从中勾勒出对哲学本质的代表性界定。

（一）哲学起源于"惊诧"，本质上是一种"爱智"的活动

哲学起源于"惊诧"是对哲学起源的最早也是最流行的概括性说法。柏拉图在《泰阿泰德篇》中认为，惊诧是哲学家的一种情绪，除此之外，哲学再无别的开端和起点。如果一个人对周遭事物和人都感到毫无兴趣，从不抱以惊异的情绪和眼光，那显然离哲学思考和发问相距甚远。只有从惊诧开始，人的思维才能穿透日常事物让人熟视无睹的表象，而进展到更深层次的本质的追问与探求。凡事问个"为什么"，便是生活的智慧，而在连问两个"为什么"之后，再对"为什么"提出第三个"为什么"，这便是进入哲学之门的途径。

然而，"惊诧"本身并不等于哲学，它只不过是哲学活动的由头和动因。我们之所以会感到惊诧，是因为不知道世界的性质、本质和意义，感到莫名其妙。正是这种惊诧推动我们去追问、去探求、去研究我们见到的万事万物，使我们由表象进展到本质，由无知进展到知识，由谬误进展到真理。因而，只有以"惊诧"为起点，并最终进展到"爱智求真"的思维活动才能构成"哲学"。

众所周知，"哲学"一词源于古希腊文"philosophia"，是由"追求、爱"（philo）和"智慧"（sophia）两个词组合而成，意为"爱智慧"。这种智慧并不是解决具体问题的"小智慧"，而是关于人类生存、发展，关乎世界的根本性原则和真理性知识的"大智慧"。它是理解和协调人与世界、人与人、人与自我关系的根本知识，为人类的生存和发展提供安身立命之本。同时，智慧也不是关乎外在实用利益的"巧智"，它首先以纯粹的知识为目的，只有对智慧本身的真挚、热烈而持久的爱，才能叫做真正的"爱智慧"。

从当代哲学立场来看，"惊诧说"和"爱智说"是关于哲学本身的最早、流传最广的定义，它们代表着哲学思维起源时期的自我意识。

（二）哲学是一种"形而上学"，是知识总汇或"科学之科学"

这种观点源于亚里士多德的知识系统。在亚里士多德的哲学体系中，"哲学"的意义首先是知识体系的总体，是各门学科具体知识的总和；其次，从其中心意义上来说，哲学就是一种"形而上学"，即对存在本身、对实体的研究，这又是最高级、最抽象、最一般层面的"本体论—存在论"研究，而这种研究恰恰构成了整个知识学科体系的根基和源泉，因而作为形而上学的哲学正是"科学之科学"。

形而上学论和知识总汇说在哲学的自我理解史上曾经占有相当重要的地位。但人类知识在后来的发展中越来越背离了亚里士多德的原初设想，各学科纷纷脱离哲学，获得了独立的地位，而哲学本身的地盘却在不断缩小中。它所确立的"以本体论为中心"的哲学模式也越来越受到后人的质疑、挑战和颠覆。

（三）哲学意味着过一种"美好的生活"

这种观点的要旨在于，认为哲学为人类世界提供核心价值观、基础伦理道德规范，从而可以引导人类生活的方向。这种看法在东西方哲学思想中都有广泛的代表人物。例如，柏拉图在其著作中就经常把自己的哲学思考确定为对"真"、"善"、"美"、"正义"、"爱"等人类美好生活的基本理念的追问与探求，而亚里士多德则在《尼各马可伦理学》中把"幸福"作为哲学伦理学的基本主题来加以探讨。与西方哲学更多从纯粹知识角度来理解哲学的普遍做法不同，中国哲学一贯以国家、社会、家庭的伦理道德为根本视野来理解哲学的本质和价值。如孔孟对"仁"求索，老庄对"道"的体悟，程朱对"理"的高扬，陆王对"心"的崇尚，其根本目的就是在"天人之际"实现美好生活的构想。在此意义上理解的哲学，首先不是被理解为纯粹真理的知识体系，而首先是被理解为发现人生、社会真理和原则的实践性、伦理性、政治性知识，即理解为实践哲学、伦理学、道德哲学、政治哲学。它集中探求的问题也并非"世界的本体是什么"、"知识是什么"等本体论、认识论问题，而首先是"人是什么"、"人生命的意义是什么"、"人如何才能过上美好幸福的生活"、"人类世界如何才能永葆太平"等对个人、社会和国家起到根本价值引导意义方面的问题。

（四）"哲学就是认识论"

西方近代主流哲学将哲学的核心和基础理解为"认识论"，理解为对人类认知问题的探索和追问。自笛卡尔以降，西方近代哲学与以往哲学的根本差异在于实现了"认识论转向"，这一时期的哲学家普遍奉行"没有认识论的本体论是无效的"的圭臬，并把认识论看作本体论的前提和基础。他们的哲学工作主要围绕着知识的起源、知识的对象、知识的真假判断、知识的可能性条件等问题而展开，形成以英国经验论和欧陆唯理论为代表的两大对立派别，并最终在康德的"批判哲学"那里得到了最完备的理论建构形式。近代认识论哲学观的主要功绩是突出了人类认识问题，使得人类寻求世界本质和原则的欲望得以前提性的考察，同时也加深了对人类自身的认识，进一步扩大了认识世界的广度和深度。同时还有效地传承、总结和提升了近代政治道德生活和自然科学的主要成果，并推动了近代社会的蓬勃发展。

然而，认识论哲学观的历史局限也是非常明显的。从当代哲学的制高点上来看，近代认识论的不断深入，主要是建立在认知理性（即理智—知性）能力的盲目肯定和片面绝对化的基础之上的，并按照纯粹演绎逻辑的形式框架不断推进，最终成为了理性的自说自话，逻辑的自恋游戏。因而，这种哲学观的主要缺陷表现为高度的抽象化、思辨化和形式化，把人的完整形象切割成逻辑运作的理智机器，忽视了人类利益、劳动、兴趣、欲望、意志、情感等实践和价值方面的社会内容，遮蔽了人类社会生活的复杂性、具体性和总体性。近代认识论之后的哲学家，如叔本华、马克思、尼采、弗洛伊德、柏格森、海德格尔等都从不同角度批判认识论哲学传统，强调人类生存方式的完整性，使得整个现代哲学克服和超越了认识论的哲学视域。

（五）哲学代表或揭示了"整个世界"的"普遍规律"

这种观点认为，各门具体科学只是研究世界的各种"特殊领域"，并探求这些领域的"特殊规律"；而哲学则以"整个世界"为对象，并探求关于整个世界的运动和发展的"普遍规律"，即整个世界的内在同一性原则。这种观点具有悠久的传统。从古希腊自然哲学开始即有追寻"万物之本原"即万事万物的最高原因及其基本原则的传统，而近代唯物主义则明显地继承了这一传统，试图在客观自然世界中发现某种物质性、必然性的规律。近代认识论寻求全部知识的基础和逻辑规则，也可以看作是探求人类认知思维规律的一种尝试。

及至现代，"普遍规律说"日益受到马克思主义哲学的青睐。其一，马克思主义哲学强调"普遍规律"包括自然规律和社会规律的客观性，反对假设某种脱离自然变革和人类生活世界的"普遍规律"，严格与思辨唯心主义的抽象区别开来。其二，马克思主义哲学强调通过"普遍规律"而体现出的辩证方法，认为这些方法是对这种客观辩证法的理论表达，而这种辩证法在形式上具有普遍性，但在内容上却总是在特殊、具体的社会历史条件下发挥着特殊作用，有其具体的内涵。马克思曾强调自己所承认的规律总是特殊的，总是在具体社会历史条件下发挥作用的特殊规律，那种不以具体的社会历史条件为转移的所谓普遍适用的规律只能是抽象的原则。① 其三，马克思主义哲学强调"普遍规律"必须体现历史地发展变化的客观趋势，而不能以理论系统的形式加以固定化、永恒化、教条化。马克思明确指出，"辩证法不崇拜任何东西，按其本质来说，它是批判的和革命的"。② 就是说对于辩证规律本身，不能以理论体系的方式把它一劳永逸地概念化、系统化、凝固化，否则就会把它抽象化为教条。辩证规律及辩证方法，只能在实践活动和思维活动的永不休止的运动、变化过程本身中，才能够加以具体地、历史地把握。只有澄清了上述问题，才能真正在马克思主义的思想视域中把握"普遍规律"的哲学观，以明确它和旧唯物主义、唯心主义的本质差别。

（六）哲学就是逻辑与语言分析

现代语言哲学要求在形成认识理论，建立知识体系之前，首先廓清语言的意义与用法，因而它把哲学主要理解为逻辑和语言分析。以维特根斯坦的《逻辑哲学论》为标志，分析哲学实现了西方哲学的"语言学转向"，即把哲学从研究认识过程、认识内容和知识体系转向研究知识陈述和知识表达，从心理概念的抽象思辨转向命题形式和语言分析。分析哲学家们主张，哲学首先是一种对知识问题的逻辑表达，应当从逻辑分析入手，对语言的逻辑形式、认知意义或日常用法进行深入探讨，这才是哲学研究的首要任务。在他们看来，传统哲学关于存在、实体、本质、心灵、物质的抽象问题及其争论，都不能在经验中获得证实，其本质是对语言意义的理解混乱而导致的对语言的误用。因而，为了避免语言误用对理智的蛊惑，哲学应该首先分析语言本身，以消除这些无意义的问题和争论，拒斥或修正形而上学。

从当代哲学立场来看，语言转向确实推进了哲学的非形而上学化进程，改变了传统哲学的那种抽象思辨的研究方式，加深了哲学对人和世界的关系及其意义的理解与把握，因而具有重大的意义。但是，分析哲学固执于语言

---

①② 《马克思恩格斯全集》第44卷，人民出版社1995年版，第21、22页。

分析本身，将哲学问题局限于科学实证问题和逻辑技术问题，因而在一定程度上妨碍了哲学对现实生活的多元全面的关注，滞涩了哲学对日常生活的反思批判精神。

（七）哲学揭示了人的"生存意义"

与分析哲学集中关注现代逻辑、科学、技术的迅猛进展不同，现代哲学的人文主义流派则敏锐地察觉到了科学技术—工具理性滥觞时代，人的异化、生存意义的丧失和价值的失衡混乱，因而普遍地从人的生存意义追问的角度来凸现哲学的人文内涵，强调哲学是探求人类生存意义的学问。在现代人文主义哲学家看来，哲学的使用不是对语言的逻辑分析，或对科学命题的澄清，而是寻求人类生存的意义。人文主义哲学流派同样经历了"语言转向"，但它们集中关注的是对语言的人文内涵的理解与解释，由此探求人类生存的总体意义。许多人文主义哲学家，如海德格尔认为，语言并不是人的一种工具，而是人的一种根本的生存方式；认识一种历史性的存在者，语言则是这种历史性内涵的土壤；人在历史中开展自身，也便是在语言的时间性维度中开展自身；人只有通过语言才能实现自我理解和相互理解。因而，对人的生存意义的追问，必须从语言的历史性理解和阐释开始。

（八）哲学是一种"批判理论"

这种观点将哲学的本质主要理解为理论的或实践的批判活动。"批判"是人类思维活动的本性之一，也是哲学的本性之一，将哲学视为一种政治的、社会的或文化的批判的思想传统源远流长。从西方哲学史上来看，哲学的批判在近代的"认识论转向"和现代的"语言转向"中发生了范式、形态和性质上的重大演变。近代的哲学批判，集中表现为"理性批判"，即理性对自身的反思性批判或从理性的他者出发对理性的批判。而现代的哲学批判，则集中表现为"文化的批判"，这一"文化"是泛指的"大文化"，可以理解为整个资本主义社会生活，侧重于文化、心理层面。现代文化批判的代表是法兰克福学派及其他西方马克思主义流派。法兰克福学派哲学家认为，哲学的真正社会功能就在于批判承袭的、流行的东西，以防止现存信仰蜕化为教条，避免人类在现存社会组织、观点、行为中丧失自我，迷失方向。法兰克福学派通过一系列研究，对现代资本主义社会的科学、哲学、宗教、政治、经济、社会、家庭中的诸多现象进行了批判性的分析与反思。从当代哲学的发展趋向来看，法兰克福学派及整个西方马克思主义的文化批判传统具有十分重要的意义，它们开启了"泛文化批判—研究"的全新哲学路向。但也应该注意它们与马克思原初观点的差别：与西方马克思主义在泛文化领域的理论批判不同，马克思哲学则集中关注经济生活领域，并试图通过革命理论采取一种"实践的批判"。

（九）哲学是人类的最高理论概括

这种观点认为，哲学根源于人类实践和社会生活，是社会生活的理论表达，并为社会生活的实践目的服务。马克思主义哲学在唯物主义世界观的基础上重新理解了哲学的这种特性，实现了哲学观在哲学对象、哲学功能、哲学本质等方面的创造性突破。马克思对于"哲学本质"的理解根植于他的社会存在本体论和社会结构学说，即"不是意识决定生活，而是生活决定意识"。① 在《德意志意识形态》中，马克思较为系统地阐述了在以物质活动为核心的社会生活的基础上社会意识的现实生成过程。在这种阐述中，作为"意识形态"的思辨形而上学的本质被暴露无遗，虽然它自命为社会历史的本质、精神和真理，要求为社会生活提供真理性原则和统一性法规，把自己看做社会生活的最终权威和唯一核心，然而它在本质上不过是社会生活的歪曲的反映、虚幻的影像而已，根本不具备真理性、客观性和现实性的理论和实践意义。通过对哲学形而上学的这种"现实性批判"，马克思对形而上学采取了"釜底抽薪"的战略，在一种根本的意义上拆穿了它完全服从自身逻辑的"独立性"的神话和宣称主宰、支配生活世界的"绝对性"的谎言；在披露了形而上学的"幻想"本质之后，马克思承认实践和生活先于哲学，是哲学的真正源泉和基础，并要求把自己的哲学建立在现实的社会生活和实践活动的根基之上。废除哲学的"世界国王"的地位，否认哲学理论生活是社会生活的核心和制高点，而把实践作为社会生活的本质，这无疑对 20 世纪哲学的发展产生了重大的启迪。

从当代哲学的制高点来看，在西方哲学现当代转型的语境中，马克思哲学观是自休谟、康德以来尤其是黑格尔之后哲学的非形而上学化进程中的一个具有重要意义的理论路径；马克思哲学本身也正是这一非形而上学化进程

---

① 《马克思恩格斯选集》第 1 卷，人民出版社 1995 年版，第 73 页。

中的一个具有自身形态特征的理论典范，对黑格尔之后西方哲学的转型与演化产生了深远的理论影响和重要的思想启迪。

二、哲学的存在方式

从以上所考察的哲学史上对哲学本质的代表性界定中，可以综合地看出，哲学首先作为一种思维活动而存在，是一种对自身对象和问题的思想探索活动；在此基础上，哲学又表现为特定的思维方式和理论体系。下面我们就从哲学的对象与基本问题、思维方式和理论体系三个方面来探讨哲学的基本存在方式。

（一）哲学的对象和哲学的基本问题

我们经常见到这样一种混淆，即把哲学的对象与哲学的问题等同起来。但严格地说，这是两个有某种关联却又不尽相同的所指。哲学对象意指哲学所要把握和研究的整体目标，是不论哪个时代哪种形态的哲学都要持续关注和始终面对的东西。而哲学问题则是哲学家切近目标的契机或基点，会因时代不同形态各异而突出特定的内涵，它具有问题的永恒性与形式的更替性之间的内在矛盾。

在历史上，哲学对象经历了一个由笼统模糊到清晰明确、由包罗万象到具体分化的发展过程，但哲学研究中为哲学家们所持续关注并始终面对的对象则是客观世界的整体图景和一般规律。这个整体包括人类社会以及自然界与社会的关系，即为历代哲学家所重视的天人关系。这种关系也为马克思主义所重视。马克思认为，人作为主体而从事的全部活动，都是从自身的存在和发展这个基本点出发而对自身与外部世界的关系的自觉认识、积极改造和能动创造。人与外部世界的关系的多样性，塑造了和象征着人的内在本质的丰富性和外部世界的多样性，并形成了人们丰富多样的具体的实践形式和社会关系。而每一特定历史条件下的人类社会实践，则是人与世界的关系在该历史条件下的具体表现或具体实现，是人们在特定的时间、空间和社会条件下处理与外部世界关系的具体活动方式。正是这些具体的活动方式及其结果，创造并建构着该时代的经济、政治、文化和科学等社会系统要素的具体的时代内容。它们是时代脉搏的载体，是时代精神的溯源，因而也是哲学赖以掌握时代文明的"活的灵魂"，捕捉"时代精神精华"的现实的对象。

哲学的对象与具体科学的对象存在着重大差别。首先，从人类认识史上来看，确实经历了并且正在经历着自然、社会和人类思维分别作为自然科学、社会科学和思维科学等具体科学的对象从哲学对象中分化出来的过程，但这并不意味着哲学失去了对象和领域。具体科学的发展表明人类从不同角度对客观世界的具体侧面的认识在形式上的完善和程度上的深化，而这也将促进哲学本身的发展。因为从具体科学的分化和发展中，哲学可以获得一种层次跃迁。哲学对客观世界的整体图景和一般规律总体性的把握，只能通过对自己时代的现实的认识活动和实践活动及其所创造的成果的总结和概括，特别是通过对自己时代的具体科学的总结和概括来实现的。具体科学越是发展，人类对自身、外部世界及其关系的具体方面的认识就越完善和深化，哲学的研究也就越具有现实的基础。其次，哲学与具体科学在对象上的区别，同哲学把握对象所特有的总体方式密切相关。这种区别实质上是个别与一般、局部与全部、部分与整体、方面与全面、有限与无限之间的区别。应该说，随着各门具体科学的发展，对于世界的各个具体方面、层次、环节的研究越深入越细致，哲学就越是在实证意义上被"驱逐"出各个具体的对象领域，则哲学在总结和概括各门具体科学研究成果的基础上对世界进行的总体把握就越显得必要和重要，哲学和具体科学在对象上的层次分化也就愈加明显。

哲学的对象提供了哲学所要把握与研究的整体目标，但却不意味着提供了切入这一目标的契机，哲学家要进入哲学领域还必须寻找基点或着手处，这就是哲学的基本问题。那么究竟什么样的问题才能算做"哲学问题"呢？这就需要我们把握哲学问题的基本性质。倘若我们把人类在生活中可能面对的问题作大致的分类，那就可以分出五大类型：一是经验问题，例如"冰箱里还有牛奶吗？"其解答最终要得到来自感性观察证据的支持；二是形式问题，例如"2+2等于几？"对此类问题的解答需要依靠对相关概念的内涵进行分析，并依靠一定的形式推论；三是预测问题，例如"明天会不会下雨？"对此类问题的解答需要根据过去的经验推知未来，既要依靠经验观察，又要依靠逻辑推理；四是抉择问题，例如"我应该选择善行，还是恶行？"这类问题是由自由意志引起的伦理抉择问题；五是本质性问题，例如"善是什么？"此类问题与上述四类不同，所追问的对象既不是经验观察可以直接把握的，所要求的解答也不是对感性世界的经验描述和短时预测。但这种本质性问题恰恰构成了上述问题的基础和前提。当经验问题（如"我应该选择善行，还是恶行？"）不得解决之际，问题便转向了本质性问题（如"善是什么？"）的探求。哲学问题所追问的对象，如"真"、"善"、"美"、"正义"、"实践"、"历史"、"社会关系"等等，不是通过感性直观就可以直接把握的对象，它们只有通过哲学理性的方法才能把握，并且其甚至还构成了感性直观对象的深刻的基础和本质，构成了感性经验本身得以存在和发展的根据。

（二）作为一种思维方式的哲学

哲学作为人们的一种自觉的思维活动，是人们以本质性理论思维的方式把握人与外部世界的关系的一种具体的思维形式，是人们对自身与对象世界之间关系的一种特殊的哲学认识或哲学解释方式，它以其特殊的哲学思辨方式而在人类处理同对象世界的关系活动体系中居于一种特殊的总体性地位。

概括地说，哲学作为一种思维方式具有以下几个方面的特点：

第一，从主体性与客体性的联系中把握客体。哲学思维的客体，是处于与主体关系中的客体。主体掌握对象的方式、角度，是外部世界的一定事物在何种方面、何种层次和何种程度上成为认识对象在主体方面的依据。反之，外部事物在何种方面、何种层次和何种程度上成为现实的认识对象，则标志着主体掌握对象的方式、角度和水平的不同。就是人类认识活动中的主体和客体之间的相互关系。

第二，从普遍性出发去观照特殊性。哲学和科学探讨的对象、所追求的知识在层次上是不同的。哲学把无限世界的整体作为自己探讨的对象，因而追求一种最普遍、最一般的知识，然后以最普遍、最一般的知识作为世界观与方法论，构成最高层次的思维方式，用它去观照对于有限、特殊的对象的认识，由此形成哲学思维。从哲学思维的这一生成机制来看，哲学思维是从普遍性和特殊性的联结上去看待客体，是用普遍性去观照特殊性，或者说用无限性去观照有限性的。而与此不同的科学思维，其特点是专注于特殊性、有限性的研究，并找出特殊的、有限的对象的"精确解"，所以它不是从普遍性与特殊性的联结中去看待客体。

第三，从事物的现象中寻找其内在的本质。我们生活其中的大千世界，即由日月星辰、山川湖海、飞禽走兽、楼台亭阁、舟车器物、男女老少所构成的花花世界，千姿百态，变化多端，表面现象极其复杂，而以哲学的方式去把握它们就是要透过多变的外在方面，揭示事物内在的、相对稳定的本质和规律。哲学的任务或目的在于认识事物的本质，哲学不能让事物停留在它的表面现象的直接性里，而须指出它如何以别的事物为中介或根据，有什么样变化发展的规律。

第四，在对现实和审视与批判中表达理想与价值。"哲学的认识方式只是一种反思——意指跟随在事实后面反复思考"，① 它从不满足于简单地、刻板地描述人与世界关系的现实状况，而总是以一种批判性的审视态度对这种状况作出评价和预言。马克思指出，他的哲学作为一种"新思潮的优点恰恰在于我们不想教条式地预料未来，而只希望在批判旧世界中发现新世界"。② 缺乏哲学批判的思维方法就必然因循守旧，囿于成见，满足现状，窒息思考，约束思想；而哲学思维则是一支清醒剂，它往往对常识、传统持反叛态度，减轻传统思想的束缚，开阔视野，广开思路，活跃创新意识。不仅如此，哲学思想方法还往往形成人们一定的信念，使人们对事物、观念抱有深刻的自信感，体现他所向往和追求的某种理想，树立根本性的价值取向。

（三）作为一种理论体系的哲学

哲学作为理论体系，以哲学层次的概念、范畴体系向人们提供包括人的活动在内的世界图景。尽管不同时代的哲学家对哲学作为理论体系的态度不尽一致，因而在做法上颇有不同，有的精心构造逻辑框架，有的零散阐发思想观点，有的则对体系不以为然甚至猛然抨击（特别是在现代、当代尤甚）；然而无论哪种情况，只要是一个成熟的哲学家、一套成熟的哲学思想，它包括的就不仅仅是某一个单纯的见解，而是在对人与世界关系的诸多方面的看法上贯彻了相同的原则，强调了某些见解，从而表现出思想的完整性和一致性。

在此有必要指出，思想体系的实际形成与对这一体系的表述之间并不存在一一对应关系，倘若只根据哲学家留下的文字材料来鉴定其深层思想体系

---

① 黑格尔：《小逻辑》，商务印书馆 1980 年版，第 7 页。
② 《马克思恩格斯全集》第 1 卷，人民出版社 1956 年版，第 416 页。

的完整与否或有无体系，那将会把研究引入歧途。因此，不论是哲学体系作为"隐性框架"散见在哲学家不同的著述与言论之中，还是作为"显性结构"已经完整地表述出来，事实上它们都体现了哲学作为理论体系的特点。即使在那些以"解构"体系自命的哲学家那里，我们也看到在有关一系列不同事件的评论中体现出的相同的思想倾向，毋宁说这"不要体系"的持续不断的努力本身正是在建构一种"特殊的"体系。正因为如此，我们把体系的形成看成哲学家与哲学思想成熟的标志；征之以哲学史，我们看到的是一个个醒目的体系的界碑而不是零星闪烁的思想火花。

哲学作为一种理论体系一般具有以下几个方面的特点：

第一，主导性原则贯穿始终，亦即人们所说的哲学体系主导性原则的统摄和泛化。主导性原则在整个理论体系的渗透，体现在范畴选择、逻辑推导、结构组合、内容更迭等各个方面。只有这样，一个完整的理论体系中的各个思想间才能建立起统一而连贯的逻辑联系，牵一发而动全身，否则就称不上是严密而完整的哲学体系。

第二，确立总体性范畴，进而将其作为理论支点或基本假设，由此引申出其他命题，从而形成一个自足的体系结构。这是哲学体系的一般建构过程。选择什么样的哲学范畴作为体系建构的逻辑起点，体系就会有什么样的内容与之匹配。

第三，哲学体系的建构是一个无限的过程。如果体系原则与方法出现矛盾，或者范畴运演成了缺乏实践根据的虚构，或者过分强调某一阶段所形成的体系的自足性、绝对性，那么体系就会"流产"或走向解体。一切理论体系都只有相对的意义，它仅仅是人类思维某一特定发展阶段的产物，不可能是最终完成和尽善尽美的。

三、哲学与社会实践

哲学作为一种人类特有的思维活动，其自身与社会现实具有深层的内在的、外在的关联。诚如马克思所指出的，"哲学不仅在内部通过自己的内容，而且在外部通过自己的表现，同自己时代的现实世界接触并相互作用"。[1] 哲

---

① 《马克思恩格斯全集》第 1 卷，人民出版社 1995 年版，第 220 页。

学同自己时代的现实世界处于系统的联系之中，其存在和发展必然同现实的社会生活过程发生相互制约的客观联系。这种相互制约关系，一方面表现为社会生活过程对哲学的基础性决定作用，以及哲学对社会生活过程的依赖性，从社会实践活动的丰富内容中获得一般条件、素材和动力；另一方面，哲学又将现实的社会生活过程当作自身认识和应用的对象，哲学的社会功能也在这种相互作用中集中地表现出来。社会生活的本质是实践，而人类实践活动展示为复杂多样的活动系统和过程结构，包括最基本的物质生产劳动，以及在此基础上形成的交往活动、政治权力活动、科学活动等多个方面的活动。哲学与社会现实生活的关系，以哲学与多元性的社会实践系统的关系为基础，即集中体现为哲学与物质生产劳动、交往活动、政治权力运作、科学活动等的整体性复杂关系系统。在特定的历史条件下，哲学与实践活动相互制约、相互规定、相互影响，形成了具体的历史的矛盾关系。

（一）社会实践是哲学思维或理论形成和发展的现实基础

哲学并不是无根基的悬浮于空中的玄想，任何哲学理论形态的出现和发展，都与特定历史时期的社会经济、政治和科学文化发展状况深层相关。哲学思想的存在与发展，归根到底是由作为思想的现实基础的社会实践系统决定的，社会实践系统对哲学思想的起源、发展起着最深刻的决定作用，哲学的反作用也只能在与实践活动的相互制约中，才能形成现实的可能性，并以实践的方式发挥出来。

按照马克思的观点，实践是人的感性的对象性活动，以物质生产劳动为基本范型，而精神生产根植于物质生产过程，以物质生产过程为现实的基础，“分工只是从物质劳动和精神劳动分离的时候起才开始成为真实的分工。从这时候起，意识才能摆脱世界而去构造‘纯粹的’理论、神学、哲学、道德等等”。① 只有在实践活动的历史性发展的基础上，哲学理论活动的产生、存在和发展才是现实可能的，哲学理论思维始终不能离开实践。

第一，哲学的思维能力本身扎根于实践活动的发展，以实践活动为自身产生、存在和发展的基础。马克思指出，人类意识能力的产生根植于物质生产活动之中，是人类物质生活历史性发展的产物：“思想、观念、意识的生

---

① 《马克思恩格斯选集》第3卷，人民出版社1995年版，第82页。

产最初是直接与人们的物质活动，与人的物质交往，与现实生活的语言交织在一起。人们的想象、思维、精神交往在这里还是人们物质行动的直接产物。表现在某一民族的政治、法律、道德、宗教、形而上学等的语言中的精神生产也是这样……意识在任何时候都只能是被意识到了的存在，而人们的存在就是他们的实际生活过程。"① 具体到哲学思维来说，哲学家的思维能力，主要是靠不断在社会实践活动过程中获得与思想问题相关的直接或间接的社会经验和知识来培养的。哲学家所从事的社会实践活动的广度和深度的增加，会使得哲学思维本身得到锻炼和丰富，并使得思考所需要的社会经验和知识不断增长，从而使哲学思维能力不断提高。哲学思维者个体所获得的间接或直接的社会经验，对人类总体来说，在历史的发展过程中又都是人类历史性实践活动的产物。严格系统的哲学思维能力的产生和形成，是实践活动提供的社会经验和知识积累达到一定程度的基础上才成为可能的。归根结底，哲学思维能力的产生和发展都是以社会实践活动系统的历史性发展作为深层基础的。

第二，哲学思维所加工的观念的和经验的材料是在社会实践过程中不断获取和积累的。哲学的认识活动必须以丰富的感性材料和理论材料为思维加工的材料，借以形成新的概念和理论。哲学活动所加工的材料是各种形式的知识材料，归根到底是从实践活动过程中所获取的感性经验和理性思维中获取的。生产劳动、阶级斗争、科学试验等基本的社会实践类型以及整个丰富的社会生活过程提供和积累了丰富的知识材料，为哲学思维提供了加工的原料。哲学思维对其进行分类、储存、加工，形成哲学概念和理论体系。如果离开了社会实践活动中源源不断增长的知识材料，哲学思维便会无的放矢，变成了"无源之水，无根之木"。

第三，哲学思维的真理性标准是实践，哲学思维的结论必须在实践中证明自己的真理性。马克思指出："人的思维是否具有客观的真理性，这不是一个理论的问题，而是一个实践的问题。人应该在实践中证明自己思维的真理性，即自己思维的现实性和力量，自己思维的此岸性。"② 对哲学思维的结论的真理性的确认，只有社会实践活动的现实效果才能够提供。马克思主义

①② 《马克思恩格斯选集》第1卷，人民出版社1995年版，第72、55页。

特别强调哲学的实践效果，即改造世界的作用。当实践者把某种哲学作为自己实践活动的指导思想和根本信念时，这种哲学理论作为特定实践活动的世界观和方法论便在整体上经受检验。如果实践者达到了预期的目的、理想的效果，就可以说这种哲学理论得到了一定程度的真理性证明；如果没有达到预期的目的、理想的效果，就可以说这种哲学理论在一定程度上遭到了实践的证伪。

第四，哲学思维发展的动力来源于社会实践活动。主体在实践活动中不断改造世界，同时也在不断地改变自身，对象性活动中的创造性成果通过内化的方式促成了主体自身素质的发展和提升，"环境的改变和人的活动或自我改变的一致，只能被看作是并合理地理解为革命的实践"。[1] "道德、宗教、形而上学和其他意识形态，以及与它们相适应的意识形式便不再保留独立性的外观了。它们没有历史，没有发展，而发展着自己的物质生产和物质交往的人们，在改变自己的这个现实的同时也改变着自己的思维和思维的产物。不是意识决定生活，而是生活决定意识。"[2] 社会实践的历史性发展，是促成主体思维能力发展和提升的深层根源。随着实践主体的社会本质的发展，社会客体的变化发展，哲学思维本身也在不断发展。从人类认识发展史上看，哲学活动的进步主要依靠两种类型实践活动的推动：第一，自然科学实践的发展，推动了人类对自然世界的科学认识，因而这种推进和成果也在哲学思维领域得到了观念的表达和理论的加工，丰富了哲学的内容，促进了哲学的思维；第二，社会生活实践方面的发展，推动了人类对社会生活的认识和对个体自身认识的深化发展，因而在哲学思维领域以积极成果的形式表达出来，便构成了哲学的积极成果和创造性发展。

总之，从社会存在本体论的视角来看，哲学扎根于社会实践，哲学理论的各个方面都要受到特定历史条件下的社会实践活动的制约和规定。社会实践活动为哲学思维生产出原材料、动力、需要和思维能力本身，使哲学思维成为现实的可能，并赋予哲学思维以活力。如果远离社会生活，脱离实践构筑空洞玄虚的精神体系，则只会堕入形而上学的抽象，葬送哲学思维本身的根基、现实性、活力和生命。

①② 《马克思恩格斯选集》第 1 卷，人民出版社 1995 年版，第 55、73 页。

（二）哲学思维或理论对社会实践的作用和影响

哲学对社会实践的作用和影响，是以实践意识为中介的：哲学影响实践意识，从而影响实践活动本身。实践是对象性的感性活动，实践意识是实践活动过程的内在环节、必然要素。在实践活动过程中，哲学思想直接转化为实践意识，从而构成实践活动的有机环节，内在地影响实践活动的展开。哲学通过转化为实践意识，从而指导和影响实践活动本身的作用可以从以下三个方面来理解：

第一，哲学作为世界观体系而对实践活动起到总体的思想框架作用。特定实践活动的发生都要以一定的实践意识所构建的世界知识图景为前提而展开。实践主体必须首先在观念中对"世界上存在着什么东西"、"外部世界是怎样的"、"应该如何利用和改造它们"等世界观层面的问题有一种特定的理解，才能进一步开展实践活动。一般来说，日常信念、常识、感觉经验和间接经验等就可以为实践者提供模糊的世界图景，但如果要进行真正有效的实践，就必须有更为明晰、更为精确的世界图景。哲学恰恰能够为实践活动的深入开展提供这种明晰的世界观。

第二，哲学作为思想方法而对实践活动起到具体的指导作用。哲学为人们的社会生活提供方法论，影响着人们的思想方式和行为方式。在日常生活中，我们认识问题、解决问题的方式，或多或少都与某种哲学认识论思维有关。我们为人处世的方式，又与某种伦理学思维有关。历史上的哲学观念已经潜移默化地渗透到我们的日常思维和行动之中，深刻地影响着我们的精神和物质生活。

第三，哲学作为精神动力而对实践活动起到内在推动和引导作用。实践活动的发生需要精神动力从内部进行支持，它包括推动人们的实践活动的理想、信念、思想和精神等。哲学激发人们追求真、善、美的理念，从一个较高的层次上提出"更美好的生活"的价值构想，激励人们不断地通过实践活动改造世界，创造更美好的社会。

四、哲学与科学

按照亚里士多德在《形而上学》中的理解，从理论学科的基本对象来看，哲学是探讨世界根本原理的学问，而科学则是分门别类地研究世界存在整体的各具体现象、各具体属性、各具体层次、各具体部分的专门性学问。按照康德在《纯粹理性批判》中的观点，从理论学科的基础来看，科学的基础是经验，一门特定科学的知识体系，只能以可能经验为其范围，不可能存在超出感觉经验之外另行构筑形而上学体系的"科学"；而哲学不仅仅以经验事实为基础，更以先验的东西为基础。哲学怀有对知识统一性的强烈追求，试图给出关于世界的完整概念图示，因而必然超出经验和事实的范围，努力探求使得经验成为经验、事实成为事实的那些更为深刻的可能性根据和原则，发现经验事实存在、发展和灭亡的原因、本质和规律。其实，康德所谓的"先验的东西"并不是真正的先验的，它们归根到底仍然来自科学，来自实践，因而才对科学实践有效。

具体来说，哲学与科学的关系是一个双向互动的关系，科学的发展是哲学发展的基础和条件，同时哲学又反过来对科学的进一步发展起很重要的作用。关于前一方面我们在前文已经进行过阐释，这里着重谈后一方面。

第一，哲学对科学理论的基本概念、核心范式进行前提性反思与构建。哲学作为一种独特的反思方式，能够对各门科学进行深刻的"前提性批判"，对其基本概念、根本前提进行批判性的考察与建构。各门自然科学都有一些普遍使用的基本概念范畴，例如几何学所使用的"空间"，物理学所使用的"时间"等等。虽然，这些概念构成了这些学科理论和研究的基本原则和根本前提，但并不都能够在该学科内部形成确定的理解和反思。例如，几何学的理论知识不一定能够完整地解释"空间"这一概念，而物理学的知识也不能够回答"何谓时间"这一问题。这些基本概念构成了各门科学的研究活动的基础，但恰恰是它们仅就本学科的专业知识和具体研究不能追问也无须追问的概念，恰恰是科学家"日用而不知"的基本原则。按照美国科学哲学家库恩在《科学革命的结构》中的观点，在通常情形下，科学家无须对学科的基本概念、基本"范式"本身加以理解或反思就可以顺利地从事日常的科学研究；但一旦这门科学的基本"范式"出现了危机，使这门科学进入了"反常状态"，那么寻求新的科学范式的尝试，只有在对作为理论前提的那些基本概念、基本范式的反思性理解中才能找到有效的路径。也就是说，对科学的理论前提、基本概念进行基础性的追问，对科学的核心范式进行前提性的批判，是推动新范式的出现，推动科学革命的爆发与实现的必要前提。而这一基础性的追问与前提性的批判，只有哲学思维才能进行。由此看来，任何一门科学的诞生、革命都需要哲学理论思维从其根基、前提上的理解与确定，否则这门科学将无法获得稳定的理论根基和良好的发展态势。

第二，哲学对科学理论的基本性质进行根本性的反思与历史性的阐明。哲学不仅仅在反思和确立科学的理论前提方面起到了基础性的作用，而且还帮助科学反思与阐明其基本性质。从科学的发展史上来看，几次重大的科学观的确立和转变都与特定哲学观念的提出与发展紧密相关，正是哲学对科学的性质的思考确立了我们时代最基本的科学观、科学概念。例如，亚里士多德对于知识系统的分类，最早确定了科学在人类知识系统中的特定位置和特定性质：对"存在"的各种具体属性、各种具体形态、各种具体部分进行专门性研究的学科。而及至近代，认识论直接参与了科学范式、科学性质、科学方法的变革与构建。培根更加鲜明地凸现了科学试验方法和经验归纳逻辑的重要性，指明了科学活动的经验主义认识论基础；并明确地把科学的实用性作为科学价值的最高标准，从而确立了科学主义思维的工具理性内核。稍晚的笛卡尔则从理性主义一侧突出强调了数学的等演绎逻辑在科学研究中的基础地位，试图发展出一整套以"普遍数学"为模型的科学世界观图景。对经验论和唯理论两派认识论观点进行批判综合的康德，则通过"认识主体"与"认识对象"之间关系的基础性颠倒，实现了认识论领域中的"哥白尼式的革命"，时间、空间的先验理论打破了客观主义的绝对时空观，从而对科学的思维方式、研究方式产生了极其深远的变革性影响：在科学研究中，"观察者"与"观察对象"的"易位"，以及由此引发的对经典物理学、宇宙论的基础前提的最初质疑，都可以追溯到康德的这一"哥白尼式的革命"。不仅如此，康德的思想革命还开辟了一种重新认识科学的性质，重新认识科学史的思想潮流：人们不再把科学史理解为纯粹的物质技术演进过程，而是更多地理解为人的一种创造活动，人类思想史整体中的一个有机组成部分，从而以一种全新的眼光来审视科学与社会生活之间的深层关联。库恩所开辟的"社会历史学派"便秉承和发扬了这一致思理路，他们从十分广阔的社会生活整体语境出发来具体地、历史地理解特定时期科学理论和研究本身的性质、功能和局限，危机中的突变，革命中的创新，曲折中的前进，以及科学研究与社会政治、经济、文化生活之间复杂、微妙的交互关系，从而打破了人们关于"科学是绝对客观真理体系"的教条僵化的传统观念。

第三，哲学对科学理论进行世界观高度的宏观指导。哲学是关于世界存在整体及其基本法则、基本规律的学问。而科学是对存在整体的各种具体属性、具体形态、具体层面的专门性研究。科学活动的展开需要一种广阔的世界知识图景作为其理论背景和前提预设，而这一任务只有哲学的世界观功能才能够胜任。科学与哲学世界观的深层联系表现为，科学研究活动的独立性以及科学理论体系的统一性，最终需要在哲学世界观的层面上得到证明和综合。哲学作为探讨世界存在物的总体法则、根本规律的学问，其原理只有在具体科学的发展进步过程中才能得到不断地揭示、阐明、丰富和发展。撇开了科学研究的具体成果，有关世界整体的知识图景就有可能沦为空洞的抽象和思辨。另一方面，科学作为探讨世界存在总体的具体属性、具体形态的专门学问，固然有其自身的独立性和特殊性，但这种学问必须在特定哲学世界观的宏观视野下，通过某种哲学的思维方式，由关于特定经验事实的现象描述和具体解释，上升为关于经验事实的本质描述和一般解释，否则就只能局限于单个现象的描述，而无法提出具有一定普遍意义的科学陈述及科学理论。从科学发展史上来看，无论是牛顿的经典力学体系和绝对时空观，还是爱因斯坦的相对论，都包含着从具体科学层面出发而追求某种哲学世界观图景的理论诉求。追求知识统一性和建立统一的世界画面的内在诉求，不仅指引科学家把不同学科的知识综合起来，以形成新的科学理论，而且还引导着科学家把科学认识纳入统一的世界知识图景之中，并以这个知识图景作出对问题的解答，从而不断揭示出世界整体存在的深层次的本质。

第四，哲学对科学技术的社会功用的反思与规范。科学技术的社会功能是哲学反思的重要内容。科学技术在促进社会发展、增加物质财富乃至拓展人的能力、弘扬人的价值方面的功绩举世注目，但同时带来的负面效应也不能不予以关注。面对科学技术在实践应用中的诸多现实的或潜在的危害，哲学有责任从伦理价值上予以反思和批判。相应地，哲学应该努力在价值和理论上规范科学技术的社会功能，使之服从人类可持续发展的目标和理想。近代以来的科学主义思想传统曾经向人们作出过美好的"允诺"：随着科学技术的不断发展，人们的生活状况将不断改善，人类将不断得到更多的自由和幸福。然而，当代人类面临的能源危机、环境污染、生态破坏、核武器威胁等全球性问题，却和现代科学技术的迅猛发展及其广泛应用有着十分紧密的联系。人们已经开始意识到"科学技术是一把双刃剑"：一方面，科学技术的发展确实代表了人类文明的高度发展，确实为人类生活带来前所未有的便利和改善，确实为人类的解放、自由和幸福创造了积极条件；另一方面，迅猛发展的科学技术也存在着成为一种超出个人控制的非人性力量的可能，事实也已经由于科学技术的滥用和误用而导致了一系列违背全球利益的恶果。一言以蔽之，用马克思的话来说："……自然科学却通过工业日益在实践进入人的生活，改造人的生活，并为人的解放作准备，尽管它不得不直接地使非人化充分发展。"① 人化与非人化便是科学技术的二重性本质。究其原因，关键在于科学技术这一存在物本身的局限性，科学技术本身只是一种工具性、技术性、实用性的存在，单纯从自身出发不能为自己的存在、发展和应用提供合乎人类利益的价值规范，不能形成合乎价值理性的"自律"，因而仅仅唯科学是从，视科学为"圣经"、"绝对真理"的"唯科学主义"世界观只能导致科学技术社会功能和实践应用中的人性关怀的缺位、价值规范的失效和物质主义至上的泛滥，从而导致破坏人类良性生存状态的严重后果。而能够为科学技术的社会应用提供基础性价值规范作用的只有哲学。在现代社会中，哲学以担当人类价值规范为己任，自觉警惕唯科学主义、物质主义和经济主义等工具理性思潮所带来的深度危害，为人类的生存、发展和自由的最高价值，对科学技术的社会功能和实践应用起到最深层次的理论反思和价值引导作用。

五、哲学的方法

迄今为止，哲学方法经历过直觉与思辨、经验与理性、历史与逻辑、分析与体验等形态演变；只不过与具体科学方法不同，这种前后更迭不是彻底否定、彻底抛弃，而是在批判基础上的继承与发展，是辩证地"扬弃"。

第一，直觉与思辨是哲学方法的最初形式，是古代本体论哲学方法的主

---

① 《马克思恩格斯全集》第 3 卷，人民出版社 2002 年版，第 307 页。

要形式。在物我不分、主客一体的古代，人们对事物的认识与把握基本上表现为日常经验的认识，它还不具备使这种日常经验在实践的基础上达到各种具体科学产生和发展的条件，它只能产生以世界整体为基础，对世界整体的直觉。在还不能把外部世界作为客观的对象来把握和认识，对各种自然现象和社会现象作不出解释的时候，观察事物就只能采用这种直觉的方式。这是古代人的天才的自然哲学的直觉。随着实践规模的扩大和生产经验的积累，古人把握世界的方式由充满神秘色彩的直觉方法向思辨方法转变。在古希腊出现了许多"智者"，他们以统观万物整体，寻找世界最终本原为自己的任务；往往根据有限的经验事实，在脱离必要推理的情况下对事物作出某种抽象，提出许多对世界由何构成、如何作用的有关世界本原的学说。在这些学说中无论是泰勒士的水源说、赫拉克利特的"活火说"，还是毕达哥拉斯的数本原论，乃至柏拉图的理念论，亚里士多德的"四因说"都是凭借有限的观察和经验就进行原始的概括，最后形成的关于世界体系的结论必然是思辨的。

第二，经验和理性是近代认识论哲学的主要方法。哲学不能只靠直观和思辨来作为自己的方法论基础。在近代欧洲哲学家那里，有的求助于感性经验材料说明事物的方法，有的求助理性，即思维所具有的抽象思维能力和形式。围绕人的认识问题出现了经验论和唯理论两大哲学派别，前者主张从感觉经验开拓，后者主张从理性思维开始。经验论方法的根本原则是认识起源于经验。这意味着肯定人类一切知识，首先是由于外部对象通过感官影响人的意识而产生的。这就是把认识看做理智功能对感觉经验的加工和整理，并把感觉经验看做认识直接的对象本身。而对于外物存在的观念，则或者如洛克一样当做必要的假设，或者如休谟一样当做不可知的东西而存而不论，甚或如贝克莱一样加以拒斥。许多经验论者从基本原则出发推崇经验的归纳方法，把它作为科学研究的基本方法。

与经验论方法并起的是唯理论方法。它强调只有依靠理性才能获得关于事物的本质和规律的知识，强调只有这种理性知识才具有普遍必然性，才是可靠的科学知识。从这一基本立场出发它推崇理性的演绎法，甚至把数学的方法绝对化、普遍化，使之上升为哲学世界观，主张哲学体系应当从一些清楚明白的公理出发，一步步地推演出它的全部结构。由于这种体系夸大了理性认识，割裂了理性和感性，所以常常陷入理论困境，最终必然求助于上帝，求助于先天的"天赋观念"。

第三，逻辑与历史的方法在马克思主义哲学中实现了真正的统一。逻辑的方法直接源于唯理论的方法，是唯理论方法在某一方面的具体化。它把逻辑公式运用到观察世界的一切方面，舍弃了这些方面历史和经验发展的曲折过程和偶然因素，通过一系列普遍的概念、抽象的范畴来揭示整个世界的图景。黑格尔的方法是比较典型的逻辑方法，他认为，绝对精神是在辩证格式中展示的；在这个格式中每进一步通常称为正题，紧接着就是它的反面即反题，而两者之间的冲突由两个斗争着的因素综合而局部得到解决，这就是合题。正—反—合成为黑格尔考察事物的逻辑公式。当代西方科学哲学中的逻辑方法则把哲学和数理逻辑相结合，静态地分析、研究自然科学中的逻辑体系与逻辑方法，试图通过描述科学方法的理性要素及其基础——由旧理论到新理论更替的逻辑来论证科学是一种理性的事业。

而历史的方法则是试图根据历史发展的自然进程来揭示历史的规律。为了再现历史发展的完整图景，它主张人们追随历史实践中的每一曲折包括某些偶然因素，并通过对这些事件的描述来驳斥人为的先验模式。但由于其陷入一种极端"历史温情主义"情绪，往往过多地堆积历史现象和具体事例，导致"只见树木，不见森林"之境地。

马克思主义真正地把历史方法和逻辑方法统一了起来。马克思主义认为，排斥逻辑方法的历史方法是经验主义的，排斥历史方法的逻辑方法则是空洞抽象的。历史方法绝不能只限于历史现象和具体事例的堆积，而要进一步揭示历史发展的规律就离不开逻辑方法。逻辑方法又必须以历史的实际发展为基础，它实质上是摆脱了历史形式的历史方法。历史方法和逻辑方法、历史的东西和逻辑的东西在这些"典型形态"和"发展点"上高度地统一起来，它既可以使我们总结历史，又可以使我们从中抽象出规律性的东西，从而去探索和研究尚未认识的客观现实，指导人们自觉地认识和实践。

第四，分析和体验的方法是西方现代哲学广为流行的哲学方法。分析哲学推崇语言分析的方法，它在反形而上学的旗帜下，否定以本体论和认识论为核心的传统哲学，认为哲学唯一正确的方法就是对语言进行逻辑分析，阐明它们的意义和用法。其中，人工语言学派认为，日常语言的含义是模糊不清的、不确切的，必须在哲学研究中抛弃这种语言，另外创造出一套清晰的、明确的人工语言来。日常语言学派则认为，各种哲学争论和人们的思想错误的根源，不在于他们所使用的日常语言本身有什么不当，而是由于人们没有了解它们的确切含义，误用了它们。因此，所需要的不是用人工语言来代替日常语言，而是要分析出日常语言中词和句的正确用法。

而体验为主的哲学思维方法最广泛地用于现代人文主义思潮的各种哲学流派之中。它们把人等同于自我的各种属性：或者是意志、情感和欲望，或者是支配这些意志、感情和欲望的道德主体——人格等等，认为哲学的方法就是对它们进行生存性、直觉性、个体性的体验。它们认为世界只有靠神秘的体验，在焦虑、绝望、恐惧等心理意识中达到顿悟，达到"澄明之境"。这种把体验作为哲学唯一的体认方式的理论在本质上是对理性主义传统的反拨，是非理性主义的。

六、哲学的社会功能

哲学是"思辨的幸福"，它是在一种灵魂的激情、自足和超然中，对世俗、平庸和功利保持适度的冷静和距离。然而，这并不表明哲学是无用的智力游戏和文化耗费品。哲学是"无用之大用"，它正是在潜移默化之中发挥着它对人生、社会、文化的深层作用；哲学是"叮在城邦身上的牛虻"，它在生活世界之外建构起思想批判和文化创造的平台，并努力开辟出另一种生活的可能性。哲学并不是世界之外的玄思，作为特定的社会意识形式，哲学具有特定的社会功能。从人类文明的历史来看，哲学总是通过各种方式将自身的理论能量释放到社会生活中去，对社会实践生活产生或长远或短暂，或积极或消极，或激进或保守的作用和影响。从总体上看，哲学的社会功能集中表现为指导认识、指导评价、社会批判和社会建构四个方面。

（一）哲学具有总体性的对世界各个组成部分的认识功能

在各种社会意识形式中，只有哲学才具备从总体性、本质性、系统性层面把握指导的认识功能。世界是由多种要素，在复杂结构之中有机结合而成的系统总体。仅仅局限于专门性科学的研究和思维，是不能对各要素总体作出全面性、系统性、有机性的把握的。而哲学恰恰能够提供一种总体性的思维，从而构筑起具有总体性的认识理论。哲学要把握整个世界及其各个要素的结构，必须在错综复杂的关系中梳理出线索，在表面平行的诸多要素中寻找到等级，在茫无头绪的过程中寻找到支点。

例如，马克思在哲学与经济学的结合点上建构起一整套系统的社会认识论，对社会现象给予了规律性、本质性和系统性的说明和阐释。正是基于科学的实践观点，马克思抛弃了对社会历史现象的唯心主义解释，从各种社会关系中寻找到了经济关系，以它为根本性的因素，并在此基础上看待政治关系（阶级关系）和其他各种社会关系，坚持了社会认识中的唯物性与辩证性、整体性与层次性、系统性与结构性的有机统一。马克思的社会认识论是经济学与哲学的有机结合体。从经济学方面来说，经济学需要哲学的指导；从哲学方面来说，哲学本身需要扩展到经济学。哲学如果离开了对经济事实的研究和分析，就将远离现实生活，陷入抽象和思辨的困境，这正是历史上一切唯心主义哲学的共同特征；而经济学倘若没有正确的哲学世界观、方法论的指导，将陷入现象分析和事实罗列，不能解释经济关系及其内在矛盾在社会有机总体系统中的基础地位，从而达到哲学的高度，古典经济学就是如此。

（二）哲学具有导向性的对对象进行评价的功能

哲学在通过一般认识论对世界现象和社会现象进行认识的同时，还通过与认识相适应的利害善恶美丑等价值观念，来为人类实践活动、社会变革、稳定秩序提供价值导向。哲学在其产生之处，就不仅包含着人们对世界本原的追问，而且还包含着人们对价值层面的追问：利是什么？害是什么？善的生活是什么？国家的正义是什么？善是什么？正义是什么？美是什么？丑是什么？这个对象对人是有利的还是有害的？是美的还是丑的？这种行为是善的还是恶的？……在早期西方哲学中，苏格拉底实现了由"天问"向"人事"，由"自然哲学"向"伦理学"的转变。按照苏格拉底和柏拉图的观点，德性即知识，美德是掌握知识的结果，道德实践理性是智力活动的最高形式；城邦的首要目的是要通过哲学家来发现城邦的基本美德：正义、智慧、勇敢和节制，并用这些关于美德的知识来治理城邦。

哲学的这种为社会生活提供价值导向的功能，在中国古代诸子百家的哲学那里表现得更为明显。儒家思想推崇"仁"，提倡"爱人""忠恕"和"中庸"之道；政治上主张"德治"和"仁政"，重视伦理道德教化。道家则崇尚"道法自然",强调人们在思想、行为上效法"道";道德上主张"绝仁弃义""无欲而自朴",政治上主张"无为而治","不尚贤,使民不争"。其他如墨家、法家等都以伦理问题为主要研究对象,提出彼此各异的哲学主张。

(三)哲学具有反思性的社会批判功能

两千余年来,在社会现实生活之中或之外构筑反思批判现实的理论和观念平台,一直是大多数哲学家的己任。苏格拉底便以针砭时弊的"城邦的牛虻"自喻。近代哲学中,哲学的批判锋芒在康德哲学那里表现得尤为突出。在康德那里,理性通过对自身的批判实现了一种新型统一性的理性概念。然而,哲学批判本身并不能只停留在观念的领域之内进行思想的自我批判,更为重要、更为彻底的批判功能恰恰体现在哲学对思维和感觉的对象本身的批判。与康德的理性的自我批判不同,黑格尔通过思维的自我批判走向了对象自身的自我批判和自我否定。马克思继承和改造了黑格尔的辩证法尤其是其中蕴涵的批判潜能,并将辩证法的批判能量释放到现实世界社会生活之中去,将哲学的社会批判功能发挥到了极致:"在自身中变得自由的理论精神成为实践力量,作为意志走出阿门塞斯冥国,面向那存在于理论精神之外的尘世的现实……""体系同世界的关系是一种反思的关系。体系为实现自己的欲望所鼓舞,就同他物发生紧张的关系。它的内在的自我满足和完整性被打破了。本来是内在之光的东西,变成转向外部的吞噬一切的火焰……世界的哲学化同时也就是哲学的世界化……"。① 马克思要求哲学同实际的社会运动相结合,同现实的物质力量相结合,把"批判的武器"(哲学)同"武器的批判"(革命无产阶级)相结合。这是对哲学批判功能最好的阐释。

(四)哲学具有超越性的社会建构功能

哲学不仅对社会生活进行反思和批判,而且正是在这种反思性批判的基础上构建超越性的理想以对时代和社会产生建设性的深层影响。哲学批判并不是纯粹的摧毁和否定的虚无,恰恰是在否定不合理的现实要素的同时,彰显现实中合理性的方面,并在此基础上提出超越性的理想,建构更美好的未来生活。

---

① 《马克思恩格斯全集》第1卷,人民出版社1995年版,第75—76页。

　　哲学家所建构的理想主要包括两个方面：一方面是社会的总体性理想；另一方面是人生的个体性理想。例如，中国古代哲学讲"内圣外王"，"修身，齐家，治国，平天下"，就是这两个方面理性的有机统一。对人类历史进程真正具有影响力的哲学家都是为后世提供了有持久力量的社会理想和人生理想，进而对建设理想社会和培养理想人格起到了深远的积极作用。中国传统哲学中，儒家的社会理想以"仁"为核心，"仁者爱人"，而爱的典型是亲子之爱和同胞之爱。亲子之爱的原则是"孝"，而同胞之爱的原则是"悌"。"孝"推广到君臣关系就有了"忠"，"悌"推广到常人之间的关系就有了"友"。规定这些多种伦理关系的各种具体规则就是所谓"礼"。因此，儒家的社会理想是以"仁"为内容，以"礼"为形式的。此种社会理想与儒家人生理想之间保持着有机的统一关系：儒家人格养成的目标是所谓"君子"，而君子就是对人伦关系、道德纲常的切身体认和内心认同，主动地把"仁"和"礼"的社会理想担当起来，并坚持不懈地付诸实践。

　　在西方哲学传统中，例如在柏拉图那里也鲜明地体现出哲学在社会理想和人生理想的统一之中的社会建构作用：柏拉图的整个哲学体系的核心目的就在于通过哲学思考发现和认识理念世界，并在现实世界中实行理念的规范或仿制理念的图景；而肩负这一伟大使命的哲学家必须将追求真理和无私治国当做自己的人生理想和责任来予以真诚的担当。正是在把社会建构和人格养成两个方面的理想统一起来的基础上，哲学才能有效地发挥出超越现存状态构建更美好、更合理的生活形式的社会建构功能。

第二节　西方哲学的形态演进与思维特征

　　西方哲学是我们对以源自古希腊、以欧洲大陆为中心的欧美哲学的统称，它从古希腊的自然哲学源头走到今天的所谓"后现代主义"，可谓是一场艰苦卓绝的漫长的智慧之旅。几千年来不同时期、不同地域的哲学形态纷繁复杂，各具特色。从西方哲学史的形态演进、流派演变、学理承传和思想创造等方面来把握西方哲学的发展规律与思维特点，是我们认识和分析整个西方哲学的有效途径。

一、西方哲学形态转变的社会基础与自身的逻辑

一般来说，哲学是世界观、人生观和方法论的理论形式，是关于自然、社会和思维及其一般规律的反映；西方哲学形态的变化是哲学自身的逻辑规律与现实社会基础相互作用的结果。

（一）西方哲学形态转变的社会基础

从哲学史上看，西方哲学的发展经历了一个曲折复杂的过程。哲学形态的每次转变总是随着社会的重大变迁而发生的。

早在古希腊，哲学能够脱胎于宗教和神话而萌芽，就是由于当时希腊半岛的复杂的、发展的地理环境和社会历史背景等因素影响的。公元前 6 世纪，由于波斯自东向西入侵，造成了国家领土的变迁、民族的迁徙和融合、东西方的文化交流和贸易往来的更加频繁。当时东方的许多先进的技术和知识等传到了希腊地区，外来文化和自身积累的经验技术相结合，方才孕育出了哲学思想的萌芽，古希腊人对自然和宇宙本质探索的兴趣此时支配着绝大多数古代哲学家的研究热情，哲学被赋予了纯理论、形而上的特征。而到了希腊晚期及至欧洲中世纪早期，一方面由于城邦制的瓦解所造成的社会动荡和融合，深刻而全面地改变了人与人、人与社会的关系，人们在迅速变化的复杂的社会环境中，普遍渴望安宁和谐的生活；另一方面罗马人和东方人的实用态度和宗教观念侵入希腊哲学内部，怀疑主义和相对主义引起的无谓争吵也从内部毁坏了希腊人固有的思辨理性精神。因此，哲学家们的理论兴趣和研究热情发生了极大的变化，道德的、实践的生活要求开始上升并成为哲学研究的主流。斯多葛学派、伊壁鸠鲁和怀疑主义哲学家从各自的角度论证了理性的生活只是达到幸福的一个途径，没有为智慧而智慧的思辨精神的穷究世界奥秘的探索精神，哲学的研究应该服从于实际生活中的道德的目标和要求。与此相应的，哲学在这一时期被赋予了伦理学或道德学说的特征。

在中世纪，由于基督教取得了至高无上的信仰权威，宗教因素遍布社会日常生活的方方面面。这对哲学也产生了极大的影响。哲学在宗教视野中只是被赋予了论证教义、支持信仰的义务，哲学的独立性与生存的合法性由此也受到了严峻的挑战和考验。哲学只能是作为神学的"婢女"而存在。哲学与神学的这种独特的联姻在经过中世纪漫长的纠缠之后，最终分道扬镳。

中世纪后期的哲学家在对基督教教义所作的逻辑分析和知识概括的过程中，悄悄地复兴和发展着古代哲学家对哲学功能的最初界定，复归于从科学的洞见中寻求世界观和人生观的理论基础。

近代哲学由神向人的复归，并重新寻求从科学的结论中获得解释世界的理论方式，是通过哲学认识论上经验论和唯理论的两极对立，以及在此基础上所达到的它们之间关系的更高意义上的统一而实现的。但这一切的发生都离不开中世纪晚期发端于意大利的文艺复兴运动和 16 世纪席卷欧洲各国的宗教改革运动。尤其是近代随着资产阶级的兴起，资本主义工业化生产逐渐发展、强盛，资产阶级的人权、道德、理性、自由等作为资产阶级意识形态，使近代哲学更是被深深地打上了近代社会发展的烙印，最终酿成了德国古典哲学的辉煌成就，也成就了康德标榜的哲学史上的"哥白尼式的革命"。

到了 19 世纪末期 20 世纪初期的时候，由于现代资本主义社会的飞速发展，工业力量的不断增强以及自然科学的突飞猛进，更是引起了新一轮的"物理学危机"、"数学危机"和"哲学危机"。最终"物理学危机"和"数学危机"被成功克服了，但"哲学危机"却一直伴随着哲学理论发展的每一步。为整个科学与哲学寻求某种共同的和根本性的基础的意愿仍然是支配着现代大多数哲学家理论兴趣和研究热情的重要动力因素。因此，以现象学和存在主义哲学为代表的人本主义哲学以及标榜实现了哲学领域中第二次"哥白尼式的革命"的、以语言哲学为代表的科学主义哲学，令人瞩目地引领着现代哲学的理论发展方向。而自第二次世界大战以来，随着西方工业社会逐步进入后工业时代，作为时代反映的哲学也随即进入"后现代主义"之中去了。

西方哲学形态的演变历程明显地昭示出，作为"时代精神的精华"的哲学并不是单纯可以凭借自身理性能力而独立演进的，它必须扎根于一定的社会现实，反映所属时代社会发展的理论成果和内在规律。完全脱离社会基础的哲学是不可能存在的，也是不具有任何意义的。

(二) 哲学形态转变也体现了哲学自身发展的逻辑

当然，考察哲学史也不能忽视不同的哲学理论形态总是带有一种倾向性、规律性的哲学思维的基本形式。从本质上说，是哲学思维的差异决定了哲学理论形态的差异性。哲学思维方式是一定时代人们的理性认识方式，是主体通过思维、观念把握客体的内在机制。因此，要考察哲学形态的转变与否，还应该考察不同时期、不同阶段哲学思维的特点。

西方哲学发展历程表明，其哲学形态的演变大致走了一条从本体论到认识论再到方法论转向的道路。把握了这一哲学发展规律，也就掌握了西方哲学形态转变的本质问题。从本体论—认识论—方法论的哲学发展线索，反映出哲学自身研究重心的转换，暗含了哲学思维方式的变化，暗示了哲学思维方式从对象性直观思维方式—主体性反思思维方式—实践论思维方式演进的内在规律性。西方哲学从古代本体论向近代认识论再到现代方法论的对象转换，既是理论内容的转换，又是结构形式的转换，更是哲学思维方式的转换。其意义在于哲学从观察外部客体世界为主转向以观察自身主体世界的认识活动为主再到取消主客体对立的角度来考察、认知世界。在此过程中，哲学的主体意识不断生长起来，哲学形态不断转换，从而促进哲学不断向前发展。应当指出，这种转换只是重心或重点的转换，不是一种形态消灭、取代另一种形态。而且，这种转换也反映了社会条件的转换。

古代西方哲学建立在以自然经济为基础的传统社会之上，人们对世界本源问题即终极存在产生了强烈的兴趣与追问：一方面希望从无限世界里为自身的有限存在寻求一种形而上的根据和论证；另一方面人们又从实用理性的角度强烈渴望认识人之外的世界，从而把自然世界纳入人的生存世界之中来。以本体论问题为核心的西方古代哲学以理论的方式集中体现了现实生活中处于矛盾状态下的人的生存方式及其思维方式，试图在主客二元绝对对立中寻找某种绝对的确定性。

由笛卡尔开创、黑格尔集其大成的近代哲学，则反映了人类社会由传统的自然经济向市场经济的改变，生活方式的日益趋利化、世俗化的特点。人们对终极存在之类的兴趣转向对日常生活世界的自我理解，一个给定的、自足的感性世界成为哲学活动的当然前提。但到了黑格尔那里，近代哲学的理性精神被过分夸大，哲学已经成了绝对理念、绝对真理的化身，成了远离人的现实生存和生活世界的抽象的理性王国，人的个性、价值、创造性、批判精神等均被遮蔽或被消解。

现代发达科技和昌盛物质文明的同时，也造成了人的价值的迷失、精神家园的失落及生态和环境危机等人类文明的危机。由此，现代西方哲学家们纷纷举起了拒斥形而上学的大旗，希望通过解构主体性形而上学为人类重新找到安身立命之本。从胡塞尔首创"生活世界"概念到海德格尔的"日常共在世界"，从维特根斯坦晚期的"生活形式"论到伽达默尔、哈贝马斯的"生活世界"观，都体现了当代哲学的这一重要的理论倾向，生活世界理论也标志着哲学范式由近代哲学对超感性主体世界的迷恋转向当代哲学对丰富的、鲜活的人的世界的关注。

哲学主流形态的这种转变充分体现了西方哲学自身发展的内在逻辑。

二、西方哲学形态演进的轨迹

西方哲学发展的历史源远流长，历数千年而经久不衰，虽数次遭遇危机，但每次都以不同方式寻找到克服危机的途径，并以一种新的富有生命力的形态继续演进着。这种脱胎于宗教和神话等文化背景的世界主流哲学，在两千多年的历史演进中，大致来说经历过古希腊罗马哲学、中世纪哲学、近代哲学和现代哲学四个阶段，不同时期的哲学形态都发挥着思想传承的功能，显现出其自身的独特魅力和历史局限。

（一）古希腊罗马哲学

古希腊哲学是西方哲学的发源地，它脱胎于古希腊的宗教和神话世界观。但古希腊哲学确切来说是指从公元前 6 世纪形成到公元 6 世纪初消亡，开始于小亚细亚的古希腊殖民地、繁荣于希腊本土，并扩展到亚洲、非洲等广大地区的古代希腊哲学形态，中间共经过了希腊古典时期、希腊化时期、罗马共和国及帝国时期。可以说，后来整个西方哲学所讨论的哲学问题，几乎都可以追溯到古希腊哲学中去。

在古希腊哲学的演变中，经历了早期自然哲学、智者运动和苏格拉底哲学、柏拉图哲学、亚里士多德哲学和晚期希腊哲学等发展阶段。在早期自然哲学中，以泰勒斯、阿那克西美尼和赫拉克利特为代表的伊奥尼亚派分别从"水本原"、"气本原"和"火本原"说论证了世界的本原是"变化的一"；毕达哥拉斯派则从"数本原"说论证了世界的本原是"不变的多"；以巴门尼德为代表的爱利亚派从"是者"说论证了世界的本原是"不变的一"；而以恩培多克勒、阿那克萨戈拉和德谟克利特为代表的元素论者从"四根说"、"种子说"和"原子论"论证了世界的本原是"变化的多"。苏格拉底哲学、柏拉图哲学、亚里士多德哲学是古希腊哲学最为辉煌的时期。晚期希腊哲学则以伊壁鸠鲁派、斯多亚派、怀疑派和新柏拉图主义为代表。

古希腊哲学以"爱智"为动力，以思辨为工具，探究世界本源、追究宇宙来源、探索万物规律、诘问生命意义、追求道德准则等，开创了西方哲学几千年的理性传统，极大地丰富了人类文明和文化的宝库，为人类的理论思维的发展开辟了一条坦途，为后世西方哲学的发展奠定了理论基础，以至后来的哲学家"言必称希腊"。正如黑格尔所说的那样："一提到希腊这个名字，在有教养的欧洲人心中，尤其是我们德国人心中，自然会引起一种家园之感。"[①]

（二）中世纪哲学

从公元 5 世纪起到 15 世纪东罗马帝国灭亡，约计一千年的时间，是漫长的欧洲中世纪时期。在此期间，天主教会支配了整个欧洲的世俗权力和精神生活，人们关注的中心不是尘世的生活而是天国，这一时期哲学成了基督教神学的婢女。这本是分属两种文化传统中的两种文化形态，但在中世纪却走到了一起，不过哲学只是为宗教信仰做理性论证和解释的工具而已，因而从希腊发展而来的哲学有了新的形态：基督教哲学。这里的基督教哲学，并不是指基督教哲学的整个传统，而是特指在中世纪基督教哲学诞生、成长，成为占统治地位的哲学形态并继而衰落的这一段历史。简单地说，这段历史又可以划分为两个阶段，即罗马时代的教父哲学和中世纪的经院哲学。公元 2 世纪，为了适应罗马统治者强化教会的需要，出现了一批以制定和论证基督教教义、信条为职业的"教父"，教父哲学由此诞生。而所谓"经院哲学"（Scholasticism），最初是在查理曼帝国的宫廷学校以及基督教的大修道院和主教管区的附属学校发展起来的基督教哲学。这些学校是研究神学和哲学的中心，学校的教师和学者被称为经院学者（经师），故他们的哲学就被称为经院哲学。

作为一种特殊的哲学形态，基督教哲学试图调和理性和信仰的矛盾，用理性来证明信仰。但是由于二者在根本上是矛盾的，因此最终不仅损害了信

---

① 黑格尔：《哲学史讲演录》第 1 卷，生活·读书·新知三联书店 1957 年版，157 页。

仰，也失落了理性。此外，基督教哲学与它之前的希腊哲学形成了鲜明的对比。在某种意义上说，希腊哲学的精神是一种崇尚知识的理性主义和人文精神。基督教哲学则正好相反，它以否定现实的方式谋求灵魂的救赎，视人间为走向天国的"天路历程"，试图通过信仰上帝使灵魂得到永生。理性与信仰逐渐分离，西方哲学史由中世纪哲学缓缓地转入了近代哲学。

（三）近代哲学

一般狭义上理解，西方近代哲学肇始于笛卡尔，因而他被称为"近代哲学之父"。就像黑格尔在《哲学史讲演录》中所说的那样："笛卡尔事实上正是近代哲学的真正创始人，因为近代哲学是以思维为原则的。独立的思维在这里与进行哲学论证的神学分开了。把它放到另外的一边去了。思维是一个新的基础。"① 但我们也可以说，广义上的近代哲学应该包括反叛中世纪经院哲学、酝酿近代哲学精神的文艺复兴时期的哲学。正如罗素所说："通常谓之'近代'的这段历史时期，人的思想见解和中古时期的思想见解有许多不同。其中有两点最重要，即教会的威信衰落下去，科学的威信逐步上升。旁的分歧和这两点全有连带关系。近代的文化可以说是一种世俗文化而不是僧侣文化。"② 文艺复兴时期"人的发现和世界的发现"这两大哲学主题可以说正式开始了哲学与中世纪决裂，准备新的形态转换的重要时期。从这个意义上来说，近代哲学可以划分为三个时期：即以但丁、彼得拉克、莎士比亚、达·芬奇、米开朗琪罗、拉斐尔等为代表的文学家和艺术家主张以人为中心、一切为了人的利益，以反对封建主义和神学运动的文艺复兴时期；以培根、霍布斯、洛克、贝克莱和休谟等为代表人物的经验论和以笛卡尔、斯宾诺莎、莱布尼兹等为代表人物的唯理论时期；以康德、费希特、谢林、黑格尔等为代表人物的德国古典哲学时期。

从文艺复兴到黑格尔的近代西方哲学主要是以启蒙运动所倡导的理性观念为核心的，并在德国古典哲学那里得到了最高水平的总结和发扬。但在黑格尔哲学之后，近代西方哲学又走到了它的反面，从过去那种唤起人的觉醒、维护人的自由与尊严等积极方面又转到了它的对立面。这也就是说，近

---

① 黑格尔：《哲学史讲演录》第 4 卷，商务印书馆 1981 年版，第 63 页。
② 罗素：《西方哲学史》下卷，商务印书馆 1986 年版，第 3 页。

代西方哲学的思维方式在否定了自己的对立面之后已经完成了自己的发展历程和使命，在某些方面开始成了哲学自身进一步发展的障碍，又发展到该否定自身的时候了，这也要求西方哲学必须要实现新的形态的转换，才能给自身找到新的出路。

（四）现代哲学

现代西方哲学主要是指自近代德国古典哲学特别是黑格尔哲学解体之后，西方哲学走向的另一个新的历程和发展阶段。对于西方现代哲学来说，这几乎就是以实现哲学的"非黑格尔化"或者"反黑格尔化"而展开的。可以说，几乎 20 世纪的每一次哲学思潮都源于对黑格尔哲学的批判。

正是通过对黑格尔绝对理性哲学的批判和康德关于"科学与价值"二元分析的继承与发展，现代西方哲学形成了两大主要哲学思潮或理论倾向，即科学主义思潮和人本主义思潮。

属于科学主义思潮的哲学流派，如实证主义、马赫主义、以逻辑经验主义为主的分析哲学以及当代科学哲学等，自命根据现代自然科学的新成就，以实证科学的精神批判和改造旧哲学，重建新型的哲学理想与体系。应该说，这是一种颇有前途的选择，但美好的前景被错误的思维方式葬送了。比如，有的论者根据对微观领域粒子微粒性与波动性的观察取决于测量仪器的事实，得出没有测量仪器粒子就不存在，从而粒子没有实在性的结论，将这一思想引入哲学领域，就导致了主导观念上的非实在论倾向；还有的论者指出了量子力学对微观世界的发现证明了以往那种偶然性和确定性的机械因果论、决定论是错误的，据此认为测不准原理证明电子具有自由意志，证明了在微观世界没有因果性、规律性，由此宣告崇拜偶然性的非决定论的胜利。各派纷纷提出自己的模式论、方法论，一时间"超越"古典理性主义的"新理性"模式蔚为大观。

属于人本主义思潮的唯意志主义、生命哲学、现象学、存在主义、弗洛伊德主义、哲学人类学等，甩出的也是一把双刃剑，一面对准理性，由对理性零散的、不相关的批判，发展成为一种系统的日益深入的理论批判，他们向理性的权威发难，不无情绪化地指斥理性方法的局限；另一面承接非理性，把哲学史上的直觉方法扩展开来，开辟出一片声势浩大的非理性主义的新天地，它们的哲学方法充满了神秘主义、非理性主义，不是使人清醒而是使人更加糊涂，不是使人体悟境界而是使人更加陷入迷雾。

20世纪中期以后，随着逻辑经验主义的衰落以及语言分析哲学的日趋式微，以及解释学对不同传统和理论体系之间对立的消解，一定程度上为欧陆人本哲学和英美分析哲学找到了交汇点，适应了西方哲学逐渐走向融合的要求，科学主义思潮和人本主义思潮出现了不断相互影响、相互融合的发展趋势。尤其是随着后现代主义思潮的兴起，现代西方哲学呈现出更为复杂的局面，虽然科学主义思潮和人本主义思潮因而日趋显露出逐渐走向统一的端倪，但未来西方哲学的发展出路也更加扑朔迷离。

马克思主义哲学虽然产生于西方哲学，但它以其对世界发展规律的准确透视和科学的思维方式，超越了其他形形色色的哲学形态，迄今为止仍然是我们时代"不可超越"的哲学。

三、西方哲学思维的特质

从总体上探讨西方哲学思维的特质，是一个极为困难的问题。西方哲学在其数千年的发展历程中，虽然都同源于古希腊哲学，但古希腊之后则开始分流，并且吸收了许多东方民族的思想和理论成果。不同时期不同的哲学形态，不同的哲学流派，哲学与其他学科比如宗教、科学的关系等也无不在影响着西方哲学思维特质的同一性和明晰性。所以要从整体上概括西方哲学思维的特质难免会以偏概全或不得要领。然而，西方哲学几千年来形态的多样性和发展的曲折性，并不意味着西方哲学从根本上没有共同的本质和特点；虽然不同时期有其阶段性差异，但从其社会背景、思维逻辑等方面也还是可以探寻出西方哲学思维特质的规律。从总体上探讨西方哲学的思维特质，本身也是一个有意义的哲学问题。

每个人一接触哲学的时候，都会问这样一个问题：为什么哲学的完备形态是出现在西方而不是其他地区呢？要准确回答这一问题，我们必须要分析是哪些因素促使西方能够产生出哲学的完备形态。从哲学的发展史来看，理性主义、理性精神一直是西方哲学的永恒特质，是西方哲学能够脱胎于原始宗教和神话的原因，也是人们理解把握哲学的一个主要的线索。所以，我们应该从理性主义角度去全面把握西方哲学思维的特质。

理性主义指哲学中崇尚理性、强调理性作用和功能；认为一切活动都应由理性来指导，只有理性是至高和权威的。理性主义在西方哲学的发展历程中主要体现在：把关注的焦点指向客观世界，它追究客观世界的本原（本体论）；关注人是如何认识世界的（认识论），产生了分析主义和实证主义（科学主义）；追究人应该如何改造世界，处理与外部世界的关系。西方哲学的理性特质和理性精神包含四个层面的意思。

一是纯粹理性的求知精神。理性作为人的自然禀赋，凭借自身自由的本性，可以超越任何物质利益和外在目的探索终极的、抽象思辨的问题。诚如康德在《纯粹理性批判》中所谈到的，这一方面主要包括了关于事物起源、思维形式、存在意义等抽象的问题，即形而上的玄思。可以看出，这种思辨探索，往往是非功利性的，更多的是为了满足求知欲和好奇心，是出于对知性的追求，对完美和绝对的追求，出于创造的冲动。西方自古希腊起就发展出了鲜明的纯粹理性精神，它是西方哲学的起点。柏拉图认为，人由三部分组成：理性、灵魂、肉体，其中理性是三者中最高贵的、不朽的部分。古希腊的哲学，即"爱智慧"，是对知识、对理性的追求，毕达哥拉斯的数、柏拉图的理念、阿那克萨戈拉的"心灵"、赫拉克利特的"逻各斯"、德谟克利特的"原子"等都是对世界本原的理性的追究。在中世纪，哲学的理性精神虽然受到了宗教信仰的压抑，但并未绝迹。由于需要用理性来解决神学问题，许多经院哲学家对理性给予足够的重视。"经院哲学之父"的安瑟尔谟就把哲学辩证法运用于神学；正统神学家阿奎那的学说就贯穿理性精神，他通过理性的推理和证明，来论证宇宙本体"上帝"的存在。文艺复兴时期，理性更是成为衡量一切的标准，是向传统宗教神权、封建专制宣战的有力武器，理性精神再次成为主导性原则，思维着的理性是衡量一切的标准。近代哲学时期，笛卡尔、康德、黑格尔则把纯粹理性推向了极致，他们认为，理性是作为宇宙之本原和世界之灵魂的一种本体论意义上的实体，是内在于客观现实中的一种本质性结构，是世界的客观的秩序原则。西方哲学正是在这种不计功利的追求"真"的动力下不断向前发展演进的。

二是实践理性的实用精神。西方哲学家大都以"善"为价值取向，注重追求哲学对于公众生活的功利性效用。从实际功利的目的出发，处理自身与外部世界的关系，旨在追求服从理性、对人有所裨益的生活。这种实践理性既包含了工具理性，也包含了价值理性，它以人为目的，一切活动目的的确立，手段的选择和运用，过程的实施和终结，都是为了人自身的利益。这是人自觉地从事合规律合目的的活动的精神。但由于工具理性与价值理性在实践过程中的张力不同，导致了实践取向上的很大不同。西方哲学主客对立的理性思维方式，认为人是理性动物，而且只有人有能力进行纯粹的认识活动。这种崇尚理性的精神，使得人们在实践中不以静态的沉思默想、寄希望于彼岸来获取人生的意义，而是造就了一种积极创造的进取精神，追求现世人生意义与价值。因此形成了西方积极进取的实践理性，一种以工具理性为主导的实践方式。西方哲学实践理性的求新、求异、创造、发展的开拓精神对发展造福人类的科学与技术，推动西方文明的进步起了巨大的作用。但其二元对立的思维方式，导致了主体与客体、事实与价值的二元对立，给西方文明在 20 世纪遭遇深刻的理性主义危机埋下了种子。可以说，现代西方哲学非理性方向，实际就是对西方哲学工具理性过分膨胀的一种反动。

三是分析理性的客观态度。作为认知主体的人，可以凭借自身理性能力自觉地区分主体与客体，以一种客观的角度对其加以观照，从而达到准确认识、把握事物的目的。主体能够凭借理性的作用来分析客体，然后加以综合、概括，找出事物过程的内部联系，把握本质与规律。这也就是强调，在主客对立的思维方式中，主体要认识客体，就必须理性对客体进行客观的分析。可以说，分析精神是一种知性的方法，更是一种世界观，一种认识世界、把握世界的基本原则，这是西方哲学的一个重要的传统。这种永不停息、不断追求的分析理性精神，以纯"客观"的态度去认识一切事物，对促进西方科学的产生与发展产生了巨大的作用，但它却忽略甚至抛却了对作为主体的"人"的终极关怀的追求，造成了西方社会的"人学"的空场以及人的价值的失落。这也是现代社会中试图以综合的、超越二元对立的态度去弥补传统哲学分析理性的不足与弊端的原因。

四是实证精神的研究方法。实证精神、实证方法是自古希腊以来就有的西方哲学中的重要传统，它指的是在认识、研究世界的过程中，重视经验的观察，重视理论的验证与实践，重视收集大量的材料，而不是武断地坚持无法证实的思想和理论。作为一种具有明确规定的哲学思潮，实证主义开始于19 世纪法国哲学家孔德的"实证哲学"；但作为一种哲学传统，实证主义却根植于古希腊以来的西方哲学之中，古希腊怀疑论就是代表。根据当代波兰哲学史家科拉可夫斯基的分析，古希腊斯多亚学派的怀疑论提出的一种现象主义观点应当被看做实证主义的雏形。这种观点认为，经验能够使我们确定给定的对象是否具有这样或那样的外表，但我们却无法由此推断对象事实上的确正如它的外表所呈现的一样，因而我们必须区分经验材料的真实内容与我们由此推断的事物自身具有的性质。到了近代，随着经验主义的兴起，实证方法迅速发展起来，并成为了科学研究的主导方法。如培根就主张广泛收集资料，分门别类地加以整理研究，重视经验，重视实证。实证主义把可为经验所证实作为衡量知识的唯一的标准，而忽略了作为思维主体的人的价值和意义。由此，走到极端的实证主义，导致了知识与文化的分裂。这也引起了当代西方学者的深刻反思。

第三节　中国传统哲学的"道统序列"与思维特征

我国是世界文明起源最早的国家之一，悠悠五千年的中华文明孕育了独具特色的思维方式和绚丽多彩的思想理论成果。我国的传统文化博大精深，智慧深邃，对于中华民族的形成、整合和发展具有不可替代的作用；而作为传统文化重要组成部分和精华的哲学，几千年来对于中国社会的政治统治、人格塑造、价值追求更产生了深远的影响。近代之后，中国传统哲学在"西学东渐"的形势下走向了没落，虽然现代"新儒家"对中国传统哲学作了新的阐释和发展，但如何把握中国传统哲学的"道统序列"和思维特点，如何更好地认识全球化背景下中国传统哲学的现代困境和现代价值，如何看待中国传统哲学为世界哲学提供的具有普遍意义的范式和说明，仍然是摆在我们面前的重大问题和难题。

一、中国传统哲学思维的特点

从总体上概括中国传统哲学思维的特点和从总体上探讨西方哲学思维的特质一样，是一个极为困难的问题。中国哲学从先秦开始具备成熟的哲学形态之后，及至近代面临着危机和困境，中间经历了数千年的漫长演进的历程，其特点的复杂性、多样性自不待言。如果非用一些宏观的语言来概括中国传统哲学思维的特征，我们姑且总结为以下几点。

（一） 非实体性的思维方式

中国哲学家对人与世界的关系的思考，不是从分析对象世界入手，而是从考察与对象世界的联系入手；不是追求决定这种关系的最终实体，而是探讨这种关系的各因素的联结及其功能。把人与自然看做是一个有机的整体，不是从整体中各元素的分析入手，而是从整体中各元素的联系入手，来把握对象世界。中国古代的五行思想、阴阳思想、天地人相统一思想，都典型地体现了这种哲学思考的特点。孔子讲的"爱人"，墨子讲的"兼爱"，孟子讲的"恻隐之心"，荀子讲的"明分使群"，也都体现了这种哲学智慧。加之中国哲学的立足现实的态度，反对把主体与客体、本体与现象、实体与属性等明确区分开来，因而中国哲学家并不关心决定这种联系的最终实体，而关注的是这种联系的各因素的联结及其功能。这就形成了中国古代源远流长的非实体性的辩证思维传统。

（二） 直觉体验的思维方法

中国哲学的思维方式复杂多样，其中占主导地位的是以儒道二家为代表的重直觉的思维方式（当然这决不等于说墨、名等家所倡导的分析方法没有地位）。所谓直觉思维是指主体在一瞬间直接领悟事物以及事物本质，不注重逻辑分析、概念推演，与逻辑思维对应的一种思维方式。中国传统哲学中，儒家所主张的"尽心、知性、知天"，道家所倡导的"返璞归真"、"自然无为"，佛家所宣称的"本性即佛"、"顿悟成佛"，都是力图引导人们通过直觉达到回归本体的境界，其关注的重心亦是人的生存、人的价值、人格修养以及社会伦理、政治秩序等等。今天，当人们反思"唯科学主义"的负面效应，批判现代社会中工具理性的统治时，关注人生的中国传统哲学就显示出一种独特的魅力。因而，不仅许多国内学者或海外的华裔学者强调用中国传统哲学的文化观念对现代社会的种种弊端进行诊治，而且也有不少西方学者在现代性批判中注重吸收中国传统哲学的精神资源。

（三） 注重天人合一的特征

注重天人关系是中国哲学的显著特征。历代哲学家都把"究天人之际"作为他们哲学思想的追求目标和基本内容，无论是商周之际的"以德配天"，孟子的"性天同德"，还是荀子的"制天命而用之"；无论是董仲舒的"天人感应"，刘禹锡的"交相胜，还相用"，还是王夫之的"尽人道合天德"，都在不同程度上论述了天人之间的相互关系，反映出中国古代哲人的理论旨趣和追求之所在。宋邵雍认为："学不究天人，不足谓之学"。从这个意义讲中国哲学即关于天人之际的学问。天人问题贯穿了整个中国传统哲学的始终，而且由于它在哲学史上特殊的地位，使得天人问题的探讨异彩纷呈。总体上说来，天人关系有"天人合一"和"天人相分"两大主张。但"天人合一"说无论是从其理论的思辨水平，在中国传统哲学中所占据的地位，还是对于中国几千年来传统文化的影响来看，都代表了中国传统哲学天人关系论的主要潮流。即使对于现代社会也无法忽视它的地位和作用。

（四）立足现实、积极入世的态度

中国传统文化充满以天下为己任的历史责任感。无论道德修养、人生态度，还是知识积累、思维方式，都是为了经国济民、学以致用。所谓"经世致用"是对中国古代学者（以儒家学者为主，道家和佛家此处不论）积极入世精神最恰切的概括。在这种重视国计民生、积极入世思想的培育下，传统知识分子大多具有强烈的历史责任感。中国哲学家对人与世界的关系的思考，总是立足于现实世界。同世界上许多民族一样，中华民族在自己哲学史的开端，也曾出现过天命神权思想占统治地位的状况。但与其他民族的不同之点就在于，早在殷周之际天命神权思想即开始动摇，发生了"天的人文化"过程；而春秋战国时期所产生的中国人文精神（包括儒家的入世的人文精神和道家的超越的人文精神），自身又具有消解宗教因素的作用，这就使得春秋末期以来的中国哲学家发展，都立足于现实世界，很少有彼岸世界的成分。即使在中国古代宗教哲学中，最终所追求的也往往不是彼岸世界，而是寻求一种能够对现世生活有所裨益的方法或方式。

（五）内圣外王的人生追求

中国哲学家对人与世界的关系的思考，虽然对人与自然的关系也进行了考察，但更重视对人与社会的关系和人自身的探讨。即使是思考自然界、思考人与自然的关系，他们也总是要最后归结到社会、人生问题上。这种对于人的思考、探讨，又总是与伦理、与政治、与历史、与文化相联系，表现出一种巨大的现实感和强烈的历史感。在中国哲学家那里，对智慧的追求，不仅仅是一种个人的兴趣或爱好，而是包含了一种对民族、对国家、对天下的崇高责任感。这种责任感要通过自己的身体力行体现出来。中国哲学家的哲学精神，不只是通过他的著述体现出来，而且通过他的德性、行为等体现出来。中国哲学的这一特点，在历史上形成了对"内圣"与"外王"的追求。所谓"内圣"，就是讲对人格的修养、道德的追求、自我的完善；所谓"外王"，就是讲以这种人格和德行去齐家治国平天下。中国哲学家的思想创造，总是体现了他们对"内圣外王"的理解和追求。

二、中国传统哲学的"道统序列"

中国传统哲学具有源远流长的历史，是中华民族在悠悠数千年的历史长河中创造出来的，与西方哲学、印度哲学并称为世界三大哲学体系。道统思想是中国传统哲学的主要内容，它对中国传统哲学的形成、发展和演变产生了深远的影响。广义上的道统思想是指在中国传统哲学史上长期存在的、以儒学道统论及其发展演变为主要线索，包括中国传统哲学其他各家各派关于"道"的理论和道的传授形式及其发展演变的思想体系，形成了中国传统哲学史上的独特的"道统序列"。本节主要通过先秦哲学、汉唐哲学、宋明理学和清代实学等四个阶段来梳理中国传统哲学的"道统序列"的发展历程和演进的历史轨迹

（一）先秦哲学

先秦哲学是指从中国传统哲学的萌芽阶段开始，直到公元前221年秦王朝的中央集权制的建立为止这一段漫长历史时期的哲学思维形态。这一时期是中国哲学的萌芽、兴起和第一次高潮的重要时期，是中国哲学和中华民族精神的觉醒时期。这一时期最重要的特征是诸子百家争鸣，在此期间，中国哲学的道论经历了一个产生、各家道论的提出、哲学抽象和内涵日益发展丰富的过程。当时最有影响力的是儒、道、墨、法四家。

儒家的创始人是孔子，其后还有孟子和荀子等代表人物。儒家的经典有《论语》、《孟子》、《大学》、《中庸》、《荀子》等。孔子继承了古代文王的仁政和周礼，创立儒家学派，提出了以"仁学"为核心的一整套学说。"仁"的内容包含广泛，其核心是"爱人"。他把"仁"与"礼"相结合，并提出"中庸之为德"的思想，强调"允执其中"的"中道"观，注重人事、"以人弘道"的"仁道"观，为"道"的传授和推广作了极其重要的贡献。先秦是儒家道统思想的发端期，"道统"理论基本上是在这一时期提

出，后世在此基础上发展起来的。

道家的创始人是老子，继承人是庄子，在哲学史上总称"老庄哲学"，其经典有《老子》和《庄子》。在中国哲学道统论的发展历程中，道家以"道"名派，其思想体系的核心是"道"，并主张以"道"为世界之根本，以"合于道"为人生追求的终极目标，故称"道家"。老庄的"道论"在中国哲学史上的贡献是首次把"道"提升到本体论的角度，认为"道"是天地万物的本源和存在的依据，摆脱了殷周以来的"天命神学"的观点，使"道论"的发展进入到自然哲学的领域中，这是哲学理论思维的重大飞跃，在中国哲学范畴的发展史上具有重大的意义。

先秦时期是我国"道"思想的初创时期，儒家以"仁义"论"道"，道家以"自然"论"道"，法家以"法"论"道"，这反映出了我国古代丰富的社会生活状况和充满活力的理论思维和创造能力，对后世产生了极大的影响。到后来，各家思想相互融合、吸收、贯通，逐步形成了复合多元的综合性"道论"文化。

（二）两汉经学

在两汉时期，先秦儒家学说经过新的整合和发展取得了思想上的统治地位，而以研究儒家经典著作的学问——"经学"则成为了当时的显学。由于汉初休养生息的需要，道家思想也一定程度上受到了重视。汉代初年，朝廷一度选取了道家学说作为统治思想，"黄老之学"备受尊崇。两汉时期，道家思想成为儒家思想之外的另一影响巨大的理论体系。与此相应，在汉代的天人关系的研究上，形成了以儒家思想为基础的"天人感应观"和以道家思想为基础的"天道自然观"；前者以董仲舒为代表，后者以王充为代表。

"罢黜百家，独尊儒术"的建议是由董仲舒顺应秦汉天下统一而需要思想统一的时代潮流而提出来的，并被汉武帝所采纳。董仲舒明确主张建立"大一统"的中央集权统治，而这首先必须统一人们的思想。在哲学上，董仲舒以儒家思想为主，结合阴阳五行学说，提出了一套以"公羊春秋"学为形式，以"天人感应"为核心的理论体系。他以"天"为最高范畴，以"道"为"天"的本质属性，由此提出"圣人法天而立道"（《春秋繁露·基义》）的"道论"，认为"天执其道为万物主"（《春秋繁露·天地之行》)。董仲舒强调"人副天数",天人感应,人必须效法于天。他说:"道之大原出于天,天不变,道亦不变。"(《荀子·天论》)认为圣人相传共守一道,道通百王,随天始终。此外,他还提出了较为系统的"兴亡治乱在于道"的思想,认为"道"是社会历史发展的最高原则和内在依据,要"以有道伐无道"。这些思想丰富了儒家的道论思想,而且启发了后世儒学的道统观和道论思想。

与董仲舒的理论相反,王充继承了道家"天道自然无为"的思想和荀子"天人之分"的观点,提出"元气"为天地万物的原始的物质基础,自然界按照自身的规律运动变化,不以人的意志为转移。他说:"天动不欲以生物而物自生,此则自然也;施气不欲为物而物自为,此则无为也。"(《自然篇》)王充这种"天道自然无为"的思想,肯定了自然界的物质性以及自然界的发展变化的规律性,对天人感应论和谶纬迷信进行了反驳。

(三) 魏晋玄学

两汉神学目的论经过王充等思想家的批判,在理论上发生了动摇;而经过动荡的东汉末年之后,统治者提倡"无为而治"。魏晋玄学以其直接简易、阐述义理的方法顺应了这一潮流,成为统治者的统治思想。

魏晋玄学所讨论的核心问题是名教与自然的关系问题。名教就是"名分教化",指古代社会的礼乐制度和道德规范;自然指"自然而然",自然无为,它是"道"的特性和法则。在现实生活中,针对如何解决自然和名教、"自由无为"与"名教礼法"之间的关系问题,形成了各种不同的观点。为了给各自不同的思想找理论依据,魏晋玄学从本体论角度探讨世界万物的本源——天地万物的根本是"有"还是"无"?对此,王弼提出了"贵无论",裴頠提出了"崇有论",郭象提出了"独化论"。此外,魏晋时期,人们对言意、形神的关系也进行了深入的分析和思考。

(四) 隋唐佛学

公元 581 年,长达几百年的南北分裂对峙局面终于在隋帝国的建立中结束。隋唐时期,全国的政治、经济、文化又重新统一起来。随着经济和文化的繁荣,以及统治者的大力支持,佛教也得到了空前的发展。隋唐时期佛教的昌盛,主要表现在佛学研究的空前繁荣上。唐代佛教在南北朝众多的佛教学派发展的基础上,对佛教经典和教义进行了选择、总结和评判,并形成了许多不同的佛教诸宗派。其中主要流行的有法相宗、天台宗、华严宗、禅宗等。不仅如此，佛教各派还与儒学和道教相互融合交流，促进了佛教中国化的发展。而且，佛教的许多理论对而后的中国哲学也产生了深远的影响。

（五）宋明理学

宋明时期，是中国文化和哲学发展的又一个巅峰。这一时期，理学成为中国哲学的主要形态，因而人们习惯上称为"宋明理学"。宋明理学是中国古代封建社会后期的官方正统哲学，它的产生是中国古代思想史、经学史和"道"范畴发展史上的重大变革，促进了中国文化和哲学尤其是中国道统思想的丰富和发展，并对中国后期帝制社会产生了重要影响。

宋明理学是中国儒学特定时期的特定形态，其产生与当时的社会环境密不可分。在宋代，官僚大地主阶级代替了门阀世族的统治地位。新的统治阶级需要新的统治思想体系作为其封建统治的精神力量。北宋初期的周敦颐、程颢、程颐，提出了新形式的儒家思想体系——"道学"，为宋代中央集权的封建统治提供了理论基础。南宋的朱熹、陆九渊以及明代的王守仁等继承并发展了周敦颐和二程的"道学"思想，"道学"成了中国后期封建社会占统治地位的官方哲学。

宋明理学家以继承古代儒家思想为主，顺应儒释道合流的历史趋势，吸收了佛教、道家的许多思想精华，以儒家礼法伦理思想为核心，糅合道家老庄学说的宇宙生成、万物化生的理论和佛教的思辨哲学，建立了一个非常精致、完善的哲学体系。他们把封建社会等级制度说成是天经地义，把封建伦理道德的基本原则即所谓的"三纲五常"绝对化、永恒化，从而适应、满足了官僚地主阶级的统治需求，得到了他们的大力支持和宣扬，因而引起了一场逐渐走向没落的儒学的强力复兴运动，并影响了之后整个中国封建社会的发展进程。

（六）清代实学

宋明理学之后，由于中国社会的巨大变化，道学的形式已经无法满足、适应当时社会的需要，迫切需要转型，以延续自身的生存，因此清代哲学形态也就相应地发生了重大变化。虽然康熙年间程朱理学被定为官方统治思想，并一度居于学术主导地位，但到了清中叶，乾嘉"考据学"兴盛，理学的学术地位逐渐边缘化。清儒力求恢复汉学学风，反对理学家们空谈误国，开始提倡"实学"，批评宋明理学及其道统论，致使中国道统思想在近三百年的时间里默默无闻，直至现代新儒学思潮的兴起，才再次将中国数千年道统思想承接下来，加以改造和发展，并赋予了鲜明的时代特色。

三、中国传统哲学的现代困境与价值

自从鸦片战争之后，中国社会步入了近代时期。从文化根源上反思中国在近代落后挨打的局面，试图寻找一条能够拯救中国社会和文化生存、发展的道路，是中国近代以来知识分子孜孜以求的目标。因此，理性分析中国传统哲学与现代社会遭遇时所面临的困境和所处的地位，彰显中国传统哲学在现代中国社会的价值和意义，才能为我们今天合理审视、对待传统文化，为综合创新中国现代哲学的新形态而提供积极的帮助。

（一）中国传统哲学的现代困境的原因

哲学具有强烈的时代性。当世界走向全球化、中国走向现代化的时候，中国传统哲学所固有的历史性局限和结构性缺陷就显露出来了，这样中国传统哲学必然受到前所未有的冲击。可以说，中国传统哲学与当代时代主题的脱节是其陷入困境的主要原因。

第一，中国传统哲学是建立在封建时代农业文明基础之上的，而与传统农业社会相比，当代中国社会的经济基础发生了根本性的变化。就以目前而言，中国已不再是一个以自然经济为主导的农业社会，正在向着以社会主义市场经济为主导的现代社会发展。这种历史性的深刻变化要求社会的上层建筑（包括哲学在内）必须适应新的基础而向前推进。奠基于中国农业社会的传统哲学，它的原有形态当然不能适应时代的要求。比如，建立在现代社会生活上的价值体系，把人的自主性和创造性提升到相当重要的地位，注重个体的发展和人性的张扬，在社会生活中强调进取、竞争，强调永恒追求和自我超越等等，这些与中国传统哲学的价值体系是大相径庭甚至格格不入的。

第二，随着当代中国社会的不断发展和社会生活的更加复杂化，出现了许多中国传统哲学无法解决的新问题，这也正是中国传统哲学的历史局限性之所在。当今世界从工业化时代走向信息时代，全球化已经成为一种潮流。高新技术正在以加速度在向前发展，与社会实践密切相关的人类的认识能力

在当代也有了飞跃式的发展。同时，世界文明发展中所产生的全球性困境，以及高科技背景下的伦理问题等，在传统农业社会里是不可想象的。中国传统哲学无法面对现代社会所出现的这些前所未有的现象，因而必须有新的、现代的哲学理论形态来替代它。

第三，人类文明发展到今天，民主精神和科学精神成为社会生活中不可或缺的宝贵财富。现代民主精神主张"人民主权"原则，即"主权在民"，一切权力归人民所有和行使。现代科学精神是尊重客观事实、探讨自然规律、追求真理、反对愚昧的精神，是求实创新、崇尚理性的精神。现代科学是人类自身进步的强大杠杆，是社会发展的第一生产力。而中国传统哲学中则不可能包含这些现代的民主精神和科学精神。中国封建社会是专制主义的社会，所谓"民为邦本"、"民贵君轻"、"水以载舟"等，其实质是维护封建政权，而非尊重人民的民主权利。中国传统哲学重视道德理性和实用理性，而不重视科学理性。这种道德理性和实用理性不探讨自然本体的知识，不追求科学与"真"，甚至对生产技能也是极为鄙视的，只求现实生活中的伦理纲常之"善"，只求确立人际关系的和谐。因此，中国传统哲学必须向前发展，吸纳现代民主精神和科学精神，才能适应时代需求。

（二）从20世纪中国社会变革的大背景下看待传统哲学的现代转型

反思中国传统哲学的现代困境，力图建构有中国特色的当代哲学形态，是中华民族为寻求走向现代化而对哲学家和哲学理论提出的强烈要求。可以说，一部救亡图存的中国近代史，在哲学上的表征则是寻求已经全面显现危机的传统哲学的现代转化，以迎应世界文化的挑战，实现中国文化的自立的历史。中国古代传统哲学在其发展进程中，形成了如上节所述的文化形态前后相继而成的"道统"序列，直至鸦片战争爆发，国势衰微，文化失范，"道统"断裂。

从马克思"世界历史理论"的角度看，中国传统文化基本上是一种地域文化或民族文化，即在独特的地域和民族视野、范围内独立发展起来的特殊的文化。而如今，面临全球化的冲击，很显然中国传统哲学已经不能完全适应这一发展趋势，它对于解救近代以来中国的危机乏术可陈，甚至部分地或间接地成为导致危机发生的根源。中国的现代化当然离不开传统哲学文化和民族精神的滋养与辅助，但同时必须明白，中国传统哲学在相当大的程度上与现代社会的生活基础不合拍，这说明传统哲学文化必须解决对现代化的社会生活适应性问题，寻求一种转换和创生，从而使其贴近现代社会生活，发挥其整合社会生活，超越、批判与反思社会生活的功能，进而实现哲学与社会生活的有机结合。

因此，我们必须在挖掘中国传统哲学文化内在价值的基础之上，切实找出现代哲学文化与中国传统哲学文化的结合点，促使中国哲学与时代发展同步。我们要清醒地认识到，不抛弃传统不等于固守传统，中国哲学现代性的改造要坚持做到既要在对传统哲学进行认真发掘整理的基础上综合创新，展现出中国哲学的独特价值，又要使中国传统哲学自觉跟上世界哲学前进的步伐，对不适应现代性要求的缺陷和弊端进行认真的甄别和改造，从而实现中国哲学的现代转型。

（三）实现中国传统哲学思想的现代转化

当然，我们还必须看到，中国传统哲学源远流长，博大精深，以其深刻的哲理和独特的风格闻名于世，在世界哲学宝库中有突出地位。中国传统哲学是中华民族集体智慧的集中体现，代表了中华民族理论思维的最高水平，是中国传统文化的核心部分，在整个中国传统文化系统中起着主导作用。其中一些优秀的思想观点对于实现中国哲学的现代转型仍然具有重要的思想价值和实践意义

首先，我们看"和而不同"思想的现代价值。中国古代哲学家特别注重"和而不同"的思维方式，在承认彼此不同、允许存在差异的前提下，进一步寻求共同点，从而达到和平、和睦相处的目的。中国先秦时代"百花齐放，百家争鸣"的局面，就是"和而不同"在学术上的具体表现。在现实生活中，只有坚持"和而不同"的原则，才能形成社会的发展与进步。由"和而不同"导引出的兼顾百家、求同存异的思维方式，是中国传统文化中极有价值的宝贵财富。今天，我们更应当以"和而不同"思想为原则，用海纳百川的胸怀和气度吸收和借鉴其他民族的优秀文化成果，为我所用，才能在思想文化和学术领域形成"百花齐放，百家争鸣"的繁荣局面。

其次，我们再看"天人合一"思想的现代价值。"天人合一"思想是中国传统哲学的一个显著特色，是中国古代各种思想流派关于天人关系的一种基本观点，而其中尤以儒道两家为代表。目前，"天人合一"这一中国传统

思想受到因生态危机、环境严重失衡等工业"文明病"困扰的西方社会及其学者的重视，也因其独到而深刻的思想内涵对解决我国现代建设过程中出现的新问题而富有启迪作用，同样受到国人的关注。正确认识这一古老命题的现代价值具有很重要的现实意义。时代发展日益证明这种"天人合一"思想的理想追求对现代社会、现代人类日益显现出很大的作用。现代社会的人在物质财富不断增长的同时更渴求人与自然、人与人、人与自身的有序发展。这也正是"天人合一"追求的那种和谐、有序的秩序。现代人"征服"、"改造"、"驾驭"自然的人类中心主义话语与中国传统哲学中"天人合一"思想形成鲜明对照，这对我们在现代化过程中反思现代工业社会的环境污染问题、资源紧张问题、价值迷失问题等都有着重要的借鉴价值。

再次，我们看中庸思想的现代价值。在中国传统文化的庞大体系中，无论儒家、道家还是佛家，都尽可能地避免极端与偏执性思维方式。中国传统文化具有鲜明的注重"中和"的思维与方法论特点。在此，以儒家学者提出的"中庸"学说最具代表性。可以说，"中庸"的方法是生活在社会中的人们所能够寻求到的个人修养和处世的最佳状态和解决问题的最佳方案，提醒人们不要走极端。因此，"中庸"被看成道德上的"黄金定律"。掌握"中庸"的方法论，有益于人格的修养、人际关系的协调，有利于人们思维方式的全面发展，也有利于社会的进步和文化的繁荣。此外，"中庸之道"强调矛盾对立面的融合、中和，追求让矛盾的双方达到共存、共荣的境界。这正体现了中华民族兼容并包、宽容、平和的宽阔胸怀和精神风貌，在现代社会仍然具有重要意义。

最后，我们还必须看到，中国传统哲学对理想人格塑造和培养的现代价值。纵观中国传统哲学，其说中"天下为公"的道德理想，重视理想人格的塑造、忠恕之道的道德原则等等，在现代仍具有非常重要的价值。比如，在中国传统哲学中，大道之行，天下为公，选贤任能是儒家的道德理想。修身齐家治国平天下是实现其天下为公的政治理想的基本途径。这对于培养人们爱国主义情感具有极其重要的意义。再比如，中国传统哲学注重人格气节的培养。就像孟子认为的那样，大丈夫立于天地之间，就要有一股浩然之气，做到"富贵不能淫，贫贱不能移，威武不能屈"，关键时刻"舍生取义"、"杀身成仁"。虽然儒家的这些人格价值观念有其特定的社会和阶级内容，但对当代中国社会青少年健康人格的塑造、健康道德的培养以及良好的社会风气的形成等方面也具有相当重要的意义。此外，中国传统哲学中"忠恕之道"的思想为我们提供了处理人际关系的心理和行为原则。"忠恕之道"就是善待他人之道。这对于建立现代社会友善、和谐的人际关系与国际关系具有很重要的价值和意义。

第四节　哲学的当代命运

一、哲学地位的沉浮转换与现实境遇

明确哲学的现实困境，寻求其理想的当代定位，首先应当回顾和总结历史上哲学社会地位的演变轨迹。看其分别扮演过什么样的社会角色，这些社会角色之间存在怎样的逻辑与趋势，在现代哲学又面临怎样特殊的处境，我们的努力是重现它过去的"辉煌"还是寻找新的发展。

自哲学诞生以来的两千多年中，哲学的社会地位与社会功能发生过巨大而曲折的变迁，哲学在与宗教、艺术、科学等其他人类文化形式的相互关系中沉浮转换。具体来看，呈现为四个大的阶段：哲学分别作为"科学之父"、"神学的婢女"、"科学的盟友"、彷徨中的探索者等文化身份而占据其特殊的文化地位，发挥着它不同的社会功能。

（一）作为"知识总汇"与"科学之父"的哲学

哲学脱胎于原始的宗教和艺术，自其诞生之日起，就接过了宗教和艺术对世界人生的整体性追问，并以更为理性化和系统化的方式展开了理论上的思考和推进。在西方哲学的源头——古希腊自然哲学那里，哲学与科学实际上是同一个东西。哲学与科学的界限不清、含义不定的状况，恰恰表明了哲学自身中孕育着具体科学研究的萌芽，哲学对于科学的特殊的渊源关系，正是在这种意义上，哲学才成为"科学之父"。在苏格拉底及其之后的哲学发展中，哲学与科学开始有了最初的分化和区别。在亚里士多德的哲学体系中，"哲学"便是各门学科知识的"总汇"，是所有学科的总称。从最广泛的意义上说，"哲学"的意义首先是知识体系的总体，是各门学科具体知识的总和，为人们提供关于这个世界的总体性理论观点。其次，从其中心意义

上来说，哲学就是"形而上学"，即对存在本身、对实体的研究，这又是最高级、最抽象、最一般层面的"本体论—存在论"研究，而这种研究恰恰构成了整个科学知识体系的根基和源泉，因而作为形而上学的哲学正是"科学之科学"。

形而上学和知识总汇说在哲学的自我理解史上曾经占有相当重要的地位。但人类知识在后来的发展中从越来越背离了亚里士多德的原初设想，各门科学纷纷脱离哲学，获得了独立的地位。在与科学争夺话语权和解释权的过程中，哲学逐渐开始处于劣势，不得不把对自然界和社会生活的实际问题的研究权利让渡给了科学。

（二）作为"神学的婢女"的哲学

西方的中世纪是基督教统治的时代，各种形态的社会生活都以对基督的信仰为核心精神而展开。而哲学也被中世纪主流思想家们赋予了论证教义、支持信仰的神学义务，哲学的意义、价值和地位只能依附于宗教信仰及其神学辩护。在这种"宗教辩护主义"的哲学形态中，哲学的总体性世界观意义只能通过宗教信仰对人们社会生活的总体性指导力量而间接地表达出来。这样，哲学自诞生以来就享有的为人类生活提供最高原则和普遍观点的至高地位以及哲学自身所具有的独立性和生存权利也就相应地受到了严重怀疑和挑战。在中世纪一千余年的历史中，哲学在社会生活及其意识形式中的地位仅仅是"神学的婢女"。哲学家在其理论中多方论证、阐述和发展的哲学观点，不过是教士和神学家在基督教的殿堂里不遗余力地提倡和身体力行的神学信念。

然而，即便是在这种哲学几乎完全隶属于宗教神学的时代，哲学捍卫自身独立性和生存权的思想潜流也从未止息。哲学与宗教在获取知识的方法上的本质对立，决定了哲学不可能永远屈从于宗教神学的禁锢和统治。中世纪后期的哲学家在对基督教教义所作的逻辑分析和知识概括的工作中，已经悄悄复兴和发展着古代哲学家对哲学地位和功能的原初界定，复归于从科学的洞见中寻求世界观的理论基础。哲学与科学一度割断的联系，通过哲学知识方法对神学信仰方法的否定再次被接续起来。

（三）与自然科学"结盟"的哲学

借助文艺复兴对人文主义传统的弘扬以及近代自然科学的蓬勃发展，近代哲学完成了由神向人的复归。哲学重新从科学的结论中获得解释世界的理论方式，这一过程是通过认识论层面经验论和唯理论之间的二元对立，以及在此基础上所达到的二者之间更高意义上的统一而实现的。经验论与唯理论的基本分歧在于如何看待知识的起源问题。经验论认为，一切知识都始源于感觉经验，真理性知识的基础和范围都以感觉经验为最终标准。反之，唯理论认为，一切知识都源于天赋的理智知识或天赋的理智直观的能力，为天赋知识或能力所证实的各种命题以及这些命题的进一步逻辑演绎的结果便构成了整个真知体系。经验论和唯理论再认识论层面各执一词，互不相容，其实正是导源于两种不同的科学思维方法：英国以经验研究和归纳逻辑为基础的试验科学方法，以及欧陆以理性范畴和演绎逻辑为基础的理论科学（如代数学、几何学等）方法。此后，康德以"先天综合判断"为基础统一了经验论和唯理论的对立分歧，并从先验哲学的立场证明：在一切可能经验之外，在所有具体科学知识之外对世界作超验的、形而上学式的理解只能堕入对"先验幻象"的执迷。由此，康德把超验的对象让渡给了宗教信仰和道德，而在知识的范围内保留了经验。康德的这种划界方式，使得人类认知思维不再消极地符合对象，转而积极地建构关于对象的认识，完成了哲学史和思维方式上的"哥白尼式的革命"。而这一认识和思维方式的巨大革命也深层次地影响到了19世纪下半叶以来自然科学思维方式（特别是相对论和量子力学）的根本转变：由以观察对象为中心，转向了以观察者为中心。

　　总之，近代认识论哲学就是在这种与自然科学研究的彼此借鉴和相互作用的"盟友关系"中存在和发展起来的，并成为真正意义上的时代精神和民族文化的精华。然而，近代哲学认识论仍有其无法克服的局限：集中关注认识活动过程和理性的自我批判，除将自然领域完全让渡给自然科学研究之外，对于社会生活领域，也仅仅只能以伦理学、政治哲学等较为形式化的方式来进行抽象把握，而把社会生活的丰富内容本身让渡给了新兴的社会科学（如政治经济学）。19世纪上半叶黑格尔之后直至当代的哲学危机和哲学变革即是对这种近代哲学定位的拆解与超越：哲学开始在复杂、多元的现代生活世界中重新定位和开展自身。

（四）处于多元文化和社会困境中的哲学

　　19世纪下半叶以来，全球文化形态和社会境域对哲学的存在和发展构成了严重的生存挑战，同时也提供了前所未有的发展机遇。现当代哲学正处于危机时期和革命进程之中，而化"危机"为"新生"的关键就在于哲学对自身的重新定位，研究领域、研究方式和功能地位的革命性改造与重构。

当代世界的整体状况和发展态势对目前的哲学研究提出新的挑战和新的课题，集中起来主要包括以下几个方面：

首先，科学技术的突飞猛进，尤其是信息技术推动了整个社会生活结构和生活内容的巨大转变，而且自然科学和社会科学的蓬勃发展也在迅速地夺取哲学的传统研究对象和领域，哲学家面临"失业"的尴尬困境，哲学面临"终结"和"消解"的危机。因此，当代哲学必须在来自科学发展和日常生活科学化的压力下捍卫住自身的合法性，并且通过自我批判和自我改造，实现哲学的重新定位，构建哲学的当代形态，为哲学的未来发展开辟方向。

其次，20世纪盛行的科技理性和工具理性思维过分突出"人"的中心地位，过分强调人的有用性需要的绝对性，过分强调人的经济政治活动的实用性方面，从而整个社会生活都屈从于资本的无限量生产和无节制消费的逻辑，造成了人的智力、体力、社会资源和自然资源的极大浪费，造成了人与自我、人与社会、人与自然之间的一系列对抗性的分裂和危机。为了直面当前人类价值迷失、社会关系恶化、生态环境危机等全球性问题，哲学必须在日益膨胀的科技理性和工具理性面前捍卫住自身的独立性，并自觉担当起反思工具理性、科学主义和人类中心主义的使命，通过反思与批判，从人文主义和启蒙理想的价值层面规约科学技术的进程，限定其应用和功能，保证科学技术可以沿着促进人类全面发展的路径良性发展，而非沿着加深人的异化的境地恶性推进，从而重建人与自我、人与社会、人与自然之间的良性互动与和谐统一。

最后，随着生产和消费的全球化，建立在各民族文化特性基础上的文化的全球化也成必然的趋势。各民族文化在世界文化舞台上进行着日益广泛、日益深入的对话与融合，由此形成的文化全球化的积极趋势呈现为多元文化中的理性同一性。而其负面趋势则呈现为，少数文化霸权主义破坏多元文化的平等对话关系，妄图建立有利于其自身的普适游戏法则和全球等级秩序。因此，当代哲学应该具有多元主义视野与兼容并蓄的胸襟，排除过去诸如

"美国中心主义"、"欧洲中心主义"、"汉文化中心主义"等单一文化中心的哲学观，展现出全球视野的多元主义文化观。

总的来看，在现代，人类与自然、个人与社会、个人与自身的分裂日益加剧，种族、文化、国家的冲突愈演愈烈。而究其本质原因正在于：人类基本生存的自我分裂和人类总体价值观念的混乱与迷误。作为一门古老的学科，哲学的景况确实不容乐观。迄今为止，对哲学这一学科本身的认识出现了更加各不相同的解释和莫衷一是的争论，这其中既有有理有据的差异观点之间的交锋，也存在别有用心的歪曲和某些庸俗化、简单化的理解。崇尚多元却陷入茫无头绪的境地，百家争鸣但否定了大体均可认同的学科特质与学术规范的存在。哲学同时代的总体发展一起陷入疲惫与困顿。哲学应当以何种姿态在日趋复杂化的当代境域和现实生活中出场？哲学应当如何应对科学技术的发展、人的价值迷失、多元文化趋势等多种因素结合而成的复杂的当代境域？哲学应当如何克服"终结"的困境，实现自身的重新定位？构建当代哲学形态的基石是什么？引渡未来哲学的舟筏究竟在哪里？这些都是我们必须认真思考和解决的问题

二、"哲学改革"还是"哲学消解"？

确实，面对上述困境，哲学家们也都在纷纷寻找出路，探索新的门径。现在关于哲学的前途问题已经提出了诸多设想与方案，其中概括起来主要有两类。

一类是"哲学消解论"。比如法国解构主义哲学家德里达就认为，作为一切学科基础的哲学必死无疑。结构主义哲学家拉康也声称要与一切被成为哲学的东西断绝关系。他们反对一切传统哲学，既反对 20 世纪以前的哲学，也反对 20 世纪哲学，自称"非哲学"。无独有偶，在苏联刚刚解体的一段时期内，哲学的历史方位也受到猛烈冲击，其存在的合法性与价值受到普遍怀疑。在我国，也有过类似的论调。

另一类是"哲学改革论"。正如美国哲学家罗蒂所说："哲学的终结不是消灭而是要做一番改变。"[①] 但在改变的方案上却颇有争议：分析哲学想

---

① 理查德·罗蒂：《后哲学文化》，上海译文出版社 1992 年版，第 145 页。

把哲学转变为语言哲学，以适应科学信息时代的社会需要；宗教主义论者想把哲学变为新的宗教，以拯救陷入精神危机的芸芸众生；海德格尔在《哲学的终结与思的任务》一文中提倡"深入的思"，即追问"此在"的生存，叩问存在的意义，通过"思"由"意识"和"哲学"向"此在"和"真正的思"的"迁居"来拯救"哲学"；更多的论者则主张把哲学变成社会发展理论，研究社会文化人生的现实问题；还有的论者主张扩大哲学研究的视野，把哲学转变为"文化哲学"等等。

纵观"哲学消解论"和"哲学改革论"的论述，尽管主张各异，但出发点相同，这就是对传统哲学的学科定位、研究对象、思维方式、概念术语和社会功能等方面的全盘诘难，只不过就态度而言有极端和温和之别。具体分析起来看，"哲学终结论"的核心宗旨具有以下一些特征：第一，对传统哲学的全盘否定。这些论者普遍认为，近代以来西方文化中科学基础突飞猛进，哲学却在老问题上踏步不前，科学的进步和繁荣与哲学的滞后和深受冷落形成十分强烈的反差；科学的巨大成功给人们带来了丰赡的物质财富，而在哲学上追求万物的本原、知识的确定性方面却毫无结果。据此，他们认为造成这种状况的根源就在于传统哲学的根本性谬识，因此建构新的思维方式必须从"粉碎传统哲学的梦幻"开始。这样，他们对传统哲学普遍持激烈的批判态度。第二，强烈的反本质主义意向。致力于探究宇宙万物的根源，追求能解释一切事物的原因，发现现象背后的本质，寻求超越意见的知识，一向是哲学的主要使命和哲学学科的特征，但这种思维路向被"哲学终结论者"归结为"本质主义"、"基础主义"，认为其症结在于无视现实世界的存在及其对它的认识，而追求虚无的本体，因此必须彻底解构这种思维框架。第三，相对主义特征。奠基于传统哲学与本质主义废墟之上的"后哲学文化"是一种无标准、无主宰、无体系的文化。哲学在整个文化结构中的地位、功能较以往也必将发生很大的变化。如果说过去哲学在文化体系中独具"文化之王"的地位，其他文化部门都以它为基础或方法论原则；那么现在，这样的时代结束了，一切理论与学说都应占有一席之地，而且彼此之间并无高低之分、对错之别，谁也不具有真理的绝对占有权，一切都是相对的。这样的情形下哲学就终结了。

从哲学当代形态和未来形态的建构的立场来看，"哲学消解论"和"哲学改革论"都有其一定程度的合理性和不容忽视的困境与弊端。首先，"哲学消解论"认为，传统哲学的症结就在于，拘泥于"本质主义"和"基础主义"的道路，从而无视甚至蔑视生活世界的存在及对它的各种体认方式，而奢求虚无缥缈的本体世界，其结果必然会把人类的思想引入误区。而苏联和我国持"哲学消解论"的学者则更多的是基于对传统马克思主义哲学发展中出现过的蹈空说教、抽象议论的教条主义现象而怀疑其价值与功能。上述两种"消解论"某种程度上都看中了传统哲学的弊端，其分析也不乏合理之处，然而它们却不能公正地对待传统，把一种特定时代背景内的具体哲学形态误解为哲学本身，而采取全盘否定的态度，主张无统一标准、无主宰核心、无理论体系的"三无主义"，实质上说这不过是以一种片面性取代另一种片面性，是从一个极端走到另一个极端，因而必然是以一种错误代替另一种错误。两极相通，共同的症结在于不能辩证地看问题，不能在对立统一中把握事物与现象的实质，从而也就不能客观地确证哲学在社会意识形态结构中应该占有的地位，并解决其内在问题。在整个自然和社会世界中，每一学科都有特定的研究对象与应有的功能，取消哲学，必然使本应该归属哲学研究的领域出现研究的"空场"；而以实用而短视的效用来衡量学术也必然使学术出现萎顿。世界是纷繁复杂、变化多样的，但应是一与多、变与不变的统一，表面的现象背后有深层的本质与可循的规律；哲学作为文化的一种特殊形式，以具体自然科学与社会科学的成果为前提，确立人在世界中的地位，追问形上体验与人生的答案，抽象概括世界的普遍规律与伦理准则，在文化结构中占有相当重要的地位。诚然，就哲学与科学的关系而言，不再是"科学之科学"，但提供方法论指南与带有普遍性的启示应是它独有的功能与价值；哲学体系是哲学成熟的标志，是哲学家一系列观点的系统化与整体化，哲学史上矗立的是一个个哲学体系的界碑而不是零星的思想火花。"哲学消解论"的初衷也是为哲学寻找出路，结果却终结了哲学，陷入了自相矛盾的悖论泥沼之中。

虽然与"哲学消解论"相比较，"哲学改革论"对传统哲学的态度相对说来要温和一些，提出了一些颇有价值的意见和启示，但仍然没有找到引渡当代哲学走向未来形态的得力舟筏；而企图以一种哲学之外的具体科学或与哲学搭界的交叉科学、部门哲学去取代本来具有特定研究对象与价值旨归的哲学，其实质必然是断送哲学的前程，与"哲学消解论"殊途同归。

三、哲学的民族性与世界性

在经济全球化进程日益深入，文化全球化趋势日益明显的当代，哲学研究的突出问题更突出地体现在：如何在多元文化冲突、对话与融合的境域中恰当地把握哲学的民族特性与世界共性之间的关系。我们知道，任何哲学理论都具有特殊的民族性、地域性，都以一定的民族的生活境域、文化传统作为其现实基础。但同时，我们还必须认识到，在民族、地域特性的现实基础上，哲学还具有普遍的世界性、人类性；当代哲学在全球化的境域中日益呈现出"哲学全球化"的趋势。这就要求我们必须正确地把握好哲学的民族性与世界性二者之间的辩证关联，只有这样，我们才能在经济全球化和文化全球化的当代境域中，推进哲学的民族性与世界性的有机结合与内在统一，避免脱离民族特色要求世界共通性的抽象普遍主义和仅仅拘泥于民族特色无视全球普遍性需要的保守主义两种极端倾向，从而有效地建构面向世界、面向未来的中国哲学当代形态。

（一）任何哲学理论都具有特殊的民族性、地域性，都以一定的民族的生活境域、文化传统作为其现实基础

哲学的基本问题、思维方式和功能地位，总是受制于特定时代、地域和民族的物质精神条件，因而具有鲜明的民族特征。哲学作为一门学科起源于各个民族的特殊生活方式和文化环境，其产生与发展根植于民族性的现实土壤。按照马克思主义的唯物史观，民族乃是指历史上形成的具有共同语言、共同地域、共同经济生活以及共同文化、共同心理素质的稳定的人群共同体；而以语言为中介的民族文化生活，体现在各个民族的宗教信仰、伦理道德、审美活动和理论活动之中。哲学脱胎于原始宗教和艺术，因而起源于不同民族宗教和艺术的哲学传统便具有不同的民族特色。古希腊自然哲学起源于诸神崇拜，特别是自然神的崇拜，因而具有多元主义和自然主义倾向；中国古代哲学起源于血缘亲情的祖先崇拜，因而表现为一种以道德伦理为基础的思维路向；印度哲学脱胎于印度教和佛教，因而强调宇宙的循环生灭和人的精神修养；西方中世纪以来的哲学脱胎于基督教信仰，因而具有非常鲜明的二元对立的思维方式。具体来看，各种哲学理论的民族特征集中表现在以下哲学的问题旨趣、思想方式和核心范畴三个方面。

首先，哲学的问题旨趣具有民族特性。任何民族的哲学都以反思和建构人类生活的精神坐标为根本使命，然而在问题的关注点和追求方式上却表现出鲜明的民族特色。西方传统哲学以理性地求得知性的"真"为最高旨趣，因而就特别强调超越"意见""表象"而达致"真理""本质"，因此它们或则寻求作为全部知识的对象的"本体""实体"，或则反而探求认识活动的"基础"本身，从而构建出一系列"本体论""认识论"体系。而中国传统哲学的根本旨趣在于体认天人合一的"道"，即以"为天地立心，为生命立命"为己任，以"究天人之际，通古今之变"为内容，以"修齐治平"、"内圣外王"为门径，去构建人类生活的安身立命的大本大根。以柏拉图为代表的西方哲学，其哲学的主要倾向就是一种努力"除蔽"的尝试。而且，就其所追求之"真"的词源意义上来说，"真"在古希腊文中原本就是"不被蒙蔽"之意。西方哲学"爱智求真"的本性正是根源于这种"除蔽"的决心。相反，以朱子为代表的中国哲学既然在最根源处认为宇宙本体与万事万物天然上就是相互联系、彼此融贯的"类生命的有机整体"，那么其哲学的主要旨趣就会集中在努力发现和解释这种"有机联系"即"道"的工作上。

其次，哲学的思维方式具有民族特性。从大的方向上来说，西方哲学似乎是在坚持"本体与现象之间，人与实在（自然）之间存在着某种天然的障蔽"这一基本信念的前提下，试图清除这种"障蔽"，通达真实澄明之境的努力。"认知倾向"几乎浸透了整个西方哲学。[①] 柏拉图对本体、现象两个世界的"分离学说"就是从"认知能力（意见与知识）与认知对象一一对应"这个角度提出来的。他的哲学思想从根本上说就是：首先越过"障蔽"发现"真理（型相）世界"；而后在可感世界中仿建"真理（型相）世界"。及至笛卡尔—洛克建立了心物二元架构和"主体"范畴以后，真正意义上的系统认识论才得以确立，并且成为近代哲学中的"显学"，此后的形上学体系可以说是"以认识论为基础的形而上学"。而中国哲学似乎是在坚持"本体与万事万物之间，天与人之间有某种天然的统一性联系"这一

---

① 张世英：《中西哲学史上的形而上学》，载《学术月刊》1990 年 9 月号，第 20 页。

基本信念的前提下，试图发现和解释这种"神秘联系"，达到"天人合一"之境界的努力。以儒家之"道"为例，"道"乃是宇宙现象之流行变化的本体，而且宇宙之本体即是心之本体，性即天道；宇宙流行变化即"生生不已"，宇宙之本体含"生生不已之机"，故人性亦含"生生不已之机"。[①] 儒家把生命之"生机"形而上学化，从而形成了本体论和宇宙生成论层次上的"生生不已之机"的范畴。"生生不已之机"包含在作为宇宙本体的"道"中。"道"不仅是宇宙流行之本体，也是万事万物和人心之本体（性），因而是贯通天地人的一个范畴，天然地包含着天地人在"生生不息"中的有机联系。

最后，哲学的核心范畴具有民族特性。"认知倾向"几乎浸透了整个西方哲学。笛卡尔—洛克建立了心物二元架构和"主体"范畴以后，真正意义上的系统认识论才得以确立，并且成为近代哲学中的"显学"。而由古希腊"意见"与"真理"之间的最初的"分离主义"倾向发展来的"主体/客体"、"心灵/物质"、"现象/实在"等一系列"二元对立"范畴不断强化着这种倾向，同时也带来了更多的难以解决的问题。与西方哲学惯常使用的一系列"二元对立"的范畴不同的是，中国哲学表述形上与形下关系的基本范畴，如本末、根枝、源流、道器等等，则无一例外地表达出一种"融贯"、"合和"的状态，突出地体现出一种不同于西方哲学的"类生命"的有机统一性。在这样的背景下，中国哲学呈现出不同于西方哲学的另一种哲学样态，即不是以认知视角，而是以直觉性生存体验作为进入"天道"哲学思考的主要方式，以道德伦理学说和修养功夫为理论的致用之处，却极少有纯粹主客二分意义上的认知理论，其根本旨趣在于从天道到人道的融贯统一。

（二）在民族、地域特性的现实基础上，哲学还具有普遍的世界性、人类性。当代哲学在全球化的境域中日益呈现出"哲学全球化"的趋势

从哲学本身的学科性质和基本问题结构来看，哲学作为人类对世界意义的总体性追问和终极性思索，无论是其根本问题，还是在思维方式、功能地

---

① 唐君毅：《中西哲学中天人关系论之演变》，《唐君毅全集》，（中国）台北学生书局 1988 年版，第 286 页。

位等方面都具有普遍性的世界意义和整全性的人类意义。

　　首先，哲学所思考的问题，如"世界的本原是什么?""人是什么?""知识是什么?""真是什么?""善是什么?""美是什么?"等都是具有世界普遍性的人类生存的基本问题和终极问题。无论是处于何种历史时代，何种地理区域，何种民族文化中的人类群体都将要面对这些关乎自身生存意义的大本大根问题。各个历史时代、各个民族地域中所产生的各种具体哲学学说，尽管纷繁芜杂，形态各异，但从本质上看，都是在不同的背景下，从不同的角度出发来探讨这些普适性的问题而产生出来的哲学的具体的存在形态。其次，哲学的存在所展示的思维方式、社会功能和文化地位等等，在各个历史时代、各个民族区域的具体存在样式中都共同具有普遍的性质和共同的结构：总体性的思维方式，反思性的社会功能和主导性的文化地位等等。正如贺麟先生所说："无论中国哲学西洋哲学都同是人性的最高表现，人类理性发挥其光辉以理解宇宙人生，提高人类精神生活的努力，无论中国哲学，甚或印度哲学，都是整个哲学的一支，代表整个哲学的一方面。我们都应该把它们视为人类的公共精神产业，我们都应该以同样虚心客观的态度去承受，去理会，去撷英咀华，去融会贯通，去发扬光大。"①

　　不仅从哲学本身的基本性质来说，而且从历史经验事实来看，随着近几个世纪以来资本全球化趋势的日益加深和普遍发展，各个民族的哲学也正在事实上发生对话和融合，呈现出"哲学全球化"的客观趋势，当代哲学正在全球化的浪潮中日益获得世界性的普遍内容和全球性的价值意蕴。16世纪以来"世界历史"的形成和不断发展，引起了各民族文化的不断沟通与融合，"文化世界化"趋势日益明显。在此基础上，当代哲学不仅从学科性质、基本问题结构上，而且从具体理论内容上都呈现出普遍的世界性质。

　　马克思早在一个半世纪前就预见到了资本全球化推动文化世界化的历史客观趋势："资产阶级，由于开拓了世界市场，使一切国家的生产和消费都成为世界性的了……过去那种地方的和民族的自给自足和闭关自守状态，被各民族的各方面的互相往来和各方面的互相依赖所代替了。物质的生产是如

---

① 贺麟：《中国哲学与西洋哲学》，《哲学与哲学史论文集》，商务印书馆1990年版，第127页。

此，精神的生产也是如此。各民族的精神产品成了公共的财产。民族的片面性和局限性日益成为不可能，于是由许多民族的和地方的文学形成了一种世界的文学。"① 随着各种民族文化日益在其自身民族特殊性的基础上形成世界性、全球性的普遍特征，作为时代和民族精神的精华的民族哲学，也会通过经济、政治、文化的全球化趋势而在结构、形式和内容上带有越来越多的世界性质。经济全球化的深入发展和文化全球化的不断展开，推动了民族哲学基础上的"世界哲学"的形成和发展。未来的民族哲学必将在全球化的问题语境中思考民族问题，在民族的特殊问题语境中来思考全球问题，以全球普遍性和民族特殊性的双重视野来创造性地理解和反思人类的生存境域与发展前景。

（三）哲学的民族性与世界性二者之间具有对立统一的辩证关联，在经济全球化和文化全球化的当代境域中，哲学日益形成了民族性与世界性的有机结合与内在统一

文化世界化是文化的民族特殊性与文化的世界普遍性、多元性与统一性之间的矛盾统一体。在当代语境中审视哲学的发展现状和未来趋向，不能抽象地割裂哲学的民族性与世界性的统一关系，而应该具体地历史地理解二者之间的现实张力和动态平衡。全球化时代的哲学理论建构应该同时具备民族精神和世界眼光，同时具备民族特色和全球共通性。

首先，哲学的民族性是世界性的现实基础。在全球化的境域中，哲学的世界性扎根于民族性的现实土壤。哲学的基本问题、思维方式和功能地位，总是受制于特定时代、地域和民族的物质精神条件，因而具有鲜明的民族特征。哲学作为一门学科起源于各个民族的特殊生活方式和文化环境，其产生与发展根植于民族性的现实土壤。因而，哲学在问题旨趣、思维方式等方面都具有民族特性。任何民族的哲学都以反思和建构人类生活的精神坐标为根本使命，然而在问题的关注点和追求方式上却表现出鲜明的民族特色。在当代的文化全球化境域中，哲学的问题旨趣、思维方式、范畴话语、理论内容等方面日益呈现出世界普遍性，但这种普遍性并不是凭空虚构的抽象统一性，而是扎根于各个民族自身的生活境域和文化传统的，是以各种具体形态

---

① 《马克思恩格斯选集》第 1 卷，人民出版社 1995 年版，第 276 页。

的哲学理论的民族特性为其现实基础的。脱离开这个现实基础，脱离开对民族文化的传承和发扬，脱离开民族生活的具体语境，任何有现实内容和实践意义的哲学理论都是不可能产生的。

其次，哲学的世界性是民族性的内在发展趋势。在全球化的境域中，哲学的民族性以哲学的世界性为价值取向，哲学的特殊性以哲学的普遍性为奋斗目标。固然，任何一种哲学理论都必须根植于其赖以生存、发展的民族土壤，但当代的民族哲学形态不应该仅仅局限于民族的生活境域，固守于民族的文化传统之中"自说自话"、"自我欣赏"、"自怜自艾"，而应该立足于本民族的精神和传统，勇于冲出国门，走向世界，思考全球性问题，勇于与其他各民族的哲学进行广泛对话与深度融合，共谋人类的发展大计。历史的经验教训表明，仅仅通过"闭关锁国"的文化保护主义策略是无法在资本主义全球化的强劲浪潮中挽救中国文化与哲学的传统生命的。仅仅被动地固守于自身的狭隘的、孤立的、僵化的"特殊性"而不思进取，只会导致一种温室中的病态的特殊性，最终难以抵挡西方强势文明的长驱直入。问题的关键在于，如何主动地壮大和发展民族文化的"特殊性"，以利于我们在全球文化竞争环境中谋取"普遍性"的地位。一种民族文化只有获得了世界的普遍认可，才是真正强大的民族文化。因此，中国当代的哲学建构，不仅仅应该具有抵制资本主义文化同化捍卫自身的民族特殊性、自主性和创造性的勇气，而且还应该具有参与广泛的对话融合，在全球范围内争取世界普遍性的胆略。

四、哲学的知识性与意识形态性

在文化全球化的当代境域中，哲学发展中还有一个非常棘手的问题是，必须重视哲学的知识性质和意识形态性质、哲学的自律规定与他律规定二者之间的区别与联系，尤其应该关注二者在特定历史条件下的对立统一问题。无论对于国内外哲学流派、学说、观点的评价甄别、吸收借鉴，还是对于中国哲学当代形态的建构与发展，我们都应该坚持哲学的知识性与意识形态性相结合的基本立场，避免仅仅关注哲学的意识形态性质而堕入哲学教条主义和文化虚无主义，同时也要避免仅仅关注哲学的知识特性而堕入无原则、无立场的媚外主义和泥古主义。

（一）知识性是哲学理论的形式内容特征，是哲学学科的自律规定性

追求宇宙人生的真理，建构关于整个世界的总体知识图景，是任何一种哲学学说为自身制定的首要理论目标和自律规范。无论就哲学自身的学科性质还是就它和科学知识的关系来说，哲学都具有知识性的形式、内容和特征。

首先，从哲学本身的学科性质来看，哲学是追求真理，建构真理性知识体系的学问。只有以"惊诧"为起点，并最终进展到"爱智求真"的思维活动才能构成"哲学"。哲学追求的"智慧"并不是解决具体问题的"小智慧"，而是关于人类生存发展，关乎世界的根本性原则和真理性知识的"大智慧"。它是理解和协调人与世界、人与人、人与自我关系的根本知识，为人类的生存和发展提供安身立命之本。同时，这种"智慧"也不是关乎外在实用利益的"巧智"，它首先以纯粹的知识为目的，只有对智慧本身的真挚、热烈而持久的爱，才能叫做真正的"爱智慧"。

其次，从哲学与科学知识的相互关系来看，一方面，专门科学所提供关于世界现象的具体知识，构成了哲学世界观的基础；另一方面，只有在哲学思维的指导下，专门科学的知识才能构成关于整个世界的统一性的真理性知识体系。古代哲学是名副其实的"知识总汇"与"科学之父"。在西方哲学的源头古希腊自然哲学那里，哲学与科学实际上是同一个东西。哲学与科学之间界限不清、含义不定状态，恰恰表明了哲学自身中孕育着具体科学研究的萌芽，哲学对于科学的特殊的渊源关系，正是在这种意义上，哲学才成为"科学之父"。苏格拉底及其之后的哲学发展中，哲学与科学开始有了最初的分化和区别。从最广泛的意义上说，"哲学"的意义是知识体系的总体，是各门学科具体知识的总和，为人们提供关于这个世界的总体性理论观点。及至近代，哲学与新兴自然科学"结盟"。借助文艺复兴对人文主义传统的复兴发扬以及近代自然科学的蓬勃发展，近代哲学完成了由神向人的复归。哲学重新从科学的结论中获得解释世界的理论方式，这一过程是通过认识论层面经验论和唯理论之间的二元对立，以及在此基础上所达到的二者之间更高意义上的统一即批判论而实现的。近代认识论哲学就是在这种与自然科学研究的彼此借鉴和相互作用的"盟友关系"中存在和发展起来，并成为建构真理性知识体系的重要途径。

（二）意识形态性是哲学理论的社会历史本质，是哲学学科的他律规定性

一般来说，"意识形态"的含义在马克思主义唯物史观的基本框架中可以得到大致阐明：这一概念隶属于关于一切时代的社会结构系统的学说，指的是"观念的上层建筑"的主要部分，国家和这种观念上层建筑共同依靠市民社会作为它们的基础而得以存在。[①] 就其内容来说，"意识形态"主要包括：政治、法律、道德、宗教、形而上学等观念，尤其是一个时代占统治地位的观念。[②]就其社会本质来说，它既是社会矛盾在观念领域的表现形式，又是统治阶级维护统治和实现利益的手段。[③]更进一步地从本质上说，特定时代特定社会境域中的意识形态的生产过程根植于特定的物质生产活动及其方式。[④]

在唯物史观的视野中，任何一种占主导地位的哲学学说都是意识形态的一种形式，哲学理论的社会历史本质是意识形态性，哲学的本质取决在它自身之外的作为它的存在基础的社会实践、社会关系的性质。就是说，哲学本身是社会各阶级中"特殊阶级的特殊利益"，即社会全体中某种"局部利益"在观念领域、理论形态中的表达形式，而这些特定的局部利益的实现过程直接依赖于社会利益分配的特定结构、社会阶级的等级划分和阶级之间统治性的权力关系。而且，哲学既是特定阶级利益在观念领域的表现形式，又是统治阶级维护统治和实现利益的手段。因此，哲学的就按其所表达的阶级利益的不同而表现出根本不同的性质：代表先进阶级利益的哲学具有进步的社会历史性质，相反，代表落后阶级利益的哲学则具有消极保守的社会历史性质。

（三）在具体的社会历史境域中，任何哲学理论都内在地包含着知识性和意识形态性两个维度，二者相互依存、有机统一

首先，从哲学史的宏观发展过程来看，哲学的意识形态性质是哲学的社会历史本质，决定着哲学理论内容本身的知识性和真理性。哲学作为一种意识形态必然根植于一定的社会历史条件和特殊阶级利益，一般地说，表达较

---

①②③④ 《马克思恩格斯选集》第 1 卷，人民出版社 1995 年版，第 130—131、65、73、98—100、72—73 页。

先进阶级利益的哲学意识形态具有较高程度的知识性和真理性。意识形态作为一种历史的产物，是通过一系列复杂的权力利益机制和主体性思维活动而从现实的物质条件中生产出来的。作为特定类型意识形态的哲学，其知识形式决定于它所表达的现实内容，因为它归根结底是这一现实内容的产物。在意识形态的生产过程中，哲学本身所具有的思想方式和理论内容，即其知识性，只是在这一"复杂生产过程"的终端处，作为凝固下来的"简单产品"而出现的。① 正是社会关系历史条件、利益权力的运作过程和思想家的思维活动等多种复杂因素的综合作用才生产出了作为特定意识形态产品的哲学本身。总之，正是因为特定哲学理论具有特定的社会根源、现实基础，即具有特定的意识形态性质，所以它才具有了特定的思维方式和世界观特性，即特定的知识性质。由此来看，历史上起到进步作用的先进阶级，由于代表着历史的发展方向和最广大人民的根本利益，其哲学理论也相应地在观念领域表达着历史的前进方向和人民的根本利益，因而代表先进阶级利益的哲学思想具有较高的知识性和真理性。

其次，从具体的哲学理论来看，哲学的知识性又具有其自身的规律和自律的法则，对于其意识形态特征具有相对的独立性，哲学意识形态功能的发挥有赖于哲学的知识功能的发展；因此，如果抹杀哲学知识性特征的独立性，完全按照意识形态性质来评判具体哲学理论，完全按照意识形态的政治标准来建构哲学理论，就会导致哲学自身独立性、创造性和多元性的丧失，导致哲学建构的模式化、教条化和单一化。从苏联哲学的历史教训来看，如若淡化哲学爱智求真、批判创新的知识特性，极端强调哲学"党性原则"和意识形态性质，将马克思主义哲学研究全盘国家意识形态化，那么势必会对哲学研究本身造成严重的负面影响。苏联哲学的基本特点是哲学的国家意识形态化：一种哲学理论成为人民必须普遍奉行的"国家哲学"，一种哲学研究活动成为公众性的"国家行为"。在这一基础上形成了苏联哲学政治化、策略化、计划指令化、单一化、模式化、斗争化等鲜明特征。苏联哲学的全盘意识形态化对马克思主义在苏联的发展和传播产生了较大的负面影响，集中在一点就是：把马克思主义哲学教条化、简单化、庸俗化，丧失了

① 参见阿尔都塞：《保卫马克思》，商务印书馆 2006 年版，第 190—191 页。

它原初的实践本质和批判精神，窒息了其蓬勃的创造力和旺盛的生命力；使马克思主义哲学思想仅仅沦为权力统治的工具和手段，丧失了哲学自身的自主性、知识性和真理性。

五、引渡未来哲学的舟筏在哪里？

梳理哲学社会定位的历史转换和现实境遇，总结过去关于"哲学变革"的方略和尝试，探究当代哲学发展中非常棘手的问题，为我们下一步思考更重要，也更艰难的新形态哲学的建构工作廓清了思路。以下我们想结合目前中国哲学研究的现状谈谈未来形态的哲学的建构问题。

必须首先注意到一个复杂的情况是，较之于古代和近代，在现代进行哲学思考的主体或参与者的数量空前扩大了，不仅专业哲学家有哲学思维，而且各种非专业的社会成员（包括诸如自然科学家、社会科学家、政治家等等；不只是有文化知识分子，甚至也包括普通民众）都以各自特有的方式，超越个人一己之功利考虑，生发出对宇宙、人生的一般问题哪怕是非常朦胧、模糊的看法。因此在我们看来，目前哲学的存在形式或表现形态是多层次的或多样化的。从朴素的哲学意识，分散的哲学见解，固定的哲学观点，由观点连缀而成的哲学思想直至由理论家概括、阐述的哲学理论，由专业哲学家建构的哲学体系等，按照抽象程度由浅到深，表述方式由默想、口述到书面阐发，共同构成了现代哲学多重结构系统。过去我们关注的焦点只是专业哲学家至多扩大到知识分子的哲学思考，而排斥其他形式的哲学存在形式或表现形态，而这是有偏颇的。因此，我们必须注意到其他非专业群体的哲学思维方式以及对哲学可能的贡献。

就专业研究来说，目前我们的体制和格局也较国外要复杂。按照国务院学位委员会制定的学科条例，哲学属于一级学科，下面有8个二级学科，包括中国哲学、外国哲学、马克思主义哲学、美学、伦理学、逻辑学、宗教学、科学技术哲学。但就目前中国哲学专业研究的主导方面看，在队伍构成、研究视域和理论倾向等方面，基本上可以说是由中国传统哲学、西方哲学、马克思主义哲学研究组合而成的总体格局。除此而外的其他二级学科，其实是可以归属这三个领域的，比如，美学，就学者们的研究，主要分为中国传统美学、西方美学和马克思主义美学，其他情况也类似。

就研究的实际情况看，中国哲学基本上就是传统哲学研究，最近 30 多年来这一领域认真地梳理、审慎地甄别、理性地分析，在学派、人物、思想的研究方面取得长足进展，目前这些方面的研究方兴未艾，"国学热"已经成为一种具有广泛社会影响的文化景观。而西方哲学特别是现当代西方哲学的研究在改革开放以来也显得相当活跃。我们不遗余力地翻译名著、介绍人物和派别，年轻人纷纷出国，去哲学重镇或派别发源地求学，还有的幸运者甚至成为某些哲学大家（如哈贝马斯、罗蒂、德里达等）的学生。辗转引入的学术思潮在国内引起一波又一波的震荡，起初是人文主义、科学主义各派别，之后又是哲学释义学、文化哲学等，最时髦的后现代主义也流行了几年，转换到"后现代之后"了。

除了中国传统哲学与外国哲学研究，在中国还有一个特殊的研究领域，就是马克思主义哲学，情况更为复杂一些。马克思主义哲学是我们建党立国的思想理论基础，是我国占主导地位的意识形态。但是，毋庸讳言，随着中国社会进入变革和转型时期，它一定程度上受到了冷落，人们的研究兴趣降低，专业队伍出现萎缩与分化，在社会上的地位下降。这里撇开诸多因素不论，我们必须注意到，在当代中国社会，无论在普通民众抑或专业工作者当中，极端性思维、情绪化评判还是一种较为普遍的现象，体现在对马克思主义的态度上，往往把在发展和流传过程中特定阶段形成马克思主义形态误为马克思主义本真，特别是把那种教条主义和"左"的思想路线给我们国家带来的无穷灾难和祸患归咎到马克思主义头上。对于本真意义上的马克思主义来说，这种评判和指责是不公平的。很显然，在马克思主义指导下一百多年来世界范围内的社会主义革命实践，取得巨大的成就，与教条主义和"左"的思想路线带来的灾难和祸患，根本不能相提并论。当然，这种情况也启示我们，在密切关注中国现代化进程和世界局势中发生的重大事件的同时，需要开始倾力对马克思主义经典作家原始文献与思想的梳理和甄别。同时学者们更注意到的是，"马克思主义"是一个发展、变化的思想体系。处于今天的情势去观照 150 余年前的马克思，我们说，他的思考和探索有盲点、有错误，更有不可超越的价值。主要是其观照和把握世界的方式，仍占据着当代思维的制高点。特别是在对社会历史领域的复杂现象进行诠释的时候，马克思主义唯物论、辩证法和实践论相统一的哲学方法发挥了其他哲学派别无可比拟的有效性。这是迄今为止世界观和历史观上最重要的变革。

分析当代中国哲学研究的整体格局，剖析中国传统哲学、西方哲学和马克思主义哲学研究的特征和趋势，我们愈加感觉到，对于这三个领域的研究者来说，多么需要摈弃各种成见、偏见、门户之见，避免情绪化地作评判！不妨多跳出专业，置身于"庐山"之外重新观照"庐山"，进而在三者的融通、会合方面做更多的工作。我们遵从科学和理性，不放弃原则和立场，但同时需要培育一种有容乃大的哲人气度和风范，继续弘扬先进人类服膺真理、坚持真理，为真理而斗争的伟大精神。

同时我们认为，要创建属于我们民族自己的、适应 21 世纪社会变迁的文化，不能一味地靠抒发思古之幽情，在故纸堆里皓首穷经；也不能靠移植一种外来的，哪怕是多么新潮、现代的文化，在他人的思路、框架内驰骋，而需要增强原创意识，面向自己国家的现代化实践，积极进行理论建树。

由于哲学本身的特殊性，哲学史一直在哲学研究中占有相当大的比重，以至形成这样的看法，即不懂哲学史就不懂哲学；但我想说明的是，时至今日，鉴于哲学在建构未来形态的文明和文化中的特殊作用，哲学研究绝对不能无视现实、时代和实践。中国古代诗论中有一句话，叫"功夫在诗外"，意思是说创作一部卓越的诗歌作品，掌握诗歌创作技巧，比如韵律、对仗、用典等是重要的，但更重要的是诗人的人生感悟和情感体味，是现实生活的实际事件或经验搏动了他的心弦，迫使他不得不用作品来表达、记录和宣泄出来；同样，这一公理也适用于哲学研究，即"哲学之功外在于哲学"，来自非哲学。必须明白，新形态的哲学不可能在现有哲学基础之外产生，但也不可能是对业已存在的各派学说或理论进行分析、演绎和组合的结果；只有把全部热忱投注到中国现代化的实际进程之中，投注到活生生的社会实践和个体生命体验之中，从中总结出高度真理性的哲学原理，才能创造出无愧于时代的伟构。我们绝不要为今天的"哲学就是哲学史"现象所迷惑。这种现象虽然已存在两千多年，但绝不是永恒的，它在人类漫长的科学史中仍是一种暂时现象，是哲学发展的非科学或前科学阶段。每门科学都有一个萌芽、孕育、诞生的过程，哲学也不例外，不过哲学的孕育时间比其他科学构建长得多而已。中外历代的哲人们为了追求哲学的真理曾付出了大量时间、精力，甚至鲜血和生命的代价，前科学的阶段终会结束，一个为人们普遍认同的真实、完整、严密的科学的哲学体系终将出现。还应指出，马克思主义哲学——辩证唯物主义和历史唯物主义体系基本上已是这样的科学体系，只是由于它的问题还比较多，不够真实、不够完整、不够严密，还由于意识形态的分歧，它没有得到全世界的普遍认同。本书以下两章将对读者介绍马克思主义哲学的诞生、发展和现状，提出加以完善化，使之成为更真实、更完整、更严密的科学体系的方案，并在后面 6 编中提出我们对这个科学的哲学体系的设想。

还应该指出，进行哲学建构，绝不仅仅是哲学家的事情，需要全社会成员的努力。过去亚里士多德把哲学说成是"贵族的学问"，意指自由衣食不愁的有闲阶层的精英分子才能从事抽象思维的思考。这种观点一直影响深远，以至造成的印象是，只有公开打出哲学研究的旗号，从事专业研究，并且在这一领域有重要著述行世者，才有可能被归属哲学家行列，进而进入哲学史；其他领域的研究者则不具备这种优势和条件。其实，这种以所属领域或所从事的职业作为判别某人在本领域或专业中的地位的前提和条件的看法，在现代社会和现代哲学中遇到了强有力的挑战。比如，在诸多关于 20 世纪哲学史的论著中，由于爱因斯坦的自然科学家身份而没有将其归入哲学家行列，但谈及对 20 世纪人类思维方式变革的影响，我不知道有哪几位专业哲学家的建树可以超越爱因斯坦？作为物理学领域具有里程碑意义的相对论怎么能同时不是哲学领域的一块界碑？在中国，由于特殊的历史和国情，迄今为止，在对社会状况的总体观照、复杂现象的准确把握、所存在问题的症结的深刻透视以及解决思路的可行性等方面，政治家显然要远胜哲学家一筹，更不用说其思想的现实影响力了。未来的哲学形态必须靠全社会成员共同参与，积极进行理论思维和建构，然后在此基础上由专业哲学家进行概括、总结、提炼和表述。因此，这是一个全社会的系统的文化工程。

古人把文化与哲学研究看做是"尊德性而道问学，致广大而尽精微，极高明而道中庸"① 的崇高事业，其目的是"为天地立心，为生民立命，为往圣继绝学，为万世开太平"。② 让我们为建构 21 世纪科学的哲学而作出自己的努力！

---

① 《中庸》。
② 张载：《正蒙》。

第 二 章

马克思主义哲学的变革意义与科学形态

　　从前一章的论述中不难看出，哲学是一种世界性的精神文化现象和学科知识领域。既然如此，对马克思主义哲学的研究，也应该置于世界哲学发展的整体图景中来进行。哲学既具有时代性，又具有民族性，还具有派别性。马克思主义哲学作为哲学也是如此。就时代性而言，马克思主义哲学产生于 19 世纪 40 年代，这个时代正处在西方哲学从近代向现代的转折点上，马克思主义哲学在德国古典哲学解体的过程中率先开启了这一转折。因此，马克思主义哲学的创立正值近代哲学向现代哲学转变的过程中，后来它逐渐发展成为一个重要的现代哲学流派。马克思主义哲学本身的历史发展也具有时代性，不同时代的马克思主义哲学具有不同的特点。就民族性而言，马克思主义哲学本来是产生于西方的一种哲学学说，是西方哲学中的一个派别。但时至今日，它已经传遍了全世界，用恩格斯的话来说，它在一切文明的国度都找到了自己的知音。因此，马克思主义哲学并非仅仅属于西方哲学，同时还属于世界哲学。作为"世界哲学"，马克思主义哲学在传播过程中又会与各个民族国家的具体情况相结合，形成新的具有民族特色的哲学形态。就派别性而言，马克思主义哲学毫无疑问有着自己鲜明的立场、观点和方法，它并不是囊括一切的大杂烩，也不是兼收并蓄的万花筒。但是，正如列宁所指出的，"马克思主义同'宗派主义'毫无相似之处，它绝不是离开世界文明发展大道而产生的一种故步自封、僵化不变的学说。恰恰相反，马克思的全部天才正是在于他回答了人类先进思想已经提出的种种问题"。① 因此，马克思主义哲学与它之前和之后的哲学既有本质区别，又有历史联系。在全部哲学中，马克思主义哲学是一个独特的派别；而在马克思主义哲学自身内部，也可以形成不同的派别，或不同的理论形态。

本章试图对上述问题给予简略的论述，而其丰富具体的内容则有待于后续各篇逐次展开。

第一节　马克思主义哲学的创立

同任何思想文化一样，马克思主义哲学也是时代的产物，是多种因素综合作用的结果。马克思主义哲学创立的条件，包括社会历史条件、科学文化条件、哲学理论来源以及创立者的个人条件等。以往一般公认，马克思和恩格斯是马克思主义及其哲学的共同创始人，但是现在有人对恩格斯能否作为马克思主义哲学的创始人提出质疑，其中涉及马克思和恩格斯在思想上的关系。这也是本节要讨论的问题。

一、马克思主义哲学创立的条件

马克思主义哲学诞生于 19 世纪 40 年代，其诞生的标志性文献是马克思 1845 年春天在布鲁塞尔写的笔记《关于费尔巴哈的提纲》，以及马克思和恩格斯 1845 年秋至 1846 年夏写的《德意志意识形态》。但是，由于它们当时都没有公开出版，所以一般把《哲学的贫困》和《共产党宣言》作为马克思主义及其哲学公开问世的标志。那么，为什么只有在这个时代才能创立马克思主义及其哲学呢？

任何一种新的理论和学说，都只有在社会发展提出新的时代任务时才会产生。正如马克思所说："人类始终只提出自己能够解决的任务，因为只要仔细考察就可以发现，任务本身，只有在解决它的物质条件已经存在或者至少是在生成过程中的时候，才会产生。"② 马克思主义哲学的创立，是多种

---

① 《列宁选集》第 2 卷，人民出版社 1995 年版，第 309 页。
② 《马克思恩格斯选集》第 2 卷，人民出版社 1995 年版，第 33 页。

因素交互作用的结果，是由客观上和主观上、外在和内在的各种条件制约和决定的。客观上，要受到社会生产方式运动变化的制约，要受到无产阶级争取解放的斗争的展开程度及其发展规模的制约，还要受到其他经济的、政治的、科学的以及思想文化状况的影响等等。在谈到马克思主义哲学产生的条件时，毛泽东说："由于欧洲许多国家的社会经济情况进到了资本主义高度发展的阶段，生产力、阶级斗争和科学均发展到了历史上未有过的水平，工业无产阶级成为历史发展的最伟大的动力，因而产生了马克思主义的唯物辩证法的宇宙观。"① 毛泽东的这段论述，主要概括了马克思主义哲学创立的客观条件，除此之外，马克思主义哲学的创立还依赖于主观条件，即其创始人的个人条件，主要是其创始人敏锐观察现实生活并从中发现真谛的能力以及从事理论创作的高超的思维能力。"任何真正的哲学都是自己时代精神的精华。"② 马克思主义哲学的创立，是 19 世纪中叶欧洲的社会历史条件、科学文化条件和哲学发展的必然结果，也是其创始人自觉担当历史使命的结果。下面就分别考察这些条件。

（一）社会历史条件

19 世纪 40 年代是资本主义迅速发展，而其内部矛盾也日益暴露的时代。经过 17—18 世纪的资产阶级革命，西欧主要的资本主义国家如英国和法国已经建立起资本主义的社会制度和国家政权。从 18 世纪六七十年代开始，以瓦特发明和改进蒸汽机为标志，英国开始了以机器大生产代替工场手工业生产的工业革命（史称"第一次工业革命"），随后法国也进行了这场革命。到 19 世纪初，资本主义生产方式已经在欧洲一些主要国家占据统治地位。工业革命极大地提高了劳动生产率，使资本主义在它不到一百年的统治里所创造的生产力，比以往一切时代所创立的全部生产力的总和还要多，还要大。同时，随着资本主义的发展，社会关系的性质也简单化和明朗化了，以前隐藏在封建的、宗法的神秘面纱后面的利益关系被揭开了。马克思和恩格斯写道，资产阶级"用公开的、无耻的、直接的、露骨的剥削代替了由宗教幻想和政治幻想掩盖着的剥削"。③

---

① 《毛泽东选集》第 1 卷，人民出版社 1991 年版，第 300 页。
② 《马克思恩格斯全集》第 1 卷，人民出版社 1956 年版，第 121 页。
③ 《马克思恩格斯选集》第 1 卷，人民出版社 1995 年版，第 275 页。

与资本主义的发展相伴随的是世界市场的开拓。美洲和环绕非洲的航路的发现，给新兴的资产阶级开辟了新的活动场所。大工业建立了由美洲的发现准备好的世界市场。世界市场的建立使商业、航海业和陆路交通得到了巨大的发展，这种发展又反过来促进了工业的扩展。以世界市场的形成为基础，人类进入了各民族、国家相互影响相互依赖的"世界历史"时代。"资产阶级，由于开拓了世界市场，使一切国家的生产和消费都成为世界性的了……过去那种地方的和民族的自给自足和闭关自守状态，被各民族的各方面的互相往来和各方面的互相依赖所代替了。"① "世界历史"时代的到来，打破了狭隘的地域和民族界限，形成了世界范围的全面交往关系，极大地扩展了人们的视野和眼界，以前为狭隘的地域所局限的世界图景为新的世界图景所取代。所有这一切，都为科学地揭示社会历史的本质和规律创造了条件。

资本主义的发展一方面带来了物质财富的空前增长；另一方面又导致它所固有的各种矛盾的尖锐化。其中主要是生产社会化和生产资料私人占有制之间的矛盾，这是资本主义的基本矛盾。经济危机就是这种矛盾的表现。从1825 年发生第一次经济危机以来，在马克思和恩格斯生活的时代，资本主义国家周期性地受到经济危机的冲击。这表明，资本主义的生产关系和生产力之间的矛盾已经具有对抗的性质，不断发展的生产力已经开始起来反抗资本主义的生产关系了，提出一种取代资本主义的新的社会理想的条件已经成熟了。当然，正如马克思所指出的那样，"无论哪一个社会形态，在它所能容纳的全部生产力发挥出来以前，是决不会灭亡的"。② 由于资本主义国家后来（特别是二战以后）通过对生产关系的调整和改革，使这种矛盾在一定程度上得到缓和，从而使资本主义生产关系所能容纳的生产力还有发挥的余地，资本主义制度至今也还有某种存在的合理性。但是，只要资本主义制度存在，资本主义的基本矛盾就是不可能消除的。

随着资本主义社会生产力和生产关系矛盾的激化，工人阶级和资产阶级之间的矛盾也尖锐起来了。资产阶级启蒙思想家曾经在他们的著作中许诺了自由、平等、博爱的理想，然而在现实生活中，这些华美约言竟然是令人失

---

① 《马克思恩格斯选集》第 1 卷，人民出版社 1995 年版，第 276 页。
② 《马克思恩格斯选集》第 2 卷，人民出版社 1995 年版，第 33 页。

望的讽刺画。在马克思和恩格斯生活的时代，以产业工人为主体的广大劳动人民确实生活在严重贫困化的状态之中。这种状况引起了一切富有良知的思想家的深切同情。但是，工人阶级并不只是一个受苦的阶级，马克思深刻地揭示出，正是由于工人阶级所处的卑贱的经济地位，无可遏止地推动他们去争取自身以至全人类的解放。而马克思主义自觉地把工人阶级和人类的解放作为自己追求和奋斗的目标。

19世纪30—40年代，工人阶级作为一支独立的政治力量登上了历史舞台。从30年代开始，欧洲先后爆发了法国里昂工人起义、英国宪章运动和德国西里西亚纺织工人起义等三次著名的工人运动。随着工人运动的发展，工人阶级的政治组织也相继出现。1840年，英国成立了宪章派全国协会，称为宪章党，这是近代第一个工人政党。德国也出现了最初的一些工人组织，1834年在巴黎成立了德国流亡者第一个秘密组织——"被压迫者同盟"，后来"被压迫者同盟"发生分化，1836年创立了"正义者同盟"，成为以后改组的"共产主义者同盟"的基础。这表明，工人阶级已经从一个自在的阶级逐渐成为一个自为的阶级，显示了他们改造旧世界、创造新社会的巨大力量，为马克思主义的产生提供了阶级基础。新的阶级及其解放斗争需要新的理论的指导，创立新的与工人阶级的阶级地位和历史使命相适应的理论体系，成为时代向觉醒的工人阶级及其思想家提出的迫切任务。马克思主义哲学正是适应这一时代的需要而产生的。马克思主义哲学不是纯粹书斋里的哲学，而是自觉地为工人阶级以至全人类的解放服务的哲学。马克思在《〈黑格尔法哲学批判〉导言》中写道："无产阶级宣告**现存世界制度的解体**，只不过是揭示**自己本身存在的秘密**，因为它就是这个世界制度的**实际解体**……哲学把无产阶级当做自己的**物质**武器，同样地，无产阶级也把哲学当做自己的**精神**武器；思想的闪电一旦真正射入这块没有接触过的人民园地，**德国人**就会解放成为人。"[①] 当然，今天资本主义国家工人阶级的状况已经发生了很大变化，工人阶级的构成也出现了某些值得注意的新情况，但是，我们不应无视马克思和恩格斯生活的时代工人阶级的悲惨境遇，而且我们看到，在实行市场经济的当下，这种境遇正在以各种变形的方式在我们的生活

[①] 《马克思恩格斯全集》第1卷，人民出版社1956年版，第466—467页。

中重演，需要我们正视而不是回避问题。"**彼岸世界的真理**消失以后，**历史的任务**就是确立**此岸世界的真理**。人的自我异化的**神圣形象**被揭穿以后，揭露**非神圣形象**中的自我异化，就是为历史服务的哲学的迫切**任务**。"① 无论怎样说，马克思主义致力于工人阶级和人类解放的理想至今也没有过时，相反它仍激励着千百万为美好未来而奋斗的人们。

（二）科学文化条件

资本主义生产方式内在矛盾的尖锐化，使工人阶级作为一支独立的政治力量登上历史舞台，为马克思主义哲学的产生提供了客观条件。但是，这些客观条件并不会自动产生任何理论和学说。由于社会意识具有相对独立性，任何新的理论和学说都"必须首先从已有的思想材料出发"。② 人类认识的发展如同接力赛跑一样，后人总是在前人已经取得的成就的基础上继续前进的。马克思主义自然也不能例外。哲学并不是科学和文化的总和，而是科学的反思和文化的活的灵魂。作为科学的反思和文化的灵魂，一定时代哲学的产生除了客观的社会历史条件外，还与一定时代的科学文化条件息息相关。

作为马克思主义的创始人，马克思和恩格斯好学敏求、知识渊博，他们广泛涉猎过各种门类的学问。荷兰阿姆斯特丹国际社会史研究所收藏的马克思手稿和读书目录表明，马克思阅读范围非常广泛。他研究过古希腊罗马哲学，特别是亚里士多德、德谟克利特、伊壁鸠鲁，以及斯多葛主义、怀疑论的著作；研究过历史，特别是法国革命史；研究过资产阶级启蒙学者的政治学说，特别是孟德斯鸠和卢梭的国家学说；钻研过法国 18 世纪唯物主义和复辟时代的历史学家的著作；甚至在数学和某些自然科学领域也有一定造诣。恩格斯除在哲学、经济学、政治学等领域的成就外，对当时自然科学的成果也作过长期的研究，他还专门研究过军事学。这些广泛的学术训练和知识基础，无疑都对他们创立马克思主义及其哲学产生过积极的影响。但马克思主义哲学的形成，主要是同当时德国、英国和法国特定的理论环境密切相关的。

1. 科学基础

伴随着资本主义生产方式的确立和发展，从中世纪神学束缚下解放出来

---

① 《马克思恩格斯全集》第 1 卷，人民出版社 1956 年版，第 453 页。
② 《马克思恩格斯选集》第 3 卷，人民出版社 1995 年版，第 355 页。

的近代自然科学，即以实验为基础的科学蓬勃发展起来。从 18 世纪下半叶开始，特别是进入 19 世纪，近代自然科学已经由主要是"搜集材料的科学"，即"关于既成事物的科学"，发展为"整理材料的科学"，即"关于过程、关于这些事物的发生和发展以及关于把这些自然过程结合为一个伟大的整体的联系的科学"。① 在此过程中，一些新兴学科，如地质学、胚胎学、动植物生理学、有机化学等陆续建立起来。以 1775 年康德在《宇宙发展史概论》（旧译《自然通史和天体演化论》）中提出的关于太阳系起源的"星云假说"为发端，自然科学领域中陆续产生了赖尔的地质渐变论，施莱登和施旺的细胞学说，迈尔、焦耳等的能量守恒和转化定律，以及达尔文的生物进化论等一系列重大成果，在僵化的形而上学的自然观上打开了一个个缺口。这些科学发现，特别是 19 世纪的三大科学发现（前列诸项中的后三项），为马克思主义哲学的创立提供了自然科学基础。细胞学说揭示了"细胞"是一切生物的共同物质基础，细胞变异是一切生物变化的内在根据，植物和动物都是细胞按照一定的规律发育和生长的结果，从而阐明了生命有机界的内在统一联系，沉重地打击了关于生命起源问题上"上帝创造论"的神学观点和物种不变论的形而上学观念。能量守恒和转化定律揭示出，自然界中起作用的各种能，如机械能、热能、光能、电磁能、化学能等，都是物质运动的各种表现形式，它们之间按照一定的度量关系相互转化，而转化过程中总的能量是守恒的。这就证明，运动是客观的，既不能创造也不能消灭，而只能由一种形式转化为另一种形式，转化本身也证明了自然界中各种物质运动过程的内在统一性。生物进化论揭示出，今天存在的千姿百态的生物，包括人在内，都是由原始单细胞胚胎按照"生存竞争"、"自然选择"、"适者生存"的原则长期进化而来的，从而把变化发展的观念引入到生物界。

　　总之，正如恩格斯所说："由于这三大发现和自然科学的其他巨大进步，我们现在不仅能够说明自然界中各个领域内过程之间的联系，而且总的说来也能说明各个领域之间的联系了，这样，我们就能够依靠经验自然科学

────────────

①　《马克思恩格斯选集》第 4 卷，人民出版社 1995 年版，第 245 页。

本身所提供的事实，以近乎系统的形式描绘出一幅自然界联系的清晰图画。"① 这就为马克思主义哲学的创立提供了科学基础。

2. 文化条件

"文化"（Culture）在广义上包括自然科学在内；在狭义上，则是指除自然科学之外的人文学术成果。我们这里所说的马克思主义哲学创立所依赖的文化条件，是在狭义上理解的。简要地说，马克思主义哲学创立的文化条件，就是人类在自由资本主义时代所创造的一切人文学术成果，其中主要是文艺复兴时代的人文主义思想和启蒙思想家提出的政治国家学说。

"文艺复兴"是发生在14—16世纪的一场早期资产阶级的新文化运动，是新兴资产阶级反封建、反神权的斗争在思想文化上的反映。"文艺复兴"于14世纪末发端于意大利北部的罗马和中部的佛罗伦萨，15—16世纪在其他欧洲国家也普遍发展起来。代表人物有意大利的但丁、彼特拉克、薄伽丘、瓦拉、彭波拉齐、皮科、达·芬奇，荷兰的爱拉斯谟，法国的拉伯雷、蒙田（蒙台涅），英国的莎士比亚，西班牙的塞万提斯等等。这是一个需要巨人并且产生了巨人的时代。"文艺复兴"时期在思想上的成果，主要是人文主义思潮。"人文主义"和"人道主义"是humanism的中文翻译，都来自拉丁文humanus（意思是"属于人的"）。文艺复兴时期的"人文主义"思潮有如下两个方面的含义：其一，是就这个运动的代表人物所进行的活动领域或他们的研究对象来说的，他们研究的领域如古代语言（古希腊语、拉丁语）、文学艺术等，在当时都被称为"人文学科"，同"神学学科"相区别。他们研究这些人文学科，因此就被称为人文主义者，而他们所掀起的运动也被称为人文主义运动。其二，是就它的代表人物在不同的文化领域中所共同贯彻的基本思想来说的。由于他们都提倡"人"或人道精神，因此他们就被称为人文主义者或人道主义者。人文主义是西方近代人性论的初步表现形态。一般在讲"文艺复兴"时期的人性论思潮时，使用"人文主义"一词，而在讲以后的人性论时，则叫做"人道主义"。人文主义的基本思想包括以下几个方面：

第一，反对神权对人的侵犯，要求肯定人的价值，恢复人的尊严，保障

① 《马克思恩格斯选集》第4卷，人民出版社1995年版，第246页。

人的权利。中世纪神学和经院哲学极力证明上帝的伟大和人的渺小，把人说成只是上帝的工具、附庸，宣扬"人应当蔑视自己"。而人文主义者为了新兴资产阶级争取生存和发展的权利，反对神权统治，以炽烈的热情歌颂"人"的力量的伟大和人性的崇高，要求人们把目光从神转向人，追求人的独立地位。他们的响亮口号是"我是人，凡是人的一切特性我都具有"。①就是说，我作为一个人，乃是一个独立的存在，我自己就是自己的目的，应该按照人的自然本性享受人间的欢乐。但丁说："人的高贵，就其许许多多的成果而言，超过了天使的高贵。"②莎士比亚在其名著《哈姆雷特》中热情赞叹道："人是多么了不起的一件作品！理性是多么高贵，力量是多么无穷！仪表和举止是多么端正。多么出色！论行动，多么像天使！论了解，多么像天神！宇宙的精华，万物的灵长！"

第二，反对宗教禁欲主义，肯定现实人生的意义，提倡对世俗幸福的追求。中世纪天主教要求人们放弃暂时的尘世生活享受，绝情除欲，忍受痛苦，去追求所谓"天国"的极乐。人文主义者无情地揭露这种说教的虚伪性，痛斥僧侣们要求别人禁欲苦行，而自己却是贪得无厌地过着腐朽糜烂生活的"伪君子"、"假善人"。人文主义者大声疾呼：有血肉之躯、有感情、有欲望的现实的人，希望过现实的生活，追求世俗的幸福，这是人性的自然要求，是人的权利。

第三，反对封建专制主义和世袭等级制度，要求自由平等和个性解放。在中世纪，人们不仅受到各种神学教条的束缚，而且受到封建专制主义和等级制度的禁锢，变得自卑、自怯、自甘屈辱。人文主义者提出了自由平等的思想，要求砸碎封建等级制的枷锁。但丁说，真正的"高贵"不在于"出身"、"门第"，而在于人本身的品质的优良；"自由意志"是上帝给予人的"最大赠物"，是不可剥夺的。薄伽丘说："我们人类是天生一律平等的，只有才德才是区分人类的标准，那发挥了大才大德的人才当得起一个'贵'，否则就只能算是贱，这条最基本的法律被世俗的谬见所掩盖了。"③拉伯雷

---

① 这是一句古代箴言，原出自公元前 2 世纪拉丁诗人特伦斯的诗。
② 《从文艺复兴到十九世纪资产阶级文学家艺术家有关人道主义人性论言论选辑》，商务印书馆 1975 年版，第 3 页。
③ 薄伽丘：《十日谈》，人民文学出版社 1983 年版，第 357 页。

认为，"自由"是人类天生的本性，人应该自由自在地生活，使人们从"屈辱于压迫和束缚之下"解脱出来。他在其所描绘的理想社会雏形的"德廉美修道院"中，只规定了一条原则："想做什么，便做什么"，认为只有在这样充分自由的环境里，才能培养出全面发展的"巨人"。人文主义者的这些思想，表达了新兴资产阶级要求摆脱封建等级制束缚，获得雇工自由、贸易自由、政治自由等权利，以发展资本主义的强烈愿望。

第四，反对盲目信仰和崇拜权威的蒙昧主义，推崇理性，重视科学知识。天主教泯灭人的理性，迫使人们盲目信仰《圣经》教条，绝对服从权威言论，稍有疑义，就是离经叛道，大祸临头。人文主义者坚信人的力量的伟大，坚信人具有的感觉能力和理性思维能力，能够认识自然、造福人类，因而提倡积极思维，敢于怀疑和推翻"权威"言论，要求恢复理性的权威。蒙田说："盲目追随别人的人，追随不了什么，他得不到什么。"① 这些思想反映了新兴资产阶级渴望探索自然，发展科学文化的愿望。

人文主义的基本思想后来在启蒙思想家的人性论和政治国家学说中得到继承和发展。17—18世纪，伴随着英法等国的资产阶级革命并为这种革命提供理论准备，启蒙思想家制定了资产阶级的政治和国家学说。英国哲学家霍布斯首先提出了他的"公民哲学"。他认为，"自我保存"是人的普遍的绝对本性，是人类活动的根本原则，是人的一切行为的动力。在国家产生前，人类处于"自然状态"。由于人的自我保存、损人利己的本性，必然产生纷争，人与人之间处于"永恒战争状态"——"人对人是狼"。在这种状态下，表面上似乎每个人都拥有绝对的权利，但由于人与人为敌，实际上什么权利也不能兑现，根本不能实现"自我保存"的目的。于是，人们为了自我保存的需要，便基于自然法相互订立契约，把一切权利转让给最高统治者，由他来保障社会和平和个人安全，这样就建立了公共权力机关——国家。由于人们把一切权利都转让给了最高统治者，因此最高统治者拥有至高无上的权力，集立法、裁判、行政、军事乃至文化教育大权于一身，这种权力既不能转移，也不能分散，人们必须绝对服从。显然，这是一种集权主义

① 《从文艺复兴到十九世纪资产阶级文学家艺术家有关人道主义人性论言论选辑》，商务印书馆1975年版，第52页。

的国家模型。

在霍布斯之后，洛克提出了他的"社会契约论"和"分权"学说。同霍布斯一样，他断言"自我保存"是普遍的人性，是支配社会发展的"自然规律"。在国家产生前，人们根据自然法享有生命、自由和私有财产等自然权利，人人都可以根据自己的自由意志决定自己的行动，而无须得到他人的许可。但是，在这种状态下，由于人的利己本性，不能保证长久不发生纷争，而一旦发生纷争，由于每个人都具有"王者的气派"，自己充当自己的裁判者，必然使纷争无法解决，从而威胁和损害人的自然权利。为了避免这种情况，人们便订立契约，成立国家。与霍布斯不受任何限制的集权国家模型不同，洛克主张分权。洛克认为，人们并没有把自己的全部自然权利转让给国家，而只是转让了其中的仲裁权，至于生命、自由、私有财产等自然权利，人们非但没有转让，反而应该得到国家的保护，如果国家执政者侵犯这些自然权利，人们就有权推翻他。同时，洛克还认为，执政者是签订契约的一方，必须受契约的约束，忠实地履行人民的委托。显然，这是与霍布斯集权国家模型不同的民主自由国家模型。在他看来，人们放弃自己的自然权利而接受专制君主的保护，实在无异于为了防止狐狸的搅扰而甘愿被狮子所吞噬。为了防止君主专制，洛克在资产阶级政治学说史上首次提出了政府分权的学说。他把国家权力分为立法权、行政权和联邦权（处理外交事务的权力），认为这三种权力应由不同的部门掌管，而不能集中于君主一人之手。立法权是国家的最高权力，应由多数人选举的议会掌握；而行政权和联邦权则归一个常设的、由深谋远虑的个人所掌握的机关来执行。当立法权与行政权发生冲突时，行政权必须服从立法权。洛克的政治国家学说后来为法国启蒙学者孟德斯鸠和卢梭等人所继承和发展。

孟德斯鸠继洛克之后，把立法、行政、司法间的关系发展成为典型的分权学说，认为这三种权力中，任何两权合并就意味着滥用权力，公民的政治自由就必然会受到侵犯。因此，孟德斯鸠主张"以权力制约权力"，通过三权分立、互相制衡的办法来防止滥用权力，从而保障公民的自由。继孟德斯鸠之后，卢梭更进一步提出了"主权在民"的思想。卢梭认为，人是生而自由、独立和平等的，私有制是人类不平等的根源。要克服社会的不平等现象，使人类由不平等转变为平等，恢复天赋的平等权利，就必须消灭封建专制制度，建立以社会契约为基础的民主国家制度。在他看来，国家只是"自由"的人民的"自由的协议"的产物。根据他的社会契约论，人们在订立契约时，每个结合者都把自己的全部权利毫无保留地转让给整个社会。这种转让是等价的，因为既然权利是转让给整个社会，并没有转让给任何个人，人们就可以从社会中"获得自己本身所转让给他的同样的权利，所以人们就得到了他自己所丧失的全部的等价物，以及比他自己所有的保存自己的力量更大的力量。"① 卢梭认为，按照这种契约要求组成的集合体，就可以体现全体成员的最高的共同意志，即"公意"。国家就是根据这种"公意"来治理的，人们服从国家就是服从"公意"，也就是"服从他们自己的意志"。因此，在民主国家中，人们虽然丧失了"自然自由"，却获得了政治自由和对于自己所享有的一切东西的所有权；虽然失去了"自然平等"，却获得了道德与法律上的平等。根据这种契约理论，卢梭提出了人民主权的思想。他认为，"主权"就是"公意"的运用。主权应该属于人民，政府的职责仅仅是执行"公意"，并非人民的主人；如果政府篡夺了人民的主权，破坏了社会契约，损害了人民的公共利益，人民便有权推翻它。这显然是一种比较激进的民主主义的政治理想。

启蒙思想家的政治国家学说，对近代西欧各国产生了重大影响。他们关于自由、平等的自然权利的思想在法国大革命和美国独立战争中被发展为"天赋人权"和"自由、平等、博爱"的资产阶级革命口号，并被写进法国大革命之后的《人权宣言》和美国《独立宣言》；他们关于分权制衡的学说则为西方民主宪政奠定了理论基础，至今仍然是西方主要资本主义国家的立国原则。不难看出，这些启蒙思想家们的思想虽然各有特色，但他们都是从文艺复兴的人文主义出发，把人文主义理论化、系统化了，即以人性的变化发展来解释国家的起源和人类社会的变化发展，这就是以人道主义为核心的国家学说和社会理论，并以之为资产阶级民主革命提供根据。用今天的话来讲，他们已把人道主义价值观提升为人道主义历史观。

以上极其简要地介绍了近代西方的文化成就，主要是文艺复兴时代的人文主义思想和启蒙思想家提出的人道主义政治国家学说。那么，有什么根据

----

① 卢梭：《社会契约论》，何兆武译，商务印书馆1963年版，第21页。

说它们构成了马克思主义哲学赖以产生的文化条件呢？这当然要从马克思主义哲学的创始人的生平和著作中去寻找答案。如果从他们的经历和著作中可以找到明显的证据，证明他们确实是以人类在自由资本主义时代所创造的文化成就作为自己理论活动的背景和前提的，我们的问题就获得了肯定的回答。事实上，这样的证据是不难发现的。

从马克思的家庭背景来看，他的父亲亨利希·马克思就是一个受到启蒙思想和人道主义思想影响的开明之人，为了获得"欧洲文化的入场券"，他放弃犹太教而改宗基督教，改宗基督教在当时是犹太人中间的自由思想者在文化方面前进一步的表现。"不管是什么原因，有一点是无可怀疑的，即亨利希·马克思树立了一种现代人文主义思想，这种思想使他摆脱了犹太教的一切偏见，而他就把这种自由当作一宗宝贵的遗产留给了他的儿子卡尔。"[1]同马克思一家有着亲密的交往关系的特利尔城政府枢密顾问官路德维希·冯·威斯特华伦（其女燕妮·冯·威斯特华伦后来成了马克思的妻子）也是一个受到人文主义影响，思想上比较开明的人，马克思曾称他为"敬爱的慈父般的朋友"，马克思的博士论文就是题献给这位"朋友"的。马克思就读的中学环境也比较宽松，富有自由主义思想的符登巴赫校长总有办法不顾政府的禁令，努力培养他的学生的启蒙思想和人道主义精神。所以我们从马克思的早期著作中，无处不可看到启蒙思想和人道主义对他的影响。例如收入《马克思恩格斯全集》中文第 1 版第 1 卷开首的几篇文章，即马克思在《莱茵报》工作时期所写的政论文章——《评普鲁士最近的书报检查令》、《关于出版自由和公布等级会议记录的辩论》等，这些著作都闪耀着启蒙理性和人道主义的思想光辉。有人甚至因此把马克思描写成一个自由主义者。我们并不赞成这种描写，在我们看来，自由主义思想只是马克思独立思想发展的起点。承认这种起点的意义，也就是确认资本主义时代的文化成就是马克思主义哲学赖以产生的文化条件。正如列宁所说，马克思主义是人类在资本主义时代所创造的一切优秀文化的当然继承者。

（三）哲学理论来源

作为一种社会意识形式，哲学理论的根源总是存在于经济的事实中。但

---

[1]　梅林：《马克思传》，樊集译，人民出版社 1972 年版，第 9 页。

是，由于意识形式的相对独立性，任何新的学说都"必须首先从已有的思想材料出发"。① 恩格斯在1890年10月27日致施米特的信中写道："每一个时代的哲学作为分工的一个特定的领域，都具有由它的先驱者传给它而它便由此出发的特定的思想材料作为前提。"恩格斯接着说："经济发展对这些领域也具有最终的至上权力，这在我看来是确定无疑的，但是这种至上权力是发生在各该领域本身所规定的那些条件的范围内，这种作用就是各种经济影响……对先驱者所提供的现有的哲学材料发生的作用。经济在这里并不重新创造出任何东西，但是它决定着现有思想资料的改变和进一步发展的方式"。② 这就是说，经济事实对哲学理论的决定作用，只表现为"它决定着现有思想材料的改变和进一步发展的方式"，它"不重新创造出任何东西"，亦即它不能直接创造出任何新的概念、观点和理论。因此，探寻一种哲学产生的原因，不能仅仅局限于外在的社会历史条件，还必须考察这种哲学与它以前的哲学之间的继承性历史联系。

在马克思主义哲学的理论来源中，德国古典哲学无疑居于十分重要的地位，黑格尔哲学和费尔巴哈哲学的影响尤为明显，但绝不能把德国古典哲学看成它的唯一理论来源。马克思主义哲学是整个欧洲传统哲学的继承、变革和超越。

马克思主义哲学是从黑格尔学派的解体过程中产生的一个新派别。马克思曾经是黑格尔哲学的信徒，他认真读过当时能见到的黑格尔的几乎全部著作，还阅读过黑格尔的大部分弟子的著作；后来他又受到费尔巴哈哲学的明显影响，认真阅读过费尔巴哈的主要著作，如《基督教的本质》、《关于哲学改造的临时纲要》等等。马克思在接近黑格尔哲学之前，还曾阅读过康德、费希特等人的著作，恩格斯在柏林服兵役期间读过谢林的著作，并对之进行了批判。

列宁曾经把马克思哲学思想的发展过程概括为："离开黑格尔走向费尔巴哈，又超过费尔巴哈走向历史（和辩证）唯物主义。"③ 这一概括准确地反映了马克思思想发展的实际情况。因此，"离开黑格尔"正是马克思自己

---

① 参看《马克思恩格斯选集》第3卷，人民出版社1995年版，第355页。
② 《马克思恩格斯选集》第4卷，人民出版社1995年版，第703—704页。
③ 《列宁全集》第55卷，人民出版社1990年版，第293页。

独立的哲学思想发展的起点。这个起点最早可以追溯到他于1841年3月完成的博士论文。

然而，正是马克思的博士论文向我们展示了一个宽广的视域。马克思的博士论文题为《德谟克利特的自然哲学和伊壁鸠鲁的自然哲学的差别》，这也是马克思的第一篇哲学著作。为了写作这篇论文，从1839年开始，马克思就开始对古希腊哲学进行研究，他读过亚里士多德以及有关德谟克利特和晚期希腊哲学的许多著作，写下了7本《关于伊壁鸠鲁哲学的笔记》，博士论文就是在这些笔记的基础上整理而成的。从这篇论文的"序言"和"新序言"（片断）中可以看出，它只是当时计划要写但后来并未完成的一部更大的著作的"先导"。在那部计划的著作中，马克思准备全面论述晚期希腊哲学，内容包括伊壁鸠鲁、斯多亚主义和怀疑主义。① 这表明，我们不能把古希腊哲学排斥在马克思主义哲学理论来源的范围之外。此外，从马克思和恩格斯合著的《神圣家族》、《德意志意识形态》以及恩格斯的《路德维希·费尔巴哈和德国古典哲学的终结》等著作中，我们可以看到他们对近代哲学，特别是以培根、霍布斯、洛克、贝克莱、休谟等为代表的英国哲学，以拉美特利、爱尔维修、狄德罗、霍尔巴赫等为代表的法国百科全书派的哲学，都有非常具体的论述。因此，我们也不能把近代英法哲学排除在马克思主义哲学的理论来源之外。

总之，马克思主义哲学的理论来源，从广义上理解，应该是马克思主义哲学产生前欧洲哲学的全部内容。不仅理论上说应该如此，事实上也确实如此。当然，这些内容并不是没有轻重之分的，其中德国古典哲学对马克思和恩格斯的影响最大，可以说是马克思主义哲学直接的理论来源。

需要特别指出的是，马克思主义哲学不是学科建制意义上的哲学，而是问题回应式的哲学。事实上，马克思主义理论作为一个整体，并不存在绝对分明的学科划分。马克思主义哲学的产生也不是单纯在哲学理论内部自动循环的结果，其他思想成果，特别是英国古典政治经济学、法国复辟时期的历史学和空想社会主义思想，对马克思主义哲学的形成也有直接影响。所以在更广泛的意义上，应该把这些思想成果也包括在马克思主义哲学的理论来源

---

① 参看《马克思恩格斯全集》第1卷，人民出版社1995年第2版，第10—11、103页。

之中。

马克思在流寓巴黎期间接触到波旁王朝复辟时期兴起的关于"第三等级"的大量历史文献，如以基佐、米涅和梯叶里为代表的学派，试图通过严格的决定论和阶级斗争学说来解释全部历史，特别是法国革命的历史。同时，马克思还潜心研究了 18 世纪法国唯物主义，主要是起源于洛克而汇流于社会科学的那一派，即爱尔维修和霍尔巴赫的派别。这个派别试图把唯物主义推广和应用到社会生活方面，马克思曾一度把这种学说称为"真正的人道主义"。最后，在巴黎当时的精神园地中，到处是社会主义的萌芽，其中有圣西门派的残余，有傅立叶派，有基督教社会主义者，有小资产阶级的社会主义者，还有其最卓越的代表人物列鲁和蒲鲁东，以及文艺界的社会主义领袖贝朗瑞和乔治·桑。这些人物及其思想，都对马克思主义哲学的形成产生过不同程度的影响。此外，政治经济学研究对于马克思主义哲学特别是历史唯物主义的创立具有特殊重要的意义。

历史唯物主义在纵横两个方面展开自己的理论系统。在纵的方面，它揭示人类社会从低级向高级发展的历史过程；在横的方面，它剖开社会肌体，揭示其内部结构和相互制约关系。马克思和恩格斯揭示历史发展的内在逻辑是从解剖资本主义社会入手的。然而，资本主义社会本身又是一个十分复杂的有机体，它直接呈现在人们面前的是一个由各种关系交织而成的"关于整体的表象"。要揭示这一整体的内在结构，就不能停留在表象上，而必须剖开整体，抓住关键性的方面或环节，借以理解和说明整体。列宁在谈到马克思研究社会结构所使用的方法时指出，这种方法就是"从社会生活的各种领域中划分出经济领域，从一切社会关系中划分出生产关系，即决定其余一切关系的基本的原始的关系"。① 生产关系或经济关系是一切社会运动的基础，是一切复杂的政治上层建筑和思想上层建筑借以竖立其上的基石。因此，抓住这一决定性的环节，是解开社会结构奥秘，创立历史唯物主义的关键。而政治经济学就是研究生产关系的科学。所以马克思说："对市民社会的解剖应该到政治经济学中去寻找。"② 恩格斯写道："一切社会变迁和政治

---

① 《列宁选集》第 1 卷，人民出版社 1995 年版，第 6 页。
② 《马克思恩格斯选集》第 2 卷，人民出版社 1995 年版，第 32 页。

变革的终极原因，不应当到人们的头脑中，到人们对永恒的真理和正义的日益增进的认识中去寻找，而应当到生产方式和交换方式的变更中去寻找；不应当到有关时代的**哲学**中去寻找，而应当到有关时代的**经济**中去寻找。"①"要获得理解人类历史发展过程的钥匙……应该到……'市民社会'中去寻找。但关于市民社会的科学，也就是政治经济学"。② 可见，不研究政治经济学，就不可能了解"一切社会变迁和政治变革的终极原因"，不可能"获得理解人类历史发展过程的钥匙"，也就不可能创立历史唯物主义。事实上，在马克思和恩格斯之前，黑格尔和费尔巴哈企图在纯粹哲学的范围内来解决历史发展的规律问题，结果，他们终生没有走出哲学的圈子，也就始终没有发现历史发展的规律。马克思和恩格斯正是走出哲学才改造了哲学；他们正是借助于政治经济学的研究，才批判地改造了旧哲学，创立了包括历史唯物主义在内的新哲学。

　　总之，我们不能对列宁关于马克思主义的三个来源和三个组成部分的论述作机械的简单化的理解。实际上，马克思主义的三个组成部分，并不是分别地、互不相关地来源于德国古典哲学、英国古典政治经济学和法国空想社会主义学说。情况要复杂得多。正如马克思主义三个组成部分是一个统一的整体，并不存在绝对分明的界限一样，马克思主义的先驱者的学说也以不同的方式，对马克思主义的各个组成部分直接或间接地起着作用。完全可以说，它们的作用不是孤立的，而是综合的、相互渗透的，是一种"合力"。马克思主义哲学的产生不仅继承了德国古典哲学，其他思想成果，特别是英国古典政治经济学、法国复辟时期的历史学和空想社会主义思想对马克思主义哲学的形成也有直接影响；同样，马克思主义政治经济学不仅来源于英国古典政治经济学，德国古典哲学中的辩证法对马克思主义政治经济学的创立有方法论的借鉴意义，而对空想社会主义学说的改造，对无产阶级伟大历史使命的论述，则为马克思主义政治经济学研究规定了目标和方向；至于科学社会主义，也不仅仅是来自 19 世纪三大空想社会主义者，马克思和恩格斯之所以能把社会主义从空想变成科学，是同他们批判地改造德国古典哲学和

---

① 《马克思恩格斯选集》第 3 卷，人民出版社 1995 年版，第 741 页。
② 《马克思恩格斯全集》第 16 卷，人民出版社 1964 年版，第 409 页。

英国古典政治经济学不可分割的。① 总之，这些成果作为马克思主义的理论来源，其作用是相互渗透的，而不是彼此孤立的。

二、马克思主义哲学的创始人

以上诸种条件表明，历史发展到 19 世纪中叶，创立一种新哲学的外部条件已经具备。这种可能能否变成现实，取决于是否产生能够担当创立新哲学使命的历史人物。马克思和恩格斯之所以能够肩负起时代赋予的重任，创立马克思主义哲学，是与他们的个人条件分不开的。19 世纪中叶的经济政治状况，自然科学和哲学社会科学的成就，是马克思和恩格斯同时代人的共同条件。但马克思和恩格斯与同时代的其他人相比，具有双重优越性：比起工人活动家，他们具有高度的理论素养和渊博的学识；而比起其他理论家，他们则具有强烈的实践愿望和实践经验。马克思和恩格斯不是蛰居书斋的纯理论家，也不是鲁莽的实践家，而是集理论家和实践家于一身。他们既继承了人类文明的优秀成果，又抓住了时代脉搏，能够科学地回答人类所面临的迫切问题，从而成为马克思主义哲学的创始人。

（一）马克思是马克思主义哲学的主要创始人

历史选择了马克思，使他成为马克思主义哲学的主要创始人。在我们看来，马克思之所以能够成为马克思主义哲学的主要创始人，是由下列几种因素促成的。

1. 崇高的理想

马克思于 1818 年 5 月 5 日出生于德国莱茵省特里尔市一个律师家庭。他在非常幼小的时候就表现出很高的天赋。"他的'辉煌的天赋'在他父亲心中唤起希望，认为有朝一日这些才能终将用于造福人类的事业；母亲则把儿子称做一个无往不利的幸运儿。"② 往后我们将会看到，父亲的预感是准

---

① 正如恩格斯在 1883 年为《社会主义从空想到科学的发展》德文第一版序言（该序言写于 1882 年）所加的一个注中所说："科学社会主义的产生，一方面必须有德国的辩证法，同样也必须有英国和法国的发达的经济关系和政治关系。德国的落后的——40 年代初比现在还落后得多——经济和政治的发展阶段，最多只能产生社会主义的讽刺画。只有在英国和法国所产生的经济和政治状况受到德国辩证法的批判以后，才能产生真正的结果。因而，从这方面看，科学社会主义并不完全是德国的产物，而同样是国际的产物。"（《马克思恩格斯选集》第 3 卷，人民出版社 1995 年版，第 691 页）

② 弗·梅林：《马克思传》，樊集译，人民出版社 1972 年版，第 6 页。

确的；而母亲的看法，除马克思获得了特里尔城最迷人的姑娘燕妮①终生不渝的爱情堪称是极大的幸运外，其他方面几乎都没能如愿。

我们还是从马克思早年就确立的崇高理想说起吧。

有关马克思早年思想状况的记载，《马克思恩格斯全集》历史考证版第二版（MEGA2）为我们提供了一些可靠的文献，主要是他在中学毕业考试时所写的三篇作文（宗教作文、德语作文和拉丁语作文）。这些作文反映了启蒙思想、理性精神和人道主义对他的影响。其中经常被提到和引用的是写于 1835 年 8 月 12 日的德语作文《青年在选择职业时的考虑》。在这篇作文中，马克思一开始就把选择的严峻课题提到了人们的面前："选择是人比其他创造物远为优越的地方，但同时也是可能毁灭人的一生、破坏他的一切计划并使他陷于不幸的行为。"② 马克思反对单凭幻想、虚荣和名利激起的一时热情和冲动进行选择，反对不顾自己的体质限制和错误估计自己能力的选择。他认为，"那些主要不是干预生活本身，而是从事抽象真理的研究的职业，对于还没有确立坚定的原则和牢固的、不可动摇的信念的青年是最危险的"。③马克思明确提出了选择职业的标准："在选择职业时，我们应该遵循的主要指针是人类的幸福和我们自身的完美"。④在他看来，这两个标准不是彼此对立、互相冲突的，而是统一的。因为"人的本性是这样：人只有为同时代人的完美、为他们的幸福而工作，自己才能达到完美。如果一个人只为自己劳动，他也许能够成为著名的学者、伟大的哲人、卓越的诗人，然而他永远不能成为完美的、真正伟大的人物"。⑤从这样的高标准出发，马克思表达了自己立志为人类的幸福而工作的崇高理想与抱负：

> 如果我们选择了最能为人类而工作的职业，那么，重担就不能把我们压倒，因为这是为大家而作出的牺牲；那时我们所享受的就不是可怜的、有限的、自私的乐趣，我们的幸福将属于千百万人，我们的事业并

---

① 燕妮·冯·威斯特华伦是路德维希·冯·威斯特华伦的长女，她比马克思大四岁，从小一起长大。燕妮不仅是特利尔城最漂亮的姑娘，而且是一位品德高尚的女性。恩格斯《在燕妮·马克思墓前的讲话》中说："如果有一位女性把使别人幸福视为自己的幸福，那么这位女性就是她。"（《马克思恩格斯全集》第 19 卷，人民出版社 1963 年版，第 324 页）

② ③ ④ ⑤ 《马克思恩格斯全集》第 1 卷，人民出版社 1995 年第 2 版，第 455、458—459、459 页。

不显赫一时，但将永远存在。①

　　这预示着马克思未来的人生价值取向。这种崇高的理想在博士论文中再次得到表白，马克思颂扬"普罗米修斯是哲学日历中最高尚的圣者和殉道者"。② 马克思毕生都在为人类解放寻找理性之路，他是思想领域里盗取天火的普罗米修斯，他的哲学使命在实际的历史运动中体现了人类的使命。

2. 坚强的性格

　　与母亲"幸运儿"的预期相反，马克思命运坎坷。他一生颠沛流离，多次遭到欧洲一些国家政府的驱逐。1841 年大学毕业时，马克思曾一度想在大学谋取教职，但是当时的情况已不允许他这样做。1842 年他为《莱茵报》撰稿。由于普鲁士政府对报纸的激进倾向不满，决定查封该报，马克思于 1843 年 3 月 18 日声明退出编辑部。同年 5 月与燕妮结婚，来到克罗茨纳赫。1843 年 10 月为出版《德法年鉴》到巴黎。从此之后，马克思一次又一次被驱逐：1845 年 1 月，被法国政府驱逐，前往比利时；三年后即 1848 年被比利时政府驱逐，在巴黎短暂停留后，回到德国；1849 年 5 月又被普鲁士政府驱逐，6 月再回到巴黎，7 月 19 日便接到命令："卡尔·马克思和他的妻子必须在 24 小时内离开巴黎。"8 月，马克思前往伦敦定居，直到去世。马克思曾在国际联合的意义上说"工人没有祖国"，而他自己则简直就是一个世界公民。

　　马克思一生穷困，饱受贫病的煎熬。他常常因为交不起房租和无力偿还食品店的债务而遭人白眼，曾困难到完成《政治经济学批判》第一分册后，没有邮费将稿子寄出的地步，往往要靠恩格斯和其他人的资助才能渡过难关。他身患多种疾病，31 岁就患上肝病，以后经常复发，还患有眼病、支气管炎、风湿痛、胆囊炎等，并长期失眠，最后死于肺脓肿。他和燕妮生有七个孩子，只有三个长大成人，其他都因病得不到治疗而夭折，小女儿弗兰契斯卡一岁就病死了，连棺材钱都是向人要的。然而，所有这一切，丝毫没

---

① 《马克思恩格斯全集》第 1 卷，人民出版社 1995 年第 2 版，第 459 页。
② 《马克思恩格斯全集》第 40 卷，人民出版社 1982 年版，第 190 页。按：普罗米修斯是希腊神话中的英雄，他盗取天火给人间带来光明，却因违犯天条而受到宙斯的惩罚，被缚在高加索山崖上忍受鹰啄食肝脏的痛苦。马克思以此形象自喻。

有动摇马克思的信念和意志。

马克思读书勤奋刻苦的精神也是非常出名的，这是因为他明白，"在科学上没有平坦的大道，只有不畏劳苦沿着陡峭山路攀登的人，才有希望达到光辉的顶点"。[①] 为了研究政治经济学，从 1849 年定居伦敦的时候起，在以后的相当长的一段时间里，他经常到当时世界上资料最齐备的大英博物馆图书馆查阅资料，通常从上午 9 点坐到晚上 7 点。由于他有固定的座位，传说他坐的位子已被他的皮鞋磨出了明显的印记。没有坚强的意志，这一切都是难以想象的。

关于马克思的性格，我们还可以从一份题为《卡尔·马克思。自白》[②] 的材料中获得佐证。这是他 1865 年 4 月 1 日对女儿 20 个问题的回答，我们只摘录相关的部分：

您的特点：……………………………目标始终如一。

您对幸福的理解：……………………斗争。

您对不幸的理解：……………………屈服。

您喜爱的格言：………………………人所具有的我都具有。

您喜爱的箴言：………………………怀疑一切。

目标始终如一，从不屈服，从不向命运低头，这就是马克思的性格。

3. 出众的才华

关于马克思出众的天赋和才华，几乎没有任何人表示怀疑。天赋是父亲首先发现的，才华首先是在朋友中得到承认的，而且早在大学期间就显露出来。青年黑格尔派的重要人物科本称赞马克思是"一座思想的仓库、制造厂，或者按照柏林的说法，思想的牛首"。[③] 博士俱乐部的另一位著名人物赫斯在一封信中写道："当今在世最伟大的，或许是唯一真正的哲学家……马克思博士，这个我最崇拜的人，还是一个十分年轻的人（至多不过 24 岁

---

① 马克思：《资本论》（根据作者修订的法文版第一卷翻译），中国社会科学出版社 1983 年版，第 1 页。

② 参见《马克思恩格斯全集》第 31 卷，人民出版社 1972 年版，第 588—589 页。

③ 科尔纽：《马克思恩格斯传》第 1 卷，生活·读书·新知三联书店 1980 年版，第 187 页。

左右）；他将给中世纪的宗教和政治以致命的打击；他既有深思熟虑、冷静、严肃的态度，又有最辛辣的机智；如果把卢梭、伏尔泰、霍尔巴赫、莱辛、海涅和黑格尔合为一人（我说的是结合，不是凑合），那么结果就是一个马克思博士。"① 恩格斯与马克思在革命事业上合作无间达40年之久，对马克思理解之准确与深刻没有超过恩格斯的。恩格斯在他的晚年著作《费尔巴哈和德国古典哲学的终结》的一个注释中对马克思的才华作了非常中肯的赞美，他在谈到他和马克思对创立马克思主义理论的贡献时说："绝大多数指导思想（特别是在经济和历史领域内），尤其是对这些指导思想的最后的明确的表述，都是属于马克思的。我所提供的，马克思没有我也能够做到，至多有几个专门领域除外。至于马克思所做到的，我却做不到。马克思比我们大家都站得高些，看得远些，观察得多些和快些。马克思是天才，我们至多是能手。"② 这不是说他的才华是天生的，而是说他的才华非一般智者可及。

唯物史观主要是由马克思创立的，唯物史观的创立意味着马克思主义哲学的诞生，这在理论界是没有争议的，但我们绝不能由此得出结论：马克思主义哲学就是唯物史观，辩证唯物主义不是马克思主义哲学。诚然，马克思当时没有提出辩证唯物主义理论体系，像他和恩格斯一起在《德意志意识形态》中那样提出唯物史观理论体系，但是他们确已提出唯物主义和辩证法作为唯物史观的世界观前提，唯物史观中已逻辑地蕴涵了辩证唯物主义的基本观点。马克思主义哲学的完整理论是辩证唯物主义和历史唯物主义，马克思是唯物史观的主要创建人，恩格斯对辩证唯物主义理论体系的创建在后来作出了更多的贡献，总起来看，马克思是马克思主义哲学的主要创始人。这一点后面将作进一步论述。

（二）恩格斯对马克思主义哲学的贡献

在以上关于马克思主义哲学创始人的个人资质条件的考察中，我们主要谈论的是马克思，但是马克思主义哲学的创始人还包括恩格斯。关于恩格斯在马克思主义哲学史上的地位，即他对于马克思主义哲学创立和发展的贡

---

① 莫泽斯·赫斯1841年9月2日致奥尔巴赫的信。转引自科尔纽：《马克思恩格斯传》第1卷，生活·读书·新知三联书店1980年版，第289—290页。

② 《马克思恩格斯选集》第4卷，人民出版社1995年版，第242页。

献，以及在这一过程中他与马克思之间思想上的关系，在西方学界是一个长期存在争议的问题。综合地看，关于马克思与恩格斯在思想上的关系，国外学术界主要存在着以下五种观点：（1）"一致论"，这是以考茨基和普列汉诺夫为代表的第二国际"正统马克思主义"在马克思和恩格斯思想关系上的看法；（2）"修正论"，这是伯恩斯坦关于马克思和恩格斯思想关系的观点，认为恩格斯修正了马克思，通过恩格斯的"修正"，唯物史观从马克思不成熟的"最初的形态"提高到恩格斯的"成熟的形态"；（3）"误解论"，这是早期西方马克思主义者对马克思和恩格斯之思想关系的定位，其要旨是：恩格斯误解了马克思，应该回到马克思；（4）"对立论"，这是西方"马克思学"学者和一些晚期西方马克思主义者在马克思和恩格斯之思想关系上的基本立场，其核心观点是：恩格斯背离了马克思，应该回归马克思；（5）"同质论"，这是以古德纳尔、亨勒、利各比等为代表的部分西方"马克思学"学者对马克思和恩格斯之思想关系的最新看法，基本立场是：马克思和恩格斯的思想具有同质性，都包含着内在矛盾，应该被解构。我们不拟逐一评论这些观点，下面只是参考这些观点，针对国内的一些争论谈谈我们的看法。

1. 恩格斯与"马克思主义哲学"

关于马克思主义哲学的创始人问题，多年来国外一直有一种很有影响的观点，否认恩格斯在马克思主义哲学创立过程中的作用，否认恩格斯是马克思主义哲学的创始人。现在国内也有一些学者附和这种观点，因此有必要表明我们对这一问题的看法。

在马克思主义发展史上，列宁最早明确提出关于"马克思主义"的定义："马克思主义是马克思的观点和学说的体系。"[①] 但是我们发现，恩格斯本就是这一思想的创始者。关于"马克思主义"这一术语的命名，恩格斯曾经在多种场合作过说明，例如他反复强调，构成马克思主义核心的基本思想"完全是属于马克思一个人的"。[②] 马克思逝世后，有不少人提到恩格斯在制定马克思主义理论方面的贡献，恩格斯在他的著作《路德维希·费尔

---

① 列宁：《卡尔·马克思》，《列宁论马克思主义》，人民出版社 2003 年版，第 6 页。
② 参见《共产党宣言》1883 年德文版序言、1888 年英文版序言，1883 年 3 月 14 日恩格斯致威·李卜克内西的信，1884 年 10 月 15 日恩格斯致约·菲·贝克尔的信，1893 年 7 月 14 日致弗·梅林的信等等。

巴哈和德国古典哲学的终结》中，在谈到"从黑格尔学派的解体过程中还产生了另一个派别"，"这个派别主要是同马克思的名字联系在一起的"时，特别加注说："近来人们不止一次地提到我参加了制定这一理论的工作，因此，我在这里不得不说几句话，把这个问题澄清。我不能否认，我和马克思共同工作40年，在这以前和这个期间，我在一定程度上独立地参加了这一理论的创立，特别是对这一理论的阐发。但是，绝大部分基本指导思想（特别是在经济和历史领域内），尤其是对这些指导思想的最后的明确的表述，都是属于马克思的。我所提供的，马克思没有我也能够做到，至多有几个专门的领域除外。至于马克思所做到的，我却做不到。马克思比我们大家都站得高些，看得远些，观察得多些和快些。马克思是天才，我们至多是能手。没有马克思，我们的理论远不会是现在这个样子。所以，这个理论用他的名字命名是理所当然的。"①

应该承认，恩格斯所说的这些话基本上是事实。但是，由于他习惯于"第二小提琴手"的位置而对作为"第一小提琴手"的马克思无限景仰，以及他长期养成的谦逊美德，恩格斯对他自己在马克思主义学说发展史上的贡献评价明显偏低。遗憾的是，恩格斯的自我评价成了那些刻意贬低恩格斯的人的口实。当他还健在的时候，就有人公然宣称，恩格斯"从来没有独立地发表过自己的意见"，"缺乏伟大的独创精神"。在他逝世之后，特别是在他逝世已经超过一个世纪之久的今天，由于历史运动的跌宕起伏和与之相伴的个人声誉的升降沉浮，由于不同语境中的言说所造成的不断叠加的文献累积，这似乎已经成为一件不太容易澄清的学术公案了。应当指出，恩格斯谈的是他们二人对马克思主义的创立所作贡献问题，并不真是他给马克思主义所下的"定义"。马克思主义是一门科学，任何科学在创立之后都会有很多后继者加以完善和发展，绝非一人或二人所能穷尽的，马克思主义当然不会例外。

马克思主义哲学是马克思主义的主要组成部分之一，也是一门科学，创立一百多年来经历了完善与发展的过程。然而近年来，随着"回到马克思"之说的兴盛，学术界有不少人认为马克思哲学才是真正的马克思主义哲学，

① 《马克思恩格斯选集》第4卷，人民出版社1995年版，第242页。

主张把"马克思哲学"与"马克思主义哲学"两个概念严格区别开来。这种区分暗含着这样一种观点：马克思本人的哲学与隶属于这个学派的其他人的哲学（如恩格斯的哲学、列宁的哲学、斯大林的哲学、西方马克思主义哲学、中国的马克思主义哲学等等）是有本质差别的。例如，法国学者洛克莫尔在《马克思主义之后的马克思》一书中把"马克思"与包括恩格斯在内的"马克思主义"对立起来，他在该书中译本前言中说："我强调马克思与马克思主义在哲学观点上的决定性差异，进而强调马克思和恩格斯两人之间的差异。同时，我强调要真正理解马克思的观点在哲学上的重要性，应该通过阅读马克思本人的文本，而不是像通常所做的那样，通过马克思主义来进行。"他反复论证马克思与恩格斯在哲学观点上的根本差异，认为恩格斯不是马克思主义哲学原生形态的创始人，而是与马克思哲学存在根本差异的"马克思主义"的肇始人。①

那么，按照上述思路所暗含的逻辑，恩格斯还能够算得上是马克思主义哲学的创始人吗？或者说，我们应该在怎样的意义上谈论"马克思主义哲学视域中的恩格斯"？这是一个无法回避的问题。

2. 恩格斯对"马克思哲学"的解释及其特征

有没有恩格斯的哲学？如果有，它与"马克思哲学"是什么关系？

众多研究者一般都把《反杜林论》哲学编（写于1876年9月至1877年1月）、《自然辩证法》（间断性地写于1873年年初至1882年夏）和《费尔巴哈论》（写于1886年初）等几部著作作为恩格斯的哲学代表作，并认为在这些著作中所表达的哲学思想与马克思本人的哲学思想存在着实质性的差异。如果事情果真如此，当然不能因为约定俗成或其他理由否认它们之间的本质差异。然而在我们看来，把这几部恩格斯的哲学代表作看成恩格斯提出了一种与"马克思哲学"不同的哲学，其根据远不能说是充分的和自足的。

恩格斯的这几部著作虽然没有一本提出了一个完整的哲学体系，却提出了若干具有系统性的哲学思想，即若干哲学理论，如物质及其存在形式的理论、辩证法主要规律的理论、哲学基本问题的理论、社会发展的合力论等等，这些理论绝不是同马克思哲学具有本质区别的理论，而是对马克思哲学

---

① 参见洛克莫尔：《马克思主义之后的马克思》，杨学功、徐素华译，人民出版社2008年版。

的进一步解释、完善与发展。具体说，恩格斯对"马克思哲学"的解释具有如下几个特征：

第一，恩格斯在宣布旧的自然哲学终结的同时，又试图重建辩证法，并把辩证法定义为"关于外部世界和人类思维的运动的一般规律的科学"，①确认自然辩证法对于历史辩证法的优先性，历史观应以唯物主义世界观作为理论前提。这明显是把他自己当时的研究成果带入到对"马克思哲学"的解释之中。他们曾指出："当费尔巴哈是一个唯物主义者的时候，历史在他的视野之外；当他去探讨历史的时候，他不是一个唯物主义者。"②但是，恩格斯对这个唯物主义的内容没有具体展开，他后来的研究也没有提出完整的唯物主义体系，这个工作是他的后人根据他的著作特别是《反杜林论》和《自然辩证法》以及狄慈根、普列汉诺夫、列宁的研究成果创造性地完成的，这就是辩证唯物主义世界观。

第二，恩格斯对唯物史观作了较多的解说，也有一定的发展。他经常详尽地阐述唯物史观的基本原理。在《费尔巴哈论》中，恩格斯把从黑格尔学派的解体过程中产生的一个新派别，即"同马克思的名字联系在一起的"新派别界定为——"在劳动发展史中找到了理解全部社会史的锁钥的新派别"。③在晚年，恩格斯针对一些青年把唯物史观理解为庸俗经济决定论，在通讯中深刻地揭示了历史运动的辩证法，即各种社会因素在经济运动基础上的综合作用，发展了唯物史观。

第三，恩格斯比较关注理论的分析研究。在谈到旧哲学终结的后果时，恩格斯写道："对于已经从自然界和历史中被驱逐出去的哲学来说，要是还留下什么的话，那就只留下一个纯粹思想的领域：关于思维过程本身的规律的学说，即逻辑和辩证法。"④恩格斯在十几年前就谈过这一观点。⑤在他看来，世界观的主要组成部分就是自然观、历史观和思维观，看来思维观就是精神哲学，过去的唯心主义哲学对精神或思维研究较多，留下了丰富的资料，可继承的东西很多。可惜恩格斯没有对精神哲学作系统的阐发。

---

① 《马克思恩格斯选集》第 4 卷，人民出版社 1995 年版，第 243 页。
② 《马克思恩格斯选集》第 1 卷，人民出版社 1995 年版，第 78 页。
③④ 《马克思恩格斯选集》第 4 卷，人民出版社 1995 年版，第 258、257 页。
⑤ 参见《马克思恩格斯选集》第 3 卷，人民出版社 1995 年版，第 364 页。

可见，恩格斯对哲学研究确实有他自己的不完全同于马克思的特点。但是，就他对"马克思哲学"的理解而言，他又牢牢地把握住了唯物史观这个核心。这是我们恰当地评价恩格斯的哲学贡献的基本前提。

3. 恩格斯对马克思哲学的独特贡献

在恩格斯的晚年，他已经形成了对于整个马克思主义理论的总括式理解。他首次明确地概括了马克思一生的"两个伟大的发现"——唯物史观和剩余价值学说。在他看来，正是由于这两大发现，才使社会主义从空想变成了科学。按照这种理解方式，在马克思主义的理论领域中，属于哲学的就是唯物史观；在这种意义上，也可以说马克思哲学就是唯物史观。因此，要说明恩格斯对马克思哲学的贡献，就应该把重点放在考察恩格斯对于唯物史观的创立和发展所作出的特殊贡献上。恩格斯自己曾非常审慎地谈到过他所起的作用："我在一定程度上独立地参加了这一理论的创立，特别是对这一理论的阐发。"① 依据恩格斯的这一表述，我们也可以从"创立"和"阐发"两个方面来考察恩格斯的独特贡献。

关于恩格斯在"创立"唯物史观方面所起的作用，他所举的例子是他的《英国工人阶级状况》一书，认为这部著作是他当时"独自在这方面达到什么程度"的"最好的说明"。② 其实还应该提到的是他的《政治经济学批判大纲》，马克思曾经说过："自从弗里德里希·恩格斯批判经济学范畴的天才大纲（在《德法年鉴》上）发表以后，我同他不断通信交换意见，他从**另一条道路**（黑体为引者所加）得出同我一样的结果。"③

从基本史实看，恩格斯比马克思更早步入社会，直接接触到资本主义社会的实际情况。当马克思还在柏林大学读书的时候，恩格斯就迫于父命辍学了，他先到父亲在巴门开设的一个营业所当办事员，后又到不来梅一家贸易公司学习经商。当马克思参加《莱茵报》和《德法年鉴》编辑工作的时候，恩格斯到了当时资本主义发展最充分的英国，在曼彻斯特的一家工厂工作。恩格斯的工作环境比马克思更有利于他直接了解资本主义社会生活的各个方面，特别是经济关系方面。后来恩格斯在回顾他在曼彻斯特的这一段生活时

---

① 《马克思恩格斯选集》第4卷，人民出版社1995年版，第242页。
② 《马克思恩格斯选集》第1卷，人民出版社1995年版，第257—258页。
③ 《马克思恩格斯选集》第2卷，人民出版社1995年版，第33页。

写道:

> 我在曼彻斯特时异常清晰地观察到,迄今为止在历史著作中根本不起作用或者只起极小作用的经济事实,至少在现代世界中是一个决定性的历史力量;这些经济事实形成了产生现代阶级对立的基础;这些阶级对立,在它们因大工业而得到充分发展的国家里,因而特别是在英国,又是政党形成的基础,党派斗争的基础,因而也是全部政治史的基础。①

这表明,恩格斯**通过不同的途径**(从另一条道路),结果殊途同归,与马克思大体同时形成了唯物史观的基本思想。

至于恩格斯在"阐发"唯物史观方面的贡献,我们还是先来看恩格斯自己的一段叙述:

> 当我 1844 年夏天在巴黎拜访马克思时,我们在一切理论领域中都显出意见完全一致,从此就开始了我们共同的工作。当我们 1845 年春天在布鲁塞尔再次会见时,马克思已经大致完成了发挥他的唯物主义历史理论的工作,于是我们就着手**在各个极为不同的方面**(黑体为引者所加)详细地制定这种新观点了。②

这段话表明,马克思和恩格斯在阐发唯物史观的基本原理时是有着不同的侧重和分工的。在这个方面,我们只要指出下面的事实,就足以说明恩格斯在阐发唯物史观方面的独特贡献。

在唯物史观形成后的相当长一段时间里,马克思和恩格斯都把重点放在从作为基础的经济事实中探索出政治观念、法权观念和其他思想观念以及由这些观念所制约的行动,而对其他参与交互作用的因素没有给予应有的重视。因此,19 世纪末,有人把唯物史观曲解为"经济决定论",说它"把人类变成了一种机械发展的毫无抵抗力的玩物"。针对这种误解,恩格斯在晚

---

①② 《马克思恩格斯选集》第 4 卷,人民出版社 1995 年版,第 196 页。

年书信中对唯物史观作了新的阐发。他对上层建筑反作用的论述，对意识形态发展相对独立性的论述，对历史发展"合力论"的论述等，都是他对唯物史观的独特贡献。恩格斯写道：

> 根据唯物史观，历史过程中的决定性因素**归根到底**是现实生活的生产和再生产。无论马克思或我都没有肯定过比这更多的东西。如果有人在这里加以歪曲，说经济因素是**唯一**决定性的因素，那么他就是把这个命题变成毫无内容的、抽象的、荒诞无稽的空话。经济状况是基础，但是对历史斗争的进程发生影响并且在许多情况下主要是决定着这一斗争的**形式**的，还有上层建筑的各种因素：阶级斗争的政治形式及其结果——由胜利了的阶级在获胜以后确立的宪法等等，各种法的形式以及所有这些实际斗争在参加者头脑中的反映，政治的、法律的和哲学的理论，宗教的观点以及它们向教义体系的进一步的发展。这里表现出这一切因素间的相互作用，而在这种相互作用中归根到底是经济运动作为必然的东西通过无穷无尽的偶然事件（即这样一些事物和事变，它们的内部联系是如此疏远或者是如此难于确定，以致我们可以认为这种联系并不存在，忘掉这种联系）向前发展。否则把理论应用于任何历史时期，就会比解一个最简单的一次方程式更容易了。①

他还举例说，要从经济上说明每一个德意志小邦的过去和现在的一切，或者要从经济上说明德语音变的起源，那是肯定要闹笑话的。

恩格斯除了对唯物史观在创立和阐发方面都作出了自己独特的贡献以外，对自然观或者说对世界观的基本框架的形成也作出了独特的贡献。马克思和恩格斯一直十分关注自然科学的发展，马克思对数学作过深入研究，留下著名的《数学手稿》。他们的通讯中有不少是关于科学技术的内容。1859年达尔文的《物种起源》发表后，他们就对这本书的评价问题交换过意见。19 世纪 70 年代恩格斯集中研究了自然科学的发展，计划从中总结和概括出"自然辩证法"（自然观），在这个过程中，他不断把他的研究成果向马克思

---

① 《马克思恩格斯选集》第 4 卷，人民出版社 1995 年版，第 695—696 页。

通报，得到马克思的极大支持和鼓励。1873 年 5 月 30 日他写信告诉马克思他研究自然科学的辩证思想的写作大纲，1876 年 5 月 28 日又告诉马克思关于《自然辩证法》一书的轮廓，但随后他就开始了批判杜林的写作，自然辩证法的研究工作便停止下来了。但其间他并未停止对自然辩证法的思考，《反杜林论》哲学篇中关于世界观的正面论述，实际上也是他对自然辩证法研究的一次阶段性总结。1878 年《反杜林论》写完后他又开始研究自然辩证法，直到马克思于 1883 年逝世。此后他由于忙于整理和出版马克思的遗著，这项研究就完全停止了。因此，恩格斯的这项研究工作是没有完成的，留下的是若干论文、札记、计划草案和笔记片断，没有留下比较完整严密的理论体系。尽管如此，恩格斯的自然辩证法的研究仍然使他不失为辩证唯物主义世界观理论体系的主要奠基人，因为他虽没有提出明确的完整的辩证唯物主义理论体系，却提出了若干具有系统性的观点或理论，为后来人提出辩证唯物主义奠定了基础。他提出的具有系统性的观点或理论概括起来有：

（1）在《反杜林论》中提出的关于世界的物质统一性和物质存在形式的理论。

（2）在《自然辩证法》中提出的关于物质运动基本形式的理论。

（3）在《自然辩证法》中提出的关于宇宙从星云到人类社会的历史过程的理论。

（4）在《自然辩证法》中提出的关于辩证法的三个主要规律和范畴（非主要规律）的理论。

（5）在《费尔巴哈论》中提出的关于哲学基本问题的理论。

这些理论涉及的不仅是人类社会除外的"自然界"，而是包括人类社会在内的自然界，这个自然界实际就是宇宙，这个自然观就是世界观、宇宙观。把这些理论综合起来看，辩证唯物主义已经若隐若现，呼之欲出了。恩格斯虽然没有明确提出"辩证唯物主义"的称呼，但类似的论断是不少的，例如恩格斯说："要确立辩证的同时又是唯物主义的自然观，需要具备数学和自然科学的知识。"① 辩证唯物主义自然观从一定意义上讲就是辩证唯物主义世界观。他又说："我们发现了这个多年来成为我们最好的工具和最锐

---

① 《马克思恩格斯选集》第 3 卷，人民出版社 1995 年版，第 349 页。

利的武器的唯物主义辩证法"① 这里唯物主义辩证法与辩证唯物主义基本内容是相同的。因此，1886 年狄慈根把马克思主义哲学称做辩证唯物主义可以说是水到渠成。后来苏联构建的辩证唯物主义理论体系主要是由恩格斯提出的原理和理论综合而成的，这个体系也是符合马克思的观点的，还吸纳了列宁以及其他马克思主义哲学家的贡献。某些学者否定辩证唯物主义，从而否定恩格斯在这方面的独特贡献，是毫无根据的。

总之，作为马克思主义哲学的创始人，恩格斯是当之无愧的。

第二节　马克思主义哲学在哲学史上的变革意义

马克思主义哲学在哲学史上的变革意义，是任何关于马克思主义哲学的谈论都无法绕开的一个话题。虽然很少有人否认马克思主义哲学的产生是哲学史上的一次革命性变革，但是这种变革的实质究竟为何，人们却有着很不相同甚至完全不同的理解。例如，20 世纪 20—30 年代逐渐形成的苏联哲学教科书体系的解释模式，与西方马克思主义的代表人物的解释模式，就分属于两种不同的理解路向。当然还有其他不同的理解路向。这些不同的理解路向涉及对马克思主义哲学的理论价值与实践意义的评价，这无疑是一个重大的原则问题。

一、转换讨论问题的视角

改革开放以前，我国哲学界对于马克思主义哲学在哲学史上的变革意义的理解是基本一致的，即认为马克思主义哲学就是辩证唯物主义和历史唯物主义，其在哲学史上所实现的革命变革表现在它实现了两个有机"结合"：唯物主义和辩证法的有机结合，唯物辩证的自然观和历史观的有机结合。改革开放以来，人们对马克思主义哲学变革的实质进行了新的探索，并且形成了互有差异的几种不同观点，展开了激烈的学术争鸣，形成了以下几种有代表性的观点，在一定意义上，也可以说形成了马克思主义哲学内部的几个派别。

---

① 《马克思恩格斯选集》第 4 卷，人民出版社 1995 年版，第 243 页。

（1）"辩证唯物主义"派。该派认为，马克思主义哲学是对包括自然界、社会历史和人的思维在内的"整个世界"的总的看法和根本观点，其实质就是以"辩证唯物主义"命名的一般世界观。本书即持这种观点。

（2）"历史唯物主义"派。该派认为，马克思主义哲学就是（广义的）历史唯物主义，马克思没有创立过历史唯物主义以外的任何其他哲学，历史唯物主义就是马克思的全部哲学。该派以俞吾金教授为代表。

（3）"实践唯物主义"派。该派并不是一个统一的派别，因为论者对于"实践唯物主义"一直存在着不同的理解。有人认为，"实践唯物主义就是历史唯物主义的同义语"；有人把实践唯物主义称为"实践本体论"，不过多数人并不同意这种看法。实践唯物主义派有一个共同点，即认为实践的观点是马克思主义哲学的首要的基本的观点。该派以肖前教授、李德顺教授等为代表。

（4）"实践人道主义"派。该派认为，马克思主义哲学是以实践观点为基础的人道主义（一说人本主义），它实现了对旧唯物论和唯心论的双重超越。这种观点自20世纪80年代关于人道主义和异化问题的讨论以来，始终若隐若现，但却一直以各种不同的理论变形顽强地存在着。

上述几派观点，虽然经过激烈的交锋，但并没有达成一致，观点的分歧依然存在。20世纪90年代以来，一些学者（如欧阳康、陆建杰等）提出，对马克思主义哲学总体规定和特质的把握，应该"从多样理解走向系统整合"。他们认为，上述各派观点虽然强调的侧重点不同，但并不是互相对立的，而是可以内在统一的，它们都从不同方面揭示了马克思主义哲学区别于旧哲学的本质特征。因此，在他们看来，马克思主义哲学的总体规定应该是这些特点的"综合"，用他们的话来表述就是：马克思主义哲学是辩证的、历史的、实践的、人道的唯物主义。

我们对这个问题的看法是：除非通过互有差异乃至互相对立的各种不同观点的分析与综合，否则不能消弭分歧，接近全面的真理。实际情况也证明，笼统地综合各派观点的主张并未获得人们的普遍接受和认同，分歧仍然存在，争论仍在继续，虽然不像当时那么炽热。其实，仅仅停留于名称或称谓的争论，情绪化地维护自己一派的观点，甚至误解乃至曲解其他各派的观点，是不能解决问题的。这里我们试图转换一下讨论问题的视角，即从哲学形态转变的视角对此作点探讨。

事实上，早在20世纪80年代末，就有研究现代西方哲学的学者提出，19世纪中叶是西方哲学发展中的一个转折点。以马克思主义哲学产生为标志的哲学的革命变革和以现代西方哲学产生为标志的西方哲学改变形态，是这个转折点的体现。无疑，马克思主义哲学的产生和现代西方哲学的产生，在哲学史上的意义是不同的。同时，高度评价马克思主义哲学的革命变革，也并不意味着可以忽视现代西方哲学的改变形态。关键是要实事求是地看待这两个大体上同时发生的过程。

马克思主义哲学所实现的革命变革，现代西方哲学所实现的理论形态的改变，都是针对旧的传统哲学而言的，特别是针对从休谟、康德到黑格尔的古典哲学的。其中黑格尔的思辨体系是传统哲学的集大成者。可以说，在现代西方哲学思潮中，没有哪一个不是程度不同地同黑格尔的哲学联系着。黑格尔哲学既是马克思主义哲学，又是现代西方哲学据以出发的思想材料。一些西方学者也表达了类似的看法。例如美国哲学家怀特在《分析的时代》一书中指出："几乎20世纪的每一种重要的哲学运动都是以攻击那位思想庞杂而声名赫赫的19世纪的德国教授的观点开始的"。[①] 怀特还具体指出，黑格尔"不仅影响了马克思主义、存在主义和工具主义的创始人，而且在这一时期或另一时期还支配了那些更具有技术哲学运动的逻辑实证主义、实在主义与分析哲学的奠基人"。[②]

既然马克思主义哲学所实现的革命变革和现代西方哲学所实现的理论形态改变，二者都是针对旧的传统哲学而言的，而且二者又是大体并行地发生的，那么笼统地说现代西方哲学的产生是针对马克思主义哲学，因而一开始就是对马克思主义的反动，显然是不符合历史事实的。这就要求我们重新认识马克思主义哲学与现代西方哲学的关系问题。[③]

二、从马克思"消灭哲学"的言论谈起

在马克思的大学时期和他开始从事其理论活动的初期，从哲学上提出问

---

①② 怀特：《分析的时代》，商务印书馆1981年版，第7页。

③ 参见郑杭生主编：《现代西方哲学主要流派》，中国人民大学出版社1988年版，第1—3页。

题，凭借哲学的方式求解问题，曾经是他的理论活动的基本方式，表现出对哲学的依赖。在 1837 年 11 月 10—11 日给父亲的信中，他表示"没有哲学我就不能前进"。① 这里所说的"哲学"，是指黑格尔学派那种从抽象的一般观念中推导出现实具体事物的思维方式。然而，这种思维方式与马克思逐渐形成的"转而向现实本身去寻求思想"的致思取向是相互矛盾的，他意识到哲学必须与现实世界相互作用：

> 哲学不是在世界之外，就如同人脑虽然不在胃里，但也不在人体之外一样。当然，哲学在用双脚立地以前，先是用头脑立于世界的；而人类的其他许多领域在想到究竟是"头脑"也属于这个世界，还是这个世界是头脑的世界以前，早就用双脚扎根大地，并用双手采摘世界的果实了。
>
> 任何真正的哲学都是自己时代的精神上的精华，因此，必然会出现这样的时代：那时哲学不仅在内部通过自己的内容，而且在外部通过自己的表现，同自己时代的现实世界接触并相互作用。②

随着这一思想倾向的进展，在《〈黑格尔法哲学批判〉导言》中，马克思表达了对思辨哲学的"否弃"。③ 他批评德国的实践政治派时写道：

> 德国的实践政治派要求对哲学的否定是正当的。该派的错误不在于提出了这个要求，而在于停留于这个要求——没有认真实现它，也不可能实现它。该派以为，只要背对着哲学，并且扭过头去对哲学嘟囔几句陈腐的气话，对哲学的否定就实现了。该派眼界的狭隘性就表现在没有把哲学归入德国的现实范围，或者甚至以为哲学低于德国的实践和为实践服务的理论。你们要求人们必须从现实的生活胚芽出发，可是你们忘记了德国人民现实的生活胚芽一向都只是在他们的脑壳里萌生的。一句

---

① 《马克思恩格斯全集》第 40 卷，人民出版社 1982 年第 1 版，第 13 页。
② 《马克思恩格斯全集》第 1 卷，人民出版社 1995 年第 2 版，第 220 页。
③ 参看 Daniel Brudney, *Marx's Attempt to Leave Philosophy*, Harvard University Press, 1998.

话，你们不使哲学成为现实，就不能够消灭哲学。①

同时，马克思又批评了起源于哲学的理论政治派，他说：

> 该派犯了同样的错误，只不过错误的因素是相反的。该派认为目前的斗争只是哲学同德国世界的批判性斗争，它没有想到迄今为止的哲学本身就属于这个世界，而且是这个世界的补充，虽然只是观念上的补充。该派对敌手采取批判的态度，对自己本身却采取非批判的态度，因为它从哲学的前提出发，要么停留于哲学提供的结论，要么就把从别处得来的要求和结论冒充为哲学的直接要求和结论，尽管这些要求和结论——假定是正确的——相反地只有借助于对迄今为止的哲学的否定、对作为哲学的哲学的否定，才能得到……该派的根本缺陷可以归结如下：它以为，不消灭哲学，就能够使哲学成为现实。②

这就是马克思关于"消灭哲学"的直接谈论。

那么，如何理解马克思在这里所表述的"消灭哲学"的提法呢？有的学者认为，上述引文中被翻译为"消灭"的德文词 aufheben 应译为"扬弃"，即将相关语句译为："你们不在现实中实现哲学，就不能扬弃哲学"。③但是我们发现，即使这样改译之后，这句话的意思仍然是费解的。因为只有一种新哲学"取代"了旧哲学，我们才可以在辩证"否定"的意义上说，旧哲学被"扬弃"了，怎么能说在现实中实现哲学，就是哲学的"扬弃"呢？

其实，马克思上述论断中的"哲学"一词是有特定含义的，他所谓"消灭哲学"不同于后现代思想家所提出的"取消哲学"。马克思要"消灭"或者说他决心要抛弃的，是那种脱离现实的思辨哲学。他之所以要"消灭哲学"，是为了"使哲学成为现实"，因为"不使哲学成为现实，就不能够消灭哲学"。所以他强调理论要"掌握群众"，才能变成"物质力量"。

---

①② 《马克思恩格斯选集》第 1 卷，人民出版社 1995 年版，第 8 页。

③ 俞吾金：《AUFHEBEN 的翻译及其启示》，载《从康德到马克思》，广西师范大学出版社 2004 年版，第 72 页。

马克思的这一思想是一以贯之的。在《德意志意识形态》中，马克思说过一段非常带有讽刺意味的话——

> 须要"把哲学搁在一旁"，须要跳出哲学的圈子并作为一个普通的人去研究现实……哲学和对现实世界的研究这两者的关系就像手淫和性爱的关系一样。①

在晚年《给〈祖国纪事〉杂志编辑部的信》中，他愤怒地谴责米海洛夫斯基等人把他"关于西欧资本主义起源的历史概述彻底变成一般发展道路的历史哲学理论"的做法，认为这是对他的"侮辱"。马克思写道：

> 极为相似的事变发生在不同的历史环境中就引起了完全不同的结果。如果把这些演变中的每一个都分别加以研究，然后再把它们加以比较，我们就会很容易地找到理解这种现象的钥匙；但是，使用一般历史哲学理论这一把万能钥匙，那是永远达不到这种目的的，这种历史哲学理论的最大长处就在于它是超历史的。②

历来的哲学家都把研究普遍的东西作为哲学的对象，把研究特殊的东西作为具体科学的对象。但是，他们却颠倒了一般和个别、普遍和特殊的关系，认为哲学是具体科学的基础，具体科学的原理是从哲学中演绎出来的。在西方哲学史上第一个把哲学和具体科学相对区分开来的亚里士多德就认为，只有哲学才为具体科学提供真理，对具体科学"进行特殊研究的人，不管是几何学家还是算学家，都不打算对它们的真假发表任何意见"。③ 近代理性主义哲学的奠基人笛卡尔的观点更明确，他把全部哲学比喻为一棵树，其中形而上学是树根，具体科学是树干和枝叶，"它们都是从哲学取得它们的原理的"。④ 这种把哲学凌驾于具体科学之上，主张哲学向科学输送原理的旧哲学，完全颠倒了哲学和具体科学的关系，背离了人类认识从个别

---

①② 《马克思恩格斯全集》第 3 卷，人民出版社 1960 年版，第 262、341—342 页。
③ 《西方哲学原著选读》上卷，商务印书馆 1981 年版，第 121 页。
④ 《十六——十八世纪西欧各国哲学》，商务印书馆 1975 年版，第 140 页

到一般、从特殊到普遍的正常秩序。马克思认为，哲学必须以各门具体科学提供的知识为基础，是对这些知识进行抽象概括的结果，而不是相反。非常明显的是，我们从马克思成熟时期的著作中几乎找不到他关于哲学的直接谈论，更不用说构建所谓哲学体系了。

恩格斯曾经在马克思哲学"终结"了传统哲学的意义上，说马克思主义"已经根本不再是哲学"。① 还有不少当代西方学者也在哲学形态转变的意义上谈论过马克思对传统哲学的"终结"。例如，海德格尔在批判传统哲学时，坚决地指认马克思哲学的变革意义。他说：

> 纵观整个哲学史，柏拉图的思想以有所变化的形态始终起着决定性的作用。形而上学就是柏拉图主义。尼采把他自己的哲学标示为颠倒了的柏拉图主义。随着这一已经由卡尔·马克思完成了的对形而上学的颠倒，哲学达到了最极端的可能性。②

有的学者则误解了马克思关于"消灭哲学"的论断，认为马克思否定任何哲学，否定一切哲学体系，例如詹明信（Fredric Jameson）在《晚期资本主义的文化逻辑》一书中表达了这种看法。他认为：

> 也就是说，世界上并不存在任何可以写在纸上的马克思主义哲学体系……我觉得苏联马克思主义，或者说马克思主义的"东正教"最可悲之处就在于它抱着这样一种观念，即人们可以描绘出一副世界整体的无所不包的画面。……其写作方式与陈旧古老的哲学论文的写作方式如出一辙。你从"物质"出发一步步往前走，如此等等。我对这种观念一直是强烈抵制的。也许在一个非常空泛模糊的意义上我们仍可以把马克思主义称作哲学。但我不会在任何实质意义上把它当哲学来看。③

---

① 《马克思恩格斯选集》第3卷，人民出版社1995年版，第481页。
② 海德格尔：《面向思的事情》，陈小文、孙周兴译，商务印书馆1996年版，第59页。
③ 参见詹明信（Fredric Jameson）：《晚期资本主义的文化逻辑》，张旭东编，陈清桥等译，生活·读书·新知三联书店1997年版，第18页。

恩格斯也有与"消灭哲学"类似的论断。但是，他们后来以肯定的意义使用"哲学"一词的地方也很多，他们喜欢用世界观、历史观、方法等词称呼哲学，从来不用"形而上学"、"本体论"等词称呼哲学。不仅如此，他们还构建过一些部门哲学体系，或有过构建哲学体系的愿望，作过构建哲学体系的尝试、努力。《德意志意识形态》中包含了唯物史观的体系，后来马克思在《政治经济学批判·序言》中用800多字系统地介绍了他的唯物史观的基本内容。字数虽少，也是一个哲学体系。马克思在1858年1月14日写信给恩格斯说："在工作方法上对我有一大劳绩的是，偶然……把黑格尔的'逻辑'再浏览一遍。如几时再有工夫做这样的工作，我要发大愿，用两三个印张，把黑格尔发现的、但同时也是神秘的方法，写出合理的部分，使普通人类的理智都能懂得。"①《资本论》虽然不是哲学体系，但是充满了哲学思想的政治经济学体系。恩格斯研究自然辩证法，其目的就是要构建一个自然观，实际是世界观的体系，虽然没有实现，却提出了许多系统性思想，为后来苏联哲学家构建辩证唯物主义体系提供了大量思想资料。

从以上情况来看，马克思主义哲学的变革意义究竟在哪里呢？这取决于如何诠释马克思以及恩格斯对传统的思辨哲学，即脱离现实世界、脱离实践的形而上学、本体论的批判。有两种诠释，一种是实证主义的诠释，即认为马克思以及恩格斯根本反对研究现实世界的普遍规律以及一切具有时空上无限的普遍的东西，认为这种认识是根本不可能的；我们则主张辩证唯物主义的诠释，即认为马克思和恩格斯反对的只是脱离现实世界的无限的普遍的东西，认为共性存在于个性、特殊性之中，共性与个性、普遍性与特殊性是辩证地统一的，我们可以通过个性认识共性，通过特殊性认识普遍性，通过现象认识本质。这种诠释可以在马克思和恩格斯的著作中找到充分的根据，而他们对实证主义始终是持批判态度的。对于这些正面的和反面的根据，我们后面将多处涉及，这里就不集中谈论了，下面我们只讨论与此有关的一个问题，即西方哲学的转型问题。

---

① 《马克思恩格斯通信集》第2卷，生活·读书·新知三联书店1957年版，第324—325页。

三、在何种意义上把西方传统哲学作为一种哲学形态来考察

我们把"哲学形态"理解为具有高度概括性的"大尺度"的哲学历史形式，是这个尺度内具体的哲学学说和哲学流派的本质抽象。如同对"社会转型"的把握，不能把同一社会形态内部的任何变化都看做社会形态的变化，而必须考察社会形态的根本性质变化一样，对于"哲学形态"的变化，也必须考察历史的"长时段"，才能把握到哲学的整体性转变。① 区别在于：对社会转型的考察所依据的是社会根本性质的变化；② 而对哲学形态转变的把握，依据的则是哲学理念（idea of philosophy）③ 的变更。

例如，人们通常把西方哲学的发展史概括为古代的本体论哲学、近代的认识论哲学和现代的语言哲学。这种概括就是从"哲学形态"上着眼的。人们因此而把近代哲学的变革称做"认识论转向"（epistemological turn），把现代哲学的变革称做"语言学转向"（linguistic turn）。对此，有的西方学者作了这样的解释："首先，哲学家们思考这个世界，接着，他们反思认识

---

① 已有不少学者从哲学观或哲学形态转变的意义上探讨过马克思哲学对传统哲学的变革意义。参看邓晓芒：《马克思对哲学的扬弃》，载《学术月刊》2003 年第 3 期；张汝伦：《马克思的哲学观和"哲学的终结"》，载《中国社会科学》2003 年第 4 期。科尔施曾经在《马克思主义和哲学》中提出马克思主义是否有"哲学"的问题，近来引起一些学者热烈讨论，可参看吴晓明等：《论柯尔施对"庸俗马克思主义"的批判与反驳——〈马克思主义和哲学〉的阐述定向及存在论基础》，载《云南大学学报》2004 年第 3 期；陈学明：《评西方马克思主义所开辟马克思哲学的解释路向——重读柯尔施的〈马克思主义和哲学〉》，载《学术月刊》2004 年第 5 期；徐长福：《求解"柯尔施问题"——论马克思学说跟哲学和科学的关系》，载《哲学研究》2004 年第 6 期。

② 例如，马克思在《1857—1858 年经济学手稿》中，依据作为主体的人的生存发展景况，把人类的历史发展划分为依次更替的三大社会形式或三个阶段：人的依赖性社会、物的依赖性社会、个人全面发展的社会。（参看《马克思恩格斯全集》第 30 卷，人民出版社 1995 年版，第 107—108 页）这就是依据社会根本性质的变化而对"社会转型"的宏观把握。其中的每一社会形式或阶段都是一个大尺度的时间概念，都包含了几个具体的社会形态：如人的依赖性社会包括了原始社会、奴隶社会和封建社会几个形态；物的依赖性社会包括了人类历史上以商品经济为经济形态的整个历史时期；个人全面发展的社会是马克思关于未来社会的理想，可以肯定也必将经历一系列的发展阶段。

③ 关于"哲学理念"，这里有必要解释一下。黑格尔曾说："要这样来理解那个理念，使得多种多样的现实，能被引导到这个作为共相的理念上面，并通过它而被规定，在这个统一性里面被认识。"（《哲学史讲演录》第 2 卷，贺麟、王太庆译，商务印书馆 1983 年版，第 385 页）按照这个意思，哲学理念是贯穿在哲学具体内容中的共相，是规定和引导哲学多方面内容的统一性。不过，黑格尔的"理念"是相对于一个哲学体系来说的，而我们这里的"哲学理念"则是相对于一种哲学形态来说的，二者的适用范围不同。"哲学理念"是一种哲学形态所代表的哲学观的本质抽象和升华，其核心内容，就是作为该哲学形态之前提和出发点的支撑性理论假定。

这个世界的方式，最后，他们转向注意表达这种认识的媒介。这是否就是哲学从形而上学，经过认识论，再到语言哲学的自然进程。"①

上述概括无疑是对哲学形态转变的一种说明，但是为了说明现代哲学区别于传统哲学（包括古代和近代哲学）的特点，以及现代哲学转向的实质内涵和核心意义，凸显作为现代哲学的马克思哲学革命的当代价值，我们在这里提出一种更简约的概括，即哲学形态从传统向现代的转变。

近年来，一些学者明确提出，在马克思哲学研究中，必须超越近代知识论哲学模式，我认为这种提问方式就是从哲学形态上着眼的。事实上，如同人们已经发现的那样，西方哲学发展到 19 世纪中叶，发生了一次重大转折，以马克思主义哲学的产生为标志的哲学的革命变革和以现代西方哲学产生为标志的西方哲学改变形态，是这一转折的具体表现。这一转型是如此之巨，它使马克思哲学和现代西方哲学在面貌上如此之不同于西方传统哲学，以至人们常常怀疑马克思哲学和现代西方哲学究竟还是不是哲学。应该说，这正是一次极好的机会，可以让我们在二者的充分比照中来认识现代西方哲学的特点和马克思哲学变革的真实意义。

从总体上看，包括古希腊罗马哲学和近代哲学在内的西方传统哲学，具有这样两个相互统一的基本信念（理论假定）：第一，相信万物本原或本体的存在，并把解决本原或本体问题作为解决其他问题的前提；第二，相信理性可以把握本原或本体，并把完善理性工具看做哲学的根本任务之一。因此，西方传统哲学的支撑性理论假定，就是用理性去追求万物的本原或本体，或者说是理性主义和"万物本原（本体）论"的统一。② 对西方传统哲学来说，追求万物的本原或本体是它的目的，而理性则是达到这一目的的手段，二者的统一构成了西方传统哲学的基本信念，是西方传统哲学的两个主要的支撑性理论假定。而在这两个假定中，"本体"的假定又比"理性"的假定更根本，它往往是理性能够得以成立的根据和保证。同时，二者又是相互规定的：一方面，"理性"要以"本体"为凭借；另一方面，"本体"又要由理性去发现。这种相互规定的特点，使"本体"不再仅仅属于对象范

---

① 斯鲁格：《弗雷格》，中国社会科学出版社 1989 年版，第 10 页。
② 参看郑杭生主编：《现代西方哲学主要流派》，中国人民大学出版社 1988 年版，第 4—7 页。

畴，而且属于主体范畴；不仅属于所指范畴，而且属于能指范畴。我们看
到，近代哲学家对"本体"的理解，正是突出地体现了后一方面的特征。
在这里，西方传统哲学的两个基本信念得到了高度合一的规定：实体即主
体，对象即理性，所指即能指。通过这样的高度合一的规定，西方传统哲学
的支撑性理论假定事实上已经合二为一：追问以"实体"概念为"能指"
的"终极实在"。由此种支撑性理论假定而规定的传统哲学的理想，可以简
要地表述如下：

> 哲学——以追求终极实在为依归，以奠定知识基础为任务，以达到
> 终极解释为目标。

怀抱上述理想的哲学，就其作为一种哲学形态来说，就是西方传统哲
学。对于这种哲学形态的本质，人们使用了各种不同的名称来标志它，如
"理智形而上学"、基础主义、本质主义、逻各斯中心主义等等。这些名称
分别从特定的层面或角度揭示了这种哲学的特征，并不是互相排斥的。而要
把握这种哲学的本质，就必须研究这种哲学形态所代表和象征的哲学理念或
哲学观。

当然，有人或许会说，西方传统哲学是一个非常宽泛的概念，很难抽象
地谈论其本质。我们的看法是，西方传统哲学固然包含着丰富的内容，但当
我们把它作为一种哲学形态来进行整体的把握时，并不需要将它的一切部
分、一切问题尽数罗列出来，而只要把握这种哲学形态最核心的精神或理
念，它能代表和统摄这种哲学的最高方向，并且正是在这一方向上引发出该
哲学的各种领域和问题来。那么，能够代表西方传统哲学的核心精神的是什
么呢？我们看到，从古希腊开始，哲学家们就一直把追求多中之"一"、变
中之"不变"、现象背后的"本质"、经验世界之上的"超验世界"看做哲
学的使命，由此形成了历史悠久的形而上学传统。哈贝马斯在反思这一传统
时写道：

> 撇开亚里士多德这条线不论，我把一直可以追溯到柏拉图的哲学唯
> 心论思想看作是"形而上学思想"，它途经普罗提诺和新柏拉图主义、

奥古斯丁和托马斯、皮科·德·米兰德拉、库萨的尼古拉、笛卡儿、斯宾诺莎和莱布尼茨，一直延续到康德、费希特、谢林和黑格尔。古代唯物论和怀疑论，中世纪后期的唯名论和近代经验论，无疑都是反形而上学的逆流。但它们并没有走出形而上学思想的视野。①

因此，形而上学本体论就是西方传统哲学的本质。

现代哲学的基本取向就是"拒斥形而上学"，即拒斥传统本体论哲学或先验思辨哲学。马克思哲学是最早发现形而上学的症结并对之进行批判的哲学。正如有的学者所指出的：

> 在哲学史上，马克思和孔德是同时举起"拒斥形而上学"旗帜的……在时代性上，马克思的"拒斥形而上学"与孔德的"拒斥形而上学"具有一致性；在指向性上……孔德把"拒斥形而上学"局限于经验、知识以及"可证实"的范围内；马克思提出的是另一条思路，即"拒斥形而上学"之后，哲学应关注"现存世界"、"自己时代的世界"、"人类世界"，"把人们的全部注意力集中到自己身上"。②

现代哲学对传统形而上学本体论的批判，宣告了那种以追求永恒实体和超验本质为基本旨趣，以奠定知识基础为主要任务，以达到绝对真理为终极关切的传统哲学观念的终结，掀开了哲学历史新的一页。可以说，大致在19世纪中叶以后，西方传统哲学作为一种形态终结了，从而开始了西方哲学的新世纪，即西方现代哲学的新纪元。西方现代哲学作为一种与传统哲学不同的哲学形态，舍弃了对现实世界之后的绝对本质的探索，而致力于对现实世界——自然界、人类社会和精神现象的研究，从而超越了传统哲学。马克思主义哲学作为一种西方现代哲学具有西方现代哲学的总的特点。不仅如此，矗立在这一哲学历史新纪元的开端处的马克思的不朽形象，表明马克思是哲学史新纪元的当之无愧的开拓者之一。然而，应指出，孔德举起的是实

---

① 哈贝马斯：《后形而上学思想》，曹卫东等译，译林出版社2001年版，第28页。
② 肖前等主编：《实践唯物主义研究》，中国人民大学出版社1996年版，第29页。

证主义的旗帜，马克思举起的是辩证唯物主义的旗帜，正是因为马克思一再申明自己的唯物主义立场，孔德的实证主义派指责他是形而上学者，马克思在《资本论》第 1 卷 1872 年第二版跋中明确反击了实证主义对他的诬蔑。①

马克思主义哲学虽然否定脱离现实世界的本质，但并不根本否定本质，而是要探索存在于现实世界中的本质；虽然否定脱离现实世界的形而上学，但并不根本否定世界观，而是要把世界观建立在研究现实世界的各个组成部分的科学之上，而其他西方现代哲学却是根本否定本质，否定世界观，使哲学成为一群缺乏有机联系的各式各样部门哲学的集合。因此，马克思主义哲学对西方传统哲学的超越不同于其他西方现代哲学对传统哲学的超越。

四、马克思主义哲学对传统哲学形态的超越

关于马克思主义哲学与西方传统哲学的关系，是一个长期争论而没有达成共识的问题。学者们提出了各式各样的观点，这里我们只选择其中两种有代表性的类型作一简要分析。一种是：片面强调马克思主义哲学的独创性和超越性，以致把它与整个西方传统哲学对立起来，把它们之间的关系仅仅理解为批判者与被批判对象之间的关系；另一种是：强调马克思主义哲学与西方近代哲学的继承性，把它也看成一种形而上学哲学。如果说前一种误解将导致无视马克思主义哲学的理论来源，使马克思主义哲学的内容脱离了世界文明的历史根基，那么后一种误解将导致对马克思主义哲学实质理解的重大偏差和扭曲，把马克思主义哲学完全"消融"于西方哲学的传统之中，忽视二者之间的根本差别。按照这种同质性的神话，马克思主义哲学变革的实质意义将永远处于"遮蔽"之中。

毫无疑问，马克思主义哲学对西方传统哲学所采取的是"扬弃"的态度，而不是全盘肯定或简单"拒斥"的态度。但是，要使这种态度得以落实而不是停留在抽象的议论或空洞的许诺上，我们就必须指认出马克思主义哲学对西方传统哲学所"扬"和所"弃"的具体内容。可以肯定的是，马克思主义哲学对西方传统哲学必有所承袭，但是如果看不到马克思主义哲学对于西方传统哲学及其所代表的哲学理念的根本超越，我们也就无法理解和

---

① 《马克思恩格斯选集》第 2 卷，人民出版社 1995 年版，第 109 页。

把握马克思主义哲学在哲学史上所实现的革命变革。马克思主义哲学变革的实质，从否定性的维度看，无疑应当从它与西方传统哲学的批判性超越关系中去寻求。因此，不明了西方传统哲学的特点和问题所在，就无法真正理解现代西方哲学转型的意义，当然也就无法把握马克思主义哲学变革的真义及其实质。我们认为，马克思主义哲学在哲学史上最具深远意义的革命变革，就在于它在批判传统形而上学中，开创了哲学发展的新方向，奠定了哲学发展新形态的基础。当然，从正面肯定地揭示这一变革的具体内容和伟大意义，是一件有待于进一步深入展开的艰巨的理论任务。限于篇幅，这里只能简略地列举若干要点。

首先，马克思主义哲学的产生宣告了那种超越实证科学的思辨哲学的终结。传统形而上学是运用逻辑的演绎方法构造的思辨体系，马克思和恩格斯坚决批判这种哲学。他们写道：

> 只要这样按照事物的真实面目及其产生情况来理解事物，任何深奥的哲学问题……都可以十分简单地归结为某种经验的事实。[1]

> 经验的观察在任何情况下都应当根据经验来揭示社会结构和政治结构同生产的联系，而不应当带有任何神秘和思辨的色彩。[2]

> 在思辨终止的地方，在现实生活面前，正是描述人们实践活动和实际发展过程的真正的实证科学开始的地方。关于意识的空话将终止，它们一定会被真正的知识所代替。对现实的描述会使独立的哲学失去生存环境，能够取而代之的充其量不过是从对人类历史发展的考察中抽象出来的最一般的结果的概括。这些抽象本身离开了现实的历史就没有任何价值。[3]

就根本性质而言，马克思主义哲学不再是提供什么终极真理知识的理论，不是寻求一切存在背后的所谓隐秘本性或终极本体的理论，它把传统的

---

[1][2][3]　《马克思恩格斯选集》第 1 卷，人民出版社 1995 年版，第 76、71、73—74 页。

形而上学作为一种过时的哲学形态远远地抛在了自己身后。

　　其次，马克思主义哲学是建立在实证科学基础上的哲学。马克思彻底打破了旧哲学由以出发的前提，他所关注的不再是建立关于整个世界的**终极的绝对真理**的体系，而是直面人的现实生活和实践。从实证科学的部门原理、规律中概括出来的关于整个世界的科学的哲学体系，正如列宁所转述的，"在马克思和恩格斯看来，哲学没有任何的单独存在的权利，它的材料分布在实证科学的各个不同部门"。[①] 哲学家企图绕过实证科学径直把握世界，只能得到思辨哲学，决不会得到科学的哲学。马克思主义哲学的这一变革在哲学史和科学史上都具有极为重大的意义——它开辟了哲学成为科学的道路。数学和自然科学最早开始作为科学出现，近代轮到了社会科学，现代轮到了精神科学和哲学开始作为科学出现，这是科学史上里程碑式的变革。尽管这个过程还远未结束，普遍认同的科学的哲学体系还远未形成，但这种转变的重大意义绝不可低估。这种转变有着时代的背景（从近代转入现代、从近代科学转入现代科学），也有哲学背景（形而上学彻底破产），马克思主义哲学与其他流派都摒弃形而上学，走上科学的哲学这一领域，所不同的是其他哲学流派错误地摒弃了世界观，只是向各种部门哲学发展，而后来由于政治上的原因，又顽固抗拒辩证唯物主义世界观，把任何唯物主义视作形而上学，而使自己陷于唯心主义的泥坑。

　　第三，马克思主义哲学在实践观点的基础上实现了辩证法与唯物主义、自然观与历史观的统一，成为辩证唯物主义与历史唯物主义。在传统哲学中虽然也有唯物主义派别，但由于缺乏实践标准的观点，无法认识客观世界的辩证性质，始终停留于机械的形而上学的唯物主义的水平，而辩证法始终是精神的辩证法或思维的辩证法，否认客观辩证法；传统哲学中的唯物主义派别由于不认识实践是社会的本质，也只承认客观的自然界或自然规律，不承认人类社会是客观的，不承认社会规律。因此，在传统哲学中，辩证法与唯物主义、历史观与唯物主义自然观始终处于互相割裂的关系中。真理的标准问题是西方传统哲学一直未能解决的问题，哲学家们不是陷入理性主义极端就是陷入经验主义极端。早在《1844 年经济学哲学手稿》中马克思就提出

---

　　① 《列宁全集》第 1 卷，人民出版社 1955 年版，第 379 页。

了实践检验真理的观点，他说："理论的对立本身的解决，只有通过实践方式，只有借助于人的实践力量，才是可能的。"① 次年他在《关于费尔巴哈的提纲》中提出了人们所熟知的论断："人应该在实践中证明自己思维的真理性，即自己思维的现实性和力量，自己思维的此岸性。"② 他同时指出：费尔巴哈之所以陷入直观唯物主义，就是因为他"对对象、现实、感性，只是从客体或者直观的形式去理解，而不是把它们当作感性的人的活动，当作实践去理解，不是从主体方面去理解。"③ 又指出："凡是把理论引向神秘主义的神秘东西，都能在实践中以及对这个实践的理解中得到合理的解决。"④ 马克思所说的"神秘主义"，也就是思辨哲学或形而上学，包括黑格尔的辩证法、费尔巴哈的唯物主义。马克思提出实践真理标准观点就为辩证法和唯物主义的统一奠定了理论基础。

实践检验之所以成为检验真理的根本标准，则是因为实践是社会的本质，也是人的本质。马克思在《提纲》中批评了费尔巴哈研究人的本质的抽象方法，指出不能脱离人的社会关系的总和来寻找人的本质，"而他所分析的抽象的个人，是属于一定的社会形式"，紧接着便说："全部社会生活在本质上是实践的。"⑤后来，马克思和恩格斯在《德意志意识形态》中循着实践观点的指引进一步深入研究人类社会，发现了人类社会的客观存在及其发展规律，纠正了传统哲学否认社会的客观存在的错误，创立了唯物史观，从而在实践观点的基础上把唯物主义自然观与历史观统一了起来。

第一次统一虽然没有把辩证唯物主义世界观创立起来，却为它奠定了基础。马克思研究的重点不在哲学，在实践观点基础上创立辩证唯物主义世界观的任务便落在了恩格斯的肩上，这点我们将在下一节论述。

第四，马克思主义哲学在实践观点的基础上成为人类社会最先进的阶级——现代工人阶级改造世界的有力思想武器。这当然不是说它只是工人阶级的思想武器，作为科学，它可以成为任何自觉掌握它的人的思想武器。传统哲学历来是统治者的哲学，是为统治者服务的，马克思主义哲学是哲学史

① 《马克思恩格斯全集》第 42 卷，人民出版社 1979 年版，第 127 页。
② 《马克思恩格斯选集》第 1 卷，人民出版社 1995 年版，第 55 页。
③ 《马克思恩格斯选集》第 1 卷，人民出版社 1979 年版，第 54 页。
④⑤ 《马克思恩格斯选集》第 1 卷，人民出版社 1995 年版，第 56 页。

上第一个代表劳动人民根本利益、为劳动人民服务的哲学。这一点，马克思在 1843 年就看到了，曾说："哲学把无产阶级当作自己的物质武器，同样，无产阶级也把哲学当作自己的精神武器。"① 因此，他又说："哲学家们只是用不同方式解释世界，问题在于改变世界。"② 人们对马克思的这一论断颇多误解。马克思是否认为传统哲学不产生改变世界的作用呢？否，但传统哲学的作用是自发的，而马克思主义者则是自觉地改变世界。马克思是否认为马克思主义哲学不解释世界呢？否，传统哲学只是解释世界而不改变世界，马克思主义哲学还要用正确解释世界的哲学为指导来自觉地改变世界。马克思主义者怎样改变世界呢？他不是把哲学原理作为教条强加于现实世界，而是在哲学原理指导下研究具体问题，得出具体的正确的结论，然后付诸实践，这就是以哲学原理作为一般思想方法改造世界。

以上简略地提示的几个要点，已足以显示马克思主义哲学与传统哲学的根本区别。正视这些（以及其他）差异，将使我们从马克思有关"消灭哲学"的提法中得到启示，并通过反观我们自己正在从事的哲学研究活动，使之从思辨哲学的陷阱中摆脱出来。

第三节　马克思主义哲学的形成与发展

马克思主义哲学产生至今，已经走过了 160 余年的风雨征程。在这个跌宕起伏、波澜壮阔的历史过程中，它总是受到生活实践中层出不穷的新问题、新情况的挑战，而它自身则在回应挑战中，随着时代条件的变化、社会实践的发展和科学文化的进步以及哲学学科本身问题的深入研究，不断增益其理论内容，更新其理论形式，从而形成了马克思主义哲学发展史上各种理论和学说既一脉相承又与时俱进的特点。

一、马克思主义哲学完整形态的形成

我们一般谈到马克思主义哲学创立于 19 世纪 40 年代时，指的是历史观——历史唯物主义理论体系的形成，但马克思和恩格斯的世界观——辩证

①② 《马克思恩格斯选集》第 1 卷，人民出版社 1995 年版，第 15、57 页。

唯物主义理论体系却是于19世纪70年代才形成的。下面我们就来考察一下马克思主义哲学完整理论形态形成的过程。

辩证唯物主义思想在马克思和恩格斯提出唯物史观理论体系时就出现了，但不是作为理论体系而只是作为唯物史观的逻辑前提，即世界观前提而出现的，这时可以说是辩证唯物主义的自发的或潜在的阶段。

哲学的核心部分是世界观，即对世界整体的总的看法，亦称"宇宙观"。马克思和恩格斯在青年时期思想转变的过程中无疑包含了世界观的转变，即1842年后从唯心主义向唯物主义的转变，其中费尔巴哈起了关键性的作用。他们对唯物主义世界观的肯定和对唯心主义世界观的批判在《1844年经济学哲学手稿》、《神圣家族》、《德意志意识形态》中都是很明显的。他们在谈论劳动、实践的重要作用时往往指出实践必须以外部世界的客观存在为前提，例如马克思在《手稿》中说："没有自然界，没有感性的外部世界，工人什么也不能创造。"[①] 他们在谈到生产劳动是今日地球变化的"基础"时指出："当然，在这种情况下，外部自然界的优先地位仍然会保持着。"[②]何谓"优先地位"？即它的存在仍然是不以人的意识为转移的，虽然它的面貌已经有了很大的变化，实践必须以客观存在的现实世界为前提。那么，马克思和恩格斯的唯物主义同费尔巴哈的唯物主义有什么不同呢？

应该指出，这两种唯物主义并非完全不同，它们在承认外部世界的客观存在和主观反映客观这两点上是共同的，这是一般唯物主义的观点。马克思和恩格斯着重批判费尔巴哈的主要是他不了解实践改造地球的作用和人类社会客观存在。然而，实践以前，或实践以外的世界是怎么样的，即人类社会以前或人类社会以外的自然界是怎么样的，当时还未进入马克思和恩格斯的理论视野之中，但这并不是说他们的世界观是机械唯物主义的。由于他们曾经信奉黑格尔哲学，后来虽然批判过黑格尔的唯心主义，却一直坚持辩证法，可以断言他们创立唯物史观时，其世界观已经是辩证唯物主义了，但这种辩证唯物主义还是潜在的或自发的，自觉的辩证唯物主义世界观理论体系还没有形成。因此，创立马克思主义世界观的科学体系便成为他们的理论发

---

①② 《马克思恩格斯选集》第1卷，人民出版社1995年版，第42、77页。

展的必然趋势和历史任务。他们之间出现了一种自然分工，马克思把精力和时间放在经济学的研究上，恩格斯把精力和时间放在世界观和自然观的研究上。从恩格斯的许多论述上可以看出，促使他下决心着手进行这项工作的是1859年达尔文的《物种起源》的出版。恩格斯特别强调19世纪中期自然科学的三大发现——19世纪30年代末细胞的发现、40年代的能量守恒和转化定律的发现和50年代生物进化论的提出对于辩证唯物主义世界观的重要意义，指出："由于这三大发现和自然科学的其他巨大进步，我们现在不仅能够说明自然界中各个领域内的过程之间的联系，而且总的说来也能说明各个领域的联系了，这样，我们就能够依靠经验自然科学本身所提供的事实，以近乎系统的形式描绘出一幅自然界联系的清晰图画。"① 正是达尔文的《物种起源》出版后不久，恩格斯开始对自然辩证法的研究。1873年5月30日恩格斯向马克思告知他的自然辩证法研究提纲，马克思第二天回信表示"非常高兴"。他还把信给化学家肖莱马看了，肖莱马在信旁批了许多赞赏的话。恩格斯的这项工作虽曾一度由于写作《反杜林论》而中断，但实际上《反杜林论》的写作不但使用了他研究自然辩证法的成果，而且对这些成果从世界观的角度作了概括。若干辩证唯物主义世界观的基本观点都是《反杜林论》首创的。《反杜林论》诚然是一本捍卫马克思主义理论的论战性著作，但不能因此否认它在创立辩证唯物主义世界观的理论体系中的重要意义。恩格斯在完成了《反杜林论》的写作后又继续从事自然辩证法的研究，时作时辍，没有最终完成，后来出版的《自然辩证法》是后人将恩格斯所写的有关自然辩证法的文章、提纲和笔记编纂而成的。有许多迹象可以说明，他研究自然辩证法绝不只是为了建立自然哲学，而是为了建立科学的世界观，实际上，所谓的自然界往往包括人类社会，因为人类社会存在于自然界之中，是自然界的一部分，绝不是存在于自然界之外，与自然界并列的。恩格斯建立科学世界观的工作虽然常常中断，但未曾终止。1888年出版的《费尔巴哈论》中的"哲学基本问题"理论就具有明显的世界观内容。

现在我们可以概括一下究竟有哪些辩证唯物主义原理是恩格斯提出来的。《反杜林论》提出了世界的统一性在于它的物质性、时间与空间是物质

① 《马克思恩格斯选集》第4卷，人民出版社1995年版，第246页。

存在的形式、运动是物质存在的方式等世界观原理；《反杜林论》哲学篇的最后两章实际上已经论述了辩证法的三个主要规律，后来（1879 年）在《自然辩证法》中才明确提出辩证法的规律实际上可归结为质量互变、对立统一和否定之否定三个规律，并提到了其他一些辩证法规律，即辩证法范畴；《费尔巴哈论》提出了哲学基本问题的理论。只要把苏联哲学家后来制定的"辩证唯物主义"理论体系同这几本书对比一下，就可以明显看出，辩证唯物主义的基本观点差不多都是恩格斯提出来的。从这些情况我们可以得出结论：马克思主义的哲学基础中的世界观和认识论部分基本上已由恩格斯补上了。而这个工作是得到马克思的支持和赞同的。恩格斯有三本书涉及辩证唯物主义世界观，除了《费尔巴哈论》写作于马克思逝世之后，《反杜林论》和《自然辩证法》的写作情况都为马克思所熟悉和称道。恩格斯在《反杜林论》三个版本的序言中说："本书所阐述的世界观，绝大部分是由马克思确立和阐发的，而只有极小的部分是属于我的，所以，我的这部著作不可能在他不了解的情况下完成，这在我们相互之间是不言而喻的。在付印之前，我曾把全部原稿念给他听，而且经济学那一编的第十章（《〈批判史〉论述》）就是由马克思写的，只是由于外部的原因，我才不得不很遗憾地把它稍加缩短。在各种专业上互相帮助，这早就成了我们的习惯。"① 关于自然辩证法的研究，前面谈到的马克思和恩格斯的通信足以证明马克思的态度。不顾这些事实，硬要否定马克思对辩证唯物主义世界观的赞同，硬要制造马克思和恩格斯之间的本质差别，是难以令人信服的。

　　恩格斯虽然实质上提出了辩证唯物主义的基本观点，使马克思主义世界观系统化了，但他并未提出"辩证唯物主义"一词，他只用过唯物主义、唯物主义世界观、唯物主义辩证法、唯物主义的辩证的自然观等词，辩证唯物主义作为马克思主义世界观更未被马克思主义理论界所公认。19 世纪末的许多马克思主义理论家在谈到马克思主义哲学时都只谈唯物史观，至多在唯物史观中简单涉及它的世界观前提。例如梅林、拉法格、拉布里奥拉、考茨基等人都是 19 世纪末著名的马克思主义理论家，但他们阐发马克思主义哲学的著作都是历史观著作：梅林的《论历史唯物主义》、考茨基的《伦理

学和唯物史观》、拉法格的《唯心史观和唯物史观》、拉布里奥拉的《唯物史观论丛》。狄慈根在《一个社会主义者在认识论中的漫游》（1886 年）中第一次使用"辩证唯物主义"一词，第二个使用这个词的是普列汉诺夫（《黑格尔逝世 60 周年》，1890 年），写出专著为辩证唯物主义作论证的是列宁，提出辩证唯物主义和历史唯物主义的理论体系的是 20 世纪 30 年代的苏联哲学家。但是，从上面提供的情况看，辩证唯物主义世界观的完整的理论体系，在 19 世纪 70 年代其基本框架和内容已主要由恩格斯创立起来了，而且这一成果是在马克思的支持和赞许下取得的。

二、马克思主义哲学形态的多样性

马克思主义哲学自 19 世纪 40 年代创立以来，迄今已有 160 多年的历史，在这个过程中事实上形成了马克思主义哲学不同的理论形态。马克思和恩格斯不仅是马克思主义哲学的创立者，也是这种哲学的发展者，他们构成了马克思主义哲学发展史上的马恩阶段，由他们创立并发展了的马克思主义哲学可以称为马克思主义哲学的原生形态。这个形态的主要内容是历史唯物主义，但辩证唯物主义的基本体系已经出现。关于这个形态的形成，我们在前面已作过简短的介绍。这一阶段还包括他们的一些战友和学生对马克思主义哲学的研究和宣传。马克思主义哲学在马克思和恩格斯逝世之后，其理论形态随着社会主义运动和世界形势的发展在 20 世纪形成了多样化的格局，出现了多种马克思主义哲学形态。先是出现了俄罗斯和苏联哲学形态，然后出现了西方马克思主义哲学形态和中国马克思主义哲学形态。下面对这些形态作些简短的评介。

俄罗斯与苏联马克思主义哲学形态是在普列汉诺夫、列宁等的理论工作基础上逐步形成的，这种形态曾经被确认为"正统马克思主义哲学"，并取得了排他性的独尊地位。苏联马克思主义哲学形态的主要特点是：（1）从哲学性质上看，把马克思主义哲学理解为关于整个世界的普遍规律的科学，力图使马克思主义哲学"科学化"；（2）从思想来源看，基本上继承马克思的思想，但不够，更多地继承了恩格斯的思想；（3）从理论观点上看，强调马克思主义哲学首先是辩证唯物主义世界观，认识论是辩证唯物主义的组成部分，历史唯物主义是辩证唯物主义在社会历史领域中的推广和运用；

（4）从理论形式上看，已构建成比较完整的科学体系，但不严密，须改进之处颇多；（5）从理论功能上看，论证党的路线和政策的功能，揭露和批判各种西方哲学流派的功能是第一位的，也强调分析和解决问题的功能，但做得很不够。关于这种形态的形成过程下面作些介绍。

列宁从事革命活动时，狄慈根、普列汉诺夫虽已先后把马克思主义哲学称做辩证唯物主义，在马克思主义理论界唯物史观仍被普遍认为就是马克思主义哲学。但有少数人感到马克思主义理论缺少世界观和认识论前提，应当设法弥补，而且作了努力。伯恩斯坦从康德和新康德主义，波格丹诺夫从马赫和经验批判主义去寻找马克思主义的世界观和认识论前提。在这一片思想混乱之际，列宁高举辩证唯物主义的旗帜，写专著来论证马克思主义的世界观和认识论前提是辩证唯物主义而绝不是任何别的东西，此书即 1908 年写成的《唯物主义和经验批判主义》。此书前三章的标题均是"经验批判主义的认识论和辩证唯物主义的认识论"，分别研讨了这两种哲学在世界观和认识论若干问题上的对立，全书涉及当代西方哲学的种种流派。此书发表后，特别是随着俄国革命形势的发展，辩证唯物主义在马克思主义哲学中的主导地位慢慢树立起来。此书虽未提出辩证唯物主义的理论体系，但涉及了许多重要问题，对其理论体系的形成产生了巨大的影响。十月革命胜利后，由于系统宣传的需要，苏联的哲学家们经过长期的系统的教学实践和集体努力，终于在 20 世纪 30 年代初构建了辩证唯物主义和历史唯物主义的理论体系。其内容主要是辩证唯物主义世界观（包括世界的物质统一性、物质存在的形式、辩证法等）、认识论和历史唯物主义。我国不少学者称为斯大林体系，这是不对的。斯大林体系，即 1938 年出版的《联共党史》第 4 章第 2 节，是把苏联体系进行压缩和改造的结果，成为辩证法 4 个特征、唯物主义 3 个特征和历史唯物主义 4 个特征，还删掉了一些重要内容。这个体系问世后，取代了苏联体系的教科书地位，但斯大林逝世之后，苏联恢复了苏联体系的地位。当然，无论苏联体系还是斯大林体系，它们都属于辩证唯物主义和历史唯物主义理论形态。这种体系在苏联解体前已由于苏联意识形态的人道主义化而逐渐失去了原有的国家哲学的地位，解体后信奉者就更少了。

西方马克思主义是以区别于苏联马克思主义的姿态登上理论舞台的，其产生背景是第一次世界大战后西欧各国革命的失败。第一次世界大战后，在资本主义发展上比俄国先进的中欧和西欧许多国家（芬兰、匈牙利、波兰、捷克、德国、奥地利等）都出现了有利于无产阶级革命的形势，并且在各国共产党的领导下以十月革命为榜样发动了革命，然而这些革命都无例外地遭到了失败。为什么会失败？理所当然地引起了各国共产党人和马克思主义者的思考，得出的答案也各式各样。其中对西方马克思主义的形成较有影响的两种看法是：这些革命只关注资本主义的经济危机作为导火索的作用，而没有唤起无产阶级的阶级意识；只是单纯照搬十月革命的模式，而没有制定适合本国特殊条件的战略和策略。前者针对的主要是在第二国际流行的经济决定论，后者针对的主要是被简单化的列宁主义。匈牙利共产党人卢卡奇在《历史和阶级意识》（1923 年），德国共产党人科尔施在《马克思主义和哲学》（1923 年）中，对这些看法作了哲学上的论证。他们试图通过研究从黑格尔到马克思的发展来重新解释马克思的哲学理论。由于第二国际和列宁领导的第三国际在当时占有正统或主流地位，卢卡奇和科尔施等人的学说自然就被认为是与正统马克思主义对立的学说，后来被称为"西方马克思主义"。卢卡奇和科尔施开了西方马克思主义的先河。在他们之后，随着马克思主义和工人运动中出现各种失误和挫折（例如欧洲工人运动未能阻止法西斯主义、苏联模式社会主义的弊端和失败、1968 年"五月风暴"及其失败、苏东剧变等），陆续有一些学者在主流马克思主义运动和执政的共产党范围以外以马克思主义的名义力图对这些失误和挫折加以总结，并以此重新认识和解释马克思主义，他们也大都被认为是西方马克思主义者。由于他们所面对的历史事件不同、思想和文化背景相异，因此他们的理论也各有特色。这种情况也使理论界对西方马克思主义这一概念的理解发生了分歧。中国理论界一般认为西方马克思主义包括两大基本流派，即人道主义派和科学主义派；也有学者认为西方马克思主义即由卢卡奇开创的人道主义马克思主义，而科学主义马克思主义的许多观点与人道主义派尖锐对立，接近传统马克思主义观点，不应包括在西方马克思主义之内。我们认为这种观点比较合理。①

---

① 下文关于西方马克思主义哲学形态的论述，采用了陈学明教授的观点，请参阅他所著《西方马克思主义教程》，高等教育出版社 2001 年版。

经过几十年的发展演变，西方马克思主义哲学虽然门派众多，观点分歧，也形成了自己的作为一种理论形态若干的共同特点：①西方马克思主义是苏联马克思主义以及传统马克思主义的反对者和批判者。它不仅在最初出现时是这样，后来出现的各个流派也是这样，主要理由是时代变了，原来的理论、路线、策略都过时了，马克思主义应该"现代化"。②辩证唯物主义和历史唯物主义，特别是其中的唯物主义世界观，遭到西方马克思主义的尖锐批判。他们对辩证法很重视，但绝没有客观辩证法、自然辩证法，只有主体辩证法或主客体辩证法、历史辩证法或实践辩证法。③他们虽然全面否定马克思主义理论，但他们坚持批判资本主义，赞成人道主义社会主义，因而国际理论界仍承认它属于马克思主义范畴。④他们没有统一的世界观和历史观，在哲学观点上往往依附于当代西方哲学流派，或与当代思想流派相结合，除占主导地位的人道主义马克思主义而外，还有黑格尔主义的马克思主义、存在主义的马克思主义、弗洛伊德主义的马克思主义、女权主义的马克思主义、生态学马克思主义等等。⑤西方马克思主义者多为高等学府和科研机构中的学者，他们强调思想意识作用，甚至认为意识的改变就是实践，因而他们都没有改造经济、政治的明确目标，更没有达到目标的战略。他们主要热衷于文化各个领域的问题和各种社会思想理论问题。

中国马克思主义哲学形态开始于 20 世纪初，以后逐渐形成，与西方马克思主义哲学一样，在理论上也都以苏联马克思主义哲学为出发点，然而在对待苏联马克思主义哲学的态度上，则与西方马克思主义哲学截然相反。西方马克思主义哲学是从批判苏联马克思主义哲学中产生的。与之相反，中国马克思主义哲学形态是在传播苏联马克思主义哲学的基础上发展起来的，在基本原理和理论框架上基本遵循了苏联马克思主义哲学范式。不仅如此，在尔后多年的哲学研究中，中国马克思主义者一直认同苏联马克思主义哲学体系，而对西方马克思主义哲学持批判态度，改革开放以来这种状况才有所改变。

当然，我们也绝不能因此就把中国马克思主义哲学形态等同于苏联马克思主义哲学形态。中国马克思主义哲学虽然在理论上采取了苏联马克思主义哲学模式，但一开始，中国马克思主义者就着重把马克思主义哲学当做思想方法来使用。在马克思主义哲学的创新上，中国马克思主义者还结合中国革命的现实，通过与中国思想界的论战，对哲学与科学、辩证唯物主义的哲学性质、马克思主义哲学的本体论和认识论的关系等问题，都作出了自己的解答，创造出具有自身民族特色的马克思主义哲学。

马克思主义哲学传入中国之初，就是唯物史观。随着辩证唯物主义在苏联的主导地位的树立和体系的完成，它也逐渐为中国马克思主义者所熟悉和采纳。20世纪30年代初辩证唯物主义与历史唯物主义体系一出现，便很快为中国马克思主义者所接受和使用。米丁等主编的《辩证唯物主义与历史唯物主义》出版后不久，便有了中译本。艾思奇于1935年出版的《大众哲学》、毛泽东于1937年在抗日军政大学讲授的《辩证唯物论（讲授提纲）》显然都取材于苏联体系的前半部，而李达于1937年出版的《社会学大纲》则完整地反映苏联体系的全部。马克思主义哲学在中国的传播与流行，不像其他学科或其他西方哲学传入中国那样最初都是通过高等学府的教学渠道，而是作为一种革命思想通过中国马克思主义革命家的理论活动和实践活动在社会上、革命群众中流传开的，因此马克思主义进入中国不久便被用来分析中国社会革命问题，或批判反动政治思想。在实践中运用马克思主义哲学理论，又在总结实践经验中发展和创新马克思主义哲学，实践效果最成功的，理论创新最丰富的，无疑是毛泽东。马克思主义哲学与中国革命实践相结合这种情况一直持续到中华人民共和国建立的1949年。建国后中国社会出现了一个群体——大学里的马克思主义哲学教师，几年以后又出现了少量马克思主义哲学研究人员，他们被合称为马克思主义哲学专业工作者。这样马克思主义哲学在中国的发展形成了两条线，一条是原来的理论与实践结合着的线，另一条是与实践分离的线，这两条线有时也结合成一条线，但长时间还是分开的。这后一条线既是马克思主义哲学的高校教学所需，也是马克思主义哲学的学科建设所需。前一条线以马克思主义哲学的实践化、中国化为中心，后一条线以马克思主义哲学的科学化、系统化为重点；前一条线处于主导地位，两条线互相促进，相得益彰。建国后前30年，中国的马克思主义哲学的发展取得了不少成就，例如毛泽东的《实践论》、《矛盾论》、《关于正确处理人民内部矛盾的问题》都是这段时期发表的；毛泽东对认识论、方法论也发表了许多新见解，这些对中国马克思主义哲学的发展和中国化都发挥了重大的影响。中国理论界在采用了斯大林体系数年后就恢复了苏联体系，并在它的基础上构建了新的辩证唯物主义和历史唯物主义体系，这个体系至今仍在发挥作用。但这30年也走了不少弯路，特别是"文革"十年中甚至出现唯心主义猖獗，形而上学横行的局面，大大伤害了马克思主义哲学的科学性。改革开放以后，这种局面才被根本扭转，使马克思主义哲学的宣传、教学和研究走上健康发展的轨道。近30年来，无论在研究、应用、创新、中国化、系统化方面都有明显的进展，取得了丰硕的成果，例如邓小平理论、"三个代表"重要思想、科学发展观等等，得到了全国的认同。哲学界研讨了人道主义、实践论、实践唯物主义、辩证唯物主义、历史唯物主义、人学、文化学、马克思主义哲学史、哲学的科学体系等一系列重要问题，或收到了正本清源的效果，或获得了有所深入、有所创新的效果。马克思主义哲学理论研究与发展，近30年来真正走上了百家争鸣的发展学术的正道，出现了繁荣兴旺的景象。

90年来中国马克思主义哲学形态大致形成了以下一些特点：（1）始终坚持辩证唯物主义与历史唯物主义理论体系。中国共产党的历代主要领导人从毛泽东到胡锦涛，从20世纪的30年代至今天，一直明确认定马克思主义哲学就是辩证唯物主义和历史唯物主义。改革开放以来，理论界少数人反对这个体系，提出了种种别的体系，但并未动摇这个体系的主导地位。甚至当这个体系在它的形成地苏联遭到排斥后，它的地位在中国也没有动摇过。中国共产党和理论界之所以始终信奉它，不是由于它是苏联的，而是由于它是科学的，科学应该与时俱进但不会根本过时。（2）由于它的科学性，中国马克思主义哲学形态特别重视它作为思想方法的重要功能。自20世纪30年代以来，它就被认为既是世界观，又是方法论，至今仍然如此。毛泽东一贯强调马克思主义哲学必须用来指导认识和实践，是认识世界和改造世界的思想方法，50年代还集中论述过哲学如何成为工作方法。这在世界上都是罕见的。（3）把普遍真理与中国革命实践相结合看做马克思主义的最高原则，这是符合辩证唯物主义的既辩证又唯物的根本精神的，这是中国共产党成立以来至今一贯坚持的根本原则，又称理论联系实际，或一切从实际出发，毛泽东称为实事求是，邓小平发展为解放思想实事求是。（4）由于马克思主义哲学的基本性质，由于党中央的倡导，中国马克思主义哲学不仅是党的哲学、领导人的哲学、学者的哲学，而且成为广大人民群众的哲学，这在世界上是少有的。（5）由于辩证唯物主义的应用功能在中国得到充分的发挥，由于它在整个科学体系中的最高指导地位的确立，中国马克思主义哲学的应用哲学，即部门哲学，逐渐得到各门学科的重视，从而不断兴旺发达起来，形成了一个庞大的部门哲学的体系。这一过程今天还在继续发展，方兴未艾，这个部门哲学的完整体系还未基本形成。

三、构建当代中国马克思主义哲学科学形态

现在最重要的任务是构建当代中国马克思主义哲学科学形态，即切实运用哲学科学学的理论和方法，考察马克思主义哲学的各种历史形态，并在对这些形态进行充分研究和比较的基础上，构建反映当代特点和中国特色的21世纪的马克思主义哲学科学形态，这种构建必须依赖于一些必要的条件。

首先，构建当代中国马克思主义哲学科学形态，离不开现有的基础。如前所述，中国马克思主义哲学受过苏联马克思主义哲学的巨大影响，但二者并不等同。事实上，20世纪30年代以来，中国马克思主义者一直学习和采用苏联马克思主义哲学教科书体系，这个体系虽然可以说是科学的，但缺点和问题甚多，必须加以改造，创造出新的更加科学的理论体系。

其次，离不开中国革命理论中的哲学成分。中国马克思主义哲学已经吸收了不少毛泽东思想中的哲学成分，这一工作现在还应进一步扩大和深入。改革开放以来，特别是苏东剧变之后，中国马克思主义哲学的特点进一步形成并得到突出发展。在错综复杂的国际局势下，中国继续坚定地坚持社会主义道路，坚持马克思主义在意识形态领域的指导地位，实现了马克思主义同中国实际相结合过程中的第二次历史性飞跃。作为国家指导思想的中国化的马克思主义，已经取得了从邓小平理论到"三个代表"重要思想和科学发展观等标志性成果，其中包含着丰富深刻的哲学思想和哲学智慧，有待于从理论上进一步加强研究和阐发。与改革开放和现代化建设的客观进程相适应，学术界本着严谨的科学态度，还根据"第一手文献"对马克思主义经典著作重新进行翻译和解读，打破不合理的学科疆界和过去若干教条式的甚至错误的理解，理解上更接近于马克思主义哲学的真实；同时又提出和探讨了不少新问题、新概念、新观点、新方法，达到了新的理论高度。总体上说，马克思主义哲学在我国的发展，已经基本上走出了苏联教科书的体系模式，一个

具有当代高度和中国特色的马克思主义哲学科学形态，正在酝酿和形成之中。这就为我们构建当代中国马克思主义哲学科学形态奠定了重要的基础。

第三，中央实施马克思主义理论研究和建设工程，为构建马克思主义哲学当代科学形态提供了非常有利的条件。因为这个建设工程的指导思想要求既要坚持马克思主义的基本理论，又要与时俱进，充分反映现当代全人类的实践活动的发展。这是符合人们广泛认同的马克思的名言"真正的哲学是时代精神的精华"的精神的。胡锦涛在会见出席中央实施马克思主义理论研究和建设工程工作会议的全体代表时强调指出，当今世界政治、经济、文化、科技、军事等领域出现了一系列新变化、新矛盾、新问题，我国改革发展也面临着一系列新任务、新情况、新课题。我们要带领全国各族人民抓住重要战略机遇期，全面建设小康社会，把改革开放和现代化建设继续推向前进，就必须进一步高扬马克思主义理论的伟大旗帜，用发展着的马克思主义指导新的实践，并在实践中不断丰富和发展马克思主义。[①] 据我们理解，"用发展着的马克思主义指导新的实践"与"在实践中不断丰富和发展马克思主义"，是相辅相成的关系。事实上，要用发展着的马克思主义指导新的实践，就必须在实践中不断丰富和发展马克思主义。而构建当代中国马克思主义哲学科学形态就是我们在当代条件下丰富和发展马克思主义理论的一个重要方面。

构建当代中国马克思主义哲学科学形态是一项复杂的系统工程，必须从多方面综合进行。既要根据新的实践需要重新认真研究马克思主义经典著作，把握其思想方法和精神实质，又要深入研究当代实践中的新情况、新问题、新经验，并进行新的理论概括；既要坚持马克思主义哲学的指导地位，又要充分汲取和消化利用中国传统哲学和西方哲学中的合理思想资源；既要具备哲学思维必须的高度和深度，又要对当代科学包括自然科学和社会科学的具体成果进行哲学升华和提炼。只有通过上述各方面的综合努力，我们才能真正构建起既具有当代特征，又具有中国风格和气派的马克思主义哲学科学形态。

构建当代中国马克思主义哲学新形态是哲学工作者的崇高使命。从一定

---

① 参看《高扬马克思主义理论伟大旗帜　凝聚全党全国人民共同奋斗》，载《光明日报》2004 年4 月 29 日。

意义上说，哲学研究是以民族性的形式、时代性的内容去求索具有人类普遍性的问题。哲学迄今一直是在不断分化中发展的，不同时代和民族的哲学各不相同，从而形成不同的哲学传统。中国哲学与西方哲学在历史发展中形成了不同的哲学传统，它们的差异是如此之大，以至引起了关于中国思想能否被称为"哲学"的持久论争。然而，正如黑格尔所说："只有当一个民族用自己的语言掌握了一门科学的时候，我们才能说这门科学属于这个民族了；这一点，对于哲学来说最有必要。"① 作为一门学科的哲学在现代中国的建设已经有近一个世纪的历史，事实证明中国人完全能够掌握这门学科，不仅能很好地理解自己的传统，也能很好地理解西方哲学的传统，而且我们深知，这两种传统虽然有着明显的差别，但决不是不相容的，它们中间包括的丰富的科学成分，不但是相容的，而且是一致的，是可以互相补充，相得益彰的，是构建当代哲学的科学形态不可缺少的。

哲学的基础是实践，这是就其最终意义说的，实际上哲学家固然可以把自己的实践经验提升为哲学原理，如毛泽东把战争实践经验直接提升为认识论原理，但大量哲学原理不是由哲学家从自己的实践经验中直接总结出来的，而是从科学知识中总结出来的，而由于自然科学与社会科学归根到底是从实践中总结出来的，所以哲学原理归根到底也是从实践中总结出来的。既然自然科学和社会科学随着实践的发展在不断发展，真正的哲学无疑也应随着自然科学和社会科学的发展而不断发展，即随着实践发展、时代发展而不断发展。因此，在构建马克思主义哲学的科学体系中，我们绝不能忽视这一方面。我们必须把科学发展中包含的哲学因素总结出来，用以纠正、丰富和发展原有的哲学原理，使马克思主义哲学科学体系更加真实、更加完善、更加严密。

从总体上说，构建马克思主义哲学科学形态主要通过两种努力：一是随着社会实践的发展即时代的发展（其中包括科学的发展和哲学本身的发展）来构建；二是自觉按照科学学构建科学体系的原则来构建。这两种努力是互相交错的，因而也是互相作用、互相推动的。在以下的篇章中，我们将进行这两种努力。

---

① 黑格尔：《哲学史讲演录》第四卷，商务印书馆 1983 年版，第 187 页。

第 三 章

对马克思主义哲学的科学体系的构建

哲学史就是作为一门学科的哲学如何成为科学的历史，就是作为一门科学的哲学萌芽、成长、诞生和发展的历史，这门作为科学的哲学就是马克思主义哲学。20 世纪 30 年代以来，辩证唯物主义和历史唯物主义曾经被公认为马克思主义哲学的科学体系，特别是在苏联和中国。斯大林逝世以后，这个体系逐渐为苏联哲学界所摒弃，其地位为人道主义哲学所取代。在中国，它至今仍然是中国共产党和多数哲学工作者所承认的马克思主义哲学的科学体系。但自从 20 世纪 80 年代以来，有不少哲学学者主张摒弃这个体系，先后主张以主体性哲学、实践人本主义哲学，尤其是实践唯物主义取代它。同时，坚持这一体系的人也认为这个体系在真实性、完整性、严密性上有不少问题，主张按照构建一门科学体系的原则加以改造，使之成为一个更真实更完整更严密的科学体系。本章的任务就是根据构建科学体系的一般原则来评价辩证唯物主义和历史唯物主义体系，并提出一个对马克思主义哲学的科学体系的构建方案。

第一节 构建一般科学的理论体系的基本原则

既然哲学是一门学科，马克思主义哲学是一门科学，其体系的构成应该符合一般理论体系的原则。

按照当代各门科学的理论体系的实际情况，可以看出它们构建其理论体系时至少有四个原则为大家所共同遵守。

一、对每一门科学的对象的明确规定

所谓科学就是对客观世界进行分门别类的研究，是分科的学问，其对象无疑应该是明确的。客观世界中的事物都是互相联系的，分析研究必须按照一定的标准把它们区分开来。一门科学就是对这个世界的某一部分、某一层次、某一方面、某一领域、某一范围，也就是某对象的研究，就是关于这个对象的系统的真理性的理论。因此，对象是这门科学的根据，必须首先明确，否则下笔千言，离题万里，根本谈不上科学。

今天人类拥有的科学，其对象一般说来都是十分明确的，甚至是不言而喻的，因为它们都以其对象来命名，从名字即可知其对象，例如天文学的对象就是天文或宇宙天体，气象学的对象就是气象或气候现象，地学的对象就是地球，生物学的对象就是生物，社会学的对象就是人类社会，经济学的对象就是人类经济活动，政治学的对象就是人类政治活动，伦理学的对象就是人类的伦理关系等等。但是也有很少的科学不是以对象来命名的，或者其名字所指的对象与其实际的对象有较大差异，如仅仅从名字来推知其对象，就会犯错误。这种不一致或不完全一致也会引起理解上的分歧和争论。例如物理学，其名实就不完全一致。顾名思义，物理学的对象可以被理解为整个自然界，这样，物理学就成了世界观或自然哲学，我们的日常用语"物理世界"（Physical World）即指客观世界或自然界，但今天人们已达成共识的物理学的对象只是自然科学的基础科学之一，主要研究物质的基本结构、属性及其相互作用和物质运动的基本规律，其组成部门有力学、热学、声学、光学、电磁学等等。作为一个学科门类的人文科学，其对象也是很不明确的。人文科学过去指哲学、历史学、文学，与法科学（经济学、政治学、法学）并列。显然，人文科学与法科学这两个学科门类，其对象都是不太明确的。建国以后，由于马克思主义观点得到普遍认同，这两类学科被重新区分为哲学与社会科学，过去的哲学仍叫哲学，其余学科合称社会科学，因为哲学的对象既包括社会，也包括自然界，哲学跨越自然科学和社会科学，不属于社会科学，当然也不属于自然科学。这一变化使这些科学之间的关系更加合理，也使这些科学的对象更加明确了。近年来在这些学科的称呼上又有些变化，即出现了以"人文社会科学"取代"哲学社会科学"的趋势。这实际是把哲学再次与历史学、文学合称人文科学，保留社会科学不变。社会科学的对象是明确的，即人类社会。人文科学的对象是什么呢？当然是"人文"，但什么是人文呢？人文同社会的区别是什么呢？如果人文可以理解为人的文采，即人的精神文化，那么人文与社会是无法分开的，社会包含人文，人文离不开社会。人文科学应该包括在社会科学之内，而社会科学的任何部门也不能没有相应的人文。这样，把哲学归属于人文科学，就把自然界排除于哲学对象之外了。历史学的对象是人类社会的历史，不能把历史学限于人文史。文学当然表现人文，难道不表现社会？经济学、政治学、法学研究的社会经济现象、政治现象、法现象也均有其人文。因此，在我们看来，从哲学社会科学这一比较明确的称呼返回人文社会科学这一更加混淆不清的称呼不是科学的进步，而是退步。哲学的对象问题今天更是一个争论不休的问题，这个问题我们将在后面讨论。

一门科学对象明确不明确是这门科学成熟程度的标志。物理学中有争议的问题也不少，但作为科学是高度成熟的，它的名称虽然不能完全准确地表明它的对象，然而它的对象是毫无疑义的。哲学社会科学或曰人文社会科学虽有科学之名，但作为科学，其成熟的程度是不高的，几乎处处都有争议，其对象很不明确。一门科学要建设成为真正高度成熟的科学不能不使自己的对象明确起来。

二、对每一门科学的组成部分的合理规定

每门科学的组成部分的划分根据是其对象的组成部分。任何一门科学的对象都不是一个绝对单纯、不可分解的东西，它必然是一个系统，可以分成不同层次或不同部分。我们要对这个对象的整体获得完整认识，必须首先把它分解为若干组成部分，获得对多个组成部分的认识，然后加以整合，形成一个完整的认识。对这些组成部分的认识也就是这门科学的组成部分。这些组成部分，每一个都可以独立形成一个部门科学。例如，生物学要对生物的整体形成一个完整的认识，除了认识生物的一般特征、机制、规律而外，还要认识生物的组成部分。从种属来讲，生物可分为微生物、植物和动物，我们必须分别认识这些部分，再加以整合；从生物的特征、机制来讲，生物又

可分为形态、生理、遗传、胚胎等方面，我们也要认识这些方面，再加以整合；这些也都可以独立形成若干部门科学，即微生物学、植物学、形态学、生理学、遗传学、胚胎学等等。生物与非生物的区别比较明显，而生物学的对象和组成部分也易于理解，但并非所有科学都是这样。例如前面提到的物理学、人文科学、哲学，由于对象不明显，其组成部分引起的争议也比较多。由于对象本身和科学发展情况等多种原因，物理学没有总论部分，而由若干部分构成，即由力学、热学、光学、电磁学等部分构成，天文学、地学、化学、生物学本应是属于物理学的部门，但早已成为与物理学并列的基础科学。人文科学是一类科学，没有形成一门科学，因而没有一般人文学，它究竟应该有几个部门，这些部分又如何整合为一个整体，当然也无从说起。社会学的情况比较特别。社会学的对象显然就是人类社会，作为对象它是非常明确的，与非社会（自然界）有明确的界限。马克思主义有一般社会学，即历史唯物主义，但在西方却没有一般社会学，社会学实际是一类科学，按理即社会科学，包括人口学、人类学、经济学、政治学、法学、文化学、民族学、宗教学、伦理学等等，但实际上有些学科如经济学、政治学、法学均已成为与社会学并列的学科门类，而宗教学、伦理学则被看成哲学。总之，一门科学包括哪些组成部分是构建一门科学的理论体系的条件之一，是必须解决的问题，满足了这个条件我们才能把这些组成部分整合而成为一个完整的整体。

三、对每一门科学的客观内容的具体制定

每一门科学的内容是一定数量经过实践检验而得到确证的命题、原理、规律，它们是对象的属性、特征、本质、关系、运动机制、发展规律之正确的反映。这一观点应该是得到普遍认同的，问题在于如何确证。事实命题应有事实根据，这也是明显的，问题在于理论命题如何确证。按照马克思主义认识论，社会实践的总和是检验一切科学命题的真理性的唯一最后标准，但检验的具体方法和过程在不同科学中又有一定的差异，大致可以分为数学、自然科学、社会科学和哲学等几种类型。

学过一些数学的人都知道，一个数学定理的确立不能靠实地的测量（实践），例如一个简单的几何定理"三角形三内角之和等于二直角"，不能

靠对三内角度数的测量，而必须靠推理来证明，即运用逻辑形式把结论从一些前提中推演出来，这个结论就确立了。但是这些前提的真理性又是怎样确立的呢？它们可能也是从另一些前提通过逻辑推理确立的，如此继续往前追溯，最初的前提只能是来自实践，由人类千千万万次实践反复验证确立的，这就是那些公理、定义、最简单的定理以及逻辑的推理形式，这些命题的真理性只能由实践来检验。因此，数学原理的真理性从最终的意义讲，也是由实践来确立的。同时也应指出，实地测量虽然不能确立一个数学原理的真理性，但绝不是无关紧要的，相反，也是一种有意义的检验。

对自然科学原理的真理性的检验，则必须直接通过实践特别是科学实验、观察和测量。自然科学的原理或理论直接表述自然界某一领域特征、关系或运动规律，其真理性只能通过两种方法来确立：一是直接观察（包括测量）；一是实验。观察，包括通过仪器的观察，只能确证那些现象范围之内的东西，对于那些不能直接观察的过于细致或过于宏大的东西和那些通过抽象思维才能认知的普遍性、整体性的本质和规律则必须通过实验来验证。实验的优点在于它不仅包括观察，而且是对客体的改造，这种改造活动由于是在主体的某种假设指导下设计的，改造的过程和结果就可以检验出这种假设是否与客体一致。这种实验还必须是能够重复的，经过多次同样重复，结果相同，这种假设也就确立为真实的原理。氧化说的确立是一个很典型的以实验来验证一个原理的例子。直至 18 世纪，燃烧一直被认为是可燃物中存在的"燃素"的逸出现象，燃素说可以说明部分燃烧现象，但有些金属燃烧后反而加重，燃素说就无法解释了。法国化学家拉瓦锡怀疑燃素说的真实性，设想燃烧是空气作用于可燃物的现象。1774 年他遇见英国化学家普利斯特列，后者告诉他曾加热燃烧后的汞灰得到了一种气体。1775 年他重复了普利斯特列的实验，加热汞灰（氧化汞），得到了汞和一种气体，他称为"纯粹空气"（氧气）。他受此启发，于 1777 年设计了一个实验：对一个密封的容器内的汞加热，使之逐渐变成红色，测量汞灰的重量和失去的气体的体积；然后将汞灰放入另一容器并加热，使之还原为汞，并收集其所放出的气体。他发现当汞燃烧变为红色汞灰时失去的空气，在汞灰还原为汞时全部获得。他建议把这种"纯粹空气"叫做"氧气"，汞的燃烧就是汞的氧化，并不存在所谓的"燃素"。不仅汞的燃烧的实验证明了汞的氧化，一切可燃物质的燃烧的实验也都证明了该物的氧化，这些实验也都是可以重复的。这样，燃烧的氧化说就确立起来，逐渐为科学界所接受，完全取代了燃素说的位置。燃烧现象是可见的，氧化作用看不见，但只有氧化作用能够解释一切燃烧现象，氧化说因而得以成立。后来发现太阳的燃烧不是氧化作用，但这只是限制了氧化说的范围，其真理性在一定范围内仍然是可靠的。①

　　社会科学的真理性的确立同样必须通过实践及其效果，但同自然科学比较起来，有很明显的差异。社会科学成为科学远比自然科学为晚。学者们从来不承认社会理论能够成为科学，认为社会现象中充满了人的主观随意、千差万别的思想意识，不存在重复性，没有规律可言，科学就是自然科学。只有在19世纪中叶马克思、恩格斯创立了唯物主义历史观之后才有真正的社会科学可言，同时也有其特点。一门社会科学在建立之后，同自然科学比较起来，其原理大致有以下一些主要差别：（1）它们具有较强的主体性，社会科学家的立场、动机、观点有明显的作用；（2）具有较明显的复杂性，社会现象比自然现象复杂，作为其反映的社会科学当然不可能不复杂；（3）具有较明显的多变性，人类社会的变化比自然现象大得多，快得多，作为其反映的社会科学的变化当然也很大很快；（4）一门社会科学很难像自然科学那样得到所有学者们的认同，其中许多原理都有不同的观点，甚至完全对立的观点。但是社会科学作为科学与自然科学具有相同的共性，那就是对客观世界（人类社会）及其规律的正确的反映，即科学性。那么，社会科学的科学性是如何确立的呢？仍然只能最后通过社会实践来确立。在社会科学领域，不能像在自然科学领域那样，制造出理想的条件和环境通过实验来验证一个社会科学原理。历史上的空想共产主义者都曾建立过小型的"理想社会"来验证他们的学说，均以失败而告终，即使有短时间内的成功，也无法证明涉及全社会的某种社会理想的正确。但社会科学原理除以实践来检验而外别无他法。实践虽然不能像检验自然科学原理那样具有更长的时效和更强的稳定性，只要我们能紧密依靠实践，

---

　　①　关于氧化说取代燃素说的过程，《自然科学发展简史》（潘永祥主编，北京大学出版社1984年版）一书有比较详细的介绍，请参阅该书第235—241页。

不断用实践来矫正理论的缺失，社会科学理论也会随着实践的步伐而不断进步和完善。

哲学原理当然也只能以实践作为最后的检验标准，这个问题将在后面详加讨论。

四、对每一门科学的内容的逻辑联系的合理安排

每一门科学的组成部分及其原理按照从简单到复杂、从抽象到具体的原则联系起来，构成一个理论体系，理论体系是否建立及其真实完整严密的程度是一门学科是否已建立成为科学和成熟程度的标志。一个学科体系首先是一个介绍、叙述这门学科的全部内容的观点体系，从简单的抽象的观点开始，循序渐进，当然是最方便的，也是最易为学者所掌握的。其实一门学科的如此方式展开不仅是一个叙述过程，也是一个研究过程，反映了人们系统认识某一对象的规律，开始只能认识那些比较简单、抽象的东西，然后才能一步步认识更复杂更具体的东西。许多学科的体系不一定是研究者一次构建起来的，往往是在其萌芽、诞生、发展的过程中形成的，因此今天已经建立起来理论体系的学科差不多都不约而同地呈现出从简单到复杂，从抽象到具体的过程。《中国大百科全书》第 1 版各卷所提供的学科体系无一不符合这一原则。

《中国大百科全书》第 1 版是按照学科的不同分卷出版的，其中词条是按照汉语拼音的顺序安排的，但每门学科均有一篇长文介绍这门学科，放在卷首，还有一个"条目分类目录"紧随其后，这篇长文的体系与这个目录的体系基本上是一致的，大体上都是按照从简单到复杂、从抽象到具体安排其内容的：一般理论（包括基本范畴）——科学史（或在一般理论之前）——组成部分（即部门学科），各组成部分的排列也是从比较基本的一般的部分开始向比较具体的部分推移，每一组成部分内部原理的展开也遵循着相同的原则。各个学科的特点、条件、历史各不相同，在体系的构成上当然也有很多差异，但都大体上符合从抽象到具体、从简单到复杂的原则，这不是出于各科学者的约定，而是因为这个原则反映了人们学习、认识、研究的规律。

第二节　构建马克思主义哲学的科学体系的基本原则

哲学如果要作为科学来建设，其体系无疑也应该按照一般科学构建其体系的原则来构建，不过由于哲学具有与一般科学大不相同的特点，哲学家们对体系的构建又有很高的要求，有必要作一番更加具体深入的讨论。下面一一讨论与前面提到的相应的四个原则。

一、对哲学对象的明确规定

对象是什么，这对于一般科学不是一个问题，绝大多数科学仅仅从它们的名字就可以明确地知道它们的对象是什么，但哲学没有这个方便。哲学家对这个问题的看法各式各样。这里我们只考察一下我国改革开放以来几种有代表性的观点。

第一种观点是以恩格斯的某些言论为根据否定哲学对象的传统规定，认为哲学研究的对象是思维及其规律。恩格斯说："一旦对每一门科学都提出要求，要它们弄清它们自己在事物以及关于事物的知识的总联系中的地位，关于总联系的任何特殊科学就是多余的了。于是，在以往的全部哲学中仍然独立存在的，就只有关于思维及其规律的学说——形式逻辑和辩证法。其他一切都归到关于自然和历史的实证科学中去了。"① 有的学者认为恩格斯的话符合人类科学史的实际过程，各门实证科学从无所不包的哲学中一一分化出来，哲学的地盘到今天只剩下思维及其规律了。仔细推敲，这段话问题颇多，很难以它为根据来规定哲学的对象。首先，对思维及其规律的研究诚然不同于一般实证科学，但并非完全不需要实证研究，而且思维完全可以成为一个特殊的研究领域，即思维科学，这样分化出去，哲学连立锥之地也没有了，哲学就消灭了。其次，事实表明，各门科学只能管自己在科学体系中的位置，各门科学的总联系，即世界各个组成部分的总联系（世界整体）仍然需要专门研究，并非无事可做。第三，恩格斯在同一本书中又说："辩证法不过是关于自然、人类社会和思维的运动和发展的普遍规律的科学。"② 这

---

①② 《马克思恩格斯选集》第3卷，人民出版社1995年版，第364、484页。

个对象不就是总联系吗？这还说明辩证法并不仅仅是思维科学，而且是关于世界整体的科学。第四，恩格斯指的是"以往"哲学。他不是在讨论自己关于哲学对象的观点。总之，以恩格斯的这段话来证明哲学的对象只是思维及其规律，难以成立。

　　第二种观点与第一种观点接近，把对象扩大了一点，认为哲学的对象是认识或知识。这是一种很流行的观点，这种观点的根据很多，一种根据是：由于时代的发展，古代哲学的对象（整体世界）在近代已转换成认识。另一种根据是：科学以客观世界为对象，哲学以知识为对象；科学是客观的对象的知识，哲学是知识的反思，是知识的知识，哲学就是认识论或知识论。第三种根据是：列宁、毛泽东都说过哲学就是认识论，毛泽东还说过："哲学则是关于自然知识和社会知识的概括和总结。"① 这种观点把哲学研究的对象与哲学研究的途径混为一谈了，同时也歪曲了哲学的性质。近代欧洲哲学家把认识论作为研究的一个重点，这是事实，但除个别怀疑主义哲学家以外，多数哲学家都不否定哲学是一种对象性的知识，即对客观世界的知识。康德的理性批判工作并不是为了以认识论取代本体论，而是为了使本体论成为一种科学的认识。哲学家们对实证科学知识进行总结和概括并非改变了哲学的对象，而是通过实证科学的成果来认识客观世界。有的学者把实证与思辨对立起来，把哲学看成纯粹的思辨的学问，实证科学没有思辨，这是一种误解。其实一切科学都既是思辨的，又是实证的，不过思辨性与实证性的程度有所不同而已。哲学原理主要依靠对知识的反思，但归根结底检验哲学原理真理性的还是实践。实证科学也不能完全是实证材料的堆积，一定程度的思辨是不可少的。至于列宁、毛泽东说是认识论，并不是否认哲学的本体论性质，而是说哲学是认识方法，哲学包括认识论。从他们关于哲学的言论来看，谈到哲学是世界观（即本体论）的地方是很多的。

　　第三种观点是以恩格斯关于哲学基本问题的言论为根据，认为哲学对象是思维与存在、物质与意识的关系，因为哲学基本问题就是哲学对象。有的学者又加以引申，认为物质与意识的关系实质是人与自然、人类社会与自然界的关系，也就是中国哲学所说的天人之际。并认为这才是对人有意义的，

① 《毛泽东选集》第3卷，人民出版社1991年版，第815—816页。

符合马克思实践观点的。研究不以人的意识为转移的客观自在的世界是没有意义的。人类社会与自然界的关系问题无疑是哲学的根本问题，当然包括在哲学的对象之内，与传统的哲学对象的规定是相容的，不是互相排斥的。至于恩格斯所说的哲学基本问题，其具体含义是不全面的。他只是从近代哲学中唯物主义和唯心主义的相互对立与影响概括出区分唯物主义与唯心主义的两个标准并称为哲学基本问题，如果要全面概括天人关系或人类社会与自然界的关系，至少有四重关系：第一是产出关系，自然界是原物，人类社会是产物，也是整体与部分的关系，自然界是整体，人类社会是其组成部分，二者的区分是相对的；第二是实践关系，人类社会是改造主体，自然界是被改造的客体；第三是认识关系，人类社会是认识主体，自然界是被认识的客体；第四是评价关系，人类社会是评价主体，自然界是被评价的客体。这个自然界实际包括人类社会在内，但加以区别，可以引申出它与人类社会的这四重关系。由于近代哲学没有在实践和评价上展现出唯物主义与唯心主义的对立，恩格斯谈哲学基本问题时，只谈了产出与认识两个方面。因此，把恩格斯提出的哲学基本问题看做哲学研究的对象，认为哲学只以思维和存在的"关系"、物质和意识的"关系"作为对象，而不以存在、物质为对象，显然是不对的，这既不符合恩格斯的思想，也不符合哲学学科的实际情况。实际上哲学基本问题的两个方面都蕴涵了本体论的意义，无论产出关系还是认识关系都逻辑地设定了物质、存在的先在性和客观性前提，即第一性前提或本原性前提，有的人把第一方面称做本体论方面不是没有道理的。

　　第四种观点是以实践作为哲学研究的对象。这种观点在马克思的哲学思想研究者中甚为流行。他们认为马克思把哲学的对象从认识转换成实践，实践观点是马克思主义哲学，特别是马克思的哲学的首要的基本观点，他把哲学建立在实践的基础上，这标志近代哲学向现代哲学的转移。在他们看来，马克思以前直观唯物主义所说的世界是离开人的实践的世界，是与人的实践无关的世界，而马克思的唯物主义是实践唯物主义，是关于实践的唯物主义，正如马克思所说，我们应该把对象、现实、感性"当作感性的人的活动，当作实践去理解"，[①] 实践"正是整个现存的感性世界的基础"。[②]因此，

---

　　①②　《马克思恩格斯选集》第 1 卷，人民出版社 1995 年版，第 54、77 页。

那种仍然把不以人的意识为转移的客观物质世界作为哲学对象的观点是过时的陈旧的观点，现代的哲学应该以实践视域中的世界为对象，以依存于实践的世界为对象，或者简单地说，以实践为对象，哲学就是实践论，或曰实践本体论、实践一元论。这种观点把哲学的基础与世界的基础混为一谈了。实践是认识的基础，不仅是哲学的基础，而且是一切知识、一切学科的基础。至于世界的基础，有多种层次，最根本的基础任何时候都是物质，这是一切唯物主义的共同观点，马克思的唯物主义不会例外。马克思所说"整个现存的感性世界的基础"，从上下文看谈的是人类的实践活动对地球面貌的改变，并不是说地球的存在依赖于实践，更不是说整个宇宙的存在依赖于实践。实践是物质长期发展的产物，物质先于实践，其存在不以实践为转移，相反，实践依存于物质，始终是物质的一部分。实践观点可以说是历史观、实践论、认识论的首要的基本的观点，而哲学的首要的基本的观点只能是物质观点，即承认物质世界的客观存在的唯物主义观点。马克思在哲学史上第一次提出实践是检验认识的唯一标准的观点，引起了哲学上的革命，使历史观成为科学，使哲学（世界观）有可能成为科学，但他没有全盘否定旧唯物主义，唯物主义世界观仍然是其全部哲学思想的基础。如果把实践的地位夸大成超越一切，以至超越物质，成为实践本体论或实践一元论，它就不再是唯物主义，而是实践主义即唯心主义了。

第五种观点是只以人类社会作为哲学研究的对象。这种观点与第四种观点是一致的，这种观点从实践出发把哲学研究的对象限于实践所及的范围之内，即人类社会，包括人类社会赖以生存的自然环境，至于实践范围以外的广大世界不是哲学的对象，或者说，根本是人类不能认识和言说的，对人是没有意义的。因此，马克思只有历史观，即唯物史观，没有世界观，马克思的哲学就是唯物史观。有的学者可能感到排斥世界观，难于自圆其说，于是把历史观加以无限扩大，认为历史观就是世界观，历史是整个宇宙的历史，从而把人类社会扩大为整个世界，整个宇宙。这种观点认为马克思只有历史观。这其实是马克思主义形成时的情况，那时马克思主义哲学的系统理论只是历史观，虽然马克思和恩格斯仍有许多世界观的观点。马克思主义世界观的系统理论，即辩证唯物主义，在19世纪70年代由恩格斯奠定了基础。但当时仍有人认为马克思主义哲学只是唯物史观，并有人企图以其他非马克思主义世界观如新康德主义、马赫主义来填补这个"空白",后来经过狄慈根、普列汉诺夫,特别是列宁和苏联哲学家的努力,才使辩证唯物主义以世界观为核心,以自然观、历史观、认识论、方法论为部门哲学形成一个完整的哲学理论,这就是辩证唯物主义和历史唯物主义的哲学体系。把哲学限于历史观显然是过于狭窄了。至于把历史观扩展为世界观的观点,如果只是把历史延伸到人类社会之外,包括社会史之前的自然史,当然是可以的,那就是世界的运动和发展,这无疑是世界观的对象;但有的学者并非如此,而是使人类社会无限膨胀,使之包容了自然界,使自然界成为人类社会的一部分,而不是相反,这就与正常人的常识和科学背离了。

第六种观点是把人看做哲学的对象,认为哲学就是人学。

第七种观点是把人的主体性作为哲学的对象。这两种观点大同小异,其理由与前一种观点类似,因为归根到底,人类社会是由人构成的,研究社会历史当然离不开研究人。即使哲学要研究世界,这个世界也是人的世界,即属人世界、人化自然,而不是离开人的实践、不以人的意识为转移的自在的世界,归根结底,哲学研究的是人或人的主体性。这两种观点的问题与前一种观点相似,过分夸大人的地位和作用。所谓属人世界、人化自然只是客观世界的一个微不足道的部分,以它来代替整个客观世界是不可能的。哲学作为世界观不能与人学混为一谈,这对于哲学的学科建设和人学的学科建设都是不利的。哲学与人学各有自己的特殊的对象,在学科体系中各有自己的确定的位置,合则两伤,分则两全。

这七种观点有以下几种共同点:

第一,除第三种观点对世界观有所肯定(哲学基本问题第一方面实际是世界观或本体论问题)而外,所有观点都是针对世界观,反对哲学研究客观世界,特别是否定唯物主义世界观。

第二,这些观点所说的哲学对象不外是人或人的某一方面,分开来说,有人、人所构成的社会、人的实践、人的认识、人的思维、人的主体性、人的关系等等。

第三,这些观点有时也不反对世界观,但其世界是人的世界,说得更确切点,是依存于人的世界,即所谓属人世界或人化世界,而不是唯物主义所说不以人的意识为转移的客观物质世界。

　　第四，这些观点的最主要根据是时代的转变，有的人把转变划在古代与近代之间，更多的人把转变划在近代与现代之间，这种观点认为近代与现代可从经济、政治、文化多方面加以区别，而从科学史来讲，近代的标志是经典力学，现代的标志是相对论和量子力学；从哲学史来讲，近代的标志是本体论思维方式，现代的标志是认识论、人学或实践论、人本主义思维方式。按照这个标准，费尔巴哈哲学及其以前的欧洲哲学属于近代哲学，其中包括唯物主义和唯心主义，马克思的哲学及其以后的欧美哲学则属于现代哲学。20 世纪的苏联"教科书哲学"和中国"教科书哲学"，在这些观点看来亦属于近代哲学，因为它们坚持唯物主义，坚持以世界整体及其规律作为哲学的对象，其中本体论思维方式占主导地位。至于恩格斯和列宁的哲学归属似乎不太明确，但如果以上述标准来衡量，似乎也应划归近代哲学，因为他们的唯物主义世界观的思想是十分鲜明的，苏联教科书的许多观点都是从恩格斯和列宁那里引来的。

　　这样，关于哲学对象问题的观点基本上可以归结为两种，一种是传统的观点，认为哲学对象是作为整体的客观世界及其普遍规律，这个对象最初在哲学家们的思想中是不很明确的，但随着哲学和整个科学的发展，就越来越明确了，它就是世界观或理论化系统化的世界观。这就是严格意义的哲学，是一切哲学流派中共同的东西。除此以外，哲学还指对这个世界的某些局部的整体研究、宏观研究或综合研究，这就是部门哲学或分支哲学，如自然哲学、社会哲学、精神哲学、人的哲学、实践论、认识论、价值论、经济哲学、政治哲学、文化哲学、科技哲学……不胜枚举，这些局部及其普遍规律就是各式各样的哲学对象，这就是广义的哲学。这种哲学与相应的具体科学，如经济哲学与经济学之间没有明显的界限，并包含于该具体科学之中，是该具体科学的概论或导论。因此，哲学就是一个以世界观为核心的不同层次和不同领域的哲学群，其中只有最高层次和最大领域的世界观能代表这个哲学群，它就是大写字母的哲学，或曰哲学本身，过去哲学界称为本体论、形而上学。另一种是当代中国哲学界颇为流行的观点，即认为哲学的对象不是作为整体的世界，而是人或社会或人与社会的某一方面，上面提到的七种观点除第三种观点以外都属于这种观点。现在的问题是：肯定世界观与否定世界观这两种观点中，究竟哪一种观点更合理，哪一种观点符合历史上和今天哲学的实际情况?

否定世界观的观点很难成立。哲学史上,人们对哲学学科的对象的认识是一个过程,一个从不太明确到比较明确的过程。最初哲学等于学问、智慧,其对象就是万事万物,哲学家等于学问家、思想家。由于各门实证科学从哲学中分化出来,哲学逐渐成为研究整体、研究根本、研究一般之学,其中世界观逐渐凸现出来。即使是科学分化的结果,使哲学原来的地盘被分割殆尽,仍然有一个层次分不出去,那就是最大最高最深的层次,即哲学的对象。如果这个对象变了,这门学科就不再是这门学科了。很难想象,一门学科的对象明确起来以后会有根本性的改变,例如生物学发展使生物学不再研究生物,社会学的发展使社会学不再研究社会,世界观(哲学)的发展使世界观不再研究世界。哲学史上哲学对象并没有改变,哲学的发展实际上是研究重点的转移或者说是新的部门哲学学科的出现与发展。无论是从古代到近代的哲学,还是从近代到现代的哲学,都没有发生过哲学对象的转换。

认识论在近代哲学中确实是研究的重点。英国哲学自培根开始就重点研究了感性经验、实验、认识过程和认识方法,后来的休谟、贝克莱等哲学家也对认识提出了许多重要问题和观点。他们对认识论的形成作出了重要贡献。但英国哲学中的世界观观点也是十分丰富和重要的。英国是近代西方唯物主义世界观的发源地,牛顿的世界观统治了西方近代哲学几百年。明确否定世界观的重要哲学家只有休谟一人,他的不可知论认为经验以外是否存在一个客观世界是无法肯定也是无法否定的,但这也就是他的世界观,而且他对现实世界是什么也是有所论说的。

欧洲近代大陆哲学中没有一个重要的哲学家否定世界观。康德被认为是对近代认识论有重大贡献的哲学家,他的三大"批判"系统考察了人的理性活动,但他毫无以人的理性论来取代世界观的意图,相反,他的"理性批判"正是为把"形而上学"建设成为科学,是他要建立的"未来形而上学的导言"。他的不可知论完全肯定"自在之物"的客观存在,只是认为它不能像现象世界那样为我们所认识罢了。后来黑格尔构建的唯心主义哲学体系正是对康德的未来形而上学的一种实现,当然是按照黑格尔的方式加以实现。除德国的唯心主义以外,笛卡尔的二元论、法国和费尔巴哈的唯物主义都是谈的世界观。前面提到的"哲学基本问题"第一个方面是本体论方面,第二个方面是认识论方面，这是恩格斯对欧洲近代哲学的总结，这个总结是符合欧洲近代哲学的历史的，黑格尔对欧洲近代哲学也有此看法，怎么能说欧洲近代哲学以认识论取代了本体论呢？

不但在近代哲学中认识论未能取代世界观，在现代欧美哲学中实践论、主体论或经验论也未能取代世界观。关于现代哲学，我们分为两部分来谈，首先谈一下马克思主义哲学。

马克思主义哲学是由马克思主义创始人马克思和恩格斯构建的新型哲学，哲学家的哲学是学院哲学，马克思主义哲学是实践哲学，更确切点说是革命哲学。它批判了学院哲学，但并未完全抛弃学院哲学，而是在继承学院哲学合理成分的基础上创立实践哲学，具体讲，是在继承德国传统哲学的辩证法因素和欧洲（英国的、法国的和德国的）唯物主义传统的基础上创立其实践哲学，即唯物史观的。换句话说，他们是先有了辩证法和唯物主义世界观，后有实践的唯物史观，但当他们创立实践的唯物史观思想体系时，只有辩证唯物主义世界观的某些观点，并没有辩证唯物主义世界观的思想体系，从这里，我们只能说实践哲学是他们当时关注的重点，不能说他们想用，更不能说他们已经用实践论或唯物史观取代了世界观。这个空白，前面已谈到，后来是由恩格斯、狄慈根、普列汉诺夫、列宁和苏联哲学家们补上的。他们构建的辩证唯物主义和历史唯物主义是革命的世界观，其中包括了实践论、认识论、唯物史观等组成部分，虽然有这样那样的问题，仍不失为一个科学的哲学体系，马克思主义哲学的萌芽、诞生和发展的过程是一个不断完善的前进的过程，而绝不是一个倒退的过程。

现代西方专业哲学家的哲学，即学院哲学，一百多年来，倒是出现了一股否定世界观，特别是否定唯物主义世界观的思潮，并在学院哲学中占据了优势，即"拒斥形而上学"的思潮。现在的问题是：这种思潮的出现是历史的进步还是历史的倒退？"形而上学"是否被拒斥了？世界观是否被消解了？唯物主义是否被打倒了？

"拒斥形而上学"的口号是逻辑实证主义提出来的，它继承了休谟主义和实证主义的怀疑主义传统，以现代实证科学的实证原则和形而上学的思想混乱为依据，反映了现代社会生活和社会关系的多样化和复杂化。从消极方面讲是拒斥形而上学，从积极方面讲是使哲学扩展到人与人类社会的各个领域、各个层次，特别是人的精神领域，出现了各式各样哲学的流派，形成了丰富多彩、百花齐放的哲学世界：实证主义的经验哲学、唯意志主义的意志哲学、非理性主义的生命哲学、实用主义的实践哲学、逻辑实证主义的语言哲学、存在主义的人学、人本主义的哲学人类学、弗洛伊德主义的意识哲学、哲学解释学、科学哲学、宗教哲学、后现代主义的社会哲学以及其他哲学，它们实际都是一些部门哲学，学派林立，日新月异。不管用什么观点来研究，多种多样部门哲学的研究总比单单研究基础哲学（世界观）更能真实地反映社会生活的发展，就此而言，现代西方哲学的现状应该说是历史的进步而不是倒退。但是"拒斥形而上学"仍然是不对的，是因噎废食，我们不能因为形而上的研究陷于简单化、抽象化而加以全盘否定，世界观的研究还是十分必要的。基础研究与部门研究是互补的，事实上现代西方哲学研究中，世界观问题的研究并未停止，也不能停止。且不说在马克思主义中，唯物主义世界观中的许多问题如辩证法问题的研究从未中断，就是上面提到的那些哲学流派，除了少数明确否定形而上学（本体论、世界观）以外，多数仍然认为自己研究的是本体论，当然不一定是唯物主义本体论。事实上，任何部门研究，只要抱严肃认真的态度，也都具有本体论的意义，因为任何部门都是整体（本体）的一部分，否定本体论就会否定自己。即使逻辑实证主义对现实世界也不能不承认其真实存在，否则自己的研究对象也会成为虚幻的东西了。

特别应该指出的是 20 世纪初科学革命以来，一大批科学家更加自觉地加入了世界观、本体论研究的行列，尽管他们没有举起辩证唯物主义的旗帜，实质上是丰富和发展了辩证唯物主义世界观。放射现象和放射性元素的发现、物质微观结构理论的提出、相对论的出现和量子力学的出现把物质观、时空观、天人观（钱学森院士提出的术语，即人与自然关系的理论），也就是把唯物主义世界观推上了一个新的台阶。毋庸讳言，对于量子力学中的测不准原理至今有着截然不同的解释，一种观点认为它说明微观世界的状况离不开主体，一种观点认为它表明微观粒子的不确定性，但两种观点都不否认测不准原理的客观性和普遍性，都不认为测不准现象的出现是由主体随意造成的。测不准现象只说明人类对主客体关系认识的深入，不会消解唯物主义世界观。后来出现的系统科学实质上是对辩证法的普遍联系原则的具体化和深化，更晚出现的自组织理论、协同学、混沌理论等复杂性、交叉性学科所处理的问题实际上都是一些世界观问题,具有世界观高度的普遍性,这些学科又可以说是唯物辩证法的丰富和发展。再加上宇宙大爆炸理论、分子生物学、信息网络的出现使人们对现实世界的图像的理解焕然一新,但所有这些都丝毫没有动摇唯物主义世界观的真实性和生命力。事实上任何一门科学都具有本体论或世界观的意义,因为本体论研究的是现实世界的整体,而每一门科学研究的是现实世界的某一领域或某一侧面,二者是相辅相成的,没有本体论则各门科学将失去其依托;没有各门科学,整体研究则会陷于抽象与空洞。

无论从西方哲学来看,还是从中国哲学来看,哲学学科都形成了这样的格局:哲学是一个学科群,一个以世界观或本体论为核心的不同层次、不同领域和不同方面的部门哲学群,其数量难以一般地确定。一个科学的哲学体系应该包括哪些部门哲学,应根据需要和各种哲学之间的关系来确定,但世界观、本体论是不可缺乏的。这就是说,哲学以作为整体的世界作为自己的主要研究对象无论如何是不能否定的。

二、对哲学基本组成部分的合理规定

哲学作为世界观以世界或宇宙的整体作为它的对象,世界观当然要提供一个对这个整体的认识。整体认识就是要认识这个整体由哪些部分构成和这些部分怎样构成这个整体。所以首要的问题是把这个整体的各个部分区分开来,然后才谈得上再把这些部分整合起来。如果仅仅从空间上凭直观把宇宙区分为各个组成部分,那么,这虽然是容易的,也是必要的,但是远远不够的,这不能满足人们研究世界观的需要。哲学家毕竟是从人类的需要出发来研究宇宙的,因而更加关注从人的角度来区分宇宙的组成部分,这就不很容易了,而且由于主体性的作用,问题就更复杂了。自有哲学思维以来,宇宙最早被区分为天与人,即自然界与人类社会,这显然就带有人的主体需要,这种区分是从人的角度出发的。这种区分不是把宇宙简单地一分为二,人类社会与自然界并不是互相脱离、完全并列的。人类社会附着于自然界之上,即附着于地球之上,是地球上的一种特殊现象或特殊存在,人们根据这种特殊性在理论上把它从自然界中区分出来。由于认识的进步,人们发现了一个新的领域,那就是存在于人的大脑中的精神活动,它逐渐形成了人类社会的精神世界。精神世界同样不是与人类社会互相脱离、完全并列的，它附着于人类社会之上，是一种特殊的社会现象或社会存在，人们根据这种特殊性在理论上把它从人类社会中区分出来。于是在近代形成了世界三分的格局：自然界、人类社会和精神，这一格局几乎为一切哲学流派所承认，不过唯物主义认为精神的存在离不开自然界和人类社会，唯心主义认为自然界和人类社会离不开精神。我们必须分别对这三部分一一加以说明，然后把这三部分整合起来，并找到贯穿于三部分中共同的东西，即共性和一般规律，只有这样，我们才能获得对世界整合的完整认识。当然，这三个组成部分也可以被看做世界的三个方面。

如果说，把世界区分为三个组成部分是多数哲学家认同的，那么每个组成部分又如何分为低一个层次的组成部分才算完整，就难以达成共识了。事实上，古今的哲学家们很少这样考虑问题。前面我们提到的现代哲学家们各自创立的自己的各式各样哲学大多是把世界的某一方面或部分夸大为哲学的唯一对象或主要对象，以部分充当整体。这些哲学实际上是一些部门哲学或分支哲学，而在一个统一的哲学体系内则是这个体系的若干组成部分。可以说，目前世界哲学的发展已达到一定的高度，使开展以哲学对象为根据来合理规定哲学的组成部分的研究以构成完整的哲学体系成为可能和必要。

三、对哲学客观内容的具体制定

哲学是一种思想体系，其内容不外是一系列基本哲学概念或哲学范畴，表述这些概念之间联系的判断、观点或原理，论证这些原理的理论或学说。这些范畴、原理、理论无疑是由历代的哲学家们制定的，但不是凭空制定的，而是对哲学对象一定程度的正确的或者歪曲的反映。作为科学的哲学，哲学家们当然都力求其哲学内容是与其对象尽可能地一致的，甚至那些否定哲学的科学家们也力图证明他们所讲的是正确的，是千真万确的真理，否则他们就会缄口不言，搁笔不写了。

因此，哲学内容的具体制定关键在于保证其真实性、客观性，即科学性。为此，必须解决两个问题：

第一，保证概念和原理的可靠来源。哲学概念和原理有几个来源，个人的创造、日常语言、各种知识、各种科学，以及人类文化的其他组成部分，事实上一个哲学范畴和原理的出现往往是这几个因素共同作用的结果，是几代人不断探索的成果。人类文化的各个组成部分中原来包括着丰富的哲学内容，要把它们提炼出来，就必须加以分析、鉴别、挑选、打磨、加工、升华，其中当然包含了创造，可以说，绝大多数哲学概念和原理都是如此制定出来的。各个概念和原理中包含的创造性有程度的不同，但只要是有着客观的依据，在一定程度上正确地反映了客观事物的本质和规律，就是可靠的，就是有利于正确地认识世界和成功地改造世界的。有的创造全凭主观的想象，完全脱离现实世界，或者颠倒地，或者歪曲地反映现实世界，这种"创造"如果加以合理地限制也可以发挥一定的启迪人的创造力的积极作用，但如果把这种创造看成真实的东西，那就会导致理论上的谬误与实践上的失败。哲学史上曾经出现过的理念世界、绝对精神、万能的神、超自然的力量、超人都是这种创造的产物。我们在制定哲学的概念和原理的时候，既然是人在制定，无疑应该充分发挥人的主观能动作用，特别是人的创造能力，但同时必须确实保证其可靠来源。

第二，严格论证哲学原理和理论的真理性。数学被认为是科学的典范，因为它具有最严密的论证过程，从而获得了最广泛的认可与尊崇。这种情况导致哲学界的一种误解，一切哲学原理都应像数学原理那样经过逻辑的严密论证来建立。近代欧洲大陆理性派作过这样的努力，但均以失败告终，因为经过如此论证的原理并未得到广泛的认可。尽管如此，今天仍有这种观念，哲学是反思的、思辨的，不是实证的，无须事实根据。其实，不仅哲学不是纯粹思辨的，逻辑学、数学也不是纯粹思辨的。逻辑学原理、数学原理诚然都要经过严密的推理才能成立，但作为推理出发点的前提如公理、定义、推理的公式都是来自人类千万年来的社会实践，都是以大量确实可靠的事实为根据，否则这些原理就不可能得到人们的广泛的认同。

马克思主义哲学彻底抛弃了思辨哲学的做法，主张以社会实践为检验哲学原理的最后依据，诉诸确实可靠的事实材料，但不是简单罗列观察和实践所得的事实材料，而是通过深入的分析，借以证明某一哲学原理的真理性。这种方法不是单纯的实证方法，也不是单纯的思辨方法，而是二者相统一的方法。哲学原理的普遍性是无限的，这是争论的焦点。实证主义认为这种证明方法只能证明这一原理在实践的范围内是真实的，但实践总是有限的，只是人的实践，只是某人某时某地的实践，不能肯定他人他时他地的实践，而哲学原理的普遍性需要无数次实践的肯定结果才能成立，这是人类做不到的，因此这种证明方法难以证明普遍的哲学原理。

显然，这种诘难不是没有道理的。哲学原理由于不是像逻辑学那样只涉及思维领域，也不是像数学那样只涉及数量关系，因而不能只凭推理即可证明其真伪；哲学原理又不是像实证科学的多数结论那样可以通过实践或实验来检验其真伪，这使哲学原理处于两难之中，成为一个难题。但是，如果可以像对待一般科学那样来对待哲学，这个难题还是可以解决的。

人所共知，无限普适性不仅是哲学原理的特征，也是许多实证科学原理的特征，例如物理学、化学的原理都是根据地球上已有的实践加以肯定的，没有地球以外或今日以后的实践作为根据，那么它们的无限的普适性来自哪里呢？就是来自实践对于有限的实践所具有的无限的普适性，恩格斯的一段话可能是一个合理的解释。他在说明实践检验枪炮射击中因果性的无限普适性时说："如果我们把引信、炸药和弹丸放进枪膛里面，然后发射，那么我们可以期待事先从经验已经知道的效果，因为我们能够在所有的细节上探究包括发火、燃烧、由于突然变为气体而发生的爆炸，以及气体对弹丸的压挤在内的全部过程……确实有时候并不发生同样的情形，引信或火药失效，枪筒破裂等等。但是这正好证明了因果性，而不是推翻了因果性，因为我们对这样偏离常规的每一件事情加以适当的研究之后，都可以找出它的原因，如引信发生化学分解，火药受潮等等，枪筒损坏等等，因此在这里可以说是对因果性作了双重验证。"[①] 这就是说，因果性的无限的普适性不是靠无限多实践的效果验证的，而是靠实践以及对实践的分析来验证，也就是说实践的验证不是单纯的实践效果的验证，而是由实践结合全部人类已有的科学知识来验证的。如果如此的验证仍然被认为是不可靠的，那么整个人类的科学知识也就不可靠了。

四、对哲学范畴和原理的科学体系的构建

哲学体系当然是一个思想体系，但作为一个科学的思想体系，它的各种

---

① 《马克思恩格斯选集》第 4 卷，人民出版社 1995 年版，第 329 页。

思想必须按一定的科学原则联系起来。那么，这个科学原则是什么呢？为什么它是科学的呢？前面谈到一般学科的科学体系的构建时我们曾经指出过这个原则就是从抽象到具体、从简单到复杂的原则，由这个原则构建起来的思想体系才能正确地反映客观世界的各种层次的系统或体系。这个原则在一般学科体系中是体现了的，但多半是自发体现的，自觉地提出并按照这个原则来构建自己的体系的是黑格尔，虽然他的唯心主义观点使他未能构建起真正科学的哲学体系，反而把自己的哲学变成了思辨哲学。马克思和恩格斯在唯物主义基础上改造了这个原则，科学地表述了这个原则，并运用它来构建自己的各种科学体系，马克思的《资本论》的体系就是一个卓越的典范。列宁在《哲学笔记》中把这个原则称做逻辑与历史一致的原则，又称唯物主义逻辑学、辩证法和认识论的同一的原则，并根据这个原则提出了一些关于马克思主义哲学的科学体系的设想，可惜后来的苏联的哲学家们尽管也构建了一个基本上科学的哲学体系，却未能在这个体系中彻底贯彻这个原则。这里我们先简略叙述一下这个历史过程，然后对这个原则的内容作进一步的分析和介绍。

1. 黑格尔关于体系的思想

黑格尔可以说是西方哲学史上具有自觉的体系思想并提出了最完整严密的哲学体系的哲学家，尽管他的体系从整体上说是不科学的。他在《小逻辑》导言中说："哲学若没有体系就不能成为科学。没有体系的哲学理论，只能表示个人主观的特殊心情，它的内容必定是带偶然性的。哲学的内容，只有作为全体中的有机环节，才能得到正确的证明，否则便只能是无根据的假设或个人主观的确信而已。"① 诚然，体系只是哲学成为科学的必要条件，不是充分条件，同时不成体系的哲学可能有个人主观的看法，但未必没有科学的正确的观点，但是他强调体系的重要性仍然是很有意义的，不仅如此，他还提出了构建科学体系的基本原则，并努力加以贯彻，虽然他的努力不很成功。他构建体系的基本原则是很著名的，那就是正反合的三段式，而且他创造了一个哲学史上绝无仅有的从"有"开始终于"绝对精神"的大大小小由正反合"圆圈"构成的庞大体系，他的《哲学全书》就是对这个体系

---

① 黑格尔：《小逻辑》，商务印书馆1985年版，第56页。

的全部内容的叙述。他的体系呈现一个圆圈接着另一个圆圈，大圆圈套小圆圈的整齐划一的图景。按照他的说明，这些圆圈都不是封闭的，而是螺旋式上升的，因而才能形成一串圆圈，甚至最初的范畴"有"与最后的范畴"绝对精神"也不是封闭的，"绝对精神"不过是充分展现了的"有"，"有"不过是还未展开的"绝对精神"。但是，这个如此整齐划一、似乎完整严密的体系只是形式上的，尽管其中包含十分丰富的辩证法思想，而牵强附会、自相矛盾的地方也不少，其内容从总体上说是不科学的，然而黑格尔构建体系的基本原则正反合三段式中包含的合理思想十分宝贵，马克思、恩格斯、列宁均予以肯定，今天对于构建科学的哲学体系仍然具有重要意义。那么，其中的合理思想是什么呢？概括一下，大致有以下几点：

第一，哲学范畴和原理不是纯思维形式，而是有实际内容的思维形式。黑格尔虽然坚持大陆理性主义哲学传统，认为哲学原理应该像数学定理那样由逻辑推演来证明，但又明确反对把哲学范畴和原理看成与现实世界无关的纯粹思维形式，坚持认为它们是有实际内容的，这实际是承认哲学是世界观，是关于现实世界的观点。他的这种说法是针对他的《逻辑学》的范畴和原理，如有与无、质与量、本质与现象等等，它们既然是有现实内容的，它们就必须有现实的根据而不能仅仅靠逻辑推演来证明，这样黑格尔就给哲学开辟了一条通向科学从而通向现实世界的通路，给思辨哲学的樊篱打开了一个大大的缺口。

第二，哲学体系形式上是一个演绎过程，实质上是对科学和科学史、认识和认识史的总结和概括。黑格尔的体系呈现出一个正反合圆圈环环相扣的推演过程，实际上每个范畴和原理都有大量科学事实作为根据。黑格尔在《逻辑学》的各节正文内都是抽象地论证，绝不涉及事实材料，而把事实材料放在附释内。因此费尔巴哈曾嘲笑他把事实材料都"放逐"到附释中去了。而且大家知道，黑格尔的《逻辑学》的第三编概念论中许多内容都直接涉及外部世界，如机械性、化学性、生命等，至于他的《自然哲学》、《精神哲学》就更不用说了，讨论的大多是自然界和人类社会的问题。他的《哲学百科全书》不是一般百科全书，即由多种基本学科构成的学科总汇，而是"百科全书哲学"，即百科的总结和概括。

第三，哲学体系的展开应该与历史一致，历史包括客观的历史和认识的历史。黑格尔是一个绝对唯心主义者，绝对观念决定一切，归根到底是历史与思维一致，但按其体系的内容与具体论述过程来说，他的绝对唯心主义实际上表达了客观世界及其发展规律的最后决定作用，蕴涵了列宁后来讲的逻辑与历史一致的思想。这一思想是辩证唯物主义的精髓，最早蕴涵在黑格尔哲学之中，后来为马克思与恩格斯所继承与发扬，列宁把它明确地表达出来。我们可以先看一下黑格尔的《哲学百科全书》的体系。这个体系的第一部分是《逻辑学》，如果以逻辑与历史一致的原则来要求，就认识史说，它是可取的，但就客观历史说，其中大部分哲学范畴都属于抽象思维，很难说有时间上的先后。第二部分才是《自然哲学》，这意味着自然界来自抽象思维，或来自某种抽象的普遍的东西，这当然是很荒谬的，但就局部而言，它倒是大致反映了当时自然科学所达到的对宇宙发展的认识水平，如他提出的从机械性、化学性、生命，到精神的顺序，但其中看不出社会的发展。黑格尔的《精神哲学》主要研究人的精神，只在个别地方谈到社会，而且把社会问题也归结为只是人（个人）的问题，这也反映了当时处于萌芽状态的社会科学的水平。黑格尔关于逻辑与认识史一致的思想是很明确的，他的《逻辑学》中哲学概念的排列多次引起列宁的关注，他在《哲学史讲演录》中明确谈到这一思想。他说："历史上的那些哲学系统的次序，与理念里的那些概念规定的逻辑推演的次序是相同的。"① 在他看来，每一个哲学体系都是一个哲学范畴，如巴门尼德的体系是"有"，赫拉克里特的体系是"变化"等等。这些哲学范畴在现实世界中，即在时间的推移中当然说不上先后，但人类对它们的认识是有先后的。还有一点也应该指出，这种一致不可能丝丝入扣，只是大体一致，因为历史中存在大量偶然性。

第四，逻辑与历史一致的原则表现为从简单到复杂，从抽象到具体。逻辑指的是一个思想体系中的基本范畴、原理的逻辑顺序，即思维逻辑。作为一种思维联系，它应该与客观历史和认识史一致，而不是相反，历史与逻辑一致。黑格尔作为绝对唯心主义者是主张历史与客观逻辑一致的，虽然其中包含了主观思维与客观规律一致的合理思想。黑格尔的哲学体系的逻辑推演表现为简单、抽象的范畴、原理向较为复杂、具体的范畴、原理过渡的过

---

① 黑格尔：《哲学史讲演录》第 1 卷，商务印书馆 1960 年版，第 34 页。

程，他认为最初的范畴、原理是最简单最抽象的，最后的范畴、原理是最复杂最具体的。有是最简单最抽象的范畴，绝对精神是最复杂最具体的范畴。有是毫无内容的、最空洞的，绝对精神是无所不包的、最丰富的。

第五，推动范畴、原理不断向更复杂更具体范畴、原理前进的动力是范畴、原理的内在矛盾关系。黑格尔自认为他的体系的展开是一个逻辑的演绎过程，但他又认为这个过程不同于一般形式逻辑的推论，而是辩证逻辑的推演，即按照对立面的统一的公式不断前进，呈现出正题$_1$→反题$_1$→合题$_1$，合题$_1$就是正题$_2$，于是出现第二次正反合，如此前进，以至无穷。这就是黑格尔的否定之否定，或称三分法、三一体、三阶段论。显然，三分法包含了矛盾运动，这是普遍的，而三阶段并不普遍，黑格尔的体系硬把许多范畴、原理强纳入否定之否定框架中，许多地方牵强附会，例如机械性—化学性—目的性、生命—认识—绝对理念、艺术—宗教—哲学等三段式都是难以自圆其说的。如果予以合理的解释，其中确实蕴涵着科学的东西，那就是矛盾运动。矛盾运动呈现出阶段性、重复性，但不一定只重复一次，只表现为三段，事实上是多次重复，表现为多段。在黑格尔看来，辩证法的核心是否定之否定；在列宁看来，辩证法的核心是对立统一规律。列宁的观点是他唯物主义地改造黑格尔的否定之否定的结果，我们在后面对此将作出进一步的说明。

2. 马克思、恩格斯关于体系的思想

大家知道，人们对外部世界的认识是从具体的事物开始，获得的是感性认识，然后对感性认识进行抽象思维，才能获得理性认识，理性认识是抽象的。为什么黑格尔的哲学体系反而是从抽象到具体呢？对此，马克思作过解释。他认为认识客观世界的过程最初当然是从具体事物开始的，但人们这时获得的认识却是很抽象的，从抽象的认识开始前进才能使之越来越具体。"后一种方法显然是科学上正确的方法。具体之所以具体，因为它是许多规定的综合，因而是多样性的统一。因此，它在思维中表现为综合的过程，表现为结果，而不是表现为起点，虽然它是现实的起点，因而也是直观和表象的起点。在第一条道路上，完整的表象蒸发为抽象的规定；在第二条道路上，抽象的规定在思维行程中导致具体的再现。"① 有的学者认为从抽象到

---

① 《马克思恩格斯选集》第 2 卷，人民出版社 1995 年版，第 18 页。

具体只是表达、叙述的过程，不是研究的过程，这种理解显然是片面的。它诚然是叙述的过程，即构建体系的过程，但体系之所以如此构建，正因为它符合认识的过程，即逻辑与认识史的一致。马克思称为"科学上正确的方法"，显然指的是科学研究的方法，而决不仅仅是构建体系的方法。可见，这个"具体"不是感性的具体，而是理性的具体。从抽象到具体不是从感性认识到知性认识，而是从知性认识到理性认识；不是分析过程而是综合过程，是人类认识愈来愈丰富、愈深入、愈全面、愈系统的过程。马克思不仅是这样理解的，而且是这样做的，他的《资本论》的展开就是这样的，列宁称为"《资本论》的逻辑"。①

　　恩格斯曾被认为反对构建哲学体系，因为他曾批评黑格尔的绝对唯心主义哲学体系；曾讥笑19世纪70年代德国大学生的哲学体系如雨后春笋般涌现；尤其是反对包罗万象的世界观体系，认为这种体系的领地已被各种实证科学分割殆尽，哲学只剩下思维领域作为自己的研究对象了。这种观点是把恩格斯在某些特殊情况下的言论加以夸大的结果。对于科学的哲学体系，他是十分重视的，而且他对马克思主义哲学的世界观体系作出过开创性的贡献。他在读黑格尔《逻辑学》关于判断的论述时说："辩证逻辑和旧的单纯形式的逻辑相反，不像后者那样只满足于把思维运动的各种形式，即各种不同的判断形式和推理形式列举出来并且毫无联系地并列起来。相反地，辩证逻辑由此及彼地推导出这些形式，不把它们并列起来，而使它们互相从属，从低级形式发展出高级形式。"② 诚然，他谈的是黑格尔的《逻辑学》的体系，但从他随后的陈述来看，他是赞成黑格尔理解的判断的各种类型之间的逻辑联系的。黑格尔把判断分为从简单到复杂、从低到高的4种类型，即从实有的判断、反思的判断、必然性的判断到概念的判断，并认为第一类是个别的判断，第二、三类是特殊的判断，第四类是普遍的判断。恩格斯赞赏说："这种分类法的内在真理性和内在必然性是明明白白的。"③他还以人类对热的认识为例说明这四类判断的排列顺序是与人类认识史一致的，显然这是逻辑与历史一致的表现之一。黑格尔主张存在与思维同一，恩格斯加以颠

　　① 《列宁全集》第55卷，人民出版社1990年版，第290页。
　　②③ 《马克思恩格斯选集》第4卷，人民出版社1995年版，第332—333、333页。

倒，主张思维与存在一致，唯物主义地改造了黑格尔的思想。他主张："我们重新唯物地把我们头脑中的概念看作现实事物的反映，而不是把现实事物看作绝对概念的某一阶段的反映。这样，辩证法就归结为关于外部世界和人类思维的运动的一般规律的科学，这两个系列的规律在本质上是同一的，但是在表现上是不同的，这是因为人的头脑可以自觉地应用这些规律，而在自然界中这些规律是不自觉地、以外部必然性的形式、在无穷无尽的表面的偶然性中实现的，而且到现在为止在人类历史上多半也是如此。"① 科学的哲学体系是思维的表现，应该也是客观历史或认识史的体现和反映。恩格斯不仅有这些思想，他实际上对哲学的系统化作出了很多开创性的贡献。他反对黑格尔把客观辩证法归结为主观辩证法，主张主观辩证法（思维规律）是客观辩证法（客观规律）的反映，因此他批判黑格尔的体系，并不一般地否定体系，因为规律必然是系统，系统必然表现为思想体系。他虽然没有提出一个完整的辩证法体系，却提出了辩证法三个"主要规律"的思想，这是构建唯物辩证法体系的核心观点。这三个规律均已包含在黑格尔体系中，马克思也多次提到这三个规律，但都没有形成三个主要规律的思想。恩格斯于 1876—1877 年写作《反杜林论》的哲学篇时萌芽了这一思想，但还未直接明确地提出来，因为其中谈到辩证法时就谈了这三个规律。第十二章标题为《辩证法·量和质》，第十三章标题为《辩证法·否定之否定》，其实第十二章首先谈了矛盾规律，然后再谈量变质变规律，可见他当时已有三个规律的思想，却没有明确提出来。1878 年他在写作自然辩证法的计划中明确提出三个规律的思想，称之为"主要规律"，计划第 3 条说："辩证法是关于普遍联系的科学，主要规律：量和质的转化——两极对立的相互渗透和它们达到极端时的相互转化——由矛盾引起的发展或否定的否定——发展的螺旋形式。"② 1879 年他以《辩证法》为题论证这三个规律，一开头就说，"可见，辩证法的规律是从自然界和人类社会的历史中抽象出来的。辩证法的规律无非是历史发展的这两个阶段和思维本身的最一般的规律。它们实质上可归结为下面三个规律：

量转化为质和质转化为量的规律；

———————————

① ② 《马克思恩格斯选集》第 4 卷，人民出版社 1995 年版，第 243、259 页。

对立的相互渗透的规律；

否定的否定的规律。"①

紧接着他解释这三个规律的历史来源，第一规律是在黑格尔的《逻辑学》的第一部分中，第二规律占据了它的第二部分，第三规律是构筑整个体系的基本规律。他并说明这篇论文的目的是阐明它们的自然科学根据，说明它们对自然研究是有效的，不打算写辩证法的小册子，因而不能深入考察它们之间的内部联系。可惜他只写了第一规律就中断了，没有完成。显然，既然它们是主要规律，一定还有非主要规律，恩格斯留下许多关于因与果、偶然与必然、可能与现实等辩证范畴的论文片断和札记应当就是非主要规律。主要规律与非主要规律当然存在着内部联系，循着恩格斯指引的途径，从人类实践和科学研究的成果中揭示其内部联系而不是像黑格尔那样凭主观臆断把人为的框架强加于这些规律，一个科学的辩证法体系是可以构建起来的。此外，恩格斯还有些思想对于构建科学的哲学体系具有重要的意义，如关于哲学基本问题的理论，关于辩证唯物主义世界观的一些基本论断。后来苏联哲学家们构建辩证唯物主义体系时曾以这些思想作为他们的主要依据。

3. 列宁关于哲学体系的思想

列宁主要是一个马克思主义革命家，然而他特别重视马克思主义哲学的学科建设，这是很值得深思的。

19 世纪下半叶，马克思主义理论界和读书界知道的马克思主义哲学就是唯物主义历史观，马克思主义似乎没有世界观和认识论，尽管马克思和恩格斯经常提到他们的世界观是唯物主义，恩格斯还提出了若干具体的世界观原理。狄慈根和普列汉诺夫开始使用辩证唯物主义来称呼马克思主义的世界观和认识论，但没有得到广泛的认同。于是，一些马克思主义的信奉者纷纷从现代西方哲学那里去寻求马克思主义的世界观和认识论的前提，有的找到康德主义，有的找到黑格尔主义，有的找到经验批判主义。列宁力排众议，明确指出马克思主义的哲学基础只能是辩证唯物主义，并为此专门写了《唯物主义和经验批判主义》。经过这场论战，"辩证唯物主义"世界观和认识论在马克思主义中的地位就基本树立起来了。这是马克思主义哲学体系化

---

① 《马克思恩格斯选集》第 4 卷，人民出版社 1995 年版，第 310 页。

道路上的一大进步，为苏联 20 世纪二三十年代建立的辩证唯物主义和历史唯物主义体系开辟了道路。列宁没有明确地提出辩证唯物主义理论体系，虽然他提出的认识论的三个重要结论以及关于物质、实践等原理对以后辩证唯物主义理论体系的出现有着明显的影响。但是列宁在其《哲学笔记》中却对哲学体系问题作过深入的思考，而且提出了不少独到的见解。

1913 年列宁读到马克思在写给恩格斯的一封信中谈到想系统阐明唯物辩证法时写了一段批语："黑格尔《逻辑学》中合理的东西在于他的方法。[马克思 1858：又把黑格尔的《逻辑学》浏览了一遍，并打算用两三个印张把其中合理的东西阐述一番。]"① 马克思想阐述的应该就是"大写字母的'逻辑'"（列宁语），即哲学体系，但马克思未能实现这一愿望，只构建了"《资本论》的'逻辑'"（列宁语），即政治经济学体系。1914—1916 年列宁阅读哲学著作时就十分关注黑格尔关于哲学体系的思想，并努力以唯物主义来改造黑格尔的合理思想，而且有意无意地提出了一些唯物辩证法，亦即辩证唯物主义的纲要。列宁提出的关于唯物主义逻辑学、认识论和辩证法三者同一的思想集中体现了他关于如何构建哲学体系的基本思想。

对"三者同一"一直有分歧意见。一种观点认为三者同一是三门学科的统一，另一种观点认为是同一门学科的三个方面，指唯物辩证法既是世界观，又是认识论，还是逻辑学。世界观、认识论和逻辑学无疑是统一的，这是非常清楚的，但如此理解离列宁原文太远，而且意义不大，事实上一切学科都是统一的，何止三门？如果理解为一门学科的三个方面不仅符合列宁的表述方式，而且符合列宁的一贯思想。列宁是这样说的："在《资本论》中，唯物主义的逻辑、辩证法和认识论［不必要三个词：它们是同一个东西］都应用于一门科学，这种唯物主义从黑格尔那里吸取了全部有价值的东西并发展了这些有价值的东西。"② "这种唯物主义"只能是辩证唯物主义，作为世界观，它是客观规律的反映；作为认识论，它是认识规律的反映；作为逻辑学，它是思维规律的反映；三者是同一个东西，实际上体现了客观规律、认识规律和思维规律是同一个东西。这就是我们在前面谈到的逻

① 《列宁全集》第 58 卷，人民出版社 1990 年版，第 35—36 页。
② 《列宁全集》第 55 卷，人民出版社 1990 年版，第 290 页。

辑与历史的一致，首先是与客观历史一致，其次是与认识史、科学史一致。① 三者同一的论断是列宁首先提出来的，但这个思想实际上早已包含在黑格尔哲学中，但被唯心主义重重掩盖着，列宁加以深入挖掘、改造，提出了构建哲学体系的若干原理，并以三者同一的论断加以概括。前面我们谈到的黑格尔关于哲学体系的五点合理思想经过列宁加以唯物主义地改造后成了构建辩证唯物主义体系的原则，这里我们再给以简略的叙述：

第一，哲学是世界观，是关于世界整体及其发展规律和对它的认识的发展规律的学说。列宁关于哲学体系的基本思想都包含在他的逻辑学、辩证法和认识论三者同一的思想之中。在《哲学笔记》中列宁只有一次讲到三者同一，但谈到逻辑学是辩证法，辩证法是认识论，认识论是逻辑学之处甚多，还有一处虽没有明确讲"三者同一"，实际上讲的是"三者同一"，这段话是："逻辑不是关于思维的外在形式的学说，而是'关于一切物质的、自然的和精神的事物'的发展规律的学说，即关于世界的全部具体内容的以及对它认识的发展规律的学说，即对世界的认识的历史的总计、总和、结论。"② 说得明白一点，这里讲的是：哲学的逻辑体系是辩证唯物主义世界观，是认识论。这同恩格斯关于辩证法的定义："辩证法不过是关于自然、人类社会和思维的运动和发展的普遍规律的科学"③ 是完全一致的。

第二，哲学是对自然科学和社会科学的总结和概括，其逻辑体系是人类认识史和科学史的最高概括和总结。哲学既然是对世界的一般规律的认识，那么，它来自哪里呢？与唯心主义的观点相反，列宁认为它不能单凭思维的逻辑推理来构建，而只能是人类认识史和科学史的总结和概括。列宁在《哲学笔记》中常常谈到此点。除上面的那段引文而外，在有的地方，列宁还对总结和概括过程作了较具体的解释，例如他说："逻辑学是关于认识的学说。它是认识论。认识是人对自然界的反映。但是，这并不是简单的、直接的、完整的反映，而是一系列的抽象的过程，即概念、规律等等的构成、形成过程，这些概念和规律等等（思维、科学＝'逻辑概念'）有条件地近

---

① 由于篇幅的限制，这里只简单介绍了这第二种观点，没有提出这种观点的论据。读者如果想作进一步理解，请参阅黄枬森：《〈哲学笔记〉与辩证法》，北京出版社 1984 年版，第 27—61 页。

② 《列宁全集》第 55 卷，人民出版社 1990 年版，第 77 页。

③ 《马克思恩格斯选集》第 3 卷，人民出版社 1995 年版，第 484 页。

似地把握永恒运动着和发展着的自然界的普遍规律性。"①

　　第三，对科学史的概括之所以能够得出哲学的逻辑体系，是因为逻辑是与历史一致的。逻辑与历史一致的思想实际是黑格尔提出来的，这在前面已谈到，但明确作出这种表述的是列宁，而且列宁的思想与黑格尔的思想还有一个根本性的差别。他们都承认二者互相一致，但从根本上说，列宁讲的是逻辑与历史一致，而黑格尔讲的是历史与逻辑一致，所以这里有一个以唯物主义来改造黑格尔的唯心主义思想的问题。这里的逻辑指思维规律及其所决定的思想（范畴、原理）顺序，历史指客观规律及其所决定的历史顺序，历史包括自然的历史、人类社会的历史和思想的历史（认识史、科学史）。认为归根到底逻辑与历史一致的是唯物主义，反之，认为归根到底历史与逻辑一致的是唯心主义。逻辑与历史一致实际涉及三个方面：逻辑体系、宇宙史和思想史，三者同一涉及的也就是这三个方面：逻辑学、辩证法和认识论，因此我们应以逻辑与历史一致来理解三者同一。在《哲学笔记》中，列宁特别关注的是逻辑与认识史、科学史一致，而就哲学的逻辑体系而言，他更加关注逻辑与哲学史的一致。这也与黑格尔的思想有关。他的《逻辑学》中的范畴、原理及其逻辑顺序是逻辑顺序，不是历史顺序，但这个顺序的安排参考了它们在哲学史上的顺序，这两个顺序只是基本一致，而不是完全一致，这是因为历史中充满了偶然性，偶然性经常会扰乱范畴、原理的逻辑顺序，使二者之间产生不一致，甚至背离。

　　第四，逻辑与历史一致的原则表现在体系构建上主要是体系从抽象到具体的展开。哲学范畴、原理，按照传统的观点，是抽象的，只有现实事物才是具体的。黑格尔一反这种传统观点，主张概念不仅是抽象的，也是具体的，这不是说概念是现实事物，而是指概念反映了现实事物的丰富属性、关系、规律等等，具有丰富的具体内容。因此，概念从抽象到具体的展开就是从较抽象、较空洞的概念到更具体更丰富的概念的展开，或者是一个概念的内容的不断丰富、不断表露的过程。在他看来，他的《逻辑学》的第一个范畴是最抽象的，最后一个范畴是最具体的。这种具体我们称为理性具体。列宁对黑格尔的"具体概念论"一贯十分赞赏，在《哲学笔记》中多次加

---

　　①　《列宁全集》第55卷，人民出版社1990年版，第152—153页。

以肯定，主张在唯物主义的基础上理解它。那么，怎么在唯物主义基础上理解呢？我们认为一方面这是人类认识规律的反映，同时也是客观世界的发展的反映。不管今天人们对这个宇宙的起源与演变的过程有多大意见分歧，总是承认它是从比较单纯、简单的状态开始愈来愈复杂，这一过程在地球上表现得尤其明显，这个从简单到复杂的过程无人能够否认。无论是一个个体，或是一个门类，都是从萌芽状态开始，随着时间的推移，在与其环境的互相作用下逐渐展开其可能性，愈来愈丰富、愈复杂。人类的认识作为人类社会的一种现象自然不会例外。在具体的认识过程中，人们对某一认识对象的认识最初一定是比较肤浅的、笼统的，即比较简单的抽象的，随着实践和认识的发展，人们的认识才能逐渐深入和扩大，即比较具体、比较复杂。列宁正是根据当时科学提供的现实世界的发展史和人类认识史才高度评价了黑格尔构建哲学体系的从抽象到具体的原则。从抽象到具体的"逻辑"是由从简单到复杂的"历史"决定的，这还可以进一步引申出从静止到运动、从客观的到主观的、从自然界到人类社会等等，因为相对而言，静止、客观的、自然界是比较简单的，运动、主观的、人类社会是比较复杂的。

第五，对立统一规律是哲学体系的核心。所谓"核心"指的是推动哲学体系从抽象到具体的发展过程的根本动力。过去的看法包括黑格尔本人都认为这个核心是否定之否定，恩格斯也如此看，他在谈卢梭和马克思使用过的一系列辩证法用语时举出了"按本性说是对抗的、包含着矛盾的过程，一个极端向它的反面的转化，最后，作为整个过程的核心的否定的否定"。①其中虽然包含了对立统一规律，即矛盾规律，但"三段式"或"三分法"一直为世人所诟病，因为在历史过程中"三阶段"告一段落固然经常出现，但不一定都是三段，也有两段、四段或多段，三段式总是勉强的，它是黑格尔体系出现许多牵强附会的根源。列宁一直对"三段式"有保留，曾指出过马克思和恩格斯曾经肯定过三段式，"不过是科学社会主义由以长成的那个黑格尔主义的遗迹，是黑格尔主义表达方式的遗迹罢了"。② 在《哲学笔

---

① 《马克思恩格斯选集》第 3 卷，人民出版社 1995 年版，第 483 页。
② 《列宁选集》第 1 卷，人民出版社 1995 年版，第 31 页。

记》中他把否定之否定理解并改造为"仿佛是向旧东西的复归（否定之否定）"①，即他所经常谈的"圆圈"或"螺旋式"运动，确切点讲，就是马克思主义辩证法讲的反复中的前进运动、循环中的上升运动，或者反复与前进的统一。至于辩证法的核心，列宁认为是对立统一规律，他说："可以把辩证法简要地规定为对立面的统一的学说。这样就会抓住辩证法的核心。"②按照列宁的这种理解，辩证法体系就应该抛弃三段式的体系，而以对立统一的形式贯彻始终，呈现出各种矛盾规律的从抽象到具体、从简单到复杂的前进运动。

列宁在《哲学笔记》中曾经提出了几个带有系统性的唯物主义辩证法纲要，其中的"辩证法"要素十六条内容最丰富，我认为其前 7 条是一个纲，后 9 条是目，可以分别纳入前 7 条中，一起形成一个唯物主义辩证法体系的雏型。这可以看做是列宁贯彻其体系思想的一次尝试。

1916 年由于俄国国内革命形势日益紧张，列宁的实际政治活动日益繁多，他不得不中断对哲学的专门研究，但他仍然十分关注辩证唯物主义的系统研究。1922 年在被称为他的"哲学遗嘱"的《论战斗唯物主义的意义》中，他仍念念不忘这项工作，他说，自然科学家应该做一个辩证唯物主义者，"为了达到这个目的，《在马克思主义旗帜下》杂志的撰稿人就应该组织从唯物主义观点出发对黑格尔辩证法作系统研究，即研究马克思在他的《资本论》及各种历史和政治著作中实际运用的辩证法"。③后来苏联哲学家在 20 世纪二三十年代构建的辩证唯物主义和历史唯物主义体系在一定程度上实现了列宁的这一遗嘱，但未完全地、更未完满地实现，1938年斯大林体系出现并被视为最权威的体系，列宁提出的"系统研究"就完全停止了。斯大林逝世后，我国重新采用苏联 30 年代体系，并有所改进。改革开放以来，我国展开了对马克思主义哲学体系创新的研究，我们重温黑格尔和马克思主义经典作家关于哲学体系的观点对这一工作是会大有裨益的。

---

① ② 《列宁全集》第 55 卷，人民出版社 1990 年版，第 191、192 页。
③ 《列宁选集》第 4 卷，人民出版社 1995 年版，第 652 页。

第三节　辩证唯物主义和历史唯物主义体系的是非得失

经过长期教学实践和研究，苏联 20 世纪二三十年代形成的辩证唯物主义和历史唯物主义体系是自马克思主义哲学诞生以来终于出现的比较完整严密的科学体系，它出现以后曾获得全世界马克思主义理论界的普遍认同，后来情况虽有较大变化，但至今还没有一个新的体系超过它的影响，尤其值得注意的是今天中国各高等院校的马克思主义哲学课的基本框架仍然是来自这个体系。今天，我们进行的马克思主义哲学学科建设不能绕开它，应该在保留其科学合理的因素而克服其不足之处的基础上继续前进。

一、辩证唯物主义和历史唯物主义体系的出现与变化

马克思主义当然是一个科学体系，它的三个组成部分当然也是三个科学体系，但三个体系的情况不完全一样。作为资本主义政治经济学的《资本论》是一个完整严密的科学体系，它是马克思吸取了黑格尔建立哲学体系的合理思想而精心构造出来的，它的系统性是得到公认的。科学社会主义的理论体系也是比较完整严密的，《共产党宣言》相当充分地表达了它的系统性。至于哲学，专就世界观来说，在马克思和恩格斯那里，却连《共产党宣言》这样的体系也没有。马克思曾经计划写一本系统阐述唯物辩证法的书，但未能实现，只留下了"《资本论》的逻辑"。恩格斯研究自然辩证法显然不想把自己限制在自然界的范围之内，他关于自然辩证法的许多篇章都超出了自然界而涉及整个世界，如他谈到的物质世界的大循环、辩证法的三个主要规律等，但他未能构成完整严密的哲学体系。在后人给他整理出版的《自然辩证法》中，他只提出了一些带有系统性的思想，提出了辩证唯物主义的大量观点，这本书本身仍然是一本由论文、大纲、论文片断、笔记编纂起来的集子。恩格斯的《反杜林论》和《费尔巴哈与德国古典哲学的终结》是两本哲学专著。著作本身当然有其思想体系，但能否说它们是马克思主义哲学的思想体系呢？对这个问题难以简单地回答是或不是。就辩证唯物主义来说，一方面他在这些著作（包括《自然辩证法》）中确实提出了不少带有

系统性的思想，如哲学基本问题、关于物质、运动、时间、空间、世界的物质统一性的原理、辩证法的基本规律和范畴、关于认识的实践基础的理论等等。我国许多学者根据这些事实认为恩格斯对辩证唯物主义的形成作出了重要贡献，这决不过分，但另一方面也应该说，他并没有提出一个完整的辩证唯物主义的科学体系。他甚至没有提出"辩证唯物主义"这一名称，尽管他多次提到过"辩证法"和"唯物主义"的名称，还提到过"唯物主义辩证法"、"辩证的同时又是唯物主义的自然观"的名称。

据考证，最早使用"辩证唯物主义"来称呼马克思主义世界观的是狄慈根（见他于 1886 年出版的《一个社会主义者在认识领域中的漫游》一书），其次是普列汉诺夫（见他于 1891 年发表的《黑格尔逝世六十周年》一文）。后来列宁多次使用这个名称，特别是在《唯物主义和经验批判主义》一书中用得最多，书名中的"唯物主义"实际就是辩证唯物主义的简称。他在《向报告人提出十个问题》的提纲中提的第一个问题就是"报告人是否承认马克思主义哲学是辩证唯物主义？"[1] 并在这十个问题中提到辩证唯物主义的基本内容。但他们都没有提出过表达辩证唯物主义的完整体系的著作或文章，甚至没有提出过由他们有意建构的辩证唯物主义体系的框架，尽管列宁后来在若干笔记中确实提出过一些如何建构辩证唯物主义或唯物主义辩证法（这两个称呼是同义的）的科学体系的思想和若干可以看做体系框架草图的笔记，其中"辩证法要素"十六条是最著名的。

第一篇以"辩证唯物主义"命名的文章和第一本以"辩证唯物主义"命名的著作都是德波林撰写的。《辩证唯物主义》一文是一篇几十页的长文，发表于 1909 年彼得堡出版的论文集《在分界线上》。列宁对此文作过摘录和批注。[2] 从列宁的摘录看，此文主要谈认识论问题。列宁除批评此文在表达上有些"笨拙"、"莫名其妙"、"不清楚"，甚至"胡说"而外，没有批评它的基本观点。德波林同时还写有《辩证唯物主义哲学入门》一书，书与文的内容基本一致，但此书直到 1916 年才公开出版，普列汉诺夫为此书写了一篇长序。[3] 1931 年此书出了第 6 版。看来此书还未达到苏联二三十

---

① 《列宁全集》第 2 卷，人民出版社 1984 年版，第 10 页。
② 《列宁全集》第 55 卷，人民出版社 1990 年版，第 516—522 页。
③ 《普列汉诺夫哲学著作选集》第 3 卷，人民出版社 1974 年版，第 698—726 页。

年代辩证唯物主义的规模。奥古斯特·塔尔海默（August Thalheimer）的
《马克思主义世界观辩证唯物主义导论》，是作者1927年在莫斯科中山大学
对中国学生所作的讲演，共16讲，当年出版。1936年纽约的英文版的内容
为：宗教两讲，哲学史八讲，唯物论一讲，认识论一讲，辩证法两讲，历史
唯物论两讲，辩证法包括三个基本规律，未讲其他范畴。看来此书仍未达到
苏联体系后来的规模。20世纪20年代末至30年代初出了多本"辩证唯物
主义"或"辩证唯物主义与历史唯物主义"，作者有阿克雪里罗德、米丁、
西洛科夫、爱森堡、哈尔科夫、贝霍夫、斯波科内伊、特姆扬斯基、特拉赫
坦贝尔、阿多拉茨基等等，逐渐形成了人们所熟悉的框架：唯物论（哲学
基本问题、世界的物质统一性、运动、时间与空间）、认识论、辩证法（三
个基本规律、若干范畴）、历史唯物论。其中最具代表性的是米丁主编的
《辩证唯物论》和米丁与拉祖莫夫斯基主编的《历史唯物论》。《辩证唯物
论》的主要内容是：世界的物质性和物质存在形式、反映论、真理论、实
践标准论；辩证法的三个主要规律和六对主要范畴。[①]

---

　　① 见米丁主编《辩证唯物论》，沈志远译，商务印书馆1936年版。安启念教授曾在《北京行政学
院学报》2006年第6期上详细介绍了这个体系的形成过程，这里转录其中若干段落，供读者进一步研究
参考：在十月革命以前，已经有为数不多的阐述马克思主义哲学的专门著作问世。十月革命后，世界上
出现了第一个由马克思主义政党领导的国家——苏联，学习马克思主义在这里成为热潮。适应学习的需
要，马克思主义哲学著作大量出版。一直到20世纪20年代末，这些著作大多数以历史唯物主义命名，
为数不多的以辩证唯物主义命名的著作，主要出版于1922年列宁的《论战斗唯物主义的意义》发表以
后。在这部著作中，列宁号召党内外的唯物主义哲学家与自然科学家结成联盟，向宗教唯心主义发起进
攻。这一号召被称为列宁的哲学遗嘱，激起了学习和研究辩证唯物主义的兴趣。在此之前，以辩证唯物
主义命名的著作，迄今有案可查的只有一本，即由普列汉诺夫作序，1916年出版的德波林的《辩证唯物
主义哲学导论》。这些著作，或者以辩证唯物主义为名，或者以历史唯物主义为名，把这两个概念结合
在一起概括马克思恩格斯哲学思想的著作，无论在苏联，还是在其他国家，尚未出现。
　　除此而外，这些著作在内容上也非常不规范，十分庞杂。以辩证唯物主义为名的著作包含历史唯物
主义的内容，反之也一样。不论以什么为名，基本上都包括哲学史、苏联党和政府的政治主张、某些社
会学方面的内容，甚至对领袖的赞颂等等。各种内容缺少内在联系，杂乱地堆砌在一起。我们试以几本
有代表性的著作的目录为例：
　　A. 德波林：《辩证唯物主义哲学导论》，1916年初版，1922年再版，内容未变。第一章，培根；第
二章，霍布斯；第三章，洛克；第四章，贝克莱的现象主义；第五章，休谟；第六章，先验方法；第七
章，辩证方法和辩证唯物主义；附录：再论辩证唯物主义；第八章，新休谟主义；第九章，马赫主义与
马克思主义；第十章，辩证唯物主义与经验符号论；第十一章，实用主义与唯心主义。全书附录：一、
A. 波格丹诺夫：经验一元论；二、Л. 阿克雪里罗德：哲学概论。

这个框架在 20 世纪 30 年代流行于中国，然后出现了一批中国人采用这

（接上页注释）

B. 萨拉比扬诺夫：《历史唯物主义》，1925 年第 7 版。第一章，社会科学研究概况；第二章，什么是历史唯物主义；第三章，作为统一体的世界；第四章，为什么我们的方法被称作唯物主义的；第五章，需要的作用；第六章，理性的作用；第七章，国家、法、个人；第八章，种族——民族；第九章，地理环境；第十章，社会关系；第十一章，上层建筑对基础起作用吗？第十二章，辩证法；第十三章，从辩证法出发理解的相互作用；第十四章，技术；第十五章，马克思《政治经济学批判》的序言；第十六章，我们自己在创造历史；第十七章，"归根到底是……"；第十八章，辩证法和自然知识；第十九章，质。

C. 沃里弗松：《辩证唯物主义》，1922 年 10 月初版，1929 年修订第 7 版。这是苏联高校第一本辩证唯物主义教材，1922 年出版后受到广泛好评。（前后担任莫斯科大学哲学系副主任、主任长达近 40 年的俄罗斯著名哲学家 A·科西切夫，在与本文作者的谈话中对此书予以高度评价，认为它实际上是辩证唯物主义历史唯物主义体系的雏形。）第一部分：第一章，古代的唯物主义；第二章，中世纪的反唯物主义；第三章，唯物主义的再生（培根、霍布斯、洛克、斯宾诺莎）；第四章，十八世纪唯物主义；第五章，从形而上学唯物主义到辩证唯物主义。第二部分：第一章，马克思的发现的社会前提；第二章，马克思和恩格斯；第三章，马克思主义的理论认识论；第四章，辩证法；第五章，决定论；第六章，从对历史的唯心主义理解到对历史的唯物主义理解；第七章，生产力基础与上层建筑；第八章，主体与历史过程；第九章，阶级与阶级斗争。第三部分：第一章，家庭与婚姻；第二章，法与国家；第三章，道德；第四章，宗教；第五章，艺术。

由上所述可以看出，虽然马克思主义哲学在苏联得到前所未有的重视，相关著作大量出版，广为学习和宣传，但人们对它的认识，意见极不统一，从名称到内容都有很大分歧，对马克思主义哲学的理解与阐述尚处于起步阶段。在马克思主义哲学体系的形成历史上具有里程碑意义的，是 20 世纪 30 年代初主要由 M. 米丁主持编写的《辩证唯物主义》一书。经过 1930 年对德波林学派的批判，在斯大林的支持下，米丁取代德波林成为苏联哲学界的领袖。该书在米丁的领导下由当时苏联共产主义科学院哲学研究所集体编写，供全苏各级党校和普通高校马克思主义哲学教学使用。其内容为：

第一卷，辩证唯物主义（M. 米丁主编，1933 年出版，352 页）：第一章，马克思列宁主义——无产阶级的世界观；第二章，唯物主义与唯心主义；第三章，辩证唯物主义；第四章，唯物辩证法的规律（内容包括三大规律和 11 个范畴——本文作者）；第五章，哲学中的两条战线的斗争；第六章，辩证唯物主义发展中列宁阶段的基本问题。

第二卷，历史唯物主义（M. 米丁、И. 拉祖莫夫斯基主编，1932 年出版，504 页）：第一章，辩证唯物主义对历史唯物主义的理解；第二章，关于社会经济形态、生产力和生产关系的学说；第三章，资本主义生产体系与社会主义生产体系；第四章，关于阶级和国家的学说以及资本主义社会的阶级斗争；第五章，无产阶级专政和过渡时期的阶级斗争；第六章，社会意识形态的作用与意识形态斗争的形式；第七章，作为战斗无神论的马克思列宁主义；第八章，马克思列宁主义关于革命的学说；第九章，马克思主义、修正主义、社会法西斯主义。

与以往的类似著作相比，本书有三个突出特点：

第一，第一次建立了一个完整的马克思主义哲学的体系。该书明确把马克思主义哲学分为两个相对独立的部分，通过把历史唯物主义解释为"辩证唯物主义对社会的认识"，使二者成为一个有机整体，并首次使用"辩证唯物主义历史唯物主义"概念来概括马克思主义哲学。每一个部分内部，理论内容也具有了系统性，建立起一个完整的结构。

第二，对马克思主义哲学具体内容的理解比较准确和成熟了。以往的相关教科书中大量不属于辩证唯物主义历史唯物主义核心思想的内容，除了明显具有当时政治斗争需要痕迹的内容之外，均被剔除出去。

个框架自己写作的马克思主义哲学著作，如沈志远的《现代哲学的基本问题》、艾思奇的《大众哲学》、李达的《社会学大纲》等，毛泽东的《辩证法唯物论（讲授提纲）》也采用了这个框架，但同时也吸收了中国传统哲学的内容和形式（如多数篇名称"××论"），中国特色十分突出。1938年苏联出版了《联共党史》，其中第4章第2节专门介绍哲学，篇名叫《辩证唯物主义和历史唯物主义》，它把当时流行的框架简化为辩证法四个特征、唯物主义三个特征、历史唯物主义四个特征，同时删去了不少内容。这就是哲学界所谈的"斯大林体系"，这个体系出现后便取代了苏联体系的权威地位，直至1953年斯大林逝世。有些人把这两个体系完全等同起来，这是一个天大的误会。下面专门谈一谈这两个体系的同异。

这两个体系都叫"辩证唯物主义与历史唯物主义"，它们的主要组成部分都是唯物论、辩证法和历史唯物论，斯大林体系本来就是经过斯大林改造过的苏联体系，因此它们无疑都是马克思主义哲学的辩证唯物主义与历史唯物主义体系。但是，它们之间的差别也是很大的。

从时间来说，斯大林体系是从1938年到斯大林逝世，即到1953年这一段时间内流行的，在他逝世以后就不再流行了，特别是赫鲁晓夫批判斯大林以后，苏联就再也不用这个体系而是恢复了原来的苏联体系。在中国，尽管斯大林体系在建国以后有几年流行，但毛泽东对斯大林体系的一些提法是有意见的，所以中国人对这个体系一直有所保留，而在苏联批判斯大林以后，中国也就不用这个体系了。随后，胡绳、艾思奇在编写辩证唯物主义和历史

（接上页注释）

第三，影响巨大。该书奉苏共中央之命编写，由当时哲学界的领导人物主持，供全国高校统一使用，是具有权威性的马克思主义哲学理论的样板。该书第一版便发行10万册，对哲学著作而言，前所未有。20世纪80年代，该书建立的马克思主义哲学体系，包括基本框架、基本观点以及名称，已为苏联及世界许多国家的马克思主义者普遍接受。米丁的体系并非凭空而来。它是数十年间俄罗斯马克思主义哲学家研究、总结马克思恩格斯哲学思想并力图对它加以系统阐述这一努力的集大成者，尤其与沃里弗松的成果有着明显的继承关系。它产生于20年代苏联哲学家开始的出版马克思主义哲学教科书的热潮之中，可以说是苏联哲学家的集体成果。该书之所以提出"辩证唯物主义历史唯物主义"这一要领来概括马克思主义哲学，是因为正如列宁所说，辩证唯物主义和历史唯物主义是"一块整钢"，而在此前的十几年间许多人尝试单独使用"辩证唯物主义"或"历史唯物主义"来称呼马克思主义哲学，显得名不副实。

唯物主义教材时，就恢复了苏联体系。因此不能说我们后来的辩证唯物主义和历史唯物主义体系是斯大林模式，这不符合事实。斯大林在1906年发表过一篇叫做《无政府主义还是社会主义》的文章，其中有辩证唯物主义内容，但很简单，后来斯大林关于方法是辩证法、理论是唯物主义的提法就来自此文。此文对二三十年代苏联哲学界几乎没有什么影响。

再从内容上看，斯大林体系与苏联体系的差别是很大的。苏联体系先讲唯物主义后讲辩证法，这是合理的，而斯大林体系先讲辩证法，后讲唯物主义，是错误的。因为唯物主义比辩证法更根本。斯大林把辩证法仅仅理解为方法，把唯物主义仅仅理解为理论也是错误的，因为辩证法也是理论，唯物主义也是方法。在对马克思主义哲学基本内容的论述上，斯大林体系也大大缩小了马克思主义哲学所应有的信息量。辩证法原来的讲法是三个规律、若干范畴。斯大林把三个主要规律的概念抛弃了，只讲四个特征。他首先讲普遍联系和运动、变化、发展两个特征，这是斯大林体系唯一优于苏联体系的地方。对三个规律他只吸收了其中两个，完全否定了否定的否定，而且大大破坏了对立统一规律，只讲对立，不讲统一。对于唯物主义，斯大林也讲得很简单，只讲了哲学基本问题，其他丰富的内容都没有了。历史观也讲得非常简略，而且里面有一些提法也是错误的。因此，从内容上讲，斯大林体系与苏联体系的差别是很大的。我们绝不能把苏联体系看成斯大林体系。由于只有苏联体系具有原创性，而斯大林体系是它的后退的变种，不能代表辩证唯物主义与历史唯物主义，下面我们就以米丁与拉祖莫夫斯基分别主编的《辩证唯物主义与历史唯物主义》代表苏联体系，并对苏联体系作一评论，不涉及斯大林体系。

二、苏联体系在哲学对象和组成部分的规定上的得失

对象是否明确，是一门科学能否成立的前提，而所谓明确与否不在于它是怎么说的，而在于它是怎么做的。苏联体系一般都承认哲学是世界观，其对象自然是作为整体的世界及其发展规律，人们经常提到的表述方式是：哲学研究自然界、人类社会和思维的普遍规律。一般说来，苏联体系对哲学对象的理解是明确的。应当指出，这种理解与传统哲学中大多数流派，即那些承认世界观的流派的理解是一致的，但苏联体系继承了马克思主义的现实性

精神，不像传统哲学那样把世界观理解为"形而上学"或"本体论"，不研究"形而下东西"或现象世界，从而把哲学歪曲成思辨哲学，而是把对象看成普遍与特殊、共性与个性相结合的现实的具体的真实的世界，即实证的世界，因而总是从现象去研究规律，从具体的事实出发通过层层的抽象去研究一般的东西，以各种科学为根据来研究哲学。还应指出，在对哲学对象的理解中有一个单纯性与复合性、单层性与多层性问题。这就是说，哲学对象在定义中是单纯的、一个层次的，而在实际论述中是复合的、多层的，这就是差不多所有概念在使用中的狭义与广义的问题。一般地说，马克思主义哲学就是世界观，但唯物主义历史观也被看成哲学，这实际是把哲学和哲学对象扩大了，成为复合的、多层的、广义的。这是研究中是难以避免的，因为要说明整体，不得不说明局部，特别是那些举足轻重的局部。在整个宇宙中，人类是微不足道的，但从人的角度看，宇宙整体中的人类社会是特别重要的局部，历史观被看成世界观中的特别重要的组成部分是可以理解的。总之，苏联体系坚持哲学的科学性质，始终把哲学看成科学家族中的一员，而不是科学以外的东西，并从此出发来确定哲学的对象，这种做法和理解应该受到充分的肯定，也是我们今天必须坚持的。但是，苏联体系在对象问题上还有不明确的地方，应该给予认真的分析和对待。

苏联体系在对象上的主要问题是对待恩格斯提出的"哲学基本问题"。苏联体系没有明确把哲学对象定义为哲学基本问题，但实际上是这样做的。物质和意识、存在和思维的关系问题，实质是人与世界、人类社会与自然界的关系问题，不但在西方是哲学基本问题，在中国几千年传统中也是一个基本问题，即所谓"天人之际"。它当然包括在哲学的对象之内，人们从未怀疑过，但具体分析一下苏联体系对哲学基本问题的做法就可看出其中存在着问题。

按照恩格斯的说法，哲学基本问题有两个方面：第一方面是物质与意识孰为实体，孰为机能；第二方面是二者孰为原物，孰为反映。一般把第一方面理解为世界观或本体论方面，第二方面为认识论方面。这种理解实际上已经把哲学基本问题分属于两门学科：世界观和认识论，第一方面是世界观的对象，第二方面是认识论的对象。这两门学科在哲学史上都被看成哲学，但它的地位是不同的，世界观是基础哲学，亦称本体论或形而上学，而认识论是部门哲学，因为世界是整体，认识现象是一种社会现象，是局部。苏联体系把认识论看做辩证唯物主义的组成部分而不是辩证唯物主义的局部体现（辩证唯物主义认识论），便引起了一些混乱。不仅如此，哲学基本问题其实不仅有这两个方面。人类社会与自然界的关系还有谁改造谁的问题，即实践问题。实践问题比认识问题更根本，但实践仍然是一种社会现象，是局部。如果像当代实践哲学那样，把实践论同世界观混同起来，或把实践论看成世界观的组成部分而不是辩证唯物主义世界观的特殊体现，也会引起一些混乱。人类社会与自然界的关系是多方面的，为了说明世界整体而涉及人类社会与自然界的关系当然是必要的，但因此而把人类社会的某种特殊现象提升为世界观的对象，混乱就难以避免。在苏联体系中，另外一个混乱就是把意识看成世界观的对象。认识是一种意识，它们的基本性质是相同的。意识同认识一样，对于说明世界整体是有意义的，但它不是世界观的对象。但苏联体系由于物质与意识的关系问题是哲学基本问题，除专门谈论物质外，也专门谈论意识，事实上把它当成了世界观的对象。苏联体系没有笼统地把人类社会当成世界观的对象，而是把它看成历史观的对象，并在辩证唯物主义后另设历史唯物主义谈论人类社会，这是很正确的，但它却在历史唯物主义之前就专门谈论意识和认识，这显然是不妥的，因为意识和认识都是社会现象，整体还没有专门谈论过，局部怎么谈得清楚呢？

哲学基本问题实际上涉及哲学的复合对象，其中既有狭义哲学（世界观）的对象，又有广义哲学（认识论、意识论、实践论等部门哲学）的对象，苏联体系没有作这种区分，一概视之为世界观的对象，不免引起一些混乱。苏联体系明确地把人类社会看做历史观的对象，没有笼统地把它视做世界观的对象，这种做法是合理的。

一门学科对对象的理解决定了其组成部分的构成。苏联体系认为其对象首先是世界整体，也认为人类社会是自己的研究对象，即部门哲学的对象，因而其主要组成部分是十分明确的，即两个组成部分：辩证唯物主义和历史唯物主义。这两部分的关系也是很明确的，它们不是并列的，前者是世界观，后者是历史观，即社会观，历史观是世界观在历史领域的贯彻和表现，历史观从属于世界观。

中国理论界对这种组成颇多指责，认为这是一种板块结构，把世界观和历史观并列起来了。辩证唯物主义与历史唯物主义形式上诚然是并列的，但在人类的语言习惯上，并列只是意味二者可以相对地区别开来，不一定意味二者是分裂的或对立的。苏联体系对于二者的不可分割的有机联系，不仅有明确的说明，其间内容上的实际联系也是很清楚的。苏联体系在组成部分上的问题，不在于世界观与历史观的并列，而在于仅仅设置一个部门哲学。辩证唯物主义本身实际上已包含两个组成部分，即世界观和认识论，这在前面已指出它实际有两个对象，即世界整体和人类社会的认识现象，但二者并没有明确区分开来，因而也没有形成两个组成部分。此外，唯物主义与辩证法似乎也是可以区分开的两个组成部分，这样辩证唯物主义就分成了三个组成部分：世界观、认识论和辩证法。看来，这种情况的出现是由于马克思主义哲学发展过程中形成了这些系统思想，而不是苏联哲学家们根据哲学的明确的对象规定自觉地制定的。

苏联体系对哲学对象以及根据对象对组成部分的规定基本上是正确的，这一点应坚持，其主要缺点是对部门哲学的对象和构成不尽合理，这是今天必须解决的问题。

三、苏联体系在内容上的是非得失

前面我们多次提到过马克思主义哲学的一个显著的特征是它的内容深深植根于人类社会实践的总和，随着人类实践的发展，它的内容无疑要不断发展。它创立于 19 世纪 40 年代，到 20 世纪 30 年代苏联体系形成之时已近100 年，那么，这个体系的内容是否正确反映了人类实践近 100 年来的发展呢？从这个体系的代表作米丁和拉祖莫夫斯基主编的《辩证唯物论与历史唯物论》来看，它基本上是符合马克思主义哲学的这一特征的，但问题也不少。下面我们试从世界形势的发展、人类科学的发展和人类哲学的发展三方面作一简单的考察。

教科书鲜明地批判了以普列汉诺夫为代表的一种流行观点，即认为辩证唯物主义是黑格尔哲学的合理因素——辩证法和费尔巴哈哲学的合理部分——唯物主义的结合的观点，指出："马克思主义底哲学是一切过去科学和哲学底发展之历史的总结或结论。但是马克思主义并非简单地、机械地把过去一切学说结合为一体，它决不是（像孟什维克的唯心论者所设想那样）

过去一切理论底简单的、机械的综合，而是一切理论学说之批判的改制。它是一种新的、完整的哲学学说，根据自然、历史和社会实践之研究结论的哲学学说。"① 这就是说，马克思主义哲学的基础是客观世界的变化发展，其中主要的无疑是人类社会及其实践的变化发展，而哲学与科学的发展是它的思想来源。它绝不是封锁在主观世界之中而与世隔绝的纯思辨的东西。这一观点至今仍然得到一切马克思主义者的认同，问题在于这个观点在教科书中贯彻得怎样，有些什么经验教训。

就世界形势而言，教科书关于时代性质及其与马克思主义哲学的关系的观点是很鲜明的。它认为当前的时代是帝国主义与无产阶级革命时代，马克思主义哲学相应地发展到了一个新阶段，而且指出这个新阶段就是列宁主义阶段。关于时代性质的判断是当时马克思主义者的共识，这个判断也是有充分事实根据的，第一次世界大战的爆发、俄国十月革命的胜利及其在全球的影响为这个判断提供了事实根据。但这一判断关注的主要是经济政治制度的性质和形势，对生产发展和文化进步的情况比较忽视，这使教科书内容偏重于批判性、革命性、斗争性、实践性，使科学性、建设性、统一性、理论性显得不够。作为世界观，教科书满足于恩格斯在几十年前所提出的一些判断，如世界的统一性在于它的物质性等等，这些判断无疑是非常重要的，应该永远坚持的，但仅仅如此是不够的，它还应该立足于当时人类实践和科学的水平、人类社会发展的状况，给出宇宙发展及其现状的整体面貌，教科书似乎缺乏这种视野和气魄。

就科学发展水平而言，教科书作了一定努力，使其内容与现代科学发展水平相适应，例如它曾提到爱因斯坦的相对论的时空观是与辩证唯物主义的时空观一致的。但教科书的注意力集中在揭露和批判当代科学研究中的唯心主义影响，而不在当代科学究竟提供了怎样的宇宙发展的完整图景，科学发展修正了或者补充了哪些哲学原理，提供了哪些哲学原理。这可能是由于教科书未能正确理解列宁的《唯物主义和经验批判主义》的历史意义，把一个时期的需要看成马克思主义哲学与科学的经常关系。这种偏向后来在苏联理论界形成了一种恶劣作风，随意给科学问题的研究扣上唯心主义、形而上

---

① 米丁和拉祖莫夫斯基主编：《辩证唯物论与历史唯物论》上册，商务印书馆1936年版，第14页。

学的帽子，阻碍了科学的发展和创新，也阻碍了哲学从科学中去吸取积极的营养来丰富和发展自己。当然，也应当指出，后来也有不少苏联哲学家也作了很多努力来使哲学原理内容与现代科学发展水平相适应。

就马克思主义哲学与当代非马克思主义哲学的关系而言，教科书主要的努力在于同当代西方哲学划清界限，在于批判和清除它们在马克思主义哲学研究中的影响。列宁的《唯物主义和经验批判主义》所批判过的那些西方哲学流派是它批判的重点。教科书上册《辩证唯物论》共 6 章除第 1 章为导论、第 3、4 章具体阐述哲学原理而外，其余 3 章均讨论哲学观问题：第 2 章谈马克思主义哲学的哲学史来源，第 5 章谈马克思主义哲学对西方当代哲学的批判，第 6 章谈马克思主义哲学新阶段——列宁哲学，其重点也是对西方当代哲学的批判。其中被点名批判的几乎囊括了全部 19 世纪末到 20 世纪初的所有著名哲学流派，如新康德主义、新黑格尔主义、实证主义、经验批判主义、意志主义、机械主义、均衡主义等等。教科书关于马克思主义哲学与非马克思主义哲学的关系的观点有一个明显的特点：它不把当代非马克思主义哲学看成学术派别，不把它们看成可以参考、借鉴、吸收的对象，因而没有对它们进行系统的考察和客观的评价，而只是把它们看成资产阶级的哲学意识形态或党内反对派的哲学基础来批判。这样，教科书就使苏联马克思主义哲学的发展与世界哲学发展的潮流隔绝起来，使自己失去面对世界哲学问题发展自己的机会，例如人学、价值学、逻辑学等领域长期停滞，延缓了马克思主义的发展。

就马克思主义哲学的自我关系，即马克思主义哲学史而言，教科书无疑是正确地坚持和发挥了马克思、恩格斯和列宁的哲学思想，但问题也不少。教科书把《德意志意识形态》看做马克思主义哲学形成的标志，这是正确的，但对于《形态》成为标志的理解是不全面的。它只注意到《形态》提出了唯物史观的系统思想，忽视了《形态》提出的实践观点对于建立新世界观的重要意义，这一点恩格斯在 1888 年把马克思的《关于费尔巴哈的提纲》作为《费尔巴哈论》的附录第一次发表时也谈到过，他说，《提纲》"作为包含着新世界观的天才萌芽的第一个文件，是非常宝贵的"。[①] 恩格斯

---

① 《马克思恩格斯选集》第 4 卷，人民出版社 1995 年版，第 213 页。

当时谈的"新世界观"就是辩证唯物主义世界观,"天才萌芽"指的应该就是实践观点对于建立新世界观的重要意义。那么,这个重要意义具体指什么呢?

有一种观点认为马克思的新世界观就是实践本体论或曰实践一元论,这种理论否认现实世界是不以人的意识为转移的客观世界,认为这是旧唯物主义的观点,新世界观认为现实世界的基础是实践,它依存于实践。但事实绝不是这样。马克思在《提纲》和《形态》中从来没有完全否定过旧唯物主义,只是指出它有"缺点":第一个缺点是直观性,忽视了主体通过实践改变了客体;第二个缺点是不彻底性,下半截是唯物主义的自然观,上半截是唯心主义的历史观。从马克思和恩格斯的原话来看,当他们批评费尔巴哈的唯心主义不懂实践的作用时,指的是人类实践对地球的作用,绝没有把实践夸大为改变了整个宇宙的东西,绝没有说现实世界从此依存于实践,不再具有客观性;他们不仅坚持整个现实世界的客观性,而且认为人类社会本身也是客观存在的。如果把实践概念的世界观意义夸大成实践本体论,这是把他们没有的思想强加在他们的名下。

正确理解的实践概念的世界观意义应该是指与旧唯物主义不同,新唯物主义所理解的世界是出现了人类社会的世界,是包括了实践的作用的世界,是经过了人类的一定程度的改变的世界,所谓一定程度是就今天人们所知道的而言,就是对地球的改变。在这一定程度之内的世界与原有的世界已大不一样,而且还在实践作用下不断改变,但这不是说实践已经改变了整个宇宙,更不是说已经由实践改变了的部分以及整个宇宙不再是客观存在,而是依存于实践了。这就是实践概念的世界观意义。教科书对于实践概念的世界观意义缺乏明确的认识,因而只强调《形态》对于唯物史观思想体系的创立,而忽视了《形态》提出的实践概念的世界观意义。不仅如此,这一失误还使教科书把实践仅仅看成认识论概念,把实践的作用限于检验真理的标准,实际上缩小了实践作用的范围。从恩格斯的一贯思想来看,实践是古猿得以转变成为人的最根本的原因,是历史观的首要的基本概念,然后它才是认识论的首要的基本概念。

教科书充分继承了恩格斯所提出的大量世界观原理,结合马克思和恩格斯的一贯思想,创造性地构建了辩证唯物主义思想体系,这是对恩格斯晚年世界观研究的肯定，当然也是一种发展。应该充分肯定教科书这一重大的贡献，但这个体系也有曲解恩格斯的地方，其中最主要的是把哲学基本问题全部纳入世界观之中，把世界观与认识论混同起来，这在前面我们已有所论述。其实，恩格斯是用哲学基本问题概括了近代欧洲哲学中唯物主义和唯心主义相对立的两个领域，即本体论（世界观）和认识论，没有说两个方面都是世界观问题。教科书采用了恩格斯在《自然辩证法》中提出的辩证法的三个主要规律的观点，但改变了它们的排列顺序，即把对立统一放在首位，而把量变质变规律放在第二位，这种排列同他的公开出版的《反杜林论》中的排列是一致的，他在那里没有"三个主要规律"的提法，但实际上是先讲对立统一规律，再讲量变质变规律。教科书采用这一顺序是正确的，这个顺序符合从抽象到具体的原则。

教科书在对待列宁的哲学思想上也是有得有失。它对列宁哲学贡献的评价有过高之处，也有不足之处。它提出列宁的哲学思想是马克思主义哲学的新阶段的论断，这是从列宁主义是马克思主义新阶段推导出来的，并没有充分的事实根据。实事求是地讲，列宁对马克思主义哲学发展的最大贡献是在马克思主义者中间，特别是在俄国马克思主义者中间牢固地树立了辩证唯物主义世界观的权威。19世纪末，马克思主义者所知道的马克思主义哲学就是唯物史观，不知马克思主义也有自己的世界观，因而多从西方流派中去寻找马克思主义的世界观前提，主张新康德主义的有，主张新黑格尔主义的也有，还有主张马赫主义的等等，虽然狄慈根、普列汉诺夫先后提出辩证唯物主义。辩证唯物主义确实是马克思主义世界观的前提，但认同的不多。列宁的《唯物主义和经验批判主义》批判了当代西方各式各样的唯心主义流派，论证了辩证唯物主义是马克思主义哲学，是马克思和恩格斯的哲学。此后，辩证唯物主义不仅在俄国马克思主义者中得到广泛的承认，在国际马克思主义者中也得到较大范围的承认。这本著作也在若干地方发展了马克思和恩格斯的思想，如关于物质概念、物质和它的存在形式的关系、实践与认识的关系、认识论的三个重要结论、真理论、哲学党性原则等都提供了新的因素，但这些发展似乎还难以形成马克思主义哲学的一个新的阶段，倒是苏联哲学家们在列宁逝世后根据马克思、恩格斯、列宁的哲学思想构筑的辩证唯物主义与历史唯物主义的哲学体系可以说是一个新阶段，因为从整体上讲，同

19 世纪马克思主义哲学形态相比较，它是一个崭新的哲学形态。教科书高度评价《唯物主义和经验批判主义》的哲学贡献是应该的，但有些过分了。教科书对列宁《哲学笔记》的评价显然不足。

教科书只看到《哲学笔记》继承和发展唯物辩证法的意义，没有看到它对于构建马克思主义哲学的科学体系的意义，不了解列宁当时研究哲学，写下大量笔记，除为了研究和运用辩证法，还是为了构建哲学的科学体系。它专门介绍和论述了列宁提出的逻辑学、辩证法和认识论三者是同一个东西的观点，但没有阐发这一观点在构建哲学的科学体系方面的重要意义。因此，当教科书在构建马克思主义哲学的体系时，这个体系不是根据列宁在《哲学笔记》中提出的一些构建哲学体系的科学原则，而是根据了马克思、恩格斯和列宁的哲学观点和论述方式以及具有一定系统性的理论或学说，在相当长时间内经过多人之手的梳理、调整逐渐形成的。这可能是由于列宁的《哲学笔记》出版不久，哲学家们对它缺乏全面深入的研究所致。列宁曾在1922 年发表的《论战斗唯物主义的意义》中号召哲学家们"从唯物主义观点出发对黑格尔辩证法作系统研究，即研究马克思在他的《资本论》及各种历史和政治著作实际运用的辩证法"，① 这一号召同列宁在《哲学笔记》中的思想和做法是一致的，如得以认真贯彻，无疑会大大有助于苏联哲学家们构建辩证唯物主义和历史唯物主义哲学体系的工作，可惜不久以后黑格尔哲学在苏联被贬低为德国贵族的哲学，列宁的号召当然就无从谈起了。

按照一般教科书的发展过程，苏联教科书体系形成以来，将随着时间的推移而不断改进，但1938 年斯大林体系公布以后，这个过程就中断了。斯大林逝世后，苏联一度恢复了教科书体系，但由于国内外的复杂局势，马克思主义哲学的科学体系的构建在苏联没有取得明显的进展。

四、苏联体系在体系构成顺序上的是非得失

任何一个思想体系中的原理的排列顺序都应该是从抽象到具体、从简单到复杂，按照这个原则来考察苏联体系，可以看出它的原理的排列顺序基本上是符合这个原则的，但有的地方是违背这个原则的。

① 《列宁选集》第4 卷，人民出版社1995 年版，第652 页。

从它的组成部分的排列来看，辩证唯物主义在前，历史唯物主义在后，这无疑是正确的，世界观应该是历史观的逻辑前提。但其世界观中的几个组成部分的顺序中，唯物主义排在最前面是合理的，但认识论排在辩证法之前则不合理，因为辩证法是发展观，是世界观的一部分，而认识论则是历史观的组成部分。苏联体系的这种安排是先谈论认识的变化发展，后谈一般的变化发展，这在逻辑上显然是不顺的。苏联体系的世界观从物质范畴开始，继而谈存在形式——运动、空间、时间，紧接着它应该谈运动、发展的具体形式，但它没有这样，而是一下子就跳到意识，并进一步谈到意识的一种具体形式——认识，从而展开了认识论的系统内容。它在此时本已谈到辩证法不仅是方法，而且是世界观的一部分，即世界发展的学说，可能是怕把哲学基本问题的两个方面隔开了，于是在谈了物质及其存在形式之后立即转向意识，而把辩证法摆到认识论之后。

辩证法部分谈了9个题目，前3个是辩证法的3个主要规律，即对立统一、量变质变和否定之否定，其顺序与恩格斯在《自然辩证法》中提出的顺序不同，在恩格斯那里是量变质变、对立统一、否定之否定。紧接着是4对范畴——本质与现象、原因与目的、必然与偶然、可能与现实。最后2个题目是一般性的。这部分的顺序如何体现从抽象到具体是一个有待研究解决的问题。恩格斯对三个主要规律的安排顺序是根据黑格尔《逻辑学》中量变质变在先、对立统一在后（即存在论在先、本质论在后）的顺序，但如果把量变质变、否定之否定看成对立统一的展开，其顺序显然更加合理。至于除三个主要规律之外，辩证法部分应该包括哪些范畴，这些范畴的顺序如何安排，看来苏联体系未系统考虑。

苏联体系的历史唯物主义部分，由于其中原理的顺序根据了马克思和恩格斯现成的体系，一般都符合从抽象到具体的原则，但它也没有系统考虑在历史观这一层次应有哪些组成部分，这些组成部分以及其中原理的逻辑顺序，这个问题在今天应该予以解决。因此，我们认为，要构建马克思主义哲学的新的科学体系，不应跳过或绕过苏联体系，而应以对它的分析与评价作为起点。

苏联哲学界在构建马克思主义哲学的科学体系方面的是非得失，都是宝贵的精神财富，对今天继承和发展马克思主义哲学具有重要价值。

第四节　怎样构建马克思主义哲学的科学体系

前面我们已经论述构建一门科学的思想体系的一般要求，还以苏联体系为代表分析了旧的马克思主义哲学体系，即辩证唯物主义和历史唯物主义体系的是非得失，现在我们应该对如何构建当代马克思主义哲学的科学体系提出我们的看法了。下面就三个方面谈一谈我们的初步看法。

一、关于马克思主义哲学的对象和组成部分

尽管哲学界对哲学是什么理解十分分歧，但在使用哲学一词时大家实际上有一个共同的理解，即把它理解为狭义的与广义的。狭义的哲学就是世界观或宇宙观，即对整个宇宙作整体研究和一般研究，对这种哲学，历史上有多种称呼，在西方有形而上学、本体论、第一哲学、哲学的哲学等等，在中国有道学、玄学、理学等等。广义的哲学则指对这个宇宙的某一部分、层次、方面作整体研究或一般研究的学问，即今天我们常说的部门哲学、分支哲学，如伦理学、美学、逻辑学、宗教哲学、认识论、价值论、方法论、自然哲学、历史哲学、政治哲学等等，难以计数。部门哲学与科学在理论上很难明确区分，如宗教哲学与宗教学、政治哲学与政治学无法明确区分，一般认为哲学偏重于整体研究、宏观研究，而科学则除整体研究外还有很大部分为实证研究、微观研究。几乎所有概念在实际使用时都有狭义与广义两种理解，狭义就是严格的意义，广义就是宽泛的意义。一个概念使用的人多了就难免多种用法，只有极少数专门科技人员使用的专科术语才有极严格的定义，不允许有不同理解。像世界观这种概念也有广义与狭义之分，狭义指对整个世界的整体研究和一般研究，但历史观、人生观、价值观等部门哲学也常被称为世界观，这就把世界观等同于哲学了。

作为一种哲学，马克思主义哲学的对象与整个哲学的情况是一致的。它研究的对象首先是整个世界，其次是这个世界的若干局部。主要问题是马克思主义哲学除了研究整个世界而外，还应该研究哪些局部。也就是说，除世界观是马克思主义哲学的核心组成部分而外，它还应该有哪些组成部分。有研究价值的局部甚多，我们凭什么标准来进行取舍呢？有两个标准：一是在

马克思主义哲学发展史中专门研究较多的那些局部；二是虽然专门研究不多但有巨大价值的那些局部。至于其他局部，当然不是说不能研究，只是不纳入体系之内。下面我们一一作些考察。

马克思主义哲学研究的主要对象是作为整体的世界，因而它的核心组成部分就是世界观。有一种十分荒谬的观点，即认为马克思主义哲学没有世界观，而且举出了种种理由，对于这种观点我们已在适当的地方作了批驳，这里不再赘述。我们还要强调指出，无论其他组成部分怎样变化，也不能没有世界观，因为世界观是整个马克思主义理论体系的最后根据，也是马克思主义思想路线的最后根据，还是各个部门哲学得以存在的根基，是各个组成部分定位的坐标。如果它没有自己的世界观，即辩证唯物主义，就会有各式各样非马克思主义世界观来填补这个空白，其结果可想而知。马克思主义世界观无疑是马克思和恩格斯创立的，但他们毕竟没有提出过像历史观、政治经济学、社会主义理论那样完整而严密的科学体系，这就给后代留下了可以随意发挥的空间。经过狄慈根、普列汉诺夫、德波林、列宁和其他苏联哲学家近半个世纪的努力，马克思主义世界观的科学体系才真正建立起来，又经过半个多世纪的传播、研究、运用、争论的曲折发展过程，才达到今天的状况，如果加以抛弃，这将是哲学史上的大倒退。

马克思主义哲学除了作为世界观研究世界整体而外，也研究这个世界的某些局部，那么，研究哪些局部呢？或者说，应该把哪些局部的研究作为它的部门哲学纳入其体系中呢？无疑，作为首选的应该是对自然界的研究，即自然哲学。自然哲学现已并入科学哲学（学位专业目录中的哲学学科之一）中，作为部门哲学，研究者甚多，也是应该研究的，但作为一个组成部分纳入马克思主义哲学的科学体系之中则是不必要的，因为世界观的大部分内容就是自然观的内容，谈了世界观之后又把自然观作为一个相对独立的组成部分来谈，就简单重复了。自然观的对象是自然界，自然界的概念也有狭义与广义之分，广义的自然界包括人类社会及其一切附属物，实际就是整个世界、宇宙；狭义的自然界则将人类社会除外。但是人类社会永远附丽于自然界之上，不可能离开自然界存在，人类社会与自然界的区分永远是相对的。自然界的普遍规律当然就包括作为一种自然存在的人类和人类社会，例如辩证发展的规律，无法区分作为自然规律的辩证法和作为宇宙规律的辩证法。

因此，在哲学体系中，世界观与自然观合而为一，自然观包含在世界观之中，不再于世界观之外讲自然观。于是，人类社会就成为首选的部门，历史观成为首选的部门哲学。

人类社会在这广袤无垠的茫茫宇宙中是微不足道的，我们知道的人类社会至今只存在于小小的地球之上，它的作用基本上限于地球，对这个宇宙实在是微乎其微。但我们毕竟是从人的角度，而不是从宇宙的角度来讲哲学，历史观自然成为部门哲学的首选。特别是由于唯物主义历史观的创立导致社会主义从空想到科学的转变，直接指导着社会主义革命运动，马克思和恩格斯便把历史观的科学体系的构建摆到了他们理论工作的首要地位。苏联体系把历史观与世界观并列起来，把这个体系命名为辩证唯物主义和历史唯物主义，不是没有理由的。

第二个部门哲学应该是人学。人类由人组成，没有人就没有社会，因而以人类社会及其发展为研究对象的历史观常常谈到人，说唯物史观不谈人、没有人，不符合事实，但人在马克思主义哲学的原来体系中却没有成为部门哲学的对象，部门哲学中没有"人学"。细胞是生物体的最小单位，细胞学成为重要的部门生物学，同理，人也是人类社会的最小单位，人学也应该成为一门重要的部门哲学。在革命年代，阶级、人民、群众的问题比较突出，但在和平建设年代，一般人的问题更加突出，如人与自然的关系问题、人际交往问题、人权问题等都涉及所有的人，把人学作为一门部门哲学来研究，不仅是理论建设的需要，也是时代发展的需要。

哲学研究的历史形成了哲学对象的三个层次：第一是世界整体；第二是在这个世界（自然界）的基础上产生的人类社会，但它并未离开世界整体；第三是在人类社会基础上产生的精神世界，即人的主观世界。第一层次是世界观的对象，第二、三层次都是部门哲学的对象。我们只把第二层次的人类社会整体和人纳入哲学体系之中，历史观和人学成为哲学体系的组成部分。此外，当然还有很多部门哲学，如经济哲学、法哲学等均未纳入，但其基本内容已蕴涵在历史观之中。第三层次是人类社会的产物，也没有离开人类社会，它是许多部门哲学的研究对象。哪些第三层次部门哲学应纳入哲学体系之中，是一个有待深入研究的问题。

按理，精神或意识应该成为哲学体系的一个重要的部门哲学的对象，黑格尔的哲学全书的第三部分就叫精神论，苏联体系也对意识进行过专门论述，但精神论今天要作为一门科学的部门哲学纳入哲学体系之中，条件似乎还不成熟。有几门关于精神活动的部门哲学已有多年研究的历史，可以考虑是否纳入哲学体系之中，它们是心理学、逻辑学、认识论、思想方法论、伦理学、美学、价值论、科学哲学和宗教学。

心理学原来与哲学关系十分密切，实际上是一门重要的部门哲学，类似上面谈到的精神意识论。但 19 世纪以来，心理学逐渐偏重于研究心理现象的生理机制、社会心理问题和部门心理学问题，有大量研究人员，形成了一个完全独立于哲学之外、庞大的学科门类。心理学中包含的哲学内容当然可以成为一个部门哲学，名曰心理哲学，条件成熟时可能纳入哲学体系之中。

逻辑学同哲学的关系也是非常密切的，但哲学家们对逻辑的理解多种多样。逻辑学就其原来的字义讲，意为规律学或宇宙规律学，后来从中演化出思维规律学，又从思维规律学演化出思维形式规律学。黑格尔的逻辑学包括思维规律（涉及思维内容，即对外部世界的概括）与思维形式规律（与思维内容无关）。前一部分实即世界观，其内容已在哲学体系之中；后一部分演化为形式逻辑和现代逻辑，已成为一个内容庞大、实用价值很高的学科群，没有必要纳入哲学体系之中。

现代科学哲学包括三个主要组成部分，即自然哲学、关于自然科学一般理论和科学方法论。自然哲学已包含在世界观之中，科学方法论的内容可以包含在方法论中，这样，科学哲学的大部分内容已经纳入哲学体系之中，没有必要再单独成为哲学体系的一个组成部分。

宗教学近年来在我国发展迅速，也已成为一个颇具规模的学科群，它虽然属于哲学门类，也无必要纳入哲学体系之中。

认识论不应与世界观相混同，但就其与世界观的密切关系和重要性而言，都应作为一个重要的部门哲学纳入哲学体系之中。

伦理学与审美问题是哲学史上的热门话题，发展到今天伦理学与美学均已成为颇具规模的部门哲学，那么，有没有必要纳入哲学体系中呢？这个问题应结合价值论一起来考虑。价值论是 19 世纪以来慢慢形成的一门部门哲学。马克思主义创始人谈过价值问题，如人的价值、商品的价值、道德价值、欣赏价值等，但他们没有一般价值理论，即价值论。由于价值论是在西方哲学中发展起来的，在苏联被一概视为唯心主义的或资产阶级的而被排斥于马克思主义哲学之外。其实马克思主义创始人虽然没有系统的价值论，但价值论思想还是很丰富的，我国学者已以马克思主义为指导研究价值论多年，价值论理应作为一个部门哲学纳入哲学体系之中。伦理学和美学，作为特殊的价值论，当然就没有必要纳入了。

方法论常常成为马克思主义哲学的另一称呼，如说哲学是马克思主义思想方法论，辩证唯物主义是马克思主义的世界观和方法论。这两种理解都不确切。方法论是理论，不就是方法。辩证唯物主义是世界观，是理论，当其原理被运用来指导实践和认识时就是方法或思想方法，所以辩证唯物主义是世界观和方法，不是方法论。唯物辩证法是辩证唯物主义世界观的组成部分，所以唯物辩证法是世界观，也是方法，不是方法论。哲学体系中应该纳入一个部门哲学，它研究方法的本质、分类、来源、意义以及如何保证正确地使用方法等问题，它就是方法论。

我国学位专业目录中的哲学是一级学科，即一个学科门类，它拥有八个二级学科，即八个学科，其中中国哲学和外国哲学是按地域来规定的，并不是严格意义的学科，其余六个二级学科都有统一的对象，可以说是真正的学科。其中五门，即逻辑学、伦理学、美学、宗教学，都是部门哲学。只有马克思主义哲学是包括整体哲学（世界观）的哲学体系。马克思主义哲学的科学体系应由世界观和若干部门哲学构成，已成为二级学科的五门部门哲学按照上面的分析均没有必要纳入哲学体系之中，但另外五门，即历史观、人学、认识论、价值论和方法论则应纳入哲学体系之中，这样我们的哲学体系便由一整五部的结构构成，由作为整体哲学的世界观和作为部门哲学的历史观、人学、认识论、价值论和方法论构成。这五门部门哲学又可分为两个层次，历史观与人学属社会层次，认识论、价值论和方法论属社会意识层次。

二、关于马克思主义哲学的科学体系的内容

马克思主义哲学的内容是其对象决定的，科学体系就是其对象在人类思想中的展开，具体表现为概念、范畴、判断、规律、原理、理论等等。

任何一门学科都要提供其对象的整体图景。整体图景有两个方面：一是共时性的整体图景，即现时的静止图景；二是历时性的整体图景，即从诞生

到消灭过程。当然，这对于有限对象来讲是可以做到的，但世界观的对象是无限的宇宙，我们既无法提供一个真正完全的静态的宇宙图景，也无法提供一个真正完全动态的宇宙图景。但是，根据今天的科学发展水平，提供一个相对完全静态的宇宙图景和动态的宇宙图景，不能说是不可能的，除非我们的所有科学都是不能成立的，都是虚假的。

　　一个静态的整体图景由两方面构成，一是它的构成要素，一是多个要素之间的联系。多个要素之间的联系是非常复杂的，各式各样的，其中那些具有普遍性必然性的联系就是联系的规律。一个动态的整体图景也由两方面构成，一是它的历史的各个发展阶段，一是这些阶段的连接。各个阶段之间的连接是非常复杂的，各式各样的，其中那些具有普遍性必然性的连接就是连接的规律，亦即发展规律。宇宙的静态的整体和动态的整体的各个局部实际就是各种科学研究的对象，哲学家的任务不是研究这些局部，他不可能一一研究这些局部，他只能借助于各种科学的研究成果，做整合、综合、总结和概括的工作。这不是一种机械的简单的工作，而是一种创造性工作，实际上是比局部研究更复杂更困难的工作。有一种观点认为各个局部都有人研究了，都瓜分走了，整体研究就不必要了，这种观点把复杂的事情简单化了。在工业生产中，总装的工作比制造零部件的工作更复杂更困难。这个比喻在哲学工作中有一定道理。这不仅是指把各种科学提供的材料整合为一个整体，而且特别是把各种科学原理加以总结，从中得出规律，包括联系的规律和发展的规律，两千多年来哲学家们一直感到这是一项艰辛困难的工作。

　　整合一个有限的整体应该说不是太难，因为它的局部是有限的，只要我们肯下工夫，把一个一个局部弄清楚了，总可以把它适当地"总装"起来；整合一个无限的整体，则是很难很难的。"无限的整体"本身就是一个开放的东西，没有边际，是不确定的，因而我们今天只能按照我们所知道的加以整合，这个整合实际是不完全的，不断变化的。因此，在哲学体系中，如何规定世界观的内容争议颇大，在细节上争议当然就更多了。

　　世界观的内容无论就共时性还是就历时性的角度加以规定，都有两种情况：一种是普遍存在的，如物质与运动、空间与时间、实体与属性、关系者与关系、静止与运动、运动者与运动等等；一种是特殊存在的，如化合物与化合作用、化合与化分、生物与生命、人与社会、实践与认识（意识）等等，这些东西在其他星球上也可能存在，如水这种化合物已有一定证据，肯定其在其他星球的存在。又如太阳系中行星上的沙尘岩石也是化合物，但这些东西只是在地球或一些星球上存在，而不是普遍存在。前者是世界观中的普遍原理，后者是世界观中的特殊原理，在一些部门哲学中成为普遍原理，如生物与生命在生命哲学中，人与社会、实践与认识（意识）在历史观中，把部门哲学中的特殊原理当成普遍原理，是当今哲学中的一些混乱现象的思想根源。

三、关于哲学原理的展开的顺序

前面我们已反复论述过哲学原理以及一切科学原理在其科学体系中展开的从抽象到具体、从简单到复杂的原则，并指出这个原则的根据就是逻辑（范畴、原理的思维顺序）与历史（客观的历史和认识的历史）的一致。哲学体系的展开也就是这个原则的具体体现。

首先是哲学体系的各个组成部分的排列顺序问题。根据前面的分析，就目前来讲，马克思主义哲学应该包括六个组成部分，即世界观、历史观、人学、认识论、价值论和方法论。那么，它们的顺序如何安排呢？世界观无疑应该摆在首位，因为它是最高层次的学科，其内容是最抽象的，即最普遍的；也可以说是最根本的，即一切学科的前提。

历史观与人学应该属于第二个层次，问题是：历史观在前还是人学在前？这取决于它们的对象在时间上或逻辑上的先后。但人和社会在时间上是同时出现的，在逻辑上是互相依存的。科学告诉我们，社会是由一个个的人组成的，而人又是作为社会的分子从类人猿演化为人的，没有单纯生物的人，人总是社会的人，所以马克思说"人的本质在其现实性上是一切社会关系的总和"。因此，从逻辑上说，人是社会的前提，社会也是人的前提。然而，社会毕竟是整体，人毕竟是个体，社会与人的关系正如生物体与细胞的关系，二者相比较，社会是主要方面，人是次要方面。社会与人的变化发展总是从社会开始的，虽然人的变化发展也会引起社会的变化发展。因此，把历史观摆在人学前面是更加合理的。

认识论、价值论和方法论应该属于第三个层次，它们讨论的问题都是人的活动，都是人类社会的精神现象，是历史观和人学的进一步深化。

西方传统哲学对人的精神世界有一种十分流行的区分方法，即把它区分为知意情（认知领域、意志领域和情感领域），这三个领域的活动成果就是真善美（真理、道德价值观和审美价值观）。这一区分方法在我国今天也十分流行，人们在口头上和各种文字上都经常提到真善美，被认为是建设文明生活的一般目标，尽管何谓真善美，人们的观点是十分不一致的。哲学史上只有德国哲学家康德曾经以知意情作为他的哲学体系的主要骨干，建立起他的哲学体系，即他的三大批判：《纯理性批判》研究知，《实践理性批判》研究意，《判断力批判》研究情。从今天的眼光看，康德的做法不太科学。

康德强调道德价值观的实践性，这是很正确的，这也是中国传统哲学的一个特点，但他把实践等同于道德实践则是一大缺点，这也是中国传统哲学的一大缺点。在马克思主义创立以前，中外哲学都鄙视生产劳动，都把生产劳动排除在实践之外，把实践等同于道德实践，更不了解生产劳动是最主要的实践活动。因此，他们把实践只看成精神活动，而不把实践首先和主要看成物质活动。马克思主义认为实践主要是物质活动，即主体改造物质世界的活动。马克思主义的历史观就是马克思主义的实践观，因为社会历史不外是社会实践的总和，所以在这个哲学体系中没有必要在历史观之外设立一个实践论。

人的活动除实践活动之外，还有本能活动和精神活动。本能活动是作为动物的人的与生俱来的活动，包括人的生理活动和部分心理活动，属于生理学和心理学的研究范围，精神活动应该是部门哲学研究的对象。传统哲学中关于知意情和真善美的研究都是对精神活动的研究。精神活动究竟包括哪些因素是一个有待研究的问题，但知意情无论如何是非常重要的精神活动。知意情包括两种精神活动，即认知活动和评价活动。

认知活动和评价活动都是适应实践的需要，在实践过程中萌芽、出现和发展的，是实践的派生物。实践的成功有赖于主体对客观规律的掌握和对改造目标的正确规定，这就要求主体对对象规律的正确认识和目标价值的正确评定。认知活动是认识论研究的对象，认识论是马克思主义哲学中的热门，评价论应该是马克思主义哲学的一个重要部门，但过去研究较多的是两种特殊的评价活动，即道德评价与审美评价，也就是人们比较熟悉的伦理学和美学研究的对象，而对一般评价活动以及另一种特殊评价活动——利益评价缺乏专门研究。今天一般评价论，通称价值论，已得到理论界的认同。把认识论与价值论纳入马克思主义哲学的科学体系中显然是很必要的。此外，在人的精神领域中还有一个特殊领域应该区分出来作些专门研究，即人们在实践、认识、评价中都要涉及的一个领域——对方法的使用，它不是与实践并列的领域，也不是与认识、评价并列的领域，而是包含在三者之中的一个更特殊的领域，研究这个领域的学科应称为使用方法论，通称方法论。①

这样，我们就把认识论、价值论和方法论纳入马克思主义哲学的科学体系之中。由于人的认识活动在人的整个精神领域中处于主导地位，我们把认识论摆在价值论前面；由于认识活动和评价活动都有方法的使用问题，我们把方法论摆在认识论和价值论的后面。

其次是哲学体系的各个组成部分的起始原理问题。既然哲学体系的所有原理将按从抽象到具体、从简单到复杂的原则排列，那么每个组成部分的起始原理都应该是该部分最抽象、最简单的，也就是最一般的原理，而后面的原理应该一个比一个更具体、更复杂，因为后一个原理都以前一个原理为前提，而把它包含于自身之中。因此，找出各个组成部分的起始原理非常重要，也非常困难，特别是世界观的起始原理，因为它是整个体系的第一个组成部分，其起始原理就是整个体系的起始原理。

一般唯物主义世界观，包括辩证唯物主义世界观，都把物质范畴或世界是物质的这一原理作为起始原理，这当然没有错，但仔细推敲起来，也并非毫无问题。物质诚然是对一切物或物体（物质实体、物质载体）的最高概括，但这个世界除了物质之外，并非就没有其他存在，物质的属性、关系、存在形式等等，如空间、时间、联系、运动等等，都是存在的，然而不能简单说它们是物质。这样，最普遍、最抽象的范畴应该是存在而不是物质，世界观的起始范畴是存在。

黑格尔就是这样安排他的逻辑学（世界观或本体论）的起始范畴的。列宁在《哲学笔记》中没有明确表示肯定或否定，但曾谈到马克思的商品范畴就是政治经济学中的"存在"，看来列宁对这种做法有所肯定。但黑格

---

① 知识论与认识论有区别，价值论与评价论有区别，伦理学与道德评价论有区别，美学与审美论有区别，方法论与使用方法有区别，每一对的前项研究的是结果，后项研究的是活动，这是应该进一步研究的，由于篇幅的限制，这里暂且把每一对的两项都看成一样东西。

尔是个唯心主义者，他对存在的理解不同于唯物主义者。黑格尔的"存在"
（或译有）可以离开物质，而唯物主义者的存在则离不开物质，存在就是客
观实在，归根到底是物质的存在。如精神，作为人类社会的一种现象，不是
虚幻的，而是实际存在的。一般说来它不是物质的存在，但归根到底仍离不
开物质。精神中的思想、感情、观念、意识或潜意识作为大脑的机能和作用
离不开大脑、人体，作为信息离不开书本、光盘、电波等等。因此，恩格斯
认为"世界的统一性并不在于它的存在……世界的真正的统一性在于它的
物质性"。① 物质是一切存在的基础。唯物主义一般认为物质是不依存于人
的感觉、意识的，或者不以人的感觉、意识为转移的客观实在。反驳者认为
这实际是以人的感觉、意识作为客观实在的前提，但又说不以人的感觉、意
识为转移，这是自我矛盾。反驳者是把说明方式与存在条件混为一谈了。如
果这个世界上根本没有人，当然没有说明的问题，而客观实在同样存在，但
既然有了人，人又要对世界有所言说，就只能把世界同人相对起来。把世界
放在人的坐标里说明，不能把这一关系等同于世界存在于人的坐标里。恩格
斯之所以说物质是世界统一的基础，是因物质是一切存在的最后载体，不管
科学的发展找到什么新的载体。

　　历史观的"存在"应该是实践。苏联体系中的历史观以生产作为起始
范畴，这并不错，但不够。人的生产活动是主要的实践活动，但毕竟只是一
种实践。实践比生产更普遍、更抽象，从逻辑上讲是生产的前提。从认识史
上看，认识实践也在认识生产之前。马克思和恩格斯正是先认识实践，然后
才进一步具体化认识生产的。例如马克思从 1842 年开始的思想转变就表现
出从认识实践深入到认识生产的从抽象到具体的过程。

　　一般说来，如果一门学科的对象十分明确，它的科学体系的第一个范畴
就是它的对象，因为对象的概念，应该就是这门学科的最普遍、最抽象的范
畴，说它最抽象并不是说它只是个抽象的东西，相反，它实际上是最丰富、
最具体的，全部学科的具体内容就是它的内容，但此时，在学科内容展开之
始，我们对它的理解是最抽象的。就哲学体系的其他组成部分而言，人学的
起始范畴就是人，认识论的起始范畴就是认识，价值论的起始范畴就是价

---

① 《马克思恩格斯选集》第 3 卷，人民出版社 1995 年版，第 383 页。

值，方法论的起始范畴就是方法等等。

一门学科有了起始范畴，其科学体系就可以起始范畴为起点而展开了。

第三是哲学体系的展开问题。前面已多次谈到体系按从抽象到具体、从简单到复杂的原则，以该对象范围内最抽象最简单的范畴或原理为起点展开。为什么要两个原则并提呢？因为有的范畴的展开只是与认识史一致，而在客观史中只有从简单到复杂的发展，并无从抽象到具体的运动，客观史自始至终都是一个具体的过程。这就是说，从简单到复杂是客观史与认识史所共有的，而从抽象到具体只是认识史所特有的，是宇宙的发展史的进步性的表现。

宇宙发展史都是进步吗？当然不是，有进步，也有退步；有产生，也有灭亡；有创新，也有衰败。宇宙发展史的进步性是就宇宙发展过程的整体来说的，这是辩证唯物主义根据近代科学对各个领域的历史研究中的成就逐渐形成的观念，这种观念认为宇宙是无始无终的，但就人类知识所达到的范围而言，今天的宇宙是一个从单质的简单的宇宙经过长期的演化过程逐渐形成的多质的复杂的宇宙，其间经过了几次转化：从弥漫宇宙空间的单纯的物质到星罗棋布的宇宙、从无生命的物质到生命物质的出现、从动物到智能动物的出现，后两次转化尤其是最后一次转化，至今仍限于地球。宇宙进步史的主要标志就是复杂化，宇宙史就是一部复杂化的历史，从比较不复杂到越来越复杂的历史。最初的单质演化成多质，单一演化为多数，然后是新东西的出现；新东西从少到多，从中又诞生更新的东西，如此前进，层出不穷，越来越多，越多样、多质、多元、多层、多构，现代亦肯定这一总趋势，称之为复杂性。①

认识史、科学史也是一个从简单到复杂的进步过程，这是客观史在认识史、科学史中的反映，也可以说是客观史的一个组成部分。但在认识史中，这个进步过程有其特点，那就是表现为从抽象到具体的过程。人们对一个对象的认识最初是从对具体现象的认识开始的，认识的前提是从具体到抽象，即从感性认识通过归纳、分析、概括向理性认识过渡，在这个过程中人们对

---

① 近年来，国内外兴起的复杂性的研究也足以说明辩证唯物主义在近代科学发展的基础上形成的进步观念，用复杂化来概括是合理的。赵光武教授在其主编的《复杂性新探》（人民出版社 2007 年版）中论述了辩证唯物主义与复杂性研究的密切关系，可以参考。

这个对象的整体认识实际上是抽象的、简单的，于是认识又开始了一个从抽象到具体、从简单到复杂的过程，但它不是从抽象理性回到具体感性，而是从抽象理性前进到具体理性，即形成理论体系的过程。那么，理性如何从抽象而达到具体呢？

当我们对对象初步形成抽象的理性认识时，我们对该对象的认识是抽象的、笼统的、片面的、零碎的，要对它形成具体的理性认识，就得把抽象的理性认识联系起来，形成一个完整严密的理论体系。完整意味着不片面，严密意味着不零碎，具体意味着不笼统、不空洞。这就需要整合、综合、演绎。一个完整、严密的理论体系如果是与对象相一致、相符合的，就是说，真实的，它就是一个科学的理论体系。马克思主义哲学就应该是一个这样的理论体系。我们前面曾指出，苏联的辩证唯物主义和历史唯物主义体系基本上是一个科学的哲学体系，但不够完整、不够严密。应该建构更加完整、更加严密的科学的哲学体系。下面我们以世界观为例设想一下怎样构建这个体系。

世界观的对象是作为整体的宇宙，因此，其理论体系应该提供关于这个宇宙的整体图景和一般规律。整体图景由宇宙的主要组成部分及其联系组成，一般规律包括联系规律和发展规律。宇宙的主要组成部分，从人类的角度来考虑，应包括三部分，即自然界、人类社会和人类精神活动。宇宙应区分为哪几个主要组成部分，人们的观点颇为分歧，但如此区分是比较通行的。这样，宇宙的整体图景就是说明这三者之间的关系，使三者整合成为一个整体。这个整体有两种形态，即静态的整体和动态的整体。静态的宇宙图景把三者并列起来，并说明三者之间的相互关系；动态的宇宙图景提供宇宙的生成史，从今日的宇宙往前追溯和往后预测，描绘出一个动的宇宙图景。

宇宙的一般规律是自然界、人类社会和精神世界共有的规律，包括联系的规律和运动的规律，也就是人们经常所说的辩证法或辩证规律。联系的规律就是具有普遍性必然性的联系，运动规律就是具有普遍性必然性的运动、变化、发展，然而联系与运动是无法分开的，联系规律与运动规律实际上也无法区别开。

苏联体系中的辩证唯物主义世界观分为唯物主义与辩证法两大部分，大致说来，唯物主义部分提供的是世界图景，辩证法的主要内容是一般规律，但构建唯物主义世界图景的意识不够鲜明，因而体系不够完整，有可以商榷之处。根据今天的研究和苏联体系的缺点，辩证唯物主义世界观的构建，应该怎样构建这个整体图景和一般规律呢？

这个整体图景有两个组成部分，即静态的和动态的。静态的宇宙图景并不是宇宙今天的横剖面，也不是星体的空间结构，而是宇宙中那些具有永恒性的要素通过一定联系而形成的网络结构，问题有三。第一个问题是它们包括哪些要素？苏联体系提供了物质、空间、时间、联系、运动等，这显然是很不够的。有些哲学史上曾经出现过的范畴，如存在、实体、属性等对于描绘世界图景都有重要意义，存在（亦译有或是）是黑格尔哲学的第一个范畴，在现代哲学中亦有重要地位。现代科学的发展也提供了许多重要范畴，如系统、信息、场、微粒等。关于这个问题，人们的意见十分分歧，需要作深入的研究。第二个问题是这些范畴如何构成一个严密的体系？无疑，根据从抽象到具体的原则来构建。这些永恒的普遍的方面无客观史可言，只能按认识史上的先后排序，存在、运动、空间、时间等在前，场、微粒、系统、信息等在后，形成一个相对严密的体系。第三个问题是这些范畴的永恒性、普遍性的根据何在？前面多次提到，它们的根据只能是科学的发展，有的范畴的普遍性、永恒性如为科学的发展所否定，自然就应从这个图景中排除出去。

宇宙的动态图景则应包括那些具有部分普遍性的范畴，即宇宙在发展过程中新产生的、可能消逝的东西。老实说，在茫茫宇宙的遥远的星体上有什么新东西，有过什么东西，我们至今无从知晓，甚至对我们的近邻火星也知之甚少。我们知道的，而且对我们具有重要意义的还是我们人类生活的家园——地球上的变化发展，因此我们所说的宇宙的动态的图景实际上主要是地球的发展史。这部发展史的主要组成部分就是自然界、人类社会和人的精神世界，这个动态图景就是要呈现出人类社会怎样从自然界中产生并区别出来，在这过程中人的精神世界又怎样从人类社会中产生并区别出来，当然还要呈现出三者之间如何彼此联系、相互作用的复杂图景。

苏联体系中的辩证法为一般规律的体系奠定了较好的基础，但从前面提到的世界图景的三个问题来看，还是可以进一步改进的。首先一个问题是：这些范畴是否完整？苏联体系采用了恩格斯的辩证法主要规律的提法，并把对立统一规律摆在最前面，应该说，这是很正确的，但把其余非主要规律称做范畴，则缺乏科学的根据。其实规律必须用范畴来表述，范畴是表述规律的主要形式，二者是不能并列的，应该一律称为规律，只需把对立统一、量变质变、否定之否定三个规律视做主要规律。在辩证法规律中还应增加一些，例如整体与部分、一般与个别、普遍与特殊、绝对与相对等。其次的问题是：这些规律如何排序？这些规律当然无客观史可言，认识史亦难以确定它们的先后，比较妥善的做法应该是根据它们之间的关系。三个主要规律的排序就是比较合理的：对立统一是辩证发展的源泉，量变质变是对立统一的具体表现，否定之否定是一个发展阶段的完成。这三个规律无疑应排在最前面，其作用将贯穿在其他规律之中。其他规律的排序亦应由它们之间的关系来决定。应该指出，这些规律的关系往往是相互的，即双向的，它们的先后关系也不可能是绝对的。第三个问题是：规律的普遍性的根据何在？当然还是在于科学的发展，科学的发展如果否定了某一规律，这个规律自然也要从辩证法中排除出去。

马克思主义哲学的其他组成部分，亦即几种部门哲学，均有自己的明确的对象，都应该按照世界观的模式展开，形成自己的体系。

总起来讲，马克思主义哲学的科学体系，在现当代条件下，应该是一总五分，即一个世界观，五个部门哲学——历史观、人学、认识论、价值论和方法论。我们目前呈献给读者的这本书，就是按照这种构想撰写的。最后，我们想对大家感兴趣的两个问题谈一点想法。

一是名称问题。名实相副无疑是普遍认同的命名原则。按照上述内容，我们认为还是"辩证唯物主义"的名称能够最准确地表达马克思主义哲学的本质特征，最能代表它的根本精神。辩证与唯物代表了马克思主义哲学世界观的两个主要方面，世界观贯穿于所有部门哲学，因而辩证与唯物成了世界观与其他组成部分的共名，不仅世界观是辩证唯物主义，历史观、人学、认识论、价值论和方法论也都是辩证唯物主义的。马克思主义创始人虽然没有用过这一名称，但他们对辩证法与唯物主义的鲜明立场足以说明这一名称是完全符合他们的思想的。

二是前景问题。在有些人看来，辩证唯物主义是过时的陈旧的东西，行将进入历史垃圾箱。这一预言毫无根据。真理、科学是不会完全过时的，即使像加减乘除那样简单的初步的东西，人们的生活永远不能离开它，何况真理、科学！它们永远年轻，永远充满生机活力，与时俱进，日新月异！辩证唯物主义就是这种真理的哲学、科学的哲学。它的生命力来自全人类的实践，它的伟大的功能是服务于实践，实践使它生机勃勃，它使实践硕果累累。辩证唯物主义一旦出现，就将与人类实践共同前进，共同繁荣兴旺。由于认识上和意识形态上的原因，辩证唯物主义至今未能得到全人类的认同，但这一天最终是会到来的。

第二篇

辩证唯物主义世界观

无限的世界，不仅是不依人的主观意识为转移的客观实在，具有物质性；而且是普遍联系，永恒运动，由矛盾构成，具有辩证性，是物质性与辩证性的统一。辩证唯物主义，作为对整个世界的宏观把握，就是对世界的物质性、辩证性及其辩证统一的正确反映，是科学的世界观。它旨在引导人们按照世界的本来面貌，实事求是地认识事物、解决问题，实现主观与客观、理论与实践的具体的历史的统一，也是科学的方法。从根本上说，这种科学的世界观是符合人类思维的本性的，因为人的思维不过是外部世界的主观映象，"观念的东西不外是移入人的头脑并在人的头脑中改造过的物质的东西而已"。① 它所坚持的是人类正确认识世界的思想路线，代表着人类哲学思考的主流。认识史表明，辩证唯物主义是人类以往科学知识与哲学思想长期发展的优秀成果，是当今"时代精神的精华"，是有阶级以来，历史上最先进的阶级——无产阶级的世界观。无产阶级只有解放全人类才能最后解放自己。它的解放事业与社会发展的客观趋势、广大群众的根本利益是一致的。所以，同历史上的剥削阶级相反，它无须掩盖自己哲学的阶级性，而是公然申明辩证唯物主义是为无产阶级解放事业服务的。其另一个显著特点是实践性，强调理论对于实践的依赖关系，理论的基础是实践，又转过来为实践服务。

① 《马克思恩格斯选集》第 2 卷，人民出版社 1955 年版，第 112 页。

第　一　章

世界的物质性

本体论是哲学的根基，人类信念的支柱。马克思主义哲学作为科学的唯物主义是以物质本体论为理论基石的。所以，它认为世界的真正统一性在于物质性；物质是系统的；运动是物质的根本属性；物质以时间和空间的形式存在着；在运动中传输信息是物质联系的普遍方式；物质的运动是有规律的。马克思主义哲学关于世界物质性的原理是辩证唯物主义世界观的本体论前提，也是我们所坚持的从实际出发、事实求是的思想路线的理论依据。

第一节　世界的统一性在于物质性

一、不同哲学派别对于世界统一性的不同回答

在广阔无垠的大千世界里，存在着千姿百态的事物和现象，有微观世界的分子、原子、原子核、基本粒子，也有宏观世界的各种物体和星球；有生命物质，也有无生命物质；有自然界的，也有人类社会的；有物质的现象，也有精神的现象；有看得见摸得着的，也有看不见摸不着的。在这些复杂多样的事物和现象中，有没有共同的本质、本原？共同的本质、本原是什么？

多样性与统一性的关系问题，一直是各派哲学共同关注并不断探索的问题。对此不同的哲学派别有着不同的回答。

唯心主义从精神本体论出发，认为世界统一于精神，主观唯心主义认为

世界统一于人的主观意识，"物质是观念的集合"、"物是感觉的复合"、"存在即被感知"；客观唯心主义认为世界统一于"客观精神"，"物质世界是理念世界的影子"、"物质世界是绝对观念的外化"。二元论认为世界有物质与精神两个互不相属彼此独立的本原，由于它否定了精神对物质的依赖性、物质对精神的根源性，虽然在一些问题上动摇于唯物主义与唯心主义之间，但最终倒向了唯心论。

"唯物主义的基本前提是承认外部世界，承认物在我们的意识之外并且不依赖于我们的意识而存在着。"[①] 认为世界统一于物质，坚持物质本体论。在哲学史上物质本体论有一个发展过程。

二、旧唯物主义物质本体论的演化

从古代最初的唯物主义说起，大约在公元前六世纪，古希腊出现了西方第一个唯物主义学派，即伊奥尼亚学派。它依据人们的直观经验，认为某一种具有固定形体的物质是万物的本原。如泰勒斯认为水是万物的本原；赫拉克利特认为火是万物的本原。在中国古代哲学中，有气一元论。它认为世界上的一切现象，包括物质现象和精神现象都统一于"气"，气是万物的本原。

这种观点的形成绝非偶然。这时，人类历史的发展，虽然已从蒙昧的原始时期进入了奴隶社会，毕竟处于低级阶段，生产实践的广度与深度都是比较有限的。因此，人们只能在比较狭小的范围内，直接认识与生产生活紧密相关的一些事物，从而得到一些具体知识，并在比较贫乏的具体知识的范围内，去寻找万物的本原。这样找的结果，只能把一些常见的、比较大量的、与生产生活关系最紧密的具体东西，当做产生万物的始初物质，从而形成对整个世界的总的看法。这就使得作为世界本质的概括性的东西，不但没有舍掉具体的东西，而是体现为具体的东西，用某种具体的存在物来代替所有具体物质形态的客观实在性。可见，泰勒斯讲的水就是西方哲学史上最初的物质概念。

随着人们实践范围的扩大和理论思维能力的提高，古代唯物主义的发展

---

①　列宁：《唯物主义和经验批判主义》，人民出版社 1950 年版，第 72 页。

进入了新的阶段，公元前五世纪，古希腊出现了以德谟克利特为代表的原子论。原子论对世界本原的了解前进了一步，它不再把万物的本原归结为某种具有固定形体的物质如水、火等，而认为原子和虚空是万物的本原。物质就是原子，它的基本特点是具有绝对的"充实性"，中间没有"空隙"，也不能毁坏。

这种看法囿于当时的历史条件与人们的认识水平，不像近代的原子论那样以实验科学为根据，而是以直观存在物为原型的。它讲的原子不是具体指物质结构的某一层次，而是笼统地指某种最小的、不可分割的颗粒。所以，从某种意义上说，它对原子的了解只是一种比喻，或者叫朴素的猜测，而不是科学的说明。但是，这种比喻、猜测是很有意义的。它使人们对物质的认识由外部可感觉的性质深入到物体内部结构中去了，开辟了从内部组成因素和结构方面来说明外部特性的道路。这是古代唯物主义的重大成就，现代物质层次结构论的萌芽。

综上所述，古代朴素唯物论，无论是始初时期还是后期阶段，都坚持从物质本身寻求物质世界的统一性，在本质上是正确的。但是，把万物的本原归结为某种特殊形态，或某种最小的不可分割的物质微粒，则是不妥当的。这实际上是把世界的物质性与物质的某种特殊形态、某种组成成分混同起来，把特殊当成了一般，使作为反映万物本原的物质概念，只能概括有限多样性的统一性，不能反映无限多样性的统一性，具有以偏概全的缺点。陷入了用具体的物质形态或存在者担当终极实在角色的"终极实在悖论"。

近代唯物主义怎样了解物质本体呢？

随着资本主义经济的萌芽和发展，15世纪后半叶产生了近代自然科学。新的科学成果表明：自然界的各种物质形态都是由不同的元素组成的，元素是组成化合物的基本单位；各种元素的分子又可以进一步分解为原子。原子是当时科学认识已经达到的关于物质结构的最深层次。人们认为，原子是最小的物质单位，各种元素的原子既不可分割，也不能相互转化；它具有不可分性、不可入性、一定质量、一定广延、按力学规律运动。在此基础上，近代唯物主义在解决万物本原问题时，就把世界的本原归结为原子了，认为原子是宇宙之砖，原子的特性就是一切物质的特性，物质就是原子。

18世纪法国唯物主义的观点就是这样。总的来说，它对物质的了解是从物质结构着眼，停留在古典物理学的水平。比如，爱尔维修在《论精神》中写道："物质并不是一件东西，自然界中只有一些我们称之为形体的个体，物质这个名词只能了解为那些为一切形体所固有的特性的集合。"①

他的论述，一方面不是把物质归结为"称之为形体的个体"。而认为它是对一切形体的共同特性的概括，是物质的抽象，比古代唯物主义对物质的了解前进多了，这是它的进步性；另一方面，它所说的特性集合，无非是当时认识到的关于原子的一些属性，实际上是把哲学物质概念的内涵归结为原子的属性了，带着浓厚的古典物理学色彩，仍然具有把世界的物质性与物质的某种特殊结构相混同的缺点，即以偏概全的缺点，仍未摆脱"终极实在悖论"。

但必须看到，在 18 世纪法国唯物主义者中已经出现了突破这一局限的趋势，作出了克服这一局限的努力，在近代唯物主义物质观中产生了内在否定性。比如，霍尔巴赫对物质的了解比狄德罗、爱尔维修等人就深入了一层，颇有创见。他在《自然体系》中指出："直到现在为止……人们对物质只不过抱着一些残缺的、空泛的、肤浅的概念。"②应该怎样来定义物质呢？他写道："对于我们来说，物质一般地就是一切以任何一种方式刺激我们感官的东西；我们归之于不同的物质的那些特性，是以不同的物质在我们身上造成的不同的印象或变化为基础的。"③意思是说，物质并不是一件东西，而是作用于人们的感官而引起感觉的客观实在的东西。在这里，他虽然还没有明确认识到客观实在性是物质的根本特性，但是已开始从物质的客观实在性，以及这种实在性与人的意识的关系方面考虑问题了。这是朝着科学地解决世界的物质统一性问题，迈出了十分重要的一步，为辩证唯物主义物质范畴的形成提供了重要的思想资料。

三、辩证唯物主义的物质范畴——物质本质一元论

辩证唯物主义在总结旧唯物论的经验教训和新的科学成果的基础上，对万物本原的认识深化了。它认为不能把万物的本原归结为某一物质客体或某种物质结构，应归结为万物的共同本质，作为反映本原的物质范畴应该科学

---

①②③　《十八世纪法国哲学》，商务印书馆 1963 年版，第 450、587 页。

地概括一切事物的普遍本质，揭示无限多样性的统一性。

恩格斯在谈到物质范畴应有的内涵时，明确表达了这样的思想。他说，物质"这样的名词无非是简称，我们就用这种简称，把许多不同的、可以从感觉上感知的事物，依照其共同的属性把握住"，① 意思是说，物质是对所有具体事物的共同本质的正确反映，是从各种实物的总和中抽象出来的，是舍掉了一切事物的具体特性、具体结构、具体功能和具体差别的结果。所以，他进而强调说："当我们把各种有形地存在着的事物概括在物质这一概念下的时候，我们是把它们的质的差异撇开了。"② 同时，恩格斯还针对机械唯物论把物质归结为原子的局限性，指出"原子决不能被看作简单的东西或已知的最小的实物粒子"，③ 原子"是在分割的无穷系列中的一个'关节点'，它并不结束这个系列"。④ 以后，电子和某些元素的放射性现象的发现，证实了恩格斯的预见，也进一步表明了不能把世界的统一性归结为物质的某种特殊结构，归结为结构性。恩格斯在《反杜林论》中明确说："世界的真正统一性是在于它的物质性。"⑤ 物质性即客观实在性。

正当 19 世纪末 20 世纪初物理学上的新发现严重地冲击了机械论的物质观，唯心主义者乘机向唯物主义大举进攻，一些受形而上学思想支配的自然科学家陷入思想混乱的时候，列宁依据马克思主义哲学根本原理，概括现代科学的新成就，发挥了恩格斯的思想，给物质下了一个科学的定义。他说："物质是标志客观实在的哲学范畴，这种客观实在是人通过感觉感知的，它不依赖于我们的感觉而存在，为我们的感觉所复写、摄影、反映。"⑥

这个定义深刻地论述了世界的物质性，集中体现了辩证唯物主义的物质观。这表现在：

第一，它指出了物质性即客观实在性，认为无论物质的任何具体形态、具体结构、具体属性都有这一共同特点。它们既不是我的感觉，又不是客观精神的产物，精神不过是人脑这块复杂物质的机能，它不能脱离物质独立存在，成为世界的另一个本原。这个定义与唯心论、二元论鲜明地对立起来。

---

①②③　恩格斯：《自然辩证法》，人民出版社 1971 年版，第 214、233、247 页。

④　《马克思恩格斯全集》第 31 卷，人民出版社 1972 年版，第 309 页。

⑤　《马克思恩格斯选集》第 3 卷，人民出版社 1995 年版，第 383 页。

⑥　《列宁选集》第 2 卷，人民出版社 1995 年版，第 89 页。

同时，它也指出了客观实在性是可知的，指明了人的认识对象和知识的源泉，为辩证唯物主义反映论和可知论提供了理论前提，与唯心论先验论、不可知论鲜明地对立起来。可见，它正确地回答了哲学基本问题所包含的两方面的问题，把对物质概念的规定同解决哲学基本问题紧密地联系起来，集中反映了唯物主义世界观的实质。

第二，它不是把某种物质实体或物质结构的原子层次或主体与客体的中介——实践，当做万物的本质，而是把整个世界从根本上统一起来的本质特性——客观实在性，即物质性当做万物本原、宇宙本体，它指出了世界的统一性在于客观实在性，创立了物质本质一元论。所以它具有最大的普遍性与概括性。它不仅能概括自然物质而且能概括社会存在，把唯物论贯彻到社会历史领域。在自然界，它不仅能概括宇宙天体、物体、高分子聚合物等宇观的、宏观的物质层次，而且能概括分子、原子、原子核、基本粒子、夸克等微观的物质层次。它能容纳物质形式、属性、关系等无穷无尽的多样性及其不断的变动性，适用于过去现在和未来，是包罗万有的统一性，没有以偏概全的缺点，克服了"终极实在悖论"。它不会因为自然科学关于物质结构学说的变化而受到唯心主义的冲击。对它来说，所谓"物质变成了能量"不过是具有静止质量的实物粒子变成了不具有静止质量的场；所谓"反物质"不过是具有某些相反的物理特性的实物；所谓"物质的湮灭"不过是实物粒子与反实物粒子在强相互作用中变成不具有静止质量的光子；所谓"宇宙膨胀"，不过是人类观测所及的那一部分物质世界的膨胀，如此等等。尽管上述这类物质的具体形态和具体特性是无限多样的、不断变动的，但是它们都具有客观实在性这一共同特性。这个定义准确地抓住并彻底地克服了旧唯物主义物质概念的主要缺点，把哲学的物质范畴与自然科学关于物质结构的具体学说明确地区别开来，强调物质是标志客观实在的"哲学范畴"。这样，它不仅消除了唯心主义攻击唯物主义的一个主要口实，而且为我们对物质结构的进一步探讨指明了方向，开辟了广阔的天地。

辩证唯物主义的物质范畴科学地论证了世界的物质统一性。它表明辩证唯物主义作为一种世界观，从总体上是符合世界的本来面目的，为我们提供了一幅世界的真实图景。这是因为世界按其本质来说是物质的而非精神的产物。所以，它集中体现了辩证唯物主义的科学性，也表明了辩证唯物主义的根本原理是同人们的实践经验完全一致的，是与人们在长期社会实践中形成的朴素的唯物论思想完全一致的。

这个原理是辩证唯物主义与历史唯物主义整个理论大厦的基石，是我们党的从实际出发，实事求是，理论联系实际的思想路线的主要理论依据，是我们按照世界的本来面貌认识世界，遵循世界固有的发展规律改造世界的坚实的哲学基础。因此，正确地理解和运用辩证唯物主义的物质范畴，在理论上和实践中都有极其重要的意义。在这个问题的理解与运用上稍有偏差就会带来严重的不良后果。

四、世界的物质性与辩证性的统一

物质世界不仅是不依人的主观意识为转移的客观实在，具有物质性；而且是普遍联系，永恒运动，充满信息，由矛盾所构成，具有辩证性，是物质性与辩证性的统一。辩证唯物主义哲学作为系统化理论化的世界观，既要研究世界的物质性，形成自己的物质本体论思想，又要探讨世界的辩证性，形成自己的辩证法思想。其物质本体论与辩证法本质上是统一的。这种统一是以世界的物质性与辩证性的统一为客观依据的。因此，它们之间存在着相互结合的内在必然性。

从马克思主义哲学的形成来看，它是在哲学的发展经历了古代的朴素唯物论、近代的机械唯物论，在新的历史条件下实现了唯物论与辩证法的有机结合后诞生的。它是在科学的发展从直观思辨、经验分析，进入辩证综合阶段之后，在新的科学成果已从本质上揭示了自然界的辩证联系与物质统一性的基础上，进行理论升华的产物。

从马克思主义哲学的理论内容来说，马克思主义哲学产生以后，它的创始人和理论大师们，一方面再三论述：他们的辩证法是以唯物主义为基础的辩证法，认为辩证法的规律是从自然界与人类社会历史中抽象概括出来的，而不是把这些规律作为思维规律强加于自然界和历史的；另一方面再三阐明：他们的唯物论，不是非辩证的形而上学唯物论，而是与辩证法思想相结合的辩证的唯物论。正如列宁所说，马克思恩格斯不是一般地重复唯物论的过去的一些结论，"他们所特别注意的是修盖好唯物主义哲学的上层……因此，马克思恩格斯在他们的著作中特别强调的是辩证唯物主义，而不是辩证唯物主义，特别坚持的是历史唯物主义，而不是历史唯物主义"。①

事实正是如此，在辩证唯物主义的一系列原理原则中都贯穿着唯物论与辩证法的有机统一。比如，在世界的物质统一性原理中包含着辩证法思想，它认为世界统一于物质，而物质与运动不可分，世界的物质统一性是无限多样性的统一性，包罗万有的统一性。又如，辩证法原理又以唯物论思想为基础，它认为辩证法的基本规律和范畴都具有客观性、普遍性，其作用都有必定性和不抗拒性。至于辩证唯物主义的认识论，作为能动的革命的反映论，既坚持了唯物主义的反映论原则，又把辩证法应用于反映过程，把科学的实践观点引入认识论，具体体现着唯物论与辩证法的有机统一。

第二节　物质世界的存在方式

一、运动是物质的根本属性

什么是运动：具体科学的运动概念讲的是各种具体运动形态的特殊规律、个性；辩证唯物主义运动范畴讲的则是所有具体运动形态的普遍规律、共性。运动范畴，就其外延来说，不是仅指一个个的具体运动形态，诸如机械运动、物理运动、化学运动、生命运动、社会运动等等，是指整个物质世界的一切运动，"它包括宇宙中发生的一切变化和过程，从单纯的位置移动起直到思维"。② 运动范畴，就其内涵来说，是对各种具体运动形式的共同特点所作的科学的抽象和概括，"应用到物质上的运动，就是一般的变化"。③ 这就是说，以整个物质世界的运动为对象的运动范畴，其内涵就是一般的变化。所以这里讲的运动是就最一般意义来说的，是在被理解为存在的方式，被理解为物质的固有的属性的意义上来说的。

物质与运动不可分：辩证唯物主义认为，运动是物质的根本属性，包括两方面的含义：第一，世界上任何物质形态都在不停地运动，脱离运动的物质形态是没有的；第二，世界上的任何运动也离不开物质，脱离具体物质的

---

① 《列宁选集》第 2 卷，人民出版社 1995 年版，第 225 页。
② 《马克思恩格斯选集》第 4 卷，人民出版社 1995 年版，第 346 页。
③ 《马克思恩格斯全集》第 20 卷，人民出版社 1971 年版，第 591 页。

运动也是没有的。总之，世界既是物质的又是运动的，物质与运动不可分。

物质为什么会处在不停的运动中？因为任何事物的内部和外部都处在相互联系、相互作用中。内部联系构成事物的内部矛盾，外部联系构成事物的外部矛盾，"矛盾着的对立面又统一又斗争，由此推动事物的运动和变化。"① 事物内部各个要素之间的相互作用以及事物与事物之间的联系和作用，使事物不停地运动、发展、变化。矛盾的普遍性和斗争的绝对性，决定了运动的永恒性、绝对性。

人们的实践经验和大量的科学事实都证明了物质运动的永恒性。从宏观世界来看，我们居住的地球围绕着太阳不停地进行着公转和自转。在太阳系的范围内，地球以每秒29.8公里的速度绕太阳公转，由于地球的自转，使赤道附近的人"坐地日行八万里"。（以地球直径为12500公里、圆周率为3.1416计算：12500公里×3.1416＝39270公里，约等于八万里）每小时要随地球运行3000多里。太阳也进行着公转和自转，它以每秒250公里的速度绕银河系中心旋转，公转一周需要2.2亿年，在赤道处自转一周约需25天。在太阳这个炽热的气团里不停地发生着热核爆炸。已发现的10亿多个类似于银河系的星系岛屿无一不处在剧烈的运动之中。每一个星球都要经历产生、发展和灭亡的运动过程。

在微观世界里，每个物体内部分子在不断地运动着。组成分子的原子也在不断运动着。在原子内部，电子围绕着原子核运动。在原子核内部，质子和中子以及比质子、中子更小的粒子也处在不停的运动中。已发现的三百多种基本粒子，都以运动的状态存在着、转化着。

在生物有机界，每一个生物个体时刻不停地进行着新陈代谢、同化异化的矛盾运动。每一个生物也都有产生、发展和灭亡的历史过程。生物物种也在不断地发生着变化，整个生物界的过去、现在和将来经历着由低级到高级、由简单到复杂的运动发展过程。

人类社会也是不断运动变化的。已经经历了原始社会、奴隶社会、封建社会、资本主义社会、社会主义社会几种社会形态。即使将来实现了共产主义社会，人类社会仍要继续运动发展。

① 《毛泽东著作选读》下册，人民出版社1986年版，第766页。

人的思维器官在外界事物的作用下，不停地进行着思维活动。随着人们实践水平的提高，人的思维活动将越来越深入地认识客观事物。人的认识活动也是不断运动、变化和发展的。

总之，任何事物都处在运动中，物质离不开运动。正如恩格斯所说："从最小的东西到最大的东西，从沙粒到太阳，从原生生物到人，都处于永恒的产生和消失中，处于不断的流动中，处于不息的运动和变化中。"① "没有运动，物质是不可想象的。"②

世界上的任何运动也离不开物质。脱离物质的运动也是没有的。因为运动必须有它的物质主体，从简单的机械运动到复杂的社会运动和思维运动，都离不开运动的主体。比如，机械运动的主体是宏观物体。物理运动的主体是分子、原子、原子核和场等。化学运动的主体是原子、离子、原子团等。生物运动的主体是蛋白质和核酸等物质。社会运动的主体是处在一定生产方式中的人。思维运动的物质主体是人的大脑。总之，世界上不存在没有物质的运动。脱离物质的所谓"纯粹"的运动也是没有的。正如马克思恩格斯所说："物质是一切变化的主体。"③

由于运动是物质的根本属性，一切物质都处在一定运动中，所以我们要认识物质，就要认识物质的运动形式。比如，要了解物质的化学成分，就要通过物质在化学运动中的情况来确定。要了解电子的性质，就要通过电子在物理运动中的情况来确定。人们目前已获得的各种知识如物理、化学、力学、生物、地质、地理等，实际上都是对物质运动形式认识的成果。研究物质的运动对于认识事物有着重要作用。毛泽东说："人的认识物质，就是认识物质的运动形式，因为除了运动的物质以外，世界上什么也没有。"④

唯心主义和形而上学对运动的看法是错误的。它们都把运动和物质割裂开来。唯心主义把运动看做是精神的特性，否认物质是运动的主体。主观唯心主义者把运动看做是人的思想、表象和感觉等主观意识的运动，认为"只有我的感觉在交替交换，只有我的表象在消失和出现，仅此而已。在我

---

①② 《马克思恩格斯选集》第 4 卷，人民出版社 1995 年版，第 271、347 页。

③ 《马克思恩格斯全集》第 2 卷，人民出版社 1957 年版，第 164 页。

④ 《毛泽东选集》第 1 卷，人民出版社 1991 年版，第 308 页。

之外，什么也没有。'在运动着'——这就够了"。[1] 客观唯心主义者把运动看做是"绝对精神"、"天命""理""道"之类的所谓客观精神的运动。比如，黑格尔就认为"绝对观念"在自然界和人没有出现之前早已存在，由于绝对观念的不断运动，到一定时候才外化为自然界和人类社会。无论是主观唯心论或客观唯心论，都认为运动可以离开物质，运动是纯粹精神的运动。

近现代的一些唯心主义，通过对自然科学上一些新发现的曲解，宣扬把物质和运动相割裂的观点。19 世纪末 20 世纪初西方出现的"唯能论"就是如此。"唯能论"的创始人是德国的物理学家化学家威廉·奥斯特瓦尔德。当时，由于在自然科学上发现了电子和 X 射线等，使机械唯物论的物质观发生动摇。于是"唯能论"认为，物质消灭了，变成能了。并认为自然界所出现的一切运动过程，如电子过程、化学过程以及人的精神过程都是能量的转化过程，能量是唯一的"世界实体"，是组成世界万事万物的基础。他们认为物质不是组成世界的基础，反对原子论，主张用"唯能论"去代替原子论。列宁在《唯物主义和经验批判主义》中指出："唯能论物理学是那些想象没有物质的运动的新的唯心主义尝试的泉源，这种尝试是由于以前认为不可分解的物质粒子的分解和从来没见过的物质运动形式的发现而产生的。"[2] 后来，"唯能论"又曲解自然科学上所发现的质量和能量相互关系的定律（即 $E = MC^2$，能量等于质量乘以光速的平方）和正负电子相遇转化为光子的现象以及原子核质量亏损等现象，来证明能量可以离开物质而单独运动。

"唯能论"认为，质量和能量相互关系的定律说明了物质可以转化为能，能也可以转化为物质。物质可以从有中变为无，也可以从无中变为有。其实，质量和能量相互关系定律 $E = MC^2$ 反映了物质的质量和物质的能量间存在着的普遍规律，说明了物质所具有的质量和物质所具有的能量是不可分割的。从这一定律可以看出，物质的质量越大，物质的能量也越大；质量越小，物质所具有的能量也越小。不可能有一个离开物质的单纯的能量存在，也不可能有一个离开物质的单纯的能的运动。离开电子不会有电能，离开各

---

[1][2] 列宁：《唯物主义和经验批判主义》，人民出版社 1950 年版，第 267、274 页。

种元素的原子不会有化学能，离开了进行无规则运动的分子也不会有热能。当一个物体在一种运动形式上失去一定能量，而另一个物体从这个运动形式上得到一定能量时，并不是说仅仅只有能从一个物体上分离出来，跑到另一个物体上。而是说，从一种运动形式转化到另一种运动形式。能量的转移离不开物质的转移。因此，"唯能论"妄图从质能相互关系定律导出能量可以脱离质量的结论是不能成立的。

"唯能论"还把正负电子相遇转化为光子的现象解释为物质和能之间的互相转化，认为光子不是物质，而是单纯的能，以此证明"物质消灭了"，只剩下能了。其实，正负电子相遇转化为光子并不能证明有离开物质的单纯的能。光子也是一种物质，具有微粒性和波动性。它虽然没有静止质量，但具有运动质量。根据质量和能量相互关系的定律，可知光子具有能量。总之，正负电子相遇转化为光子的现象，是物质运动形态的相互转化，并不是物质转化成了可以脱离物质的纯粹的能。当正负电子对转化成光子时，正负电子所具有的能量也转化成光子的能量了。

所谓质量亏损，是指原子核在发生裂变后所产生的物质的原子核的质量小于裂变前原子核质量的现象。"唯能论"认为亏损的那一部分原子核里的物质转化成能了。能可以脱离物质而单独运动。但实际上原子核裂变后质量亏损是由于没有静止质量，但有运动质量。若不把具有运动质量的物质计算进去，裂变后原子核的质量当然减少。比如，铀原子核裂变后可以生成钡原子核和氪原子核，还有许多射线。如果仅计算裂变后生成的钡原子核和氪原子核的质量，而不计算具有运动质量的各种射线的质量，自然会得出"质量亏损"的结论。因此，原子核裂变后质量减少并不是质量转化成了脱离物质的纯粹的能量，而是没有把裂变后所产生的所有物质的质量都计算进去。质量亏损现象并不能证明"唯能论"观点是正确的。

近代物理学上的"宇宙热寂论"，也否认物质运动的永恒性。热寂论是19世纪60年代德国物理学家克劳修斯提出的。热寂论认为，由于热不可能自发地不付出代价地从一个低温物体传到另一个高温物体，即热的传导具有不可逆性，而宇宙中各种运动形式最终都变成热，热也只能从高温传到低温，因此宇宙间的温度愈来愈趋向平衡，使宇宙最终处于永恒的死寂状态。这种理论也是不能成立的，宇宙间总的能量是不会减少的，它只能随物质运动形式的转化而转化。恩格斯说："放射到太空中去的热一定有可能通过某种途径（指明这一途径，将是以后自然科学的课题）转化为另一种运动形式，在这种运动形式中，它能够重新集结和活动起来。"[1] 宇宙中既然有能量弥散或退降过程，就必然有能量集中过程。有的地方冷下去，有的地方会热起来，不可能达到无差别的平衡境界。比如，电流在外电路里是由电位高的地方流向电位低的地方，而在内电路里则是由电位低的地方流向电位高的地方。在太阳系中既有弥漫物质急剧收缩产生的热，又有恒星裂变后放出的热。"热寂说"看不到事物在一定条件下可以转化，看不到事物运动过程中相反过程的发生。只看到功变成热，看不到热变成功；只看到排斥占优势时而导致的能量的散失，看不到吸引占优势时而导致的能量的集中。因此，得出了能变成功、功变成热、热不能转化成其他形式的能，宇宙走向热寂的错误结论。按照"热寂说"的观点，宇宙原先存在的运动形式，也不是宇宙内部矛盾斗争的结果，而是由于宇宙之外的神秘的力量作用的结果，宇宙热寂后要想再动起来，也只有求救于上帝了。

形而上学唯物论认为，事物从本质上讲是不运动的，即使有运动变化，也只是位置的移动和数量的增减，不会发生质变。并且，这种变化也是由于外力推动引起的。否认运动是物质的根本属性，认为物质运动变化的原因在物质之外。比如，17 世纪英国哲学家霍布斯就认为：物体的固有性质有广延或形状，运动不是物体的固有属性。再如，英国的物理学家牛顿，在说明天体的运动变化时，用万有引力定律说明了宇宙间各种星球的运动状况，他认为一切行星和卫星在有了一个初始速度后，由于万有引力的作用，它们可以沿着固定的轨道不断运行。但是，这个初始速度却是"精通力学和几何学的上帝"所给予的切线力的推动，才使星球具有初始速度而运转起来。因此，牛顿认为，物质的根本特性是"惰性"，没有外力推动，自己不会运动。他说："没有神力之助，我不知道自然界中还有什么力量竟能促成这种横向运动。"牛顿由形而上学陷入了宗教神学。其实，星球所具有的初始速度是星球本身固有的，每一个天体都有自己产生、发展和转化为其他物质形态的过程。由于形成星球的原始物质就具有运动速度，所以形成星球后星球

---

[1] 《马克思恩格斯全集》第 20 卷，人民出版社 1971 年版，第 378 页。

也具有运动速度。又由于万有引力作用，以及各种星球的质量、能量和其他星球的相对位置等因素，使星球以一定的轨道绕太阳运转。星球的运动是它们自己的属性，根本不需要也不可能有上帝的推动。

由上可知，物质和运动是不可分割的，如果把物质与运动割裂形来，势必导致唯心主义和形而上学。列宁指出："使运动和物质分离，就等于使思维和客观实在分离，使我的感觉和外部世界分离，也就是转到唯心主义方面去。"① 因此，掌握运动和物质不可分的原理，对于彻底坚持唯物主义一元论，反对唯心主义和形而上学有着重要意义。

绝对运动与相对静止：辩证唯物主义认为，一切事物都处在运动变化之中，物质的运动是永恒的、无条件的、绝对的。同时，也承认在绝对运动中有相对静止。任何事物的运动都是绝对运动和相对静止的辩证统一。

所谓相对静止，是说静止是运动的特殊状态，是在事物的绝对运动、变化的过程中出现的，是动中之静。这种静止是暂时的、有条件的、不是绝对的，所以叫相对静止。正如恩格斯所说："任何平衡或者只是相对的静止，或者甚至是平衡中的运动，如行星的运动。绝对的静止只是在没有物质的地方才是可以想象的。"② "从辩证的观点看来……绝对的静止、无条件的平衡是不存在的。个别的运动趋向于平衡，总的运动又破坏平衡。因此，出现静止和平衡。"③ 具体讲，相对静止有以下几种情况：第一，在机械运动中，某一个物体相对于另一个物体在位置方面没有发生变化，处于相对的稳定状态。比如，我们在教室里坐着听课，我们的身体相对于地面来说没有发生位置的移动，即相对于地面来说我们没有作机械运动，从这个意义上说，我们是静止的。但这种静止是相对的，而不是绝对的。因为，在我们每个人的身体内部一刻也不停止地进行着新陈代谢运动，一直在进行着物理的、化学的、机械的等形式的运动。这里说我们身体处于静止状态，是就我们的身体没有作某种特定运动，即机械运动而言的，并不是绝对静止了。再比如，我们坐在火车里，相对于火车车厢来说，没有发生位置移动，可以把我们看做是静止的。但我们和车厢相对于窗外的田野和树木来说，又是在运动中。在

① 列宁：《唯物主义和经验批判主义》，人民出版社 1950 年版，第 267 页。
② 《马克思恩格斯全集》第 20 卷，人民出版社 1971 年版，第 664 页。
③ 《马克思恩格斯选集》第 3 卷，人民出版社 1995 年版，第 402 页。

这里，说我们是静止的，只是以车厢为参照物而言的，只是从我们和车厢的位置没有发生变化而言的，并不是绝对静止，而是相对静止。第二，任何事物在它产生以后，消亡之前处于量变阶段，没有发生根本性质的变化，这也是相对静止的情形。比如，水加热到一定程度要变成气，是水由量变状态发展到了质变状态，但当水还没有变成气之前，处在量变状态时，水仍保持液态的性质。水仍然是水，而不是别的事物，这种量变状态和质变状态相比较，可以看做是静止的。但这种静止是相对的，因为事物虽然没有质变，但仍然有量变或部分质变。水分子在不停地运动着，有部分水分子先变成气蒸发出来。量的积累到达一定程度，原有事物的性质终究要发生根本变化，被另一事物所代替。社会形态的更替也是如此。在旧的社会形态没有被新的社会形态代替之前，处在量变阶段，保持其社会形态的本质特点，然而这种静止状态是暂时的。变革旧社会的力量不断发展，新社会终究会代替旧社会，社会运动永远不会停止。所以，静止是相对的，运动是绝对的。第三，在同样条件下，同类事物的运动规律性是重复出现、稳定不变的，这种情况也可以看做是相对静止。比如，在化学反应中，酸碱中和能生成盐和水。不管在什么时候，也不管具体是什么酸、什么碱，只要符合酸碱中和的条件，都能生成盐和水，这种规律的重复出现可以看做是稳定不变的、是静止的。但这种静止也是相对的，因为能够使规律表现出来的具体物质形态是在不断运动的。酸碱中和过程就是酸碱分子中的各种离子不断运动、结合的过程。在社会领域中，生产关系适合生产力性质的规律也可以看做是相对稳定的。不管任何国家、任何时候都是如此。但这种静止也是相对的。因为，在生产力中，人和物两种因素的矛盾在不断地运动。在生产关系中，所有制的形式、分配形式以及人和人之间的关系都处在矛盾运动中。

总之，相对静止不是脱离运动的绝对不变，而是指变化过程中的一定阶段（量变阶段），或者是指运动过程中的一定关系（一个物体相对于另一个物体相对位置不变的关系）；或者是指运动规律的重复出现。相对静止的这些情况都离不开物质的绝对运动。世界上没有绝对静止的事物。

综上所述，运动和静止的关系是既对立又统一的辩证关系。运动是永恒的、无条件的、绝对的，静止是暂时的、有条件的、相对的。运动和静止各有不同的意义，这是二者对立的方面。同时，运动和静止又是统一的。运动和静止是相互贯通、相互渗透的。在绝对运动中包含有相对静止，在相对静止中又贯穿着绝对运动。动中有静、静中有动，任何事物的变化都是绝对运动和相对静止的统一。

掌握事物绝对运动和相对静止的原理对于我们认识世界和改造世界有着重要意义。了解事物的绝对运动，使我们知道物质世界之所以具有多样性、丰富性和生动性，都是物质运动的结果。没有物质的绝对运动就不可能有丰富多样的物质世界。比如，无机界中的各种物质形态、生命现象的出现、人类社会的出现以及各种各样的物质现象都是物质运动的结果。掌握事物的相对静止也有很重要的意义。第一，只有认识了事物的相对静止，才能认识事物的绝对运动。因为运动和静止是相互依赖、相互渗透的，绝对运动存在于相对静止之中，并通过相对静止表现出来。绝对运动只有通过相对静止来测量。因此，要认识事物的绝对运动，必须通过事物的相对静止才能把握。比如，要认识人类社会的运动发展，就离不开对一个个相对稳定的具体社会形态的认识。人类社会的绝对运动，是通过一个个相对稳定的具体的社会形态表现出来的。第二，认识了事物的相对静止，才能理解物质的多样性。绝对运动是事物发展变化的根源，相对静止是不同形态物质存在的根本条件。正如恩格斯所说："物体相对静止的可能性，暂时的平衡形态的可能性，是物质分化的根本条件，因而也是生命的根本条件。"[1] 没有相对静止，也没有物质的分化，物质世界也不会呈现出多样性。第三，只有承认事物的相对静止，才能认识和利用不同的事物。因为，由于事物的相对静止，才使得事物具有确定的形态和性质，人们才能把不同形态的物质及各种不同物质特性区别开来，从而认识和利用不同质的事物。比如，现在人们已发现的动物有一百多万种，植物有30多万种，正是由于事物的相对静止，才使它们相互区别，我们才能认识它们，利用它们。如果否认事物的相对静止，把任何事物看成是瞬息万变，不可捉摸，就无法认识事物和利用事物了。

坚持事物绝对运动和相对静止相统一观点，就必须批判两种相关的错误思想：一种是形而上学的不变论，一种是相对主义的诡辩论。形而上学的不变论，夸大事物的相对静止，否定事物的绝对运动，把相对静止绝对化。比

---

① 恩格斯：《自然辩证法》，人民出版社1971年版，第224页。

如，我国西汉时期的董仲舒认为："道之大原出于天，天不变，道亦不变。"① 所谓道，即封建社会的道德、政治、习俗等。他认为天是宇宙间至高无上的主宰，是"百神之大君"。② 世界上的任何事物都是天创造的，天不会变化，事物也永远不会变化。在封建剥削阶级掌握政权的社会里，这种观点成了维护剥削阶级的反动统治、镇压人民革命的理论根据。按照这种理论，剥削阶级对人民的统治是天经地义，永远不能改变的。

而相对主义的诡辩论则夸大事物的绝对运动，否定事物的相对静止。认为任何事物都是瞬息万变、不可捉摸的，否认事物间存在着质的区别。比如，古希腊的哲学家克拉底鲁认为，万物像旋风一样不可捉摸。他的老师赫拉克利特具有朴素辩证法思想，曾讲过"人不能两次踏进同一条河流"，表述了万物不断发展变化的思想。但是，克拉底鲁却认为，人连一次也不可能踏进同一条河流，因为一切都是瞬息即逝、变换不定的，人们根本不能认识事物。我国战国时期的庄子也持这种观点，他说："方生方死，方死方生。方可方不可，方不可方可。"他把生和死、可与不可之间的过渡和转化绝对化，完全抹杀了事物的相对稳定性和质的区别，得出了"万物齐一"的错误结论。实际上，生和死、可与不可之间虽然在一定条件下可以相互转化，但是毕竟有着本质的不同。庄子的相对主义诡辩论反映了没落阶级的人生观。

运动形式概念与基本运动形式划分：在力学兴盛时期，人们总是用"力"来解释一切运动变化，提出过重力、引力、弹力、机械力、磁力、电力、热力等概念。不过，力的概念太狭窄了，热现象、电现象怎能用力的概念来解释呢？这样解释必定是牵强附会的。以后，科学家们又提出了"能量"概念，企图用能量来解释一切。这样做也是不行的，怎样用能量来解释社会的发展变化呢？

辩证唯物主义在总结历史经验的基础上，提出了运动形式概念，就解决了这个矛盾，使人们对复杂运动现象的分析、概括进入了一个新的境界。这一范畴的确立，就意味着提出了运动形式与物质形态相对应的原理以及各种

---

① 《对策》。
② 《郊祭》。

运动形式相互转化的原理。这就进一步从理论上论证了物质与运动的统一，为科学的分类和科学研究对象的确定奠定了科学基础。

任何物质的运动必然要采取一定的形式。同物质形态的多样性相联系，物质的运动形式也是多样的。

根据恩格斯在《自然辩证法》中关于运动的基本形式的论述和现代科学发展成果，按照运动形式的复杂程度和运动形式的物质基础，笔者认为仍然可以将物质运动大体划分为五种基本运动形式：第一，机械运动，指的是物体位置变动，是最简单、最基本的运动形式，它的物质基础是物体。第二，物理运动。指分子、电子和其他基本粒子的运动，它的物质基础是分子、电子、基本粒子和场等。第三，化学运动。是指元素的化合与分解运动，它的物质基础是原子。第四，生物运动。是指生命的新陈代谢过程，它的物质基础是蛋白质和核酸。第五，社会运动。是指人类社会的发展过程，它的物质基础是社会生产方式，即生产力和生产关系的统一。每一种基本的运动形式都包含着范围大小不同、内容各有特点的许多具体的运动形式。如，在机械运动中包含有直线运动、曲线运动、圆周运动、匀速运动、变速运动、平动和转动等。物理运动中也包括声、光、热、电、磁等具体运动。其他几种比较高级的运动形式中也包含着更为复杂多样的具体运动形式。因此，所谓基本的运动形式也是相对的。由于物质世界的无限性，物质各种具体的运动形式的多样性是不可穷尽的。随着科学的发展，认识的深化，对物质运动形式的划分将会越来越科学和精细。

这五种基本运动形式的关系是既相互区别又相互依存的，具体表现在：

第一，各种运动形式都不是孤立的，而是互相联系的。低级运动形式是高级运动形式的基础。因为，世界上任何事物的发展都要经历一个由低级到高级、由简单到复杂的发展过程，物质运动形式也是如此。比如，社会运动这种高级运动形式是在生物运动基础上产生的。人类社会的历史才几百万年，而生物的历史已有几十亿年。生物运动由简单到复杂发展到有了类人猿，在劳动作用下，猿变成人，才有了人类社会。而生物运动形式是在化学运动的基础产生的。地球上原来没有生命，通过化学途径出现了简单的生命。化学运动又是在物理运动的基础上产生的，由于原子内部结构的变化，以及温度、光照、电介等作用，才能有原子的化合和分解。而上述这些运动形式都离不开最简单的机械运动，在这些运动过程中，都要发生位置的移动。正如恩格斯所说："一切运动都包含着物质的较大或较小部分的机械运动，即位置的移动。"[1]

第二，各种运动形式在一定条件下可以相互转化。因为整个世界是个由无数事物组成的统一整体，各种物体在相互联系、相互作用中运动、变化、发展着。在一定条件下，必然要发生相互转化。比如，通过化学途径可以产生生命，这就是由化学运动转化为生物运动。利用水来发电是机械运动转化为物理运动。用电来电解水，是物理运动又转化成化学运动。再如，物体通过摩擦可以生热、起电、发光，这是机械运动转化为物理运动。相反，热通过热机、电通过电动机、光通过光压的作用，又能转化成机械运动。物质各种运动形式的转化是普遍的、永恒的。

第三，在高级运动中，包含着低级运动形式，但是不能把高级运动形式归结为低级运动形式的机械相加。各种运动形式间都有着本质的不同。高级运动形式尽管以低级运动形式为基础和存在的必要条件，但是不能把高级运动形式归结为各种低级运动形式的机械相加。因为每一种运动形式都有自己的特殊矛盾，都有自己的特殊本质和运动规律。高级运动形式和低级运动形式之间不仅有量的差别，而且有质的不同。在高级运动形式中，尽管低级运动形式的规律也在起作用，但不起主导作用，起主导作用的是高级运动形式自身所具有的特殊规律。比如，生物运动形式中包含有机械运动、物理运动、化学运动，但生物运动并不等于这些运动的机械相加。在人的思维运动中，包含有生物运动、化学运动、物理运动和机械运动等，但思维运动也不等于这些运动的机械相加，而是有着和其他运动形式质的不同的思维运动规律。正如恩格斯所说："终有一天我们可以用实验的方法把思维'归结'为脑子中的分子和化学运动；但是难道这样一来就把思维的本质包括无遗了吗？"[2]

总之，各种运动形式的相互关系是既有区别又有联系的。如果只看到它们的联系否认它们的区别，则是"还原论"的观点。"还原论"是把复杂的运动形式归结为简单的运动形式，把高级运动形式还原为低级运动形式，用

---

[1][2]　《马克思恩格斯全集》第20卷，人民出版社1971年版，第596、591页。

低级运动形式的规律去代替高级运动形式的规律。比如，社会达尔文主义用动植物界生存斗争和自然选择的学说来解释社会现象就是还原论的表现。

如果只看到运动形式间质的区别，而看不到它们之间的有机联系，就会给唯心义和形而上学留下可乘之机。唯心主义神创论认为，世界上的任何事物都是由神按照自己的意志创造出来的。生物并不是由非生物变化而来的。形而上学也往往看不到事物间的有机联系。因此，如果夸大各种运动形式间质的不同，否认它们的有机联系，必然要被唯心主义和形而上学所利用。我们要注意用唯物辩证法的观点来研究和把握各种质运动形式及其相互关系。

运动的总趋势是进化而非退化：辩证唯物主义认为新陈代谢是宇宙间永远不可抗拒的规律，物质运动的总趋势是从简单到复杂、从低级到高级的螺旋式上升过程，是前进、进化，而不是退化。

生命科学与人文社会科学所揭示的大量的科学事实无可争辩地表明，生命运动与社会运动的确是从简单到复杂、从低级到高级的进化过程。

至于无生命的物理运动、化学运动其演化趋势是进化还是退化，则是现代科学史上曾出现的一个激烈争论和不易解决的问题。这就是 19 世纪著名的达尔文（生物进化）和开尔文（物理退化）的论战。具体说，德国物理学家克劳修斯 1850 年提出了热力学第二定律。这个定律是关于在有限空间和时间内一切和热运动有关的物理、化学过程的发展具有不可逆性这样一个事实的经验总结。其表述方式有：（1）热量总是从高温物体传到低温物体，不能作相反的传递而不带有其他的变化。（2）功可以全部转化为热，但任何热机不能全部地、连续不断地把所受的热量转变为功（即无法制造第二类永动机）。（3）在孤立系统内实际发生的过程，总使整个系统的熵的数值增大，这个定律也称为熵的增加原理。自从克劳修斯提出热力学第二定律以来，物理学界普遍认为无生命系统总是自发地从有序变为无序，从不平衡到平衡，朝着均匀简单、消除差别的退化方向演变。如果把这一定律无条件地外推到整个宇宙，就会逻辑地必然地认为，随着宇宙的熵趋于极大，宇宙万物便会达到热平衡，一切宏观运动就会停止了，宇宙的末日就会来临了。克劳修斯就是由于把热力学第二定律不恰当地引用到整个宇宙范围，提出了"热寂说"，把对于有限孤立系统所获得的经验推广到全宇宙，把相对平衡绝对化，因而是形而上学的、错误的。恩格斯在《自然辩证法》中批判了热寂论。他指出："克劳修斯的第二原理等等，无论以什么形式提出来，都不外乎是说：能消失了，如果不是在量上，那也是在质上消失了。"①

20世纪70年代比利时物理学家普里高津从热力学第二定律出发，提出了耗散结构理论。这一理论认为非平衡是有序之源，一个远离平衡态的开放系统，通过不断与外界进行物质和能量交换克服混乱，维持稳定，当外界条件的变化达到一定的阈值时，系统就会通过涨落而发生突变，由原来的无序状态转变为一种在时间、空间或功能上有序的结构。普里高津把这种靠能量流和物质流来维持的，通过自组织形成的新的、稳定的、充满活力的结构称为耗散结构。自组织形成有序结构是发展演化的基本形式。这就回答了无生命的远离平衡态的开放系统如何从无序走向有序的问题，也是对恩格斯所预言的"通过某种途径"能够使能量"重新集结和活动起来"的一种科学说明。肯定包括无生命的物理运动、化学运动在内的一切运动变化过程，其总趋势都是从简单到复杂、从低级到高级的进化过程，使得"生物进化与非生物退化"的论争画上了句号，也就进一步充实了辩证唯物主义运动观。

二、空间时间是物质存在的基本方式

什么是空间时间：恩格斯说："一切存在的基本形式是空间和时间，时间以外的存在和像空间以外的存在一样，同样是非常荒诞的事情。"② 空间是物质的广延性或伸张性。所谓广延性或伸张性，是指客观事物所具有的一定的长度、宽度和高度，也就是物质所具有的上下、前后、左右伸张的性质。物质这种空间特性平常以两种形式表现出来。第一，表现为一定的体积。从大的天体星球到小的分子、原子、电子都具有一定的体积。比如，电子的直径只有十万亿分之一厘米，但还是有空间特性的。第二，表现为每一个物体都处于一定的空间位置中，即每一个物体都和它周围的物体存在着上下、前后、左右的空间关系。正因为物体间存在着空间关系，所以物质的运动，即使是机械运动，也必然涉及物体在空间中的位移、体积或规模的增大或缩小等。可见，物质的运动必然和空间有关。空间的特点是三维性，即具

① 恩格斯：《自然辩证法》，人民出版社1971年版，第261—262页。
② 《马克思恩格斯选集》第3卷，人民出版社1995年版，第392页。

有长、宽、高三度。比如，要测量一个物体的体积，必须具有长、宽、高三个数值，才能确定它在空间的位置。通过空间中的任何一点，只能作出互相垂直的三条直线。这都证明空间具有三维性。列宁说："自然科学毫不怀疑它所研究的物质只存在于三维空间中，因而这个物质的粒子虽然小到我们不能看见，也'必定'存在于同一个三维空间中。"① 在科学研究中，有时也使用四维空间的概念，四维空间的意思是在长、宽、高的基础上又加上时间。其用意在于描述某一个在空间运动的物体位置变化情况，就需要把空间因素和时间因素结合起来。并不是说现实空间是四维的。

在数学上设想没有宽窄只有长短的线和只有长宽而没有高低的面，是为了研究其相互关系的方便，是一种科学抽象，在实际生活中这样的线和面是没有的。

时间是物质运动的持续性、顺序性。所谓持续性是指事物变化发展的连续过程，表现为过程的展开，过程的间隔，即时段。顺序性是指不同事物在演变过程中出现的先后秩序，用时刻来表征。时间具有一维性：它总是朝着从过去、现在到未来的单一方向前进，不能颠倒，不能倒退，时间好比河中水只能流去不流回。

空间时间与物质不能分：科学的发展已证明世界上不存在没有物质的空间和时间。在肉眼看来，似乎是虚空的地方，并非绝对虚空，而是充满各种物质运动形态。不仅有各种分子运动、原子运动，而且有各种场。场也是物质运动的一种形态，也有广延性和持续性。自然科学上讲的真空不是脱离开物质的空间，是指在一定的容器中，由于气体分子较少，对于器壁的压力较小，相对于压力大的气体来说叫做真空。实际上，在这种真空中，不仅有气体分子运动，而且有电磁场、引力场等物质的运动，它们是有持续性和广延性的。

从量度时间、空间的办法中也可证明时间和空间与运动着的物质不可分。空间是用物质在时间中的运动来度量。如用尺子来量物体的长度，尺子需要沿物体移动一定时间。测量宇宙天体星球间的距离是用光在时间中的运动，光在真空中运行一年距离为光年。时间是以物质在空间中的运动来度

---

① 《列宁选集》第2卷，人民出版社1995年版，第143页。

量。比如我们用带指针的钟表来量度时间，是用指针运动所示的不同位置来量度的。年、月、日等测量时间的单位，是根据地球、月球的转动情况确定的。地球绕太阳公转一周为一年，月球绕地球公转一周为一月，地球自转一周为一日。人们量度空间、时间的方法、工具和单位尽管各式各样，但都离不开运动的物质。人们能够确定量度空间和时间的工具和单位，是因为作为工具的物质形态本身具有广延性和持续性。物体之所以能够被测量，也因为物体具有广延性和持续性。如果测量工具不具有广延性和持续性，或者被测物体不具有广延性和持续性，时间、空间则无法测量。由此可知，空间和时间离不开运动着的物质，物质和时间、空间不可分。正如恩格斯所说，时间和空间"这两种存在形式离开了物质，当然都是无，都是只在我们头脑中存在的空洞的观念、抽象"。[①]

空间时间的客观性：物质的根本特性是客观实在性。空间时间作为物质存在的基本方式，与物质不能分，其逻辑地必然也具有不依人的主观意识为转移的客观实在性。正如列宁所说："唯物主义既然承认客观实在即运动着的物质不依赖于我们的意识而存在，也就必然要承认时间和空间的客观实在性。"

唯心主义否认时间、空间的客观性。唯心主义从意识第一性出发，把时间和空间看成是意识的产物。18 世纪德国哲学家康德认为，空间、时间是人头脑里固有的先天认识形式。人们通过这种头脑里固有的先天的认识形式，去感知事物，才给事物以空间和时间的特性。英国的马赫主义者毕尔生也认为，空间和时间是人的感觉。他断言："我们不能断定空间和时间是真实的存在，因为它们不是存在于物中，而是存在于我们感知物的方式中。"[②]客观唯心主义者黑格尔，则把空间和时间看做"绝对观念"的产物。"绝对观念"外化为自然界后，产生了空间，这时还没有时间，"绝对观念"进一步外化为人类社会后，才产生了时间。唯心主义的种种论调是不能成立的，科学的发展早已证明，在人类出现之前，地球早以时间、空间形式存在着，时间、空间怎么能是意识的产物呢？列宁说："地球存在于任何社会出现以

---

①　恩格斯：《自然辩证法》，人民出版社 1971 年版，第 213 页。

②　参见列宁：《唯物主义和经验批判主义》，人民出版社 1950 年版，第 177 页。

前、人类出现以前、有机物质出现以前，存在一定的时间内和一定的（对其他行星说来）空间内。"① 唯心主义否认时间、空间的客观性是毫无科学根据的。当然，在日常生活中，我们有时觉得时间过得很快，有时又觉得时间过得很慢。对于同一个物体由于距离我们的远近和光线明暗的不同觉得大小也不一样，这仅仅是人的主观感觉，并不是客观存在着的空间和时间真的随着我们的主观感觉变大变小、变快变慢了，这是由于我们的意识没有正确地反映客观，并非时间、空间变成思想形式了。理论和实际都说明，唯心主义否认时间、空间的客观性是错误的。

旧唯物论把空间和时间与物质割裂开来，认为空间、时间可以离开物质而存在，是一种与物质无关的空洞的形式。比如，古希腊哲学家德谟克利特就认为，空间是无物的"虚空"，而原子是在"虚空"中运动。近代的物理学家牛顿认为，"绝对的、真实的和数学的时间，由其特性决定，自身均匀地流逝，与一切外在事物无关，又名延续"。"绝对空间：其自身特性与一切外在事物无关，处处均匀永不移动。"② 总之，牛顿认为，空间和时间是与物质相脱离的一种绝对时空。形而上学把空间、时间和运动着的物质分割开来，必然导致否认空间、时间的客观性。因为，离开运动着的物质的时间和空间是没有的，只是一种主观、空洞的抽象概念而已。

空间时间的相对性：所谓相对性是指由于不同的事物具有不同的运动状态、不同的特点，它们的广延性、持续性也具有不同的特点，这些各自的特点是在一定条件下存在的，受一定条件局限的，因而是有条件的、相对的。可见，时空的相对性更具体地体现了时空对物质的依赖性。

对时空的相对性问题，很早人们就有过这样的猜想。比如神话传说常有"天上一日，下界一年"的说法，认为不同的地方时间流逝的快慢不一样。神话小说《西游记》中有这么一段，孙悟空被玉皇大帝请去。在天上待了半个多月后，他因为嫌"弼马瘟"官小，便不辞而别，回到花果山，众猴来接应说："恭喜大王，上界去了十数年，想必得意荣归也。"这句话刚出口，孙悟空被闹糊涂了，便问："我去了只有半个月，怎么是十数年呢?"

---

① 参见列宁：《唯物主义和经验批判主义》，人民出版社1950年版，第181页。
② ［英］伊萨克·牛顿：《自然哲学之数学原理宇宙体系》，王克迪译，武汉出版社1992年版，第6页。

众猴解释道："大王，你在天上，不觉时辰，天上一日，就是下界一年哩。"这种猜想，直到20世纪初爱因斯坦创立了狭义相对论以后，才得到了科学的证实。狭义相对论表明：当物体对某一参考系以接近光速的速度运动时，参考系的观察者就会测出物体沿着运动方向的长度缩短了，物体内部的变化过程放慢了。这就是所谓"长度收缩"和"时间变慢"。当物体的运动速度相当于光速的十分之九时，物体的变化过程比原来慢四倍，物体的长度就缩短为原来的四分之一。一般人对这个结论一下理解不了，接受不了。这是因为，一方面我们生活在低速世界，而低速运动所带来的时空特性的变化是极其微小的，人们的感官觉察不出来，因而缺乏感性经验；另外又缺乏比较高深的物理和数学知识，不能从抽象的理解中去把握它。因此，对这个问题要注意用新的科学实验成果来证明。《光明日报》1978年7月9日报道：1971年，美国人凯汀和海弗尔用原子钟作了新的实验。他们把两台原子钟安装在地面上，把另外两台完全相同的原子钟安装在飞机上做环球飞行。他们先由西向东飞行，环球一周。然后再由东向西飞行，也环球一周。两次各飞80小时，飞机时速为960公里，即相对于地球的速度为960公里。赤道处地球自转速度是每小时1660公里，因此，当飞机向东飞行时，飞机相对于宇宙空间的速度已达1660公里+960公里，即每小时为2620公里；而当飞机向西飞行时，飞机相对宇宙空间的速度只有1660公里-960公里，即每小时为700公里。而地面上的原子钟相对于宇宙空间的速度为1660公里。

正是由于地面上的钟与飞机上的钟的相对速度产生了差异，按着相对论的原理就可推知，当飞机向东飞行时，相对于宇宙空间而言，飞机上的原子钟要比地面上的原子钟运动速度快，所以飞机上的钟要比地面上的钟走得慢；而向西飞行，相对于宇宙空间而言，飞机上的原子钟比地面上的原子钟运动速度慢，所以飞机上的钟就要比地面上的钟走得快。

飞机实验的结果是：向东飞行，飞机上的原子钟比地面上的原子钟慢了四百亿分之一秒，即慢了2.5×10^{-11}秒；向西飞行，飞机上的原子钟比地面上的原子钟快了两千七百五十亿分之一秒，即快了3.6×10^{-12}秒。人们终于成功地用原子钟比对的方法，验证了爱因斯坦的相对论，证实了时空的相对性。

在这个问题上还需要注意划清一条界限。事情是这样的，在日常生活中，我们虽然对低速运动所引起的时间快慢的变化觉察不出来。但是，人们却常常有这样的感觉：看一部好电影不知不觉地过去了，觉得时间过得很快，如果听课没有意思，在熬时间就觉得时间过得很慢；工作有兴趣时，觉得时间过得快；待着没事干熬日子时就觉得时间慢。这是由客观条件和心理状况不同而产生的观念错觉。这种时间观念的错觉与时间相对性是有区别的，一是属于感觉范畴，一是属于客观实在，不能混为一谈。

空间时间的无限性：物质世界是永恒的无限的，它的基本存在方式空间时间亦然如此，也是无限的。空间的无限性就是物质在广延性方面的无限性，是指茫茫宇宙无边无际。时间的无限性就是物质在持续性方面的无限性，是指茫茫宇宙的无始无终。

在古代，人们已开始认识到空间时间的无限性。比如，中国东汉时的天文学家张衡说过："宇之表无极，宙之端无穷。"用无极无穷，把上下四方，古往今来，作进一步抽象，清楚地表明了空间时间的无限性。

不仅如此，古代的一些哲学家还对空间时间的无限性进行了初步的论证。比如，古罗马的卢克莱在《物性论》中，曾用对空间和时间数量的衡量有无限重复的可能性，也就是把空间时间的无限性当成抽象的无穷进展加以论证。他论证说，假如我处于宇宙的极端，那么我能不能把标枪投出去呢？如果我向外投一下，那么外面必然还有物体，或者还有空间。这时我再转到新的边界上，再提出同样的问题。既然每一次投枪，都要碰到某些新东西，那么空间显然是无限的。[①]

近代唯物主义对空间时间的无限性也进行过逻辑论证。比如，爱尔维修在《论精神》一书中写道："至于无限的观念，也是包含在空间观念里的；我说我们之所以得到这个无限的观念，只是由于一个置身于平原上的人永远可以把平原的边缘往后推，而我们在这一方面是不能确定自己的想象力应当止步的最后限度的。因此在某种意义之下，没有界限可以说是我们对于无限所能具有的唯一观念。"[②] 这种论证方法，实际上也是把对空间时间的数量的衡量有无限重复的可能性，化做逻辑推论来进行证明，也是把无限性当做

---

① 《古希腊罗马哲学》，商务印书馆 1961 年版，第 395 页。
② 《十八世纪法国哲学》，商务印书馆 1963 年版，第 451 页。

一种抽象的无穷进展。

辩证唯物主义和旧唯物主义不同，不是从割裂无限和有限的前提出发，用抽象的无穷进展来论证时空的无限性，而是从有限与无限的辩证统一来论证时空的无限性。认为无限存在于有限之中，是通过有限来存在的；通过对有限的分析，可以认识无限。这就克服了旧唯物主义的"恶"的无限性。正如恩格斯说："我们在思想中把个别的东西从个别性提高到特殊性，然后再从特殊性提高到普遍性；我们从有限中找到无限，从暂时中找到永久，并且使之确定下来。"[①] 这就是说，在我们认识范围之内，直接感觉到的都是有限的事物，只凭感觉是不能把握无限的，必须靠抽象思维的能力，在思想当中通过科学的抽象，从特殊找到一般，从有限当中找到无限，从暂时当中找到永久。要做到这一点就必须从经过实践证实了的正确前提出发，通过合乎逻辑的推论，对时空的无限性进行逻辑证明。具体讲：

第一个前提：具体的事物是相互转化相互联系的，这是实践一再证明了的科学真理。

第二个前提：具体的事物在相互转化中，物质不灭、能量守恒（不仅包括运动量的守恒，即在转化中，失去某种运动形式的一定的能量，必然产生另一种运动形式的相当的能量，而且包括质的守恒，即在转化中，各种性质的运动形式仍然保持质的多样性，不会越来越少，最后转化为一种形式）。这个前提也是被实践一再证明了的真理。

从以上两个前提出发，首先推论时间的无限性：既然一切具体事物都要转化，而转化又是物质不灭能量守恒的。因此，在形形色色的具体事物的相互转化中，既不能无中生有，也不能由有变成绝对的无。由此可以推出：

1. 由于具体事物在转化中，不能由有变成虚无，一个东西必然转化为另一个东西，一个东西终点是另一个事物的起点，这样一个挨一个地转化下去。所以，在有限事物的不断转化中，时间的往后持续是没有结尾的。

2. 由于具体事物在转化中不能无中生有，所有的事物都是由其他事物转化而来的。所以，从现在追溯过去不管追溯到什么时候，一个事物的产生都要以其他事物的转化为前提，以此类推，可以一个挨一个地追溯下去。可

---

① 恩格斯：《自然辩证法》，人民出版社 1971 年版，第 212 页。

见，面向过去时间的持续也是没有开头的。

从以上两个前提出发，再推论空间的无限性：由于一切具体的事物都是相互联系的，整个世界好比一个普遍联系之网，这个网不是平面的，而是向各个方向伸张的，具体事物好比网上的纽结。在普遍联系之中，整个宇宙空间是由所有事物的广延性和并列关系构成的；又由于每个具体事物在普遍联系中，又是沿着不同的方向不断转化的，在转化中物质不灭、能量守恒。由此可以推出：作为整个宇宙的普遍联系之网，不是有边有沿的封闭体系，而是一个伸向各个方向的无边无际的物质世界。

从以上的前提和推论，可以看到这个逻辑证明有以下两个特点：

1. 这里推出的无限，是贯穿于有限事物的联系与转化之中的无限，是包括形形色色具体事物的质的多样性的无限，而不是脱离有限事物的联系和转化的那种抽象的无穷进展，脱离事物质的差别的、质量互变的、单纯数量方面的那种无限增加的可能性。一句话，不是形而上学的恶的无限性。

2. 这里的推论是从特殊中找到一般，从有限的联系和转化中找到无限；而不是以某一点为起点的往下的无限延伸，即不是数学上讲的有起点没终点的无限数列。

总之，根据有限与无限的对立统一，在逻辑思维中，透过具体事物的时间空间的有限性而论证整个宇宙的时间空间的无限性，就能得出正确的结论，既可以避免恶的无限性，又不和数学上的无限数列相等同。

辩证唯物主义时空观的意义：掌握辩证唯物主义的时空观，在理论上和实践上都有着重要的意义。在理论上，坚持辩证唯物主义的时空观，是坚持辩证唯物主义世界观的必要条件。如果否认这个原理，就会给唯心主义和宗教神学大开方便之门。比如，如果认为物质在空间上是有边际的，那么在"边际"之外只能是"上帝"的世界或神的世界。如果认为物质世界在时间上是有始有终的，那么必然会得出，物质世界最初是由一种"非物质的力量"（如"绝对观念"或"上帝"）创造出来的，或者是在物质世界之外还存在一个非物质的世界。总之，否认物质世界在时间、空间上的无限性，就可能陷入唯心主义和宗教神学的泥潭。在实践上，掌握辩证唯物主义时空观，对于我们搞好革命和建设也有着重要意义。革命和建设是在空间、时间中进行的，因此，我们在任何时候都要坚持正确的时空观。因为空间和时间是运动着的物质的存在形式，具有客观性，绝对性，这就要求我们要根据客观事物本身的性质、特点制定切实可行的方针、政策和计划。由于空间、时间具有相对性，要求我们注意掌握事物发展的规模和速度，"一切以条件、地点和时间为转移"。① 根据不同的历史条件确定我们的具体任务，根据具体情况合理安排各行各业的布局。"时不可及，日不可留。"要注意不失时机地把革命和建设引向新阶段。由于时间具有一维性，要求我们在一切工作中，以及有限的生命中，都要十分珍惜时间，注意提高工作效率，分秒必争，为我国社会主义事业全面协调可持续地发展，以及人类的进步事业多作贡献。

三、信息传输是物质联系的普遍形式

从信息论到信息科学：信息普遍存在于物理世界、生物世界、人类社会，以及它们的相互联系中，宇宙间充满了信息，焕发着生机。从本体论意义上来说，一切物质形态都具有作为信息源的属性。

"信息是人类生存发展须臾不可或缺的东西。有人类活动，就有信息的获取、传递和利用。反映在认识中，形成相应的概念和术语。至迟唐代已有信息这个术语。唐诗云：'塞外音书无信息，道旁车马走尘埃。'（许浑）宋诗云：'辰沙更在武陵西，每望长安信息稀。'（王廷圭）古代各民族对信息都有所认识。但在漫长的历史时期中，无论是中国还是西方，信息只是一个一般术语，不是科学概念。"②

从 20 世纪 20 年代开始，由于社会化大生产的需要和科学技术发展的推动，促使人们去深入地探讨信息的基本性质和运动规律，所以研究信息的学问逐渐兴盛起来。比如，1928 年美国哈特莱发表了《信息传输》一文，其中第一次阐明了消息是代码、符号，消息是具体的、多样的，而信息则是蕴涵在具体消息中的抽象量。40 年代末，无线电通信和自动控制技术的产生发展，促使人们进一步去研究和发展信息理论和技术。1948 年美国贝尔电话研究所的数学家申农发表了论文《通讯的数学理论》，1949 年他又发表了

---

① 《斯大林选集》下卷，人民出版社 1979 年版，第 430 页。

② 苗东升：《系统科学精要》，中国人民大学出版社 2006 年版，第 234 页。

另一篇文章《噪声中的通讯》。这两篇文章的发表，标志着信息论的正式诞生。申农认为通讯的基本问题就是精确地或近似地在一点上再现另一点上所选择的信号。信息论的基本内容就是研究信源、信宿、信道和编码问题。他从通讯理论的角度把信息定义为"对不确定性的消除"、"两次不定性之差"。信息量就是不确定性减少或消除的数量。他把概率当做计算工具进行量度。申农把信息定量化，使通信科学由定性阶段进入定量阶段，从而为信息论的研究奠定了初步的理论基础。由于这时（早期）申农等人的信息论仅限于研究通讯领域的信息问题，因此往往被称为狭义信息论。

信息论诞生以后，由于科学技术发展的整体化趋势日益加强，信息理论的研究已经超越通讯领域，扩展到许多不同领域，经过 30 年来的发展，由狭义信息论到一般信息论（这种理论虽然仍主要研究通讯问题，但新加进了噪声理论、信号滤波与预测、调制与信息处理等问题），再到广义信息论（它不仅包括狭义信息论和一般信息论的主要内容，而且研究与信息有关的广阔领域，如计算机科学特别是人工智能问题、神经生理学、生理心理学、社会学、经济学等问题），经历了三个阶段，通过逐渐融合集成，到了 20 世纪 70 年代形成了一门新兴的综合性横断科学——信息科学。信息科学是以信息为主要研究对象，以信息的性质、运动规律和利用为主要研究内容，以计算机和通信网络为主要技术工具，以提高人类获取和利用信息的能力为主要目标的崭新的广阔的研究领域。

信息科学对信息本质的揭示：在从狭义信息论到一般信息论、广义信息论演进的基础上，概括、提升它们的研究成果，从更高层次揭示信息的实质，是信息科学面临的重大理论课题。美国的维纳是控制论的创始人，1948年他在《控制论》中提出了一个有名的论断。他说："机械大脑不能像初期唯物论者所主张的，如同肝脏分泌胆汁那样分泌出思想来，也不能像肌肉发出动作那样能以能量的形式发出思想来。信息就是信息，不是物质，也不是能量。不承认这一点的唯物论，在今天就不能存在下去。"维纳在这里对信息到底是什么，虽然没有给出明确的回答，但是他提问题的哲学高度与解决问题的思路是很清楚的。这就是：对于信息，他既不同意作机械唯物主义、庸俗唯物主义的理解，即不能像庸俗唯物主义把精神简单地等同于物质那样，把信息也简单地等同于物质；又不同意作唯能论的理解，即不能像唯能论把一切过程简单地等同于能那样，把信息也简单等同于能。这就是说，不仅要看到信息与物质、能量的联系，而且要看到信息与物质、能量的区别，要着眼于揭示信息不同于物质、能量的特殊本质。

维纳的论断，引发了关于信息本质的持久争论。矛盾是认识发展的动力，真理愈辩愈明。经过一定时期的研究讨论，许多人对维纳所提问题的哲学高度和解决问题的思路表示认同，并沿着这一思路继续探索。在探索过程中，对信息的本质逐渐形成了这样的共识：

说信息不是物质不是指信息可以脱离物质、不根源于物质。"客观世界和人脑中都不存在同物质相分离的'裸信息'。现实存在的一切信息都是由一定的物质运动过程产生、发送、接收和利用的。世界上没有非物质的信源和信宿（信息的接收者），没有非物质的信息载带者，信息的传送离不开物质的通道、线路、介质坊，一切信息作业，包括采集、固定、传送、加工处理、存储、提取、控制、利用、消除等，都是针对携带信息的物质载体施行的。"① 总之，不以物质为信源，信息就成了无源之水；不以物质为载体，信息就无处存身。说信息不是物质决不能理解为信息可以脱离物质、不根源于物质。

而是另有所指，这就是信息具有不同于其他属性的特殊本质，信息以外的任何其他属性与其物质载体是统一的不可分割的，它的属性就是其物质载体的属性，是物质载体的自我表现，物质载体的直接存在性。而信息则不同，信息所要表征的恰恰不是它的载体的属性，而是从被表征事物中分离出来栖息于载体上的东西。物质载体本身不能决定和改变信息所要表征的东西。信息这种属性的"职责"是表现它物，表现的是间接存在性。比如，生物的遗传物质DNA（脱氧核糖核酸）是遗传信息的载体，它传输的不是DNA结构的性质特点，也不是传输DNA时所需要的能量，而是DNA经RNA转录以后反映出来的生物在结构性状方面的遗传特性。又如，蜂群中侦察蜂的舞蹈图形是信息的载体，它传输的信息不是图形本身的特点，也不是传输图形所需的能量，而是图形所表达的蜜源的位置。再如，举烽火为号，烽火是载体，它传输的不是烽火燃烧的情况与特点，也不是烽火燃烧所

---

① 苗东升：《系统科学精要》，中国人民大学出版社2006年版，第32页。

需之能量，而是敌兵进犯的消息。

说信息不是能量，也不是指信息可以脱离能量，不依赖能量，既然信息传输是一个运动过程，就需要能量的驱动与能量耦合。而是另有所指，这就是信息传输具有不同于其他运动形式的特殊本质，其他运动形式都与一定种类的能有固定的对应联系。比如，无规则的实物粒子运动与热运动相对应，电子运动与电能相联系；原子的化分化合与化学能相匹配。而信息传输运动却没有与其对应的特定的能。一般来说，它所需要的能要由它的载体来决定，能量形式与大小对于信息的实质没有影响。

综上所述，信息作为一种属性、一种运动形式区别于其他属性、运动形式的特殊本质在于：它是以再现他物的形式而存在的一种普遍的属性、一种特定的运动形式，是物质间接存在性的表征。"所谓信息指的是能够表征事物、具有可信性而又从被表征事物中分离出来栖息于载体上的东西。"信息与信源具有可分离性。这种可分离性具有十分重要的意义。"由于这种可分离性，人可以不直接接触某物而获取它的信息，可以不改变对象自身而对它的信息进行采集、交换、加工存取、利用，可以进行跨时空传送。由于这种可分离性，同一信息可以用不同形式表示，用不同载体固定，用不同系统进行传送、加工、存取；不同信息可以用相同形式表示，用同类载体固定，用相同的系统进行传送、加工、存取。由于这种可分离性，一个对象客体虽然早已消亡，有关它的信息却可能保留在适当的物质载体上或人的记忆中，诚所谓'尤物已随清梦去，真形犹在画图中'（苏轼）；有时还可以依据这种信息借助一定技术手段把该对象客体复制出来。由于这种可分离性，一个客体尚未产生，但人们可以用符号建构它的信息形态，再利用技术手段把它建造出来。由于这种可分离性，事物的过去、现在、未来被联系在一起，人可以立足于现在，回顾过去，展望未来"①

信息科学对信息本质的界定进一步充实了世界物质统一性原理：从信息论到信息科学的产生和发展，使人们在现代科学的视野中逐步地认识到信息广泛地存在于物理世界、生物世界、人类社会以及它们的相互联系中，使人们发现了一个信息世界。所以，20 世纪末有人提出，应把数字地球作为 21

---

① 苗东升：《系统科学精要》，中国人民大学出版社 2006 年版，第 31 页。

世纪人们认识地球的新方式，认为"目前人们迫切需要掌握和利用有关地球的各种信息，然而大量已获得的信息却散落和闲置在世界各处未能充分利用，以至逐渐过时而变得无用。建立数字地球，就是要解决这个亟待解决的问题，把分散在地球各地的从各种不同渠道获取到的数据，按地球的地理坐标组织起来，联结融合起来，构成一个完整的地球信息模型，既能体现出有关地球的各种信息的内在有机联系，又便于按地球坐标进行检索和利用"。①

随着信息世界的发现，在人们面前相应地提出了这样一个问题：信息世界与物质世界的关系如何？信息世界是否根源于物质世界，统一于物质世界？以往的科学与哲学成果一再表明：世界上的一切事物、现象都是运动着物质的具体形态、具体表现或具体属性，精神就是人脑的机能、属性；宇宙万物以物质为本体，不是以精神为本体，也不能以实践为本体。世界的真正统一性在于物质性。

综上可见，信息科学的信息范畴所揭示的信息本质，不但丝毫没有表明信息可以脱离物质、不根源于物质，而是从一个新的角度进一步论证了世界的物质统一性原理。这是因为既然每个信息都是它所表征的对象的再现，而所有的信息的总体就构成了整个宇宙的完整"模型"，信息世界是原型世界的"投影"，根植于原型世界。原型世界与它的"投影"世界实为一体是客观世界的两大层次，世界的直接存在性与间接存在性都根源于物质性、统一于物质性。可见，信息科学进一步否定了客观唯心主义者柏拉图的理念论、笛卡尔的二元论、黑格尔的绝对理念外化论，进一步论证了辩证唯物主义的世界物质统一性原理，即物质本质一元论。

同时，信息科学还告诉我们，物质世界不仅是永恒运动的，以空间时间的形式存在着，而且在运动中不断发出信息、传输信息，所以宇宙才充满了信息，焕发着生机。信息传输是物质联系的普遍形式。这就使辩证唯物主义世界观关于物质世界的存在方式原理，在原有的运动是物质的根本属性与空间时间是物质存在的基本方式两原理的基础上，又增加了信息传输是物质联系的普遍形式原理。

---

① 孙小礼、冯国瑞主编：《信息科学技术与当代社会》，高等教育出版社2000年版，第425页。

第三节　无限的物质世界与有限的现实世界

一、自然的发展与人类社会的出现

运动是物的根本属性，新陈代谢是宇宙间永远不可抗拒的规律，物质运动的总趋势是从简单到复杂、从低级到高级的螺旋上升过程。

在漫长的自然演化中，由无机元素的不断化合反应，产生了碳氢化合物，碳氢化合物又和水汽、氨等进行化合，生成由碳、氢、氧、氮四种元素组成的简单有机物，简单有机物发展到复杂的有机物。当早期炽热地球的温度降到一定程度时，水汽凝结，出现了原始海洋，复杂的有机物在原始海洋里溶于水中，经过长时间的一系列化学变化，形成了更为复杂的生物大分子——蛋白质和核酸。许许多多的生物大分子在原始海洋里聚合，成为悬浮在水里的团聚体，这种团聚体能够从外界吸收其他物质，把其他物质转化为自己的一部分，即具有同化作用，又能够不断地把自己体内的一部分进行分解，排出体外，即具有异化作用，这就是蛋白体化学成分的自我更新，即新陈代谢。在此基础上，又经过了漫长的发展过程，到据今大约 34 亿年前时，才出现了简单的生命物质。所以，恩格斯说："生命的起源必然是通过化学的途径实现的。"[①] 分子生物学的研究成果进一步告诉我们，蛋白质是由氨基酸组成。一个蛋白质分子可以含有几十、几百，甚至几千个氨基酸。蛋白质执行着代谢运动、免疫等生理功能。核酸分子则由许多核苷酸组成，每个核苷酸又由碱基、糖、磷酸组成。核酸是生物遗传的物质基础。核酸通过遗传信息去控制蛋白质的代谢，二者相互作用，共同完成生命运动。

生命的产生是自然演化中的一次飞跃。生命是一种能够进行自我繁殖、自我复制、自我调节的新型存在，它的出现标志着一种新的规律——生命进化规律在地球上开始发生作用。在生命进化规律作用下，生物由简单到复杂，由低级到高级，最后发展出微生物、植物和动物，出现了人类的祖先——类人猿。这样就基本形成了人类社会的必要的自然前提。

---

① 《马克思恩格斯选集》第 3 卷，人民出版社 1995 年版，第 413 页。

关于人猿同祖问题，历史上一些学者提出过卓越的见解，提供了有力的证明。比如，英国生物学家赫胥黎是著名的达尔文主义者，在达尔文的《物种起源》发表不久，就根据达尔文进化论，用比较解剖学、发生学、古生物学等方面的材料，详细阐述了动物和人类的关系，确定了人类在自然的位置，第一次提出了人猿同祖论。

1871年达尔文发表了《人类起源和性选择》一书，专门讨论了人类起源问题，他用丰富的科学资料进一步论证了人类和类人猿的亲缘关系，他指出，人类是由古代一种类人猿——古猿逐渐发展而来。再次肯定人猿同祖论。

对这种观点的科学性，我们可以从比较解剖学、生理学、胚胎学等方面找到证明。现在的类人猿有：猩猩、黑猩猩、大猩猩、长臂猿四种。它们在生理结构上有许多方面和人是相似的。比如，所有类人猿都没有尾巴，前后肢有一定程度分工，能半直立行走，骨架也与人十分相似。又如，人的血型有O、A、B、AB四型，类人猿也大致相同。再如，人和现代猿在母体内的胚胎时期和胎儿发育的前期不易区别，只是在胎儿发育的最后才有明显不同。这绝非偶然，而是表明人和现代猿之间有很近的亲缘关系，是由同一个祖先古猿发展而来的。

达尔文、赫胥黎从生物进化的观点，运用比较解剖学、生理学等方面科学材料，有力地论证了人是由猿转化来的，对人类起源问题的解决作出了杰出的贡献。但未能科学地解释古猿是怎样转化为人的。这是因为猿转化为人的过程不仅仅是生物进化规律的作用。恩格斯在肯定达尔文学派的同时，也曾指出："甚至，连达尔文学派的具有唯物精神的自然研究家们对于人类的产生也没有提出明确的概念，因为他们在……唯心主义的影响下，认识不到劳动在这中间所起的作用。"[1]

这就是说，生命以至类人猿的出现只是为人类产生提供了现实的可能，如果没有新的规律发生作用，类人猿就永远不会发展成为人。如果仅仅依据生物进化理论和科学提供的相关材料，不能发现由猿向人飞跃的新的作用机制，那就不能科学地解决人类的起源、社会的形成问题。这个问题是由马克

----

[1] 《马克思恩格斯选集》第4卷，人民出版社1995年版，第381页。

思主义哲学解决的。这集中体现在恩格斯的《劳动在从猿到人转变过程中的作用》一文的论述中。恩格斯指出，劳动是"一切人类生活的第一个基本条件，而且达到这样的程度，以致我们在某种意义上不得不说，劳动创造了人本身"。①

类人猿是怎样在长期进化的基础上，经过劳动的作用转化为人的呢？

大约在两三千万年前，在亚洲、欧洲和非洲的森林里，居住着许多类人猿——森林古猿。当时陆地上的自然条件发生了极大的变化，包括山岳的形成、火山出现，以及陆地海洋界限的变化等。地面上气温普遍降低，使东半球北部和南部的广大森林被毁掉了，面积大大缩减了，而热带的森林仍然很茂盛。在这样条件下，使森林古猿的发展出现了两个走向：在热带森林里的古猿仍然留在树上，至今它们的后代仍然生活在相似的条件下；在其他地区的古猿，它们不是由于不能适应环境的变化而死亡，就是从树上的生活方式转变为地上的生活方式。

古猿从树上到地下生活之后，主要是用后肢支持身体，逐渐学会了用两足直立行走，从而把前肢解放出来，使前肢的活动大大地增加了。在经常活动中，前肢愈来愈灵巧，活动能力愈来愈强，技巧愈积愈多。在这个过程中，起初是利用木棒或石块等天然的东西，延长自己的器官勾取食物，开始出现积极利用自然和改造自然的活动特点，这就是劳动的萌芽。以后随着经验的积累，逐渐学会把天然的石块、木棒等进行改造，如把石块磨薄、木棒弄尖，从而制造出最初的工具来。从利用天然工具到制造工具是一个巨大的飞跃，是一个突出的标志。它标志着劳动由萌芽到产生，代替了猿的活动。

由于劳动改变了古猿的身体结构，创造了人的手和大脑，产生了语言和意识，形成了社会关系，劳动在从猿到人的转变过程中，是具有决定意义的一步。劳动创造了人本身。恩格斯的《劳动在从猿到人转变过程中的作用》一文发表以后，近百年来，全世界陆续发现了许多从猿到人转化过程中的各个不同发展阶段的化石和原始人类使用过的原始劳动工具。这些材料都证明了恩格斯的论断是完全正确的。根据对化石的研究，从古猿到

---

① 《马克思恩格斯选集》第 4 卷，人民出版社 1995 年版，第 373—374 页。

人类的演化大致经历过腊马古猿、南方古猿、能人、直立人、早期智人和晚期智人几个阶段。根据现代分子生物学的研究，猿与猴的分离时间是在2200万年前，猿与人的分离时间是在450万年前，这大体上与已发现的化石记录相吻合。

"目前找到的最早的能人化石，产自东非的埃塞俄比亚和肯尼亚，时代大约在300万年前，最早的石器大约是240万年前，也是在东非发现的。我国目前找到的最早的直立人化石是200万年前的巫山人，北京猿人的时代要晚得多（约50—24万年前）。1998年又在安徽繁昌发现了200多万年前的石器。除非洲外，亚洲也发现了直立人，但最近对人类及其人类化石的分子生物学研究结果却使人大吃一惊，很有可能世界各地的现代人都是20—15万年前从非洲的直立人演化而来的，别处的直立人都没有留下他们的后裔"。①

森林古猿在劳动的作用下转化为人类之后，人类在运用劳动资料改造自然、在人与自然之间进行物质交换的过程中形成了社会生产力，同时在人们之间产生了对劳动资料的所有制关系、劳动的交换关系、产品的分配关系，总之形成了一定生产关系（经济关系）；又由于人与动物不同，人的活动是有意识有目的的，所以在生产关系的基础上就产生了与它相适应的、为它服务的社会意识形态、政治法律制度和政治法律设施，即社会的上层建筑。这三大层次是以生产关系为中间环节构成两对矛盾的：生产关系在同生产力的联系上，作为生产诸要素的经济结合方式，与生产力构成一对矛盾，我们把这对矛盾称为生产方式；生产关系在同上层建筑的联系上，作为社会的经济结构，与上层建筑构成另一对矛盾，我们把这对矛盾称为社会形态。上层建筑的根本性质是由经济基础决定的，生产力通过经济基础的中介影响上层建筑，三大层次构成两个矛盾。这两对矛盾就是贯穿社会始终的、规定社会运动形式本质的、推动整个社会历史前进的人类社会的基本矛盾。

人类和人类社会的产生过程与人类劳动的形成与发展过程是一致的。人类的诞生地是地球，自然界是人类产生的自然物质前提。人类社会是物质世界长期发展的结果，是统一的物质世界的组成部分。

---

① 毕思文等编著：《系统政治学》，人民出版社2001年版，第93页。

二、实践活动使世界二重化为自在自然、人化自然，可能客体与现实客体

劳动的出现，标志着人从动物界中分化出来。动物的每一物种所特有的生存方式是由其生理结构，特别是由其活动器官的结构决定的。某一物种的活动器官的特定功能就是这一物种的本能，它决定了动物特定的生存方式和活动方式，也就是决定了动物的特殊本质。而劳动作为人的本质活动，是人区别于动物的特有的存在方式。

正是人类的劳动实践将统一的物质世界二重化为：自在自然与人化自然，可能客体与现实客体。

自然界在人类出现以前，只是一种自在的存在，并不构成人的实践和认识活动的对象，是一种"纯自然"、自在自然。在人类产生以后，人靠自然界来生活。"没有自然界，没有感性的外部世界，工人就什么也不能创造。它是工人用来实现自己的劳动，在其中展开劳动活动，由其中生产出和借以生产出自己的产品的材料。"① 所以，自然界在人类出现之后，随着人类实践的发展逐步纳入实践活动的范围，由自在之物变为为我之物，即由"自在自然"转化为"人化自然"。人化自然是人的本质力量的对象化，"通过实践创造对象世界，即改造无机界，证明了人是有意识的类存在物"。② "诚然，动物也进行生产，它也为自己营造巢穴或居所，如蜜蜂、海狸、蚂蚁等。但是动物只生产它自己或它的幼仔所直接需要的东西；动物生产是片面的，而人的生产则是全面的；动物只是在直接的肉体需要的支配下生产，而人甚至不受肉体需要的支配也进行生产，并且只有不受这种需要的支配时才进行真正的生产；动物只生产自身，而人再生产整个自然界。"③ 人按照自己的方式不断地改变着外部世界的自然形态，并使它们以新的面貌重新产生出来，发展起来，这样的自然界就越来越打上人类活动的烙印。

人化自然是随着人的本质力量的增强而不断扩大范围的。物质世界许许多多的自在之物越来越多地被人类所认识和利用，从而成为为我之物。我们今天的认识活动和实践所指向的对象世界，已经远远不是人类出现以前或人

---

① ② ③ 《马克思恩格斯全集》第42卷，人民出版社1979年版，第92、96、96—97页。

类初期的那个自在的自然界了。在现代生产条件下，地理环境的面貌及其变化在越来越大的范围被纳入社会的发展过程而带有"人化"的性质。人化的自然作为实践的结果，它又可作为新的实践和认识的对象，只要实践在继续，已经人化了的自然界完全可能再进一步人化，从而积淀成为人们"世世代代活动的结果"。在人类实践活动的作用下，自在自然转化为人化自然的进程，不仅在范围上不断扩大，而且在程度上也不断加深。

人在实践活动中，把人以外的一切存在变成自己活动的对象，变成自己的客体，与此同时，也就使人自己成为主体的存在。从人的现实生活中去考察人与对象世界的关系，在认识中才产生了"主体"与"客体"的范畴。

一般地说，主体是指从事着实践和认识活动的现实的人，客体是实践和认识活动所指向的对象。主体和客体有不同的表现形态：主体有，处于一定社会关系中从事活动的个人，称个体主体；为共同利益和目标协同活动的共同体，如民族、阶级、政党、团体等，称群体主体；包括一切个体和群体超越个体和群体之上的人类总和，称人类主体。客体有，自然客体、社会客体和精神客体三种基本类型。

主体与客体是一对关系范畴，它们只有在相互关联中才会具有自己的本质和规定。脱离开对客体的关系，主体便不再是主体；同样地，不对主体而言，也无所谓客体。主体是人，但人并不等同于主体。人作为主体的属性并非与生俱来，尚未完全具有实践能力和思维能力的幼儿可以称做人，但并不完全具备主体的本质，他们需要经过培养和教育并在进入与客体的关系之后才构成完全主体。客体的概念与物质、事物也不能简单地混同。客体仅指进入人的实践、认识活动领域和主体发生联系的那些客观事物。主体是实践活动和认识活动的发起者，客体则是此种活动的对象、受动者。

广义地说，整个客观世界的事物都可以成为主体的客体，但具体地说，只有那些已成为人的实践、认识活动对象的事物才能成为现实的客体，其余尚未进入实践认识领域的事物，只是潜在的客体或称可能的客体。可能客体与现实客体的界限不是固定不变的，而是随着实践的发展不断变动的，即可能客体是在实践的作用下不断转化为现实客体的。

总之，主体与客体的分化是人的实践活动的结果，可能客体向现实客体的转化也是在人的实践活动的作用下发生的。劳动、实践是物质性的活动，是人作为主体把自然作为对象和客体而主动发起的、积极能动地改造客观世界的活动。在劳动实践中，人一方面使自己与自然分化，形成主客体的对立；但另一方面，又必须运用自己的智力和体力，制造和使用工具，即把外部自然力变成改造自然的手段，用自然力去对付自然力，以创造出符合人的需要的世界。从而使可能客体不断地转化为现实客体。

三、辩证唯物主义"从有限中找到无限"形成对无限物质世界的宏观把握

世界上的具体物质形态是形形色色、千差万别的。仅地球上，已经发现的动物有一百多万种，植物三十多万种，微生物十万种以上，真可谓"万类霜天竞自由"。放眼宇宙太空，更是"巡天遥看一千河"，晴天的夜晚，满天星斗，密密麻麻闪闪发光，用肉眼能看到的星星就有三千多颗，用现代最大的天文望远镜能看到十亿颗以上。

具体的物质形态都是有限的有生有灭的，都是能相互转化的。比如，矿石可以炼成钢铁，钢铁可以制造各种机器。任何一种物质形态都是由其他物质形态转化而来，也一定转化为其他物质形态的。整个物质世界是由无数的具体物质形态构成的。

物质世界与各种具体物质形态之间是整体与部分、无限与有限的关系。整体不能脱离部分，无限不能离开有限。但是，整体不等于部分，无限不等于有限。物质世界是永恒的无限的，是既不能被创造又不能被消灭的，它是自身存在的根据。上下四方为宇，古往今来为宙，宇宙是指存在于无限的空间与时间之中的所有的事物。宇宙作为物质世界的同义语，突出地表明了物质世界的永恒性与无限性。

意识是物质高度发展的产物，是物质反映特性发展到出现人脑以后产生的，是人脑的机能。那种所谓精神创造物质世界的种种论调，是违背常识的唯心主义谬说。宗教观念也是有了人类社会以后才出现的，是人按照自己的面貌创造了神，而不是神创造了人。那种所谓上帝创造世界的各种说教，是宗教神学的欺人之谈。实践证明，否定物质世界的永恒性与无限性的唯心主义与宗教神学都是错误的，站不住脚的。

人们在认识世界与改造世界的过程中，通过观察与思索，对于物质世界

的永恒性与无限性早就有所了解。比如，中国东汉时期的天文学家张衡（公元78—139年）说过，宇之表无极，宙之端无穷。不仅如此，在朴素直观的基础上，古代唯物主义者，对于物质世界的无限性，就进行过逻辑论证。比如，古罗马的唯物主义哲学家卢克莱修在《物性论》第一卷中，就作过这种论证。他说，假如我处于宇宙的极端，那么我能不能把手中的矛投到外面的空间呢？如果我投一下，那么外面必然或者是物体或者是空间。在任何一种场合下，我们都可能转移到新得到的边界上而再提出同样的问题。既然每投矛一次都要碰到某些新东西，那么这显然是无限的。

后来，直到近代资产阶级机械唯物论，仍然用这种方法来论证宇宙的无限性。比如，爱尔维修在《论精神》中写道："我说我们之所以得到这个无限的观念，只是由于一个置身于平原上的人永远可以把平原的边缘往后推，而我们在这一方面是不能确定自己的想象力应当止步的最后限度的。因此在某种意义之下，没有界限可以说是我们对无限所能具有的唯一观念。"①

这种方法，实际上是把对空间时间的数量衡量有无限重复的可能性，化做逻辑推论来进行证明。这就是把无限性当做一种抽象的无穷进展。这种论证具有明显的形而上学性质。辩证法大师黑格尔把这种无限性称为"恶的"无限性，并指出它的主要缺陷在于，把无限与有限绝对分割开来，把无限当做有限的彼岸，离开有限讲无限。所以，这种方法不可能科学地证明世界的无限性。

因此，辩证唯物主义认为，科学地论证世界的无限性，不能把无限当做有限的彼岸，必须透过有限来把握无限。正如恩格斯所说："我们在思想中把个别的东西从个别性提高到特殊性，然后再从特殊性提高到普遍性；我们从有限中找到无限，从暂时中找到永久，并且使之确定起来。"② 这就是说，在我们认识范围内，直接感觉到的都是有限的事物，只凭感觉器官是不能直接把握无限的。必须靠抽象思维的能力，在思维中，通过科学抽象逻辑证明，从特殊中找到一般，从有限中找到无限。（具体论证，参见第二节中对空间时间无限性的逻辑证明，不再赘述。）

① 《十八世纪法国哲学》，商务印书馆1963年版，第451页。
② 恩格斯：《自然辩证法》，人民出版社1971年版，第212页。

第四节　意识对物质的依存性与相对独立性

自从人类社会产生以后，世界上除了物质现象之外，还产生了一个人的精神世界，有了意识现象，要正确解决世界的物质统一性问题，必须进一步研究意识现象，了解它的起源、本质和作用，正确解释意识对物质的依存性和相对独立性。

一、意识对物质的依存性的主要表现

（一）意识是物质反映特性长期演化的结果，是社会劳动的产物

所谓反映，是指一种物质形态对于作用于它的另一种物质形态的应答活动。任何物质都有反映特性。如，铁在氧的作用下能生成氧化铁，葵花总是向着太阳射来的方向开放等。列宁曾指出，断言一切物质都具有的意识，这是不合逻辑的，但是假定一切物质都具有在本质上跟感觉相近的特性、反映的特性，这是合乎逻辑的。意识的起源是和物质反映特性的演化密切相连的。意识是人脑对客观存在的反映。这种高级的反映特性是物质反映特性长期发展的结果。

地质学和古生物学的研究证明，地球早期是没有生物的，只有无机物。无机物的反映特性具有三种形式，即机械反应、物理反应和化学反应。无机物的反应形式是物质的最低级的反映特性。其特点是在反应过程中，往往使自己消耗掉或转化为其他的东西，不能够继续独立存在。恩格斯说："机械的、物理的反应，随着每次反应的发生而耗尽了。化学的反应改变了发生反应的物质的组成，并且只有在给后者增添新量的时候，反应才能重新发生。"① 比如，河水冲击岸边的岩石要发生机械反应。被冲击后的岩石在形状上总要或多或少地发生变化，原来的形状消耗了。水受冷结成冰是个物理反应，水失去了原来为液体时所具有的性质，如比重、形状等。木柴燃烧是个化学反应，反应后的生成物和反应前物体的成分和性质都发生了很大变化。总之，无机物反应特点是反应后自己消耗掉或转化为别的东西。

---

① 《马克思恩格斯全集》第20卷，人民出版社1971年版，第639页。

大约在 32 亿年前，自然界由无机界发展到了有机界，出现了有生命的物质。相应地出现了生物的反映特性。为了和无机物的反应特性相区别，所以对生物的反映特性用"映"字来表示。生物的反映特性和无机物的反应特性的不同点在于：生物在反映过程中和反映后不是消耗掉或转化为其他的东西，而是仍能独立存在。比如，给放在窗台上的花浇了水，花吸收了水分，长得更加旺盛，但花并没有变成其他东西，仍保持自己的存在。所以，恩格斯说："只有有机物才独立地发生反应。"[①] 生物之所以在反映后自己不能被消耗掉或转化为其他东西，是因为生物具有新陈代谢机能，即生物自身能不断地从外界吸取营养，从体内排除废料，同外界进行物质交换进行化学成分的自我更新。物质由无机物的反应特性发展到有机物的反映特性，这是物质反映特性发生的质的变化。

生物有机体的反映特性随着生物由低到高的发展，也经历了一个由简单到复杂的发展过程。生物为了适应复杂的外界环境，争取自己的生存，反映器官进化得越来越完善，反映能力越来越强。

最早的生物是原生生物，没有专门的反映器官和神经系统，原生生物的反映特性叫刺激感应性，是生物最简单的反映形式。由于生物具有刺激感应性，所以能够趋利避害，保存自己。比如，植物的根系常常向着水、肥多的方向扎去。枝叶总是朝着阳光充足的方向伸展。变形虫在水中游动时，若碰到它的食物——眼虫时，会用自己的身体包围眼虫把眼虫吞食。当遇到有害的刺激，比如玻璃丝的刺激时，它可以避开这种刺激，向其他方向移动。生物这种刺激感应性已包含了动物感觉的萌芽，动物的感觉也正是在这种刺激感应性的基础上发展起来的。

原生动物进化到腔肠动物，出现了专门的反映器官网状神经。动物的全身都分布着神经细胞，每个细胞有丝状突起，丝状突起相互结合，把所有的神经细胞结成网状。网状神经出现后，动物的反映能力显著提高，一个地方受到刺激，很快传到全身。但网状神经是一种散漫的、无中枢的神经系统。在接受外界刺激的过程中处于自流状态，不能控制刺激传导的方向。一处受到刺激，全身都作出反应，没有分析综合能力。

[①] 《马克思恩格斯全集》第 20 卷，人民出版社 1971 年版，第 639 页。

由腔肠动物进化到环节动物，神经系统由网状发展到神经细胞集中、能够起调节作用的神经节。初步形成了中枢调节机构。有了中枢神经调节机构，动物对外界的刺激通过反射弧来进行反映。反射弧是指反射在动物体内所经过的神经通路，包括感受器、传入神经、中枢神经、传出神经、效应器几个部分。首先由感受器接受了外界刺激，然后由传入神经传到中枢神经，经中枢神经进行分析、综合后，再由传出神经传达到效应器，对外界刺激作出反应。有了反射弧，动物就能比较精细地对外界进行反应，使反应能力显著提高。实验证明，环节动物蚯蚓不仅有无条件反射，而且可以建立条件反射。无条件反射是动物生来就有的不学而会的反应能力。所谓条件反射是动物原来没有的，而是在一定的生活条件下形成的反射能力。条件反射使得动物不仅能对和生物生命有直接联系的事物的刺激作出反应，而且也可以对那些与生命有间接联系的刺激作出反应。动物能形成条件反射，说明它对外界的反应能力大大增强，能够适应更加复杂的环境。

动物不断进化，其反应器官和反应能力也不断发展。发展到节肢动物，其神经系统更趋于集中，有庞大的脑神经节，已具有感觉的反应形式，能反应事物的个别属性。鱼类具有脑和脊髓组成的中枢神经管，有比较发达的嗅觉、触觉和听觉。有些鱼能反映海水盐分的变化，而决定迁徙的时间；有的鱼皮肤有感光的性能，能随背景的变化形成保护色，以利自己的生存。爬行类动物不仅有大脑两半球，而且在大脑两半球的外侧出现了一层大脑皮层。爬行类动物具有分析、综合能力，如乌龟经过训练可以辨别横线和竖线；蛇在捕捉食物的时候，可根据所遇到的不同对象采取不同的进攻方式。高级哺乳动物的神经系统已相当发达，大脑皮层有六层细胞，反映特性已发展到动物的心理水平，可以产生感觉、知觉、表象、情绪等，更能和复杂的外界环境保持协调一致。

动物演化到哺乳动物的灵长目类人猿阶段，达到了脑的演化的高峰，类人猿中大猩猩的脑量已有540毫升（现代人的平均脑量为1500毫升）。类人猿有很发达的大脑皮层，细胞一层层排列，各种感觉器官构造的精细程度与人非常接近，反映能力大大增强。类人猿受到外界刺激时会表现出许多复杂的表情状态。比如，当猩猩碰到危险的刺激物时，会睁大眼睛，头部的毛发竖起。类人猿很善于模仿人的动作，比如抽烟、喝水、扫地等。类人猿已具有意识的萌芽，因为，第一，经实验证明，类人猿对事物的反应能力较之一般动物都强。不仅能反应事物的个别属性或综合属性，而且能反应事物与事物间的简单联系。比如，大猩猩会把一根短木棍插到另一根一端有孔的短木棍中，接起来勾取笼子外面的食物，能把木箱一个一个叠起来，然后爬上去摘取高处的香蕉。说明猩猩不仅可以反应木棍与食物、木箱与食物间的联系，而且对这些事物间的空间关系有一定辨别能力。第二，类人猿已经具有了原始的概括事物特征的能力。不仅对现实的事物有精细的感觉和完整的知觉，而且对事物能够形成比较清晰的表象。实验证明，猩猩可以根据锁口的大小来挑选钥匙，把锁打开，取出锁在箱子里的食物。当主人手里拿着一块红色正方形木块时，猩猩可以按主人的要求从七块不同颜色和形状的木块中，挑选出一块红色的正方形木块，交给主人换得食物。尽管如此，类人猿所具有的仅仅是意识的萌芽，还不是真正的意识。因为，第一，类人猿对事物之间的简单联系的反应不能离开具体活动，不能离开眼前的现实感受，而只能在具体活动中形成。当大猩猩必须依靠木棍取得食物时，木棍被拿来利用，如果眼前没有食物或已取得了食物，木棍对它就没有意义。它可以用嘴把木棍劈开，也可以把木棍折断，棍棒对食物的联系对它不具有固定的意义。第二，类人猿所反应事物的联系是表面的、肤浅的，还不能认识事物的本质。比如，有人作过一个猩猩取水灭火吃糖的实验，猩猩只知道水桶里的水可以灭火，而不知道在自己旁边的水池里的水也可以灭火。说明它不能认识事物的本质。所以，类人猿仅有意识的萌芽。

　　总之，自然界里的无机物发展到最低等的原生动物，由原生动物发展到高等动物类人猿，其反应特性由无机物的反应特性发展到生物的刺激感应性，由生物的刺激感应性发展到动物的感觉、动物的心理、意识的萌芽。动物的机体结构也经历了由简单到复杂、由不分化到分化、由低级到高级的发展过程。结构和机体之间也处在相互作用、相互影响的辩证发展过程。这一切为人类意识的产生，奠定了生理基础。

　　但是，由猿脑变成人脑单单依靠生物的进化是不能完成的。猿脑变成人脑不仅在生理上和高级神经系统的发展相联系，而且和劳动不可分，劳动是推动猿脑转化成人脑的决定力量。恩格斯说："首先是劳动，然后是语言和劳动一起，成了两个最主要的推动力，在它们的影响下，猿脑就逐渐地过渡到人脑。"① 为什么劳动能成为产生意识的最主要的推动力呢？因为，第一，劳动对意识的产生提出了客观需要。大约在 1500 万年前，地球表面气候变冷，森林面积大量减少，一部分森林古猿被迫离开森林到平地上生活。由于生活条件的变化，森林古猿在寻找食物和防御敌人的过程中，前肢的活动越来越多；时间长了，前后肢有了分化。前肢主要用来抓握和操纵物体，后肢用来支持身体，逐步学会了直立行走。前肢在经常性活动中越来越灵巧，开始出现了利用自然和改造自然的活动特点。随着经验的积累，从利用自然工具发展到制造工具。这是人和动物的根本区别。正如恩格斯所说："人类社会区别于猿群的特征在我们看来又是什么呢？是劳动。"② 人们要想利用自然、改造自然，就需要认识自然规律。比如，要获得作物生长的好收成，就必须认识作物生长的规律和一年四季天气变化的规律，就需要大脑具有能反映事物本质的抽象思维能力。可见，是劳动对意识的产生提出了客观需要，如果没有这种客观需要，人的意识也是不会产生的。第二，劳动促进了思维的器官——人脑的更加完善化。在劳动过程中手的活动大大加强，手的活动也大大促进了脑的发展，手的活动一方面要求大脑更精确、更细致地反映客观事物；另一方面，要求大脑更好地协调身体各个部分之间的联系，这两方面的长期相互作用必然促进了大脑机能的加强和结构的完善化。生理学证明，大脑皮层是个复杂的物质结构，并且分成不同机能的功能区。每个区的作用有相对的分工。视觉器官所产生的神经冲动传送到视觉区。手的活动和其他一部分主要器官的活动传送到运动区。由于人手在劳动中的作用特别大，所以手在运动区中占的面积比足区和其他运动器官所占的面积都大。而猿猴的前后肢，在大脑皮层的运动区里占的面积相等。科学研究还证明，原始人脑量的增加和劳动水平的高低有着密切关系。南方古猿处于从猿到人的过渡阶段，会经常使用天然工具，其脑量有六百多毫升，超过了黑猩猩的脑量。北京猿人时期能够制造工具和用火，其脑量增加到一千多毫升。由于火的运用，使人的食物越来越复杂，人们不仅可以吃生的，而且可以吃熟的。不仅可以从植物中获得食物，而且可以从动物中获得食物，人们可以得到人脑和身体各个部分所需要的各种养料，而火的运用使人们劳动的内容更加丰

①② 《马克思恩格斯选集》第 4 卷，人民出版社 1995 年版，第 377、378 页。

富，促进了脑的形成。到了智人时期，人们会制造复合工具和绘画艺术，劳动水平大大提高。智人的脑量达到一千四百毫升左右。这些都清楚地说明，劳动对于猿脑变成人脑的推动作用。第三，劳动中产生了语言，为意识的产生创造了重要条件。早期猿人由于学会了直立行走，使身体各部分的姿势都发生了变化，重要的是口腔、鼻腔和咽喉形成直角，呼吸道增长，便于制造各种阻力控制气流，从而发出各种清晰的音节，这就为语言的产生创造了有利的生理条件。由于早期猿人的劳动能力低下，为了防御敌人和获取食物必须集体行动。在许多联合的行动中，需要互通信息，表明自己的意向，希望别人和自己配合行动。于是，就需要一定的声音来作为彼此间交流的工具。正如恩格斯所说："这些正在形成中的人，已经到达彼此间不得不说些什么的地步了……逐渐学会发出一个接一个的清晰的音节。"① 早期猿人在刚开始时只是依靠手势或叫声要求别人和自己配合，并表示自己对别人的配合。在长期的活动中，一定的声音逐渐和一定的动作联系起来，使一定的声音获得一定的意义，这样作为交流思想的工具——语言就产生了。有了语言，使人脑的反应能力产生了飞跃。有了语言，不仅使人有了第一信号系统，而且有了第二信号系统。第一信号系统是指直接接受现实刺激物的刺激而引起条件反射的一套神经活动机构。它是对外部环境具体对象具体现象的反映，是以具体事物作为信号，而第二信号系统是指接受语言刺激而引起条件反射的一套神经活动机构，是在第一信号基础上建立的信号。有了语言，使人们对客观外界的反映水平达到一个崭新的高度。人们可以通过所确立的许多科学概念、词汇进行逻辑思维，从而认识事物的本质和内在联系。有了语言，人们之间可以进行思想交流、传递知识、取得间接经验，进一步积累知识，大大扩大了人们认识事物的范围。因此，语言的产生，为意识的形成和发展创造了重要条件，而语言是在劳动中产生的。

　　总之，劳动为意识的产生提供了客观需要和创造了可能条件，成为由猿脑变成人脑、由意识的萌芽发展到人的意识的重要推动力。而劳动一开始就是社会的活动，劳动中需要人们相互配合，离开社会，劳动是不能进行的。意识是在社会性的劳动中产生的，所以，意识是社会的产物。恩格斯说：

---

　　① 《马克思恩格斯选集》第 4 卷，人民出版社 1995 年版，第 376 页。

"意识一开始就是社会的产物，而且只要人们存在着，它就仍然是这种产物。"①

（二）意识是人脑这块复杂物质的机能

人脑是意识的器官，意识是在人脑的生理活动的基础上形成的心理活动，是人脑的机能。人脑是一个由大量神经细胞组成的，极其精密、极其复杂完善的反映器官。在人类对人体各部分的认识中，没有那一个部分比人脑这块物质更复杂。人的脑重大约 1500 克左右，分大脑两半球，覆盖在大脑两半球最上面的是大脑皮层，大脑皮层是大脑的主要构成部分。大脑皮层有许多纵横折叠、起伏不平的沟回，若伸展开有 2600 平方厘米左右。由于大脑皮层的表面积大，便于和外界建立广泛的联系和储存大量的信息。一般人的一生中可利用大脑储存 1000 万亿个信息单位。大脑皮层由 140 亿个以上的神经细胞组成，这些神经细胞之间直接和间接地联系着。神经细胞中含的核糖核酸特别多，可能是储存记忆的物质基础。大脑皮层又分为许多彼此相互联系的区域，听觉区位于颞叶上部，负责对听觉器官送来的刺激进行分析和综合。视觉区位于枕叶，负责对视觉刺激进行分析和综合。运动区位于后中央回和前中央回，保证运动反应的正确性，大脑皮层下边是一些灰质和丘脑，丘脑是各种感觉的接受中枢，比较猛烈的感觉如过热、过冷等被丘脑过滤掉，比较温柔的感觉被送到大脑皮层感觉区，温和的感觉可以经考虑后再反应，而难受的感觉可很快处理。丘脑下层是下丘脑，下丘脑不断把神经系统传来的信号通过丘脑送到大脑皮层。大脑皮层反过来又送信号到下丘脑，两者处在相互刺激之中，持续觉醒。时间长了，两者出现协调不良，振荡变得不完善，逐步进入睡眠状态。休息到一定时候，下丘脑与大脑皮层的协调振荡又重新恢复，睡眠变得很浅或清醒起来。这就形成了大脑皮层的兴奋和抑制两种状态。大脑又和小脑、脑干、延髓、脊髓等相连接，组成中枢神经系统。中枢神经系统又和周围神经系统相联系。周围神经系统又和全身各个器官相联系，形成一个以大脑为最高司令部的非常复杂的神经网。当客观事物作用于人的感官（眼、耳、鼻、舌、身）时，先由这些感受器把刺激转化为神经冲动，然后再由传入神经把兴奋传导到大脑，引起大脑皮层的活

---

① 《马克思恩格斯选集》第 1 卷，人民出版社 1995 年版，第 81 页。

动。在这个基础产生感觉、知觉、表象、思维等意识活动。在大脑皮层的思维活动中，还伴随着一系列的物理反应、化学反应，如有神经系统的放电现象。在正常情况下，神经细胞里外保持一定的电位差，当大脑皮层接受神经冲动时，电位差瓦解。当神经细胞接受神经冲动时，能产生一种叫乙酰胆碱的物质，乙酰胆碱能通过细胞与细胞孔隙引发下一个神经冲动。这些都说明了人的一切意识活动都是以大脑为物质基础的。从人脑的绝对重量和相对重量来看，所有高等动物的脑的绝对重量都没有人的大。黑猩猩的脑绝对重量不到400克，大猩猩的脑绝对重量一般为540克，现代人的平均脑量在1500克左右。从脑的相对重量来看，黑猩猩的脑重和体重的比为一百五十分之一，大猩猩则为五百分之一，人的脑重和体重之比为五十分之一。在动物中，虽然有些动物的脑重远远超过人，但相对重量小。也有动物脑的相对重量超过人脑的，但绝对脑量小。比如，大象的绝对脑重可达6000克，但相对脑重只有千分之一。鲸的脑重可达9000克，相对脑重只有万分之一。猴子的相对脑重为十八分之一，远远大于人脑，但它的绝对脑重远远低于人脑。这些动物脑的结构的复杂程度远远低于人脑，因此它们都不可能成为意识的器官，只有人脑才有产生意识的机能。

　　病理学的研究成果也证明了意识是人脑的机能。病理学表明，人的身体其他部分受了损伤，只要不损伤大脑，人的意识活动仍然是正常的。有病痛的感觉，有克服困难的意志，能看书看报，思索问题。如果影响了大脑的机能，意识活动就会失常。这也证明了只有人脑才能产生意识，人脑是意识的物质承担者，没有人脑，也不会有意识。意识是在大脑生理活动基础上产生的心理活动。正如列宁所说："心理的东西、意识等等是物质（即物理的本西）的最高产物，是叫作人脑的这样一块特别复杂的物质的机能。"[1]

　　唯心主义和宗教神学赤裸裸地否认意识是人脑的机能。在19世纪中叶，欧洲出现的庸俗唯物主义却从另一个极端来否认意识是人脑的机能。庸俗唯物主义认为，意识也是一种物质，物质和意识之间没有什么区别，人脑产生意识就好像肝脏分泌胆汁和胃腺分泌胃液一样。庸俗唯物主义的观点也是错误的。因为，意识依赖于物质，不能离开物质而独立存在，但意识本身不是

① 《列宁选集》第2卷，人民出版社1995年版，第170页。

物质，是观念形态的东西。头脑里对事物的认识尽管符合实际，但不等于实际。庸俗唯物主义认为意识等于物质，这就从根本上混淆了物质和意识的区别，取消了唯物主义和唯心主义的对立。同时，把意识混同于物质，而物质是世界的本原，就会陷入认为精神、意识是世界的本原的唯心主义。所以列宁说："说不论思想或物质都是'现实的'，即存在着的，这是对的。但是把思想叫作物质的，这就是向混淆唯物主义和唯心主义方向迈了错误的一步。"①

（三）意识是对客观存在的反映

人脑是意识的器官，具有产生意识的机能，但它本身不能自动产生意识。意识是人脑在反映外部存在的过程中产生的。正如马克思所说："观念的东西不外是移入人的头脑并在人的头脑中改造过的物质的东西而已。"②意识是人脑对客观存在的反映。这可以从意识的产生、意识的形式、意识的内容等三个方面得到证明。而这三个方面都具体体现着意识对物质的依存性。具体地说：

意识的产生是由客观事物的作用引起的。人脑具有反映能力，这只是为意识的产生提供了可能的条件，但如果一个人生来就和客观外界隔绝，不接触客观实际，也是不会产生意识的。毛泽东说："一个闭目塞听、同客观外界根本绝缘的人，是无所谓认识的。"③人们只有在实践中，主观与客观发生了联系，客观外界事物通过眼、耳、鼻、舌、身，反映到头脑中来，才能产生意识。意识不是主观自生的，是由于外界事物的作用引起的，是在实践的基础上主观对客观的反映。

主观对客观的反映，在认识过程中，一般采取感觉、知觉、表象、概念、判断、推理几种形式，这些主观形式，也是以客观存在的作用为基础的。感觉是人脑凭借感官对客观事物表面的、个别特性的反映，是意识的初级形式。感觉的产生和存在直接依赖于所反映的客观存在。在感觉和它反映的客观事物之间没有任何中间环节。正因为客观事物本身具有各种不同特性，如形状、大小、颜色、光泽、音调等，这些特性作用于人的某种感官，

① 《列宁全集》第14卷，人民出版社1957年版，第256页。
② 《马克思恩格斯选集》第2卷，人民出版社1995年版，第112页。
③ 《毛泽东选集》第1卷，人民出版社1991年第2版，第290页。

便在人脑中产生某种感觉。知觉是对客观事物整体形象的反映，是各种感觉的综合。知觉是在感觉的基础上形成的。由于任何具体事物都不是只有一种属性，而是有几种属性，各种属性间又是相互联系的，这些属性作用于人的各种感觉器官，使人产生各种感觉。大脑对这些感觉进行综合，就形成了对整个事物形象的反映，就是知觉。表象是知觉形象在记忆中的再现。它虽然不是在人与客观事物的直接联系中产生的，但也不是主观自生的，是在知觉的基础上形成的，是多次知觉的结果。概念是反映客观事物本质的思维形式。概念的形成是"人们在实践中引起感觉和印象的东西反复了多次，于是在人们的脑子里生起了一个认识过程中的突变（即飞跃），产生了概念"。① 判断是对于事物之间的联系和关系的反映。推理是由一个或几个已有的判断推出一个新判断的思维形式。这些形式也是由于客观事物的多次作用形成的。由于客观事物中存在着本质特性，这些本质特性反复作用于人的大脑，就形成了客观事物的概念。由于客观存在着的事物总是处于直接和间接的联系中，这些联系和关系反映到人的头脑中，就形成判断的思维形式。又由于客观事物中存在着一般和个别的关系，这种关系反映到人的头脑中，就形成了推理的思维形式。正如列宁所说："人的实践经过千百万次的重复，它在人的意识中以逻辑的格固定下来。这些格正是（而且只是）由于千百万次的重复才有着先入之见的巩固性和公理的性质。"②

在主观对客观的反映过程中，对于同一个事物，不同的人却会作出差异很大甚至相反的反映。有的人能正确地反映客观存在，有的人则不能。这说明人与人之间在主观反映形式方面存在着差异。这种个体意识上的差异也不是主观自生的，也是由于客观存在所决定的。由于人们客观上所处的经济地位、政治地位不同，主观上会形成不同的世界观和方法论。由于人们之间实践经验、知识水平、生理条件等方面的差别，也会造成在反映客观事物过程中主观形式方面的差异。总之，个体意识之间的特点、差异也是依赖于客观存在的。

既然连意识的主观反映形式和个体意识间的差异都依赖于客观、根源于

---

① 《毛泽东选集》第 1 卷，人民出版社 1991 年第 2 版，第 285 页。
② 列宁：《哲学笔记》，人民出版社 1956 年版，第 233 页。

客观。那么，意识的内容如何呢？

意识的内容也是根源于客观存在的。

诚然，意识的内容有正确和错误之分。正确的意识是人脑对客观事物的正确反映，错误的意识是人脑对客观事物的歪曲反映。但二者都能从客观存在中找到根据。正确的意识，比如各种科学知识，是经得起实践检验的、被实践证实是正确的，这种意识的内容根源于客观世界，是很明显的。数和形的概念，虽然显得十分抽象，但都来源于客观存在。人们在生产活动中，一些具体事物的数量特征反映到头脑中来，便产生了数的概念。恩格斯说："数学是从人的需要中产生的，如丈量土地和测量容积，计算时间和制造器械。"[①] "和数的概念一样，形的概念也完全是从外部世界得来的，面不是在头脑中由纯粹的思维产生出来的。"[②] 人们在生产实践中，接触了大量的物体形状，这些物体形状反映到人的头脑中来，就形成了形的概念。

错误的意识内容，比如，错误的思想、荒唐的观念、幻想和神话，也不是头脑里固有的或天上掉下来的，也可以从客观世界中找到它产生的根源。比如，《西游记》里所描写的孙悟空，在实际生活中是没有的。从孙悟空的整体形象来说，是超现实的，在客观世界中找不到原型，但组成孙悟空形象的各个部分，如猴子的形象，人的性格，连孙悟空的七十二变，都可以从客观存在中找到的根据。这些分体材料只是经过人的大脑加工制作，才形成了孙悟空的整体形象。在历史上长期流传的妖魔鬼怪，神和上帝等观念，也都是以人的形象为根据塑造出来的。神的观念是"拟人"的，是人的本质的异化。中国庙里的神像像中国人，外国的庙里神像像外国人，就是明证。错误的思想、荒唐的观念，不外是移入人的头脑并在人的头脑中改造过的物质的东西而已，也根源于客观世界。只是由于经过头脑的制作加工，形成了对客观事物歪曲的反映。所以，恩格斯说："一切观念都来自经验，都是现实的反映——正确的或歪曲的反映。"[③]

意识不仅根源于物质、反映物质，对物质具有依存性，而且区别于物质，反作用于物质，对物质具有相对独立性。

---

①② 《马克思恩格斯选集》第3卷，人民出版社1995年版，第378、377页。

③ 《马克思恩格斯全集》第20卷，人民出版社1971年版，第661页。

二、意识对物质的相对独立性的主要表现

这是指它在人们认识世界、改造世界过程中，具有的积极地反映世界与改造世界的能动作用。

（一）意识在认识世界中的能动作用

它能使人的认识活动具有自我意识和自我控制的自觉性；具有在掌握规律的基础上，提出新概念，作出新判断，并进行合乎逻辑地推理的创新性。

（二）意识在改造世界中的能动作用

它能使人们从客观现实中引出概念、思想、计划等来指导自己的行动，使行动具有目的性、方向性、预见性，并通过实践把观念的东西变成物质力量。所以列宁说："人的意识不仅反映客观世界，并且创造客观世界。"[①]

（三）辩证唯物主义关于意识的能动性原理，在当代科学技术发展中得到了进一步证实和深化

1. 人工智能（思维模拟）不仅能在一定范围内、一定程度上，把人的思维模拟出来，再现出来，使思维物化，进一步证实了意识是人脑的机能、物质的属性。而且深化了意识对物质的能动性原理：人工智能是人类意识自我认识的产物，电脑的出现意味着人类意识已经发展到意识活动部分地从人脑这个原来唯一的意识器官中分化出来，物化为机械的物理的运动，延长了意识器官。也可以说这是按照某种意识去思考人脑，并创造着人脑。可见，它是意识对人脑的一种巨大的能动作用。这就从意识与人脑的相互关系的角度进一步深化了意识对物质的能动作用原理。

2. 关于心理活动控制生理活动的探索也深化了意识对物质的能动性原理。这需要从意识对物质的能动作用所包含的三个层次的内容说起：

第一层次，意识通过实践转化为物质力量，从而对物质世界发生反作用。物质力量必须靠物质力量来改造，精神不能代替物质。

第二层次，意识必须先通过对人体生理活动的控制，即作用于第一类物质，然后才能作用于客观物质世界，即第二类物质。

第三层次，由于人体生理活动受脑的神经活动支配，因此意识更须先通

---

① 《列宁全集》第 38 卷，人民出版社 1959 年版，第 228 页。

过对脑的作用然后才能作用于第一类物质与第二类物质。

关于第二层次，前边已说了，意识必须先通过对人体生理活动的控制，即作用于第一类物质，然后才能作用于客观物质世界。关于意识对生理过程的反作用，我国硬气功的研究成果为之提供了典型的例证：硬气功是指气功师通过意念导引，用意识作用来支配人体的生理活动，从而控制、调节体内能量的积累、运行，能使周身之能量运行、聚集到身体的某一部分，集中迸发，从而产生特异性的超常人的功夫、巨大力量。比如，"'头撞石碑'，一块厚 10 厘米，高 80 厘米，宽 30 厘米的花岗石石碑，曾由硬气功大师侯树英用头猛力将石碑撞断。据中国科学院力学研究所鉴定，侯树英撞石碑或撞钢柱的力量达 7350 牛顿以上。"[1] 总之，硬气功能使人在一定条件下，迸发出超常的巨大的爆发力，凸显了意识对生理过程的反作用。

关于第三层次的反作用问题。近些年来世界上有些科学家和哲学家对于意识对脑的作用问题进行着新的探索，并且提出了一些新的理论观点和假说。最突出的有澳大利亚神经生理学家艾克尔斯，匈牙利学者先塔戈泰，他们都主张意识对脑有反作用。但是，艾克尔斯把精神和脑看做两个独立的实体则是错误的。

人们对心理因素在健康和疾病中作用的重视，可以追溯到古代，如我国战国至秦汉时期成书的中医经典《黄帝内经》用"天人相应"观点探讨疾病和健康问题，提出"形神合一"的心身一元论，以及"内伤七情"与"外感六淫"的病因说，主张身心兼顾的治疗观。但是作为一门学科，"医学心理学"的诞生则出现于 19 世纪中叶。1852 年德国哥顿廷大学洛采在其撰写的《医学心理学》一书中，首次提到"医学心理学"一词。[2]

随着医学模式从生物学模式向生物—心理—社会模式转化，人们对心理社会因素与疾病的关系和相互作用的认识逐渐深入，医学心理学的一个重要的研究领域——心身医学，于 20 世纪 30 年代诞生了。"心身医学的产生是同弗洛伊德的工作分不开的。弗洛伊德证实，情绪因素在心理障碍和躯体疾病中都起着重要作用，提出关于潜意识和梦的学说、自我防御机制和人格发

---

① 赵祖源、宋滇明编著：《中国硬气功精秘》，中国工人出版社 1990 年版，第 1 页。
② 参见钱明、刘畅、崔光成著：《医学心理学》南开大学出版社 2005 年版，第 12 页。

展的理论，开创了心理治疗的新纪元。"①

心身医学认为，"心身疾病，又称为心理生理疾病，包括狭义和广义的概念。所谓狭义心身疾病，是指心理社会因素造成的一类有病理形态学或生化改变的躯体疾病。例如，原发性高血压、支气管哮喘、溃疡性结肠炎和神经性皮炎等，强调病理学和生化的临床改变。广义心身疾病是指心理社会因素在其发病过程中起了重要作用的一些躯体疾病或障碍。这些躯体疾病或障碍可以有也可以没有病理形态学的改变的情况，例如，心因性阳痿、心因性厌食、书写痉挛、口吃等，又称心身障碍"。②

德国和日本十分重视心身疾病的研究，不断有关于心身疾病的著作问世，日本心身医学会还制定了完整的心身疾病分类体系。在《中华医学会精神疾病分类——1981年》中，我国首次将"心身疾病"纳入到分类体系中。20世纪80年代，我国的几项以心身疾病为目标的患病率的统计表明，门诊心身疾病病人约占总就诊人数的三分之一左右。

心理因素如何同其他因素相互作用，最终导致心身疾病？这是医学心理学领域亟待深入研究的中心课题之一。

综合现代医学、生理学、神经科学、行为科学和心理学的知识，对心身疾病的发病机制作出了如下解释，"一般认为，在心身疾病的发病机制中，有几个关键环节：（1）心理社会因素；（2）生理反应；（3）器官脆弱性；（4）心身疾病"。③

具体地说：心理社会刺激物被感知，信息传入大脑皮层并得到加工处理和储存，使现实刺激加工转换成抽象的观念。在这一过程中，关键问题是心理社会刺激经过个体的认知评价会引起应激反应。"应激是专业名词，在生活工作中无处不在，只不过人们使用'压力'、'紧张'或'痛苦'之类的词代之。"比如"由于期望落空、遭遇失败，或是突然中奖成为'百万富翁'，诸如此类所带来的种种不知所措，都会使人陷于应激"。④

强烈或长期的应激反应造成人的心理生理变化，当机体的生理变化超过机体所能适应的限度时，便会导致薄弱器官或系统的损害，最终使人罹患心

①②③④ 钱明、刘畅、崔光成著：《医学心理学》南开大学出版社2005年版，第13、185、200、149页。

身疾病。

"早在 11 世纪俄国医生阿维森纳用一窝生的两只羊做对比'实验':一只正常放养,另一只拴在狼的身旁喂养。结果正常放养的羊健壮生长,狼旁边的羊不到一个月就死了。大概这是最早的关于心身疾病的'实验'研究了。现在推测,是每天高度恐怖的情绪使小羊罹患了某种身体疾病,最终导致其死亡。近年动物实验证明,紧张的情绪会干扰免疫系统的功能,容易使实验移植的恶性组织成活。……有人通过临床研究发现,中年丧偶对个体的身体健康影响很大,丧偶者最终死于脑血管病、冠心病……高血压性心脏病的比例分别是同龄组的 6.2 倍、4.6 倍……8.2 倍。"[1]

心身医学告诉我们,一个人的情绪如果长期处于苦恼、忧愁的状态,或是由于重大的天灾人祸受了强烈的刺激,使大脑皮层的兴奋抑制过程失常,久而久之,会导致大脑功能失调,机能活动紊乱,并产生主要由心理因素引起的各种躯体的生理疾病。如前面提到的各种心身疾病。

我国软气功的研究成果,对此问题的解决也作出了独特的贡献。软气功(即一般的医疗保健气功)在练功时,以意领气,遵循着"意到气到,意领气行的规律",通过意识的控制作用,能够加强和改善大脑的兴奋和抑制过程的相互转化能力与稳定性,对机能活动紊乱的皮层有积极的调整作用,因而它对于某些与精神紧张、皮层活动紊乱密切相关的疾病,如高血压、溃疡病、神经衰弱等有良好的功效。这些事实凸显了软气功对人脑的巨大反作用。

---

① 钱明、刘畅、崔光成著:《医学心理学》南开大学出版社 2005 年版,第 190 页。

第 二 章

物质世界的联系和发展

我们面对的大千世界，既是普遍联系的又是运动变化发展的，二者统一便构成宇宙的历史演化过程。唯物辩证法作为科学的发展观，正是对这幅普遍联系和永恒发展的画面的逻辑把握，联系的观点和发展的观点是它的总体特征。

第一节　世界的普遍联系

恩格斯曾指出："当我们深思熟虑地考察自然界或人类历史或我们自己的精神活动的时候，首先呈现在我们眼前的是一幅由种种联系和相互作用无穷无尽的交织起来的画面。"① 对这幅普遍联系画面的正确反映是唯物辩证法的第一个总体特征，在一定意义上，可以把辩证法规定为"关于普遍联系的科学"。②

一、事物之间的普遍联系

在哲学中，联系是一个普遍性极大的范畴，它概括了一切事物、现象、过程之间及其内部诸要素之间的相互影响、相互作用和相互制约。

联系是普遍的，联系的普遍性包括两重含义：一是指世界上一切事物、

---

① 《马克思恩格斯选集》第 3 卷，人民出版社 1995 年版，第 359 页。
② 《马克思恩格斯选集》第 4 卷，人民出版社 1995 年版，第 259 页。

现象和过程都不能孤立地存在，都与周围的其他事物、现象和过程这样或那样地联系着，整个世界是相互联系的统一整体；二是指任何事物、现象、过程内部的各个部分要素、环节也是相互联系、相互作用着的。现代科学和实践的发展充分说明了联系的普遍性。物质的结构层次理论就是对于普遍联系的一种反映。依据目前科学所达到的水平，已经发现，在物质世界的非生物界中，有夸克、基本粒子、原子核、原子、分子、地球上的物体、行星、恒星、星系、总星系等层次；在生物界中，有分子、胶体粒子、细胞组织、器官、个体、群体、生态群落等层次；在社会中，则可分为生产资料、生产力、生产方式、社会有机体等层次。在这些层次结构中，各个层次之间又内在地联系着，高层次包括了低层次，是低层次的综合体；低层次则是高层次的有机组成部分。现代科学中的横断科学如系统论、控制论、信息论等，证明整个世界不仅有着纵向联系，而且有着横向联系，纵向联系与横向联系交织在一起形成了联系的整体性。现代科学的成果无不从某一侧面揭示出世界的普遍联系。

联系又是客观的，联系的客观性指联系是事物本身所固有的，是不以人的意志为转移的。事物的联系就其与人的实践的关系来说，可分为自在事物的联系与人为事物的联系。自在事物的机械、物理、化学、生物的联系在人产生之前就存在着，它们当然不以人的意志为转移。人为事物的联系是人类实践的产物，尽管它们体现出"人化"的特点，但它们的联系仍然是不以人的意志为转移的。这是因为，人为事物的联系是经过实践这一客观的物质活动才得以形成的，并且只有反映了客观的联系才具有真实性。

联系的客观性、普遍性的根据在于：第一，世界万物具有共同的本质和基础。联系的普遍性根源于世界的物质统一性。一切事物和现象无不是运动着的物质的具体形态、属性和表现，它们也就有着统一的本质联系。这种统一联系通过事物之间具体的相互作用、相互转化等形式表现出来。科学已越来越深入地揭示了自然界的密切的整体联系，也越来越深刻地揭示着人类社会和思维中的整体联系。科学和实践还证明，在生命界和非生命界之间、自然界和人类社会之间、思维和物质存在之间，也通过多种方式保持着相互依存、相互制约、相互过渡的整体联系。第二，任何具体事物的客观存在和运动本身都必然表现为一定的内部联系和外部联系。没有事物内部要素之间的某种特定联系和相互作用，就没有事物本身的存在和运动；同样，没有一事物同周围事物的一定的相互联系和相互作用，也不会有该事物的存在和变化。可以说，事物的存在和运动与它的具体的内外部联系是同义的。世界上不可能找到任何既现实地存在和运动着却又没有任何内外部联系的事物。事物的联系同事物的存在、运动一样都是不以人的主观意志为转移的，人们主观想象中的任何联系都不能代替或取消对象自身的客观联系。第三，事物可以互为中介，千差万别的事物之间可以通过无数"中介"或过渡环节而联系起来，构成一个无限的总体系列。由无数具体事物及其过程所构成的世界，便是一个相互联系的整体，其中每个事物和过程都是这个总体中的一个成分或环节；各种事物同其他事物的联系也不是孤立、封闭和静止的，而是开放和变动的，不断形成新的或更大范围的联系。可见，联系的客观性和普遍性本身是世界的物质统一性、中介的普遍性、存在和运动的不可分割性的体现。

要进一步理解联系的普遍性，还必须把握"中介"、"差别"这两个哲学范畴。唯物辩证法的普遍联系原理既肯定了联系的客观普遍性，同时也阐明了联系的现实具体性。这就是说，普遍联系不是一个简单的抽象公式，更不是给人提供一个可以把一切都混淆起来，随意编织"联系"的借口。在科学的、完整的普遍联系观点中，包含了对现实联系的丰富性、具体性和中介性的深刻理解和应用。

宇宙中的万物既作为个体事物存在，又作为普遍联系的事物而存在。列宁说："每个事物（现象、过程等等）是和其他的每个事物联系着的。"[①] 要理解世界上每个事物何以与其他每个事物联系着，就必须理解"中介"这一范畴。中介是指两个事物之间的中间联系、中间层次。任何事物之间不论存在多大的差异，都可以通过中间联系沟通起来。"中介"具有"间"性，它体现了事物之间或事物之际；中介又具有沟通性，使两个事物连接起来；中介又具有过渡性，使一物通过若干中介过渡到他物，从而连成一体。恩格斯指出过中介的重要性："如果我们拿两种极不相同的物体——例如一块陨石和一个人——来比较，我们由此得到的共同点便很少，至多只有重量和其

① 《列宁选集》第2卷，人民出版社1995年版，第411—412页。

他一些一般的物体属性是二者所共有的。但是，介乎二者之间还有其他自然物和自然过程的一个无限系列，这些物和过程使我们有可能把从陨石到人的这个系列充实起来，并指出每一物或过程在自然联系中的地位，从而认识它们。"① 恩格斯在这里说明的正是普遍联系与中介的关系，即两个极端不同的个体通过中介而联系起来，不同的东西通过中介而被纳入到一个普遍联系的系统之中。列宁也说："一切……都是经过中介，连成一体，通过过渡而联系的。"② 这表明任何事物都是普遍联系中的一环，因而每一事物都可以成为其他事物的中介，每个事物与其他每个事物通过中介而连成一体，所不同的只是两个事物之间的中介联系多些或少些、复杂些或简单些而已。事物的普遍联系只有经过互为中介才能实现，而中介也只有在普遍联系中才能产生和存在，才能成其为"中介"。由于每一事物都通过各种"中介"而同其他事物直接或间接联系起来，事物与他事物的直接联系是有限的，而与他事物的间接联系则是无穷的，不同事物就是通过有限的直接联系和无限的间接联系，普遍地联系起来，因而使得从个别事物到复杂体系，从非生命界到生命界和人类社会以至无限的宇宙，形成一个由无穷无尽的层次、中间环节的相互连接交织而成的普遍联系之网，每一个别事物的存在、运动和变化都被包括在这张普遍联系之网上，都是普遍联系的具体体现。

　　联系又与"差别"这一范畴密切相关。唯物辩证法所了解的联系，是相互区别的具体事物、现象间的联系。坚持普遍联系的观点，不仅不否认事物的差别，而且恰恰是以承认事物之间的差别即其确定的界限为前提的。否认了事物之间的界限，就不能区别事物，就不知道究竟是什么事物在联系着。只是唯物辩证法不像形而上学那样，把事物之间的差异和界限绝对化。形而上学思维方法的一个根本缺陷就是只见"事物"，忘记了联系，企图找到一条把不同事物完全分割、隔离开来的绝对分明、固定不变的界限。唯物辩证法指出，差异和界限只能在事物的相互比较中存在，没有联系也就无所谓区别；而差异双方总是互为中介、互相过渡的。因此，具体的差异和界限具有相对性。可以说，差别在本质上也是联系的一种方式，即以对立的方式

---

① 《马克思恩格斯选集》第 4 卷，人民出版社 1995 年版，第 339—340 页。
② 《列宁全集》第 55 卷，中文第 2 版，第 85 页。

发生的联系。一切事物都同其他事物既相区别又相联系，二者的辩证统一体现了联系的丰富性和普遍性。正如恩格斯曾深刻地指出的，在辩证联系的观点看来，"一切差异都在中间阶段融合，一切对立都经过中间环节而互相转移，对自然观的这种发展阶段来说，旧的形而上学的思维方法不再够了。辩证法的思维方法同样不知道什么严格的界限，不知道什么普遍绝对有效的'非此即彼！'，它使固定的形而上学的差异互相转移，除了'非此即彼！'又在恰当的地方承认'亦此亦彼！'，并使对立通过中介相联系；这样的辩证法思维方法是唯一在最高程度上适合于自然观的这一发展阶段的思维方法。"①

普遍联系的学说具有重大的方法论意义。科学的真正任务在于揭示事物、现象间所固有的联系。把人们通常看来似乎没有联系的事物联系起来考察，发现其中的真实联系，往往会引起科学的突破，发展出一门崭新的科学。这种情况在科学史上是屡见不鲜的。例如，把三角形和圆联系起来考察，一种崭新的三角理论发展起来了；把粒子性（非连续性）、波动性（连续性）这种看来截然相反的特性联系起来考察，建立了量子力学；把生物有机体与环境联系起来考察，建立了生态学。现代科学发展的一个重要特点是，在两门不同学科"接头"处建立起中间学科，或在多门不同学科之间建立起把它们联系起来的综合性学科。这体现了科学整体化的趋势。系统论、控制论和信息论就是这样一些研究事物的共同属性或普遍联系的某些方面的崭新学科。

随着人类的历史由区域性发展进入世界交往的普遍发展，全世界的普遍联系就成为一个可经验的事实。这不仅使人们的活动成为世界性的，而且生产、消费以及一切科学、文明的成果都成为世界性的，从而使每一个民族以至每一个人都能够消费世界性的物质生产、精神生产的成果。在这种世界联系的普遍化的基础上，马克思恩格斯创立了普遍交往论和世界历史论。

二、普遍联系中的系统

普遍联系作为哲学范畴，它本身也是发展变化的。在古代，普遍联系的

---

① 《马克思恩格斯选集》第 4 卷，人民出版社 1995 年版，第 318 页。

观念是朴素辩证法的特征，当时的人们是以直观的方式从整体上把握世界的。马克思主义的唯物辩证法立足于现代科学和实践发展的基础，是经过对形而上学世界观和方法论的否定而产生的新的世界观和方法论，是对普遍联系辩证把握的现代形式。在当代，普遍联系的思想走向具体化和深层化的重大成果之一，就是科学的系统观的确立。

科学的系统观的产生，表明人类对事物存在形态的认识向前迈进了一大步。过去，在深入地考察和充分地理解事物的普遍联系之前，人们对世界的认识曾经出现一种"实物中心论"的倾向，即往往把注意力的中心放在一个个彼此区分开来、各自独立的既定的实物上面，自觉或不自觉地以为世界只是无数不同的实物单位的集合体。自然科学和哲学中那些关于不可再分割的基本实物单位的抽象概念，如"质点"、"刚体"、"宇宙元素"和没有内部结构的"原子"等等，比较集中地反映了这种倾向。但是，自古以来也有不少卓越的思想家注意到了系统的问题。"系统"（system）这个词最早出现于古希腊语中，希腊文"systema"即为部分组成整体的意思。古代萌芽的系统观正是从考察部分与整体的关系开始意识到系统的存在的。古代原子论的创始人德谟克利特著有《世界大系统》一书，用原子和虚空构成宇宙的思想去说明世界，这是最早采用"系统"这个词的著作；柏拉图阐述了他的"理念世界"是在"善"的理念统率下的一个层次等级系统；亚里士多德则提出了著名的"整体大于它的各部分总和"这一系统论的基本命题。我国古代朴素的唯物论或辩证法思想家更是从多方面强调了世界的整体性和协调性问题，如"八卦"和"五行"的相互制约与转化，天地万物相生相克等等，并把这些思想应用于工程、技术、医学等领域中去，创造了富有民族特色的文化传统。古代萌芽的系统观点在近代特别是现代逐渐发展成熟，许多人如莱布尼兹、康德、黑格尔等，都为之作出了贡献。马克思主义的创始人从哲学的高度充分肯定了"系统"这个概念的意义和建立系统化的世界图景的必要性。马克思虽然未曾专门研究过系统理论，但他研究了世界上最复杂的系统——人类社会，并为这种研究创立了一套科学的方法论原则。恩格斯在总结19世纪自然科学的三大发现时，也曾明确地提出："由于这三大发现和自然科学的其他巨大进步，我们现在不仅能够说明自然界中各个领域内的过程之间的联系，而且总的说来也能说明各个领域之间的联系了，这样，我们就能够依靠经验自然科学本身所提供的事实，以近乎系统的形式描绘出一幅自然界联系的清晰的图画。"①

美籍奥地利理论生物学家贝塔朗菲于20世纪30年代初步形成了他的一般系统论，1937年，他在芝加哥大学的一次哲学讨论会上第一次提出了一般系统论概念，和与之几乎同时诞生的控制论、信息论等，构成现代的系统理论的主要内容。现代系统理论和系统科学的产生，为唯物辩证法的普遍联系学说提供了新的科学依据。这是唯物辩证法世界观的正确性的新的确证。贝塔朗菲本人也强调指出，在系统论的创立过程中，马克思和黑格尔的辩证法起过重大的作用，就系统论的内容来说，它同辩证唯物主义的一致"是显而易见的"。

科学的系统观是具体全面地揭示对象的系统存在、系统关系及其规律的观点和方法，其基本特征是，不把事物、过程看做是实物、个体、现象的简单堆积，而如实地把它们当做系统，以对系统的深入、全面的把握代替对事物内外部因素的孤立考察。"系统"是它的核心范畴，与之直接相关的则是"要素"和"环境"等范畴。所谓"系统"，一般被规定为"有组织和组织化的全体"，或"以规则的相互作用又相互依存的形式结合的对象的集合"，实质上是泛指由一定数量相互联系的因素所组成的相对稳定的统一体。"要素"是指系统中被组织化的、相互作用和相互结合的因素，"环境"则是指在系统之外并同系统相互联系和相互作用着的存在。系统和要素、环境的区分具有相对性。系统中的要素本身往往也是一个系统，例如构成物体的要素——分子和原子各自都包含由原子核和电子组成的系统，原子核又是由核子组成的系统。一个系统同它的环境则可以组成一个更大的系统，在这个大系统中，原来的系统和环境都分别是它的分系统（子系统）。如一定的社会与自然环境构成一个生态系统，在这个生态系统中，社会和环境都是它的分（子）系统。在实际的科学研究和实践中，系统与要素、环境的划分，依据人们具体认识和实践的范围、条件和任务而确定。

系统的种类是各种各样的。例如，从要素的性质的角度看，有物质系统和精神系统、自然系统和社会系统、天然系统和人工系统等等；从结构和功

---

① 《马克思恩格斯选集》第4卷，人民出版社1995年版，第246页。

能上可分为简单系统和复杂系统；从规模上可分为小系统、大系统、巨系统；从系统与环境的关系上则可区分为封闭系统和开放系统等等。这里所谓封闭系统并不是指不与环境发生任何相互作用和交换的绝对孤立的系统（严格说来这样的系统是不存在的），而是指在一定时间内不依赖外界的经常性影响而具有稳定生存能力的系统；所谓开放系统则是指与外界保持按一定规则进行的经常性相互作用或物质、能量、信息交换的系统。一般来说，任何现实的系统都具有开放性，而愈是有机的、高度组织化的系统，其开放性的特征愈是明显，愈是丰富。

系统是事物由于客观的普遍联系而形成的存在形态，它具有一系列的重要特征。

首先是整体性特征，这是系统的本质特征。所谓整体性，是指系统中的诸多要素作为一个相互联系的整体而起作用。它表现为：第一，系统对外来作用能作为一个整体作出反应，而不管受到外来作用的是其中哪个部分。第二，系统作为一个整体，具有它的每个要素都不单独具有的性质和功能。这种只是系统整体才具有的特殊规定性和功能，亦称为"系统质"。例如机器上的每个零件都不能单独加工产品，而整个机器却具有运转和加工的能力。就是说，系统不是要素的机械相加，而是它们的有机结合。

其次是结构的有序性特征，即系统内部结构具有层次等级式的组织化特征。每一系统都由若干作为要素的分系统（子系统）所组成，而分系统又由一定数量的更低层次的系统或要素所组成。在这种层次等级式的结构中，系统中的各个因素都保持其特定的位置和整体性功能，它们之间的相互作用和信息传递遵循一定的顺序和规则。这样就使系统保持其内部结构的相对稳定性和内部活动的方向性、顺序性。仍以机器为例，整部机器是由它的动力、传动、制动、动作等一系列分系统所组成的，每个分系统则由一个个具体零部件按特定方式相互连接所组成，所有这些因素之间确定的层级关系，使得它们在机器运行中各自发挥自己的整体性功能并保持结构的稳定性和方向性。整部机器的运行则是所有这些因素活动的综合表现。

最后是内部结构优化趋向的特征，即系统的分系统或要素之间的结合趋向于强化整体功能的特征。系统并非由要素的任意结合而构成。当若干要素结合成为一个系统时，它们的功能也相互综合，这种综合可能使整体的功能大于各部分功能的总和，也可能小于它，由于系统在环境中参与竞争和选择，以及要素结合的凝聚力的作用，使得这种结合总是要朝着优化的方向调整，否则系统的存在和发展便难以持续。正因为如此，在世界上越是组织化程度高即系统性强的事物，其内部结构优化（严密、有序、高效）的程度也就越高。

系统上述特征显示了事物普遍联系的深刻性和具体性。现代系统论的系统概念使唯物辩证法的普遍联系范畴得到了充实和深化。

正当一般系统论、信息论和控制论等关于系统的理论取得广泛的传播和普及，日益深入社会生活的各方面的时候，20世纪60年代末又以耗散结构理论的诞生为先导，在70年代相继诞生了协同学、超循环理论、突变论、混沌学和分形学等一系列关于系统的新学科、新理论。人们对于客观世界的系统性的认识又发展到了一个新的阶段。如果说一般系统论、控制论和信息论还主要是建立在平衡系统的概念和理论基础之上，以既成系统为研究对象，那么耗散结构理论等一系列关于系统的理论则将人们对于系统的认识推进到以非平衡系统理论作为自己的理论和概念基础上，以非线性系统的复杂性为自己的研究对象。以交叉结合为直接研究领域，以复杂性探索为中心内容的复杂性科学应运而生。先后有：欧洲学派以普里高津、哈肯、艾根为代表的自组织理论；美国圣他菲研究所以霍兰为代表的复杂适应系统（CAS）理论；中国学派以钱学森为代表的开放复杂巨系统理论。复杂性探索、复杂性科学的产生与发展，使人们日益认识到世界上虽然有大量的可以用还原论的方法解决的简单性问题，但是却同时存在着无数的不能用还原论方法解决的复杂性问题。我们面对着世界在演化过程中不断涌现出来的日益增多的复杂系统，即"规模巨大的、组分异质性显著的、按照等级层次组织起来的、具有各种非线形作用的、对环境开放的动态系统"。总之，复杂系统、开放的复杂巨系统比比皆是。诸如，人体系统、人脑系统、经济系统、地理系统、天体系统、天地人系统等等。可以说，世界本质上是复杂的。越是走向科学发展的深处，我们会发现越来越多的复杂性问题。

近些年来，复杂性科学的不同学派，从不同角度，在不同的学科领域，对复杂系统的特点、复杂性产生根源、机制等进行了许多揭示和描述。比如，西蒙的分层复杂性概念认为，系统的等级层次结构是复杂性的重要来源；自组织理论认为，远离平衡态、非线性关系、不可逆过程是产生复杂性的根源；复杂适应系统理论认为，主体的适应性造就复杂性；钱学森认为，凡是不能用还原论方法处理的或不宜用还原论方法处理的问题都是复杂性问题，所谓"复杂性"实际是开放的复杂巨系统的动力学特性。

上述复杂系统的特征及其复杂性产生的根源机制，进一步显示了事物普遍联系的深刻性和具体性。复杂性科学关于复杂系统的理论，使唯物辩证法关于普遍联系的范畴进一步得到了充实与深化。

应该指出，现代系统论、复杂性科学涉及普遍联系中的系统联系问题，它具有广泛的认识论和方法论的意义，但是系统论、复杂性科学毕竟不是哲学，亦即不是世界观，不是一般的辩证法。如果把它们与哲学等同起来，以它们取代辩证法，那就是混淆了科学和哲学的区别。哲学的特点是以总体的方式研究世界、研究人与世界的关系，它以思维与存在（物质）的关系作为自己的基本问题，以事物发展的最普遍的规律作为自己的研究对象。与此不同，系统论、复杂性科学在承认系统的客观实在性的前提下去研究系统的最优解，从系统与要素、整体与部分的关系的特定角度去揭示世界的普遍联系和永恒发展，而系统与要素、整体与部分只是世界普遍联系中的某些联系，并没有把无限多样和永恒发展中的世界联系包括无遗。总之，既不能以系统论、复杂性科学去取代哲学，也不能以哲学去否定系统论、复杂性科学。哲学与包括系统论、复杂性科学在内的一切科学应该建立密切的联盟关系，在其相互促进、相互补充中共同发展。

三、辩证唯物主义的条件论

辩证唯物主义的条件论，是普遍联系的观点在工作方法和思想方法上的运用。条件论认为，一切事物的存在和发展都是有条件的，即使改变条件、创设条件本身也是有条件的，任何事物的存在、运动、发展，只有"有条件"这一点才是无条件的。从条件论出发，就应当坚持具体问题具体分析的原则，这是马克思主义活的灵魂的体现。

"条件"这一范畴是普遍联系范畴的具体化，它指同某一事物相联系的、对该事物的存在和发展发生作用的诸要素的总和。条件与普遍联系这两个范畴对世界的反映具有不同的角度。普遍联系揭示的是联系的共性、普遍性，条件则是每一个具体事物与周围事物的具体联系，它揭示的是联系的个性、特殊性。既然普遍联系是事物存在和发展的本性，这也就决定了任何具体事物都是有条件的，总是在一定的条件下才能产生，在一定的条件下才能发展，又在一定的条件下趋于灭亡的。任何具体的事物无不依赖于一定的条件，随着条件的改变，事物之间以及事物内部各因素之间联系的性质和方式，也要发生变化。一切以条件、地点和时间为转移。离开条件，一切都不能存在，不能理解。撇开联系、脱离条件去孤立地考察问题，就连对"下雨好不好"这样简单的问题都无法作出明确的判断，更不用说解决稍许复杂一些的问题了。对于社会历史来说，条件显得更为重要，比如世界各国走上资本主义的道路是多种多样的，有多种模式，而这多种模式正是由具体的条件所规定的，是诸多因素综合作用的结果。

事物的联系是复杂的、多方面的，因而事物所处的条件也是复杂的、多种多样的。有内部条件和外部条件、一般条件和特殊条件、必要的条件和非必要的条件、决定的条件和非决定的条件、有利条件和不利条件、主观条件和客观条件等等。不同的条件，对于事物的存在和发展所起的作用是各不相同的。具体地、全面地分析种种不同的条件，是我们弄清问题、解决问题的必要前提，对于做好工作具有决定性的意义。诚然，条件具有可变性。从条件的可变性着眼，人们可以发挥主观能动作用，以主体条件去改造客体条件，变不利条件为有利条件，可以创设实现预定任务所需的必要条件。所谓改造条件和创设条件，都不过是把旧的条件变成了新的条件。对于被某些条件所制约的事物来说，它的条件的改变也就是这个事物的具体物质关系的改变，是它的内部或外部的联系方式的改变。人们正是通过改变事物的条件即改变事物的具体的物质关系，去改变事物的存在形态的。毫无疑问，这种改造和创设条件的活动不能是任意的，因为这种活动本身就是有条件的，是受条件制约的。

唯物辩证法的条件论对于人们认识世界和改造世界具有重大的方法论意义。可以说，人们认识自己周围的世界，就是认识人们自己生活的条件；人们改造自己周围的世界，也就是改造人们自己生活的条件。因此，我们从事任何活动都必须注重和善于分析具体的条件，正确地、全面地把握各种复杂的条件及其变化。

第二节　世界的运动发展

唯物辩证法不仅揭示了世界上一切事物、现象的普遍联系，而且揭示出普遍联系必然导致运动、变化和发展。发展的观点同样是唯物辩证法学说的总的特征，唯物辩证法同时又是"最完备最深刻最无片面性的关于发展的学说"。①

一、运动、变化、发展

在统一的物质世界中，事物、现象的普遍的相互联系、相互作用，同事物、现象的运动、变化、发展是彼此不可分割的。联系的观点和运动、发展的观点是唯物辩证法世界观在同一层次上的两个方面，它们表达的是对同一对象世界客观本性的认识。

事物运动变化发展的根本原因正在于事物的普遍的相互联系，恩格斯说，"我们接触到的整个自然界构成一个体系，即各种物体相联系的总体"，"这些物体处于某种联系之中，这就包含了这样的意思：这种相互作用就是运动"②。所谓相联系、相互作用构成运动，一方面是说，任何运动都存在于、表现于事物的内部和外部因素和相互联系、相互作用之中，运动就意味着相互联系和相互作用。机械运动——位置移动是最简单的运动形态，而位置就是一种联系，一个物体脱离了它同周围物体的联系就不能确定自己的位置，也无从说明其位置的变化。例如自由落体这种单纯的机械运动，就是由物体和地球之间相互吸引的作用（万有引力）构成的，又只有在物体和地球的相互联系之中，在物体和地表的距离（空间联系）的变化中，才能显示出来。最简单的运动尚且如此，比较复杂的运动就更是如此。另一方面是说，任何相互联系、相互作用本身的现实表现都是一种动态的过程，相互联系和相互作用就意味着运动。上述机械运动的例子中，位移的运动就是前后不同位置之间相互联系的过程。总之，无论任何事物，只要它是现实的、客

---

① 《列宁选集》第 2 卷，人民出版社 1995 年版，第 310 页。
② 《马克思恩格斯选集》第 4 卷，人民出版社 1995 年版，第 347 页。

观的存在，那么它的这种存在从其结构状态看，都是一定的具体联系和相互作用；从其功能状态看，则都是一种具体的运动形式。普遍联系与运动的统一，体现了唯物辩证法的唯物主义一元论性质，也体现了它的辩证法全面性特征。

在辩证法范畴体系中，运动、变化、发展是属于同一序列的范畴。运动是一切物质的根本存在方式，没有运动就没有任何事物的客观存在。运动就其最一般的意义来说，包括宇宙中发生的一切变化和过程。所以，"运动"和"变化"是同等意义的概念。但是，二者之间也有一定的区别。"运动"比"变化"更侧重于表述存在的一般方式，而"变化"则侧重于强调运动中所发生的一般内容，即事物内部和外部联系的演变。在哲学史上，运动曾被理解为只是机械运动，其中并不发生实质性的变化。变化概念的提出强调了事物运动中新的情况的出现，纠正了对运动的机械论理解。

"运动"和"变化"都是最高程度上抽象的范畴。在这两个范畴中，都没有直接表达或规定运动、变化的总体性质、趋势和方向性。单纯的数量增加或减少、位置的变更和持续、状态的重复和循环、进化与退化、上升与下降等等，都是运动和变化。辩证法不能停留于在一般意义上承认运动和变化，而是要进一步揭示世界万物各种不同的运动变化之间的整体联系及其所包含的趋向性，揭示每一种运动变化在世界总体运动中的地位和作用，这就必然提出发展的问题。列宁指出："发展显然不是简单的、普遍的和永恒的生长、增多（或减少）等等。——既然如此，那首先就要更确切地理解进化，把它看作一切事物的产生和消灭、相互过渡。"[①]

唯物辩证法的"发展"范畴，就是在运动、变化的基础上进一步揭示物质世界运动的整体趋势和方向性的范畴。发展是指前进的变化或进化，即指事物从一种质态转变为另一种质态，或从一种运动形式中产生出另一种运动形式的过程，特别是指人类所处的现实世界中从低级向高级、从无序向有序、从简单向复杂的上升运动。把握唯物辩证法的"发展"范畴，需要有对于客观世界辩证运动的丰富特征的深刻理解，其中包括运动变化的多样性、多向性与现实的总体方向性（前进性）的统一，事物的量变过程与质

---

① 《列宁全集》第 55 卷，中文第 2 版，第 215 页。

变过程的统一，事物自己运动、自我完善与向他事物转化的统一，新事物产生与旧事物灭亡的统一等等。

运动、变化和发展之间的关系也通过物质的运动形式及其相互转化表现出来。运动作为宇宙的一般的变化，它的形式是多样的。恩格斯曾依据当时科学达到的水平，按照从低级到高级、从简单到复杂的顺序，把宇宙中各种各样的物质运动归结为机械的、物理的、化学的、生物的和社会的五种基本运动形式。在每一种基本运动形式中，又包含着许多具体的运动形式（例如，在物理运动形式中包括声、光、热、电、磁等运动形式）。现代科学的发展使人类对运动形式的理解更深入了，如何对各种运动形式作出新的划分，目前尚无统一的认识，但是恩格斯对运动形式的原则划分仍然具有它的意义。不同的物质运动形式是既相互区别，又相互联系，并依据一定条件相互转化的。

第一，各种运动形式之间是相互区别的。运动形式相互区别的根据，在于它们具有不同的物质基础和特殊矛盾。机械运动是物体的机械位移，它是最低级、最简单的运动形式。物理运动比机械运动高级、复杂，它包括分子的和原子的某些运动；现代物理学发现了电子，弄清了电的现象是由电子的运动所引起的，而且还发现了其他的基本粒子和它们所引起的一系列新的物理现象。化学运动的物质基础是元素，其内容和过程是原子化合为分子和分子分解为原子等。生命运动的物质基础是核酸和蛋白质，它是自然界最高级、最复杂的运动形式。社会运动的物质基础是社会生产方式。各种物质运动形式各有自己的特点和规律，例如宏观物体的运动和热分子运动、分子运动和原子运动、原子运动和原子内部的电子与原子核运动、无机物的运动和生物运动、自然物的运动和社会运动等等，都存在着显著的不同。

第二，各种物质运动形式之间是相互联系的。低级运动形式是高级运动形式的基础，高级运动形式包括着低级运动形式。把高级运动形式和低级运动形式割裂开来，看不到它们之间的相互联系，就无法说明无限多样的运动形式之间的统一性，也无法理解运动按其本质来说是绝对的，按其具体表现来说又是相对的。运动是永恒的，没有起始和终结，但一些具体的物质运动形式，如生物运动或社会运动却不是永恒的，它们有着自己产生、发展和灭亡的历史。现代科学的发展甚至证明化学运动也不是在任何时间、任何地点都存在的运动形式。一些天体只有机械运动和热核反应等物理运动，其中并不存在化合物。1968 年发现的中子星（脉冲星）基本上是由中子构成的，其中没有原子和分子，当然也就谈不上有什么化学运动。现在看来，作为各种运动形式的基础的，是机械的和物理的运动，其他的运动形式是在这个基础上发展起来的。

第三，正如各种物质形态可以相互转化一样，各种运动形式也是可以相互转化的。不同运动形式之间的相互转化，是一种普遍的现象。例如，摩擦生热、生电，就是机械运动转化为物理运动。热引起燃烧，物理运动又转化为化学运动。在地球发展过程中，物质经过长期的机械的、物理的特别是化学的作用，逐渐形成越来越复杂的化合物，出现了蛋白质和核酸，并由它们组成了蛋白体，产生了生命的运动。在生物的长期发展中出现的类人猿变成了人，又产生了人类社会的运动和人的思维运动。物质运动形式的相互转化，进一步证明了多种多样运动形式之间的联系和统一性。自然科学的发展不仅发现各种物质运动形式的相互转化，而且发现转化前后总的能量是不变的。在从动能（机械力）转化为电、热、位能等的过程中，以及在发生相反的转化的过程中，总能量不会发生增减。这就是能量守恒和转化定律。这个定律证明，运动是不能被创造或被消灭的，它只能从一种形式转化为另一种形式，也就是说，运动是永恒的、绝对的。现代科学的发展进一步证明，在运动形式的相互转化中，不仅能量的数量是不变的，而且一种运动形式向他种运动形式转化的能力也是不会消灭的。

辩证唯物主义关于运动形式之间相互关系的原理，对于理解人类思维运动的发展，特别是科学思维的发展有着指导意义。科学史证明，在研究低级运动形式的科学得到充分发展以前，研究高级运动形式的科学是难以得到充分发展的。最先发展起来的是力学，然后才有物理学的发展。化学差不多与物理学同时得到发展，但是没有物理学的高度发展，化学难以从经验科学发展到理论科学。生物运动是一种高级的运动形式，它包括机械的、物理的、化学的过程。只有对这些低级运动形式进行了专门研究，才能弄清楚生命运动形式怎样从非生物界的运动形式转化而来，才能解决生命起源和生命本质的问题。现代物理学的发展，产生了分子生物学这一崭新的学科，它对于蛋白质和核酸的分子结构、化学成分和化学反应过程的研究成果，有助于揭示新陈代谢和遗传变异过程的机制，从而大大深化了我们对生命的起源和生命本质的理解。运动、变化、发展以及运动形式的相互关系，也有着重大的方法论意义。应该说，借鉴低级运动形式的规律和研究方法去揭示更高级的活动形式，是科学研究中的必要步骤和环节，完全符合辩证唯物主义的运动观和认识论。

当然，这并不是说可以抹杀各种运动形式的质的区别，可以把高级的运动形式等同于或归结于低级运动形式。发展总是在旧质基础上新的因素产生的过程，我们在方法论上也就应当关注于不可还原性，应当运用历史的方法，揭示物质世界的永恒运动，揭示其内容上不断更新、形式上不断发展的新陈代谢的历史过程。

二、世界发展的方向性及其表现

世界发展的方向性问题，实际上是指的不同类型、不同层次的运动形式之间的转化和过渡的问题。人类在观察现实世界的多种运动形式时，按照物质形态结构和功能的无序和有序、简单和复杂的程度，把它们区分为从低级到高级的层次系列，所谓方向则是特指低级运动形式与高级运动形式之间过渡和转化的走向。从这个角度看，现实世界中多种多样的变化从总体上说无非是三种方向的运动：（1）单一水平的转化，即同一等级运动形式间的变化；（2）下降的运动，即从高级形式向低级形式、从有序向无序、从较复杂向较简单的变化；（3）上升的运动，即同下降相反的变化。深入地考察上述三种方向的运动之间的关系，是认识现实世界发展的基本方向和主导趋势的基础。

单一水平的转化在许多现象和过程中是常见的。例如某种低级生物在属、科、目的分类地位不变的情况下，形成一些新的种或变种；社会在某一种生产方式保持原有状态的情况下，社会关系和社会生活状况经常有所改变等等。但是，单一水平的转化显然带有局部的、暂时的性质。从事物有生有灭的总体过程来看，这种单一水平的转化常常是走向跨等级转化的环节，它本身就为跨等级的变化准备着条件，最终导致根本的变化：或者是下降，或者是上升。因此可以说，单一水平的转化实质上是处于另两个方向变化的从属地位的一种过渡性、准备性的状态。

下降的运动，即从高级形式向低级形式、从有序向无序、从复杂向简单的变化，这在自然界是经常的、普遍的现象。如化合物和有机体的分解、生命体的死亡、生物器官的退化、一种社会形态从兴盛走向衰败等等。由德国物理学家克劳修斯和英国物理学家开尔文（原名威廉·汤姆孙，后由于在科学上的巨大贡献而受册封，称开尔文勋爵）于 19 世纪 50 年代初分别发现的热力学第二定律就说明了自然界下降运动的普遍性和必然性。热力学第二定律又称"熵增原理"。在希腊文中，"熵"原是发展、转化的意思，它被专门用来表示物质系统内部运动能力消耗和减弱的程度、无序化的程度、热平衡的程度。熵越大意味着系统内的热越是趋于平衡，质能分布越均匀、越无序，系统宏观变化的能力和可能性越小。由于自然界的各种运动形式（机械的、光的、电磁的、化学的和生命的等）最终都要转化为热运动，而热运动又遵循从高温向低温流动从而趋向平衡的规律，所以熵的不断增加是一切孤立系统的自发的、不可逆的过程。熵增原理表明：一个孤立系统会自发地从非平衡态发展到平衡态、从有序走向无序，而反过来自发地从平衡态发展到非平衡态、从无序走向有序则是不可能的。熵增原理揭示了自然界中客观存在的下降运动的不可逆性，为一般的发展观念提供了有力的证据。但它是有前提的，即熵增规律只适用于孤立的、趋近平衡态的系统；倘若系统是开放的、远离平衡态的，在"熵增"的同时有一个相反的"熵减"即"负熵流"作补充，那么这个系统就不会走向无序。克劳修斯正是忽略了这一前提，才于 1865 年提出了他的所谓"宇宙热寂说"，断言宇宙现在处于不平衡状态，随着熵的无限增加，最终将达到处处温度均衡、一切变化都随即停止的寒冷、黑暗、死亡的状态。这一结论不仅给人们描绘了一个绝望的宇宙图景，而且直接预言了运动在一定程度上的可灭，从而与"运动不灭"相冲突。科学的发展否定了热寂说，以确凿的证据表明，在现实世界中，熵增即下降的运动不是发展的唯一方向，也不是发展的主导趋势。

上升的运动，即从低级向高级、从无序向有序、从简单向复杂的变化。不仅是现实世界中随处可见的普遍现象，而且是现实世界变化的整体趋向和主流。首先由英国生物学家达尔文在 19 世纪 50 年代末提出了与热力学演化观不同的进化论的演化观，用生物进化的普遍事实论证了自然界上升运动的客观性。20 世纪 70 年代发展起来的包括耗散结构论、协同学和超循环论在内的"非平衡态（或远离平衡态）自组织理论"，则从理论上较好地说明了自然界的上升运动；这些理论的共同特点，是从现实世界中普遍存在的开放系统和自组织现象，研究上升运动的原因、特点、机制、过程及其规律。事实上，纯粹孤立的、近平衡态的热力学系统在现实世界中是很少见的。由于事物的普遍联系，任何系统在不同程度上都是开放的系统。当开放系统具备某些内部外部条件（如远离平衡状态、系统内存在非线性机制和随机涨落等）时，就具有了自组织特征。所谓自组织，是指一些系统在外界供给其物质和能量的条件下，能够自发地形成某种时空上相对有序的结构，其组织指令是来自系统内部而非外部。自组织是自然界物质进化的根据和实现方式。自组织理论以大量的科学实验和物理学、化学，特别是生物学的事实，也包括社会学的事实为根据，为解决无序与有序、简单与复杂、平衡态与非平衡态之间的转化和上升运动问题，提供了许多有力的科学解释。尽管它目前还不十分完备，但非平衡态自组织现象的存在和对它的理论发现本身就足以说明，自然界是进化着的、上升着的，而且将继续进化和上升。

唯物辩证法关于现实世界发展方向性的理论不是简单地肯定上述基本事实，而是深刻地阐明了现实世界中运动变化的多向性与定向性、上升与下降、前进与后退之间的统一，从而全面地、辩证地阐明了发展的总体方向性特征。

首先，肯定发展的基本方向是前进、上升的运动，并不等于断定一切事物的具体变化都只有一个方向，否定具体变化方向的多样性。唯物辩证法的发展方向性观念，揭示的是事物多种多样具体变化中一种整体的、综合的、统一的趋势。它在承认现实世界中有三种不同方向（上升、下降、单一水平转化）的前提下，进一步指出，客观现实的各个方面之间不是彼此孤立的、割裂的，而是统一的、相互联系的整体。发展即上升的变化从总体上体现着现实所发生的全部过程的统一性。例如，在我们的宇宙内部有各种各样生生灭灭和转化的运动，而它们的共同结果则构成了宇宙总体的上升运动。所以，从总体上看，发展或上升运动高于其他两个方向的变化，并把这两个方向的变化作为环节包含在自身之中。总体的发展方向是多种具体方向的综合、统一的形态和结果。

其次，在现实的发展过程中，上升、前进也不是单一的、孤立的过程，它还伴随有第二个分支即下降的、后退的过程。正是二者的相互作用才构成了现实的发展。下降的运动在两种意义上补充着或体现着上升的运动：第一，正像恩格斯在关于生物进化特征的描述中所说的那样，"适应总的说来可以是进步，也可以是退步（例如，对寄生生活的适应总是退步）"。① 某一事物或某一方面的上升、进化，总是通过其他事物或方面的下降、后退来保证的。第二，就每一具体的事物、系统来说，它的整个发展不仅有上升的过程，而且有下降的过程。有生成就有死亡，现实世界中的一切无不如此（假如我们的宇宙是一个有限的整体，那么它也会有下降的过程，但这一时刻即使到来也是很遥远的事，在目前可知的时间范围内它是处于上升的阶段）。当然，由此不能得出下降是主导趋势或下降与上升同为主导方向的结论。人类所处的现实世界的基本事实表明，下降本身是从属于总体上升过程的一个方面，没有自有史以来就不断进行着的上升运动，就没有现今一切下降运动的基础，我们现在所知的一切发生下降变化的事物，本身都是某个上升过程的产物；而这一下降过程本身又往往成为另一个上升过程的条件。总之，上升与下降之间存在着辩证的统一关系，这种动态统一的结果，是使上升即发展成为无限的过程。

再次，发展中的上升、前进也不是绝对的、直线式的，而是包含着局部的或暂时的倒退、停滞在内的曲折前进的运动。由于同事物处于复杂联系中的各种因素具有各自不同的运动方向，由于此事物上升与他事物下降的相互作用，更由于事物自身内部的矛盾斗争，因而一切事物的发展过程都不可避免地具有一定的复杂性和反复性，任何现实的发展都具有曲折前进的特点。只有在曲折和反复中，新事物才能生成、展开和成熟。

三、辩证唯物主义的过程论

关于世界运动变化发展的思想也就是"过程论"的思想。"过程"范畴与"系统"范畴一样，标示着人类对于世界永恒发展和普遍联系的认识的深化。"系统"侧重于揭示世界的联系，而"过程"则侧重于揭示世界的发展。"过程"范畴是包含存在、时间、空间、结构、层次、运动的方向等在

---

① 《马克思恩格斯选集》第 4 卷，人民出版社 1995 年版，第 371 页。

内的总体性的辩证法范畴。恩格斯在揭示黑格尔哲学体系中辩证法的合理因素时指出，"一个伟大的基本思想，即认为世界不是既成事物的集合体，而是过程的集合体，其中各个似乎稳定的事物同它们在我们头脑中的思想映象即概念一样都处在生成和灭亡的不断变化中，在这种变化中，尽管有种种表面的偶然性，尽管有种种暂时的倒退，前进的发展终究会实现"。① 这里阐述的就是"过程论"的基本思想，恩格斯把它看成是"一个伟大基本思想"，可见它在辩证法体系中的重要地位。

　　科学的发展不断地证实了辩证法的过程论。宇宙中的一切以至宇宙本身都是作为过程而存在的。"大爆炸"宇宙学的假说认为，宇宙本身的形成是一个过程。在我们的太阳系中，地球在经历了天文演化和地质演化的阶段以后，才形成生命起源和演化的条件。生命的起源和演化也经历了从化学进化（无机物分子—有机物分子—生物大分子—生命体）到生物学进化（非细胞形态—单细胞形态—多细胞生物）的上升过程，最后产生了人类，从而开始了社会的进化。人类的历史已有几百万年，其间一直没有停止从低级社会形态向高级社会形态的进化，但总的来说，目前还处在真正人类历史的"史前期"，它今后进化发展的路程更长。总之，从宇宙的演化到人类历史的演化都表明世界是过程的集合体，世界上的一切都有生成和灭亡的历史。就人类认识发展的过程来说，首先认识到的是生物界和人类社会的历史性，达尔文的进化论揭示出生物界进化的历史过程，马克思的历史唯物主义又揭示出人类社会是在生产方式基础上展开的自然历史过程。对于无机界的物理、化学过程的历史观念，则是 20 世纪 60 年代之后各种自组织理论研究的产物。普里高津的耗散结构理论认为，由于演化中的平衡态、趋近平衡态、远离平衡态的分岔运动，就在无机界的运动中，在物理学和化学中也引入了历史因素。现代科学的成果，特别是星体红移、3K 微波背景辐射、宇宙元素丰度、中微子的一定的静止质量等的发现，有力地证明了宇宙演化、元素演化等科学原理。历史不再是专属于生物、社会和文化现象的东西了。这样，科学的发展便把社会的自然历史过程与生物的、无机界的自然历史过程统一起来，形成了对于统一的世界历史过程的正确理解，为辩证唯物论的过

---

　　① 《马克思恩格斯选集》第 4 卷，人民出版社 1995 年版，第 244 页。

程论提供了坚实的科学基础。

归纳起来，辩证唯物论的过程论思想主要包含以下三个重要的方面：

第一，一切事物都是过程，世界是过程的集合体。过程首先是一个存在、时间、空间、结构、层次的概念，它揭示了具体的事物是在时间上有生有灭，具有时间的持续性和空间的广延度，同时又是具有一定结构属于特定层次的存在物。因此，所谓过程指两种情形：一种情形是指每一事物的存在本身都是一种特定的运动过程。例如，一个物体的现实结构就是它内部的分子、原子运动过程的外部表现，它的现实位置、状态也是它处在万有引力及其他力作用下的运动过程中的形态；一个生命体的生存就是它的蛋白质新陈代谢运动的过程；一个人的社会生命则是他在社会中全部活动的过程等等。这是从"存在即是过程"的意义上讲一切事物都是过程。另一种情形是指每一事物都有它的生成和灭亡，而生成和灭亡则意味着事物个体存在的过程从属于一个更大的过程，是这个更大过程中的一个阶段、一个环节或一个部分。例如一个物体是物质演化过程中的一个产物、一个结果，它还会消失，变成别的物质形态；一个生命体是它生命种类遗传变异中的一个环节，它本身还要死亡，由别的个体生命或非生命物质来接续等等。从这个意义上来说，所谓一切事物都是过程，就是指每个事物现实存在的暂时性和稳定的相对性。整个世界就是无数事物的生成和消失的过程相互衔接、彼此结合所构成的过程的集合体，而不是一成不变的事物的堆积。

第二，前进的发展是事物和世界总过程的主导方向。所谓过程是一种运动形式与另一种运动形式、一种物质层次与另一种物质层次之间以生成和灭亡为标志的转化过程，这种转化过程不管如何复杂，如何充满偶然性，前进的发展终究会给自己开辟道路。唯物辩证法的过程论不仅肯定现实世界的一切都在运动着、变化着，而且肯定这些运动变化的主导趋势和结果是产生出在结构、功能和运动形态上优于（高于）旧事物的新事物。发展就是新事物的产生和旧事物的灭亡，没有发展，也就没有真实的过程。因此，唯物辩证法把肯定发展的前进方向性作为自己过程论思想的核心。

第三，承认世界是过程的集合体还是一成不变的事物的集合体，是辩证法与形而上学的根本分歧之一。恩格斯在比较两种自然科学的研究方法和思维方法时说过："认为事物是既成的东西的旧形而上学，是从那种把非生物和生物当做既成事物来研究的自然科学中产生的。而当这种研究已经进展到可以向前迈出决定性的一步，即可以过渡到系统地研究这些事物在自然界本身中所发生的变化的时候，在哲学领域内也就响起了旧形而上学的丧钟。"[1]恩格斯明确指出，直到 18 世纪末，自然科学主要是"关于既成事物的科学"，而到了 19 世纪，自然科学本质上是"关于过程、关于这些事物的发生和发展以及关于联系——把这些自然过程结合为一个大的整体——的科学"。[2]世界是各种既成事物还是过程，是一成不变的还是发生发展的，是无方向性的循环还是有方向性的前进，即是两种世界观和方法论的分歧所在。辩证唯物主义把上升的运动即从低级到高级、从无序到有序、从简单到复杂的转化看做是过程的方向规定，这一规定对于清除形而上学的影响具有特别深刻的意义，因为在形而上学的运动观点中，是可以把一般意义上的进化或前进的变化纳入其特有的思维框架的。形而学者可以接受最低限度的"转化"概念，但他们认为转化无非是已有的或曾有过的东西之间的循环，世界上的事物在不断地变来变去，而不会产生什么新的、过去不曾有过的东西，世界总体上仍是不变的。因此，是否承认运动变化中存在着上升趋势，即严格意义上的前进，就成为辩证法与形而上学两种发展观分歧的焦点。

把辩证唯物主义的过程论思想贯彻到底，就要坚持新陈代谢是宇宙间普遍的永远不可抵抗的规律。一切过程的总的方向和基本趋势是新事物的产生与旧事物的灭亡。所谓新事物，是指合乎历史发展总趋势的、进步的、必然向前发展的、具有远大前途的东西。旧事物则是历史发展过程中逐渐丧失其存在必然性的、日趋灭亡的东西。新事物必然取代旧事物，是由新旧事物的本质特点和事物发展的辩证本性所决定的：第一，新事物符合历史的前进方向，适合于它存在的历史条件。对于旧事物来说，新事物既是促使其灭亡的因素，又是其赖以存在的因素。新事物必然克服旧事物，而旧事物却无法克服、无法消除新事物。第二，新事物是在旧事物的"母胎"中孕育成熟的，它否定了旧事物中消极的、过时的、腐朽的东西，却吸取、继承了旧事物中积极的、仍然适合新的历史条件的东西，并且添加了一些为旧事物所不能容纳的新东西，因而它在内容上比旧事物丰富，在形态上比旧事物高级和复

---

①②　《马克思恩格斯选集》第 4 卷，人民出版社 1995 年版，第 245 页。

杂，具有旧事物所不可比拟的优越性和强大的生命力。第三，在社会历史领域内，新事物是社会上先进的、富有创造力的人们创造性活动的产物，它从根本上符合绝大多数人民的利益，反映着社会生活进步发展的要求，因此最终能够得到绝大多数人，特别是有远大前途的先进社会势力的支持，为社会生活演化的进程所肯定。

当然，在社会现象中，由于新旧事物的利害冲突以及旧事物对新事物的压制，新事物的成长必然要经历一个曲折的过程。然而历史发展的总趋势永远是，暂时显得弱小的新事物不管经过怎样的困难和曲折，终究会战胜表面上强大的旧事物。新生事物不可战胜的规律，在社会生活中的表现是异常明显的。把握这一规律，对于理解社会生活、认识社会历史的发展、增强人们为美好事业而奋斗的精神和必胜信念，具有重要的人生观和方法论的意义。

第三节　世界联系和发展的规律性

世界的普遍联系和运动发展是内在地统一的。世界的普遍联系，是世界运动发展的终极原因，正是事物之间的普遍联系即普遍相互作用构成了运动。同时，世界的运动发展又是普遍联系多样化和高级化的原因，正是由于世界的运动发展，才不断地产生新的事物，从而也产生出新的联系。事物的普遍联系和运动发展之间这种互为因果的内在一致性，说明世界联系和发展的原因就在于物质世界自身，因而是遵循其自身固有的规律的，是表现"决定"的过程即物质世界"自己决定自己"的过程的。

一、世界联系和发展的规律体系

恩格斯指出："除了永恒变化着的、永恒运动着的物质以及其运动和变化的规律外，再没有什么永恒的东西了。"[①] 这也就是说，除了物质世界的普遍联系构成的永恒运动之外，再没有什么永恒的东西。世界的普遍联系和运动发展的统一，是世界的物质统一性的最深刻的表现。唯物辩证法揭示的正是统一的物质世界"运动和变化所依据的规律"，因而它是关于自然、社

---

① 《马克思恩格斯选集》第 4 卷，人民出版社 1995 年版，第 279 页。

会和思维发展的一般规律的科学。

世界的普遍联系和运动发展是通过一系列的基本环节而实现和展现的。对于这些基本环节的逻辑反映即唯物辩证法学说的基本范畴。各个基本环节之间的内在关系则是世界联系和发展的本质即规律性。唯物辩证法是通过对于基本范畴的内在关系的把握，去揭示世界联系和发展的普遍规律，它是由一系列的基本范畴按其内在联系所构成的科学体系。

在唯物辩证法学说里，范畴和规律没有实质的区别。在一定意义上，范畴也是规律，规律也是范畴。范畴即基本概念是由词或词组表达的，而规律（科学规律）则是判断，它由两个以上的概念组成，其中包括基本概念即范畴。因此，规律实际上就是范畴之间的关系。从哲学史上看，亚里士多德有《范畴篇》而没有《规律篇》，但他的《范畴篇》讲的就是规律。黑格尔的《逻辑学》是地道的范畴论，但他注重的是范畴之间的联系和转化，也就通过范畴揭示了规律。列宁在《哲学笔记》中提出的"辩证法的要素"，既是范畴又是规律。唯物辩证法既是一个范畴体系，也是一个规律体系。

唯物辩证法的范畴和规律都是从不同方面揭示事物联系和发展的一般性质，只是由于它们所反映的层次和深度不同而互相区别开来。其中，质和量、对立和统一、肯定和否定等范畴所揭示的量变质变规律、对立统一规律和否定之否定规律，更深刻地揭示了世界联系和发展的普遍本质，因而是唯物辩证法的基本规律。恩格斯指出："辩证法的规律是从自然界和人类社会的历史中抽象出来的。辩证法的规律无非是历史发展的这两个阶段和思维本身的最一般的规律。它们实质上可归结为下面三个规律：量转化为质和质转化为量的规律；对立的相互渗透的规律；否定的否定的规律。"① 这三个相互联系着的基本规律，构成唯物辩证法规律体系的主体。

唯物辩证法作为一个规律体系也就有它的核心，无核心便不成体系。唯物主义辩证法的规律体系的核心是对立统一规律。恩格斯说："所谓客观辩证法是在整个自然界中起支配作用的，而所谓主观辩证法，即辩证的思维，不过是在自然界中发生作用的对立中的运动的反映，这些对立，通过自身的

---

① 《马克思恩格斯选集》第 4 卷，人民出版社 1995 年版，第 310 页。

不断的斗争和最终的互相转化或向更高形式的转化，来制约自然界的生活。"① 列宁发展了马克思主义哲学创始人的这些思想，进一步明确提出："可以把辩证法简要地规定为关于对立面的统一的学说。这样就会抓住辩证法的核心，可是这需要说明和发挥。"② 毛泽东在《矛盾论》里，阐明对立统一规律的基本理论内容的同时指出："如果我们将这些问题都弄清楚了，我们就在根本上懂得了唯物辩证法。"③

对立统一规律之所以是唯物辩证法规律体系的核心，其理由可以归纳为以下几个方面：

第一，对立统一规律揭示了普遍联系的根本内容和变化发展的内在源泉。事物联系的根本内容就是相互对立的矛盾双方之间的联系，事物发展的源泉、动力就在于事物内部矛盾双方的对立统一。列宁说："有两种基本的（或两种可能的？或两种在历史上常见的？）发展（进化）观点：认为发展是减少和增加，是重复；以及认为发展是对立面的统一（统一物之分为两个互相排斥的对立面以及它们之间的互相关系）。"④ 这两种发展观即形而上学和辩证法发展观的根本区别，就在于是否承认事物的内在矛盾而引起事物的"自己运动"。

第二，对立统一规律是贯穿于其他规律和范畴的中心线索。对立统一规律揭示了事物联系和发展的最深刻的本质。因此，对立统一关系也就是唯物辩证法全部规律和范畴的实质内容。量变质变规律所揭示的质和量、质变和量变的关系就是对立统一的关系，量变和质变这两种状态的运动都是由事物内部包含的两个矛盾着的因素互相斗争所引起的。否定之否定规律所揭示的肯定和否定、继承和发展、回复和前进的关系等也是对立统一的关系，事物的螺旋式上升或波浪式前进运动都不过是事物矛盾运动的展开形式。唯物辩证法的一系列具有对偶性的范畴，如原因和结果、必然和偶然等等，无一不是对立统一的关系。

第三，矛盾分析法是最根本的认识方法，把握事物的对立统一是辩证认

---

① 《马克思恩格斯选集》第4卷，人民出版社1995年版，第317页。
② 《列宁全集》第55卷，中文第2版，第192页。
③ 《毛泽东选集》第1卷，人民出版社1991年第2版，第299页。
④ 《列宁全集》第55卷，中文第2版，第306页。

识的实质。毛泽东指出："辩证法的宇宙观，主要地就是教导人们要善于去观察和分析各种事物的矛盾的运动，并根据这种分析，指出解决矛盾的方法。"①

总之，把握对立统一规律是理解世界的普遍联系和运动发展，坚持唯物辩证法世界观和方法论的关键。是否承认对立统一规律，是唯物辩证法和形而上学两种世界观对立和斗争的焦点。

应当指出的是，肯定对立统一规律是唯物辩证法规律体系的核心，并不意味着可以用核心去代替全体。支配世界联系和发展的规律，是作为一个规律体系去发生作用的，各个规律之间也是相互制约的。唯物辩证法的其他规律或范畴，各自都具有对立统一规律所容纳不了的独特内容，而且所谓核心也是同其他辩证法要素相比较而显现、相联系而存在的，抹杀了其他要素相对独立的价值，所谓核心也就不复存在了。因此，突出对立统一规律的核心地位，决不是用它去包括、代替一切，而恰恰是为了完整准确地把握唯物辩证法的规律体系。

二、辩证唯物主义的决定论

决定论作为一种古老的思维传统，是人类探究万事万物何以如此的理论，是关于事物具有因果联系性、规律性、必然性的理论。辩证唯物主义丰富了决定论的内涵，把决定看成是一种说明事物和过程的普遍制约性、规定性的理论，从根本上说也就是对于世界的联系和发展的统一的理解。

决定问题是人类无法回避的问题。决定论与目的论、非决定论，是对于决定问题的不同的回答方式。非决定论否认因果联系的普遍性，否认事物发展的规律性、必然性，认为事物的联系和发展是没有规律和秩序可循的。西方有些自然科学家和哲学家认为，无机界是受决定论支配的，而生物的发展、生理心理的变化则不服从决定论的原则，是受纯粹的偶然性支配的。在西方社会学中，非决定论更是占据统治的地位，认为既然社会生活都是有意志的人所参与的，那么人的意志特别是少数英雄人物的意志就对历史过程起决定的作用，社会历史发展谈不上客观的规律性和因果制约性。此外，同唯

---

① 《毛泽东选集》第 1 卷，人民出版社 1991 年第 2 版，第 304 页。

物主义决定论对立的还有目的论、观念决定论，它们采取了与上述非决定论在表面上不同的形式。在古代中国与 17 世纪前的欧洲一直占据统治地位的宗教目的论认为，人间万事万物均是由神按照一定目的预先安排的，人们只能听从"上帝"、"天意"、"天命"的摆布。宗教目的论也是一种决定论，是"上帝决定论"。还有一些唯心主义哲学则主张"观念决定论"，它们也承认世界的决定过程，承认因果性、必然性、规律性，但都是从精神出发，或认为决定过程由绝对精神、理念等规定，或认为人把因果性、必然性、规律性给予自然界，"人为自然立法"。这种观念决定论与上帝决定论没有实质的区别，它是通向上帝决定论的桥梁。

决定论作为一种理论和学说是随着人类实践和认识的发展而深化的。决定论思想在理论上的确立和发展，经历了长期的、曲折的探索过程。它也像唯物主义发展的历史一样，大体上经历了三种不同的形态，即自发决定论、机械决定论和辩证决定论的形态。

最初的决定论思想是自发的、不系统的。从人类产生因果观念的时候起，也就开始形成了自发决定论意识。"有因必有果，有果必有因"，就是对于客观决定关系的一种普遍性概括。自发的决定论在总体上肯定了客观决定论特征，但它往往局限于狭义的因果关系的理解，并且是经验直观水平上的理解，未能上升到科学理论的高度。这种不完备性在科学和实践的发展中必然显露出它的弱点，以至不可避免地导致后来的机械决定论。

机械决定论是随着近代科学特别是经典物理学的成熟而发展起来的。它以 18 世纪以来物理学所发现的动力学规律（力的相互作用规律）为基础和原型，进一步论证和发挥了决定论原则。但是，机械决定论在运用科学成果充分肯定普遍联系、相互作用对事物变化的制约性和规定性这一合理思想时，又犯了简单化和绝对化的错误。它把经典力学的思维方式当做哲学上的普遍的思维原则，把力学定律所表述的决定关系（物体在抽象的理想状态下的单值因果关系）当做唯一普遍的决定方式，认为世界上一切事物运动变化的结果都是按力学公式产生的，一切都由先前的状态和条件完全地、一成不变地决定了，任何结果都是注定不可避免的。拉普拉斯的决定论甚至断言，只要知道了自然界一切组成部分的相对位置和全部作用力，就可以把宇宙间最大物体的运动和最轻微原子的运动同样地包罗在一个公式之中。就是说，一粒沙子若干年后的状态，一片枯叶飘落的位置，一个人的生死和一个国家的兴衰等等，都是可以用一个公式计算出来的，因为它们早在宇宙诞生时就已完全被确定了。不难看出，机械决定论这种简单化和绝对化的思维，其结果必然导致预成论、宿命论乃至唯心主义的目的论。

这种绝对化的机械的观点受到了马克思和恩格斯从哲学上所作的批判。19世纪末到20世纪以基本粒子物理学为代表的现代科学的发展，则从自然科学基础方面给机械决定论以极大的冲击。这一冲击主要来自统计学规律的发现。基本粒子和其他许多事物的运动表明，某种变化结果的出现，并不一定依照单值因果（单向必然性）关系的规律，而是往往具有很大的偶然性和随机性，呈现出概率分布的特征。以最简单的掷骰子为例：有六个面的骰子，每一面都有六分之一的机会朝上，但是并非每六次就一定会实现一次这样的机会；"六分之一"这种确定性总是在大量结果（掷了足够多的次数之后）的统计中显现出来。这就叫概率分布规律或统计学规律。它比动力学规律更符合现实世界各种过程的实际情况，并且可以把动力学规律作为自己的特例（当概率接近1时，结果的出现就呈现动力学规律的特征）包括在内。统计学规律的发现一度被认为是决定论彻底破产的标志，一些唯心主义和形而上学者也乘机否定唯物主义和辩证法，鼓吹非决定论。但实际情况却相反，科学恰恰证实和丰富了辩证决定论的观点。在统计学规律中，偶然性、随机性、因果关系的复杂性和多样化等的存在和作用得到了充分的肯定，但它并未否定发展中的必然性、因果性、制约性和规定性。概率分布的统计规律本身就表明，事物运动变化在总体上的趋势和结果是受制约的、有确定性的，只是它的具体过程和环节并不像机械决定论所断言的那样是直线、单向、一义的。所以，它所否定的是机械的形而上学的决定论，而肯定的正是唯物辩证的决定论。

马克思主义哲学所主张的是辩证的决定论原则。辩证的决定论是对于世界的普遍联系和运动发展相互统一的全面、辩证的理解。它首先是一种决定论，即承认事物和过程的存在、运动具有普遍的制约性和规定性，认为世界上没有任何东西是完全孤立的、不受任何制约和没有任何规定性的，并以这种原则去观察和处理一切客观的事物和过程。同时，它对客观决定关系的理解又是全面的、辩证的。它立足于物质形态及其普遍联系形式的无限多样化的基础上，既承认一般的、普遍的决定关系，又指出这种一般是通过多种形式的特殊和个别而存在的，因此不把某种特殊的决定关系混同于一般。例如，因果性和力的决定关系等就都只是一些特殊的决定关系，而不是唯一的和全部的决定形式，如列宁所说："世界联系的全面性和包罗万象的性质，这个联系只是片面地、断续地、不完全地由因果性表现出来。"① 此外，辩证决定论在考察任何决定过程时，都不把决定性归结为一种单向的、直线的、僵硬的作用，而是如实地揭示事物和过程中多种因素的相互作用和动态统一，其中包括原因和结果的相互作用、必然与偶然的相互表现、现实的确定性和可能的多向性之间的联系等等。因此，辩证决定论既不把自然科学中的动力学规律当做自己的科学基础，也不把统计学规律看做是最终的、唯一的决定论模式。一般地说，动力学规律较适用于说明系统整体宏观变化的决定性特征，统计学规律则更好地反映了系统中的要素和结构变化的决定性机制，但是二者都不可能穷尽世界上多样化决定关系的形式。随着实践和科学的发展，人类还可能认识更多更丰富的决定论内容，使决定论的世界观和方法论更深刻、更全面、更具体。

决定论与非决定论的争论是 20 世纪自然科学和社会科学所普遍关注的热点，它对现代科学的发展起着重要的导向作用，也对人类的社会实践有着重大的影响。辩证唯物论的决定论原则的确立，为科学的世界观和方法论奠定了又一块坚固的基石。它把普遍联系的观点和运动发展的观点具体地统一了起来并贯彻到底，在更深的层次上说明了联系在发展中的作用以及事物发展的方向性和规定性。辩证的决定论是建立在承认和理解世界联系和发展的规律体系的基础之上的，它是人们把过去、现在和将来联系起来的根据，因而是人类自觉地实践活动最有力的武器之一。

---

① 《列宁全集》第 55 卷，中文第 2 版，第 134 页。

第 三 章

物质世界的联系和发展的基本规律

物质世界的联系和发展有三大基本规律：对立统一规律、量变质变规律、否定之否定规律。对立统一规律揭示了事物普遍联系的根本内容和变化发展的内在动力；量变质变规律揭示了事物存在和变化的最基本状态和过程；否定之否定规律揭示了事物运动变化发展的方面与螺旋式上升的辩证形式。

第一节　对立统一规律

对立统一规律，即事物矛盾运动的规律，亦称"矛盾规律"。它揭示了事物普遍联系的根本内容与发展变化的源泉、动力，是宇宙的根本规律；它"提供理解一切现存事物的'自己运动'的钥匙"，[①] 而辩证法"主要的注意力正是放在认识'自己'运动的泉源上"，[②]因此称它为辩证法的实质与核心；它指导人们"去观察和分析各种事物的矛盾的运动，并根据这种分析，指出解决矛盾的方法"，[③] 是我们正确认识世界改造世界的根本原则。

懂得它便于从根本上领会辩证法的精神实质与辩证法的其他原理原则。因此，阐述辩证法的基本规律与基本范畴从它开始。

---

①② 《列宁全集》第55卷，中文第2版，第306页。

③ 《毛泽东选集》第1卷，人民出版社1991年第2版，第304页。

一、矛盾及其客观性

（一）矛盾的含义

在哲学发展史上辩证的发展观不仅联系地发展地看问题，而且不断地探索事物发展变化的原因，把矛盾作为自己研究的重要课题。

古希腊米利都学派的阿那克西美尼早就提出了对立面引起变化的观点。这就是矛盾观念的萌芽。

中国战国末期著名的唯物主义哲学家荀子提出的"阴阳接而变化起"，认为变化是由自然界对立的阴阳二气相互作用引起的，也是这个意思。

后来，中国宋代的唯物主义哲学家张载进一步把矛盾称为"一物两体"，认为矛盾是统一体内包含着对立的两个方面，它能引起事物的运动变化。

明末清初的唯物主义哲学家王夫之直接继承和发展了张载的唯物主义思想和辩证法观点。王夫之把"一物两体"的"两体"之间的关系，进一步表述为"大辨"与"至密"。所谓"大辨"，就是指矛盾双方之间的差别、对立、排斥；所谓"至密"就是指矛盾双方之间的相互联结、相互依存、互为存在前提。他认为任何矛盾都是既大辨又至密的。他说："大辨体其至密，而至密成其大辨。"

到了近代，德国著名的哲学家黑格尔给矛盾下了一个明确定义。他说："既对立又统一，这就是矛盾。"① 它概括了以往的思想成果，正确地揭示了矛盾范畴的内涵，具有科学价值。因此，至今唯物辩证法仍然沿用这一界说。比如，列宁在《谈谈辩证法问题》中所说的"统一物之分为两个互相排斥的对立面以及它们之间的相互关联"是这个意思；毛泽东在《关于正确处理人民内部矛盾的问题》中所讲的"矛盾的对立面又统一又斗争，由此推动事物的运动和变化"是这个意思；我们时常提到的"一分为二"、"相反相成"、"既是冤家又聚头"等等，也都是这个意思。

矛盾不等于事物，矛盾是事物内部或事物之间的一种本质关系。矛盾范畴是关系范畴。这种关系，有的表现为两个实体之间的关系，有的表现为实

---

① 黑格尔：《美学》第 1 卷，商务印书馆 1979 年版，第 154 页。

体内部具有的因素、方面、成分之间的关系，有的表现为实体所具有的属性之间的关系，有的则表现为反映上述关系的概念之间的关系。但是，不论其具体表现形式如何，都是对立面之间的既对立又统一的关系。而这种关系是客观的普遍的。

（二）矛盾的客观性

矛盾是对象本质自身所固有的一种客观的现实的关系，或者是这种客观的现实的关系在人们头脑中的反映，而不是人的主观意识或"客观精神"的产物。客观的现实的矛盾都是在一定条件下存在的具体的矛盾，都具有与一定条件相联系的、被一定条件所规定的特定的内容与性质。不管人们是否认识它、承认它、喜欢它，它都以自身的面貌存在着，按固有的规律发展着。它具有不以人的主观意志为转移的客观性。

在对待矛盾的客观性问题上，从理论上弄清逻辑矛盾与辩证矛盾的不同是极为重要的。

所谓逻辑矛盾，是指人们在思维中由于违反逻辑规则而造成的思想混乱、自相矛盾。比如，在思维中对于同一条件下，同一对象，同时作出既肯定又否定的两个相悖的判断。所谓辩证矛盾，是指客观事物本身存在的矛盾。

唯物辩证法要求在思维中排除逻辑矛盾，如实地反映辩证矛盾。正如列宁所说："'逻辑矛盾'——当然，在正确的逻辑思维条件下——无论在经济分析中或政治分析中都是不应当有的"，[①] 而"就本来的意义说，辩证法是研究对象的本质自身中的矛盾"。[②] 可见，荒谬的逻辑矛盾与客观的辩证矛盾是完全不同的，不能把二者混为一谈。

哲学史上，一些哲学家一再否认客观的辩证矛盾。它们采用的一个重要手段，就是把荒谬的逻辑矛盾与客观的辩证矛盾混淆起来，借口逻辑矛盾只存在于不正确的思维之中而否认辩证矛盾的客观性。例如，杜林曾说："矛盾的东西是一个范畴，这个范畴只能归属于思想组合，而不能归属于现实。"[③] 又如，西德的新托马斯主义者卡里什认为，只有判断和判断才能互

---

① 《列宁全集》第 28 卷，中文第 2 版，第 131 页。
② 《列宁全集》第 55 卷，中文第 2 版，第 213 页。
③ 转引自《马克思恩格斯选集》第 3 卷，人民出版社 1995 年版，第 460 页。

相矛盾，处于相互矛盾对立中；但是，事物是不能互相矛盾的，世界本身不存在什么真正的矛盾。这种观点是同科学的认识相违背的。科学发展史告诉我们，任何科学的认识都需要概念明确、判断恰当、推理合乎逻辑性，都要求排除荒谬的逻辑矛盾；然而，任何真正的科学认识又正是在于研究对象自身所固有的辩证矛盾。人们认识事物，就是认识事物的矛盾。否认了矛盾，也就谈不上真正的认识，谈不上科学。所以承认矛盾的客观性是一切科学认识的首要前提。

二、矛盾的同一性与斗争性

同一性与斗争性是矛盾的两种本质属性。研究同一性、斗争性，及其相互关系，是从矛盾的本质自身来揭示事物发展的源泉、动力与实质内容。这是本节的核心部分。

（一）矛盾的同一性

同一性亦称统一性，是指矛盾双方相互联结、彼此相成的关系，它体现着对立面之间相互吸引的趋势。它包含如下两种情形。

其一，是指矛盾双方在一定条件下相互依存、互为存在前提，共处于一个统一体中。这是对立双方的相互联结，在矛盾运动处于量变状态时的具体体现。其中也有两种情形。

（1）对立双方的内容特点是彼此规定、相互照应的。这就是说，每一方只有在它与另一方的联系中才能获得它自己的规定。比如，没有上，无所谓下；没有下，也无所谓上。没有祸，无所谓福；没有福，无所谓祸。没有顺利，无所谓困难；没有困难，也无所谓顺利。没有剥削，无所谓被剥削；没有被剥削，也无所谓剥削。没有反映，无所谓被反映；没有被反映，也无所谓反映。如此等等，不胜枚举。总之，对立双方的内容特点是彼此规定、相互照应的，这是相互依存、互为存在前提的一种表现。

（2）对立双方的运动变化是相互制约的。这就是说，双方力量的变化不是在孤立状态下单独发生的，而是在彼此牵制的过程中以对比的形式发生的，一方力量的增长，就意味着另一方力量的削弱，反之亦然。这是相互依存、互为存在前提的另一种表现。

相互依存必须有一定的条件，是在一定条件下发生的，"无此一定条件，就不能成为矛盾，不能共居"。[①] 比如，在资本主义制度下，无产阶级与资产阶级的互为存在前提是以资本主义的生产关系为条件的。思维与存在的相互依存是以实践为条件的。

相互依存的条件是指矛盾双方共同存在的基础，也可以称为矛盾双方相互连接的纽带。作为共存的基础、连接的纽带，它对于同一性起着根据的作用。这表现在：

（1）矛盾双方共存以它为依据，也就说矛盾双方都是在它的基础上建立起来的，没有它矛盾双方就不能共存，便不能形成统一体。

（2）矛盾双方在内容特点上的彼此规定、相互照应，必须按它规定的范围与标准来进行。它使矛盾双方的特点成为对应的而不是任意搭配的，即它能够决定 A 为什么正好与 B 相对立，而不是与 CDE 等其他方面相矛盾。

其二，同一性的第二种情形是指矛盾双方相互贯通，它们在一定条件下相互转化。这是对立双方的相互连接，在矛盾运动处于质变状态时的具体体现。其中也包括两方面内容。

（1）地位的转化：主要方面转化为次要的方面，次要的方面转化为主要的方面，矛盾双方向着它的对立面所处的地位转化了去。比如，光是微粒性和波动性的对立统一。但矛盾的主要方面在不同的条件下可以转化。当光在发射的过程中微粒性比较突出，是矛盾的主要方面，波动性处于次要地位。所以，关于光的发射过程的诸现象，如原子光谱，要从微粒观点来解释。但光发射出以后在空间的传播过程中，矛盾的主要方面转化了，波动性变得比较突出，上升为主要方面，微粒性下降为次要方面，所以关于光在传播过程中的诸现象，如偏振、干涉和衍射等，要从波动观点来解释。当光被实物吸收（如光电效应、吸收光谱等）或与实物相互作用时（如康普顿效应、综合散射光谱等），微粒性又向主要方面转化，因而这类现象又要从微粒观点来解释。

（2）内容特点的转化：转化前具有某种性质，转化后失去某种性质，或者转化前没有某种性质，转化后具备了某种性质。比如，实行土地改革之后，拥有土地的地主阶级转化为失掉土地的阶级，而曾经是失掉土地的农民

---

① 《毛泽东选集》第1卷，人民出版社 1991 年第 2 版，第 333 页。

却转化为取得土地的小私有者。

在矛盾双方的相互转化过程中，地位的转化与内容特点的转化不是彼此隔绝、各自单独发生的，而是相互联系、同时进行的。其中，地位的转化比较重要，因为地位的转化必然引起性质和作用的转化。同时，从广义来说，地位的转化也是一种性质的转化。

由于事物的性质主要由矛盾的主要方面来规定，而转化以后矛盾的主要方面变了，转化不是量变而是质变。所以，从现象来看，转化是在两个事物之间发生的，表现为一个事物转化为另一个事物。其实，作为转化结果的新事物是从旧事物中发展出来的，它本来是旧事物中否定的方面。研究转化时必须注意这种情况，要明确旧事物内部矛盾双方地位的转化，是旧事物转化为新事物的根据，而不能把矛盾双方的转化直接等同于两个事物的转化。

矛盾的转化是普遍的必然的。但是在发展过程中，转化有两种相反的趋势。

一种是前进、发展、上升，表现为新东西的产生旧东西的消亡，由简单到复杂，由低级到高级。转化的结果有如下几种主要表现：

（1）矛盾双方地位转化后，一方消灭另一方。

（2）矛盾双方地位转化后，同归于尽。

（3）矛盾双方地位转化后旧的统一体破裂了，双方在新的条件下组成新的统一体。

另一种是暂时的逆转、倒退，表现为新东西转化为主要方面之后，旧东西又暂时取得优势。如社会历史发展中出现的复旧、曲折。但是，不管新旧斗争怎样曲折复杂，从总的趋势与最终结局来看，新事物终究要克服旧事物。没有转化就没有发展，没有转化就没有新陈代谢。因此，在同一性的两种情形中，更重要的在于矛盾双方的相互转化。共产党人的任务，不论革命时期，还是建设时期，说到底都是做矛盾转化工作。

相互转化不是凭空出现的，而是在一定条件下发生的，在这里，条件是重要的，没有一定条件矛盾双方不会转化。相互转化的条件也可以叫相互转化的前提，包括内部条件与外部条件两个方面。

内部条件是指矛盾双方力量对比的根本变化。这就是说要使矛盾双方主次地位发生转化，保持原来的力量对比关系是不可能的，必须在斗争中使力量对比的变化积累到发生根本改变的程度才有可能。

外部条件是指促使矛盾双方力量对比发生根本变化的各种外界影响。

（二）矛盾的斗争性

矛盾的斗争性是指矛盾双方相互排斥、相互反对、相互限制、相互否定的关系，它体现着对立双方相互分离的趋势。

和矛盾的同一性一样，矛盾的斗争性也是一个广泛的哲学范畴，它有着最大的普遍性与概括性，有着十分丰富的内容和许许多多的形式。

在自然界中，机械运动中的吸引与排斥、物理运动中的阳电与阴电、化学运动中的化合与分解、生物运动中的同化与异化等之间的相互排斥，是斗争；生物界中所进行的互相吞噬等生存竞争，也是斗争。在社会生活中，人民内部的批评与自我批评、不同意见之间的争论、商榷、探讨等等，是斗争；敌对势力之间，在军事、政治、经济等方面展开的流血的和不流血的、暴力的和非暴力的生死搏斗，也是斗争。在思想领域中的明辨是非、判断真假等，也属于斗争的范畴。

不能对斗争范畴作狭隘的理解，要注意政治上的斗争概念与哲学上的斗争范畴之间的区别。如果一提斗争就自觉或不自觉地只想到战争、对抗，把矛盾的斗争性归结为某一种或某几种斗争形式，把哲学上的斗争范畴同等于政治上的斗争概念。其结果，或者把一切斗争都看成对抗，从而歪曲矛盾的斗争性；或者是把斗争形式的变换误认为矛盾斗争的消失，在不存在对抗的地方就不承认有斗争，从而抹杀矛盾的斗争性。

矛盾双方之间的斗争具有不可调和性，这是斗争性的一个重要特点。

哲学上讲的斗争性的不可调和性，并非只指敌对阶级之间的势不两立的、你死我活的激烈对抗的不可调和性，而是泛指一切矛盾的相互斗争的绝对性。其具体表现是：①矛盾的斗争贯穿于过程的始终，其间不存在无任何斗争的空场；②斗争的结果必然导致矛盾的解决，使一过程向他过程转化，而不是矛盾双方永远均衡相处。

在唯物辩证法看来，矛盾只有对抗与非对抗的区别，没有可以调和与不可调和的不同，所有矛盾的斗争都是不可调和的。

在矛盾双方的斗争过程中，有时会出现双方让步或妥协的情况，有时会出现彼此"求同存异"的现象，这难道不是矛盾斗争可以调和的证明吗？

否。所谓让步、妥协、求同存异是斗争的结果，还要靠斗争来维持，并通过斗争来打破。这是矛盾的暂时缓和或部分解决，而缓和则是矛盾斗争的一种状态，是斗争形式与激化程度的变化，并不是消除了矛盾的斗争。

再说，同志们对一些事情有不同的见解，产生意见分歧并争论起来是常有的事。但是，有时矛盾双方争论的结果不是一种看法克服另一种见解，而是综合为第三种意见。难道这不是矛盾双方的调和吗？否，何以见得？

在争论双方原来的见解中往往都有正确的认识与错误的成分，经过争论其结果不外以下几种可能：

一种可能是，争论双方彼此吸取了对方正确的认识，克服了自己错误的看法，相互取长补短，综合为第三种意见。这种形式上的综合，不是实质上的调和，而是明辨是非、真理克服错误的一种表现。

另一种可能是，争论双方彼此吸取了对方的错误认识，抛弃了自己正确的认识，互相取短舍长，综合为第三种意见。这种形式上的综合，也不是实质上的调和，而是是非颠倒、谬误暂时战胜真理的一种表现。

第三种可能是，争论双方部分地吸取了对方的正确看法与错误认识，部分地抛弃了自己的正确认识与错误认识，从而综合为第三种意见。这种形式上的综合，也不是实质上的调和，因为综合的结果仍然是一个既有正确又有错误的矛盾统一体，原有的矛盾并没有解决，还会以不同的形式继续进行斗争。

总之，任何矛盾双方之间都存在着不可调和的对立和斗争。不可调和性是斗争性的一个重要特点。

（三）同一性与斗争性同时存在紧密结合

矛盾是对立面的统一和斗争，只有同时具有同一与斗争这两方面的关系，才是矛盾关系。只有斗争关系而无同一关系，或只有同一关系而无斗争关系，都不是矛盾关系。所以，在所有矛盾中，同一性与斗争性都是同时存在紧密结合的。

恩格斯在《自然辩证法》中指出："……两极的分离和对立，只存在于它们的相互依存和相互联系之中，反过来说，它们的相互联系只存在于它们的相互分离之中，它们的相互依存，只存在于它们的相互对立之中。"[①] 毛

---

① 《马克思恩格斯选集》第 4 卷，人民出版社 1995 年版，第 349 页。

泽东在《矛盾论》中也曾写道："斗争性即寓于同一性之中，没有斗争性就没有同一性。"①

这就是说，唯物辩证法所说的同一，乃是相互区别着、斗争着的对立面之间的同一；没有相互区别和相互斗争着的对立面，当然就无所谓同一，同一只是表示着有差别的东西之间的一种互相依赖的关系。同样，唯物辩证法所讲的斗争，乃是互相依赖着、联结着的对立面之间的斗争，没有互相依赖和互相联结着的对立面，就无所谓矛盾，当然也就无所谓斗争，斗争只是表示统一物的对立面之间的相互排斥的关系。从空间上来看，同一性在什么范围内存在，斗争性也在同样的范围内存在。从时间上来说，同一性在什么时候存在，斗争性也在同样的时候存在。

因此，要按照矛盾的本来面目去认识、把握矛盾，就应该从同一中去把握对立，从对立中去理解同一，不能把它们人为地割裂开来、对立起来，既不能离开同一性来谈斗争性，也不能离开斗争性来谈同一性。离开同一性来谈斗争性，就等于把相互对立当成相互隔绝，把现实的矛盾拆成彼此孤立的没有矛盾的两个东西。离开斗争性来谈同一性，就等于把对立统一当做僵死的统一，把相对的统一性绝对化。

总之，同一性与斗争性是同时存在紧密结合的，把两者割裂开来，就会脱离辩证法导致形而上学。

（四）同一的相对性与斗争的绝对性

同一性与斗争性同时存在紧密结合，不等于它们在矛盾运动中所起的作用完全相同。这里引进同一的相对性与斗争的绝对性这对范畴，就是为了进而说明同一性与斗争性在矛盾运动中所起的不同作用的。

因此，说同一性是有条件的相对的，不是一般指同一性是在一定条件下存在的，不能脱离具体条件；而是指它只能在一定条件允许的范围内起作用，靠它既不能冲破相互依存的条件，即矛盾双方共居的条件，又不能创造转化的条件，被一定条件所局限。简言之，同一性的有条件性相对性是指同一性的作用受一定条件局限的特性。

具体说，相互依存作为同一性的第一种情形，在矛盾运动的量变状态，

---

① 《毛泽东选集》第1卷，人民出版社1991年第2版，第333页。

只具有对共居条件的依存性，不具有冲破这一条件的能动性，受这个条件的局限，因而是有条件的。比如，在资本主义制度下，资产阶级与无产阶级之间剥削与被剥削的互为存在前提的关系，只能体现资本主义生产关系这个条件的作用，靠它不能冲破这个条件，改变这种关系。

相互转化作为同一性的第二种情形，在矛盾运动的质变状态，是在矛盾双方力量对比发生了根本变化这个条件下发生的，不具备力量对比发生了根本变化这个条件是不能相互转化的。这是众所周知的毫无疑义的。但是，靠相互转化不能创造这个条件，这个条件是由斗争逐渐创立起来的。相互转化只能依赖于这个条件，受它的局限，因而是有条件的。

总之，同一性的有条件性相对性，不是一般地指它的存在需要一定的条件，而是指它的作用受一定条件局限的特性。这种特性所反映的不是有无同一性的问题，而是同一性在矛盾运动中所起的作用问题。

这就是：第一，由于同一性的相互依存只能体现一定条件的作用，靠它不能冲破这个条件。所以同一性在矛盾运动中能以相互联结的作用、相互吸引的趋势，为矛盾斗争提供场所、规定界限，使相互排斥的对立面形成一个矛盾统一体。第二，由于同一性的相互转化也只能体现一定条件的作用，靠它不能创造转化的条件，受一定条件的局限。所以，同一性的相互联结作用，能使矛盾统一体在一定时期内保持相对稳定状态，具有质的确定性，使事物分化成为可能，并能巩固事物的发展成果。第三，由于同一性在一定条件下存在，又受一定条件的局限，因而它能使矛盾运动具有与一定条件相联系的，被一定条件所规定的独特的内容与表现形式，即使矛盾具有特殊性。

说斗争性是无条件的绝对的，也不是一般地指斗争性能脱离具体条件，不在一定条件下存在，而是指斗争性在一定条件下存在又不受一定条件局限的特性。

具体说，斗争性不仅能够在矛盾运动的量变状态，逐渐为实现相互转化创造条件；而且能够在质变状态，以更加活跃更加显著的作用，冲破相互依存的条件，使旧的矛盾统一体被新的矛盾统一体所代替。

可见，斗争性的无条件性绝对性所反映的不是斗争性的有无问题，而是斗争性在矛盾运动中所起的作用问题。

这就是：第一，矛盾只有通过斗争才能展开，即矛盾双方的力量对比，只有在斗争中才能发生此消彼长的不断变化，使相互依存不是僵死的依存，而是变动的依存。第二，矛盾只有经过斗争才能解决，即矛盾双方的主次地位，只有在斗争中才能相互转化，特定事物的存在限度只有经过斗争才能突破。正如毛泽东在《矛盾论》中所说："无论什么事物的运动都采取两种状态，相对静止的状态和显著地变动的状态。两种状态的运动都是由事物内部包含的两个矛盾着的因素互相斗争所引起的。"①

综上所述，同一性与斗争性都是在一定条件下存在的，是指它们在矛盾运动中同时存在紧密结合。同一性是有条件的相对的，斗争性是无条件的绝对的，是指它们在矛盾运动中所起的作用不同。前者与后者既有联系又有区别。有条件性与一定条件、无条件性与脱离具体条件不是同样的范畴，不能把它们等同看待。

如果把条件性与条件、无条件性与脱离条件等同起来，其结果：不是把同一性的有条件性相对性与斗争性的无条件性绝对性，解释成存在范围的大小不同、存在时间的长短不同，或具体与抽象不同，从而人为地割裂了同一性与斗争性的关系；就是走向另外一个极端，完全抹杀同一性与斗争性的区别，认为同一性与斗争性"说相对都相对，说绝对都绝对，没有相对与绝对的区别"。这两种解释，都因为没有抓住作用不同这一问题的实质，因而缺乏科学性说服力，不是自相矛盾就是回避问题。

三、事物发展的内因与外因

唯物辩证法主张从事物的内部，从一事物对他事物的关系上去研究事物的发展，认为在事物的发展过程中，内部矛盾是发展的内因，外部矛盾是发展的外因，两者都起作用缺一不可。但是，它们的作用又有所不同。

（一）内部矛盾与外部矛盾的含义

内部矛盾是事物内部各方面之间的对立统一；外部矛盾是一事物与其他事物之间的对立统一。

由于事物的普遍联系和存在范围的无限广大，内部矛盾与外部矛盾的区别是相对的。在一定条件下是内部矛盾，在另一条件下则是外部矛盾。比

---

① 《毛泽东选集》第1卷，人民出版社1991年第2版，第332页。

如，生物和环境的矛盾对生态系统是内部矛盾，对生物的生长发展则是外部矛盾。一个矛盾究竟属于内部矛盾还是外部矛盾，要依处于相互联系的总体中的具体对象而定，如果这个矛盾是对象自身的矛盾，那就是内部矛盾；如果这个矛盾是对象以外的矛盾，那就是外部矛盾。可见，内部矛盾与外部矛盾的区分又有确定性。具体事物的范围有大有小，研究事物的内外矛盾时，首先要明确研究的对象，弄清研究的范围。不能离开一定的对象，抽象地说某个矛盾是内部矛盾或者是外部矛盾。

（二）内因是变化的根据

内因作为变化的根据，它的作用表现在：

（1）它是事物存在发展的基础，不同事物相互区别的根据。比如，生产关系与生产力的矛盾、上层建筑与经济基础的矛盾是社会发展的基本矛盾，是人类社会存在发展的基础，是使社会运动形式与机械的、物理的、化学的、生物的等其他物质运动形式区别开来的根据。

（2）它是决定事物发展的性质与方向的根据。比如，同化与异化、遗传与变异是生物运动的内部矛盾，它决定着生物的生长发育和不断地进化。

（3）它是事物发展的根本动力，是外因赖以起作用的根据。比如，一个国家夺取革命胜利的根本力量，是靠本国人民起来斗争，推翻旧制度。

（三）外因是变化的条件

外因作为变化的条件，是在矛盾关系中，通过对内部矛盾的某一方面的加强或者削弱，而对事物发展变化发生作用的。

在一般的情况下，即当外因不能或没有立即改变事物内部矛盾主要方面的地位时，它对事物发展进程只起量的加速或延缓的作用。比如，人总是要死的，但是我国建国后，随着人们生活条件的根本改善和医疗水平的提高，人们的平均寿命比解放前有了明显的提高，使人们能够延年益寿，延缓了死亡的到来。

在一定条件下，当外因强大到可以立即改变事物内部矛盾主要方面的地位时，它可以立即引起事物质的变化。拿医疗抢救来说吧，医学上把反射消失、呼吸停止和心脏停止跳动称为临床死亡。这时制约着人身体状况的矛盾的主要方面已经是死亡的因素，但是机体尚进行着微弱的代谢过程。在这种情况下，如果采取有效的医疗抢救，能够改变机体内部生与死矛盾双方的力量对比，就能立即引起事物质的变化，起死回生。这类例子在自然界和社会生活中是很多的。比如，冰雹砸庄稼、车祸死人、帝国主义突然侵略等等，都可以立即引起事物的质变。

内因是根据，外因是条件，不管外因对事物的发展起多大作用，决不能代替内因、取消内因，必须通过根据起作用。它仍然是一种条件作用。比如，医疗抢救，不管水平有多高，都不能使马王堆一号墓里的死人起死回生，因为墓里的死人已经丧失了生的根据。

总之，要全面地认识事物的发展变化的过程，就既要重视内因，又不可忽视外因；既要看到外因只有通过内因而起作用，又要承认内因只有在一定外部条件下才能起到推动事物发展的作用。

正确认识内因和外因的关系，有重要的理论和实践意义。从理论上看，只有弄清内因和外因辩证统一的关系，才能揭示事物"自己运动"的根本原因和实质的内容，克服形而上学的外因论及其必然导致的唯心主义错误。从实践方面看，在对待革命和建设的问题上，我们必须始终坚持"自力更生为主，争取外援为辅"的方针。

党的十一届三中全会以来实行的对外开放政策是正确的，今后仍然要坚持和发展。只是我们必须清醒地认识到，实行对外开放，并没有改变作为指导方针上的主辅关系。历史经验一再表明，我们的社会主义事业必须放在自己力量的基点上。

四、矛盾的普遍性与特殊性

（一）矛盾的普遍性

矛盾的普遍性即矛盾的共性，指的是矛盾存在的绝对性和无条件性。

矛盾的普遍性从宇宙总体来考察有两个含义，"其一是说，矛盾存在于一切事物的发展过程中；其二是说，每一事物的发展过程中存在着自始至终的矛盾运动"。①

矛盾存在于一切事物的发展过程，是指事事有矛盾，矛盾无所不在。在自然界、人类社会和思维等各个领域的各种运动形态中都存在着矛盾。比

---

① 《毛泽东选集》第1卷，人民出版社1991年第2版，第305页。

如，物理运动中的阳电与阴电、波动性与微粒性；化学运动中的化合与分解、酸与碱、阳离子与阴离子；生物运动中的同化与异化、遗传与变异；社会运动中的生产力与生产关系、经济基础与上层建筑；思维运动中的分析与综合、归纳与演绎等等。任何过程无不包含矛盾，无不具有两重性。

每一事物的发展过程中存在着自始至终的矛盾运动，是指时时有矛盾，矛盾无时不有。每一事物从产生、发展到消亡，自始至终存在着矛盾。旧的矛盾解决了，新的矛盾又产生，矛盾总是不断解决又不断产生的。这是一个川流不息、万古常新的过程。

矛盾自始至终存在着，但它有个展开过程，开始阶段矛盾双方的对立往往不太明显，表现为两者的差异。差异是矛盾存在的一种非激化状态，是内部矛盾的外在表现，属于矛盾的存在形式与发展程度问题，而不是矛盾的有无问题。从这个意义上说，"世界上的每一差异中就已经包含着矛盾，差异就是矛盾"。[①]

综上所述，从宇宙总体来看，矛盾横跨各领域，纵贯全过程，无所不在，无时不有。世界是由矛盾构成的，没有矛盾就没有世界。

列宁在《谈谈辩证法问题》一文中，从宇宙总体上论及矛盾的普遍性时，不仅列举了当时各门基础科学所研究的各种基本矛盾，而且提出了一个重要的方法论原则。他指出，辩证法不是"实例的总和"，论证对立统一规律的普遍性不能靠举例，举例只能通俗化地说明原理，并不等于论证。而它的普遍性客观性"必须由科学史来检验"。

所谓由科学史来检验，就是用科学发展的系统事实来检验。

科学发展的系统事实表明：一方面，科学的发展不断地揭示出各个领域中的的矛盾；另一方面，也正是由于揭示和解决了矛盾，科学才能得到发展。两个方面归结到一点，这就是科学发展每前进一步，对现实矛盾的每一个新的揭示，都是对矛盾普遍性的新的论证。这就使我们能够"在思想中把个别的东西从个别性提高到特殊性，然后再从特殊性提高到普遍性；我们从有限中找到无限，从暂时中找到永久"，[②] 即依据科学发展提供的系统事

① 《毛泽东选集》第1卷，人民出版社1991年第2版，第307页。
② 《马克思恩格斯全集》第20卷，人民出版社1971年版，第577页。

实，运用辩证的逻辑思维，从中引出关于矛盾普遍性的哲学结论，"并且使之确定起来"。

此外，矛盾的普遍性从世界的某一种领域来考察，则是指这个领域内所有矛盾的共同点。比如，同化与异化的对立统一是生物界所有矛盾的共同点，它是在生物与周围环境的联系中形成的。又如，生产的社会化与生产资料的私人占有制的对立统一是资本主义世界所有国家社会基本矛盾的共同点。这种普遍性是一定场合、一定范围的矛盾的共性，而非宇宙总体范围内所有矛盾的共性，不能把它们混为一谈。

但是，也要看到，由于事物是普遍联系的，发展是无限的，共性涉及的范围可大可小，大范围有大共性，小范围有小共性，范围越大共性的内容越概括。如果人们把考察的范围由小到大逐步扩展，一直大到宇宙的整体，那么矛盾的共性就只能是最普遍最概括的东西了，即表现为事事有矛盾、时时有矛盾这样两个含义。

可见，以上对于矛盾的普遍性从两个角度进行的考察，虽然视角有所不同，但实质是一样的，都是指矛盾的共性，只是由于范围大小不同，共性的内容有所不同而已。

（二）矛盾的特殊性

矛盾的存在是普遍的、绝对的、无条件的，但是不同的矛盾又是相互区别的、形形色色的、各有其特殊性。

矛盾的特殊性是指矛盾的个性、区别性，即一事物区别于他事物的特殊本质，世界上诸种事物千差万别的内在根据。矛盾的个性都是在一定条件下存在的，依一定的时间、地点、条件为转移的，因而也可以说这是矛盾的有条件性、相对性。

研究矛盾的特殊性是我们认识事物的基础和解决矛盾的前提。

在人类的认识史上，不同科学部门的划分，就是以研究对象的特殊矛盾为依据的。科学越向前发展，对于矛盾特殊性的认识就越深入越广阔。

不同质的矛盾，只有用不同的方法才能解决。认识了矛盾的特殊性，弄清了矛盾的性质，才能找到相应的正确的解决方法。认识特殊性是正确解决矛盾的必要条件。俗话说："对症下药"、"量体裁衣"、"一把钥匙开一把锁"便反映了这个道理。

对于矛盾的特殊性，可以从以下两方面进行分析把握：

1. 从发展的角度，作纵向考察，分析与把握运动形式、运动过程、运动阶段的矛盾特殊性

我们知道，世界上的事物，从发展角度来看，都属于一定的运动形式、过程和阶段。因此，作纵向考察，从大的范围到小的范围，逐步深入地分析矛盾特殊性时，需要经历这样的步骤：

首先要看到各种物质运动形式中的矛盾都带有特殊性，如物理运动不同于化学运动，化学运动又不同于生物运动等等。进一步，再看到每种物质运动形式在发展长途中的每一个过程的矛盾都带有特殊性，如社会运动中，奴隶社会不同于封建社会，封建社会又不同于资本主义社会等等。再进一步，还要看到各个发展过程在其各个发展阶段上的矛盾都带有特殊性，如资本主义发展过程中，自由竞争阶段与垄断阶段不同。

当然，要把握过程或阶段上的特殊性，还必须全面地分析过程或阶段中包含的各个矛盾、各个矛盾中的各个方面，以及各个方面、各个矛盾的相互关系，从而从矛盾的总体上、矛盾的相互联结上掌握其特殊性。

2. 从联系的角度，作横向考察，分析与把握不同矛盾及其不同方面在地位与作用上的特殊性

首先，要看到在复杂事物之中，即矛盾群体中，各个矛盾的地位与作用是不同的，各有其特殊性，有主要矛盾与次要矛盾的不同。

在矛盾群体中，有一种矛盾由于它的存在和发展，规定或影响其他矛盾的存在和发展。这种处于支配地位，对于事物发展过程起决定作用的矛盾，就是主要矛盾；其他处于从属地位对事物发展过程不起决定作用的矛盾，就是次要矛盾。

在矛盾群体中，不同的矛盾之所以有主次之分，是由于各对矛盾之间又互相成为矛盾，它们在斗争过程中矛盾力量是不平衡的，就必然存在支配与服从的关系。可见，主要矛盾与次要矛盾的区别问题，实质上是矛盾力量的不平衡问题。

主要矛盾对于次要矛盾的支配与影响，在一般情况下，表现为主要矛盾的解决能促进和带动次要矛盾的解决。这里有两种情况：一是主要矛盾解决了，次要矛盾就相应地自然而然地跟着解决了；二是主要矛盾解决了，为次

要矛盾的解决创造了极为有利的条件，使之能够较为容易地得到解决。

主要矛盾支配次要矛盾对事物的全局起主导的决定的作用。因此，研究任何矛盾群体时都要全力找出它的主要矛盾，捉住了主要矛盾，就能从总体上弄清事物的性质，找到相应的解决问题的办法。这就有助于我们在认识世界与改造世界的过程中，明确战略目标，进行战略决策。

主要矛盾规定、影响次要矛盾，次要矛盾对主要矛盾也起作用，也有影响，主要矛盾与次要矛盾是相互依赖、相互制约的。因此，在集中力量抓主要矛盾的时候，不能单打一，必须学会弹钢琴的工作方法，兼顾次要矛盾的解决，否则主要矛盾也不能得到很好地解决，事物的发展就要受到阻碍。

主要矛盾与次要矛盾的区别也不是凝固的、僵死的，而是可变的，它们在一定条件下能够相互转化。主要矛盾可以下降为次要矛盾，次要矛盾可以上升为主要矛盾。因此，必须用动态的眼光来看待主次矛盾的关系，注意观察各种矛盾力量相互关系的变化，以正确地预见主要矛盾的转化，并在主要矛盾一旦发生转化时，在认识和实践上及时地把主要精力转移到新出现的主要矛盾上来。

在研究矛盾群体的不同矛盾在事物发展过程中的地位作用时，时常提到根本矛盾这个范畴。根本矛盾与主要矛盾两者关系十分密切。因此，在讲到主要矛盾与次要矛盾的时候，必须顺便谈谈主要矛盾与根本矛盾的联系区别问题。

根本矛盾也称基本矛盾，就是贯穿过程始终的决定整个过程本质的矛盾。根本矛盾与主要矛盾是从不同的侧面说明事物矛盾运动的范畴。根本矛盾主要地是从规定过程的基本性质的角度确定的；主要矛盾则主要地是从它与其他矛盾的相互关系的角度确定的。在复杂事物、矛盾体系的发展过程中，它们两者有时可以重合、有共同性，有时又不可能完全重合、有不同性。那么，在什么情况下重合，又在什么情况下不重合呢？

就整个过程来说，复杂的事物在整个发展过程中都存在着许多矛盾。其中总有一种矛盾是贯串始终的，决定整个过程本质的根本矛盾，使这一过程与其他过程区别开来。比如；在资本主义的整个发展过程中，社会化生产与私人占有制的矛盾就是根本矛盾。根本矛盾之所以能够规定整个过程的本质，不仅由于它贯串过程始终，而且由于它在整个过程的任何时期都能规定和影响其他矛盾，都能对全局起主导作用。因此，就整个过程来说，贯串始终的根本矛盾，也就是整个过程的主要矛盾。在这种情况下，根本矛盾与主要矛盾就是重合的。

就过程中的发展阶段来说，主要矛盾与根本矛盾就不完全重合了，不重合有两种情形：其一，如果整个发展过程中的根本矛盾是由许多成分构成的（如我国民主革命过程中的根本矛盾就是由工人阶级、农民阶级、小资产阶级、民族资产阶级为一方，地主阶级、官僚资产阶级、帝国主义为另一方构成的），在发展过程中，根本矛盾的不同侧面或不同部分可以交替地激化起来、突出出来，成为主要矛盾，使过程产生阶段性，比如我国新民主主义革命时期的四个阶段就是这样：第一次国内革命战争时期主要矛盾是人民大众与受英日帝国主义支持的北洋军阀的矛盾；第二次国内革命战争时期主要矛盾是工人农民与代表大地主大资产阶级利益的国民党反动政府的矛盾；抗日战争时期的主要矛盾是中华民族与日本帝国主义的矛盾；第三次国内革命战争时期的主要矛盾是中国人民同美帝国主义及其走狗国民党反动派的矛盾。可见，就过程的阶段来说，每个阶段上的主要矛盾，只是根本矛盾的不同侧面或不同部分，而不是根本矛盾的全部。其二，如果整个发展过程中的根本矛盾只是一个而不是一组，在发展过程中，由于根本矛盾采取逐渐激化的形式，在被根本矛盾所规定或影响的许多大小矛盾中，有些是激化了，有些是暂时地或局部地解决了，或者缓和了，又有些是发生了，因此过程就显现出阶段性来。比如，资本主义从自由竞争发展到垄断阶段，是由于其根本矛盾激化了，独占资本与自由资本的矛盾发生了，宗主国与殖民地的矛盾激化了，各资本主义国家之间由发展不平衡引起的矛盾也尖锐起来了，因此形成了资本主义的特殊阶段。在这种情形下，每个阶段上的主要矛盾是根本矛盾的逐渐激化形式，既不是根本矛盾的不同侧面，又不是根本矛盾的全部。

从矛盾双方在相互联系中的地位来看，矛盾群体中的每一个矛盾又包含矛盾的主要方面与矛盾的次要方面。

前边讲的主要矛盾与次要矛盾，是就同时存在几个矛盾的相互关系来说的；这里讲的矛盾的主要方面与矛盾的次要方面，是就每一个矛盾的两个方面的相互关系来说的。在一个矛盾的两个方面中，起主导作用、居支配地位的就是矛盾的主要方面，被支配的、居从属地位的就是矛盾的次要方面。

矛盾双方所以有主次之分，是因为它们在斗争中矛盾力量的发展是不平衡的，不是这方压倒另一方，就是另一方压倒这方，有时似乎势均力敌，然而这是暂时的相对的情形，是不平衡的一种特殊状态。两队人拔河，有时看来双方力量不相上下，但这是暂时的，最后总要分出胜负来。自然界、人类社会的所有矛盾都是如此。可见，主要方面与次要方面的区别问题，实质上也是矛盾力量的不平衡性问题。

矛盾的主要方面在矛盾中居主导地位，矛盾统一体的性质主要由矛盾的主要方面来规定。矛盾的主要方面起了变化，矛盾统一体的性质也就随着起变化。在矛盾群体中，群体的性质不是由所有矛盾的主要方面一起来规定，而是由主要矛盾的主要方面来规定。因此，我们在分析矛盾、解决矛盾时，决不能把两方面平均看待，要分清主要与次要、主流与支流、九个指头与一个指头。只有抓住矛盾的主要方面、重点方面，才能把握住事物的本质和主流，认清形势，划清不同事物的界限。

矛盾的次要方面对矛盾的主要方面也有影响，也是事物发展中不可缺少的因素。所以，在着力抓住矛盾的主要方面的时候，也不能忽视矛盾的次要方面。甚至有时为了加强矛盾的主要方面，反而要首先加强矛盾的次要方面，为了加强重点，反而首先要向非重点上用气力，这就是所谓相反相成的道理。

矛盾的主要方面与矛盾的次要方面也不是固定不变的，而是在一定条件下相互转化的。原来的主要方面转化为非主要方面，非主要方面转化为主要方面。比如，原子核内部的吸引与排斥是对立的两个方面，在不同的条件下，它们就分别成为矛盾的主要方面。原子核内的引力主要表现为核子（质子、中子）之间的核力（强相互作用）；同时原子核内还存在着强大的斥力。现代物理学证明，当质子数小于 84 个时，核子间的引力大于斥力，吸引占优势，为主要方面，这时核子是稳定的；当质子数大于 84 个时，主次方面发生转化，斥力占优势，原子核就不稳定，从而产生放射性衰变。

（三）普遍性与特殊性的关系

矛盾的普遍性与矛盾的特殊性的关系就是一般与个别、共性与个性、绝对与相对的关系。

矛盾的普遍性与矛盾的特殊性是相互联结的。任何事物都是矛盾的普遍性和特殊性的辩证统一。其相互联结的关系，表现在以下两个方面：

1. 共性存在于个性之中，并通过个性来存在。换句话说，共性包含于个性之中，无个性即无共性

比如，阶级剥削与阶级压迫的共性是存在于古今中外的所有的阶级社会的个性之中的，并通过这些阶级社会的个性来存在的。由于个性中包含着共性，共性存在于个性之中，所以人们在认识和实践中才有"触类旁通"、"举一反三"的问题。

共性为什么存在于个性之中呢？这是因为世界上的一切事物都是个别的、特殊的。世界上只有这样的东西，那样的东西，这种社会，那种社会，这个人和那个人；而决没有什么"一般的东西"、"一般的社会"、"一般的人"单独存在。谁见过抽象一般的人？只能见到张三、李四、王五。谁能买到抽象的一般的水果呢？只能买到具体的梨、桃、苹果、柿子、香蕉等等。

具体的东西是千差万别的，具体的东西没有完全相同的。在世界上找不到完全相同的两片树叶，平常所说的相同是指十分相近，是指在一定意义上，差别可以忽略不计，决没有完全相同。因此，共性不能以"一般的形式"、"普遍的形式"单独存在着。共性只能存在于个性之中，并通过个性来存在，共性不能脱离个性。而个性比共性更丰富、更生动，共性只是概括了个性的一部分或一方面或本质，只能大致地包括个别的东西，而不能完全代替个别的东西。

总之，正如列宁所说："一般只能在个别中存在，只能通过个别而存在"，"任何一般都是个别的（一部分，或一方面，或本质）"。[①]

2. 个性又总是与共性相联系而存在的

这是因为，世界上所有的事物都不是绝对孤立的，而是相互联系相互制约的。任何事物都是从其他事物转化而来的，并要转化为其他事物。新事物在代替旧事物时总是既克服又保留，因而新旧事物之间存在着历史的联系，存在着相同。任何事物都是普通联系之网中的一个纽结，一类事物中的一个。比如，某种生物不管它多么特殊，总有与其他生物共同的地方，总要服

---

① 《列宁全集》第55卷，中文第2版，第307页。

从生物运动的一般规律。北京动物园中的"四不像",以其长相的特殊而得名。它的角似鹿非鹿、头似马非马、身似驴非驴、蹄似牛非牛,性温驯,以植物为食。长相四不像,可谓十分特殊,但它也是一类中之一个。它属于脊椎动物门,哺乳动物纲,偶蹄目,鹿科,学名麋鹿。

总之,也正如列宁所说:"个别一定与一般相联而存在"。①

共性与个性是相互联结的关系。它不同于平行并列的关系,也不同于部分与总和的关系,也不是少数与多数的关系。

由于事物的范围极其广大和发展的无限性,在一定场合、一定时间为普遍性的东西,在另一一定场合、一定时间则变为特殊性,反之亦然,共性与个性具有相对性。

共性个性、相对绝对辩证关系的原理具有十分重要的理论意义与实践意义。毛泽东在《矛盾论》中指出:"这一共性个性、绝对相对的道理,是关于事物矛盾的问题的精髓,不懂得它,就等于抛弃了辩证法。"② 所谓矛盾问题,就是分析、解决矛盾的问题。遵循共性与个性相结合的原理是正确分析矛盾和解决矛盾的关键所在。

具体地说,分析矛盾时,由于个性中包含着共性,以共性为指导,就能方向明、方法对、决心大,对具体现象能够去深刻地感觉它。又由于共性只能存在于个性之中,并通过个性来存在,还必须坚持具体问题具体分析,认识既是深刻的,又是具体的。

解决矛盾也是如此,以共性为指导,有正确的方针和政策,可以避免犯方向性原则的错误:具体问题具体分析,区别不同情况找到相应的具体解决办法,"一把钥匙开一把锁",可以使矛盾得以妥善解决。

相反,割裂了共性、个性的关系,必然导致唯心主义和形而上学。如果认为个性中不包含共性,就意味着由于强调了区别而抹杀了联系、转化,孤立地静止地看问题,就陷入了形而上学。如果认为共性不存在于个性之中,不存在于客观的具体事物之中,就无异于承认共性是头脑里固有的,或天上掉下来的,就导致了唯心论。主观唯心主义讲的"主观精神",客观唯心主

---

① 《列宁全集》第55卷,中文第2版,第307页。
② 《毛泽东选集》第1卷,第2版,第320页。

义讲的"客观精神"就是这样的共性。

马克思主义普遍原理必须同本国实际相结合，这是马克思主义的基本原则。从辩证法角度来说，矛盾的普遍性与矛盾的特殊性相结合的原理就是这一原则的哲学基础。无论哪一个国家和民族搞革命和建设要取得成功和胜利都必须遵循这一原则。列宁在《我们的纲领》一文中曾指出："对于俄国社会党人来说，尤其需要独立地探讨马克思的理论，因为它所提供的只是总的指导原则，而这些原理的应用具体地说，在英国不同于法国，在法国不同于德国，在德国又不同于俄国。"[①] 毛泽东在领导中国革命过程中，进一步发挥了这一思想。他说："马克思主义必须和我国的具体特点相结合并通过一定的民族形式才能实现"，"因此，使马克思主义在中国具体化，使之在其每一表现中带着必须有的中国的特性，即是说，按照中国的特点去应用它，成为全党亟待了解并亟须解决的问题"。[②]

坚持马列主义普遍真理与中国革命的具体实践相结合，是我们党一贯遵循的思想原则，也是我们党总结正反两方面的经验得出的基本结论，也是毛泽东思想的基本点。

现在，在社会主义建设的新的历史时期，马列主义普遍真理与我国具体实际相结合，集中地体现在"建设有中国特色的社会主义"这一基本指导思想上。社会主义是普遍性、共性，而"中国特色"则是特殊性、个性。

党的十一届三中全会以来，我们党确立的"以经济建设为中心，坚持四项基本原则，坚持改革开放，自力更生，艰苦创业"的社会主义初级阶段的基本路线，就是实现这一指导方针的行动纲领，是共性与个性相统一的具体体现。

五、矛盾的对抗性与非对抗性

矛盾和斗争是普遍的、绝对的，但斗争的形式，即解决的方法，则因矛盾的性质不同而不同。矛盾分对抗性与非对抗性两大类，这两类矛盾在一定条件下是相互转化的。因此，要正确地解决矛盾，必须依据矛盾的性质及其

① 《列宁文选》第 1 卷，人民出版社 1995 年版，第 274 页。
② 《毛泽东著作选读》上册，人民出版社 1986 年版，第 288 页。

相互转化，采取相应的斗争形式、解决方法。

（一）对抗性矛盾与非对抗性矛盾

尽管宇宙间的矛盾千差万别，各有特点，但是根据它们的性质与斗争形式，可以区分为对抗性矛盾与非对抗性矛盾两大类。

所谓对抗性矛盾是指矛盾双方势不两立，势必经过一次或一系列的解体冲突，导致统一体破裂，从而使矛盾得以解决的矛盾。这类矛盾解决的结果：一般是，一方战胜、消灭另一方；或双方同归于尽。对抗性矛盾在自然界与人类社会中是普遍存在的，具有普遍性。

在自然界中，比如，在无机界中普遍发生的爆炸（炸弹爆炸、瓦斯爆炸）和爆发（强烈地震、火山爆发、超新星爆发）现象就是对抗性矛盾的表现之一。炸弹爆炸，在发火引爆后，由于炸药在十万分之一秒的瞬间完成化学反应，骤然放出大量的热和气体。这种受到弹壳禁锢的高温高压气体立即以冲击波与弹壳形成了互不相容的对抗性矛盾，势必通过解体冲突致使弹壳破碎而告终。又如，在动物界中，动物之间的天敌关系就是对抗性矛盾。这类矛盾，双方之间的冲突、斗争大致有三种类型：

（1）势均力敌，搏斗激烈，双方都有胜负的可能。比如，老鹰俯冲抓蝮蛇，蝮蛇拼命缠咬老鹰，搏斗结果不是蝮蛇被老鹰吃掉，就是老鹰被蝮蛇咬死（中毒致死）。这是蛇岛的秘密之一。

（2）势力相当但一方占优势，搏斗较激烈，搏斗结果总是占优势者取胜。比如，獴和眼镜蛇搏斗，总是獴取胜而吞食眼镜蛇。

（3）力量悬殊，搏斗不太激烈，主要是抓捕与逃跑，结果总是一方消灭或吃掉另一方，比如，猫捉老鼠。再如，在植物界，有食虫植物，目前已发现有五百多种，诸如茅膏菜、捕蝇草、猪笼草、狸藻等等。它们与被食的昆虫之间是对抗性矛盾。还有，在微生物中，抗生菌与被其抑杀细菌、干扰素与被其抑杀病毒之间也是对抗性矛盾。人类正是利用这种对抗性关系，以抗菌素、干扰素和免疫球蛋白等抗体来防治疾病的。

社会生活中的对抗性矛盾，是对立双方在根本利益互相冲突基础上的矛盾。比如，剥削阶级与被剥削阶级之间的矛盾，一般来说就是对抗性矛盾。在剥削阶级内部，利害尖锐冲突的敌对集团之间的矛盾，也属于对抗性矛盾。这类矛盾，一般要求采取激烈的外部冲突形式来解决。因此，在阶级社会中，革命和革命战争是不可避免的，它是解决阶级矛盾的基本形式，是推动阶级社会前进的重要杠杆。

所谓非对抗性矛盾，是指对立双方彼此相容，通过自身调整，使矛盾得以解决的矛盾。解决的结果，不是一方吃掉另一方，也不是双方同归于尽，而是双方在新的条件下组成新的统一体。非对抗性矛盾在自然界与人类社会也是普遍存在的，也具有普遍性。

在自然界中，天体演化过程中的排斥与吸引的矛盾；地层形成过程中的风化与沉积的矛盾；生物进化过程中的同化与异化、遗传与变异的矛盾；生物领域不同物种之间的共生关系、不同动物之间的天友关系，同一物种内部不同个体之间的种内竞争等等，都是非对抗性矛盾。

社会领域中的非对抗性矛盾，主要是根本利益一致基础上的各种社会矛盾。比如，历史上各被压迫阶级之间的矛盾，各被压迫民族之间的矛盾，各阶级内部不同阶层、不同成员之间的矛盾，各民族内部不同团体、不同成员之间的矛盾。又如，今天在我国的社会生活中，各领域、各方面、各层次的各种各样的人民内部矛盾，以及党内的工作上认识上不同意见的矛盾、党员个人利益与党的利益的矛盾等等。

非对抗性的矛盾要用非对抗性的形式来解决。对于人民内部的局部利益与整体利益的矛盾、眼前利益与长远利益的矛盾，只能采取发展共同利益、内部协商讨论，以及其他调整矛盾诸方面的利益和相互关系的正确措施等形式来解决。对于人民内部的思想上、认识上的意见分歧与是非问题，只能采取批评与自我批评、说服教育、自由讨论的民主方法，坚持团结—批评—团结的公式，加以解决。既不能是非不分、真伪不辨，更不能无限上纲，乱斗一气。

在哲学上，正确地区分对抗性矛盾和非对抗性矛盾及其不同的斗争形式，是政治上正确区分敌我矛盾和人民内部矛盾并对这两类矛盾采取不同政策的理论基础。严格区分和正确处理两类不同性质的矛盾，是无产阶级政党解决社会矛盾的总政策。能否坚持和正确执行这项总政策，关系到革命和建设事业的成败。这方面深刻的经验教训，我们时刻不能忘怀。

（二）对抗性矛盾与非对抗性矛盾的转化

对抗性矛盾与非对抗性矛盾的区别是相对的、可变的，它们在一定条件下是能够相互转化的。对抗性矛盾可以转化为非对抗性矛盾，非对抗性矛盾可以转化为对抗性矛盾。这种现象在自然界与社会中也带有普遍性。

不过，这种转化决不是凭空发生的，也不是人们的主观的幻想的转化，而是在一定条件下实现的具体的现实的转化。所以，在这里条件是重要的，没有一定的条件，就谈不上转化。

比如，在自然领域，生物界里种内斗争一般说来是非对抗性的。同种个体之间一般不彼此作为生活资料，它们具有基本一致的遗传性和生活力，不具备种内对抗的性质。但是，在一定条件下，非对抗性也能转化为对抗性。如有的鱼类——龙头鱼，当其主要的食物虾类减少时，在这种条件下，它能转变食性，改食本科幼鱼。种内斗争的非对抗性矛盾转化为对抗性矛盾。

在社会生活中，两类不同性质矛盾的转化，更是屡见不鲜的。比如，我国工人阶级与民族资产阶级之间存在着剥削与被剥削的关系，这本来是对抗性矛盾。但是，在我国的具体条件下，由于我们党能够依据我国的国情对于民族资产阶级采取团结、批评、教育的政策，而民族资产阶级又愿意接受这个政策。所以，这一对抗性矛盾就能转化为非对抗性矛盾。

又如，我们党内在世界观、价值观和思想品德方面的矛盾，一般说来是非对抗性的矛盾。但是，如果有的党员个人主义极端严重，把个人利益凌驾于党和人民的利益之上，甚至严重违法乱纪，严重以权谋私，严重损害党和人民的利益。这样，他们与党的关系也会由非对抗生矛盾转化为对抗性矛盾。

既然对抗性矛盾与非对抗性矛盾，是能够在一定条件下相互转化的，那么我们在认识世界、改造世界的过程中，就应根据客观需要与现实可能，积极地创造条件，使矛盾的性质向有利于革命与建设的方向转化，防止向不利于革命与建设的方向转化，并根据性质的转化，及时地采取相应的斗争形式和解决方法。

（三）斗争形式与条件的关系

在对抗与非对抗的转化问题上，还有一种情形值得注意。这就是有的矛盾，它的性质虽然没有变化，但是其存在、发展条件改变了，由于条件的改变，它的斗争形式发生了变化。这就是说，矛盾斗争的形式，不仅取决于矛盾的性质，而且也受矛盾存在和发展的条件的制约。这种情况也是相当普遍的。

比如，人民内部的关系本来是非对抗性矛盾，如果处理不当，或失去警觉，麻痹大意，也可能发生对抗。

又如，在解放战争时期，人民解放军与国民党军队的矛盾是你死我活的对抗性矛盾。解放军在围攻敌军占领的城市时，在一般情况下，要经过激烈的战斗，付出流血牺牲，歼灭据守之敌，才能使被占领城市得到解放。这就是说，对抗性的矛盾，在一般的情况下，要采取对抗的形式来解决。但是，在特定的情况下，也有例外。如有的城市在我军严密包围下，大军压境，兵临城下，敌军完全陷于绝境，加之我方的努力争取，国民党军队接受了和平改编，使此城得以和平解放。这就是，在一定的条件下，对抗性的矛盾采取了非对抗的斗争形式，从而使矛盾得到了解决。

斗争的形式取决于矛盾的性质，同时也受条件的制约。在矛盾性质尚未变化，由于条件的变化而使斗争形式发生变化后，斗争形式的变化反过来又会影响矛盾的性质，又会促使矛盾性质的变化。这种影响继续下去甚至可以引起矛盾性质的转化。非对抗性矛盾因处理不当而发生对抗，如激化下去就会转化为对抗性矛盾。

因此，我们在处理两类不同性质的社会矛盾时，要依据客观需要与现实可能，积极地创造条件，一方面防止非对抗性矛盾采取对抗的形式，并进而转化为对抗性矛盾；另一方面使对抗性矛盾采取非对抗形式，直至向非对抗性矛盾转化，从而调动一切积极因素，团结一切可以团结的力量，并努力化消极因素为积极因素，为进行社会主义现代化建设而奋斗。

六、矛盾学说与系统科学

对立统一学说，即矛盾学说，与辩证唯物主义的其他原理原则一样，并没有结束真理，不具有最终的性质，也是随着社会实践与科学的发展不断前进的。

目前，它在现代科学技术成果中的丰富与发展及其对科学技术发展的指导作用是多方面的。其中一个重要方面，也是十分引人瞩目的方面，就是表现在它与系统科学的相互关系上。

作为系统科学意义上的现代系统理论，萌发于 20 世纪初，形成于 20 世纪30—40年代，发展于20世纪50—60年代，其代表性的理论是一般系统论、控制论、信息论等学科的创立与发展。20世纪70年代系统科学的发展步入第二个阶段——自组织理论阶段，其代表性的理论是耗散结构论、协同学与超循环理论。这里，仅以贝塔朗菲的一般系统论和哈肯的协同学为切入点着重探讨它们与矛盾学说的关系。

（一）一般系统论对矛盾学说的充实与深化

一般系统论作为一门横断科学虽然没有揭示出高于唯物辩证法的更普遍更深刻的规律，但是它的整体性原则、有序性原则、要素的相互作用原理，却能使矛盾学说得以充实和深化。具体说：

1. 一般系统论的整体性原则扩充了矛盾学说关于如何规定矛盾群体性质的思想

首先，系统论可以使矛盾学说确立起矛盾群体的概念。矛盾学说认为，一个复杂的事物往往是由几个矛盾构成的多矛盾的统一体。系统论指出任何事物都是一个系统，都是由相互联系相互作用的若干要素组成的整体。而若干要素在不同的联系上会形成多方面的矛盾。所以，只包含一个矛盾的简单事物实际上是不存在的，事物矛盾的存在形式不是矛盾个体而是矛盾群体。矛盾群体是一个科学的概念。

其次，再谈矛盾群体的性质问题。矛盾学说认为，由于矛盾力量的不平衡性，在矛盾群体中有主要矛盾与次要矛盾的区别，在每个矛盾的两个方面中又有主要方面与次要方面的不同。矛盾群体的性质主要由主要矛盾的主要方面来规定，次要矛盾和次要方面对于群体的性质也有影响，也起作用。

那么，当矛盾群体中不同矛盾、不同方面处于势均力敌不分主次的情况时（哪怕这种情况是短暂的，是不平衡的一种特殊状态），矛盾群体的性质由什么来规定呢？

一般系统论的整体性原则指出，这时，是系统中诸要素的结构联系，即不同矛盾、不同矛盾方面的协调发展对群体性质起决定作用。这就进一步扩充了矛盾学说关于如何规定矛盾群体性质的思想。

2. 一般系统论的有序性原则丰富了矛盾学说关于怎样分析矛盾特殊性的思想

前边已经指出，矛盾学说认为，分析矛盾的特殊性，必须从发展的角度入手，逐步深入地进行考察。首先，要看到各种物质运动形式中的矛盾都带特殊性；进一步再看到每种物质运动形式在发展长途中的每一个过程的矛盾都带特殊性；再进一步还要看到各个发展过程在其各个发展阶段上的矛盾都带特殊性。

当然，要把握过程或阶段上的特殊性，还必须全面地分析过程或阶段中包含的各个矛盾、各个矛盾中的各个方面以及各个方面、各个矛盾的相互关系，从而抓住主要矛盾的主要方面，才能从矛盾的总体上、矛盾的相互联结上掌握其特殊性。

这就是，从运动形式到过程，从过程到阶段，逐步分析，层层深入，着重从纵向联系分析矛盾特殊性的方法。

一般系统论的有序性原则、等级秩序观点则进一步指出，作为系统的复杂矛盾群体，除了在纵的方面、时间尺度上，存在着运动形式、过程、阶段等方面的特殊性；在横的方面、空间尺度上，还存在着不同层次的区别，不同层次上的矛盾又各有特殊性。

因此，分析矛盾的特殊性时，要两者兼顾，纵横结合，这就进一步丰富了矛盾学说关于怎样分析矛盾特殊性的思想。

3. 一般系统论关于要素相互作用的原理，深化了矛盾学说关于矛盾双方相互依存与相互转化的思想

任何事物的矛盾运动都采取相对静止与显著变动两种状态，即量变与质变两种状态。

矛盾学说认为，矛盾双方在斗争中，在双方的力量对比没有发生根本改变以前，双方相互依存，共处于一个统一体中，矛盾运动处于相对静止状态；当双方的力量对比发生了根本变化的时候，矛盾双方则相互转化，统一体破裂，矛盾运动处于显著变动状态。

一般系统论指出，任何系统的组成要素之间都存在着一种重要的相互作用——反馈作用。所谓反馈，是指控制中心的信息作用于被控制对象后产生的结果再输送回来，并对信息的再输出发生影响的这种过程。

当系统要素间是负反馈时，即反作用减弱控制过程时，要素间变量就能达到动态平衡，系统就能稳定存续；如果要素间出现某种正反馈时，即反作用加强控制过程时，系统就不能稳定，就会发生振荡或引起爆炸式的发展，

以至超过该系统存在的临界条件而解体。

这就对矛盾双方的依存与转化给了进一层的具体解释，使其得到了深化。

（二）协同学对矛盾学说的运用与实证

协同学是德国物理学家哈肯创立的，其主要思想源于哈肯对激光理论的研究。他发现诸多相互独立发光的原子及其所产生的光电场在一定的约束条件下，能产生出相位和方向都协调一致的单色光——激光。进而，他把在激光研究中得到的一般原理，运用于解释其他自组织现象。通过与其他的物理学、生态学、经济学、社会学中的典型现象的类比分析，发现了完全不同的系统之间的惊人的类似性，认识到自组系统从无序到有序的演化，不论它们属于什么系统，都是大量子系统之间协同作用的结果，都可以用类似的理论方案和某几种数学模型进行处理，从而在1970年提出建立协同学的问题。1977年哈肯出版了《协同学导论》，标志着协同学的正式建立。协同学是关于多组分系统如何通过子系统的协同行动而导致结构有序演化的一门自组织理论。

哈肯1983年出版的《高等协同学》，使协同学理论达到了完善的程度。在该书中，"哈肯把协同学的基本原理概括为三个，即不稳定性原理、序参量原理和支配原理，认为这些原理构成了协同学的硬核。不稳定性是相对稳定性而言的。以往的许多科学，如控制论，都是侧重于对稳定性问题的研究，而协同学以探寻系统结构有序演化为出发点，从一个全新的角度来考察不稳定性问题。它认为任何一种新结构的形成都意味着原先状态不再能够维持，即变成不稳定的。这样，不稳定性在结构有序演化中具有积极的建设性作用。协同学还以为，在临界点系统内部的各个子系统或诸参量中，存在两种变量，即快变量和慢变量。所谓支配原理，是慢变量支配快变量而决定着系统的演化进程。慢变量和快变量各自都不能独立存在，慢变量使系统脱离旧结构，趋向新结构；而快变量又使系统在新结构上稳定下来。伴随着系统结构的有序演化，两类变量相互联系、相互制约，表现出一种协同运动。这种协同运动在宏观上则表现为系统的自组织运动。序参量是处理自组织问题的一般判据，是系统相变前后所发生的质的变化的突出标志。它表示着系统有序结构的类型，是所有子系统介入协同运动程度的集中体现。序参量是一种宏观参量，是描述系统宏观有序度或宏观模式的参量。序参量是子系统之间协同合作的产物、表征和度量。同时序参量又支配子系统的行为，主宰系统整体演化过程"。①

哈肯曾指出，量变质变规律和对立统一规律是他的协同学的哲学基础。② 那么，在协同学中，哈肯是怎样运用并实证矛盾学说的呢？

这主要表现在：

（1）协同学认为矛盾是普遍存在的。它具体指出："生活中充满矛盾。举几个例子就足以说明了。一个青年想要上大学，他在两个完全不同的专业之间犹豫不决。两个专业各有利弊。另一个例子说的是一个青年女郎，好像天缘巧合，她一连碰上了两个很好的男子。两个人都想娶她。她觉得两人对她都有魅力，都舍不得回绝。她在两者之间左右为难。最后，一名竞争者说的一句话打翻了天平。青年女郎终于自愿委身于他。用协同学的话来讲，一个'涨落'——一句话分出了高低"。③

（2）它坚持用矛盾观点、一分为二方法观察事物，分析问题。比如，在协同学中具体分析了"在社会生活中矛盾的转移"。它指出，"特别在社会领域中，存在着一些具有两个等价的答案，或更确切些说，两条出路的矛盾，在那里共同的行动使个人摆脱矛盾，并非消除它们。这里是几个本身似乎无足轻重的例子，但它们可以与引起剧烈冲突的问题相比拟。一个孩子生下了，他自然得有个姓，在许多国家中，习惯乃至法律上规定孩子应从父姓。但孩子同样可以从母姓。如果没有法律的规定，每对夫妻就将面临如下矛盾：'孩子该从父姓还是该从母姓?'毫无疑问，对所有夫妻来说，这是一种潜在的矛盾，没有法律规定时需由夫妻双方协商决定。在婚姻中也有同样情况，夫妻俩该用夫姓还是该用妻姓? 有些夫妇选择双姓：米勒—迈埃尔。不难明白，如此再过十代，他们的姓得由一千多个姓组成。简直胡闹。这将使原来的折衷办法成为毫无意义的荒唐事……所有这些例子（还可随便举出许多）表明，在政治生活中，矛盾经常由个人转移到集体，或由集体转移到个人。

---

① 颜泽贤、范冬萍、张华夏著：《系统科学导论——复杂性探索》，人民出版社2006年版，第43页。
② 苗东升著：《系统科学精要》，中国人民大学出版社2006年版，第44页。
③ ［德］赫尔曼·哈肯：《协同学——大自然构成的奥秘》，凌复华译，上海世纪出版集团2001年版，第96页。

这种个人与集体之间的相互关系，对于个人的结果是，通过集体的影响，例如法律，可使个人避免作出可能产生矛盾的决定。反过来，若个人具有较大作出决定的自由，那么对个人意味着可能产生更多的矛盾。"①

（3）它认为一切系统所包含的不同要素、不同子系统之间都存在着既竞争又协同的关系。而既竞争又协同的关系实质上是既对立又统一的矛盾关系，形形色色的各种系统实际上都是矛盾的对立统一体，都是由系统中要素的相互作用、子系统的相互作用引起的矛盾运动过程。

（4）协同学认为在由要素的相互作用、子系统的相互作用引起的矛盾运动过程中，存在两种变量，即快变量和慢变量。慢变量使系统脱离旧结构，趋向新结构，即矛盾运动中质变、飞跃；快变量又使系统在新结构上稳定下来，即在新质的基础上产生的新的量变。

（5）系统在自组织过程中，是怎样通过要素、子系统的既竞争又协同的相互作用，产生整体的秩序呢？协同学提出的序参量原理和支配原理就是回答这一问题的。它认为序参量是一种宏观变量，是描述系统宏观有序度或宏观模式的参量。序参量是子系统之间协同合作的产物、表征和度量。同时序参量又支配子系统的行为，主宰系统整体演化过程。"比如 BZ 反应（贝洛索夫—萨波金斯基振荡化学反应：丙二酸被溴酸钾氧化（铈离子为显示剂）保持反应物、生成物浓度达到临界值，出现红—蓝—红周期振荡）中的组成浓度，铁磁相变中的磁化强度，贝钠德花样中的对流运动，激光系统中的光场强度，生态系统中种群的个数等，都可以看成是系统的序参量。自组织的过程也就是序参量产生的过程。在自组织前，系统的序参量为零，系统大量的微观组分处于无序均匀状态，或各行其是，杂乱无章，不可能产生整体的序。自组织开始后情况就不同了，一方面子系统的合作产生了序参量，这在哲学上叫做从微观对宏观的上向因果关系；另一方面序参量又支配子系统的行为，这叫做支配原理或役使原理，在哲学上叫做从宏观到微观的下向因果关系。两者互为条件，从而使系统的宏观性质发生了改变。更重要的是，这种序参量的产生并不是外部约束或加于系统的，而是自发的。哈肯

① ［德］赫尔曼·哈肯：《协同学——大自然构成的奥秘》，凌复华译，上海世纪出版集团 2001 年版，第 98—100 页。

曾通俗地解释道：我们设想一个游泳者在游泳池内来回游，夏天池内拥挤，人来人往，彼此受阻……游泳者会想到旋游这念头上来。开始也许只是少数人这样游，但不断有人加入，因为旋游对大家都更方便。这种没有外来指示的共同行为是自组织的，自然界以同样的方式行事。以液体为例，它'发现'，如果它们能一起进行有规律运动，向上传输热的部分更容易得多……液体发现热的部分上升特别有利，于是这种方式不断增长……一种运动方式逐渐占支配地位，把其他方式压了下去，液体出现一种完全特定的卷筒运动，这种卷筒运动起着序参量的作用，引导各部分液体的运动方式。一旦这种方式在液体的部分领域形成，其他部分也将被吸引过来，也就是说，它们被序参量所支配。"① 由此不难看出，在系统的要素间的既竞争又协同的矛盾运动过程中，自发形成的序参量是矛盾群体中的主要矛盾，序参量支配子系统的支配原理，就是主要矛盾对次要矛盾的支配作用。序参量原理与支配原理，具体体现了矛盾学说关于主要矛盾与次要矛盾的辩证关系及其在矛盾运动中的地位与作用理论。

第二节　质量互变规律

质量互变规律作为唯物辩证法的一个基本规律，它揭示了任何事物都具有质的规定性与量的规定性，都表现为质与量的统一；任何事物的运动都相应地采取量变与质变两种基本形式，都表现为由量变到质变和由质变到量变的质量互变的过程，都是连续性与间断性的统一。

掌握这一规律，有助于我们认清事物发展进程中量变与质变的内在联系，制定适度的行动计划，从而在实践中，既有宏伟理想，看到远处，又有脚踏实地的求实精神，干到实处，并能抓住转变时机，积极而又稳妥地促进事物的发展。

一、事物是质和量的统一

一切事物都有一定的质和一定的量，都是质与量的统一，不具有一定质

---

① 颜泽贤、范冬萍、张华夏著：《系统科学导论——复杂性探索》，人民出版社 2006 年版，第 356 页。

和量的事物是不存在的。人们认识事物，一般是首先认识它的质，进而认识它的量，在此基础上，进一步把质与量统一起来，掌握它的度。

(一) 质

质是使事物成为它自身"是此"，并使该事物同其他事物区别开来"非彼"，的内在规定性，是一种与量相对应的规定性。质和事物的存在是直接同一的，特定的质就是特定的事物存在本身。质和事物的直接同一有两方面的含义：其一，事物是具有一定质的事物，不具有质的事物是没有的。如果某物一旦丧失了自己固有的质，它就不是原来的某物而变成了他物，而他物也具有自己质的规定性。其二，质是一定事物的质，离开特定事物的质也是没有的，离开事物的质只是主观的抽象。正如恩格斯所指出的，客观存在着的不是同事物相脱离的纯粹的质，"而只是具有质并且具有无限多的质的物体"。① 质和事物的同一性，既表明了事物的确定性，又说明了质的客观实在性。

质是事物内在的规定性。人类对于质的认识是不断发展的。在通常情况下，对人们来说，质主要是作为实体质来理解的，质是一种"实在之有"，它通过属性表现出来，即主要从实体与属性之关系的角度来把握事物的质。

而一事物与他事物的关系是复杂的，它的质则表现为多种多样的属性。举例说，一个杯子就具有多方面的属性，它作为饮器应当是适宜于喝水的，它的式样可以多种多样，但它不同于碟子、罐子、盆子等，最重要的是不漏水，不会割破嘴唇；制造杯子的原料也可以是多种多样的，有瓷的、玻璃的、塑料的、金属的等等，但这些原料必须不溶于水。杯子也可以作为艺术品或文物来欣赏，这时它的属性应是式样精致，图案美丽，色彩悦目，或有考古价值、有纪念意义等等。杯子还可以作为化学实验的器皿，这时一些容易引起化学反应的金属杯就不适用了。

我们在确定事物的质时，应该力求全面性，考虑到各方面的联系，把握事物各方面属性的总和。但是，事物各方面的属性，对于我们确定事物的质，其作用是各不相同的。就事物本身来说，既有本质的属性，又有非本质的属性，而且究竟哪些属性对于我们确定事物的质具有决定作用，还必须把

① 《马克思恩格斯选集》第4卷，人民出版社1955年版，第339页。

人类实践作为实际的确定者包括在内。人们是为了实践的需要去认识事物与区别事物不同的质的。因此，我们必须从事物多方面的属性中抓住与实践密切相关的本质属性，确定符合实践需要的事物的质。比如，杯子作为饮器，它的本质属性就是适宜于用来喝水，这也就是它的质。因为按照实践的需要，杯子就是用来作为饮具的，至于它的其他属性就可以弃置不管了。

20世纪30—40年代以来，随着一般系统论、控制论、信息论等学科的创立与发展，人们对质的认识开拓了新视野，即主要从实体与属性关系的角度，发展到从要素与关系的角度来把握质，质主要地被理解为"关系质"、"系统质"，即从要素相关性中产生的高于要素简单相加之和的系统性质。对于不同事物来说，其系统中的要素和关系以及在此基础上形成的结构和性能都是各有特性、相互不同的，并由此形成不同的系统，从而使事物从系统形态上区分开来。

20世纪70年代系统科学的发展进入了第二个阶段——自组织理论阶段。人们对客观世界的系统性的认识也发展到了一个新阶段。如果说处于第一阶段的一般系统论、控制论和信息论还主要是建立在平衡系统的概念和理论基础之上，以既成系统为研究对象，那么耗散结构理论、协同学、超循环论、突变论等一系列关于系统的新学科新理论则将人们对系统的认识推进到以非平衡系统理论作为自己的理论和概念基础之上，以非线性系统的自组织演化为自己的研究对象。

处于非平衡态的自组织演化系统，其系统的结构，"系统质"是在系统的动态演化过程中呈现出来的"稳定态"、"稳定模式"，它不像石块、矿物等是自身处于平衡状态的结构。它是在变动不居的环境中，在自组织的演化过程中的"稳定态"，是对周围事物的有序的应答方式。比如，耗散结构理论所揭示的，在外界相关性中发生的物理的化学的变化中所呈现的耗散结构的稳定态，这种结构属于自组织结构，它只有在与外界的物质、能量、信息的交流中才能稳定和存在下去，因此耗散结构也就是消耗发散的结构，它与平衡结构正好是相反的。世界在耗散结构产生后，稳定态开始由低级向高级、由简单向复杂演化，这才形成有机界、生物界、社会以及人工世界的丰富的质的多样性。

20世纪80年代以来，复杂系统科学的兴起，复杂适应系统理论

（CAS）成了复杂系统科学研究中的热门话题，近年来取得了较大的理论成果，美国圣菲研究所指导委员会主席之一、遗传算法的发明人约翰·霍兰提出了关于复杂适应系统的比较完整的理论，著有《隐秩序》、《涌现》。他在《涌现》中进一步指出了自组演化系统的"系统质"、"稳定态"是以涌现的形式呈现出来的，并具体解释说："涌现现象出现在生成系统之中"，"在这样的生成系统中，整体大于各部分之和"，"生成系统中一种典型的涌现现象是，组成部分不断改变的稳定模式。涌现现象使我们回忆起湍急的小溪中不断冲击石块的水流形成的驻波，其中的水分子不停地变化，而驻波的形状基本不变；在这一点上，它们同那些由固定成分组成的固状物质，如岩石和建筑物不同。典型的例子是运动并变化的棋子形成的棋局，或者一系列神经元的反射。有机体中也存在一些稳定的模式；在不到两年的时间跨度里，所有组成成分的原子都会更新，而且大部分成分大约一周就会更新一次，而器官整体从外形到功能一般不会有大变化"。[①]

质与事物是直接同一的，质存事则存，质变事则变。这是"一"；但同质的事物在量上又是多样的，这是"多"。一质多量，同质的事物在量上又有区别，使它们之间可以比较。这样，随着认识的深入细致，就需要把我们的视野从质转入量。

（二）量

量是标志质的范围和等级的范畴。它指的是事物的存在规模、发展程度，以及事物的各个组成部分在空间上的排列次序等可以用数量表示的规定性。其中包括：多少、大小、长短、高低、轻重、厚薄、发展速度、发展水平、要素的组合、层次等表示质的范围和等级的特性。

量与质一样，也是事物所固有的客观存在。正如不具有质的事物是不存在的一样，不具有量的事物也是不存在的。任何事物既有一定的质又有一定的量。

一个事物的质是多方面的，同样它的量也是多方面的。比如，商品有产量、成本、价格、价值量等等。又如，人体的生理机能状况在脉搏、呼吸、血压、血糖、尿液、体温等方面，都有一定的常量。这些量的规定都是事物

---

① ［美］约翰·霍兰著：《涌现》，陈禹等译，上海科学技术出版社 2001 年版，第 246—247 页。

本身所具有的。人们可以根据实践的需要，单把事物某一方面的量抽出来考察，而暂时撇开事物其他方面的量，但这并不意味着其他方面的量就不存在了或不重要了。

在一个事物的多种量中，可以区分为内涵的量与外延的量。一般来说，表示事物存在范围和广度的量是外延的量，如长度、容量、重量、个数等。外延的量可以用机械的方法来计算它们的总和。表示事物等级程度的量是内涵的量，是质的深度的标志，如温度的高低、金属的硬度等。内涵的量不能以机械的方法来计算它们的总和。

质与事物的存在具有直接同一性，量却不同，同事物的质相比，事物的量有伸缩性。这就是说，同质的事物可以有不同的量，量的区别在一定限度内并不表示事物的质的不同，量的变化在一定范围内不会影响事物的存在，不致使一事物变为他事物。比如，对一种金属加热，在到达熔点以前，其温度可以增加几十度甚至几百度，但它并不熔化，仍然保持其固体的质态。这就表现了量的伸缩性。

区分事物的质是认识的开始，是认识量的前提；而由质进到量，则是对事物质的认识的深化。比如，我们对红、橙、黄、绿、青、蓝、紫等不同质的颜色的认识，只有在认识到它们不同的电磁波的波长以后，才达到一定的科学水平。由对事物作定性分析到定量分析，是人类认识的发展和科学进步的必然趋势。以化学为例，17 世纪就出现了定性分析，到了 18 世纪中叶又出现了定量分析。由于有了定量分析，人们才能预先进行准确的设计，并根据这种准确的设计而直接合成各种复杂的化合物。当代，随着科学技术的发展，电子计算机的广泛应用以及数学在物理学、化学、生物学、社会科学中的渗透，进一步证明了认识事物的量的规定性，对事物进行定量的分析，在科学认识中的重要意义。马克思曾指出，一种科学只有当它达到了能够运用数学时，才算真正发展了。[①]

以上分别地考察了质与量以后，必须把两者统一起来，转入对度的研究，才能真正把握客观事物。

---

① 参见《回忆马克思恩格斯》，人民出版社 1973 年版，第 7 页。

（三）度

所谓度就是一定事物保持自己质的数量界限，或叫"决定事物质量的数量界限"。① 它体现着质与量的对立统一。任何度的两端都存在着极限或界限，叫做关节点或临界点。关节点就是一定的质所能容纳的量的活动范围的最高界限或最低界限。度是关节点范围内的幅度，在这个幅度内，量的变化不会引起质的改变，事物保持原来的性状；突破关节点，超出这个幅度，事物就要发生质变，由一种质态转化为另一种质态，事物完全变了样。比如，在一个标准大气压下水的度就是0℃～100℃。0℃和100℃就是两个关节点。水的温度在这个界限内变化时，不会改变它的液体状态，超出了这个限度，突破了关节点，温度降到0℃以下，水就结成冰，温度升到100℃以上时，水就转化为气。物理学化学中讲的凝点、沸点、熔点、极限强度、临界体积等等，就是决定事物质的数量界限。

度作为保持事物质的数量界限，其范围直接由量变的幅度来表示，因此表面来看似乎仅仅是数量决定质量的问题，它何以体现质与量的对立统一呢？

这是因为，一方面，量总是一定质的量。当我们谈到存在规模和发展程度时，总要有一个主词，总得回答这是什么事物的规模与程度。比如，说到大小的时候，总要有所指，指的是什么东西的大小，是工厂的大小、村镇的大小、机关的大小、学校的大小，还是山脉、河流、湖泊的大小等等。在现实生活中，脱离质的纯粹的量是没有的。即使在数学中的"纯粹"量也充满着质的差别。比如，同一个数与不同的运算方法相结合，表现为不同的质。无限量与有限量之间也有着不同的质，而在无限大量与无限小量之间，更明显地表现为质的差异。量依赖于质。因此，质能规定量的活动范围，不同质的事物、不同质的运动形态都有不同的量的活动范围。比如，不同质的植物就有不同的生长期。在北京地区，玉米的生长期为100—120天左右；高粱的生长期为120—130天左右；水稻的生长期为160—170天左右。

总之，量依赖于质，质限制着量。可见，作为保持事物质的数量界限的度，首先反映了量对质的依赖以及质对量的限制。

① 《毛泽东选集》第4卷，人民出版社1991年第2版，第1442页。

另一方面，质总是一定量的质，质的存在总有一定的范围一定的等级，通过一定的量表现出来。在现实中，脱离量的纯粹的质是没有的。比如，粮食质量的好坏，要看它的籽粒实不实、分量重不重；布匹成色的好坏，要看它的密度够不够、经纬纱织得匀不匀；一个生产单位是否先进，要看它生产计划完成的怎样、出勤率怎样、劳动生产率高不高等等。质也依赖于量。因此，量的活动也能影响事物的质。尽管量变在一定范围内不会引起质的变化，但是超出了一定的范围必然引起质变，量变也能突破质的限制。所以，量的活动范围才能成为保持、决定事物质的数量界限。

总之，质也依赖于量，量变能突破质的限制，即量也制约着质。可见，度也同时反映着质对量的依赖以及量对质的制约。

综合上述两个方面，不难看出：度不仅反映了质与量之间的相互依赖、互为存在前提的相互联结关系，即统一性；也反映了质与量之间的限制与突破限制的相互排斥、相互对立的关系，即斗争性。所以，作为保持事物质的数量界限的度体现了质与量的对立统一。

具体事物的质和量是多方面的，相应地它的度也是多方面的，每一方面的质与量的统一都构成相应的度。此外，同一方面的度在不同条件下也是不同的，度具有相对性。比如，在平地上，在一个大气压下，水保持液态的度是 $0℃ \sim 100℃$；在高山上，气压降低了，水的度就不同了，高山上烧水不到 $100℃$ 水就沸腾了。

由于度体现着质与量的对立统一，掌握度对于认识与实践有着十分重要的意义。

首先，掌握度有助于我们划清不同事物的界限，准确地把握事物。比如，我国土改前，富农与富裕中农都参加劳动，又都有剥削，他们的界限不好区别。在土改中，我们党和政府根据我国的实际情况；比较精确地确定了决定它们的质的数量界限；根据这个界限，计算了他们的劳动与剥削在总收入中所占的比例，从而正确地划分了他们的阶级成分，避免了混淆两类不同性质的矛盾。

当前随着科学技术的发展，各个领域各个方面对于精确地测定事物的度，准确地深刻地认识事物的质，提出了越来越严格的要求。比如，氟是维持人体健康的必要的微量元素，它的功能是促进人体中钙与磷的新陈代谢，长期饮用含氟量过少的水，会引起龋齿病；相反，如果人体吸收过量的氟，会产生氟化钙，使骨质过度硬化，或者引起钙混乱，发生骨质疏松。又如，用放射性照射治疗癌症，剂量太大会损伤患者，剂量太小则没有疗效。再如，有的药品、金属不允许含千分之一、万分之一、十万分之一的杂质，有的零件的长度和厚度不能有超过一根头发丝几百分之一的差错，否则产品就会不合格和发生事故。所有这些，都要求对度有精确地测定，对质有准确地把握。

其次，掌握度有助于我们在实践中注意分寸，掌握火候，坚持适度原则把事情办得恰到好处，防止"过"或"不及"。

从动态的观点看，当事物的发展在原有质的范围内还有充分的余地时，度要求我们的活动不能使量的变化破坏质的规定性，不能拔苗助长，盲目冒进。这就是说，不能笼统地认为质的改变、度的破坏就是进步、革命、好事，质的稳定、度的保持就是保守、后退、坏事。当事物的发展，已经受到原有的质的严重障碍时，度要求我们的实践遵循事物的发展趋势，积极创造条件，不失时机地破旧立新，不能阻碍历史车轮的前进。

从静态的观点看，既然度是决定事物质的数量界限，是关节点范围内的幅度。那么，我们在处理一切问题时，都应注意依据实际情况，选择最佳适度的量，力争取得最好的效果。比如，医生用药，就应根据患者年龄大小、身体强弱、疾病轻重等情况，选择最佳适度的剂量。这样才能疗效显著。否则，剂量过小，则疗效甚微；剂量过大，可能引起中毒，甚至死亡。又如，在人民内部开展批评与自我批评，如既能进行思想交锋，又讲究分寸讲究适当，就能达到弄清是非与团结同志两个目的。否则，一团和气不讲是非，就会使腐朽庸俗的作风发生；要求过苛，上纲过高，使人无所措手足并引起反感，也达不到团结教育的目的。

第三，掌握度坚持质与量的统一，有助于我们在社会主义现代化建设中，既注意抓质量又注意抓数量，争取优质高产低消耗，坚持好中求多，好中求快，好中求省，自觉地又好又快地把社会主义现代化建设事业推向前进。

二、量变与质变的相互转化

既然一切事物都是质与量的统一，都有质与量两个方面，而这两个方面又不是凝固不变的，而是运动变化的，所以相应地就有量变与质变两种状态，以及它们的相互联系与相互转化。

（一）量变与质变

量变即量的变化，是指事物在原有性质的基础上，在度的范围内发生的逐渐的不显著的变化。它包括数量的增减、场所的变更和组成要素排列次序的变化等形式。我们日常见到的统一、相持、平衡、静止等等，就是事物处于量变状态所显现的面貌。量变也称"渐进"或"相对静止"。

质变即质的变化，是指事物由一种质态转化为另一种质态时发生的迅速的显著的变动。我们常见的统一物的分解、相持、平衡、静止等的破坏，就是事物处在质变状态所呈现的面貌。质变也称"飞跃"或"渐进性的中断"。

量变与质变是有原则区别的，不容混淆。事物的变化是发生在度的范围之内，还是超出度的范围；是在同一事物范围内进行，还是使一事物变成另一事物，这是区分量变和质变的根本标志。

至于在现实生活中，就不同事物进行比较，从表面上看，有的事物的量变进行得比较迅速，持续的时间很短，而有的事物的质变却进行得比较缓慢而且持续的时间较长。这是属于不同运动形态、不同过程进行量变、质变的差别性、特殊性问题，不能用来当做混淆量变质变差别的根据。其实，有的事物的量变虽然节奏快、时间短，但对与其相对应的质变来说，毕竟是逐渐的不显著的变动，是属于在度的范围内发生的变化。有的事物的质变虽然节奏慢、时间长，但对与其相对应的量变来说，毕竟是迅速的显著的变化，是属于超出度的范围的变化。疑似之迹不可不察，原则界限不能抹杀。

（二）量变与质变的相互关系

量变与质变不仅是相互区别的，而且是相互联系的。它们的相互联系，集中表现在以下两个方面：

首先，量变是质变的准备，量变的积累引起质变。一切事物变化发展都是从量变开始的，量变是质变的先导，没有量变就谈不上质变。抛物体的运动速度达不到一定量级的宇宙速度（第一宇宙速度每秒7.9公里、第二宇宙速度每秒11.2公里、第三宇宙速度每秒16.7公里），就不会引起物体运动轨道的改变；气体达不到临界温度以下，就不会变为液体或固体；生产力没有一定程度的发展，就不会引起生产关系相应的变革。量变在一定范围内似乎与质变无关，但实际上却为质变不断地在创造条件，可以说量变是潜在的质变。一旦量变达到度的极限时，突破了度，就要发生质变。质变是量变的必然结果。质变完成量变，体现并巩固量变成果。

其次，质变引起新的量变，为新的量变开辟道路。质变是旧质向新质转化的决定性环节。只有通过质变，才能改变事物的根本性质，使旧事物转化为新事物。质变不仅完成了旧的量变，终结了旧的量变，而且在新质的基础上开始新的量变。由于质决定着量的活动范围，新质基础上的量变与旧质基础上的量变是不同的，这决不是简单地回到了原来的出发点。质变为新的量变开辟了新的境界，开拓了新的道路。比如，我国人民经过长期的艰苦斗争，夺取了新民主主义革命的胜利，建立了中华人民共和国，标志着我国社会性质发生了根本性的变化。社会主义制度在新质的基础上，为发展社会生产力，提高人民的物质与文化生活水平开辟了广阔的道路，展现出美好的前景。

（三）质量互变的必然性与普遍性

上述量变与质变的相互关系表明，任何事物的发展变化，总是先从量变开始。量变达到一定的程度，突破了度，就必然导致质变，旧质归于消灭，新质随之产生。这就是量变转化为质变。质变之后，事物在一定时期必然保持它的相对稳定性，于是又在新质的基础上开始新的量变。这就是质变又转化为量变。事物的发展过程，就是这样由量变到质变又由质变到新的量变的无限循环往复，由低级到高级、由简单到复杂的质量互变过程。

质量互变过程是以事物的内部矛盾运动为根据的，是必然的普遍的。毛泽东在《矛盾论》中指出："无论什么事物的运动都采取两种状态，相对静止的状态和显著地变动的状态。两种状态的运动都是由事物内部包含的两个矛盾着的因素互相斗争所引起的。"[①] 内部矛盾的斗争怎样使质量互变呢？我们知道，任何事物的内部矛盾都包含两个方面，矛盾双方的同一性是相对的，斗争性是绝对的，矛盾的主要方面规定事物的性质。当矛盾双方在斗争中，力量对比未发生根本变化而主要方面未发生转化时，事物仍保持原来的

---

① 《毛泽东选集》第 1 卷，人民出版社 1991 年第 2 版，第 332 页。

性质，事物的运动则处于量变阶段。当这种绝对的斗争发展到一定程度，使矛盾双方力量对比发生了根本变化，因而主要方面也跟着转化时，事物的性质就要发生变化，这就是从量变到质变。旧的过程完结了，新的过程又产生了，新的过程又包含着新的矛盾，开始它自己的矛盾发展历程。新的矛盾斗争又开始了新的量变。这就是质变转化为量变。矛盾是普遍的，斗争是绝对的，斗争贯串于过程的始终，不断地使一过程向他过程转化。所以，质量互变是必然的、普遍的。

质量互变在自然界、人类社会和思维中是普遍存在的。社会实践经验与科学发展的成果，为验证它的普遍性，提供了越来越多的例证。

在物理领域，物理"相"的转化；水的液态、汽化、结冰；金属的熔解与结晶；电磁波长度的不同，形成无线电波、红外线、紫外线、X 射线、r 射线等等，都是质量互变过程。

在化学领域，质量互变更加明显。恩格斯说："化学可以说是研究物体由于量的成分变化而发生质变的科学。"① 门捷列夫的周期表早已揭明，由于原子量的变化，引起元素质的合乎规律的周期性变化。现代科学进一步测定，原子核内质子数目的变化，会引起元素的质变。

在生物领域中，生命的形成就经历了量的长期积累，而生命产生以后又开始了新的量变。在生物进化发展中，新物种的产生是由于生物变异性的量的积累；新物种出现以后又开始新的变异。现在地球上之所以存在这样繁多的动植物品种，并不是从来就有的，而是由最初的少数原生生物，在外界环境的影响下，经过长期质量互变的结果。

在社会领域中，社会生产力发展到一定程度，便和现存的生产关系发生矛盾，以至冲突，引起生产方式的根本变革，进而实现新旧社会形态的更替。

人的认识过程也存在着质与量的相互转化。人们在实践基础上接触外界事物，获得感性认识，当这种感觉材料积累多了，通过思维加工，发生了质的变化，飞跃到理性认识，然后又回到实践中去，通过实践能动地改造世界。

---

① 《马克思恩格斯选集》第 4 卷，人民出版社 1995 年版，第 314 页。

总之，质量互变是必然的普遍的。不能人为地把它们割裂开来对立起来。在认识史上，有两种走向两个极端的理论观点——激变论与庸俗进化论，就是在这个问题上犯了错误。它们的错误也从反面论证了质量互变的客观性。

激变论或灾变论只承认质变而否认量变。这种理论在近代是由法国的比较解剖学家、古生物学家居维叶（1769—1832 年）提出来的。他根据在不同地层中所观察到的不同类型的化石，认为在地球历史上曾发生过多次巨大的灾变，每经一次灾变，使地球上的一切生物毁灭殆尽。之后，全能的上帝又重新创造出一些与过去的形态毫无联系的生物来。他虽然看到了地球上一些古代的生物物种已经消灭，出现了一些古代没有的新物种的事实，但是他认定物种是永恒不变的，新的和旧的，高级的和低级的物种之间没有联系。他竭力反对拉马克的进化学说。在他看来，古今物种的不同，不是由量变到质变，长期进化的必然现象，而是多次自然灾难所造成多次激变的结果。很显然，居维叶用偶然发生的自然灾变来说明生物物种的质变的观点，实际上是否认了生物物种的量变和进化，这是同生物进化从量变到质变的客观事实相违背的。这种唯心主义与形而上学的观点，是神创论渗入自然科学的一种表现。恩格斯曾指出："居维叶关于地球经历多次变革的理论在词句上是革命的，而实质上是反动的。它以一系列重复的创造行动代取了上帝的独一的创造行动，使神迹成为自然界的根本杠杆。"①

社会政治生活中的"左"倾冒险主义、无政府主义是类似激变论的观点，甚至可以说这是激变论在社会政治生活中的表现。"左"倾冒险主义、无政府主义认为，进行社会革命不需要经过积累革命力量的准备阶段，人们可以随意打破一种社会制度建立另外一种社会制度，对一种旧制度随便一个早晨就可以进行最后冲击，把革命成功的希望寄托在偶然侥幸的事件上。实际上，这种脱离了量变的质变、革命，只能是主观设想出来的、没有客观根据的东西，因而它不可能是真正的革命。这种思想的恶性发展，就是把革命当做对现存的一切进行连续不断的破坏，当做是人们的一系列盲目的冒险行为。

---

① 《马克思恩格斯选集》第 4 卷，人民出版社 1995 年版，第 268 页。

庸俗进化论从另一个极端割裂量变和质变。它的基本特征是只承认量变、进化，否认质变、革命，否认量变向质变的转化。这种理论是由 19 世纪末 20 世纪初英国实证主义的著名代表人物、进化论者、心理学家、社会学家斯宾塞建立起来的。自从 1859 年达尔文的划时代著作《物种起源》问世以后，进化论思想广泛传播并深入人心。在这种形势下，斯宾塞在其著作（主要是《综合哲学》）中，连篇累牍地"阐述"、"注释"、"发挥"进化论思想，到处使用进化这个术语，把达尔文的生物进化学说庸俗化。他只承认事物发展中的量变和渐变，否认事物发展中的质变和突变。他说，宇宙所包含的每一个物体都处在不停的变化中，其全部历史必然包含两个过程，"它从难以觉察中出现，又在难以觉察中消失"。[1] 前者是进化，后者是消亡。他把进化的原因归结为纯粹是外部的机械力，用机械运动来说明从无机界到有机界，到人的认识发展的一切变化过程，否认内部矛盾是事物发展变化的根本原因。斯宾塞还用这种反科学观点去曲解社会现象，极力鼓吹社会改良和阶级调和，反对阶级斗争和社会革命。他建议资本家对无产阶级作出一些欺骗性的让步，如给工人以少量救济，用分期付款的方式卖给工人住宅等等，以缓和无产阶级对资本家的剥削和奴役的反抗。他还伪善地劝告工人应当少生子女，因为在他看来，工人贫困的原因，不在于资本家的剥削，而是由于工人生殖子女过多。[2] 他主张社会进步是"通过完全不可觉察的阶段而实现的点滴改良"。他的这些理论后来都为改良主义者所利用。比如，第二国际的伯恩施坦等人宣扬的"资本主义可以和平长入社会主义"的观点；中国胡适鼓吹的"一点一滴的改良"、"一点一滴的进化"的主张，都是以庸俗进化论为理论基础的。

质量互变是必然的普遍的，但是引起质变的量变形式以及质变的形式又是多样的。

（四）引起质变的两种量变形式与质变的两种形式

引起质变的量变形式的具体表现是多种多样的，但大体可以归结为两种基本形式：

一种是，由于数量的增减而引起的质变，这就是马克思在《资本论》

①② 参见《西方著名哲学家评传》第 7 卷，山东人民出版社 1985 年版，第 296、304 页。

中指出的："单纯的量的变化到一定点时转化为质的区别。"[①]这种形式在自然界、人类社会和思维中是普遍存在的。其具体表现是各式各样的：有的表现为数目与数值的增减引起的质变；有的表现为程度水平的升降引起的质变；有的表现为规模大小的伸缩引起的质变；有的表现为运动速度的快慢引起的飞跃等等。这种事例比比皆是，不再赘述。

另一种是，事物组成要素在排列方式上的变化引起的质变，这种形式也是普遍存在的。化学运动中的同分异构体和同素异性体就是明显的例子。如金刚石与石墨都是由碳元素组成的，由于碳原子的排列组合不同，它们的物理性质有显著不同：金刚石属轴晶系，为立方晶体，其中碳原子均衡排列，每两个原子之间的距离都相等，因而拉力强，结构坚固，硬度很高，透明，不导电，不易传热，超过700℃会燃烧。石墨属六方晶系，为六角形鳞片状晶体，其中碳原子在水平方向上每两个之间还比较紧密，但在纵向排列上每两个之间的距离却大大拉长，质地松软，不透明，导电，传热，耐高温，可制成耐2000℃～3000℃高温的坩埚。如果对石墨加20万个大气压、5000℃高温，改变其原子排列组合、内部结构，石墨可以变成金刚石。这种现象在社会领域中也是常见的。同样素质、同样数量的军队，战斗部署不同、战术运用不同，会产生截然不同的战斗结果。同样的人力、物力排列组合不同、调配使用方法不同，会产生截然不同的生产效益。一般系统论的整体性原则，结构决定功能的思想，是从一般科学方法论的角度，对这一原则的充实与论证，也是这一原理指导具体科学的中介。

上述两种形式，在现实生活中往往不是单独存在，而是同时发生、相互交织在一起的。比如，在作战当中，要取得战争的胜利，军队不仅要有足够的数量，在战术上"以十当一"，而且要合理部署，学会"弹钢琴"。又如，在自然界有机化合物烷烃类的变化也是这样。一方面，随着CH_2官能团数量的增加引起性质的变化，如从CH_4（甲烷）到C_5H_{12}（戊烷）由汽态转化为液态。另一方面，化合物复杂到一定程度之后，同一种化合物也会出现不同的结构，由于结构的不同而引起性质的不同。如从CH_4到C_5H_{12}，其结构就有三种方式（同分异构体），相应的就有三种不同的性质。其三种不同的

---

① 《马克思恩格斯全集》第23卷，人民出版社1972年版，第342页。

结构、性质如下：

正戊烷：沸点26.1℃

正戊烷：沸点27.9℃

正戊烷：沸点9.5℃

　　以上三种情况表明：直链烃的沸点最高，支链越多沸点越低，这是因为支链增加，分子排列不紧密，使分子间力减小的缘故。

　　量变所引起的质变是通过飞跃的形式实现的。飞跃的具体表现是多样的，但归结起来大体上有两种基本形式：爆发式飞跃和非爆发式飞跃。

　　爆发式飞跃，通常是解决对抗性矛盾的质变形式。它是新事物与旧事物发生激烈的解体冲突，通过决定性的打击实现的飞跃。比如，自然界的火山爆发、地震、海啸、星体爆炸、铀核的裂变、氢核的聚合等都属于爆发式的飞跃形式。在对抗性的社会中，敌对阶级之间的矛盾的解决，表现为剧烈的阶级斗争和暴力革命，这也是爆发式的飞跃。

　　非爆发式飞跃，通常是解决非对抗性矛盾的质变形式。它是通过新质要素的逐渐积累，旧质要素的逐渐衰亡的途径实现的。比如，自然界中岩石的风化、生物的进化、物种的变异、由猿变人等就是非爆发式的飞跃形式；在社会中，语言的发展，工具的革新，也是非爆发的飞跃。

　　由于事物内部矛盾与外部条件的复杂性，往往有这样的情况：有的事物总的飞跃过程是爆发式的，但其中可能出现个别的非爆发式的飞跃；有的事物总的飞跃过程是非爆发式的，但其中可能出现个别的、部分的爆发式的飞跃。

（五）发展是连续性与间断性的统一

质量的相互转化过程，表现为事物发展的连续性与间断性的统一。量变是在度的范围内的变化，即同一质的事物在数量上的增减、场所的变更、空间次序上的改变等等，因而表现了发展的连续性。在现实中，呈现为同一质的事物还是自身，与量变不同，质变是渐进过程的中断，即连续性的中断，因而表现了发展的间断性。在现实中，呈现为新旧事物之间具有质的差别和确定的界限。

发展的连续性使客观的发展进程具有阶段性，具有不同阶段的区别。发展的间断性决不是发展变化的停止，而是使旧事物终结新事物诞生，使客观的发展进程从这一阶段向另一阶段转化，即使不同的发展阶段之间又存在着连续性。

可见，发展的连续性与间断性的统一，也就是发展的阶段性与连续性的统一。

社会的发展就是一个分阶段的不间断的历史过程。我国新民主主义革命和社会主义革命的衔接与转变，就反映了历史发展的阶段性与连续性的统一。我们党在领导新民主主义革命取得胜利之后，不失时机地转向了社会主义革命，从而体现了革命发展的连续性。但是，民主主义革命和社会主义革命又是两个性质不同的革命发展阶段，我们党没有超越民主主义革命而直接进行社会主义革命，搞所谓"毕其功于一役"，从而体现了革命发展的阶段性。

党的十一届三中全会以来，我们实现了战略转移，进入了进行社会主义现代化建设的新的历史时期。今天，我们一方面要积极建设，坚持改革，不能在已有的成就面前停顿下来；另一方面又要稳步前进，立足当前，不能超越历史阶段与客观发展可能，自觉地坚持发展的阶段性与连续性的辩证统一，做社会主义事业的冷静的促进派。

三、量变与质变的相互渗透

量变与质变既是事物运动变化的两种基本状态，也是事物发展过程中的两个不同阶段。这两个阶段不仅是相互制约相互转化的，而且是相互交错相互渗透的。上一节暂时撇开了量变与质变相互交错相互渗透的复杂情况，比较纯粹地阐述了量变与质变的相互转化。这节则着重研讨这种复杂情况，是质量互变的进一步展开合乎逻辑的发展。

（一）总的量变过程中的部分质变

事物在其整体性质发生根本变化以前，处于总的量变过程之中，其间往往发生一些次要性质或局部性质的变化。把这类变化简单地称做质变显然是不合适的。因为它们的变化并没有改变整个事物的根本性质，并没有使一事物转化为另一事物，这对根本质变来说，仍属于量变阶段。把这类变化简单地叫做量变也不妥当。因为它们已不是逐渐的不显著的变化，而是在这种变化基础上形成的较小规模、较小范围的飞跃，所以把这类变化定义为总的量变过程中的部分质变。简言之，总的量变过程中的部分质变就是事物在其整体性质发生根本变化之前发生的某些次要性质或局部性质的变化。这类变化与量变相互交错相互渗透，构成总的量变过程，是根本质变的先导和基础。

总的量变过程中的部分质变有两种基本形式：阶段性部分质变与局部性部分质变。

其一，阶段性部分质变，是指事物的整体性质发生根本变化之前，由于某些次要的性质发生了变化，使事物的发展呈现了阶段性。比如，植物的一生要经历发芽、长茎、开花和结果等不同阶段。人的一生要经历婴儿、童年、少年、青年、壮年和老年等阶段。社会的发展也是如此，每一种社会形态都有自己的不同发展阶段。封建社会由劳役地租到实物地租，再到货币地租的转化，就是同一封建主义生产关系的阶段性的部分质变。资本主义社会从自由资本主义到垄断资本主义，也是资本主义社会发展过程中的阶段性的部分质变。

阶段性的部分质变，是由事物的根本矛盾与非根本矛盾变化的不平衡性或不均衡性决定的。这就是说，只要事物发展的根本矛盾以及根本矛盾所规定的过程的本质没有改变，事物仍处于总的量变过程。但是随着根本矛盾的发展和激化以及被根本矛盾所规定的大小矛盾的变化，事物的个别特性或方面却发生了变化，因而事物在发展的长过程中出现了许多阶段。

其二，局部性部分质变，是指事物的全局未发生质变，但在局部范围内发生了部分质的变化。这种变化，尽管是局部的根本性质的变化，但在一定范围内，只要不改变全局，就属于总的量变过程中的部分质变。然而全局的东西不能脱离局部而独立，全局是由它的一切局部构成的。当然，有的时候，有些局部的变化，对于全局不产生重大影响，因为这些局部不是对于全局有决定意义的东西。可是，变到一定程度，某一局部的变化会立即改变全局。通常所说的："一着不慎，满盘皆输"，指的就是这种带有全局性的、决定全局的局部变化。这种变化，从表面看虽然也是局部的，但从实质上看，它已不属于部分质变，而是根本质变了。

这种局部性的部分质变在自然界与人类社会中也是大量存在的。就拿水的蒸发来说吧，在一个大气压下，水由0℃到100℃处于总的量变过程中，达到100℃时水才迅速地大量地转化为水蒸气，出现飞跃。在这以前，水的部分分子由于获得的能量较大，突破了它们与其他分子之间的凝聚力的束缚，而首先汽化。这就是局部性的部分质变。又如，生物从它出生到死亡的总的量变过程中，就整体来说，它是正常地进行着新陈代谢生理过程的活的有机体。可是其中个别部分。如某些肢体或非要害的脏器等，由于种种原因，正常的新陈代谢的生理过程被破坏，使得这些肢体或脏器发生萎缩、坏死或丧失了应有的生理机能，对这些肢体或脏器来说是质变。由于这些部分质变还不是整个生命的死亡，所以对生命整体来说是总的量变过程中的部分质变。

再如，在我国民主革命中，由于政治、经济发展不平衡，国民党的反动统治势力存在着许多薄弱环节，使得我国人民在夺取全国政权之前，可以在农村建立一块一块的革命根据地。这时，从全国范围来看，中国的半封建半殖民地的社会性质没有发生根本变化，仍然处于总的量变过程中。但是，在我们党领导下的革命根据地里却建立了红色政权，社会性质已经发生了变化。这也是局部性的部分质变。还有，现在全国实现四个现代化之前，也必然会在一些部门、一些地方首先实现四个现代化，出现总的量变过程中的局部性的部分质变。

局部性部分质变是由于事物内部矛盾发展的不平衡性造成的。一事物所包含的矛盾的双方，总是在一定的空间中存在的，由于空间中各部分的具体条件不同，矛盾双方的力量在各个局部上的发展是不平衡的。有的局部，矛盾的否定的方面力量较强，肯定的方面力量较弱，在这个范围内，矛盾可以早解决一些。有的局部，肯定的方面力量较强，否定的方面力量较弱，矛盾短时不能解决，必须经过一个较长时期的力量对比的变化过程。这就使得事物在整体上发生根本性质变之前，产生局部性的部分质变。

在现实生活中，部分质变的两种形式不是彼此孤立、相互隔绝的，而是相互联系、相互作用的。阶段性的部分质变推动局部性的部分质变的展开，局部性的部分质变促进阶段性部分质变的到来。如在我国民主革命过程中，革命阶段的向前发展导致了革命根据地的进一步开辟和扩大；革命根据地的不断扩大，又使革命力量日益加强和壮大，从而把革命战争从一个阶段推进到另一个阶段，直至最后夺取全国革命的胜利。

既然部分质变促进总的量变过程，为根本质变创造条件，是根本质变的先导，因此我们在实践中，就应该以根本质变为目标，以部分质变为阶梯，有预见、有步骤地推动事物的发展。

（二）质变过程中量的扩充

质变虽然是量变的完成，是渐进过程的中断，但这不是说质变过程中的质就可以离开量而以纯粹的质的形式进行变化。在质变时，不管它进展得多么迅速，从飞跃开始到飞跃结束，新质代替旧质总需要一个时间上的持续与空间上的扩展过程。在这个过程中，新质大量地增加和扩充，迅速地占领广阔地盘，代替旧质而取得支配地位。这就是质变过程中的量的扩充。

比如，当金属加热达到熔点或冷却达到凝点时，就开始了质变过程，即熔化或结晶过程。首先在个别地方出现"液珠"或"晶核"（新质），然后"液珠"或"晶核"在数量上迅速地增长和扩充，直到占领全盘，完成"相"转变。这就是质变过程中量的扩充。又如，旧中国到新中国的质变发展，这个发展从1947年下半年开始发生转折，由一个地方一个地方的迅速解放，直到中华人民共和国的成立过程，也明显地表现出质变中的量的扩张。

质变中量的扩充与量变过程中的量变是不同的。前者是事物处于显著变动状态时的速度、规模和程度的变化，其中每一步都产生着新质，而每一个新质都是在量变的基础上产生的。这是质变时表现飞跃特征的一个不可缺少的量的标志。后者是事物在度的范围内处于相对静止状态时的速度、规模和程度的变化，在一定限度内并不产生新质，只是为产生新质打基础作准备。

可见，质变过程中量的扩充与旧质范围内的量变是有原则区别的，不能因为量变与质变之间存在相互交错相互渗透的复杂情况，就混淆了两者的区别。

质变过程中量的扩充是实现事物根本质变的重要环节，没有质变中量的扩充，事物就不能最后完成根本质变。新质的量的扩充速度直接影响着质变过程的长短。因此，我们在变革事物的实践中，不能因为新质已上升为矛盾的主要方面，并开始了质的飞跃，就产生松劲情绪，忽视对新质的扩充，而应抓紧时机，因势利导，推动新质要素的迅速扩展，顺利实现新陈代谢。

第三节　否定之否定规律

否定之否定规律"是自然、历史和思维的一个极其普遍的、因而极其广泛地起作用的、重要的发展规律"。① 它揭示出事物自己发展自己的完整过程。它表明，任何肯定自身存在的事物内部都包含着否定的方面，由于这一否定方面的作用及其发展，使事物转化为自己的对立面，由肯定达到对自身的否定；而后，再由否定进到新的肯定，即否定之否定，使事物的运动变化发展呈现为螺旋式上升或波浪式前进的过程。

一、辩证否定是发展的环节

（一）辩证否定的含义

旧事物转化为新事物，是发展过程中的飞跃，是新事物否定了旧事物。在唯物辩证法中，转化、质变、否定，在论述事物的前进运动时，是同等程度的概念，均指新事物代替旧事物。但三者不是同义词，它们所反映的侧面有所不同：对立统一规律中的转化，着重从发展根据的角度，反映了新事物为什么能代替旧事物，即着重反映了由于旧事物内部矛盾双方主次地位的转化，才有新事物代替旧事物；质量互变规律中的质变，着重从发展状态的角度，反映了新事物怎样代替旧事物，即着重反映了新事物是以飞跃的形式代

---

① 《马克思恩格斯选集》第3卷，人民出版社1995年版，第484页。

替旧事物；否定之否定规律中的否定，则是着重从新旧事物相互关联的角度，反映了新事物如何对待旧事物，即着重反映了新事物对待旧事物是既克服又保留。

所谓辩证否定是指，在新陈代谢过程中，新东西对待旧东西既不是全盘肯定，新旧之间没有原则界限，又不是全部抛弃，无中生有，而是既克服又保留，包含肯定的否定，即黑格尔所说的"扬弃"。辩证否定是发展的环节，联系的环节，事物的自我否定。

（二）辩证否定观与形而上学否定观的根本分歧

对否定的理解，唯物辩证法与形而上学存在着原则区别，形成了两种截然相反的否定观。辩证否定观与形而上学否定观的根本分歧集中表现在以下几个方面：

其一，辩证法认为否定是发展的环节，就是说经过否定不是旧事物继续存在，也不是对旧事物个别特点、个别方面的枝枝节节的改变，而是对整个旧事物的本质的否定，是由一种形态转化为另一种形态，是没有任何动摇任何折中的破旧立新。新陈代谢，即新事物克服旧事物，经过否定，新旧事物之间有一条清楚的分界线。否定不是消极的东西，而是积极的东西，事物经过这样的否定，它同时就获得发展。在这个意义上说，否定就是肯定，由于否定的作用在于使事物由一种形态转化为另一种形态，所以对现有形态的否定也就是对未来形态的肯定。

与此相反，在形而上学看来否定是纯粹消极的东西，只是某种事物的终结、破坏，并不意味着事物的前进、发展。

其二，辩证法认为否定是联系的环节，是间断性与连续性的统一。新事物否定旧事物不是简单地抛弃而是扬弃，是既克服又保留。新事物的产生，不仅是原有旧事物中的否定的方面的存续，而且当否定方面克服肯定方面时也保留了其中对新事物有积极意义的东西。当然，这种保留不是机械的外在的，而是通过改造、同化、提高，使原有的东西成为新事物的有机的组成部分。比如，新中国建立以后，从根本上否定了旧中国的经济基础与上层建筑，却保留了以往的生产力、科学技术和企业管理、文化教育医疗卫生机构中的合理因素及积极成果，使之为新中国的社会主义经济建设与文化建设服务。否定是包含肯定的否定，因此，事物在过去、现在和将来之间，不仅存在着质的差别，而且存在着历史的联系。否定是发展的环节，也是联系的环节。

与此相反，在形而上学看来，否定就是简单的抛弃、一笔勾销，其中没有任何保留和吸取，只意味着破坏、损失，不意味着连续、继承。

费尔巴哈对待黑格尔哲学的态度，就是这种形而上学的否定观的一个典型的例子。他只看到黑格尔唯心主义哲学体系的荒谬和不合理性，而没有看到在这个荒谬的哲学体系中，包含着丰富的辩证法的合理思想。因此，他在批判黑格尔唯心主义哲学体系的同时，把其中的辩证法的"合理内核"也一并抛弃了，这就好像倒洗澡水时连同盆中的小孩也一并倒掉一样。恩格斯在批判这种形而上学的否定观时说："费尔巴哈打破了黑格尔的体系，简单地把它抛在一旁。但是简单地宣布一种哲学是错误的，还制服不了这种哲学。像对民族的精神发展有过如此巨大影响的黑格尔哲学这样的伟大创作，是不能用干脆置之不理的办法来消除的。必须从本来的意义上'扬弃'它，就是说，要批判地消灭它的形式，但是要救出通过这个形式获得的新内容。"① 在俄国十月革命后，有一些资产阶级知识分子，号称"无产阶级文化派"，主张对旧时代的一切全盘否定，一脚踢开，从头再来。在他们看来，旧时代的一切都是资产阶级的，甚至连铁路也是资产阶级的，因此扬言要扒掉"资产阶级的铁路"，建设"无产阶级的铁路"。

在马克思主义产生以后的西方哲学中，这种形而上学的否定观仍然十分盛行。在19世纪70—80年代，权力意志论者尼采曾是这种否定观的狂热鼓吹者。他提出"打倒偶像"、"重新估价一切有价值的东西"的口号，对人类以往的优秀文化采取极端虚无主义的态度。在20世纪60—70年代初风靡一时的法兰克福学派，是这种形而上学否定观的当代典型。它的突出表现是否定一切的悲观主义和虚无主义。马尔库塞在1964年发表的《单面人》一书中说："在经验的和理性的基础上，辩证的概念宣布它自己是无希望的……批判的社会理论在现在同其未来的裂口之间架起桥梁来的概念，不抱任何希望，也不显出任何成效，它始终是否定的。"② 他们鼓吹"否定一切"

---

① 《马克思恩格斯选集》第4卷，人民出版社1995年版，第223页。
② 参看徐崇温：《西方马克思主义》，天津人民出版社1982年版，第370—371页。

的"绝对的否定观"，宣扬"存在的最高原则是否定一切"。阿道尔诺在1966 年发表的《否定的辩证法》一书中说道："一切对立面都将彼此消灭，此后，一切都在衰落，陷于不存在，剩下的仅仅是衰落和不存在。"① 他们把辩证的否定这一活泼的、积极的、富有生机的力量，歪曲成为自我毁灭、死亡、崩溃等的同义语。这种打着辩证法旗号的否定观，与马克思主义的辩证的否定观毫不相容。

其三，辩证法认为否定是事物自我否定，是事物自身矛盾运动的结果。任何事物内部都包含肯定和否定这样两个方面或两种趋势。肯定的方面是事物中维持其存在的方面，保持事物性质和现状不变的方面，它在事物整个发展过程的不同阶段，具有不同的作用。一般来说，在初期、中期阶段，它起着积极的促进事物不断完善和发展的作用，到了后期，则成了消极的、阻碍事物再向前发展的保守因素。

否定的方面是促使事物转化的方面，是推动事物发展的具有活力的内在源泉。黑格尔十分重视否定因素在事物发展中的作用。他说："这个否定性是自身的否定关系的一个单纯之点，是一切活动的内在泉源，是生命的和精神的自己运动的内在泉源，是辩证法的灵魂"。② 否定的方面是在同肯定方面不断斗争中逐步成长、壮大起来的。这两方面的斗争发展到双方力量对比发生根本变化时，否定方面战胜肯定方面并取得支配地位，变成矛盾的主要方面时，于是新事物代替了旧事物，这就是事物的自我否定，是事物自身矛盾运动的必然结果。

事物内部矛盾的发展是自我否定的内因，是根据；他事物对一事物的联系和影响，是外因，是条件。外因必须通过内因起作用。人们通过实践活动可以促进或延缓某种否定的发生，但是任何时候，都不应不顾客观条件地主观任意地制造某种否定或者制止某种否定的发生。否定是以事物内部矛盾为根据的自我否定，不是外力强加给事物的否定。

与此相反，在形而上学看来，否定是纯粹由外力引起的随心所欲的主观儿戏，而不是由内部矛盾引起的合乎规律的发展。恩格斯在《反杜林论》

---

① 参看徐崇温：《西方马克思主义》，天津人民出版社 1982 年版，第 370—371 页。

② 转引自列宁《哲学笔记》，人民出版社 1956 年版，第 246 页。

中曾经指出："如果把否定的否定当作儿戏，先写上 a，然后又涂掉，或者先说玫瑰是玫瑰，然后又说玫瑰不是玫瑰，那么，除了做这种无聊事情的人的愚蠢以外，什么结果也得不到。可是形而上学者却要我们确信，如果我们要实现否定的否定，那么这就是恰当的方式。"①

（三）辩证否定观的方法论意义

既然否定是发展的环节，是新事物克服旧事物，坚持辩证否定观，就要积极地满腔热情地支持、扶植新事物，旗帜鲜明地和旧事物作斗争，在新旧事物斗争面前，决不动摇，决不模棱两可，决不搞折中主义。毛泽东指出："共产党人的任务就在于揭露反动派和形而上学的错误思想，宣传事物的本来的辩证法，促成事物的转化，达到革命的目的。"② 在社会发展中，只有否定旧的社会制度，才能建立起新的社会制度，促进社会的进步。

既然否定是联系的环节，是包含肯定的否定，所以所谓毫不动摇、毫不折中地否定旧事物，并非把旧事物完全抛弃，而是抛弃旧事物中腐朽的、过时的东西，把其中包含的合理的、积极的因素保留下来，加以改造、吸收和利用。如在对待文化遗产的问题上，一方面我们要与封建主义、资本主义的腐朽文化彻底决裂；另一方面又要批判地继承古代的和外国的文化遗产中的积极成果。对待古代的和外国的文化，要采取"古为今用"、"洋为中用"、"推陈出新"的原则。

毛泽东指出："清理古代文化的发展过程，剔除其封建性的糟粕，吸收其民主性的精华，是发展民族新文化提高民族自信心的必要条件；但是决不能无批判地兼收并蓄。必须将古代封建统治阶级的一切腐朽的东西和古代优秀的人民文化即多少带有民主性和革命性的东西区别开来。"③ 对于"外国的古代文化，例如各资本主义国家启蒙时代的文化，凡属我们今天用得着的东西，都应该吸收。但是一切外国的东西，如同我们对于食物一样，必须经过自己的口腔咀嚼和胃肠运动，送进唾液胃液肠液，把它分解为精华和糟粕两部分，然后排泄其糟粕，吸收其精华，才能对我们的身体有益，决不能生

---

① 《马克思恩格斯选集》第3卷，人民出版社1995年版，第485页。
② 《毛泽东选集》第1卷，人民出版社1991年第2版，第330页。
③ 《毛泽东选集》第2卷，人民出版社1991年第2版，第707—708页。

吞活剥地毫无批判地吸收。"① 总之，对于中国的和外国的古代文化遗产，既要反对肯定一切的复古主义，又要反对否定一切的虚无主义。这个原则，在对待当今的外国资产阶级文化上也是适用的。对于外国资产阶级的文化，既要反对崇洋媚外的思想，又要反对盲目的排外主义。

二、否定之否定，发展的螺旋式运动

任何事物的发展途径都不是直线前进的，也不是在一个封闭的圆圈里绝对循环的，好像螺丝上的螺纹一样，一个周期接一个周期，进行螺旋式运动；或者说好像波浪起伏一样，从波峰到波谷再到波峰，一个波浪接一个波浪，进行波浪式运动。这里主要是通过解剖螺旋式运动中的一个周期，通观全过程，直接阐明发展的螺旋式运动。

（一）否定之否定的含义

否定之否定作为否定之否定规律的一个核心范畴，其重点在于强调对否定之再否定，是说经过对否定之再否定以后，既克服了肯定阶段和否定阶段的片面性，又保留了这两个阶段的积极成果，实现了对肯定阶段和否定阶段的辩证综合，体现了事物自己发展自己、自己完善自己的完整过程。因此事物就会在高级阶段重复低级阶段的某些特征、特性；又由于从肯定到否定、再到否定之否定，经过对立面的两度转化，"发展的第三阶段与第一阶段有形式上的类同"，② 事物发展就会仿佛向旧东西回复，在更高的基础上回到了原来出发点，形成一个发展周期，表现为螺旋式运动。否定之否定范畴的特定含义就在于揭示螺旋式运动的周期性，发展进程的曲折性。应用这一范畴就是为了通过解剖一个周期通观全过程，集中反映事物发展的螺旋式运动。正如恩格斯在《自然辩证法》中指出的："否定之否定——发展的螺旋形式。"③

（二）否定之否定的普遍性与特殊性

否定之否定范畴所揭示的螺旋式运动普遍地存在于自然界、人类社会和思维之中，具有普遍性、客观性。正如恩格斯在《反杜林论》中指出：否

---

① 《毛泽东选集》第2卷，人民出版社1991年第2版，第707—708页。
② 《普列汉诺夫哲学著作选读》第1卷，生活·读书·新知三联书店1959年版，第635页。
③ 恩格斯：《自然辩证法》，人民出版社1971年版，第3页。

定之否定"是一个非常简单的、每日每地都在发生的过程，一旦清除了旧
唯心主义哲学盖在它上面的……神秘的破烂，它是任何一个小孩都能够理解
的"。[①]

科学发展的成果为否定之否定的普遍性客观性提供了一系列的例证。

现代天文学的成就表明，天体的演化是星际物质凝聚和扩散的周期性发
展的否定之否定过程。

最初，极其稀薄的弥漫物质，即极其稀薄的气体和弥漫的尘埃星云通过
引力收缩转化为恒星。这是恒星演化中的第一次否定。在这个星际气体和星
云聚集成星的阶段，吸引大于排斥，凝聚和收缩是发展的主要倾向。恒星这
种密度大的物质在发展过程中，内部温度越升越高，化学成分发生变化，出
现热核反应，排斥力骤增，最后由于高温造成的巨大气体压和辐射压冲破恒
星外壳，产生大爆发，大量向外抛射物质，天体物质又由凝聚的星态转化为
弥漫在宇宙空间中的极其稀薄的气体和尘埃星云，恒星又被否定。这种星
云—恒星—星云的发展过程，就是星际物质凝聚—扩散—凝聚的发展过程。
这种天体演化中的否定之否定的周期性发展，决不是简单的回复、重复，因
为经过一系列核反应和超星云爆发，比较轻的元素已经合成了重元素，因此
它是螺旋式发展的上升运动。

现代地质学表明地壳的发展是周期性否定之否定的过程。

我国地质学界，包括李四光同志在内的一些地质学家，把地壳的运动看
做是"建造"和"改造"的统一。所谓"建造"，是指地壳（包括沉积岩、
岩浆岩和变质岩）通过沉积、岩浆的侵入和喷发等作用而形成；所谓"改
造"，是指形成的岩体通过褶皱、断裂和风化等地质作用而发生形变。不难
看出，"建造"是完成现有地壳的一种作用，意味着正在形成中的岩层的肯
定；而"改造"则是对已形成的岩层的破坏，是否定的因素。所以"建造"
和"改造"的统一，也就是肯定和否定的统一。构成地壳的岩体不断地被
破坏，这就是由肯定走向否定。另一方面，被破坏了的岩层的产物又在一定
的条件下经过搬运、堆积、成浆等作用，变成新的岩层，这就是由否定走向
第二个否定，即否定之否定。地壳就是这样通过"建造"—"改造"—

---

① 《马克思恩格斯选集》第 3 卷，人民出版社 1995 年版，第 478 页。

"建造"的，通过否定之否定过程而进行新陈代谢的。

否定之否定规律也存在于机械运动和物理运动之中。

恩格斯在讲到关于机械能和热能之间的相互转化时写道："在实践上发现机械运动可以转化为热是很古的事情，甚至可以把这种发现看作人类历史的开端。""然而摩擦取火的过程还是片面的。机械运动通过这个过程转化为热。为了完成这个过程，它必须再反过来。必须把热转化为机械运动。只是在这个时候，过程的辩证法才充分地实现，过程才完成一个循环。""在发明摩擦取火以后，一定经过了好几千年，亚历山大里亚的希罗（公元前120年左右）才发明了一种用本身发出的水蒸气使之转动的机械。又过了差不多两千年，才造成了第一部蒸汽机，第一个把热能转化为真正有用的机械能的装置。"① 显然，在恩格斯看来，从机械运动到热运动的转化，还不足以体现过程的辩证性质，必须再从热转化为机械运动，过程螺旋式上升的辩证性质才充分展现出来。此后，人们又创造了把机械能转化为热能、电能，然后再把热能、电能转化为机械能的装置。现代化大工业和农业以及交通运输业，就是利用这种物质运动形式的转化作为动力的。水力发电，就是通过机械运动，利用水的位能转化为机械能、电能，再把电能转化为生产用的机械能，推动机器、车床的运转。这种机械能—电能—机械能的过程，就是否定之否定的过程。

在化学运动中，由于元素的原子核的电荷的递增，元素性质发生否定之否定的周期性变化是普遍现象。

从元素周期表中的周期系第1族的元素锂等碱金属，随着核电荷的递增，而变为硼等非金属，随着这种非金属的核电荷的继续递增，又依次变为钠、钾、铷、铯等碱金属。从锂—硼—钠、钠—硅—钾、钾—砷—铷、铷—锑—铯等等，都是由碱金属变为非金属，再由非金属向碱金属回复的否定之否定过程。但经过两次否定的碱金属的核电荷已大大增加，因而化学性质比原来的碱金属更加活泼、更加强烈了。这种元素化学性质的周期变化，也就是元素内部核外电子排布、原子半径、第一电离能以及化合价等，随着原子序数的递增或递减而发生有规律的否定之否定变化的结果。

---

① 恩格斯：《自然辩证法》，人民出版社1971年版，第91—92页。

在生物的生长过程中否定之否定规律也起着作用。

例如，麦子的生长就是这样一个过程：麦粒被由它生长出来的植株所否定，经过出苗、拔节、开花、结实，最后又产生出麦粒。麦粒一成熟，麦秆即枯萎，植株又被否定。又如蚕的生长也要经过一个从蚕卵到蚕又到蚕卵的过程。蚕否定了蚕卵，新的蚕卵又否定了蚕。在否定之否定阶段出现的麦粒或蚕卵，已不是肯定阶段的麦粒或蚕卵，在数量方面增加许多倍。如果经过人工培育，改良品种，在质量方面也会大大提高。

否定之否支规律，也存在于微观领域。

例如，放射性元素在衰变过程中，产生一种称为正电子的基本粒子，它在单独存在时是稳定的，但它和电子相遇时，就一起转化为一对光子，从而否定其自身。反过来，能量超过 1.02 兆电子伏特的光子在经过另一个粒子（如原子核）附近时，又可以转化为电子对（一个电子和一个正电子），这就是基本粒子运动的否定之否定过程。再如，在原子反应堆中，用中子轰击铀238，铀俘获了中子后变为铀239，再经过两次 β 衰变变为钚239。再经过 α 衰变，又变为铀 235 （ $_{92}U239 \xrightarrow{\beta} _{93}N_p239 \xrightarrow{\beta} _{94}P_U239 \xrightarrow{\alpha} _{92}U235 \cdots\cdots$ ）。经过两次否定后的铀 235，是铀 238 的同位素，但前后两种铀的质量数已不同了，是螺旋式的上升。在天然铀矿中，一些不稳定的铀的同位素本身还可以自发地进行衰变。如铀 238 很不稳定，自发地进行衰变，转化为钍 234；钍 234 经过两次 β 衰变，又转化为比较稳定的铀 234。近代原子能技术的运用，同铀的这种否定之否定息息相关。

在人类社会生活中，否定之否定规律也普遍起着作用。

整个人类社会就是由生产资料的公有制到生产资料的私有制，再到生产资料的公有制的否定之否定的过程。在原始社会，由于生产力十分低下，单个人无法进行生产活动，人们必须共同占有生产资料，集体劳动，平均分配产品。后来由于生产力的发展，个体生产能力有了提高，就产生了生产资料占有的公共性质和生产的个体性质之间的矛盾。这种矛盾使原始的生产资料公有制走向自己的反面，被生产资料私有制所否定，从此进入了阶级社会。在生产资料私有制内部，当生产力发展到一定程度时，生产过程的公共性质又逐步加强，到了资本主义社会，生产过程的公共性质得到高度发展，和生产资料的私有制发生了尖锐的矛盾，生产资料私有制又走到了它的反面，被生产资料公有制所否定。这种生产资料公有制，已不是原始的生产资料公有制，而是在生产力发展的基础上建立起来的、为原始的生产资料公有制所不可比拟的社会主义和共产主义的公有制。这时生产资料公有制的性质和生产过程的性质之间的矛盾得到了根本的解决，开始了社会发展的一个崭新阶段。

生产关系必须适合生产力性质的规律，是人类社会发展的根本规律，这个规律也是按生产关系和生产力之间的基本适合—基本不适合—基本适合的过程展开的。

我们知道，生产力和生产关系之间的矛盾，在生产发展的不同阶段，具有不同的情况。在一种新的生产关系产生和确立起来以后的一段时间内，它与生产力性质是基本适合的，对生产力的发展具有积极的推动作用，促进生产力较为迅速地发展。虽然这时生产关系和生产力之间也有矛盾，人们也会自觉或不自觉地做某些调整，但却不会引起生产关系的根本变革。而当生产力发展到一定程度，原来的生产关系就逐渐显得陈旧，它与生产力性质由基本适合变为基本不适合，从而阻碍生产力的发展，这时就要求变革旧的生产关系，建立新的生产关系。新的生产关系一旦产生并确立起来，就又出现了生产关系与生产力在新的基础上的基本适合。生产关系和生产力之间这种基本适合—基本不适合—基本适合的过程，就是肯定—否定—否定之否定的过程，这是一个川流不息、万古常新的循环过程。每一次这样的循环，都把人类社会提高到一个新的阶段，推动人类社会按照近似螺旋的曲线由低级向高级发展。

在社会历史中，体力劳动与脑力劳动之间结合—分离—结合的过程，也是否定之否定过程。

在原始社会中，由于社会生产力十分低下，不可能分化出专门从事脑力劳动的人，体力劳动和脑力劳动是结合在一起的。这时体力劳动占据主导地位，脑力劳动极不发达，生产的发展主要靠增加体力劳动的强度，延长体力劳动的时间。到了阶级社会，由于生产力有了一定程度的发展。社会中分化出一部分专门从事脑力劳动的人，出现了体力劳动和脑力劳动、体力劳动者和脑力劳动者的分离和对立。体力劳动和脑力劳动的分离促进了生产力和科学文化的发展，但它同时又摧残着大多数体力劳动者的精神才智。在社会主义社会中，体力劳动和脑力劳动、体力劳动者和脑力劳动者的对立基本上消失了，但二者之间仍然存在差别。到了共产主义社会，由于各个社会成员的体力和智力都得到了全面发展，体力劳动和脑力劳动达到了在新的基础上的结合，体力劳动和脑力劳动之间的矛盾得到了根本的解决。

不仅整个人类社会历史这个大过程是按肯定—否定—否定之否定发展的，而且这个大过程中的每一个较小的过程也是按照这个规律发展的。

如果我们把私有制社会作为一个过程来看待，它分为三种社会形态：奴隶社会、封建社会、资本主义社会。奴隶社会奴隶的集体劳动被封建社会一家一户的个体劳动所否定，资本主义社会的雇佣劳动者则在更高的阶段上重复着奴隶式的集体劳动。再如，我国的封建社会经历了两千多年到三千年的缓慢发展时期，其间也经历了许多否定之否定的周期。每个封建王朝在开始建立时，一般都经历一段比较兴盛的时期，生产力和科学文化发展较快。后来，由于封建王朝的统治者逐渐腐败，引起阶级矛盾的激化，迫使农民进行起义或遭到外族侵扰，从而走向衰败，导致旧王朝的灭亡和新王朝的建立。新王朝建立以后，又重新出现一段比较兴盛的时期。中国的封建社会就是这样沿着兴盛—衰败—兴盛的周期发展的，最后导致了封建制度的被消灭。

人类的思维过程也是按否定之否定规律进行的。

毛泽东在总结人类认识的总规律时指出："实践、认识、再实践、再认识，这种形式，循环往复以至无穷，而实践和认识之每一循环的内容，都比较地进到了高一级的程度。"[①] 实践—认识—再实践这就是人类认识总过程中的肯定—否定—否定之否定过程。毛泽东在阐明人类认识运动的秩序时说："就人类认识运动的秩序说来，总是由认识个别的和特殊的事物，逐步地扩大到认识一般的事物。人们总是首先认识了许多不同事物的特殊的本质，然后才有可能更进一步地进行概括工作，认识诸种事物的共同的本质。当人们已经认识了这种共同的本质以后，就以这种共同的认识为指导，继续地向着尚未研究过的或者尚未深入地研究过的各种具体的事物进行研究，找出其特殊的本质，这样才可以补充、丰富和发展这种共同的本质的认识，而

---

① 《毛泽东选集》第 1 卷，人民出版社 1991 年第 2 版，第 296—297 页。

使这种共同的本质的认识不致变成枯槁的和僵死的东西。"① 人类这种特殊——一般—特殊的认识秩序，就是肯定—否定—否定之否定过程，"而每一次的循环（只要是严格地按照科学的方法）都可能使人类的认识提高一步，使人类的认识不断地深化"。② 在欧洲哲学史上，起初是朴素唯物论，然后是唯心论，最后是辩证唯物论；在近代，由黑格尔的唯心辩证法，经过费尔巴哈的机械唯物论，再到马克思的唯物辩证法。在中国哲学史上，由孔子的"天命论"，到荀况的"天人相分"，再到董仲舒的"天人感应"；董仲舒的以"天人感应"为特征的"神学目的论"，又可以作为一个新的起点，再被王充的"元气自然论"所否定，后来又导致了王弼的"玄学唯心论"。中外哲学史，就是按照这些肯定—否定—否定之否定所形成的大大小小的圆圈向前发展的。人们对自然界的认识也是无数大大小小的否定之否定的圆圈所形成的周期。在天文学上，开初是"地心说"，后来是"日心说"，今天科学又说明这个无限的宇宙中，只能有相对的中心，这便在一定范围内肯定了"地心说"，因为地球至少是月球的中心。在物理学上，对光现象的认识也是如此，从微粒说到波动说，再到粒波二象说，这就是一个否定之否定的过程。在文化艺术的发展上，也同样按照否定之否定规律进行：古代希腊、罗马文艺的繁荣—欧洲中世纪的沉寂—近代欧洲的文艺复兴；早期的浪漫主义—后期的现实主义—社会主义现实主义或革命浪漫主义与革命现实主义相结合。

以上我们列举了自然、社会和人类思维中的大量具体例证，说明了事物自己发展自己、自己完善自己的周期性运动，事物的发展是前进性和曲折性的统一。否定之否定是普遍的客观的。

否定之否定不仅具有普遍性，而且具有特殊性。恩格斯在列举自然、社会和人类思维中的大量例证，说明否定之否定的普遍性的时候，同时指出："当我谈到所有这些过程，说它们是否定的否定的时候，我是用这唯一运动规律来概括所有这些过程，正因为如此，我没有去注意每一个个别的特殊过程的特点。"③ 可见，虽然恩格斯当时面临的主要任务是阐明否定之否定的

---

①② 《毛泽东选集》第1卷，人民出版社1991年第2版，第309—310页。

③ 《马克思恩格斯选集》第3卷，人民出版社1995年版，第484页。

普遍性，但他并没有忽视否定之否定的特殊性。只是由于他当时要着重驳斥杜林否认否定之否定规律的普遍性的谬论，而没有具体阐明否定之否定的特殊形式。

所谓否定之否定的特殊性，是指其具体内容与具体表现形式的差异性与多样性。不同事物的发展过程，具有不同的否定之否定的内容与表现形式。我们不仅要掌握否定之否定的普遍性，而且要掌握否定之否定的特殊性。从某种意义上说，掌握否定之否定的特殊性比掌握它的普遍性更困难、更重要。

掌握否定之否定的特殊性，必须坚持具体问题具体分析的原则，从不同的角度具体地分析、把握否定之否定的特殊性：

其一，具体分析考察对象的特殊性。由于客观事物是复杂的，一个复杂的事物往往是多种矛盾的统一体，不同方面的矛盾在其发展过程中有不同的螺旋式运动。比如，在社会运动中，与不同方面的矛盾运动相联系的就有不同的否定之否定过程：在生产力与生产关系的相互关系中，有适合—不适合—适合的否定之否定过程；在劳动者与劳动资料的相互关系中，有结合—分离—结合的否定之否定过程。因此，研讨螺旋式运动时，必须具体分析考察对象的特殊性，从而明确要研究的特定方面的周期运动，抓住该方面的同一矛盾的展开过程，才能搞清否定之否定的具体内容与具体的表现形式，而不致产生误解与混淆。比如，确定研究所有制发展过程中的周期性，就得紧紧抓住公有与私有这一矛盾的展开过程。这样，才能知道在漫长的社会发展过程中，虽然有多次轰轰烈烈的质变，对于这一矛盾的展开过程来说，只有原始社会的瓦解，以及私有制的消灭这两个质变才是两度转化的转折点，也才能相应地确定什么是肯定阶段，什么是否定阶段，什么是否定之否定阶段。否则就会产生种种误解和混淆，看不出周期性来。

其二，具体分析周期起点的特殊性。不同过程的螺旋式运动，有不同的起点和终点。必须根据逻辑和历史相统一的原则，历史从哪里开始，逻辑就从哪里开始，实事求是地确定周期的起点与终点，才能弄清否定之否定的具体内容与具体表现形式。

事实告诉我们，随便抓住一点作为否定之否定过程的起点，是无法正确掌握客观事物自己运动的周期的。例如，有人主观主义地把资本主义—社会主义—共产主义作为一个周期，并以从中看不出第三阶段与第一阶段的类同、重复为理由，否认否定之否定的普遍性。其实在客观上，资本主义—社会主义—共产主义并不构成一个否定之否定的周期。假如我们所考察的是公有制和私有制的转化，那么发展的起点一定是原始公有制，终点一定是共产主义公有制。假如我们所考察的是奴隶制的某些特征、特性的再现，那么发展的起点一定是奴隶制，终点一定是资本主义制。假如我们考察的是封建制的某些特征、特性的再现，那么起点一定是封建制，封建时代的生产者占有生产资料—资本主义社会的生产者和生产资料分离—社会主义社会的生产者在公有制基础上和生产资料结合。在这个过程中，对立面经过两度转化，正好构成一个否定之否定的周期。在资本主义—社会主义—共产主义这个公式中，社会主义和共产主义本来是同一社会形态的两个发展阶段，由社会主义到共产主义不是根本质变，把资本主义当做起点，共产主义当做终点，纯属人的主观安排，根本不是事物自己发展的周期，因而也就无法从中看出第三阶段与第一阶段的类同、重复。

在麦粒—植株—新的麦粒这个周期中，把麦粒作为起点，新的麦粒作为终点，很有典型性。为什么只能把麦粒—植株—新的麦粒作为一个周期，而不能把植株—麦粒—新的植株作为一个周期呢？这是因为，从植物生长、发展的观点来看，麦粒—植株—新的麦粒，这是一粒麦粒在适宜的条件下自己运动的一个周期；而植株—麦粒—新的植株，则牵涉到两粒麦粒，不是一粒麦粒自己运动的一个周期。麦粒既是周期的起点，又是周期的终点，而植株则是联系的环节、发展的环节，周期既不能从它开始，又不能到它结束。从农业生产的观点来看，从播种到收获是一个生产周期，今年的植株管理和明年的植株管理则分属于两个生产周期，因而不能从植株开始到植株结束，只能从麦粒开始到麦粒结束。这充分说明，确立否定之否定规律的周期，必须坚持逻辑和历史相一致的原则。

其三，具体分析螺旋运动曲折性的特殊性。在事物的发展进程中重复性与前进性的统一构成了曲折性、周期性。不同事物在螺旋运动中的重复性和前进性的大小是不同的，因而其曲折性也存在着明显的差别。比如，在麦子的生长过程中，麦粒—植株—麦粒的否定之否定，重复性就很大，而前进性则不太明显，因此其发展进程的曲折性就大。在社会发展过程中，原始公有——私有——共产主义公有的否定之否定前进性就很大，而重复性则不太明显，因此其发展进程的曲折性就小。正因为这样，研究螺旋运动时，必须具体分析曲折性的特殊性，不能因为有的事物的发展进程重复性大、前进性小、曲折性大，就把螺旋运动等同于循环运动；也不能因为有的事物的发展进程的重复性小、前进性大、曲折性不明显，就把螺旋运动等同于直线运动。

其四，具体分析造成曲折性的各种原因的特殊性。客观事物是复杂的，造成发展进程的曲折性的原因是多种多样的，一般是由于辩证否定和否定之否定造成的；有的则是由于发展中出现的暂时的逆转、倒退造成的。在社会生活中，主观指导上的失误也会成为造成曲折性的原因。所以，在研究螺旋式运动时，还必须注意具体分析造成曲折性的各种原因的特殊性，不能把合乎规律的发展造成的曲折性与暂时的倒退或主观指导上的失误造成的曲折性混同起来。自觉地遵循波浪式前进的规律，有节奏、有起伏地促进事物的发展，决不是辩护错误，更不是颂扬倒退。

（三）否定之否定范畴的方法论意义

既然否定之否定范畴科学地揭示了所有事物的发展道路都是螺旋式上升或波浪式前进的途径，这就要求我们在认识和实践中正确认识和处理曲折性与前进性的关系。

一方面，我们在认识与实践中，不管经历多少迂回曲折，始终要认清前进的方向、奋斗的目标，任何时候都要明确曲折是前进中的曲折，要具有披荆斩棘勇往直前的精神。要警惕循环论的影响，所谓循环论就是夸大了事物发展的曲折性，抹杀了前进性，把事物发展所呈现的周期性歪曲为周而复始的团团转。

另一方面，我们在认识和实践中，要准备走曲折的路，要学会迂回灵活的战略战术，要把乐观主义精神与坚韧不拔的毅力结合起来，把高度原则性与灵活性结合起来；要防止和克服直线性观点的影响，所谓直线性观点就是夸大了事物发展的前进性，抹杀了曲折性，把事物发展看成笔直又笔直的。持这种观点的人，认为发展就是不要巩固的发展，高潮就是没有间隙的高潮，前进就得毫不转弯地前进，在工作与生活中只能一帆风顺，受不得半点委屈和挫折。

上述两个方面归结到一点，那就是我们应当自觉地运用螺旋式运动的规律指导各项工作，有节奏、有起伏地促进事物的发展。

三、新生事物的不可战胜性及螺旋运动的总趋势

任何具体事物都是暂时的、变动的、有限的。整个世界是一个川流不息、万古常青的发展过程。自然界和人类社会发展的全部历史，就是一个新事物不断产生、发展，旧事物不断衰亡、没落的历史。新陈代谢是宇宙间普遍的永远不可抵抗的规律。所以，事物发展的总趋势是前进的，是后来者居上，青出于蓝胜于蓝，事物发展的道路是螺旋式上升，而不是螺旋式下降。这里的重点在于表明螺旋式运动的总趋势是上升的。

（一）新事物的含义

所谓新事物，是指在历史的发展过程中进步的、必然向前发展的、具有远大前途的东西。旧事物则是指在历史发展过程中丧失其必然性而日趋衰落和灭亡的东西。识别一个事物是新事物还是旧事物，最根本的是要看它是否同历史发展的必然趋势相符合，而不能只看它出现的时间上的先后，也不能以形式上、现象上是否新奇为依据。一般地说，新事物总是具有新生的特点，但是并不是新出现的事物都是新事物，也不是具有新形式的事物都是新事物。在自然界中，某一生物物种的发展过程中出现了一些新的性状，但这些新性状不一定都是新事物，都具有发展的必然性；只有那些能够适应周围环境的、具有发展前途的新性状才具有新事物的性质，才能经过自然选择或人工选择得到进一步的巩固和发展，而那些虽然是新出现的但不适应周围环境的性状，则没有发展的必然性，它们在经过自然选择或人工选择之后必定会被淘汰。在社会领域里，情形更要复杂。反动统治阶级为维护其统治，常常变换手法，玩弄一些新花招，诸如搞新殖民主义、霸权主义等等，这些东西尽管是新出现的，但决不是什么新事物；恰恰相反，不过是旧事物的新变种或者说是冒充新事物的旧事物，因为它们根植于腐朽的垄断资产阶级，是垄断资本主义衰朽、没落的反映。在人类社会的发展中，只有那些同社会生产力发展的要求相适合的，同人民群众的根本利益相一致并符合历史进步和社会发展必然趋势的东西才是新事物。无产阶级、共产主义思想体系、社会主义制度和民族解放运动等等，就是这样的新事物。总之，新事物有着确定

的客观标准，而不是由人们主观随意确定的，更不是自封的。

（二）新事物是在同旧事物的斗争中成长壮大的

任何新事物的发展，都要经历一个由小到大、由弱到强、由不完善到比较完善的过程。新事物在诞生之初总是比较弱小，旧事物则往往比较强大。任何新事物的成长都意味着对旧事物的否定，它必定遭到旧事物的阻挠、压抑和反抗。所以新事物的成长壮大，总要经过艰难曲折的斗争。当新事物作为旧事物的否定方面存在的时候，它是在同肯定方面的斗争中发展起来的；当否定方面战胜了肯定方面，新事物克服了旧事物之后，新与旧的斗争也不会马上停止，还要进行下去。在这个斗争中，在一定的时期内和在一定的条件下，新事物可能遭到暂时的挫折和失败，甚至旧东西一度重新占上风压倒新东西；但是，不管遭到多少次挫折和失败，从发展趋势来看，新事物的力量是不断增长的，旧事物的力量是不断削弱的，随着新旧双方力量对比的变化，新事物最终要战胜旧事物。新事物的暂时失败不过是严重斗争中的一个回合，新事物前进道路上的一个曲折，不是整个斗争的结局，从发展趋势与最终结局来看，新事物是不可战胜的。

新事物之所以必然战胜旧事物，是由它的本质决定的。其本质力量具体表现在：

其一，新事物符合发展趋势，代表发展方向，是以一定的客观条件为依据的。比如，生物在进化中产生的新性状、新品种，是以适应周围环境的变化，经过自然选择或人工选择能够得到进一步巩固发展为依据的。在社会发展中产生的新的经济制度、政治制度，是以适合生产力发展的需要，符合进步社会势力的利益为依据的。

其二，新事物是在旧事物的基础上产生出来的，它肯定了旧事物中的积极因素，并且还增添了为旧事物没有的、富有生命力的新内容。因此它具有旧事物不可比拟的优越性。

（三）新生事物不可战胜原理的实践意义

第一，既然新事物是符合发展趋势代表发展方向的，我们就应该把自己的命运与新事物联系在一起，在认识与实践中，坚定地站在新事物立场，在革命与建设的征途中，无论遇到多么大的困难，遭到怎样的挫折和失败，都要有坚强的革命意志和革命的乐观主义精神，坚信新事物是不可战胜的，在战略上藐视困难，藐视敌人。

第二，既然新事物在刚刚产生时，总是比较弱小而又是不容易被发现的，因此我们不仅要注意鉴别新事物、善于发现新事物，而且对新事物应该采取热情关怀和积极扶植的态度。

任何新事物的发展都有一个过程，不可能完美无缺。我们决不能对新事物的某些缺点采取讥笑、挑剔和非难的态度，而应该实事求是地分析产生的原因，并耐心细致地帮助它在前进中加以克服，使之逐步完善壮大起来。当然，对新事物的扶植应该依据客观规律和现实可能妥善行事，而不能采取"拔苗助长"、"杀鸡取蛋"的错误做法。

第三，既然新事物战胜旧事物需要一个曲折的斗争过程，因此我们在认识与实践中，不仅在战略上要敢于藐视困难、藐视敌人，而且在战术上要重视困难、重视敌人。这样才能很好地为新事物的成长开辟道路。

社会主义制度是人类历史上一种崭新的社会制度，它的诞生和发展也如同所有新事物的产生、发展一样，在艰难曲折中为自己开辟前进的道路。社会主义制度的建立、社会主义现代化的实现，是我国历史发展的必然，是中国人民在中国共产党的领导下长期艰苦奋斗的结果和前进的目标，是广大人民群众的根本利益所在。在社会主义现代化建设中，尽管还会遇到许多艰难险阻，尽管还会经历曲折复杂的斗争，但是只要依靠中国共产党的正确领导，依靠社会主义制度的优越性，依靠全国各族人民的共同努力和艰苦奋斗，我们的社会主义现代化建设事业就必然会日益兴旺发达。

第 四 章

物质世界联系和发展的其他若干规律

物质世界的联系和发展，除了三大基本规律以外，还有作为联系和发展的基本环节的、通常称为辩证法基本范畴的若干规律。这就是：整体与部分、个别与一般、绝对与相对、现象与本质、内容与形式、原因与结果、必然性与偶然性、可能性与现实性等。

第一节　整体与部分

整体与部分也叫全局与局部。整体在量上是一，部分在量上是多，历史上一些哲学家又往往把整体与部分看成一与多。还有一些概念，如统一性与多样性、整合与分解、综合与分析等与这对范畴密切相关。现代系统论中的系统与要素的关系也蕴涵整体与部分的关系。

一、整体与部分的界定

整体、部分是事物客观存在着的两个不同方面、不同层次，它们彼此规定相互照应，各有特点。

所谓整体是事物作为浑然一体而存在的一面，相对于部分而言，反映事物的整合性、一统性和不可分性，分解了的东西具能是部分而不再是整体。整体的含义是特指事物内在部分形成的整合体。

部分是事物作为构成要素、局部而存在的一面，相对整体、全局而言，反映事物的可分解性，事物内部组成的差异性、多样性。部分的含义是特指构成事物整体的要素、局部。

整体与部分的区分，在特定的范围内是确定性的，不容混淆的；由于物质世界的普遍联系与无限发展，它们的区别又不是绝对的而具有相对性。一事物的整体相对于它的构成部分来说是整体，但它又可以作为部分而从属于更高层次的整体；反之亦然。例如原子核相对于原子的整体来说是部分，而相对于构成原子核的质子和中子来说则是整体。

二、整体与部分的对立统一

整体与部分相互联结，具有相互依存、彼此相成的同一性。这表现在，其一，整体与部分互为存在前提：部分是构成整体的基础，没有部分就无所谓整体；整体是部分的归宿，离开整体的部分，只是特定的他物而不能成为部分，没有整体就无所谓部分。其二，整体与部分相互包含：整体由部分所构成，它当然包含部分，但整体可以等于、小于或大于部分的总和；部分作为构成整体的基础也蕴涵整体的基本因素。所谓宇宙全息说认为任何一粒微尘都包含了宇宙的全部信息，是否真正如此有待研究，但认为部分包含整体的因素以至可以代表整体的见解在原则上是正确的。从一管海水可以知道一定范围内海水的成分和性质，从一撮泥土可以知道一定范围内土壤的状况，这就说明部分包含了整体的因素。这两个简单的实例中所说的整体不过是部分的堆积，没有复杂的结构。有的整体是由若干部分按照一定的内在联系构成的，具有复杂的结构。在这一类整体中，其核心部分也可以代表整体，如原子中的原子核、太阳系中的太阳等。至于在有机体和人类社会中，可以说任何一个部分都包含了整体的基本因素。现代分子生物学发现细胞核的染色体上载有这个生物体的全部遗传基因，从理论上讲，生物体的任何一个细胞都可以发育成长为该种生物体，现在就已经有少量植物品种做到了这一点。我国的经络学说认为，人体的某一部分如耳轮、脚底能反映整个人体的状况。任何个人都是他生活于其中的社会的缩影，社会的经济、政治、文化，社会的物质生活和精神生活状况，都能从他的生活中反映出来。一个家庭、一个团体、一个机构、一个组织也能反映出它们所在的整个社会的面貌。

整体与部分相互对立，具有相互制约、彼此相反的斗争性。这表现在，部分作为构成整体的基础，对基础具有决定作用，制约着整体，部分发生变化则会影响整体，乃至破坏原来的整体，构成新的整体。整体作为部分的归宿，对部分具有一定的支配作用和控制作用，整体也制约着部分，整体发生变化也会影响部分，或使某些部分有所改变，或排除某些部分，或吸纳新的部分。

整体与部分既对立又统一，在一定条件下可以相互转化。通常所说的整体与部分的相互转化实际上讲的只是整体和部分区分的相对性，整体和部分本身都没有发生变化。而整体与部分之间的真实的相互转化是一个部分变成与它的整体并列的另一整体，一个整体变成与它的部分并列的另一部分。例如，胎儿本是母亲的一部分，一朝分娩便成为与自己的母亲同样的个人。各种分解、分化、分裂、解体中都有部分转化为整体的过程，各种融合、兼并、整合、整体化都包含整体转化为部分的过程，其情况都是复杂的。在多数情况下，整体变部分与部分变整体，都是分别发生的。二者同时发生，即在部分转化为整体的同时，原整体变成为它的部分的部分，是罕见的。

三、整体与部分对立统一原理的方法论意义

整体与部分的对立统一原理，从一个侧面反映了物质世界联系和发展的一个重要规律，它对于人们正确认识世界、改造世界具有重要指导意义。

首先，整体与部分的关系是综合和分析的思维方法的客观基础。正是由于整体是由部分构成的，因而在思维中可以把整体分析为各个部分，又可以把各个部分综合为整体。人们在认识一个事物或一种现象时，总是要首先把整体区分为它的各个组成部分，弄清楚它们的功能和它们之间的联系，然后再经过综合达到对整体的完整的认识。分析与综合缺一不可。没有科学的分析，就没有科学的综合；只有分析而无综合，达不到对事物的完整的认识。

其次，既然一个整体由于内部要素的合理组织可以发挥出比各要素功能之和更大的功能，那么，人们在实践中就应当力求整体的最优化，使其发挥出最大的功能。这就是要注意调整各个部分之间的关系，使之互相协调，互相推动。整体各部分之间的关系由不协调到协调，是一个动态的过程。已经协调了的关系，由于整体及其各部分的变化，又会不协调起来，又需要进一步加以调整，才能使整体继续保持其最优化的状态。

最后，整体是由部分构成的，部分从属于整体，因此我们在一切活动中都应该有全局观念或整体观念，"全国一盘棋"就是全局观念的表现。但是，这决不是说，部分可有可无，无关紧要。诚然，有的部分是无关紧要的，但有的部分则是不可缺少的，甚至是起决定作用的。另外，如果多数部分没有了，整体也就没有了。毛泽东曾以战争为例说明这个道理，"战争中有些战术上或战役上的失败或不成功，常常不至于引起战争全局的变坏，就是因为这些失败不是有决定意义的东西。但若组成战争全局的多数战役失败了，或有决定意义的某一二个战役失败了，全局就立即起变化"。[①] 对于部分，应该承认其相对的独立性和一定的重要的作用，尽可能照顾各部分的特殊性，做到全局在胸，统筹兼顾。为了全局的利益而过分集中和为了局部的利益而过分分散，都是片面的。统一性和多样性、整体利益和局部利益辩证地结合起来，才能推动各项事业高速前进。

第二节　个别与一般

个别与一般范畴，从一个侧面反映了世界联系和发展的客观规律；由于人只要思维，就离不开抽象和概括，就有从个别到一般、从一般到个别的认识过程；个别与一般、特殊与普遍是一对非常古老的范畴，在人们的认识过程中具有非常重要的意义。

一、个别与一般的含义

任何一个具体事物都是个别和一般的统一。世界上的事物所以千差万别，是因为它们包含有各自特殊的矛盾，具有区别于其他事物的特殊的本质，也就是具有其个性。然而，世界上的事物又是相互联系的，同类事物中包含有某种共同的本质，也就是其共性。严格来说个别的含义不是泛指具体的个别的事物，而是特指具体的个别的事物所包含的个性、特殊性；一般的含义不是泛指一类共同的具体的事物，而是特指这类共同的具体的事物所具有的共同性、普遍性。

---

① 《毛泽东选集》第1卷，人民出版社1991年第2版，第175—176页。

　　个性与共性、特殊性与普遍性的区分在特定范围内是确定的、不能混淆的，具有绝对性。由于事物的范围极其广大和发展的无限性，在一定场合、一定时间为普遍性的东西，在另一一定场合、一定时间则变为特殊性；反之亦然，个性与共性、特殊性与普遍性的区分又具有相对性。这类事例比比皆是。我国先秦时代的一些思想家，在对个性、共性范畴的专门论述中，惠施对普遍性的相对性或层次性已有明确的认识。他把低层次的普遍性称为小同，把高层次的普遍性称为大同；把不同层次的特殊性与普遍性称为小同异，把万物即一切事物的异和同称为大同异，说："大同而与小同异，此之谓小同异；万物毕同毕异，此之谓大同异。"（《庄子·天下》）荀子把这个思想系统化，认为宇宙是由不同层次的特殊性和普遍性构成的金字塔结构：大别名—别名—共名—大共名，即个别的东西—特殊性—普遍性—最高普遍性。他说："万物虽众，有时而欲遍举之，故谓之物。物也者，大共名也——推而共之，共则有共，至于无共然后止。有时而欲遍举之，故谓之鸟兽。鸟兽也者，大别名也——推而别之。别则有别，至于无别然后止。"（《荀子·正名》）荀子在表述上有不确切之处（鸟兽不是大别名，而是别名或共名），但在当时是很了不起的，他把高低两头——物质和个别的东西这两个概念，及其间的中间层次如何获得的思维过程都表述出来了。

二、个性与共性的辩证统一

　　对于个性与共性、特殊性与普遍性的相互联结、辩证统一，列宁曾经作过这样的经典论述，他说："对立面（个别跟一般，相对立）是同一的；个别一定与一般相联而存在。一般只能在个别中存在，只能通过个别而存在。任何个别（不论怎样）都是一般。任何一般都是个别的（一部分，或一方面，或本质）。任何一般只是大致地包括一切个别事物。任何个别都不能完全地包括在一般之中，如此等等。"[①]

　　据此，对个性与共性、特殊性与普遍性的辩证统一可以作如下两方面解读：

　　其一，一般只能在个别中存在，只能通过个别而存在。比如，阶级剥削

---

① 《列宁全集》第 55 卷，中文第 2 版，第 307 页。

与阶级压迫的共性是存在于古今中外的所有的阶级社会的个性之中的，并通过这些阶级社会的个性而存在的。由于个性中包含着共性，共性存在于个性之中，所以人们在认识和实践中才有"触类旁通"、"举一反三"的问题。

共性为什么存在于个性之中呢？这是因为世界上的一切事物都是个别的、特殊的。世界上只有这样东西，那样东西，这种社会，那种社会，这个人和那个人；而决没有什么"一般的东西"、"一般的社会"、"一般的人"单独存在。谁见过抽象的一般的人？只能见到张三、李四、王五。谁能买到抽象的一般的水果呢？只能买到具体的梨、桃、苹果、柿子、香蕉等等。

具体的东西是千差万别的，具体的东西没有完全相同的。在世界上找不到完全相同的两片树叶，平常所说的相同是指十分相近，是指在一定意义上，差别可以忽略不计，决没有完全相同。因此，共性不能以"一般的形式"、"普遍的形式"单独存在着。共性只能存在于个性之中，并通过个性而存在，共性不能脱离个性。而个性比共性更丰富、更生动，共性只是概括了个性的一部分或一方面或本质，只能大致地包括个别的东西，而不能完全代替个别的东西。

其二，个别一定与一般相连而存在。这是因为，世界上所有的事物都不是绝对孤立的，而是相互联系相互制约的。任何事物都是从其他事物转化而来的，并要转化为其他事物。新事物在代替旧事物时总是既克服又保留，因而新旧事物之间存在着历史的联系，存在着相同。任何事物都是普遍联系之网中的一个纽结，一类事物中的一个。比如，某种生物不管它多么特殊，总有与其他生物共同的地方，总要服从生物运动的一般规律。北京动物园中的"四不像"，以其长相的特殊而得名。它的角似鹿非鹿、头似马非马、身似驴非驴、蹄似牛非牛，性温驯，以植物为食。长相四不像，可谓十分特殊，但它也是一类中之一个。它属于脊椎动物门，哺乳动物纲，偶蹄目，鹿科，学名麋鹿。

此外，还要看到个性与共性的辩证统一也体现在它们的相互转化上。

个性与共性、特殊性与普遍性之间的互相转化表现于两种情况：一种情况是双方地位的转化即个性相对于更低层次的个性来说成为共性，共性相对于更高层次的共性来说成为个性，特殊性对于更低层次的特殊性来说就是普遍性，普遍性对于更高层次的普遍性来说就是特殊性。例如人性，相对于张

三、李四的个性来说是共性，相对于动物性来说则是个性，即人类的个性。又如张三喜欢音乐，这是他的个性，相对于张三对各种风格的乐曲的偏好来说则是共性，但在这种转化中，个性或共性本身并没有变化，这实际上也只是讲的个性与共性、特殊性与普遍性的区分的相对性。另一种情况是在同一关系中个性变成了共性，或共性变成了个性。例如某种观点最初只是个别人的观点，只是他的个性，后来成为许多人的共识，就是共性了。相反，曾经成为人们共识的观点变成了只是个别人的观点，它就从共性变成个性了。在观念意识急剧变革的时代，不适应时代的旧观念会逐渐成为只是少数人的观念，而适应时代的新观念则会逐渐成为多数人乃至所有人的观念，其中就包含了个性与共性的互相转化。

三、个性共性辩证关系原理的方法论意义

其一，个别与一般、特殊与普遍这两对范畴在人们的认识过程中具有非常重要的意义。人们认识的目的是指导实践，但只有获得规律性认识即普遍性认识才能指导实践。因此，认识不能停留在对个别东西的认识上，而必须从事物的个性中寻求共性，从特殊性中寻求普遍性，这就是要从感性认识上升为理性认识，需要运用分析、归纳等逻辑方法。对于通过分析、归纳获得的大量普遍性认识，还要运用综合、演绎的逻辑方法形成系统的普遍性认识，即理论体系。人们的认识从个别上升到一般是在实践基础上经过由个别到一般又由一般到个别的多次反复才实现的。毛泽东说："这是两个认识的过程：一个是由特殊到一般，一个是由一般到特殊。人类的认识总是这样循环往复地进行的，而每一次的循环（只要是严格地按照科学的方法）都可能使人类的认识提高一步，使人类的认识不断地深化。"[①] 毛泽东把个别与一般的辩证法运用于实践中，提出"一般和个别相结合"、"领导和群众相结合"的领导方法，这就是"从群众中集中起来又到群众中坚持下去，以形成正确的领导意见，这是基本的领导方法。在集中和坚持过程中，必须采取一般号召和个别指导相结合的方法，这是前一个方法的组成部分。从许多个别指导中形成一般意见（一般号召），又拿这一般意见到许多个别单位中

---

① 《毛泽东选集》第 1 卷，人民出版社 1991 年第 2 版，第 310 页。

去考验（不但自己这样做，而且告诉别人也这样做），然后集中新的经验（总结经验），做成新的指示去普遍地指导群众"。① 这是党在领导中国革命和建设的实践中已经被证明是行之有效的领导方法。

其二，遵循个性与共性相结合的原理是正确分析矛盾解决矛盾的关键所在。具体地说，分析矛盾时，由于个性中包含着共性，以共性为指导，就能方向明、方法对、决心大，对具体现象能够去深刻地感觉它。又由于共性只能存在于个性之中，并通过个性来存在，还必须坚持具体问题具体分析，弄清共性在具体矛盾中的特殊表现。其结果对于矛盾的分析、认识既是深刻的，又是具体的。

解决矛盾也是如此，以共性为指导，有正确的方针和政策，可以避免犯方向性、原则性的错误；具体问题具体分析，区别不同情况找到相应的具体解决办法，"一把钥匙开一把锁"，可以使矛盾得以妥善的解决。

相反，割裂了共性、个性的关系，必然导致唯心主义和形而上学。如果认为个性中不包含共性，就意味着由于强调了区别而抹杀了联系、转化，孤立地静止地看问题，就将陷入形而上学。如果认为共性不存在于个性之中，不存在于客观的具体事物之中，就无异于承认共性是头脑里固有的，或天上掉下来的，就将导致唯心论。主观唯心主义讲的"主观精神"，客观唯心主义讲的"客观精神"就是这样的共性。

马克思主义普遍原理必须同本国实际相结合，这是马克思主义的基本原则。从辩证法角度来说，矛盾的普遍性与矛盾的特殊性相结合的原理就是这一原则的哲学基础。无论哪一个国家和民族搞革命和建设，要取得成功和胜利都必须遵循这一原则。列宁在《我们的纲领》一文中曾指出："对于俄国社会党人来说，尤其需要独立地探讨马克思的理论，因为它所提供的只是总的指导原理，而这些原理的应用具体地说，在英国不同于法国，在法国不同于德国，在德国又不同于俄国。"② 毛泽东在领导中国革命过程中，进一步发挥了这一思想。他说："马克思主义必须和我国的具体特点相结合并通过一定的民族形式才能实现"，"因此，使马克思主义在中国具体化，使之在

---

① 《毛泽东选集》第3卷，人民出版社1991年第2版，第900页。
② 《列宁选集》第1卷，人民出版社1995年版，第274—275页。

其每一表现中带着必须有的中国的特性，即是说，按照中国的特点去应用它，成为全党亟待了解并亟须解决的问题"。[①]

坚持马克思主义普遍真理与中国革命的具体实践相结合，是我们党一贯遵循的思想原则，也是我们党总结正反两方面的经验得出的基本结论，也是毛泽东思想的基本点。

现在，在社会主义建设的新的历史时期，马克思主义普遍真理与我国具体实际相结合，集中地体现在"建设有中国特色的社会主义"这一基本指导思想上。

党的十一届三中全会以来，我们党确立的"以经济建设为中心，坚持四项基本原则，坚持改革开放，自力更生，艰苦创业"的社会主义初级阶段的基本路线，就是实现这一指导方针的行动纲领，是共性与个性相统一的具体体现。

第三节　绝对与相对

绝对相对问题不是一个枝节性的、局部性的问题，而是贯串整个哲学理论、整个哲学史的重要问题。在马克思主义哲学的各个原理、原则、规律和范畴中，同样也多方面地体现着绝对与相对的关系。可见，绝对相对是概括性大、综合性强的总体性范畴。如何正确地理解和处理它，不仅是一个涉及世界观和方法论的重要问题，而且有着重要的理论意义和现实意义。

一、绝对和相对的含义

从绝对相对范畴的外延说起，绝对相对这对范畴，就其最基本的意义来说，绝对是指世界及其发展过程的总体；相对是指世界及其发展过程中的一切具体事物和具体过程。但是，这决不意味着它只能用来说明这些，在别的地方就不适用了。从马列主义经典作家的论述来看，这对范畴并不只限于说明世界总体与其部分之间的关系，总的过程与阶段之间的关系，而是经常被用来分析、说明其他问题。比如，用它来分析运动及其状态，于是有了静止

① 《毛泽东著作选读》上册，人民出版社 1986 年版，第 288 页。

的相对性和运动的绝对性的理论；用它来分析认识的发展过程，于是就有了相对真理与绝对真理的理论；用它来说明实践对认识的检验过程，于是就有了实践标准的相对性与绝对性的理论；用它来分析同一性、斗争性在矛盾运动中的地位和作用，于是就有了同一性是相对的，斗争性是绝对的理论。此外，我们还经常用它来说明普遍与特殊的关系，认为普遍性是绝对的，特殊性是相对的；用它来说明局部与整体的关系，认为整体是绝对的，局部是相对的；用它来说明物质与意识的关系，认为物质是第一性的是绝对的，意识是第二性的是相对的；用它来说明平衡与不平衡的关系，认为不平衡是绝对的，平衡是相对的；用它来说明无限与有限的关系，认为无限是绝对的，有限是相对的；用它来分析有条件与无条件的关系，认为无条件是绝对的，有条件是相对的等等。

总之，绝对相对是贯穿于客观过程、认识过程、实践过程的各个方面的普遍性范畴。它的外延广，适用范围大，概括性高，综合性强。所以，现有的辞书和哲学论著一般都以列举外延的办法，对它进行规定。如，相对是指有条件、特殊、暂时、有限等等，绝对是指无条件、普遍、永恒、无限等等。笔者认为，仅仅用列举外延的办法明确概念是很不够的，重要的是揭示相对绝对概念的内涵。

对于绝对相对范畴的内涵如何界定，是一个理论难题。在马列经典著作以及现有的哲学教科书、辞书、哲学专著中，对其作明确界定者尚不多见，一般以列举外延的办法加以说明。近来有些同志开始探讨这个问题，如有人认为绝对的内涵就是指事物运动的绝对性、永恒性；相对的内涵就是指事物静止的相对性、暂时性。还有人认为，绝对是指无条件性，相对是指有条件性等等。

笔者认为，绝对相对范畴，就其外延来说，包括运动的绝对性和静止的相对性，也包括无条件性和有条件性，但不能把它的内涵也归结于此。

众所周知，所谓外延，指的是概念所反映的一类事物；所谓内涵，则是指一类事物的共同本质。经典作家对相对绝对范畴外延的全面揭示，为我们从中抽取其共同本质，分析其内涵提供了可靠的理论依据。那么，贯穿在前面所讲的作为外延的一系列的辩证联系的共同本质特征是什么呢？

首先，从绝对运动与相对静止看：所谓"绝对运动"，是说运动在任何情况下都存在，不受任何时间、地点、条件的限制，具有不受限制的特性；所谓"相对静止"，是说静止是在一定条件下、一定范围内、一定时间内存在，受一定的时间、地点和条件的限制，具有受限制的特性。

第二，从绝对真理与相对真理看：绝对真理是贯穿于人类整个认识过程中的正确认识，它存在于任何时间、地点、条件下，不受一定时间、地点和条件的限制，具有不受局限的特性。相对真理存在于认识过程的某一阶段或某一范围，是对客观世界的某类事物或某一阶段的正确认识，受一定的时间、地点、条件的限制，具有受限制的特性。

第三，从同一的相对性与斗争的绝对性看：斗争性在一定条件下存在，但不受一定条件的局限，通过它创造转化的条件，冲破依存的条件，因而是无条件的、绝对的，具有不受局限的特性；同一性在一定条件下存在，只能体现一定条件的作用。它既不能创造转化的条件，也不能冲破依存的条件，因而是有条件的、相对的，具有受限制的特性。

第四，从无限与有限看：无限是绝对的。无限就是在空间、时间上都没有界限，无边无际，无始无终，不受任何时间、地点、条件的局限，具有不受限制的特性。有限是相对的。有限就是在空间、时间上有一定的界限，受一定的时间、地点、条件的限制，具有受限制的特性。

类似的范畴，我们还可以举出很多，情形都大体相似。

从以上几方面的分析看，这些范畴都存在着这样的共同特点：不受限制的特性与受限制的特性。这是贯穿于绝对相对范畴全部外延中的共同本质特性。因此，绝对相对的内涵应该是，无限制性或不受限制性与有限制性或受限制性。也可以说，绝对性是指世界上的任何事物和认识所包含的不受限制的方面，相对性是指世界上的任何事物和认识所包含的受限制的方面。

二、绝对与相对的辩证关系

（一）绝对相对是统一的

相对和绝对的同一性具体表现在：

1. 相对和绝对是同一个东西的两极，二者互为存在前提，彼此不可分割，共处于一个统一体中。相对和绝对之间，它们互相联结、互相依存、缺一不可，失去一方，另一方就不存在。因此，我们在考察一定事物时，既要看到它的绝对性，又要看到它的相对性，并找到它们之间的相互关联。

拿矛盾的普遍性和特殊性的关系来说，由于矛盾无时不在、无处不有，这是共通的道理，无论何时何地何物，统统如此，绝无例外，所以是共性、普遍性，是无条件的、绝对的。由于每种事物的矛盾各个特殊、互不相同，因而矛盾的特殊性则是有条件的、易逝的、相对的。矛盾的普遍性和特殊性，是任何矛盾都具有的两种属性，二者互为存在的前提。没有特殊的普遍，没有相对的绝对，或者没有普遍的特殊，没有绝对的相对，在现实世界里都是不存在的。

又如，在矛盾的同一性和斗争性的关系中，同样也存在着相对与绝对的关系。列宁、毛泽东都曾指出：对立面的统一是有条件的、暂时的，因而是相对的，而对立面的斗争则是绝对的。事物矛盾的这种相对的同一性和绝对的斗争性以及二者之间的相互关系，正是对立统一规律的基本内容。任何事物的矛盾，都必然是既有斗争性又有同一性的，缺少其中之一都不能构成事物的矛盾运动，都不成其为矛盾。

2. 相对与绝对互相包含，互相渗透。这表现在：其一，绝对存在于相对之中，并通过相对表现出来，正像一般只能在个别中存在，只能通过个别存在一样，凡绝对的东西都只能在相对中存在，只能通过相对而存在。这就是说，普遍、绝对不是凭空想出来的，它来自特殊、相对，是从特殊、相对中概括和抽象出来的，并且只能寓于特殊、相对之中。普遍、绝对只有和特殊、相对相结合，并体现、包含特殊的相对的东西的全部丰富性，它才有生命力。否则，它就只能是毫无内容的、空洞的、枯槁的东西。其二，相对总是同绝对相联结的，总是从特定的方面表现绝对。这就是说，不能离开绝对来谈相对，离开了绝对谈相对，就会把相对绝对化，甚至加以主观任意运用，导致相对主义、诡辩论。这方面的经验教训也是不少的。

总之，绝对和相对只能在相互制约和相互规定的统一联系中存在。如果把它们割裂开来，截然对立起来，就会陷入绝对主义或相对主义的错误。

3. 相对和绝对互为中介，可以互相转化和过渡。相对和绝对之间的同一性，不仅表现在双方互为存在的前提，也不仅表现在二者的互相渗透和包含，而且还表现在它们之间的互相转化和互相过渡。

其一，从普遍与特殊的关系上看，普遍与特殊，是相对于一定的范围而言的。即对于一定的场合来说，是特殊的、相对的东西，而对于另一一定场合来说，则可能是普遍的、绝对的东西；反之亦然。其二，从认识的意义上讲，科学的任务，就是通过有限把握无限，通过相对把握绝对。在科学的认识中，人们在认识个别的、有限的东西的同时，也就是在认识着普遍的无限的东西，因而具有某种绝对的意义。恩格斯说："事实上，一切真实的、详尽无遗的认识都只在于：我们在思想中把个别的东西从个别性提高到特殊性，然后再从特殊性提高到普遍性……然而普遍性的形式是自我完成的形式，因而是无限性的形式……自然界中的普遍性的形式就是规律……对自然界的一切真实的认识，都是对永恒的东西、对无限的东西的认识，因而本质上是绝对的。"[①] 当然，任何规律性的认识，总是狭隘的、不完全的、近似的，它虽是普遍性的、"自我完成的形式"，但永远也不可能是最终完成的形式，而只是表示无限认识过程中的一个阶段。所以，从有限到无限，从相对到绝对的转化过程，是一个不断深化、永无终结的无限的过程。

（二）绝对和相对又是对立的

绝对相对的区别和对立，在一定的条件下和特定的范围内是确定的，是客观存在的。什么是相对的东西，什么是绝对的东西？什么是相对的方面，什么是绝对的方面？这是事物本身的现实关系，是不依人的主观意志为转移的，不能任意混淆，更不许把它们的位置颠倒。

例如，总的宇宙的存在和发展，是无限的、永恒的、无条件的，因而是绝对的；而宇宙间个别的具体事物、过程和现象，是有限的、暂存的、易逝的、有条件的，所以是相对的。在精神和物质、思维和存在的关系中，物质是第一性的、本原的，精神是第二性的、派生的。在物质和精神、存在和思维谁是第一性谁是第二性的意义上，是无条件的、绝对的，除此之外则是有条件的、相对的。在政治和经济的相互关系中，经济是基础，政治则是经济的集中表现，是服务于经济的，社会经济生活对人类历史进程的最终决定作用，是绝对的、无条件的；而政治对经济的反作用，则是相对的、有条件的。矛盾无时不有、无处不在，它贯穿于一切过程的始终，这种普遍性是无条件的、绝对的；而一切具体事物的矛盾特殊性、差别性，则是暂时的、有

---

① 恩格斯：《自然辩证法》，人民出版社 1971 年版，第 212 页。

条件的，因而是相对的。对立面的统一、同一，是有条件的、过渡性的、相对的，对立面之间互相排斥的斗争则是无条件的、绝对的，而斗争的性质、形式、范围，则又是各个特殊的，因矛盾本身的性质和具体条件而变化的，所以它又是相对的。静止、稳固，平衡等等，是暂存的、易逝的、有条件的、相对的，而运动、发展、不平衡等等，则是无条件的、永恒的、绝对的。一切过程的常住性是暂时的、相对的，一过程转化为他过程的变动性，则是经常的、绝对的。事物发展过程中总趋势的前进性、上升性，是绝对的、无条件的、普遍的，而曲折性、回复性则是相对的、暂时的、有条件的等等。所有这一切，都是事物普遍联系中相对与绝对的本质关系。

总之，如果我们否认相对与绝对在一定条件下和特定范围内区别的确定性，取消二者之间的任何界限，抹杀它们之间的对立，甚至随意搞乱它们之间的关系，把本来是相对的说成是绝对的，而又把本来是绝对的说成是相对的，那就会脱离了客观事物的本来面貌，歪曲了现实，就会把事物之间的联系和关系搅得混乱不堪。

综上所述，绝对和相对二者既是对立的，又是统一的，既是相互区别的，又是相互联系的，任何把二者片面夸大或割裂的做法都是极其错误的。割裂绝对和相对的辩证关系，以绝对来排斥相对的观点，就是绝对主义；以相对来排斥绝对的观点，则是相对主义。

在哲学史上，一些哲学家由于不能正确理解绝对相对的关系，或者把绝对相对加以割裂，否定二者的联系，或者把绝对相对加以混淆，抹杀二者的差别，结果都导致了形而上学。

古希腊哲学家赫拉克利特认为，万物都在流动，万物都在变化，所以他说："人不能两次踏进同一条河流。"因为当你第二次踏进这条河流时，原来的河流已经变化了。这是朴素的辩证法思想。然而赫拉克利特的后继者克拉底鲁却把事物看成瞬息万变的东西，断言人一次也不能踏进同一条河流。这样，他由于否认事物的相对静止，把运动绝对化，从而陷入了形而上学的绝对主义。与此相反，古希腊的芝诺则认为，在"真实的存在"中是没有运动的。他提出一个命题叫"飞矢不动"。在他看来，飞矢在路程上要经过无数的"点"，而每一"点"都是静止的，这些静止状态的总和不能产生运动。这种观点割裂了运动的间断性与连续性的统一，实质上是把相对静止绝对化，否认了绝对的运动，从另一个极端割裂了绝对运动和相对静止的辩证统一，同样陷入了形而上学。

中国古代哲学家惠施有所谓"合同异"之说。他认为，事物之间既有相同的一面，又有不同的一面，而同和异又是统一的。这个观点本来含有辩证法的因素，但惠施不能全面地理解事物的同和异的关系，过分地强调了"天地一体"的同一面。看到山丘与湖泊高低位置可以变化，结果得出了"山与泽平"这个错误结论。这种观点，实质上片面夸大了事物和认识的相对性，否认了事物和认识在一定范围内的绝对性，陷入了相对主义。比惠施稍晚的公孙龙则主张"别同异、离坚白"之说。本来"坚"与"白"这两种事物的属性是有差别的，但它们在一块石头上又可以统一起来，成为既坚硬又洁白的石头（即"坚白石"）。但是公孙龙片面夸大"坚"与"白"两种属性的差别，认为人们不能同时把握"坚"与"白"两种属性及其互相联结，由此作出了"离坚白"的结论，实质上是夸大了差别的绝对性，而否认了相对的统一，结果陷入了绝对主义。

哲学史上这种相对主义和绝对主义倾向，对于我们今天正确地把握绝对和相对的辩证关系，仍然是一个十分重要的教训。毛泽东说："在同一性中存在着斗争性，在特殊性中存在着普遍性，在个性中存在着共性。拿列宁的话来说，叫做'在相对的东西里面有着绝对的东西'。"① 这是十分正确的概括和总结。

三、绝对相对辩证关系原理的方法论意义

第一，基于任何事物都有绝对相对两个方面，我们在认识一切事物的时候，都应善于把这两个方面统一起来，把绝对相对这对范畴作为思维形式加以正确运用，防止把绝对与相对割裂开来，避免陷入以绝对排斥相对的绝对主义，或以相对排斥绝对的相对主义。

第二，正确理解和掌握绝对和相对的辩证关系，有助于我们在认识和实践中做到原则性与灵活性的统一。一方面，相对中包含绝对，这就要求我们在认识中坚信科学的原理、原则的正确性，不能模糊真理与谬误的界限；在

① 《毛泽东选集》第1卷，人民出版社1991年第2版，第333页。

实践中，则要有原则的坚定性，而不可人云亦云。另一方面，绝对不能离开相对，要求我们在认识中，不能把一定的科学原理、原则和正确认识凝固化、极端化，使真理变成谬误；在实践中，则要求我们对于原则的运用必须因地制宜、因时制宜，在不同的情况下，根据不同的时间、地点、条件，灵活掌握，否则就可能陷入教条主义。

第三，正确理解和掌握绝对和相对的辩证关系，有助于我们从思维方法上正确认识和处理一系列重要的辩证关系问题，比如认识和处理平衡与不平衡的关系问题。任何事物都是在平衡与不平衡的矛盾中，在二者的交替和转化中存在和发展的。不平衡是绝对的，平衡是相对的。根据这个道理处理国民经济中的关系，我们就可以做到国民经济的各部门按照一定的比例关系协调发展，并及时地组织调整，以求得绝对不平衡中的相对的协调和平衡，或是达到更高水平状态的平衡；也不因为不平衡是绝对的，就不思进取，不图改革，把经济秩序维持在原有的状态。此外，它对于正确认识和处理共性与个性、重点与非重点、变与不变、统一与斗争等辩证关系，也都有着方法论的指导意义。

第四节　现象与本质

人们的认识总是从生动的直观到抽象的思维，即从感性认识上升到理性认识。生动的直观、感性认识只能反映事物的现象；而抽象思维、理性认识才能把握事物的本质。什么是现象和本质呢？

一、现象和本质的含义

现象和本质是客观发展过程的两个不同的方面。那么，它们指的是哪两个方面，各有什么特点呢？从事实说起。

先说物理领域。人们下水游泳就觉得身体轻了不少；木船放在河里就会浮在水面；饺子快煮熟了就要浮起来。这一类的表现是很多的、丰富的、各有其特点。但是，在这类表现中贯穿着一个内在的共同的东西，那就是阿基米德原理所讲的，液体具有浮力这一本质，即物体在水中所受的浮力等于物体排开同体积水的重量。它的体积越大受的浮力越大，饺子快熟了体积由小变大，受的浮力大了，所以就浮起来了。

再看生物领域。整个生物界，有诸多门类属种，每种生物都有自己的生活环境、生活习性和形态结构，有陆生的、水生的、两栖的，还有寄生的，它们的表现是多样的、丰富的、多变的。但是，其中也贯穿着一个内在的共同的东西，那就是不管什么生物，其蛋白体的化学成分都在进行着不断的自我更新。

进而谈谈社会生活中的交换问题。商品的种类是不胜枚举的，有农产品，如粮、棉、油、麻、丝，以及蔬菜水果等等；有工业品，如钢铁、煤炭、电力、化工以及各种机械和交通工具等等；有生产资料，也有生活资料。不同商品的使用价值不同，价格也不同。总之，商品的种类、价格是多样的、丰富的、多变的。但是，其中也贯穿着一个内在的共同的东西，那就是所有商品的价格都是由它的价值决定的，即由它所包含的社会平均劳动量决定的。价值是价格的本质。

综上所述，所谓现象是指客观发展过程的外在的、多样的不稳定的方面，"事物的外部联系"。这种外部联系是人们的感觉器官（眼、耳、鼻、舌、身等）能直接感受到的。它反映到人们的头脑里，表现为感觉、知觉和表象，特点是生动的、丰富的、直观的、形象的。

现象作为本质的外在表现，不同现象表现本质的角度和方式是不同的。有从这个角度反映本质的，也有从另外角度反映本质的，有典型的，也有不够典型的。有直接显现本质，和本质一致的真相；也有以相反的形式，歪曲地表现本质的假象。比如，一根筷子插在一杯水中，从玻璃杯外边看去，筷子好像折了，其实没折，这就是假象。这是由于光在不同密度介质中的折射率不同，经过光的反射折射造成的。又如，太阳东出西没，好像太阳绕地球转，其实是地球绕太阳转，这是假象，这是由地球绕太阳转时自己不断由西向东自转造成的。

假象以相反的形式表现本质与本质相反，这并不是说假象是主观的。假象也是客观的，是现象的一种。列宁说："不仅本质是客观的，而且假象也是客观的。"①

---

① 列宁：《哲学笔记》，人民出版社 1956 年版，第 97 页。

由于假象以相反形式表现本质，所以容易使人迷惑，使人产生错觉。但是假象不等于错觉，假象是属于客观事物现象方面的，不依人的感觉为转移。而错觉则是一种感觉，是属于主观认识范围之内的。同时，还应看到，即使假象容易引起错觉，不等于人们在假象面前一定产生错觉。关于东郭先生的故事，重点不在于强调假象容易使人产生错觉；而是告诫人们要擦亮眼睛，不要被假象迷惑，假象不等于错觉，假象不一定导致错觉。

总之，现象是事物的外部联系，是事物外在的、多样的、不稳定的方面，它包括直接表现本质的真相，也包括以相反形式歪曲地表现本质的假象。

所谓本质是客观事物的内在的共同的稳定的方面。本质总是类的本质，类就是具有共同本质的许多个别事物及现象的集合，任何本质都必定存在于相应的同类个别事物及现象之中，是使一类事物区别于他类事物的最根本的东西，因此它是普遍性、共性。但是并非共性都是本质。比如，所有的人都有两只脚，所有的人都会笑，这是人的共性，但不是人的本质。由于事物的种类是分层次的，本质也是分层次的，根据深浅层次的不同而分为多级本质。比如，李四这个人可以有作为人的本质、作为公民的本质、作为教师的本质，当然还有作为动物或自然物的本质。李四作为人的本质，就其现实性来说，是各种社会关系的总和，是他能在一定社会关系之中认识世界改造世界的根据。

现象和本质是揭示客观发展过程外在联系和内在联系相互关系的一对范畴。现象和本质的相互关系如何呢？

二、现象与本质的辩证关系

先说现象和本质的对立。现象不是本质，本质不是现象，二者存在原则的界限，不能混同。它们的区别主要在于：

首先，现象外露于事物的表面，人们的感官可以直接感知；而本质则深藏于事物的内部，人们的感官不能直接感知，只能通过抽象思维才能把握。例如，太阳东出西落，似乎太阳绕地球旋转，而实际是地球绕太阳旋转。这一本质，感官是不能直接感知的，只有运用抽象思维对现象材料进行科学分析才能揭示出来。

其次，现象是个别的、片面的东西，而本质则是同类现象中一般的、共同的东西。同类现象具有共同的深刻的本质，而共同的本质则通过千差万别的个别现象表现出来。

再者，现象多变易逝，本质则相对平静、相对稳定。在客观事物的发展过程中，本质具有相对稳定性，但它表现出来的现象则是经常变化的，不断改变着自己的具体形态。例如，社会必要劳动决定商品价值是商品价值的本质，价格则是价值的现象，它常因商品的供求关系不同而上下波动，而价值则具有相对稳定性。

最后，现象比本质丰富、生动，本质则比现象单纯、深刻。由于现象是个别的、片面的和表面的东西，形之于外，千差万别且多变易逝，所以它比本质丰富、生动；而本质则是同类现象的共性，深藏事物内部且相对稳定，所以它比现象单纯、深刻。比如河中流水，现象如同浮在水面的泡沫，本质就像底层的深流。

再说现象和本质的统一。现象和本质的统一，表现为二者的相互联系和相互依存。一方面，现象不能脱离本质，任何现象都要从特定方面表现本质，本质是现象的根据，现象总是反映着本质，没有不表现本质的现象，脱离本质的纯粹现象是不存在的。即使是假象也是事物本质的表现。列宁指出："假象的东西是本质的一个规定，本质的一个方面，本质的一个环节。本质具有某种假象，假象是本质自身在自身中的表现。"[①] 另一方面，本质也不能脱离现象，本质总是现象的本质，任何事物的本质都要通过这样那样的现象表现出来，没有不表现为现象的本质，脱离现象的赤裸裸的本质也是不存在的。水有三态：液态、固态和气态。这三态从不同的侧面表现了由氢原子和氧原子结合成的化合物 H_2O。固态是水的本质在冰点以下所表现的现象；气态是它在沸点以上所表现的现象；液态则是水在冰点和沸点之间所表现的现象。在这里，无论哪一种形态都从不同侧面表现了水的本质。人们常用"五光十色"来形容自然界的多变的颜色，然而这些极其不同的颜色，都是电磁波运动这一本质的表现。一个优秀的共产党员，总是通过他始终不渝地坚持四项基本原则的坚定立场，毫不利己、专门利人的共产主义精神，

① 列宁：《哲学笔记》，人民出版社 1956 年版，第 137 页。

兢兢业业、埋头苦干的工作态度等，表现着他的本质。如果离开了这些具体表现，无产阶级先锋战士的本质就无从体现，人们也难以向他学习。

如果割裂本质和现象的辩证统一，就会犯形而上学和唯心主义的错误。同唯物辩证法相反，许多唯心主义者和形而上学者都否认现象和本质的对立统一关系。主观唯心主义者贝克莱认为，世界上的一切事物都是"感觉的复合"，"本质"只是一种"虚无"。这就既否定了现象和本质的客观性，又割裂了二者之间的同一性。康德虽然承认现象和本质的存在，但却把现象和本质绝对对立起来，认为现象存在于"此岸世界"，是人的认识能够达到的，属于科学领域，而本质则是不可捉摸的"自在之物"，存在于"彼岸世界"，是人的认识能力不可能达到的，属于信仰领域，所以人们只能认识现象，不能透过现象认识事物的本质。这样，他就在现象和本质之间挖了一条不可逾越的鸿沟，由此得出了不可知论的错误结论。

割裂现象和本质的统一是不对的，抹杀二者的区别和对立也是错误的。只看到现象和本质的对立，而看不到它们之间的统一，就要犯形而上学和不可知论的错误；相反，如果只认为现象和本质是统一的，而看不到它们之间的对立，那就会把现象误以为是本质，或者把本质误以为是现象，那就要犯诡辩论的错误。正如马克思所说的："如果事物的表现形式和事物的本质会直接合而为一，一切科学就都成为多余的了。"① 科学研究之所以必要，就在于本质不同于现象。本质隐藏在事物的内部，并为反映自己的现象所掩盖。通过事物的现象找到事物的本质，就是科学研究和认识的任务。

三、现象和本质辩证关系原理的方法论意义

现象和本质辩证关系的原理，对于科学研究和实际工作有着重要的方法论指导意义。

首先，现象和本质的对立，说明了科学研究的必要性，现象和本质的统一，决定了科学研究的可能性。科学研究的任务就是通过现象去认识本质。人们只有通过大量的现象的研究，才能发现事物的本质，达到科学的认识。如果二者只有对立而无统一，那么一切科学研究、科学认识就是徒劳无益、

① 《马克思恩格斯全集》第 25 卷，人民出版社 1974 年版，第 923 页。

白费气力的了。

其次，在实践中要注意把现象作为入门的向导，通过现象去认识事物的本质。由于一切事物都是现象和本质的对立统一，这是客观辩证法。把这种客观辩证法运用于认识过程，就要求人们既不能脱离现象凭空地去认识事物的本质，也不能使认识停留在表面现象上，而是要透过现象掌握本质。毛泽东说："我们看事情必须要看它的实质，而把它的现象只看作入门的向导，一进了门就要抓住它的实质，这才是可靠的科学的分析方法。"①

那么，怎样才能透过现象抓住本质呢？

第一，由于本质是通过现象认识的，所以要在实践的基础上观察和了解大量生动具体的现象，尽可能占有丰富而真实的感性材料。这是实现由现象到本质的前提条件。如果没有事实，没有材料或者只抓住片面事实、点滴材料，就不可能正确认识事物本质。

第二，认识了大量的现象，还不等于认识了事物的本质。要把握事物的本质，还必须开动思想机器，对大量的现象以及它们之间的相互联系进行科学的分析研究。特别是在复杂的现象中，既有真相，又有假象，这就需要把真相和假象区分开来，进而揭露假象所掩盖的本质，就更需要下一番辩证思考的工夫。在复杂的斗争中，要坚持正确的方向，不要被假象所迷惑。

最后，从现象中发现本质是认识的深化，但不是认识的结束。从现象中认识本质之后，又要在关于事物本质认识的指导之下继续研究新的现象，从中发现更深刻的本质。人们对事物的认识是由现象到本质的过程，对于本质自身来说，又是由不甚深刻的本质到更深刻的本质的不断深化的过程。人们对不同化学元素具有不同性质的认识就是这样。最初，人们在研究大量化学现象的基础上，认识到不同性质的元素的化合和分解形成不同性质的化学过程，进而通过更多元素及其特性的分析研究，做出了原子量的变化引起元素特性有规律变化的科学结论；在了解了原子结构以后，人们又进一步认识到化学元素的特性主要是由核外电子数（原子序数）所决定的。这样，人们对化学运动的研究，就进入了更深刻的本质。可见，由现象到本质，再到更深刻的本质的认识，是一个无止境的辩证发展过程。正如列宁所说："人的

———————
① 《毛泽东选集》第 1 卷，人民出版社 1991 年第 2 版，第 99 页。

思想由现象到本质，由所谓初级的本质到二级的本质，这样不断地加深下去，以至于无穷。"① 由于人们对本质的认识是一个不断反复、不断深化的复杂过程，因此要真正认识事物的本质就不可能一蹴而就，而需要坚强的毅力，付出艰巨的劳动。

第五节　内容与形式

内容与形式也是客观发展过程的两个方面。一切事物都具有内容和形式，都是内容和形式的统一物。那么，什么是内容和形式呢？它们的相互联系如何呢？

一、内容和形式的含义

还是从事实说起。就微观原子来说，每个原子内部，一方面包含一定数量的电子、质子和中子等微小的粒子；另一方面这些微小的粒子又是按照一定的方式相互联系相互结合的，质子与中子构成原子核，电子沿着不同的轨道围绕原子核旋转。再看宏观的复杂的人类社会吧，在社会生产中，一方面有劳动者和劳动资料这些要素；另一方面这些要素要按一定的方式结合在一起。在社会政治组织中，一方面有组成社会政治组织的成员和成员的各种活动；另一方面这些成员又按照一定的组织原则结合在一起，并在一定的组织结构中进行各种活动。

综上可见，所谓内容，是指构成事物的一切要素，即事物的各种内在矛盾以及由这些矛盾所决定的事物的特征、成分、运动的过程、发展的趋势等的总和，简称事物所包含的内在要素的总和。

所谓形式，是指把内在诸要素统一起来的内部结构或事物的表现方式，简称事物所包含的内在要素的结合方式。

由于事物的内部结构直接影响着事物的外表，所以在这个意义上也可以说，形式是事物的表现方式。在由同样要素组成的同类事物中，由于内在要素的结合方式不同，因而形成非常不同的表现形式。化学运动中的同素异性

① 列宁：《哲学笔记》，人民出版社1956年版，第278页。

体就是明显的例子。如金刚石与石墨都是由碳元素组成的，由于碳原子的排列组合不同，它们的物理性质有显著不同：金刚石属轴晶系，为立方晶体，其中碳原子均衡排列，每两个原子之间距离都相等，因而拉力强，结构坚固，硬度很大，透明，不导电，不易传热，超过700℃会燃烧。石墨属六方晶系，为六角形鳞片状晶体，其中碳原子在水平方向上每两个之间还比较紧密，但在纵向排列上每两个之间的距离却大大拉长，质地松软，不透明，导电，传热，耐高温，可制成耐2000℃~3000℃高温的坩埚。

二、内容和形式的辩证关系

所谓辩证关系是指内容与形式之间的既相反又相成（即对立又统一）的矛盾关系。

先从相成、统一说起。内容与形式的相成、统一的关系，集中表现在它们是相互依赖、互为存在前提的。内容作为内在要素或成分，它们不是彼此孤立的或偶然堆积的，而是以一定的方式结合成的统一的整体，内容依赖于形式。形式作为内部结构，又是以各种内在要素作为相互结合之主体的，形式也依赖于内容。世界上不存在只有内容而无形式或只有形式而无内容的事物，离开内容的形式和离开形式的内容，同样都是不可想象的。

形式和内容是一切事物的统一不可分离的两个方面。不能把内容与形式比作酒瓶与酒的关系。这样比喻就把内容与形式当做可以随便分开的两个东西了。形式是内容本身的形式，是内在要素的结合方式，绝不像装酒的瓶子那样是外在的东西。酒瓶与酒的关系，不是一个事物的内容与形式的关系，而是两个事物之间的关系，酒有自己的内容与形式，瓶子也有自己的内容与形式。

在事物发展中，新内容可以利用旧形式，并不意味着形式可以脱离内容，形式内容可以彼此孤立。这只是表明，新事物在否定旧事物时，不仅在内容方面有扬弃（既克服又保留），而且在形式方面也有扬弃（既克服又保留）。新事物萌芽时往往在旧形式中，因此新事物克服旧事物时，才有利用旧形式的问题。

总之，内容与形式不是外在联系、两层皮，而是相互依赖，互为存在前提的，是客观发展过程的统一的不可分离的两个方面。

再说内容与形式之相反、对立的关系。这种关系集中表现在它们的相互制约上：

第一，内容决定形式。这是因为形式是内在要素的结合方式，而内在要素是进行结合的主体，没有主体的作用，就没有结合的方式。所以，事物的要素、成分的性质和状况如何，其结合方式就如何。内容是形式的基础，形式由内容决定。

关于分子结构的理论告诉我们，物质分子中各原子的结合形式不同，首先是由组成该分子的原子的特性和数目不同决定的。比如氯化钠（NaCl）之所以是离子结合，是由于钠的外层电子是一个，在化合时容易失去电子变成带正电的阳离子；氯的外层电子是七个，容易获得电子变成带负电的阴离子。钠与氯化合时，首先发生了这种情况，钠和氯分别成为阳离子和阴离子，异性相吸构成氯化钠分子，因此氯化钠分子是离子结合，而不是共价结合。

而二氧化碳（CO_2）则是共价结合，因为氧和碳结合时，双方的原子核几乎以同样的力量互相吸引双方的最外层电子，电子不是由一个原子转移到另一个原子，形成阴阳离子然后相互吸引，而是双方彼此共用对方的电子，以共有一个或几个"电子对"的方式结合起来，所以叫做共价结合。可见，NaCl 与 CO_2 的结合方式之所以不同，是由它们的内在要素的特性不同决定的。

在社会领域里，国家"是一个阶级用以压迫另一个阶级的有组织的暴力"。[①] 它作为阶级统治的工具，包括国体与政体两个方面：国体，是指各阶级在国家中的地位与作用。说的是一定的国家究竟掌握在哪个阶级手中，掌握国家政权的阶级联合哪个阶级、压迫哪个阶级。国体揭示了国家的阶级内容、阶级本质。政体，是指国家政权的组织形式和管理形式。说的是统治阶级采取什么形式组织自己的政权，实行自己的专政，管理自己的国家。国体决定政体，政体必须与国体相适应。这是内容决定形式的又一例证。我国的政权组织形式所以采取人民代表大会制，而不采取资产阶级的议会制，更不采取君主立宪制，不能从形式本身得到说明，只能从阶级内容，从国体找

[①] 《马克思恩格斯选集》第 1 卷，人民出版社 1995 年版，第 294 页。

到根据。这是因为我们的国家是以工人阶级为领导的以工农联盟为基础的人民民主专政。毛泽东在《新民主主义论》中早就说过：采取人民代表大会制，由各级人民代表大会选举政府"适合于各革命阶级在国家中的地位，适合于表现民主和指挥革命斗争"。①

由于任何事物都是处于相互联系和发展变化之中的，因此研究内容决定形式时，除直接分析内在要素的结合方式的主导作用外，还必须从联系和发展的角度进一步加以考察。

从发展角度来看，在新事物代替旧事物的过程中，对旧形式是既克服又保留，因此事物在转化发展中新内容可以利用旧形式。比如，在文艺发展中，不仅要批判地继承旧文艺中的好的内容，更要批判地继承旧的文艺形式。毛泽东说："对于过去时代的文艺形式，我们也并不拒绝利用。但这些旧形式到了我们手里，给了改进，加进了新内容，也就变成革命的为人民服务的东西了。"②

新内容可以利用旧形式，由此能不能说内容不决定形式了呢？也不能。新内容利用旧形式，决不是原样照搬，而是根据内容的需要加以扬弃，有所克服有所保留。比如，京剧演现代剧就是如此。京剧艺术传统深、家底厚、艺术手段比较完备。京剧的唱腔、念白、咬字、身段、台步、舞蹈、开打、化装、锣鼓经等都有一套旧的程式。按旧的程式，人物上下场时有念诗念对，主要人物上场时，定场诗、定场白、自报家门等一整套。如果演现代剧完全照搬这一套，怎么能很好地反映工农兵呢？比如，演《红灯记》中的李玉和时，如果完全和演旧剧中的老生一样，迈的是老生的方步，念的是老生的口白，把"日"读成"意"，上场时来一套定场诗定场白，自报家门，下场时又念诗念对，这样就会把一个铁路工人的形象歪曲成一个道学先生。现代京剧中，旦角的唱腔（如阿庆嫂），就不能像过去那样完全是咿咿呀呀的小嗓了，而是大小嗓结合，一般音区大小嗓融合，高音区用小嗓，低音区用大嗓，即所谓"小嗓宽些，大嗓尖些"。这样就有助于表现现代妇女的性格特点。总之，新内容利用旧形式，是根据内容的需要改造地利用、批判地

---

① 《毛泽东选集》第 2 卷，人民出版社 1991 年第 2 版，第 677 页。
② 《毛泽东选集》第 3 卷，人民出版社 1991 年第 2 版，第 855 页。

吸收，而不是全盘照搬。由此也能清楚地看出内容对形式的决定关系。

第二，形式对内容有反作用。形式是由内容决定的，但是某种形式一经产生就对内容发生能动作用，使内容保持一定的稳定性，使事物呈现某种确定的质的规定性。没有形式对内容的这种稳定作用，内容就会解体，事物就不能继续存在。前边已提到，金刚石是非常坚硬的不易分解的物体，它的坚硬性、稳定性是由其碳原子的六方晶系结构决定的。对于一个政党、机关、团体来说也是一样，一定的组织形式可以使它们保持一定的稳固性，能够有统一的意志统一的行动。

形式既然使内在要素保持一个相对稳定的结构，它的存在就必然对内容的性质和发展有重要影响。

当形式与内容相适应时，能够对内容的发展起推动作用。比如，当生产关系适合生产力性质的情况下，它对生产力的发展起促进作用；在组织形式适合于组成人员的特点和工作内容要求时，这种组织形式就成为促进工作的杠杆。

在形式与内容不相适应时，形式的稳定性就要阻挠内容的进一步变化，随着内容的发展，内容与形式的矛盾到了互不相容的地步时，结果就会引起形式的变革，使内容获得飞跃发展。正如列宁在《辩证法要素》中指出的："内容对形式以及形式对内容的斗争。抛弃形式、改造内容"。① 比如，当冰中水的分子运动由于能量的增加受到冰的结构形式束缚时，随着能量继续增加，冰的结构形式就解体了，冰转化为水。当生产关系成为生产力发展的严重阻碍时，社会革命的时代就到来了，生产力就要突破旧的生产关系，建立与之相应的生产关系，使生产力得到解放，从而迅速向前发展。

三、内容与形式辩证关系原理的方法论意义

第一，既然任何事物都是内容与形式的统一，因此我们观察问题、处理问题时，就必须注意内容和形式这两个方面。在社会主义现代化建设中，在完成任何一项任务时，都必须正确地解决这两方面的问题，既要在内容方面明确依靠什么力量、干什么工作，即明确由谁做，做什么；又要在形式方面

---

① 《列宁选集》第 2 卷，人民出版社 1995 年版，第 412 页。

明确采取什么组织形式和工作方式，即明确如何做，怎样做，并且要把这两者很好地统一起来。

这就首先要反对不重内容、单图形式的形式主义倾向。比如，工作中不顾任务的需要和内容特点的变化而采取千篇一律的死板的程式；在文艺创作中，不注重积极的题材内容，凸显深刻鲜明的主题，只追求优美的辞藻，华丽的形式，为艺术而艺术。

反对形式主义，并非不要形式，必要的形式不可少，要坚持内容与形式的统一。也要反对忽视或否定形式作用的另一种倾向，即形式虚无主义。众所周知，我们的生活资料、生产资料都离不开物质的东西，而各种物质东西的应用价值决定于它们的性能，而它们的性能又取决于物质的结构，即取决于内在要素的结合方式。人类生活在大自然中，对自然界中形形色色千变万化的情况要有所认识和改造，就需要探求物质深处的奥秘。因此，在自然科学发展史上，探明物质结构始终代表着基本理论研究的一个重要方向。在这个具有战略意义的研究方向上，科研工作达到的深度和广度足以影响其他科学的兴废和盛衰。

可见，以唯物辩证法关于内容与形式的范畴为指导，深入研究物质的组成及其内部结构，对发展自然科学的基本理论和社会主义现代化建设具有十分重要的意义。

第二，由于内容与形式之间存在着由基本适合到基本不适合再到基本适合的矛盾运动，因此我们必须在实践活动中善于处理好这种内容和形式的矛盾运动。

当形式同内容基本相适合，形式能促进、容纳内容的发展的时候，就应当有意识地保持形式的相对稳定性，充分利用形式的反作用以促进内容的发展，而不能过早地将它们废除掉，这样才符合内容本身发展状况的要求。

当内容的发展使得形式已变得基本不适合内容的要求，我们便应该对这种情况及时发现，准确判断，并采取相应措施，努力促使形式尽快适合内容发展的要求。为此，就要自觉地改变、革除或抛弃已经成为内容桎梏的旧形式，并通过选择或创造而代之以合适的新形式。

当形式已由基本不适合内容变为基本适合时，我们要特别注意维护、巩固和完善刚刚建立起来的新形式。因为这种新形式往往相对弱小而不成熟，与旧形式之间也还会发生一定的反复较量。同时要善于识别和防止旧内容利用新形式死灰复燃。

第六节　原因与结果

原因与结果是世界普遍联系和永恒发展链条中的重要一环。人类的活动是有目的的活动，对事物因果联系的认识是人类实践活动的前提之一。可以说人类的科学认识就开始于对事物的因果关系的探索。

一、原因与结果的含义

在世界的普遍联系中，有这样一种普遍的情况，那就是：自然界和社会中的任何一个或一些现象，都会引起另一个或一些现象的产生；反过来任何现象的产生也都是由其他的现象所引起的。比如，电灯泡之所以发光是因为电流通过，气温之所以逐渐转暖是因为太阳逐渐由斜射到直射。如果把个别事物之间的这种联系，从普遍联系中相对地抽象出来加以考察，就会发现它们之间存在一种因果联系。正如恩格斯所说："为了了解单个现象，我们必须把它们从普遍的联系中抽出来，孤立的考察它们，而且在这里不断更替的运动就显现出来，一是为原因，别一个为结果。"①

在这种联系中，引起一定现象的现象是原因；由于一定现象的作用而产生的现象是结果。电流通过是原因，灯泡发光是结果；日本鬼子入侵是原因，全民抗战是结果。

因果关系的一个重要的特点是，原因在先结果在后，原因和结果在时间上有先后相继性。这是因为，只有在原因已经产生并开始起作用之后才能出现结果。在因果关系中一般都是如此。但是，不能反过来说，所有先后出现的现象都是因果关系。比如，下雨天先见闪电后听雷声，闪电不是雷声的原因，闪电和雷声是由于大气中的阴阳电荷的相互撞击造成的，本来是同时发生的，由于闪光和雷声在大气中的传播速度不同，我们才先见闪电后听雷声。又如，昼夜交替，白天不是黑夜的原因，黑夜也不是白天的原因，它们

---

① 恩格斯：《自然辩证法》，人民出版社 1971 年版，第 210 页。

是由于地球绕着自转轴不停地由西向东自转的结果。总之事物之间存在着发展的不平衡性，以及错综复杂的相互制约关系，也会造成先后相继的现象，但不是因果关系。

所以，因果关系不是一种单纯的时间上的先后关系，不是外在的联系，而是一种一方引起另一方、一方产生别一方，具有必然性的内在联系。这种关系表现为时间上的先后相继性。结果与原因之间，不仅在时间上表现为"在此之后"，而且在发展根据上表现为"由此之故"。所以原因的任何变化都一定反映在结果之中，也就是说，随着原因作用的增加或减少，整个结果或结果的一定的方面、特征，也就相应地扩大或缩小。可见，因果关系是包括时间先后秩序在内的由一种现象必然引起另一种现象的本质的内在的联系。"客观事物之任何现象的产生，都是由该事物的一系列内在性东西及外在性东西综合作用引起的。在这里，引起特定现象的内在性东西及外在性东西的总和就是原因；由于原因的作用而被引起的现象就是结果。"①

研究因果关系时，要注意弄清因果关系与包含关系、函数关系的区别。

每个事物都是共性与个性的统一。共性寓于个性之中，并通过个性来存在，个性与共性是包含关系。说没有个性就没有共性，是指共性存在于个性之中，而不是说个性是原因，共性是结果，个性与共性是因果关系。

数学上讲的函数关系，是两个变量之间一一对应的关系。两个变量用 X 和 Y 代表，如果对于 X 所能取的每一个值，Y 按照一定的规则有完全确定的值跟它一一对应，Y 就是 X 的函数，用数学式来表示就是 $Y = f(X)$。这种关系既可以反映不同事物之间的因果关系，原因变化引起结果发生相应的变化，结果与原因相对应，结果是原因的函数，也可以反映事物之间的外在的没有内在联系的一一对应的关系。比如随着时间的变化温度也不断变化。在它们的变化过程中，有一一对应的外在关系，比如，10 点是 30℃；11 点是 31℃；12 点是 32℃等等。但时间的变化并非引起温度变化的内在原因。温度变化的根本原因，是由于地球在公转过程中，太阳光的斜射和直射不同决定的。温度与时间之间这种对应关系是外在的。由于函数关系还可以表示外在的一一对应关系，因此不能把因果关系与函数关系等同起来。其实，这

---

① 史昭乐：《辩证法体系新述》，红旗出版社 2004 年版，第 95 页。

就是说，我们研究因果关系时，不要把视野停留在表面现象上，不仅要注意有无时间上的先后相继性，而且要从实质上看有没有内在的前者引起后者的关系。

二、因果关系的客观性与多样性

因果联系的客观性是指因果联系是客观事物本身所固有的，不以人的意志为转移的。人们的因果观念只不过是客观因果关系的反映。

承认因果联系的客观性，就是坚持唯物主义的决定论原则。唯物主义的决定论原则就是承认客观世界中的所有事物、现象和过程都必然地为某种原因所产生，而这些事物、现象和过程又必然引起一定结果，不存在不受因果关系支配的事物。决定论原则表明，事物存在着固有的因果联系、因果规律，这是科学地认识世界和有效地改造世界的客观前提。

唯心主义的非决定论否认因果联系、因果规律的客观性。休谟认为，因果联系不过是感觉现象的先后顺序和习惯性的心理期望。康德则说自然界本身不存在因果联系，因果联系只是人们整理感觉经验的一种先验的形式。马赫宣称："原因和结果是我们思维的创造物"，"在自然界中，既没有原因，也没有结果"。孔德根本否认世界上有原因和结果存在，主张只研究怎么样而不去管为什么。这种唯心主义的非决定论，实际上否认了科学认识的客观依据，否认了人们自觉改造世界的可能性。

人类的实践活动是对因果联系的客观性的最好证明，也是对唯心主义非决定论的有力的驳斥。在社会实践中，人们不仅可以重复地看到某一种现象之后必然出现另一种现象，而且可以创造或改变某种现象，从而得到人们预期的某种结果。例如，生物的遗传和变异现象，人们长期不知道它们的原因，现代生物科学实验证明，遗传物质 DNA 是它们的原因，现在人们可以用改变遗传物质组织结构的方法，使生物发生变异。这样，人们的实践就验证了因果联系的客观性。

还有一些唯心主义者虽然承认因果性，但他们却把某种客观精神、理性或神作为决定事物运动、变化和发展的最终原因。"因果报应"的宿命论、神学目的论，就是这种观点的表现。在神学目的论看来，猫被创造出来是为了吃老鼠，老鼠被创造出来是为了给猫吃，而整个自然界被创造出来是为了证明造物主的智慧，为了实现上帝的意志和目的。这种把上帝看做是"终极原因"的推论，是毫无根据的。事物的"终极原因"在于物质世界本身，是物质世界所固有的永恒运动和事物之间的相互作用。坚持唯物主义决定论，就必须同宿命论和神学目的论划清界限。

因果联系的普遍性，是指世界上任何事物、现象无不处在一定的因果联系之中，既没有无因之果，也没有无果之因。承认因果联系的客观性，必然承认因果联系的普遍性。人类实践和科学发展的历史，充分证实了因果联系的普遍性。

有些现代资产阶级哲学家，利用自然科学的最新成就来反对因果联系的普遍性。他们认为在微观世界中，基本粒子和电子等的活动具有"自由意志"，它们没有因果制约性，而是在多种可能性中自由选择自己的道路。他们用以证明自己观点的是量子力学中的测不准关系。对于宏观物体，人们可以同时准确地测定作机械运动的物体的位置和速度；但微观客体则与此不同，微观粒子同时具有微粒性和波动性，人们不能像用牛顿经典力学测量宏观客体那样，同时准确地测定微观粒子的速度和位置。这个事实，只能说明因果关系的表现在微观世界中不同于宏观世界，决不能由此得出否定因果性的结论。

现代科学已经揭示了微观世界的因果联系。现代科学不仅探明了原子核聚变和裂变的因果关系，而且根据这一认识创设引起原子核聚变和裂变的条件来利用原子能。所以，否定微观世界因果联系的结论是不正确的。

客观普遍的因果联系，在现实中的表现是复杂多样的。在不同的领域，事物的因果联系具有不同的性质和情况。

因果联系的复杂多样性主要有以下的类型：

一因多果，同因异果。一因多果是指一种原因同时引起多种结果。例如，农业的丰歉，既影响农民的收入和农业扩大再生产的规模，也影响工业原料的来源和工业产品的销售；封山育林，可以防止水土流失，改善气候条件，美化祖国山河，还可提供木材。同因异果是指一种原因在不同条件下可以引起不同的结果。如水可载舟，也可覆舟；电可照明，也可起火。一场大雨可使水稻长势更旺，却使棉花脱铃而减产。同是核分裂，在一种条件下可以造成巨大威力的核爆炸，在另一种条件下又可造成缓慢的核辐射。

一果多因，同果异因。一果多因是指一种结果是由多种原因引起的。如农业的丰收是一靠科技，二靠投入，三靠政策等多种原因造成的。一个学生学习成绩的优劣，是由于本人学习态度、学习方法、学习基础、教师教学水平等多种原因作用的结果。同果异因是指同一结果在不同条件下由不同原因所引起。例如热的产生，机械运动可以生热，电运动可以生热，化学运动也可以生热。人体发烧可以由不同的原因引起，感冒可以引起发烧，肺结核可以引起发烧，许多急性炎症都可以引起发烧。

多因多果，复合因果。这是指无论原因和结果都不是单一的，而是复合的。例如，过去我国社会主义建设中出现许多方面的严重后果，是由于政治、经济、历史、文化等多种原因引起的；社会主义建设取得多方面的成就，也是由于政治、经济、历史、文化等多方面的原因造成的。

上述因果类型的划分不是绝对的。因果联系的复杂情况要求我们对客观存在的因果联系进行全面的具体的分析。在"多因"造成结果时，要对"多因"具体分析，要分析内部原因和外部原因、主要原因和次要原因、直接原因和间接原因、客观原因和主观原因等；在原因产生"多果"时，要对结果具体分析，分出主要结果和次要结果、眼前结果和长远结果等，从而比较准确地把握事物的因果联系，防止把因果关系简单化、绝对化。

三、原因与结果的辩证关系

在世界无限发展的错综复杂联系中，同一现象在一种关系中是原因，而在另一种关系中则是结果。在这里，原因和结果经常互换位置，因果关系具有相对性。在特定的范围内，单独考察两个具有因果联系的现象时，原因就是原因，结果就是结果，原因和结果的界限是确定的，原因和结果之间的既统一又对立的辩证关系就会显现出来：

原因与结果是相互依赖、互为存在前提的。

原因总是伴随着一定的结果，结果总是由一定的原因引起的。所谓"有因必有果，有果必有因"，说的就是这种情况。没有无因之果，也没有无果之因，因果双方失去一方，另一方就不可能存在。

原因和结果又是相互对立、相互作用的。具体地说原因不仅可以作用于结果，结果反过来也可以作用于原因。每一现象的发展过程往往是互为因果的。比如雨量充沛和空气湿润使植物与森林繁荣茂盛，而植物与森林的茂盛又反过来使湿润的空气得到维持和发展；同样，砍伐森林和破坏植被会引起水土流失，而水土流失又会进一步破坏植被。系统与环境之间、系统内部各要素之间的相互作用，是现代系统论的客观基础。系统论所讲的反馈现象就是结果对原因的反作用，而反馈概念的提出和应用为控制论的诞生奠定了基础。工程技术中的自动控制系统就是依据反馈原理设计的，它能自动地将已经施行的控制作用的效果与预期的目标相比较，并根据误差修正下一步控制的实施。在这里，效果对控制的修正就是反馈。火箭追踪目标时能不断根据追踪的效果改变自己的方向，就是因为它装有自动控制系统。人体具有天然的自动控制能力，能使自己保持有序的稳定状态。人吃多了糖，就会使本来是弱碱性的身体变为中性或弱酸性，这时骨骼中的钙就会补充进来，使身体恢复弱碱性；血糖过高，胰腺就会分泌更多胰岛素，降低血糖。当然，长此下去，人体健康就难以维持。人类社会同样具有自我调节功能，以维持社会机体的平衡。消费与积累相互制约，积累得当有利于消费水平的提高。消费也会反作用于积累，或者有利于积累，或者不利于积累。价值规律在商品生产条件下也起到一定的调节各种商品生产数量的作用。生产力的发展是生产关系变化的原因，生产关系的变化又会反作用于生产力，促进或阻碍它的发展。经济和政治的发展是文化发展的原因，文化也会反作用于经济和政治，成为它们变化发展的原因。

四、原因和结果辩证关系原理的方法论意义

原因和结果辩证关系的原理，对于指导人们的认识和实践具有重要的方法论意义。

首先，承认因果联系的客观普遍性是进行科学研究，获得科学认识的前提。科学研究在一定意义上就是揭示事物的因果联系，从而提出解决问题的方法。例如，癌症对人类威胁很大，如能找到癌症产生的真正原因，才有可能制造出治疗它的有效药物。所以，对病因的研究有着重要的科学意义。搞体制改革，就要从研究弊端入手，因为它是我们工作上不去的原因，分析这些原因，才能提出解决问题的有效方案和办法。

其次，正确地把握因果联系，有利于总结实际工作经验。在总结工作经

验时，不仅要肯定成绩，发现错误，而且要找出取得成绩和产生错误的原因。这就是由果溯因。只有这样，才能做到发扬成绩，纠正错误，以利再战。

最后，准确地把握因果联系，能增强工作中的预见性。要预见今后工作中可能产生的后果，就要注意准确地把握事物的因果联系，及时采取有效措施，防止和排除不利后果和严重后果产生的原因，这就是由因及果。在各项工作中，只有全面把握事物的因果联系，才能通过自觉的努力，消除产生不利结果的原因，发挥产生有利结果的原因的作用，达到我们所需要的有利结果。

第七节　必然性与偶然性

一、必然性和偶然性的含义

必然性是指客观事物联系和发展过程中合乎规律的、一定要发生的、确定不移的趋势。诸如，种瓜得瓜，种豆得豆；日夜交替；四季更替；新陈代谢；生老病死；社会主义代替资本主义等，都是事物发展的确定不移的趋势，都具有必然性。

必然性产生于事物的本质原因，是由事物内部的根本矛盾决定的。种瓜得瓜，种豆得豆，这是由瓜和豆内在的本质原因和根本矛盾决定的。资本主义的根本矛盾决定着必然要通过改变资本家的生产资料私有制，代之以生产资料公有制。必然性在事物发展过程中居于支配地位，决定着事物发展的前途和方向。

偶然性是指客观事物联系和发展过程中并非确定发生的，可以这样出现，也可以那样出现的不确定的趋势。比如，一棵豆秧上长几个豆荚，一个豆荚上结几颗豆粒；某个工厂的年度计划在哪一天完成；某座房子突然在哪一天倒塌；某块农田意外地遭到雹灾或虫害；某架飞机忽然在哪天坠毁等，都带有一定的偶然性。

偶然性是由事物的非根本矛盾和外部条件造成的，在事物发展过程中居于从属地位，对事物发展的必然过程起促进和延缓的作用，使发展的确定趋势带有这样或那样的特点和偏差。比如种豆得豆是一种必然的趋势，至于每颗豆子遇到的土壤是否肥沃，成长期间的气温和雨量是否适宜，耕作是否细密，由此而影响它成熟的迟早、结豆的多少、豆粒是否饱满等，所有这些相对于种豆得豆这个必然趋势来说，就都是偶然的了。资本主义社会中无产阶级和资产阶级的矛盾和斗争，规定着一定要导致无产阶级革命和无产阶级专政，这是由生产的社会化和生产资料的资本家占有制这一根本矛盾决定的必然性，但由于国际条件的变化和国内各种非主要矛盾的影响，敌我双方力量的分化和重新组合，又使无产阶级革命和无产阶级专政在进程、方式等方面带有一定的偶然性。

必然性和偶然性作为两种对立的趋势，在事物发展中具有不同的地位和作用，这是确定的。但由于事物范围的极其广大和发展的无限性，必然性和偶然性的区分又是相对的、不确定的。一种现象对于某一过程来说是必然的东西。而对于另一过程来说就成为偶然的东西，反之亦然。飞机失事坠落对其他许多飞机来说是偶然的，但对于自身来说，由于没有预先检修、排除故障，所以又是必然的。春暖花开之时，突然来了一次寒流，对于气温回升的总趋势来说是偶然的，但对于当时的气象势态来说又是必然的。

必然性和偶然性这种确定性和不确定性的统一，要求我们依据客观过程的实际以及实践和认识的需要，具体分析具体联系中的必然性和偶然性，既要避免思想上的模棱两可，又要防止僵化、绝对化。

二、必然性与偶然性的辩证关系

必然性与偶然性之间的既相反又相成、既对立又统一的矛盾关系如何呢？

先从相反、对立说起。这突出表现在，必然性与偶然性是相互区别的。必然性不是偶然性，偶然性也不是必然性。必然性和偶然性是事物联系和发展中两种不同的趋势，产生的原因不同，所处的地位不同，起的作用不同，表现形式也不同。必然性产生于事物内部的根本矛盾，偶然性则产生于事物发展过程中非根本的、次要的以及外在的矛盾；必然性在事物发展过程中居于支配地位，偶然性则在事物发展过程中居于从属地位；必然性代表着事物发展的趋势，决定着事物发展的前途和方向，偶然性则只对事物发展起着促进或延缓的作用；必然性是比较确定的、持久的，而偶然性则是不确定的、暂时的。

再看必然性与偶然性的相成、统一。这表现在：

第一，必然性存在于偶然性之中，没有脱离偶然性的纯粹必然性。必然性不是孤立存在的，它通过大量偶然性表现出来并为自己开辟道路。客观事物的每一个过程都是由内部的根本矛盾按必然规律发展的，但在发展过程中还会受到内部的非根本矛盾和外在矛盾等因素的种种影响。事物的发展不能排除偶然因素的影响，总是在无数的偶然变动中贯彻自己必然的发展趋势，无数的偶然性则从不同的方面或以不同的方式表现和补充这一发展的必然趋势。所以，任何一个事物发展的必然过程都是通过许多偶然形式实现的，不通过偶然性而表现出来的纯粹必然性是不存在的。比如，按照万有引力定律，太阳系诸行星好像是以纯粹的必然性循环往复、始终如一地运动着，在这里找不到一点偶然性。其实，宇宙中有无限多的天体由于万有引力的普遍作用，都会以不同方式影响到整个太阳系的运动，使诸行星绕日旋转发生这样或那样的摄动或摆动，在必然运动中表现出过去人们难以察觉的偶然性。

在天体的机械运动中尚且不能排除偶然性的影响，在其他更为复杂的运动形式中，就更不可能有排除偶然性的必然性了。例如，"数九寒天下大雪"，这是对"数九"期间气温下降到摄氏零度以下就会下雪这个必然性的认识。但是，"数九"的某一天下雪，却要受到气压、云层、温度、地势等许多因素的影响，从而给"数九"下雪带来许多偶然性。然而，不论这个期间的某一天下雪，却都是这一时期必然要下雪的表现和补充。在社会运动中，也根本不可能排除偶然性的作用。正如马克思所说："如果'偶然性'不起任何作用的话，那么世界历史就会带有非常神秘的性质。这些偶然性本身自然纳入总的发展过程中，并且为其他偶然性所补偿。但是，发展的加速和延缓在很大程度上是取决于这些'偶然性'的"。①

与此相反，形而上学的机械决定论只承认必然性，完全否认偶然性。机械决定论者混淆了因果联系和必然联系，而把偶然性与无因果性混为一谈，用因果联系的普遍性来否认偶然性。他们认为，一切现象都是有原因的，因

① 《马克思恩格斯全集》第33卷，人民出版社1973年版，第210页。

而一切都纯粹是必然的，偶然性是不存在的。在他们看来，在大风初起的尘土中没有一个尘土分子的分布是偶然的；某一豆荚中结出五粒豆子而不是四粒或六粒，是必然的；某条狗的尾巴是五寸长，不长一丝一毫，不短一丝一毫，也是必然的。这种把必然性绝对化的观点，是把实际上的偶然性也当做了必然性。它表面上抬高了必然性，其实是把必然性降低到偶然性。因为，如果把能量守恒和转化与某一豆荚中恰好有五粒豆都看做是必然的，都是科学所要探索的必然规律，那无异是取消了科学。正如恩格斯所说："科学如果老从豌豆荚的因果连锁方面探索这一个别豌豆荚的情况，那就不再是什么科学，而只是纯粹的游戏而已"。[①] 如果把事物发展的一切偶然细节都说成是纯粹的必然，是早已注定了的，这就把必然性神秘化，往往同"天数"、"神意"、"命运"决定一切的神学目的论和宿命论殊途同归。

　　第二，偶然性体现并受制约于必然性。没有脱离必然性的纯粹的偶然性，偶然性是必然性的表现形式和补充。凡存在偶然性的地方，其背后总是隐藏着必然性。任何偶然性都不能完全地、绝对地摆脱必然性的支配和制约。例如人类历史舞台上出现过许许多多抱有不同目的的个人活动，演出了许许多多的历史事件，这些事件可以发生，也可以不发生，可以早一些时候发生，也可以晚一些时候发生，以及这些历史人物是谁，都带有极大的偶然性。而历史人物的气质、性格、品质和爱好等都给历史事件涂上各种各样的色彩，这些看来只是偶然的现象。但是，这些偶然事件的背后，是由社会基本矛盾所规定的历史必然性起支配作用，受到历史发展的必然规律的制约。恩格斯说："在表面上是偶然性起作用的地方，这种偶然性始终是受内部的隐蔽着的规律支配的，而问题只在于发现这些规律"。[②]

　　唯心主义的非决定论把一切都看成是纯粹偶然的，根本否认事物发展的必然性。这种观点认为，必然性只属于概念或精神的世界，现实世界本身是没有必然性的。按照这种观点，自然界和人类社会的发展都没有什么必然规律，只是一些偶然现象的堆积。例如，法国生物学家莫诺无限夸大偶然性在生命中的作用，认为偶然性是生命的起源和发展的全部基础。他说："只有

---

① 恩格斯：《自然辩证法》，人民出版社 1971 年版，第 197 页。
② 《马克思恩格斯选集》第 4 卷，人民出版社 1995 年版，第 247 页。

偶然性才是生物界中一切革新和所有创造的源泉",进化的"根基是绝对自由的,但又是盲目的纯粹偶然性"。莫诺在生物学上有重大贡献,但他把进化中的偶然性绝对化的哲学观点则是错误的。科学事实证明,在生物进化中偶然性起着不可忽视的作用,但始终包含着一定的必然性。用纯粹偶然论看待社会,就会把社会看成是一个偶然性的王国,它像一个大赌场,人生就是一场赌博,输赢全凭碰运气。这种否定客观必然性的观点,会使人们消极无为,把自己的命运寄托在上帝的意志和天才人物的偶然发现上,从而导致宿命论和唯意志论。它迎合了一切阴谋家、野心家的赌徒心理,成为他们进行冒险活动的理论根据。

第三,必然性和偶然性在一定条件下可以相互转化。由于事物范围的极其广大和发展的无限性,必然性和偶然性的区分是相对的。在一定条件下,偶然性可以转化为必然性,必然性也可以转化为偶然性。

这种过渡和转化,在生物进化中表现得十分明显。生物物种的变化,开始时是微小的、偶然的变异,其中有些变异因为适合于周围环境而得到发展,逐渐固定下来,最后使生物机体发生根本的变化,起初个别的偶然的性状,就成为新的物种的必然性状。相反,生物体原来的一些必然性状由于越来越不适应环境的变化,越来越退化,以至成为偶然的东西。比如,全身长毛和有尾巴在人类祖先那里是必然的特征,但对于现代人来说,长毛和有尾巴则是偶然的返祖现象。在原始社会生产力极其低下的情况下,自给自足的自然经济是必然的,产品交换是偶然的。随着生产力和社会分工的发展,产品交换逐渐发展为商品交换,这时商品交换就从偶然性转化为必然性。而在通货膨胀、货币急剧贬值的条件下,原来以物易物的交换方式就会重新出现,不过这种情况是个别的、偶然的,这又是必然性转化为偶然性。

三、必然性和偶然性辩证关系原理的方法论意义

首先,掌握客观必然性是科学认识和实践的基础。在实际工作中,只有认识必然和利用必然才能获得自由。由于必然性是规律性的主要特征,代表着事物发展的根本趋势,我们认识的任务就在于透过大量的偶然现象来把握事物发展的必然规律,努力按照客观事物发展的规律来规划自己的行动,使我们的行动具有自觉性,避免盲目性,实现由必然到自由的转化。如果在实

际工作中不努力去认识客观必然性，把希望寄托在侥幸的偶然事件上，就会陷入盲目被动，得不到预期的结果。

其次，偶然性的作用也不能忽视。只有认识偶然性在事物发展中的作用，才能注意利用一切有利的偶然因素去推动工作，防止和消除不利的偶然因素的影响，尽可能减少它的危害程度，做到"有备无患"。

重视并善于利用偶然因素，对于科学研究也有重要的意义。科学研究是对未知的探索活动，它的主要目的在于发现客观事物发展的必然规律。在科学研究中，不能抛开偶然性去追究必然性，也不能只停留于考察个别对象的偶然细节，而是透过大量的偶然性揭示其中的必然性。由于客观事物的复杂性和多变性，研究过程往往会出现预先未料到的偶然事件，这就是科学发现中的"机遇"。在偶然事件的分析研究中可以发现客观规律，因此要善于锐敏地识别"机遇"，注意利用"机遇"去揭示必然性以发展科学。德国物理学家伦琴在研究 X 射线时，在感光板上偶然发现了自己手骨的黑影，这一"机遇"成为他发现 X 射线放射性和发明 X 射线照相的起点。佛来明不留意把青霉素掉进葡萄球菌中，结果杀死了全部葡萄球菌。他抓住这一偶然的"机遇"并且进一步研究，发现了药物青霉素以及其他一系列抗菌素，从而在医药科学上实现了一次重大突破。那种把偶然性宣称为"科学的敌人"的观点，是不利于科学发展的，它会导致完全否认"机遇"在科学研究中的作用的错误结论。同时，撇开偶然性孤立地来研究必然性，也会流于空洞的抽象，不能真正把握必然性。

第八节 可能与现实

必然性在通过偶然性为自己开辟道路时，要经历由可能向现实转化的过程。可能和现实是反映事物的过去、现在和将来的内在联系的一对范畴。

一、可能与现实的含义

现实是指一切有内在根据的、合乎必然性的存在，事物的这一特性就叫做现实性。现实或现实性这一范畴不是简单地表示个别事实和现象的当下存在，而是客观实在的事物及其种种内在联系的综合。

现实处于不断发展过程中，它是过去"现实"发展的结果，又是引起将来的"现实"的原因。现实体现着事物联系和发展纵横两方面的整体性质。

现实以必然性为基础。现实之所以成为现实，是由它内部的深刻必然性决定的。在事物发展中只有必然的东西，才会或将会成为现实的。一个事物尚未出现时还不是现实的，但只要它合乎发展的客观必然性，就迟早一定会变为现实；反之，一个事物当今还是现实的，但只要它丧失了继续存在的必然性，就迟早一定会变为不现实。历史上的每种社会形态，都由于合乎历史必然性而产生，又由于丧失历史必然性而灭亡，经历了由不现实到现实再到不现实的发展过程。由于必然性总要通过偶然性来表现，因此在必然性变为现实的过程中，都要受到偶然性的影响，也无法排除其他可能性的干扰。它可能比较顺利地较早地变为现实，也可能因遇到较大的困难和曲折而较迟地变为现实。同时，现实的某些具体特点、细节，又受偶然性的影响。

所谓可能是和现实相对应的范畴，它指包含在现实事物之中的、预示着事物发展前途的种种趋势，是潜在的尚未实现的东西，它往往作为一种苗头、萌芽或因素存在于现实之中。各种事物或现象的变化和发展，新事物或新现象的产生，都是从可能到现实的转化，即可能的实现。

要深入了解可能，需要注意以下几个区别。

（一）区分可能和不可能

可能是指在现实中存在其出现的根据和条件，因而在一定条件下就可变为现实；不可能是指在现实中没有任何的根据和条件，因而永远不能实现。例如，石头变小鸡、制造永动机、长生不老、与虎谋皮、反动统治阶级自动退出历史舞台等，都是不可能的。设想制造永动机之所以不可能，因为这种设想根本违反自然科学关于能量守恒和转化的基本定律。根据这一定律，任何能量的增加必须有相应的其他能量的减少，因此设想制造出不供给任何能量就可以永恒转动的永动机是根本不可能的。严格区分可能和不可能是人们自觉的实践活动的前提。如果不管可能与不可能的客观区别，或把可能当做不可能，能够办成的事也会耽误；或把不可能当做可能，知其不可而为之，就会劳而无功，白费气力。

（二）区分现实的可能和抽象的可能

现实可能是在现实中有充分根据和必要条件，因而在一定阶段可以实现的可能；抽象的可能则是在现实中虽有一定根据，但根据尚未展开，必要条件尚不具备，因而只在以后的发展阶段中可以实现的可能。抽象的可能性因其在目前无法实现，看起来好似不可能，其实还是一种可能，因而区别于不可能。例如"海底捞针"，并非真正的不可能，而是在现实中有一定根据的一种抽象的可能，只要海底有针，随着人类探测技术和打捞技术的发展，它就可以由抽象的可能变为现实的可能。"嫦娥奔月"、"月中取宝"在历史上本是一种抽象的可能，随着宇宙飞行、航天技术的发展，今天已变为现实的可能。进行社会主义革命对于处于民主革命阶段的国家的人民来说，只是抽象的可能；随着民主革命的胜利，在无产阶级及其政党处于领导地位的条件下，进行社会主义革命就会成为现实的可能。

认识抽象的可能和现实的可能之间的区别和联系，十分重要。一方面，要看到它们的区别，就应该集中力量去办那些具有现实可能性的事情，既不能把那些目前应当办到也可以办的事情推到遥远的将来，也不能把只在将来才可以办到的事情勉强地提到当前的议事日程上来。另一方面，又要看到它们之间的联系，在争取现实可能实现的同时，按照事物发展的客观规律，积极创造条件，促使有利于事物发展的抽象可能变为现实的可能，并进而把它变为现实。

（三）区分两种相反的可能

事物的内部矛盾是事物发展变化的根据。由于矛盾的复杂性，事物的发展存在着种种可能。由于矛盾双方代表着两种互相对立的趋势，这两种趋势又是由互相对立的外部条件分别地支持着，因此在事物发展的具体过程中，不仅存在着多种可能，而且必然存在两种相反的可能。这两种相反的可能不会同时地成为现实，其中一种可能的实现，就是另一种可能的消失。例如，革命有胜利的可能，也有暂时失败的可能；有获得真理的可能，也有犯错误的可能；有完成计划的可能，也有完不成计划的可能。区分两种相反可能的重要意义在于，在实际工作中要准备应付最坏的可能，争取最好的可能，即从最坏处着想，向最好处努力，才能使自己立于不败之地。

（四）区分可能的程度

对可能要作量的分析，区分可能的大小，这是精确地规定行动目标和实施步骤的重要条件。对于这种量的大小，科学上用或然率来表达。或然率是所要测定的偶然事件的数目与全部可能发生的事件的总数之间的比率。根据科学的预测，人们就能对各种可能的大小做到心中有数，并进而增大好的可能，缩小坏的可能。在现实生活中，对于那些根本不可能做到的事情，人们是比较容易识别的，因而也很少去做那些根本不可能的事情。工作中的失误，常在于把某种不大的可能加以夸大，甚至误认为百分之百的可能，并以此指导自己的行动，那就难免要犯主观主义的错误。所以，把握可能的量的方面，分析可能的大小，对于实际工作也具有重要的意义。

二、可能与现实的辩证关系

可能与现实的辩证关系表现在，它们既是相互差别、相互对立，又是相互依赖、相互转化的。

先说可能与现实的相互区别与相互对立。可能是潜在的、还没有成为现实的东西，现实则是已经实现了的可能性。可能不等于现实，现实也不同于可能，不能把二者混为一谈。所以，我们从事一切工作都要从现实出发，而不能从可能出发，不能以可能代替现实。列宁说："马克思主义的政策是以现实的东西，而不是以可能的东西为依据的。"① 在工作中要预计到事物发展有种种的可能，但却要把自己的活动建立在现实这个可靠的基础上，而且只有深刻地把握现实，才能正确预计事物发展的种种可能。

再说可能与现实的相互依赖与相互转化。可能和现实相互依存，密不可分。现实离不开可能，它是实现了的可能，没有可能的东西是不会变为现实的；而可能则是尚未展开、没有实现的现实。现实不是凭空出现的，它是由先在的某种可能发展而来的，同时又孕育着新的可能。可能之所以成为可能，不仅由于它存在于现实之中，而且也因其以某种现实为根据。可见，可能离不开现实，现实也离不开可能，它们是不能相互脱离而单独存在的。

可能和现实在一定条件下可以相互转化。客观事物的发展，总是在现实性中产生出可能，而可能又不断变为现实的转化过程。任何一个新事物在产生以前，就是孕育在现实事物之中的一种发展趋向，一种处于萌芽状态的现实。通过事物的矛盾双方的斗争，新的方面战胜了旧的方面，新事物则由萌

---

① 《列宁全集》，中文第 2 版，第 493 页。

芽状态的潜在的现实转化为直接的现实。而新的现实中则又包含着新的矛盾，孕育着新的可能，它在矛盾发展到一定阶段时又转化为新的现实。客观世界的发展，就是在可能和现实的相互转化过程中实现的。

三、可能与现实辩证关系原理的方法论意义

可能和现实辩证关系的原理，对于正确发挥主观能动性，指导人们的实践活动具有重要的方法论意义。

第一，把必然性与可能性联系起来，才能坚定对理想的信念。认识必然通晓历史发展的客观规律，是具有科学预见的基础。但是，应该看到，只在原则上相信历史发展的必然性是不够的。为了避免对必然性的信念流于空洞，必须具体了解实现必然性的现实可能，实现必然性的客观依据。这样制定的战略目标才是具体可行的，由此产生的信心才是坚实可靠的。如果只是一般地承认客观必然性，而不了解实现必然性的现实可能，在错综复杂的情况下，很可能发生原则性的动摇，迷失前进的方向。

第二，充分发挥主观能动性，促进客观过程从可能向现实转化。可能转化为现实需要一定的条件，其中包括客观条件和主观条件。在社会领域中和在人力干预的自然过程中，这两方面的条件都是不可缺少的。当然，在自然界和人类社会由可能变为现实有很大的不同。单纯的自然过程由可能向现实的转化是按其固有的客观规律自发进行的，没有人的干预也能实现；但在一切有人的地方，人的主观能动性能够给自然过程以越来越大的影响。而在社会领域，一切社会过程由可能向现实转化，都离不开人的有目的的实践活动，因此在尊重客观规律的前提下，力求全面地把握事物发展的各种可能，以及事物由可能转化为现实的种种条件，促进事物由可能变为现实。在客观条件已经具备的情况下，人的主观能动性对于实现由可能向现实的转化起着特别重大的作用，是实现这种转化的关键性条件。在现实的可能性基础上，经过主观努力和积极斗争，才能创设有利的条件，克服不利的条件，使有益的可能的东西变为现实的东西。可能向现实转化要经历一个或快或慢的过程，这是一个条件变化的过程。条件如何变化，在很大程度上取决于人的主观努力。特别是在社会领域里，社会过程中的不同的可能往往是由不同的社会势力自觉地支持的，因而在由可能向现实的转化过程中人的主观能动作用具有更加突出的意义。

第三篇

辩证唯物主义历史观

辩 证唯物主义历史观即历史唯物主义是马克思主义哲学的重要内容，在马克思主义哲学体系中占有重要地位。在人类历史发展的长河中，曾经有过无数辉煌的创造和惊人的发现，但却从来没有任何创造和发现像马克思、恩格斯所创立的历史唯物主义那样，引起整个人类思想的巨大震撼，从根本上动摇了人们的传统观念，改变了人们观察社会历史的思维方式，开辟了人类思想史的新纪元。列宁说："马克思的**历史唯物主义**是科学思想中的最大成果。过去在历史观和政治观方面占支配地位的那种混乱和随意性，被一种极其完整严密的科学理论所代替。"① 历史唯物主义的创立破天荒地揭示了社会生活的本质、社会发展的客观过程和基本规律，使人类对社会历史的研究建立在真正科学的基础之上，为无产阶级提供了科学的历史观，成为无产阶级及其政党全部活动的理论基础。

① 《列宁选集》第 2 卷，人民出版社 1955 年版，第 311 页。

第　一　章

人类社会的存在方式

实践是人类社会的存在方式。本章主要介绍实践的本质、特征、基本形式和运行机制，说明实践在人类和人类社会的产生、存在和发展中的重要作用，阐明人类掌握世界的实践方式、理论方式和实践精神方式。

第一节　实践的本质、特征和形式

一、实践的本质

实践概念是马克思主义哲学的基本概念。科学的实践观的形成是马克思主义哲学得以产生的一个重要环节。但是，我国的马克思主义哲学教材，对实践的界定大都过于简单，不能涵盖和体现实践概念的深刻含义和丰富内容，无法用以说明实践观点在马克思主义哲学体系中的地位。我们应该依据马克思主义经典作家的原著，从以下三个方面全面说明实践的本质：第一，实践是人的感性活动；第二，实践是人的对象性活动；第三，实践是人的有目的的主观见之于客观的活动。

（一）实践是人的感性活动

马克思在《关于费尔巴哈的提纲》中说："从前的一切唯物主义（包括费尔巴哈的唯物主义）的主要缺点是：对对象、现实、感性，只是从**客体的或直观**的形式去理解，而不是把它们当作**感性的人的活动**，当作**实践**去理解，不是从主体方面去理解。因此，和唯物主义相反，**能动的**方面却被唯心主义抽象地发展了，当然，唯心主义是不知道现实的、感性的活动本身的。"①"费尔巴哈不满意抽象的思维而喜欢直观；但是他把感性不是看作**实践的**、人的感性活动。"②"直观的唯物主义，即不把感性理解为实践活动的唯物主义至多也只能达到对单个人的和市民社会的直观。"③从这几句话可以看出，实践是人的感性活动这一界定，有两方面的含义：第一，实践是人的活动中的一种活动，而不是人的一切活动；第二，实践这种人的活动是感性的活动，即现实的、客观的、物质性的活动，不是现实的、客观的、物质性的活动，不能算是实践活动。

　　具体地说，仅仅局限于认识范围和思想范围的活动，不能直接引起现实世界的改变，不能算做实践活动。马克思主义的科学的实践观，就是在批判把人的活动仅仅局限于认识活动和思想活动的历史唯心主义和费尔巴哈不把人的活动看做"感性活动"的旧唯物主义的过程中形成的。这说明，马克思、恩格斯不可能把认识活动和思想活动算做实践活动。把认识活动和思想活动也看做实践的一种形式的观点，有悖于马克思、恩格斯创立科学的实践观的初衷，掩盖或钝化了科学的实践观的革命的、批判的本质，混淆了理论和实践之间的根本区别，否定了实践对认识的决定作用。

　　（二）实践是人的对象性活动

　　要说明人的活动是对象性活动，首先要说明什么是对象性存在物。对象性存在物主要有以下几层含义：

　　第一，人把自己和自己的生活当做对象性存在物。人与动物的根本区别之一，在于人有自我意识，人能把自己和自己的生活区别开来，把自己当做主体，把自己和自己的生活当做对象，动物则没有把自己和自己的生命活动区别开来，没有自我意识，不能把自身和自己的生命活动当做对象。④

　　第二，人不仅把自己和自己的生活当做对象性存在物，而且把周围环境当做对象性存在物，人的活动是有外部对象的活动。人与动物的另一个显著区别，在于人有自我意识，能把自身和周围环境区别开来，把自身当做主

①②③　《马克思恩格斯选集》第1卷，人民出版社1995年版，第54、56、56—57页。
　④　　参看《马克思恩格斯全集》第42卷，人民出版社1979年版，第96页。

体，把周围环境当做客体即对象，从而发生对象性关系。动物则没有自我意识，它与周围环境的关系是本能的、无意识的，它与周围环境的关系不是对象性关系。①

第三，人不仅把自己和自己的生活当做对象性存在物，不仅在自己之外有对象，而且一个人可以作为另一个人的对象性存在物，人与人之间可以互为对象。孤立的个人既没有对象，也不是他人的对象，所以就不是对象性的存在物。非对象性的存在物，实际是非存在物，或者只是思想中虚构出来的存在物，是抽象的存在物。②

第四，人作为对象性存在物，既是能动的，又是受动的，是能动与受动的统一。唯心主义者片面夸大人的能动性的一面，而且是抽象地夸大人的能动性的一面。旧唯物主义则看不到人的能动性，片面夸大人的受动性的一面。这两种割裂人的能动性与受动性的内在统一的观点都是错误的。马克思超越了唯心主义和旧唯物主义在人的能动性与受动性关系上的对立，在实践的基础上把二者统一起来。③

说明了什么叫对象性存在物，就为说明什么叫对象性活动奠定了基础。所谓实践是人的对象性活动，是说实践是以人为主体，以客观事物为对象的感性的、现实的、物质性的活动。实践把人的目的、理想、知识、能力等本质力量对象化为客观实在，创造出一个属人的对象世界。这个对象世界既是劳动（实践）的物化，人的本质力量的外在表现，又是人的本质力量的确证。马克思在《1844年经济学哲学手稿》中说："劳动的产品就是固定在某个对象中、物化为对象的劳动，这就是劳动的**对象化**。劳动的实现就是劳动的对象化。"④

（三）实践是人的有目的的主观见之于客观的活动

毛泽东在《论持久战》一文中说："一切事情是要人做的"，"做就必须先有人根据客观事实，引出思想、道理、意见，提出计划、方针、政策、战略、战术，才能做得好。思想等等是主观的东西，做或行动是主观见之于客观的东西，都是人类特殊的能动性。这种能动性，我们名之曰'自觉的能

①②③　参看《马克思恩格斯全集》第42卷，人民出版社1979年版，第81、168—169、167—169页。

④　《马克思恩格斯全集》第42卷，人民出版社1979年版，第91页。

动性'，是人之所以区别于动物的特点。"① 这里说的"做"或"行动"就是实践。这说明，实践是在主观目的的指导下改造客观世界的活动，或者说，实践是有目的的主观见之于客观的活动。

马克思在《资本论》第一卷中讲道：人的实践"不仅使自然物发生形式变化，同时还在自然物中实现自己的目的，这个目的是他所知道的，是作为规律决定着他的活动方式和方法的，他必须使他的意志服从这个目的"。② 这就是说，人的实践活动是有目的的，目的性把人的实践活动与动物的本能活动区别开来，人在实践活动中必须服从自己的目的，这个目的决定着实践活动的方式和方法，这是人的实践活动的规律。

目的在人的实践活动中占有极其重要的地位，它不仅是实践运行的初始环节，而且是实践运行的内控因素，它贯穿于整个实践过程之中，并体现在实践的结果之中。人们提出实践目的，说明对自身需要有了明确的认识，也意味着对实践对象的性质、结构及其发展规律有了一定的了解。目的支配、控制着实践的全过程，使实践活动按着既定的方向进行，不断矫正偏离既定方向的意图和倾向。同时，人们也会在实践过程中，根据实际情况的变化，适当调整预定的目的。确立实践目的的过程，就是在观念中预先规定活动的结果，形成关于理想存在的观念模型的过程。

我国学术理论界对实践观在马克思主义哲学中的地位的认识，有一个逐步提高和深化的过程。在改革开放以前，人们只认识到实践观点是马克思主义哲学认识论的基本观点，后来人们又承认实践观点也是历史唯物主义的基本观点。改革开放以来，我国学者由于受到早期西方马克思主义者和其他国外马克思主义研究者的启发和影响，特别是由于新近出版的一些马克思早期著作的被关注，人们提高和深化了实践观在马克思主义哲学中的地位的认识，不少马克思主义哲学的研究者认识到，实践观不仅是马克思主义哲学的认识论和历史观的基本观点，而且是马克思主义哲学的本体论、自然观、价值观的基本观点，从而是整个马克思主义哲学的基本观点。马克思主义哲学发生的伟大革命变革，它区别于一切旧哲学的最显著的特点，就在于把实践

---

① 《毛泽东选集》第2卷，人民出版社1991年版，第477页。
② 《马克思恩格斯全集》第23卷，人民出版社1972年版，第202页。

观点作为自己的基本观点。

但同时也要看到，一种倾向掩盖着另一种倾向。伴随着人们对实践观在马克思主义哲学中的地位的认识的提高和深化，也或隐或现、或明或暗、或自觉或不自觉地产生了一些对马克思主义哲学实践观的不正确理解。一种是片面强调实践的重要性，忽视或不能全面理解理论与实践关系的复杂性的唯实践主义倾向。笔者已在《北京大学学报》（哲学社会科学版）2005 年第 1 期的一篇题为《理论与实践关系的复杂性思考——兼评唯实践主义倾向》的论文中，揭示和分析了唯实践主义倾向的诸种表现。另一种是无限扩大实践的范围，把本来不属于实践范围的活动也归入实践活动，从而把实践泛化为"泛实践论"倾向。笔者已在《学习与探索》2005 年第 2 期的一篇题为《准确把握实践界限，克服泛实践论倾向》的论文中，分析了"泛实践论"的实质、主要表现和产生的理论渊源。

二、实践的基本特征

实践的特征与实践的本质密切相连。在某种意义上可以说，实践的特征就是实践的本质的延伸和具体化。实践有多方面的特征，最基本的特征是以下三个：客观物质性、主观能动性和社会历史性。

（一）实践的客观物质性

实践是真正现实的、感性的客观物质活动，它通过这种活动直接引起客观物质世界的某种变化，以达到实践主体的目的。实践的客观物质性具体表现在：实践的主体、对象、手段、结果都是物质的、可感知的。实践的主体作为一种现实的物质力量活动起来，这是实践的首要条件。实践的主体如果停留在思维领域，就不会有现实的实践活动。实践必须以指向一定的客观对象为前提，这个客观对象是可感知的物质世界的一部分。实践需要运用一定的中介手段（如工具）作用于客观对象，这个中介手段也是物质实体。实践的结果也是存在于人的意识之外的客观物质成果。实践虽然包含着人的目的、意志、理想等精神因素，但不能把实践归结为纯粹精神的活动。

（二）实践的主观能动性

实践虽然是一种感性的物质活动，但它与自然界中各种物质相互作用的客观过程大相径庭。自然界中发生的客观过程都是不自觉的、盲目的自然力彼此发生作用，因而是一种纯粹自发的过程。而人是有思维、有理性的社会性动物。人在行动之前，就有一个明确的目的，根据客观事实，引出思想、理论、意见，提出计划、方针、办法，然后运用一定的物质手段去改造客观世界，使之符合自己的需要，达到自己的目的。实践的这种特性，就是实践的主观能动性。主观能动性不仅是实践的特点，而且也是实践发展水平的标志之一。社会越发展，人的实践活动的自觉能动性的水平也就越高。现代化的生产实践越来越要求每一个劳动者具有更多的关于自然和社会的知识，更强的理论思维能力和组织协调能力，并且在实践过程中有高度集中的注意力和坚强的意志。当然，具体的实践活动的能动性总是有限的，它受当时当地客观物质条件的制约。任意夸大实践的主观能动性，必然会导致历史唯心论。

（三）实践的社会历史性

实践不是孤立的个人的活动，而是处于一定社会关系中的现实的人的社会性活动。离开以一定方式结合起来的共同体，任何形式的实践都无法进行。无论在古代和现代都是如此。马克思在《〈政治经济学批判〉导言》中谈到物质生产实践时说："人是最名副其实的政治动物，不仅是一种合群的动物，而且是只有在社会中才能独立的动物。孤立的个人在社会之外进行生产……就像许多个人不在一起生活和彼此交谈而竟有语言发展一样，是不可思议的。""说到生产，总是指在一定社会发展阶段上的生产——社会个人的生产。"①

人类社会的实践是历史地发展着的。一方面，每一时代的社会实践都受到当时历史条件的限制；另一方面，人类又不满足于这种限制，总是不断探索自然和社会的奥秘，力图通过实践超越这种限制。人类正是在这种限制和超越的矛盾不断产生而又不断解决中，推动实践向前发展的。

在人类历史发展的长河中，人类的实践活动有一个从简单到复杂、从低级到高级的发展过程。在原始社会，人们的实践领域十分狭小，使用的工具十分简陋，只是在氏族、部落内部有一些交往。随着实践的发展，人们的社会联系便有所扩展，形成了越来越大的社会共同体，形成了民族和国家。在

---

① 《马克思恩格斯选集》第 2 卷，人民出版社 1995 年版，第 2—3 页。

当代，人类的交往已经超出民族国家的范围，成为世界性的联系；任何一个国家的重大实践问题，都与整个世界密切相关。当代社会实践要求我们实行对外开放政策，加强国际间的交流与合作，闭关锁国的政策，决然无益于实践的发展。

三、实践的基本形式

社会实践的内容十分丰富，形式多种多样。当今，人类改造自然和改造社会的能力空前增长，实践的内容更加广泛，实践的形式更加复杂。但是在多种多样的实践形式中，有三种基本的实践形式，即变革自然的生产实践活动，处理人与人之间的社会关系、变革社会的实践活动，与前两者紧密联系的科学实验活动。

（一）变革自然的生产实践活动

物质生产实践是人同自然界发生关系，通过改变自然界的物质存在形式，生产满足自己物质生活需要的资料。物质生产实践是一切历史的基本条件，是人类社会生活的物质基础，是人类从事其他社会活动的前提，因而是整个社会实践中一种最基本的实践活动。离开物质生产实践，其他社会实践便无从谈起。物质生产实践决定和制约着其他一切社会实践的性质、规模和特点。

（二）处理人与人之间的社会关系、变革社会的实践活动

人们的生产活动总是在一定的社会关系中进行的。人们在进行物质生产实践活动的同时，必然要处理人们之间的社会关系，调整和解决各种社会矛盾，从事改造社会的实践活动。在各种社会关系中，最基本的是生产关系，它是政治关系、思想关系等其他社会关系的基础。所以，调整和变革生产关系和社会经济制度，是改造社会的实践活动的基本内容。在阶级社会里，人们的社会关系表现为阶级关系。物质利益对立的阶级之间，经常进行或是隐蔽或是公开的阶级斗争。阶级斗争渗透于经济、政治、思想文化等社会生活的各个领域。阶级斗争实践对阶级社会的发展起着重大的作用。

（三）科学实验活动

科学实验是指科学上为阐明某一现象，揭示其客观规律而创造特定的条件，以便观察它的变化和结果的过程。科学实践是在生产实践的基础上产生

的。在古代，由于生产十分落后，人们基本上是以直观的形式认识自然，科学实验尚未从生产中分化出来而成为独立的社会实践活动。到了近代，科学实验才逐渐从生产实践中分化出来，成为一种相对独立的社会实践形式。科学实验一经产生，就具有与生产实践和变革社会的实践所不能代替的特点，即自觉地以科学理论为指导，以实验仪器和装备为手段，以探索和认识客观事物的本质和规律为目的。一方面，科学实验受生产实践和变革社会的实践的制约；另一方面，它又给前两项实践以巨大影响。当代的科学实验实践，对物质生活实践具有超前性，经常走在物质产生实践的前面，对物质生产实践起着主导作用。现代化的社会大生产，离开科学实验为其开辟道路便无法发展。

四、实践的运行机制

在社会现实中，实践活动如何运行，实践功能如何优化，实践偏差如何调整，这些问题，就是实践的运行机制问题。如果说实践主体、实践客体、实践手段、实践结果等实践要素属于实践活动的"硬件"的话，那么实践的运行机制则属于实践活动的"软件"。下面简要讲一讲实践活动的动力机制、调节机制和实践客体对实践的制约机制。

（一）实践活动的动力机制

人和动物一样，都有各种自然需要。但人的需要与动物的需要不同，人的需要具有社会性。人不仅有物质需要，而且有精神需要等多方面的需要，构成了引发实践活动运行的动力机制。首先，需要产生实践活动的动机。当人针对某种具体的事物产生自身的需要，要求客体能满足自身的愿望时，实践活动的动机便应运而生了。其次，由动机进而形成实践目的。实践活动是直接以实践目的为出发点的，是以一定的目的为指导并力图实现这一目的的活动。

（二）实践活动的调节机制

人的思维和意识在实践运行中自始至终发生作用。正确的价值选择、科学的思维方式、坚定的意志和热情，都在保证着实践的正常运行。离开这些调节机制，实践活动必定成为脱缰之马，严重失控。

首先，实践主体的价值观念决定着实践活动的方向。在现实活动中，人类的实践不是随意的，它的发展方向取决于实践主体的价值观念。价值观念、价值取向一经形成，便影响实践主体对实践目标的选择。具有不同价值观念、价值取向的实践主体，具有不同的实践目的和实践方向。

其次，实践主体的知识、技能决定实践活动的具体方式。不同的实践工具制约着不同的实践方式。实践工具的发展，标志着实践方式的进步。在使用智能工具系统的实践活动中，越来越需要实践主体具有丰富的科学知识和先进的技能。在现代社会，如果实践主体缺乏先进的科学知识和技能，便不能制约和操纵现代化生产工具，因而也就不能从事现代化的实践活动。

再次，实践主体的情感、意志等非理性因素调节着实践活动的进程。人的情感是一种极其复杂而又变动不居的系统，积极的情感可能推动实践向前发展，消极的情感则会干扰和阻碍实践的正常运行。意志是实践主体为实现某种预期目的而自觉调节自身行为以克服困难的心理过程，意志的强弱对于实践的成败起着重要作用。如果实践主体具有坚强的意志和坚忍不拔、百折不挠的毅力，就能克服各种困难，实现预期的实践目标。

（三）实践客体对实践的制约机制

人类的实践活动同实践主体的目的、需要、知识、技能、情感、意志有着密切的关系。但是，实践并非单纯主体的活动，它受着实践客体的制约。列宁说："人在自己的实践活动中面向着客观世界，依赖于它，以它来规定自己的活动。"外部世界及其客观规律"乃是人的有目的的活动的基础"。①

人类在确立实践目的时，一方面根据自身的需要，另一方面则必须正确反映实践客体的性质、状态及其发展规律。只有这样，才能提出合理的、切实可行的实践目的。不仅实践目的的确立受实践客体的制约，而且实践手段、实践方式、实践步骤的选择和确定也受实践客体的制约。对不同的实践客体进行改造，要求实践主体采取不同的实践手段、实践方式，经过不同的实践步骤。对于处于不同发展阶段、发展状态下的实践客体，也应采取不同的实践手段和实践方式。

---

① 《列宁全集》第55卷，人民出版社1990年版，第157页。

第二节　实践是人类社会的存在方式

社会生活在本质上是实践的，实践是人类和人类社会的存在方式，具体表现为劳动实践创造了人类和人类社会，实践使世界分化为主观世界和客观世界、自在世界和人类世界，实践使环境的改变和人的活动相一致，实践使自然的历史和历史的自然相统一。

一、劳动创造了人类和人类社会

人类是类人猿进化而来的。从类人猿转化为人的过程，不仅仅是生物进化规律的结果。恩格斯说："劳动创造了人本身"，① 第一次从理论上确定了在猿变为人的过程中劳动所具有的决定性意义。

首先，劳动促使了类人猿前后肢分工，创造了人的手。由于气候的变化，类人猿从森林中到地面上生活以后，为了适应地面生活的需要，便把天然的树枝和现成的石块作为工具，用来获取食物，构筑巢穴，防御其他兽类的侵袭。人类祖先这种"最初的动物式的本能的劳动形式"，② 经过一定的发展，使前肢和后肢的分工逐渐固定下来，下肢起支撑身体和直立行走的作用，上肢则主要起掌握工具、获取猎物的作用。经过长期的发展，类人猿逐渐从使用天然工具到学会自己制造和使用劳动工具，形成真正严格意义上的劳动，猿的手也就变成了人的手。这说明"手不仅是劳动的器官，它还是劳动的产物"。③

其次，劳动创造了人的脑，推动了语言与意识的产生和发展。直立行走扩大了人的眼界，手从支撑身体的作用中解放出来，能够触摸到比原先多得多的东西；工具的使用延长和扩大了人的感官，促进了脑的发达。斯大林说："如果猿猴没有用后面两只脚站立起来，那么它的后代（即人类）也就不能不总是用四脚行走，总是向下方看并从下面摄取印象，也就没有可能向上方看，向四周看，因而也就没有可能使自己的头脑获得的印象较四脚动物

---

① 《马克思恩格斯选集》第 4 卷，人民出版社 1995 年版，第 374 页。
② 《马克思恩格斯全集》第 23 卷，人民出版社 1972 年版，第 202 页。
③ 《马克思恩格斯选集》第 4 卷，人民出版社 1995 年版，第 375 页。

为多。"① 在劳动过程中，正在形成中的人，需要彼此交流思想和经验，已经到了彼此间有什么非说不可的地步了。于是喉头得到发展，产生了说话的器官，口中开始发出一定的音节，逐步清晰的音节和一定的思想内容相结合，产生了语言。劳动和语言的产生与发展，又进一步推动了脑髓和感觉器官的发展，产生了意识和人脑所特有的抽象思维能力。恩格斯说："首先是劳动，然后是语言和劳动一起，构成了两个最主要的推动力，在它们的影响下，猿脑就逐渐过渡到人脑；后者和前者虽然十分相似，但是要大得多和完美得多。"②

再次，通过劳动形成了人类的社会关系。古猿的活动具有较强的群体特性，但这种群体性是自发地形成的。随着劳动的产生、发展和人类的逐渐形成过程，人类的劳动由原来的动物性的自发的群体活动，逐渐变为自觉的生产劳动。在生产劳动中，人与人之间结成了社会生产关系。在生产劳动和生产关系的基础上，人们还从事其他社会活动，形成其他各种社会关系，从而形成人类社会。

由于劳动改变了类人猿的身体结构，创造了人的手和大脑，形成了各种社会关系，于是就有了人类和人类社会。人类和人类社会的产生过程与人类劳动的形成和发展过程是一致的。人类和人类社会是自然界长期发展的产物，也是劳动的产物。

二、实践与世界的二重化

人的实践活动使世界二重化。世界的二重化表现为两个相互联系的方面：一方面是世界分化为主观世界和客观世界；另一方面是世界分化为自在世界和人类世界。

（一）主观世界和客观世界

所谓主观世界，是指人的意识、观念世界，是人的头脑能动地反映、把握客观物质世界的精神活动的总和，既包括意识活动的过程，又包括意识活动的成果，即意识活动所创造的意识、观念。主观世界的内容是十分丰富

---

① 《斯大林全集》第 1 卷，人民出版社 1953 年版，第 288 页。
② 《马克思恩格斯选集》第 4 卷，人民出版社 1995 年版，第 377 页。

的，结构是十分复杂的，从总体上看，既包括知识、理论等理性因素，又包括情感、意志等非理性因素，是知情意的统一体。客观世界是指可以感知的物质世界，它具有客观实在性，包括人的意识活动之外的一切物质运动，是这些物质运动的总和。客观世界可以划分为两大部分，即自然存在和社会存在。自然存在不依赖于人的意识活动而独立存在，既包括人身外的自然，又包括人自身的自然。社会存在虽然形成于人的实践活动中，但却不依人的意志为转移，同自然存在一样具有客观实在性，而并非是意识、观念的存在，并非是感觉或观念的集合体。

主观世界和客观世界的区分形成于人的实践活动。这就是说，主观世界既不是客观世界自动分化的产物，也不是对客观世界消极被动的"直观"的结果，更不是由各种"先天范畴"综合感性直观材料形成的。就其发生而言，实践是主观世界形成的最切近的基础。正是在实践活动中，物质世界反映在人的头脑中，从而内化为主观世界。

（二）自在世界与人类世界

在主观世界与客观世界分化与统一的过程中，又形成了自在世界与人类世界的分化与统一。自在世界又称天然自然，这一概念包括两层含义：第一，自在世界是人类世界存在以前就已经存在的自然界，即人类产生之前的先在世界；第二，在人类产生以后，自在世界则是指人的实践活动尚未达到的自然界，即未经人的实践活动改变过，未打上人的活动的印记的自然界。自然界在广度和深度上都是无限的，永远存在人的实践活动尚未达到的部分。人类世界又称属人世界、人化自然，是指在人类实践活动基础上形成的自然界，即经过人的实践活动改变过、打上人的实践活动印记的自然界。

人类世界和自在世界一样，也具有客观实在性。人们并不是在自在世界之外无中生有地创造人类世界的，而是在实践活动中把自在世界的某些部分改造为人类世界的。人的实践活动，只能改变自在世界即天然自然的外部形态、内部结构乃至规律起作用的形式，但不可能消灭天然自然的客观实在性。人类世界虽然是人的实践活动对象化的产物，体现了人的需要、目的、意志和本质力量，具有社会历史性，但是人类世界、人化自然的自然属性一点也没有减少，它的客观实在性一点也没有减少，它对人类实践活动的客观制约性一点也没有降低。不仅如此，前人改造过的自然界，对于后人也仍然具有先在性。

人类世界和自在世界是有机地联系在一起的。它们之间的联系主要表现在三个方面：第一，自在世界是人类世界产生、存在和发展的前提。人的实践活动把自然同化于人自身，转化为人的本质力量，同时又把这种本质力量对象化于人类世界。第二，人类世界形成之后又反过来影响、制约自在世界，极大地干预自在世界的变化发展。第三，人类世界和自在世界的划分不是绝对的，二者的界限不是泾渭分明的。人通过自己的实践活动不断地将自在世界转化为人类世界，自在世界和人类世界之间架起一道由此达彼的桥梁。人类的认识能力和实践能力不是固定不变的。随着人类的认识和实践活动所及的范围和程度不断扩大和加深，人类世界也就不会永远固定在一定限度的范围和层次上，自在世界越来越多的部分被人类所认识和利用，从而成为人类世界的组成部分。我们今天的认识和实践活动所指向的对象，比人类初期广阔得无可比拟了。由此可见，离开人的对象性的实践活动，仅仅从自在自然的角度，是无法全面理解人类产生以来的自然界的。马克思、恩格斯在批判费尔巴哈离开人的实践活动纯自然主义地谈论人与自然的关系时说："他没有看到，他周围的感性世界决不是某种开天辟地以来就直接存在的、始终如一的东西，而是工业和社会状况的产物，是世世代代活动的结果。"人的实践活动"正是整个现存的感性世界的基础，它哪怕中断一年，费尔巴哈就会看到，不仅在自然界将发生重大的变化，而且整个人类世界以及他自己的直观能力，甚至他本身的存在也会很快就没有了"。[①]

三、实践与环境的改变和人的活动的一致

马克思在《关于费尔巴哈的提纲》中说："环境的改变和人的活动或自我改变的一致，只能被看作是并合理地理解为革命的实践。"[②]这段话讲的是人与环境的关系。这种关系包括两方面的内容：一是"环境的改变"，即人决定环境；另一个是人的"自我改变"，即环境决定人。环境决定人和人决定环境是内在统一的，其统一的基础是"革命的实践"。

---

①②　《马克思恩格斯选集》第 1 卷，人民出版社 1995 年版，第 77、55 页。

（一）人与环境关系问题上的不同观点

人总是生存于一定环境之中的。人的生存环境包括自然环境和社会环境既有区别又有联系的两部分。人与环境是互相依存、互相制约、互相创造的。

人的活动受其生存于其中的自然环境和社会环境的制约。同时，环境又不是游离于人的活动之外孤立存在、静止不变的。环境是人的实践活动的产物，人的本质力量的表现和确证。无论是自然环境还是社会环境，都只有与现实的人的实践活动联系起来才有意义。在历史上每一代人都在前辈所创造的自然环境和社会环境的基础上从事实践活动，把前一代人实践活动的终点作为自己实践活动的起点，同时又超越前辈们所创造的环境，在已有的基础上进行新创造。诚然，这些新创造受到已有的环境的制约，但他们也能动地改变已有的环境，并在改变已有环境的同时改变人类自身。这样，每一代人都以自己的新贡献加入到生生不息的大自然和绵绵不绝的历史长河之中，并且锻造出自己新的品格、新的力量、新的本质和新的面貌。这就是实践基础上的"人创造环境"和"环境创造人"的统一。

在人与环境的关系问题上，存在两种片面性理解：一些人片面强调人创造环境的能动作用。在他们看来，物质条件无关紧要，充其量不过是为主体的实践活动提供消极的质料，决定作用完全来自主体方面。这种观点忽略了环境对人的实践活动的制约作用，把人的主观能动性抽象地夸张了。另一些人则贬低主体的能动作用，片面强调人的实践活动对环境的依赖关系，认为人在环境面前毫无能动性和自由可言，好像上帝用线从暗室里牵出来的傀儡。前一种理解必然陷入历史唯心论，后一种理解必然陷入机械决定论和宿命论。为了避免这两种片面性，我国理论界又有人提出，"人创造环境"和"环境创造人"这两个命题是等价的、对称的。这种观点原则上是正确的，但是要加以说明和发挥，否则仍然可能导致错误的理解。例如，18世纪的法国唯物主义者，就是既承认人创造环境又承认环境创造人的，然而他们并没有因此走向历史唯物主义，反而在人与环境的相互作用的迷宫中兜圈子，最终隐入了"意见支配世界"的历史唯心主义。

那么，究竟应该如何正确理解"人创造环境"和"环境创造人"之间的相互关系呢？我们认为应该从人与环境之间的双向运动和历史发展的连续性与阶段性相统一这两个方面加以理解。

（二）人与环境之间的双向运动

从共时性来看人和环境的关系，人是历史主体，环境是历史客体，"人创造环境"和"环境创造人"，是人与环境、历史主体与历史客体方向相反而又统一的两种运动，即人向环境、历史主体向历史客体的运动和环境向人、历史客体向历史主体的运动。前一种运动是人对环境的能动的改造，即所谓主体的客体化、对象化；后一种运动是环境对人的生成，即所谓客体的主体化、非对象化。人与环境之间的主体的客体化与客体的主体化、对象化与非对象化的辩证统一运动，构成了人与环境、历史主体与历史客体之间的内在运行机制。

具体地说，对象化就是历史主体的实践活动、人的本质力量凝聚和体现在作为人的对象性活动的产物的环境身上，使历史主体有效的能力变为历史客体即环境的属性。由此，主体实践活动的能动性获得了它的对象性形式，使人的本质力量体现在被改造了的环境中，体现在环境客体由于主体的实践活动所产生和显现出来的规定性中。人的本质力量对象化的过程，实质上就是赋予客体以主体特性、赋予环境以人的特性的过程。

而非对象化，是指主体的实践活动使环境对象的规定性变为主体实践活动的规定性的过程，使环境对象的逻辑变为主体实践活动和思维活动的逻辑的过程。非对象化是向主体揭示客体，将客体存在的逻辑并入主体的本质力量。非对象化概念说明了对象性活动在主体方面，即在人身上引起的改变。这种改变使环境对象的本质以及各种规定性转化为主体的本质力量、智慧、才能和技巧，转化为人的实践活动的各种方式，揭示了环境在人的实践活动的冲击下，由自在状态走向自在自为状态，从而向人生成的过程。

作为"人创造环境"和"环境创造人"的两个反向过程，各自具有不同的特点。前者的特点在于人的能动性，后者的特点在于人的受动性。二者在实践基础上的统一，即人的实践活动的能动性与受动性的统一。

历史主体的客体化和历史客体的主体化、对象化与非对象化的过程，是人与环境之间双向运动的两个侧面，是同一过程的逆转。这就是说，不是先有历史主体的客体化和对象化，后有历史客体的主体化和非对象化，也不是相反；二者同时发生，本是同一过程。在这同一个实践活动过程中，人既是能动的，又是受动的；人创造了环境，同时环境也创造了人。这就是马克思所说的"环境的改变和人的活动或自我改变的一致"。

（三）历史发展的连续性和非连续性

从历时性来看，人类社会历史的发展是连续性与非连续性（阶段性）的统一。应该用历史发展连续性与非连续性统一的观点，说明人与环境的关系问题。一方面，人类的历史是世世代代的人们连续不断的实践活动创造的。如果把整个人类历史比做一个长长的剧本，那么人类本身就是剧作者。另一方面，处于一定历史发展阶段上的人们创造历史的实践活动，又受到前人创造的历史条件（环境）的制约，这些既定的历史条件预先规定了人们的生活方式和实践活动方式的特点。这就决定了每一代人都不能随心所欲地创造历史，历史决不是人的理性的自由创造物。这就是说，人类本身又是自己写作的剧本的剧中人，他们在历史舞台上的活动要受到自己创作的剧本的制约。如果只讲历史发展的阶段性，不讲历史发展的连续性，就会片面强调人的实践活动受既定的环境的制约，看不到这种既定的环境也是前人的实践活动创造的，看不到每一代人的实践活动都可以超越既定的环境，并且创造出更适合于自己生存的新环境，从而陷入机械决定论和历史宿命论。反之，如果只讲历史发展的连续性，不讲历史发展的阶段性，只承认人类社会的一切都是人的实践活动创造的，似乎这种创造活动是否受既定的历史条件（环境）的制约是可以不必问津的，这实际上就是把古往今来各个历史发展阶段上的人看成是一模一样的。这样的"人"，决不是历史的、具体的、现实的人，而是超历史的、抽象的、想象的"人"。这样的"人"，当然可以不受历史条件（环境）的制约而随心所欲地创造"历史"。因为这里所说的"历史"，已经不是人类社会客观的历史过程，而只是某些思想家头脑中虚构的历史，即"人心中的历史"，从而必然陷入把人的理性和自由意志作为历史发展的原动力的历史唯心主义。

四、实践与历史的自然和自然的历史的统一

我们知道，费尔巴哈是一个不彻底的"半截子"的唯物主义者，他只在自然观上坚持唯物主义，在历史观上则依然停留在唯心主义。正如马克思、恩格斯所说："当费尔巴哈是一个唯物主义者的时候，历史在他的视野

之外；当他去探讨历史的时候，他不是一个唯物主义者。在他那里，唯物主义和历史是完全脱离的。"[①] 费尔巴哈为什么只能用唯物主义观点解释自然，而不能同时用唯物主义观点解释历史呢？其重要原因之一，就在于他只看到"自然和历史的对立"，看不到自然和历史的统一，即看不到在实践的基础上"历史的自然和自然的历史"的统一。[②]马克思、恩格斯则十分强调"历史的自然和自然的历史"的统一，既用以批判布鲁诺·鲍威尔等人的历史唯心主义，又用以批判费尔巴哈的旧唯物主义。而"历史的自然和自然的历史"的统一，就其实质来说，就是人与自然关系的社会性，或者说是人与自然的关系和人与人的社会关系互为中介。

（一）人与自然关系的社会性的具体含义

人与自然既是对立的，又是统一的。二者统一的基础是实践。人与自然的关系是在实践中历史地发生和发展的。人本身虽然也是自然存在物，但不是单纯的自然存在物，更主要的是生活在社会中的社会存在物。所以，人与自然的关系不是单纯的自然与自然之间的物质交换关系，而是纳入了社会过程的物质交换关系。实践是人类所特有的存在方式和社会活动方式。社会生活在本质上是实践的，具有社会性的人与自然的关系本质上也是实践的。离开了社会实践，抽去社会性这一根本属性，就不存在人与自然的关系。人与自然关系的实践基础和社会性，具体说明了人与自然的关系和人与人的社会关系是"人—自然—社会"这一统一整体的不可分割的两个方面。

人与自然关系的社会性，可以划分为两个层次。第一个层次是人与自然关系的一般社会性。这是指存在于一切社会形态中的人与自然关系的普遍特性，它和人与自然的关系共始终。第二个层次是人与自然关系的具体社会性，即人与自然关系的具体社会形式。由于社会形态的性质不同，存在于其中的人与自然的关系也就具有不同的性质。第一个层次和第二个层次的关系不是并列的、平行的，而是普遍和特殊、共性和个性、本质和现象的关系。人与自然关系的一般社会性是从人与自然关系的具体社会性中抽象出来的普遍的、本质的关系，而人与自然关系的具体社会性是特殊的、个别的、永远处于运动变化之中的，并且随着社会形态的更替不断改变自己的形式。人与

①② 《马克思恩格斯选集》第1卷，人民出版社1995年版，第78、76页。

自然关系的一般社会性存在于人与自然关系的具体社会性之中，并且通过这种具体社会性得到表现和确证。

（二）人与自然关系的一般社会性

马克思指出："人们在生产中不仅仅影响自然界，而且也互相影响。他们只有以一定方式共同活动和互相交换其活动，才能进行生产。为了进行生产，人们相互之间便发生一定的联系和关系；只有在这些社会联系和社会关系的范围内，才会有他们对自然界的影响，才会有生产。"① 人们往往从生产力和生产关系紧密相连、不可分割的角度理解这段话，这无疑是正确的。对马克思这段话，还可以从人与自然的关系和人与人的社会关系紧密相连、不可分割的角度加以理解。马克思、恩格斯在《德意志意识形态》一书中说："这里立即可以看出，这种自然宗教对自然界的这种特定关系，是由社会形式决定的，反过来也是一样。这里和任何其他地方一样，自然界和人们的同一性也表现在：人们对自然界的狭隘的关系决定着他们之间的狭隘的关系，而他们之间狭隘的关系又决定着他们对自然界狭隘的关系，这正是因为自然界几乎还没有被历史的进程所改变。"②马克思、恩格斯这段论述的精神实质，不仅适用于人类初期，而且适用于一切时代。这种精神实质就是，人与自然的同一性，内在地包含了人与自然的关系和人与人的社会关系的互相制约，即人与自然的关系制约着人与人的社会关系，人与人的社会关系又制约着人与自然的关系，二者是共时性的同构关系。人与人的社会关系一开始就存在于人对自然改造之中，它无所不在地渗透于一切人类改造自然的实践活动中。同时，只有通过人与人的社会关系，才能发生人与自然的关系。

人与自然的关系及其社会性，首先存在于生产劳动之中。生产劳动构成了人与自然之间最基本的实践关系。生产劳动是有社会因素参与其间的人对自然的改造关系。在生产劳动中，人与人的社会关系和人与自然的关系同时发生，没有时间先后的区分。在作为人对自然的物质改造关系的劳动实践结构中，人与自然的关系和人与人的社会关系二者互为中介，即人与人的社会关系以人与自然的关系为中介，人与自然的关系又以人与人的社会关系为中介，而且正是由于后一点，使人与自然的关系带上了社会性，社会因素全面

①②　《马克思恩格斯选集》第1卷，人民出版社1995年版，第344、82页。

地影响着人与自然的关系。

人与自然不仅具有实践关系，而且具有理论关系。马克思在《1844 年经济学哲学手稿》中说："从理论领域来说，植物、动物、石头、空气、光等等，一方面作为自然科学的对象，一方面作为艺术的对象，都是人的意识的一部分，是人的精神的无机界，是人必须事先进行加工以便享用和消化的精神食粮。"① 人与自然的理论关系即人对自然的认识，也不是孤立的个人单独进行的，而是在社会中通过人与人的社会关系进行的。因此，人与人的社会关系，不仅中介着人与自然的实践关系，而且中介着人与自然的理论关系。

（三）人与自然关系的具体社会性

人与自然关系的一般社会性通过人与自然关系的具体社会性表现出来。下面我们通过人的依赖性社会、物的依赖性社会、个人全面发展的社会历史上三种依次更替的社会形态中，人与自然关系的不同的社会形式，说明人与自然关系的具体社会性。

人的依赖性社会，即前资本主义社会，包括原始社会、奴隶社会、封建社会。在这种社会形态下，人与自然的关系只是在狭小的范围内和孤立的地点上发展着。在原始公有制条件下，人与自然的关系和人与人的社会关系浑然一体。与人与自然之间的直接的、狭隘的关系相适应，人与人的社会关系以血缘关系为基础，尚未完全斩断血缘亲族关系的脐带。奴隶社会和封建社会中的人与自然的关系，也仍然受牢固的人群共同体的狭小范围的束缚。人的依赖性社会中，人与自然关系的共同特征在于：自然经济占优势，商品经济的发展水平很低，人征服自然的能力弱小，表现为人与自然的直接同一和人对自然的盲从与崇拜，人几乎还是自然界的奴隶。

物的依赖性社会，即资本主义社会。在这种社会形态下，由于生产力水平的提高，科技的进步，商品经济的充分发展，国际市场的扩展，形成了人与自然之间的普遍的社会物质交换。资本主义社会使人与自然的关系发生了一次质的飞跃，即从前资本主义社会阶段的人对自然的盲目崇拜转化为人对自然的普遍征服和占有。马克思指出：资本主义生产"在产生出个人和自

---

① 《马克思恩格斯全集》第 42 卷，人民出版社 1979 年版，第 95 页。

己和同别人的普遍异化的同时，也产生出个人关系和个人能力的普遍性和全面性"。① 这就是说，在资本主义的普遍物化的社会关系中，形成了人的独立性以及人的需求和人的能力的发展。

个人全面发展的社会，即共产主义社会。在这种社会形态下，克服了人与人之间的社会关系上的异化和物化，形成了全面发展的个人和人与人之间全面丰富的社会联系，而这些是以资本主义社会形成的人与自然关系及其社会性的一定程度的发展为前提的。在共产主义社会中，联合起来的全面发展的个人，以对自然界的本质和发展规律的科学认识为指导，以先进的技术设备为手段，以为全人类谋利益为目的，按照自由人的联合体共同拟定的计划，合理地支配和改造自然，实现人与自然的共同繁荣和协调发展。到那时，环境友好型社会就真正形成了。

第三节　实践与人掌握世界的方式

马克思主义哲学把人与世界的关系作为自己的研究对象，因此它十分关注人掌握世界的方式问题。马克思在《〈政治经济学批判〉导言》中讲到人掌握世界的方式时说："整体，当它在头脑中作为思想整体而出现时，是思维着的头脑的产物，这个头脑用它所专有的方式掌握世界，而这种方式（即理论方式——引者注）是不同于对于世界的艺术精神的、宗教精神的、实践精神的掌握的。实在主体（即外部世界——引者注）仍然是在头脑之外保持着它的独立性；只要这个头脑还仅仅是思辨地、理论地活动着。"② 马克思在这里讲到人掌握世界的四种方式，即理论方式、实践精神方式、艺术精神方式、宗教精神方式。除去这四种方式之外，人们还常常讲到人掌握世界的实践方式和价值方式。本章只讲人掌握世界的实践方式、理论方式和实践精神方式。

一、人掌握世界的实践方式

所谓人掌握世界的实践方式，是指人按照自己的需要、目的、愿望、观

---

① 《马克思恩格斯全集》第46卷（上），人民出版社1979年版，第109页。
② 《马克思恩格斯选集》第2卷，人民出版社1995年版，第19页。

念、思想去改造外部世界，使外部世界适合自己的生存与发展。外部世界的原有形式不能直接满足人的需要，只有通过人的实践活动对其进行对象性的改造，改变其原有的存在形式，才能满足人们各种不同的、多方面的需要。正如列宁所说，"世界不会满足人，人决定以自己的行动来改变世界"。① 人掌握世界的实践方式，是人掌握世界的最基本的方式。人掌握世界的理论方式、实践精神方式、艺术精神方式、宗教精神方式和价值方式，都以人掌握世界的实践方式为前提和基础。人掌握世界的实践方式与动物适应自然的方式相比较，有两个显著的特点：第一，它是属人的、社会的客观活动形式，而不是纯自然的活动形式；第二，它是有目的的、主动的、积极的创造性活动，给外部世界处处打上人的活动的印记，而不是消极被动地适应自然的活动。

人掌握世界的实践活动，既不是只遵循客观世界的外在尺度，也不是只遵循人的需要的内在尺度，而是将自己需要的内在尺度和外在尺度结合起来，在现实地改变外部世界的同时，也改变人自身。马克思在《1844 年经济学哲学手稿》中指出："动物只是按照它所属的那个种的尺度和需要来建造，而人却懂得按照任何一个种的尺度来进行生产，并且懂得怎样处处都把内在的尺度运用到对象上去"。② 所谓"按照任何一个种的尺度来进行生产"，就是按照客观世界的外在尺度进行生产；所谓"把内在的尺度运用到对象上去"，就是根据自己的需要、目的、愿望、观念、思想等内在的尺度进行生产，通过对外部世界的改造，创造出适合自己生存和发展的对象，人通过自己的实践活动所创造的对象，就体现了内在尺度与外在尺度的统一。

二、人掌握世界的实践方式与理论方式的关系

人掌握世界的理论方式，是在人掌握世界的实践方式的基础上产生的一种人掌握世界的精神方式，是人们在头脑中认识、反映、再现外部世界的客体的过程。人们认识外部世界，掌握外部世界的性质和发展规律，形成科学的知识理论体系，其根本目的就是为了指导改造外部世界的实践活动，对外

① 《列宁全集》第 55 卷，人民出版社 1990 年版，第 183 页。
② 《马克思恩格斯全集》第 42 卷，人民出版社 1979 年版，第 97 页。

部世界进行实际的占有。

人掌握世界的理论方式，区别于人掌握世界的实践方式。首先，人掌握世界的实践方式，是人和外部世界之间的物质交换，是人通过自己的实践活动改变外部世界的存在方式的过程，本质上是人的客观物质活动；而人掌握世界的理论方式，则是人们认识、反映、再现外部世界的客体的过程，本质上是人类的主观精神活动。其次，人掌握世界的实践活动是独立于人的精神之外的客观过程，因而它能够直接改变外部世界的客体，使其根据人的需要改变形态；而在人掌握世界的理论活动中，人们只是在思维中反映和再现外部世界的客体，作为被反映和再现的客体本身，仍然在思维着的头脑之外原封未动地存在着，思维本身并不能直接改变它的存在形态。再次，人在实践上掌握世界，使用的是物质手段，即以工具系统为中介；而人在理论上掌握世界，使用的是概念和概念体系，以语言陈述体系为中介。总之，人掌握世界的实践方式，追求是创造出符合人的需要的新的对象，对外部世界进行实际的占有；而人掌握世界的理论方式，追求的是人的观念符合外部世界的对象，对外部世界进行科学的认知。当然，在现实的人类实际活动中，人对世界的实际占有和理论认知并非泾渭分明、互不相干的两个过程，而是属于同一过程中人对世界的掌握的两个方面。人掌握世界的实践方式和理论方式，是既区别又统一的过程。

三、人掌握世界的实践精神方式

马克思在《资本论》中讲道："最蹩脚的建筑师比最灵巧的蜜蜂高明的地方，是他在用蜂蜡建筑蜂房以前，已经在自己的头脑中把它建成了。劳动过程结束时的结果，在这个过程开始时就已经在劳动者的表象中存在着，即已经观念地存在着。"[①] 从马克思这段话可以看出，所谓实践精神，是介于理论和实践之间的中间环节，是联结理论与实践的桥梁。作为一种在本质上仍然属于精神领域对世界的掌握方式，实践精神以方针、政策、路线、纲领、战略策略、计划方案、设计蓝图、模拟图形等形式出现。它以改造外部世界对象和创造外部世界所没有的崭新的客体为直接目标，是直接支配人的

---

① 《马克思恩格斯全集》第 23 卷，人民出版社 1972 年版，第 202 页。

实践活动的观念。因此，实践精神亦可称为"实践观念"。

实践观念和理论观念相比较，具有两个显著优点。实践观念超出理论观念的第一个优点，就是它高于对外部世界的真理性认识，为这一认识增添了目的、情感、意志等理想的成分。实践观念不仅追求真实准确地再现外部世界的客体，而且追求在观念上创造出在现实中既不现成存在也不会自然而然地形成的，具有符合人的需要的形式和规定性的新客体，即体现人的内在尺度和物的外在尺度相统一的理想化客体。理论观念属于"实然观念"，它追求对象"本来如此"；实践观念属于"应然观念"，它追求对象"应该如此"。理论观念的目标是认识真理，实践观念的目标是直接指导实践。因此，实践观念比理论观念更丰富，它既包括关于对外部对象的理论观念，又包括反映人们需要的目的、愿望等。实践观念超出理论观念的第二个优点，就是它高于对外部世界的普遍性的认识，为这一认识增添了直接现实性，即可以促使其直接向现实转化。实践观念既是客观的东西向主观的东西运动的最高点，又是主观的东西向客观的东西运动的思想准备或起点，超过这一个最高点或起点，实践观念便进入实践活动过程，开始了人对外部世界的实践掌握，并由此创造出能够满足人的需要的新的对象。实践观念实际上就是实践活动在思维中的预演。

顺便谈谈对列宁的《哲学笔记》中的两段相关论述的理解。黑格尔在《逻辑学》一书中的"观念论"中，用很大的篇幅论述理论观念和实践观念及二者的相互关系。列宁在《哲学笔记》中摘录了黑格尔的有关论述，并作了一些旁批和提出了自己的相应观点。其中有两句是人们经常引用的。但由于人们往往离开理论观念和实践观念的相互关系理解列宁的论述，所以无论是苏联理论界还是中国理论界，对这两段话的理解大都是不正确、不符合列宁的本意的。

列宁的第一句话是："人的意识不仅反映客观世界，而且创造客观世界"。[①] 一般认为列宁这里讲的是意识的能动性。列宁这句话当然包含意识能动性的思想，但笼统地把它说成是讲意识的能动性，则是不正确的。人的意识创造客观世界，这是典型的哲学唯心主义观点，列宁作为彻底的唯物主

①《列宁全集》第55卷，人民出版社1990年版，第182页。

义者，是不会赞成这种观点的，也不会把这种观点作为意识能动性的表现。如果把这句话与关于理论观念与实践观念的关系联系起来加以理解，其含义应该是十分清楚的。这里的"意识"，既包括理论观念，又包括实践观念，理论观念反映客观世界，实践观念则在观念中创造出在现实中尚不存在的理想化的客体，这就是列宁说的意识"创造客观世界"的意思。联系我们前面引用的马克思在《资本论》中所说的建筑师"在用蜂蜡建筑蜂房以前，已经在自己的头脑中把它建成了。劳动过程结束时得到的结果，在这个过程开始时就已经在劳动者的表象中存在着，即已经观念地存在着"这段话，就不难看出，列中所说的"意识"创造的"客观世界"，指的就是人的"表象中存在着"的客观世界，即"观念地存在着"的客观世界。

　　列宁的第二句话是："**实践高于（理论的）认识**，因为它不仅具有普遍性的品格，而且还具有直接现实性的品格"。① 列宁的这段话是对黑格尔下面一句话所作的旁批。黑格尔的这句话是："这种观念（即实践观念——引者注）高于前面所考察的认识观念（即理论观念——引者注），因为这种观念不仅具有普遍东西的品格，而且具有单纯现实东西的品格……"。② 把列宁的旁批与黑格尔的原话加以比较，就不难看出，列宁这句话中的"实践"，不是指已经在现实中付诸行动的实践活动，而是指仍然存在于头脑中的"实践观念"。所谓"实践观念"高于（理论的）认识，就是指我们前面所说的实践观念"高于对外部世界的普遍性认识，为这一认识增添了直接现实性，即可以促使其直接向现实转化"。从理论是实践的基础、实践决定理论、对理论具有"至上权力"的角度，当然可以说实践高于理论。但是，就发展水平的高低来看，只有同类事物之间才能进行比较，不同的事物之间是无法进行比较的。实践和理论是两种不同的事物，其间是无法比高低的。我们既不能说实践的水平高于理论的水平，也不能说理论的水平高于实践的水平。而实践观念和理论观念都是观念，属于同类，可以比个高低上下。由此可以看出，列宁所说的"实践高于（理论的）认识"中的"实践"，不是指已经在现实中付诸行动的实践活动，而是指仍然存在于头脑中的"实践观念"。另外，所谓实践"具有普遍性的品格"，也是很难理解的。过去

①② 《列宁全集》第55卷，人民出版社1990年版，第183页。

对实践的普遍性的解释，也大都是十分牵强的。如果把这里的"实践"理解为"实践观念"，说实践观念和理论观念一样也"具有普遍性的品格"，就是顺理成章的了。

总之，人们在社会历史活动中，不仅以实践方式现实地改变世界，以理论方式在思维中认识世界，而且以实践精神方式在认识世界和改造世界的活动中搭起一座桥梁，促使二者之间相互转化。

第 二 章

人类社会的基本结构和社会发展的基本规律

　　人类社会是以一定的物质生产活动为基础而互相联系的人们的总和。马克思说:"社会本身,即处于社会关系中的人本身。"① 人类社会是一个巨系统,包括许多要素,各要素之间有着复杂的联系。社会结构是指组成人类社会的要素及其联系和关系。社会结构概念就是从静态角度研究人类社会各要素之间的联系和关系。人们可以根据研究人类社会的本质及其发展规律的实际需要,从不同角度划分社会结构。本章重点从构成人类社会的经济领域、政治领域和意识领域这三大领域研究社会的基本结构,即社会的经济结构、政治结构和意识结构。同时还研究历史过程的时空结构的特点。社会各要素之间的内在的、本质的、必然的联系及其动态演变过程,就构成社会发展的各种规律。本章主要研究以下几个社会发展的基本规律,即生产关系必须适合生产力性质的规律,上层建筑必须适合经济基础发展要求的规律,社会存在与社会意识相互作用的规律,阶级社会中阶级斗争推动社会发展的规律。

第一节　社会存在和社会的经济结构

一、社会存在的含义和内容

　　社会存在是指社会物质生活条件的总和,包括地理环境、人口因素和物

---

　　① 《马克思恩格斯全集》第46卷（下）,人民出版社1980年版,第226页。

质生活资料的生产方式。

（一）地理环境及其在社会发展中的作用

地理环境是指人类生存和发展所依赖的诸种自然条件的总和，它由大气圈、水圈、岩石圈构成。适合生物生存的范围叫生物圈。大气圈、水圈、岩石圈之间通过气流、蒸发及降水等作用，经常进行能量交换和物质循环，使生物圈具有一定限度的平衡调节机能，保持自然生态平衡。

地理环境是人们的物质生活的必要条件之一，人类生存依赖着地理环境。这种依赖性主要表现在两个方面：第一，地理环境是人类生存的场所，离开适合人类生存的地理环境人类便无法生存。到目前为止，地理环境仍然是我们所知道的适合人类生存的唯一场所。因此，我们必须十分爱惜、妥善保护、合理利用我们所处的地理环境。第二，地理环境为人类提供生活资料和生产建设的资源。这些资源可以分为三类：（1）生态资源，如太阳辐射、气温、水分等，它们属于恒定资源，不依人类意志为转移，可以长久使用。（2）生物资源，如森林、草原、鸟兽鱼虫、菌类等动植物和微生物，此类资源具有再生机能，如能科学管理和培育，不仅能生生不已，而且可以繁殖扩大。（3）矿物资源，包括煤、铁、石油等各种矿藏，此类资源储量有限，而且属于非再生资源，必须合理开采，严禁浪费。

人类生存既然依赖地理环境，地理环境就必然影响社会的发展。这种影响作用主要表现在两个方面：第一，地理环境通过对生产的影响，加速或延缓社会的发展。地理环境影响劳动生产率的高低和生产部门的分布，在一定程度上决定一个国家经济发展的特点，制约一个国家经济发展的潜力和前景。第二，地理环境还可以通过对军事、政治的影响，在一定程度上制约不同国家社会的发展。如中国地大物博、人口众多的特点，对于抗日战争坚持持久战、取得最后胜利具有重要意义。

地理环境虽然对社会发展起制约和影响作用，但对社会发展不起主要的决定作用。这是因为地理环境不能决定社会制度的性质和社会制度的更替，地理环境对社会发展的作用受社会因素，主要受生产力和生产关系的制约。

（二）人口因素及其在社会发展中的作用

所谓人口因素，包括人口数量、质量、密度、构成，人口的发展、分布和迁移，人口的自然变动和社会变动等各种因素。

人口因素也是社会物质生活的必要条件之一，对社会发展起着制约和影响作用，主要表现在两个方面：第一，一定数量的人口是社会物质生活的必要前提。没有一定数量的最低限度的人口，就不能进行物质生产，人类社会也就无法存在和发展。第二，人口状况能加速或延缓社会的发展。在社会发展的不同时期，人口状况对社会的发展有不同的影响。一般说来，在生产力水平比较低下的古代，生产的发展主要依靠劳动力的增加，这时人口生产能否提供足够数量和密度的人口充作劳动力，对社会发展就具有重要作用。当人口数量和密度已经达到较高程度，生产的发展主要依靠科技进步提高劳动生产率的时候，对人口增长速度适当加以限制，就有利于社会发展。由此可见，既不能抽象地说人口数量越多、密度越大、增长越快越好，也不能反过来说人口数量越少、密度越小、增长越慢越好。只有与物质生产相适应的人口状况，才最有利于促进社会的发展。

人口因素虽然对社会发展具有制约和影响作用，有时甚至起非常重要的作用，但它不是对社会发展起主要的决定性作用的因素，因为它不能决定社会制度的性质和社会制度的更替，而且它受物质生产的制约，物质生产从根本上决定了人口生产的发展方向和基本趋势，每一种生产方式都有与其相适应的人口规律。

人口问题是我国现代化建设中一个十分严重的问题，突出表现为人口数量多，在一定时间内速度增长过快，人口生产与物质生产比例严重失调，从而导致了人口生产与物质生产的尖锐矛盾，并且带来了一系列的社会问题。除此之外，我国人口的老龄化趋势的加快和出生婴儿男女比例失调，也十分引人关注。我们要充分认识我国人口问题的严重性，坚持正确的人口政策，采取切实可行的措施加以解决。

（三）生产方式及其在社会发展中的作用

生产方式是人类借以向自然界谋取必需的生活资料的方式，包括生产力和生产关系两个方面，是特定的生产力和生产关系的统一。生产方式在社会发展中起决定作用，主要表现在以下几个方面：

第一，生产方式或生产活动，是人类从动物界分离出来的根本动力和人类区别于动物的根本标志。劳动创造了人本身。人类与动物界的区别，如制造和使用工具的本领、社会关系、自觉能动性、抽象思维和语言等，都是在生产劳动中形成的。

第二，生产方式或生产活动是人类和人类社会得以存在和发展的基础。人类要生存，就要解决吃喝住穿的问题，为此就必须进行物质生活资料的生产活动。若停止生产，人类就不能生存，人类社会就要灭亡。人类要从事政治、司法、科学、艺术、宗教等活动，也必须首先解决吃喝住穿问题，所以生产活动又是从事其他各种社会活动的基础。

第三，生产活动是形成人类一切社会关系的基础。生产活动不仅创造了人类生活所必需的物质资料，而且创造了人与人之间的生产关系。在生产关系的基础上，又形成了人与人之间的政治关系和思想关系等其他社会关系，从而形成了整个人类社会。

第四，生产方式决定社会制度的性质和社会制度的更替。有什么性质的生产方式，就有什么性质的社会制度。一种生产方式被另一种生产方式所代替，就意味着新的社会制度代替了旧的社会制度。

二、社会的经济结构

在马克思主义的历史观和经济学说中，经济结构这个概念有广义的和狭义的两种界说。广义的经济结构是指生产方式的结构，包括生产力结构和生产关系结构两个方面；狭义的经济结构，或者单指生产力结构，或者单指生产关系结构。马克思在《〈政治经济学批判〉序言》中说："生产关系的总和构成社会的经济结构"，[①] 这是指狭义的经济结构。马克思在《资本论》第3卷中说："生产的承担者对自然的关系以及他们互相之间的关系，他们借以进行生产的各种关系的总和，就是从社会经济结构方面来看的社会。"[②] "生产的承担者对自然的关系"即生产力；生产的承担者"互相之间的关系"即生产关系；这两方面的"关系的总和"，就是社会的经济结构，这是广义的经济结构。本章从广义上使用经济结构这个概念。下面分别介绍现代生产力系统和生产关系体系。

（一）现代生产力系统

生产力是人类利用自然、改造自然、从自然界获取物质资料的能力，生

---

① 《马克思恩格斯选集》第2卷，人民出版社1995年版，第32页。

② 《马克思恩格斯全集》第25卷，人民出版社1974年版，第925页。

产力范畴反映的是人与自然界的关系。生产力的要素或成分，按照一定的比例和形式结合起来，形成生产力的整体功能，就构成生产力系统。现代生产力系统包括以下四类要素：

（1）独立的实体性因素。这是以物质实体的形式相对独立存在的因素，包括劳动者、劳动资料和劳动对象。劳动者既包括体力劳动者，又包括脑力劳动者。劳动者具有一定的生产经验和劳动技能。劳动者的生产经验和劳动技能，包括体力和智力两个方面。劳动者个人的体力和智力在生产力发展的不同阶段各自的地位和作用不同。就一般发展趋势而言，劳动者的智力因素所占比重日益增大。在体力劳动和脑力劳动分工以后，劳动者划分为体力劳动者和脑力劳动者。在资本主义机器大生产出现以后，物质生产领域的脑力劳动者，即科学技术人员和工程技术人员，也是生产劳动者。劳动资料亦称劳动手段，它包括十分复杂的内容。生产工具是劳动资料的主要内容，是生产力发展水平的主要标志。此外劳动资料还包括生产的运输设备、灌溉设备、仓储设备、包装设备、劳动对象的容器等。在现代化生产中，生产的动力系统、自动控制系统和信息传递系统，在劳动资料中占有重要地位。劳动对象是劳动过程中被加工的东西。劳动对象分为两大类：一类是天然存在的劳动对象，如矿藏、原始森林、江河湖海里非人工养的鱼、空气等等；另一类是经过劳动加工的劳动对象，如做衣服用的布、织布用的棉纱、纺纱用的棉花、炼油厂用的原油、炼钢用的铁等等。经过劳动加工的劳动对象叫原料。劳动资料和劳动对象合称生产资料。

（2）运筹性的综合因素，包括分工协作、经济管理、预测决策等等。这类因素的作用，在于通过对生产力系统的其他因素的选择、调动、处置、匹配等手段，在数量和比例上做到合理结合，从而形成生产力的整体功能。

（3）渗透性因素，主要指自然科学。自然科学在应用于现实的生产过程之前，并不形成现实的生产力，只有把它应用于现实的生产过程之中，渗入到生产力系统的其他各类要素中去，才能转化为现实的生产力。

（4）准备性因素，主要指教育。教育可以通过培养人才，为生产力的继承和发展作准备，因此把它称为生产力系统中的准备性因素。

我们没有把技术单独列为生产力系统的要素。因为技术表现为两个方面：一是生产的物质设备，即"硬件"，属于劳动资料和劳动对象；二是人的生产经验和劳动技能，即"软件"，属于劳动者。技术已经包含在生产力系统的三个独立的实体性因素之中，所以没有必要再单独列出来。

（二）生产关系体系

生产关系指人们在物质生产过程中结成的经济关系，它包括三项内容：（1）生产资料的所有制形式；（2）人们在生产中的地位及其相互关系（包括交换）；（3）产品的分配方式。我们把斯大林在《苏联社会主义经济问题》一书中对生产关系三项内容的规定，称为生产关系内容的"三分法"。这三项内容相互联系、相互制约，形成生产关系体系，其中生产资料所有制形式起着决定作用，它是整个生产关系的基础。其表现是：第一，生产资料所有制形式是生产劳动得以进行的前提；第二，生产资料所有制形式决定整个生产关系的性质；第三，生产资料所有制形式决定人们在生产中的地位及其相互关系；第四，生产资料所有制形式决定产品的分配方式。

马克思在《〈政治经济学批判〉导言》中，把社会再生产分为生产、交换、分配、消费四个环节，学术界简称"四环说"。马克思的"四环说"与斯大林的"三分法"之间存在着内在联系。恩格斯指出："经济学所研究的不是物，而是人和人之间的关系，归根到底是阶级和阶级之间的关系；可是这些关系总是**同物结合着**，并且**作为物出现**。"① 这就是说，作为"人和人之间的关系"的生产关系，本身并不是物，并不是物和物之间的关系，但它又必须通过物、物和物之间的关系表现出来，而作为社会再生产过程的四个环节的生产、交换、分配、消费，正是作为生产资料和劳动产品的物在其经济运动中所通过的四个环节。因而在这四个环节的每一个环节中，都体现着斯大林生产关系定义的三项内容，所以我们把斯大林的生产关系"三分法"与马克思的社会再生产过程的"四环说"结合起来，给生产关系下一个定义：**生产关系是人们在生产、交换、分配、消费的过程中结成的经济关系的总和**。《苏联大百科全书》把生产关系定义为："人们之间在生产过程中以及社会产品在生产、交换、分配、消费的运动中全部物质经济关系的总和。"② 这个定义对我们是有启发作用的。

---

① 《马克思恩格斯选集》第2卷，人民出版社1995年版，第44页。
② 《苏联大百科全书》第21卷，苏联百科全书出版社1975年版，第54页。

　　马克思、恩格斯、列宁、斯大林由于所处历史条件的局限，在讲生产关系时，主要是着眼于剥削者和被剥削者之间在经济上的对立关系，而对于这种对立关系之外的其他经济关系，则注意得比较少。普列汉诺夫注意到了这个缺欠，并且试图用"广义生产关系"和"狭义生产关系"的区别来克服这个缺欠。

　　普列汉诺夫在《我们的批判者的批判》一文中写道："当马克思和恩格斯在讲到推动社会发展的基本矛盾时，他们把生产关系一词用作比较狭隘的财产关系的意思"，而"生产者在生产过程中的那些直接关系（例如，在工厂及作坊中的劳动组织），它们在比较广的意义上也应当被称为生产关系"。① 普列汉诺夫在这里所说的狭义的生产关系，大致相当于斯大林的生产关系定义的内容；而他所说的广义的生产关系，除去斯大林生产关系定义的内容以外，还包括劳动者在直接生产过程中的关系。普列汉诺夫对狭义生产关系和广义生产关系的区分，显然是对马克思主义生产关系理论的充实和发展。他的这一贡献，长期以来没有引起我国理论工作者的应有重视。同时也要看到，普列汉诺夫的广义的生产关系，仍然没有把剥削者之间的经济关系、无阶级社会各个社会成员之间的平等互助关系包括进去；就是劳动者之间的关系，他也只是讲到了劳动者在直接生产过程中的关系，没有讲到劳动者在交换、分配、消费过程中的经济关系。到底应该如何给广义的生产关系作出准确界定和确切规定它的具体内容，尚需进一步探讨。

第二节　国家政权和社会的政治结构

　　社会的政治结构，是指建立在经济结构之上的政治法律设施、政治法律制度及其相互关联的方式，包括政党、政权机构、代议机构、军队、警察、法庭、监狱和关于政权的组织形式以及立法、司法、宪法的规程等。由于国家政权是社会的政治结构的核心，所以这里主要讲国家问题。

---

① 《普列汉诺夫哲学著作集》第2卷，生活·读书·新知三联书店1960年版，第601页。

一、国家的起源和本质

阶级的出现是国家形成的基础。原始社会没有阶级划分，也就没有国家。原始后期出现阶级划分，就逐渐形成了国家。国家的形成是原始社会转变为阶级社会的重要标志之一。为什么社会有了阶级划分就必然产生国家呢？

我们知道，历史上最先出现的阶级是奴隶主和奴隶。奴隶主占有全部生产资料，奴隶一无所有，而且奴隶本身也是奴隶主的私有财产，可以被奴隶主随意鞭打、买卖和屠杀。奴隶主利用占有的生产资料，残酷地剥削奴隶，而奴隶不断用逃亡、暴动、起义等方式进行反抗，力图摆脱被剥削被压迫的地位。奴隶主和奴隶之间的这种矛盾是不可调和的。奴隶主阶级为了维护自己的经济利益，对奴隶进行剥削，只用经济手段是不够的，必须在政治上建立自己的统治地位，用强力使奴隶服从自己的剥削，并且借助于强力缓和奴隶主和奴隶之间的矛盾，维护奴隶主剥削、压迫奴隶的秩序，使奴隶主对奴隶的剥削和压迫合法化、固定化。特别是因为奴隶主是少数，奴隶是多数，奴隶主的少数如果不用强力和暴力，根本不能剥削、压迫奴隶的多数。奴隶主阶级所建立的经常性的强制的暴力机构，就是奴隶制的国家。由此可见，国家是阶级矛盾不可调和的产物和表现。在阶级矛盾客观上达到不可调和的地方、时候和程度，便产生国家。反过来说，国家的存在表明阶级矛盾的不可调和。

既然国家是从控制阶级对立的需要中，又是从阶级冲突中产生的，所以国家从来就不是代表全体国民的，它具有鲜明的阶级属性。从表面上看，国家似乎是整个社会的代表，似乎是凌驾于社会各阶级之上、调和阶级矛盾和阶级冲突的一种力量。事实上，只要阶级存在，阶级矛盾就是不可调和的，阶级间的冲突就是不可避免的。国家对各阶级不是一视同仁的，国家就其本质而言，它是阶级统治的工具，是一个阶级压迫另一个阶级的机构。

二、国家的特征和职能

国家与旧的氏族组织比较，具有两个显著特征：第一，国家按地区划分居民，而氏族组织按血缘关系划分居民；第二，国家的武装力量是"特殊的武装队伍"，军队是国家政权的主要成分，而氏族组织的武装力量是"居民的自动的武装组织"。

国家具有政治职能和社会职能两种职能。

国家的政治职能即阶级压迫工具职能，分对内和对外两个方面。其对内职能是镇压被压迫阶级的反抗，以保持统治阶级在经济上、政治上和思想上的统治；其对外职能是防御外来的侵略和颠覆，保护本国利益不受侵犯。

国家具有多方面的社会职能：第一，调整本阶级内部各个社会成员、各种政治派别以及本阶级和同盟者阶级之间的关系，维护本阶级和同盟者阶级的共同利益。第二，调整其他各种社会关系，如不同地区之间的关系，不同部门之间的关系，不同民族之间的关系，以及家庭关系、社会成员之间的各种纠纷等，以保持社会秩序的安定和保障各种社会活动的正常进行。第三，组织领导社会生产活动和科学文化教育事业，这项事业在社会化大生产的国家尤其重要。第四，发展对外的经济、政治、文化交流活动，这项事业在全球化时代尤其突出。

国家的政治职能和社会职能是密切联系在一起的。首先，国家承担社会职能，是从统治阶级的利益出发，为统治阶级的利益服务的，因而首先有利于统治阶级，同时客观上在某些方面也于全体社会成员有利。其次，国家承担社会职能，对于实现阶级压迫工具的职能来说，是十分必要和重要的。任何一个统治阶级，只有行使好社会职能，国家政权才能巩固和强大有力，才能使国家行使好阶级压迫工具职能的作用。这就是说，国家行使社会职能是它行使政治职能的基础。正如恩格斯所说："政治职能到处都是以执行某种社会职能为基础。而且政治统治只有在它执行了它的这种社会职能时才能持续下去。"①

三、国体和政体

国体问题，说的是社会各阶级在国家政权中的地位和作用，即国家政权究竟掌握在哪个阶级手里，掌握国家政权的阶级联合什么阶级、压迫什么阶级。国体问题揭示了国家的阶级本质和阶级内容。根据国家的阶级内容，可

---

① 《马克思恩格斯选集》第3卷，人民出版社1995年版，第523页。

以把国家划分为四种类型：奴隶主阶级专政的国家，封建主阶级专政的国家，资产阶级专政的国家，无产阶级专政的国家。前三种是剥削阶级专政的国家，最后一种是被剥削阶级专政的国家。政体问题，说的是国家政权的组织形式和管理形式。统治阶级采取什么形式组织自己的政府，实行自己的专政，管理自己的国家，属于政体问题。

国体和政体是既有区别又有联系的。首先，国体和政体是不同的。国体指国家的阶级本质和阶级内容，政体指国家政权的组织形式。我们在观察、研究国家问题的时候，必须把国体和政体区分开，把本质和形式区分开，不要被国家的形式所迷惑而看不清国家的阶级本质。其次，国体和政体又是密切联系的，是同一个事物的两个方面。国体决定政体，政体必须与国体相适应，即必须根据国家的阶级内容采取适当的政权组织形式。同时，政体对国体又有很大的相对独立性，我们在观察、研究国家问题的时候，不仅要研究国体问题，而且要研究政体问题。同一国体的国家，可能采取不同的政体；不同国体的国家，又可能采取相同的政体；国体不变的同一国家，在不同的历史时期，也可能采取不同的政体。

第三节　精神生产和社会的意识结构

一、社会的精神生产

（一）精神生产的含义和本质

精神生产并非一开始就是人类的一种相对独立的生产活动，它是物质生产发展到一定阶段的产物，是体力劳动和脑力劳动分工的结果。在体力劳动和脑力劳动分工形成以前，精神生产与物质生产浑然一体，包含在物质生产过程之中。

精神生产一旦从物质生产过程中分化出来成为一种相对独立的生产活动，就有自己特殊的劳动过程和特定的含义。首先，精神生产是一种脑力劳动，它主要通过人的脑力（思维力、理解力、记忆力、想象力等）的支出进行。其次，在精神生产劳动过程中，主要生产和创造精神产品与精神价值，以满足人类精神生活的需要。再次，精神生产劳动和物质生产劳动一样，是整个人类劳动过程的一个组成部分，是人类劳动的一般特殊形式，并且在整个人类劳动中占有越来越重要的地位。

正如精神生产作为一种相对独立的生产劳动是体力劳动与脑力劳动分工的产物一样，在体力劳动和脑力劳动的分工消亡之时，物质生产与精神生产则要重新结合在一起。

我们可以把精神生产的本质概括如下：精神生产是一个社会历史范畴，它本质上是人的脑力劳动过程。在精神生产中，人们主要通过脑力支出，进行创造性的劳动，生产出具有精神价值的产品，以满足人类的精神生活需要。

（二）精神生产的内容和范围

精神生产的内容和范围不是固定不变的，它随着人类社会的发展而不断变化。在原始社会，精神生产处于萌芽状态，与物质生产浑然一体，主要是原始宗教、原始艺术等。精神生产从物质生产中分化出来成为相对独立的生产部门以后，精神生产的内容和范围大大扩展，包括一切科学工作，一切精神性的发现和发明活动。到了信息时代，精神生产的内容和范围进一步扩大，在整个社会生产活动中所占的比重日益增加，甚至物质生产劳动也主要靠脑力支出，传统意义上的主要靠体力支出的物质生产劳动日渐式微，将来物质生产劳动和精神生产劳动又重新融为一体。

根据人类精神生产的历史和现状，可以把精神生产的内容概括如下：（1）经验意识，这是精神生产的萌芽和初级形式，包括原始宗教、原始艺术、巫术、神话、经验等。（2）理论意识，指系统化、理论化的意识，包括政治、法律、道德、艺术、宗教、哲学等社会意识形式。（3）科学知识，包括自然科学知识和社会科学知识。（4）教育，其主要任务是向受教授者传授知识，帮助受教育者树立正确的世界观、人生观、价值观，所以它属于精神生产劳动。（5）管理，管理活动虽然不直接生产任何产品，但由于它主要是一种脑力劳动，所以也属于精神生产范围。

（三）精神生产的基本特征

与物质生产相比较，精神生产主要具有以下一些特征：

第一，精神生产和物质生产的劳动手段和劳动产品不同。物质生产是人和自然界之间的物质交换，是人通过自己的劳动改变自然物的物质形态的过程；而精神生产则是人们认识、反映、再现客观世界（包括自然、社会和人自身）的过程，本质上是人类主观的精神活动。在物质生产过程中，人用自己身上的自然器官——手、头和整个身体，以及作为他们的自然器官的延伸的生产工具（包括自动控制装置），作用于自然物对象，对它进行加工制作，其结果是生产出能够满足人的物质生活需要的物质产品。在物质生产过程中，当然也有人的精神因素参加，而且随着社会的发展，这种精神因素的作用还将越来越大，这主要表现在人是按照一定的目的和计划去加工改变某个自然物，从而使物质生产成为人类有意识、有目的的活动。但是，从整体上来说，物质生产过程是独立于人的精神活动之外的客观过程。而在精神生产过程中，人凭自己的认识和思维的器官——大脑以及各种精神生产手段，对直接或间接来源于客观物质世界的原料进行精神性的加工制造（如科学创造和艺术构思），其结果是生产出一些观念形态的精神产品，如作为形象思维形态的艺术作品，作为抽象思维形态的概念、公式、定律、定理以及由它们组成的科学体系。虽然在精神生产过程中，也需要有某些物质性的手段，但从整体上来说，它本质上是人的内在的精神活动。

第二，精神生产和物质生产在改变客观事物的作用上不同。由于物质生产是独立于人的精神之外的客观过程，因而它能够直接改变客观事物，使自然界的物质根据人的需要改变形态，以适应人类的需要。我们并不否认，精神生产的内容也具有客观性，因为它的原料归根结底来源于客观物质世界，精神生产的内容反映和再现了客观物质世界的运动、变化及其发展规律；而且，社会生活在本质上是实践的，人们不能通过静观世界而认识世界，只有在改造世界的能动的实践活动中才能认识世界；在科学实验过程中，人们往往需要用一定的物质手段使客观物质世界实际地发生变化，才能认识客观物质世界。但是，作为认识客观物质世界的结果的精神产品，只有回到实践中去，指导人们的物质生产实践活动，才能起到改变客观物质世界的作用。从总体上来说，精神生产过程本身，并不直接引起客观物质世界的变化和起到直接改造客观物质世界的作用。在这里，必须把被思想所反映和再现客观事物的过程，同思想本身产生和发展的过程区别开来，否则就会陷入唯心主义。马克思在说明思维过程由抽象上升到具体的方法、把具体对象在思维行程中再现出来的时候，批判了黑格尔在这个问题上的唯心主义。他指出：

"因此，黑格尔陷入幻觉，把实在理解为自我综合，自我深化和自我运动的思维的结果，其实，从抽象上升到具体的方法，只是思维用来掌握具体、把它当作一个精神上的具体再现出来的方式。但决不是具体本身的产生过程。"① 马克思在这里表达的理论思维过程，对包括科学生产在内的全部精神生产过程都是适用的。

第三，精神生产和物质生产支出的劳动力的性质不同。物质生产以体力劳动为主，精神生产以脑力劳动为主。但是，判断以哪种劳动为主，不能单纯以体力或脑力的消耗量来区分，而应该和劳动产品联系起来。任何劳动都既要消耗体力，又要消耗脑力。物质生产劳动也要用脑，精神生产劳动也要用手。例如，米开朗琪罗画一幅教堂拱顶画，用了四年时间，手脑并用，弯腰曲背，体力消耗不少于一个鞋匠。但是他的目的不是创造物质产品，而是创造精神产品——艺术品，所以它的体力消耗是辅助于脑力的。同样，许多自然科学家搞科学实验，许多社会科学家跋山涉水搞社会调查，其体力消耗也不亚于某些体力劳动者，但是他们的目的也不是创造物质产品，而是创造精神产品——科学理论，他的体力消耗也是辅助于脑力的。正是从这个意义上说，他们的劳动是以脑力劳动为主的。马克思所讲的体力劳动与脑力劳动的分离和对立，就是指以体力劳动为主的物质生产劳动和以脑力劳动为主的精神生产劳动的分离和对立，并不是说人的手和脑在现实中可以分离，有一点也不消耗脑力的体力劳动和一点也不消耗体力的脑力劳动。

第四，精神生产比物质生产具有更加明显的创造性，它需要不断创新。在物质生产中，人们可以而且必须重复制造某一类产品以满足自己的需要。尽管当代物质生产的产品更新换代的周期不断缩短，新产品不断涌现，但重复制造某一种产品仍然是它的显著特点。精神生产的突出特点则在于创造性，它要以创造出新概念、新理论、新学说、新定理、新公式、新的艺术作品和艺术手法等为目标。不断创新是精神生产的生命力之所在。当代物质产品的更新换代，也要以科学上的创新为先导。

（四）精神生产的社会功能

精神生产是人类社会有机体的头脑和心脏，具有多方面的社会功能。

---

① 《马克思恩格斯选集》第 2 卷，人民出版社 1995 年版，第 18—19 页。

第一，精神生产为物质生产提供智力支持。作为精神产品的自然科学知识，是一种潜在的物质生产力。科学知识一旦转化为技术并被应用到物质生产领域，就转化为现实的物质生产力，推动物质生产力的发展。科技、教育等精神生产力的发展，已经成为振兴经济、发展物质生产、调整人类自身生产、提高人类物质文明水平的关键。

第二，精神生产为人类提供改造客观世界的世界观和方法论，为管理社会提供科学的理论指导。例如，马克思主义哲学为我们提供了认识和改造世界的科学的世界观和方法论，邓小平理论为指导中国特色社会主义建设提供了理论基础。各种科学理论，大都能为改造社会、变革生产关系、革新政治体制、完善生产体系的组织管理等方面提供理论依据，使上层建筑和经济基础同生产力的发展状况相适应，为物质文明建设提供智力保证。

第三，精神生产是精神文明建设的重要支柱。社会主义建设是人类历史上一项最伟大、最艰巨的任务。全面建设社会主义的纲领包括社会主义经济建设、社会主义民主政治建设和社会主义精神文明建设三个方面。社会主义精神文明建设是我国社会主义现代化建设总体布局中不可缺少的有机组成部分，具有十分重要的战略地位。社会主义精神文明建设是社会主义社会的重要特征，它为改革开放提供有力的理论指导和舆论支持及良好的文化、社会环境，并为改革开放沿着社会主义方向顺利发展提供有力的保证，它还是使社会主义事业立于不败之地的重要条件。精神生产则为社会创造丰富多彩的精神产品，为精神文明建设提供丰富而具体的内容，离开富有成效的精神生产活动，就不可能有高度发达的精神文明。

第四，精神生产在满足人类绚丽多彩精神生活需要的同时，更为根本的作用是提升人的精神境界，发展人的综合素质，使人类在迈向全面而自由的发展进程中，科学地、充分地发挥人的自觉能动性。

二、社会的意识结构

社会意识指社会的精神生活过程，它具有复杂而精微的结构，由诸多因素和层次构成。从反映社会存在的程度和特点来看，社会意识包括社会心理和思想体系；各种思想体系由于对经济基础的关系不同和反映社会存在的方式不同，可以分为意识形态和非意识形态两类；从社会意识主体的范围来看，可以分为个体意识和群体意识。

（一）社会心理和思想体系

社会心理是社会意识的低级层次，它是特定阶级、民族、社会集团或个人，在日常生活和交往中自发形成的、不定型、不系统的社会意识，表现在人们的情感、情绪、愿望、要求、风俗、习惯、传统、自发倾向和社会风气等之中。思想体系是社会意识的高级层次，亦称社会意识形式，它以相对稳定的形式反映社会存在，具有抽象化、系统化的特点。

（二）意识形态和非意识形态

属于意识形态范围的思想体系，包括政治思想、法律思想、道德、宗教、艺术、哲学和绝大部分社会科学，它们是上层建筑的主要组成部分，反映特定的经济基础并为之服务，在阶级社会里具有不同程度的阶级性。属于非意识形态范围的思想体系，包括自然科学、语言学、逻辑学等，它们不是特定经济基础的反映，其自身没有阶级性，可以一视同仁地为各种经济基础和各个阶级服务。

（三）个体意识和群体意识

个体意识即社会成员的个人意识，其内容主要有社会成员个人的自我意识和个人对生活于其中的社会环境和自然环境反映的对象意识。不同个人的个体意识千差万别，各具特色，个性鲜明而丰富。群体意识是指各种社会群体的意识，其内容主要有群体的自我意识和群体对其所处社会关系、社会环境和自然环境的对象意识。群体意识也是复杂多样的，有家庭意识、集体意识、团体意识、阶层意识、阶级意识、民族意识、人类意识等。不同的群体意识具有不同的特点，同时彼此之间又相互包含、相互渗透，形成错综复杂的联系。

个体意识和群体意识的关系主要表现在以下三个方面：第一，个体意识和群体意识是相互依存、密切结合的。个体意识是群体意识的个别表现，群体意识寓于个体意识之中并通过个体意识表现出来。第二，个体意识和群体意识之间相互渗透、相互作用、相互制约。个体意识中渗透着群体意识，又影响和制约着群体意识的形成和发展；反之，群体意识也制约和影响着个体意识，任何个体意识都受到群体意识的深刻影响，在阶级社会里尤其受到阶级意识这类群体意识的深刻影响。第三，个体意识和群体意识可以相互转化，在一定条件下，个体意识可以转化为群体意识，群体意识也可以转化为个体意识。

第四节　历史过程的时空结构和时间向度

历史时间和历史空间是历史哲学的两个重要概念。但是，长期以来，我国的哲学教科书大都只讲时间和空间的普遍特性，或者说只讲自然界发展的时间和空间，很少讲历史发展过程中的时间和空间及其相互关系。本书拟在简要说明时间和空间的普遍特性的前提下，着重论述历史发展过程中的时间和空间问题。

一、历史过程时空结构的特点

马克思主义哲学认为，时间是物质运动的持续性、顺序性。所谓持续性是指任何一个物体的运动都必须要经历一个或长或短的过程。所谓顺序性是指不同事物之间运动过程的出现有一个先后顺序关系。时间的特点是一维性，即时间总是朝着一个方向向前发展，既不是循环，更不能倒退，即具有不可逆性。人们通常说的"光阴好比河中水，只能流去不流回"、"失落黄金有分量，错过光阴无处寻"等谚语，说的都是时间的一维性特点。因为时间具有一去不复返的一维性特点，所以我们就要珍惜时间，充分有效地利用时间，决不可虚度光阴。人们通常说的另一些谚语，如"一寸光阴一寸金，寸金难买寸光阴"、"机不可失，时不再来"等，都是要人们珍惜宝贵的时间，不要虚度年华。

空间是物质运动的广延性或伸张性。物质的空间特性通常以两种形式表现出来。第一，表现为每一个物体都有一定的体积，从大的天体星球到小的分子、原子、电子，都有一定的体积。第二，表现为每一个物体都处于一定的空间位置，即每一个物体都和它周围的物体存在上下、左右、前后的空间关系。空间的特点是三维性，即每一个物体都具有一定的长度、宽度和高度，人们用一个物体的长、宽、高三个数据，测量它的体积，确定它在空间的位置。

时间和空间是内在统一不可分离的。黑格尔较早地论述了这一点。他指出："空间的真理性是时间，因此空间就变为时间；并不是我们很主观地过渡到时间，而是空间本身过渡到时间。一般的表象以为空间与时间是完全分离的，说我们有空间而且也有时间；哲学就是要向这个'也'字作斗争。"① 四维空间概念，就是一个表示时间和空间相统一的概念，它的意思是在长、宽、高的基础上又加时间，人们在描述物体在空间中的运动变化时，需要把空间因素和时间因素结合起来。

时间和空间是运动着的物质的存在形式，时间和空间与运动着的物质不可分离，世界上既没有脱离时间和空间运动的物质，也没有脱离物质运动的时间和空间。既然物质是客观的，所以作为物质运动存在形式的时间和空间也是客观的。列宁指出："唯物主义既然承认客观实在即运动着的物质不依赖于我们的意识而存在，也就必然要承认时间和空间的客观实在性。"②

上面简要叙述的是时间和空间的一般含义和特性。我们不仅要研究时间和空间的普遍性，而且还要研究不同的运动形式中展开的时间和空间的特殊性。黑格尔说："运动也被说成是空间和时间的关系；然而必须把握这种关系的更具体的方式。"③ 就是指要研究不同运动形式中展开的时间和空间的具体形式，即特殊性。

人类历史的发展与自然界的发展在时间和空间上有着明显的区别。

在空间上，最广义的自然概念，是指宇宙间一切存在物的总和，它相当于物质概念，既包括人自身的自然，又包括人身外的自然；既包括自然界，又包括人类社会，或者说人类和人类社会也是广义自然界的一部分；既包括自在自然，又包括人化自然。恩格斯指出："我们所接触到的整个自然界构成一个体系，即各种物体相联系的总体，而我们在这里所理解的物体，是指所有物质的存在，从星球到原子，甚至直到以太粒子，如果我们承认以太粒子存在的话。"④ 整个自然界不仅包括所有物质形态，而且在空间上是无限的。

而人类社会历史存在的空间则是有限的，与广义的自然界相比，它只是

---

① 〔德〕黑格尔：《自然哲学》，梁志学、薛华、钱广华、沈真译，商务印书馆1980年版，第47页。
② 《列宁选集》第2卷，人民出版社1995年版，第137页。
③ 〔德〕黑格尔：《自然哲学》，梁志学、薛华、钱广华、沈真译，商务印书馆1980年版，第47页。
④ 《马克思恩格斯选集》第4卷，人民出版社1995年版，第347页。

自然界中的一个小小的点，极其微不足道，它在空间上的存在呈有限的，即有边界的。具体地说人类和人类社会生存的空间只是人类生存和发展所依赖的地理环境。到目前为止，尚未发现在地球之外有适合人类生存的场所。即使将来发现了其他适合人类生存的场所，要从地球迁移到那个场所中去，也是很困难的，或者说几乎是不可能的。离开我们所处的地理环境人类就无法生存。因此，我们必须十分爱惜、妥善保护、精心培植、合理利用我们所处的地理环境，切勿因人类自身行为的不当葬送自己生存的空间。

在时间上，自然界无始无终，永恒存在，永不熄灭。而人类的社会历史，自最原始的人产生到现在，最多有三四百万年的时间，新石器时代以来的历史则只有一万年，有文字记载的历史仅仅几千年。人类社会历史存在的时间与永恒存在的自然界相比，只不过是短暂的一瞬间。正如恩格斯所说："这是物质赖以运动的一个永恒的循环，这个循环完成其轨道的时间用我们的地球年是无法度量的，在这个循环中，最高发展的时间，有机生命的时间，尤其是具有自我意识和自然界意识的人的生命的时间，如同生命和自然意识赖以发生作用的空间一样，是极为有限的。"但是，恩格斯并未因为人类和人类社会历史存在的时间的短暂和生存空间的狭小而悲观。他认为，即使有朝一日，人类在地球上消灭了，他还会在条件具备时在另外的星球上再产生出来。恩格斯说："物质在其一切变化中仍永远是物质，它的任何一个属性任何时候都不会丧失，因此，物质虽然必然以铁的必然性在地球再次毁灭物质的最高精华——思维着的精神，但在另外的地方和另一个时候又一定会以同样的铁的必然性把它重新产生出来。"① 人类社会历史与自然界不仅存在的时间长短不同，而且变化的速度快慢也不同。自然界每发生一次重大的变化，都要经过几千年、几万年，甚至更长的时间。而社会制度在几百年、几十年就可能发生重大的变化。在革命时期，几年、几个月就可能发生重大的变化。

在时间上，人类社会历史的发展与自然界的发展相比，还有一个显著特点，那就是人类社会历史的发展呈现为越来越快的加速度趋势，现在与古代相比，可以说到了马克思预言的"一天等于二十年"的时代。以生产力的

① 《马克思恩格斯选集》第4卷，人民出版社1995年版，第278—279页。

发展速度为例，据统计，在原始社会劳动生产率的增长速度，平均每万年不超过 1%～2%；从奴隶社会开始到封建社会灭亡，劳动生产率平均每百年大约增长 4%；从 18 世纪开始，由于科学取得了独立的知识形态形式，成了独立形态的精神生产力，并反作用于物质生产力，使物质生产力以神奇的速度向前发展。马克思、恩格斯认为，此后不到一百年的时间里，资本主义所创造的生产力，比过去一切时代所创造的全部生产力的总和还要多，还要大。19 世纪下半叶，由于电力的发明和应用，又仅在一百年时间里，使全世界的工业总产值增长了 20 倍。从 20 世纪 40 年代开始，由于现代科学出现了新的飞跃，一系列高新技术群体日益崛起，使自动化生产程度大大提高，劳动生产率成几十、几百倍地增长。法国社会学家格·普·阿波斯托尔在 20 世纪 70 年代曾作过估计；当今物质生产力三年内的变化，相当于 20 世纪初 30 年内的变化，牛顿以前时代三百年内的变化，石器时代三千年内的变化。

二、历史时间和历史空间的关系

黑格尔对时间和空间的关系曾经作过深刻的论述。他说："空间与时间在运动中才得到现实性"，"运动的本质是成为空间与时间的直接统一；运动是通过空间而现实存在的时间，或者说，是通过时间才被真正区分的空间"。① 马克思继承并发展了黑格尔关于时间和空间具有直接统一性的思想，并运用它研究人类社会历史，认为在人类社会历史中，时间也是在社会运动中通过空间而现实存在的。马克思指出："时间是人类发展的空间"，② "时间实际上是人的积极存在，它不仅是人的生命的尺度，而且是人的发展的空间。"③

为什么说"时间是人的积极存在呢"？时间之所以是人的积极存在，根源于人的社会实践活动，根源于社会实践活动的能动性和创造性。实践活动是人的存在方式，是人类社会生活的本质。自然界中发生的客观过程都是不自觉的盲目的自然力彼此发生作用，没有任何事情是作为预期的自觉的目的

---

① 〔德〕黑格尔：《自然哲学》，梁志学、薛华、钱广华、沈真译，商务印书馆 1980 年版，第 58 页。
② 《马克思恩格斯选集》第 2 卷，人民出版社 1995 年版，第 195 页。
③ 《马克思恩格斯全集》第 47 卷，人民出版社 1979 年版，第 532 页。

发生的，因而是一种纯粹自发的过程。在自然界中，动物的活动虽然也是客观的、感性的，但动物没有思维，只能表现出对环境的消极适应。即使在适应环境的过程中表现出某种合目的性，也是在长期的生物发展规律支配下形成的本能。而人是能思维、有理性的社会性动物。人在行动之前，就有一个明确的目的，根据客观事实，引出思想、理论、意见，提出计划、方针、方法，然后运用一定物质手段去改造客观世界使之符合自己的需要，达到自己的目的。可见，实践过程贯穿了人类自觉的意志和目的，使客观世界按照人的要求和目的得到改造。实践的这种特性就是实践的能动性和创造性。能动性和创造性不仅是实践的特点，而且也是实践发展水平的标志之一。社会越发展，人的实践活动的自觉能动性也就越高，创造性也就越强。现代化的实践活动越来越要求劳动者具有更多关于自然和社会的知识，更强的理论思维能力和组织能力，并在实践中有高度集中的注意力和坚强的意志。正是能动的创造性的实践活动，使个人的生命得以在时间中存在，使人类的生命得以在历史长河中延续，使人类社会得以由低级到高级绵延不断地向前发展。离开能动的创造性的实践活动，人类就不能存在，人类社会就要灭亡，人类社会的历史就会终结。所以说时间是人的积极存在，是人的生命的尺度，也是人类社会历史的尺度。

为什么说"时间是人类发展的空间呢"？时间之所以是人类发展的空间，也根源于能动的创造性的实践活动。

实践活动在绵延不断的历史时间中的发展，使社会分工的水平不断提高，社会活动的领域不断扩大，社会活动的种类不断增加。人类最早只有以地理自然和生理自然为基础的自然分工。在自然分工的基础上，随着社会生产力的发展，先后出现三次社会大分工，即农业和畜牧业的分离、手工业和农牧业的分离以及商业和生产领域的分离。三次社会大分工都只限于生产领域的分工，即一般分工。在生产领域分工的基础上，各个生产领域中不断分化出一些独立的生产部门，形成各个生产领域内部生产部门的分工，即特殊分工。企业或单位内部各种工序或工种的分工，即个别分工，则是到资本主义工场手工业时期才形成的，是资本主义社会特有的现象（和资本主义以前的社会相比较而言）。在物质生产领域的分工和生产部门的分工的基础上，逐渐从物质生产中分化出一小部分专门从事精神生产的人，这就造成了物质生产和精神生产、体力劳动者和脑力劳动者的分离，形成了社会基本分工。以上各种分工造成了城乡的分离，城乡分离是上述各种分工的综合体现。在新技术革命条件下，劳动过程日益走向专业化。在企业内部，随着科学在工艺上的应用，形成了更加细密的机器分工体系；在社会内部，不断涌现出新生产部门；生产规模的扩大，对半成品和零部件的大批量需求，原材料加工难度的增大，以及产品结构的复杂化、精密化，必然导致企业之间在生产对象、工艺和辅助劳动方面实行更细的分工；随着经济全球化趋势的发展，世界范围内经济、政治、科学文化的交往大大加强，分工由一国范围走向国际范围。综上所述，可以清楚地看出，随着能动的创造性实践活动在时间上的推移，不断为人类开辟更广阔的活动领域，使人类实践活动的空间越来越大。现在人类活动的领域已由陆地扩展到太空和海洋，而且已经登上月球，今后还可能会登上太阳系中的其他星球。实践的发展不断证明着"时间是人类发展的空间"这一科学论断的正确性。

　　马克思关于历史时间和空间的关系的思想具有鲜明的阶级性和革命性。一方面，他强烈地批判了资本主义制度在时间分配上的不合理性所导致的工人活动空间的狭小。马克思在世时，工人的劳动时间长，劳动强度大，劳动条件差，除去吃饭、睡觉的时间，几乎都在工厂车间的机器旁边劳动，大大缩小了他们的活动空间，同时却为资本家创造了更多的财富和自由支配的时间。对这种情况，马克思激愤地指出："时间是人类发展的空间。一个人如果没有自己处置的自由时间，一生中除睡眠饮食等纯生理上必须的间断以外，他就不如一头载重的牲畜。"① 在整个资本主义社会"创造可以自由支配的时间，也就是创造产生科学、艺术等等的时间。社会的发展进程决不在于：因为一个人满足了自己的迫切需要，所以才创造了自己的剩余额；而是在于：因为一个人或许多人形成的阶级被迫去从事满足自己的迫切需要以外的更多的劳动，也就是因为在一方面创造出剩余劳动，所以在另一方面才创造出非劳动和剩余财富。"② 另一方面，只有消灭资本主义制度，社会才能合理地分配劳动时间和人们从事其他社会活动的时间，每个人才能有广阔的

---

① 《马克思恩格斯选集》第 2 卷，人民出版社 1995 年版，第 90 页。
② 《马克思恩格斯全集》第 46 卷（上），人民出版社 1979 年版，第 381 页。

空间去从事有益身心健康的发展自己才能的活动。马克思指出，在资本主义制度消灭以后，所有的人都会有"'可以自由支配的时间'，也就是有真正的财富，这种时间不被直接生产劳动所吸收，而是用于娱乐和休息，从而为自由活动和发展开辟广阔天地。时间是发展才能等等的广阔天地"。①

三、历史时间的三个向度的关系

过去、现实和未来是时间的三个向度，当然也是历史时间的三个向度。这三个向度是紧密联系、不可分离的，是时间自身演变的内在逻辑联系。过去由于自身的发展而演变为现实，现实由于自身的矛盾运动又发展到未来。要科学地认识社会历史的发展过程，就应当把它理解为过去、现实、未来的有机统一。我们在前面讲过，时间的特性是一维性，即不可逆性，时间只能向前，不能倒转，有去无回。这是撇开人的能动的实践活动和人对历史的理论研究而言的，是纯自然主义地看待时间的特点。如果立足于人的能动的实践活动并考虑到人对历史的理论研究及历史理论对人的实践活动的影响，过去、现实、未来在时间发展链条中的顺序性就不是不变的，而是可变的；不是绝对的，而是相对的；不是不可逆的，而是可逆的；不是单向的，而是双向互动的。不仅过去决定现实，现实也决定过去；不仅过去和现实决定未来，而且未来也决定现实和过去。过去、现实、未来呈现为极其错综复杂的相互作用、相互影响的关系。

第一，在历史研究中，现实对过去起着支配作用。人们研究过去，不是为了回到过去，而是为了指导现实，展望未来。因此，人们总是根据现实的需要和兴趣，在过去众多的历史人物、历史事件、历史过程中选择研究对象加以研究，从中总结出现实可以借鉴的经验教训。从历史研究的角度看，一方面，过去具有了现实性，人们对过去的认识和理解就影响现实的发展；另一方面，人们现实的需要和兴趣，又影响对过去的认识和理解。

第二，在历史研究中，现实的历史理论对理解过去的历史起着指导作用。已有和现有的理论对认识未知的事物有重要作用。这是因为认识不是直观地、消极被动地、机械地反映客观对象，而是能动地、间接地、创造性地

---

① 《马克思恩格斯全集》第26卷Ⅲ，人民出版社1975年版，第281页。

理解客观对象的过程。认识过程的每一个环节，从最初认识对象的选择，中途信息的加工制作，到最后认识的形成，都是主体用自己已有的认知图式在头脑中再现、改造、建构对象的过程。一个人不掌握一定的认知图式，不在认识过程中发挥已有思想的创造功能，不会用相关学科提供的概念、范畴、公理、公式、法则对感情材料进行"去粗取精，去伪存真，由此及彼，由表及里的加工制作"，是不能形成系统的理论的。一般的认识过程尚且如此，对价值性十分鲜明的历史过程的认识就更是如此。在绵延不断的历史长河中，历史人物此起彼落，历史事件层出不穷，历史朝代此昌彼衰，历史文献浩如烟海，历史遗产博大精深。要对过去的历史分辨良莠，识别真伪，去其糟粕，取其精华，揭示其发展的线索和规律，必须有当代人的历史理论作指导，否则必然会陷入茫茫的历史烟雾之中。

第三，在历史活动和历史研究中，不仅过去和现在指导未来，而且未来也指导现在、影响现在。未来是指那些迄今为止尚未发生、尚未出现和尚未存在的事物。从时间上看，它是人类认识的一种顺时间方向的运动过程，它力求使思想的运动超越当下的时间界域，走在社会实际的客观过程前面，在观念中构造出未来的可能状态，用以指导人们的现实活动，引导人们向着未来的目标前进。人们之所以要关注过去，认识过去，是因为社会的现实是由过去发展而来的。同样的道理，人们之所以要关注未来，构想未来，向往未来，是因为不仅现实孕育着未来，而且更重要的还在于，人们对未来的构想和向往，能对现实形成强有力的冲击和影响。人们总是根据对现实及其发展趋势的认识预见未来，又根据对未来的预见和追求设计现实、指导现实、改造现实。我们说历史发展具有不依人的意志为转移的客观规律性，现实状况不是按任何人的主观意志构想出来的，并不等于说人对未来的预见和追求对现实状况的形成不起任何作用。

人们对未来的追求和向往，就是人生理想。树立科学的人生理想，对于人的现实活动具有重大的指导和推动作用。首先，理想是人生航程的灯塔。理想作为人生追求和向往的奋斗目标，它一经确立，就会指引着人生前进的方向。特别是在人生处于重要选择的关键时刻，理想就像大海中的灯塔一样，给人们指明前进的航向。其次，理想是人生前进的动力。理想比现实更美好，人们为了把美好的未来变为现实，势必会遇到种种困难和阻力，为此就要以坚韧不拔的毅力，顽强不懈的斗志，勇于拼搏的精神去奋斗。理想在人们现实的认识世界和改造世界的实践活动中，是一种极其强大的推动力量。再次，理想是人生的精神支柱。人们的生活可以划分为物质生活和精神生活两大方面。物质生活对人的生存和发展固然重要，健康充实的精神生活同样不可缺少，而理想便是精神生活的支柱。一个人的精神生活如果没有理想的支撑，就会空虚、崩溃。一个人有理想这个精神支柱，就可以使人生更充实，能在顺境中不骄不躁，在逆境中豁达乐观，勇往直前。

第五节 社会发展的基本规律

历史唯物主义所讲的社会发展规律可以分为两个层次。第一个层次是适用于一切社会形态的普遍规律，如社会存在与社会意识相互作用的规律，生产关系必须适合生产力性质的规律，上层建筑必须适合经济基础发展要求的规律。第二个层次是适用于某几个社会形态的特殊规律，如阶级斗争推动社会发展的规律。

一、社会存在与社会意识相互作用的规律

社会存在决定社会意识，社会意识反作用于社会存在，社会存在与社会意识的相互作用推动社会发展，就是社会存在与社会意识相互作用的规律。

（一）社会存在决定社会意识

所谓社会存在决定社会意识，是指社会存在是第一性的，社会意识是第二性的，社会意识是对社会存在的反映，社会意识依赖于社会存在。主要表现在以下三个方面：

第一，社会意识的内容来源于社会存在。人们的社会意识既不是从天上掉下来的，也不是头脑里主观自生的，而是在实践的基础上对社会存在的反映。有什么样的社会存在，就会相应地产生什么样的社会意识。正确的社会意识的内容来源于客观实际，这是显而易见的。即使是错误的社会意识，甚至荒诞的观念，也不是纯粹主观臆想的，仍然可以在社会存在中找到根源或原型，它是对社会存在歪曲的、虚幻的反映。

第二，社会意识随着社会存在的发展变化而发展变化。生产方式、地理

环境、人口因素的任何变化，特别是生产方式的变化，必然会或快或慢地引起社会意识相应部分的变化，不存在永恒不变的社会意识。

第三，社会意识受反映者（意识主体）的立场、观点、方法的制约和影响，而反映者的立场、观点、方法是由人们在社会存在中的地位决定的。人们在社会存在，特别是生产方式中的地位不同，其立场、观点、方法也不同。

（二）社会意识反作用于社会存在

社会意识对社会存在的反作用，是指社会意识这种精神力量，在一定条件下可以反作用于社会存在，转化为物质力量，影响社会发展的进程。社会意识对社会存在的反作用表现为两种情况：第一，先进的或正确的社会意识对社会存在的发展起积极的推动作用，促进社会向前发展；第二，落后的或错误的社会意识对社会存在的发展起消极的阻碍作用，延缓社会的发展进程。社会意识对社会存在的反作用，必须通过人民群众的实践活动才能实现。先进的社会意识一旦被群众所掌握，变成群众的自觉行动，就会变成改造世界、推动社会前进的巨大物质力量。落后的社会意识对社会发展的阻碍作用，也要通过它在群众中的影响得以实现。所以，用先进的社会意识，用马列主义、毛泽东思想、邓小平理论、"三个代表"重要思想和以人为本的科学发展观教育群众，对推动社会进步具有十分重要的意义。

社会存在决定社会意识，社会意识反作用于社会存在，就是社会存在与社会意识之间的辩证关系。

（三）社会意识的相对独立性

社会意识的相对独立性是指社会意识在反映社会存在、被社会存在所决定的同时，还具有自身的能动性和独特的发展规律，它的发展与社会存在的发展并不总是保持着一致和平衡。

社会意识对社会存在的相对独立性主要表现在以下几个方面：第一，社会意识与社会存在变化发展的非完全同步性。社会意识往往落后于社会存在，先进的社会意识能在一定程度上预见社会发展的未来趋势。第二，社会意识与社会经济发展水平具有某种程度的不平衡性。社会经济发展水平较高的国家，某些社会意识形式的发展水平可能较低；与此相反，社会经济发展水平较低的国家，某些社会意识形式的发展水平可能较高。第三，社会意识的发展具有历史继承性。任何时代的社会意识都和以前时代的社会意识有联系，它的产生和发展要以前人所积累的思想材料为前提，继承前人的思想成果，以前人的思想成果为研究的起点。第四，社会意识各种形式之间相互影响、相互作用。一般地说，政治思想和法律思想对其他社会意识形式的影响最大，因为它最直接、最集中地反映一定的经济基础，体现着一定阶级和社会集团的利益；哲学对其他社会意识形式的影响最为深刻，因为它作为世界观和方法论对其他社会意识形式具有指导作用；科学是一种在历史上起推动作用的革命力量，社会越向前发展，它对其他社会意识形式的影响也就越加明显。第五，不同国家和民族之间的社会意识相互作用、相互影响。人类历史发展到今天，不同国家、不同民族之间的联系和交往日益密切和频繁，其社会意识之间的相互作用和相互影响也日益突出。为了繁荣和发展社会主义文化，我们应当借鉴吸收外国文化中进步的、有价值的东西，抵制其落后的、腐朽的东西。第六，社会意识对社会存在的反作用或称能动性，是社会意识相对独立性的重要表现。

　　社会存在决定社会意识，社会意识反作用于社会存在，社会意识对社会存在具有相对独立性，就是社会存在与社会意识相互作用规律的内容。

（四）社会存在和社会意识的关系问题是历史观的基本问题

　　社会存在与社会意识的关系问题之所以是历史观的基本问题，主要是因为：第一，社会存在和社会意识这对范畴，是高度概括、高度抽象的范畴，它们包括了人类社会的一切物质现象和精神现象。因此，二者的关系问题，是任何一种历史观都无法回避的首要问题，它们总是要自觉或不自觉地、直接或间接地对这个问题作出自己的回答。第二，社会存在和社会意识的关系问题，是划分历史唯物主义和历史唯心主义的根本标准。凡是认为社会存在决定社会意识的，属于历史唯物主义；凡是认为社会意识决定社会存在的，属于历史唯心主义。两种历史观的斗争，归根到底是围绕着对这个问题的不同回答展开的。第三，社会存在和社会意识的关系问题，也是人们实践中的重大问题。人们在改造客观世界的实践活动中，要想达到预想的目的，就要使社会意识符合社会存在，否则就会遭受挫折和失败。

二、生产关系必须适合生产力性质的规律

生产力决定生产关系，生产关系反作用于生产力，生产力和生产关系之间的矛盾运动，这三项内容构成生产关系必须适合生产力性质的规律。这是人类社会发展的最基本、最普遍的规律。

（一）生产力决定生产关系

生产力和生产关系之间的矛盾是物质生产过程的内部矛盾，其中生产力是矛盾的主要方面，生产关系是矛盾的次要方面，生产力对生产关系起着决定作用、支配作用。这种决定作用和支配作用表现在两个方面：

第一，生产力的性质决定生产关系的性质。一定的生产力要求一定的生产关系与它相适应，生产力的性质不同，建立起来的生产关系的性质也就不同。一定的生产关系只能依据一定的生产力发展水平建立起来，任何一种生产关系都是一定的生产力发展水平的必然结果。例如，在原始社会，生产力水平极低，人们使用极其简陋的石木工具，从事采集、捕鱼、狩猎等生产活动。在这种情况下，要想获得生活资料，就必须采取集体劳动的形式。这就决定社会成员共同占有生产资料、平均分配产品的原始公有制的生产关系。后来，随着生产力的发展，特别是由于金属手工工具的使用，出现了剩余产品，使剥削成为可能，于是产生了生产资料私有制。当使用大机器生产时，则必须有精细而复杂的分工体系，必须由许多人分工协作才能进行生产，这就需要资本主义所有制与其相适应。大机器生产的进一步发展，生产过程的进一步社会化，资本主义的生产资料私有制就不再与之相适应了，这就要求消灭资本主义私有制，建立社会主义公有制。

第二，生产力的发展决定生产关系的改变。既然生产力的性质决定生产关系的性质，那么如果生产力发生了变化，生产关系的性质就必然会随之发生变化，历史上生产关系的每一次变革，都是由生产力的发展引起的。例如，原始社会末期，随着生产力的发展，出现了社会分工和剩余产品，使私人占有生产资料成为可能，于是原来的生产资料集体占有制就被生产资料私人占有制所取代。但是，当时的生产力水平仍然很低，劳动者只能提供少量的剩余产品，只有采取最残酷的剥削形式才能从他人劳动中榨取剩余产品，所以就产生了奴隶制的生产关系。以后，封建制生产关系代替奴隶制生产关

系，资本主义生产关系代替封建制生产关系，社会主义生产关系代替资本主义生产关系，都是生产力发展到一定程度引起的。

生产力的发展引起生产关系的改变，是不依人的主观意志为转移的客观过程。马克思指出："无论哪一个社会形态，在它所能容纳的全部生产力发挥出来以前，是决不会灭亡的；而新的更高的生产关系，在它的物质存在条件在旧社会的胎胞里成熟以前，是决不会出现的。"① 马克思的两个"决不会"理论，彻底坚持了历史唯物主义。它告诉我们，一种生产关系的消灭，另一生产关系的产生，都是以生产力发展的一定程度为基础的。一种生产关系，当它还能使生产力以较快的速度发展时，是不会灭亡的。在没有具备一定程度的生产力发展水平以前，新的更高的生产关系是建立不起来的；即使在某种情况下人为地强行建立起来了，也是不巩固的。只有生产力发展到相应的程度，才能巩固起来，其间要经历不少艰难和曲折。

生产力的发展引起生产关系的改变是一种客观过程，但却不是纯粹自发的过程，而是自发过程和人的自觉活动的统一。新的生产关系在旧社会内部孕育和成长的过程是自发的；而当新的生产关系较为成熟和其存在的物质条件基本具备的时候，就需通过人的自觉活动，即通过革命或改革的方式，消灭旧的生产关系，确立新的生产关系。

（二）生产关系反作用于生产力

生产关系虽然是被生产力决定的，但它对生产力的发展不是消极被动的，而是具有巨大的反作用。这种反作用表现为两种情况：第一，适合生产力性质和发展要求的先进的生产关系，促进生产力的发展；第二，不适合生产力性质和发展要求的落后的生产关系，阻碍生产力的发展。其促进与阻碍的程度，又依适合与否的程度而定。

对于适合生产力性质和发展要求的先进的生产关系促进生产力的发展，要有正确理解。这并不是说，只要先进的生产关系一经建立，生产力就会自然而然地向前发展了；而只是说，先进的生产关系能为生产力的发展开辟道路、扫清障碍、提供可能性，要使这种可能性成为现实，还需要根据生产力发展的客观规律，选择适当的经济体制，采取正确的方针政策和各项发展生

---

① 《马克思恩格斯选集》第 2 卷，人民出版社 1995 年版，第 33 页。

产的有效措施，否则生产力还是不能得到较快的发展。

对于不适合生产力性质和发展要求的落后的生产关系阻碍生产力的发展，也要辩证的理解。这里所说的"不适合"，只是基本不适合，并不是没有任何适合的部分或方面。而且只要一种社会制度还没有被推翻，虽然反动统治阶级不可能通过这种社会制度本身从根本上解决生产力和生产关系之间的矛盾，但它能对生产关系和上层建筑作某些局部的调整，使其在一定程度上适合生产力性质和发展要求，从而推动生产力有某种程度的发展。

生产关系主要通过以下几条途径反作用于生产力：

第一，生产关系通过能否满足劳动者的物质利益以及满足的程度如何，来促进或阻碍生产力的发展。在以私有制为基础的社会里，剥削者和劳动者在物质利益上是根本对立的。但是，在一种先进的生产关系建立起来以后的一段时间内，不仅剥削者的物质利益能够得到满足，而且被剥削的劳动者也能够获得比以前较好的物质利益，因而他们对生产的效果比较关心，生产积极性比较高，从而在一定程度上推动了生产力的发展。反之，在落后的生产关系下，由于劳动者的物质利益越来越得不到满足，生产积极性下降，因而必然阻碍生产力的发展。

第二，生产关系通过能否使生产力各要素的作用较为充分的发挥、生产力各要素之间的矛盾得到较好较快的解决，来促进或阻碍生产力的发展。在先进的生产关系下，生产工具能够得到比较充分的利用、妥善的保管和维修，劳动对象能够得到合理的使用和保护，注意节约原材料、能源、动力，用较小的消耗取得较大的经济效果；劳动者能够努力提高生产经验和劳动技能，具有改进生产工具、发明创造新的生产工具的进取心，注意采取比较先进的经营管理方法，因而劳动者和生产资料之间能够得到合理结合，劳动者、劳动资料、劳动对象之间的矛盾能够及时地得到妥善解决，从而推动生产力的发展。而在落后的生产关系下，难于做到这些，所以它阻碍生产力的发展。

第三，生产关系通过能否正确处理积累和消费之间的关系，来促进或阻碍生产力的发展。必须有一定的积累，才能扩大再生产，从而促进生产力的发展。和积累相对应的是消费。积累和消费之间有一定的比例关系。只有二者比例恰当，才能促进生产力的发展。如果积累太少，扩大再生产的规模受到限制，不能进行生产设备的更新和必要的技术改造，生产力当然不能有较快的发展。如果积累太多，以致影响了消费，劳动者的物质文化生活水平不能提高或提高很慢，他们的劳动兴趣和生产积极性就会降低，也会阻碍生产力的发展。

生产力决定生产关系，生产关系反作用于生产力，就是生产力和生产关系之间的辩证关系。这个辩证关系从连续不断的动态过程来看，就是生产力和生产关系之间的矛盾运动。

（三）生产力和生产关系之间的矛盾运动

生产力和生产关系之间的矛盾，在生产发展的不同阶段具有不同的情况。在一种新的生产关系产生和确立起来以后的一段时间内，它与生产力的性质和发展要求是基本适合的，促进生产力以前所未有的速度向前发展。虽然这时生产力和生产关系之间也有矛盾，但却不会引起生产关系的根本变革。而当生产力发展到一定程度，原来的生产关系逐渐变得陈旧，它与生产力的性质和发展要求变为基本不适合，从而阻碍生产力的发展，这时就要求变革旧的生产关系，建立新的生产关系。而新的生产关系一旦确立起来，就又出现了生产关系与生产力性质和发展要求之间在新的基础上的基本适合，开始了生产力和生产关系之间的新的矛盾运动。生产关系与生产力性质和发展要求之间这种由基本适合到基本不适合、再到新的基础上的基本不适合，是一个川流不息、万古常新的循环过程，每一次这样的循环，都把人类社会提升到一个较高的阶段。

生产关系必须适合生产力性质的规律，是无产阶级政党制定正确的路线、方针、政策的理论依据。正确理解和运用这个规律，对于我国正在进行的改革开放和社会主义现代化建设，具有重大的指导意义。我国社会主义初级阶段实行以公有制为主体、多种所有制经济共同发展的基本经济制度，就是以这一规律为理论依据的。

三、上层建筑必须适合经济基础发展要求的规律

（一）经济基础

经济基础是指一个社会中占统治地位的生产关系各个方面的总和，即生产资料所有制形式、各种不同的社会集团在生产中的地位及其相互关系、产

品分配方式三个方面的总和。马克思在《〈政治经济学批判〉序言》中指出："这些生产关系的总和构成社会的经济结构，即有法律和政治的上层建筑竖立其上并有一定的社会意识形式与之相适应的现实基础。"①

经济基础和生产关系是两个术语，但内容相同。相对于生产力而言，叫生产关系；相对于上层建筑而言，占统治地位的生产关系叫经济基础。人类社会有三个基本层次：生产力，生产关系（经济基础），上层建筑。这三个层次构成人类社会的两对基本矛盾。生产力和生产关系构成一对社会的基本矛盾，占统治地位的生产关系作为社会的经济基础，又和上层建筑构成一对社会的基本矛盾。

（二）上层建筑

上层建筑是与经济基础相对应的范畴，指社会的政治、法律、艺术、道德、宗教、哲学等意识形态以及与这些意识形态相适应的政治法律制度和设施的总和，分为政治上层建筑和观念上层建筑两部分。政治上层建筑亦称实体性上层建筑，指政治法律制度以及军队、警察、法院、监狱、政府机构等设施，以及与之相适应的一套组织。观念上层建筑又称思想上层建筑，包括政治、法律、艺术、道德、宗教、哲学等各种服务于统治阶级的意识形态。相对于政治上层建筑以"有形"实体的形式存在来说，观念上层建筑是非物质实体形态的"无形存在"。

政治上层建筑与观念上层建筑之间既相互区别，又相互依赖、相互渗透、相互作用、相互转化。首先，观念上层建筑决定政治上层建筑。政治上层建筑是在一定的思想理论指导下建立起来的，是统治阶级有意识的行动的产物，它随观念上层建筑的变化而变化。正是在这个意义上，我们把政治上层建筑看做是观念上层建筑的物质附属或物质设施。其次，政治上层建筑一旦形成，又会成为一种强大的、既成的物质力量，反过来影响观念上层建筑。例如，社会主义的政治法律制度建立起来以后，就广泛地宣传马克思主义，用科学的世界观、人生观、价值观武装人们的头脑。在上层建筑各种因素中，政治居于主导地位；在阶级社会里，国家政权和领导国家政权的政党是上层建筑的主要组成部分。

---

① 《马克思恩格斯选集》第2卷，人民出版社1995年版，第32页。

（三）经济基础和上层建筑之间的矛盾

经济基础决定上层建筑，上层建筑反作用于经济基础，经济基础和上层建筑之间的矛盾运动，这三项内容构成上层建筑必须适合经济基础发展要求的规律。

1. 经济基础决定上层建筑

经济基础和上层建筑之间的矛盾，是人类社会的一对内部矛盾。在这对矛盾中，经济基础是矛盾的主要方面，起着决定作用；上层建筑是矛盾的次要方面，处于被支配地位。经济基础对上层建筑的决定作用表现在以下两个方面：

第一，经济基础决定上层建筑的产生和上层建筑的性质。任何上层建筑都不是凭空建立起来的，而是建立在一定经济基础之上的。经济基础是上层建筑的物质根源，上层建筑是适应经济基础的需要产生的。一定的上层建筑，是一定经济基础的反映和表现。所以，经济基础的性质决定上层建筑的性质。例如，在原始社会，由于人们在经济上没有剥削和被剥削的关系，在政治上也就没有统治和被统治的关系。在奴隶社会、封建社会和资本主义社会，由于在经济上存在着剥削和被剥削的关系，在政治上就存在着统治和被统治的关系。在经济上占统治地位的阶级，在上层建筑也居于统治地位。在将来，当经济上剥削和被剥削的关系消灭以后，在政治上也就不再存在统治和被统治的关系。

第二，经济基础的变化决定上层建筑的变化。一定的经济基础不是凝固不变的，而是随着生产力的发展不断变化的。当着某一社会的经济基础发生某些局部变化时，上层建筑也要相应地发生局部变化；而当经济基础发生根本变革，即旧经济基础被新经济基础代替时，旧的上层建筑也必然被新的上层建筑所代替。上层建筑的各个部分并不是随着经济基础的变化而立即变化或消灭，而是变化或消灭得有快有慢、有早有迟，国家政权、政治法律制度变化得最早最快，道德、艺术、宗教、哲学等意识形态变化得较晚较慢，而哲学则变化得最慢。

2. 上层建筑反作用于经济基础

上层建筑是被经济基础决定的，但它不是消极被动地反映经济基础，相反，上层建筑一经建立起来，就对经济基础发生巨大的反作用。这种反作用集中表现为它是为经济基础服务的。当一定社会的经济基础是先进的经济基础的时候，这一社会的上层建筑就帮助它确立、巩固和发展，从而促进生产力的发展，推动社会的进步；当一定社会的经济基础变为腐朽落后的经济基础的时候，这一社会的上层建筑就极力维护它，妄图使其免于灭亡，这时它就阻碍生产力的发展和社会的进步。由此可见，上层建筑反作用的性质（即它是起进步作用还是起反动作用），不是由它自身决定的，而是由它为之服务的经济基础的性质决定的。

因为上层建筑是为经济基础服务的，所以在阶级社会里，任何一个统治阶级，为了巩固和维护自己在经济上的统治地位，总要建立和加强自己在上层建筑领域的统治地位。而被统治阶级为了推翻旧的经济基础，确立、巩固、发展新的经济基础，也总是首先在上层建筑领域发动革命，而最根本的是要推翻旧的国家政权，建立新的国家政权。由此可见，革命的根本问题是国家政权问题，经济上的解放需要通过政治上的革命来实现。

经济基础决定上层建筑，上层建筑反作用于经济基础，就是经济基础和上层建筑之间的辩证关系。这个辩证关系从连续不断的动态过程来看，就是经济基础和上层建筑之间的矛盾运动。

3. 经济基础和上层建筑之间的矛盾运动

在一个社会的上升时期，上层建筑与经济基础是基本适合的，这时虽然二者之间也有矛盾，但这种矛盾可以在这个社会制度本身的范围内，通过调整上层建筑不适合经济基础的部分加以解决。当这个社会发展到没落时期，上层建筑与经济基础基本不适合了，这种矛盾就不再能通过这种社会制度本身得到解决，需要通过先进阶级的革命，消灭旧的经济基础和上层建筑，建立或确立新的经济基础和上层建筑，才能从根本加以解决。新的经济基础和上层建筑一旦建立或确立起来，上层建筑和经济基础之间就达到了新的基础上的基本适合，开始了上层建筑和经济基础之间的新的矛盾运动。上层建筑和经济基础之间这种由基本适合到基本不适合、再到新的基础上的基本适合，是一个川流不息、万古常新的循环过程，而每一次这样的循环，都把人类社会推进到一个较高的阶段。

上层建筑必须适合经济基础发展要求的规律，是无产阶级政党制定正确的路线、方针、政策的理论依据。正确理解和运用这个规律，对于我国正在进行的经济体制改革和政治体制改革以及其他方面的改革，具有重大的指导意义。

四、阶级斗争推动阶级社会发展的规律

阶级是一个历史范畴，它不是从来就有的，也不会永远存在下去。阶级是生产发展到一定阶段的产物。阶级首先是一个经济范畴，是一些经济集团，划分阶级的唯一标准是经济标准。同时，阶级又不仅仅是一个经济范畴，而且是一个广泛的社会范畴，一个阶级的经济地位、政治立场、意识形态这几个方面总和起来构成这个阶级的全部特征。阶级和阶级斗争是阶级社会特有的现象，阶级斗争推动社会发展的规律，是阶级社会发展的特殊规律。

（一）阶级斗争的含义

列宁指出："什么是阶级斗争？这就是一部分人反对另一部分人的斗争，就是广大无权者、被压迫者和劳动者反对特权者、压迫者和寄生虫的斗争，雇佣工人或无产者反对私有主和资产阶级的斗争。"[①] 这就是说，阶级斗争是指各对抗阶级之间的斗争，其中包括剥削阶级和被剥削阶级之间的斗争，如奴隶主和奴隶、地主和农民、资产阶级和无产阶级之间的斗争，也包上升时期的剥削阶级和腐朽没落的剥削阶级之间的斗争，如奴隶社会末期和封建社会初期新兴封建主阶级反对没落奴隶主阶级的斗争，封建社会末期和资本主义社会初期新兴资产阶级反对没落封建主阶级的斗争。在同一社会形态中存在的两个被剥削的劳动阶级（如农民阶级和工人阶级）之间，虽然也有差别、有矛盾，但它们之间矛盾的解决，一般不取阶级斗争的形态。

（二）阶级斗争的根源

物质利益的对立是阶级斗争的根源。在以生产资料私有制为基础的社会里，剥削阶级利用它占有的生产资料，无偿占有被剥削阶级的剩余劳动，使被剥削阶级处于被剥削、被压迫的地位，甚至过着极端贫困的生活；同时剥削阶级为了维持它的经济地位，也必然要在政治上、思想上占统治地位，对被剥削阶级实行政治压迫和思想禁锢。哪里有剥削、有压迫，哪里就有反

[①] 《列宁全集》第7卷，人民出版社1986年版，第169页。

抗、有斗争。被剥削、被压迫的阶级只有进行斗争，才能改善自己的经济地位和政治地位，求得自身的解放。阶级斗争归根到底是由于物质利益的对立引起的，而阶级之间进行斗争的目的，都是直接或间接地为了某种物质利益。阶级斗争存在于一切阶级社会之中，存在于每一个阶级社会的各个领域之中。阶级斗争的具体形式是多种多样的，归纳起来主要有三种形式：经济斗争、政治斗争、思想斗争。社会革命是阶级斗争的最高表现。

（三）阶级斗争是阶级社会发展的直接动力

阶级斗争在阶级社会的发展中起着重要作用，它是阶级社会发展的直接动力或伟大动力。主要表现在以下两个方面：

第一，阶级斗争推动社会发展的作用，最明显地表现在社会形态更替的过程中。我们前面已经讲过，生产关系必须适合生产力性质、上层建筑必须适合经济基础发展要求的规律，是人类社会发展的普遍规律。这些规律不能自发地实现，只有通过人的活动，在阶级社会里只有通过阶级斗争才能实现。这就是说，在阶级社会里，当生产关系阻碍生产力发展、上层建筑阻碍经济基础变革时，必然引起进步的革命的阶级和反动统治阶级之间阶级斗争的尖锐化，直至爆发以推翻旧政权、建立新政权为目标的政治革命，而政治革命一旦成功，就实现了社会形态的更替，把人类社会从一个较低的社会形态推进到一个较高的社会形态。

第二，阶级斗争推动社会发展的作用，还表现在同一社会形态的量变过程中。在以生产资料私有制为基础的阶级社会里，剥削阶级出于它的本性，总是残酷地剥削和压迫劳动群众，不仅无偿地占有他们的剩余劳动，有时甚至侵吞他们的必要劳动，使劳动群众无法生活下去，社会再生产无法正常进行。在这种情况下，只有被剥削阶级起来反抗，才能迫使剥削阶级节制一下它的剥削欲，保证社会再生产的正常进行，使社会发生不同程度的进步。例如，土地兼并是中国封建社会一个突出的问题。每当大量土地被大地主兼并去，农民甚至中小地主失去土地的时候，生产都要遭到极大的破坏。这是中国封建社会生产力和生产关系之间一个极大的矛盾。只有通过农民的阶级斗争、农民起义和农民战争，才能打击这种土地兼并，迫使统治阶级通过改革或改良的办法，调节生产力和生产关系之间的矛盾。中国封建社会正是在农民起义和农民战争中不断打击土地兼并、通过改革或改良调节生产力与生产关系之间的矛盾的情况下向前发展的。

（四）阶级的消灭和国家的消亡

阶级是在生产力有一定程度发展而又发展不足的情况下产生和存在的。当生产力高度发展，社会财富可以充分满足每一个人的需要，任何人都没有必要占有别人的剩余劳动的时候，阶级就必然消灭。在阶级完全消灭以后，国家也将消亡。阶级的消灭是国家消亡的前提。

在国家消亡问题上要反对两种错误观点：

一是借口国家消亡，否认无产阶级革命打碎资产阶级国家机器的必要性。其实，马克思主义所讲的国家消亡，指的是无产阶级专政的国家的消亡。无产阶级专政的国家在完成剥夺剥夺者、镇压剥削者反抗、迅速发展生产力、消灭一切阶级和阶级差别的历史任务以后，将失去作用，自行消亡。所谓自行消亡，是说无产阶级专政的国家的消亡是一个自发的过程，不需要任何人去推翻它。对资产阶级的国家，因为反动资产阶级不愿自动放弃政权，反而用它镇压无产阶级的反抗，因此必须通过无产阶级革命把它推翻。列宁说得好："无产阶级国家代替资产阶级国家，非通过暴力革命不可。无产阶级国家的消灭，即任何国家的消灭，只能通过'自行消亡'。"①

二是借口国家消亡，否认建立和坚持无产阶级专政的必要性。这种观点，一方面来自无政府主义，一方面来自反动资产阶级。无政府主义反对一切国家、一切权威，叫喊要把废除一切国家作为社会革命的第一个行动，实质上是反对无产阶级建立自己的革命专政、革命权威；反动资产阶级借口马克思主义讲过国家消亡，恶毒攻击无产阶级专政。

马克思主义在国家消亡问题上，严格坚持了发展论，不仅把国家消亡看做自发的过程，而且把它看做长期的过程。这个过程开始于无产阶级专政的建立，终结于共产主义高级阶段的到来。在这个漫长的过程中，国家演变的总趋势是：它的政治职能即阶级压迫工具职能逐渐缩小，社会管理职能越来越显著。当消灭了一切阶级和阶级差别、阶级斗争不复存在时，国家的政治职能即阶级压迫工具职能也将完全消失，只保留社会管理职能。最后，国家将完全被社会管理机关所代替。

---

① 《列宁选集》第3卷，人民出版社1995年版，第128页。

第 三 章

社会运行机制和社会发展动力

社会发展动力可以分为"软动力"和"硬动力"。社会运行机制指的是社会发展的"软动力"。本章第一节讲"软动力",第二节讲"硬动力"。

第一节　社会运行机制和社会的自我调节功能

"机制"一词,原指机器的构造和动作原理。生物学和医学借用此词,用以说明有关生物的结构和它的内在工作方式。社会运行机制,是指把组成人类社会的各种要素和社会组织结合为一个有机整体并使其正常运转的机理或工作方式,属于社会的运筹性因素,所以把它称为社会发展的"软动力"。社会运行机制主要包括需要和利益、社会分工、社会交往等。

一、需要和利益在社会发展中的作用

(一)需要的实质、层次和特点

1. 需要的实质

什么是人的需要,国内外理论界并无统一的看法。我们认为,人的需要是多方面的、复杂的、多变的,很难用一个简短的定义加以涵盖。我们首先考察人的需要的各种含义,然后加以归纳并作出界定。

第一，需要是人的"天然必然性"。马克思在《论犹太人问题》一文中说："把人和社会连结的唯一纽带是天然必然性，是需要和私人利益。"① 在《1844 年经济学哲学手稿》中，马克思又说：全面发展的人"同时就是需要有完整的人的生命表现的人，在这样的人身上，他自己的实现表现为内在的必然性、表现为需要"。② 这里明确提出两个命题，即需要是"天然必然性"，需要是人的"内在的必然性"。

第二，需要是人的本质。马克思在《德意志意识形态》一书中说："个人有许多需要"，而"他们的需要即他们的本性"。③ 为什么说人们的需要即人们的本性或本质呢？马克思在《詹姆斯·穆勒〈政治经济学原理〉一书摘要》中说："因为人的本质是人的**真正的社会联系**，所以在积极实现自己**本质**的过程中**创造**、生产人的**社会联系**、社会本质，而社会本质不是一种同单个人相对立的抽象的一般的力量，而是每一个单个人的本质，他自己的活动，他自己的生活，他自己的享受，他自己的财富。因此，上面提到的真正的**社会联系**并不是由反思产生的，它是由于有了个人的**需要**和**利己主义**才出现的，也就是个人积极实现其存在的直接产物。""这些个人是怎样的，这种社会联系本身就是怎样的。"④ 在马克思的著作中，把人的本质区分为两个层次。第一个层次是人与动物相区别的类本质，即所有人共有的人的一般本质，这个本质就是"自由的自觉的活动"，即劳动。上面讲的人的本质是人的"天然必然性。"人的"内在的必然性，"⑤也讲的是人区别于动物的类本质。第二个层次是人的具体本质，不同的个人、阶层、社会集团，由于所处的社会地位不同，其本质也各不相同。马克思在《关于费尔巴哈的提纲》中说的"人的本质并不是单个人所固有的抽象物，在其现实性上，它是一切社会关系的总和"，⑥ 讲的就是人的具体本质。马克思所说的，他们的需要即他们的本性，讲的就是人的需要是人的具体本质。马克思认为，个人的具体本质的形成与个人的需要密切相关；每个人都是为了满足自己的需要，

---

①　《马克思恩格斯选集》第 1 卷，人民出版社 1995 年版，第 439 页。
②　《马克思恩格斯全集》第 42 卷，人民出版社 1979 年版，第 129 页。
③　《马克思恩格斯选集》第 3 卷，人民出版社 1960 年版，第 326、514 页。
④⑤　《马克思恩格斯全集》第 42 卷，人民出版社 1979 年版，第 24—25、96 页。
⑥　《马克思恩格斯选集》第 1 卷，人民出版社 1995 年版，第 56 页。

去与他人发生社会联系，以达到自己的目的。因而每个人具体的社会联系即具体本质的形成，是由他们的特定的需要决定的，所以马克思说人的需要即人的本质。

第三，人的需要是对需要对象的明确指向。马克思指出：人的基本生理需要，如"饥饿是自然的需要；因而为了使自己得到满足、得到温饱，他需要在他之外的自然界、在他之外的对象。饥饿是我的身体对某一对象的公认的需要，这个对象存在于我的身体之外，是我的身体为了充实自己，表现自己的本质所不可缺少的"。① 物质生理需要是如此，精神需要也是如此。人为了满足自己的精神需要，就必须指向能满足这种需要的对象，如政治思想、法律思想、宗教、哲学、艺术、道德思想、自然科学和社会科学等等。需要是需要主体与他们依赖的外部环境要素的一种矛盾状态，即需要主体与需要对象的分离状态。需要主体对需要对象感到匮乏，在主观上明确指向这些对象，经过努力占有它们，消除匮乏。正是由于需要主体与需要对象的分离，需要才成为需要主体进行积极活动以获取需要对象的动因。

第四，人的需要以主观欲望的形式表现出来。关于需要与欲望的关系，国内外理论界存在不同看法。我们认为，需要与欲望是有区别的，不能把二者等同起来；需要与欲望又是有联系的，不能把二者割裂开来。具体说来，需要是客观的，欲望是主观的。欲望以需要为基础，是需要在观念上、心理上的反映。例如，与人的物质需要相对应的是物欲，与性生活需要相对应的是性欲，与精神需要相对应的是求知欲、美欲，与交往需要相对应的是爱欲、情欲等。既然欲望是需要在观念上、心理上的反映，所以只能是需要引起欲望，而不是反过来欲望引起需要。同时，又应看到，欲望对需要不是消极被动的，它对需要具有反作用。需要一旦被观念、心理所反映，形成欲望，就会使需要变得更加自觉、更加明显、更加强烈，从而使需要主体采取积极有效的行动去满足这种需要。因此，需要与欲望的关系不仅是需要引起欲望，而且欲望也会反过来强化需要。② 人的需要的这种主体能动性，是人的需要具有无限丰富性和无限发展趋势的重要原因，也是人们的需要内容和

---

① 《马克思恩格斯全集》第42卷，人民出版社1979年版，第168页。
② 参看陶富源：《终极关怀论》，安徽大学出版社2004年版，第159页。

层次千差万别的重要原因。

综上所述，我们可以把人的需要的实质界定为：人的需要是把个人与个人、个人与社会联结起来的纽带，是人们对其生存的外部环境的依赖关系的反映，是以主观欲望的形式表现出来的对需要对象的明确指向，是匮乏引起的并努力消除匮乏的一种倾向性状态。这个界定说明了需要的社会性和个人与社会的关系，说明了需要与外部环境的关系，说明了需要的客观性与主体能动性的关系，说明了需要的满足是匮乏到消除匮乏的过程。

2. 需要的层次

需要的层次，是从人的需要的高低不同的程度对需要的划分。美国著名心理学家亚伯拉罕·马斯洛的层次需要论最有代表性。马斯洛把人的需要分为七个层次：（1）生理需要。这是最基本、最强烈的需要，如对食物、饮料、住所、性交、睡眠和氧气的需要，这是对生存的需求。（2）安全需要。要求生活有保障而无危险，如对生活秩序与稳定的需要。（3）归属需要。与他人亲近，建立友情，相互依赖，在自己的团体里得一席之地，有所依归。（4）尊重需要。他把人们对尊重的需要分为两类：自尊和来自他人的尊重。自尊包括对获得信心、能力、本领、成就、独立和自由的愿望。来自他人的尊重则包括威望、承认、接受、关心、地位、名誉和赏识。（5）认知需要。即对认识和理解的欲求，或者按通俗的说法就是好奇心。马斯洛认为，应该假设人有一种对理解、组织、分析事物、使事物系统化的欲求，一种寻找诸事物之间关系和意义的欲求，一种建立价值体系的欲求。（6）审美需要。即人们对美的需要，如对对称、秩序、和谐等的需要。马斯洛发现，从最严格的生物学意义上说，人需要美正如人的饮食中需要有钙一样，美有助于人变得更健康。（7）自我实现的需要。这是人的成长、发展、利用潜力的需要。马斯洛把这种需要描述为一种想要变得越来越像人的样子，实现人的全部潜力的欲求。

这样，马斯洛就为我们创造了一个需要的金字塔。当低级需要得到满足以后，高一级的需要就会立刻出现，而且主宰人的生命有机体。而这种高级的需要一旦得到满足，新的更高一级的需要就会出现。以此类推，人类的各种需要组织在一个有相对优势的等级体系中。马斯洛还提醒人们，不要过分地拘泥于诸需要的顺序，不能以为只有人们的对食物的需要得到满足，才会出现对安全的需要；或者只有充分满足了对安全的需要以后，才会滋生出对爱的需要。①

马斯洛的需要层次论，从历史观上说，是有严重缺陷的。主要表现在两个方面：第一，他把人的需要看做是先天存在于人身上的类似本能的需求，即所谓"潜能"，在某种程度上是由遗传决定的，但它的表现和发展却是后天的。他不了解人的需要并不是纯粹先天的，而是随着实践的发展、历史的发展而分化、提升和发展的。第二，他脱离人生活于其中的社会，脱离个人与社会的关系，主要是从个人的角度来研究人的需要，也是有失妥当的。同时应该看到，马斯洛的层次需要论具有合理的因素。他批评行为主义心理学主要讲人和动物相同的部分，也批评弗洛伊德心理学主要讲病态人的心理，他主张应该重点研究健康人的心理，这是正确的。他的作为心理学中比较完整、详细的关于需要发展的理论含有不少现实的内容。主要有以下三点：第一，他把人的基本生存需要置于需要层次的最底层，认为这一需要的满足，是其他需要发展的基础。可以说，他从关于人的需要的微观心理学角度体现了宏观的历史唯物论。因为在历史唯物论看来，人们首先必须吃喝住穿，然后才能从事政治、科学、艺术、宗教等活动。第二，他把自我实现作为人的需要的最高层次，这是有道理的，因为自我实现确实是人在特定的外界条件下，通过实践实现自身价值，使自身获得发展的过程。第三，他把低层次的需要上升到高层次的需要看做一个有规律的过程，并认为需要越高级，便越具有人的特性，这种见解是有价值的。至于从最低层次的需要经过哪些中间层次上升到最高层次的需要，他关于需要次序的排列是否完全恰当，这是可以讨论的。

3. 需要的特点

人的需要不同于动物的需要，其原因只能用人特有的满足需要的方式——劳动来说明。众所周知，动物是通过本能活动来获取需要对象、满足自身需要以维持其生命存续的。动物的需要永远不会超出维持生命存续的自然生理需要的界限，其需要对象（在没有人干预的情况下）也永远指向那些自然物。人是通过生产物质生活资料的劳动来满足其需要的，因而冲破了

---

① 参看王伟光：《利益论》，人民出版社 2001 年版，第 51—52 页。

本能活动的牢笼，超越了动物式的自然生理需要，需要对象也超出了自然物的范围。所以，人的需要具有了不同于动物的需要的新的本质和特征。主要表现在以下几个方面。

第一，人的需要具有社会性。人是通过社会实践活动，特别是生产实践活动来满足自身需要的，这就决定了人的需要的社会性。这种社会性主要体现在两个方面：（1）人的需要是社会地生产出来的需要，动物的需要是由动物的生理结构和本能决定的。人的需要虽然以其自然生理需要为基础，但主要是由社会环境决定的，人的需要的内容和水平归根结底是由生产力的发展水平决定的。在相同的生产力发展水平的情况下，个人具有什么样的需要及需要满足的状况，又受生产关系的制约。（2）个体需要必然表现为社会需要。个体需要是社会需要的基础，社会需要是个体需要的有机总和。个体需要必然表现为对经济、政治、文化等的社会需要，并通过社会需要来满足个体需要，因此社会需要制约着个体需要的内容及其满足程度。从人类发展的历史来看，在原始社会解体以后，社会需要总是在社会中居于统治地位的阶级的需要。社会需要与个体需要之间存在着不可避免的矛盾。马克思在分析资本主义社会的需要时指出："工人的使命决定于社会需要，但是社会需要是同他格格不入的，是一种强制，他由于利己的需要，由于穷困不得不服从这种强制，而且对他来说，社会需要的意义只在于它是满足他的直接需要的来源，正如同对社会来说，他的意义只在于他是社会需要的奴隶一样。"①

第二，人的需要具有无限发展性。这是由人的满足需要的方式和能力决定的。马克思、恩格斯指出："已经得到满足的第一个需要本身，满足需要的活动和已经获得的为满足需要而用的工具又引起新的需要。"② 这种新的需要同样是由生产再生产出来的。所以，从人的需要的发展来看，它是由社会实践，主要是生产实践的发展所决定的。随着人们实践能力和水平的提高，人们会不断产生新的需要，新的需要又会促使人们进行新的社会实践，在新的社会实践中又会提高人们的实践能力和水平，从而又产生新的更高层次的需要，这是一个不断反馈、永无止境的历史发展过程。

---

① 《马克思恩格斯全集》第42卷，人民出版社1979年版，第29页。
② 《马克思恩格斯选集》第1卷，人民出版社1995年版，第79页。

第三，人的需要具有无限丰富性。随着人的需要的无限发展，人的需要也日益丰富和全面，这是人的需要在历史发展过程中不断产生和积淀的结果。从上面讲的需要的层次和分类中，可以具体地看出人的需要的无限丰富性。人的需要的这种无限丰富性以生产和其他社会实践的不断发展为基础，同时也促进生产和其他社会实践的发展，正如马克思所说："人以其需要的无限性和广泛性区别于其他一切动物"。①

第四，人的需要具有积极能动性。人的需要的积极能动性表现在"需要—实践—新的需要"的不断发展过程中。其根源就在于人的需要总是通过人的意识对外部环境中的需要对象的反映得以自觉地表现出来。在对需要对象的反映的基础上，通过有意识有目的的实践活动使需要得到满足。经过亲身实践和满足需要后的体验，人们会对自己的需要有更加深刻的认识，会产生出新的需要，并在观念上创造出新的需要对象，从而推动人们为满足新的需要，创造实际的新的需要对象去进行新的实践。这样，人们就会不断地产生认识世界、认识自己和改造世界的需要。

（二）利益的实质和实现过程

在探讨人的需要时，离不开需要的满足问题。没有生产实践和其他社会实践使人的需要得到满足，就不会有新的需要产生，也就谈不上需要的丰富和发展。这就涉及一个与需要密切相关的范畴——利益。

1. 利益的构成及实质

利益主要由以下三个方面构成：

第一，需要是形成利益的自然前提。没有需要，即没有人对客观世界的依赖关系和需要主体与需要对象之间的矛盾，人们就不会去进行生产和其他社会实践，使其需要得到满足，即需要主体与需要对象之间的矛盾得到克服，而需要的满足就是利益。需要是促使人们进行活动的原因，利益是人们活动的某种结果。因此，不能把需要和利益混为一谈，或者仅仅把利益看做是人们意识到的需要。

第二，社会关系是构成利益的社会基础。正如马克思所说，把人和社会连接起来的唯一纽带是天然必然性，是需要和私人利益。人的需要使人们联

---

① 《马克思恩格斯全集》第49卷，人民出版社1982年版，第130页。

系起来，形成一定的社会关系，社会关系又成为利益的社会基础。社会关系在利益的实现过程中有着重意义：（1）它是人们进行满足需要的生产实践和其他实践活动的前提。只有在一定的社会关系中人们才能从事生产和其他活动，创造出需要对象，才有解决需要主体与需要对象之间矛盾状态的可能。（2）它是人们对需要对象进行分配的前提。人们的社会关系不仅制约着人们的实践水平，还决定着人们如何占有实践活动的成果——需要对象，制约着需要的满足程度。所以，社会关系是一种利益关系。

第三，社会实践活动及其成果是构成利益的物质手段和客观基础。社会实践活动是创造需要对象、满足需要的物质手段，舍此，无法实现人的利益。利益的最终实现是对需要对象的实际占有和消费，只有到此时，需要主体与需要对象的矛盾才得到克服。可见，实践活动的成果——需要对象是构成利益的客观物质基础。

综上所述，利益的实质是需要主体以一定的社会关系为中介，以社会实践为手段，占有和消费需要对象，从而使需要主体与需要对象的矛盾状态得到克服，即需要的满足。这时，需要主体就转化为利益主体，即利益的承受者。从利益的抽象意义看，它的实质就是需要的满足。但从利益的现实性和具体实现来看，其实质必然是一定的社会关系的体现，因此恩格斯在谈到经济关系时指出："每一个既定社会的经济关系首先表现为利益"。①

2. 利益的分类

从可能性看，人有多少种需要，就会有多少种利益。但从现实性看，并不是人的所有需要都能得到满足从而实现其利益。从总体来看，利益的种类与需要的种类大体相同。

第一，个人利益和群体利益。这是在个体需要和群体需要基础上形成的利益。个体需要是人类个体维持生存和发展的需要。虽然个体需要必然以社会需要的形式表现出来并受社会需要的制约，但在任何情况下，个体需要都不能被舍弃和替代。因为人的需要总是由个体开始发生的，它的满足和发展也必定以个体的形式表现出来。与此相应的是个人利益，即个体需要的满足，同样，个人利益也是在任何时候都不能舍弃和替代的。

___
① 《马克思恩格斯选集》第1卷，人民出版社1995年版，第209页。

群体需要是一定的社会共同体所具有的需要，其需要的满足即群体利益。由于人们联系的多样性、复杂性，从而形成千差万别、或大或小的群体，并且具有群体的共同需要和利益。

个人利益是群体利益的基础。"共同利益在历史上任何时候都是由作为'私人'的个人造成的。"① 群体利益由个人利益构成，是个人利益的有机总合；群体利益最终要落实为个人利益。群体利益作为个人利益的有机总和，体现着群体中个人利益的本质，因此群体利益高于个人利益，制约着个人利益。这就要求为了群体利益，可以暂时放弃和牺牲某些个人利益。在多种多样的群体利益中，有几种群体利益极为重要，在社会历史发展过程中起着重要作用，它们是阶级利益、民族利益、国家利益、集体利益、人类利益等等。

第二，物质利益和精神利益。无论是个体需要还是群体需要，又都可以划分为两大类需要，即物质需要和精神需要。与此相应，个人利益和群体利益也可分为两类，即物质利益和精神利益。

物质需要是人们对物质生活条件依赖关系的反映，它的需要对象是物的使用价值，只有用物的使用价值才能满足物质需要，这时人们也就获得了物质利益。作为生命有机体的人，对于那些基本的物质需要和物质需要的满足是不可或缺的。有些物质利益的实现不是通过直接获得某些物的使用价值来实现，而是通过人的各种劳务来实现的。如医疗、修理、运输等，都是以劳务的形式来满足的物质需要。这些劳务之所以能满足人的物质需要，实现人的物质利益，其实质在于人作为特殊的物质客体具有使用价值。这些劳务活动实际上是一种特殊形式的消费品。② 人的物质需要和物质利益的内容是相当广泛而多样的。

精神需要是人们对精神生活条件依赖关系的反映，它是人所特有的需要。精神需要主要是通过人与物、人与人之间的联系和相互作用形成某种心理状态来满足的，此时，人们也就实现了其精神利益或精神享受。美国心理学家马斯洛所说的爱和归属的需要、尊重需要等感情需要，以及认知需要、

① 《马克思恩格斯全集》第 3 卷，人民出版社 1960 年版，第 275—276 页。
② 参看《马克思恩格斯全集》第 26 卷 I，人民出版社 1973 年版，第 160 页。

审美需要等，都属于人的精神需要。这些需要得到满足就是精神利益的实现，人们因此就会感到某种精神享受。随着人类文明的发展，人们精神需要的内容和水平会愈来愈高，对精神利益和精神享受的追求也将愈来愈迫切。

物质需要和精神需要、物质利益和精神利益是相互影响、相互制约、相互促进的。首先，物质需要和物质利益是精神需要和精神利益的基础。尽管在某些人的某一时期，会把精神需要和精神利益看得重于物质需要和物质利益，但从长远来看，物质需要和物质利益是基础。其一，作为生命有机体的人，首先依赖于物质生活条件，只有在满足基本的物质需要即基本的物质利益之后，才能产生精神需要，从事精神生活。其二，精神需要的满足大多依赖于一定的物质对象，只有在追求物质利益的过程中创造出这些需要对象，精神利益才得以实现，才会提出更高的精神需要，人的精神生活才能向前发展。所以，精神需要和精神利益尽管具有某些相对独立性，但总体上是受物质需要和物质利益制约的。其次，精神需要和精神利益也可以促进物质需要的发展。如精神需要中认知需要的满足和发展，一方面使人获得精神享受，另一方面又为有效地改造世界、创造新的物质需要对象提供科学智力条件，刺激新的物质需要的产生。再次，物质需要和精神需要、物质利益和精神利益往往是相互结合、相互渗透的。如人的审美需要作为一种精神需要，可以说渗透在物质需要的各个方面。另外，人们在获得物质利益的同时又会获得某种精神享受，使精神需要得到满足。

第三，经济利益和政治利益。人的物质需要和精神需要从其现实性来看，大多与社会经济活动相联系，从而表现为经济需要；那些不与社会经济活动相联系的需要，则为非经济需要。与之相应，人的利益就有经济利益和非经济利益之分。

经济需要和经济利益是基础。其一，人的大多数需要和利益都表现为经济利益。这是因为人的需要对象大都是通过经济活动创造出来并通过一定的经济关系进入消费领域的。其二，在商品经济社会中，非经济需要和利益很容易转化为经济需要和利益。如文学艺术作品的创作，很容易变为追求经济利益的手段。其三，经济利益的实现为人们从事非经济活动、满足非经济需要提供物质前提和自由时间。

在一定的经济关系下进行经济活动以实现人们的经济利益，必须有一定的政治上层建筑作为保障，因此就必须进行政治活动，这就产生了政治需要。政治需要通过一定的政治活动、确立一定的政治制度和政治观念等得到满足，这就是政治利益。

在经济需要和政治需要、经济利益和政治利益的关系中，经济需要和经济利益是基础。首先，经济需要和经济利益是产生政治需要和政治利益的根源。经济利益制约着人们的政治需要和政治利益。其次，追求政治利益的最终目的是为了实现经济利益，政治利益只是实现经济利益的手段。"土地占有制和资产阶级之间的斗争，正如资产阶级和无产阶级之间的斗争一样，首先是为了经济利益而进行的，政治权力不过是用来实现经济利益的手段。"①

但是，政治需要和政治利益一经产生，又具有相对独立性。其一，政治需要和政治利益对经济需要的满足有巨大作用。政治是经济的集中反映，是实现经济利益的必要前提和手段。往往只有在政治利益实现之后，才能使经济利益得以实现和巩固。其二，政治需要和政治利益有时会与经济需要和经济利益脱节。总体上看，政治需要和政治利益与经济需要和经济利益是相互联系和一致的。但是，由于对它们的认识受到主客观条件的限制，在一定时期内，人们可能认识不清自己利益的实质和实现其利益的社会政治条件，就可能出现经济需要与政治需要、经济利益与政治利益脱节的现象，即人们追求的政治目标与经济利益不一致。第三，各种具体的政治利益之间可以相互加强或削弱。如国家政权是否强大和巩固，对于战争利益能否实现具有重大影响，反之，战争利益能否实现，又对国家政权的巩固还是削弱有着重要作用。

第四，眼前利益和长远利益。人不仅有眼前的近期需要，还有将来存在和发展的需要。近期需要的满足就是眼前利益，而将来存在和发展需要的满足则为长远利益。显然，眼前利益与长远利益是相对而言的。人们对长远利益的认识程度与人们对自然界和人类社会自身的认识程度相联系。在眼前利益和长远利益的关系中，眼前利益是前提，没有近期需要的满足，就不能保障人的生存，也就谈不上未来发展的需要和长远利益。但长远利益比眼前利益更根本，只顾眼前利益不顾及长远利益，就会切断人的发展之路，最终会

---

① 《马克思恩格斯选集》第 4 卷，人民出版社 1995 年版，第 250 页。

使眼前利益化为乌有。因此，必须辩证地对待和处理眼前利益和长远利益的关系，在追求眼前利益时又要照顾到长远利益。

3. 利益矛盾和利益冲突

在社会生活中，存在着形形色色、纵横交错的利益和利益主体。不仅不同种类的利益之间存在着差别和矛盾，而且不同利益主体之间也存在着利益矛盾甚至利益冲突，它是社会生活中不可忽视的重要现象。

利益主体是多种多样的。个人是利益主体的最基本单位，或者说是最小的利益主体。个人在实现其利益的过程中必然在共同利益的基础上与他人相结合，形成各种各样、大大小小的利益集团。前面所涉及的各种群体利益，就是各种不同利益集团的利益。此外，还有不胜枚举的许多利益集团，如各企事业单位，工会、协会、俱乐部等各种团体，也都是一定意义上的利益集团。这些利益集团之间不可避免地存在着利益矛盾。

个人之间的利益矛盾是利益集团之间矛盾的基础。个人之间的利益矛盾源于个人的利益差别，造成个人利益差别的原因主要有如下几个方面：

第一，个体自然需要的差别导致个人利益目标的差别。由于个体自然需要存在差别，如男性与女性、少年与壮年、老人与儿童的自然需要就存在着程度不同的差别，因而满足这些需要的对象和方式各不相同，这就导致个人利益目标的差别。

第二，个人在社会经济、政治关系中的不同地位是导致利益差别的根本原因。个人具有哪些需要以及这些需要的满足程度，主要是由社会的经济、政治、文化等条件决定的，尤其是人们在经济、政治关系中的地位，直接决定着人们的需要内容和满足程度。因此，个人在社会经济、政治关系中的不同地位，决定着个人之间的利益差别。

第三，旧式劳动分工是导致个人利益差别的重要原因。社会劳动是实现人们利益的基本手段。劳动分工一方面是社会劳动发展的条件和标志，它可以提高生产力水平，从而在更大程度上实现人们的利益；另一方面，劳动分工又使从事不同劳动的个人之间产生利益差别。尤其是旧式分工造成的城乡差别、脑体劳动差别、工农差别等，是造成个人利益差别的重要原因。

第四，生产力发展水平是导致个人利益差别的最终原因。人们利益的实现程度最终是由人们改造自然的能力和水平决定的。无论是一定的社会经济、政治条件，还是社会分工的性质和水平，归根结底都是由社会生产力水平决定的。因而缩小人们的利益差别，最终依赖于社会生产力的不断发展。

个人之间的利益差别必然导致利益矛盾。由于个人利益必然表现为群体利益，以群体利益的形式得以实现，具有不同利益的个人，一定与自己有共同利益的他人相结合形成利益集团，所以个人之间的利益矛盾就必然表现为不同利益集团之间的利益矛盾。在不同的社会发展阶段，导致利益差别的原因所起作用的程度不同，因此在不同社会中，不同利益集团之间的矛盾性质也不相同。

在原始社会，由于生产力水平极其低下，氏族公社内部实行原始的公有制，社会财产公有，每个人在公社内的地位是平等的。这就决定了人的需要比较简单，没有根本对立的利益，个人与集体的利益是一致的，氏族公社内部不存在特殊的利益集团。这时，个人之间虽然存在着利益差别，但造成这种差别的主要原因是个人自然需要的差别和自然分工，因此不具有对抗性质。尖锐的利益矛盾、利益冲突只存在于不同的氏族或部落之间。

进入私有制社会以后，生产力水平有了一定提高，这使人的需要复杂化、利益多样化。自然需要的差别所导致的利益差别和利益矛盾退居次要地位，主要是个人和利益集团在经济、政治关系中的地位和社会分工导致个人之间以及利益集团之间的利益差别和利益矛盾，这时，个人之间的利益矛盾主要表现为不同利益集团之间的矛盾。在私有制社会中，阶级这一特殊的利益集团之间的利益矛盾是主要的利益矛盾，它制约着其他一切利益集团之间的利益矛盾。对立的利益集团之间的矛盾，具有尖锐的对抗性质，经常导致剧烈的利益冲突。

在我国社会主义初级阶段，由于实行以公有制为主体、多种所有制经济共同发展的基本经济制度，实行按劳分配为主体、多种分配方式并存的分配制度，阶级差别依然存在，旧式分工造成的三大差别依然存在，个人之间以及不同的利益集团之间仍不可避免地存在着利益差别和利益矛盾。但是，社会主义社会个人之间和利益集团之间的利益矛盾一般不具有对抗性质，不会导致剧烈的利益冲突。同时也要看到，由于我国社会主义初级阶段生产力还不够发达，存在着复杂多样的利益集团和利益矛盾，这些利益矛盾如果处理不好，也会在一定时期一定条件下出现局部的、暂时的、剧烈的利益冲突。

（三）需要与利益在历史发展中的地位和作用

马克思、恩格斯高度重视人的需要与利益，认为"没有需要，也就没有生产"。① "每一种革命和革命的结果都是由这些关系决定的，是由需要决定的。"② 人们的一切行为，都同利益相关。并且认为，"这种利益是如此强大有力，以致顺利地征服了马拉的笔、恐怖党的断头台、拿破仑的剑，以及教会的十字架和波旁王朝的纯血统"。③ 这就是说，人们的生产活动和一切社会活动最终都是由人的需要产生的，需要的满足即获得一定的利益是人的一切社会活动的目的，需要和利益在历史发展过程中，有着极为重要的地位，发挥着极大的作用。

1. 需要与利益是历史发展的动因

恩格斯说："一个很明显的而以前完全被人忽略的事实，即人们首先必须吃、喝、住、穿，就是说首先必须劳动，然后才能争取统治，从事政治、宗教和哲学等等。"④ "所以，直接的物质的生活资料的生产，从而一个民族或一个时代的一定的经济发展阶段，便构成基础，人们的国家设施、法的观点、艺术以至宗教观念，就是从这个基础上发展起来的，因而，也必须由这个基础来解释。"⑤这就指明了社会的政治和思想上层建筑是由经济基础决定的，要由经济基础来解释；全部的经济基础是由人们"直接的物质的生活资料的生产"构成的；而人们的物质生活资料的生产，又源于人们吃、喝、住、穿等需要及其满足。按照这一理解，人的需要与利益在社会历史的发展中，是一个不可或缺的因素，具有不可替代更不可忽略的作用。

第一，人的需要是人的劳动创造活动的原因和根据。任何事物的产生和存在、发展，都有其自身内在的原因和根据。那么，人的劳动创造活动的原因和根据是什么呢？就是人的需要及其满足。人作为有生命的存在物，必须同外界进行物质、能量和信息的交换，消耗自身能量，从外界获取人的生命活动必需的资料，维持新陈代谢。这是人的生命活动的客观要求。人为了获取满足生命活动的外界资料，必须对客观对象有一定的认识，加以一定的改

---

① 《马克思恩格斯选集》第 2 卷，人民出版社 1995 年版，第 9 页。
② 《马克思恩格斯全集》第 3 卷，人民出版社 1960 年版，第 439 页。
③ 《马克思恩格斯全集》第 2 卷，人民出版社 1957 年版，第 103 页。
④⑤ 《马克思恩格斯选集》第 3 卷，人民出版社 1995 年版，第 335—336、776 页。

造，这种认识和改造对象的活动，就是人的劳动创造活动。人的劳动创造活动是满足人的需要的必要的活动，它是人类历史的基础和前提，而它自身又以人的需要作为原因和根据。离开人的需要，人的劳动创造活动就失去了存在的意义和价值，因而也就不会有人类社会的存在和人类历史的发展。

第二，需要向利益的转化形成生产力。人的需要是人的劳动创造活动的原因和根据，但人仅仅有需要是什么问题也解决不了的，只有使需要得到满足，成为人的利益，人的生命活动才能持续下去。而满足需要就必须认识和改造客观对象。人的有目的有意识的认识和改造客观对象的活动，是人的社会实践活动，亦即劳动创造活动，而人改造客观对象的能力，则是社会生产力。

需要是人的内在规定性、"天然必然性"，但人不仅是一种客观的存在，而且是能够反思自我、能够意识到自身存在的存在，需要对于人来说，也就成为能够意识到的需要。为了使需要得到满足，人必然要按照人的生命活动的要求去认识客观事物，选择客观事物，改造客观事物，在认识、选择和改造客观事物的过程中，人对客观事物的把握和占有能力逐步形成和发展起来，使客观事物作为满足人的需要的对象成为可能，在一定的社会条件下，这种可能又成为现实，构成人的利益。人们对客观事物的这种认识、选择和改造能力，便构成一定的社会生产力。生产力既是在需要向利益转化过程中形成的，又是需要向利益转化的中间环节。没有生产力，需要不能形成利益，人的生命活动也就无法持续下去。

第三，为使需要得到满足必须结成一定的生产关系。人的劳动创造活动从来就不是孤立进行的，只有结成一定的生产关系，人们才能从事社会生产，只有在一定的社会关系中，人们才能生存和生活。经过人的劳动创造活动改造的客观对象，作为劳动成果或满足人的需要的对象，必须通过人们之间的一定的关系才能被人们占有和应用，并且只有借助于这种关系，人们才能获得自己的劳动成果。在人们改造客观事物的劳动创造活动中结成的关系的实质，它所指向的目标，是对劳动成果的占有。因此，我们可以说，需要既引导人们形成一定的生产力，又促使人们结成一定的生产关系和社会关系。在生产关系和社会关系中，人们的劳动成果才成为满足人的需要的现实的利益。

2. 需要与利益内容的丰富和发展推动历史进步

人的需要必须转化为利益，才能得到满足。人的基本需要得到满足后，又会产生新的更高层次的需要，经过人的劳动创造活动，再使这些需要转化为利益。这时的需要与利益，已经是更加丰富和发展的需要与利益。社会的进步，就是人的需要与利益不断满足、不断丰富、不断深化、不断展开的过程。

第一，解决需要与利益的矛盾和冲突推动社会进步。需要与利益是既对立又统一的。所谓对立，是指需要不是利益，利益也不是需要；需要并非在任何情况下都能转化为利益，只有在社会具备满足需要的能力和条件的情况下，需要才能转化为利益；利益也并非在任何情况下都能产生新的需要，利益是否能产生新的需要依主体的具体情况和社会条件而定。所谓统一，是指需要与利益是人的生命活动过程中两个不可分离的环节。只有两个环节紧密地联系在一起，才能保证人的生命活动的进行，两者有机地统一于人的生命活动。如果两个环节出现分离，就会危及人的生存和发展。原始社会满足人的需要的社会条件极端贫乏，人的生存受到威胁，创造人的生存的社会条件是人们面临的首要任务。阶级社会满足人的需要的社会条件有了很大的发展，人的生存状况也有了很大的改观，即少数人的基本生存需要和部分发展需要得到解决，还出现了奢侈需要得到满足的现象。与此同时却是多数人的基本生存需要得不到保障，特别是发展需要得不到满足。而要解决这一矛盾，必须提高社会生产力，使社会具有从需要转化为利益的物质条件；同时还要改造生产关系和各种社会关系，以及人们的思想观念等，使满足人的需要的物质条件能够被社会的多数成员现实地合理地占有和使用。社会的进步，就是需要与利益之间的矛盾冲突不断得到解决的过程。

第二，需要与利益的多方面发展是社会进步的标志。人的需要与利益具有无限的发展趋势，这就是"需要增长的规律"。[①] 马克思、恩格斯指出："已经得到满足的第一个需要本身、满足需要的活动和已经获得的为满足需要而用的工具又引起新的需要"。[②] 基本需要与利益始终处在不断满足的过

---

① 《列宁全集》第1卷，人民出版社1984年版，第85页。

② 《马克思恩格斯选集》第1卷，人民出版社1995年版，第79页。

程中，在此基础上，又不断产生新的需要与利益。为了满足这些新的需要与利益，社会便要不断地创造新的物质和精神条件。通过这些新的条件的创造，社会生活更加丰富多彩，社会文明水平不断提高。社会满足人的需要与利益的新的物质与精神条件的产生，标志着社会文明发展水平所达到的新的阶段，标志着社会的进步与发展。社会历史就是这样一个不断产生又不断满足新的需要的循环往复过程。

第三，需要与利益获得满足的要求决定社会分工的产生。社会生产必须同社会需要和满足人们物质利益的要求相一致，才能正常进行，健康发展。人们不是为生产而生产，而是为了满足自己的需要和利益而生产。社会生产的规模和构成必须适应社会需要的规模和构成，必须与人们对自身利益的追求相协调。而社会需要和利益是一个复杂的体系。要满足人们多种多样的需要和利益，就必须生产出多种多样的产品，提供多种多样的服务。这就决定社会生产体系必须是一种分工协作的体系。每种生产都提供一种特殊产品和特殊服务，各种生产互相联系、互相依赖，构成社会分工的复杂体系。正如马克思所说："绝大多数的产品不是自然界供给的，而是工业生产出来的。如果产品的需要量超过自然界所提供的数量，人们就得求助于工业生产……个人需要很多东西，可是'不能单独生产这些东西'。需要满足的多种需求，就决定要生产多种东西（不生产就没有产品）；要生产多种多样的东西，就已经决定参加这项生产的不止一个人。既然认为从事生产的不止一个人，那么这就完全决定了生产是建立在分工之上的。"①

3. 需要与利益的协调发展是历史进步的趋势

需要和利益是人类社会发展的动因和根据，同时人们之间需要和利益的对立又是人类社会动荡不安、纷争不已的根源。

在原始社会的氏族公社中，由于氏族成员共同占有生产资料，集体劳动，平均分配产品，所以个人利益与氏族的集体利益是基本一致的。各个氏族成员之间和单个成员与氏族的集体之间的利益差别，主要是基于自然需要和自然分工所产生的差别，这种差别主要通过传统习俗进行协调。

在以私有制为基础的社会里，社会成员分裂为两大根本对立的利益集

---

① 《马克思恩格斯全集》第4卷，人民出版社1958年版，第77—78页。

团，利益矛盾日益尖锐，利益冲突不断加剧。剥削者不仅能够满足生存需要、发展需要和享受需要，而且有些人需求无限膨胀，奢侈无度，纸醉金迷，任意挥霍，而被剥削者却连起码的生存需要都得不到满足，衣不蔽体，食不果腹，在死亡线上挣扎。国家政权虽然也通过行政手段、法律手段、道德约束等机制，企图把利益矛盾和利益冲突限制在一定范围之内，但是由于国家政权被剥削者所掌握，它归根结底是站在剥削阶级的立场、为维护剥削阶级的根本利益协调利益矛盾和利益冲突，这就决定了在阶级社会中，剥削阶级和被剥削阶级之间的利益矛盾和利益冲突是无法从根本上得到解决的。

在社会主义社会（这里指完全的或发达的社会主义社会），由于消灭了生产资料私有制，建立了生产资料公有制，消灭了一部分人利用占有的生产资料剥削另一部分人的现象，由于社会主义生产的目的是为了满足全体人民日益增长的物质文化生活的需要，由于社会主义国家能够正确处理社会、集体、个人三者之间的利益关系，保护个人合理的物质利益，因而人民群众在物质利益上是根本一致的。人们之间在物质利益上虽然还有差别和矛盾，但一般说来，不会导致人们在物质利益上的根本冲突。到了共产主义社会，随着科学技术的巨大进步，社会生产力的高度发展，社会产品的极大丰富，三大差别的消灭，人们觉悟的提高，每一个人的发展成了其他人发展的条件，每个人的需要和利益都能得到全面的满足，人们的需要和利益真正实现了协调发展。

在我国社会主义初级阶段，由于社会主义制度还不完全、不完善，远未达到完全的或发达的社会主义社会的发展程度，因而在需要和物质利益方面和发达的社会主义社会相比，还具有自身的特点。其主要表现是：

第一，在我国社会主义初级阶段，在所有制结构上，存在着多种经济成分，主要有国有经济、集体经济、个体经济、私营经济、中外合资和外国独资的企业等。在不同所有制经济范围内的成员，在满足需要和物质利益的份额和方式上有差别、有矛盾，这种差别和矛盾有时还是很突出的。

第二，在我国的国有经济中，企业是相对独立的经济实体，有经营管理的自主权，经营管理的好坏、经济效益的高低与本企业职工的物质利益密切相关。因此，在国有经济中，不同企业之间由于经营管理的效果不同，在物质利益上也有差别、有矛盾。在市场竞争中，这种差别和矛盾有时会发展到十分尖锐的程度。

第三，在我国社会主义初级阶段，还有管理者和被管理者、脑力劳动者和体力劳动者的分工，虽然他们在社会地位上是平等的，但是由于他们的职权范围不同，工作内容和工作方式不同，分配上的具体形式和所得份额不同，因而在物质利益上也存在差别和矛盾。

第四，由于我国地域辽阔，人口众多，经济发展极不平衡，城市和乡村，沿海和内地，东部和中西部，平原和山区，经济发展的水平差别很大，因而不同地区、不同行业之间的成员，在物质利益上存在着明显的差别和矛盾。

上述这些利益上的差别和矛盾，可以归结为国家利益、集体利益、个人利益之间的矛盾和差别。这些差别和矛盾，往往通过局部利益和整体利益、目前利益和长远利益之间的关系表现出来。处理这些关系的总原则是：对各方面的利益统筹兼顾，合理安排，使之各得其所。国家利益和集体利益高于个人利益，在三者之间发生矛盾时，个人利益要服从国家利益和集体利益；整体利益高于局部利益，在二者之间发生矛盾时，局部利益要服从整体利益；长远利益高于眼前利益，在它们之间发生矛盾时，眼前利益要服从长远利益。同时也要尽可能地使个人利益、局部利益、眼前利益得到适当的满足。

二、分工在社会发展中的作用

分工是一种重要的社会现象，在社会生活中起着十分重要的作用。分工在人类历史发展的长河中，大致可以分为四个发展阶段：（1）以地理自然和生理自然为基础的自然分工；（2）从原社会后期出现，在奴隶社会、封建社会、资本主义社会确立并不断发展的自发分工，亦称旧式分工；（3）社会主义社会的半自觉分工；（4）未来共产主义社会的自觉分工。这里重点讲自发分工。

（一）分工的规定性和结构

1. 分工的定义。作为历史唯物主义范畴的自发分工，是指具有固定专业划分的社会活动形式。

首先，分工是一种社会活动形式。任何社会活动都需要通过一定的组织形式才能进行，分工就是社会活动的组织形式。没有分工，就不能把从事社会活动的人按照一定形式组织起来，社会活动便无法进行。可见分工是人类从事社会活动必不可少的条件。再进一步说，既然分工是人类从事社会活动必不可少的条件，所以没有分工，也就不能形成人类社会；或者说，没有分工，人类社会便无法维持和存在。这里说的社会活动，包括物质生产活动、精神生产活动、政治活动、服务性劳动等人类的一切活动形式。正如法国社会学家涂尔干（Drukheim，1858—1917）在《社会分工论》一书中所说："分工并不是经济生活所特有的情况，我们看到它在大多数的社会领域早都产生了广泛影响。政治、行政和司法领域的职能越来越呈现出专业化的趋势，对科学和艺术来说也是如此。我们的时代，早已不再是以哲学为唯一科学的时代了，它已经分解成了许许多多的专业学科，每个学科都有自己的目的、方法以至精神气质。"① 国内外学术界都认为，亚当·斯密（Adam smith，1723—1790）是最早使用"分工"术语的人，但他主要讲的是劳动分工（即经济生活中的分工），涂尔干则把分工扩大到一切社会领域。

其次，自发分工是具有固定专业划分的社会活动形式。所谓固定的专业划分，是指一个人或一些人长期从事社会总劳动中的一种劳动或一件复杂工作中的一部分工作，而不是轮流从事各种劳动和各种工作。因此，应当把哲学中这种具有固定专业划分的分工，同日常生活中的临时性的分工区别开来。所谓临时性分工，是指在完成一件复杂的劳动或工作时，许多人同时做各种事情，但并不具有固定专业划分的性质。例如，农民在插秧时，在一种场合下，第一个人耙地，第二个人插秧，第三个人浇水；在另一种场合下，他们互换位置，第一个人浇水，第二个人耙地，第三个人插秧。再如，渔民在捕鱼时，在一种场合下，一个人划船，另一个人掌舵，第三个人撒网或叉鱼；在另一种场合下，三个人可能互换其位置。没有这种分工协作，插秧和捕鱼便无法进行。但这种临时性的分工，并不是历史唯物主义所讲的分工。马克思曾经以捕鱼为例明确指出，在这种"协作中已经出现了分工，因为必须同时做各种事情，但这不是真正意义上的分工。这三个人虽然每个人在合作行动中只完成一项工作，但他们能够轮流地划船、掌舵、捕鱼。而真正

---

① 〔法〕埃米尔·涂尔干：《社会分工论》，生活·读书·新知三联书店 2000 年版，第 2 页。

的分工却是：'当一些人互相为彼此劳动时，每个人可以只从事他最拿手的工作'等等"。① 由此可见，历史唯物主义所说的自发分工，不仅仅在于"劳动划分"，而在于劳动划分的"固定化"，在于一个人长期固定于一种劳动或工作，而不能轮流或轮换从事各种劳动或工作。

再次，自发分工具有自发性或强迫性。这是与劳动划分的固定化紧密相连的。所谓自发性和强迫性，是说人们不是自愿地而是被迫地服从固定的专业划分。自发分工包括两个方面的内容：其一是劳动分工，即社会总劳动分解为不同的部分，包括不同的劳动领域、不同的劳动部门、不同的工种以及同一工种中的不同工序等，这是分工的客体方面；其二是劳动者分工，即总体劳动者分解为不同的部分，长期地、稳定地固着在不同的劳动活动中，这是分工的主体方面。分工就是劳动分工和劳动者分工、分工的主体方面和客体方面的统一。人的劳动的固定的专业划分，是通过这两个方面的结合表现出来的。所谓人们被迫地服从劳动的固定的专业划分，实际上是劳动者对于劳动的屈从，主体对于客体的屈从，人对于物的屈从。马克思、恩格斯指出："当分工一出现之后，每个人就有了自己一定的特殊的活动范围，这个范围是强加于他的，他不能超出这个范围：他是一个猎人、渔夫或牧人，或者是一个批判的批判者，只要他不想失去生活资料，他就始终应该是这样的人。"②

2. 分工的结构

分工（包括劳动分工和劳动者分工）具有复杂的结构，形成庞大的分工体系。资本主义的分工是自发分工发展的最完备的形态，它高于以前各个社会形态的分工，并把以前各个社会形态的分工包括在自身之中。"人体解剖对于猴体解剖是一把钥匙"，③ 解剖资本主义社会的分工体系，有助于了解以前各种社会形态的分工。

资本主义社会的分工按其结构，可以分为三种类型：

第一，社会劳动整体的分工结构，即社会基本分工。其内容是把社会劳动整体分解为物质生产劳动和精神生产劳动，把全体劳动者分解为物质生产

---

① 《马克思恩格斯选集》第2卷，人民出版社1995年版，第23页。
② 《马克思恩格斯全集》第3卷，人民出版社1960年版，第37页。
③ 《马克思恩格斯选集》第2卷，人民出版社1995年版，第23页。

劳动者和精神生产劳动者，前者创造物质财富，后者创造精神财富。

第二，物质生产劳动和精神生产劳动各自的内部结构，可以分为三个亚种：

（1）一般分工：指各种生产领域的划分。例如，物质生产部门可以分为农业、工业、商业等；精神生产部门可以分为科学，教育、艺术等。与此相适应，物质生产劳动者也分为工人、农民、商人；精神生产劳动者则分为科学研究工作者、教育工作者、艺术工作者等。

（2）特殊分工：指各个生产领域中生产部门的划分。如工业分为轻工业、重工业、交通运输业、能源工业、材料工业等；农业分为种植业、畜牧业、林业、渔业等；科学研究分为自然科学研究部门和社会科学研究部门；教育分为正规教育、业余教育、职业教育；艺术分为文学、音乐、电影、绘画、舞蹈、雕塑，信息传播分为广播、电视、网站、图书出版与发行等等。与此相适应，劳动者也有具体的划分。

（3）个别分工：指企业内部和各个单位内部的分工。如企业内部分为不同的工种和工序；学校内部分为不同的系和专业；科学单位内部分为不同的研究所和研究室；艺术团体内部按职能分为不同的班组等。与此同时，各种劳动者也有更细的划分。

第三，社会劳动的纵向结构分工。前两项分工可以看做是横向结构分工，与此相对应，则有纵向结构分工，包括劳动部门和管理部门、劳动者和管理者的分工。

（二）分工的起源和历史形态

1. 分工的起源

人类最初过着不定居的生活，人与人之间除去生理差别之外，几乎完全处于"自然等同状态"，这时只有以生理自然为基础的分工。在人类相对定居以后，就不仅有以生理自然为基础的分工，而且出现了以地理自然为基础的分工。自然分工还不是严格意义上的社会分工，只是社会分工的萌芽状态。

在自然分工的基础上，随着社会生产力的发展，先后出现了三次社会大分工，即农业和畜牧业的分离以及原始人群分成游牧部落和农业部落，手工业和农业的分离以及专业工匠的形成，商业与生产领域的分离以及商人阶层的出现。三次社会大分工属于生产领域的分工，即一般分工。

在生产领域分工的基础上，在各个生产领域中，又不断分化出一些独立的生产部门，形成生产部门的分工，即特殊分工。企业或单位内部的分工，即个别分工，则是在资本主义工场手工业时期才形成的，并且一直延续到现在。

在物质生产领域的分工和生产部门的分工的基础上，逐渐从物质生产中分化出一小部分专门从事精神生产的人。在原始社会后期，一些担任社会职能的氏族和部落的首领，开始逐步脱离物质生产劳动，可以看做是精神生产者的先驱。在国家形成以后，又形成了一些社会分工的新部门，形成了专门从事政治、司法等的专门人员，并逐渐出现了一批专门从事科学、教育、文化工作的人员。这就造成了物质生产和精神生产、体力劳动者和脑力劳动者的分离，形成了社会基本分工。

以上各种分工造成了城乡的分离。城乡分工是上述各种分工的综合体现。马克思、恩格斯在《德意志意识形态》一书中讲到分工时曾说："物质劳动和精神劳动的最大的一次分工，就是城市和乡村的分离。城乡之间的对立是随着野蛮向文明的过渡，部落制度向国家的过渡，地方局限性向民族的过渡而开始的，它贯穿着全部文明的历史直至现在。"① 马克思在《资本论》中又说："一切发达的、以商品交换为媒介的分工的基础，都是城乡的分离。可以说，社会的全部经济史，都概括为这种对立的运动。"②

上面我们较为系统地回顾了分工起源的历史过程。从分工起源的历史过程，可以揭示出分工产生的根源。综观马克思、恩格斯关于分工的论述，我们可以把分工产生的根源归结为相互联系的四个方面，即生产力的提高，剩余产品的出现，交换的形成，私有制的确立。由于生产力发展水平的提高，人们生产的产品日益增多，除去满足基本消费外，还有一定的剩余，于是出现剩余产品。由于有了剩余产品，生产者就必然会用自己的剩余产品去同他人交换自己所需要的其他产品，于是形成产品交换。由于人们能够用一种产品交换另一种产品，所以生产者就不必再生产自己所需要的全部产品，而是

---

① 《马克思恩格斯选集》第 1 卷，人民出版社 1995 年版，第 104 页。
② 《马克思恩格斯全集》第 23 卷，人民出版社 1972 年版，第 390 页。

只生产自己最拿手的一种或几种产品，并且用自己生产的这些产品去交换自己所需要的其他产品。这样不同的产品就由不同的劳动者去生产，或者说，不同的劳动者就逐渐固定在不同产品的生产中，于是形成了劳动者分工。生产力发展水平的提高和剩余产品的出现，为私有制的产生提供了可能性，而产品交换的形成和发展，又加剧了剩余产品的积聚和集中，加速了私有制的形成和确立。私有制的形成和确立，使已经产生的分工得到巩固和发展，并使分工的范围不断扩大，使分工从物质生产领域扩大到社会生活的各个领域。

2. 分工的历史形态

自发分工在历史上经历了自然经济分工、简单商品经济分工和资本主义分工三种历史形态。

（1）自然经济分工。自然经济指生产是为了直接满足生产者个人或经济单位的需要而不是为了交换的经济形式。自然经济排斥生产的社会分工，每一个生产者或经济单位利用自身的经济条件，几乎生产自己所需要的一切产品。在前资本主义社会，自然经济一直占主导地位。在自然经济下，分工很不发达。在自然经济内部，没有生产分工。在不同的经济单位之间，存在着不甚明显的分工。在全国范围内和较大的经济单位内部，存在着社会基本分工，即物质生产和精神生产的分工。自然经济分工在其发展的不同阶段，又具有不同的特征。原始社会的分工带有自然分工的浓厚色彩，奴隶社会的分工具有尖锐的阶级对抗性质，封建社会的分工受宗法制度和等级制度的限制。

（2）简单商品经济分工。简单商品经济指以生产资料的个体私有制和个体劳动为基础的商品经济。在商品货币经济比较发达的条件下，个体农业的产品有一部分或较大的一部分是为了出卖的，也属于简单商品经济。在原始社会末期，简单商品经济就开始出现。以后，它经历了奴隶社会和封建社会。在奴隶社会和封建社会，自然经济占主导地位，同时又存在着简单商品经济。在由封建社会向资本主义社会过渡的时期，简单商品经济有较大的发展。在简单商品经济中，各个生产者制造不同的产品。每个简单商品生产者的劳动，都是社会分工体系的一个组成部分，是社会总劳动中的一部分。简单商品生产者需要彼此交换自己的产品。私人劳动和社会劳动的矛盾，构成简单商品经济的基本矛盾。简单商品经济是资本主义商品经济的前驱。在价值规律的作用下，简单商品生产者之间不断进行竞争，经常发生贫富两极分化，在一定历史条件下，必然导致资本主义生产关系的产生。在资本主义社会，也存在着一定数量的简单商品经济；在我国社会主义初级阶段，简单商品经济也仍然是国民经济的一种形式。

（3）资本主义分工。资本主义社会是社会分工充分发展的时代，资本主义分工是自发分工的最完备的形态。主要表现是：第一，在一般分工和特殊分工的基础上，在工场手工业时期，出现了企业内部和单位内部的个别分工，它是以前的各个社会形态中不存在的。第二，结合劳动分解为专业劳动，新的生产领域和新兴劳动部门不断出现，一般分工和特殊分工不断扩大。第三，企业内部的分工分为程序性分工和机能性分工两个方面，前者指操作工序的划分以及与此相适应的局部工人的形成，后者指劳动过程中脑力劳动和体力劳动的分离以及特殊管理部门的形成。第四，社会基本分工的扩大。资本主义社会以前，只在全社会范围内有体力劳动和脑力劳动、体力劳动者和脑力劳动者的分工。在资本主义机器大生产中，企业内部也出现了社会基本分工，而且脑力劳动者的人数的比重日益增加。马克思、恩格斯曾经把资本主义的生产划分为简单协作、工场手工业、机器大工业三个阶段，各个阶段在分工方面具有不同的特点。在全球化和信息化时代，资本主义的分工更加复杂。

（三）分工的历史作用

分工在社会的存在和发展中起着十分重大的作用。我们从分工与社会机体的整合、分工与人自身的发展、分工与社会生活各个领域的关系三个方面，简要论述分工在社会发展中的作用。

1. 分工与社会机体的整合

分工是社会活动的组织形式。通过分工，把各个个人、各个群体、各种社会组织和社会机构联系起来，使它们既互相区别，又互相依赖，各就其位，各司其职，从而使社会有机体能够得以形成并有序运转。没有分工，人类社会便无法形成和正常运转，并使人类社会不断扩大，越来越复杂。法国社会学家、哲学家、实证主义的创始人孔德（Auguste Comte，1798—1857），比较早地认识到了分工整合社会机体的作用。他在《实证哲学教程》中说：

"人们马上就可以看到，非但每个人，每个阶级，而且从多种角度来说，每个民族都同时加入到了分工行列中，每个人都以自己的方式，以特殊而又确定的程度，加入到雄心勃勃的公共事业中。它注定要逐渐地发展起来，以至于把今人的合作者与过去的先行者，以及未来各种各样的后继者结合在一起。这样，人类的不同工作就会不断得到分配，它构成了社会团结的主要因素，构成了社会有机体一天比一天扩大，一天比一天复杂的首要原因。"①涂尔干高度评价并进一步发挥、深化了孔德的观点。他认为，"分工具有整合社会机体，维护社会统一的功能"："劳动分工即使不是社会团结的惟一根源，也至少是主要根源"。他说："在我们所知道的所有社会学家中，孔德第一次提出了劳动分工并不是纯粹经济现象的命题。孔德从分工中看到了'社会生活最本质的条件'，认为分工涵盖了'理性的所有范围，换言之，为我们提供了各种活动的全部领域，而不是被普遍限定在单纯的物质利用的范围里'。""如果这个假设可以得到证明，那么劳动分工所扮演的角色就比我们平常想象的还要重要。它不只是给社会带来了奢华，奢华虽然令人艳羡，但它不是必不可少的，它更是社会存在的一个条件。社会的凝聚性是完全依靠，或至少主要依靠劳动分工来维持的，社会构成的本质特性也是由分工决定的。"②

涂尔干进一步论述了分工整合社会机体的作用。他认为，劳动分工的最大作用，并不在于功能以分化方式提高了劳动生产率，而在于各种功能彼此紧密的结合；分工的作用不仅限于改变和完善现有的社会，而是使社会成为可能，也就是说没有这些功能的分化及结合，社会就不可能存在。假如性别分工低于一定程度，婚姻生活就会消失，只剩下非常短暂的性关系。假如两性在根本上没有相互分离开来，那么社会生活的形式就完全不会产生。如果说分工带来了经济收益，这当然是很可能的。但是，在任何情况下，它都超出了实际经济利益的范围，构成了社会和道德秩序本身。有了分工，个人才会摆脱孤立的状态，而形成相互间的联系。有了分工，人们才会同舟共济，而不一意孤行。总之，只有分工才能使人们牢固地结

---

① 转引自〔法〕涂尔干：《社会分工论》，梁东译，生活·读书·新知三联书店2000年版，第26页。
② 〔法〕涂尔干：《社会分工论》，梁东译，生活·读书·新知三联书店2000年版，第26页。

合起来形成一种联系，这种功能不只是在暂时的互让互助中发挥作用，它的影响范围是很广的。①

涂尔干认为，分工整合社会机体的功能，还表现在它能把竞争限制在一定的程度上，使人们不至于因彼此竞争而置对方于死地，不能共同生活下去。在某些同质性较强的社会里，绝大多数的个人都是注定被淘汰的，然而正因为有了分工的发展，这些人才能够自保和幸存下来。对许多低等民族来说，腐败的有机体总归摆脱不了灭亡的命运，因为它的所有功能都已经失调了。有时候，法律竟然以某种方式怂恿和鼓励根据物竞天择的准则，将体弱多病的婴儿处死。但是在比较先进的社会里，情况就不同了。一个病人完全可以在社会组织的复杂结构里找到一个合适的位置，做些力所能及的事情。如果他的身体比较柔弱，精神却比较健康，那么他就可以从事某种研究工作，把自己的思辨才能发挥出来。如果他的大脑不太健全，当然就不应该参加知识领域的激烈竞争，但社会还会给他一份恰当工作，使他幸免于难。同样，在原始部落里，被征服的敌人总是要被处死的；但在已经把工业功能与军事功能分开的地方，他可以作为征服者的奴隶而幸存下来。②

2. 分工与人自身的发展

分工对人自身的发展的作用具有"二重性"，即既有积极作用，又有消极作用。

（1）分工对人的发展的积极作用

首先，分工有助于提高每个个体的专门知识、技能和技巧。社会活动的范围是无限的，任何个体都无法以其有限的能力去涉足无限的活动领域。而分工恰好为每个个体划定了相对固定的活动范围，并使其在其中获得专门的知识、技能和技巧，使其有限的能力产生出一定的效果，而不至于因为没有确定的活动范围而分散精力，一事无成。黑格尔说得好："一个志在有大成就的人，他必须，如歌德所说，知道限制自己。反之，那些什么事都想做的人，其实什么事都不能做，而终归于失败。世界上有趣的东西异常之多；西班牙诗、化学、政治、音乐都很有趣味，如果有人对这些东西感觉兴趣，我们决不能说他不对。但一个人在特定的环境内，如欲有所成就，他必须专注

①② 〔法〕涂尔干：《社会分工论》，梁东译，生活·读书·新知三联书店 2000 年版，第 24、228 页。

于一事，而不可分散他的精力于多方面。"① 黑格尔这句话不是从分工角度讲的，但对于理解分工对发展个人专门才能的作用，是很有启迪意义的。如果我们承认天赋才能的话，那么通过分工把他固定在适当的岗位上，则有可能使他的天赋才能得以发挥，有些人甚至可能成为某方面的专家。

涂尔干精辟地论述了分工对提高每个个体的专业才能，以便更好地为社会尽职尽责的思想，并且尖刻地嘲讽了那些不安于专业，幻想成为全才的半吊子行家。他在《社会分工论》中引用了瑞士植物学家康多尔（Candolle，1778—1841）谈到莱布尼兹和牛顿时代时的一段话："那时在每个科学家的头上差不多总是挂着两个或三个头衔：例如天文学家兼物理学家，数学家、天文学家兼物理学家，或者按照平常的说法笼统地称作是哲学家，或自然科学家，然而，连如此称呼都不足以应付了。数学家和自然科学家有时竟然是学者和诗人。甚至到了 18 世纪末，沃尔夫（Wolff）、哈勒（Haller）或查尔斯·波涅（Charles Bonnet）等人在科学和文学的几个不同领域都卓有建树，我们还需要用许多头衔来恰当地称呼他们，以便指出他们的过人之处。但到了 19 世纪，这种称谓上的困难就已经不复存在了，至少可以说很少遇见。"② 引完这段话后，涂尔干发挥了康多尔的看法。

涂尔干认为，19 世纪以后，科学家非但不能兼容不同领域的科学，而且也无法占据某一科学的全部领域。他的研究领域只限于固定的某一问题域，甚至单独的一个问题。从前认为一个完美的人有能力去关心一切，尝试一切，玩味一切，理解一切，能够将所有最优秀的文明聚敛和体现在自己身上。这种曾经备受推崇的普遍文化，今天对于我们来说已不可能。为了与自然抗争，我们必须拥有更为扎实的才干，更为有效的力量。我们希望我们的力量能够聚集起来，而不像以前那样各自为战，我们的目的就是要把以往在广度上所失去的强度重新找回。我们要提防那些聪明敏捷的天才。他们会让自己擅长于各种职业，而不肯选择一种专门职业从一而终。我们应该对这类人冷淡一些，他们只有一个念头，就是要游刃有余地利用自己的所有天资，而不肯把它牺牲在某个专业方面，这就像我们每个人只想着自得其乐，只想

---

① 〔德〕黑格尔：《小逻辑》，贺麟译，商务印书馆 1980 年版，第 174 页。
② 转引自〔法〕涂尔干：《社会分工论》，梁东译，生活·读书·新知三联书店 2000 年版，第 2—3 页。

建造自己的世外桃源一样。对我们来说，这种与世隔绝、飘忽不定的状态多少有些反社会的性质。这些多面手不过是些半吊子行家，他们是不能提供什么道德价值的。相反，我们却欣赏那些称职的人，他们所追求的不是十全十美，而是有所造就，他们把全部精力都投入到界限明确的工作中去，他们各安其业，辛勤耕耘着自己的一份园地。①

其次，分工有助于满足每个个体多方面的需要，增强人们之间的相互联系。由于分工使每个个体具有专门的知识、技能和技巧，创造出专门的产品，而所有这些个体组成的人类总体，则具有多方面的知识、技能和技巧，可以生产出多种多样的产品。在分工条件下，每个人的产品都不只供他个人消费，而且还要供其他个人消费，每个人的产品都不能满足自己多方面的需要，只有借助于其他许多个人的产品才能满足自己这些需要。当然，人们的需要满足的程度如何，不仅仅由生产所提供的产品的数量和质量决定，还受社会生产关系的制约，在存在着剥削制度的社会里，在产品的数量和质量既定的前提下，处于不同经济地位的人，满足需要的方式和程度是不同的。由于每个人生产的产品都不能满足自己的需要，只有借助于别人的产品才能满足自己的需要，这就加强了人们之间的相互依赖和相互联系，而且随着分工的发展，人们之间的相互联系会不断扩大，以至由一国范围扩大到整个世界。

（2）分工对人的发展的消极作用

首先，自发分工是异化劳动的原因。生产力的发展引起社会分工，社会分工又使人类的劳动成为异化劳动，使劳动过程、劳动产品、劳动的社会关系成为在人之外、不受人支配，反而支配人的异己力量。马克思、恩格斯指出："受分工制约的不同个人的共同活动产生了一种社会力量，即扩大了的生产力。因为共同活动本身不是自愿地而是自然形成的，所以这种社会力量在这些个人看来就不是他们自身的联合力量，而是某种异己的，在他们之外的强制力量。"② 又说："只要分工还不是出于自愿，而是自然形成的，那么人本身的活动对人说来就成为一种异己的、同他对立的力量，这种力量压迫

---

① 参看〔法〕涂尔干：《社会分工论》，梁东译，生活·读书·新知三联书店 2000 年版，第4—5 页。
② 《马克思恩格斯选集》第 1 卷，人民出版社 1995 年版，第85—86 页。

着人，而不是人驾驶着这种力量。"①

其次，自发分工使个人的发展片面化、畸形化。在自发分工的条件下，由于劳动者个人终生固定于狭小的范围，从事单调无味的繁重劳动，无暇问津和参加其他活动，因而使个人的知识、技能和技巧具有极大的片面性，个人的发展是畸形的。自发的分工虽然扩大了社会劳动的生产力，即总体劳动者的集体力，但却使劳动者个人的生产力遭到摧残，变得贫乏。

分工包括城市和乡村的分工。城市和乡村在自发分工的条件下都在片面发展，从而使居住在城市和居住在乡村的人也在片面发展，一部分人变成受局限的"城市动物"，另一部分人变成受局限的"乡村动物"。

分工包括体力劳动者和脑力劳动者之间的分工。在自发分工的条件下，二者的发展具有片面性：体力劳动者不会动脑，缺少科学文化知识；脑力劳动者不会动手，缺乏实际的技能和技巧。

最后，自发分工加强了剥削者对劳动者的剥削。这一点，在资本主义机器大工业中表现得尤为显著。由于分工，工人成了机器的附属品，不是人支配机器，而是人随着机器运转，加强了劳动强度，延长了劳动时间；由于分工，资本家大量使用童工、女工，使劳动力贬值，造成工人失业。

3. 分工与社会生活各领域的关系

恩格斯说："到目前为止的一切生产的基本形式是分工，一方面是社会内部的分工，另一方面是每个生产机构内部的分工。"② 生产活动是人类社会存在和发展的基础，分工作为生产活动的组织形式，制约着社会生活的许多方面。分工是生产力发展到一定阶段的产物，同时又标志着生产力的发展水平，推动生产力的发展；分工是生产力决定生产关系的中间环节，对生产资料所有制形式、交换以及人们在生产中的地位及其相互关系，都有制约作用；分工的规律是阶级划分的基础，决定着阶级的产生，制约着不同阶级之间的相互关系；分工制约着上层建筑体系的各个部分，有助于人们理解经济基础和上层建筑的相互关系以及上层建筑的各个组成部分的相对独立性和独特发展规律；分工还制约着人的发展，对人的发展起着"二重性"作用。

① 《马克思恩格斯选集》第1卷，人民出版社1995年版，第85—86页。
② 《马克思恩格斯选集》第3卷，人民出版社1995年版，第640页。

因此，考察分工与社会生活各个领域的关系，对于理解许多错综复杂的社会联系，把握社会生活各个环节、各个层次之间的相互关系，是十分重要的。在某种意义上甚至可以说，不了解分工，就不能掌握社会发展的规律。

分工不仅制约着社会生活的许多方面，而且是推动社会发展的重要因素之一。纵观人类的全部历史，可以说，资本主义以前的社会发展，在某种意义上是基于一定生产力发展水平的社会基本分工推动的。马克思指出："一切先前的所有制形式都使人类较大部分，奴隶，注定成为纯粹的劳动工具。历史的发展，政治的发展、艺术、科学等等是在这些人之上的上层社会内实现的。"① 一方面，由于大部分人承担了社会物质生活资料的生产劳动，才能使一小部分人获得从事社会公共事物和社会精神生产劳动的时间和条件，从而发展了人类社会的精神文明；另一方面，由于垄断社会公共事务的人，即统治者，强制物质生产劳动者不断超出自然需要的界限，生产出更多的物质产品，发展了人类社会的物质文明。资本主义以来的近代史，是由商品经济的蓬勃发展揭开的。工业和农业、城市和乡村的分工的进一步发展，瓦解了自给自足的自然经济，开始了为价值而生产的新时代。由于这个转折，生产的发展才超出了为生产者自身消费需要的狭隘眼界，获得了无限发展的扩张力，由此引起了生产工具的根本变革，生产的工艺过程的不断革新，科学技术按几何级数的迅速发展，从而推动了生产力的突飞猛进的增长和整个社会的长足进步。

但是，我们也不能把分工的作用无限夸大。

首先，人类社会的基本矛盾是生产力和生产关系、经济基础和上层建筑之间的矛盾。物质生活的生产方式制约着整个社会生活、政治生活和精神生活的过程，分工则是把生产力、生产关系（经济基础）、上层建筑联系起来的机制，它的作用是服从于社会基本矛盾的。

其次，分工虽然制约着社会生活的许多环节和层次，但是同时，它也受社会生活的许多环节和层次的制约或影响。分工的发展是以生产力的发展为前提的，生产力的发展决定着分工发展的深度和广度；分工是受生产关系制约的，生产关系制约着分工的性质；分工是受上层建筑影响的，上层建筑作

---

① 《马克思恩格斯全集》第46卷（下），人民出版社1979年版，第88页。

为社会分工的独立部门，对整个社会分工体系起着调节作用。

再次，社会生活的各个环节和层次之间的联系，并不都是直接以社会分工为机制，因此不能用分工说明一切社会现象。

最后，自发分工对社会和人自身的发展不仅有积极作用，而且也有消极作用。自发分工的积极作用，主要与社会发展的技术方面相关联，自发分工发展的消极作用，则主要与社会发展的社会形式相关联，特别是与以生产资料私有制为基础的各种社会关系相关联，因此，不能把自发分工的积极作用无限夸大，不能把它的作用绝对化。当生产资料私有制消灭以后，自发分工的技术方面将得到改造而继续在改变了的形式下发挥作用，而自发分工的消极作用将受到限制，逐步缩小，以致最后被消灭，自发分工将被自觉分工所代替。

三、交往在社会发展中的作用

（一）交往概念的含义和界定

"交往"是一个多学科共同使用的科学概念，又是一个多层次的概念，学术界对它的理解歧义极大。

首先，"交往"是一个多学科共同使用的科学概念。心理学、社会学、语言学、哲学都研究交往问题。心理学上的交往概念指人与人之间的心理接触或直接沟通，彼此达到一定的认知；社会学上的交往概念主要指特意完成的交往行为，通过交往行为形成特定的社会联系；语言学上的交往概念主要用来表明信息交流；哲学上的交往概念是指人所特有的相互往来关系的一种存在方式，即一个人在与其他人的相互联系中的一种存在方式。哲学上的交往概念，在抽象层次上高于其他学科，不能归结为上述种种特定的含义①。

其次，交往概念的含义具有层次性。（1）广义的交往：既包括人与自然之间的交往，又包括人与人之间的社会交往；（2）次广义的交往：仅仅指人与人的相互作用，包括个人之间的相互作用，社会集团之间的相互作用，国家与民族之间的相互作用；（3）狭义的交往：指与生产相对应的交往，即物质交往；（4）最狭义的交往：把交往理解为劳动产品的交换。哲

---

① 张尚仁：《社会历史哲学引论》，人民出版社1992年版，第238页。

学历史观上所讲的交往应该指次广义的交往①。

再次，有的学者划分出四种不同意义上的交往理论。第一种是狭义的，亦即信息科学和传播学的。它把交往作为一种单一的对象，研究交往的图式、交往的系统管道及交往的技术手段等问题。第二种是广义的社会学意义上的社会交往。它把交往放到社会、文化和历史背景中，研究它与社会系统、社会结构、社会生活等方面的关系。第三种是哲学意义上的交往理论。它的根本特点在于除了承认交往是人与人之间的相互作用的一种中介外，更强调交往与人和社会的内在统一性，认为交往本身就是人的生存方式或生活方式。第四种是马克思主义的社会交往理论，它既是社会学意义上的，也是哲学意义上的。它主要是从人类发展的意义上讨论人与人之间的社会交往现象，强调交往与社会关系的密不可分。②

我们认为，历史唯物主义的交往概念主要包括以下几个方面的含义：（1）交往是人类特有的存在方式和活动方式。生产活动是人类区别于动物的根本标志，是人类和人类社会存在和发展的基础。孤立的个人不能进行生产活动，人们只有结成一定的社会关系，互相交换自己的活动，才能进行生产，"而生产本身又是以个人彼此之间的交往为前提的"。③ 离开人与人之间的交往，人类便无法生存和活动。（2）交往属于人与人之间的社会关系；生产活动包括两个方面的关系，一是人与自然之间的关系，二是人与人之间的社会关系。人与自然之间的关系不属于交往理论的研究范围，交往概念只反映人与人之间的社会关系。（3）交换始源于物质生产活动，又不仅仅存在于物质生产活动中，它是以物质交往为基础的全部经济、政治、思想文化交往的总和。（4）人是交往的主体，交往双方都不仅要承认自己是交往的主体，同时要承认他人也是交往的主体，交往是一种以主客体关系为中介的主体与主体之间的关系。这种关系本质上是互动的，而非一方主动另一方被动的。主体间性是建立交往关系的基础，是人们理解交往关系的关键。

综合上述交往的含义，我们把"交往"概念界定为：交往是人类特有的存在方式和活动方式，是人与人之间发生社会关系的一种中介，是以物质

① 陆剑杰：《实践唯物主义理论体系的历史逻辑分析》，河南人民出版社 1994 年版，第 162—163 页。

② 王锐生、陈荷清等：《社会哲学导论》，人民出版社 1994 年版，第 131—135 页。

③ 《马克思恩格斯选集》第 1 卷，人民出版社 1995 年版，第 68 页。

交往为基础的全部经济、政治、思想文化交往的总和。

（二）交往的形式和类型

交往形式是指交往的内容和交往的方式。人们根据交往内容和交往方式的不同，把交往划分为各种不同的形式。

物质交往和精神交往是两种最基本的交往形式。马克思、恩格斯指出："思想、观念、意识的生产最初是直接与人们的物质活动，与人们的物质交往，与现实生活的语言交织在一起的。人们的想象、思维、精神交往在这里还是人们物质行动的直接产物。表现在某一民族的政治、法律、道德、宗教、形而上学等的语言中的精神生产也是一样。"[1] 这里讲的物质生产与精神生产、物质交往与精神交往的划分及相互关系，对整个人类历史具有普遍适用性。物质交往是指人们在物质生产实践中发生的交往；它既是物质生产实践的客观要求，又是物质生产实践的产物。物质生产实践之所以客观上要求人与人之间的交往，在于单独的个人依靠自身的生理能力无法在自然界中生存，无法进行生产活动。人们为了生存，就必须克服生理能力的局限。这种克服，一方面通过制造和使用劳动工具延伸自己身体的力量来实现，另一方面通过人与人的互助合作关系而产生的社会力量来实现。在物质交往中，已经包含着精神交往。精神交往包括思想交往和心理交往。生产经验、劳动技能和知识的传播与继承，已经是一种思想交往。政治、法律、道德、宗教、哲学等各种社会意识的传播与交流，也包括在思想交往之中。心理交往与思想交往交织在一起，是精神交往的一个重要方面。物质交往是精神交往的基础，精神交往渗透于物质交往之中，两种交往在实践活动中相互作用，互相促进，共同推动社会的发展。

除去物质交往和精神交往这两种最基本的交往形式的划分，人们还可以从不同角度、根据不同标准，划分出各种不同的交往形式。例如，人们可以根据交往领域的不同，划分出经济交往、政治交往、思想文化交往等形式；可以根据交往在社会发展中所起的不同作用，划分出积极交往和消极交往等形式；可以根据人们之间的交往是否需要有中间环节，划分出直接交往和间接交往等形式；可以根据交往主体的不同，划分出个体之间的交往、群体之

---

① 《马克思恩格斯选集》第 1 卷，人民出版社 1995 年版，第 72 页。

间的交往、个体与群体之间的交往等形式；可以根据交往的范围，划分出国内交往和国际交往等形式；可以根据交往中是否使用暴力手段，划分出战争交往与非战争交往，马克思、恩格斯曾经说过，"对进行征服的蛮族来说"，"战争本身还是一种通常的交往形式"。①

交往类型是指在不同的社会形态或社会制度中，具有不同性质的交往。下面我们从人的依赖性社会、物的依赖性社会和个人全面发展的社会三种社会形态划分的角度，扼要说明不同社会形态中的不同性质的交往类型。

在人的依赖性社会中，人们的生产能力只是在狭小的范围内和孤立的地点上发展着，人们的活动受血缘关系和地域关系的限制，物质生产活动是他们主要的生产活动。在氏族公社这种原始共同体中，人们的活动具有自然强迫性的特点，他们所做的一切都只是为了维持自身的生存，人与人之间只有性关系交往、血缘关系交往、偶尔发生的不同共同体之间的产品交换。在奴隶社会和封建社会，虽然个人之间的关系表现为明显的人的关系，但他们只是作为具有某种社会规定性的个人互相交往，个人是没有独立的人格和个性可言的。在整个人的依赖性社会中，单个人由于受血缘关系、地域关系、人身依附关系的多重束缚，成了某一狭隘人群共同体的附属物，人与人之间的交往本质上属于一种自然的交往。

在物的依赖性社会即资本主义社会中，由于商品经济的发展，世界市场的开辟，科学技术的广泛应用，交通的极其便利，打破了血缘关系和地域关系对人的束缚，在世界范围内形成了普遍的社会物质交往、全面的关系、各方面的需求以及全面的能力的体系，个人在一定程度上可以独立地、自由地进行交往。个人在挣脱了对狭隘的人群共同体的依赖而具有某种独立性的同时，却又落入了对物的依赖关系，即对金钱关系和商品关系的依赖，成为物的关系包围中"独立的个人"，成为异化的个人，成为更加不自由的个人。

在个人全面发展的社会即共产主义社会中，全体社会成员共同占有生产资料，每个社会成员都既是生产资料的所有者，又是生产劳动的承担者；既是生产资料的主人，又是生产劳动过程的主人；既是劳动者，又轮流参加管理。劳动者掌握了丰富的科学知识，使用高度智能化的工具从事生产，从直

---

① 《马克思恩格斯选集》第 1 卷，人民出版社 1995 年版，第 125 页。

接生产过程中解放出来，劳动时间大大缩短，闲暇时间大大增加，人们有充足的时间从事自己所喜欢的活动。体力劳动和脑力劳动之间的差别已经消失，具有固定专业划分的旧式分工已经消灭，人们已经摆脱了旧式分工下所从事的强制性劳动，因而全体社会成员在劳动过程中的地位和关系是真正平等的，或者说生产关系中的人已经是真正平等的、获得了自由的人。人一旦在生产关系中获得自由，在被生产关系所决定的其他社会关系中，也就相应地获得了自由。只有在这时，人们之间的真正的自由、平等的普遍交往才能建立起来。正如马克思、恩格斯所说："共产主义和所有过去的运动不同的地方在于：它推翻一切旧的生产关系和交往关系的基础，并且第一次自觉地把一切自发形成的前提看作是前人的创造，消除这些前提的自发性，使它们受联合起来的个人的支配。"①

（三）交往的社会作用

交往是人类特有的生存方式和活动方式，在社会发展中起着主要作用。

第一，交往促进生产力的发展。生产力是由具有一定生产经验和劳动技能的劳动者、劳动资料和劳动对象构成的，是人的因素和物的因素在生产过程中的有机结合而产生的总体能力，生产力内部各要素的合理结合和最佳功能的发挥，与交往密切相关。

第二，交往推动社会关系的变革和改善。马克思、恩格斯在谈到交往与共产主义制度的关系时指出，这种制度"只不过是各个人之间迄今为止的交往的产物"。②生产关系是社会制度的基础，它是由物质生产领域中的交往活动产生的，其他的社会关系，如政治关系、思想关系等，也是由相应的领域中的人们的交往活动产生的。人与人之间的交往活动，是各种社会关系产生、发展、变革、改善的重要动力和源泉。

第三，交往是科学文化继承和发展的重要途径。马克思、恩格斯指出："某一个地域创造出来的生产力，特别是发明，在往后的发展中是否会失传，完全取决于交往扩展的情况。当交往只限于毗邻地区的时候，每一种发明在每一个地域都必须单另进行；一些纯粹偶然的事件，例如蛮族的入侵，甚至是通常的战争，都足以使一个具有发达生产力和有高度需求的国家处于

①② 《马克思恩格斯选集》第 1 卷，人民出版社 1995 年版，第 122 页。

一切都必须从头开始的境地……只有当交往成为世界交往并且以大工业为基础的时候，只有当一切民族都卷入竞争斗争的时候，保持已创造出来的生产力才有了保障。"① 任何一个国家的科学文化，无不是依赖继承前人的科学文化遗产而发展起来的。人类依赖代际交往，使后代人获得前代人创造的物质财富和精神财富，使原有的科学文化成果不致中途丧失，并在前人创造的科学文化的基础上进行新的创造，提高到新的水平。

第四，交往有利于人自身的发展。马克思、恩格斯指出："一个人的发展取决于和他直接或间接进行交往的其他一切人的发展。"② 只有在普遍的交往中，"单个人才能摆脱种种民族局限和地域局限而同整个世界的生产（也同精神的生产）发生实际联系，才能获得利用全球的这种全面的生产（人们的创造）的能力"。③ 在交往中，每个人都可以用别人创造的物质文化和精神文化成果充实自己，使自身得到发展。

第五，国与国之间的交往，即国际交往，对推动整个世界和各个民族国家的社会发展，都起着重要的作用。在民族的、地域性的历史进入"世界历史"以后，这种作用更加显著和巨大。在历史进入"世界历史"的情况下，一个国家的发展方向和发展道路，不仅取决于本国内部的情况，还在很大程度上取决于国际环境。因此，我们在分析一个国家的发展方向和发展道路时，一定要同它所处的国际环境联系起来。俄国十月革命和中国革命的胜利，是在特定的国际环境下取得的。苏联解体、东欧剧变的悲剧也是在特定的国际环境下发生的。中国的改革开放和现代化建设的路线、方针、政策的制定，既是依据中国的国情，也是依据当代国际环境的特点。我们要坚定地实行对外开放政策，加强与各国包括与发达资本主义国家之间在经济、政治、科技、文化、教育等方面的交流与合作，学习国外的先进科学技术和经营管理经验，加速我国的社会主义现代化建设。

四、社会的运筹性因素和自我调节功能

构成人类社会的各种要素，大致可以分为三种类型。第一，构成人类社

---

① 《马克思恩格斯选集》第 1 卷，人民出版社 1995 年版，第 107—108 页。
② 《马克思恩格斯全集》第 3 卷，人民出版社 1960 年版，第 515 页。
③ 《马克思恩格斯选集》第 1 卷，人民出版社 1995 年版，第 89 页。

会的基本层次，包括生产力和生产关系、经济基础和上层建筑、社会存在和社会意识。第二，各种人群共同体或社会组织，包括氏族、部落、部族、民族、家庭、阶级、国家以及各种党派组织和社会团体。第三，运筹性因素，包括分工、协作、社会管理、社会交往、社会预测和决策等。运筹性因素的作用，在于通过选择、调动、处置、匹配等手段，使上述两类因素做到合理结合，构成人类社会整体，使其成为活生生的社会有机体。离开运筹性因素，人类社会的各个基本层次和各种人群共同体、各种社会组织，就成了彼此孤立静止的单子，无法构成人类社会。可见，运筹性因素在人类社会的形成、变化、发展中起着多么重要的作用，在某种意义上甚至可以说，不了解运筹性因素在社会发展中的作用，就不能掌握社会生活的本质及其发展规律。

运筹性因素在社会发展中的作用，集中体现在社会的自我调节功能上。长期以来，我国相当多的理论工作者，只承认社会主义社会有自我调节功能，否认阶级社会也有自我调节功能。这种看法具有片面性。

当然，社会主义社会和阶级社会的自我调节功能具有重大区别。首先，社会主义社会的自我调节功能是主动的、自觉的；阶级社会的自我调节功能一般说来是被动的、自发的。统治阶级往往是在被统治阶级强烈反抗的条件下，不得已而对经济基础和上层建筑进行调节的。其次，社会主义社会的自我调节，是从广大人民群众的利益出发的，而阶级社会的自我调节，则是从统治阶级的利益出发，为了更有效地剥削和压迫劳动人民，维护自己的统治地位。再次，社会主义社会的自我调节，可以在社会主义制度本身的范围内，使各种矛盾不断得到解决；阶级社会的自我调节，只能在局部范围内进行，暂时缓和一下社会的矛盾，不可能在旧社会制度本身的范围内最后解决它的固有矛盾。

但是，不能因为阶级社会的自我调节功能与社会主义社会的自我调节功能有重大区别，就否认阶级社会具有一定程度的自我调节功能。否认阶级社会的自我调节功能，无法说明有的阶级社会（如奴隶社会和封建社会）可以存在一两千年之久，特别是无法说明资本主义制度在 19 世纪中期以后就开始走向没落，而在第二次世界大战以后，一些发达资本主义国家的生产力又得到了相当快的发展。

理论界对战后发达资本主义国家生产力发展较快的原因有着不同的解释。有人用生产力的内部矛盾即生产力的合理配置来解释；有人用新的科学技术的发展及其在生产上的应用来解释；还有人认为，垄断资产阶级对生产关系和上层建筑所作的局部调整，也是战后发达资本主义国家生产力发展的重要原因。

从人类历史发展的事实可以看出，一种生产关系和上层建筑即使已经腐朽，但只要它还存在，那就不仅是生产力的停滞、倒退、破坏与它有关，而且生产力某种程度的发展也与它有关。统治阶级在它还掌握着统治权的时候，可以对生产关系和上层建筑作某些局部调整，使其对生产力的发展要求有某种程度的适合，从而推动生产力的某种程度的发展。这种情况在人类历史上是屡见不鲜的。例如，在中国长期的封建社会中，一次又一次的农民起义和农民战争，打击了封建主义的生产关系和上层建筑，使得统治阶级一次又一次地改朝换代，被迫对封建主义的生产关系和上层建筑进行一次又一次的局部调整，使得生产力缓慢地向前发展。回顾资本主义发展的历史，这种情况也不断出现。自从19世纪中期以后，资本主义的生产关系和上层建筑就开始阻碍生产力的发展。正是无产阶级一次又一次地反对资产阶级的斗争，迫使资产阶级一次又一次地调整资本主义的生产关系和和上层建筑，从而使得生产力在不同时期获得了不同程度的发展。同样，在第二次世界大战以后，发达资本主义国家的垄断资产阶级也对生产关系和上层建筑作了局部调整，如加强国家对经济生活的干预；垄断资产阶级在扶植中小企业的同时，建立以处于垄断地位的大企业为中心的大中小企业的分工协作体制；实行短期、中期和长期的经济与社会发展计划，减轻无政府状态的破坏作用；加强国际经济联系，发展跨国公司组织；在生产和资本进一步集中的基础上，实行多样化经营；改变对工人阶级的统治策略，改善工人的劳动条件和生活条件，使劳资矛盾相对来说较为缓和；调整积累和消费的比例，适当扩大积累率，为扩大再生产和固定资产的更新提供可能等等。这些生产关系和上层建筑方面的局部调整，才是战后发达资本主义国家生产力发展较快的根本原因。但是，这些局部调整，并没有解决资本主义社会的固有矛盾，也不可能挽救资本主义必然灭亡的历史命运。

第二节　社会发展的动力系统

推动社会发展的动力是多方面的，除去上一节讲的"软动力"之外，还有一些"硬动力"。我国学术理论界大都从以下几个方面论述社会发展的"硬动力"：社会基本矛盾在社会发展中的作用；阶级斗争在社会发展中的作用；革命和改革在社会发展中的作用；个人和人民群众在社会发展中的作用；科学技术在社会发展中的作用。这些问题大家都有一定了解，本书不必要一一加以论述，仅就其中一些重点、难点和有争议的问题作些深入探讨。

一、关于社会发展的根本动力

社会发展根本动力的理论源远流长，不少历史哲学家都在各种不同程度上作过探讨，但真正形成较为深入的看法的，是近代以来的资产阶级学者，特别是18世纪的法国唯物主义者、19世纪的空想社会主义者、法国复辟时代的历史学家以及德国唯心主义哲学家黑格尔的社会发展的根本动力理论。这些资产阶级学者，提出了不少有价值的思想，但最后却把历史发展的根本动力归之于"公众意见"、"人的本性"、"征服"、"绝对观念"之类的精神因素或政治因素，因而无法走出历史唯心主义的迷宫，不能科学地说明历史发展的根本动力。马克思、恩格斯对这些思想家的历史动力理论进行了批判性的研究，吸取了他们的积极成果，抛弃了他们的唯心主义和形而上学糟粕，接受了他们失足的教训，第一次科学地解决了历史发展的根本动力问题。

（一）文本的简要考察

物质生产是社会发展的根本动力的原理，像一条红线一样，贯穿在马克思、恩格斯各个时期的著作中。让我们作一简要考察。

马克思在1844年4—8月写的《1844年经济学哲学手稿》中，就在其异化劳动理论中，论述了物质生产是社会存在和发展的基础的思想。他说："宗教、家庭、国家、法、道德、科学、艺术等等，都不过是生产的一些特殊的方式，并且受生产的普遍规律的支配。"[①]

---

① 《马克思恩格斯全集》第42卷，人民出版社1979年版，第121页。

　　马克思、恩格斯在 1844 年 9—11 月合写的《神圣家族》一书中，在批判青年黑格尔派的主观唯心主义观点时指出，不去认识"某一时期的工业和生活本身的直接生产方式"，"就不能真正地认识这个历史时期"，"历史的发源地"不是在"天上的云雾中"，而是在"尘世的粗糙的物质生产中"。①

　　马克思、恩格斯在 1845 年秋至 1846 年 5 月合写的《德意志意识形态》一书中，更加清晰地论述了物质生产在社会发展中起决定作用的原理。他们指出："我们首先应当确定的一切人类生存的第一个前提，也就是一切历史的第一个前提，这个前提是：人们为了能够'创造历史'，必须能够生活。但是为了生活，首先就需要吃喝住穿以及其他一些东西，因此第一个历史活动就是生产满足这些需要的资料，即生产物质生活本身，而且这是这样的活动，一切历史的一种基本条件，人们单是为了能够生活就必须每日每时去完成它，现在和几千年前都是这样。"两位作者强调指出："因此任何历史观的第一件事情就是必须充分注意上述事实的全部意义和全部范围，并给予应有的重视。"②

　　马克思在 1859 年 1 月写作的《〈政治经济学批判〉序言》中，对他和恩格斯到此为止所提出的历史唯物主义原理的基本内容以及这些基本内容之间的内在联系作了概括，其中指出："人们在自己生活的社会生产中发生一定的、必然的、不以他们的意志为转移的关系，即同他们的物质生产力一定发展阶段相适合的生产关系，这些生产关系的总和构成社会的经济结构，即有法律的和政治的上层建筑竖立其上并有一定的社会意识形式与之相适应的现实基础。物质生活的生产方式制约着整个社会生活、政治生活和精神生活的过程。"③

　　恩格斯在 1876 年 5 月至 1878 年 7 月写作的《反杜林论》一书，系统地论述了马克思主义的三个组成部分，在马克思主义发展史上占有重要地位。在这部著作的"引论"中，对历史唯物主义的基本原理作了概括。他指出："新的事实迫使人们对以往的全部历史作一番新的研究，结果发现：以往的

---

　　① 《马克思恩格斯全集》第 2 卷，人民出版社 1957 年版，第 191 页。

　　② 《马克思恩格斯选集》第 1 卷，人民出版社 1995 年版，第 29 页。

　　③ 《马克思恩格斯选集》第 2 卷，人民出版社 1995 年版，第 32 页。

全部历史，都是阶级斗争的历史；这些互相斗争的社会阶级在任何时候都是生产关系和交换关系的产物，一句话，都是自己时代的经济关系的产物；因而每一时代的社会经济结构形成现实基础，每一历史时期的由法的设施和政治设施以及宗教的、哲学的和其他的观念形式所构成的全部上层建筑，归根到底都应由这个基础来说明。"① 这段话告诉我们，物质生产在社会发展中起决定作用的原理，是历史唯物主义的精髓。

1883 年，恩格斯在《马克思墓前的讲话》中说："正像达尔文发现有机界的规律一样，马克思发现了人类历史的发展规律，即历来为繁芜丛杂的意识形态所掩盖着的一个简单事实：人们首先必须吃喝住穿，然后才能从事政治、科学、艺术、宗教等等；所以，直接的物质生活资料的生产，从而一个民族或一个时代的一定的经济发展阶段，便构成基础，人们的国家设施、法的观点、艺术以至宗教观念，就是从这个基础上发展起来的，因而，也必须由这个基础来解释，而不是像过去那样做得相反。"②

恩格斯在《社会主义空想到科学的发展》1992 年英文版导言中说："我在英语中如果也像在其他语言中那样用'历史唯物主义'这个名词来表达一种关于历史过程的观点，我希望英国的体面人物不至于感到过分吃惊。这种观点认为一切重要历史事件的终极原因和伟大动力是社会的经济发展，是生产方式和交换方式的改变，是由此产生的社会之划分为不同的阶级，是这些阶级彼此之间的斗争。"③这说明，物质生产之所以是社会历史的根本动力，因为它是推动社会发展的其他动力的基础，离开了物质生产，其他动力便无从产生和发挥作用。

通过以上的简要考察可以看出，马克思、恩格斯关于物质生产是社会发展的根本动力的思想，是明确的、一贯的、坚定的、毫不动摇的。这个思想可以说是历史唯物主义最基本的思想，否定了这个思想，就等于否定了整个历史唯物主义。

（二）科学的理论论证

马克思、恩格斯不仅提出了物质生产是社会发展的根本动力的结论，而且对这个结论作了科学的理论论证。尽管他们的论证是较为分散的，但我们

---

①②③　《马克思恩格斯选集》第 3 卷，人民出版社 1995 年版，第 365、776、704—705 页。

仍然可以梳理出这些分散的论证之间的内在联系。

（1）生产方式是社会存在和发展的基础。马克思、恩格斯认为，物质生活的生产方式制约着整个社会生活、政治生活和精神生活的过程。这个在今天看来并非很难理解的基本观点和方法，却体现了历史唯物主义和以前的历史观的最根本的区别。正如普列汉诺夫所说："马克思的伟大功绩就在，他完全从相反的方向去接近问题，他把人的天性看作是永远地改变着的历史运动的结果，其原因在人之外。为了生存，人应该维持自己的机体，从他的周围的外间自然中摄取他所必需的物品。这种摄取需要人对这个外间自然的一定的作用。可是'在作用于外间自然时，人改变了自己本身的天性'。在这句话中包含着马克思的历史理论的全部本质。"① 普列汉诺夫认为马克思把历史运动的原因看做"在人之外"，这是他对马克思的误解。实际上，马克思认为历史运动的原因归根结底在于人的物质生产实践活动，在人的物质生产实践活动之外不存在历史运动的终极原因。但是，他把马克思关于人改造自然界的物质生产实践活动在社会发展中起决定作用的原理，看做是"马克思的历史理论的全部本质"，则是抓住了问题的关键。

（2）经济基础决定上层建筑。马克思、恩格斯把社会经济结构确定为社会的经济基础，它决定政治法律制度和社会意识形态等上层建筑。人们为了生产，就不仅要同自然界发生关系，而且彼此之间也必须结成一定的生产关系，即社会经济结构。这种社会经济结构就是社会的经济基础。在这个社会经济基础之上，又耸立着由政治法律制度和社会意识形态构成的全部上层建筑。恩格斯在回顾他和马克思创立历史唯物主义的过程时，深刻地论述了经济基础决定上层建筑的原理在历史发展动力理论中的重要地位。他说："我在曼彻斯特时异常清晰地观察到，迄今为止在历史著作中根本不起作用或者只起极小作用的经济事实，至少在现代世界中是一个决定性的力量；这些经济事实形成了产生现代阶级对立的基础；这些阶级对立，它在因大工业而得到充分发展的国家里，因而特别在英国，又是政党形成的基础，党派斗争的基础，因而也是全部政治史的基础。马克思不仅得出同样的看法，并且在《德法年鉴》（1844年）里已经把这些看法概括成如下的意思：决不是

---

① 《普列汉诺夫哲学著作选集》第 1 卷，生活·读书·新知三联书店 1959 年版，第 676 页。

国家制约和决定市民社会，而是市民社会制约和决定国家，因而应该从经济关系及其发展中来解释政治及其历史，而不是相反。"①

（3）生产力是社会发展的最终决定力量。要说明历史发展的根本动力，不仅要确立生产关系即经济基础决定上层建筑的观点，还要进一步回答生产关系是由什么决定的，否则仍然可能最后陷入历史唯心主义。例如，在马克思以前，19 世纪的空想社会主义者，法国复辟时代的历史学家，以及黑格尔，都在某种程度上接近甚至达到了所有制关系或财产关系决定政治制度的观点。但是，由于他们不懂得财产关系是生产关系在法律上的表现，更不懂得把生产关系归结为生产力的发展水平，而是把它归结为"征服"、"人的天性"、"绝对精神"等等，于是最终陷入了历史唯心论。马克思在解释生产关系的起源时，既不把它归结为"征服"、"人的天性"，也不把它归结为绝对精神，而是把它归结为生产力的发展程度。把物质生产力作为社会发展的最终决定力量，就为历史发展的根本动力的理论提供了坚固的基石。

（4）社会革命是实现社会形态更替的根本途径。为了揭示历史发展的根本动力，不仅要说明生产力和生产关系、经济基础和上层建筑之间的矛盾，而且还要说明如何解决这个矛盾。马克思在《〈政治经济学批判〉序言》中，对这个问题作了经典的说明。他指出："社会的物质生产力发展到一定阶段，便同它们一直在其中运动的现存生产关系或财产关系……发生矛盾。于是这些关系便由生产力的发展形式变成生产力的桎梏。那时社会革命的时代就到来了。随着经济基础的变更，全部庞大的上层建筑也或快或慢地发生变革。"② 随着生产力与生产关系、经济基础与上层建筑之间的矛盾在社会革命的推动下得到解决，人类历史便从一个较低的阶段发展到一个较高的阶段。

（5）追寻精神动力背后的物质动因。历史唯物主义和历史唯心主义的分歧，不在于是否承认人的有意识、有目的的活动在历史发展中的作用，也不在于是否承认人的精神力量在历史发展中的作用，因为历史"总是从许多单个的意志的相互冲突中产生出来的"，而在于是把精神力量还是把物质

① 《马克思恩格斯选集》第 4 卷，人民出版社 1995 年版，第 196 页。
② 《马克思恩格斯选集》第 2 卷，人民出版社 1995 年版，第 32—33 页。

力量作为社会发展的原动力。历史唯心主义仅仅停留在人的思想动机上，把人的思想动机看做历史发展的最终动力或根本动力。而历史唯物主义则揭示了人的思想动机背后的更深层的动力。正如恩格斯所说，历史唯心主义认为"在历史领域起决定作用的精神的动力是最终原因，而不去研究隐藏在这些动力后面的动力是什么，这些动力的动力是什么。不彻底的地方并不在于承认精神的动力，而在于不从这些动力追溯到它的动因"。① 那么，如何发现这个精神动力后面的动力、动因呢？最基本的方法就是把个人的活动归结为阶级的活动、群众的活动。恩格斯指出："如果要去探究隐藏在……历史人物背后并且构成历史的真正的最后动力的动力，那么问题涉及的，与其说是个别人物，即使是非常杰出的人物的动机，不如说是使广大群众、使整个整个的民族，并且在一个民族中间又是使整个整个阶级行动起来的动机；而且也不是暂短的爆发和转瞬即逝的火光，而是持久、引起重大历史变迁的行动……这是能够引导我们去探索那些在整个历史中以及个别时期和个别国家的历史中起支配作用的规律的唯一途径。"② 恩格斯接着指出，在资本主义社会以前，历史人物思想动机背后的动力和思想动机之间的联系是混乱而隐蔽的，当时要发现它几乎是不可能的，所以历史唯心主义一直独霸统治地位。而在资本主义社会，这种联系已经变得十分清晰，使人们有可能发现思想动机背后的动力。英法两国的历史充分证明，资产阶级反对封建贵族、无产阶级反对资产阶级的斗争，至少是这两个最先进国家近代历史的动力。这些阶级又是怎样产生的呢？是由于经济的原因，由于一定的生产方式。由于各个阶级在生产关系中处于不同的地位，存在着阶级利益的对立，所以彼此之间必然进行各种形式的斗争。这样就说明了思想动机背后的动力是物质生活资料的生产方式，说明了物质生产是历史发展的根本动力。

（三）对质疑的回答

对物质生产是社会发展的根本动力的理论，在历史上和现实中不断遭到质疑乃至否定。这究竟是为什么呢？主要有三个原因：第一，马克思、恩格斯虽然对这一思想有深刻的论证，但这些论证是分别在不同的论著中作出的，显得有些零乱，不够系统，后人也没有把他们的思想系统化并加以充分

---

①② 《马克思恩格斯选集》第 4 卷，人民出版社 1995 年版，第 248、249 页。

发挥，这些都妨碍了人们对这一重要思想的理解和掌握。第二，马克思、恩格斯逝世以后，虽然有些思想家，如普列汉诺夫曾经对某些人对这个重要思想的质疑作出有力的反驳，但这种反驳没有引起后来的马克思主义者的足够重视，他们提出的有启发性的宝贵思想没有得到弘扬和进一步深入的研究与发挥。第三，20 世纪中期以后，新的科技革命在世界范围内蓬勃兴起，方兴未艾，科学技术成了第一生产力，知识经济在发达国家已经形成，在我国也初露端倪，知识智力因素在社会生活和社会发展中的作用日益增强，在这种时代背景之下，物质生产在社会发展中起决定作用的原理，确实需要作出新的有说服力的论证。由于马克思主义者在这方面的研究没有跟上时代的步伐，使得有些人怀疑这一原理的现实有效性是完全可以理解的。这里仅就有人对生产力是社会发展的最终决定力量的观点的质疑加以反驳，对于其他各种质疑，我们通过后面的"知识经济与物质生产的决定作用"、"科学技术推动社会发展的特殊性复杂性"、"社会发展动力的层次分析"、"社会发展各种动力之间的关系"诸问题加以反驳。

生产力是社会发展的最终决定力量的原理，是物质生产是社会发展的根本动力的原理的重要内容。生产力决定生产关系并进而决定全部社会关系。可是，生产力又是由什么决定的呢？这是必须回答的问题。不能正确回答这个问题，生产力是社会发展最终决定力量的观点，就不能坚持到底，甚至可能被颠覆、被驳倒。对这个问题可能有两种相反的回答。如果认为生产力是由神或人的意志和智慧等精神因素决定的，那无疑又回到了社会意识决定社会存在的历史唯心主义观点；如果认为生产力也是由某种物质力量决定的，推动生产力发展的归根到底是物质力量，那就坚持了社会存在决定社会意识的历史唯物主义观点。

在众多的对马克思关于生产力是社会发展的最终决定力量的观点发难的人中间，俄国民粹派理论家米海洛夫斯基是有代表性的一个。

米海洛夫斯基等人无法否认生产力在人类历史发展过程中的重要作用，但是他们极力宣扬生产力是人的智慧的产物，并以此为根据，说明人的智慧特别是杰出人物的智慧是推动历史发展的决定性因素，从而否定生产力是社会发展的最终决定力量，否定人类社会发展有客观规律性，否认社会形态的发展是一种"自然历史过程"。米海洛夫斯基的逻辑是，生产力的重要因素是劳动工具，而劳动工具又是依靠人的智慧创造出来并使用的，所以人的智慧成为社会发展的最后决定力量。普列汉诺夫在 1895 年 4 月发表的《论一元论历史观之发展》中，转述了米海洛夫斯基的上述观点。他说，米海洛夫斯基等人"常对马克思主义者说：谁也不会争辩在人类历史运动中劳动工具的重要意义，生产力的巨大作用，可是劳动工具是为人所发明和人所使用的。你们自己也承认：人们使用劳动工具需要比较地很高度的智慧的发展。在劳动工具改进上的每一个新步骤要求人的智慧的新的努力。智慧的努力——原因，生产力的发展——结果。"普列汉诺夫一针见血地揭露了米海洛夫斯基这个思想的历史唯心主义实质："这就是说，智慧是历史进步的主要推动者，这就是说，那些断言世界为意见（即人的理性）所支配的人们是正确的。"①

米海洛夫斯基等人的观点，乍一看来，似乎是颇能令人信服的。因为劳动工具确实是生产力的重要因素，它们的创造和使用也确实是同人的智慧的发展分不开的。但是，他们把智慧说成是生产力发展的根本原因和历史发展的最终决定力量，这和断言"意见支配世界"的历史唯心主义是没有本质区别的。普列汉诺夫从以下几个方面进行了批驳。

第一，从人类和人类智慧的产生来看。普列汉诺夫指出，人类的祖先，正如一切其他动物一样，是完全屈从于自然界的。他们在生存斗争中完全通过自然淘汰而适应周围的环境。对于人类的祖先来说，这曾经是"生理必然性"占统治地位的时代，亦即"意识的曙光"、"自由的曙光"尚未点亮的时代。然而生理的必然性却引导人类祖先缓慢地从其余的动物界中分化出来，演化成了"制造工具的动物"。自此以后，人类便结束了"生理必然性的阴暗统治"，开始了征服改造自然界的历史行程。这说明工具的制造和使用是人类区别于动物界的根本标志，是人类历史的开端。但是，工具的制造和使用的先决条件，是人类祖先的前后肢分工。普列汉诺夫十分赞赏达尔文的一句话："如果不使用双手——这个异常听他意志指挥的工具，人永远也不会在宇宙间达到统治地位。"可是人的双手又是怎样形成的呢？人类的祖先是从哪里来的呢？普列汉诺夫回答说："大约，他们由于某种地理环境的

---

① 《普列汉诺夫哲学著作选集》第 1 卷，生活·读书·新知三联书店 1959 年版，第 679 页。

特点形成的，这种环境使得前肢和后肢之间的肢体分工成为有利的。"① 而
人的理性和智慧的产生以及成功，则是这个分工的"辽远的结果"。这就是
说，由于特定的地理环境的影响，推动了人类祖先的前后肢分工，形成了人
的双手，开始了人类制造和使用工具从事征服自然界的生产活动，人类的智
慧则是在生产劳动的基础上产生出来的，是伴随着生产劳动的发展而发展
的，是在生产劳动的过程中发挥作用的。于是在这个意义上，普列汉诺夫指
出："自然界本身，亦即围绕着人的地理环境，是促进生产力发展的第一个
推动力。"② 普列汉诺夫把特定的地理环境及在其影响下形成的人类祖先的前
后肢分工，以及由此而开始的制造和使用工具的生产劳动，作为人类历史发
展的"第一个推动力"，或曰历史发展的最根本的动力，就从根本上驳斥了
米海洛夫斯基等人把"智慧"之类的精神因素说成是生产力和人类历史发
展的最终决定力量的历史唯心主义观点。

　　第二，从智慧赖以发挥作用的条件来看。普列汉诺夫认为，智慧不能直
接引起生产工具的改进和推动生产力的发展；智慧的作用的发挥，必须依赖
一定的物质条件。首先，工具的改进和生产力的发展，必须要以改进工具所
加工的劳动对象的存在为前提。没有必需的劳动对象作为材料，再聪明的智
慧也不能直接使工具得到改造。例如，在没有金属的地方，人类永远也走不
出"磨石时期"；如果没有一定的植物和动物，人类永远也不会从游牧生活
过渡到农业生活；智慧作用的发挥，还有赖于人与人之间的交往，有赖于处
于不同地理条件下的人们互相交换产品。其次，工具的制造和改进，不仅要
以改进工具所加工的劳动对象为前提，而且需要以必要的工具的业已存在为
前提，因为智慧自身不能直接制造和改进工具；也不能单凭自己的双手赤手
空拳地去制造和改进工具，而是要用一种工具去制造和改进另一种工具。普
列汉诺夫指出："人在作用于他之外的自然时，改进了自己本身的天性，他
发展了自己的各种能力，其中也包括'制造工具'的能力。但是在每一个
特定的时期，这个能力的程度决定于生产力的发展业已达到的水平。"因为
"劳动工具既然成为生产的对象，那末制造它的可能性以及制造的完美程度

　　①②　《普列汉诺夫哲学著作选集》第 1 卷，生活·读书·新知三联书店 1959 年版，第 680、
227 页。

的大小，完全取决于用以制造的劳动工具"。① 普列汉诺夫的这个思想非常深刻。除去原始人使用的天然的石块和木棒是自然界直接恩赐、人的双手可以直接拿来作为工具使用之外，稍微复杂一些的工具，都是用另一种工具制造出来的，即使是打制的石器，也是通过不同石块的撞击和摩擦制造出来的。要制造出当代的复杂而精密的机器体系，更需要利用先进的工具了。马克思在《资本论》中就曾经讲过这种思想。他在论述大工业的发展时指出："大工业必须掌握它特有的生产资料，即机器本身，必须用机器来生产机器。这样，大工业才建立起与自己相适应的技术基础，才得以自立。随着十九世纪最初几十年机器生产的发展，机器实际上掌握了工具机的制造。但只是到最近几十年，由于大规模的铁路建设和远洋海运事业的发展，用来制造原动机的庞大机器才产生出来。"② 如果说普列汉诺夫讲的是适用于一切生产工具的制造的普遍规律的话，那么马克思讲的则是适用于大机器工具的制造的特殊规律。而在当代，则要研究适合于智能工具制造的具体规律。马克思和普列汉诺夫的论述都清楚地说明：劳动者能否发明创造新的生产工具，以及发明创造出什么样的生产工具，虽然离不开人的智慧的努力，但归根结底是由原有的生产工具决定的。

第三，从米海洛夫斯基等人所使用的方法来看。普列汉诺夫指出：马克思主义者从来不否认人的智慧的作用。智慧的发展推动了新的工具的制造和使用，劳动工具的发展又反过来推动了智慧的提高，它们之间的因果关系是经常变换的。而且，人的智慧的提高和劳动工具的发展之间的这种相互作用，是一个十分漫长的过程。智慧与劳动工具之间的相互作用无疑是存在的，对说明二者的发展也是有一定意义的。但是"如果只从简单的相互作用的观点上去观察这个过程，那将是错误的"。③ 唯物辩证法不仅承认事物之间的相互作用，还要在承认相互作用的前提下，对相互作用的双方分出轻重主次。前面两点讲的就是普列汉诺夫认为，在智慧和工具的发展的相互作用中，归根结底是智慧决定于工具的发展。这丝毫不意味轻视智慧的作用，只是为智慧的作用找出原因。他指出："无疑地，在我们遇见发现与发明的

①〔俄〕普列汉诺夫：《论一元论历史观之发展》，博古译，人民出版社1961年版，第114页。
②《马克思恩格斯全集》第23卷，人民出版社1972年版，第421—422页。
③〔俄〕普列汉诺夫：《论一元论历史观之发展》，博古译，人民出版社1961年版，第116页。

一切地方我们亦就遇到'理性'。没有理性，发现与发明是不可能的，正如它们在地球上还没有出现人时是不可能的一样。我们所叙述的学说并没有忽视理性的作用；它只力图说明，为什么理性在特定的时期内是这样地动作，而不是另外一样；它并不是蔑视理性的成功，而只是力图给它找出充分的原因来。"①

二、知识经济与物质生产的决定作用

自 20 世纪 90 年代中期，"知识经济"概念及相关理论出现以后，我国一些学者通过对"知识经济"概念不恰当、不准确，甚至不正确的解释，自觉或不自觉地否定物质生产在社会发展中起决定作用的原理，否定物质生产是社会发展的根本动力的理论。我认为，在"知识经济"时代，我们应该科学地界定"知识经济"概念的内涵和外延，冷静地看待"知识经济"与物质生产及其在社会发展中的作用的关系。

（一）"知识经济"概念辨析

总部设在巴黎，以发达国家为主要成员国的经济合作与发展组织（OECD），在 1996 年发布了题为《以知识为基础的经济》的报告，在国际文件中首次正式使用了"知识经济"这个概念，并对其内涵作了界定："知识经济是建立在知识和信息的生产、分配和使用之上的经济。"我国学者对"知识经济"概念的使用，大都出自或依据这个界定。在我看来，这个界定，抽象地说，似乎是有道理的，但具体分析起来，却又显得模糊不清、含义不明。

那么如何界定"知识经济"概念的确切含义呢？我们应该从两个角度思考这个概念的界定：一是从横向静态的角度进行思考；二是从纵向动态的角度进行思考。所谓从横向静态的角度思考，就是从把国民经济划分为若干不同部门的角度思考。任何国家的国民经济作为一个整体，都划分为若干不同的经济部门，这些经济部门彼此之间既相互区别，又相互联系、相互依赖、相互促进。我国改革开放前，主要把国民经济划分为农业、轻工业、重工业三大部门，依照农轻重的次序制定国民经济计划；在改革开放以后，又

① 《普列汉诺夫哲学著作选集》第 1 卷，生活·读书·新知三联书店 1959 年版，第 680 页。

采用了西方国家通行的"三大产业"的划分方法，把国民经济划分为"第一产业"、"第二产业"和"第三产业"。从这个角度思考，"知识经济"就是国民经济的一个部门，它与农业、轻工业、重工业或第一产业、第二产业、第三产业各自作为一个相对独立的经济部门相类似。显而易见，这样界定"知识经济"，就是承认知识经济与其他经济部门同时存在，不是用知识经济取代其他经济部门。所谓从纵向动态角度思考，就是把人类社会产生以来的经济发展的整个历史过程，划分为若干不同的发展阶段或称若干不同的经济形态。"知识经济"作为一种经济形态，相当于近些年来人们所说的"信息经济"。应该着重说明的是，不同的经济形态虽然是以占主导地位的产业为标准划分的，但后面的更高发展阶段的经济形态，并不否定前面的较低发展阶段的经济形态中其他产业的存在和发展，而是在占主导地位的产业的"普照之光"的照耀下，把它们提高到更高的水平。具体说来，在农业经济阶段，并不排斥渔猎产业，而是把它提高到更高的水平；在工业经济阶段，并不排斥渔猎产业和农业产业，而是把它们提高到更高的水平；在"信息经济"或"知识经济"阶段，信息产业或知识产业占了主导地位，这是不容置疑的，但它并不排斥渔猎产业、农业产业、工业产业，而是通过对它们进行技术改造，把它们提高到与"知识经济"相适应的水平。这种看法，既符合经济发展的历史，又符合经济发展的现状。

上述设想的两种划分法，虽然角度不同，但却不是彼此孤立、互不相干的，而是具有内在同一性的。如果一个国家在经济发展的一定阶段上，知识经济成了国民经济中占主导地位的经济部门，知识产业成了产业结构中占主导地位的产业，那么这个国家就算进入了知识经济时代。换句话说，"知识经济"就是知识经济部门成了国民经济体系中占主导地位的经济部门，知识产业成了在产业结构中占主导地位的产业的一种经济形态。经济合作与发展组织对"知识经济"的界定，并没有指明是从哪个角度作出的，当然也就不会谈及不同划分角度之间的相互关联，更不会谈及知识经济部门与其他经济部门的关系、知识产业与其他产业的关系。我们在上面谈到的两个角度划分法及其内在一致性，正好弥补了经济合作与发展组织所作界定的不足。在我们设想的两种划分法中，无论采取哪一种划分法，或者把两种划分法内在统一起来，"知识经济"概念及其相关理论，都不会与物质生产在社会发展中起决定作用的原理相矛盾。

经济合作与发展组织对"知识经济"的界定还有一个明显的缺欠，那就是它没有指出这里的"知识"是什么样的知识。从知识发展史和知识发展史与经济发展史之间的相互关联方面来看，这里的"知识"既不是指人类社会早期处于萌芽阶段的科学知识，也不是指后来古代社会中的经验知识，甚至不是指近代工业社会中与蒸汽和电气相关联的科学知识，而是指20世纪中期以来以智能知识和技术为主导，以一系列高新技术组成的知识技术群体为标志的，对物质生产或经济发展起主导作用和超前作用的科学知识与技术知识。

（二）在任何时代知识资源都不能取代物质资源

在我国，有的学者把有史以来的经济形态划分为两大类：第一类是物质资源经济，第二类是知识资源经济。他们认为，在"知识经济"时代，知识资源经济取代了物质资源经济，知识资源取代了物质资源，"知识经济对普通劳力、资本、自然资源的需求大降低，将造成全球的劳力大量过剩和自然资源的闲置"，"知识体系与高科技将是主要的生产成果"，"知识将成为财富的主要形态"。这些看法是很值得商榷的。

第一，把经济形态划分物质资源经济和知识资源经济两大类是不科学的。这种划分法给人一种错觉，似乎在物质资源经济中，知识资源就不存在或不起作用；而在知识资源经济中，似乎又不需要任何物质资源。事实上，在经济发展的任何阶段或任何形态中，在国民经济的任何部门中，都必须既有物质资源，又有知识资源；只有把二者结合起来，才能生产相应的物质产品或知识产品（精神产品）。不仅生产物质产品离不开物质资源，而且生产知识产品（精神产品）也离不开必需的物质资源。这是因为，生产知识产品（精神产品）需要一定的物质资源作为劳动资料和劳动对象，知识产品（精神产品）的思想内容也需要通过一定的物质材料才能表现出来或储存起来。不仅如此，生产知识产品（精神产品）的劳动资料和劳动对象以及表现和储存其思想内容的物质资料，一般说来，也是物质生产为其提供的。从这个意义上说，不以物质生产的存在为基础和前提，就无法进行知识产品（精神产品）的生产，这应该是最基本的常识，它不会因为"知识经济"的出现而不再是基本的常识。列宁在针对一些经济学家主张用人力资源代替自然资源（物质资源）的错误观点时说："一般说来，人的劳动是无法代替自然力量的，就像普特不能代替俄尺一样。无论在工业或农业中，人只能在认识到自然力的作用以后利用这种作用，并借助机器和工具等等减少利用中的困难。"① 俄尺是长度单位，普特是重量单位，各有各的作用，谁也代替不了谁。想用知识资源代替自然资源，就和想用长度单位称重量或用重量单位量长度一样荒唐。

　　第二，要从绝对量和相对量两个方面正确认识物质生产成果与知识生产成果之间的关系。从相对量来说，随着知识资源在经济社会发展中的作用日益增强，人们生产的物质成果的比重在下降，知识成果的比重在提高，这是毫无疑问的。当然，二者比重的这种变化是有限度的，虽然这个限度的确切界限是很难具体确定的。原则上说，应该以能够满足人们合理的物质需要为确定的标准。从绝对量上说，物质生产成果和知识生产成果不是此消彼长的关系。随着知识生产成果绝对量的增加，物质生产成果的绝对量也在增长。否则，人类的物质文明就不能进步，人类的物质生活水平就不能提高。在当代，知识资源富有的国家，物质财富也丰裕；而知识资源贫乏的国家，物质财富也匮乏。物质财富和知识财富是人类创造的财富的两种主要形式，认为将来知识财富成为财富的主要形式，物质财富不再是财富的主要形式，很难设想这种情况能够成为现实。

　　第三，随着知识资源的增加和有效利用，人们在生产中可以转换对自然资源中不同因素的利用，改变被利用的自然资源各要素的构成，但绝对不是也不可能减少对自然资源总量的利用。随着生产力水平的提高，越来越多的自然资源进入生产过程。要在绝对量上生产出更多的物质财富和精神财富，就必须以更多的自然资源为劳动资料和劳动对象。美国是当今世界上占有知识资源最多的国家，同时也是消耗自然资源最多的国家。它对自然资源的消耗，高于其他发达国家，更高于发展中国家。据有的学者统计：只占世界人口6%的美国人，要消耗世界1/3的能量。美国每年消耗的能量，要高于西欧各国消耗的总能量，然而，西欧的总人口则比美国多75%。像海地这样落后的国家，每人每年只消耗相当于68磅煤炭的能量，而美国每人每年消

---

　　① 《列宁全集》第5卷，人民出版社1986年版，第90页。

耗相当于23000磅煤炭的能量。由此可见，那种认为在"知识经济"时代会造成自然资源闲置和过剩的观点，只不过是良好的主观愿望和毫无事实根据的猜测。现在，令世人忧虑的不是自然资源的闲置和过剩，而是自然资源（物质资源）的过度消耗以至自然资源的短缺乃至枯竭。在自然资源已经匮乏的条件下，宣扬这种观点，是无助于节约自然资源与合理利用自然资源的，是与建设资源节约型社会与可持续发展的要求背道而驰的。

马克思、恩格斯有很多关于自然界在社会生产和人类存在与发展中的重要作用的论述，这些论述至今仍然有效。马克思在《1844年经济学哲学手稿》中指出："人靠自然界生活"，"没有自然界，没有感性的外部世界，工人就什么也不能创造。它是工人用来实现自己的劳动、在其中展开劳动活动、由其中生产出和借以生产出自己的产品的材料"。[①] 自然界不仅为物质生产提供劳动资料和劳动对象，也直接或间接地为知识生产（精神）提供物质手段和对象。马克思在《资本论》中说："劳动作为使用价值的创造者，作为有用劳动，是不以一切社会形式为转移的人类生存条件，是人和自然之间的物质变换即人类生活得以实现的永恒的自然必然性。"[②] 劳动通过人与自然之间的物质变换，创造使用价值，为人类提供生存条件，是人类生存得以实现的永恒的自然必然性。这就是说，这种情况不以生产力和科学技术发展水平的高低，不以人类掌握知识的多少，不以社会制度的性质为转移。不仅过去是这样，现在是这样，将来也永远是这样。我国有的学者把马克思的这一观点说成是只适用于农业社会和工业社会的传统观点，不适用于信息社会和"知识经济"时代，这是对马克思的误解。

（三）在"知识经济"时代物质生产在社会发展中仍然起决定作用

物质生活的生产方式制约着整个社会生活、政治生活和精神生活的过程。这一历史唯物主义的基本原理，深刻地说明了物质生产与科学知识生产之间的关系。历史唯物主义认为，"科学的产生和发展一开始就是由生产决定的"，"社会一旦有技术上的需要，这种需要就会比十所大学更能把科学推向前进"。在"知识经济"时代，物质生产在社会发展中起决定作用的原

---

① 《马克思恩格斯全集》第42卷，人民出版社1979年版，第95、92页。
② 《马克思恩格斯全集》第23卷，人民出版社1972年版，第56页。

理是否仍然正确，马克思、恩格斯关于物质生产与科学知识生产之间的关系的论述是否仍然适用，这是需要认真研究的问题。在这个问题上来不得半点轻率，不能轻易否定。因为这个原理，不是个别观点，而是整个历史唯物主义乃至整个马克思主义的基石。抽掉这块基石，整个马克思主义大厦就会倒塌。否定这个基本原理，就意味着在整体上否定马克思主义。

我并不否认，而且充分重视，在"知识经济"时代，物质生产与科学知识生产之间的关系确实发生了重大而深刻的变化，看不到这些变化就会落后于时代。这种变化主要表现在以下三个方面：

第一，科学知识渗透于现代生产力系统的各类要素之中，如劳动者、劳动资料、劳动对象、分工、协作、管理等，无一不渗透着科学知识因素。如果从现代生产力系统的各要素中抽去科学知识因素，它就和古代生产力与近代生产力没有什么区别了。在现代生产力中，包含着越来越多的科学知识因素，这是现代生产力与古代生产力、近代生产力最根本的区别。

第二，科学知识的增长已经成为推动生产力发展的重大杠杆。首先，由科学知识造成的劳动生产率和经济增长率越来越高；其次，自然科学从理论突破到新产品试制成功的周期日益缩短；再次，科学技术在生产上的应用使物质生产力的发展明显地呈现出加速度的趋势。

第三，科学知识对物质生产的发展具有了主导作用和超前作用。这种作用不是从来就有的，而是在科学、技术、生产三者关系发展到一定阶段才产生的。自古至今，生产、技术、科学三者的关系，在历史上大致经过如下四个发展阶段：

第一阶段。在人类社会的早期，生产、技术、科学三者浑然一体。由于生产力水平低下，人类对自然界的认识十分有限，作为理论形态的自然科学还没有形成，科学作为一种萌芽，还只是包含在一般生产过程之中。

第二阶段。在古代，体力劳动和脑力劳动的分工产生以后，生产、技术、科学三者相互作用的形式表现为："生产→技术→科学"的过程。随着生产力的发展，社会中逐渐形成了物质生产和精神生产、体力劳动和脑力劳动的分工。科学作为一种精神生产活动，日益从物质生产过程中分离出来。但是，科学本身还没有形成系统的理论，经验性的科学知识仍然占主导地位。技术的发展主要依赖于生产实践中所获得的经验，而不是依赖于科学理论的自觉应用，不是科学理论的物化。科学的发展主要是跟在生产和技术的后面，对生产经验和技术经验进行整理、总结和概括，科学还没有对生产的发展起主导作用和超前作用。

第三阶段。在近代，科学走在生产和技术前面的情况已经出现，但尚未占主导地位。近代，由于生产力的发展，科学技术在生产过程中得到日益广泛的应用。但是，科学的发展常常落后于技术和生产的发展，以至在科学理论上尚未搞清楚的问题，在技术和生产上却可以首先得以实现。例如，在热力学理论尚未确立的情况下，却发明和使用了蒸汽机。19世纪后半期也逐渐出现一些先提出科学理论，后来才将理论应用于技术和生产的情况。例如，先提出电磁感应理论，然后制造出电动机和发电机，使电力技术应用于生产过程。尽管这种情况在当时不占主导地位，但已经开始显示出科学对物质生产的主导作用和超前作用。

第四阶段。20世纪中期以来，在新技术革命的推动下，科学走在技术和生产前面的情况普遍出现，科学明显地表现出对物质生产的主导作用和超前作用。第二次世界大战以后，随着电子计算机的出现及其在物质生产上的应用，出现了自动控制机，机器体系更加复杂，科技含量越来越高。物质生产的这种情况，要求科学不能只跟在生产实践后面去概括、总结生产实践的经验，而是要求它走在生产实践的前面，为生产的发展开辟新途径、新部门，并迅速转化为直接的生产力，于是形成了"科学→技术→生产"的过程。

物质生产与科学知识生产之间的关系发生的上述重大而深刻的变化，并没有改变和否定历史唯物主义的基本原理，也没有推翻物质生产在社会发展中起决定作用的原理。在知识经济时代，物质生产对科学知识的生产仍然起着归根到底的决定作用。首先，物质生产发展的需要仍然是科学知识生产发展的主要动力。正是物质生产发展的需要，向自然科学提出了多方面的研究课题，物质生产发展的需要越迫切，就越能促进自然科学取得巨大的进展和突破。其次，物质生产为发展科学知识生产提供的人力、物力、财力的数量和质量，决定着科学发展的规模和速度。再次，物质生产为科学知识生产提供日益先进的实验设备和观测手段，使科学家能够探索宇宙太空，潜入海底，深入到微观宇宙内部，进行前无古人的科学研究，建立起过去的人们连想也不敢想的尖端科技，开创了现代科学高度分化又高度综合的新局面。最后，物质生产决定科学知识物化为直接生产力的可能和速度。人类生产科学知识的重要目的之一，就是为了在物质生产中加以应用，推动物质生产力的发展。物质生产力发展水平的高低，决定着物质生产能够在多大程度上利用新的科学知识，决定着科学知识在多大程度上能够转化为物质生产的生产力，决定着这种转化的速度的快慢。

三、社会基本矛盾及其在社会发展中的作用

（一）社会基本矛盾理论的孕育和提出

社会基本矛盾即生产力和生产关系、经济基础和上层建筑之间的矛盾。关于这两对矛盾及其在社会发展中的地位，马克思、恩格斯、列宁有许多论述。马克思、恩格斯在《德意志意识形态》一书中说："在过去一切历史阶段上受生产力制约同时又制约生产力的交往形式，就是市民社会"，它"在一切时代都构成国家的基础以及任何其他的观念的上层建筑的基础"。① 在这里，"交往形式"和"市民社会"与生产关系和经济基础属于同一序列的概念。这段话涉及了生产力和生产关系、经济基础和上层建筑两对矛盾。

马克思在《〈政治经济学批判〉序言》中说："社会的物质生产力发展到一定阶段，便同它们一直在其中运动的现存生产关系或财产关系……发生矛盾。于是这些关系便由生产力的发展形式变成生产力的桎梏。那时社会革命的时代就到来了。随着经济基础的变更，全部庞大的上层建筑也或慢或快地发生变革。"② 这里既讲到了生产力和生产关系之间的矛盾，也讲到了经济基础和上层建筑之间的矛盾。

恩格斯在《关于共产主义同盟的历史》一文中，回顾他和马克思发现历史唯物主义基本原理的过程时说："我在曼彻斯特时异常清晰地观察到，迄今为止在历史著作中根本不起作用或者只起极小作用的经济事实，至少在现代世界中是一个决定性的历史力量；这些经济事实形成了产生现代阶级对立的基础；这些阶级对立，在它们因大工业而得到充分发展的国家里，因而

---

① 《马克思恩格斯选集》第 1 卷，人民出版社 1995 年版，第 87—88、131 页。
② 《马克思恩格斯选集》第 2 卷，人民出版社 1995 年版，第 32—33 页。

特别是在英国，又是政党形成的基础，党派斗争的基础，因而也是全部政治史的基础。马克思不仅得出同样的看法，并且在《德法年鉴》（1844 年）里已经把这些看法概括成如下的意思：决不是国家制约和决定市民社会，而是市民社会制约和决定国家，因而应该从经济关系及其发展中来解释政治及其历史，而不是相反。"① 从这段话可以看出，马克思、恩格斯发现历史唯物主义的基本原理，不仅由于他们看到了"经济事实"即生产力和生产关系的矛盾，"至少在现代世界中是一个决定性的历史力量"；而且由于他们看到了"市民社会制约和决定国家"，"经济关系"决定"政治及其历史"，即经济基础决定上层建筑。

列宁在《什么是"人民之友"以及他们如何攻击社会民主主义者？》一书中，在说明马克思、恩格斯如何得出社会形态的发展是一种自然历史过程的结论时说，他们"所用的方法，就是从社会生活的各种领域中划分出经济领域，从一切社会关系中划分出生产关系，即决定其余一切关系的基本的原始的关系"。又说："只有把社会关系归结于生产关系，把生产关系归结于生产力的水平，才能有可靠的根据把社会形态的发展看作自然历史过程。"② 列宁在这里讲到了两个"归结"：一个是把社会关系归结于生产关系，一个是把生产关系归结于生产力的高度。这两个"归结"讲的就是生产力和生产关系、经济基础和上层建筑两对矛盾。

马克思、恩格斯、列宁虽然对生产力和生产关系、经济基础和上层建筑这两对矛盾有大量论述，但是他们始终没有明确把这两对矛盾概括为社会基本矛盾。把这两对矛盾概括为社会基本矛盾的是毛泽东。

在《矛盾论》中毛泽东就曾讲道："当马克思、恩格斯把这事物矛盾的法则应用到社会历史过程的研究的时候，他们看出生产力和生产关系之间的矛盾，看出剥削阶级和被剥削阶级之间的矛盾以及由于这些矛盾所产生的经济基础和政治及思想等上层建筑之间的矛盾，而这些矛盾如何不可避免地会在各种不同的阶级社会中，引出各种不同的社会革命。"③ 这是对马克思、恩格斯、列宁思想的继承。此后，毛泽东在《关于正确处理人民内部矛盾

---

① 《马克思恩格斯选集》第 4 卷，人民出版社 1995 年版，第 196 页。
② 《列宁选集》第 1 卷，人民出版社 1995 年版，第 6、8—9 页。
③ 《毛泽东选集》第 1 卷，人民出版社 1991 年版，第 317—318 页。

的问题》中，则明确提出社会基本矛盾概念，丰富和发展了社会基本矛盾理论。他指出："在社会主义社会中，基本的矛盾仍然是生产关系和生产力之间的矛盾，上层建筑和经济基础之间的矛盾。不过社会主义社会的这些矛盾，同旧社会的生产关系和生产力的矛盾、上层建筑和经济基础的矛盾，具有根本不同的性质和情况罢了。"①

为什么生产力和生产关系之间的矛盾、经济基础和上层建筑之间的矛盾是人类社会的基本矛盾呢？这是因为：这两对矛盾存在于一切社会形态之中，贯串于每一个社会形态的始终；这两对矛盾制约和决定着其他社会矛盾；这两对矛盾是推动社会发展的基本动力，决定着整个社会的面貌，决定着社会发展的必然阶段和客观趋势；这两对矛盾也是人们在社会实践中需要经常解决的矛盾。

（二）两对社会基本矛盾之间的关系

任何社会形态都存在生产力、生产关系（经济基础）、上层建筑三个基本要素。生产力不直接决定上层建筑的根本性质，而是通过生产关系（经济基础）对上层建筑起决定作用。这样，三个要素就构成两对既互相区别又互相联系的矛盾。生产力与生产关系构成一对矛盾，占统治地位的生产关系作为社会的经济基础与上层建筑构成一对矛盾。这两对矛盾不是互相孤立、互相平行的，而是相互制约、有主次之分的。

首先，由于生产力决定生产关系，生产关系作为社会的经济基础又决定上层建筑，所以生产力与生产关系之间的矛盾对于经济基础与上层建筑之间的矛盾起着主导的作用。这种主导作用表现为生产力与生产关系之间的矛盾的性质和状况，决定着经济基础与上层建筑之间的矛盾的性质和状况。当生产关系适合生产力的性质时，上层建筑也适合经济基础的发展要求；当生产关系由生产力发展的形式变为生产力发展的桎梏时，上层建筑就与经济基础的变革要求之间发生尖锐的矛盾；当生产力冲破旧生产关系的束缚，确立了新生产关系的时候，旧上层建筑的各个部分也或快或慢地被新的上层建筑所代替，形成在新的条件下的经济基础与上层建筑之间的矛盾。由此可见，上层建筑与经济基础之间的矛盾根源于生产力与生产关系之间的矛盾。

---

① 《毛泽东文集》第7卷，人民出版社1999年版，第214页。

其次，由于生产关系对生产力有反作用，上层建筑对经济基础有反作用，所以生产力和生产关系之间的矛盾的解决，又有赖于上层建筑和经济基础之间的矛盾的解决。当生产关系阻碍生产力的发展、上层建筑阻碍经济基础变革的时候，革命阶级就应该首先制造革命舆论，组织革命队伍，发动社会革命，消灭旧的国家政权，建立新的国家政权，从而使新的生产关系得以确立或建立起来，使新的上层建筑适合经济基础的发展要求，这就解放了生产力，解决了生产力和生产关系之间的矛盾。由此可见，上层建筑和经济基础之间的矛盾的解决，制约着生产力和生产关系之间的矛盾的解决。

既然上层建筑和经济基础之间的矛盾根源于生产力和生产关系之间的矛盾，生产力和生产关系之间的矛盾比经济基础和上层建筑之间的矛盾更根本，为什么不只把生产力和生产关系之间的矛盾作为社会基本矛盾，而把两对矛盾都作为社会基本矛盾呢？这是因为：

第一，社会存在和社会意识的关系问题是社会历史观的基本问题、最高问题。社会存在和社会意识这对范畴，是历史唯物主义体系中两个最大、最普遍的范畴。这对范畴主要包括生产力、生产关系（经济基础）、上层建筑三个要素。这三个要素所构成的生产力和生产关系之间的矛盾、经济基础和上层建筑之间的矛盾，都应该是人类社会的基本矛盾。如果认为只有生产力和生产关系之间的矛盾是人类社会的基本矛盾，把经济基础和上层建筑之间的矛盾排除在外，社会基本矛盾就只涉及社会存在，而没有涉及社会意识，这就把人类社会的基本矛盾和社会历史观的基本问题、最高问题分割开了。这显然是不妥当的。

第二，生产关系一定要适合生产力性质的规律、上层建筑一定要适合经济基础发展要求的规律，是人类社会发展的基本规律。这两条基本规律是由生产力和生产关系之间的矛盾运动，经济基础和上层建筑之间的矛盾运动形成的。如果认为只有生产力和生产关系之间的矛盾是人类社会的基本矛盾，把经济基础和上层建筑之间的矛盾排除在外，社会基本矛盾就只涉及生产关系一定要适合生产力性质的规律，没有涉及上层建筑一定要适合经济基础发展要求的规律，这就把人类社会的基本矛盾和人类社会发展的基本规律分割开了。这显然也是不妥当的。

第三，生产力和生产关系之间的矛盾，只涉及人们之间的物质关系与物质生产力之间的矛盾，没有涉及人们的物质关系与思想关系之间的矛盾。而历史唯物主义的基本原理和基本方法，正如列宁所说，是把社会关系分成物质关系和思想关系，把物质关系即生产关系看做决定其余一切关系的基本的原始的关系，同时又把生产关系归结于生产力的高度。如果认为只有生产力和生产关系之间的矛盾是人类社会的基本矛盾，把经济基础和上层建筑之间的矛盾排除在外，那么从人类社会的基本矛盾就不能说明物质关系决定思想关系的历史唯物主义的基本原理和基本方法了。这种把人类社会的基本矛盾与历史唯物主义的基本原理和基本方法分割开来的观点，显然更是不妥当的。

综上所述，把生产力和生产关系之间的矛盾、经济基础和上层建筑之间的矛盾这两对矛盾作为人类社会的基本矛盾，就把社会基本矛盾、历史观的基本问题、社会发展的基本规律、历史唯物主义的基本原理和基本方法一致起来了，使历史唯物主义体系的各个部分之间互相协调。

至于生产力和生产关系之间的矛盾、经济基础和上层建筑之间的矛盾如何推动社会的发展，笔者在本编第二章第五节已经作了具体说明，这里不再重复。

四、科学技术推动社会发展作用的特殊性和复杂性

自然科学推动社会发展的特殊性集中表现在两个方面：首先，自然科学作为生力系统的要素之一，它对生产关系、政治上层建筑以及其他各种社会意识形式，具有一定程度的决定作用；自然科学作为一种社会意识形式，它又依赖于社会存在，对社会存在有重大的反作用。自然科学所具有这种集"决定作用"和"反作用"于一身的"二重作用"，决定了它在推动社会发展作用方面的复杂性。其次，自然科学在社会发展中的"反作用"与社会科学在社会发展中的"反作用"不同。自然科学反作用的过程或途径一般为：自然科学→技术→生产力→社会进步；社会科学反作用的过程和途径一般为：社会科学→政治关系（阶级斗争）→生产方式（生产力发展和生产关系改变）→社会进步。自然科学通过技术中介而物化为生产力，从而形成社会向前发展的物质基础；社会科学通过政治中介（在阶级社会里通过阶级斗争）反作用于物质生产，促进生产力的发展和生产关系的改变，从

而推动社会进步。在"精神变物质"的过程中，自然科学比社会科学更具有直接性。因为在"自然科学→技术"这个第一步转化关系中，就实现了"精神变物质"的过程，技术已经是精神的物化；"技术→生产力"的过程，已经不是精神与物质之间形态上的变化，而是不同物质形态之间的演进。而在社会科学的反作用中，在"社会科学→政治关系"这个第一步转化关系中，则尚未实现精神到物质的转变，仍然停留在列宁说的"思想的社会关系"范围内；在"政治关系→生产方式"的转化关系中，才实现精神到物质的转变，即转化为列宁说的"物质的社会关系"。

科学技术社会作用的复杂性和特殊性很难截然划分开。特殊性是复杂性的基础，复杂性是特殊性的进一步展开。我们只能在相对的意义上把复杂性和特殊性加以区分。以下从两个方面对其复杂性作些简要分析。

首先，在当代，科学、技术、生产三者之间的相互关系表现为以下两个相对独立的系列，即"生产→技术→科学"和"科学→技术→生产"。把这两个系列连接起来，生产、技术、科学三者之间就形成"生产→技术→科学→技术→生产"的完整链条。当然，它不是一条封闭的直线的因果关系式，而是一种开放的、曲线前进的联系。在这个综合系列或关系式中，每一项的功能、属性都渗透了另一项的功能、属性。例如，生产一方面表现为科学和技术发展的源泉，另一方面又是科学化和技术性生产；技术不仅充当科学活动的物质前提，而且又是科学知识的物化；技术作为生产和科学的中间环节，既表现为科学发展的潜力，又表现为生产发展的潜力；科学既是生产和技术发展的结果，又是生产和技术发展的先导。总而言之，科学、技术、生产在现实的生产过程中形成一个相互渗透、相互联系、相互作用、相互转化的有机整体。在这个有机整体中，科学和技术的联系更加紧密，科学技术化，技术科学化，任何现代化技术都是科学技术，任何科学活动都是以现代技术为手段的活动，科学和技术已经连为一体，所以我们把"科学技术"作为统一整体，说"科学技术是生产力"，"科学技术是第一生产力"。

其次，"科学技术"作为社会发展动力系统中一个相对独立的动力，既与社会发展其他动力有联系，又与社会发展的其他动力有区别。第一，科学技术动力虽然可以归纳到社会基本矛盾这个动力之中，受生产力发展水平的制约，同时对生产力的发展又具有主导作用和超前作用。第二，"科学技术"具有广泛的渗透性，它不仅渗透于生产力系统的其他各要素之中，而且渗透于社会生产关系、政治上层建筑和各种社会意识形式之中，对社会各个方面的发展起着直接推动作用。第三，"科学技术"本身既不是纯粹的物质形态，它与生产力、生产关系等物质性动力有区别；它也不是纯粹的精神形态，与社会意识这种精神性动力也有所不同，它兼有物质形态和精神形态二重特性，是集物质性动力和精神性动力于一身的综合性动力。

科学技术的社会作用受多种社会条件的制约。科学技术是一把双刃剑，对社会发展的作用具有二重性。众所周知，中国古代的"四大发明"，在西欧曾经推进了技术和经济的发展，召唤了近代工业革命的兴起，带来了资本主义的曙光；但在中国，它们却成为历代封建王朝的工具，维持和延续了大一统的封建社会。目前，世界原子能发电量在发电总量中的比例日益增长，可是今天世界上的核武器加起来，其杀伤力已超过100万个以上的广岛原子弹，地球上每个人无论男女老幼，都可以分到最少有30个炸弹的爆炸力，具有消灭地球上总人口50次的能量。1984年12月美国联合碳化物公司在印度中央邦首府邦帕尔市的农药厂因安全设施失灵，导致2500人死亡、20万人受害的悲惨事件，更是震惊了世界。

面对这些触目惊心的历史事实，人们不得不承认，科学技术决不是自主的力量，它只不过是人类活动的结果和人类的工具，它既可以给人类带来幸福，也可能给人类造成灾难；它本身既无所谓好，也无所谓坏；它究竟产生什么样的社会后果，完全取决于利用它的社会形式，取决于利用它的方式方法，取决于利用它的社会目的。

那么评价科学技术社会作用好坏的标准是什么呢？我们认为主要应该包括以下几项内容：

首先，新的科学技术在物质生产和军事上的应用，无疑会提高一个国家的经济实力和军事威力，运用新的科学技术发展物质生产和提高军事上的防御力量，也是必要的。但是，当今社会进步不能单纯以物质标准来衡量，如果新的科学技术的应用虽然提高了物质生产，加强了军事防御力量，但却导致道德、审美、政治方面的日趋腐败和没落，那就不能认为对科学技术的利用是合理的，它推动社会进步的作用也是要大打折扣的。

其次，要在全世界的范围内评价科学技术的社会作用。当代，由于国际联系的日益加强，使科学技术的应用超出了国家的界限，进入世界范围。因此，评价科学技术的社会作用，就不能仅仅看它给某个国家是否带来了好处，还要看它给其他国家造成了什么样的影响。新的科学技术的应用只有既推动发达国家的经济增长，又促进发展中国家的经济增长，使全世界共同富裕，其社会作用才是进步的。如果新的科学技术的应用，成为发达国家剥削发展中国家的工具，那就不能认为对科学技术的利用是合理的，它推动社会进步的作用也应该是大打折扣的。

再次，科学技术的应用应该有利于改善人类的生存环境，解决当代严重的环境问题。如果科学技术的应用造成环境污染，使环境更加恶化，生态平衡遭到更加严重的破坏，也不能认为这种利用科学技术的方式是进步的。

最后，科学技术的应用不能只着眼于人类的眼前利益，忽视人类的长远利益。应用科学技术要高瞻远瞩，立足现在，放眼未来。只有既能带来眼前利益，又能带来长远利益，才是有利于社会进步的。如果科学技术的应用，虽然能暂时给人类带来某些利益，但却有损于人类的长远利益，这种应用科学技术的方式的进步性也是很有限的。

制约科学技术社会作用好坏的社会条件是多方面的、错综复杂的。应该对它作全面的、辩证的分析，不能采取简单片面的方法，不能把其中任何社会条件的制约作用绝对化。

首先，社会生产力的发展水平是制约科学技术的社会作用的物质基础。一般说来，社会生产力的发展水平越高，越有利于发挥科学技术的积极作用，克服或避免其消极作用。

其次，社会制度的性质是制约科学技术社会作用好坏的关键性的社会条件。在资本主义制度下，生产的目的是为了获取利润。资本家为了自己的私利，不可能考虑全社会的共同利益，更不可能考虑全人类的共同利益，这是科学技术应用给社会造成危害的最深刻的社会根源。社会主义制度的建立，为应用科学技术造福于人类提供了广阔的可能性和无限美好的前景，但也并不是说，在社会主义制度下，科学技术就不会再给社会造成危害了。如果社会主义国家的经济体制、政治体制、军事体制、科研体制、教育体制等方面存在弊端，如果利用科学技术的具体目标不明确或决策失误，也可能会使科学技术的应用给社会带来某种危害。

再次，科学技术的社会作用是积极的还是消极的，还取决于人们对科学技术性质的认识。如果人们对科学技术的性质的认识是正确的、深刻的，对某项技术工程的设计是合理的，施工是合乎规格的，预防事故的措施是健全的，即使在资本主义制度下，科学技术的应用也会给人类带来某些福利；反之，如果做不到上述这些，即使在社会主义制度下，科学技术的应用也会给人类带来某种程度的危害。由此可见，不能把社会制度性质对科学技术社会作用好坏的制约性绝对化。

五、革命和改革在社会发展中的作用

社会革命和社会改革是社会运动的两种基本形式。社会革命是社会制度的根本质变，是用新的社会形态代替旧的社会形态；社会改革是同一社会制度总的量变过程中的部分质变。社会革命和社会改革都是推动社会发展的动力。

（一）社会革命及其在社会发展中的作用

1. 社会革命的根源和作用

什么叫社会革命？社会革命是阶级斗争的最高表现。阶级斗争有三种基本形式：经济斗争、政治斗争、思想斗争。社会革命不是经济斗争，也不只是思想斗争，也不是一般的政治斗争，而是指夺取政权的斗争，革命的首要的基本的标志是国家政权从反动阶级手里转移到革命的进步的阶级手里。正如列宁所说："无论从革命这一概念的严格科学意义来讲，或是从实际政治意义来讲，国家政权从一个**阶级**手里转到另一个**阶级**手里，都是**革命**的首要的基本的标志。"① 根据列宁这段话可以看出，同一阶级内部不同阶层和社会集团之间的政权更替（如中国封建社会的改朝换代），反动阶级对革命政权的篡夺，都不能算社会革命。只有进步的革命的阶级反对反动统治阶级的国家政权的斗争，才算社会革命。

为什么会发生社会革命呢？社会革命是社会基本矛盾的必然产物。马克思指出："社会的物质生产力发展到一定阶段，便同它们一直在其中运动的现存生产关系或财产关系……发生矛盾。于是这些关系便由生产力的发展形

---

① 《列宁选集》第3卷，人民出版社1995年版，第25页。

式变成生产力的桎梏。那时社会革命的时代就到来了。随着经济基础的变更，全部庞大的上层建筑也或慢或快地发生变革。"① 这就是说，社会革命的最深刻的根源，就在于生产力和生产关系之间的矛盾。当生产关系已经成为生产力发展的桎梏时，生产力的发展就要求革命的进步的阶级消灭过时的旧生产关系，建立适合生产力发展的新生产关系，以解放被束缚的生产力。但是，旧的上层建筑，特别是国家政权，总是要维护旧的生产关系。要解决生产力和生产关系之间的矛盾，就必须首先解决经济基础和上层建筑之间的矛盾，即改变旧的上层建筑，最主要的是消灭旧的国家政权，建立新的国家政权。所以说革命的根本问题是国家政权问题。

社会革命有哪些类型？典型的社会革命有三种类型：新兴封建主阶级推翻没落奴隶主阶级的革命，新兴资产阶级推翻没落封建主阶级的革命，无产阶级推翻反动资产阶级的革命。在奴隶社会，奴隶反对奴隶主阶级的革命，在封建社会，农民反对地主阶级的革命，因其矛头所向是奴隶主阶级和地主阶级的政治统治，所以也可以算做社会革命；但是，由于奴隶和农民两个阶级的局限性，不能最后推翻奴隶主阶级和地主阶级的统治，实现国家政权的转移，因而又不是典型的社会革命。此外，还有一种特殊类型的社会革命，即半殖民地半封建国家所进行的民族民主革命。这种革命，既反对国内的封建地主阶级的统治，又反对国外的帝国主义的侵略。这种革命如果是由无产阶级及其政党领导的，则属于新民主主义革命。革命的前途不是建立资产阶级专政，而是建立人民民主专政，为向社会主义过渡作准备。

革命的作用是什么呢？马克思说："革命是历史的火车头"，② 这句话形象而深刻地说明了革命在社会发展中的作用。

首先，社会革命是阶级社会由低级向高级发展的决定性手段。当着生产关系和生产力、上层建筑和经济基础发生尖锐冲突的时候，只有通过社会革命，才能推翻或摧毁旧的国家政权，建立革命阶级的政治统治，消灭旧的生产关系，建立或确立新的生产关系，从而用较高的社会形态代替较低的社会形态，为解放和发展生产力扫清道路。

① 《马克思恩格斯选集》第2卷，人民出版社1995年版，第32—33页。
② 《马克思恩格斯选集》第1卷，人民出版社1995年版，第456页。

其次，人民群众在革命时期能发挥出创造历史的巨大的主动性和积极性。革命是被剥削者和被压迫者的盛大节日，人民群众在任何时候都不能像在革命时期那样以新社会秩序的积极创造者的身份出现。列宁曾经指出："人民的、特别是无产阶级的以及农民的组织者的创造性，在革命旋风时期要比在所谓安定宁静的（牛车似的）历史进步时期强烈、丰富、有效千百万倍。"①

再次，革命阶级在革命斗争中受到锻炼和改造，成为建设新社会的基础。革命不仅要破坏一个旧世界，而且要建设一个新世界。革命阶级只有在革命实践中，才能学会建设新社会的本领。马克思指出："革命之所以必需，不仅是因为没有任何其他的办法能够推翻统治阶级，而且还因为推翻统治阶级的那个阶级，只有在革命中才能抛掉自己身上的一切陈旧肮脏的东西，才能成为社会的新基础。"②

2. 革命的客观形势和主观条件

列宁在讲到革命的客观形势时说："（1）统治阶级已经不可能照旧不变地维持自己的统治；'上层'的这种或那种危机，统治阶级在政治上的危机，给被压迫阶级不满和愤慨的迸发造成突破口。要使革命到来，单是'下层不愿'照旧生活下去通常是不够的，还需要'上层不能'照旧生活下去。（2）被压迫阶级的贫困和苦难超乎寻常地加剧。（3）由于上述原因，群众积极性大大提高，这些群众在'和平'时期忍气吞声地受人掠夺，而在风暴时期，无论整个危机的环境，还是'上层'本身，都促使他们投身于独立的历史性行动。"③ 这些不依各个阶级、各个政党、各个社会集团的意志为转移的客观变化总和起来，就叫做革命的客观形势。没有革命的客观形势，就不可能爆发革命。

但是，不是任何革命的客观形势都会引起革命。有了革命的客观形势，再具备革命的主观条件，才能引起革命。那么，什么是革命的主观条件呢？革命阶级的觉悟程度和组织程度大大提高，形成足以推翻反动政权的强大的革命力量，就是革命的主观条件。对于无产阶级领导的革命来说，促使革命主观条件成熟的关键，在于建立一个用马克思主义的革命理论和革命风格武

---

① 《列宁全集》第12卷，人民出版社1987年版，第302页。
② 《马克思恩格斯选集》第1卷，人民出版社1995年版，第91页。
③ 《列宁选集》第2卷，人民出版社1995年版，第460—461页。

装起来的无产阶级革命党。只有这样的革命党，才能为无产阶级革命指出正确的方向和道路；只有这样的革命党，才能宣传群众，教育群众，组织群众，武装群众；只有这样的革命党，才能击破敌人的种种阴谋诡计，制定出符合斗争实际的战略和策略。总之，只有这样的革命党，才能领导无产阶级夺取社会主义革命的胜利。在国际共产主义运动的历史上，有些国家已经具备了革命的客观形势，但因为没有无产阶级革命政党的正确领导，从而丧失了大好的革命时机。

3. 革命的形式和道路

暴力革命是社会革命的基本形式，这是由国家的本质决定的。国家是统治阶级压迫被统治阶级的暴力工具。反动统治阶级是不会自动让出政权、放弃自己的统治的。当被统治阶级进行反抗的时候，反动统治阶级总是用暴力加以镇压。这就迫使被统治阶级不得不通过暴力革命，推翻反动阶级的统治，建立自己的政治统治，实现社会革命的任务。以往的以实现剥削制度的更替为目标的革命是如此，当代以彻底消灭一切剥削制度为目标的社会主义革命更是如此。这是因为以往的革命，都是一个剥削阶级代替另一个剥削阶级统治的革命，不需要打碎以前的国家机器，只要把它从一个剥削阶级手里转移到另一个剥削阶级手里，进行一些改变就可以利用。而无产阶级社会主义革命，是要彻底推翻资产阶级和一切剥削阶级的统治，建立一个替被剥削者服务、不替剥削者服务反而镇压剥削者反抗的政权。为了完成这个任务，是不能原封不动地利用资产阶级的国家机器的，也不能对它只作一些改变就加以利用。因为资产阶级的国家机器是按照资产阶级的政治法律观点建立起来的，是资产阶级压迫无产阶级的工具。这个压迫无产阶级的工具是不能成为解放无产阶级的工具的。所以无产阶级必须彻底打碎资产阶级的国家机器。资产阶级的国家机器是暴力，所以也就必须用暴力来打碎它。

我们说暴力革命是社会革命的基本形式，并不意味着否认在特定的社会历史条件下，有革命和平发展的可能性。如果能够用和平的手段过渡到新社会，那对人民是有利的。然而这种特定的历史条件，是在阶级力量形成某种特殊对比的情况下出现的，列宁称为"革命史上极为罕见的机会"。① 对于

①　《列宁选集》第3卷，人民出版社1995年版，第230页。

无产阶级政党来说，如果确实存在革命和平发展的可能性，应尽力实现革命的和平发展。但是，无论在任何时候，都不能把自己的工作方针完全建立在革命和平发展的可能性上，应该同时准备"两手"：革命的和平发展和非和平发展，以革命暴力为后盾，争取革命的和平发展。一旦资产阶级用反革命暴力镇压革命时，无产阶级和革命人民就毫不犹豫地使用革命暴力去夺取革命的胜利。当代，由于历史条件的诸多变化，革命和平发展的可能性在增长。

（二）改革及其在社会发展中的作用

1. 改革的实质和作用

历史唯物主义认为，社会改革是在一定社会制度下，为了解决生产关系不适合生产力、上层建筑不适合经济基础的某些部分或环节，使该社会制度得到自我完善或持续存在与发展，而对社会体制进行的改善与革新。

社会革命与社会改革是历史唯物主义的一对对应范畴，它们都是为了解决生产力与生产关系、经济基础与上层建筑的矛盾，从而推动社会发展的历史运动形式。同时，二者之间又有明显的区别。

首先，社会革命是人类社会的根本质变，是用新的进步的社会制度代替旧的落后的社会制度；社会改革则是同一社会制度总的量变过程中的部分质变，是对该社会制度的社会体制某种程度的调整，不改变该社会制度的根本性质。

其次，社会革命是由被统治阶级发动的，目的是推翻反动统治阶级的国家政权，建立新的革命阶级的政权；社会改革则是由统治阶级或统治阶级内部的某种社会势力、社会集团发动的，目的是维护和巩固统治阶级的统治地位。因此，社会革命一般是由下层群众首先发动的，而社会改革则是自上而下展开的。

再次，社会革命就其一般规律而言，往往要通过武装斗争、暴力革命的形式，实现国家政权的转移；社会改革虽然也要付出代价，甚至流血和牺牲，但一般说来，不需要采取大规模的武装斗争和暴力冲突的形式。

社会改革对社会发展的作用，主要表现在以下几个方面：

第一，社会改革可以巩固新生的社会制度或使原有的社会制度持续存在并获得一定程度的发展。一种新社会制度建立的初期，总是存在着大量的旧社会制度的残余。这时的社会改革，在改善新社会的社会体制的过程中，还包含着消灭旧制度残余的任务，奴隶社会初期、封建社会初期、资本主义社会初期以至社会主义社会的改革，都具有消灭旧制度的残余、巩固新生的社会制度的作用。在一种社会制度的中后期所进行的改革，虽然为的是使这种社会制度持续存在，但由于对生产关系和上层建筑作了某些局部调整，因而也能在一定时期内和一定程度上推动生产力的发展和社会的进步。

第二，在社会主义社会以前，社会改革为新社会制度的诞生作量变和部分质变的准备。在一定社会制度的后期，向新社会制度过渡的趋势越来越明显，同时还出现了新社会制度的萌芽。这时的社会改革，虽然以维护旧社会制度为主旨，但又往往包含着承认甚至促进新社会制度萌芽成分的内容；例如，当代发达资本主义国家的某些改革措施，就有稍许提高工人阶级经济政治地位、允许共产党合法活动和马克思主义的传播等内容，这些都为社会主义革命准备了一定的政治思想条件；同时这些政治措施或多或少地促进了生产力的发展，又为社会主义革命准备了更加充分的物质条件。

第三，在社会经济、政治体制改革的过程中，必然伴随着人们思想观念和价值取向的变更。新的思想观念和价值取向，既是对改革及其发展要求的反映，又为改革开拓道路，推动改革向纵深发展。社会改革具有在一定程度上破除旧思想、旧观念、旧风俗、旧习惯，树立新思想、新观念、新风格、新习惯，提高精神文明水平的作用。

总之，社会改革是生产力与生产关系、经济基础与上层建筑矛盾运动的必然产物，通过对一定社会制度下的不合理的社会体制的改善和革新，不断巩固、完善一定的社会制度或使其持续存在，从而推动社会经济、政治和文化有某种程度的发展。

2. 社会改革的普遍性和特殊性

社会改革的普遍性是指社会改革不仅存在于社会主义社会中，而且存在于有史以来的各种社会制度中。在世界古代史上，公元前 8 世纪亚述国王提格拉特帕拉尔三世以铁器的出现和生产为基础，对军事建制、组织体制、武器装备等方面的改革；公元前 6 世纪波斯国王大流士一世为适应帝国扩张和加强专制主义的中央集权的需要，而对政治机构、军事组织和税收等制度所作的改革；公元前 5 世纪雅典的最高统治者伯利克里以当时的经济发展为背景，对雅典的民主政治体制、移民以及平民就业制度等方面所作的改革等等，都在一定程度上推动了当时社会经济文化的繁荣和发展。在中国古代史上，战国时代秦国的商鞅变法，导致了中国历史上第一个统一的中央集权的封建主义国家的建立；汉朝初年的改革带来了封建社会前期的"文景之治"和汉武帝强盛时期；唐朝前期的改革带来了"贞观之治"和"开元盛世"，使我国封建社会的经济、政治和文化达到了极盛时期。后来，宋朝王安石的改革，以及元明清时期的各次改革，都对社会经济文化的发展起了一定的推动作用。

近代和现代的资本主义国家，也在不断进行经济、政治体制方面的改革。第二次世界大战以后，发达资本主义国家的经济之所以获得较大的发展，重要原因之一，就是这些国家的垄断资产阶级对生产关系和上层建筑进行了某些局部调整，使生产关系和上层建筑在一定程度上适应了生产力的发展要求。当然，这些局部调整，并没有解决资本主义社会的固有矛盾，不能挽救资本主义最后灭亡的历史命运。

社会改革的特殊性，是指不同社会制度下的改革具有不同的性质和特点，特别是指社会主义社会的改革与阶级社会的改革相比较，具有根本不同的性质和特点。主要表现在以下几个方面：

第一，社会主义社会的改革是主动的、自觉的，剥削阶级占统治地位的国家的改革是被动的、自发的，统治阶级往往是在被统治阶级强烈反抗的条件下，不得已而对经济基础和上层建筑进行某些调整的。

第二，社会主义社会的改革，是从广大人民群众的利益出发，为了满足广大人民群众的要求而进行的，因而得到广大人民群众的支持和拥护，有广阔而深厚的群众基础；剥削阶级占统治地位的国家的改革，虽然也能满足群众的某些利益和要求，但从根本上说是从剥削阶级的利益出发，为了更有效地剥削和压迫劳动人民、维护剥削阶级的统治地位而进行的，因而不能广泛地唤起民众，缺乏深厚的群众基础。

第三，社会主义社会的改革，可以在社会主义制度本身的范围内使各种矛盾不断得到解决，使社会主义社会进到更高的阶段，并在条件具备时前进到共产主义社会；剥削阶级占统治地位的国家的改革，只能暂时缓和一下社会的矛盾，但不能在旧社会制度本身的范围内最后解决它的固有矛盾。这种矛盾，只有通过革命阶级反对反动统治阶级的革命，用新的社会制度代替旧的社会制度才能最后得到解决。

3. 社会主义社会的改革

社会主义社会的根本任务是以经济建设为中心，大力发展生产力。社会主义改革就是立足本国国情，总结实践经验。根据生产力的现实水平和进一步发展的客观要求，自觉地调整生产关系与生产力不相适应的部分，调整上层建筑与经济基础不相适应的部分，从而使社会主义制度自我完善，推动生产力的发展和社会各方面的进步。所以邓小平说："革命是解放生产力，改革也是解放生产力。"①

改革之所以是社会主义制度的自我完善，是由社会主义社会基本矛盾的性质和特点决定的。它是非对抗性的矛盾，可以通过社会主义制度本身不断地得到解决。这就是说，改革并不是改变社会主义的根本的经济制度和政治制度，不是改变社会主义制度的根本性质，不是否认社会主义制度的强大生命力和巨大优越性，而是革除社会主义生产关系中不适合生产力发展、社会主义上层建筑中不适合经济基础发展的部分和环节。改革的目的是兴利除弊，使社会主义制度的优越性更加充分地发挥出来。

改革是共产党领导下的社会主义制度的自我完善过程。党是社会主义现代化建设和改革开放的领导核心。改革必须在党的领导下，按照党的路线、方针、政策有计划有步骤地进行。

改革是依靠人民群众、发挥人民群众创造力的社会主义变革过程。改革作为社会主义制度的自我完善，必须依靠社会主义制度本身的内在力量。改革力量的最深厚的源泉存在于人民群众之中，人民群众是社会主义社会的主人，也是改革的主人。群众要求改革，改革离不开群众。必须依靠人民群众的实践，创造出适合生产力发展的生产关系的具体形式，以及上层建筑有效地为经济基础服务的合理体制。

改革是在安定团结的政治环境中的社会主义发展过程。社会主义社会的发展是新质不断积累和旧质逐渐消亡的过程。社会主义社会的改革不是一个阶级推翻另一个阶级的政治革命，而是对阻碍生产力发展的体制进行调整。

① 《邓小平文选》第3卷，人民出版社1993年版，第370页。

改革只能有步骤、有秩序地进行，不能急于求成。因此，必须创造一个长期稳定的社会环境，保持安定团结的政治局面，才能保证改革的顺利进行。

必须正确处理坚持四项基本原则和坚持改革开放这两个"基本点"之间的关系。四项基本原则是立国之本，改革开放是强国之路，两方面存在着不可分割的联系。坚持四项基本原则，是党的根本性质决定的，是无产阶级国家制度的根本性质决定的，因而它是党和国家从事一切活动的依据和出发点。改革开放是党和国家为了改变我国贫穷落后面貌，使之走上富强、民主、文明之途的伟大战略决策。社会主义如果不进行改革开放，必然窒息自身的生机和活力；改革开放如果不以坚持四项基本原则为前提，必将导致资本主义化，把中国纳入西方资本主义体系。

坚持四项基本原则和改革开放相统一的观点，必须反对资产阶级自由化和思想僵化两种倾向。资产阶级自由化的实质是反对共产党的领导，主张走资本主义道路。不坚决同资产阶级自由化思想进行斗争，现代化建设和改革开放就会偏离社会主义方向，已经取得的革命和建设的成果就会付诸东流。另一方面，因循守旧，墨守成规，也是不能搞好社会主义现代化建设的。为了把我国建设成为富强、民主、文明的社会主义现代化强国，必须大胆探索，勇于创新，努力把马克思主义的普遍真理与中国的具体实际有机地结合起来。

六、人民群众和个人在社会发展中的作用

（一）历史观上两种根本对立的观点

是广大人民群众还是个别英雄人物是历史的创造者，即推动历史发展的决定力量，历史唯物主义和历史唯心主义在对这个问题的看法上，存在着根本分歧。

在马克思主义产生以前，历史唯心主义关于英雄创造历史的观点一直占据统治地位。历史唯心主义从社会意识决定社会存在的前提出发，片面夸大极少数英雄人物及其思想、意志在社会发展中的作用，认为历史是由英雄豪杰、帝王将相、立法者、思想家创造的，否认广大人民群众是推动历史发展的决定力量。在中国，历代王朝都推崇"圣人"的作用，认为群众必须在"圣人"的教化下才知道怎样生活。韩愈说："有圣人者立，然后教之相生

养之道"，"如古之无圣人，人之类灭久矣"（《原道》）。孔子视周公为圣人，后人又尊孔子为圣人，将中国以至世界的历史完全系于少数"圣人"身上。18 世纪法国启蒙思想家认为个别天才人物发现的"理性"和"正义"是历史前进的动力。19 世纪英国的托马斯·卡莱尔把世界历史看做是一部在地球上建立功业的伟人的历史，认为这些伟人的活动是"全部世界历史的灵魂"。19 世纪末德国哲学家尼采极力鼓吹"超人"哲学和"权力意志论"，认为极少数"超人"的权力和意志是决定一切的力量，而人民群众不过是一堆任人使用的无定型的材料。俄国民粹派理论家则认为，历史是由少数"积极的英雄"创造的，人民群众不过是消极的群氓，他们愚昧无知、微不足道，犹如一连串的"零"，只有在前头出现具有非凡智慧和才能的伟人这个"实数"时，他们才有价值。

列宁指出：以往的历史理论有两个主要缺点，"第一，以往的历史理论至多只是考察了人们的历史活动的思想动机，而没有研究产生这些动机的原因，没有探索社会关系体系发展的客观规律性，没有把物质生产的发展程度看作这些关系的根源；第二，以往的历史理论忽视居民群众的活动，只有历史唯物主义才第一次使我们能以自然科学的精确性去研究群众生活的社会条件以及这些条件的变更"。[①] 列宁这段话，既揭露了历史唯心主义的根本缺点，又指出了它长期存在的根源。我们可以把历史唯心主义长期存在并占统治地位的根源归结如下：

1. 阶级根源

对社会历史的解释，直接同各阶级的利益有关。所以不能不更多地受到剥削阶级偏见的曲解。在剥削阶级占统治地位的社会，体力劳动和脑力劳动是分离的，体力劳动者和脑力劳动者的利益是根本对立的。而且剥削者总是垄断脑力劳动的特权，被剥削阶级则被迫从事物质生产劳动。所以，剥削阶级必然夸大脑力劳动的作用，夸大个别人物的聪明才智的作用，贬低物质生产活动的作用，贬低从事物质生产活动的劳动群众的作用。

2. 社会根源

在马克思主义产生以前，历史唯心主义之所以能独占统治地位，还因为

---

① 《列宁选集》第 2 卷，人民出版社 1995 年版，第 425 页。

生产力水平低，生产规模狭小，社会的变化和发展缓慢，因而限制了人们的眼界，使人们看不到物质生产及从事物质生产的劳动群众在历史发展中的决定作用。

3. 认识论根源

由于社会历史的发展离不开人的有目的、有意识的活动，而英雄人物在历史上的作用又的确比一般的个人要大得多，突出得多。所以，如果人们对社会历史的认识，只停留在人们的思想动机上，特别是只着眼于少数英雄人物的思想动机上，就会片面夸大他们的思想动机在历史发展中的作用，把它看做是历史发展的决定力量，于是得出英雄创造历史的结论。

同历史唯心主义相反，历史唯物主义从社会存在决定社会意识和物质资料的生产方式是人类社会存在和发展的基础的基本原理出发，认为人类历史首先是生产发展的历史，是物质生产的承担者劳动群众的历史，于是得出了人民群众是历史的创造者的科学结论。毛泽东同志指出："人民，只有人民，才是创造世界历史的动力。"①

（二）人民群众在历史上的作用

人民群众作为历史唯物主义的一个重要范畴，是指推动历史发展和社会进步的全体成员的总和。这一范畴既有量的规定性，又有质的规定性。从量的规定性来看，人民群众是社会成员的大多数，它是相对于个人而言的；从质的规定性来看，人民群众是指一切推动历史发展和社会进步的社会力量。人民群众是一个历史范畴，在不同国家或同一国家的不同历史时期有不同的内容。就我国而言，在抗日战争时期，一切抗日的阶级、阶层和社会集团都属于人民群众的范围；在解放战争时期，一切反对帝国主义、封建主义、官僚资本主义及其代表国民党反动派的阶级、阶层和社会集团，都包括在人民群众范围之内；在社会主义建设时期，一切赞成、拥护和参加社会主义建设的阶级、阶层和社会集团，以及拥护社会主义和赞成祖国统一的爱国者，也都属于人民群众的范围。在一定历史条件下，当剥削阶级处于上升时期，对社会发展起积极作用时，也包括在人民群众范围之内。但是，不论在任何国家和任何历史时期，劳动群众（包括体力劳动者和脑力劳动者）始终是人

---

① 《毛泽东选集》第3卷，人民出版社1991年版，第1301页。

民群众的主体。人民群众推动历史发展的作用主要表现在以下三个方面：

第一，人民群众是物质财富的创造者。人民群众之所以能成为人类历史的创造者，从根本上说来，在于他们是社会发展的最终决定力量——社会生产力的体现者，是推动历史前进的最伟大的物质力量。人类和人类社会要生存和发展，就要有吃喝住穿等必需的生活资料，这一切都是劳动群众创造的。人们若不首先获得这些物质生活资料，就根本无法从事政治、司法、科学、艺术等其他社会活动，也就无所谓人类社会生活和人类历史。同时，劳动群众在物质生产活动中不断积累经验，改进生产工具和生产技术，推动了生产力的发展、生产方式的改变以及整个社会历史的进步。

第二，人民群众是精神财富的创造者。首先，劳动群众的物质生产活动，创造了科学家、思想家、艺术家们从事精神活动的物质前提，没有劳动群众的物质生产活动提供的物质生活资料和其他物质设施，便没有社会的精神活动。其次，劳动群众的实践活动，是一切精神财富创造的源泉。科学文化知识本身是劳动群众实践经验的概括和总结，科学的理论将群众的实践经验概括为系统的规律性的知识，文艺作品则以具体的典型的形象表现人民的实际生活。中国古代的《本草纲目》就是历代的药物学家、医学家总结人民群众的生产和生活经验，不断丰富和发展，而由李时珍加工整理而成的。许多文学名著，如《水浒传》、《三国演义》、《西游记》等，都是在民间口头文学和民间传说的基础上经过加工提炼而成的。再次，人民群众直接参加了精神财富的创造活动。世界上许多杰出的科学家、思想家、艺术家，虽然出身于剥削阶级家庭，然而按其所处的社会地位和所表现的进步作用，是应当归属于人民群众的范围之内的，他们所创造的精神财富成果，也应该包括在人民群众创造的精神财富当中。世界上许多杰出的科学家、思想家和艺术家，直接出身于劳动者阶级。如我国宋代活字印刷术的发明者毕昇是一个布衣平民；德国著名的唯物主义哲学家狄慈根和英国的杰出发明家瓦特都是工人；俄国伟大文学家高尔基也是一个劳动者。他们依靠自己的勤奋努力，刻苦学习成才，创造了许多璀璨的精神财富。

第三，人民群众是实现社会变革的决定力量。人民群众不仅以平时的辛勤劳动创造了物质财富和精神财富，而且以革命时期的历史主动性推动了社会形态由低级到高级的飞跃。在阶级社会里，生产关系的变革，上层建筑的革新，整个社会制度的新旧更替，都是由人民群众发动的推翻反动统治阶级的社会革命实现的。人民群众是社会革命的主体，一切真正的革命运动，实际上都是人民群众自己起来摧毁那些腐朽的社会制度的斗争。奴隶们的英勇斗争冲垮了奴隶主的反动统治，为新兴地主阶级的统治创造了有利条件；无数次农民起义和农民战争，使封建统治陷于土崩瓦解，为资本主义的兴起和资产阶级的统治铺平了道路；无产阶级的各种形式的斗争直至暴力革命，必将埋葬资本主义制度。

　　历史是人民群众创造的，但人民群众却不能随心所欲地创造历史。人民群众创造历史的活动是受既定的社会历史条件制约的。在不同的历史时期和不同的社会历史条件下，人民群众创造历史的具体作用和具体结果是不同的。例如，奴隶阶级和农民阶级都是它们那个时代的历史创造者和推动者。但是由于它们都不是新的生产方式的代表者，都不能提出和建立比奴隶制度或封建制度先进的社会制度，所以虽然它们的斗争都沉重地打击了当时的统治阶级，推动了历史的前进，然而其斗争的胜利果实却总是被新的剥削阶级所占有，仍然摆脱不了历史所给予的苦难命运，不可能成为社会的主人。到了资本主义社会，人类历史上第一次出现了代表先进生产方式的劳动阶级即无产阶级。无产阶级在自己的马克思主义政党的领导下，不仅能够提出彻底推翻资本主义制度和一切剥削制度的纲领，而且能够团结广大人民群众实现这个纲领，建立新的社会主义制度，使自己和广大人民群众成为新社会的主人。无产阶级是人类历史上最先进、最革命的阶级，它的伟大历史作用是其他一切劳动阶级所不可比拟的。社会主义制度的建立为人民群众创造历史作用的充分发挥开辟了一个新纪元。当社会主义社会过渡到共产主义社会高级阶段以后，人类从必然王国进入自由王国，人民群众创造历史的作用将会得到更加充分的发挥。

（三）历史人物在历史上的作用

　　历史唯物主义在肯定人民群众是历史的创造者的前提下，也承认历史人物在历史上的作用，坚持二者的辩证统一。在人类历史上，每一个人都生活在社会之中，都是历史活动的参与者，都在历史上起一定的作用。但这决不意味着每一个人的作用都是一样的，更不意味着每一个人都对历史发展起积极的作用。事实上，不同的个人在历史上的作用有大小之分，有积极与消极之别。个人按其对历史发展作用的大小可区分为普通个人和历史人物。普通个人在历史上的作用虽然较小，但决不能忽视；历史人物的作用比普通个人要大得多，他们在人类历史进程中留下明显的印记。按照历史人物作用是积极的还是消极的，又可以将他们区分为正面人物和反面人物。正面人物亦称杰出人物，是指在一定历史阶段上对社会发展起促进作用或推动作用的伟大人物，包括杰出的政治家、思想家、军事家、科学家和文学艺术家等等。反面人物则主要指那些逆历史潮流而动，阻碍历史发展的反动阶级和反动势力的代表人物。杰出人物在历史上的作用，主要表现在以下几个方面：

第一，一般地说，先进阶级的政治代表人物能够反映他们所处的那个时代的发展趋势，他们比同时代、同阶级的人站得高，看得远，能够提出适应社会发展的先进思想和主张。这些思想和主张常常是社会变革的先导。他们在革命和建设事业中，起着倡导者和发起人的作用。

第二，先进阶级的政治代表人物能够根据他们的先进思想和主张，制定具体的纲领、路线、政策和策略，并动员和组织本阶级成员与广大人民群众同阻碍社会进步的反动阶级、反动势力进行斗争。他们在斗争中起着核心和中流砥柱的作用。特别是在复杂的阶级斗争中，没有他们的组织和领导，不可能取得胜利。

第三，在历史发展的一定阶段上，某些占统治地位的剥削阶级的代表人物，在特定的社会条件下可能成为"开明政治家"，他们的一些主张和改革措施，也能对社会发展起某种促进和推动作用。

第四，杰出的科学家、思想家、文学艺术家等的创造性活动及其成果，对于人类科学文化的发展和社会物质文明与精神文明水平的提高起着重要的作用，有力地推动了历史的发展和社会的进步。

正确认识和评价杰出人物的历史作用，是一个十分复杂的问题。需要掌握以下几个基本观点和方法：

第一，杰出人物是一定历史条件的产物，要正确认识杰出人物的历史作用，必须深入了解他们所处的历史条件，坚持历史主义原则。任何一个杰出人物的出现，都是时代的需要。马克思指出："如爱尔维修所说的，每一个社会时代都需要有自己的大人物，如果没有这样的人物，它就要把他们创造出来。"① 既然任何杰出人物都是一定历史条件的产物，他们的作用也就必定受这种历史条件的制约。

第二，在阶级社会里，杰出人物总是一定阶级的代表，他们是从属于一定阶级的，他们的历史作用同他们所代表的那个阶级的历史作用是分不开的。因此，要正确认识杰出人物的历史作用，必须对他们作阶级分析。

第三，杰出人物的出现及其历史作用都是必然性与偶然性的辩证统一，因此必须用必然性与偶然性辩证统一的观点来分析杰出人物及其历史作用。

第四，任何杰出人物都有巨大的历史功绩，也必然会有这样或那样的缺点错误，因此对他们的历史作用要作全面的分析与评价，既不能肯定一切，也不能否定一切。

无产阶级领袖也是杰出人物，但他们又同历史上的杰出人物不同，他们的历史作用是历史上其他杰出人物的作用无法比拟的。他们是人类历史上最先进、最革命的阶级即无产阶级的优秀代表，肩负着领导无产阶级和广大人民群众彻底埋葬资本主义制度、建立社会主义和共产主义制度的伟大历史使命；他们具有高度的理论素养，通晓社会发展规律，能为无产阶级和广大人民群众争取彻底解放的斗争提供理论武器，指明方向和道路；他们是在无产阶级和广大人民群众的革命斗争中涌现出来的，能与人民群众同命运、共呼吸、血肉相连，真正代表他们的利益，并为之奋斗终生；他们善于科学地总结群众的斗争经验，集中其智慧，制定正确的路线、纲领、方针、政策和战略、策略，领导和组织无产阶级和人民群众从一个胜利走向另一个胜利。历史证明，无产阶级和人民群众所取得的每一个伟大胜利，都是和无产阶级领袖的杰出贡献分不开的。因此，他们在群众中享有崇高的威信。我们要热爱无产阶级领袖，维护他们的权威。同时也要认识到，无产阶级领袖是人，不是神，他们有自己的伟大功绩，也不可避免地会有这样那样的缺点或错误。因此，不要神化领袖，搞个人崇拜。

（四）无产阶级政党的群众观点和群众路线

从人民群众是历史的创造者这一基本原理出发，产生了无产阶级政党的群众观点和群众路线。

---

① 《马克思恩格斯选集》第 1 卷，人民出版社 1995 年版，第 432 页。

1. 群众观点

群众观点是无产阶级政党的根本观点。主要包括以下内容：

第一，人民群众自己解放自己的观点。人民群众是历史的主人，是创造历史的决定力量。无产阶级的各项事业，都是人民群众自己的事业。只有依靠人民群众自觉的努力和斗争，才能取得革命和建设事业的胜利。党对于人民群众的领导作用，就是给人民群众指出斗争的方向，帮助人民群众自己动手，争取和创造自己的幸福生活。因此，无产阶级政党应当相信人民群众的伟大创造力，依靠人民群众，尊重人民群众的首创精神，反对恩赐观点和包办代替。

第二，全心全意为人民服务的观点。全心全意为人民服务是无产阶级政党的宗旨。人民的利益高于一切。无产阶级政党是人民利益的代表者和维护者。除了广大人民群众的利益，无产阶级政党没有自己的私利。一切为了人民群众的利益，是无产阶级政党活动的根本出发点。因此，无产阶级政党及其成员决不能谋一己之私利，不能搞特权、当贵族老爷。

第三，向人民群众负责的观点。人民群众的利益，就是无产阶级政党的利益。无产阶级政党及其成员，要把向人民群众负责作为自己言行的最高准则，要为人民群众的利益坚持真理、修正错误，把对党负责和对人民群众负责统一起来，坚决反对置人民群众的利益于不顾、对人民群众的疾苦漠不关心的官僚主义和对群众敷衍塞责、不负责任的工作作风。

第四，向人民群众学习的观点。要坚信人民群众是真正的英雄，人民群众是智慧和力量的源泉，个人的才能总是有限的。无产阶级政党要实行正确的领导，就必须虚心向广大群众学习，甘当群众的学生，倾听群众的呼声，遇事同群众商量，先当好学生，然后才能当好先生，反对任何居功自傲、轻视群众和独断专行的思想与行为。

2. 群众路线

群众路线是无产阶级政党的根本路线，是群众观点在实际工作中的贯彻和运用。无产阶级政党要实现对人民群众的正确领导，必须有一条正确的政治路线、思想路线和组织路线，而群众路线则是贯穿于党的政治路线、思想路线和组织路线之中的根本的工作路线，它是我们党在一切工作中克敌制胜的法宝。离开了群众路线，就不可能有正确的政治路线、思想路线和组织路线。所谓群众路线就是"一切为了群众，一切依靠群众，从群众中来，到群众中去"。①

"一切为了群众"，这是群众路线的基本出发点和最终归宿。它是由无产阶级政党的性质决定的。无产阶级政党是人民群众利益的代表者，除了人民群众的利益以外没有自己的私利。无产阶级政党的一切工作都是为了广大人民群众、服务于广大人民群众的，这是党的根本宗旨。

"一切依靠群众"，这是群众路线的基本要求。无产阶级政党的一切工作，必须紧紧地依靠广大人民群众，依靠他们的智慧和力量，依靠他们的信任和支持，离开广大人民群众必将一事无成。

"从群众中来，到群众中去"，这是无产阶级政党的基本领导方法，也是群众路线的基本工作方法。毛泽东同志指出："从群众中集中起来，又到群众中坚持下去"，"这是基本的领导方法"。② 他又说："在我党的一切实际工作中，凡属正确的领导，必须是从群众中来，到群众中去。这就是说，将群众的意见（分散的无系统的意见）集中起来（经过研究，化为集中的系统的意见），又到群众中做宣传解释，化为群众的意见，使群众坚持下去，见之于行动，并且在群众行动中考验这些意见是否正确。然后再从群众中集中起来，再到群众中坚持下去。如此循环往复，一次比一次更正确、更生动、更丰富。这就是马克思主义的认识论。"③

七、文化在社会发展中的作用

（一）文化的本质和特征

文化作为社会意识的历史积淀及其所体现的精神特质，渗入人和社会的物质与心理层面，同人们的生活方式、思维方式、审美情趣、处世态度以及社会的风俗习惯融为一体，可以说，文化是人生下来就濡染其间的精神家园。文化渗透在人类社会的一切方面，随着人类社会的发展而不断地由低级向高级、由片面向全面发展。人创造了文化，文化也塑造了人。从本质上说，文化是人和社会的具体存在方式，它具有以下三个根本特性：

---

① 中共中央文献研究室编：《十一届三中全会以来党的历次全国代表大会中央全会重要文件选编》（上），中央文献出版社1997年版，第204页。

②③ 《毛泽东选集》第3卷，人民出版社1991年版，第900、899页。

第一，文化的创造性。文化是人所创造的、为人所特有的东西，文化的本质内含着人是文化的主体、人是文化的目的的思想。一切文化都是属于人的，"自然"的东西不属于文化范畴。文化使人工产品与自然物品区别开来。"文物"之所以不同于"自然物"，就在于它不仅包含着"自然物"的物质内容，而且还包含着人的创造活动的内容，包含着由社会历史所形成的人的智力、能力、趣味、取向等各种特殊的人化形式，即人的创造活动所赋予的形式。可以说，文化本身就意味着人的创造。

第二，文化的自由性。文化具有人化的形式，但只有当这种人化形式对它的创造者以及可能范围内的一切人都有意义的时候，才具有文化的含义。这个意义从最高层次来说就是人的自由。因此可以说，自由是文化的最高理性的体现。文化的进步和发展标志着人的主体力量的增强与人的活动的自由度的提高。正如恩格斯所说："文化上的每一个进步，都是迈向自由的一步。"[①]

第三，文化的兼容性。文化的兼容性是以承认文化的多样性和不同文化之间的开放性为前提的。任何文化都是历史的、具体的。由于地域、民族、社会发展程度不同，世界文化具有多样性特点。从文化的民族性和地域上来看，主要的大文化系统有中国（东亚）文化、印度（南亚）文化、西方文化、阿拉伯文化、拉丁美洲文化、俄罗斯文化、非洲文化等。从历时性角度说，有原始社会的文化、奴隶社会的文化、封建社会的文化、资本主义社会的文化和社会主义社会的文化等。文化的开放性促使不同文化因素相互渗透、相互兼容、相互补充、相互促进。因此，文化既有多样性，又有统一性。文化的多样性是以统一性为基础的，而文化的统一性又是以多样性为前提的。文化的多样性表现了文化的个性和特性，不同的文化会有矛盾、冲突、摩擦；文化的统一性表明不同文化间的交流、互补、融合与共存性。文化的个性和共性是辩证统一的，文化的共性存在于文化的个性之中，文化的个性包含着文化的共性。

（二）文化的社会功能

当我们思考社会历史的文明进程时，不禁会提出这样一些问题：人与人

---

① 《马克思恩格斯选集》第3卷，人民出版社1995年版，第456页。

之间是通过什么联结成社会的？一代又一代的人是通过什么联系成历史的？在历史发展过程中，地域性的历史又是通过什么转变成世界历史的？要回答这些问题，我们只有从文化的功能中才能寻找答案。文化的社会功能主要表现在以下四个方面。

第一，文化具有信息功能。文化以信息为中介建立起人们之间联系的纽带，文化本身就凝结着历史的联系。正是人能够进行文化创造，使人创造的成果信息化，并依附于文化产品的载体之中。所以当人的本质对象化于文化产品的客体中时，人们之间的联系就既可以超出个体活动的空间限制，又可超出个体生命的时间限制，从而形成社会有机体的"遗传密码"，建立起广泛而深远的、相隔无数代的社会历史联系，使不同地区和民族的社会状况呈现出共同性或统一性，并且又使社会历史发展呈现出连续性。

第二，文化具有教化、培育和塑造人的功能。文化的教化和培育功能主要是通过知识体系、行为方式等规范人的行为，使人有效地适应社会环境和人际关系，成为社会的人。社会的生产发展和文化发展造就了每一代人，使每一代人继承着历史上的一切成果。每一代人在继承历史的基础上，又以自己的实践和认识创造和丰富着文化的内容和形式，推动着社会的发展。从这个意义上说，人是文化的产物。

第三，文化具有促进社会发展的功能。人与自然的关系是以"由文明创造的生产工具"为中介，形成不同的活动模式和社会发展程度的。在人类历史发展中，文化特别是它的活动模式的每一次重大更新和优化，都在改变着人类满足自身需要的手段，同时又带来新的更高级需要，这种新的更高级的需要，又促使人们创造新的满足需要的手段。人类社会就是在需要与文化活动模式的不断更新中获得发展的。

第四，文化具有认识功能。人不仅是制造生产工具的动物，而且是创造和使用符号的动物。借助于符号，文化能够广泛地传播，能够历史地积淀。于是文化就必然地具有一定的认识功能：其一，文化扩大了人的认识主体性，促使认识在文化"遗传"的基础上发展。其二，文化又提供了人的认识背景。这种背景是以文化的历史积淀作为各民族代代相传的既得的思维传统。它以一种潜在的惯性力量制约着人的思维过程，形成特定的认识背景以及信息的筛选和理解系统。其三，文化又是各民族自我认识、自我意识的重要途径。认识总是反映一定民族心态结构的认识，而民族的自我认识又总是文化交往的产物，只有在与其他各种文化形态的交往和比较中，才能深刻地唤醒民族的自我意识。

（三）大力发展社会主义先进文化

当今世界，文化和经济、政治相互交融，在综合国力竞争中的地位和作用越来越突出。文化的力量，深深熔铸在民族的生命力、创造力和凝聚力之中，文化建设具有越来越重要的战略意义。

中国共产党始终代表中国先进文化的前进方向。在当代中国，发展先进文化，就是发展面向现代化、面向世界、面向未来的，民族的、科学的、大众的社会主义文化。发展先进文化的目的，就是不断丰富人们的精神世界，增强人们的精神力量。先进文化的前进方向是：坚持马克思列宁主义、毛泽东思想和邓小平理论在意识形态领域的指导地位，用"三个代表"重要思想统领文化建设，坚持为人民服务、为社会主义服务的方向和百花齐放、百家争鸣的方针，弘扬主旋律，提倡多样化。先进文化建设的任务是：以科学的理论武装人，以正确的舆论引导人，以高尚的精神塑造人，以优秀的作品鼓舞人。先进文化建设的要求是：大力发展先进文化，支持健康有益的文化，努力改造落后文化，坚决抵制腐朽文化。

社会主义先进文化具有多方面的功能和作用。首先，它具有坚持和培育民族精神的功能。民族精神是一个民族赖以生存和发展的精神支撑。一个民族，如果没有振奋的精神和高尚的品格，就不可能自立于世界民族之林。其次，它具有切实加强思想道德建设的功能。在发展社会主义先进文化建设的过程中，在思想道德领域，必须建立与社会主义市场经济相适应、与社会主义法律规范相协调、与中华民族传统美德相承接的思想道德体系，引导人们树立中国特色社会主义共同理想，树立正确的世界观、人生观和价值观。再次，它具有大力发展教育和科学事业的功能。社会主义先进文化担负着发展教育和科学事业的重任，发挥着培养德智体全面发展的社会主义的建设者和接班人的作用，发挥着弘扬科学精神和普及科学知识的作用，发挥着在全社会形成崇尚科学、鼓励创新、反对迷信和伪科学的良好氛围的作用。

八、社会发展动力的层次分析

推动历史发展的动力是多方面的，它们分为不同的层次，起着轻重大小不同的作用。在关于历史发展动力问题的研究中，有些学者由于对社会发展不同层次的动力不加区分，片面夸大某一层次的动力，忽视或否认其他层次的动力，造成一定程度上的混乱，甚至导致否定历史发展的根本动力。本书试图把社会发展各个层次的动力作出区分，以澄清理论上的某些混乱，坚持和发展历史唯物主义关于历史发展动力的理论。

（一）在当代生产力系统各要素中，科学技术已成为推动生产力发展的决定性因素

需要强调指出的是，我们说科学技术是推动生产力发展的决定性因素，是就生产力内部各要素的作用相比较而言的，而不是就整个社会的物质生产而言的，更不能因此而把它跃升为整个人类社会发展的决定性因素。就整个社会的物质生产而言，生产力和生产关系之间的矛盾，既是物质生产发展的根本动力，也是构成物质生产的一个方面的生产力发展的根本动力。就整个人类社会而言，社会基本矛盾是社会发展的基本动力，社会各因素的交互作用推动社会发展；不仅科学技术推动其他社会因素的发展，而且其他社会因素也制约科学技术的发展和社会作用；科学技术推动社会发展的作用具有特殊性和极其复杂的情况，不能把它简单化。

（二）在整个社会的物质生产中，生产力和生产关系的矛盾是推动生产力发展的根本动力

对这个问题可以从两个方面加以分析：一是从什么是物质生产的基本矛盾方面加以分析；二是从物质生产是科学发展的基础方面加以分析。

物质生产过程是一个十分复杂的过程，其中包含着很多矛盾，有生产力诸要素之间的矛盾，生产关系诸方面之间的矛盾，生产力和生产关系之间的矛盾，还有同时存在的各种生产力之间的矛盾，同时存在的各种生产关系之间的矛盾等等。这些矛盾错综复杂地交织在一起，构成一个十分庞大的矛盾体系。在这个矛盾体系中，占主导地位的生产力和生产关系之间的矛盾是物质生产的根本矛盾，它决定着其他矛盾的产生、解决和发展。

首先，生产力和生产关系之间的矛盾，是生产力诸要素之间的矛盾产生的根源。可以把生产力诸要素归结为两大基本要素——劳动者和生产资料。这两个基本要素在彼此分离的情况下，不能形成现实的生产过程，其间谈不上存在什么矛盾。二者只有通过一定的生产关系在现实的过程中结合起来，才能构成现实的具体矛盾。

其次，生产力和生产关系之间的矛盾的性质，决定生产力诸要素之间矛盾的性质。这就是说，生产力发展水平以及它所决定的生产关系的性质不同，生产力诸要素之间的矛盾的性质也就不同。在私有制社会，由于劳动者与生产资料在所有权上是分离的，生产力中劳动者与生产资料之间的矛盾具有对抗性。在社会主义社会（指发达的社会主义社会）和共产主义社会，由于生产资料为全社会共同占有，劳动者成了生产资料的主人，生产力和生产关系之间的矛盾是非对抗性的，因而生产力中劳动者与生产资料之间的矛盾也就不再带有对抗的性质。

再次，生产力和生产关系之间的矛盾状况及其解决的情况，决定生产力诸要素之间的矛盾状况及其解决的情况。以阶级社会为例，一般说来，在生产关系基本适合生产力性质和发展要求的情况下，劳动者的物质利益能够较多地得到满足，劳动者和剥削者之间的矛盾较为缓和，社会秩序较为安定，劳动者改进生产工具、发明创造新的生产工具、提高自己的生产经验和劳动技能的积极性较高，生产力诸要素之间的矛盾就解决得较快较好，从而包括科学技术在内的生产力的发展就较为迅速。反之，在生产关系已经腐朽，已经基本不适合生产力的性质和发展要求的情况下，劳动者的物质利益受到较大损害，劳动者和剥削者之间的矛盾日益尖锐，社会动乱不断发生，劳动者改进生产工具、发明创造新的生产工具、提高自己的生产经验和劳动技能的积极性大大降低，生产力诸要素之间的矛盾就解决得较慢较差，从而包括科学技术在内的生产力的发展较为迟缓，甚至可能发生停滞、倒退、破坏。

（三）在整个人类社会中，社会基本矛盾是推动社会发展的基本动力

社会发展的多种多样的动力，是紧密联系、相互渗透、相互制约、犬牙交错的，构成一个社会发展的动力系统，其中社会基本矛盾是社会发展的基本动力。为什么呢？因为生产力和生产关系之间的矛盾、经济基础和上层建筑之间的矛盾这两对基本矛盾，存在于每一个社会形态之中，贯穿于每一个社会形态的始终，这两对矛盾制约和决定着其他社会矛盾，其他社会矛盾的解决有赖于社会基本矛盾的解决；这两对矛盾的性质及其发展，决定着整个社会的面貌，决定着社会发展的必然阶段和客观趋势，决定着社会形态的更替；这两对矛盾也是人们在实践中需要经常解决的矛盾。关于社会基本矛盾理论，大家比较熟悉，不必多加赘述。

九、社会发展各种动力之间的关系

推动社会发展的动力是多方面的，构成人类社会的一切要素和一切矛盾，都是推动社会发展的动力。生产力和生产关系之间的矛盾，经济基础和上层建筑之间的矛盾，科学技术的发展及其在生产中的应用，以及生产力各要素之间的矛盾，生产关系各方面之间的矛盾，上层建筑各方面之间的矛盾，都在各种不同程度上推动社会的发展。这些动力可以归结到社会基本矛盾动力之中。在阶级社会里，阶级斗争是推动社会发展的直接动力，革命和改革可以解放生产力，推动社会发展，这些都属于阶级斗争动力。在任何历史时期，人民群众都是推动社会历史发展的真正的动力。这样，我们就把推动社会发展的各种动力归结为社会基本矛盾、阶级斗争、人民群众三大动力。下面简要说明这三大动力之间的关系。

（一）社会基本矛盾和阶级斗争的关系

第一，在阶级社会里，社会基本矛盾必然表现为阶级矛盾和阶级斗争。首先，生产力和生产关系之间的矛盾必然表现为阶级矛盾和阶级斗争。阶级不是从来就有的，它是生产发展到一定阶段的产物，亦即生产力和生产关系的矛盾发展到一定阶段的产物。在漫长的原始社会，由于生产力十分低下，没有剩余产品，不存在人剥削人的可能性，因而也就没有生产资料的私有制，没有阶级划分。到了原始社会末期，由于生产力有了发展，出现了剩余产品，提供了人剥削人的可能性，于是就逐渐出现了生产资料私有制，出现了阶级划分。以生产资料私有制为基础的生产关系本身，就是阶级对抗关系。剥削阶级和被剥削阶级之间，由于物质利益的对立，必然引起不断的有时隐蔽、有时公开的斗争。特别是当由于生产力的发展，生产关系由生产力发展的形式变成生产力发展的桎梏的时候，反动剥削阶级总是极力维护现存的腐朽的生产关系，而被剥削阶级则力图破坏这种生产关系。这样，生产力和生产关系之间的矛盾，就表现为剥削阶级与被剥削阶级之间的剧烈的阶级斗争。另外，当在旧社会内部出现了新生产方式的时候，代表新生产方式的先进阶级和代表腐朽生产方式的反动阶级之间，也必然形成尖锐的矛盾。因为先进阶级力图用新的生产方式代替腐朽的生产方式，而反动阶级则力图维护腐朽的生产方式。这样，新旧生产方式之间的矛盾，就表现为先进阶级与反动阶级之间的斗争。而且，在一般情况下，先进阶级在进行革命时总是同被剥削的劳动阶级结成联盟，共同反对剥削阶级的反动统治。其次，经济基础和上层建筑之间的矛盾也必然表现为阶级矛盾和阶级斗争。生产力和生产关系之间的矛盾与经济基础和上层建筑之间的矛盾是互相联系、互相制约、互相渗透、互相影响的。因而生产力和生产关系之间的矛盾，必然反映到上层建筑领域中，形成经济基础和上层建筑之间的矛盾。剥削阶级为了维护它们的经济利益，必然要在政治上、思想上建立自己的统治，从而形成剥削阶级与被剥削阶级在上层建筑领域中统治与被统治的关系。当生产关系阻碍生产力发展的时候，反动统治阶级总是利用国家机器等上层建筑，维护现存的腐朽的生产关系；而代表新生产方式的先进阶级和被剥削阶级，为了获得经济上的解放，则必须推翻反动统治阶级的上层建筑，首先是夺取国家政权，并以国家政权为杠杆，确立或建立新的生产关系，推动生产力发展。所以经济基础和上层建筑之间的矛盾，也表现为剥削阶级和被剥削阶级、先进阶级和反动阶级之间的阶级斗争。

第二，社会基本矛盾的发展状况，决定着阶级矛盾和阶级斗争的发展阶段和状况。在每一个特定的阶级社会中，阶级斗争是始终存在的，但经历着不同的发展阶段。就大的发展阶段而言，一般分为革命前的准备阶段和直接进行革命的阶段。阶级斗争的这种发展，是由生产力和生产关系、经济基础和上层建筑之间的矛盾发展状况决定的。在生产关系基本适合生产力发展的时候，生产关系和生产力、上层建筑和经济基础之间的矛盾还不尖锐，被剥削被压迫阶级对于未来社会制度的理想还不清晰，或不免带有空想的性质，尚不能明确提出推翻旧社会制度、建立新社会制度的革命任务，更不能形成以推翻现存社会制度为目标的革命运动。这时阶级斗争处于革命前的准备阶段。在资本主义社会，这个阶段相当于工人阶级的自发斗争阶段。反映这种斗争的理论是空想社会主义。当现存的生产关系已经腐朽，基本不适合生产力发展的时候，生产关系与生产力、上层建筑与经济基础之间的矛盾就尖锐起来，革命阶级就有可能提出推翻旧社会制度、建立新社会制度的革命任务，并且在条件成熟时，发动以推翻旧社会制度为目标的革命运动，阶级斗争从革命前的准备阶段发展到直接进行革命的阶段。在资本主义社会，这个阶段相当于工人阶级进行自觉斗争的阶段，这个斗争在理论上的表现，是马克思、恩格斯创立的科学社会主义。当然，就是在直接进行革命的阶段，阶级斗争也是有时尖锐，有时缓和，有曲折，有反复，波浪式前进的。这种情况也是由社会基本矛盾的发展状况决定的。当反动统治阶级加紧压迫被统治阶级，被统治阶级除去起来革命，别无他路可走时，阶级斗争就尖锐；而当反动统治阶级采取某些措施，对生产关系和上层建筑进行某些调整，从而使生产力有所发展，人民群众能够勉强度日或生活水平有所提高时，阶级斗争就比较缓和。

第三，社会基本矛盾的解决，只有通过阶级斗争才能实现。生产关系必须适合生产力性质、上层建筑必须适合经济基础发展要求的规律，是人类社会发展的普遍规律。这些规律不能自发地实现，只有通过人的活动，在阶级社会里，只有通过阶级斗争才能实现。就是说，在阶级社会里，当生产关系阻碍生产力发展、上层建筑阻碍经济基础变革时，必然引起阶级斗争尖锐化，直至爆发以推翻旧政权、建立新政权为目标的政治革命，而政治革命在一定条件下需要使用暴力。政治革命一旦成功，就实现了社会形态的更替，把人类社会从一个较低的社会形态推进到一个较高的社会形态，产生了新条件下的生产力和生产关系、经济基础和上层建筑之间的矛盾运动，阶级结构、阶级斗争的特点和形式也相应地发生了变化。在阶级社会里，不仅社会形态的更替必须通过阶级斗争，而且在同一社会形态中，阶级斗争也是保证社会再生产正常进行、推动生产力发展和社会进步的决定力量。

（二）社会基本矛盾、阶级斗争、人民群众推动社会发展作用的一致性

人民群众是历史发展的动力的理论，与社会基本矛盾、阶级斗争是历史发展的动力的理论是一致的。

人民群众是历史发展的动力，但是在阶级社会里，人民群众是划分为阶级的。在不同国家或同一国家的不同历史时期，人民群众所包含的具体阶级内容是不同的。人民群众中的不同阶级推动社会发展的作用也是有差别的。一般说来，人民群众的主体是受剥削受压迫的劳动群众。所谓人民群众是社会发展的动力，主要是说劳动群众是社会发展的动力。同时，上升时期的剥削阶级也属于人民群众的一部分，他们有时甚至充当革命的领导阶级。但是，他们推动社会发展的作用，只有借助于劳动人民的力量才能实现，革命的主力军始终是劳动群众。恩格斯在讲到英法两国的资产阶级革命时曾经说过："在十七世纪的英国和十八世纪的法国，甚至资产阶级的最光辉灿烂的成就都不是它自己争得的，而是平民大众，即工人和农民为它争得的。"①我们说人民群众是社会发展的动力，一方面指人民群众、主要指被剥削的劳动群众从事的生产活动和科学实验，推动着社会的发展；另一方面，指劳动阶级和上升时期的剥削阶级反对反动统治阶级的阶级斗争和社会革命，推动着社会的发展。就是说，生产力的发展，生产关系的变革，上层建筑的革新，社会形态的更替，都应该归功于人民群众所从事的生产活动、阶级斗争和科学实验等实践活动。由此可见，说人民群众是社会发展的动力，和说社会基本矛盾、阶级斗争是社会发展的动力，是完全一致的。

---

① 《马克思恩格斯全集》第18卷，人民出版社1964年版，第325页。

第 四 章

社会形态更替和社会进步

　　社会形态更替即社会形态由低级到高级的演进和发展，是社会发展的各种规律综合作用的结果。社会形态的更替和发展是一种自然历史过程，这个过程体现了历史发展的主体性与客观性、决定性与选择性、顺序性与"超越性"的统一。社会发展的基本趋势是不断进步的。科学尺度和价值尺度是评价社会进步的两个根本尺度。社会进步需要付出代价，而代价又由社会的进步得到补偿。人类历史是由必然王国向自由王国飞跃的过程，历史发展的总趋势是共产主义的实现和人的全面发展。

第一节　社会形态的划分

　　人类社会是一个内容丰富、结构复杂的系统。我们可以根据研究问题的不同需要，运用不同标准划分社会形态。最基本的划分法有两种：一种是经济社会形态划分法；另一种是技术社会形态划分法。

一、经济社会形态划分法

　　经济社会形态是直接或间接以生产关系的性质为基本标准划分的社会形态。在经济社会形态的范围内，又有两种基本的划分方法：一种是五种社会形态划分法；另一种是三种社会形态划分法。

（一）五种社会形态划分法

　　五种社会形态划分法，是根据生产关系的不同性质划分社会形态。人类历史上有五种不同性质的生产关系依次占统治地位，因而人类历史就相应地划分为依次更替的五种社会形态，即原始社会、奴隶社会、封建社会、资本主义社会、共产主义社会（社会主义社会是它的第一阶段）。

　　五种社会形态划分理论，是马克思、恩格斯在 19 世纪 40 年代提出，而在 70 年代末至 80 年代初最后完成的，其间经历了艰苦的理论探索过程。这个理论像一条红线一样贯穿在《德意志意识形态》、《共产党宣言》、《雇佣劳动与资本》、《1857—1858 年经济学手稿》、《〈政治经济学批判〉序言》、《资本论》、《反杜林论》、《家庭、私有制和国家的起源》等马克思、恩格斯一系列有代表性的著作中。

　　我们从五种社会形态划分的角度把经济社会形态定义为：经济社会形态是由历史上一定的生产力、生产关系、上层建筑等全部社会要素组成的完整的社会体系，是按照本身特有的规律运动、变化、发展着的活的社会有机体。

　　马克思、恩格斯、列宁把经济社会形态看做是一个活生生的社会有机体，经济社会形态和社会有机体这两个术语反映的社会内容是完全相同的。经济社会形态是一个历史观上的科学概念，社会有机体则是一个比喻性概念，把经济社会形态比喻为动植物有机体，以说明它是生动的、具体的、内容丰富的、变化发展的，防止把它看成是死板的、僵化的、贫乏的、抽象的。每一个经济社会形态都有其特殊的本质和特殊的发展规律，有其孕育、产生、确立、发展、衰微和灭亡的过程。

（二）三种社会形态划分法

　　马克思在《1857—1858 年经济学手稿》中说："人的依赖性关系（起初完全是自然发生的），是最初的社会形态，在这种社会形态下，人的生产能力只是在狭窄的范围内和孤立的地点上发展着。以物的依赖性为基础的人的独立性，是第二大形态，在这种社会形态下，才形成普遍的社会物质交换，全面的关系，多方面的需求以及全面的能力的体系。建立在个人全面发展和他们共同的社会生产能力成为他们的社会财富这一基础上的自由个性，是第三个阶段。第二个阶段为第三个阶段创造条件。"[①] 在这里，马克思根据作

————————

[①]　《马克思恩格斯选集》第 46 卷（上），人民出版社 1979 年版，第 104 页。

为历史主体的人的发展状况，把人类历史划分为人的依赖性社会、物的依赖性社会、个人全面发展的社会三种依次更替的社会形态。这三种社会形态是分别由历史上存在的三种宏观的经济运行形式，即自然经济、商品经济、产品经济决定的。因此，它们属于经济社会形态的范围。也可以说，以这三种宏观的经济运行形式为基础，形成自然经济社会、商品经济社会、产品经济社会在历史上依次更替的三种社会形态。这两个三种社会形态的系列是内在统一的。人的依赖性社会即自然经济社会，物的依赖性社会即商品经济社会，个人全面发展的社会即产品经济社会。所谓三种社会形态划分法，就是指这两个系列的三大阶段划分法。

（三）三形态划分法与五形态划分法的关系

从上面的论述可以看出，三种社会形态划分法和五种社会形态划分法，都是马克思提出来的，它们各自从不同角度和不同侧面，说明了人类社会发展的进程和社会发展阶段的划分，共同揭示了人类历史演进的规律。二者在历史唯物主义体系中的作用是互补的，而不是互相排斥的。而且这两种划分法在本质上是统一的。人的依赖性社会或自然经济社会包括原始社会、奴隶社会、封建社会；物的依赖性社会或商品经济社会，在马克思、恩格斯那里指的就是资本主义社会；个人全面发展的社会，则指的是未来共产主义社会。我们既不能只讲五种社会形态划分法，不讲三种社会形态划分法，也不能用三种社会形态划分法否定或取代五种社会形态划分法。

二、技术社会形态划分法

（一）技术社会形态的含义

技术社会形态是以生产力和技术发展水平以及与此相适应的产业结构为标准划分的社会形态。人类社会从古至今依次经历的石器时代、铜器时代、铁器时代、蒸汽时代、电气时代、电子时代是生产力和技术发展水平的几个时代。在石器时代，人们靠捕鱼狩猎为生，主要的产业是渔业和狩猎业，因而可以把这个时代称为渔猎社会。在铜器时代和铁器时代，农耕有了很大的发展，农业在产业结构中占了主导地位，因而可以把这两个时代称为农业社会。在蒸汽时代和电气时代，机器大工业有了很大发展，工业在产业结构中占了主导地位，因而可以把这两个时代称为工业社会。在电子时代，信息技术和信息产业在技术体系和产业结构中占了主导地位，因而可以把这个时代称为信息社会。换句话说，信息社会就是信息技术和信息产业在技术体系和产业结构中占主导地位的社会。这样，人类历史就有了一个技术社会形态的系列：渔猎社会—农业社会—工业社会—信息社会。

（二）技术社会形态的理论渊源

技术社会形态这个概念是有理论渊源的。马克思在 1857 年 8 月写的《〈政治经济学批判〉导言》中，曾经使用"游牧民族"、"渔猎民族"、"农业民族"、"商业民族"等概念，① 蕴涵了渔猎社会、农业社会、工业社会（或商业社会）划分的思想。马克思在《1857—1858 年经济学手稿》中，引用了詹·斯图亚特《政治经济学原理》中的一段话，其中谈到了"非工业国"概念，而"非工业国"即处于"非工业社会"或"前工业社会"的国家。"非工业社会"或"前工业社会"包括渔猎社会和农业社会，马克思在詹·斯图亚特这句话的后面，紧接着谈到了"工业社会"这个概念。② 恩格斯在 1882 年 9 月 23 日致马克思的信中说："我们建议用'资产阶级社会'和'工业和商业社会'这样的说法来表示同一个社会发展阶段，虽然前一种说法更多地是指这样一种事实，即资产阶级是统治阶级"，"而'商业和工业社会'这个说法更多地是专门指这个社会历史阶段所特有的生产和分配方式"。③ 这里的"资产阶级社会"相当于经济社会形态中的资本主义社会，而"工业和商业社会"则带有技术社会形态中的工业社会的含义。

关于"工业社会"这个概论，美国哈佛大学教授丹尼尔·贝尔作了说明。他认为马克思的生产方式概念包括两个方面的内容：第一方面是生产的社会关系，第二方面是生产力或生产技术（机器）。他指出："如果我们把资本主义这个词限制在生产关系方面而把工业这个词限制在技术方面的话，那么我们就可以通过分析看到不同的序列如何显示出来。在这个意义上可以有社会主义的后工业社会，也可以有资本主义的后工业社会。"④ 贝尔说的

---

① 《马克思恩格斯选集》第 2 卷，人民出版社 1995 年版，第 24—25 页。
② 《马克思恩格斯全集》第 46 卷（上），人民出版社 1979 年版，第 141 页。
③ 《马克思恩格斯全集》第 28 卷，人民出版社 1973 年版，第 139—140 页。
④ 〔美〕丹尼尔·贝尔：《后工业社会的来临——对社会预测的一项探索》，高铦、王宏图、魏章玲译，商务印书馆 1984 年版，第 131 页。

"后工业社会"，就是我们通常所说的信息社会。

三、经济社会形态与技术社会形态的关系

历史唯物主义认为，生产力决定生产关系，因而以生产力和技术发展水平以及与此相适应的产业结构为基本标志的技术社会形态，是以生产关系性质为基本标志的经济社会形态的物质技术基础。所以经济社会形态的划分与技术社会形态的划分具有内在的一致性。以中国古代史为例，石器时代是原始社会，青铜时代是奴隶社会，铁器时代是封建社会。马克思主义经典作家也经常从经济社会形态划分与技术社会形态划分的内在一致性的角度划分社会发展阶段。马克思在《哲学的贫困》一书中说："手推磨产生的是封建主的社会，蒸汽磨产生的是工业资本家的社会。"① 列宁十分赞同克尔日扎诺夫斯基的小册子《俄国电气化的基本任务》中所用的题词："蒸汽时代是资产阶级的时代，电的时代是社会主义的时代。"② 在人类历史和社会现实中，确实曾经出现和存在经济社会形态与技术社会形态不相一致的情况：生产力和技术发展水平较高的国家，即技术社会形态较高的国家，其经济社会形态却处于较低的阶段；而生产力和技术发展水平较低的国家，即技术社会形态较低的国家，其经济社会形态又处于较高的阶段。例如，当今中国的生产力和技术发展水平，与西欧、北美、日本等发达国家相比，差距还不小，但这些发达国家仍然停留在资本主义阶段，中国却已经进入了社会主义初级阶段。但是，这种情况是特定历史条件下的产物，不是社会形态发展的一般规律。就社会形态发展的一般规律而言，经济社会形态的划分与技术社会形态的划分是内在统一的。

第二节　社会形态发展的客观性和人的自觉活动

在历史唯物主义产生以前，在社会历史问题上，所有的思想家都不能正确说明社会发展的客观性和人的自觉活动的关系。主观唯心主义者把人类历

---

① 《马克思恩格斯选集》第 1 卷，人民出版社 1995 年版，第 142 页。
② 《列宁全集》第 38 卷，人民出版社 1986 年版，第 117 页。

史归结为由个别人物的思想动机决定的，认为它完全受偶然性支配，没有客观规律可循；客观唯心主义者如黑格尔，虽然承认历史发展具有规律性，但却认为这种规律性不是历史本身所固有的，而是"绝对观念"发展的外部表现；宿命论者则只承认历史发展的必然性，完全否认历史发展的偶然性，否认人的自觉活动的作用，把历史发展神秘化，认为人只能受命运的摆布。一些有作为的思想家，虽然在某种程度上承认历史发展的规律性，提出了一些有价值的思想，但最终还是陷入了人的思想动机决定历史发展的历史唯心主义窠臼。马克思、恩格斯的贡献在于，他们既承认社会发展的客观规律性，又承认人的自觉活动的作用，把二者内在地统一起来，说明了社会形态的发展是一种自然历史过程以及历史发展的主体性与客观性、决定性与选择性、顺序性与"超越性"的统一。

一、社会形态的发展是自然历史过程

马克思在《资本论》第一版序言中说："我的基本观点是：社会形态的发展是一种自然历史过程。"① 意思是说，人类社会的发展也像自然界一样，是客观的、物质的、辩证的过程，具有不依人的意志为转移的客观规律性。同时又应看到，人类的活动是有意识、有目的的。正是人类有意识、有目的的实践活动构成了人类社会的历史，形成了人类社会历史的规律。社会历史规律不是别的，就是人的活动的规律。那么究竟如何说明社会历史规律的客观性和人的自觉活动之间的关系呢？列宁指出：马克思和恩格斯所用的方法，"就是从社会生活的各个领域中划分出经济领域，从一切社会关系中划分出生产关系，即决定其余一切关系的基本的原始的关系"。② 又说："只有把社会关系归结于生产关系，把生产关系归结于生产力的水平，才能有可靠的根据把社会形态的发展看作自然历史过程。"③为什么呢？

第一，因为每一代人在社会上开始生活时，所遇到的都是现成的生产力和生产关系，任何人都不能自由地选择生产力和生产关系。每一代人开始其社会生活时，总是遇到并接受前人传给他们的生产力和生产关系。每一代人

---

① 《马克思恩格斯全集》第23卷，人民出版社1972年版，第12页。
②③ 《列宁选集》第1卷，人民出版社1995年版，第6、8—9页。

遇到什么样的生产力和生产关系，是不依他们的意志为转移的。不仅如此，而且这种既得的生产力和生产关系，还预先规定了这一代人的生活方式和活动方式的特点。关于这一点，马克思、恩格斯有很多论述：人们决不能"自由地选择某一种社会形式"，"不能自由选择**自己的生产力**"；① "人们自己创造自己的历史，但是他们并不是随心所欲地创造，并不是在他们自己选定的条件下创造，而是在直接碰到的、既定的、从过去继承下来的条件下创造"。② 又说："历史的每一阶段都遇到有一定的物质结果、一定数量的生产力总和，人和自然以及人和人之间在历史上形成的关系，都遇到有前一代传给后一代的大量生产力、资金和环境，尽管一方面这些生产力、资金和环境为新的一代所改变，但另一方面，它们也预先规定新的一代的生活条件，使它得到一定的发展和具有特殊的性质。"③

第二，人们虽然不能自由地选择生产力和生产关系，但这并不是说人们不可以按照自己的目的和需要去改变原有的生产力和生产关系。事实上，人们总是在根据自己的目的和需要去改变原有的生产力和生产关系的。例如，劳动者为了减轻自己的劳动强度和减少劳动时间，便不断改进生产工具，发明创造新的生产工具。又如，企业家为了获得最大利润，可以采用新的机器设备，开拓新的市场，调整和职工的关系，改进劳动报酬的具体分配办法，以调动职工的积极性和创造性。再如，空想社会主义者设计了各种改造社会的方案，为未来的社会制度描绘了一幅美丽诱人的蓝图。但是人们根据这种目的和需要所从事的社会活动将引起什么样的社会结果，自己是意识不到的。这是因为，这种社会结果是抱有不同目的、具有不同需要的各种各样的人们和社会力量相互作用所形成的"合力"造成的。所以，尽管每个人的活动都是有意识、有目的的自觉活动，但这种自觉活动所形成的社会历史及其发展规律却是客观的、不依人的意志为转移的。

对于历史发展的客观性和人的自觉活动的关系，列宁在《唯物主义和经验批判主义》一书中讲得十分透彻。他说："在世界经济中，每一个生产者自己给生产技术带来了某种变化，每一个货主都意识到他在用一种产品交

---

① 《马克思恩格斯选集》第4卷，人民出版社1995年版，第532页。
②③ 《马克思恩格斯选集》第1卷，人民出版社1995年版，第585、92页。

换另一种产品，但是这些生产者和货主都没有意识到，他们这样做是在改变着社会存在。""所谓客观的，并不是指有意识的生物的社会（即人的社会）能够不依赖于有意识的生物的存在而存在和发展……而是社会存在**不依赖**于人们的**社会意识**。你们过日子、经营事业、生儿育女、生产物品、交换产品等等，这些事实形成事件的客观链条、发展的链条，这个链条不依赖于你们的社会意识，永远也不会为**社会**意识所完全把握。"① 意思是说，所谓社会发展不依人的意志为转移，并不是说人类社会的存在和发展不需要有意识、有目的的人的参与，也不是说每个个人意识不到他的活动会产生什么样的个别结果，而是说每个个人、每个阶级、每个社会集团，都不会意识到所有人的活动将使整个社会，即使"客观的必然的链条、发展的链条"发生什么样的变化。

第三，把社会关系归结于生产关系，把生产关系归结于生产力的水平，就是认为生产力决定生产关系，生产关系作为社会的经济基础又决定上层建筑。这是历史发展中的唯物主义因果决定论，或称历史决定论。马克思、恩格斯的历史决定论把物质决定意识这个一般的唯物主义基本原理，应用于研究人类社会历史，明确了社会历史领域里面，什么是物质的东西，什么是精神的东西，什么是客观的东西，什么是主观的东西，什么是本原的东西，什么是派生的东西；说明在社会历史领域里，也是物质的东西决定精神的东西，客观的东西决定主观的东西，社会存在决定社会意识，从而建立起历史唯物主义基本原理。离开这种唯物主义的因果决定论，就没有历史唯物主义。

二、历史发展的主体性与客观性

（一）历史发展的主体性原则与客观性原则的关系

这是我国哲学界争论较大的一个问题。长期以来，我国理论界片面强调社会历史发展的客观性原则，忽视以至否认主体性原则，从而使马克思、恩格斯创立的本来不具有机械决定论和宿命论性质的历史唯物主义带上了浓厚的机械决定论和宿命论色彩，失去了应有的生机和活力。鉴于这种情况，改

---

① 《列宁选集》第 2 卷，人民出版社 1995 年版，第 220—221 页。

革开放以来，理论界加强了对社会发展的主体性的研究，突出强调了主体性原则在社会历史发展中的作用，取得不少有益的成果，这是必须充分肯定的。但是，我不赞成离开历史发展的客观性原则孤立地研究、片面地强调主体性原则。在马克思、恩格斯那里，主体性原则和客观性原则是社会历史发展中紧密相连、不可分割的两条基本原则，它们互相依赖、互相制约、互为前提。与这对范畴相对应或属于同一序列的范畴还有：能动性原则和受动性原则，内在尺度和外在尺度，价值尺度和科学尺度，为我关系和从他关系。

我们先从唯我关系和从他关系作些分析。马克思、恩格斯在《德意志意识形态》一书中说："凡是有某种关系存在的地方，这种关系都是为我而存在的；动物不对什么东西发生'关系'，而且根本没有'关系'；对于动物来说，它对他物的关系不是作为关系存在的。"① 前面已经讲过，人与动物的显著区别之一，在于人有自我意识，能把自身与周围环境区别开来，把自身当做主体，把周围环境当做客体；动物则没有自我意识，它与周围环境的关系是本能的、无意识的，不是主客体关系。所谓"动物不对什么东西发生关系"，并不是说动物对他物不发生关系，而是说"它对他物的关系"不是作为主客体关系而存在的。我们所说的"为我关系"，就是从马克思、恩格斯的这段论述中提炼、升华出来的，它讲的是主体性原则，即历史主体根据自身的目的和需要，采取适当的手段和形式改造客体对象，创造出能够满足自己需要的新客体。但是，历史主体为了有效地改造客体，必须了解客体对象的状况和属性、本质和结构，必须遵从客体对象自身固有的规律，否则就会到处碰壁。这就是"从他关系"，即客观性原则。"为我关系"和"从他关系"、主体性原则和客观性原则是紧密相连、相辅相成、不可分割的。

我们再从内在尺度和外在尺度的角度作些分析。马克思在《1844 年经济学哲学手稿》中说："动物只是按照它所属的那个种的尺度和需要来建造，而人却懂得按照任何一个种的尺度来进行生产，并且懂得怎样处处都把内在尺度运用到对象上去；因此，人也按照美的规律来建造。"② 所谓"按

---

① 《马克思恩格斯选集》第 1 卷，人民出版社 1995 年版，第 81 页。
② 《马克思恩格斯全集》第 42 卷，人民出版社 1979 年版，第 97 页。

照任何一个种的尺度来进行生产"，就是按照客体对象的属性和规律进行生产，亦即按照"外在尺度"进行生产，这是坚持客观性原则；所谓"把内在尺度运用到对象上去"、"按照美的规律来建造"，就是人按照自己的目的、需要、审美情趣进行生产，通过对客体对象的改造，创造出适合自己生存和发展的新对象，这是坚持主体原则。人类改造客体对象的实践活动，是将内在尺度和外在尺度结合在一起的。遵循自己目的和需要的"内在尺度"，就是"为我关系"；服从客体对象的属性和规律的"外在尺度"，就是"从他关系"。人类的一切社会活动，都是"为我关系"和"从他关系"、"内在尺度"和"外在尺度"的统一，也就是主体性原则和客观性原则的统一，能动性原则和受动性原则的统一，价值尺度和科学尺度的统一。片面强调前者否定后者，会导致唯意志论和历史唯心主义；片面强调后者而否定前者，会导致机械决定论和宿命论。

（二）社会规律是人类活动的规律

前面讲到，人类社会的发展和自然界的发展一样，具有不依人的意志为转移的客观规律性，这是指人类社会的发展与自然界的发展的共同性。同时应该看到，人类社会的发展与自然界的发展又是有区别的。恩格斯指出："社会发展史却有一点是和自然发展史根本不相同的。在自然界中（如果我们把人对自然界的反作用撇开不谈）全是没有意识的、盲目的动力，这些动力彼此发生作用，而一般规律就表现在这些动力的相互作用中。在所发生的任何事情中，无论在外表上看得出的无数表面的偶然性中，或者在可以证实这些偶然性内部的规律性的最终结果中，都没有任何事情是作为预期的自觉的目的发生的。相反，在社会历史领域内进行活动的，是具有意识的、经过思虑或凭激情行动的、追求某种目的人；任何事情的发生都不是没有自觉的意图，没有预期的目的的。"① 这就是说，人类社会的发展与自然界的发展的重要区别之一，就是自然界事物的变化是盲目的、无意识的，自然界的发展规律就通过这些盲目的、无意识的事物之间的相互作用表现出来；人类社会的发展则不同，人类的活动是有意识、有目的的，正是人类有意识、有目的的实践活动构成了人类社会的历史。马克思指出："**整个所谓世界历史**

---

① 《马克思恩格斯选集》第 4 卷，人民出版社 1995 年版，第 247 页。

不过是人通过人的劳动而诞生的过程，是自然界对人说来的生成过程。"①
"社会——不管其形式如何——是什么呢？是人们交互活动的产物。"② 恩格
斯说："创造这一些，拥有这一些并为这一切而斗争的，不是'历史'，而
正是人，现实的、活生生的人。'历史'并不是把人当做达到**自己**目的工具
来利用的某种特殊的人格。历史**不过是**追求自己目的的人的活动而已。"③
人类通过劳动创造了自己的历史，从而也就形成了人类历史的发展规律。从
这个意义上说，社会历史规律就是人的活动的规律。换句话说，社会历史规
律就是作为历史主体的人的实践活动的产物，在人的实践活动之前和之外，
没有社会历史的创造主，也没有社会历史规律的创造主。而且，人类社会历
史的发展规律不能自发地实现，需要通过人的有意识、有目的的实践活动才
能实现。离开了人的有意识、有目的的实践活动，就没有人类社会的历史，
当然也就谈不上人类社会的发展规律。试想，如果社会历史规律不是人的实
践活动的产物，它是从哪里来的呢？是在人类和人类社会产生以前就有的，
还是人类之外的某种神秘力量赋予或创造的？实际上，社会历史规律并不是
预成的、先定的，而是产生于、存在于、实现于人的实践活动之中，内在于
人的实践活动。就人类社会发展的一般规律而言，正是人类从事的物质生产
实践活动，形成了生产关系必须适合生产力性质的规律；正是人类从事的经
济活动和政治思想活动以及这两种活动的相互作用，形成了上层建筑必须适
合经济基础发展要求的规律。就社会发展的特殊规律而言，例如资本主义必
然灭亡、社会主义必然胜利的规律，既是资本主义社会基本矛盾运动的必然
过程，同时也与无产阶级对自身历史地位的自我意识和觉醒，对改变自己的
处境和获得解放的要求，对实现个人自由而全面的发展的美好理想的热情向
往，以及在它们的推动下积极从事的无产阶级革命运动息息相关。试想，如
果把这些主体性因素都除去，哪里还会有资本主义的灭亡和社会主义的胜
利呢？

　　社会历史规律的孕育、形成、存在和实现是一个过程。只要这个过程没
有结束，这个过程的规律也就没有完全形成和实现。只有这个过程结束了，

---

① 《马克思恩格斯全集》第 42 卷，人民出版社 1979 年版，第 131 页。
② 《马克思恩格斯选集》第 4 卷，人民出版社 1995 年版，第 532 页。
③ 《马克思恩格斯全集》第 2 卷，人民出版社 1957 年版，第 118—119 页。

这个过程的规律才算最后形成和实现了。这就是说，社会历史规律的形成和实现是同步的，而不是先形成社会历史规律，然后由人去实现它。如果认为社会历史规律是离开人的社会实践过程先定的或预成的，那就会导致把它看做是由人之外的某种神秘力量创造的，从而导致历史宿命论或唯意志论。人们常常说要"**尊重客观规律**"、"**按客观规律办事**"，这些话无疑是正确的。但长期以来，人们对它们作了不正确的理解，即把社会历史规律看做在人的活动之前或之外预先存在的东西，等待着人们去尊重它，去按它办事。这就把人的实践活动与社会历史规律的形成和实现完全割裂开来了。那么如何理解这些话才是正确的呢？我认为，规律只是一种趋势，是事物的固有矛盾所导致的必然发展趋势，而不是既成的事实，不是实体性的存在。所谓"尊重客观规律"、"按客观规律办事"，是说人们的认识和行动要符合事物的固有矛盾及其导致的发展趋势，按照我们对事物发展趋势所作的科学预见办事。规律是隐藏在现象后面的内在的、本质的东西，它不能直接呈现在人们的面前，需要通过抽象思维才能把握。因而"按客观规律办事"，并不像建筑工人按图纸施工、练习写字的人照字帖练字那样具有明显的模仿性。马克思曾经以资本主义经济为例来说明一般规律只是一种趋势。在谈到价格运动时他写道："总的说来，在整个资本主义生产中，一般规律作为占统治地位的趋势，始终只是以一种极其错综复杂和近似的方式，作为从不断波动中得出的、但永远不能确定的平均情况来发生作用。"① 波普在《历史决定论的贫困》等著作中，承认历史趋势而不承认历史规律，把历史趋势和历史规律对立起来，究其原因，就在于他把历史规律看成了既成事实，看成了实体性的存在。他根本没有弄懂马克思讲的历史发展的主体性原则和客观性原则的关系，却在傲慢地批判起马克思来了。

三、历史发展的决定性与选择性

坚持历史发展的客观性原则，必然承认历史决定论；坚持历史发展的主体性原则，必然承认主体选择的作用；坚持历史发展的主体性原则与客观性原则的统一，必然承认历史决定论与主体选择的一致性。

---

① 《马克思恩格斯全集》第25卷，人民出版社1974年版，第181页。

历史唯物主义的决定论，是一种承认社会发展具有客观规律性、必然性和因果制约性的理论。主体选择是指作为历史主体的人，从自身的目的、需要、愿望和知识结构、经验、技能等因素出发，根据对历史固有矛盾及其发展趋势的认识，确定自己行为的方式、方向、目标的活动。

历史唯物主义的决定论，是建立在唯物主义和辩证法基础上的决定论。它既不同于旧唯物主义的机械决定论，也不同于唯心主义的决定论。它认为社会历史的发展具有不依人的意志为转移的客观规律性，又反对人在客观规律面前无能为力的消极被动的自发论。它是以作为历史主体的人的实践活动为基础的能动的辩证决定论。在历史唯物主义的决定论看来，揭示和认识社会历史发展的客观规律的目的，正是为历史主体的选择活动开辟广阔的天地，使历史主体的本质力量和能动作用得以更充分、更有效的发挥，能够更加自由自觉地创造自己的历史。同时，主体选择又是历史决定论得以实现的契机和不可缺少的环节。由此可见，承认历史决定论和承认主体选择的作用是一致的、不矛盾的。

首先，在历史唯物主义的决定论看来，纯粹的必然性只存在于逻辑中，在现实生活中，规律是非直接的，只是作为一种趋势、一种近似值、一种平均数而存在。为什么呢？恩格斯指出："其所以如此，部分地是由于它起的作用被其他规律同时起的作用打乱了，而部分地由于它们作为概念的特征。"① 这就是说，规律之所以是非直接的，之所以只存在于逻辑中，而不是直接存在于现实中，有两个原因。第一，人类社会中有许多规律同时存在和起作用，一个规律的作用总要受到其他规律的作用的影响。例如价值决定价格的规律，就同时受到供求规律、收入分配规律等诸多规律的影响，所以价格在任何一个个别场合都与价值不相一致，而是通过价格围绕价值上下波动，在总的平均数中，价格近似地符合价值。这样，人们在制定价格政策、规定商品价格上就有了主动性和选择的余地。第二，规律不是直接呈现在人们的面前而是通过抽象思维从逻辑上加以把握的，因而它具有概念的特性，不可能与现实完全直接地吻合和一致。恩格斯对这一点作了非常清楚的说明。他指出："一个事物的概念和他的现实，就像两条渐近线一样，一齐向

---

① 《马克思恩格斯选集》第4卷，人民出版社1995年版，第745页。

前延伸，彼此不断接近，但是永远不会相交。两者的这种差别正好是这样一种差别，由于这种差别，概念并不无条件地直接就是现实，而现实也不直接地就是它自己的概念。由于概念有概念的基本特性，就是说，它不是直接地、明显地符合于它只有从那里才能抽象出来的现实"。①

其次，在历史唯物主义的决定论看来，社会规律所揭示的社会过程之间的内在联系，不是单义决定论的线性因果关系，而是或然决定论的非线性关系。因此，社会规律给人们的活动所提供的往往是由多种可能性组成的可能性空间。在这多种可能性空间中，究竟哪一种可能性得以实现，取决于主体的自觉活动，取决于主体的选择，取决于不同主体之间的相互关系。例如，在同一生产力水平的基础上，由于不同国家和民族的具体特点不同，可能建立起不同性质的生产关系；在同一性质的经济基础之上，不同国家和民族又可以根据自己的特点，建立起不同的政治体制，这都是主体选择的结果。在一定历史条件下，不同主体往往有不同的选择，而究竟哪些或哪个主体的选择得以实现，则取决于不同主体之间的选择是否符合历史发展的方向，取决于不同主体之间的力量对比。例如中国在抗日战争胜利以后，国共两党选择了不同的发展方向和道路，经过激烈的斗争，中国共产党选择的社会主义方向和道路取得胜利。

再次，每一种可能性的实现，又会有多种多样的形式，即多种具体的模式或途径。人们对具体模式或途径的选择，可以表现出巨大的能动性。这些具体的模式或途径在实现主体的目的和符合客观规律的程度上会有所差别，甚至可能迥然不同或截然相反。然而被实现的可能性只能有一个，即变为现实的只能有一个。实现的这一可能性是不是实现主体目的的最佳模式或途径，取决于主体对客观规律认识的正确程度和自身能动性的发挥程度。选择则是主体发挥能动作用的关键的一环，这一环节集中体现了人的自主、自律和自由。主体选择的千差万别，使历史呈现千姿百态，绚丽多彩；主体选择的得失成败、良莠并存，使历史过程迂回曲折、进退交替，使不同国家和民族的历史发展有快有慢、有优有劣。能够进行选择是人类的伟大之所在，是人类无穷无尽的创造力之所在，是人类成为万物之灵的突出表现。人类的选

---

① 《马克思恩格斯选集》第4卷，人民出版社1995年版，第744页。

择可能正确，也可能错误。正确的选择给人带来快乐和幸福，错误的选择则会给人带来痛苦和灾难。因此，我们要慎重地进行选择，要对自己的选择负责。在任何时候都不能因为我们有选择能力而忘乎所以，陶醉于我们对动物、对自然界的胜利。我们连同我们的头脑和血肉都是属于自然界的。我们的选择能力任何时候都要受到客观条件的制约，受到我们的实践能力的制约，受到我们的认识水平的制约，受到我们的意志、情感、利益的制约。这些主客观条件是我们的选择永远不可能超越的前提。

主体选择与客观规律的接近和符合，是人们在认识和实践中长期而艰难的探索过程，是人的认识和实践不断深入和提高的过程，是人们不断发现真理和修正错误的过程。人们探索的时间越长，探索的范围越广，认识和实践的水平越高，人的选择和客观规律相符合的程度就越大。恩格斯指出："我们所研究的领域越是远离经济，越是接近于纯粹抽象的意识形态，我们就越是发现它在自己的发展中表现为偶然现象，它的曲线就越是曲折。如果您划出曲线的中轴线，您就会发现，所考察的时间越长，所考察的范围越广，这个轴线就越同经济发展的轴线接近于平行。"[①] 对意识形态与经济发展的关系的反映是如此，主体选择与客观规律的关系也是如此。我国对经济体制改革目标的选择，就经过了长期的艰苦的探索。改革开放以前，我国实行的是高度集中统一的计划经济体制。这种经济体制虽然起过积极作用，但却有许多弊端。为了改变这种旧的经济体制，建立新的经济体制，先是提出"计划经济为主，市场调节为辅"的原则，后又相继提出"公有制基础上的有计划的商品经济"、"计划与市场内在统一的经济"、"计划经济与市场经济相结合"的原则，直到1992年党的十四大才明确提出"我国经济体制改革的目标是建立社会主义市场经济体制"。这种选择是符合"市场经济是社会发展不可逾越的阶段"这一客观规律的。至于适合中国国情的社会主义市场经济的完善，恐怕需要更长期、更艰苦的探索。

四、历史发展的"合力论"与"交互作用论"

社会历史发展的"合力论"与"交互作用论"，是恩格斯提出的两个历

---

① 《马克思恩格斯选集》第4卷，人民出版社1995年版，第733页。

史唯物主义基本原理。这两个基本原理，深化了社会发展的客观性与人的自觉活动的关系的理论。

（一）历史发展的"合力论"

恩格斯说："历史是这样创造的：最终的结果总是从许多单个的意志的相互冲突中产生出来的，而其中每一个意志，又是由于许多特殊的生活条件，才成为它所成为的那样。这样就有无数互相交错的力量，有无数个力的平行四边形，由此就产生出一个合力，即历史结果，而这个结果又可以看作一个作为整体的、**不自觉地**和不自主地起着作用的力量的产物。因为任何一个人的愿望都会受到任何另一个人的妨碍，而最后出现的结果就是谁都没有希望过的事物。所以到目前为止的一切历史总是像一种自然过程一样地进行，而且实质上也是服从于同一运动规律的。但是，各个人的意志……虽然都达不到自己的愿望，而是融合为一个总的平均数，一个总的合力，然而从这一事实中决不应作出结论说，这些意志等于零。相反地，每个意志都对合力有所贡献，因而是包括在这个合力里面的。"① 恩格斯这段话精辟地说明了社会发展的客观规律性和人的有意识、有目的自觉活动的一致性所用的方法。这种方法就是：从人的活动的思想动机追溯其物质根源；把个人的活动归结为阶级和群众的活动；从表面的偶然性寻找内在的客观必然性；揭示单个人的意志和各个单个人的意志相互作用所产生的"合力"（即社会结果）之间的关系。

承认个人在历史上的作用，承认思想动机在历史上的作用，也就意味着承认偶然性历史上的作用。这是因为个人的性格、爱好、习惯、知识水平、身体素质以及经历、经验等等，都具有一定的偶然性；人的思想动机虽然归根结底是有物质根源的，但也在一定程度上受偶然因素的影响。马克思说："如果'偶然性'不起任何作用的话，那么世界历史就会带有非常神秘的性质。这些偶然性本身自然纳入总的发展过程中，并且为其他偶然性所补偿。但是，发展的加速和延缓在很大程度上是取决于这些'偶然性'的，其中也包括一开始就站在运动最前面的那些人物的性格这样一种'偶然情

① 《马克思恩格斯选集》第4卷，人民出版社1995年版，第697页。

况'。"① 历史唯物主义和历史唯心主义的区别，不在于是否承认偶然性的存在及其在历史发展中的作用，而在于历史唯心主义把历史的发展完全归结于偶然性，历史唯物主义则在偶然性背后发现隐蔽着的必然性，即客观规律性。恩格斯指出：在历史领域内，"尽管各个人都有自己预期的目的，总的说来在表面上好像也是偶然性在支配着"，"但是，在表面上是偶然性在起作用的地方，这种偶然性始终是受内在的隐蔽着的规律支配的"。②

那么，如何从表面的偶然性揭示内在的客观必然性呢？这就需要揭示各个单个人的意志（即单个的力）的相互作用所产生的"合力"（即社会结果）之间的关系。在历史上存在的各个单个的力，互相发生作用，有些比较相近，互相补充；有的完全相反，互相妨碍。有的把历史拉向这一方向，有的则想把历史拉向另一方向；有的推动历史发展，有的阻碍历史前进。所以由于各种力的相互作用，历史不会朝着它们之中任何一方所期待的方向发展，而是朝着任何一方都没有预料到的方向发展。这个最后达到的方向，与哪种力的方向更接近，说明哪种力最强大，最符合历史发展的必然趋势。历史的最终结果是由各个单个的力相互作用所产生的"合力"造成的，每一个单个的力在形成这种"合力"时都起了作用。但历史发展却又不依任何单个的力为转移。每一个单个的力都具有偶然性，但这些单个的力所形成的"合力"即社会结果却体现了历史必然性，或者说这种"合力"本身就是历史发展的客观必然性。恩格斯的"合力论"思想，最清楚、最令人信服地说明了为什么人的活动是有意识、有目的的自觉活动，而这种自觉活动所形成的社会历史及其规律性却是客观的、不依人的意志为转移的。

（二）历史发展的"交互作用论"

恩格斯指出："根据唯物史观，历史过程中的决定性因素**归根到底**是现实生活的生产和再生产。无论马克思或我都从来没有肯定过比这更多的东西。如果有人在这里加以歪曲，说经济因素是**唯一**决定性的因素，那么他就是把这个命题变成毫无内容的、抽象的、荒诞无稽的空话。经济状况是基础，但是对历史斗争的进程发生影响并且在许多情况下主要是决定着这一斗

①《马克思恩格斯全集》第33卷，人民出版社1973年版，第210页。
②《马克思恩格斯选集》第4卷，人民出版社1995年版，第247页。

争的**形式的**，还有上层建筑的各种因素：阶级斗争的各种政治形式和这个斗争的成果——由胜利了的阶级在获胜以后建立的宪法等等，各种法权形式以及所有这些实际斗争在参加者头脑中的反映，政治的、法律的和哲学的理论，宗教的观点以及它们向教义体系的进一步发展。这里表现出一切因素间的交互作用，而在这种交互作用中归根到底是经济运动作为必然的东西通过无穷无尽的偶然事件……向前发展。否则把理论应用于任何历史时期，就会比解一个最简单的一次方程式更容易了。"[①] 从恩格斯这段话可以看出，历史唯物主义在肯定物质生产在社会发展中"归根到底"起决定作用的基础上，建立起各种社会因素的"交互作用"推动社会发展的历史辩证法原理。这就是把系统思想运用于研究社会历史，把人类社会当做一个有机整体来考察，从组成人类社会的一切因素的相互依赖、相互结合、相互渗透、相互制约中揭示出人类社会这个巨系统的整体功能和发展规律。没有物质生产在社会发展中"归根到底"起决定作用的原理，就没有历史观上的唯物主义；没有"交互作用"的原理，就没有历史观上的辩证法，物质生产在社会发展中"归根到底"起决定作用的原理就变成了"毫无内容的、抽象的，荒诞无稽的空话"，历史唯物主义也就变成了机械决定论和宿命论。

从现代科学的观点来看，物质生产在社会发展中起决定作用的原理与"交互作用论"的结合与统一，实际上就是单义决定论与或然决定（统计决定论）、线性相互作用与非线性相互作用的结合与统一。

人类社会是一个复杂的巨系统，社会内部有无限多个因素在交互作用。每一个历史事件或历史因素，都在受无穷多个社会因素制约和影响，因而这个历史事件或历史因素的具体发展状况是很难准确地（精确地）确定的。那么制约整个社会发展的因素到底有多少呢？据有的学者统计，制造肥料，所涉及因素的数量级为 10^1；生产缝纫机，数量级增加一倍，为 10^2；生产电视机为 10^3；生产汽车为 10^4；生产喷气式飞机为 10^5；生产火箭为 10^6；兴办教育为 10^7；建设城市为 10^8。那么治理一个国家所涉及的社会因素要有多少呢？假设一个人类史页有 10^n 个因素呢？可见，制约整个人类社会历

---

① 《马克思恩格斯全集》第 37 卷，人民出版社 1971 年版，第 460—461 页。

史发展的因素是无限多的。[①] 这无限多的因素对社会历史发展的影响是不能用单义决定论加以描述的。从本质上说，社会规律遵从或然决定论，即在一定程度上揭示大量偶然的、随机的现象在整体上表现出来的必然性特征。

那么，对社会规律的解释是否完全排除单义决定论呢？不是的。所谓单义决定是指自然界和人类社会中所存在的一种确定的关系。所谓确定的关系，是指一种事物的存在或发生必然导致另一种事物的存在或发生。为了研究某一社会因素的内部结构及内部各要素的相互作用，我们可以把这个社会因素从与其他社会因素的总联系中抽取出来加以考察，把它与其他社会因素的相互作用暂时撇开不管。例如，为了研究生产力和生产关系之间的关系，我们可以把物质生产从其与其他社会因素的总联系中抽取出来，把其他社会因素对物质生产发展的影响暂时撇开不管，从而得出生产关系必须适合生产力性质的规律。在这种情况下，是可以而且必须运用单义决定论的。但是，当我们全面考察制约物质生产的各种社会因素时，就需要把生产力和生产关系的矛盾放到与其他社会因素的总联系中去加以考察，这时就应该用而且必须用或然决定论了。可见单义决定论和或然决定论在说明社会发展规律上各有其不同的作用，应该把二者结合起来使用。如果单纯用单义决定论解释社会规律，必然陷入机械决定论和宿命论；如果完全排斥单义决定论的作用，则会违背历史发展的唯物主义观点，无法说明社会发展具有确定性的一面，甚至会否认社会发展具有客观规律性。

线性相互作用与非线性相互作用的关系和单义决定论与或然决定论的关系有着相似的性质和情况。现代科学和哲学较为一般地把复杂的相互作用分为线性相互作用和非线性相互作用两种情况。线性相互作用是指可以用数学上线性方程（零次幂和一次幂关系）和线性微分方程（其解可以线性递加）加以描述的相互作用关系，力学中的作用力和反作用力的关系，作用力与动量变化率的关系，热力学中密度梯度与扩散质量的关系，电学中感应电势与磁通量变化的关系，大都具有线性相互作用的特点。在过去很长一段时间里，人们比较重视线性相互作用，认为无论多么复杂的相互作用，都可以看做是线性过程或线性过程的简单叠加。20 世纪以来，随着科学的发展，当

---

① 参见赵纪洲：《大科学观》，人民出版社 1988 年版，第 35 页。

人们力图从总体上把握由多种因素、多种过程构成的物质系统的演化规律时，相互作用的复杂内容日益显露出来。人们普遍地看到，绝大多数的物质系统中各种要素之间的相互作用很难用线性方程加以描述，于是研究非线性相互作用关系就被提到日程上来。所谓非线性相互作用，是指描述这种相互作用的关系的数学方程至少包含一个非线性项（多次项）。例如，哈肯的协同学在研究激光问题时建立的电场演化方程，其中包含了一个非线性项。由于包含非线性项，该数学方程的解就不是唯一的。

对整个人类社会历史的解释，当然要用非线性相互作用的观点和方法，而对人类社会历史每个因素或环节的解释又可以用线性相互作用的观点或方法。在人类社会历史中也同在自然中一样，非线性相互作用不是对线性相互作用的否定，而是包含了线性相互作用于其中的。单纯用线性相互作用解释社会历史，会把复杂的社会历史简单化；完全排斥用线性相互作用说明历史，会导致否定历史发展的必然性和规律性。

五、社会形态演进的顺序性和"超越性"

社会形态演进的顺序性，从五种社会形态划分的角度看，包括两个层次的含义。第一个层次是就全世界的范围而言，人类历史依次经历原始社会、奴隶社会、封建社会、资本主义社会、共产主义社会五种社会形态。换句话说，尽管有些国家和民族没有依次经历五形态，但在全世界的范围内是依次经历五形态的。第二个层次是就一个国家和民族的范围内来说，依次经历原始社会、奴隶社会、封建社会、资本主义社会、共产主义社会五种社会形态，其间没有"跳过"任何一个社会形态。社会形态演进的"超越性"是指在社会形态演进的过程中，不是所有国家和民族都依次经历原始社会、奴隶社会、封建社会、资本主义社会、共产主义社会五种社会形态，而是有些国家和民族，由于特殊的历史条件，超越了某一个或某几个社会形态。例如，15世纪哥伦布到达美洲大陆时，当地土著民族还处于氏族公社阶段，16世纪便由英、法、荷等国的殖民主义者建立了黑人奴隶制。但这种奴隶制不同于古代的奴隶社会，它一开始就是建立在资本主义基础之上的。在当时的历史条件下，不可能形成独立的奴隶制社会形态。后来经过1775年的独立战争和1865年的南北战争，北方资本主义生产关系战胜了南方奴隶制庄园经济，资本主义生产关系取得了最后胜利，美国跨越了奴隶社会和封建社会两个社会形态，由原始社会直接过渡到了资本主义社会。新中国在刚刚建国时，藏、彝等少数民族，还处在奴隶制社会形态，东北的鄂伦春族甚至还处在原始社会的部落所有制阶段，经过民族改革，他们超越了几个社会形态，直接进入了社会主义社会。欧洲的日耳曼民族没有经过奴隶社会，而是从农村公社经过征服奴隶制的西罗马帝国，在罗马帝国的废墟上直接建立起封建社会。国内外理论界都有些学者借助于对历史上存在的"超越"现象，否认五种社会形态依次更替的理论。这种做法是不正确的。

从我们上面讲的社会形态演进顺序的第一个层次来看，五种社会形态依次更替是就全世界的范围而言的，它并没有认为一切国家和民族，不论其具体条件如何，都必须毫无例外地依次经历五种社会形态。世界范围内的五种社会形态依次更替的含义，就内在地包含了有些国家和民族不一定依次经历五种社会形态。上述几种"超越"情况，就世界范围而言，不仅不违背五种社会形态依次更替的规律，反而是以这个规律为前提的。换句话说，离开世界范围内五种社会形态依次更替的规律，就无法理解和说明上述那些"超越"现象。例如，美国之所以超越奴隶社会和封建社会两个社会形态，由原始社会直接过渡到资本主义社会，是以西欧资本主义的文明成果为基础的，没有西欧殖民主义者的入侵并把西欧的资本主义文明带入美洲，当地的土著民族是无论如何也不会直接由原始社会直接跳跃到资本主义社会的。中国的藏、彝、鄂伦春等少数民族，之所以超越了几个社会形态直接进入社会主义社会，是以中华民族的绝大多数人口都已进入了社会主义社会为前提的，没有中国广大地区的生产力发展水平作基础，他们是不可能直接进入到社会主义社会的。

学术界有人以日耳曼人在原始社会解体以后未曾经历过独立的奴隶制社会形态，就直接过渡到封建制社会形态为依据，否定五种社会形态依次更替的理论。这些人认为，原始社会解体以后，既可能进入奴隶社会，也可能进入封建社会，从而把奴隶社会和封建社会说成是处于同一发展阶段的空间上并列的社会形态，否认原始社会、奴隶社会、封建社会是历史上依次出现的几种社会形态，否认奴隶社会取代原始社会、封建社会取代奴隶社会的一般规律。下面我们扼要说明日耳曼人由原始社会向封建社会的直接过渡并没有否认奴隶社会和封建社会之间的先后嬗连关系。

首先，日耳曼人由原始社会直接过渡到封建社会，是在特定的历史条件下实现的。任何社会形态都是在一定历史时代产生和发展的。当时奴隶制在全世界已经普遍衰落，成为过时的社会制度，封建制在东方一些国家已经确立，在西欧一些地方也正在孕育，在这种历史条件下，日耳曼人才能在罗马奴隶制的废墟上建立起封建制，在这之前是不可能的。我们不妨回顾一下日耳曼人和罗马人互相接触的历史。远在公元前二世纪末，日耳曼人就越过莱茵河向南推移，几度同罗马人发生激战。公元二世纪后半叶日耳曼人越过多瑙河，进入罗马的边缘地区。公元三世纪，日耳曼人又突破罗马在莱茵河上的防线，侵入罗马境内。日耳曼人同罗马之间的小规模冲突，更是经常不断。但因为当时罗马人尚有一定的国力，奴隶制尚未没落，封建制因素尚未产生或仍很微弱，日耳曼人无力灭亡罗马，更不能在罗马土地上建立封建制。只有在罗马奴隶制已经衰败，国力软弱，封建制孕育并有所发展的情况下，日耳曼人才能征服罗马，并在罗马奴隶制的废墟上建立起封建制度。这正好说明奴隶社会和封建社会之间的先后嬗连关系。

其次，日耳曼人在征服罗马的最初一段时间内，首先不是发展和确立封建制，而是发展日耳曼人内部已经产生的奴隶制。这是因为他们对奴隶制比较熟悉，而对封建制完全陌生。日耳曼人征服罗马以后，按照日耳曼人社会发展的一般进程，日耳曼国王和贵族在主观上是要发展奴隶制的。事实上在日耳曼人建立的各个王国中，奴隶制的生产关系也是普遍存在的，例如贫穷的自由人卖身为奴或出卖子女为奴的现象时有发生。东哥特王国政府还通过立法的形式维护日耳曼贵族和罗马显贵对奴隶的剥削和压迫，规定奴隶完全归其主人所有，逃亡奴隶被抓后归还原主，严禁奴隶控告自己的主人等等。法兰克王国墨洛温王朝时期，奴隶的数量曾一度比西罗马帝国灭亡之前还要多。除原来罗马时代的奴隶以外，又增加大量的战俘奴隶、债务奴隶、罪犯奴隶等，奴隶贸易也相当兴盛。奴隶的地位十分低贱。《萨利克法典》规定：杀死一个奴隶，只需要向其主人赔偿相当于一匹马的价钱。但是，社会形态的发展不依任何人的主观意志为转移。当时奴隶制度已经腐朽没落，严重地阻碍了生产力的发展，再重建奴隶制社会和奴隶制国家已经不可能。因而日耳曼人才不得不放弃奴隶制，在罗马已经产生的封建制因素的基础上，发展和确立起封建制度。这充分说明，西欧中世纪的封建制度，不仅是在罗马奴隶制基础上建立起来的，而且也是在日耳曼人内部业已产生并有很大发展的奴隶制的基础上建立起来的。奴隶制是进到封建制的必经阶段。恩格斯曾把欧洲九至十一世纪的封建制称为"古代日耳曼的奴隶制的继续"。① 这也正好说明奴隶社会和封建社会之间的先后嬗连关系。

再次，日耳曼人在征服罗马帝国以后建立封建制度，是以在罗马奴隶制下发展起来的生产力为基础的。马克思主义认为，生产力是生产中最活跃最革命的因素，一定的生产力发展水平总要求与它相适应的生产关系，这是不以人的主观意志为转移的客观规律。日耳曼人征服罗马帝国以后，之所以不能继续奴隶制度，而必须建立封建制度，归根结底是由生产力的发展水平决定的，而不是由政治暴力决定的，也不是由日耳曼人的主观愿望决定的。马克思、恩格斯在《德意志意识形态》一书中谈到日耳曼人征服罗马时说："定居下来的征服者所采纳的共同体（Gemeinwesen）形式，应当适应于他们面临的生产力发展水平，如果起初情况不是这样，那么共同体形式就应当按照生产力来改变。这也说明了民族大迁移后的时期到处可见的一件事实，即奴隶成了主人，征服者很快接受了被征服民族的语言、教育和风俗。"② 马克思、恩格斯在这里总结的正是日耳曼人在刚刚征服罗马的时候企图发展奴隶制，但因违背了生产力的发展要求，而不得不发展和确立封建制的历史过程。马克思、恩格斯接着说："封建制度绝不是现成地从德国搬去的。它起源于征服者在进行征服时军队的战时组织，而且这种组织只是在征服之后，由于在被征服国家内遇到的生产力的影响才发展为真正的封建制度的。这种形式到底在多大程度上受生产力的制约，这从企图仿效古罗马来建立其他形式的失败尝试（查理大帝等等）中已经得到证明。"③ 恩格斯在《反杜林论》中也说："由于比较野蛮的民族进行的每一次征服，不言而喻，都阻碍了经济的发展，摧毁了大批的生产力。但是在长期的征服中，比较野蛮的征服者，在绝大多数情况下，都不得不适应由于征服而面临的比较高的'经济状况'；他们为被征服者所同化，而且多半甚至不得不采取被征服者

---

① 《马克思恩格斯全集》第35卷，人民出版社1971年版，第125页。
②③ 《马克思恩格斯选集》第1卷，人民出版社1995年版，第126、126—127页。

的语言。"① 这说明，封建制度的建立必须以奴隶制度下发展起来的生产力为基础。换言之，在奴隶制发展起来的生产力的基础之上，只能建立封建制度，这也正好说明奴隶社会和封建社会之间的先后嬗连关系。

在我国学术界，还存在一种似是而非、含义模糊的说法，而且这种说法相当流行，即认为生产力的任何一个发展阶段都是不能超越的，而生产关系的某些阶段是可以超越的。这种说法之所以是似是而非、含义模糊的，就在于它没有指明所谈"超越"的层次和范围。如果就全世界的范围而讲，不仅生产力的任何一个阶段都没有超越，而且生产关系的任何一个阶段也没有超越。试看，在世界历史的范围内，原始公有制的、奴隶制的、封建制的、资本主义的生产关系，那一种生产关系被超越了呢？根本没有。如果就个别国家和民族而言，不仅生产关系的某个或某些阶段可以被超越，而且生产力的某个或某些阶段也可以被超越。马克思在《给维·伊·查苏利奇的复信草稿——初稿》中，谈到俄国社会发展道路时就认为，"俄国为了采用机器、轮船、铁路等"，不需要一定"像西方那样，先经过一段很长机器生产发展的孕育期"，② 指的就是俄国可以超越生产力发展的某些阶段。实际上后发展国家在现代化过程中都超越了生产力发展的某个或某些阶段。我国所说的抓住最佳机遇期实现"跳跃式"发展，指的就是要超越生产力发展的某个或某些阶段。如果没有生产力发展的超越，后发展国家恐怕永远也不能缩小与发达国家的距离，更谈不上接近乃至赶上发达国家了。

第三节　社会进步和历史发展的总趋势

人类社会的历史是不断进步和发展的，其间可能出现暂时的曲折和倒退，但总趋势是前进的。社会进步有其客观的评价尺度，社会进步需要付出代价，而代价又由社会的进步得到补偿。人类历史是由必然王国向自由王国飞跃的历史，生产力的高度发展和交往的普遍化，是实现共产主义的基本前提。

---

① 《马克思恩格斯选集》第 3 卷，人民出版社 1995 年版，第 526—527 页。
② 《马克思恩格斯全集》第 19 卷，人民出版社 1963 年版，第 431 页。

一、社会进步的内涵和根据

进步观念在历史上经历了一个曲折的发展过程。虽然这一观念在古代社会已有萌芽，但在古代思想中，无论是东方还是西方，进步观念均不占主导地位，相反地，人们普遍地把记忆中的过去看做人类的黄金时代，而把人类的现有状况说成是一种堕落或倒退。除去历史倒退论之外，还有历史循环论，它把人类历史的发展看作是周而复始的循环过程。例如，孟子认为人类历史 500 年为一个周期，治乱交替。再如，邹衍的"五德终始"说，认为历史的变迁和王朝的更换是所谓土、木、金、火、水五德的相继更替、周而复始的循环。真正确立历史进步的观念乃是近代以来的思想产物。被马克思誉为"英国唯物主义和整个现代实验科学的真正始祖"[①] 的培根，将历史进步的观念主要建立在人类知识具有巨大推动力的基础上。笛卡尔与培根虽然不属于同一哲学阵营，但对历史趋向进步这一问题的看法上却基本相同，他认为人类依靠理性的力量和科学的方法，能够在科学、道德和政治领域造成进步。对历史进步观念贡献最多的，要推 18 世纪的法国启蒙学者。杜尔哥、孔多塞、狄德罗、伏尔泰、孟德斯鸠、魁奈、霍尔巴哈、达朗贝尔等人，都认为人类借助于知识的增长能够学会如何控制自然，使之为自己的目的服务，即提高物质生产水平，改造政治制度和立法，提高审美鉴赏能力和道德水准。简言之，崇尚理性，相信教育和启蒙的作用，并以此作为历史不断进步的保证，是法国启蒙学者的历史进步观的核心内容。但是，这些资产阶级思想家都把人的"智力"、"理性"等精神力量作为历史进步的原动力，看不到物质生产在社会发展中的决定作用，因而他们的历史进步观念都是建立在历史唯心主义基础上的。

马克思、恩格斯创立的历史唯物主义，第一次提出了科学的社会进步观念，认为人类社会是由低级到高级的合乎规律的前进运动，既包括物质文明的进步和发展，又包括政治文明、精神文明的进步和发展。社会进步的这一内涵，包含下列几个方面的具体内容。

首先，生产力的发展是判断社会进步的根本标准。马克思认为，"进步

---

① 《马克思恩格斯全集》第 2 卷，人民出版社 1957 年版，第 163 页。

这个概念决不能在通常的抽象意义上去理解",① 而应该对它作具体分析。尽管衡量历史进步可以有多重标准，但从根本上来说，历史进步的标准决不能到理智、理性等精神因素中去寻找，而应该到决定整个社会生活的物质基础即经济领域中去寻找。由于生产力是社会存在与发展的基础和最终决定力量，所以衡量社会是否进步，归根到底要看它是否促进以及在多大程度上促进了生产力的发展。离开了生产力标准，用其他抽象的原则去评判社会的进步与否，只能得出似是而非的结论。

其次，判断社会进步的标准是全面的、综合的。物质生产力的发展固然是社会进步的决定性力量，但社会进步不仅仅是生产力的发展，同时必须是经济、政治、文化各个生活领域的全面的、综合的发展，而且包括各个个人和各种人群共体的发展，最终要落实到个人的自由全面的发展。马克思、恩格斯终生批判的对象就是束缚生产力和人的发展的私有制以及其他不合理的社会关系和社会制度，终生追求的最高目标就是消除社会对抗、能够实现社会和谐发展的共产主义社会。在他看来，未来的"自由人的联合体"就是社会进步的全面的、综合的表现。在"自由人的联合体"内，不仅消除了劳动者与劳动条件的分离，而且消除了阶级对立，消除了社会的异化现象，使每个人的自由发展成为一切人自由发展的条件。

再次，社会进步是一个辩证发展过程。社会进步不是一帆风顺的直线上升运动，在人类社会前进运动的总的过程中，有时也包含着停滞、倒退以及循环发展的因素。马克思、恩格斯通过对欧洲1848年革命的分析说明了这个道理，认为在1789年的法国大革命中，立宪派的统治之后是吉伦特派的统治，吉伦特派的统治之后是雅各宾派的统治，革命是沿着上升的路线进行的。而1848年革命的情形正好相反，它是沿着下降路线发展的："二月革命的最后堡垒还没有拆除，第一个革命政权还没有建立，革命就已经这样开起倒车来了"。② 即使在封建专制下的德国，资产阶级在这次革命中也没有起到进步作用，二月革命的硝烟未散，它就滑到了与封建势力相勾结的立场上。另外，马克思、恩格斯在承认社会发展包含曲折、倒退的同时，也承认

---

① 《马克思恩格斯选集》第2卷，人民出版社1995年版，第27页。
② 《马克思恩格斯全集》第8卷，人民出版社1961年版，第145—146页。

有些国家和民族的社会长期处于停滞状态的现象，他们对以亚细亚生产方式为基础的社会的看法就是如此。至于有些国家和民族，在社会发展过程中，经济、政治、文化等方面的非均衡乃至巨大反差，则更是屡见不鲜的。因此，马克思主义的社会进步观是辩证的进步观，它是从历史发展的前进性与曲折性的统一中来理解社会进步的。

社会进步作为一种表征人类社会发展基本趋势的概念，所反映的是历史发展的长时段乃至整个人类历史的本质和规律。在历史唯物主义看来，人类社会作为物质存在的一种形式，它的发展是一种自然历史过程，生产力与生产关系、经济基础与上层建筑之间的矛盾，是贯穿人类社会始终的基本矛盾，是推动社会进步的基本动力，因而是社会进步的内在根据。正是由于社会基本矛盾运动，使得人类社会由野蛮时期进入文明时期，然后通过阶级斗争和社会变革的杠杆，把人类社会不断推向更高的阶段。人类社会由一个社会形态转变到另一个社会形态之所以是进步的，是由于后一个社会形态继承了前一个社会形态所获得的生产力和一切积极的、有价值的成果，并在此基础上加以发扬光大，同时又冲破原来的不合理的社会制度的束缚，抛弃其陈腐过时的东西。正是由于社会基本矛盾运动，才使得社会历史的发展具有内在必然性，使后一个社会形态高于和优于前一个社会形态，使社会进步达到新的水平。社会进步不仅表现在社会形态更替的过程中，而且也表现在同一社会形态内部的量变过程中。在社会形态的基本性质不变的情况下，由于社会基本矛盾运动，社会的经济、政治、文化也会有一定程度的进步。

二、社会进步与历史时代的划分

历史时代是在全世界范围内，以当时社会发展的某种主导趋势来划分社会发展阶段的一个重要范畴。任何一个历史时代都不是凝固不变的，它在发展过程中要被新的历史时代所代替。同时，历史时代又不是转瞬即逝的，任何历史时代从其形成到结束，都要经历相当长的时间。人类社会从一个历史时代进到另一个历史时代，既是社会进步的结果，也是社会进步的表征。人们可以而且应该根据实践的需要，从不同角度、不同方面、运用不同标准划分历史时代，表征社会不同方面的进步。主要有以下几种划分方法：

第一，可以以哪种社会形态走在世界历史的前面，居于世界历史的主导地位，代表世界历史的发展方向为主要标准来划分历史时代。在世界历史的发展中，各个国家和民族的发展具有不平衡性。一些国家和民族的历史发展快些，另一些国家和民族的历史发展慢些；一些国家和民族走在世界历史发展的前面，另一些国家和民族则落在世界历史发展的后面。因而在同一历史时期里，世界范围内往往有几种社会形态同时存在。其中必有一种社会形态走在世界历史的前面，居于世界历史的主导地位，代表世界历史的发展方向。这种社会形态就成为区分历史时代的主要标志。例如，在 17 世纪，首先在英国爆发了资产阶级革命，建立了高于封建社会形态的资本主义社会形态，标志着世界历史进入了资本主义时代。尽管当时世界上大多数国家仍然处于前资本主义社会形态，但因为这些社会形态已经过时，不能代表世界历史的发展方向，因而不是划分历史时代的标志。再如，在 19 世纪末 20 世纪初，自由资本主义发展为帝国主义。帝国主义是资本主义的最高阶段，是世界无产阶级社会主义革命的前夜。1917 年，列宁领导俄国人民取得了十月社会主义革命的胜利，在世界上建立了第一个无产阶级专政的社会主义国家，它开辟了人类历史的新纪元，使世界历史进入帝国主义和无产阶级革命的时代，通称现代。

第二，在阶级社会里，可以以哪个阶级居于中心地位，代表历史发展的方向，决定时代的主要特征为标志，来划分历史时代。列宁在 1915 年年初写的《打着别人的旗帜》一文中曾经指出："这里谈的是大的历史时代。每个历史时代都有而且总会有个别的、局部的、有时前进、有时后退的运动，都有而且总会有脱离运动的一般形式和一般速度的情形。我们无法知道，一个时代的各个历史运动的发展会有多快，有多少成就。但我们能够知道，哪一个阶级是这个时代或那个时代的中心，决定着时代的主要内容、时代发展的主要方向、时代的历史背景的主要特点等等。"① 在这篇文章中，列宁把 1789 年法国革命至 1914 年第一次世界大战爆发及其以后的这一百多年的历史划分三个历史时代：（1）1789—1871 年；（2）1871—1914 年；（3）1914—? 列宁指出："这里的分界线也同自然界和社会中所有的分界线一样，是有条件的、可变的、相对的，而不是绝对的。我们只是大致地以

---

① 《列宁全集》第 26 卷，人民出版社 1988 年版，第 143 页。

那些特别突出和引人注目的历史事件作为重大的历史运动的里程碑。"① 接着，列宁对这三个时代的阶级内容作了说明。他指出："第一个时代是从法国大革命到普法战争，这是资本主义崛起的时代，是它获得完全胜利的时代。这是资产阶级的上升时期，是一般资产阶级民主运动特别是资产阶级民族运动的时代。第二个时代是资产阶级取得完全统治而走向衰落的时代，是从进步的资产阶级变为反动的甚至最反动的金融资本的时代。这是新的阶级即现代民主派准备和慢慢聚集力量的时代。第三个时代刚刚开始；这个时代是资产阶级处于相对于封建主在第一时代所处的同样的'地位'。这是帝国主义时代，是帝国主义发生动荡和由帝国主义引起动荡的时代。"② 时过 80多年，回顾列宁根据当时情况所作的时代划分，可能并不符合以后变化了的历史事实。但他关于划分历史时代的基本标志的方法，依然是有效的。

第三，可以以生产力和技术发展水平以及与此相适应的产业结构为主要标志来划分历史时代。人类已经经历了石器时代、铜器时代、铁器时代、蒸汽时代、电气时代。20 世纪中叶以来发生的以信息技术、新材料技术、新能源技术、生物技术、海洋技术、空间技术六大技术群体为标志的新技术革命，其中信息技术在技术体系中占了主导地位。与此相适应，信息产业在产业结构中占了主导地位，从而人类历史进入信息时代。我们通常所说的"新技术革命时代"、"电子技术时代"、"知识经济时代"等，都是从这种划分历史时代的角度说的。

第四，可以以世界的政治和经济的状态为主要标志来划分历史时代。我们把当今的时代称为和平与发展的时代，就是从这种划分历史时代的角度讲的。和平是一种政治状态，它是和战争状态相对应的。自有人类历史以来，人类社会就时而处于和平状态，时而处于战争状态，二者互相交替，此消彼长。发展是一种经济状态，它是与经济的停滞、倒退状态相对应的。但是把发展与和平联系在一起，发展则是与革命状态相关联的经济状态，它的对应概念应该是革命。自有人类历史以来，人类社会就时而处于革命状态，时而处于革命后的发展状态，二者互相交替，此消彼长。我们说当今时代的主题是"和平与发展"，就意味着当今时代的主题不是"战争与革命"。时代的

①② 《列宁全集》第 26 卷，人民出版社 1988 年版，第 144 页。

主题由"战争与革命"转变为"和平与发展",既是世界历史自身发展与转变的不依人的意志为转移的客观过程,也是人们对当代世界历史认识发生转变的主观过程。

以上四种划分历史时代的角度、方面、标志和方法,不是互相孤立的,更不是互相对立的,而是互相补充、内在统一的。只有把这四个方面联系起来,综合地观察世界历史的发展变化,才能全面掌握一个历史时代的本质和特征,而不至于把它们对立起来,犯片面性的错误。

三、社会进步的评价尺度

对社会进步的评价主要有两种尺度,一是历史尺度,二是价值尺度。前者又称为客体尺度、外在尺度,后者又称为主体尺度、内在尺度。

所谓历史尺度,主要包括两层意思:一是对任何社会制度和社会现象,都应该从其发生、发展的整个过程来看待,而不应该在静止不变的状况中来观察;二是对任何社会制度和社会现象,都应当从其所处的历史时代的总体情况加以考察,而不应当仅仅用当下的条件和标准去衡量。从历史尺度出发,我们就要历史地看问题,把一切社会现象都放在一定的历史范围中,从客观社会现象的具体历史条件出发,辩证地分析、研究、评价。

所谓价值尺度,是指判断价值有无、性质、大小的标尺和依据。价值尺度由主体的利益追求、需要结构、发展程度、社会关系等所决定,在主体的实践活动和社会生活中形成,并随着实践活动和社会生活的变化而变化。不同的主体有不同的价值尺度。

历史尺度和价值尺度都具有社会历史性。历史尺度是一维的,价值尺度则是多维的;历史尺度的评价主体是整个人类,价值尺度的评价主体既可以是特定的个人、阶级、阶层和社会集团,也可以是整个人类。就价值尺度的多维性而言,则其评价主体主要是指特定的个人、阶级、阶层和社会集团。

社会评价两种尺度的关系是极其错综复杂的。历史唯物主义主要从两个大的角度来看待两种尺度之间的关系。

其一,就历史发展总的趋势来看,两种尺度是一致的。伴随社会生产力的发展,人也在向全面发展;生产力的不断提高,同时意味着人的逐步解放。因此,用历史尺度所作的评价与用价值尺度所作的评价终究会在社会生活的总体发展中殊途同归，达到统一。对于这种统一和一致，马克思有这样两个思想是应当提起注意的：首先，生产力发展的本身就包含着人的因素的发展。以往的经济学家在谈到生产力时，总是把它理解为经济发展的一种量的增长，理解为满足人类生存和发展需要的一种手段，或者是一定的技术水平和生产工具水平，而从未突出人在生产力系统中的主体地位。如古典经济学家是非常重视生产力问题的，但他们主要是从生产效率、增加国民财富的视角来阐述生产力的。与马克思同时代的德国经济学家李斯特虽然与以往的古典经济学家有所不同，他在谈论发展生产力时，也谈到人的因素的作用，但他充其量不过是把人作为劳动力、作为活的生产因素来看待，而没有真正确立人在社会历史活动中的主体地位。马克思在生产力问题上所作的思想变革，就是第一次把生产力与人的本质力量联系起来，认为生产力的发展就是人的本质力量的发展，亦即推动人类历史发展的社会主体力量的发展。"工业的历史和工业的已经产生的对象性的存在，是一本打开了的关于人的本质力量的书……人们至今还没有从它同人的本质的联系上，而总是仅仅从外表的效用方面来理解。"[1] 事实上，"生产力和社会关系——这二者是社会的个人发展的不同方面"，"真正的财富就是所有个人的发达的生产力"。[2] 因此，生产力的发展决不是外在于人的单纯的物的增长，而是人的生命活动的积极展现，是人的潜能、个体、价值的发挥和发展。在这里，历史尺度和价值尺度是完全统一的，而不是互不相干和对立的。

其次，看一种社会制度是否具有进步意义，不能从某种抽象的原则出发，而应放到历史发展的长河中予以评价。如对待奴隶制，从现代的眼光看，肯定是要受到诅咒的，但是用历史发展的眼光看，奴隶制也代表着一种进步。恩格斯讲过："没有奴隶制，就没有希腊国家，就没有希腊的艺术和科学；没有奴隶制，就没有罗马帝国。没有希腊文化和罗马帝国所奠定的基础，也就没有现代的欧洲。"[3] 如果说这还是从历史的尺度来肯定奴隶制进步的话，那么从价值的尺度、人道主义尺度讲也是应当肯定的。如"对奴隶来说，这也是一种进步；成为大批奴隶来源的战俘以前都被杀掉，在更早

---

① 《马克思恩格斯全集》第 42 卷，人民出版社 1979 年版，第 127 页。

② 《马克思恩格斯全集》第 46 卷（下），人民出版社 1980 年版，第 219、222 页。

③ 《马克思恩格斯选集》第 3 卷，人民出版社 1995 年版，第 524 页。

的时候甚至被吃掉，现在至少能保全生命了"。① 因此，从历史发展的观点来看，这两种尺度并无相悖之处。由此说来，谈论社会进步，一定要注意恰当的参照系，泛泛谈论进步与否无助于问题的说明。

其二，就历史发展的特定阶段、特定时期来说，两种尺度又存在着某种不一致，在某一条件下和视境中来观察和评价某一特殊社会生活现象或某一社会制度时，从历史尺度所得出的结论与从价值尺度所得出的结论往往呈矛盾状态，即从历史尺度看可能是合理的，从价值尺度看可能是不合理的，反之亦然。马克思当时就直接面对过这样的难题，如对 17 世纪初以来英国对印度的殖民统治这一重大社会现象究竟怎么看？在马克思看来，"不列颠人给印度斯坦带来的灾难，与印度斯坦过去所遭受的一切灾难比较起来……在程度上要深重得多"。② 从感情上来说，亲眼看到这无数勤劳的宗法制的和平的社会组织崩溃、瓦解、被投入苦海，亲眼看到它们的成员既丧失自己的古老形式的文明又丧失祖传的谋生手段，是会感到悲伤的。因而英国的殖民统治是应当受到谴责的。但是，这主要是从道义的角度来讲的，从历史主义的角度来看，英国的殖民统治也绝非纯粹是一场"灾难"，它在客观上也具有一定的积极意义，这就是马克思所说的："如果亚洲的社会状态没有一个根本的革命，人类能不能实现自己的命运？如果不能，那么，英国不管干了多少罪行，它造成这个革命毕竟是充当了历史的不自觉的工具。"③ 这种"不自觉的工具"的作用，就在于英国殖民主义的入侵摧毁了传统的印度村社制度，破坏了它原有的封闭、落后的经济基础，给印度带来了先进的工业文明。因此，英国殖民主义在印度完成了双重使命：一是破坏性的使命；二是建设性的使命。这双重使命实际上是资本主义社会内在矛盾的一种反映：一方面是生产力的巨大发展；另一方面则是对人性的重大扭曲。资本主义社会的历史进步就是在这一矛盾中痛苦地行进着。

综上所述，历史尺度与价值尺度的关系既是统一的，又是矛盾的。所谓统一，是就长时段而言的；所谓矛盾，是就历史发展的某一特定阶段而言的。历史尺度和价值尺度的矛盾与冲突，其根源就存在于社会基本矛盾的运

---

① 《马克思恩格斯选集》第 3 卷，人民出版社 1995 年版，第 525 页。
②③ 《马克思恩格斯选集》第 1 卷，人民出版社 1995 年版，第 761、766 页。

动之中，其实质在于生产力有所发展而又发展不足。在一定的生产力发展阶段，整个人类的发展往往是一部分人的发展以牺牲另一部分人为代价。这一过程的机制就是：生产力的发展必然引起自发分工，而自发分工一方面促进了生产力的发展；另一方面则使社会结构逐渐分化，使社会职能越来越专门化，从而导致三大差别与阶级对立的产生。自发分工既使人类整体能力得到明显增强，同时又使个体的活动和能力固定化、片面化、畸形化。自发分工和生产力的每一次质的革命，都必然造成所有制的重大变革，从而导致旧的历史主体的衰落和新的历史主体的兴起。当自发分工被自觉分工代替以后，自由全面发展的个人就形成了，社会进步的两种尺度通过实践而达到协调和统一。

四、社会进步的代价

从总趋势上看，人类历史是一个不断走向进步的过程，是人类在其与自然、社会和自身关系上不断发展与完善的历程。但是，真正的社会进步决不是凭空实现的。没有任何历史进步不是以付出代价换来的，历史的巨大代价也无不以历史的巨大进步作补偿。一部人类发展史，也是一部代价史，是以付出代价为前提的进步史，也是以进步为结局的代价史。

（一）代价的内涵和客观必然性

所谓社会进步的代价，是与社会历史发展的价值相关联的概念，指的是人类为实现社会进步所作出的牺牲、付出，以及为实现这种进步所承受的消极后果。社会进步的代价不同于自然物质运动中的损耗，它只存在于人类历史过程之中，并构成人类历史活动的一个基本方面，亦即与人类历史活动的进步、成效等肯定方面相对应的否定和损失的一面。只有同历史进步相关联的牺牲、付出及消极后果，才是历史进步的代价；那些与历史进步的价值取向相违背的付出、牺牲及消极后果，不能称作历史进步的代价。

一般说来，代价包括成本、风险、失误、人的牺牲和价值贬损等方面的含义，但不能把代价和这些方面简单地相等同。例如，成本作为一个经济学概念，主要讲的是合算不合算的问题，代价作为一个价值论概念，主要讲的是合理不合理的问题；成本是一个事实问题，代价则是一个价值问题。社会发展总要消耗一定的成本，没有支出就不会有效益，但成本的消耗本身不能算做代价，只有成本怎样消耗、消耗得合理不合理才属于代价问题。又如，风险包括自然风险和社会风险，并非所有的风险都是代价。一般说来，自然风险无论给人类带来多大的伤害和灾难，因其是由不可抗拒的自然灾害造成的，而不是由人类的活动引起的，所以不能称做代价。但有些自然灾害主要是人为造成的，如现在谈论的全球环境问题，则应属于代价之列。社会风险属于代价范畴，因为它是人类活动的直接后果。再如，如果人们不认真总结经验教训，使失误成为成功之母，失误则只是损失，而不是代价。人们只有接受失误的教训，使其变为成功的桥梁，失误才能成为代价。在社会转型和急剧变革时期，由社会风险和战略失误引起的代价问题极为突出，无视社会风险和决策失误可能导致社会发展的重大挫折。

在人类社会的总体发展过程中，由于自然条件和社会条件的制约以及主体自身的局限，代价的付出具有不可避免性，亦即必然性。改造自然，发展生产，是人类社会进步的基础和根本标志，人类为此投入了大部分的能量和智慧，付出了难以计数的血汗，同时也在相当程度上污染了环境，破坏了生态，耗竭了资源，减少了物种，招致了自然界的报复。在社会关系领域，从原始社会到资本主义社会的漫长历史进程中，人类的发展都表现为以牺牲个体为代价，特别是在阶级社会，社会关系的进步直接表现为一部分人的异化和价值沦丧，代价的客观必然性往往表现为强制性，表现为人的活动受盲目的自然必然性和社会必然性的支配，人们不能成为自己的活动和社会关系的主人，历史进步的代价具有一定程度的非选择性。首先，人类发展的需要与满足之间总是存在一定的距离，越是在生产力不发达的阶段，人类社会和人自身的发展越是要付出较大的代价。在生产力极端低下的情况下，人们为了满足最基本的生活需求，不得不放弃其他方面的需求。其次，无论是社会的发展还是人自身的发展，都是一个过程，既不可能一步到位，也不可能全面展开。在一定的历史时期内，某一方面的突出发展，必然抑制和延缓其他方面的发展，从而使得社会和人自身的发展片面化，由此付出代价。再次，合理的发展应当是合规律性与合目的性的统一，但在现实发展过程中，由于人类认识和实践能力的局限性，活动的结果很难达到这种统一，因而难免付出代价。

在人类社会发展的不同阶段，代价的特征和表现形式是不同的。在原始社会中，人们受到的束缚主要来自自然界，人类生存的代价主要根源于自然的强大和人类自身的弱小的矛盾中。进入阶级社会后，一部分人的发展以牺牲另一部分人的发展为代价。在普遍的世界交往条件下，一个或一些地区的发达往往以另一个或另一些地区的不发达为代价。

在19世纪80年代末和90年代初，由于世界形势和俄国自身的变化，恩格斯认为，俄国社会"不经过资本主义制度的卡夫丁峡谷"的可能性已经丧失，俄国的唯一前途是走上资本主义发展道路，这是符合历史发展规律的，是历史的进步。俄国走上资本主义道路，虽然要付出代价，经受种种苦难，但这是历史进步过程中不可避免的。俄国民粹派理论家尼·弗·丹尼尔逊，由于不懂得历史进步代价的客观必然性，以俄国走上资本主义道路会给工人、农民以至整个俄国社会带来种种苦难为理由，反对俄国发展资本主义。对此，恩格斯批判道："俄国是被资本主义大工业征服的**最后**一个国家，同时又是**农民人口最多**的国家，这种情况必然会使这种经济变革引起的动荡比任何其他地方都要强烈。由一个新的**资产阶级**土地占有者阶级代替大约50万地主和大约8000万农民的过程，只能通过可怕的痛苦和动荡来实现。但历史可以说是所有女神中最残酷的一个，她不仅在战争中，而且在'和平的'经济发展时期中，都是在堆积如山的尸体上驰驱她的凯旋车。而不幸的是，我们人类却如此愚蠢，如果不是在几乎无法忍受的痛苦逼迫之下，怎么也不会鼓起勇气去实现真正的进步。"同时也要看到事情的另一面，即"资本主义正在展示出新的前景和新的希望"，"没有哪一次巨大的历史灾难不是以历史的进步为补偿的"。①

（二）代价意识和代价选择

社会进步不可避免地要付出代价，但如何付出代价，付出多大代价，则要通过人的活动来实现。在这里，要反对两种错误倾向：一种是浪漫主义的倾向，只求发展，无视代价，把任何代价的付出都看做是自然而然的事情；另一种是悲观主义的倾向，面对社会进步所付出的代价，尤其是比较大的代价，感到沮丧和迷惘，这特别表现在社会转型时期。人类生存和发展的历史制约性及代价付出的客观必然性，并不排除代价的选择性。正确的代价选择

---

① 《马克思、恩格斯与俄国政治活动家通信集》，人民出版社1987年版，第653—654页。

能够减少不必要的代价，以较小的代价实现较大、较快的进步。

既然社会的进步必然要付出代价，而代价的付出又具有可选择性，所以树立正确的代价意识就是十分必要的。所谓代价意识，是指历史主体对社会历史过程中得失利弊关系的判断与权衡取舍的态度和意向。它是主体意识结构中的重要组成部分，对人的实践活动有着重要的影响，直接关系到人的代价选择，影响人的历史活动的性质和方向。社会实践的合理性和有效性，离不开正确的代价意识的确立。

代价意识主要包括成本意识、利弊意识、风险意识和牺牲意识等基本形式。

所谓成本意识，就是对人类活动中必然要付出的人力、物力、财力的估价和权衡。合理的成本投入，即所得大于付出，是获取效益、实现进步的前提。成本意识就是对成本付出的合理性的自觉。

所谓利弊意识，是对实践活动的结果的二重性的权衡。利弊意识对利弊共生性的认识，促使主体以健康的心态，辩证地对待每一个具体的实践活动。一方面，对人与事物的各个方面，人的实践活动中的各种关系、各个环节和各个要素作全面的考察，确立整体观，从全局全过程考察利弊，决定取舍；另一方面，在把握近期、眼前利益的同时，把握其长远效应，对人们实践活动的动态联系和因果反馈作超前反映，提高实践观念的预测和引导功能。

所谓风险意识，是一种在认识到了风险之后的拼搏进取意识，其本质是以主动的创造精神力求险中取胜。就风险意识敢于冒险而言，它不同畏缩不前的保守主义，就其在实践中重视风险、善于化险为夷而言，又不同于冒险主义和赌徒心理。

所谓牺牲精神，是主体对超越自我有限性的自觉，具有为人类正义和进步事业献身的精神。

进入文明时代以来，社会中存在着地位和利益相矛盾的阶级和社会势力，历史进步对于不同的主体来说是不一样的。历史进步引起的社会结构、阶级关系等方面的变动，对不同的阶级和社会势力有不同的意义。进步的阶级和社会势力的得和利，往往是反动的阶级和社会势力的失和弊，反之亦然。因此，他们会对社会进步产生不同的代价意识。只有当历史进入到进步符合于所有人利益的共产主义社会，人类才会有统一的关于社会进步的代价意识。

历史唯物主义既肯定代价的客观必然性，又承认代价的可选择性。主体的代价选择，就是在既定的历史条件下，面对进步与代价的多种可能，代价付出的多种方式，主体有意识地进行选择的过程。代价选择具有重要的意义。首先，代价选择是主体自觉创造历史的表现。对代价的选择使主体积极行动起来，投身于历史实践的滚滚洪流之中，使历史充满生机和活力。其次，正确的代价选择能够减少代价，优化发展。代价选择的基本原则是"两利相权取其重，两害相权取其轻"，力图以最小的代价换取最大的利益。再次，代价选择具有二重性，合理的代价选择能够促进发展，减少代价；不合理的代价选择则会产生相反的效应。人们在历史中所经历的福祸，都与人的选择有关。因此代价的选择，不仅可以激发人的历史主动性，而且可以提高人的历史责任感，人要对自己的选择负责。

在社会历史的发展长河中，进步是主旋律。尽管历史运动中有付出、牺牲、曲折乃至倒退，但进步始终是主导方面，是基本趋势，代价是从属于进步的，是为实现进步而付出的。随着社会生产力的发展和社会关系的改善，人类付出的代价会越来越小，取得的进步会越来越大。到了共产主义社会，人类将基本消除不合理的代价。

五、由必然王国向自由王国的飞跃

（一）必然和自由

要了解必然王国和自由王国这两个概念及其相互关系，首先要了解必然和自由这两个概念及其相互关系。

必然同必然性是一个意思，指的是客观事物的本质的规律性的联系，是客观事物发展的不可避免的趋势。1962 年毛泽东在《扩大的中央工作会议上的讲话》中说："所谓必然，就是客观存在的规律性，在没有认识它以前，我们的行动总是不自觉的，带着盲目性的。"[1] 简单地说，必然性就是事物发展的客观规律性，历史必然性就是社会历史发展的客观规律性。

---

[1] 《毛泽东著作选读》下册，人民出版社 1986 年版，第 833 页。

恩格斯在《反杜林论》中对自由的含义以及自由和必然的关系作了深刻的说明。他指出："自由不在于幻想中摆脱自然规律而独立，而在于认识这些规律，从而能够有计划地使自然规律为一定的目的服务。这无论对外部自然的规律，或对支配人类本身的肉体存在和精神存在规律来说，都是一样的。这两类规律，我们最多只能在观念中而不能在现实中把它们互相分开。因此，意志自由只是借助于对事物的认识来作出决定的能力。因此，人对一定问题的判断**越是自由**，这个判断的内容所具有的**必然性**就越大；而犹豫不决是以无知为基础的，它看来好像是在许多不同的和相互矛盾的可能的决定中进行选择，但恰好由此证明它的不自由，证明它被正好应该由它支配的对象所支配。因此，自由就在于根据对自然界的必然性的认识来支配我们自己和外部自然；因此，它必然是历史发展的产物。"① 毛泽东根据恩格斯这段论述，对自由的含义作了极其精练的界定："自由是对必然的认识和对客观世界的改造。"②

恩格斯和毛泽东的论述告诉我们，对于自由的含义不能孤立地从自由本身去理解，而应该从自由与必然的关系上去理解。因此，了解了什么是自由，也就在一定程度上了解了自由和必然的关系。自由以及自由和必然的关系包括相互联系的两层意思：第一层是说，自由是人们对必然的认识，必然是自由的基础，离开了对必然性的认识，就不会有任何自由；第二层是说，自由是根据对必然性的认识，所采取的改造客观世界的实践活动。这就是说，人们要获得自由，不能停留在对客观必然性的认识上，而且是必须以对客观必然性的认识为指导，去从事改造客观世界的实践活动。自由不仅是一个认识领域的范畴，而且是实践领域的范畴。根据对自由及自由与必然的关系的这种理解，人们在社会历史领域中的自由，就是对社会历史客观必然性（即规律性）的认识以及在这种认识的指导下改造社会的实践活动。

自由既然是对必然的认识和对客观世界的改造，它就必定是历史发展的产物，是一个逐步扩大和深化的过程。恩格斯说："最初的、从动物界分离出来的人，在一切本质方面是和动物本身一样不自由的；但是文化上的每一

---

① 《马克思恩格斯选集》第3卷，人民出版社1995年版，第455—456页。
② 《毛泽东著作选读》下册，人民出版社1986年版，第833页。

个进步，都是迈向自由的一步。"① 人类社会的发展水平和文化的发展程度越高，人类的认识能力和实践能力越强，人类获得的自由就越大。人类的自由和必然性一样，是一个不断发展的历史过程。

自由与必然的关系是双向互动的。一方面，自由帮助我们认识必然；另一方面，对必然性的认识又帮助我们扩大自由。

（二）必然王国和自由王国

关于必然王国和自由王国的含义及二者的相互关系，马克思在《资本论》第3卷和恩格斯在《反杜林论》中的讲法，在本质上是一致的，同时又有一些差别。

马克思在《资本论》第3卷中，似乎是从三个不同的角度讲了必然王国和自由王国的含义及二者的相互关系。

第一种含义，马克思把私有制社会，特别是资本主义社会的物质生产领域看做是"必然王国"，而把物质生产领域彼岸的科学、艺术等精神生产领域看做是"自由王国"。因为物质生产领域的劳动是异化劳动，劳动产品、劳动活动、劳动的社会关系，都是在劳动者之外、与劳动者相对立并且支配劳动者的异己力量，而精神生产领域则是在物质生产领域之外的自由劳动时间中进行的，其目的不是为谋生，而是为了人本身的能力的发展。马克思指出："事实上自由王国只是在由必需和外在的规定要做的劳动终止的地方才开始，因而按照事物的本性来说，它存在于真正物质生产领域的彼岸。"②

第二种含义，就物质生产领域自身来说，在私有制社会，特别是资本主义社会，属于"必然王国"，到未来共产主义社会则属于"自由王国"。马克思指出：物质生产领域的"自由只能是：社会化的人，联合起来的生产者，将合理地调节他们和自然之间的物质变换，把它置于他们的共同控制之下，而不让它作为盲目的力量来统治自己；靠消耗最小的力量，在最无愧于和最适合于他们的人类本性的条件下来进行这种物质变换"。③

第三种含义，把"必然王国"和"自由王国"看做整个人类历史发展的两个阶段。在资本主义社会及资本主义社会以前，属于"必然王国"阶

---

① 《马克思恩格斯选集》第1卷，人民出版社1995年版，第456页。
②③ 《马克思恩格斯全集》第25卷，人民出版社1974年版，第926、926—927页。

段；在共产主义社会，属于"自由王国"阶段，"必然王国"为"自由王国"的建立奠定了基础。马克思指出：在物质生产领域"这个必然王国的彼岸，作为目的本身的人类能力的发展，真正的自由王国，就开始了。但是，这个自由王国只有建立在必然王国的基础上"。①

在马克思的文本中，"必然王国"和"自由王国"及其相互关系的这三种含义的区分并不十分清楚，特别是第二种含义和第三种含义的区分是比较模糊的。

恩格斯在《反杜林论》中，对"必然王国"和"自由王国"的区别则是十分明确的，它指的就是整个人类历史发展的两个不同阶段。前者指资本主义社会和资本主义社会以前的社会，后者指未来共产主义社会。恩格斯指出："一旦社会占有了生产资料，商品生产就将被消除，而产品对生产者的统治也将随之消除。社会生产内部的无政府状态将为有计划的自觉的社会组织所代替。个体生存斗争停止了。于是人在一定意义上最终地脱离了动物界，从动物的生存条件进入真正人的生存条件。人们周围的、至今统治着人们的生活条件，现在受人们的支配和控制，人们第一次成为自然界的自觉的和真正的主人，因为他们已经成为自身的社会结合的主人了。人们自己的社会行动的规律，这些一直作为异己的、支配着人们的自然规律而同人们相对立的规律，那时就将被人们熟练地运用，因而将听从人们的支配。人们自身的社会结合一直是作为自然界和历史强加于他们的东西而同他们相对立的，现在则变成他们自己的自由行动了。至今一直统治着历史的异己的力量，现在处于人们自己的控制之下了。只有从这时起，人们才完全自觉地自己创造自己的历史；只是从这时起，由人们使之起作用的社会原因才大部分并且越来越多地达到他们所预期的结果。这是人类从必然王国进入自由王国的飞跃。"② 恩格斯的这一大段论述，从"自由王国"与"必然王国"根本区别方面论述了各自的特征，说明了由"必然王国"向"自由王国"的飞跃是人类历史发展的总趋势。

从历史发展的辩证法来看，从必然王国向自由王国的飞跃，是一个永远

---

① 《马克思恩格斯全集》第25卷，人民出版社1974年版，第927页。
② 《马克思恩格斯选集》第3卷，人民出版社1995年版，第633—634页。

不会完结的历史过程。人类进入"自由王国"以后，这个过程将随着人类社会和人自身的发展而继续下去。只要人类和人类社会存在，只要人类认识和改造世界的活动还在进行，就始终存在着主观与客观、自由与必然的矛盾。如果这个飞跃过程完结了，那就意味着人类认识世界和改造世界的活动终止了。毛泽东说得好："人类的历史，就是一个不断地从必然王国向自由王国发展的历史。这个历史永远不会完结。在有阶级存在的社会内，阶级斗争不会完结。在无阶级存在的社会内，新与旧、正确与错误之间的斗争永远不会完结。在生产斗争和科学实验范围内，人类总是不断发展的，自然界也总是不断发展的，永远不会停止在一个水平上。因此，人类总得不断地总结经验，有所发现，有所发明，有所创造，有所前进。停止的论点，悲观的论点，无所作为和骄傲自满的论点，都是错误的。"①

六、"世界历史"与共产主义的实现

马克思、恩格斯的"世界历史"理论具有丰富的内容，在"全球化"时代又获得了很大的发展，由于篇幅所限，本书不拟全面论述这个理论，只就其与共产主义的实现相关的内容作些简要论述。

马克思、恩格斯认为，实现共产主义有两个绝对必须的前提。第一个前提是生产力的高度和巨大增长。如果没有这个前提，"那就只会有**贫穷**、极端贫困的普遍化；而在**极端贫困**的情况下，必须重新开始争取必需品的斗争，全部陈腐污浊的东西又要死灰复燃"。② 第二个前提是"世界历史"的形成和普遍交往的建立。马克思、恩格斯为什么要把共产主义的实现与"世界历史"的形成紧紧联系在一起呢？

这主要是因为，共产主义在本质上是"世界历史性的事业。共产主义决不是某一阶级、某一民族的解放，而是全人类的解放，因此共产主义又不能作为某种地域性的东西而存在"。③ 每一民族的解放和每一个单独个人的解放程度，与历史向"世界历史"的转变过程是完全一致的，"无产阶级只有在世界历史意义上才能存在，就像共产主义——它的事业——只有作为

---

① 《毛泽东著作选读》下册，人民出版社1986年版，第845页。
②③ 《马克思恩格斯选集》第1卷，人民出版社1995年版，第86页。

'世界历史性'的存在才有可能实现一样"。①

　　共产主义与世界历史的关系不仅是由共产主义的本质特征决定的，同时也是由世界历史的发展趋势所决定的。一方面，世界历史的形成为共产主义的实现准备了历史前提。普遍的交往和竞争，使生产力获得空前发展，从而为共产主义取代资本主义奠定了坚实的物质基础；资本对世界市场的统治，造就了世界性的无产阶级，以致为埋葬资本主义准备了掘墓人。另一方面，世界历史的发展加剧了劳动与资本的对立，进而为解决这种对立提出必然的要求。在资本主义条件下，劳动越来越具有社会性、国际性，但资本却逐渐为少数个人和集团所占有，这一矛盾只有靠共产主义的方式来解决。另外，在资本主义条件下，单独的个人活动由于同世界市场相联系而扩大为世界历史性的活动，但这种活动却越来越受到异己力量的支配，这就造成了双重后果：各个单独的个人才能虽然摆脱了各种不同的民族局限和地域局限，但又由于异己力量的支配而处于片面的发展。要克服这种异化状态，必须从根本上克服劳动与资本的对立，这就客观上要求共产主义的革命，因为"各个人的**全面的**依存关系、他们的这种自然形成的**世界历史性**的共同活动的最初形式，由于这种共产主义革命而转化为对下述力量的控制和自觉的驾驭，这些力量本来是由人们的相互作用产生的，但是迄今为止对他们来说都作为完全异己的力量威慑和驾驭着他们"。②

　　共产主义作为一个科学概念，至少包括三个方面的含义。

　　首先，作为一种历史运动的共产主义。马克思、恩格斯指出："共产主义对于我们来说不是应当确立的**状况**，不是现实应当与之相适应的**理想**。我们所称为共产主义的是那种消灭现存状况的**现实的**运动。这个运动的条件是由现有的前提产生的。"③

　　其次，作为一种社会制度的共产主义。这个社会制度的基本特征可以从多方面进行概括：从生产力方面讲，生产力高度发展，产品极大丰富；从生产关系方面讲，全社会占有生产资料，实行"各尽所能、按需分配"；从阶级关系和社会分工上讲，阶级彻底消灭，自发分工被自觉分工代替，消灭了"三大差别"；从宏观经济运行形式上讲，消灭了商品货币关系，实行产品

---

①②③　《马克思恩格斯选集》第1卷，人民出版社1995年版，第87、89—90、87页。

经济；从政治上层建筑上讲，国家和政党消亡，代之以社会管理机构；等等。

再次，作为一种价值目标和崇高理想的共产主义。马克思、恩格斯在《共产党宣言》中指出："代替那存在着阶级和阶级对立的资产阶级旧社会的，将是这样一个联合体，在那里，每个人的自由发展是一切人的自由发展的条件。"[①] 在《资本论》中，马克思把共产主义社会描述为"以每个人的全面而自由的发展为基本原则的社会形式"。[②] 人的全面而自由的发展作为崇高而美好的社会理想，只有在共产主义社会才能实现。

[①] 《马克思恩格斯选集》第 1 卷，人民出版社 1995 年版，第 294 页。
[②] 《马克思恩格斯全集》第 23 卷，人民出版社 1972 年版，第 649 页。

国家哲学社会科学基金"十五"规划重点项目

北京市社会科学理论著作出版基金重点资助项目

马克思主义哲学体系的当代构建

当代构建

马克思主义哲学创新研究　第1部

主　编◎黄枬森

副主编◎赵光武　赵家祥　陈志尚
　　　　田心铭　王玉樑　孙小礼

MAKESI ZHUYI ZHEXUE CHUANGXIN YANJIU

【下册】

人民出版社

第四篇

辩证唯物主义人学

把人学单独列出来，作为辩证唯物主义哲学的一个组成部分，是本工程的一项创新。为什么这么做？哲学首先是关于世界观的学问。所谓世界观是指作为主体的人对客观世界的认识，其中不仅回答世界是什么，探讨世界的存在、运动、发展、变化的规律，而且要回答人和世界的关系：一方面是外部世界对人的作用和意义，另一方面是人能否正确认识世界，人应该如何改变世界，以及人应该如何生存和发展自己等问题。为此必须研究人。整个世界是包括自然界、社会和人在内的无限多样的物质运动系统。而人是我们已知的，结构最复杂、发展层次最高级的物质运动形式。人作为客观世界的一部分，是客体，同时人又是认识和改变世界的主体，是唯一的集主客体于一身的特殊物质实体。所以，完整的哲学、除了自然观、社会历史观、认识论、价值论、方法论之外，还应专门研究人学，即从整体上研究人的存在、本质和发展规律，探讨什么是人、如何做人（即人生观）的问题。哲学的历史说明，只有主张并运用正确的世界观、社会历史观、认识论、价值论、方法论，才能获得对人的正确认识，反之只有对人有了正确认识，其他各部分也才能达到全面的、深刻的、真理性的认识。所以，人学与哲学体系的其他各部分具有互为前提，互相依存、互相作用的关系，只有研究了各个部分并加以综合，才能建成完整的哲学科学理论体系。

以往的哲学，不是完全不涉及人，中国古代哲学中就有丰富的人生哲理。西方古代哲学也有关于人和人性的各种学说。但由于历史条件的限制，马克思以前的哲学家们的世界观往往是肤浅的、片面的，社会历史观又都是唯心主义的，因而他们的人学思想只能停滞于对抽象的人的崇拜和议论，达不到真理性的认识。马克思、恩格斯对哲学实行革命变革，创立了辩证唯物主义和历史唯物主义，同时开创了现实的人及其历史发展的科学，即科学的人学。需要我们后人加以挖掘、整理、继承，并根据新的经验充实和发展。

当代人类实践能力迅速提高和发展，生活急剧变化，社会在不断进步的同时各种矛盾和问题空前尖锐地爆发出来。人应该如何化解生存危机，在发展社会的同时如何发展自己，已成为不容回避的、紧迫的、必须正确认识和处理的头号现实问题，成为哲学家们普遍关注和思考的重大理论问题。因而把人学列为哲学的重要组成部分，把它建设好，是当代人类在精神文化方面的迫切需要，是哲学发展的必然。

第　一　章

人 的 存 在 论

人学研究必须从实际出发，它所面对的是现实的人，即在地球上在社会中生活和活动着的真实的人。因此应通过对直接关系到人的两种基本关系——人和自然、人和社会的矛盾分析入手，把握住人的存在的特点，以及人在自然界和社会中的位置，从而确立人学基本理论的出发点和基本前提。

第一节　人是自然存在物

一、人是自然界长期演化的产物（人是运动着的物质世界的高级形态，自然是人类生存发展永恒的物质前提）

人类是怎么产生的，即人类的起源问题，是人学的第一个问题。解答这个"千古之谜"，人类经历了漫长的探索。而且这个问题始终是同人类探索大自然的奥秘，思考人和自然的关系紧密联系在一起的。对此，古代有各民族祖先流传下来的神话传说，中世纪则是各种宗教经典所宣扬的上帝或神仙造人的说教。近代以来，随着科学的发展，天文学、地质学、考古学、生物学等提供的研究成果，特别是现代生命科学基因工程等伟大发现，自然进化论逐渐成为主导的理论。现在大多数人相信，人不是什么神创的，而是自然界长期演化的产物。但是认识到此为止，很多人并不满意，总感到还缺点什么。我们认为应该以科学提供的事实为根据，上升到哲学层次全面地揭示人和自然的关系，才能深刻解答人类的起源，进而不断深化人类生存发展条件的认识。

人和世界的关系问题始终是哲学也是人学的基本问题。这里所指的世界，首先是自然界。因此，应从探究人和自然的关系入手。

（一）自然先于人而存在，自然是人之母

现代科学证明，地球是无限宇宙空间中的一个天体，是银河系中组成我们太阳系九大行星中的一员。人类世世代代在地球的怀抱里生活、成长、繁衍，这一基本事实说明：地球是人类的母亲，对人具有本原和基础的性质。

约60亿年以前，在不断运动着的太阳系的星云中分化出了"原始地球"。它起初是近乎均质的物质球体，经过内外各种因素的相互作用，到40亿年前发生了圈层分化，内部分化为地核、地幔和地壳，外部形成了大气圈、水圈。水、大气和地壳三个圈层长期交互作用的结果，产生了适合于生物生存的领域——生物圈。它的出现标志着地球的发展从化学变化阶段推进到新的高级的生物进化阶段。生物圈与地表的三个无机圈层（大气圈、水圈、岩石圈）共同构成了生态环境巨系统，这是人类生存发展不可缺少的自然条件。

（二）生物圈下人类与自然的关系

地球这个特殊的自然界，经过几十亿年的运动变化，到现在约有生物250万种，其中动物约200万种、植物约34万种、微生物约3.7万种。回顾生物进化史，从37亿年前产生最初的原始生命开始，从没有细胞结构发展到有细胞结构，从原核细胞生物发展到真核细胞生物，从单细胞生物经过单细胞群体发展到多细胞生物，从水生发展到陆生，中间经过一系列环节的转化，最后由高等脊椎动物——古代类人猿进化到人，这是长达几十亿年的由低级向高级、由简单向复杂的发展过程。

人是世界上已知的所有物质形态中发展层次最高、最复杂的生命物质。但构成人体的各种要素、各个部分，没有什么神秘的不可认识的东西。现代生物科学已经证明，人体从细胞、皮肤、肌肉、骨骼、血管、大脑、神经到各种器官，都是由复杂的和简单的有机分子所组成，都来自自然界的无机物——水和化学元素，在一定条件下它们结合成为特殊的生命有机体——活的人，按照生物的规律运动着，具有新陈代谢、应对环境、生殖遗传和进化

等各种功能，当人的生命终结时，机体又复归于自然，化为水和无机物。即便是被称为"宇宙之花"的人的精神和意识，也不是什么独立于物质的实体，而是人脑——这块特别复杂的物质的属性和机能，它的内容无论多么复杂，都是对客观世界（物质实体及其属性、本质、关系、规律等）的能动的反映。所以，认识人自己，首先应该如实地认定："那些'现实的、有形体的、站在稳固的地球上呼吸着一切自然力的人'，是自然界的一部分"，①它的产生是地球上生物进化的结果。世界的统一性在于物质性，这是马克思主义辩证唯物主义世界观的第一条基本原理，它所说的"世界"是指包括人在内的一切客观事物。如果说人有什么特殊的话，就在于他作为物质运动的最高形式，内在地包含着物质世界从低级到高级的各种运动形式，它们贯穿于人的生命的全过程。为了维持生命，人一分钟也不能脱离自然界，必须不断地同外界进行物质、能量、信息的交换。人的生命状况就是其内部肌体和外部环境两个方面的物质运动综合作用的结果和表现。这就是说，人的物质性和生物性决定了它必须永远依赖于自然界，永远不能摆脱、而始终要受自然界各种规律的影响和制约。个人是如此，整个人类也是如此，这是一条铁的法则。

类人猿进化为人类，首先是其内在的生理结构和生活特点这个重要因素，其次是气候条件变化的重大影响，最后具有决定意义的是人类祖先作为主体所具有的特殊的（不同于动物本能活动的）能动性——劳动。一是持续的劳动促使类人猿前后肢分工，劳动的锻炼和经验的积累，使类人猿逐渐从使用天然工具发展到学会制造和使用工具，猿的手终于变成了人的手，形成了真正严格意义上的人的劳动。二是劳动创造了人脑。劳动推动了语言和意识的产生，又一起推动了脑髓和感觉器官的发展，经过多种因素的持续的相互作用和相互促进，导致了人类所特有的意识和抽象思维能力的产生，猿脑终于过渡到了人脑。三是劳动形成了人类的社会关系。劳动使人的活动超越了动物的本能，由原来动物性的自发的群体活动变为自觉的社会性的生产和交往。人的关系也由原来单纯的动物的种群关系，变为复杂的人们之间的生产和交往关系，即人所特有的社会关系。这样才生成了真正社会性的人和

---

① 参见《马克思恩格斯全集》第42卷，人民出版社1979年版，第167、129、95页。

人类社会。可见（正如恩格斯所说），劳动"是一切人类生活的第一个基本条件，而且达到这样的程度，以致我们在某种意义上不得不说，劳动创造了人本身"。①

随着人类的出现，生物圈受新的力量——人的力量的作用，其自然过程就发生了改变。它的特点是人以自己的智慧和劳动积极地主动地改变周围环境，而且改变的速度越来越快，结果使以往的动物与其生存环境的关系转变为人类与自然的关系。

"人直接地是自然存在物"，但是不能把人的产生理解为纯粹是外部自然自发作用的结果。在从动物向人类的过渡中，人自己的劳动起了决定性作用。劳动（包括猿人所从事的极其原始的对自然物的采集和最初的加工制作）包括人与外部自然的相互作用和人与人之间的相互联系两个方面，只有在不断地共同活动和思想交流、行为交流的过程中，才能使人的肌体，特别是大脑和神经系统发达起来，形成人的语言和意识，从而完成从猿脑向人脑的进化。所以，正是由于社会进化和生物进化这两方面因素的相互作用、相互促进，才最终实现了"从正在形成中的人"向"完全形成的人"的转变。

还需要强调的是，我们所讨论的人与自然的关系实际上是人类社会和自然的关系，而不是脱离群体和社会的孤立的个人和外部世界的关系。在从动物向人类过渡，以及人类发展过程中，社会的联合力量始终起着重大作用。个人总是"从属于一个较大的整体"，必须"以群的联合力量和集体行动来弥补个体自己的能力不足"，人本身的存在就是社会性的活动。诚然，个人也可以和自然形成关系，但由于个人不能离开社会而存在，现实的个人只能作为人类社会的一分子与自然发生关系。这就是人的社会特性。

（三）自然界是人类生存发展的基础

人作为一种有生命的实体，决定了它的存在必须按照生物运动新陈代谢的普遍规律，同外界不停顿地进行物质、能量、信息的交换，获得生存所必需的空气、阳光和水，以及衣食住行等物质生活资料。这些东西都是直接或间接地来源于自然界，因而作为人类物质生产资料和生活资料来源的自然

---

① 《马克思恩格斯选集》第 4 卷，人民出版社 1995 年版，第 373 页。

界，就成为人类生存发展的自然物质基础。马克思说："从实践领域说来，这些东西也是人的生活和人的活动的一部分。人在肉体上只有靠这些自然产品才能生活，不管这些产品是以食物、燃料、衣着的形式还是以住房等等的形式表现出来。"还说："在实践上，人的普遍性正表现在把整个自然界——首先作为人的直接生活资料，其次作为人的生命活动的材料、对象和工具——变成人的无机的身体。"① "没有自然界，没有感性的外部世界，工人就什么也不能创造。它是工人用来实现自己的劳动，在其中展开劳动活动，由其中生产出和借以生产出自己的产品的材料。"② 这就是说，人与动物一样都依赖自然界，区别只是依赖方式不同。人的方式是通过实践建立起同自然的利用、改造和被利用、被改造的关系。

再者，马克思还特别提到非理性因素（欲望、感觉、激情）对确证外部世界客观实在性的意义。他认为，人的欲望的对象是作为不依赖于他的对象而存在的。人们通过消费（吃、喝）既是对对象的肯定，又是对对象的扬弃。人的"世俗的胃也每天都提醒他在他以外的世界并不是空虚的，而真正是把他灌饱的东西"。③ 没有人之外的自然界，人的任何一种情欲都无法满足。

在人类社会发展的最初阶段，自然资源是天然的"衣食仓库"和"工具武器仓库"，为人类的生活和生产直接提供所需要的物质资料。随着社会生产能力的提高，人类对自然资源需要和利用的范围越是扩大，自然环境作为劳动场所和原料来源的意义就越加重要。人类支配自然界，并不是脱离自然界，而是越来越深入地认识自然界，越来越多地利用过去无法利用甚至根本不知道的自然资源为自己服务。在这个意义上，人类对自然的依赖永远也不会消失，而且不断加深，只是不断改变其对自然利用的方式、范围和深度。

自从人从自然界分化出来，自然界（主要是指人类活动所及的地球范围的自然界）成为人类生存的外部环境之后，不可避免地带有人的活动的痕迹。人的活动转过来就成为影响自然系统的一个重要因素。不仅制约着生

---

① ② 《马克思恩格斯全集》第42卷，人民出版社1979年版，第95、92页。
③ 《马克思恩格斯全集》第2卷，人民出版社1957年版，第154页。

物环境的状态，而且影响到了这部分自然的进化。

人与自然原始的依赖关系是建立在二者缺乏分化的基础上，而当代人与自然的关系则是建立在人与自然之间高度分化和相互关系充分发展的基础上，自然力越来越多地为人所利用和控制。如，人对地壳的作用，其规模有时可以与最强大的地质力的作用相比。根据苏联科学院费尔斯曼院士的统计材料，在 15—20 世纪这 5 个世纪里，人们从地球挖出不下 500 亿吨煤、20 亿吨铁、2000 万吨铜、2 万吨黄金等等。卞列尼克院士则指出，由于人的生产活动，每年都要把不下 5 立方公里的岩石挖掘到地面上来，人用运河把大洲切开，向大海夺取陆地、灌溉沙漠、排干沼泽、改变河流、修筑水库，甚至改变自己生活的气候条件。人还对植物界和动物界施加影响，干预生物进化的进程。他们消灭一些植物和动物品种，培育和改变着另一些品种。地球上相当一部分地区的植物是由人造成的。现代遗传学和分子生物学研究的突破，使人可以通过基因工程技术，改变遗传信息流等手段创造出新的物种，生产大量适应于人类需要的植物和动物。尽管如此，人永远也不可能摆脱对自然的依赖关系，人类维持生存和发展的全部生产资料和生活资料仍然都直接和间接地来源于自然界，就这一点而言，自然界永远是人类生存发展的基础。

再进一步说，不仅人的生存不能离开自然界，而且整个人类社会的发展、文明的创造，同样也不可能离开自然界。无论是物质生产、精神生产，还是人自身的生产都是如此。自然环境是社会存在和发展的永恒的首要的物质前提。尽管人类社会是在劳动基础上形成的相对独立的物质系统，然而这一相对独立的系统必须纳入到同自然界进行物质、能量、信息交换的更大系统之中才能存在。这从根本上体现着人对自然这一伟大母亲的全面的、深厚的、永恒的依赖。

二、人是自然的改造者

（一）人是改造自然的主体

实践关系是人与（作为其生存条件外部环境的）自然之间首要的基本的关系，它使人处于能动者和创造者的地位，根本改变了一般生物与自然关系的性质。

由于历史上人与自然的关系是通过人的劳动使自然人化的过程中建立起来的，因此它天然就具有社会性、实践性，使人在创造对象世界的同时也造就了自己的主体地位。表现为人能自觉地按照自己的需要和满足需要的对象来设定活动的目的，并据此来规定自己的行动。人在实践中的主体性表现在以下三个方面：

第一，认识事物的本质和规律，形成"认知理性"。

第二，在此基础上，结合主体的价值观念和活动目的，确定主体对待客体的态度，"应当做什么"和"应当怎样做"，也就是提出行动的目的、计划、方针、政策、战略、策略等等，即形成"实践理性"。要解决的是如何变革对象以满足人的需要。目的性是人的主体性在观念上的综合表现。"实践理性"充分体现了人在实践中的主体地位——预见性和创造性。

第三，主体在社会关系中的地位、知识、技能、经验以及精神状态等各项要素都是十分重要的，是取得实践成功的必要条件。

（二）人的实践活动的能动性和受动性

人的实践活动是能动性和受动性的辩证统一。

人的实践能动性的形成和发挥，经历了从简单到复杂、从初级到高级的发展过程。人类发展的历史事实说明，刚从动物演化出来的原始人类，还没有明确的自我意识，还没有能够把自己同外部自然界完全分开，还没有意识到自己的独立存在。为了生存，人当然要从事维持生存的劳动等活动。最初的劳动，一方面已表现出人对自然的某些能动性，开始超越纯粹的动物活动，是从动物活动向人类活动过渡的形式；另一方面，存在着较大的受动性，严重地受制于环境。由于这种劳动的手段是自然界的现成实物，目的也在于获得现成的自然实物，因而仍然是动物式的本能的劳动。

物质的和文化的动因不断驱动着原始人从事新的对象性活动，并在活动中加深了对外部自然界的认识，原始农业和畜牧业出现就是在这个过程中实现的一次质的飞跃。它使人开始真正确立自己的主体地位，发挥出人之所以为人的本质所特有的能动性。其标志是这时的人不仅已经能够把自己同外在的自然对象区分开，而且能够主动改造那些与自身活动相联系的自然物，使其成为人化的自然物。人们在同自然界发生关系的过程中，人与人之间也结成了社会性的关系，在一定的社会共同体中生活，如血缘家庭、氏族组织等，其行为开始受社会规范的影响和制约。

经过漫长的史前阶段，进入文明时期之后，由于长期实践经验的积累和理性、激情、意志等主体性因素的交互作用，人开始进入以科学技术和艺术等手段来改造自然物的新时期。尽管文明时期至今不过几千年，近代科学和工业革命至今不过二百多年，对整个人类历史来说不过是很短的一段，但人类改造自然的广度和深度，却呈现一种以几何级数的速度快速上升的态势，充分显示了人的认识和实践活动的能动性的巨大威力，这是动物所根本不能比拟的。马克思说得好："动物只按它所属的那个种的尺度和需要来生产和建造，如蜜蜂、海狸和蚂蚁只为自己及其幼仔营造住所，而人却懂得按任何一种尺度来进行生产，并且懂得怎样处处把人的内在尺度运用到对象上去，而且人也按美的规律来建造。"①

总之，动物只能本能地被动地适应自然界，单纯地以自己的存在来影响周围的自然环境。而人则能够认识和正确地运用自然规律，通过改变周围的自然环境使自然界为自己的目的服务，并使之朝着有利于人类进化的方向演进。

人之所以与动物相比有着本质区别，是由于人和自然界通过实践活动所发生的改造与被改造关系，而且这种人所特有的能动性是在理性指导下，在一定的社会关系中实现的。正是理性指导下的实践和结成社会关系这两个条件，使人和自然界的关系高于动物与自然界的关系。马克思说得好："最蹩脚的建筑师从一开始比最灵巧的蜜蜂高明的地方，是他在用蜂蜡建筑蜂房以前，已经在自己的头脑中把它建成了。"② 也正是由于人是自然性和社会性的统一体，人的吃穿住行和生育繁殖等活动与动物的同类活动相比有着天壤之别。马克思说：饥饿总是饥饿，但是用刀叉吃熟肉来解除的饥饿不同于用指甲和牙齿啃生肉来解除的饥饿。也就是说，即使是自然性，人的自然性已是受理性和社会性支配的自然性。更重要的是，人的社会性同理性紧密结合在一起，贯穿于人的整个社会生活和实践活动之中，决定着实践的目的、意志，整个活动的计划、组织、实施以及成果的分配等各个环节，从而使主体

---

① 《马克思恩格斯全集》第 42 卷，人民出版社 1979 年版，第 97 页。
② 《马克思恩格斯全集》第 23 卷，人民出版社 1972 年版，第 202 页。

得以充分发展自己的潜能，创造并使用各种工具，组织和协调群体的力量。正因如此，人的主体能动性能发挥出大大超出个体自然生理素质局限的强大威力，改变原始自然，创造人化世界，这是任何动物所根本不可能达到的。

另一方面，必须承认人对自然的受动性。这是指作为自然存在物的人，他的活动自始至终必然要受自然对象、自然环境以及自身自然的客观规律的制约。这种客观制约性对主体来说就是受动性。它主要表现在四个方面：一是主体的一切活动都必须从自然对象、环境即客体的实际情况出发，而不能脱离实际仅从主体自身的愿望出发；二是必须遵循自然界的客观规律，充分估计到自然客体对主体的制约作用；三是主体活动的深度和广度会受到自然客体在发展过程中内在矛盾暴露程度的限制，一般难以超越；四是还要受到主体自身自然条件的限制。

这就是说，人在认识世界和改造世界的过程中，主体能动性的发挥是有条件的，它首先要受各种主客观条件的限制。人必须承认和估计到主体的受动性，不能离开客观事物的性质、规律及其对人的作用去选择和行动，否则必将在实践中遭到挫折和失败。再说，人的能动性的实现也是相对的，总有局限性。尽管人类通过认识和实践可以利用和改造自然，可以趋利避害，兴利除害，发挥环境对人的有利因素，消除不利因素，但是人们并不是每一次都能完全准确地预见自己活动的全部后果，有时更难以充分估计活动所造成的深层影响。因而，人在改造自然的活动中，不可避免地会带有一定的盲目性，也可能为了眼前的实践目的和利益而自觉不自觉地破坏自然环境。这种人为的破坏，其后果（遭到自然的反作用）有时马上出现，有时则往往要在若干年后才能被发现。恩格斯在《自然辩证法》中谈到不要过分陶醉于我们对自然界的胜利时，曾举了这样一个例子："美索不达米亚、希腊、小亚细亚以及其他各地的居民，为了得到耕地，毁灭了森林，但是他们做梦也想不到，这些地方今天竟因此而成为不毛之地，因为他们使这些地方失去了森林，也就失去了水分的积聚中心和储藏库。"① 这种情况，在人类历史上出现过，在当代也大量存在着。现代生产力的迅猛发展，使人类改造自然达到了新的广度和深度，无疑是人的主体能动性高度发挥的表现，但同时又造

———————

① 《马克思恩格斯选集》第4卷，人民出版社1995年版，第383页。

成了自然环境和生态平衡新的严重破坏的消极后果。

因此，人的一切认识和实践活动，都必须自觉地做到能动性和受动性的辩证统一。把人的实践活动的能动性和受动性割裂开来，认识不到或否认受动性这一面，把实践的能动作用片面地盲目地夸大，以为人可以不顾自然规律的作用，单凭主观意志任意为所欲为，甚至公然违背自然规律胡作非为，那么其最终结果必然达不到预期目的，甚至会受到自然的报复和惩罚。

（三）人的实践活动能力的无限性和有限性

自然界、客观世界的存在是无限的，人和自然的现实关系却是有限的。人对自然的改造能力既是无限的，又是有限的。人类的历史是不断地把自在之物转化为为我之物，不断地从必然王国向自由王国飞跃，这个过程永远不会完结。人对自然的依存性以及人的能动性和受动性的统一，人对自然改造能力的无限性和有限性的统一，要求人对自然界既要能够改造又要善于保护。

从历史发展的角度看，人类征服自然是一条曲折漫长的道路，只要人类不断延续下去，获得可持续发展的条件，那么依靠科学技术和社会组织的力量，人对自然的征服改造能力将具有无限的可能性。但是，就现实状况来说，由于受到社会历史条件、生产力发展水平、科学技术水平、人的素质等多种因素的限制，人的认识和实践能力都是有限的，人对自然的征服改造也总是有限的。实践经常可能既是自觉的，又带有一定的盲目性。结果是实践的正负双重效应相伴而生，生态危机的出现就是负效应的突出表现。所以，人与自然的现实关系往往表现为人征服自然和自然报复人的相互作用，正如恩格斯所说："我们不要过分陶醉于我们人类对自然界的作用的胜利，对于每一次这样的胜利，自然界都对我们进行报复。"①

目前日益严重的生态危机也是由于人类盲目征服自然的行为所造成的。在人与自然的关系中，在正常情况下，人是处于主导地位的。人类为了生存，必须改变自己周围的自然环境，必须不停地开发和利用自然资源，这并不是人有所谓"征服欲"和"恶"的天性，而是他得以生存和发展的唯一选择。但是，人应该积极地不断认识和掌握更多的自然规律，在实践中采取

---

①《马克思恩格斯选集》第4卷，人民出版社1995年版，第383页。

有效措施，降低负效应，最大限度地消除活动的消极结果。"事实上，我们一天天地学会更加正确地理解自然规律，学会认识我们对自然界的习常过程所作的干预所引起的较近或较远的后果。"① 当然，在无限发展的物质世界中，在一定历史阶段上，人类对自然规律的认识和运用只能是有限的。人和自然的矛盾永远是客观存在的。人对自然的改造只能合理地解释为比较正确地认识和掌握自然规律，最大限度地为人类造福。那些为了个体的私利，或者某个群体的暂时的局部的利益，任意掠夺自然资源，破坏生态平衡的行为，必定违背社会全体成员以至整个人类的长远的根本的利益。因为归根到底，人的生存发展始终必须依赖自然环境，人的生存发展规律与整个自然运动的规律是同一的。

马克思认为，人类在改造自然的同时，应注意合理调节人们在发挥生产力和对自然的破坏之间的矛盾，以获得人类改造物质世界的"自由"。他指出："这个领域内的自由只能是：社会化的人，联合起来的生产者，将合理地调节他们和自然之间的物质交换，把它置于他们的共同控制之下，而不让它作为盲目力量来统治自己；靠消耗最小的力量，在最无愧于和最适合于他们的人类本性的条件下来进行这种物质交换。"②

思想界关于"人类中心主义"和"反人类中心主义"的争论，显示出人们对人类实践活动能力的不同看法。人类中心主义主张，人和自然的关系就是认识、改造和征服自然，以满足自身的需要，强调人的实践能力的无限性。而反人类中心主义者则认为，20世纪下半叶以来，随着科技飞速发展，不仅出现了生态环境恶化、非再生资源严重消耗甚至衰竭等问题，而且还出现了人类用科技毁灭自己的可能性，这是人类中心主义所造成的，它夸大了人类改造自然的能力。这个争论直接涉及如何正确认识和评价人对自然的改造问题。

迄今为止，人类仍是唯一具有主体意识的最高智慧生物体，人类的产生决定了其在自然界中的独特地位，因此应以符合人类生存和发展的根本利益为出发点来确定如何处理人与自然的关系。我们居住的地球这颗行星早已进

---

① 《马克思恩格斯选集》第4卷，人民出版社1995年版，第384页。
② 《马克思恩格斯全集》第25卷，人民出版社1974年版，第926—927页。

入了智力圈时代，它最显著的特征是人与自然关系的全面刷新，人的主体地位在人与自然的关系中凸现。在现代，一方面复杂的智能机器系统支配了世界舞台，计算机充当了新技术革命的主角，使得人类对自然界的干预和控制得到了史无前例的拓展，人与自然的关系在深化。但另一方面，人类对自然界的强大干预却出现了始料未及的后果，人与自然的关系在恶化，生态系统的潜在危机已经不是关于人类未来的假设，而是关于人类生存的现实威胁。人类如果再不主动地采取措施，抑制人的活动所造成的自然环境的恶化，那么一个生机盎然的生物圈就有可能变成人类无法生存的荒漠。所以，要摆正人与自然的关系，首先还是要认真考虑人类自身如何持续生存和发展的问题。在这个意义上，即价值观领域，人类始终是人与自然关系的中心，是主导的因素，而自然界则是价值的客体和基础。

正确的态度应该是总结实践经验，对人如何发挥它的主体作用加以正确的规定。不是漠视自然力、随意蹂躏大自然，而是重视自然力的作用，变害为利，适度开发，永续利用。在改造自然的同时又保护自然，在人与自然之间保持一种和谐的关系。

三、追求人与自然的和谐

科学发展观要求环境与经济社会全面、协调、可持续发展，追求人与自然的和谐是其中一项重要内容。它的核心思想是，健康的经济发展应该建立在生态持续能力、社会公正和人民积极参与自身发展决策的基础上。它所追求的目标是：既要使人类的各种需求得到满足，每个人得到全面发展，又要保护生态环境，不对后代人的生存和发展构成危害。它特别关注的是各种经济活动的生态合理性，强调对环境有利的经济活动应予鼓励，对环境不利的经济活动应予摒弃。在发展指标上，不把 GNP 作为唯一指标，而是用社会、经济、文化、环境、生活质量等多项指标来全面衡量发展。对发展的这种要求较好地把眼前利益与长远利益、局部利益与整体利益统一起来，使经济沿着健康的轨道前进。这是解决 20 世纪后期出现的人与自然尖锐矛盾的唯一明智的选择。

需要指出的是，可持续发展理论的出发点和目的是为了人类生存和发展的共同的长远的根本利益。由于人和自然的关系不是孤立的、唯一的，而是与人们之间的社会关系有着不可分割的联系，因此要实现人类社会的可持续发展必须全面认识和正确处理人和自然、人和人两对矛盾。在这两对矛盾中，人与人的矛盾始终占据着主导方面，是实现可持续发展必须解决的首要问题。

第一，可持续发展强调的仍是发展。问题在于是要建立适合于人类持续发展的新的生态平衡。而要治理自然生态失衡，必然要涉及社会生态的失衡及治理问题。

当代全球的实际情况是，对大多数人口和大多数国家来说，消除贫困，获得生存所必须的经济和社会条件，是实现可持续发展的首要前提。贫困被公认为是最大的社会环境污染和社会生态失衡。广大发展中国家正经受着贫困和生态恶化的双重压力，只有发展，才能为解决生态危机提供必要的物质基础，也才是最终摆脱贫困、愚昧和落后的唯一出路。但是在缺乏资金、技术、人才的条件下，要通过发展同时解决贫困和改善生态环境两大任务是非常艰难的。真正走可持续发展的道路，只能以解决人与人的社会关系，治理社会生态失衡为突破口，同时积极推动解决人与自然的矛盾，治理自然生态失衡，最终实现人类文明的全面进步。

第二，可持续发展观认为，经济发展与环境保护相互联系，不可分割，并强调要把环境保护作为发展进程的一个重要组成部分，作为衡量发展质量、发展水平和发展程度的一个客观标准。越是经济高速发展，越要加强环境和资源的保护，以获得长期持久的支撑能力。

第三，可持续发展强调人类同代之间和代际之间的发展机会均等。人与人的关系既是横向发生于同代人之间，又是纵向发生于代际人之间。随着经济全球化迅猛发展和全球性生态危机的加剧，代内和代际之间的矛盾都日趋尖锐。仅以土地资源为例，当代人的过度索取使土壤流失和土地荒漠化日益严重，这不仅给当代人造成严重危害，也把后代人推向无以安身立命的绝境，显然是不负责任和不公平的。因此必须约束当代人的行为，制止对自然资源的滥取豪夺，努力治理环境污染。发展必须实行协调原则，既在同代人之间体现人人平等，也在代际之间体现人人平等。所有个人、群体和国家，在考虑发展时都要把环境权利和环境义务统一起来，在维护自身环境权利的同时，维护他人、其他群体、国家以及后代人的生存与发展权利。以求通过全球性的可持续发展，改善和优化同代人之间、代际之间的关系。

第四，可持续发展呼吁人们改变传统的生产方式和消费方式，在生产时尽量地少投入、多产出，在消费时尽可能地多利用、少排放。必须纠正过去那种靠高消耗、高投入、高污染和高消费来带动和刺激经济高增长的发展方式，转变为依靠科技进步和提高劳动者素质来促进经济增长的新方式。

第五，可持续发展要求人们必须彻底改变对自然界的传统态度，建立起新的道德和价值标准，不能把自然界看做是被人类随意盘剥和利用的对象，而应看做是人类生命的源泉和价值的源泉。人类必须学会尊重自然、师法自然、保护自然，把自己当做自然界中的一员，与之积极地和谐相处。

应该说，可持续发展理论蕴涵着以下三项原则：

一是公平性原则。公平性原则包括三层意思：一是本代人的公平；二是代际间的公平；三是公平分配有限资源。核心问题是如何使我们这个星球的每个人、每个国家和后人都能公平地分享到社会进步的成果，一部分人的发展不应以损害另一部分人的利益为代价。目前的现实是，占全球人口25%的发达国家，消耗的能源、钢铁和纸张等都占全球的80%。联合国环境与发展大会通过的《关于环境与发展里约热内卢宣言》已把这一原则上升为国家间的主权原则，即"各国拥有按其本国的环境与发展政策开发本国自然资源的主权，并负有确保在其管辖范围内或在其控制下的活动不致损害其他国家或在各国管辖范围以外地区的环境的责任"。

二是持续性原则。促进人与自然双方的互利共生，协同进化。要求人类的经济和社会发展不能超越资源与环境的承载能力。对于自然资源的耗竭速率应考虑资源的临界性。

三是普遍性与特殊性结合的原则。可持续发展作为全球发展的总目标，所体现的公平性和持续性原则具有普遍性，世界各国必须采取全球性的共同的联合行动。同时，由于世界各国经济文化的发展水平、社会制度、历史传统、自然资源和环境等的差异，可持续发展的具体目标、政策和实施步骤必须结合各自国家的具体国情来制定，带有特殊性。也就是说，普遍的、共同的发展是通过各国带有自己特点的政策和措施来实现的。

总之，人和自然之间的矛盾能否正确解决，有科学认识问题，有发展道路的选择问题，有社会制度和政策问题，有科学技术问题，还有社会发展水平等问题，因而是一项复杂的系统工程。可持续发展理论的提出是人类社会发展观的一次飞跃，它集中表现出人类向更高层面上创建新的文明社会的强烈愿望，这与马克思建立共产主义社会的伟大理想是完全一致的。

第二节 人是社会存在物

对现实的人的理解和把握，不仅应该从人与自然关系入手，探讨人的自然存在，而且还要以此为基础，通过人与社会的关系，探讨人的社会存在。因为，社会即处于一定社会关系中的人的最大集合，人在本质上是社会存在物。

一、人与自然和人与社会的辩证关系

人与自然的关系和人与人的社会关系并不是彼此分离的，而总是内在地紧密联系在一起的。

现实的人总是在一定的社会关系之中从事实践活动的。人与动物的一个重要区别就在于，他能够意识到自己与世界的关系，从而把自己同世界区分开来，这是人与世界发生主客体关系的一个重要前提，也是人的自我意识的重要体现。马克思说："凡是有某种关系存在的地方，这种关系都是为我而存在的；动物不对什么东西发生'关系'，而且根本没有'关系'；对于动物来说，它对他物的关系不是作为关系存在的"。①马克思这里所说的"关系"是指社会关系，并认为这是人所特有的，是人和动物的一个本质区别。动物只是被动地适应环境，它虽然也同外物发生关系，但这种关系只是自然界的物与物之间普遍的相互联系。而人类则不同，他们必须彼此结成一定的社会关系，通过劳动实践能动地改变外部世界，创造人的世界，以满足生存和发展的需要。因此，马克思说"这种关系都是为我而存在的"。意思是说，人同外物的关系是他作为主体发挥能动性而主动建立的，因而这是一种为我关系，或这种关系具有为我性。"为我"的"我"不能狭隘地理解为只是某个个人，而是指人类，所有的人。这个论断抓住了人与外部世界关系的

① 马克思、恩格斯：《费尔巴哈》，人民出版社1988年版，第25页。

特点：它是以人为主导的主客体相互作用、相互生成的辩证关系，是为我关系与自在关系的统一，突出了人的主体性、能动性、创造性。人在社会关系中的自觉程度、驾驭程度，是人类发展的一个重要指标。

马克思说："生命的生产，无论是通过劳动而达到的自己生命的生产，或是通过生育而达到的他人生命的生产，就立即表现为双重关系：一方面是自然关系，另一方面是社会关系。"① 这个论断揭示了人的劳动实践与人对自然、社会关系的内在联系，隐含着实践是自然、社会和人三者统一基础的深刻思想。人的劳动实践只要付诸行动，就立即表现为人与自然、人与社会双重关系的发生，而且在整个实践过程中，这个双重关系必须始终保持着，失去关系就意味着实践的中止和结束。同时，人们的社会关系也不是凝固的、一成不变的。它不仅是劳动实践活动的形式，是劳动实践得以进行的条件，而且它本身就是一种人与人之间相互依存、相互作用、相互制约的实践活动。这就是说，劳动实践和社会关系是相互依存、相互渗透和互为中介的，而实践是人和自然、社会统一的基础。

马克思说："人们对自然界的狭隘的关系决定着他们之间的狭隘的关系，而他们之间的狭隘的关系又决定着他们对自然界的狭隘的关系。"②这就是说，在实践基础上产生的人与自然和人与社会这两对矛盾，是既相互制约又相互依存的辩证关系。就相互制约而言，人与自然的关系制约着人与人之间的社会关系，人与人的社会关系又制约着人与自然的关系，二者是共时性的同构关系。就相互依存而言，"人们在生产中不仅仅影响自然界，而且也相互影响。他们只有以一定方式共同活动和相互交换其活动，才能进行生产。为了进行生产，人们相互之间便发生一定的联系和关系；只有在这些社会联系和社会关系的范围内，才会有他们对自然界的影响，才会有生产"。③人与社会的关系不断地孕育、发生、变化、发展于人类改造自然的全部过程之中。虽然从发生学来看，人与自然关系是一种基础性的关系，但就对人类的生存发展所起的实际作用来看，人与人之间的社会关系是一种更加直接的本质关系。人对自然的关系，不是像动物同自然界那样，是浑然一体的纯粹自然关系，而是社会的人对自然的关系，是人所特有的"为我"关系。

①②③ 《马克思恩格斯选集》第1卷，人民出版社1995年版，第80、82、344页。

这里需要明确的是：对实践的作用应有正确的估量，夸大和不足都是片面的。实践所产生的改变世界的力量是巨大的，但它并不是什么神秘的超自然的力量，而是人身上所特有的一种属性。人的实践能力的成长和发挥，一方面要受到包括人们的社会关系在内的各种社会条件的制约；另一方面要受人和自然关系在内的各种自然条件的制约。因而，人对世界的改变也是有条件的、相对的。实践之所以能够成为人和自然、社会统一的基础，除了它具有使主体的力量得以作用于客体，使主客体"由此达彼"得以相互转化的能动作用之外，还因为客观上有一个使人得以发挥实践能力，使三者得以统一的"基础的基础"，这就是世界的统一性在于物质性。归根到底，自然、社会、人（及其实践能力），一切事物，都是统一的物质世界的不同存在形态，都服从于共同的物质运动普遍规律。因而人想要通过实践获得成功，不能单凭主观愿望，必须正确认识、遵循和运用自然和社会的客观规律。

由于人的生产、交往、生活等各种实践都不是简单的一成不变的，而是日益复杂多样的，因而人与自然关系和人与人的社会关系的相互依存、相互作用，是一个多维度、多层次的复杂的关系系统，人就是这个关系之网的网上纽结。人与人之间不同的社会关系，以及在同一社会关系中的不同地位，决定了具体的个人和群体在本质上的特殊性。

二、人本质上是社会存在物

人虽然直接地是自然存在物，但他不是单纯的自然存在物，就其本质而言，是社会存在物。正如马克思所说："人的本质不是人的胡子、血液、抽象的肉体的本性，而是人的社会特质。"[1] "人的本质是人的真正的社会联系。"[2] 究竟如何来理解和把握马克思所说的"社会特质"、"社会联系"呢？按照马克思的思想，他所说的"真正的社会联系"，不只是感情联系、观念联系，而首先是现实的物质联系，即人在生产过程中形成的物质社会关系。所以，"我们的生产同样是反映我们本质的镜子"。[3]

在《关于费尔巴哈的提纲》中，马克思进一步提出了如何认识人的本

---

① 《马克思恩格斯全集》第 1 卷，人民出版社 1956 年版，第 270 页。
②③ 《马克思恩格斯全集》第 42 卷，人民出版社 1979 年版，第 24、37 页。

质的极其重要的著名论断，他说："人的本质不是单个人所固有的抽象物，在其现实性上，它是一切社会关系的总和。"① 这个论断完全是以人是社会存在物为前提作出的。深刻领会这个论断可以得到以下几方面的启示：首先，强调"一切"社会关系的"总和"，说明人的社会关系不是单一的，而是多方面、多层次的复杂的系统，因而在考察人的本质时只有运用科学系统论的方法，才能达到认识的全面性，防止以偏概全。其次，"总和"之中也是有主次之分、决定者和被决定者之别的。因而在考察人的本质时必须坚持辩证法的重点论，不仅要看到物质的社会关系决定思想的社会关系，而且要看到生产关系是"整个历史的基础"，是"决定其余一切关系的基本的原始关系"。只有从关系的总和中抓住主要矛盾和矛盾的主要方面，才能揭示人的真正本质，要防止主次不分甚至颠倒。最后，社会关系是随着社会基本矛盾运动发展变化的，相应地，人及其本质也是发展变化的。因而考察人的问题，必须坚持历史发展的观点，防止静止的、不变的片面性。

在《雇佣劳动与资本》一书中，马克思揭示了劳动实践和社会关系这两个要素之间互相依存、互相制约的内在联系，他说："人们在生产中不仅仅影响自然界，而且也相互影响。他们只有以一定方式共同活动和相互交换其活动，才能进行生产。为了进行生产，人们相互之间便发生一定的联系和关系；只有在这些社会联系和社会关系的范围内，才会有他们对自然界的影响，才会有生产……生产关系总合起来就构成所谓社会关系，构成所谓社会。"②

人的实践首要和基本的是生产劳动，还包括人所从事的政治、经济、文化、生活等各项活动，所有这些活动都不可能是脱离他人、群体和社会的孤立的个人行为，都必须与他人、群体、社会结合一定关系才能进行，所以实践和社会关系既是构成社会的两项要素，也是构成人的存在的两项要素。要正确认识社会，认识人，必须把握这二者的辩证关系。从人自身来看，一方面，人的实践总是在一定社会关系体系中进行的，社会关系是人与其存在条件的结合方式，是人的劳动实践的组织方式。脱离了社会关系，人的实践活动就不可能进行。另一方面，人的社会关系又以实践活动为基础，在实践活

---

①② 《马克思恩格斯选集》第 1 卷，人民出版社 1995 年版，第 56、344—345 页。

动过程中得以产生和发展。离开人的实践活动，社会关系就无从落实。可以说，实践活动以社会关系为形式，社会关系以实践活动为内容。但就实践是社会关系的内容，决定一定社会关系的性质及其产生和发展而言，它是更根本的要素。实践和社会关系这两个要素的结合既体现了社会的本质，也体现了构成社会的基本单位——人的本质。也只有如此考察，才能全面地认识社会和人。只抓住其中一个要素，离开社会关系讲实践，或者离开实践讲社会关系，实际上是把人和社会割裂开了，不仅达不到马克思思想的高度，而且没有把握马克思人学理论的精髓。

在《政治经济学批判》中，马克思从人类历史发展进程来论述人和社会的关系，说明个人从来都是它所属的社会的产物。他写道，在历史中进行生产的个人，一开始就从属于一个较大的整体，最初是家庭、氏族、公社，继而扩展为城邦、国家，甚至产生个人观点的资本主义时代也同样如此，这种观点恰恰是具有迄今最发达社会关系的产物。"人是最名副其实的政治动物，不仅是一种合群的动物，而且是只有在社会中才能独立的动物。"① 在《资本论》中，马克思还写道："亚里士多德所下的定义是：人天生是城市的市民。这个定义标志着古典古代的特征，正如富兰克林所说的人天生是制造工具的动物这一定义标志着美国社会的特征一样。"②

从所述可见，强调人是社会存在物，是马克思关于人的一贯思想和基本观点。

三、"现实的人"——马克思主义人学的理论前提

"现实的人"是马克思主义人学的一个基本概念，早在 1845 年春马克思、恩格斯创立科学世界观时，他们就明确宣布："我们的出发点是从事实际活动的人"，"它的前提是人，但不是处在某种虚幻的离群索居和固定不变状态中的人，而是处在现实的、可以通过经验观察到的、在一定条件下进行的发展过程中的人"。③ 经过四十多年到 1888 年，恩格斯在《费尔巴哈和德国古典哲学的终结》这部系统阐述马克思主义哲学和人学的经典著作中，

① 《马克思恩格斯全集》第 46 卷（上），人民出版社 1979 年版，第 21 页。
② 《马克思恩格斯全集》第 23 卷，人民出版社 1972 年版，第 363 页。
③ 《马克思恩格斯选集》第 1 卷，人民出版社 1995 年版，第 73 页。

批判了以费尔巴哈为代表、以"对抽象的人的崇拜"为特征的旧人学，并与之针锋相对，把他和马克思的人学思想明确地概括为"关于现实的人及其历史发展的科学"。可见，"现实的人"这个概念在马克思主义理论体系中具有多么重要的位置。所以，研究人的社会存在必须对"现实的人"有正确的理解和把握。

按照马克思的思想，所谓从现实的人出发，就是说，不是脱离人的现实生活，以思想家头脑里虚构的"人性"假设作为前提，制造出关于人的各种理论，而是从客观存在的人们社会生活的实际情况出发，通过考察他们所从事的全部实践活动和各种社会关系，从中揭示出他们作为人的存在、本质和活动规律。因此，马克思所研究的人，既不是黑格尔的抽象"思辨人"，也不是费尔巴哈的感性"自然人"，而是现实的即在历史中行动的、具体的、社会的人。这是马克思主义同各种旧人学在理论前提、研究对象和方法上的根本区别。

"现实的人"这个概念并不是马克思的首创，而是费尔巴哈针对"抽象的人"所提出的重要范畴。但在费尔巴哈那里，"现实的人"从总体上看，还只是一种感性—对象性自然存在物，它的主要内容是人的自然的生理、心理属性。马克思吸收、借鉴了其中的合理因素，扬弃了历史唯心主义和宗教伦理杂质，用历史唯物主义观点予以改造和创新，使"现实的人"成为人学立论前提的一个科学概念。

从现代科学观点来看，现实的人是个复杂概念，它是由个体、群体和类通过各种社会实践和社会关系结合而成的，具有复杂结构的有机体。它有以下几层含义：

第一，现实的人首先是世界物质运动的高级形式——生命的特殊存在形态，是人得以形成和开展活动的自然前提和物质基础。这是马克思主义的"现实的人"与思辨哲学家们的"抽象的人"的重要区别。所以，我们必须从经验的、肉体的个人出发，因为只要"人"的基础不是经验的人，那么它始终是一个虚幻的形象。把人看做是自然生命物质的现实存在，是马克思人学的唯物主义前提。

第二，社会物质生活条件是现实的人得以生存和发展的物质基础。这些物质条件主要是指每个个人和每一代人所遇到的现成的生产力、资金和社会交往形式的总和。包括自然给予人的，前人传承的，以及今人自己活动创造的。这是各个时代哲学家们想象为实体和人的本质之类抽象范畴的现实基础。

第三，现实的人的最基本的存在方式是社会生产资料和生活资料的生产活动。马克思批判费尔巴哈把人只看做"感性对象"，而没有看到"感性活动"。马克思所讲的"感性活动"主要是指现实的人的实践活动，最基本的是物质资料的生产和再生产。他明确指出："这种活动的基本形式当然是物质活动，它决定一切其他的活动，如精神活动、政治活动、宗教活动等"。[①]生产活动的成果成为社会物质生活条件新的组成部分，这是人和社会得以持续存在和发展的基础。

第四，具有特定的社会联系和关系是"现实的人"的本质特征。马克思批评费尔巴哈仅仅停留在理论范围内，而不是从人们现有的社会联系，从那些使人们成为现在这个样子的周围生活条件来观察人，因而他虽然也主张"现实的人"，但实际上仍是"抽象的人"。可见，人们实际具有的社会联系和关系，是人得以进行生产和各种实践活动，成为现实的人的一个前提和不可或缺的要件。对此，列宁说得很清楚："唯物主义的社会学者把人与人间一定的社会关系当作自己研究的对象，从而也就是研究真实的个人，因为这些关系是由个人的活动组成的。"[②]列宁所说的"真实的个人"就是马克思所说的"现实的人"。

第五，现实的人是处在不断运动的社会历史发展过程中。马克思说："要从费尔巴哈的抽象的人转到现实的、活生生的人，就必须把这些人当作在历史中行动的人去研究。"这就是说，必须用唯物的辩证发展的观点来观察人。真正现实的、实际存在的人，决不是死板的、一成不变的，而总是活的、不断运动着的，因而必然是具体的、历史的，（从一定阶段来看）既有相对稳定的质的规定，（从整个过程来看）又处于变化的发展的状态。这是马克思与费尔巴哈在人学思想上的又一根本区别。

把握以上五点含义，才能完整地理解和把握马克思的"现实的人"的

---

① 马克思、恩格斯：《费尔巴哈》，人民出版社1988年版，第69页。
② 《列宁全集》第1卷，人民出版社1955年版，第384页。

概念的含义，真正弄清人的现实的社会存在。

四、从自在到自觉——人和社会关系的两重提升

从原始人类开始集合成为社会，由一般动物提升成为真正的社会动物之日起，相对于作为主体的人来说，社会就客体化了。人和社会形成了对立统一关系。两者相互依存、相互作用、相互促进，共同向前发展。从人这方面来说，依靠结成社会关系，发挥集体智慧和力量的优势，短短几千年的发展就超越了已往几百万年，经历了从原始的野蛮人到文明人，再从自在的人到自觉的人的不断向上提升的前进过程。在这过程中，人在对社会的关系上，是集社会主体和客体于一身，既是社会历史发展的前提又是结果，既是社会历史发展的剧作者又是剧中人。

如何理解人既是社会历史发展的前提，又是结果？这个论断出自马克思的《资本论》："人的存在是有机生命所经历的前一个过程的结果。只是在这个过程的一定阶段上，人才成为人。但是一旦人已经存在，人，作为人类历史的经常前提，也是人类历史的经常的产物和结果，而人只有作为自己本身的产物和结果才成为前提。"① 所谓人是人类历史的经常前提，是指人是社会历史的主体，社会历史是由人及其活动构成的，没有人，没有人的实践活动，就没有人类社会，也就没有展现社会持续演进过程的人类历史，而历史不过是追求着自己目的的人的活动而已。但是，人们创造历史的活动又不是孤立地、可以单凭主观愿望任意作为的。每一代人都是在前人活动基础上进行活动和创造的，这种活动和创造离开了现实生产条件和社会关系的制约就无从谈起。再说，人的状态、能力、活动范围等也都要受到当时社会状况的影响。事实上，人总是在改变客观世界的同时改变人自己的，而改变了的人又是社会历史的产物和结果。不仅如此，人只有作为自己本身的产物和结果即改变了的人，才能成为下一阶段继续创造社会历史的前提。可见，人在社会历史发展中是一身二任的，既是社会历史的主体又是客体，既是前提又是结果。相对于前一过程而言，他是前人活动的结果；相对于后一过程而言，他又是这一过程的前提和实际推动者。

---

① 《马克思恩格斯全集》第26卷III，人民出版社1974年版，第545页。

如何理解人既是社会历史发展的剧作者，又是剧中人？人既是历史的"剧作者"又是历史的"剧中人"这个论断，是马克思在《哲学的贫困》一书中对人与社会历史的关系的形象说明。把人比喻成社会历史的"剧作者"，用意是说明人是社会历史的主体，人的活动具有能动性、自主性和创造性。人是社会这个大舞台的历史剧的创造者，他的劳动实践不仅创造了物质生产资料，而且还根据生产力的发展创造出相应的社会关系。同时，他还根据这些实践和社会关系，创造出相应的观念、精神文化和意识形态。把人比喻成历史的"剧中人"，用意是说明人又是社会历史的客体，人在社会生活中所扮演的角色，他的活动对社会历史发展的作用，要受到自然环境、历史条件、社会关系等多方面因素的制约和影响，因而他的活动又有受动性、受制约性，有被规定被塑造的一面。也就是说，人在社会历史发展中所扮演的双重角色，决定了他既是创造者，又是被创造者；既是决定者，又是被决定者。

正因为人是社会发展的前提和结果、剧作者和剧中人的统一，所以人对社会历史的任何改变，都会反过来改变人本身，即在或大或小的程度上改变人的存在状态，人的素质、能力、关系和活动。因而，人类社会的历史实际上就是人和社会之间相互依存、相互制约、相互促进、共同发展的过程。而且，这种相互作用的关系的深刻性还表现在直接渗透到人类内部，制约着个人之间、前代和后代之间的关系，影响甚至决定着一切人的发展。正如马克思所说："一个人的发展取决于和他直接或间接进行交往的其他一切人的发展；彼此发生关系的个人的世世代代是相互联系的，后代的肉体的存在是由他们的前代决定的，后代继承着前代积累起来的生产力和交往形式，这就决定了他们这一代的相互关系。总之，我们可以看到，发展不断地进行着，单个人的历史决不能脱离他以前的或同时代的个人的历史，而是由这种历史决定的。"① 只有对人和社会的关系有如此透彻的理解和把握，才能对人在社会历史发展过程中的地位和作用作出正确的评价。

研究人和社会的关系，必须了解和掌握人的两重提升理论。所谓人的两重提升理论，是指人类通过劳动在物种关系方面把自己从动物中提升出来以

---

① 《马克思恩格斯全集》第3卷，人民出版社1960年版，第515页。

后，还必须通过制度创新和组织创新的途径，在社会关系方面把自己从动物中提升出来，从而最终摆脱狭义动物成为自然与社会的真正主人，成为自由而全面发展的人。这个理论是恩格斯提出来的。

在《劳动在从猿到人转变过程中的作用》一文中，恩格斯对人的两重提升作了系统的阐述。在他看来，从类人猿到人的转化，劳动起了决定性作用。人类正是通过长期生产劳动，使自己在物种关系方面从其余的动物中提升出来，成为自然界的主人。同时，人又总是在一定社会关系中从事生产实践的，所以他不可避免地要受到作为社会关系固定化的社会制度和组织的制约和限制。在私有制和阶级统治的旧社会里，人们不能摆脱饥饿、贫困、压迫，依然是自然和社会的奴隶。从这种意义上说，人仍未超出一般动物。

劳动创造了人本身和人类社会，人成为自然的主人和社会的主人，是一个相辅相成的过程。从实践的前提和过程来看，人类认识和把握了自然规律，只是为征服和改造自然提供一种主观可能，要使这种可能变为现实，除了具有强大的生产力，掌握高水平的科学技术之外，还要求人类对社会历史规律的正确认识和自觉运用，有相应的社会组织和制度保障。只有把自然与社会、主观与客观两个方面有机地结合起来，实践才会取得成功。从实践的后果来看，一个成功的实践，不仅要求人类能够估计和预见它的直接的、较近的自然后果，而且能够估计到它间接的、较远的社会历史后果，能够有效地控制和调节这些自然和社会因素对人的生存和发展的影响。"但是要实行这种调节，仅仅有认识还是不够的。为此需要对我们只到目前为止的生产方式，以及同这种生产方式一起对我们的现今的整个社会制度实行完全的变革。"① 可见，如果说人通过劳动实践才使自己摆脱和超越动物，成为自然主人，那么人要成为社会的主人，就不仅要通过生产劳动实践，而且要通过社会革命和改革实践，使社会组织和制度得以适应社会发展的需要而更新和变革。

正是在这个意义上，恩格斯指出："只有一个有计划地从事生产和分配的自觉的社会生产组织，才能在社会方面把人从其余的动物中提升出来，正像生产一般曾经在物种方面把人从其余的动物中提升出来一样。历史的发展

---

① 《马克思恩格斯选集》第4卷，人民出版社1995年版，第385页。

使这种社会生产组织日益成为必要，也日益成为可能。"①

　　在《反杜林论》中，恩格斯指出："当社会成为全部生产资料的主人，可以按照社会计划来利用这些生产资料的时候，社会就消灭了人直到现在受他们自己的生产资料奴役的状况。自然，要不是每一个人都得到解放，社会本身也不能得到解放。因此，旧的生产方式必须彻底变革，特别是旧的分工必须消灭。代之而起的应该是这样的生产组织：在这个组织中，一方面，任何个人都不能把自己在生产劳动这个人类生存的自然条件中所应参加的部分推到别人身上；另一方面，生产劳动给每一个人提供全面发展和表现自己全部的即体力的和脑力的能力的机会，这样，生产劳动就不再是奴役人的手段，而成了解放人的手段，因此，生产劳动就从一种负担变成一种快乐。"②只有这样，人类才能最终超越动物存在方式，不仅在物种关系方面，而且在社会关系方面从其余的动物中提升出来，"成为自己的社会结合的主人，从而也就成为自然界的主人，成为自己本身的主人——自由的人"。③

　　恩格斯提出人的"两重提升"理论，把自然辩证法和社会历史辩证法结合起来，揭示了人类从自在的人向自觉的人发展的历史必然性和实现条件，为社会全面进步和人的自由全面发展相结合的战略目标的制定，提供了科学理论根据。对于建设人学科学，指导当代实践，都有极其重要的意义。

---

① 《马克思恩格斯选集》第4卷，人民出版社1995年版，第275页。
② 《马克思恩格斯全集》第20卷，人民出版社1971年版，第318页。
③ 《马克思恩格斯选集》第3卷，人民出版社1995年版，第760页。

第 二 章

人 的 本 质 论

　　人性和人的本质问题是人学的核心问题，是解决其他一系列人的理论问题的基础。马克思、恩格斯在人学上的重大贡献，在于彻底地批判了旧哲学对抽象的人的崇拜，主张人对自己的认识也应该在唯物主义的基础上运用辩证的方法，从分析人和自然、人和社会这两对客观存在的矛盾入手，以此为出发点和基本前提，首先揭示人的真正本质，解开这个中外哲人不懈探求的"斯芬克斯之谜"，进而在此基础上阐明一系列关于人的理论问题，开创关于现实的人及其历史发展规律的科学。

第一节　人　性

一、人性（Human nature）是一个系统

　　人性问题，如同哲学史上物质和精神关系问题一样，是中外思想家们长期争论不休的一个极其重要的问题，两千多年来出现过各种各样的人性论。中国人学史上就提出过各种人性论，如性善论、性恶论、性有善有恶论、性无善无恶论、性三品论等等。西方人学史上也是观点纷呈。推敲起来，历史上关于人性的各种理论都有一定的根据，但不是失之抽象，就是陷于片面，究其认识论的根源，一个通病就是唯心主义和形而上学的世界观和方法论。

　　与旧人学家们脱离现实的人的实际状况，从头脑中虚构人性和人的本质

根本不同，马克思和恩格斯明确提出他们的理论的"出发点是从事实际活动的人"，这种人"不是处在某种幻想的离群索居和固定不变状态中的人，而是处在现实的、可以通过经验观察到的、在一定条件下进行的发展过程中的人"。① 因此认为，只有从人们的社会存在，从人们得以生存和发展的物质生活条件和物质实践活动，从社会生产方式的矛盾运动来考察人，才能正确认识和把握人性和人的本质。

人是迄今为止人类认知的世界中最高级最复杂的物质运动系统。它不仅具有最复杂的组织结构，而且它的活动，它与自然、社会以及自身的关系，个人、群体和社会彼此相互之间的关系，都是多层次、多方面的，并且是不断发展变化的。马克思说："正像人的本质规定和活动是多种多样的一样，人的现实性也是多种多样的。"② "整个历史也无非是人类本性的不断改变而已。"③ 因此，要全面地把握人性和人的本质，就必须运用唯物辩证法和现代科学的系统论，把人性看做是一个不断运动着的活的系统，用联系、发展的观点和对立统一的观点，加以全面地考察和把握，才能接近和达到真理性的认识。"首先要研究人的一般本性，然后要研究在每个时代历史地发生了变化的人的本性。"④ 既要剖析人性的要素、结构和层次，又要综合研究人的各种属性、特性在整个人性系统中的地位、作用以及它们之间的相互关系，从中揭示出人的真正本质，尽可能完整地揭示人的真实面目。所谓"永恒不变"的抽象人性论是错误的，抓住个别居于次要地位的属性或特性，不及其余，片面夸大为人的本质，也是错误的。

人性作为科学范畴，是对人的属性和本质的完整、准确的反映，是一个系统概念。它包含以下三个层次：人的属性（property）、人的特性（character）和人的本质（essence）。第一个层次是人的属性，包括组成人的一切要素：各种自然属性和社会属性。第二个层次是人的特性，范围比属性要窄，它是人的属性中能把人和动物区别开来的各种特征，如劳动实践、语言、思维、德性、美感等等。主要是人的社会属性。第三个层次是人的本

① 马克思、恩格斯：《费尔巴哈》，人民出版社 1988 年版，第 16 页。
② 《马克思恩格斯全集》第 42 卷，人民出版社 1979 年版，第 124 页。
③ 《马克思恩格斯选集》第 1 卷，人民出版社 1995 年版，第 172 页。
④ 《马克思恩格斯全集》第 23 卷，人民出版社 1960 年版，第 669 页。

质，这是人的各种特性中最重要的部分，它就是社会实践。在这三个层次中，人的属性是最广泛的，是基础性的层次。人的特性是中间层次，是只有人才具有的特殊的性质，在这意义上可以说人的特性代表人性，才是真正的人性。人的本质则是最高层次，是人性系统中最重要的居于核心地位的起决定作用的要素，是各种特性的根据，而人的各种特性都是这个本质的展开和表现。人的特性和人的本质都能把人和动物区别开来，而人的本质则可以进一步把不同的人彼此区别开来，所以它是人性中最根本的东西。

二、人的属性

人身上所具有的一切要素都是人的属性。人的属性可以相对地划分为自然属性和社会属性两部分，每个部分都包含物质和精神两个层面。人的自然属性包含生理要素和心理要素两个层面，同样人的社会属性也包含物质性要素和精神性要素两个层面。

人的自然属性是指人与生俱来的生理的和心理的要素、结构和功能。它是人作为生物有机体得以生存所必须具备的自然物质基础。包括人作为生物学意义上的自然人所具有的形态、肉体结构、神经系统和脑等物质实体和生理属性，以及食欲、情欲、情绪、自我保存等类似动物本能的心理属性。恩格斯说："人来源于生物界这一事实已经决定人永远不能完全摆脱兽性。"①尽管如此，人的"兽性"，即人的自然生物属性也不同于动物，已是人类在生物进化过程中脱颖而出，超越其他一切动物所独具的特性了。

但是，在人学中（至少在哲学和社会科学领域），不能脱离人的社会实践和社会生活，而仅仅从生物学意义上来孤立片面地考察人的自然属性，更不能把人性降低，归结为只是人和动物都具有的那些生理机能和本能。这是因为，在自然属性和社会属性两者关系中，人的自然属性虽然是基础性的要素，但人的社会属性却是占主导地位的要素。事实是，经过几百万年的演化，从类人猿这样的高等动物中分化提升出来的人，不仅其自然属性与动物相比已有质的飞跃，而且更为重要的是，人的自然属性早已超越动物本能的水平，经过长期的劳动实践和社会生活，改变、发展成为人的社会需要和社

---

① 《马克思恩格斯选集》第3卷，人民出版社1960年版，第140页。

会行为，从而成了包含于、从属于人的社会属性的东西。根本不存在那种不受人的社会属性制约并与人的社会属性完全隔离或并列的自然属性。比如饮食，人与动物都要吃东西，但作为人的饮食，早已超越了原始的茹毛饮血的生食阶段而进入熟食阶段，从而使自己的生理素质得到长足发展。不仅如此，在此基础上，又进一步发展成讲究色、香、味、营养的美食阶段。又如，由性欲而产生的两性关系，也是受社会性制约而转化成为人所特有的爱情和婚姻。

马克思主义在人性问题上不同于其他人学思想的一个特点在于：不是把人身上的自然属性和社会属性隔离开来，甚至对立起来，而是在社会实践的基础上把二者辩证地统一起来。

三、人性的含义

如前所述，只凭人的自然属性不能把人和动物完全区别开来。只有人的社会属性才能把人和动物完全区别开来。在自然生理和心理机能基础上形成的社会属性才是人的特性，是真正的人性。在这个意义上，可以认为人性和人的特性、人的社会属性是相同的概念。只是必须记住，在完整的意义上，人性作为一个系统范畴，还包括人的自然属性，而其核心是人的本质。

古今中外对人性有各种解释，我们主张对人性作如下的界定：人性即人的特性，是指人之所以为人，区别于一切动物而为人所特有的，也是一切人（包括古今中外不分性别、年龄、种族、民族、国籍、阶级、阶层、职业、信仰等区别）所普遍具有的各种属性的总和。这就是说，人性不是单一的，而是多面的，是由很多要素构成的特性群。如凡是人（正常的）都有思想，都能从事生产劳动和其他社会实践活动，这是人区别于动物的最主要的特性。马克思说："可以根据意识、宗教或随便别的什么来区别人和动物。一当人开始生产自己的生活资料的时候，这一步是由他们的肉体组织所决定的，人本身就开始把自己和动物区别开来。"[①] 指的就是这个。又如：凡是人都必须依赖而不能脱离群体，只有在生产和其他社会活动中和他人发生一定的联系和关系，组织成为社会，才能生存和发展。因此，人具有相互依存、竞争、

---

① 《马克思恩格斯选集》第 1 卷，人民出版社 1995 年版，第 67 页。

合作、交往等社会特性；都使用语言传递信息；都有思维能力；都有自我意识；都有情感、意志等动物所没有的高级心理；都能进行认识、评价、审美等复杂的意识活动；都有各种各样的社会需要；都追求自由等等。人性是贯彻人类社会始终，一切人都具有的特性的科学抽象。人类的特性有很多方面，其中最根本的特性就是人的本质。现实的人性总是具体的历史的，是共性和个性的统一。不能以偏概全，把社会发展到一定阶段上一部分人所具有的某种特性，夸大为一切阶段上一切人都具有的共性。不能简单地把人性等同于人的本质。既不能颠倒主次，把某一种相对居于次要地位的人的特性夸大为居于主要地位的人的本质，也不能反过来以人的本质取代人性的丰富性。

社会性在人的各种特性中是最重要的。对人来说，人性和人的本质不是什么先天就有的、是神或造物主赋予的神秘的东西，也不是什么单个人所固有的抽象的东西。它是现实的、具体的，是由人出生以后，在社会生活、实践及各种社会交往中生成的，并且就表现在人的全部社会实践和社会关系之中。这是因为人总是社会的人，无论是维持生存，还是从事生产和各种实践活动，都不可能完全脱离社会和群体而单个人孤立地进行。拿生产来说，任何个人都必须与他人、群体发生一定的联系和关系，只有在这些社会联系和社会关系的范围内，才会有他们对自然界的关系，才会有生产。所以生产是社会性的活动，从事生产的人也只能是社会的人。这是不以任何人的意志为转移的客观必然性。其他各种实践都是如此。如果说，在人类社会早期，人的生产和实践能力很弱，活动领域很小，人们之间的社会关系主要局限于原始血缘关系基础上形成的家族和部落的范围，人的社会性只是处于低级阶段，大多数人对此还缺乏认识的话，那么经过几千年的发展，现代社会的生产和交往不仅早已超越一个国家内部的区、县、省的地域界限，而且日益扩展和深入到了全世界，建立了名符其实的世界性生产和交往。相应地，各种全球性的经济、政治、文化等社会关系也迅速形成和发展着。社会性是人的最重要的特征，已是人人都能体会和理解的客观事实了。

马克思说："个人的'特殊的人格'的本质不是人的胡子、血液、抽象的肉体的本性，而是人的社会特质。"①"人的本质……实际上，它是一切社

---

① 《马克思恩格斯全集》第 1 卷，人民出版社 1956 年版，第 270 页。

会关系的总和。"① 人的社会特质就是指人的社会性。之所以说人性和人的本质是"社会关系的总和"，是因为人的社会生活、社会实践是多层次多方面的，人的社会关系也是多层次多方面的。最早发生的是男女两性之间的恋爱、婚姻关系，基于血缘而形成的家庭及父母子女等亲属关系。最重要的是物质生产和各项经济活动中发生的生产关系和经济关系，这是贯彻人类社会始终的基础性的社会关系。之后陆续发生和展开的是宗教活动中的信徒关系，教育活动中的师生关系，公务活动中的同事关系，政治活动中的党派、同志关系，各种社会交往和文化活动中的朋友关系，个人对群体、阶级、民族、国家之间的关系，以及各种群体、阶级、民族、国家之间的关系等等。随着人类的生产和生活从原始的、简单的、初级的向现代的、复杂的、高级的阶段发展，人们的社会实践和社会关系的内容也日益丰富多样，实际存在的人的社会性及其表现必然是纷繁复杂的。所以，对人性的认识不能简单化，必须用历史发展的观点，根据不同时代不同个人和群体的具体实际情况，进行全面的考察和分析。还应该看到，人的各种社会实践和社会关系在人的生存和发展中的地位和作用并不都是一样的，因而它们对确定人性和人的本质并不具有同等的意义。人们的生产实践和经济关系（首要的是生产关系）是基础，政治、文化等实践和关系则是这个基础的上层建筑。现实的个人的本质，一般地说，是由他所从事的主要社会实践以及他在主要社会关系中所处的地位决定的。而不同的个人的个性的形成和变化，人们个性之间的差异，归根到底只有通过对个人生存、发展所处的社会环境，所经历的社会实践和社会关系的全面的历史的分析，才能得到合理的解释。

马克思以前的思想家们，在讨论人性问题时，有些人也讲到过人们的社会关系对人性的影响，有的已经使用过"社会性"这个词，但他们所理解的社会关系和社会性往往是狭隘的片面的。比如，很多人停留在议论人们的政治思想关系、伦理道德关系、感情关系，忽视或者根本不讲人们之间的物质经济关系。有的讲到经济关系的，也只讲财产关系，不讲生产关系；即便讲到生产关系的，也只是强调产品的分配关系，没有认识到人们围绕着生产资料占有问题所形成的生产关系，是决定人们之间的物质经济关系，从而归

① 《马克思恩格斯全集》第3卷，人民出版社1960年版，第5页。

根到底决定人们之间一切社会关系的基础性关系。因此，他们的思想和理论，往往是片面强调精神文化因素，忽视物质经济因素；人性最终不是被归结为"理性"、"德性"、"自由"、"博爱"，就是"性爱"、"利己"、"自私"等抽象的概念，很难达到对人性的科学认识。

如何正确认识精神文化要素在人性中的地位和作用，是人性理论中的一个重要问题。人们都承认具有精神文化是人的特性，它在人的个体生命活动和人类社会发展中起着极其重要的作用，但仍然存在着很多分歧。如，有一种观点主张，精神属性是在人的自然属性和社会属性之外，并与之并列的第三种属性。我们认为这样处理不符合逻辑规则。因为精神是同物质相对应的概念，而无论人的自然和社会性都包含物质和精神两类要素。又如，有人指责马克思主义在人性问题上片面强调物质经济要素，忽视精神文化要素。我们认为，这不是误解就是曲解。马克思主义创始人一贯重视人性中的精神文化要素。早在《1844年经济学哲学手稿》中，马克思就明确提出"人是有意识的类存在物"，"人的类特性恰恰就是自由自觉的活动"。"有意识"、"自由自觉"正是人所特有的精神属性，或者说人正是由于他所特有的感觉、理性、德性、审美、情感、意志等精神因素，具备这个必要条件，才得以成为主体，人的实践才得以成为有意识有目的的创造性的主动改变环境的行为。而动物正是由于缺少这一点，它的活动只能停留在本能的被动适应环境的阶段上。在人类向知识化社会迈进的时代，精神属性在人性中的地位和作用越来越举足轻重，但是这并不能改变人在实践基础上智力和体力结合的特征，而只是表明人的智力和体力的结合出现了新的形式和特点，到达了更高的水平。

第二节　人的本质

什么是人？这个问题看似简单，实际上却是非常复杂，难以解答而又具有永恒探究魅力的问题。几千年来，无数思想家都在不停地探索、追问，并提出各种各样的观点。虽然都有一定道理，但不是停留于现象的描述，就是失之片面。解答问题的关键在于能否从科学最新成果中获得根据和启示，抓住人的真正本质。

一、人的本质观上的两个转折

古希腊神话的"斯芬克斯之谜"借助神话的形式，表达了人类最初对自己生命历程的天真朴素的追问，标志着人类文明从此开始启动"认识人自己"这个具有最高价值的课题。在中外思想史上，人性和人的本质是历代思想家们反复思考、探究和争论不休的重大问题。在古代西方，希腊哲学家柏拉图（公元前 427—347）认为，人是两条腿而无羽毛的动物。他的弟子亚里士多德（公元前 384—322）则提出三个观点："求知是所有人的本性"，"人是理性的动物"，"人是天生的政治动物、社会动物"。与此前后，在古代东方，中国思想家荀子（生卒年不详，学术活动年代在公元前 298—238）主张，人之所以为人，非特以两足而无毛，"以其有辨也"，是因"人能群"。又说："人有气有生有知，亦且有义，故最为天下贵也。"可以认为，他们的观点代表了当时东西方思想家对人的本质认识所达到的水平。

考察西欧文艺复兴以来的思想史，可以发现，人的本质观经过两个转折：一是从神道主义转向人道主义，二是从人道主义转变为历史唯物主义。前者为文艺复兴以来的资产阶级思想家所推动，后者则为马克思、恩格斯所完成。

从 14 世纪开始的人文主义（Humanism）到 19 世纪的人本学（Anthropology），人和人的本质问题一直是中心议题。思想家们的目的是以人性来论证人道，反对中世纪占统治地位的神道，也确实起到了推动历史进步的积极作用。但他们关于人的本质的议论都是错误的，都是撇开社会历史进程，孤立地观察人类个体，只看到人们之间纯粹自然联系起来的共同性，只是用人的自然属性或人的理性来说明人的本质。在这方面，比较有代表性的是费尔巴哈，所谓"人的根本就是人本身"，也就是说，他们都不能摆脱历史唯心主义世界观和方法论的束缚，对人的本质作出科学回答。马克思、恩格斯经过研究发现，要真正认识人的本质必须批判人本学的观点和方法，另辟蹊径，改变思考的出发点，不是从抽象的"人自身"，而是从现实的人的对象性活动及其产物，即从社会实践和社会关系去认识人。这一改变的结果，不仅导致对人和人的本质的科学发现，而且促成了唯物史观的产生，实现了哲学领域的革命变革。

二、人的本质是社会性的实践

人的本质是在一定的社会关系中从事实践活动，即社会性的实践。这是人之所以为人，而区别于动物的最根本的特征，也是每个人之所以为个人，具有独特的个性，人与人之间彼此既有一致又有区别的根据所在。

关于人的本质，马克思有两个著名论断。一个是：劳动是"人的类本质"。又说："人的类特性恰恰就是自由自觉的活动。"这种生产生活，"有意识的生命活动，把人和动物的生命活动区别开来，正是由于这一点，人才是类存在物。"[①] 所谓"类本质"、"类特性"都是指劳动和实践。这是人类之所以不同于动物的最根本的特性，是人的本质特征。实践是指人所特有的有意识有目的改变世界的活动。其最重要最基本的形式是物质资料生产，这是人类生存、发展的第一个前提和基础。动物只能依靠自身的器官从外部世界获取现成的生活资料来维持生存，因而它的活动只是一种消极被动的适应环境的本能活动，而人的劳动实践则是一种积极的能动的改造外部世界的创造性活动。在劳动之前，人不仅能通过感觉和思维在人的头脑中主动地选择和反映客观对象，而且能够首先在思想中把客观事物及其规律和人的主观需要结合起来，改变原有事物，设计、创造出自然界本来不存在的新事物，并以此为目的和动机自觉地指导自己的行动。在劳动中，人不仅依靠自己的体力和智力，更重要的是能够制造和使用工具，即把外部自然物质变成人改造世界的手段，"用自然力来反对自然力"，进而改变客观对象，创造出符合人的需要和理想的事物。正是这种人所特有的，世代传承下来并不断发展着的能力，造成了不同于原始自然界的人类文明世界。这个历史事实说明，人从自然界产生出来之后，就成为独立存在的主体，与自然界（客体）之间形成了一种新的既对立又统一的主客体矛盾关系，并且在这个矛盾的运动发展过程中，不断地形成和提高着自己特有的品格——主体性、选择性、创造性。人是实践和创造的动物。劳动、实践是人和动物的最后的本质的区别，也是产生和决定人的其他一切特性的根据。

---

① 《马克思恩格斯全集》第 42 卷，人民出版社 1979 年版，第 96、97 页。

　　另一个论断是："人的本质是人的真正的社会联系。"① "人的本质……
实际上，它是一切社会关系的总和。"② 这是马克思直接论述"人的本质"
概念的两句话。很多学者都把这一论断作为马克思对人的本质的科学规定和
经典表述来使用。我们认为值得推敲。因为马克思这个论断不是在对人的本
质下定义，而是针对费尔巴哈，批判他对人和人的本质的抽象理解，强调人
的现实性，指明只有通过对人的全部社会关系的考察，才能把握人的本质。
这句话不仅表达了马克思的历史唯物主义观点，即主张社会性是人的本质特
征，而且更重要的，是提出了探究人的本质的正确方法。这就是，不能像生
物学、（体质）人类学那样，把人只是作为自然存在物，简单地搬用生物学
区别种属的方法，以为只要搞清了人和动物之间的自然生理上的差别，以及
人与人之间的纯粹自然的生理上的联系和区别就足够了。而必须运用哲学和
社会科学的方法，把唯物辩证法运用于作为社会历史主体的人的考察。从人
是社会存在物这一客观存在的事实出发，剖析现实的具体的人所特有的存在
形式，即在社会实践、交往过程中每个人与他人、群体必然形成的各种联系
和关系。只有这样，才能从中揭示出人之所以不同于其他生物，而且超越其
他生物的特殊的本质，以及人在个体之间彼此之所以会具有不同的个性的根
据。事实上，动物之间的关系是非常简单的，而且世代相传几乎是停滞不
变，只是极其缓慢的进化。相比之下，人们的社会关系和联系是复杂多样
的，而且整个人类社会关系呈现出一种加速度发展变化的态势。为什么人的
社会关系会如此？其原因就在于人的实践活动不是单一的、不变的，而是多
样的、多变的，人的实践活动的性质和发展水平决定了人的社会关系的性质
和变化。因此，只有通过对人的全部社会实践和社会关系的分析和综合，才
能完整地揭示人的全部特性，把握他的真正本质。无论是对人这个类，还是
对所有个人，方法都是如此。如，要说明资本主义社会的人为何不同于封建
社会的人，同是生活在资本主义社会中的资产者为何不同于无产者，同是资
产者或无产者又为何彼此既有共同性又有不同的个性等等，都必须研究人的
现实的具体的社会实践和社会关系。

---

　　① 《马克思恩格斯全集》第 42 卷，人民出版社 1979 年版，第 24 页。
　　② 《马克思恩格斯全集》第 3 卷，人民出版社 1960 年版，第 5 页。

上述马克思关于人的本质的两个论断并不自相矛盾，它们只是从不同的视角来考察人的本质，因而是相辅相成、相互补充的。这就是说，对人的本质的把握，应当贯彻实践活动与社会关系相统一的原则。一方面，一定的社会关系是人的活动的具体的历史形式，它的性质和变化都是由实践活动的性质和水平决定的；另一方面，社会关系作为人们活动的组织方式，又是人得以存在和人的活动得以进行的必要条件。在现实的人身上，实践活动是内容，社会关系是形式。两者不是互不关联、彼此独立存在的，而总是有机地结合在一起的。它们互为前提，互相作用，互相规定。作为不可分离的两个要素，共同构成了完整的人的本质。追根究底，应该承认，就实践活动是社会关系的内容，决定一定社会关系的性质及其变化而言，它是更根本的要素。但是，社会关系也不只是消极的、被动的结果，作为形式，它不仅是内容得以实现的条件，而且转过来对实践活动起促进或阻碍作用，在一定情况下甚至有决定性的反作用。所以人的本质也是矛盾的。如果在理论上把两个要素人为地割裂开来，离开了关系讲实践，或者离开了实践讲关系，都不符合人的本质的实际。在马克思之前或之后，在哲学和社会学领域，都有人研究过人的实践活动和人的社会性，除了对实践和社会性缺乏正确理解外，根本的缺陷是没有认识两者内在的不可分割的联系，因而他们的理论都只具有片面的真理性，都不能达到对人的本质的科学认识。过去和现在很多研究和宣传马克思主义关于人的理论的著作，也没能全面理解和阐述马克思关于人的本质的辩证思想，这是应该改进的。

从整个人类来讲，人的本质是在一定社会关系中从事实践活动，简言之，人的本质就是社会性的实践。具体表现在每个人身上，他的本质就是由他的具体的社会实践和具体的社会关系的总和所造成和决定的，并且就表现在他的全部社会实践和社会关系之中。所以要真正认识人的本质，就只有通过对现实的人的社会实践和社会关系进行科学分析，其中关键在于抓住主要的社会实践和主导的社会关系。

还要注意，在具体的人身上的具体本质不是一成不变的。从动态和过程来看，一个活生生的人，他的实践、交往总是不停顿地进行着，各种社会关系也会相应地发生这样或那样的变化，因而他的具体的本质也可能发生改变。也就是说，人的本质也是矛盾的，发展的。

三、人性和人的本质的关系

人性和人的本质是两个既相互联系又相互区别的概念。这两个概念在历史上是没有严格区分的。马克思在早期，如在《1844 年经济学哲学手稿》中，使用人性、人的本性、人的本质等概念，也没有严格区分。后来在《资本论》中，对这两个概念作了区分。人性（Die Humaniät）是一种直接性的范畴，它与人的存在是直接同一的；人的本质（Das Wesen des Mensches）则是间接性的范畴，属于反思的规定。二者的相同点在于它们都是"人的规定性"。这就是说，人性是指可以把人和动物区别开来的各种属性、特性，主要是指人的社会性。而人的本质则是人区别于动物的间接的内在根据，也是人性中占主导地位的决定其他各种属性、特性的要素。

可以通过分析以下几种人的特性和人的本质的关系来进一步说明：

1. 理性以及非理性、无意识作为人的特性与人的本质的关系。人是理性的动物，人有不同于动物的高度发达的、社会性的感觉和十分丰富、复杂的情绪和情感。但是人在心理上不同于动物的最重要的特征是人有抽象思维能力。人不仅能认识客观世界的各种现象，而且能通过思维活动，认识事物的本质和规律；不仅能理解当前的现实，而且能预见未来的发展和变化；不仅能认识客观现象，而且能认识和反思主体自身，具有自我意识；不仅能反映客观世界，而且能在头脑中创造出客观世界（新的设计、计划、方案、蓝图等等）。正如列宁所说："人的意识不仅反映客观世界，并且创造客观世界。"① 事实上，人的劳动和其他实践活动都是在一定的目的、动机、愿望的支配下自觉地进行的。因此，人的理性、思维和其他心理因素在人的认识和改造世界中发挥着重要的作用，但实践比理性更根本。因为人之所以能够具有理性、思维这样的特性和功能，恰恰是以实践为前提和基础的。

人在生理上有不同于动物的本能。心理上除意识、理性之外还有非理性、无意识等要素，如灵感、直觉、意志、情绪等等。这是客观存在的事实。对本能、无意识和非理性在人性中的地位及其对人的生存发展的意义应该有正确的估计。如前所述，在人身上自然属性从属于社会属性，而生物本

---

① 《列宁全集》第 38 卷，人民出版社 1960 年版，第 228 页。

能则已发展成为社会性的需要和社会实践。人不同于动物的一个重要的特点，就是在心理方面意识、理性占主导的地位，这对于人认识客观世界具有决定意义。无意识和非理性因素尽管有时在认识过程中也起很大的作用，特别是在科学发现和创造性思维过程中，像直觉、灵感这种形式往往产生特殊的重要作用，但总的来看，它在人的心理活动过程中只居次要地位，只是意识和理性的必要补充。非理性对人的活动所起作用的性质、方向和大小，虽然与主体的"天赋"等偶然因素的诱发作用有关，但更重要的是受主体的社会地位、实践经验、知识水平、理性思维能力等各种因素的制约。西方哲学中的非理性主义思潮，把理性与非理性对立起来，割裂开来，贬低理性，把本能、无意识、非理性夸大为人的本质，认为它是个人甚至整个社会发展的根本动力，这就歪曲了人性的实际，是错误的。

2. 需要作为人的一种本性、特性和人的本质的关系。人的需要可以区分为自然生理需要和社会需要两种，自然需要即人的自然属性，而社会需要则是人的社会属性。动物的需要完全是自发地维持个体生存的本能，是狭隘的、片面的；人的需要虽有其自然生理的和心理的基础，但本质上已是一种社会性的自觉要求，是广泛的、全面的。在需要和实践的关系上，应该承认，需要作为出发点和目的，是推动人去从事社会实践和建立或改变社会关系的动力。但对于现实的、社会的人来说，他的需要不是抽象的，不是先天注定一成不变的，而是具体的、历史地变化发展的。正是持续的劳动、实践，才使人的需要从动物的机能发展成真正人的机能；而社会实践（包括物质经济活动和精神文化活动）和社会关系的状况，既决定了现实的人的需要的内容、性质、实现方式和满足程度，又决定了人的需要的变化和发展，而不是相反。所以，虽然需要和实践是相互联系、相互作用、相互制约的，但实践是比需要更重要、更根本的要素。因而那种主张用需要取代社会实践作为人的本质的观点是不恰当的。马克思当然承认人有自然需要，但他强调的是在人身上，已"不是纯粹的自然需要，而是历史上随着一定的文化水平而发生变化的自然需要"。① 比如，"饥饿总是饥饿，但是用刀叉吃熟

---

① 《马克思恩格斯全集》第 47 卷，人民出版社 1979 年版，第 52 页。

肉来解除的饥饿不同于用手、指甲和牙齿啃生肉来解除的饥饿"。① 这就是说，即便是自然需要，对人来说，他的对象和实现方式都要受社会实践和社会关系的制约，并且随着社会实践和社会关系的变化、发展而相应地改变。

3. 追求自由和人的本质的关系。追求自由是人的一种特性。"自由确实是人所固有的东西"。② 但是，人的自由既不是天赋的（所谓神、造物主赐予的），也不是绝对的，而是由人的社会本质所决定的。事实上，人们关于自由的观念以及这些观念的实现，在不同时代、不同阶段是不同的，它取决于当时社会实践的性质、水平以及整个社会关系的发展状况。

自由首先是人对自然的根本要求。人从动物分离出来的第一个行动，就是要求摆脱盲目地受大自然的压迫、束缚的状态，改变动物的生存条件获取真正的人的生存条件。人类的全部历史就是通过实践和理性，不断地认识和利用自然规律，改变自然使之服务于人的需要，努力地建立人与自然之间真正和谐的关系。在这个意义上，可以说，人类文化每前进一步，都是迈向自由的一步。

自由也是人对社会的根本要求。人的实践的社会性，既决定了个人必须依赖于集体和社会，又决定了集体和社会必须依赖每个人的有效劳动和积极性。正是人类生存发展的这种特殊的矛盾性和客观必然性，使追求自由成为社会的人的特性。它的具体内容就是：承认每个人对社会的价值和独立人格、尊严，每个人都应有劳动、交往和幸福的平等权利，每个人都应有发展个性和才能的同等机会和条件。然而在人群划分为阶级的社会中，占人口少数的剥削者和压迫者认为自由只是少数上等人才配享有的特权，而且要求他们有剥削和压迫劳动者的自由。在人和社会关系方面，实现每个人都能获得真正的自由的道路就是对社会实行社会主义改造，解放和发展生产力，最终消灭剥削和阶级。

人类的实践是不断向前永无止境的，对自由的追求，从必然王国向自由王国的飞跃也是永远不会完结的。

从以上分析可见，尽管自由是人所追求的理想和目的，实践是实现目的

① 《马克思恩格斯全集》第46卷（上），人民出版社1979年版，第29页。
② 《马克思恩格斯全集》第1卷，人民出版社1956年版，第63页。

的手段，但在自由和社会实践的关系上手段比目的更重要。自由不能取代社会实践的本质地位。

第三节　人性的普遍和特殊、抽象和具体

在人性论上，要处理好人的共性与个性、人性的抽象和具体的辩证关系，处理好人的阶级性和共同人性的关系，区分开抽象人性论与人性的科学抽象。作为科学抽象的人性，是共性和个性、具体和抽象的辩证统一。

一、人性的普遍性和特殊性

现实的人性是普遍和特殊、共性和个性的统一，普遍的共同的人性实现在具体的、特殊的人的个性之中。因而，人性总是具体的、历史的。在不同的历史发展阶段、不同的社会共同体中，伴随着人们的社会实践和社会关系的发展变化，人性也在不断地发展变化，呈现出种种差别。因此，要了解人性，不仅要了解人类和动物的区别，认识人的一般本性，即普遍性和共性，而且更为重要的是要了解人性在每个时代发生的变化，了解不同的社会共同体的人们在人性上的差别，即特殊性和个性。只有通过对人性在历史上和当代现实生活中的各种特殊的、个别的表现进行具体地分析和科学抽象，才能全面正确地把握人的共同本性。所以，把人的共性和个性割裂开来，把人性的抽象和具体对立起来，肯定一个方面，否定另一个方面；或者否定人性的发展、变化，只承认一种所谓全人类共同的永恒不变的人性，把历史上和现实生活中人性的各种具体表现，都斥之为人性的'异化'、'非人性'；或者只承认人的具体的特殊的个性，否认人类的共性，否认可以对人性进行科学的抽象；都是片面的。在这个问题上，如何认识和看待人的阶级性，是人性的普遍性和特殊性的非常重要的问题。

二、人的阶级性和共同性

人性在不同的社会形态中具有纷繁复杂的表现。在阶级社会中，阶级性是人的社会性的集中体现。在社会发展的这个阶段，人们的物质经济关系集中表现为阶级关系，这是在"一切社会关系的总和"中占主导的、决定其

他一切关系的基本关系。作为社会基本矛盾表现的阶级矛盾和阶级斗争，也成为人们最重要的社会实践之一。事实上，在社会划分为阶级的条件下，任何个人在社会意义上都是一定的阶级关系和利益承担者，总是阶级的人，超阶级的人是没有的。因此，人性也必然是具体的带有阶级性的人性，抽象的超阶级的人性是没有的。各阶级的人在社会经济体系中有不同的地位，对生产资料有不同的关系，有不同的物质利益和生活方式，这就决定了他们必然有不同的需求，不同的心理、思想、感情、习惯、性格、作风等等。因此，在阶级社会中，人的阶级性是客观存在的，把它说成是人为制造的，是从外部附加给人的，不符合历史事实，是完全错误的。

当然，承认人有阶级性，并不是说一切社会关系都可以简单地归结为只是阶级关系，把人性说成只是阶级性。鲁迅先生曾经批评过这种片面性，认为人性“一定都带有阶级性。但是‘都带’；而非‘只有’”。① 这是因为：其一，即便是在阶级社会中，人们的社会实践社会关系也是多方面的，并非只有阶级斗争和阶级关系；其二，阶级关系也是错综复杂的，不同的甚至根本利益相互对立的阶级，由于生活在同一社会里，不可避免地有相互依存相互渗透的一面。有时为了各自的生存和发展，彼此也会在利益上出现妥协、相近、甚至一致，也会共同从事某种社会实践。

总之，在阶级社会中，即便是分裂为不同的、甚至对立的阶级的人们，在他们的具体的人性中彼此确实会有某种共同的东西，这是事实．应该肯定。但是，一般说来，阶级性是主导的，人性中各阶级共同的东西归根到底要受各自的阶级性所制约，对此不能夸大和颠倒，也不能用共同性来否定阶级性。由于社会生活的复杂性，在现实的人身上，他所具有的各种特性和本质往往会发生矛盾的情况。随着人的社会存在、社会实践和社会关系的变化、发展，人性、人的本质也会发生这样或那样的变化。所以，对待人性和人的本质问题应贯彻实事求是的原则，在坚持阶级社会中人的阶级性是主导的前提下，承认人性的差别性和多样性，承认不同阶级的人性会有一致、相互渗透和转化的情况，对具体情况作具体分析，力求避免简单性和片面性。

---

① 鲁迅：《三闲集·文学的阶级性》，人民文学出版社1973年版，第102页。

三、抽象人性论与人性的科学抽象

在有关人性和人的本质讨论中，人性的抽象和具体是一个争议颇多、分歧很大的问题。值得注意的倾向是把"抽象人性论"和人性的科学抽象混为一谈。①

问题不在于思维可以还是不可以对人性进行抽象，而在于如何抽象，即抽象是否科学。正是在这一点上，出现了"抽象人性论"和人性的科学抽象的分野。所谓"无抽象论"是错误的，因为它否定对人性进行任何抽象，认为只要对人性进行抽象就是"抽象人性论"。其实，要想真正认识人的本质，如同认识一切事物的本质一样，就不能停留于感性直观，而只有进行科学抽象，才能透过现象抓住本质，舍此别无他途。

所谓"抽象人性论"主要有以下四个方面的表现：一是脱离人们的社会存在，虚构具有永恒标准的人性或人的本质；二是否认人性的历史演化，把人性看成是超越时空的永恒不变的东西；三是割裂人性的一般与特殊，夸大共同人性抹杀人的阶级性，或者相反，以人的阶级性否定共同人性；四是从抽象的人性、人的本质出发说明社会历史，认为人性决定历史发展。"抽象人性论"的错误不在于思维对人性作了抽象，而在于以上这些抽象是违背事实和逻辑的，因而是不科学的。

欧洲文艺复兴以来，思想家们对人性的理解虽然观点各异，但有一个共同点：他们都相信人具有普遍的、共同的、永恒不变的人性，并且把这一人性假设，作为自己立论的理论前提和基础，这几乎成为一种固定的研究范式。西方马克思主义者阿尔都塞对此曾有过深刻的揭示：他认为，以往资产阶级唯心主义哲学，它的认识论、历史观、政治经济学、伦理学和美学等等，都建立在"人性"这个总问题基础上。这个总问题又是以两个假定为前提："1. 存在着一种普遍的人的本质；2. 这个本质从属于'孤立的个体'，而他们是人的真正主体。""这两个假定是互为补充和不可分割的。……主体的经验主义和本质的唯心主义是相辅相成的。这种关系可以在其

---

① 《辞海》，上海辞书出版社 1999 年版，第 868 页，对人性论的解释是："通常指撇开人的社会性和阶级性，离开人的历史发展去解释人的共同本质观点和学说。"这实际上是把人性论与抽象人性论混为一谈。

'对立面'中互相颠倒：概念的经验主义，主体的唯心主义。……这个典型结构就是问题本身：只要有一种本质的唯心主义，就始终有一种主体的经验主义与之相适应。"① 阿尔都塞从结构主义视角出发，对近代以来各种人性论的典型结构和思维范式的剖析，揭露了"抽象人性论"的唯心主义本质，是深刻的。但他在分析马克思世界观转变时提出的所谓"断裂说"，则是片面的、错误的。

第四节 人的异化

人的"异化"，即人性和人的本质的异化问题，无论在理论上还是在实践上都有重要意义。考虑到这是当代国内外学术界普遍关注而又有着深刻分歧的重大问题，特别是存在着对马克思的异化理论的错误解释和歪曲利用的情况，有必要在此单列一节，用较多的篇幅加以阐述和探讨。

一、异化溯源

异化作为一种社会现象早在原始社会末期就已出现，但成为学者们思考和研究的对象则是近代的事情。异化是一个外来语。词源学的考证表明，"异化"一词的德文是 Entfremdung，英文是 alienation，二者都来源于拉丁文 alienatio。在神学和经院哲学中，拉丁文 alienatio 主要有两层含义：一是指人在默祷中使精神脱离肉体，而与上帝合一；二是指圣灵在肉体化时由于顾全人性而使神性丧失，以及罪人与上帝疏远。可见，这里的"异化"强调的是：脱离、丧失、疏远等。

到了近代，西欧一些启蒙思想家逐步将异化的使用范围扩展到经济学、法学、政治学等领域，使异化获得了这样三层含义：关系的疏远，权力的转让，神经错乱。18 世纪法国思想家卢梭首先接触到异化的实质。他在《社会契约论》中，把异化规定为一种损害个人权力的否定活动，即权力的放弃和转让。强调人民通过社会契约把权利转让给国家，当国家权力转向反面压迫人民时，人权有权收回，推翻异己的国家。在《爱弥儿》一书中，卢

① 《西方学者论〈1844 年经济学哲学手稿〉》，复旦大学出版社 1983 年版，第 261—262 页。

梭揭露了人的活动及其产品变成异己的东西的事实，开始在人与社会、人与自然两层关系上使用了异化概念。

在 19 世纪德国古典哲学中，异化被用来分析主客体关系，即主体所创造的产物与主体本身相对立。这样，异化就成为一个哲学范畴。当时的著名诗人席勒在批判劳动分工所带来的危害时，隐约地看到了旧式的分工是异化产生的一个重要原因。

黑格尔在《精神现象学》中使用了"异化"概念。在那里，异化有两层含义：一层是，把异化了解为向对立面的转化。绝对精神的运动过程是"先将自己予以异化，然后再从这个异化返回自身"。[①] 这样异化就包含了对象化、外在化、异己化的内容。另一层是，"绝对观念"外化为对象，这一对立物与主体即"绝对观念"构成矛盾，反过来成为"压迫性的"、"吞食他（指主体）"的力量。从而使异化取得了这样的内容：主体自身活动的产物反过来成为制约、压迫自己的一种力量。

费尔巴哈把异化运用到对宗教的批判上。他认为，人的本质是理性、意志和心，而上帝是理性迷雾的产物。上帝是人的本质的对象化、客体化、人的本质的丧失。所以不是神创造了人，而是人创造了神。宗教所讲的上帝是人的本质的异化。相对于法国战斗无神论来说，费尔巴哈的观点是从一个新的更深刻的视角——从人的本质的自我异化来揭示宗教产生的根源。

可见，在德国古典哲学时期，异化范畴的内涵得到了进一步丰富和深化，不再是一般意义上的财产或权利的转让、出让和疏远等含义，而是表示主体在一定的发展阶段，它的活动以及产物变成了外在的异己力量，反过来压迫支配主体自身。而费尔巴哈则明确提出了人的本质有异化问题。

总的看来，马克思以前的思想家们是企图用异化概念来说明社会现象，解释历史，但是由于他们在社会历史观上都是唯心主义的，对人和人性的了解都是唯心的、片面的，因而不可能建立科学的异化概念，也不可能运用它来正确解释社会历史和人的本质，只能停留在对事物主要是社会现象的描述上。而现代一些思想家和文学家则有滥用"异化"概念的情况，结果造成人们对异化的理解和运用十分混乱，分歧很大。

---

① 黑格尔：《精神现象学》，商务印书馆 1962 年版，第 23 页。

异化作为一种重要的社会现象，在人类社会的一定历史阶段是存在的，不能回避或简单否定。正确的态度是在理论上对异化概念给予科学界定，揭示异化现象产生的根源和消除它的条件。这样才能正确解释并有利于防止和消除社会现实生活中的异化现象，纠正人们对异化概念的滥用。经过推敲，对异化范畴拟定义如下：异化是指人的物质、精神活动及其产物，变成异己的力量转过来反对甚至支配、统治人本身，因而出现了人原来具有的正常的人性和人的本质被压抑、扭曲，甚至被否定的情况。"异化"这个概念可以用来表达人的活动的负面效应所造成的消极后果，所导致的人同自己的活动、活动的产品、他人、社会的某种反对关系，以及阶级社会中社会生活对人性的破坏性影响。

二、马克思关于人的本质异化的理论

马克思在异化理论上的贡献，在于批判继承前人异化理论的合理因素，抛弃他们的唯心史观，运用他自己创立的唯物史观，揭示了人的真正本质，阐明了人的本质异化发生的原因和消灭它的条件。

同唯物史观一样，马克思的人的本质异化思想也有一个形成与发展过程。马克思首次提出人的本质异化思想，是在《1844 年经济学哲学手稿》有关"异化劳动"的理论中。马克思认为，劳动即自由自觉的活动是人的类本质，但是在私有制条件下劳动却发生了异化，所以劳动异化即人的本质异化。劳动异化作为一个过程，具体表现在以下四个方面：（1）劳动者和劳动产品相异化。劳动者所生产的对象，即劳动产品，作为一种异己的、统治着他的对象同劳动者相对立。（2）劳动者和劳动活动相异化。劳动对工人说来变成了外在的、不属于他的东西。在这种劳动中，工人不是感到幸福，而是感到不幸；不是自由地发挥自己的体力和智力，而是使自己的肉体受折磨、精神受摧残。这就是自我异化。劳动活动的异化是劳动产品异化的根源。（3）人的类本质同人相异化。异化劳动的结果是使作为人的本质的自由自觉的改变世界的活动，"变成人的异己的本质，变成维持他个人生存的手段"。（4）人与人相异化。这又是前三种异化的直接结果。"总之，人同他的类本质相异化这一命题，说的是一个人同他人相异化，以及他们中的每个人都同人的本质相异化。"① 在上述异化劳动的四个方面中，人的本质的异化是核心。

通过异化劳动，工人生产出一个跟劳动格格不入的、站在劳动之外的人（即资本家）同这种劳动的关系。这就是雇佣劳动关系，即资本家和工人之间剥削与被剥削的关系。从而，私有财产是异化劳动的产物、结果和必然后果。"后来，这种关系变成了异化劳动和私有制相互作用的关系。"据此，马克思认为，人的本质异化既是劳动异化的结果，又是私有制的直接根源。因而人的本质异化和异化的扬弃，就构成了资本主义产生、发展和灭亡的过程，而异化的扬弃就是共产主义的实现。

以上就是马克思《1844 年经济学哲学手稿》中关于异化劳动理论的基本内容。如何评价这一理论呢？我们认为，马克思《1844 年经济学哲学手稿》中的异化劳动理论，认定劳动是人的本质，看到并明确指出人的本质异化这种重要社会现象的客观存在，对异化的原因和消除异化的条件作了可贵的探索，尤其是其中包含了资本主义社会矛盾的本质和发展趋势的思想。这些观点是非常深刻的，是马克思在异化和人的本质问题上超越前人的创造性贡献，接近和部分达到了对人的真理性认识，能给后人以启迪，具有重要的科学价值。但是，这个理论明显地带有费尔巴哈人本学思维方式的痕迹。马克思虽然把劳动看做人的本质，但《1844 年经济学哲学手稿》中所说的劳动，还不是现实的人的具体的、历史的劳动，而是抽象的人的理想化的劳动。他把异化劳动及其扬弃作为否定资本主义和建立共产主义的根据，实际上也是以抽象的理想化的人的本质作为社会历史变迁的动因和衡量历史的尺度，因而其出发点和基本前提还不是历史唯物主义的。

三、人的本质异化的产生原因和消除条件

如果说黑格尔和费尔巴哈把异化看做人的生存的原始规定性，那么与之不同的是，马克思是把探究异化的起源当做自己的使命。虽然没有见到马克思在《1844 年经济学哲学手稿》中对这个问题的直接回答，但是他已经明确提出了问题并指明了解决的方向。

---

① 《马克思恩格斯全集》第 42 卷，人民出版社 1979 年版，第 94—98 页。

在《1844 年经济学哲学手稿》中，马克思通过四个方面即四种关系，层层深入考察了人的劳动异化，并指出是异化劳动生产出"一个跟劳动格格不入的、站在劳动之外的人"——资本家和私有财产，后来这种关系就变成相互作用、互为因果的关系。之后，紧接着他就写道："现在要问，人是怎么使他的劳动外化、异化的？这种异化又怎么以人类发展的本质为根据？我们把私有财产的起源问题变为异化劳动同人类发展的关系问题，也就为解决这一任务得到了许多东西……问题的这种新的提法本身就已经包含问题的解决。"① 这段话中有两点特别值得重视：一是"人是怎么使自己的劳动异化的？"这就是说，人的劳动并不是从来就是异化的，这里关键词是"怎么"；二是如果第一问是提出问题，那么第二问实际上已点明了人类发展的本质是异化的根据。这里的关键词是"发展的"，"根据"。就是说，应该用辩证的观点认识人的本质。人的本质不是永恒不变的，而是变化发展的。应该从人自己活动的内在矛盾所引起的人类社会生活的变化和发展，来揭示社会异化现象和人的本质异化产生的原因。

对照《1844 年经济学哲学手稿》的一些论述也可以得到启发和印证。如，马克思说："工业的历史和工业已经产生的对象性的存在，是一本打开了的关于人的本质力量的书。"②这就是说，人的力量就表现在使自己的本质对象化为现实的社会生产力及其所创造的社会财富之中。生产力和社会文明的不断发展和进步，是人类发展的本质的表现和确证。

又如，马克思在批判黑格尔的唯心辩证法时指出："黑格尔站在现代国民经济学家的立场上。他把劳动看做人的本质，看做人的自我确证的本质；他只看到劳动的积极方面，而没有看到它的消极方面。劳动是人在外化范围内或者作为外化的人的自为的生成。黑格尔唯一知道并承认的劳动是抽象的精神的劳动。"③马克思一方面肯定黑格尔已认识到了劳动是人的本质，同时指出，站在唯心主义立场的黑格尔所承认的只是抽象的精神劳动。另一方面提出了一个非常重要的思想，这就是劳动具有两重性即积极方面和消极方面。

关于人类劳动、实践的两重性和双重效应问题，后来恩格斯也曾尖锐指

---

①②③ 《马克思恩格斯全集》第 42 卷，人民出版社 1979 年版，第 102、127、163 页。

出过，他说："我们不要过分陶醉于我们对自然界的胜利，对于每一次这样的胜利，自然界都报复了我们。每一次胜利，在第一步都确实取得了我们预期的结果，但是第二步、第三步却有了完全不同的出乎意料的结果，常常把第一个结果又取消了。"① 问题是人类的劳动、实践为什么会有积极方面和消极方面即双重效应？这里既有认识的局限性、相对性，即认识层面的问题；更有人的需要和利益的驱动，即价值层面的问题。而这又受一定的社会制度、体制和人们的社会关系的制约，可以说是制度层面的问题。归根到底，则是人类社会生产力的发展水平、人类的实践水平所决定的。

所以，是人的认识能力和实践水平的相对低下，人的活动的盲目性，人的需要和利益的驱动等原因，造成了人的劳动实践的消极方面。不仅造成社会环境的异化，而且在一定社会条件下导致人自己本质的异化。肯定人的劳动实践具有两重性，说明人的本质也是存在内在矛盾的。而这正是马克思所说的异化的"根据"。但不能出此简单地推论，所有实践的消极效应都是人的本质异化。只有在一定社会条件下，人的实践的消极方面达到一定规模和程度，成为矛盾的主要方面，量变引起质变，才会导致人的本质的异化。

为了全面理解和把握马克思的异化思想，有必要研究马克思在《费尔巴哈》（即《德意志意识形态》第一章）中，对异化产生原因的进一步论述。以下两点特别值得重视。

一是旧式分工所造成的社会活动的固定化，以及受分工所制约的共同活动所产生的强制力量。马克思写道："分工立即给我们提供了第一个例证，说明只要人们还处在自然形成的社会中，就是说，只要特殊人利益和共同利益之间还有分裂，也就是说，只要分工还不是出于自愿，而是自然形成的，那么人本身的活动对人说来就成为一种异己的、同他对立的力量，这种力量压迫着人，而不是人驾驭着这种力量。原来，当分工一出现之后，任何人都有自己一定的特殊的活动范围，这个范围是强加于他的，他不能超出这个范围：他是一个猎人、渔夫或牧人，或者是一个批判的批判者，只要他不想失去生活资料，他就始终应该是这样的人。"② 这里强调的是在私人利益和条

---

① 《马克思恩格斯选集》第3卷，人民出版社1972年版，第517页。
② 《马克思恩格斯选集》第1卷，人民出版社1995年版，第85页。

件下，劳动者为了获得生活资料，不得不服从的分工。这样的分工是社会生产过程自然形成的，但对劳动者个人来说，往往不是出于自愿而是违背的意志强加于他的，而且决定了他在实践中的地位，以及实践的内容和结果。这是导致人的活动与人的关系发生异化的重要原因。紧接上述论断，马克思继续写道："社会活动的这种固定化，我们本身的产物聚合为一种统治我们、不受我们控制、使我们的愿望不能实现并使我们的打算落空的物质力量，这是迄今为止历史发展的主要因素之一。受分工制约的不同个人的共同活动产生了一种社会力量，即扩大了的生产力。因为共同活动本身不是自愿的而是自然形成的，所以这种社会力量在这些个人看来就不是他们自身的联合力量，而是某种异己的、在他们之外的强制力量。"这种力量"不仅不依赖于人们的意志和行为反而支配人们的意志和行为"。① 这里所说的"不同个人的共同活动"是指人们的社会关系，这是生产得以进行的必要条件，本身就是"生产力"，或者说分工和聚合是"扩大了的生产力"。在这里，马克思既肯定它的积极方面，承认"这是过去历史发展的主要因素之一"，同时又指出它的消极方面，强调这种不同个人共同活动的方式"不是自愿的"，"不是他们自身的联合"，而是"统治我们的、不受我们控制并使我们的愿望落空的力量"，是"某种异己的、在他们之外的强制力量"。这种力量"不仅不依赖于人们的意志和行为反而支配人们的意志和行为"，因而是异化产生的重要原因。

二是世界市场力量对个人的支配。马克思指出："单个人随着自己的活动扩大为世界历史性的活动，越来越受到对他说来是异己的力量的支配（他们把这种压迫想象为宇宙精神等等的圈套），受到日益扩大的、归根到底表现为世界市场的力量的支配。"② 这就是说，伴随着历史向世界历史的转变，个人的活动一方面开始超越狭隘的地域的局限而转变为世界历史性的活动，个人也转变为世界历史性的个人，这是人类社会发展的必然趋势，是积极的方面。但同时，在资本主义条件下，这种活动也使个人受到日益扩大的世界市场力量的支配和压迫，这是消极的方面，是造成人的异化的又一个重要原因。

---

①② 《马克思恩格斯选集》第 1 卷，人民出版社 1995 年版，第 85—86、89 页。

　　以上两个原因归结到一点，私有制及其所造成的私人利益和公共利益之间的"分裂"，是人的异化产生的根本原因。这可以看做是马克思继《1844年经济学哲学手稿》之后，对"人是怎样使自己的劳动外化、异化的？"这个问题的进一步探究和回答。

　　那么，如何消灭和克服异化呢？

　　马克思在《1844年经济学哲学手稿》中写道："自我异化的扬弃跟自我异化走着同一条道路。"而异化的扬弃"只有通过共产主义的实际实现才能完成。要消灭私有财产的思想，有共产主义思想就完全够了。而要消灭现实的私有财产，则必须有现实的共产主义行动。历史将会带来这种共产主义的行动，而我们在思想中已经认识到的那个正在进行自我扬弃的运动，实际上将经历一个极其艰难而漫长的过程"。①"自我异化"的过程，既是异化劳动和私有财产的本质日益暴露，资本主义社会矛盾日益展开和激化的过程，同时也是劳动者对资本主义制度本质的认识逐步深入，消灭私有制和实现共产主义的思想逐渐成熟的过程。相应地，又是现实的共产主义运动即无产阶级反抗资产阶级的斗争，不断地从自发到自觉，逐步展开、提高、发展，最后达到消灭资本主义实现共产主义——社会矛盾的解决，即"自我异化的扬弃"的过程。自我异化同时又为异化的扬弃准备了条件。这里包含着历史辩证法的正确思想，但是表达方式上仍是思辨的，仍有借助抽象的异化理论来解释、说明历史的缺陷。

　　随着唯物史观的形成，马克思在《德意志意识形态》中对如何消灭异化的问题，就已完全立足于社会物质生产和人们的社会存在这个历史唯物主义的基本前提，思想表达就非常具体和深刻了。他指出："这种'异化'当然只有在具备了两个实际的前提之后才会消灭。要使它成为一种'不堪忍受'的强制的力量，即成为革命所要反对的力量，就必须让它把人类大多数变成完全'没有财产'的人，同时这些人又同现存的有钱有教养的世界相对立，而这两个条件都是以生产力的巨大增长和高度发展为前提的。"还因为，只有生产力的普遍发展，与此相联系的人们之间的世界交往才能建立起来，而这正是"消灭现存状况的现实的运动"——共产主义运动得以发

---

① 《马克思恩格斯全集》第42卷，人民出版社1979年版，第117、140页。

生的前提。① 这就是说，要消灭异化必须具备两个实际前提：生产力的高度发达和世界交往的普遍发展。只有这样，才能达到社会产品的极大丰富，足以最大限度满足人们不断增长的物质文化需要，从而为消灭私有制和旧式分工即消除异化产生的原因创造物质前提，同时还需要在此前提下具备两个条件：占人类大多数的世界无产阶级队伍的壮大，以及它同资本主义旧世界的对立和斗争。因为只有这样，才能造就推翻资本主义旧世界和建设共产主义新社会的巨大社会力量。

总之，异化的根源在于人类实践的双重效应所造成的消极后果。具体来看，可以相对地区分为实践认知层面、价值层面、制度层面。在私有制和旧式分工基础上产生的人剥削人、人压迫人的社会制度，是导致人的本质全面异化的决定性条件。马克思认为"人的自我异化的扬弃和自我异化走着同一条道路"，说明异化不是永恒的社会现象，它只具有"暂时的历史必然性"。生产力和交往的普遍发展是资本主义异化消除的必要前提，而无产阶级力量的壮大和社会关系的革命化则是其必要条件。所以，异化作为社会现象是自然形成的，但异化的消除则要依靠作为主体的人充分自觉发挥自己的能动性。

四、中国社会主义初级阶段的"人的异化"问题

20世纪80年代，我国理论界曾就异化问题展开了热烈的讨论，争论激烈。除了对异化作为哲学范畴的解析各有不同之外，分歧主要集中在两个问题上：（1）是否可以用抽象的人的本质异化来解释、说明历史？（2）社会主义是否存在异化现象？社会主义是否必然或已经（像资本主义一样）全面异化？在讨论中，多数人逐渐趋于认同的是：以抽象的人的本质异化来解释说明社会、历史是不科学的，这是唯心主义的"异化史观"、"人道史观"。"社会主义异化论"者主张社会主义必然或已经全面异化不符合社会主义制度的本质和客观事实，是错误的。但争论并没有完全解决。随着苏联和东欧社会主义的失败和我国社会主义改革开放出现的新情况和新问题，如何认识社会主义社会的异化问题重新引起了人们的思考。诸如：社会主义社

① 《马克思恩格斯全集》第1卷，人民出版社1995年版，第87页。

会是否存在异化现象？现实的社会主义是否有全面异化的可能？等等。

　　我们认为，对社会主义社会的人的异化的认识，也应该以马克思主义的基本原理为指导，立足于当代现实和社会实践，解放思想，实事求是。马克思曾经批判青年黑格尔派分子施蒂纳对异化概念的滥用，指出他"随意地把任何一个关系说成或不说成异化的关系"，"把一切现实的关系和现实的个人都预先宣布为异化的"。"他的任务不是从现实个人的现实异化和这种异化的经验条件中来描绘现实的个人，他的做法又是：用关于异化……的空洞思想来代替一切纯经验关系的发展。"① 这为我们研究异化问题提供了一条重要的原则，即对人的异化的考察应该着眼于现实的人的现实异化和这种异化的经验条件，而不要以抽象空洞的思想来代替现实社会关系的发展。这也适用于当代中国社会异化问题的认识。

　　首先，既然讨论的是现实的人的现实异化，那就应该从中国社会主义的现实，而不是从有待奋斗实现的理想出发。中国是人口多，底子薄，生产力发展水平低，经济文化相对落后，地区发展又极不平衡的大国。由于特殊的历史条件和机遇，中国在共产党领导下，得以继俄国之后，通过取得新的民主革命的胜利，接着很快转变为社会主义革命，建立了社会主义制度。中华民族有几千年艰苦奋斗的优秀传统，特别是在党的正确领导和组织下，经过长期革命斗争的锻炼，人民有社会主义觉悟，各民族空前团结，因而能够发挥群众创造历史的巨大的自觉能动性。新中国经过半个多世纪的社会主义建设，使社会生产力、综合国力和人民生活水平有很大的提高，开始进入小康社会。尽管如此，中国还没有完全摆脱比较落后的局面，总体上仍属于不发达的发展中国家。这是中国的基本国情，这一事实既决定了中国要发展和实现人民的共同富裕，可能而且必须超越西欧式的资本主义统治阶段，走社会主义这条唯一的活路；又决定了中国不能超越经济文化发展水平的限制，只能在一个相当长的时期处于社会主义的初级阶段。因而与未来高度发达的社会主义—共产主义社会不同，在中国现实社会生活中，不可避免地会在一定范围和一定程度上存在和发生异化现象。

　　具体地说，导致异化现象发生的原因是多方面的：

---

　　① 《马克思恩格斯全集》第3卷，人民出版社1960年版，第316—317页。

一是还存在着大量的旧社会遗留的封建主义和资本主义的残余。

二是在对外开放的条件下，国际资本主义的消极腐朽的东西通过经济、文化等各种渠道传入。

三是在市场经济条件下，由于实行以公有制为主体的多种经济成分共同发展的基本经济制度，非公有制经济（主要是资本主义性质的私营经济）不仅占有相当比重而且还在扩大，这就存在着滋生异化的土壤。

四是即便是公有制经济，由于体制落后、管理不善、分配不公等，也会在一定条件下造成某些异化现象的发生。

五是上层建筑和意识形态与经济基础不相适应而产生的种种问题，诸如：决策和政策失误、机构重叠、人浮于事、官僚主义、地方主义、贪污腐败等等，也会导致制度、机构和人员的局部变质。

六是在人和自然的关系上，各种自然灾变，如强烈地震、洪水泛滥或断流，气候变化异常等等，造成人的生命和财产的严重灾难，当然有人力无法预防和改变的原因，但是现在很多自然灾害更加频繁、直接和严重，其中往往有人的行为不当的因素，造成天灾和人祸相互影响、共同作用的消极后果。

所以，当前中国异化现象的发生，仍有认识、价值和体制等多方面原因，归根到底仍在于人类社会实践的两重性所产生的消极效应。

社会主义初级阶段存在异化这种社会现象，这是事实。但这只是现实的一个方面，现实的另一方面是，我国社会主义条件下存在的异化同以往旧社会，同当代资本主义社会存在的异化有原则的区别。资本主义制度的本质决定了它必然产生并导致整个社会的全面异化。作为统治者的资产阶级，出于自身的利益和统治的需要，在某些方面也会采取一些措施，使有些异化（如生态恶化）得到缓解，但总的趋势只能愈益加剧，并随着资本的全球化而将异化转移、扩张到全世界，不可能通过自觉的改革来消除异化。而社会主义作为一种社会制度和社会形态，之所以优于资本主义并必然最终取代资本主义，正在于它是资本主义的对立物，是以消除资本主义对人的异化，创造使每个人都能得到自由全面发展的社会条件为目的的。在这个意义上可以说，社会主义的本质就是消灭异化。

必须看到，社会主义初级阶段虽然不可避免地仍然存在某些异化现象，但是这不是社会主义制度本质决定的。在中国，党和国家的全部政策和一切活动都是以最大多数人民的根本利益为出发点和目的，都是为了维护人民的权利，满足人民的物质文化需要，全心全意为人民服务。因而从根本上来说，人们的劳动主要是为了自己和全体人民的公共利益，不能简单地归结为异化劳动。再说，现存的异化，不是整个社会人的本质的全面异化，而只是在一定范围内一定程度上存在的局部现象，不是主流而是支流。最后，最重要的，是社会主义制度本身具有克服异化的力量。随着社会主义建设事业的发展，社会主义从现在的低级阶段向高级阶段前进，占主导地位的消除异化的社会主义因素将不断增强，而上述那些使异化现象仍然得以发生和存在的因素将逐渐减弱。在未来的共产主义社会里，异化作为一种社会现象将最后消灭。

"社会主义异化论"宣传社会主义必然或已经全面异化，不仅理论上是完全错误的，不符合今天中国的现实，而且在实践上是非常有害的。因为这种观点抹杀了社会主义同资本主义两种社会制度的本质区别，搞乱了人们的思想，使人们对社会主义失去信心，客观上为资产阶级自由化势力推翻社会主义制造舆论。当然，批判"社会主义异化论"，绝不意味着否认社会主义初级阶段客观存在的异化现象，忽视它们对社会生活和社会发展的消极作用。科学的态度首先是从实际情况出发，具体问题具体分析，正确判定哪些是异化，哪些不是异化，不能随意夸大、缩小或歪曲。其次，认真研究异化产生的原因，根据不同情况区别对待，标准是国家的法律和道德。凡属违法行为造成的异化应由执法部门予以取缔或制裁。属于违背社会公德的行为，则应通过社会舆论或有关方面的批评教育来化解。还有的异化现象，如雇佣关系所产生异化劳动，在现阶段只要是合法经营，就应允许存在。总之，在对社会主义异化的认识和处理上，也必须实事求是。

正确的异化理论有助于我们树立和加强忧患意识。社会主义的本质就是消灭异化。社会主义本身具有克服异化的力量，社会主义建设的历史使命在一定意义上可以说就是为消灭异化创造社会条件。社会主义必然取代资本主义是历史发展的趋势和主流，这是毋庸置疑的。但是，我国将长期处于社会主义初级阶段，还没有建成高度发达的完全意义上的社会主义社会，外部还处在国际资本主义和对我实行"西化"、"分化"战略的反华势力的包围之中，因此，不能认为已经没有资本主义复辟的危险性了，社会主义失败、全面异化的可能性是存在的。苏联、东欧社会主义的瓦解就是前车之鉴。对此必须正视，始终保持高度警惕。可是，正因为中国吸取了苏东事件和"文革"等错误的教训，走上了建设中国特色社会主义道路，只要我们有党的正确领导，全国人民团结一致，坚定地朝着社会主义方向不懈地奋斗、前进，那么社会主义的最终胜利是必然的，对此应该充满信心。这就是异化问题上，马克思主义者同"社会主义异化论"者截然相反的立场和结论。

第 三 章

人 的 发 展 论

认定人是自然和社会存在物，是人学的唯物论。在这基础上确定人是真正发展的存在物，并把科学发展观贯彻于研究人的发展过程，探索人的发展的特点和规律，是人学的辩证法。

第一节　人是真正发展的存在物

一、人是真正发展的存在物

在当代，"发展"已成为人们普遍关注的头号热门话语，是科研工作和实际工作都列在首位的课题。从哲学上讲，发展是一个包含若干层次的系统概念。对宇宙这个最广大的层次来说，发展的含义是指演化。宇宙是永恒运动着的物质所构成的巨系统，世界上无限多样千变万化的事物，大到宏观天体，小到微观粒子，都是物质运动的不同形态，都处于不断地运动、变化过程中。因而在最广泛的意义上，可以说，发展、演化与运动、变化是同等含义的概念。物质不生不灭，时空无限，然而绝对寓于相对之中，无限寓于有限之中，物质世界大系统中各个层次各类具体事物，都有一个从产生到衰亡的过程。在这个意义上，发展是描述事物运动前进向上趋势的概念，实质是新陈代谢，不仅是量的变化，主要是新质的产生和旧质的消亡。就生物层次而言，发展的含义是指进化。生物运动既要遵循物质运动的普遍规律，又有生物运动的特殊规律，是普遍与特殊的结合。需要指明的是，无论是无机界还是有机界、生物界，发展都是物质形态自在的运动过程，与社会和人的发展是有质的区别的。

"人是真正发展的存在物。"我们提出这个论断主要是根据人类生存的历史事实所显示的人类活动的本质。人是物质运动的特殊形态，也是一种生物，然而他是具有主体能动性的生物，能够通过思想和行动改变世界以实现自己的需要和目的。这就使由人所组成的社会和人自身的活动带有一定的自觉性，体现在发展上造成了人的发展的特殊性，这是任何别的生物，其他一切物质运动形式都没有的。

科学提供的材料说明，我们生活所在的地球至今年龄约47亿年，地球上生物的产生最早距今约有30多亿年，而原始生物经过缓慢曲折的进化发展到产生人类，不到一千万年。迄今考古发掘所得的化石，能确证是人类祖先生存遗迹的，距今不过二三百万年。中国是世界上人口最多的国家，13亿中国人占整个人类的五分之一，具有典型性和代表性。从中国人的历史看，在中国大地上，中华民族的祖先"巫山人"化石，距今二百万年左右，著名的北京猿人距今五十万年左右，而能利用火的"山顶洞人"距今不过三万年。发现多处制造和使用原始工具从事生产和生活的遗迹，距今都在一万年左右。文字的发明和使用，使人的活动信息得以通过文字记载保存和流传，这是人类进入文明时代的标志。人类最古老的文字不过几千年，中国考古发掘出土的甲骨文距今才三千多年。几千年相对于地球的年龄来说，不过是几十万分之一的时间，对一个物种来说时间也是短暂的。可是人类却能通过跃进式的发展，改变原始地球，创造了伟大的人的文明世界。这样的"发展"是任何生物都没有的。

再说中国，历史学家们以文字记载的史料为根据，结合其他实物研究，列出了中华民族从夏商周延续至今五千年的历史纪年表。其中四千九百多年，前一半是从原始社会末期、奴隶制社会到向封建社会过渡；后一半是从秦皇朝建立统一全国的封建帝国，到1911年清皇朝的封建专制统治被人民革命所推翻，最后止于1949年中华人民共和国成立，结束半殖民地半封建社会阶段。回顾这段历史可以看到，中国人经过几十代持续奋斗，创造了伟大光辉的中华文明。同时，由于旧的社会制度的束缚，生产力长期停滞落后，广大人民受阶级压迫和剥削，普遍处于贫困状态，整个社会进步十分缓慢。虽然每个人的活动都是有意识有目的的，也就是说是自觉的，可是作为整体，社会和人的发展基本上都是自发的。直到 1949 年中国共产党领导人民大众，发动新民主主义革命，推翻旧的反动统治，建立了人民当家做主的新中国，情况才发生根本改变。从 1949 年至 2009 年，在 60 年时间里，中国人民在共产党和人民政府领导下，组织起来，开始把全国作为一个整体，集合所有资源、人力、物力，统筹规划，开展社会主义建设，这是以建成社会主义现代化社会为目标的社会全面发展的系统工程。经过持续实行十一个五年计划（从"十一五"开始改称规划，明确体现国家宏观调控，以示与以往行政指令性的"计划"相区别），中国社会发生了翻天覆地的巨变。半个世纪中国生产力的发展超过了以往几千年历史的总和，占世界五分之一的 13 亿人口摆脱了贫困开始向建成富强、文明、民主、和谐的社会主义现代化国家迈进。这个事实有力地说明，一旦人民群众掌握了自己的命运，依靠团结起来的集体的力量，充分发挥人的主体性、积极性、创造性，自觉地建设新社会，即自觉地发展社会和人自己，完全可以产生改变世界的伟大力量，真正显示出人类创造和发展的本质。当代中国社会发展是人类社会发展的先进典型，中国人的发展是人类发展的一个缩影。

纵观人类的历史，可以毫不夸大地说，当代的一天等于古代的 20 年。19 世纪至今不过二百年，在整个人类史中只是很短的一段，可是这期间人类在现代科技和产业革命推动下所创造的物质财富和精神文明，大大超过了以往全部历史的总和。这是一种以几何级数速度向前跃进的态势，是只有人类才有的发展，深刻地显示了人的发展不同于一切物的发展的特点。

二、人的发展的两重性与迫切任务

现实的社会和人的发展都具有两重性。从全局来看，以上所述只是发展的积极方面，尽管这是主要的基本的方面，但还不是发展的全部情况。还有另一方面，这就是现代社会迅速发展所造成的很多前所未有的矛盾和问题，即消极方面。主要是人类在创造巨大物质财富和精神财富，为自己提供更好的生存、发展和享受条件的同时，造成了很多消极的后果。一是人与自然不和谐。不可再生的自然资源大量浪费，有的开始枯竭，生态环境严重恶化，直接威胁到人类的生存和可持续发展。二是人与社会、人与人之间不和谐。主要是社会发展与人的发展不平衡，社会发展的成就未能惠及全体人民，人群贫富两极分化。结果是人群之间以及人与人之间的发展不平衡。在绝大多数国家中，发展成了少数人享有的特权，多数人只能获得维持生存的基本需要，缺少时间、精力和财力去实现发展的需要。"每个人的自由全面发展"至今仍是美好的理想，难以成为现实。值得注意的是，人类社会发展出现的这些新矛盾和新问题是超越不同社会制度和不同发展模式，在世界各国普遍发生的。也就是说，在现象背后有某种规律性。

人和社会在发展上之所以具有两重性，原因十分复杂，归根到底，是由人的主体能动性和社会性的本质及其内在矛盾所决定的。讲发展还必须看到这样一个特点：时至今日，对人类来说，发展已从生存的扩展和延伸，转而成为维持生存的条件。面对不断发生的各种社会问题和矛盾，只有发展才是唯一的出路。也就是说，如果停滞不前，不能持续发展，人类就无法生存下去。由此可以得到启示，对人的发展的本质和规律的认识远未终结，有待科学家和人学家继续不断地深入研究下去。

当代先进的人们已经察觉到了人类社会发展的两重性，特别是消极方面所带来的危机。从20世纪下半叶开始，科学家和社会活动家开始陆续提出社会可持续发展、循环经济等各种理论，主张合理规范人的活动和人类社会的发展，国际组织和各国政府也开始行动起来协商如何解决盲目发展所产生的严重问题。中国共产党及时抓住这个事关中国和整个人类社会前途命运的头号重大问题，总结我国社会发展，主要是近三十年来如何建设中国特色社会主义即如何发展中国的实践经验，借鉴、吸取世界各国发展的经验教训，提出了科学发展观等一系列新的战略思想和决策。这是发展问题上马克思主义世界观和方法论的集中表现，是中国特色社会主义最新理论成果，也是当代人类关于发展问题的最新理论成果。

新的科学发展观把人放到了首位。党中央明确提出发展要"以人为本"，把它列为科学发展观的核心和党执政的基本理念，确认人是发展的主体，人民当家做主是社会主义社会的本质特征，把关心、实现和维护广大人民群众的需要和利益作为发展的出发点和目的，把构建社会主义和谐社会、尊重和保障人权、促进人的全面发展作为发展的重要任务和目标。但在理论上，学术界仍然热衷于研讨各种社会发展问题，对有关人自身发展的一系列基本理论问题，关注和研讨还处于起步阶段。

值得深思的是，党中央在指导中国社会主义现代化建设时，提出了社会发展与人的发展互为前提、互相制约、互相促进，党的最高纲领与最低纲领统一的观点，要求在落实社会发展的同时落实人的发展。不仅把每个人的自由全面发展列为共产主义社会的重要特征，要求全党牢固树立远大理想，坚定信念，而且把努力促进人的全面发展列为建设社会主义新社会的本质要求，贯彻于当代实践中。这就是说，实践走到了理论前面，人的发展问题已是当代迫切的头等重要的理论研究任务。

第二节　人的发展的含义

一、人的发展的真正意义是全面发展

人的发展应放到人与自然万物共同构成的"生态环境"这个大系统中去考察。从本质上讲，人的全面发展是人的社会性、自主性、能动性、创造性等主体性特征的全面拓展。可以从以下几个方面来理解和把握：

1. 人的本质力量得到充分实现

人的全面发展过程实质上也就是人自己解放自己，全面实现人的本质力量的过程。具体来说，就是使人的个性、人格、体力、智力等以潜能形式沉睡于人体内的各种本质力量得以唤醒，尽可能地得到充分的实现和发挥。也使人的社会关系、认识水平、思想道德、精神境界等都能得到全面地发展和提高。人的本质力量的充分实现是相对的，是在物质生产和精神生产的过程中逐步展开的，是随着时代的发展而发展的。

2. 人的社会性得到全面实现

人的本质在于他的社会性。可是在存在着阶级剥削和阶级统治的旧社会，人们在社会关系中处于不平等的地位，在生产和社会活动中起着不同的作用，各人的需要和权益的内容以及实现方式也都是不同的，人和人性都带有阶级性。不平等和不公正的社会制度，使大多数人陷于谋生的困境，丧失了发展的权利和机会。垄断了发展权的少数人其发展也是畸形的。因而在阶级社会中，人的社会性的本质的表现往往是片面的，甚至是被扭曲的、异化的，不可能得到全面实现。要改变这种压抑人性和人的发展的状况，只有消灭阶级对立的旧社会，建立社会主义新社会，在人与人之间形成真正自由、平等、和谐的社会关系。马克思说过："个人的全面性不是想象的合理性，而是他的现实关系和观念关系的全面性。"① 只有在生产高度发达、真正实现了人人平等原则的社会里，每个社会成员才都有可能越来越多地参与各个领域、各个层次的社会交往，同其他的人，从而也就是同整个物质生产和精神生产进行普遍的交换，才能逐渐摆脱个体的、阶级或阶层的、地域的、民族的局限性，全面地发展自己的个性和能力。在前资本主义阶段的"自然共同体"中，由于生产力水平低下，人与人之间相互依赖，缺乏独立自由活动的能力与条件。在资本主义的"经济共同体"中，尽管人们有一定的独立自由活动的能力与条件，但由于资本主义私有制和泛商品化，人们仍然难以从对物的依赖状态中解放出来。按照马克思的理想，只有消灭了阶级统治的旧社会，在建立"自由人的联合体"的新社会，即社会主义和未来共产主义社会中，随着社会物质和精神生活的日益丰富，人们才能最终摆脱来自"人"和"物"的束缚，在对自然界的关系上成为自觉的主体，在对社会的关系上成为决定自己发展和幸福的主人，使每个社会成员都能获得自由和全面地发展的机会。

3. 人的素质和能力全面提高

人的全面发展是一个历史范畴，是一个动态的发展概念，它不是指每个人都能达到全知全能，而是指人的素质和能力能得到全面培养和不断提高。人的素质和能力是一个复杂的系统，包括德、智、体、美、情以及劳动技能等，其中以与生俱来的原始的生理和心理素质作为基础，但主要是后天培养、教育、锻炼的结果。

4. 人的职业的自由转换

人的全面发展要求创造条件，一方面提高人的素质和能力，另一方面按照社会和人的发展的共同需要来调整职业分工，改变迄今为止绝大多数人不得不终身束缚于某个职业的不自由状况。这就要求把社会需要和个人兴趣结

---

① 《马克思恩格斯全集》第46卷（下），第36页。

合起来，既使劳动者的素质和能力适应社会不断发展的需要，又使不同的职业成为人们可以自由选择的生存方式，使每个人都能得到发挥自己潜能的机会。既体现了人类劳动的社会性、全面性、公益性，又体现了人的活动的独立自主性和个性自由。

5. 人的需要全面地得到满足

人的需要是社会生产和生活条件及人的实践状况的反映，转过来它又成为推动生产和人的全面发展的动力。也就是说，社会和人的发展的内在动因归根到底是人的需要，发展的出发点和目的就是为了满足人的各方面的需要。由于社会生产生活条件和人的实践是不断变化发展的，是越来越复杂多样的，因而人的需要也是不断变化发展、复杂多样的。有物质需要，也有精神需要；有低层次需要如生存需要和安全需要，也有高层次的需要，如尊重需要、实现自我的需要、服务人民的需要；最后发展本身也成为人所特有的不可缺少的基本需要等等。人的需要具有一种不断上升的趋势，满足一种需要的过程会引起另一种需要或多种新的需要的产生。总之，实现人的各方面不断增长的需要是推动人的全面发展的持久动力，而需要的实现贯穿于人的全面发展的整个过程。

可见，人的发展是人作为主体，他的实践活动、社会关系、需要、素质和能力，都是由简单到复杂、低级到高级、片面到全面、不断前进向上的历史过程。需要辨别清楚的是，追求人的发展的全面性，并不意味着去造就万能型的，没有任何缺陷和不足的人。全面性的要求对内是指人自身的体质、心理、思想道德、科学文化水平、实践能力等各个要素，能够得到协调和可持续发展。对外是指人作为主体，与客体（包括自然、社会、集体、他人）的关系能够得到协调和可持续发展，而且内外处于互相促进共同前进的状态。

二、正确处理个体、群体与类发展的关系

对人的全面发展的理解，应考虑到人类整体和个体两个层面。"个人发展"与"人类发展"既有内在的、不可分割的联系，又有区别，二者是辩证统一关系。"人类"是相对于"物类"特别是"动物"而言的，而"个人"则是相对于"人类"而言的，它是类的"分子"。"人类发展"包括各个不同历史时期的个人发展。

"人类发展"与"个人发展"的内涵也有所不同。"人类发展"主要指人从自然压迫和社会压迫中获得解放。它区别于其他"物种"尤其是"动物"的"类特性"，是指构成为社会的"人类"的各种素质和能力的全面自由发展。"个人发展"主要指个体的社会化和个性化过程。就个体而言，从出生到死亡是人作为生物有机体的发展过程；知识的积累，技能的增长，心理的成熟、事业的成就等则是人作为社会主体的一分子的发展过程。个体的社会化，是指社会将自然人转化为社会人并使其具有人的"类"特性的过程；是指个体通过生活实践适应环境，和接受教育被社会文化同化，成为一个合格的社会成员的过程。这既是个体发展的过程和内容，也是个体个性化的基础。个体的个性化与个体的社会化走的是同一条路，是在同一过程中完成的。但又具有不同的内容。个体的个性化主要指个人性格特征、心理品质、行为特征以及个人能力的形成和发展，个人自我价值、社会价值以及个人自由的实现等等。个体的社会化和个体的个性化是"个人发展"的两个不同侧面，其中个体的社会化是"个人发展"的前提和基础，个体的个性化则是"个人发展"的落脚点和目标。

人类发展与个人发展是互为前提、互相制约、互相促进的。整个人类发展的状况是一切个人发展的前提和结果。社会如果不能使所有个人都得到发展，那么所谓人类发展也只能是虚假的。真实的"人类发展"必然是所有个人（而不是少数个人）发展的集中和综合。把人类发展和个人发展割裂开来，对立起来，强调其中一个方面，轻视排斥另一个方面，理论上是片面的，实践上是有害的。

对个体、群体与类的发展关系，马克思、恩格斯在其经典著作中有过精辟的论述。

一是主张个体隶属于群体。他说："人最初表现为类存在物，部落体，群居动物——虽然决不是政治意义上的政治动物。"[①]"某一阶级的个人所结成的、受他们反对另一阶级的那种共同利益所制约的社会关系，总是构成这样一种集体，而个人只是作为普通的个人隶属于这个集体，只是由于他们还

---

① 《马克思恩格斯全集》第30卷，人民出版社1995年版，第489页。

处在本阶级的生存条件下才隶属于这个集体；他们不是作为个人而是作为阶级的成员处于这种社会关系中的。""只有在共同体中，个人才能获得全面发展其才能的手段，也就是说，只有在共同体中才可能有个人自由。"①

二是强调类的发展是个体发展的基础。他说："一个人的发展取决于和他直接或间接进行交往的其他一切人的发展；彼此发生关系的个人的世世代代是相互联系的，后代的肉体的存在是由他们的前代决定的，后代继承着前代积累起来的生产力和交往形式，这就决定了他们这一代的相互关系。总之，我们可以看到，发展不断地进行着，单个人的历史决不能脱离他以前的或同时代的个人的历史，而是由这种历史决定的。"②

三是认为类的发展与个人发展是互为前提互相促进的。马克思在《青年在选择职业时的考虑》中说："在选择职业时，我们应该遵循的主要指针是人类的幸福和我们自身的完美。不应认为，这两种利益是敌对的，互相冲突的，一种利益必须消灭另一种的；人类的天性本来就是这样的：人们只有为同时代人的完美、为他们的幸福而工作，才能使自己也达到完美。"③

必须承认，个体与类之间具有某种对立性，它们总是按照各自的内在要求呈现自身。个体虽受类的制约，但它仍主要按照个人的愿望而呈现自身，它必然对类有所冲撞；类虽需个人的具体支持，但它同样主要按照类的理想而保持着自己的崇高和纯洁。个体与类的既对立又统一是社会性的人所固有的，其间的矛盾运动构成了人及其属性的发展史。人作为具有独立人格和自主意识的个体，有其自身的特殊的境遇、需要、利益、目的、动机，而这可能与作为类的整体的境遇、需要、利益、目的、动机不一致甚至冲突。在从奴隶社会到资本主义社会的漫长历史中，占人口少数的一些人的发展是建立在大多数人失去发展机会的基础上的。对此，马克思曾说："作为过去取得的一切自由的基础的是有限的生产力；受这种生产力所制约的、不能满足整个社会的生产，使得人们的发展只能具有这样的形式：一些人靠另一些人来满足自己的需要，因而一些人（少数）得到了发展的垄断权；而另一些人（多数）经常地为满足最迫切的需要而进行斗争，因而暂时（即在新的革命

① 《马克思恩格斯选集》第1卷，人民出版社1995年版，第119页。
② 《马克思恩格斯全集》第3卷，人民出版社1960年版，第515页。
③ 《马克思恩格斯全集》第40卷，人民出版社1982年版，第7页。

的生产力产生以前）失去了任何发展的可能性。"① 这种情况在以往相当长的历史时期是不能避免的。马克思还深刻指出："'人'类的才能的这种发展，虽然在开始时要靠牺牲多数的个人，甚至靠牺牲整个阶级，但最终会克服这种对抗，而同每个个人的发展相一致；因此，个性的比较高度的发展，只有以牺牲个人的历史过程为代价。……因为在人类，也像在动植物界一样，种族的利益总是要靠牺牲个体的利益来为自己开辟道路的，其所以会如此，是因为种族的利益同特殊个体的利益相一致，这些特殊个体的力量，他们的优越性，也就在这里。"② 这里所说的"特殊个体"就是新兴奴隶主、新兴的封建主和新兴的资产阶级等。但是马克思认为人类与动植物界不同，未来的共产主义社会最终会克服类与个体的对抗，实现个体与类的发展的一致。当然，一致不等于没有矛盾，而是说那时的人们会正确处理类与个体以及个体之间的矛盾，求得和谐。

类与个体的矛盾制约着人类个体的个性发展。人类的发展成果积淀在每个历史时代的个体身上，一定意义上可以说，人类的历史也就是个体和个性发展的历史。人类早期，社会和人的发展水平都很低，社会关系的特点是"群体本位"，个体表现为"无个性"和对群体的绝对依赖。到了近代，进入工业社会，社会和人的发展水平加速提升，社会关系的特点是"群体本位"让位于"个体本位"。人的价值观念转换了，"无我"被"有我"或"唯我"的人格意识所取代，推动了蕴涵于个体生命之中的人的创造潜力的发挥。然而，这种个体主体由于缺乏约束机制而发展成为"放任"的主体、盲目的主体、自发的主体。它"以自我为中心"的利己主义态度对待自然和社会。这种主体在人与自然的关系上，只关心"自我"的利益，不关心"我"之外的他人的利益、整体的利益、长远的利益。在人与人的关系上，缺乏与其他主体的交往和社会约束，必然造成个人行为的自觉性和整个社会发展的无政府状态的矛盾。在当今世界，所有国家、民族和地区都共同面临着人口、资源、环境危机。全球的关系到整个人类的危机的出现，使人类认识到个体本位生存方式的缺失与弊端，要使人类摆脱困境，使发展得以持

---

① 《马克思恩格斯全集》第3卷，人民出版社1960年版，第507页。
② 《马克思恩格斯全集》第26卷，人民出版社1973年版，第124—125页。

续，必须从"类本位"高度，从全球利益和整个人类的高度来规范人类
行为。

有一种观点认为：人一开始是自然个体，经过一段社会生活后才会成为
个人。我们认为这种抽象的议论是违背历史事实的。无论是原始的人，还是
现代的人，都是从出生之时起就生活在社会之中，脱离家庭、群体和社会的
孤立的个人是没有的，无法生存的。把人只看做是个体，意味着把人同他形
成的具体历史条件和社会条件分割开，把个人排除于社会环境之外，这是单
纯的生物学观点。在社会历史领域，只有从个体赖以生存的社会环境，联系
他所有的社会关系来考察他的发展，才能正确认识什么是个人、个性及所谓
"自我发展"。

三、人的生存与发展的关系

人的生存实质上就是人的生活，不只是局限于生命存活的需要，而且包
括人的生活的内容、意义以及方式。为了更好地解决生存问题，人必须不断
地推进社会的发展，同时也不断地发展自己。

一部人类文明发展史，就是人类为生存和发展而奋斗的历史。生存是发
展的前提、基础和推动力，而发展建立在人的生存得到基本保障的前提之
下。没有基本的生存保证，人的发展将无从谈起，但是人类只有不断发展，
才能更好地生存。发展的根本要义是不断提高人的生存质量，发展的最终目
的是创造最适宜人生存的环境和条件。以发展求生存是人的生存区别于并高
于动物的生存的重要标志。人作为社会的存在物，作为实践活动的主体，通
过人与自然、人与社会的双重对象化活动，实现人的自我超越和自我创造，
使生命得以延续，这就是人的发展。发展不仅使人把自己从动物界中提升出
来，而且人远离动物界的程度也完全取决于自身的发展能力。恩格斯说：
"人离开狭义的动物越远，就越是有意识地自己创造自己的历史。"① 当然，
这种创造是有条件的，这就是必须尊重和遵循自然、社会和人自己的运动规
律。这是由于社会规律与自然规律一旦产生和发生作用，就和它们的载体，
自然、社会和人的实体的存在一样，不仅具有不以任何人的主观意志为转移

---

① 《马克思恩格斯选集》第 4 卷，人民出版社 1995 年版，第 274 页。

的客观实在性，而且具有对人的活动的制约作用。对待客观规律的态度，是人的创造性与盲目性不同的界限所在。

从人类的历史看，生存与发展是人类生命活动的两个层面，二者是不可分割的：生存是发展着的生存，而发展是生存的延续和超越。通常所讲的"一要生存，二要发展"，"先解决生存问题再谋发展"，不过是反映了满足人的生存的基本需要的紧迫性，不能因此就在战略决策上把生存和发展划分为时间上先后两个阶段的任务。人不能生存，当然谈不到发展，但只有走发展之路，才能从根本上解决生存问题。生存与发展作为人的活动的两个不可分离的环节，在本质上是内在统一的。

当然生存与发展是有区别的。现实的人的生存不仅是生命的存活，而是指人作为社会成员，它的生命安全、人身自由、人格尊严，以及维持生命、过正常社会生活所不可缺少的基本的物质的和精神的条件都能得到保证，人自身也具有这方面的行为能力。作为活的生命，人要生存，首先就得活下去，吃饱、穿暖、有房子住，也就是说，必须具备起码的物质生活资料；但仅此还不够，还需要有一定的政治和其他社会条件做保障。如果人生活在那样一种环境里，他的生命安全随时都受到来自外界的威胁和伤害，人身自由、人格尊严得不到承认和保障，可以被任意地剥削、压迫、虐待、贩卖、凌辱，甚至像牲口一样被屠杀，那就失去了做人的起码权利，就谈不上是人的生存。因此，生存不限于保存生命的狭隘范围。它的基础是经济，但只是经济还不是人在社会中得以生存的充分条件，必须包括维持生存所不可缺少的政治、文化等多方面社会条件。所以，不能把实现和保障人的生存简单地理解为就是维持温饱的最低生活标准，当然这是不可缺少的重要的一步，但不是它的完全含义。

人的生存质量是随着社会发展而不断提高的。如果说生存注重的是人的当下需要，体现的是自身的享用，那么发展注重的是人的长远需要，体现的是自身的建造。事实是，生存与发展两者不仅在内容上互相包含，而且在实践上是互相促进的。生存的获得是发展的前提，而发展则是生存的延伸。只有实施发展，才能不断改善和提高生存的质量，使生存的实现获得持续的可靠的保障，转过来这又成为推进实现发展的动力。

人的生存不是孤立的，总是在一定社会关系中的生存。人的发展水平不仅规定着人的生存状况，而且规定着人们社会关系的性质以及它的改变。正如马克思所说，"各民族之间的相互关系取决于每一个民族的生产力、分工和内部交往的发展程度"。①

人的生存价值要通过发展实践来实现。如果把发展实践理解为是人与自然、人与社会的一种积极的、有效的、进步的对象化活动，那么人的生存价值就表现为"为什么而发展"的问题。因为发展本身不是目的，毕竟还只是手段。而"为什么而发展"对于发展主体来说应该是明确的，这就是提升人的生命质量与生存意义，使人的生活的所有方面都能得到改善，实现人与自然、人与社会关系的和谐，促进人的自由全面发展。

当代的突出矛盾是发展引起了生存危机。发展本来是为了获得一个更有质量的生存，既然人的生存依赖于基本的自然和社会条件，那就必须以正确处理人与自然、人与人之间的关系为前提，使发展得以创造和维护人类生存的良好环境。为此，人应对自身生存能力及其发展潜力有清醒的自我意识。可是现时代，工业文明发展所造成的人类对自然界的恶性掠夺，其程度已经远远超过自然环境的可承受范围和自然资源的再生能力，结果遭到自然界的强力报复而导致生存危机。当然，引发生存危机的原因是多方面的。除了思想上缺乏科学发展观的指导之外，本质上是不合理的社会制度，跨国资本集团对生产资料的垄断和对财富的掠夺性开发和占有，此外还有发展能力不足的问题。因此，解决发展不当所造成的生存危机，首先应当改革不合理的社会制度，建立遵循科学发展原则的国际经济和社会发展新秩序。其次，必须加快科技革命，早日实现以最少的自然资源获得最大发展成果的新型文明即生态文明，从根本上改善和提高人的生存质量。只有这样，才可能使人的发展水平提升到更高的层次。

四、人的自由与全面发展的关系

按照马克思主义关于人的理论，追求自由是人所独有的特性，自由和全面发展是实现人的本质所必然要求的。

自由是相对于限制、束缚而言，是表征主客体关系、即人和世界关系的

---

① 《马克思恩格斯选集》第 1 卷，人民出版社 1995 年版，第 68 页。

一个社会历史范畴。人不可能孤立地生存于世界之外，而只能处于周围世界的相互联系、相互作用之中，他的思想和行动不可避免地要受到客观世界各种条件和规律的限制和束缚。同时，人与动物只能凭本能被动地适应环境根本不同，人是具有自觉能动性的主体，他能按照自己的认识和意志，自主地决定自己的选择，并依靠自己的力量去改变外部世界，以实现自己的目的，满足自己的需要。这是自由的真实含义。人之所以要不断地追求自由，就是因为渴望摆脱束缚和限制。但自由的实现只能是在一定范围内、一定程度上摆脱某些束缚和限制，永远不可能有所谓摆脱一切限制和束缚的"绝对自由"。马克思说得好："人们自己创造自己的历史，但是他们并不是随心所欲地创造，并不是在他们自己选定的条件下创造，而是在直接碰到的、既定的、从过去承继下来的条件下创造。"① "人们每次都不是在他们关于人的理想所决定和所容许的范围之内，而是在现有的生产力所决定和所容许的范围之内取得自由的。"② 这就是说，一定时代的生产力的性质与水平，决定着人们的交往方式及其他一切社会关系，决定着社会的政治经济结构、思想意识结构和文化心理结构，从而决定了这个时代的人们所追求的自由可能达到的社会历史内涵。

自由是对必然的认识和对客观世界的改造。社会发展的历史事实说明，人类关于自由的观念和自由的实现，是随着人类认识和实践能力的提高，生产力的发展和社会制度的变革而不断变化发展的，而且在不同阶段有不同的重点。远古时期，人类祖先深受恶劣的自然环境和各种自然灾害之苦，因此提高改造自然的能力，减轻自然的压迫和束缚，变害为利，以求得生存和繁衍，是人们追求自由的重点。随着生产力的发展和社会关系的改变，出现了阶级和国家，自由的社会含义真正产生了，并赋予了越来越多的具体内涵，诸如人身自由和人格尊严，经济、政治、科学、艺术、宗教、婚姻等社会活动和交往的自由。从此，人类除了继续改变和自然的关系，不断增加对自然的自由外，调整和改变人们的社会关系，获得并不断提高人在社会生活中的自由，就成为人们追求自由的重点。几千年文明史，先是反奴隶制的社会革

① 《马克思恩格斯全集》第8卷，人民出版社1960年版，第121页。
② 《马克思恩格斯全集》第3卷，人民出版社1960年版，第507页。

命的胜利，使广大奴隶获得了人身自由。后是反封建制的资产阶级民主革命的胜利，消灭了封建特权，实行法律面前人人平等的原则，使人民普遍享有基本人权和政治自由。在资本主义制度下，占人口少数的资产阶级占有了绝大部分生产资料和财富，广大劳动人民则遭受剥削和压迫，社会贫富两极分化，社会政治、经济、文化各方面的不平等严重限制了人民实际享有的自由。中国民主革命的胜利和社会主义制度的建立，使广大人民第一次成为社会的主人，得以在社会生活中真实地全面地享有各种人权和自由。然而人口众多、经济文化不发达、将长期处于社会主义初级阶段的现实，又决定了中国人民享受自由的质量有一个随着社会进步而不断提高的过程。

　　除了认识和改造自然和社会，使人在对自然和社会的关系上获得更多的自由之外，马克思还进一步从人如何在不断地改造客观世界的同时不断改造人自己，从而得以自觉地超越和发展人的本质，这样一个更深更高的层次来考察自由问题。如，他预言人类社会必将从必然王国向自由王国飞跃，而真正的自由王国是以"作为目的本身的人类能力的发展"开始的。[①] 在社会发展阶段的划分上，除"五形态论"之外，他还提出了"三形态论"，即把"建立在个人全面发展和他们共同的社会生产能力成为他们的社会财富这一基础上的自由个性"，[②] 作为人类社会发展的"第三个阶段"、高级形态。最重要的代表性的名言是在《共产党宣言》里，马克思和恩格斯把共产主义的社会理想归结为是建成"这样一个联合体，在那里，每个人的自由发展是一切人的自由发展的条件"。[③]

　　按照马克思、恩格斯的设想，随着社会生产力的高度发展，产品和财富将大量涌现，足以充分满足每个人的需要，这样社会就可以把人的活动一分为二，在原有的以物的生产为目的的活动领域之外，建立一个新的以人的能力的发展为目的的活动领域。由于人在原有的领域掌握了自然和社会的客观规律，每个人都能自觉地去完成社会生存和发展所应尽的义务，因此在这个新的领域，人就可以根据自己的个性去全面提高自己的素质，发展自己的能力，以充分实现和发展人的创造的本质，展示人的才华，享受人生的乐趣。

---

① 《马克思恩格斯全集》第 25 卷，人民出版社 1974 年版，第 926—927 页。

② 《马克思恩格斯全集》第 46 卷（上），人民出版社 1979 年版，第 104 页。

③ 《马克思恩格斯选集》第 1 卷，人民出版社 1995 年版，第 294 页。

所以说，这是"真正的自由王国"。马克思还说："个人的全面发展，只有到了外部世界对个人才能的实际发展所起的推动作用为个人本身所驾驭的时候，才不再是理想、职责等等，这也正是共产主义者所向往的。"① 这里所说的"为个人本身所驾驭"是指人在认识了人自身发展的必然性之后，使每个人的全面发展成为自己的自由自觉的行动。这是共产主义者所向往的理想的自由。

同时，随着先进生产力和交往的高度发展，社会成员自身素质的普遍提高，旧的分工模式将被淘汰。在"自由王国"里，人们将摆脱那种终身固定于某种职业分工、使人的才能受到抑制和畸形的束缚，每个人都可以结合社会的需要和自己的兴趣、特长，自由地选择和变换工作，全面地发挥自身的能力，既为社会作出最佳的贡献，又使自己成为真正全面发展的新人。对此，马克思曾这样写道："在共产主义社会里，任何人都没有特定的活动范围，每个人都可以在任何部门内发展，社会调节着整个生产，因而使我有可能随我自己的心愿今天干这事，明天干那事，上午打猎，下午捕鱼，傍晚从事畜牧，晚饭后从事批判，但并不因此就使我成为一个猎人、渔夫、牧人或批判者。"② 这是用浪漫主义笔调描绘未来社会中自由的人的活动状况，以此来表达自己的社会理想：摆脱了固定分工的束缚之后的人完全可以自由地自主地选择活动。之所以可以，一是因为那时社会生产力高度发达，已经具备了实行"各取所需"原则所必需的极为丰富的物质条件。二是一切生产资料归全体社会成员所共同占有，资本主义条件下那种剥削者为了追求最大限度的利润、不择手段地互相倾轧的破坏性的竞争，失业、危机、经济和社会发展的无政府状态等都将消失。社会将能完全按照经济、社会以及人自身的发展规律和全体成员的利益，来合理地调节整个生产。三是随着阶级和剥削的消灭，人与人之间将不再有根本的利害冲突。在社会主义的集体中，人们完全能够正确处理个人自由和集体自由的关系，因为那时个人所追求的再也不是狭隘的个人名利，而只是个性和才能的自由全面发展。因此，自由王国社会里具有自由个性的人将是占有人的全部本质的"一个完整的人"或"丰富的人"，真正成为社会、自然界和人类自己的主人。

①② 《马克思恩格斯全集》第3卷，人民出版社1960年版，第330、37页。

　　按照马克思的理想，这样的人应是全面发展的人，所谓"全面"，主要是指人的各项素质和能力的全面养成和提高。与动物单凭本能维持简单的生存根本不同，人的活动、人们的关系以及人的需要都是多层次多方面的。随着人类文明的演进，现代人的活动、关系和需要更是日益丰富和复杂，因而对人自身的要求也越来越高。每个人都能全面地实现和发展人的本质和力量，是人类获得可持续发展，建成社会主义和共产主义社会在主体方面所必须具备的条件。

　　社会主义革命、改革和建设的历史经验告诉我们，理想要转变成为现实，不是短时间就能做到的，需要经历几代人甚至十几代人的艰苦奋斗。除了建立、坚持并不断完善先进的社会主义制度这个基本前提条件之外，归根到底取决于社会能否持续推进先进生产力的发展，能否培养造就亿万社会主义新人。只有生产力极大发展，"集体财富的一切源泉都充分涌流之后"，[①]才能为最后消灭剥削和阶级，实现人的自由全面发展创造物质前提。正如恩格斯所说，"唯有借助于这些生产力，才有可能去实现这样一种社会制度，在这种社会制度下不再有任何阶级差别，不再有任何对个人生活资料的忧虑，在这种制度下第一次能够谈到真正的人的自由，谈到那种同已被认识的自然规律相协调的生活"。[②]不仅如此，还要有全面发展的新人。人的状况无论对社会的发展还是人自身的发展，都是第一位的决定性的要素。为此，建设社会主义必须把全面地培养和提高人的素质和能力，看做同两个文明建设一样重要的头等大事来抓。社会经济文化发展水平有一个不断提高的过程，人的全面发展也是如此。

　　根据我国的现实情况，对人的全面发展可以提出以下的要求：一是具有先进的思想觉悟和道德水平，有崇高的信仰和理想，正确的世界观、人生观、价值观，能自觉地把个人融化在社会和集体之中，把人民的利益放在首位，而绝不以一己的私利去损害他人和社会；二是具有较高的科学文化素质和多方面的劳动技能，能够自觉地利用工作和闲暇时间充分地发挥和发展自己的能力；三是身心健康，能够为集体和社会尽职尽力多作贡献；四是具有高尚的精神生活和审美情趣，采取积极进取乐观向上的共产主义人生态度。

---

　　①② 《马克思恩格斯选集》第3卷，人民出版社1972年版，第12、154页。

当然，实现了这些要求，与马克思所说的共产主义社会中人的全面发展的理想还会有很大距离。但是，只要我们坚持按照马克思所指引的方向前进，那就一定会不断提高人的发展的质量，逐步接近并最终实现人的自由全面发展的伟大目标。

第三节　探索人的发展规律

人的发展是一个自然历史过程，它是从群体到个体、从共性到个性、从片面向全面、从地域向全球的发展过程，其中是有一定的规律可循的。人学所研究的人的发展规律主要是社会人的规律。人的各方面发展归根到底是由人的社会存在决定的，又反作用于人的社会存在，二者相互依存、相互作用，由此推动人的发展。对人的发展规律的研究还处于探索和起步阶段。以下列举的六条是我们对人的发展规律认识的初步概括。

一、人和环境相互作用的规律

人首先是环境的产物，然后才能改造环境，人与环境是互相依存、互相制约、互相创造的，但是环境对人的作用是第一性的、基础性的，人对环境的作用是第二性的、从属性的。

人总是生存于一定的环境之中。人的生存环境包括自然环境和社会环境两个既有区别又有联系的部分。人的活动受其生存于其中的自然环境和社会环境的制约。这里所说的环境主要是社会环境，其内容是十分复杂的。自从古猿演变成为真正的人以后，人就主要靠自己的劳动实践来求得生存和发展，人对自然界的依赖程度也随人类社会的发展而不断降低。至于个体的人则是从出生以后就依赖于社会。所谓社会，包括父母、家庭、氏族、部落、部族、国家、区域，乃至全人类；还包括这些人或人群的各种活动和关系、各个层次的制度。这些活动、关系和制度大致可以分为经济（生产）的、政治（管理、法律）的和文化（思想、观念、价值标准）的三大类。人一旦生下来，就生存和发展于社会之中，受当时社会及其历史的哺育、教育、影响、塑造。一个时代的人就是这个时代的人，不可能是那个时代的人。农业封建时代的人，其形象、知识、技能、思想、感情、价值观、行动不可能是工业资本主义时代人的状态，不能要求古代人和近代人具有现代人的品质。但是反过来，社会又是在原有的基础上由现实的人创造的。这似乎出现了一个怪圈，人是社会环境的产物，社会环境又是人的产物。其实，这并不是什么怪圈，而是人与环境的相互作用，但在相互作用中，社会环境处于基础的、根本决定的地位，而人处于从属的、非根本决定地位。因此，社会环境的面貌一方面是前社会的延续，另一方面又表现出人的痕迹，特别是一些杰出人物的烙印。杰出人物也是社会环境的产物，他可以在某些方面在一定程度上超越他的时代，但不可能在根本上超越他的时代成为一个将来时代的人。他可能坚强有力，让社会按他的设想发展，但他的设想也是当时社会环境的产物，受当时社会条件的制约。如果他的设想符合社会发展的需要，就会促进社会的发展；如果他的设想与社会发展背道而驰，就会阻碍社会的发展。当然，无论是哪一种情况，历史都会打上它的烙印。

尽管人是历史主体，"人们自己创造自己的历史，但是他们并不是随心所欲地创造，并不是在他们自己选定的条件下创造，而是在直接碰到的、既定的、从过去承继下来的条件下创造"。① 马克思主义的唯物史观承认人和社会的相互作用，但起决定作用的是社会、历史、时代，人首先是时代的产物，然后才谈得上改变时代的反作用。马克思曾具体地分析了人和社会的这种关系，他说："历史不外是各个世代的依次交替。每一代都利用以前各代遗留下来的材料、资金和生产力；由于这个缘故，每一代一方面在完全改变了的环境下继续从事所继承的活动，另一方面又通过完全改变了的活动来变更旧的环境。"② 这就是说，这一代人总是现成的社会环境的产物，然后他们才能进一步改变这个环境。

就个人发展来说，环境是影响人身心发展的主要因素。纵向环境影响人的发展的绝对水平，横向环境影响人的发展的相对水平。好的环境为人的发展提供了良好的学习、教育、工作、生活及医疗卫生等条件；不好的环境，如贫困的生活条件、落后的教育环境、闭塞的交通状况都会对人与外部世界的交流及人的自身发展起阻碍作用。环境中除政治经济、教育等外，还有许多无意识影响。个人选择、利用、改变政治经济及与其相应的文化、教育、

---

①② 《马克思恩格斯选集》第 1 卷，人民出版社 1995 年版，第 585、88 页。

家庭等环境的自由十分有限。

二、人的实践活动和其他活动之间相互作用的规律

人的三个主要活动是实践活动、认识活动和评价活动，其中实践活动是基础，认识活动和评价活动是实践活动的产物，又反作用于实践活动，实践活动与认识活动、评价活动之间存在着互相作用的关系。认识活动与评价活动之间也存在着互相作用的关系，但认识活动占基础地位。

以社会为坐标，人的活动可以概括为三大类：经济活动、政治活动和文化活动；以人的自觉性为坐标，人的活动也可以概括为三大类：实践活动、认识活动和评价活动。从人学角度看，后三大类活动的关系反映了人的发展规律。实践活动就是人自觉改造世界的活动。这里核心的因素是改造世界，世界包括自然界、人类社会和人的精神世界。劳动是最基本的实践活动，劳动创造了人，创造了人的一切。从这个意义上讲，人的一切活动都包含在实践之中，认识活动和评价活动都是实践的因素，但它们具有相对独立性。人改造世界的实践活动不是盲目的，而是自觉的，其自觉性表现在它是有目的和有思想指导的。实践活动中包含了不能缺少的评价标准和知识，没有评价标准和知识就没有自觉的实践。但是评价标准与知识都不是人天生就有的，而是在改造世界的过程中逐渐形成的，即从自发到自觉。人的实践从其具有一定目的与思想指导而言，是自觉的，但同时还包含自发的一面，即目的不明确和指导思想不全面甚至错误的一面。只有在实践过程中，目的才更加明确起来，指导思想才更加全面正确。因此，实践活动与评价活动、认识活动之间是一种互相依存和互相作用的关系，从时间上无法肯定地讲实践在先，还是评价标准与知识在先。如果从人类活动的整体上讲，从一个人一辈子的活动来讲，归根结底来讲，实践在先，因为实践是整体，评价标准与知识是它的局部；实践是源头，评价标准与知识是它的产物；实践是基础，评价标准与知识是它的上层建筑。实践在先之"先"也许可以说是本体论的"先"。总而言之，人的活动是在实践活动的基础上由于实践活动与认识活动、评价活动的互相推动而不断前进的。

认识活动与评价活动也是互相依存、互相作用不可分割的，因为人的实践活动如只有目的而没有思想指导就是盲目的，达不到目的；如只有思想指

导而没有目的，更是难以设想。在这里，目的占主导地位，认识是手段，为目的服务。目的是由主体的价值标准决定的，显然评价活动与认识活动比较，评价活动占主导地位。但从一个人的整个评价标准和整个认识比较，认识则处于基础地位，一定的正确的评价标准都是以一定的正确的认识为基础。

三、人的个体发展的有限性和类的发展的无限性相互蕴涵的规律

人既作为个体而存在，又作为类而存在。人类的发展成果积淀在每个历史时代的个体身上，人类的历史其实是个体和个性发展的历史。每个时代类的发展程度只有通过该时代一般个体的素质、发展状况和水平来把握。二者的发展过程存在着有限和无限之别。由于个体生命的延续是有限的，人的个体的发展也是有限的；由于类的繁衍是无限的，类的发展也是无限的。但是，由于类的发展由个体的发展构成，类的发展又蕴涵着个体的发展；同时，个体的发展也以浓缩的形式蕴涵了类的发展。

个体的各种能力和社会存在的发展都是由低级向高级发展。尽管这种发展中包含着曲折、循环、倒退，但其整体是一个前进的过程，所以每一个正常人的发展总是从幼稚走向成熟，从少能走向多能，从低智走向高智，从简单走向丰富，这是一个社会的过程。但这个过程受到自然过程的限制，当个体的自然过程，像任何生物体一样从成熟走向衰老的时候，这个社会过程也就放慢了或陷于停滞，最终随同肉体的死亡而终止。与此同时，由于受到个人所生存的具体时代的社会生产力和科学技术发展状况的制约，也由于单个"个人"的实践能力、认识能力、体能、智能以及生命的有限性等等，"个人发展"总是有限的。

但是，对人类来说，只要地球不毁灭，人类不毁灭，类的发展就不会停止。由前后相继的无数个人构成的人类总体的发展过程是无限的，它在一代又一代年轻个体的身上延续下去了。前人在发展过程中积淀下来的经济的、政治的、文化的成就，不会由于个体的自然死亡而全部消失，会有相当大的部分作为后人发展的起点，或有分析地继承的基础，而融入后人的发展过程之中。如此一代又一代地延续下去，就形成了类的发展。除了前人与后人之间的延续之外，还有同时代人之间的交往、竞争与合作、融合。代际传递与

代内交流，这种纵的延续与横的交融共同形成了类的发展。具有自觉能动性和创造性的人类的实践能力和认识能力以及由此而创造的社会生产力和科学技术的发展都是无限的，这些都为人类的无限发展奠定了物质和精神基础。

可以明显看出，类的无限性与个体的有限性是不同的，但二者又不能分离，是相互蕴涵的、相互过渡的。个体的有限性中蕴涵着类的无限性，类的无限性寓于个体的有限性之中，因此个体的有限性才能过渡到类的无限性。反过来说，类的无限性是由个体的有限性组成的，类的无限性蕴涵着无限的个体的有限性，因此类的无限性才能转化为无限多的有限性。这就是个体与类、有限性与无限性的辩证规律。它告诉我们，个体的无限发展是不可能的，而类的无限发展是可能的，而由于个体的有限性中蕴涵着类的无限性，个体的有限发展也就融入在类的无限发展之中。从这种意义上讲，有限的个体也就实现了自己的无限性。

四、人的实践活动的自发性递减与自觉性递增的规律

人的实践的自觉性萌芽于古猿，形成于猿人、智人过渡到人；人的自觉性随着实践能力的提高和人类社会历史的发展而逐渐提高；人的自发性仍然存在，但随着自觉性的增多而不断减少；人的自发性不会减少为零，人的自觉性不会增多到无限。

自发的活动是人的基础性或最低层次的活动，它具有自在性、自发性和典型的重复性特征。它是由重复性的思维、传统习惯、给定的模式和规则而自发地维系的活动，是一种自然而然地、不假思索地进行的重复性实践活动。人的自发的活动最突出地展示出人的活动受自然规律、客观必然性和异己力量制约的一面，或称为人的活动的被决定性一面。

但是，必须看到，人的自然活动与动物的自然活动在本质上存在着差别。人的活动，无论具有什么样的自在性和自发性，无论如何受自然的和社会的因素制约，都具有属人的特征。具体说来，构成人的自发的活动内在结构和模式的传统、习惯、习俗等文化因素不是纯粹自然的产物，它们一方面来源于远古时代的精神遗产，是人类精神尚未完全自觉、人尚未形成同自然的自觉分化时期，原始初民所自发地形成的精神框架在日常生活中的自发传递或遗传；另一方面，它们表现为人的自觉活动的产物向日常生活的回归，

创造性的精神成果和自觉自为的活动方式经过周而复始的重复和历史的积淀，也会成为个体所面对的先验给定的、自在的规则。因此，无论从哪个来源看，以传统、习惯和重复性为基础的自在自发的活动都是不同于纯粹自然运动的一种特定的人的实践活动。

自由自觉的实践活动是人类实践的最高和最发达的形态，体现出人与动物及其他自然存在物的本质差别。人的自觉性不是遗传的，而是在劳动和实践活动中获得的，其具体内容有二：一是目的，二是指导思想。它们都是人所意识到的。实际上，构成人的实践本性的自由自觉性、目的性、能动性、创造性和规定性都呈现为一个开放的历史生成过程。在自发的实践活动中，这些特征是以潜在的、未分化的和不自觉的方式存在。随着人类历史的发展，人的实践所具有的自由自觉性和创造性越来越集中地体现于人的各种存在活动中，一方面表现为大规模和有组织的政治经济、经营管理等社会活动中的计划性、目的性、组织性、社会关联性等；另一方面表现为科学、艺术、哲学等自觉的精神活动中的自由自觉性、超越性和创造性。

在人类社会历史过程中，人的实践活动的自发性总是在不断地转化为自觉性，但一定层次的自觉性总包含着更深层次的自发性。经过实践经验的总结，这种自发性又会转化为自觉性，如此循环往复，以至无穷。因此，在任何历史时代，自觉性和自发性总是同时存在的，不过早期社会形态中自觉性比晚期社会形态中低，而自发性在早期社会高于晚期社会。这种状况与人类社会的科学史、认识史是一致的，科学史或认识史的过程就是对客观世界的认识越来越多、越来越广、越来越深的过程。一般说来，这个过程应该是无限的。但一旦某种认识涉及人的利益时，认识的发展也可能受到某些难以逾越的限制，这就是认识的主体性的限制，特别是主体的目的性的限制。

人的自觉性就认识自然而言在人类社会历史的长河中是逐渐增多的。而就认识社会而言虽然也是逐渐增多的过程，却可以区分为明显的两个阶段，只有到共产主义社会时自觉性才能占主导地位，人们才高度自觉地自己创造自己的历史；而在共产主义社会以前，则是自发性处于主导地位。恩格斯关于共产主义社会是自由王国的论断，是相对于阶级社会是必然王国而言的，自由王国的自觉性也是相对的，不是绝对的。即使是共产主义社会，人的自发性也不会完全消灭，自觉性也不会成为无所不知、无所不能的无限智慧。

五、特殊个人的作用递减与人民群众的作用递增的规律

随着类的自发性的日益减少和自觉性的日益增多，特殊个人对人民群众的影响越来越小，而人民群众通过民主集中制的形式对社会事务的作用越来越大。

英雄史观认为，历史是特殊人物创造的，所谓特殊人物包括杰出人物，但不等于杰出人物，是指那些通过多种方式拥有极高的权势、财富或地位的与人民群众不同的人物，包括优秀的、平庸的、奸恶的人物，他们中有帝王将相、才子佳人、英雄豪杰、人民领袖，总之，对人类社会的现状与未来产生过重大作用的人物，不管是好的作用还是坏的作用，推动的作用还是阻碍的作用。历史的面貌和走向，都是这些人决定的，而占人口绝大多数的人民群众则是在这些特殊人物的指挥和支配之下默默无闻地顺从地完成着他们的使命。这种观点没有认识到，归根到底，这些特殊人物是当时社会的产物，而社会是由全体人民群众构成的，人民群众的活动形成了不可抗拒的历史发展的动力。不仅如此，人民群众的活动又形成了有规律的不以人的意识为转移的过程，这不是任何个人的力量所能扭转的。

相比较而言，历史的发展呈现出特殊个人的作用从古到今日益缩小的趋势，人民群众的作用日益增大的趋势。大体说来，在封建社会及其以前的时代中特殊个人的作用较大，近代减弱，现代更弱。中国封建社会史上似乎都是一些特殊个人在活动，正是因为人的自觉性低，那些通过种种手段而跃居高位的人就似乎能主宰一切了。在20世纪，世界各国的发展水平各不相同，人民群众的自觉性也各不相同，因此特殊个人在各个国家的作用的大小也各不相同。就资本主义国家而言，发达国家的民主制度比较健全，国家领导人替换比较正常，例如美国总统任职最多不超过8年，任满退位，由新选出的总统接任。其他发达国家的最高领导人的更换也都能和平地进行，没有人利用，也没有谁敢利用自己的军政大权强行继续执政。但发展中国家的领导人的更换往往要通过政变的途径甚至通过残酷的战争才能实现，显示了特殊个人的更大的作用。

随着社会的进步，特殊个人主宰历史发展的作用将日益降低，人民做主的力量将日益增大。我们有根据设想，在共产主义社会中，每个人都有可能

得到自由而全面的发展，其自觉性可以提高到很高的水平。那时，阶级社会那种"特殊个人主宰历史"的现象已消失。为个人名利而争夺权势也已成为文明的史前史。个人对社会发展所起的某种不同于他人的特殊作用仍会存在，但由于人人都能自觉地无私地尽己所能为社会作贡献，个人和集体、社会之间不再会有对抗性的矛盾，各种个人的作用将互相促进，并完全会聚、融合到人民共同创造世界的伟大洪流之中。

六、人的发展的不自由性、片面性递减和自由性、全面性递增的规律

根据历史的经验和人的本质特性，可以断言，在总的发展趋势上，人的发展是逐步由自在走向自为，由自发走向自觉，由异化受动走向自由与创造。概而言之，人的自由与全面发展既是人类社会的理想追求，也是人的发展趋势。每个人的自由而全面的发展是人的发展的理想状态，这只有在共产主义社会中才能基本达到。与这种状态相对立的是不自由的片面的发展。人的发展是这两方面相互消长的过程，是与社会发展过程相适应，积极方面逐渐增长、消极方面逐渐减少的过程。

人的自由而全面发展的思想是马克思提出来的。认为这是人在共产主义社会中的主要特征。

什么是人的自由而全面的发展呢？显然，不能作绝对的理解。不能把自由的发展说成是绝对自由的发展，想怎么发展就怎么发展；把全面的发展说成绝对全面的发展，无所不知，无所不能。人的发展都是相对的，总是一个过程，没有任何限制的自由发展和最后的绝对全面发展都是不存在的。共产主义社会中人的自由发展是相对于过去社会中人的发展不自由而言的。在过去的社会中，人的发展首先受为谋生而劳动所限制；其次为阶级剥削和阶级压迫所限制（剥削对剥削者也是一种限制）；第三为社会传统、家庭影响、个人经历中形成的错误观念、偏见、成见所限制。这就是对人的发展的三大限制：生产力、社会制度和思想观念。人的全面发展是相对于过去社会中人的片面发展而言的。人的发展不全是由于人的发展的不自由造成的，人们经常谈到的人的发展的片面性有：人的素质的片面性、人的分工的片面性、人的思想行为的片面性。人的素质的全面发展是人的德智体美劳的全面发展。劳即劳动，广泛一点讲，就是动手、实践的能力。这五种素质，对每个人来

讲缺一不可。旧式分工往往把一个人限制在一种行业、一种专业，甚至一个工种。但分工上的全面性不是要求一个人无所不能，行行精通，而只是使他能够根据个人的愿望或社会的需要易于转移自己的行业或工种。思想行为的片面性造成许多思想怪僻、行为乖张甚至反社会、反人类的人们。共产主义社会中的理想人格则是自由全面发展的人，他们具有共产主义自觉性和德智体美劳的全面素质，而且随着共产主义社会的发展，这些品质也将不断发展，使人的发展的自由性与全面性发展到更高的水平。

人的自由和全面发展是一个开放的过程，而不是一种可以一蹴而就、一劳永逸地进入的状态。换言之，人可以在越来越大的程度上获得自由和全面发展，获得主体性的增长，但永远不会达到至善完满的境界。从人的全面发展的过程性意义来看，人的全面发展既是一个永恒的历史追求，也是一个永恒的历史过程，它是人的发展的自由性与全面性的逐渐增加和不自由性与片面性逐渐减少的过程。这一过程表现出一定的阶段性和相对性，在漫长的历史过程中是分阶段逐渐实现的。

人的全面发展也没有一个绝对的、恒定的标准，其内涵的丰富程度与历史的发展阶段是相关联的。几百万年的人类社会历史中，生产力水平提高也就提高了人的发展的自由性和全面性，虽然人类史中也出现过生产力停滞甚至倒退的时候，但从整体上讲，它始终是一个不断前进的过程。因此，就人与自然的关系而言，人的发展也是一个越来越自由越全面的过程。因为生产力的发展不仅推动了人对自然界的认识，而且推动了人对社会的认识，推动了认识史、科学史的发展，从而使人在改造自然和改造社会的过程中提高了自觉性。因此，就人与社会的关系而言，人的发展也是一个越来越自由越全面的过程。就人对自己的认识而言，人的发展也是一个越来越自由越全面的过程。人对世界的认识，就对象而言，开始和发展得最早最快的是自然界，其次是人类社会，对人自己的精神现象的认识最晚也最慢，因为精神现象无影也无形，难以捉摸。人的精神现象包括思想、感情、价值观等等，十分复杂。随着人类社会的发展和科学的发展，人的主观世界也在发展，日益丰富，日益自由和全面，虽然其中也有不少错误的或过时的东西，不少成见和偏见，这些东西也阻碍着人的自由而全面发展，但最终不会改变人对自身的认识走向自由而全面。

第 四 章

以人为本和人权

　　"以人为本"和"人权"是影响当代社会生活和实践的两个极其重要的概念。这两个词的来源可以追溯到古代，但经过千百年历史的变迁，都已具有新的含义。人学作为人本身及其活动规律的科学，当然要密切结合当代实践，设立专章予以论述。

第一节　正确认识以人为本

一、中国提出"以人为本"的社会背景

　　马克思主义经典作家，及毛泽东、邓小平都没有使用过"以人为本"概念，已往出版的马克思主义教科书和专著，也没有用过"以人为本"。西方思想家有含义相近的思想，也没有原文能直译为"以人为本"的。"以人为本"首次见之于公开发表的中国党和政府的文件，是 2003 年党的十六届三中全会公报，党的十七大列入党章，被确定为中国特色社会主义理论体系最新成果——科学发展观的核心。不久又被确定为党执政治国的重要理念。中国党和政府提出以人为本，全面、协调、可持续的发展观，不是偶然的，而是从宏观战略上审视全局，总结中国 20 多年来建设和改革的成功经验，吸取世界各国发展过程的教训，特别是分析当前中国各项建设全面展开、改革深化、发展进程加速过程中所产生的新情况和暴露出来的新矛盾新问题，

进一步揭示经济社会发展的客观规律而作出的涉及党和国家指导思想的新的重要结论。

新中国成立60年来，特别是建设中国特色社会主义30年来，一个关系国家兴衰存亡的根本问题是发展问题。中国人口众多，资源不足，经济文化落后，各地区发展极不平衡，又处于国际资本主义包围之中，这样的基本国情能否建设社会主义，如何建设社会主义，或者说如何发展？这是首先必须解决的大事。建国后，毛泽东等党的第一代领导人进行了可贵的探索，有成功的经验，也有失败的教训。总结"文革"教训之后，是邓小平首先明确提出了什么是社会主义，如何建设社会主义的问题。其实也就是如何发展中国的问题。他强调发展是硬道理，发展首先必须解放和发展生产力，为此必须以经济建设为中心，实行对外开放，全面改革，实施三步走的战略方案，最后达到共同富裕。继邓小平之后，江泽民提出"三个代表"重要思想，把发展提到"党执政兴国的第一要务"的高度，强调要把坚持党的先进性和发挥社会主义制度的优越性，落实到发展先进生产力、发展先进文化、实现最广大人民的根本利益上来，推动社会的全面进步，促进人的全面发展。他说："紧紧把握住这一点，就从根本上把握了人民的愿望，保护了社会主义现代化建设的本质。"在上述思想指导下，中国社会主义建设和改革取得了巨大成就，进入了全面建设小康社会的新阶段。

现在的问题是，进入21世纪，国际上全球化趋势迅猛发展，中国国内社会主义建设、改革、开放全面展开，事业的总体规模迅速扩大，市场经济的双重效应也日益强烈显示出来，很多前所未有的新矛盾迅速暴露，有的相当严重。突出表现为城乡差别扩大：东部、中部、西部地区差别扩大；经济社会发展不协调；生态环境总体恶化趋势未能根本改变；国际上激烈的竞争对我国发展的压力日益加大；加上近期又发生一些行业的盲目扩大投资，使资金、原材料、能源等供求比例严重失调，结果在旧的产业结构调整取得部分成效的同时，又产生了新的产业结构不合理；再加上失业、就业形势严峻和贪污腐败严惩不止，这两个涉及广大人民切身利益和人心向背的重大社会问题所造成的压力等等。这些问题产生的原因是多方面的。其中一个重要的原因是同一些人违背党的求真务实精神，以发展为名，片面追求经济指标，盲目集资乱上项目，制造所谓"政绩工程"、"形象工程"直接有关。从指导思想上看，一是片面性和单打一，只顾眼前不计后果的形而上学发展观；二是把个人或少数人的名利放在首位，违背了党的全心全意为人民服务的宗旨，违背了做一个共产党员和人民政府的公务员必须自觉维护人民利益的义务和责任。所以，中国提出坚持以人为本，实现科学发展，不是什么个别的、局部的具体政策，而是总揽全局的重大战略决策，不仅切中时弊，有很强的现实针对性，而且从长远来看，对于避免挫折和危机，确保实现全面建成小康社会这个历史任务的完成，具有根本指导方针的意义。

尤其值得人们注意的是：它标志中国政府和人民对发展的认识进一步深化了。这就是说，讲发展不仅要重视发展这个硬道理，把它放到执政兴国第一要务的地位，而且要想清楚、弄明白应该发展什么，如何发展，发展的出发点和目的，发展的根本动力，以及检验发展的标准究竟是什么。

党中央提出"以人为本"，就是为了进一步端正建设和改革的指导思想，更加明确执政治国的出发点、目的、动力、标准和方法。

二、以人为本的科学含义和精神实质

中国现在使用"以人为本"这个词，确实是源于中国古代文化，内容上也确实继承了中国古代"民本"思想的合理因素，但是它的含义绝不限于此，更不能把它归结为民本主义。现时代中国所讲的"以人为本"，是立足当代中国国情和时代特征，把马克思主义和中国传统文化相结合，进行理论创造的结果。"以人为本"既是继承了中华民族优秀文化传统，取其精华，去其糟粕，又是根据马克思主义世界观和社会历史观的基本原理，对其含义作了新的科学解释。正如胡锦涛所说："现时代中国强调的以人为本……既有着中华文明的深厚根基，又体现了时代发展的进步精神。"[1]

2007 年 12 月 17 日，胡锦涛《在新进中央委员会的委员、候补委员学习贯彻党的十七大精神研讨班上的讲话》中，有一段极其重要的论述。他说："我们提出以人为本的根本含义，就是坚持全心全意为人民服务，立党为公，执政为民，始终把最广大人民的根本利益作为党和国家工作的根本出发点和落脚点，坚持尊重社会发展规律与尊重人民历史主体地位的一致性，

---

[1]　胡锦涛：《在美国耶鲁大学的演讲》（2006 年 4 月 21 日）。

坚持为崇高理想奋斗与为最广大人民谋利益的一致性,坚持完成党的各项工作与实现人民利益的一致性,坚持发展为了人民、发展依靠人民、发展成果由人民共享。以人为本,体现了马克思主义历史唯物论的基本原理,体现了我们党全心全意为人民服务的根本宗旨和我们推动经济社会发展的根本目的。"联系胡锦涛关于"以人为本"的一系列论述,① 可以得到以下启示和认识:

(一)选择"以人为本"(而不是"以民为本"),说明对"人"的理解,既继承了中华传统文化"民"的含义,又有超越和发展。"以人为本"的"人",是个集合名词,相当于英语中的 human being,不是作为自然科学对象的生物物种的人,而是作为哲学社会科学对象的人,是一个社会历史概念。按照历史唯物主义的观点,客观存在的"人"是现实的人,既不是孤立的彼此没有联系的个体的简单集合,也不是排斥具体个体的抽象的类,而是生活在社会之中,具有各种社会关系,从事各种社会活动,创造着社会历史的主体。这样的"人",是由所有个体按一定方式结合而成的、具有复杂结构的、社会有机系统,是个人、群体和类的统一。因而"以人为本"的"人"其外延比"民"广,包括社会全体成员,但核心和主要部分是占人口极大多数的人民——最大的人群共同体。从"人人"和人民这两个层面去界定、理解和把握"以人为本"中的"人"的含义,首先符合社会现实,"体现了时代发展的进步精神","与当代社会相适应,与现代文明相协调"。更重要的是表明中国共产党作为执政党,治国理政必须贯彻为人民服务的宗旨,必须对社会全体成员负责,也是为了实现人类解放的崇高理想和历史使命。如,贯彻"以人为本",必须保障人的各项权益。而根据我国宪法"尊重和保障人权"的规定,人权的主体就是社会所有成员、全体公民,即《世界人权宣言》所说的"人人"。又如,贯彻"以人为本",要求促进人的自由全面发展。这个观点源于马克思在《共产党宣言》和《资本论》中所论述的共产主义社会理想,其主词都是用"每个人"、"一切人"。

---

① 见胡锦涛:《在中央人口资源环境工作座谈会上的讲话》(2004 年 3 月 10 日)、《党的十七大上的报告》等。

（二）"以人为本"坚持了马克思主义世界观的主体思想。辩证唯物主义在认识和处理自然和人、物质和精神的关系问题上，主张自然、物质是世界的本原和基础，即承认世界就是永恒运动着的物质，世界的统一性在于物质性，因而人的全部思想和行动都必须从实际出发，遵循自然和社会发展规律。在此前提下，充分肯定人的能动作用，即人作为主体在其活动所及的范围内，发挥他所特有的思维和实践能力，能对改变客观世界起主导作用。也就是说，物是基础，人是主导。现在中国提出的科学发展观主要是讲社会和人自身的发展问题，它表达的是，人作为主体对应该如何改变客观世界和人自身，这个主客体相互依存、相互作用的发展进程所持的基本观点。提出"以人为本"就是为了充分肯定人对发展的主体地位和主导作用。从古至今，整个人类社会的发展一直处于自发的状态。即便现代发达的资本主义社会，也只有个别企业或特殊部门有发展规划，还没有关于整个社会发展的总体规划和建设。人类真正自觉地设计整个社会发展的蓝图，全面规划，统筹安排，动员组织全社会成员的力量来予以实施，并使发展的成果惠及全体人民，只是从社会主义社会才开始的。正如列宁所说，"生气蓬勃的创造性的社会主义是由人民群众自己创立的"。科学发展观，其实就是讲人民如何建设社会主义社会的问题，因而更加需要突出人在发展活动中的主体地位，正确发挥人的主体能动作用。贯彻整个发展过程的始终，自觉的人对如何发展起着主导的决定性的作用。能否保持正确的方向和实现可持续的发展，关键在于做到遵循自然社会客观规律和发挥人的主体作用的统一。

（三）必须用历史唯物主义的基本观点理解和解释以人为本的内涵，着重把握"人"之所以为"本"的根据。（"本"这个汉字可以表达多种不同的内涵。如，事物的根本、基础，社会历史的主宰、主体、主人，指导思想和行动的原则，工作的出发点和归宿，价值标准、尺度，以及哲学上的本原、本质，经济学的本位等等。应根据它所反映的对象的情况具体确定）

"人"之所以为"本"，具有多层含义：

首先，"人的生命是最宝贵的。"[①] 与其他一切事物相比，人是世界上唯一具有智慧和改变世界能力的伟大生命。对于人类社会生存和发展来说，与

---

①　胡锦涛：《中共中央政治局第三十次集体学习时的讲话》（2006 年 3 月 27 日）。

其他一切事物相比，人是唯一能动的、可延续的、最重要的资源。因而必须尽最大努力保护人的生命，尊重和保障人权，提高人的素质，促进人的全面发展。

其次，人民是"人"的主体和核心。人类历史的全部事实证明：人的本质是结成社会关系，不断地劳动和创造。由个人集合而成的人民群众是人类社会的主体。人民是人类文明和一切物质的、精神的财富的创造者，是改变世界、推动历史进步和社会发展的主要力量。因而发展必须依靠人民，尊重人民的主体地位，发挥人民的主体性、积极性、创造性。人民是一个历史概念。在人类社会发展过程中，社会成员分化为各种不同的阶级、阶层和社会群体，而人民始终是以占人口大多数的劳动者为主体，在利益一致基础上形成的最大的人群共同体。在当代中国，人民是指所有社会主义劳动者、社会主义建设者、拥护社会主义的爱国者，以及维护祖国统一的爱国者所结合而成的最大群体。

第三，人民是社会主义社会的主人。我国宪法在序言中明确指出，1949年建立了中华人民共和国，"从此中国人民掌握了国家的权力，成为国家的主人"。宪法第二条规定："中华人民共和国的一切权力属于人民。"人民在经济、政治、文化以及社会生活各个领域当家做主，是社会主义社会的本质特征。在社会主义条件下，人民在创造历史中的主体地位和主导作用，与旧社会相比发生了质的变化和飞跃，成为自觉建设和保卫新社会的决定力量。在"以人为本"的内涵之中突出人民是主人，而认定所有共产党员和国家工作人员，特别是党的各级领导干部是人民的公仆，[1] 是党现在提出的"以人为本"与传统的"民本"思想的本质区别，集中显示了历史唯物主义与历史唯心主义、科学社会主义与各种错误社会思潮的原则界限。

（四）应从世界观和方法论的高度全面领会和把握以人为本的精神实质

胡锦涛说："科学发展观是指导发展的世界观和方法论的集中体现。"既然以人为本是科学发展观的核心，那么就应从世界观和方法论的高度全面领会和把握以人为本的精神实质。在世界观上，"以人为本"就是主张在与

---

[1] 胡锦涛：《在十一届人大一次会议上的讲话》（2008 年 3 月 18 日），其中讲道"当好人民的公仆"。

世界的关系上，人既是客体又是主体。作为客体，人是世界的一部分，是物质运动的特殊形态，人的生存发展永远依赖于自然界，受自然规律所制约。作为主体，它是唯一具有自觉能动性的生物，能够按照自己的意志通过实践改变周围的世界，创造原始自然所没有的"人化自然"、"人造世界"。在社会历史观上，"以人为本"就是主张人是社会历史的主体，人民是社会主义新社会的主人。在价值观上，"以人为本"就是主张人是价值的主体，人的需要和利益是价值的标准，人民群众的根本利益是价值的最高标准。在认识论和方法论上，"以人为本"就是主张人是认识和实践的主体，自觉地把遵循客观规律和发挥主体能动性，追求客观真理和实现崇高理想统一于整个发展过程。可见，"以人为本"是一个包含多方面含义的综合性的基础概念，集中体现了马克思主义世界观、社会历史观、价值观、认识论、方法论的内在的本质联系和统一。提出并使用这样一个概念，可以深入浅出、简明扼要地表达党确认并保证人民的主体和主人地位，忠实奉行全心全意为人民服务的宗旨，坚持立党为公，执政为民。主张一切工作都要自觉地代表最广大的人民群众，始终把人民的利益放在首位，以此作为自己的指导思想和全部行动的出发点与落脚点，作为衡量党的路线、方针、政策及实施结果的是非得失的价值标准。因而在指导和实现经济和社会发展时，为谁发展，靠谁发展，如何发展，都应体现人民的利益和意志，发展的成果也应该由全体人民所共享，并最终惠及社会全体成员。

需要明确的是，现实社会人们的实践、关系、需要、权益是多层次多方面的，因而政府贯彻"以人为本"，实现、维护和发展人的利益时，应该本着公平、公正的原则，统筹兼顾。通过宏观调控，首先满足大多数群众当前最迫切最现实的生存、发展、福利等基本需要和权益，同时兼顾各方的特殊需要和权益，还要考虑以促进每个人的自由全面发展为目标的长远的根本利益。也就是说，实行"以人为本"应体现共产党的最低纲领和最高纲领的统一，做到当前实践和远大理想的结合。这是共产党不同于其他政党的先进性所在，是它特有的本质特征。

此外，"以人为本"是一个复杂的系统概念，其中包含很多方面和层次。最高层次是党和国家指导整个社会建设和治理全局的战略核心理念，是普遍适用，每个单位、每个个人都应该在思想上信奉，在行动上实行的。此外还必须结合各地区、各部门、各企事业单位、各服务行业，诸如政法、教育、医疗、交通、民生、福利、军队等等，总之，各行各业的具体实际，确定贯彻"以人为本"原则的具体要求。这是因为每个单位和个人依靠的主体和服务的对象，既是全国人民，又是所在单位的群众和个人。人民也是抽象与具体、普遍与特殊、一般与个别的统一，因此，贯彻以人为本也具有双重的任务。如，企业除了以全体人民为本之外，还应以本企业的职工为本；学校除了以全国人民为本之外，还应以本校的师生为本；军队除了以全国人民为本之外，还应以所在部队的官兵为本，如此等等。只有这样，才是全面地把握和贯彻了"以人为本"的精神实质。

（五）提出"以人为本"，在政治实践上和理论上都具有重要意义

在政治实践上，以人为本对建设中国特色社会主义实践具有重要的指导意义和促进作用。

"以人为本"是与"科学发展观"同时提出的，并被明确规定为科学发展观的核心，一是由于它简明扼要地概括了实现科学发展所必须坚持的出发点、主体、动力、目的和检验标准，而这些正是构成科学发展观核心内容的基本要素；二是由于"以人为本"是科学发展的基本要求——全面协调可持续，根本方法——统筹兼顾能否实现的前提和关键。不仅如此，"以人为本"还被确定为党执政治国的重要理念。胡锦涛说，党中央"提出以人为本的根本含义，就是坚持全心全意为人民服务，立党为公，执政为民"。这就意味着，"以人为本"是党的宗旨和本质的另一种表达。

实践证明，"以人为本"这一口号以生动、简明的语言向全世界宣告了中国共产党所领导的社会主义事业的本质和根本目的，同时也教育全体党员、干部和政府公务人员进一步明确了自己的职责和使命。认识到必须把人的生命和权益放在首位，做到关心人、尊重人、爱护人。坚决反对那种见物不见人，只求经济指标、"政绩工程"，不努力保护人民生命财产安全，不关心人民疾苦和利益的形式主义和官僚主义。而这正是广大人民的心声，体现了广大人民群众要求端正发展观念、清除时弊、深化改革的强烈愿望。因此，这个口号一提出来就得到了广大人民的热烈拥护。2008 年中国抗震救灾的伟大实践，集中地验证了"以人为本"的真理性和生命力，有力地显示了这一口号指导、动员、激励、团结人们去克服艰难险阻，夺取胜利的巨

大作用。

在理论上，提出"以人为本"是对马克思主义理论建设的重要贡献。

"以人为本"从世界观和方法论的高度，集中表达了马克思主义关于人在世界和社会中的地位和作用的基本观点，以及处理人和自然、人和社会关系的基本原则，是一次重大理论创新，是对马克思主义关于人的理论的重大发展。

学术理论界都知道，长期以来，西方资产阶级思想家、政治家攻击和诽谤马克思主义的一个主要手法就是污蔑马克思主义只讲"物"不讲"人"，把"人"丢了。国内也一直存在着资产阶级自由化思潮和教条主义的干扰。现在党公开地正面提出"以人为本"，把人的问题提升到整个理论的核心位置，并用以直接指导社会主义建设实践，这就最有力地批判了错误思潮，有助于人们辨明是非，更加坚定对马克思主义和科学社会主义的信念。在人学理论建设上，起了继往开来、推陈出新、指明方向的作用。

三、分清"以人为本"问题的理论是非

（一）以人为本是马克思主义中国化的典范

如何认识现时代中国强调的"以人为本"，这几年学术理论界确有一些不同的看法。有的学者抓住"以人为本"这个词源自中国古代文化，简单地把它等同于民本主义。有的学者则以文字相似，把"以人为本"与西方"人本主义"说成是一个意思，并由此推论出"以人为本"就是西方"人本主义"。而且他们都用"民本主义"或"人本主义"的观点来理解和解释今天我党提出的"以人为本"，作出自己的评价（赞成、部分赞成或反对）。

我们认为，"以人为本"和自由、平等、博爱、民主、人权、公平、正义等许多概念一样，是外延宽广、内涵高度抽象的社会哲学范畴。作为人类文化的共同遗产都是既有普遍性，又有特殊性。其内涵都不是一成不变的，而是随着整个社会的变迁、文化的发展而不断变化的，总是既有传承又有发展。几千年来，在利益不同甚至对立的阶级社会里，人们基于不同的立场、世界观、价值观，对这些概念作出不同的定义和解释，并且至今争论不休，不足为怪。以人为本也是如此，既可以作出历史唯物主义的解释，也可以作

出历史唯心主义的解释。问题是既然现在讨论的是中国共产党提出的"以人为本",那么科学的态度只能是以党中央公开发表的权威解释为根据,而不能是任何个人凭主观感觉和想象所作的片面的解释。从本文前面以中国党的文献为根据所作的论述,可以看到,党提出现时代的"以人为本",完全是以马克思主义世界观和方法论为指导,立足当代中国国情和时代特征,总结党领导人民经历长期革命斗争和社会主义建设的宝贵经验,在继承传统文化精华的同时注入了新的内涵而形成的一个崭新的科学概念。事实上,现在它已成为中国特色社会主义理论体系的重要支撑,在一系列范畴中处于核心理念的位置。它的提出和实践证明,中国党在理论建设上是坚持了马克思主义基本原理与中国实际相结合的原则,坚持了文化上古为今用、推陈出新的原则。以人为本是一项成功的理论创新,是可以与"实事求是"并列的马克思主义中国化的典范。

(二)"以人为本"与"民本主义"

"以人为本"这个词确实源于中华古代文化。查阅文献可见,最早使用"以人为本"概念的是《管子》(此书汇集了管仲的言论,他是公元前645年去世的,距今两千六七百年了)。但历代思想家、政治家们用"以人为本"极少,大量的是用"以民为本"。有意思的是,极少记载"以人为本"的史料,恰巧涉及历史上两个重大意义的事件。一是《管子·霸言》篇中论道:"夫霸王之所始也,以人为本。本理则国固,本乱则国危。"这是最早使用"以人为本"的记载。它所反映的是,齐桓公接受了管仲"以人为本"的治国理念,实行一系列利民政策,国家很快强盛起来,争得了春秋时代第一个霸权。二是《贞观政要·务农》篇中记载:"太宗谓侍臣曰:凡事皆须务本。国以人为本,人以衣食为本,凡营衣食,以不失时为本。""务本",即办事要抓根本。它所反映的历史是,唐朝皇帝李世民将"以人为本"作为执政治国的重要理念,取得了"贞观之治"的伟大成就。然而,无论《管子》还是《贞观政要》,通览全文,直接用"以人为本"是很少的、个别的。拿《管子》来说,全书大量论述的是"民本"思想。如,《牧民》中说:"予之为取以民为本。"《霸形》篇中记载,齐桓公问管仲:"敢问何谓其本。"管子对曰:"齐国百姓,公之本也。"可见,《管子》所讲的"人",就是指百姓、民,一个意思。《贞观政要》也是如此。所以,中国古代文献中的"以人为本"，实际上是"民本"思想的另一种表达，就是"以民为本"。因此，探究中国古代的"以人为本"，主要应了解中国传统文化的"民本"思想。

中国最早出现"民本"思想的是《古文尚书·五子之歌》中的记载："皇祖有训，民可近，不可下，民惟邦本，本固邦宁。"《尚书》是中国最古老的一部史书。"皇祖"是指夏禹，夏朝开国始祖，夏朝是公元前21—16世纪，距今四千年左右。这是史书中较早记载民（百姓）是立国之根本的思想。此后，从春秋战国时期的儒、道、法、墨等诸子百家，一直到封建社会末期的进步思想家、政治家，几乎都主张和宣传"民本"思想，成为中华民族文化中影响最广、延续最久的一种哲学和政治意识。

为什么政治家、思想家都提倡以民为本，而且得以长期传承？历史告诉我们，一是社会生活和实践经验的积累，使越来越多的人认识到了人的生命的宝贵和人民力量的伟大；二是客观上存在着广大人民群众和封建统治者之间的矛盾，这是贯穿几千年封建社会始终的主要矛盾。而"以人为本"，或"以民为本"正是反映了如何处理矛盾的一种思想和对策。

中国"民本"思想从萌芽、发生到发展有一个过程。进入文明时代后，（与原始社会相比）生产力有很大的发展，人们的物质生活条件有所改善，精神文化水平也提高了，开始从崇拜自然和神灵，向着相信依靠人类自己的力量转变。在社会意识上，则与"神本"的天命观对立，出现了最初的"民本"观念。《今文尚书》中对"天"与"民"的关系已有这样的记载："天聪明，自我民聪明；天明威，自我民明威。"（《皋陶谟》）"民之所欲，天必从之。"（《多方》）到春秋时期，"民"在人们思想中的地位进一步上升。在"神"与"人"的关系上，表现为重视人事和民力，先"人"后"神"，从"人"依附于"神"，转变为"神"依附于"人"。如，隋国大夫季梁提出"民为神之主"。（《左传》桓公六年）魏国史嚚提出"神依人而行"。（《庄公》二十二年）之后，随着社会矛盾的展开和激化，社会的动乱和历史的变迁，先进的思想家和政治家们开始意识到，民心向背对封建王朝的兴亡具有决定作用。表现在社会意识方面一个突出的成果是把"君"与"民"区分开来，进一步确立了"民"的重要地位。从"神本"的"天命论"引出"王权神授"、"王者天之子"的"君本"，进而转向"民本"，并使"民本"思想成为封建社会中，长期与"君本"这一占主导地位的统治思想相对应的政治理念。

重视"民"和重视"人"是一致的。思想家们开始强调尊重人的尊严和价值，爱护人的生命。《古文尚书·泰誓》记载，周朝建国之初，武王就说："惟天地万物父母，惟人万物之灵。"后来孔子也说："天地之性人为贵。"（《孝经》）这是代表中国古代文化对人的价值高度肯定的经典名言。儒家以孔孟为代表提出了著名的"仁者爱人"思想。《论语·乡党》记载："厩焚。子退朝，曰：'伤人乎。'不问马。"意思是，马棚失火了，孔子下班回家，只问伤人没有，不问马。这个故事宣扬了孔子重视和爱护人的生命的人道精神。

政治家们之所以会把人（民）的问题提到"本"的高度，是由于经过夏、商、周三代，到春秋各国兴衰存亡的历史变迁，人们逐渐认识到了一个基本事实：人民、百姓是社会的主要劳动力，生产物质生活资料和政府财政收入，要依靠人民的劳动和纳税。人民也是国家武装力量（士兵和军力）的主要来源。因此，人民的生命安全能否得到保障，生活基本需要能否满足，生产有没有积极性，是否愿意纳粮和当兵，是拥护还是反对政府，就成为国家兴衰成败存亡的关键。统治者——君主要维持其统治，就必须使它的统治对象——人民获得生存的起码条件。这是"以人（民）为本"之所以会成为治国基本理念和基本方针的客观根据。孟子主张"民为贵，社稷次之，君为轻。"（《尽心下》）认为君王的行为危害国家，"民"可以"变置"、"易位"。也就是起来造"君"的反，改朝换代。荀子宣称："君者，舟也，庶人者，水也。水则载舟，水则覆舟。"（《王制》）把君民关系比喻为水和舟的关系，庶人即人民可以拥护、支持统治者，也可以颠覆、推翻它。这是"民本"思想的两个经典之论。

如何评价中国古代的"民本"思想？

中国古代的"民本"思想，或称"民本主义"，是中国传统文化的一份宝贵遗产，是中华文明之精华。它说明，先进的思想家和政治家通过总结国家兴衰和皇朝成败的经验教训，看到了人民反抗反动统治的巨大威力，承认民心向背是决定国家兴衰存亡的关键。因而才会在观念上把"民"在社会历史中的地位和作用提升到"本"（即基础、根本）的高度。从思想上来看，"民本"观念的提出，为"神本"、"君本"、"官本"树立了一个对立面，是对它们的一种动摇、批判和否定。其中包含合理的内核，就是承认人民是社会历史的主要力量，人民利益是根本的。这在客观上反映了社会发展的客观要求，反映了广大人民群众的现实需要和利益。从实践方面看，信奉"民本"理念的政治家，主张"爱民"，施"仁政"，采取发展生产、轻徭薄赋、缓和阶级矛盾、改善人民生活的政策。这是"民本"思想的积极方面。这个方面不仅对统治阶级有利，对广大人民也是有利的，在中国历史上起着推动社会进步的作用。正因为"民本"思想中具有这种人民性的内容，使它在长达三千多年的封建社会里，成为中华民族的一种共同的价值观念，并使生活在现代的中国人能够继承和发展这份文化遗产。

但是，这不是"民本"思想的全部，而是它的一个方面，还有另一个方面，是消极方面。"民本"思想有它所处时代的阶级的局限性。历代的"民本"思想，都是以肯定和维护封建社会制度为前提的，目的是巩固皇权的统治。拿"民本主义"的"爱民"来说，一些思想家或政治家的言论也许是真诚的，即便如此，他们的所谓的"爱"也是基于抽象的人性论，内容是很有限的。充其量不过是做一个"忠臣"、"清官"，建议、劝说君主以及贵族、官吏等封建统治阶级，对被统治的人民发一点"善心"，减轻一点剥削、压迫而已。所以，实施"民本主义"的目的并不是为了老百姓从阶级统治下获得解放，恰恰相反，是为了巩固封建社会制度，维护统治阶级剥削和压迫人民的特权。而且这种"民本"的说教，是和封建纲常为核心的整个封建意识形态紧密联系在一起的，是它的一部分。

毛泽东曾尖锐地指出："不论是中国还是外国，古代还是现在，剥削阶级的生活都离不开老百姓。他们讲'爱民'是为了剥削，为了从老百姓身上榨取东西，这同喂牛差不多。喂牛做什么？牛除耕田之外，还有一种用场，就是能挤奶。剥削阶级的爱民同爱牛差不多。我们不同，我们自己就是人民的一部分，我们的党是人民的代表，我们要使人民觉悟，使人民团结起来。"[①] 这段话启示我们：一是对于中国古代的"民本"思想，包括"爱

---

① 《在中央党校第二部开学典礼上的讲话》（1943年8月8日），《毛泽东文集》第3卷，第57—58页。

民"、"仁政"等等,不能停留于词句表面的意义作抽象的评论,而应根据
其实际效果作具体的历史的阶级的分析,揭示概念的本质和作用。站在封建
统治阶级立场讲"民本"、"爱民"只是一种统治策略,暂时可能产生减轻
人民负担、改善生活、缓解矛盾的效果,但不可能根本改变人民被剥削受压
迫的社会关系和社会地位,不可能使人民获得自由解放。用哲学的语言来
说,"民本主义"仍然是把"民"作为工具、手段,而不是目的。根本目的
是忠君,维护和巩固封建制度。而这正是"民本"思想的主导方面。所以,
中国古代的民本主义本质上是属于封建主义的社会历史观和价值观,是封建
统治阶级的政治学说。尽管在不同阶段上它的内容有所修正、补充,在个别
思想家的著作中甚至可以找到一点历史唯物主义和近代民主思想的萌芽,但
由于缺乏先进生产方式的土壤,它始终没有超出封建意识形态的思想范围。
再说,"民本"的"民"是相对于"君"和"官"而言,其外延也不如
"人"宽,因此从内容和形式的普遍性来看,也没有达到作为资本主义意识
形态的西方"人本主义"的水平。

"民本"思想的积极方面和消极方面都是客观存在,是矛盾的,然而是
事实。我们不能苛求古代的思想家和政治家超越他们所处的时代,而具有现
代的思想。但是可以而且应该根据我们今天对人类社会发展客观规律和中国
社会历史的科学认识,以辩证的发展的观点全面公正地评价它,继承和发展
其中所包含的中华文明之精华。同时,必须辨明中国现在提出的"以人为
本"与中国古代民本主义的思想联系与本质区别。

第二节 "以人为本"与西方"人本主义"

党中央提出"以人为本"后,有人迫不及待地发表文章,宣传以人为
本就是主张人本主义,马克思主义是一种人本主义,等等。有人则感到,
"以人为本"有"人"和"本"两个字,似乎很难与"人本主义"分开。
这样的说法、想法流传开来影响很广。然而这是对"以人为本"的错误解
读。很多人是粗心大意,不求甚解。但有的文章是别有用心地搞文字游戏:
抓住表面用词相似,抹杀含义区别,把两个本质不同的概念混淆一起,玩弄
似是而非的诡辩。为了分清理论是非,有必要作以下说明。

一、"人本主义"的由来和实质

"人本主义"这个词是国外传入的，是对 anthropology 和 humanism 这两个外语词的意译。

先说 anthropology，源于希腊文 antropos 和 logos，中文被译为"人类学"、"人学"。译为"人本学"主要是哲学界。国内流行的哲学辞典（如《中国大百科全书哲学卷》等），对"人本学"这个词条的解释，都是指以费尔巴哈和车尔尼雪夫斯基为代表的哲学学说，有的也包括现代西方的哲学人类学。"anthropology"被译为"人本主义"，则是上世纪 70 年代以后的事情，之前极少。在一些哲学辞书中，"人本学"和"人本主义"被说成是一个意思。如《现代西方哲学辞典》（求实出版社 1990 年版）就说："哲学人本学的概念实际上等同于我们所说的现代西方哲学中所说的人本主义思潮。"不仅如此，而且进而引申说，"指的是哲学上以人为对象，以研究人的本质为中心的学说。"甚至扩大为"以人为对象的……包括各种出发点相异、内容迥然不同的关于人的观点、理论和学说。""可以指古今中外存在的各种关于人的哲学思潮。"这样使用"人本主义"，其涵义显然被泛化了，是犯了以偏概全的逻辑错误。"人本学"，或者"人本主义"，本来只是一种"关于人的学说"，不等于所有"关于人的学说"都应归入"人本主义"。这样做的结果只能使"人本主义"成为具有各种不同特点和倾向的流派拼凑在一起的、缺乏科学性的折中主义混合物。

再说 humanism，这个词来源于拉丁文 humanus。古罗马思想家西塞罗最早使用了 hnmanistas（人道精神）这个词。14 世纪初开始欧洲发生了延续了几个世纪的文艺复兴运动，这是一次伟大的反封建的思想解放运动。贯串整个运动的一条红线或者说本质特征，是继承和复兴古希腊罗马的人文传统，提倡以世俗的人为中心，建设和传播区别于神学学科的人文学科，尊重人的价值，发扬人道精神。到 17—18 世纪，西欧启蒙思想家和政治家继承文艺复兴的传统，把它提升为以平等、自由、民主、人权为核心的资产阶级革命的政治纲领，使之成为推动欧洲各国文化和社会变革的巨大精神力量。这期间以 humanus 为词根的一些与人性、人文、人道有关的词陆续产生和被使用。到 1808 年一位德国教育家把它们合成为德语 humanismus，之后被译为英文 humanism 这个专用名词。中文译者把它译为"人道主义"或"人文主义",基本上表达了这个词所反映的西方文化变迁的主流。译为"人文主义"可能是着眼于这个词的外延,即它所概括的对象的范围,指以(世俗的)人为研究对象的广义的人文学科。而译为"人道主义"则是着眼于它的内涵,即本质特征,指人道精神。这两个词是从不同视角反映了同一对象,当然两者是互相渗透的。

humanism 中文被译为"人本主义"也很晚,大致也在上世纪 70 年代以后。那么"人道主义"和"人本主义"又是什么关系呢?

有人认为,既然"人道主义"、"人本主义"都来自外文 humanism,那么"人道主义"就是"人本主义",等于"人本主义"。谁要批判"人本主义"就是反对人道主义。这是典型的强词夺理,是不对的。

词是达意的。从西方哲学和人文社会科学的实际情况看,关于人的理论研究,除了 anthropology 之外,更多的是用 humanism。而在很多以 humanism 为主题的论著中,往往包含人的哲学、人道精神和伦理原则、人文学术研究等多方面的内容,但对应的都是 humanism 这个词,不像中国人把它的含义分成"人本主义"、"人道主义"、"人文主义"几个词。因而对中国人自己在不同场合翻译或使用"人本主义"和"人道主义"这两个词的关系,只能根据分析人们的著作,大致做这样的区分:"人本主义"侧重于表达世界观(即本体论)和社会历史观,主要回答什么是人、人性和人的本质,人在世界和社会中的位置,主张以人为本原、主体、中心来认识和处理人与世界、人与社会以及人与人的相互关系。而"人道主义"则侧重于表达价值观,主要回答做人(律己、待人)的基本原则,主张尊重人的价值,把实行平等、自由和基本人权作为指导和评价人们行为的规范和标准。因而,西方各种人本主义,往往就是它所主张的人道主义的哲学理论基础,而人道主义则是人本主义的实践原则。当然这种划分只有相对的意义,因为无论是自称或被称是"人本主义"或者"人道主义"的学说、理论、思潮,都不可避免地包含上述世界观、社会历史观和价值观的内容,区别只是各种学说的重点和观点不完全一样。再说,概念的泛化不仅发生在"人本主义"上,也发生在"人道主义"上,而且"人本主义"、"人道主义"、"人文主义"这几个概念也往往被混用。事实上,除了古典的费尔巴哈人本学之外,现代西方哲学和人文社会学说，在统称为人道主义或人本主义思潮中，有几十种不同的人本主义或人道主义流派。诸如：实用主义人本主义、存在主义人道主义、弗洛伊德人道主义、新托马斯主义人道主义、现象学人道主义、哲学人类学，等等。又如，在一些论文和著作中，经常可以看到"西方人本主义思潮"或"西方人道主义思潮"、"西方人文主义思潮"这些概念，联系上下文就会发现其含义都差不多。可以说是名目繁多，五花八门。当然共同点还是有的：都以研究人为对象，都是以抽象的人和人性的某种假设为前提，构建一套关于人的哲学或社会学说，都宣扬资本主义的个人主义。因而在世界观上几乎都是唯心史观，虽然它们在价值观上都这样或那样地继承了西方传统文化的人道精神和人的价值观念。

二、马克思与人本主义

上述那种把"人本主义"概念加以泛化（实质是违背逻辑规则的非科学抽象）的手法，被用到了处理马克思主义与人本主义的关系上，就是把马克思主义归结为一种人本主义，把马克思主义人本主义化。这种错误倾向由来已久，它的产生有深刻的社会历史背景，其目的主要是，用人本主义的历史唯心主义来取代历史唯物主义，否定共产党领导和人民民主的科学社会主义，实行西方的资本主义。

其实，如何认识马克思（以及恩格斯）与人本主义的关系，是马克思主义发展史上的一个老问题，是马克思逝世以后，恩格斯、列宁、毛泽东、邓小平等为代表的马克思主义者与各种非马克思主义者、反马克思主义者（特别第二国际修正主义、西方马克思主义、民主社会主义）长期争论的一个焦点。

所谓马克思与人本主义的关系，主要是指马克思与费尔巴哈人本学的关系。研究马、恩经典著作可以认识到，马、恩在学生时代就掌握了欧洲文化遗产的优秀成果，他们的世界观有一个从黑格尔辩证法、经过费尔巴哈人本学、到创建辩证唯物主义历史唯物主义，从革命的民主主义、经过带有空想成分的共产主义到创建科学共产主义的转变过程。在 1843 年到 1844 年，他们确实受费尔巴哈人本学很深的影响。恩格斯后来回忆说："在我们的狂飙时期，费尔巴哈给我们的影响比黑格尔以后任何哲学家都大。""他在好些方面是黑格尔哲学和我们的观点之间的中间环节。"① 这种影响突出表现在《1844 年经济学哲学手稿》中：一是过分的颂扬费尔巴哈。二是把自己所信奉的共产主义归结为人道主义。说："彻底的自然主义或人道主义，既不同于唯心主义，也不同于唯物主义，同时又是把两者结合起来的真理。"共产主义是"实践的人道主义"，"是以扬弃私有财产作为自己的中介的人道主义"，是"从自身开始的积极的人道主义"，是"完成了的人道主义"。② 同年 9 月发表《神圣家族》时，马、恩仍把自己的学说称为"真正的人道主义"。③ 三是沿用费尔巴哈的思想方法，用人的本质异化的理论来解释历史，批判资本主义，论证共产主义的必然性（尽管马克思对人的本质的理解已从费尔巴哈的爱情、友谊等变为生产劳动，提出了著名的"劳动异化"论）。这是国内外一些人热衷于议论马克思生前未发表的这份《手稿》，以此作为宣扬马克思是人道主义者，马克思主义是人本主义的主要根据。可是，第一，马克思的这部《手稿》只是他思想转变过程中的一段记录，不是全部，更不能反映马克思思想发展的全过程。第二，上述涉及人本主义的内容也只是《手稿》的一个内容。写作手稿是在 1844 年 8 月，当时马克思正处于世界观转变的关键时刻，全面地分析《手稿》的内容，应该说《手稿》具有两重性：一方面，它确实记载了马克思很多原创性的天才的思考和论断，为我们研究、继承和发展马克思主义留下了宝贵的遗产。《手稿》中的一系列论述说明，马克思已经在若干基本点上超越了费尔巴哈人本主义、空想共产主义，走向并接近于历史唯物主义和科学共产主义。另一方面，上面提到的一些论述也说明，马克思当时的思想还没有完全突破人本主义的框框，是采用了费尔巴哈人本学的观点和方法，即用抽象的人的本质自我异化和复归来解释历史，这部分内容带有形而上学、唯心主义性质。这两个方面是矛盾的，然而是事实，是马克思当时思想和《手稿》的真实情况。第三，《手稿》是没有完成的。在此之后一个月，即 1844 年 9 月，马克思思想就有很大的变化。他和恩格斯发表了第一部合著：《神圣家族》。紧接着第二年（1845 年）春天，马克思就写了被恩格斯称为"包含着新的世界

① 《马克思恩格斯选集》第 4 卷，人民出版社 1995 年版，第 212 页。
② 《马克思恩格斯全集》（第 1 版）第 42 卷，第 167、174—175、120 页。
③ 《马克思恩格斯全集》（第 1 版）第 2 卷，第 7 页。

观的天才萌芽的第一个文件"《关于费尔巴哈的提纲》①，同时与恩格斯合著了《德意志意识形态》。写这本书的目的马克思自己说："我们决定共同阐明我们的见解与德国哲学意识形态的见解的对立，实际上是把我们从前的哲学信仰清算一下。这个心愿是以批判黑格尔以后的哲学的表式来实现的。"②这段话恩格斯在 1888 年发表《费尔巴哈论》时特地引述过。马、恩所说的"从前的哲学信仰"，一个主要对象就是费尔巴哈人本学（即现在人们所说的"人本主义"）。从此以后到 1848 年发表《共产党宣言》，马克思、恩格斯完成了世界观的根本转变，同包括费尔巴哈人本学在内的所有旧哲学"对抽象的人的崇拜"彻底决裂，创立了"关于现实的人及其历史发展的科学"③，即辩证唯物主义历史唯物主义和科学共产主义。这就是马克思和人本主义关系的实际情况。遗憾的是那些惯于从《手稿》中摘取个别语录，宣传马克思是人本主义的人，无例外地，都有意回避了《手稿》的全部论点和精神实质，以及之后马克思的全部著作。这是严肃的治学态度吗？如果不是别有用心地歪曲历史、侮辱马克思，为什么要这样做呢？一切真诚地想搞清楚事实真相的人，一定要亲自去阅读马、恩有关的原著，独立判断，切勿上了那些打着"马克思主义人本主义"旗号，其实是贩卖西方人本主义私货的人的当！

三、正确认识"以人为本"与"人本主义"的关系

前面已阐明了党中央提出的马克思主义的"以人为本"的含义，下面就对比"西方人本主义思潮"各流派的共同特征，说明两者之间的联系和区别。

（一）两者的世界观和社会历史观不同

从表层看，"以人为本"与"人本主义"在世界观和社会历史观上都主张认识自然界、社会和人类自己时应确立人的主体地位，都反对宗教神学和封建主义的"神本"、"君本"思想，这是两者的共同点。但是从深层看，两者的世界观和社会历史观是根本对立的，这不能不影响到它们各自对人与

---

① 《马克思恩格斯选集》第 4 卷，人民出版社 1995 年版，第 212 页,。
② 《马克思恩格斯选集》第 2 卷，人民出版社 1995 年版，第 34 页。
③ 《马克思恩格斯选集》第 4 卷，人民出版社 1995 年版，第 241 页。

神、人与社会、人与人等一系列重大问题的立场和观点。

西方人本主义各派的世界观和社会历史观在本质上都是唯心主义的。虽然其中有的流派也在一定范围内、一定程度上承认世界的物质性（即所谓"自然的先在性"），但是由于它们片面地夸大"人"的主体性，使"人"成为脱离了物质世界（自然界、社会）的绝对物，无条件地宣扬人是第一位的，是宇宙的中心，甚至颠倒过来认为现实的自然界和社会都是"人"所创造的，都是以"人"的存在和意志为转移的，所谓"不依赖于人而独立存在的客观世界等于虚无、没有意义"，等等，就不可避免地陷入唯心主义。再说，人本主义思想家们所讲的"人"，都是指脱离具体历史时代和现实社会实践、社会关系的抽象的"个人"。人性和人的本质就是这样的"人"生来就有的、始终不变的，即马克思所说的"单个人所固有的抽象物"。至于什么是人性和人的本质，各流派具体的说法虽然各种各样，如，自我保存、爱、情感、自私、利己、自我意识、理性、意志、自由、追求幸福、享乐，甚至某种非理性的心理本能，等等。但其共同点都是把人的本质归结为某种观念的、精神的东西。"人本主义"的全部理论，就是以这种主观设定的、抽象不变的、带有普遍形式的"人"、"人性"和"人的本质"作为出发点和基本前提的。正因为如此，西方古典的和现代的人本主义者，虽然也能在一定程度上揭露和批判封建社会、资本主义社会违背人道的现象，但是由于它们不了解、不承认、不掌握社会及人自身运动、变化、发展的客观规律，因而不可能深刻揭示各种反人道现象存在的社会历史根源，只能用抽象的"人性"来解释历史，把历史的变迁和现实社会的矛盾都归结为人性的异化和复归，把所谓人类的"善良天性"或"理性"看做是历史发展和社会进步的动力。人本主义者们的理想就是使"人性"得到充分实现，建立所谓适合人类天性的自由、平等、博爱的人间乐园。

与"人本主义"世界观和历史观根本不同的是，马克思主义主张辩证唯物主义和历史唯物主义。因此，现在党中央提出"以人为本"根本不是要否定辩证唯物主义世界观的基础——物质观（即"物质本体论"）。恰恰相反，对人在社会活动中的主体地位的确认，是以无条件地承认客观物质世界的优先地位为前提。如，我们讲人是主体，发挥人的主体性，绝不是说人可以不顾客观条件的制约，可以违背事物运动的客观规律，单凭人的主观愿望和目的而任意作为；而是认为，人的一切思想和行动首先必须立足现实，从实际出发，严格遵循自然、社会以及人自身运动的客观规律。在这个前提下，正确而充分地发挥人的主体能动性和创造力，才能达到既有利于满足人的生存发展需要和促进人的发展，又有利于人与自然的和谐相处，人与社会的互相促进，使人类得以实现持久地生存和发展的目的。其次，我党今天讲"以人为本"，这个"人"，不是什么脱离社会历史的抽象的"个人"。根据辩证唯物主义的社会历史观，现实的人都是生活在社会历史之中的具体的人，人的本质是结成各种社会关系从事生产等社会实践，正是人的社会性和实践性的本质决定了人有一系列与动物根本不同的特征。马克思主义也不同意人本主义者所说的，是什么人性的异化和复归决定社会历史的变迁。恰恰相反，人是在不断地改变客观世界（自然和社会）进程中不断地改变人自身的，其中包括社会发展的历史过程中，具体的人和人性的矛盾、斗争、变化和发展。也就是说，社会和人是互为前提、互相依存、互相作用、互相制约、互相促进的。我们党主张建设社会主义先进文化，以理想、信念为核心，树立正确的世界观、人生观、价值观，促进人的全面发展，就是认为人和人性都不是与生俱来、永恒不变的，必须也完全可能在建设社会主义新社会的过程中，培养和造就一代又一代社会主义新人。最后，与"人本主义"把人归结为"个人"或抽象的"类"根本不同，马克思主义根据唯物史观关于人民群众是社会历史创造者的基本原理，认为现实的"人"总是个人、群体和类的集合，个人总是结成一定的群体，又总是分属于不同的阶级、阶层，而人民则是最大的人群共同体。因而讲"以人为本"，不仅要讲为"一切人"，"人人"，要求执政党和政府向社会全体成员负责，而且必须突出以劳动者为主体的占人口最大多数的人民群众的主导地位，必须把人民当家作主作为"以人为本"理念的核心。

（二）两者的价值观不同

"人本主义"和马克思主义在价值观上都主张继承人类优秀文化传统中的人道精神，即珍惜人的生命，尊重人的价值，满足人的需求，维护人的权利，实现人的理想，并以此作为指导和检验人们思想和行动的标准。从表层看，这也是两者的共同点。但从深层看，"人本主义"和马克思主义都不是简单地继承人道精神这份人类文明的宝贵遗产的。"人本主义"是从唯心史观和抽象的人性论出发来理解和解释人道精神的，而马克思主义则是根据辩证唯物主义世界观和社会历史观，把传统文化中的人道精神从资本主义思想体系中剥离出来，并把它与共产主义理想结合起来，使之成为社会主义价值观的组成部分。因而事实上存在着两种人道主义，即资产阶级人道主义与无产阶级人道主义（在我国曾被称为"革命人道主义"）、资本主义人道主义与社会主义人道主义。世界上各种人道主义组织和个人，虽然都主张发扬人道精神，彼此可以对话和合作，但由于各自所依据的意识形态不同，社会历史背景不同，其对人道精神的理解及所做人道救助工作的方式和效果，也是有区别的。

在价值观上，"人本主义"各派一般都坚持以个人为本位，在处理个人和社会、他人的关系问题上主张个人主义，尽管有时也讲在"利己"的同时也要"利他"、也讲对社会的贡献，但都坚持以个人的需要和利益（或放大到他所属的小团体、阶层的需要和利益）为出发点、目的和中心，以"实现自我"为主要的价值追求。在处理人和自然关系问题上则大多主张"人类中心主义"。所以，"人本主义"价值观表面上似乎具有普遍性的形式——"一切为了人"、"为了一切人"，其实是狭隘的、自私的、片面的，没有超越资产阶级意识形态的思想范围。更不可能在实践上超越资本主义经济和社会制度的范围。以此作为指导思想、支配行动以及权衡得失的基本原则，虽然也可能暂时缓解人和自然、人和社会以及人和人之间的矛盾，但不可能持久，不可能阻止资本主义所固有的矛盾的激化，爆发社会危机和对抗。

与此相反，马克思主义价值观坚持以社会和人民为本位，在处理个人和社会、他人的关系上主张社会主义集体主义，即把人民的整体利益放在首位，在努力实现、维护、保障、发展人民利益的前提下，正确协调个人和社会的关系。一方面，每个人都应以社会和人民的利益作为思想和行动的出发点、目的和最高标准，努力为人民服务，为社会做贡献。另一方面，社会（主要是通过代表和执行人民意志的政府）应努力关心和保障全体社会成员的合法权益，努力创造条件尽可能满足他们生存、发展、幸福等各种需要。通过正确处理个人和社会以及人们相互之间的各种关系，做到缓和或消解矛盾，实现人与社会、人与人的和谐。在人和自然关系上，则坚持以本国人民和全人类可持续发展这一整体的长远的根本利益为出发点，严格遵循自然和社会运动的客观规律，正确处理人口、资源、环境和发展的关系，达到人与自然和谐相处、永久共存的目的。

可见，西方的"人本主义"和马克思主义的"以人为本"是两种不同的价值观，虽然它们都继承了传统的人道精神，但前者是狭隘的、片面的，后者才是全面的、彻底的。只有马克思主义，才是无产阶级和劳动人民摆脱资产阶级意识形态的束缚，超越剥削阶级统治的旧世界秩序的思想范围，为建设社会主义新社会而奋斗，唯一正确的价值观。

（三）两者实现理想的道路、方法不同

从表层看，似乎"人本主义"和马克思主义的"以人为本"，都把人的解放和自由发展作为理想目标，这也可以说是两者的共同点。然而在深层次上加以分析对比，就可以发现，由于彼此的世界观、社会历史观、价值观即理论基础不同，因而对于如何实现理想，即道路和方法的主张也是根本不同的。

人本主义者们，或者是把建立理想社会的希望寄托于"人性"的普遍改善，说服统治者发善心、施仁政或伟大人物、"救世主"的出现，从而使"理性"、"正义"得到胜利；或者干脆回避现实社会的矛盾和人民群众的命运，一味宣扬只有"个人"才是真实的存在，人生就是个人"自我设计"、"自我选择"，凭"个人的意志"去实现所谓个人的"绝对自由"。然而这种脱离社会现实和人民群众的主观主义和个人主义，在实践上除了发泄对现存社会的不满，作一点批评，或陶醉于所谓"自我实现"而自欺欺人，把信奉者引入歧途之外，根本改变不了现存的任何东西。尤其是现代西方人本主义思潮的各个流派，在涉及世界的前途、人类的命运这样一些重大问题上，大多数是主张在维护现代资本主义基本制度的前提下，作一些改革或改良，反对甚至敌视劳动群众进行反对资产阶级剥削和压迫的革命斗争，因此，在实践上是软弱无力的，它们的理想只能是一些不切实际无法实现的空想。

与此不同，马克思主义根据唯物史观和剩余价值学说，阐明了人类社会、特别是资本主义社会运动发展的客观规律，深刻揭示了现代社会各种矛盾的总根源，指明了人类解放——消灭剥削、压迫、战争、腐败、堕落、贫

富两极分化、生态危机等各种社会弊病，实现一切人的真正平等，使每个人都能获得自由和全面发展的机会和条件，都能过上和平、幸福的生活——这一古今中外人民群众世代追求的伟大理想得以实现的唯一正确的道路。这就是选择用社会主义革命、改革和社会主义建设的方法，用社会主义制度替代资本主义制度。中国共产党领导中国人民，抓住历史机遇，建设中国特色社会主义实践所取得的伟大成就，就是它能使理想逐步转化为现实的最有力的证明。

由此可见，我们党提出的"以人为本"，完全是基于马克思主义世界观、历史观、价值观的一个新的科学概念，与"西方人本主义"的"人本"观念是有本质区别的。绝不能因为都含有"人"和"本"这两个字，不顾它们的内涵，就简单地把"以人为本"等同于"人本主义"，甚至把马克思主义也归结为"人本主义"，把它说成是"西方人本主义思潮"的一个派别，即所谓"马克思主义人本主义"。

可见，西方人本主义思潮，尽管曲折流传，派别多样，观点复杂。但有一点是清楚的，这就是它们都没有超越封建的或资本主义思想体系的范围，都有各自所处时代的、历史的、阶级的局限性。尽管它们同现在党中央提出的"以人为本"有一定的思想联系，但彼此属于不同的思想体系，理论上是必须分清是非，不能混淆的。

总之，"民本主义"和"人本主义"这两种思潮，都是曲折流传，派别多样，观点复杂。但有一点是清楚的，这就是它们都没有超越封建的或资本主义思想体系的范围，都有各自所处时代的历史的、阶级的局限性。尽管它们同中国现在提出的"以人为本"有一定的思想联系，但彼此属于不同的思想体系，这是不能混淆的。

第三节 树立正确的人权观

把以人为本的理念付诸实践，关键是把人民利益作为一切工作的出发点、目的和标准，而人的利益在社会生活中的是通过权利来实现的。因此对国家来说，落实以人为本，首先是通过立法保障公民的人权，同时从经济、政治、文化、社会福利等各方面采取措施，创造条件，使人民实际享有的各项权利得到保证，并不断提高其水平。新中国成立 60 年来，人权建设实践取得了巨大成就。同时，中国人以马克思主义为指导，吸收借鉴人类文化在人权方面的优秀成果，创建了科学的人权理论。在人学体系中，人权观是一个重要组成部分。

一、人权的科学含义

人权（Human Rights）是一个哲学社会科学范畴。因而首先必须明确，人权所讲的"人"，不只是生物学意义上的自然存在物，而主要是在现实社会中生活着、在历史中行动着的人，是社会存在物。人的社会性不是先天的，而是在后天的社会生活和实践过程中养成的。人的本质是结成各种社会关系从事生产等各种社会实践活动。

人权的实质是以法律、道德等形式，对现实的人的社会活动和社会关系作出规定，反映和处理他们在社会生活中，根据人人平等的原则，所应有和实有的社会地位、需要和利益。

人权是个系统概念。人们的社会生活和实践活动是多层次多方面的，人们的社会关系也是多层次多方面的，因而人权是一个由很多要素构成的、多层次多方面的、复杂的系统概念。

人权的主体是一切人，即"每一个人"、"人人"，社会全体成员。在一个国家内部，人权的主体是指所有个人（包括公民及居住在这个国家的外国人、无国籍者和难民）；以及由若干个人组成的不同层次的群体（包括各种合法的社团，各种需要社会给予特殊关怀和保障的人群，如少数民族、妇女、儿童、老人、残疾人等）。最大的人群共同体是人民。从国际范围来看，人权的主体是以国家为单位的政治实体。与此相对，人权的客体是指由国内人权和国际人权两部分组成的权利内容。（可按构成人权系统的要素分为物质生活和精神生活两类，或人身、公民、政治、经济、文化、社会福利等多个方面）

国内人权可划分为三个层次：第一个层次是人的基本权利。包括：生存权和基本自由权。就个人来说，是指生命安全、人身自由得到保障，人格尊严得到尊重，住宅不受侵犯，能够吃饱、穿暖、有房子住，能获得基础教育，有工作做，劳动所得即个人财产归自己所有和享用，有思想和信仰自由，生病得到医治，老年生活有保障等（即所谓免于恐惧和匮乏的自由），以及平等权和发展权。就国家即整个社会人群共同体来说，是指独立和主权。这是首要的人权，是其他一切人权得以实施的前提和基础。这些权利是生活在现代文明社会中的人们维持生命，过正常的社会生活所不可缺少的，因而是全世界人民和所有国家都首先必须予以承认、尊重和保障的。这是近代以来，人类经过几代、十几代人的持续奋斗所达到的共识，被现代国际法和几乎所有国家宪法所规定。也就是说，成为世界公认的人权共同标准。因而对于生活在现代社会，享受着前代文明成果的后代人来说，可以说，人权是生来就由社会赋予每个成员的，是不可剥夺的。第二个层次是公民权。这是人作为一个国家的公民才具有的权利。除了以上的基本权利外，主要是指政治自由民主权利。政治是经济的集中表现，因而也是全体人民共同的根本利益的集中表现。政治权利的本质就是人民当家做主管理国家公共事务，以实现和保障全体人民的权利。对每个公民来说，则是指公民根据国家的宪法和法律参与社会共同体政治活动的权利。这是成年人与别人一起才能行使的权利。如：选举权和被选举权，创制、复决、监督和罢免权，言论、出版、集会、结社自由权等等。公民违法犯罪时，这种权利可以被限制或剥夺。第三个层次是人所具有的或应该具有的一切权利。除了以上基本人权和公民权外，还有各种政治、经济、文化和社会福利权利。如：财产权，知识产权，就业和失业保护，休息、娱乐权等等。此外，还包括各种特殊个人和群体的权利，如对少数民族、妇女、儿童、老人、残疾人、伤病员、战俘、罪犯、无国籍者、外国侨民等等，作出实施人权的特殊规定。这不是赋予这些个人或群体有超越常人的特权，而是保证弱者和缺乏正常行为能力的人得以平等地享有基本人权。所以实际上是人权的一种补充，是全面地实行人权所不可缺少的。国际人权，主要是指国家主权（包括独立权、平等权、自卫权），民族自决权，和平权，发展权，自然资源权，环境保护权等等。以上这些要素、层次和方面互相联系、互相制约，构成完整的人权体系。

二、人权的基本问题和基本原则

就国家内部来说，人权的基本问题是个人和社会的关系。其中包含着两个相互联系、相互制约的方面：从社会对个人（以及由若干个人组成的群体）的关系来说，是指社会通过国家的法律、道德和行政措施，承认、尊重并保障每个成员过正常社会生活所必需的条件和行为能力。这对个人来说就是享有人权。对社会来说就是对所有成员承担义务和责任。从个人对社会的关系来说，是指每个社会成员都承认并遵守社会现行法律和道德所确认的行为规范。这对个人来说，就是对社会承担义务和责任。对社会来说，就是（通过国家和政府）代表全体人民对所有个人执行法律和道德的权利。因此，无论是个人、群体还是社会，权利和义务都是相对的、对等的，享受权利的同时就承担相应的义务和责任，反之亦然。所以，人权这个概念实际上内在地包含着权利和义务两个不可分割的部分，是权利和义务的对立统一。国内人权的基本原则是：社会的每个成员（不分民族和种族、肤色、性别、语言、国籍、社会出身、所属阶级或阶层、财产、职业、信仰、政治或其他见解、出生或其他身份等任何区别）都平等地享有权利，同时履行应尽的义务；个人和社会都要保持权利和义务的均衡。只讲权利不尽义务，或者只讲义务没有权利，都是片面的、错误的。

在国际上，人权的基本问题是国与国的关系。国际人权的基本原则是：尊重和维护各国的独立和主权，平等，权利和义务的均衡。因此，在国际事务中实行霸权主义和强权政治，侵犯别国主权，干涉别国内政，以势压人，以强凌弱，以富欺贫，都是违背和破坏人权的行为。

三、人权是社会历史的产物

人权不是什么"天赋的"，既不是神恩赐给人的，不是造物主赋予人的，也不是基于人的自然本性。不是贯穿人类社会始终的，而是社会历史的产物。

事实证明：在人类历史上人权不是从来就有的，漫长的原始社会没有现代意义上的人权这样的社会现象和社会问题，人们也没有人权观念。那时候生产极不发达，人口稀少，个人必须依附于氏族。人们结成由血缘关系构成的原始共同体才能生存。原始社会的经济结构是简单的共同生产，平均分配，因而原始人只有氏族的整体利益，没有个人的特殊利益。个人和氏族之间、个人相互之间，也不存在利益上的矛盾和冲突。人们也只有整体意识，没有独立的个体意识。氏族内部有一些处理日常公共事务的规则，被现代学者称为原始的权利与义务。其实这是原始共同体为维持生存的需要，根据长期生产和生活经验的积累，以习俗形式确定下来而为氏族成员共同认可的行为规范，是对原始人的社会活动和社会关系的规定，并不是现代意义的人权，只是后来的文明社会的道德和法律上的权利和义务的渊源。

随着人类社会由野蛮时代向文明时代过渡，由于生产力的发展，社会财富的增长，分工、交换、生产资料私有制和阶级的产生，人们之间开始发生利益上的矛盾和对立。一部分人，即占人口少数的（奴隶主、农奴主、地主、皇帝、贵族等）剥削统治阶级和阶层，得以凭借其对生产资料和物质财富的占有，以及对国家权力的控制，获得政治、经济、文化等方面的特权，从而剥削、压迫另一部分人，即占人口大多数的劳动人民，使他们的生存受到威胁，不仅失去了追求幸福和自由发展的可能性，而且实际上丧失了做人的起码资格。正是这种不平等、不自由的现实生活，才使人权问题，成为一个反对剥削统治阶级特权，而使被剥削被压迫阶级以至全体社会成员都能获得生存和发展的同等条件和机会，即所谓自由、平等权利的社会问题，逐渐被人们意识到，并首先由进步的社会力量（通过他们的政治思想代表）提了出来。

古代奴隶制社会，人民在反抗奴役和暴政的斗争过程中，逐渐产生了追求平等、自由的观念，这是朴素的处于萌芽状态的人权思想。中世纪是君权、神权、贵族及各种封建等级特权统治的社会，人民在黑暗中挣扎，从怀疑、不满到反抗，产生过很多强烈要求推翻反动统治，使人人都能摆脱压迫，享有人的尊严，过上自由幸福生活的思想和行动。这些都为近代产生人权的理论和实践作了准备。

根据史料记载，人权一词，最早是欧洲文艺复兴运动的先驱但丁（1265—1321）提出来的，他在《论世界帝国》中指出："帝国的基石是人权。"之后，从14世纪到18世纪，经过几代人文主义者和进步思想家的酝酿、探索、研究、宣传，才逐渐形成比较系统的，以反对封建专制和等级特权，主张资本主义的自由和平等为核心的人权理论。其中有欧洲文艺复兴早期14—16世纪的一大批人文主义者，如意大利的彼特拉克（1304—1374）、薄伽丘（1313—1375）、皮科（1463—1494）、马基雅弗利（1468—1527），法国的博丹（1530—1596）等；到17世纪，有荷兰的格老秀斯（1583—

1645)、斯宾诺莎（1632—1677），英国的弥尔顿（1608—1674）、霍布士（1588—1679）、洛克（1632—1704）等；到 18 世纪，有法国的孟德斯鸠（1689—1755）、伏尔泰（1694—1778）、卢梭（1712—1778）、狄德罗（1713—1784）等。到 18 世纪后期，随着社会矛盾的激化和革命形势的出现，人权理论也进一步发育成熟和系统化，并被提升为欧美各国资产阶级民主革命的政治纲领。欧美资产阶级革命胜利后，通过宪法和法律对人权作出规定并依靠政权的力量付诸实施，人权才开始从理论转变为社会合法的实践。这是前后长达五六百年的历史过程。这个过程是与社会经济文化的发展，主要是以西欧、北美为中心的现代化大生产、商品经济和世界贸易的发展，特别是与此相应的包括资产阶级在内的人民大众反封建的革命斗争的发展密切联系在一起的。

资产阶级革命胜利的成果是以规定资本主义社会关系的人权，代替了封建社会关系的等级特权。它的标志是 1776 年美国的《独立宣言》和 1789 年法国的《人权和公民权宣言》，这两个宣言的思想基础是欧洲 17、18 世纪启蒙思想家们提出的"天赋人权"、"主权在民"的理论。核心内容就是强调"自然的、不可剥夺的、神圣的人权"，宣布政府和法律必须尊重和维护人民的人权（包括自由、平等、安全、财产以及追求幸福等）。其实质是废除封建社会制度和（英国对美洲殖民地的）殖民统治，建立资本主义的社会制度，在新的政府和人民之间，以及人们相互之间，实施和保障资本主义的社会关系和行为准则。之后世界各国发生的资产阶级民主革命，在人权的理论和实践方面与美国、法国基本上属于同一类型。这是社会发展的一项伟大进步。

资本主义的人权有其历史的局限性。随着资产阶级统治地位的确立，资本主义经济和政治制度所固有的内在矛盾，资本的剥削本质，市场经济的消极效应，以个人为本位的价值观念、人生观为核心的意识形态等，以及由此必然造成的而且无法克服的各种弊病，逐渐爆发并严重恶化。新的阶级不平等和社会不平等的现实，无情揭露和批判了资本主义制度的不合理性。资产阶级所主张和实行的自由、民主、人权的虚伪性、片面性及其受制于资产阶级利益的本质，开始被越来越多的人们所认识，消极的社会效果导致了人民群众的严重不满和反对。

从 19 世纪开始，在世界无产阶级和劳动群众反对资产阶级剥削和统治的斗争中，逐渐形成了以消灭剥削、消灭阶级，实现新的社会自由和平等为核心内容的新的人权观念。社会主义从空想到科学、从理论到实践、从理想到现实，其中一个重要内容就是社会主义人权的出现。它的标志是 1918 年俄国的《被剥削劳动人民权利宣言》，后来的苏联宪法是它的充实和发展。它集中体现了 1917 年俄国人民发动十月社会主义革命，推翻沙皇反动统治，消灭剥削制度，建立社会主义社会的胜利成果。它的思想基础是马克思列宁主义的人权观。在人权的立法上，除了吸取资本主义法律中有关人权部分所包含的合理因素外，突出了规定消灭人对人的剥削和压迫，实行人民当家做主所享有的社会主义的自由和平等权利，主张劳动是人人都有的权利和义务等一系列新的人权内容。其实质是实施和保障人们的社会主义社会关系和行为准则。后来中国及其他国家社会主义革命胜利后建立的社会主义制度，在人权立法方面也属于这种类型。社会主义人权与资本主义人权有本质的区别，不仅批判地继承了前者的积极成果，而且超越前者，并向前发展了人权的理论和实践。就其广泛性、公平性、真实性而言，要比资本主义人权优越得多。这是不同资本主义人权的另一种先进的人权类型。

进入 20 世纪以来，人类社会发生了两次世界大战，特别是第二次世界大战，给世界各国人民造成了空前巨大的灾难。血的教训使各国人民和政府深刻认识到维护人权的极端重要性。能否避免战争、暴力、贫困而获得和平和人权，除了依靠本国人民和政府自己努力之外，全世界人民和各国政府必须联合起来共同努力，建造和平的国际环境，确立并遵守处理国际关系的基本准则。于是 1945 年成立了联合国，1945 年通过并发表的《联合国宪章》把"对全体人类之人权及基本自由之尊重"列为联合国的宗旨，明确尊重国家主权、国家的独立和平等原则是国际关系的基本准则。1948 年联合国通过并发表了《世界人权宣言》，这是第一个人权问题的国际文件。它明确宣布以此"作为所有人民和所有国家努力实现的共同标准"。《世界人权宣言》确定人权的人是指"人人"、"所有人"，明确否定借口各种社会区别来限制或剥夺任何人的人权；突破了把人权归结为公民及政治权利的传统观念，增加经济、社会和文化权利；明确主张权利和义务均衡的原则；注意到了正确处理维护人权与尊重各国主权、反对干涉国家内部事务的关系；这些都是对人权的理论和实践的新的贡献。同时它也存在着局限性，如在强调人权的共同标准时，忽视在不同国家由于社会制度、历史传统、经济文化发展状况以及民族习惯、宗教信仰等国情的差异，对人权的认识和实践会有不同的特点；只讲个人人权忽视集体人权；没有谴责殖民主义等。1966 年联合国又通过并发表了《公民权利和政治权利国际公约》和《经济、社会、文化权利国际公约》，这几个文件一起被誉为"国际人权宪章"，得到大多数国家的承认和尊重，成为后来一系列国际人权公约、决议等文书的重要根据。此后，几十年来，联合国等国际组织又发表了《德黑兰宣言》、《维也纳宣言》等一系列国际人权文书，实际上是体现了国际社会根据不断变化着的新情况和新问题，对人权概念所作的进一步修正、充实和发展，其中有些内容也反映了发展中国家同发达国家、社会主义国家同资本主义国家在人权问题上的分歧、斗争和妥协。以上情况说明，从 20 世纪下半叶开始，人权虽然主要是国家内部事务，属于国家主权范围内的事，但开始增加了另一个方面，即超越一国范围成为国际关系的重大问题。因此，可以说，以《联合国宪章》和《世界人权宣言》等一系列国际人权文件为标志，国际人权事业进入了一个新的发展阶段。

进入 21 世纪，人权领域出现了很多新情况和新问题。新科技革命推动了社会生产力大发展，人类在经济文化建设方面所取得的伟大成就超过了以往任何世纪，开始形成真正全球性的社会化大生产和大交往格局。现在人类所创造的物质和精神财富，已能为地球上所有的人享有基本人权提供必要的条件；人类在社会发展特别是人权建设方面所取得的巨大成就，也为新世纪人权事业的进一步发展提供了基础；要生存、要发展、要和平、要合作，已成为世界人民的共识和时代的主流，这是新世纪人权事业健康发展的强大动力。但是世界仍不安宁。局部战争、武装冲突、恐怖活动仍然严重威胁着一些国家的独立、社会稳定和人民生命财产的安全。随着经济全球化趋势的加速，国际垄断资本集团正在扩大和加强它的统治地位，并利用现存的不公正、不合理的国际经济秩序继续支配着世界的主要资源和财富，严重损害着占人口大多数的发展中国家的利益，世界贫富两极分化日益加剧。全球性的经济危机，不可再生的自然资源危机，生态环境恶化，人口爆炸，各种自然灾害，疾病，制毒贩毒、拐卖人口、恐怖活动等各种刑事犯罪，一系列社会问题都在严重地困扰和威胁着人类的生存和发展。特别是霸权主义和强权政治又有新的发展，它们推行所谓"人权外交"和"新干涉主义"政策，制造"人权高于主权"的谬论，以"人道主义干涉"为名，采用政治压迫、经济制裁和武力打击等手段，任意侵犯别国主权，干涉别国内政，妄图由一个或几个国家称霸世界。因此，在21世纪，人权仍将是人类社会发展的一个重大问题，仍将是国际政治斗争的一个热点。

纵观历史和现实可见，人权不是源自什么永恒不变的抽象的人的自然本性，而是人类社会现实矛盾发展的结果，无论是人们的人权实践还是人权观念，都是随着社会的前进而产生、变化、发展的。对人民来说，人权从来不是什么造物主恩赐的，而是依靠自己的力量奋斗获得并维护的。要实现地球上每个人都能真实地、全面地、公平地享有人权的伟大理想，也只有依靠全世界人民团结起来共同努力奋斗。

四、中国对人权理论的贡献

新中国成立60年，特别是改革开放30年来，中国的领导、专家和学者，以马克思主义为指导，贯彻实事求是思想路线，立足当代现实，总结实践经验，继承借鉴人类文明在人权方面的优秀成果，批判西方资产阶级人权观的历史局限和虚伪性，提出了关于人权的一系列新思想和新观点。诸如：关于人权的普遍性原则同各国国情相结合的观点；关于人权是涉及人的全部社会关系的权利体系，应该全面认识政治、经济、文化、福利等各项人权的关系的观点；坚持以人为本，以人民最现实的最根本的利益为出发点和目的，把生存权和发展权放在首位的观点；与社会发展相适应，统筹兼顾、协调平衡各方面的权益，促进人权事业的全面发展的观点；关于正确认识和处理个人人权与集体人权关系的观点；坚持平等原则，主张人权是社会全体成员共同享有的权利，而不是少数个人、特殊阶层或阶级的特权的观点；主张人权是权利与义务的统一的观点；主张正确认识和处理人权与主权的关系，反对所谓"人权高于主权"的谬论的观点；主张正确认识与处理人权的国内管辖与国际保护，反对"人权无国界"，反对借口人权问题干涉别国内政的观点；主张开展国际人权对话和合作，反对把人权作为政策工具制造对抗的观点等等。这些观点汇总起来形成了中国特色社会主义人权观，经过周密论证，初步建成了中国特色社会主义人权理论的科学体系，这是中国人权事业的一项重要成就，也为充实人学科学体系提供了重要的思想资源。

当代，无论国际还是国内，人权领域都面临很多前所未有的新情况和新问题，这对人权研究来说既是挑战也是机遇。只要我们坚持从实际出发，理论和实践结合，实事求是的科学态度和方法，就一定能够在人权建设方面不断前进，获得新的理论成果。

第　五　章

做 人 之 道

　　人学研究具有两个相互关联的使命：其一，弄清"什么是人"；其二，探究"怎样做人"。弄清前者目的就是为了探究后者。"人"这个概念，广义地说，包括整个人类，不同层次的群体，全体社会成员。狭义地说，可以专指个人。"做"就是实践，"做人"就是培育人、塑造人、改变人、创造人。"怎样做"是说主体在改造客观世界的同时如何改变人自己的道理和原则。本篇前三章主要阐明什么是人，也联系有关问题讲到做人。第四章着重讲明坚持以人为本和保障人的权利，这两项既是社会应该如何对待人，也是每个人怎样做人的基本原则。本章则专门探讨每个人应该如何认识人生，怎样做人的一些理论问题。

第一节　人生的意义和价值

一、做人的根据和人生特征

（一）什么是人生

　　人们对人生问题的思考，源于对人生的感受。不同的个人对人生的感受千差万别。如，一些人从表面现象看人生，往往把人生看做是生命现象的集合，表现为生老病死、饮食男女、劳作奔波等等，简单地认为人生就是活着的过程和经历。学者们也是众说纷纭。如，中国古代哲学家庄子把人生看做一场梦。西方存在主义哲学家加缪对人生思考的结论则是："人生就是荒谬"。荷兰心理学家勃纳德·利维古德认为，在人身上存在着生理、心理、精神三条发展曲线，"生命—心理奋斗紧紧尾随着生理发展曲线，而精神—意识机能则加速偏离生理发展，它可以在生理发展已急剧衰落时达到自己的顶峰"。① 根据这种理论，三者在人生的不同时期发生的影响有所不同；如此等等。

对人生的理解之所以如此繁多、感受迥异，原因在于人生本是复杂的社会现象。处在不同时代、不同境况的人，由于立场、观点、方法不同，对人的本质的理解不同，对人生的感受、理解以及得出的结论当然也会不同。

我们认为，人生是一个人的生命存在、发展和社会化的过程。这个过程是由人作为社会成员参与各种实践和交往的活动，身体（作为自然物质实体）的生理活动，以及心理和精神活动，几个要素综合在一起构成，并贯穿于他出生、成长到死亡的整个历史。对于自觉的人来说，人生就是人认识自己、实现自己本质的过程。也可以说，是学习和完成做人的过程。

（二）做人的根据

理解人生首先要抓住做人的根据。为此，需要接着本篇前面关于什么是人的论述，深刻理解人的特性和本质对于自觉做人的意义。

人具有自觉能动的特性是能够做人的前提。人是自然界长期进化发展的最高成果，人的远祖一旦脱离动物而成为人类，就具有了理性、劳动和实践、创造、追求自由等人所特有的属性。马克思说："人的类特性恰恰就是自由的有意识的活动"，并且"有意识的生命活动把人同动物的生命活动直接区别开来"。② "最蹩脚的建筑师从一开始就比最灵巧的蜜蜂高明的地方，是他在用蜂蜡建筑蜂房以前，已经在自己的头脑中把它建成了。"③ 这种类特性是不同时代、民族、国家的一切人所共有的。但是，在具体的个人身上，开始时都只是一种潜能，并非生来就是现实的、完备的，而是出生后在社会生活和实践中经过学习才得以实现的。不可否认，人生活在社会中要受他所处的社会历史的制约，也完全可能遭遇事先无法预测的偶然事件或受某

---

① 勃纳德·利维古德：《人生的阶段》，新华出版社 1986 年版，第 38 页。
② 马克思：《1844 年经济学哲学手稿》，人民出版社 1985 年版，第 53 页。
③ 《马克思恩格斯全集》第 23 卷，人民出版社 1972 年版，第 202 页。

种机遇的影响，但人生绝不是什么神秘的、人自身无能为力的"命里注定"。恰恰相反，人作为主体，不仅能够积极主动地改变环境，使外部世界适应和满足人的需要，而且能够在改变客观世界的同时改变自己的主观世界，自觉地塑造自己，调整和改变自己与周围世界（包括生态环境、社会以及人们相互之间）的关系，自主地决定自己的人生态度，选择自己的人生奋斗目标和道路，并付诸实践。有时主体的意志、选择和行动，对人生的方向和结局能起十分重要的作用，甚至决定性的作用。也就是说，一个人成为什么样的人，具备什么样的品质，在多大程度上实现了自己的本质，除了社会历史条件的制约之外，很大程度上取决于主体自觉能动性的正确发挥。揭示人具有自觉能动的特性，在于强调一个人成为什么样的人，虽然客观上要受其所处的社会环境的制约，但在主观上完全是可以有所作为的。如果不是如此，人是完全被动地受制于环境，那就只能听天由命，无法讨论怎样做人，也不可能评价人的行为的价值和责任。

　　既然自觉能动性是每个人都有的，为什么做人的结果又各不相同呢？除了个体素质和能力的差别外，必须进一步把人的能动性和人的本质联系起来研究。在前面《人的本质论》中，我们已经阐明，人的本质是结成一定的社会关系从事生产和各种实践活动。具体的个人都是在一定的社会实践和社会关系中发挥自己的自觉能动性的，所以做人的结果也都具有时代性和社会历史性。就人的现实性而言，现代人同古代人、中国人同外国人……可以说，每一个人的特性，即人的共性在每个人身上具体的表现都是有所差别的。现在媒体经常谈论所谓"代沟"，所谓"70后"、"80后"、"90后"的人的不同特点，实际上也是人的特性和本质因时代变化而变化的例子。正如马克思所说，"整个历史也无非是人类本性的不断变化而已"。① 而人类本性（即人的特性和本质）的不断变化，恰恰是由社会和人本身的不断变化和发展造成的。

　　"人是环境和教育的产物"，但"环境正是由人来改变的"，革命的实践是达到"环境的改变和人的活动或自我改造之间的一致"② 的唯一正确的途径。这就是说，每个人的人生实践都不是在真空中进行的，而是在具体的、

①② 《马克思恩格斯选集》第1卷，人民出版社1995年版，第172、18页。

历史的社会实践和社会关系之中进行的，因而人生经历所具有的内容，所达到的境界，也是彼此有所差别和不同的。

从认识人的自觉能动的特性，进而深入到人的本质，把握人生的真谛，并以此作为指导，立足当代现实和实践，明确自己的人生目的和道路，正确发挥主体能动性去塑造人生，才是抓住了自觉做人的真正根据。

（三）人生特征

人的生命过程具有两大特征：

第一，人生是一个有理性、有意识的自我实现过程。马克思在剖析动物生命活动与人的生命活动的区别时，揭示了这一特征。他说："动物同它的生命活动是直接同一的。动物不把自己同自己的生命活动区别开来。它就是这种生命活动。人则把自己的生命活动本身变成自己的意志和意识的对象。"① 也就是说，人能够在意识中把自己的生命活动和生命过程对象化，对它们进行思考、设计和反思，并通过实践使内在素质转变为能力，作用于对象，使意识转化为现实，实现人自己的目的。

第二，人生是一个社会化的过程。它既是个体融入社会、立足社会的过程，也是个体在社会中实现自己生命价值的过程。人对自己生命过程的任何反思和设计，都离不开社会的具体历史背景和条件。人生的思考总是在一定社会、一定时代、一定社会地位上展开的，他所接触和接受的世界观、价值观、人生观都是具体的、历史的。指导人认识自己本质、选择做人道路的社会意识形态、思想理论，都会打上时代的、民族的和阶级的烙印。也就是说，在人的社会化过程中，社会上的各种行为规范、价值取向都会影响、制约个体的行为。人的社会化过程，实际上就是在一定的社会关系中，在一定的世界观、价值观、人生观指导下做人的过程。

二、做人的意义

任何人的一生都是在做人，区别只是自觉程度不同。主要是根据自己的直接经验，也总是或多或少地吸取借鉴别人或前人的经验。把人生的经验加以概括总结，整理、提升成为系统化的理论就是人生观。它所涉及的是人在

---

① 马克思：《1844 年经济学哲学手稿》，人民出版社 1988 年版，第 53 页。

社会中生活，面对各种社会关系，遭遇各种境况、矛盾和问题，个人应该如何对待的基本立场和观点，以及解决人生问题的基本原则和方法。其中包含：做人意味着什么，人为什么活着，应该怎样度过自己的一生，即人生的目的、意义、理想和追求，以及如何处理各种社会矛盾，如何实现人生价值等等。人们不一定都能把经验上升到理论，都能讲一套人生哲理，多数人在理论表达上可能是不完整不深刻的，但成年人一般都有自己的人生观。用哲学的语言来说，人们对如何做人都有自己的反思，对做人的意义都有自己的见解。有什么样的人生观对做人的意义就会有什么样的认识。人生观不同，对做人的意义的理解也会不同。我们认为做人的意义应包括两个方面：

（一）体现和发挥人的价值

价值，在哲学上是表征客体对主体的效用和意义的关系范畴。这里所说的"客体"是指与人的生存、发展有关的一切事物、对象，"主体"是指人。所谓有价值就是指事物和对象的属性、功能能够满足人的需要。问题是对人类来说，有价值的不只是客观事物，还有人本身。这是由于人不只是主体，还是客体，是唯一的集主客体于一身的实体。而且这个客体具有人之外的所有事物所没有的，超越一切物的价值的特殊价值，这就是创造价值的价值。它对于作为主体的人的生存、发展、幸福的意义更大。

对人的价值，可以从两个方面来理解：

其一，是人具有其他物类所不具备的、优于其他物类的特性。中国古代哲学提出"天地之性人为贵"，古希腊哲学提出"人是万物的尺度"，都是对人的价值的经典表述。中国古代思想家荀子指出："水火有气而无生，草木有生而无知，禽兽有知而无义，人有气有生有知亦且有义，故最为天下贵也。"（《荀子·王制》）这个论断中所说的"知"是指理性和智慧，"义"是指做人的原则和品格，都是人的特性。英国莎士比亚笔下的哈姆莱特如此赞叹人的价值："人类是一件多么了不起的杰作！多么高贵的理性！多么伟大的力量！多么优美的仪表！多么文雅的举动！在行为上多么像一个天使！在智慧上多么像一个天神！宇宙的精华！万物的灵长！"这是用诗句表达了历史和科学都证明了的真理：在人类身上体现了宇宙进化的最深刻的质变，凝聚了生命发展的精华，它使人有别于、高于自然界其他物类，是人的独特价值所在。

其二，人是唯一能够通过有意识的生命活动对整个世界发生影响的物类。马克思指出："有意识的生命活动把人同动物的生命活动直接区别开来。"①"工业的历史和工业的已经产生的对象性存在，是一本打开了的关于人的本质力量的书。"②这个"本质力量"指什么？就是主体能动性，一是思想，二是实践。它使人能够在其活动所及的范围内改变环境，使自然资源经过人的力量的作用，改造成为满足人的需要的物品。

生命运动的基本规律是新陈代谢，生命体必须不断地与外界进行物质、能量、信息的交换，这种运动一旦停止，生命就结束，人也不例外。然而对于人，特别是文明人来说，除了少数自然资源，如水、空气及野生果实可现成享用之外，绝大多数自然资源都要经过人的加工制作，才能成为符合人的需要的物品。特别是随着科技的进步，自然界本来没有而由人创造出来的新产品，在全部产品中占有越来越重的分量。正是这些人造物品满足了人的生存、发展、享受的需要，人类才得以持续存在下去。这就是说，尽管自然资源是人所需要的一切物品的原料，但是其中绝大多数只有经过人的劳动改造和创造，才能转化成为满足人的需要的物品，也就是说，实现它们的价值。所以，事实是，自然资源加上人的智慧和实践能力，才是财富的源泉。而就人使自然资源的价值由潜在的变为现实的，经过创造活动使原料和劳动力的价值得以几倍、几十倍、几百倍、几千倍地增值而言，只有人才是一切物质的和精神的财富的创造者。也就是说，包括创造力在内的主体能动性是人区别于其他物类的特殊价值所在。人的真正价值就在于不断地创造价值。

做人的首要意义在于发挥自觉能动性——人的特性和本质力量，创造物质和精神财富，为人民、为社会多作贡献，从而实现人的价值。

（二）完善道德人格

做人的意义还在于，在社会生活中处理好自己所经历的各种社会活动和社会关系，锻炼和造就高尚的品格。现实的人的活动和关系都是多层次、多方面的，这些方面都有着人所不能摆脱的社会历史背景，也不可避免地涉及各种利益关系，它们影响着做人的方向和态度。因而如何正确对待和处理人所经历的各种活动和关系，自觉地培养、锻炼、造就、坚持为人的高尚品

①②　《马克思恩格斯全集》第42卷，人民出版社1979年版，第96、127页。

格，即在道德上追求和达到理想的完善的人格。这是做人的另一层积极意义。

在中国人学史上，关于人性问题的争论是非常著名的。这个争论肇始于春秋战国时期，以后一直延续至今。代表性的观点，有告子的性无善无不善论、孟子的性善论、荀子的性恶论、世硕的性善恶混合论、王充的性三品说等等。人性善恶的争论涉及两个问题：一是人性与兽性的根本区别；二是道德的起源和作用。人有善恶之心，即道德情感和观念，并构成行为的动机，而动物则没有。这是人区别于动物的一个特点，是人的特性。道德现象是人类社会独有的现象。道德的实质就是处理人与自然、人与社会以及人与人之间的关系的原则和规范。对于社会的人来说，他的德性不是先天遗传的，而是在后天社会生活中养成的。支配人的善恶行动的道德观念也和其他社会意识一样，是社会存在的反映，是历史的产物。纵览古今中外道德发展史可以看到，不同时代、不同社会的人，或同一社会中不同的人，一方面由于有着相同的或相似的社会生活、实践、交往、关系，会有相同的或相似的道德观念和行为，即人的道德有普遍性；另一方面由于人们彼此有着不同的社会生活、实践、交往、关系，又会有不同的道德观念和行为，即人的道德有特殊性。事实上现实的人的德性，也和人的其他特性一样，都是具体的、历史的，都是共性与个性、普遍与特殊的统一。一个人的善恶观念和行为，即他的为人的品格，是和他所接受的家庭、学校教育，生活、工作、交往的经历，特别是在社会中所处的地位及利益关系，以及所接触的周围环境和文化熏陶等诸多因素有关。但个人自觉的学习、修养、锻炼要起很大的甚至决定性的作用。孔子在回顾他的一生时说："吾十有五而志于学，三十而立，四十而不惑，五十而知天命，六十而耳顺，七十而从心所欲不逾矩。"（《论语》）事实上不仅是孔子，每个人无论在生理上还是心理上，从生长、发育到成熟，都有一个发展过程。在充满矛盾的社会中生活，学会做人更是一辈子才能完成的事。有句名言："人皆可以为尧舜"，意思是说，各人的能力有大小，对社会的贡献也不一样，但只要对自身的发展有一种道德的理想和追求，持之以恒地学习和实践，就都可能达到道德完善的理想境界。

马克思、恩格斯提出共产主义理想所追求的崇高目标——每个人的自由全面发展，其中具有高尚的品德是全面发展的人的首要条件。毛泽东倡导为人民服务,号召大家做"一个高尚的人,一个纯粹的人,一个脱离了低级趣味的人,一个有益于人民的人"。邓小平提出培养有共产主义理想、有道德、有文化、守纪律的社会主义新人。思想都是一致的。

说到底,做人的意义就在于正确发挥自觉能动性,一方面改变客观世界,为人民、为社会多作贡献;另一方面改变主体自身,即塑造自己、创造人生,使自己在道德上成为具有高尚品格的优秀的人。而这也是对提高人类整体素质和社会文明水平的一种贡献。因此,做人不应该理解为脱离社会生活实践,脱离人民群众,纯粹单个人闭门思过的,消极的,唯心主义的"修养"。而应该自觉地把个人放到社会之中,把个人的命运和国家、民族、人民的命运结合在一起,立足现实,投身社会革命和建设,学习做人的道理,在实践做人的过程中积累经验,实现做人的意义。

三、人生的价值

人的价值是人生价值的根据。明确了什么是人的价值,就能进而探讨人生价值。人生价值就在于:在一生有限的时间内,正确发挥主体的能动性,获得物质的和精神的积极成果,使最宝贵的生命的价值得到最大限度的实现。从个人与整个人类发展的关系来看,每一代人、每一个人都是人类历史发展长河中的一个环节,都应尽己之力为人类的解放和发展事业作贡献,这就是人生价值之所在。

(一)对社会的贡献是衡量人生价值的主要标准

人与人、个人与社会的关系是一种交互主客体的关系。人们常说的"人人为我,我为人人",蕴涵了人既是目的也是手段,既是价值主体也是价值客体的哲理。每个人在自己的一生中,除了依靠社会所提供的条件,以自身劳动取得报酬,满足不可缺少的生存需要,以及发展需要、享受需要、实现自我价值的需要之外,作为社会的人还有为他人和社会服务的需要。创造条件满足个人的各种需要,保障个人的权利,是社会对每个人的责任。社会要维持它的存在和发展,也必然要求每个人对社会作出贡献,以满足社会,也就是所有个人的共同需要。这是社会集体的权利,也是个人对社会应尽的义务和责任。因而评价人生价值的主要标准在于为社会所作的贡献。马克思说:"历史承认那些为共同目标劳动因而自己变得高尚的人是伟大人物；经验赞美那些为大多数人带来幸福的人是最幸福的人。"① 爱因斯坦说："一个人对社会的价值首先取决于他的感情、思想和行动对增进人类利益有多大作用。"② 回顾人类历史和当代现实，可以得出结论：人生的真正价值就是为人民服务，为社会的发展和进步、为人类的解放和幸福作贡献。

（二）对个人人生价值的比较和评价

比较和评价人生价值，涉及"人格"一词，需要加以说明。在中文中这个概念有两种不同的含义：一是指做人的资格；二是指为人的品格。就前一种含义而言，必须坚持人格上人人平等的原则。一切人，不分民族、种族、性别、年龄、出身、成分、职业、文化水平、宗教和信仰、政治立场、财产、健康状况等等，作为人类的一员，都应该平等地享有人的尊严，获得法律和道德规定的人权，满足正当的需要。因而在做人的资格上，一切人无高低优劣之分。无论是国家立法、行政、司法，还是人们之间的交往，都必须尊重每个人的人格。就后一种含义而言，做人的品格关系到道德的基本原则和做人的意义。所谓完善道德人格，就是指要求人们做人应该努力培养和实践高尚的品格。

在肯定人格（即做人的资格）平等的前提下，对不同的人作人生价值的比较，主要是看他们所创造的社会价值。这是个体之间发挥能动性和创造性的差别的根据。为此需要对一个人一生或阶段的活动，就其所创造的物质的和精神的成果作出客观评价。个体只有通过在社会中正确发挥自觉能动性，对社会作出贡献，才能实现其做人的价值。对社会、他人没有任何贡献的人，很难说实现了人生价值。而正确发挥了能动性，对他人、社会乃至人类作出的贡献越大，其人生价值也就越大。

需要注意的是，制约个人实现人生价值的因素是很多的。从客观方面看，"个人是社会存在物，因此，他的生命表现，即使不采用共同的、同他人一起完成的生命表现也是社会生活的表现和确证。"③ 在阶级社会中，个体总是某个特定阶级或阶层的一员，个人的人生价值取向，很大程度上要受他所处的社会环境、社会地位以及所属阶级利益的制约。从主观方面看。各

---

① 《马克思恩格斯全集》第 40 卷，人民出版社 1979 年版，第 7 页。
② 《纪念爱因斯坦译文集》，上海科学技术出版社 1979 年版，第 51 页。
③ 《马克思恩格斯全集》第 42 卷，人民出版社 1979 年版，第 122—123 页。

人所接受的教育和文化水平，所信奉的世界观、人生观、价值观以及相应的信仰、理想，所具有的素质和能力，以及个人的生活和工作经历是有差别的甚至完全不同的，再加上时势、机遇和个人所作的选择，总之，主客观各种因素的综合，最后会造成做人及其结果即实现人生价值的不同。但无论各人的人生经历如何不同，从整体来看，都是社会活剧中的一个角色，都从不同方面表现和确证了社会生活和历史进程。对个人人生价值的评价和比较，应该坚持历史唯物的辩证的方法，把个人的人生经历放到他所处的社会历史环境之中，以他的言行是否为人民和社会作了贡献，是否顺应时代潮流，有利于社会生存、发展和进步，是否符合做人的品格为标准，具体地分析和综合，力求做到客观、全面、公正、实事求是，避免简单、片面。

第二节　人生的规划

在最初的意义上，任何人都不是自己规划好以后才降生的。但是，这并不意味着人只能一生被动。实际上，人生下来就面临着人生的规划。

一、人之初的规划

从人的成长过程来看，人生规划首先来自于家庭和社会。这是人的社会性的表现之一。

家庭对子女的规划，从给婴儿起名字时就开始了。基督教徒的子女出生要受洗礼，取教名，意味着孩子一生皈依耶稣基督。中国古代也重视孩子的命名。《礼记·内则》中记载："名子，父之责也，命之名所以示其教也。"意思是说，对子女命名是父亲的责任，表示对子女的教育和期望，有"谨其始而教其终身"的作用。当今社会，绝大多数父母都重视为子女取名，从中寄托希望。

甚至可以说，对子女人生的规划从受胎的时候就开始了。中国古代著名思想家颜之推在《颜氏家训》中指出：古时候，圣明的君主就有施行胎教的规定。要求怀孕的妃子，"怀子三月，出居别宫，目不邪视，耳不妄听，声音滋味，以礼节之。"如今的许多孕妇，更是重视胎教，在怀孕期间经常听一些胎教音乐，颐养性情。颜之推还主张，对子女教育宜早不宜迟。他认为，人在幼小的时候，精神尚未被外物所诱，专一而集中，应趁此时施行教育，不然等长大以后，思虑散溢，就难以育成有用之才了。当然，传统教育包含封建的礼教规范，未必就是做人的正确指导。现代家庭的父母对子女的教育和人生规划，表现为从小就让孩子参加一些培养和提高素质的活动，如，学乐器、学声乐、学舞蹈、学绘画、学书法、学奥数、学外语……希望开拓孩子的潜能，长大成人有所作为。

对人生的规划不仅仅是家庭的事，而且是社会的事。不同时代、不同民族、不同社会对其成员的人生规划不同，其所造就的人生就不同。有人认为，人生实际上就是文化的显现。因此，中国人是中国人的一套人生，印度人、欧洲人是他们的一套人生，伊斯兰人则是伊斯兰人的人生。就中国来讲，还有古代人的人生和现代人的人生；就西方来讲，还有各国的人生等等。① 中国古代，宗教不占统治地位，儒家一套做人的道理一以贯之，从处理天地君亲师、身家国天下的关系来规划人生，教人做人的道理。而西方宗教影响很大，重视国民教育。由于规划不同，影响到中西方的人生的特点。

不仅古代，现代社会更重视人生的规划。新中国成立不久，毛泽东就提出："我们的教育方针，应该使受教育者在德育、智育、体育几方面都得到发展，成为有社会主义觉悟的、有文化的劳动者。"改革开放不久，邓小平又提出："要使广大人民有共产主义的理想，有道德、有文化、守纪律。"进入新世纪，胡锦涛同志在党的十七大报告中指出："切实把社会主义核心价值体系融入国民教育和精神文明建设全过程，转化为人民的自觉追求。"这些都是社会对公民进行人生规划的表现。

当然，对个人来说，社会和家庭提出的人生规划是从外部指导如何做人，只有转化为主体的自我规划和自觉行动，才能对实践人生起推动作用。

二、人生要有信仰

（一）什么是信仰

信仰是人类所特有的精神现象，是人的特性，对人生具有极大的影响和作用。

---

① 参见钱穆：《人生十论》，广西师范大学出版社 2004 年版。

《说文解字》中说："信，实不疑，无爽也，说文诚也，从人从言会意"；"仰，举首望也，恃也，又资也，说文举也，从人从卬"。大意是说："信"与疑相对，对人是指信任、信从，对言论是指相信其中观点是真实的，不加怀疑。"仰"本义是抬头、脸朝上，如"仰以观于天文"，引申为有仰仗、依赖，再引申为崇敬、敬慕。《诗经》里有"高山仰止，景行行止"，表示对人或物万分信任和敬仰。《现代汉语词典》把信仰解释为"对某人或某种主张、主义、宗教极度相信和尊敬，拿来作为自己行动的指南和榜样"。《辞海》、《词源》也类似。从宗教的角度看，信仰是对作为终极本体的神灵（上帝、安拉、佛等）的极度膜拜，是信仰者对信仰对象从身体到精神的一种交付和奉献。

上述对信仰的理解揭示了信仰的两个特点：一是描述和强调了人持有信仰时的意识和心理状态；二是指出了信仰对人生和人类行为的影响和重大作用。总的来看，信仰是基于一定的世界观、价值观、人生观而产生的，对世界（宇宙、社会）和人的本质、前途以及个人命运的确信，是对科学或主义、宗教的极其信服、尊重和崇敬的态度，是对未来理想社会的执著追求，以此作为自己行动的指南和效法的榜样。因而信仰往往成为一个人赖以支持其行为的终极根据，决定着人生的价值取向。

信仰和信念是两个基本含义相同的概念。比较而言，信念往往用来表达对当前事物所持的坚定的观念和态度，而信仰则更高、更远、更普遍、更执著和热烈，一般用来表达对事物整体，如宇宙的本质、社会的前途、人生的命运等根本问题所持的坚定的观念和态度。可以说，信仰是一系列信念的组合。当然，这种区分并不严格，日常生活中也有人用信念这个词来表达自己的信仰。

谈到信仰应该注意的是，人们往往把它等同于信奉宗教，然而这是一种误解。信仰是人类所特有的，即一切人都具有的意识形式。信奉宗教只是信仰的一种形式，不信宗教不等于没有信仰。真正的区别在于具有正确的信仰还是错误的信仰。信奉科学，信奉马克思主义，属于正确的信仰。信奉邪教，信奉法西斯主义，属于错误的信仰。

（二）信仰和理性的关系

有人把信仰和理性分割开，认为它们是完全不同的领域。德国古典哲学家康德就主张，人是有限的理性存在，人的认识能力是有限的。信仰的领地就是人的理性认识所不能解释的，人对它只有赞叹和敬畏。在《实践理性批判》中，康德指出："有两种东西，我们愈时常、愈反复加以思维，它们就给人心灌注了时时在翻新、有加无已的赞叹和敬畏：头上的星空和内心的道德法则。"① 理性不能圆满地解释自然界井然秩序的原因，不能认识人内心道德法则的终极根据，只能把它归结为冥冥之中的一个主宰，一个神圣的立法者。

毋庸置疑，人的理性对自然现象和社会现象的认识不是一蹴而就的，也确实存在人类至今尚未认识的事物。人在大自然面前确实有渺小的方面和敬畏的情结。但是，不能因此就把人类认识长河中的暂时现象简单地归结为理性的无能。现代科技革命和社会建设的成就，发现并验证了包括宇宙天体运动在内的一系列自然、社会以及思维运动的规律，马克思、恩格斯及后继者，则从哲学上总结了人类实践和科学的成就，创建了辩证唯物主义和历史唯物主义世界观，解释了自然、社会以及包括理性和道德在内的人的意识现象，破除了康德对"头上的星空和内心的道德法则"的神秘感，说明人的理性是能够认识自然规律和社会规律的，信仰的领域并非是理性不可能达到的"自在之物"，恰恰相反，理性对信仰的形成与接受起着至关重要的作用。

有一种观点认为，中国人没有宗教信仰。准确地说，从古至今都有一部分中国人信奉宗教，中国传统文化中儒释道三家，释道二家都直接与宗教信仰有联系。但从整体来看，宗教信仰在中国人的信仰中确实不占多数。之所以如此，可能与长期封建社会中在意识形态领域居主导地位的儒家思想，主张"敬鬼神而远之"的理性存疑态度的影响有关。

无论是宗教信仰还是非宗教信仰，也无论是信仰的宣传者还是接受者，对某个信仰对象的肯定、怀疑或者反对，除了情感因素之外，都有理性思考在起作用。只有理论上的坚定，才会有信仰上的坚定。而理论的形成离不开理性的思考和解释。如果信仰只是停留在一时的直觉和情感的激动，缺乏深入的认识为基础（至少是信奉者自己经过反复思考，认定他所信仰的科学

① 康德：《实践理性批判》，商务印书馆1960年版，第164页。

理论、主义、教义是合乎逻辑的真理），在遇到挫折、质疑或反对的压力时，就容易产生信仰动摇甚至危机。

因此，理性与信仰不是互相排斥的。人类凭借理性不断地探索未知的领域和未来发展的趋势，总会产生某种信仰。理性是形成信仰的必要条件。正确的理性更是科学的信仰赖以建立和坚定的思想基础。

（三）信仰对人生的作用

信仰既是美好感情和愿望的寄托，也是指引人们前进的指南，是任何社会的人都不可缺少的，它永远是人类精神生活的重要组成部分。信仰除了各种社会意识都普遍具有的作用之外，它对人生特殊的作用在于：

1. 给人生以意义

无数的人，为了自己的生活有意义，追寻并坚持自己的信仰，甚至甘愿为之付出生命。对他们而言，信仰的价值重于生命。毛泽东曾经说过，"死有重于泰山，有轻于鸿毛"。信仰者总是认为，为追寻自己的信仰而生，为坚持信仰而死，才是最有意义的人生。只有理解了这一点，我们才能懂得为什么哥白尼、布鲁诺等科学家能不畏惧中世纪的反动统治而产生为真理而献身的英勇行为，才能懂得无数革命先烈抛头颅、洒热血的慷慨壮举，也才能懂得匈牙利诗人裴多菲那首著名的英雄主义宣言："生命诚可贵，爱情价更高，若为自由故，二者皆可抛。"这首诗的深刻含义。

2. 为人生设立价值标准

信仰为人生设立了一套用以观察社会和安身立命的价值标准。人们据此反观现实、指导人生，并把它作为思想和行为的出发点和依据。

由于每一种信仰体系所依据的世界观不同，其价值观也大相径庭。例如，基督教把上帝存在作为前提论证宇宙存在的合理性，并从这个前提出发规定所谓的道德就是按照上帝的旨意去行事，而只有符合上帝的设计与规划才能达到美。中国儒家追求真善美的统一。所谓真就是坚持忠恕之道。善就是遵守以"仁"为核心的一套道德规范，始终把忠孝仁义作为判断善恶的标准。美就是实践忠孝仁义之后所形成的一种文质彬彬的精神境界。佛教的评价标准又有不同，所谓真其实就是领悟万物皆空的道理，善就是不执著于物，美就是达到"本来无一物，何处染尘埃"的空无之境。马克思主义之所以在当代成为很多先进的人们所追求和信奉的科学的信仰，是因为它在科学世界观基础上，提出了一整套既与社会发展客观规律相一致，又符合广大人民的根本利益的价值标准。

3. 为人的行动提供指导

信仰给人类行动指明了方向和依据，使人们对之坚信不疑，为了实现它而投入极大的热情和努力，甚至付出生命。尤其是在遭遇困难和挫折的时候，没有信仰的人会迷失方向，茫然不知所措；而有了坚定信仰的人，便会自觉按照信仰所设定的目标和方向去努力，即使面临重重危机，历尽艰难困苦也不肯轻易放弃。在现实生活中，有的人经常会感到苦闷、空虚和彷徨，觉得活着没意思，一遇到困难就萎靡不振，就是因为没有明确的信仰或不能坚持自己的信仰，结果迷失了前进的方向和目标，丧失了战胜困难的信心和勇气。就一个社会而言，如果整个社会缺乏正确的信仰指导，大多数人没有明确的奋斗目标，那么这个社会也会陷入"万马齐喑"的黑暗之中，变得没有前途、没有希望。信仰对于人们就像一盏指路的灯，于茫茫黑暗之中照亮前进的道路。关键在于这盏灯光所指引的是什么路！正确的信仰能使人的精神世界得到升华，科学的信仰能够正确地指导人生，而错误的信仰会使人误入歧途，歪理邪说则会残害人的感情与生命。历史记载着无数英雄豪杰、仁人志士为正义的信仰英勇奋斗、壮烈牺牲，为科学的信仰顽强拼搏、前赴后继的光辉事迹。历史也记载着历次宗教战争中教徒们为信仰而狂热战斗互相屠杀的悲惨故事。现实生活中，既有亿万人民群众为崇高的信仰所鼓舞，努力建设幸福生活的伟大实践，也有一小撮国际恐怖势力、民族分裂势力、宗教极端势力、邪教等为错误的反动的信仰所驱使，任意危害社会、残害无辜人民甚至自己生命的罪恶行径。正反两个方面的历史事实都证明了信仰的重要社会作用。树立正确的科学的信仰，冲破一切迷信和谬误，是整个社会和整个人类都迫切需要的。中国的革命和建设事业，正是因为无数革命先烈和志士仁人有着坚定的正确的信仰，才能不怕一切艰难险阻，战胜一切困难，前赴后继，奋斗不止，取得了翻天覆地举世瞩目的伟大胜利和辉煌成就。今后，也只有广大人民群众，特别是决定事业未来的一代又一代青年，自觉地树立并坚定科学的信仰，才能不断地激发起人们建设社会主义的历史主动性、积极性和创造性，实现社会的全面进步和每个人的自由全面发展。

4. 是人类精神的支柱和依托

信仰就像一根红线，贯穿于人类创造的全部文化之中。对自由和真善美的追求，对幸福生活和理想社会的向往，永远是人类精神活动的热点和创造文化的主题。而这些追求和向往之中都包含着信仰这个核心因素。

一个完整的信仰是一定的宇宙观、社会观和人生观的综合表现。现实社会往往是多元的文化和意识形态同时存在着，其中正确的、错误的，善的、恶的，美的、丑的，各种观念和表现形式纷繁复杂。如果人们不能分辨、不加选择地全部吸收下来，势必会造成精神上的混乱。有了正确的信仰这个核心，人们就能够从纷乱的现象中抓住根本，识别和选择与自己的信仰相一致的文化和意识形态，并使自己的各种观念彼此协调，形成一个统一的精神整体。

人类历史的每一步都是从已知世界向未知世界前进的过程，在这一过程中，不乏"摸着石头过河"这样的尝试和对未知世界的不确定感。有了正确的信仰的指引和推动，人们就能避免茫然和恐慌。尤其是在遭遇各种灾变，面临各种危险时，信仰更像一盏明灯，寄托着人们的美好感情和对未来的向往，鼓舞人们坚定信心，指引着人们克服艰难险阻，走向光明。

可见，信仰是人类不可缺少的精神世界的支柱和依托。

三、人生要有理想

（一）什么是理想

理想与信仰是密切相关又有区别的两个概念。信仰是指主体对某个对象极其信服和崇敬的态度，而理想则是指主体（个人、群体、社会）为自己选择和设计的发展方向和目标。但这种选择和设计是由信仰决定的，是信仰为理想提供了思想基础和理论根据。可以说，有什么样的信仰就有什么样的理想。理想是信仰向现实转化的环节。理想的建立和实现又进一步加深和坚定了人们的信仰。理想和信仰合在一起，产生强烈的精神作用，激发人的全部热情，成为人们行动的强大动力。

理想是与现实相对的一个范畴，特点是指向未来。它是作为主体的人，立足于客观现实及其规律，把事物发展的可能性与人的主观需要结合起来所构想的未来生活图景。其内容表达的是人们所追求的更真、更善、更美的世界或人生。

有理想也是人的一种特性。人与动物的最根本的区别是有思想能劳动，而思想的一个重要功能和结果就是能够产生理想。动物总是被动地接受自然所给定的生存环境，而且只能以本能的方式适应自然环境，不会为自己提出未来的设想。人则不同，虽然人生存在现实世界中，但他总是不满足于现状，会经常憧憬未来，希望生活在超越现实的更有价值的世界中。对于每一代人来说，外部环境既是给定的又是待定的。人总是根据自己的经验，对自己生存的环境作出真与假、善与恶、美与丑的判断，总是希望通过自己的努力不断地改变现存的环境和自我，实现自己所追求的新的更美好的世界和人生。所以，理想是体现了人类所特有的追求真善美的本性。

理想具有合规律性、合目的性、社会历史性等特征，是人所特有的自觉能动性的重要表现。人的实践都由一定的思想支配，其中往往就有理想这种观念形式存在于实践主体的表象之中，它影响着甚至直接决定着实践活动的方向、方式和方法。更重要的是理想体现了人的创造特性。理想的产生是人发挥思维的能动性，在意识中反映世界并"无中生有"地创造世界，而理想的实现则是人通过实践能动地实行意识向物质、主体向客体的转化，在现实中改变客观世界，创造人化世界。实践的成功是理想转化为现实的标志。

（二）理想的分类

理想具有三个层次，即生活理想、人格理想和社会理想。

生活理想是指个人对日常生活、社会地位诸方面的未来发展的希望和目标，它既包括对生活舒适与丰裕程度的追求和设计，也包括对某种职业、技能发展、地位升迁的追求。

人格理想，是指个人身心全面发展的人格目标。

社会理想，是指人们对未来社会的图景的追求，既包括物质和精神生活的向往，也包括完善人格的设定；既包括人类社会发展最终目标（如古代大同社会的理想和现代科学共产主义理想），又包括一个国家和民族的中长期发展目标（如我国全面建设小康社会、建成中国特色社会主义社会）。

人生理想的三个层次（每个层次又有很多方面）是相互关联的有机系统。任何个人的生活理想，实际上都或多或少地联系着一定的人格理想和社会理想。一个人是在合情、合理、合法的基础上追求生活理想，还是为着个人的私利不择手段？是全身心地营造个人的物质享受，还是同时追求人格的完善和力求更多地有益于社会？是执著地在改造社会的实践活动中以崇高的人格标准塑造自己，还是消极地满足于独善其身，甚至放弃人格的要求和社会理想，甘于过"猪栏式的"生活，或堕落、同流合污、助纣为虐？都和人的理想状况有关。树立崇高而远大社会理想的人，不会沉溺于个人安乐窝的营造，也不会满足于单纯的自我完善，更不会为丑恶势力推波助澜。只有丧失了人格理想和社会理想的人，才易于使自己的生活理想追求滑向邪恶。可见，不同层次的人生理想是互相制约的。

只关注低层次生活理想，而对人格、对未来社会的发展及如何有益于社会、他人缺乏认识，就必然降低自己对做人的要求，影响到人的自觉能动性的正确发挥。事实上，在现实生活中，耽于追求庸俗的个人生活理想的人，往往缺乏人格主体意识的觉醒，被动地受制于自然欲望和社会现实，为外物所役使。始终不渝地塑造高尚道德人格的人，则在一般生活需要之外，产生了完善自我人格的需要，因而可以超越某些生活的欲望。有着崇高而远大社会理想并为之奋斗的人，不仅不会为个人欲望所羁绊，也能超越满足自己"出污泥而不染"的独善境界，而致力于整个社会的进步、繁荣，人民大众的幸福、和谐。可见，做人应该使自己具有包括三个层次在内的完整的人生理想。

（三）实现理想的条件

成才是实现人生理想的主体条件。首先要求个人在德、智、体、美、劳动技能、情（感）等方面，全面培养和提高自己的素质和能力。此外，成才的实现还涉及很多因素，如：个人发展的主观愿望同客观现实（社会历史条件）的关系个人发展与社会需要的关系；机遇与挑战（竞争）的关系等等。

对待成才问题，正确的态度应该是：立足现实，展望未来，正确认识自身的条件和社会的环境、需要，找到个人发展与社会发展之间的最佳结合点，正确设计自己的成才方向、目标、途径、措施，然后努力奋斗，争取实现自己的人生理想和价值。

理想和现实是一对矛盾，实现理想必定会受到现实的制约。为此必须正确认识和处理理想和现实的关系：一是理想源于现实，有现实的基础。理想是人们对不满足现状，要求改变现实而设计出来的取代方案，具有批判现实的意义。二是理想高于现实，是对现实的进步和提升。因此，只要理想符合社会发展的必然趋势，具有理想转化为现实的基本条件，就不要因为现实与理想的差距而动摇对理想的信念。三是理想的实现必须经过主体的努力和奋斗。任何理想都不可能自动实现。崇高而远大的社会理想更需要经过几代、十几代甚至几十代人持续奋斗，创造条件，改变现实才能实现。为理想而奋斗的过程，是人正确发挥自觉能动的本质力量的过程，也就是人生价值的实现过程。

四、科学共产主义的信仰和理想

研究人的信仰和理想问题，最后要落实到信奉科学信仰共产主义的信仰和理想。

（一）什么是科学共产主义

科学共产主义又名科学社会主义，它首先是一种思想体系；与无产阶级解放事业相结合，又成为批判资本主义，为实现社会主义和共产主义而奋斗的一种社会运动；在一些国家社会主义革命胜利后，又成为一种新的社会制度。三者是具有内在联系的有机整体。科学共产主义创始人是马克思和恩格斯。科学社会主义是关于无产阶级解放条件的学说，属政治理论。马克思、恩格斯在创立这个学说时，全面继承人类优秀文化遗产，总结无产阶级和人民群众革命斗争的经验，形成了以新的科学世界观、价值观和人生观为理论基础，包括哲学、政治、经济、文艺、法律、伦理、宗教等一系列基本观点的科学理论体系，后人称为马克思主义。而科学社会主义正是这个理论体系的核心，它为全世界无产阶级和劳动人民指明了奋斗的目标和获得自由解放的道路。所以，说信仰马克思主义和说信仰科学共产主义或科学社会主义，是一致的，是一回事。

科学社会主义理论，反映了社会发展的客观规律和劳动人民的根本利益，是真理和价值的结合，客观规律和人的目的的统一。而包含在其中的共产主义理想是奋斗目标，是最重要的组成部分，是这种结合和统一的最高表现。

（二）如何树立并坚定科学共产主义的信仰和理想

必须做到以下几点：

首先，深入学习和掌握科学世界观：辩证唯物主义和历史唯物主义。这个新世界观，深刻揭示了客观世界的本质和规律，正确说明了人与世界的关系及人在世界中的地位，证明人类依靠自己的努力，正确发挥自觉能动性，完全能够认识客观世界及其规律，并运用它来实现自己的目的，达到自由，当然这是一个不断奋斗的历史进程。这就彻底排除了宗教和唯心主义所编造的神、造物主或其他神秘力量创造世界和人类的种种谬论，消除了宇宙的神秘性和不可知性，批判了主观唯心主义的谬误，为人类树立正确的信仰提供了哲学基础。

其次，深刻理解马克思据以建立科学社会主义理论的两个规律：人类社会运动规律和资本剥削劳动的剩余价值规律。马克思之所以能够实现社会主义从空想到科学的转变，关键在于马克思运用唯物辩证法考察和研究资本主义社会以至整个人类历史，发现了两个重要事实：一是人类社会运动的规律，二是资本主义剥削的秘密。正是立足于客观事实，加上严密的逻辑论证，马克思才创造了唯物史观和剩余价值学说，为社会主义——共产主义的必然性和合理性提供了理论根据。恩格斯在《卡尔·马克思》一文中写道："唯物主义历史观和通过剩余价值揭开资本主义生产的秘密，都应当归功于马克思。由于这些发现，社会主义变成了科学。"[①]

唯物史观是科学社会主义的理论基石。

一是它揭示了人类社会发展的客观规律，找到了社会主义代替资本主义的社会历史根据。这个规律说明，生产力和生产关系、经济基础和上层建筑之间的对立统一，构成了社会的基本矛盾，是它们之间的相互联系和相互作用，推动着人类社会的运动、发展和变化。人类社会不是一成不变的，几千年来经历了原始社会、奴隶社会、封建社会、资本主义社会和社会主义社会等多种社会形态的变迁。资本主义社会同以往的社会形态一样，有它产生、发展和灭亡的过程，资本主义社会被比它更高级的社会主义社会所取代，是不依人的意志为转移的社会发展必然趋势。

---

① 《马克思恩格斯选集》第3卷，人民出版社1995年版，第740页。

二是它揭示了阶级斗争是阶级社会发展的直接动力，阐明了推动资本主义向社会主义转变的正确道路和方法。马克思以前的社会学家们已经认识到社会的阶级对立和斗争。马克思的新贡献在于主张：阶级的存在只是和社会生产发展的一定历史阶段相联系的；资本主义社会的阶级斗争必然导致无产阶级专政；人民群众只有掌握政权，依靠无产阶级专政（毛泽东把它发展为人民民主专政）的力量，才能解放和发展生产力，消灭剥削，消灭阶级，实现从阶级统治的旧社会向无阶级的共产主义新社会的过渡。

三是它揭示了以工人阶级为领导的广大人民群众的革命实践，是实现社会主义理想的根本力量。宗教信仰寄希望于神灵使人进入天堂，空想社会主义寄希望于少数天才人物（救世主）来实现社会正义，这都是幻想。与此相反，科学社会主义认为人民群众是社会历史的真正创造者，是实现社会变革的决定力量。推翻资本主义，建设社会主义，实现共产主义伟大理想，只有依靠无产阶级和人民群众的自觉奋斗和创造。人民群众只能自己解放自己，也完全能够战胜一切艰难险阻，获得最后胜利。

剩余价值学说是科学社会主义的直接的理论依据。

恩格斯说：剩余价值学说"使明亮的阳光照进了经济学领域，而在这个领域中从前社会主义者像资产阶级学者一样曾在深沉的黑暗中摸索。科学社会主义就是以此为起点，以此为中心发展起来的"。①

剩余价值学说揭示了资本主义生产方式的实质和资本主义剥削的秘密。掌握了它就能懂得，尽管资本运动和剩余价值规律的实现形式会有这样或那样的变化，但其作用的本质和社会后果是不可能改变的，最终必将导致资本主义社会各种矛盾的激化和对抗，因而资本主义的灭亡和社会主义的胜利都是不可避免的。

第三，掌握科学社会主义的基本原理和方法。科学社会主义不是教条而是行动的指南，实现理想必须付诸行动，即革命的实践。须知，在资本主义社会中资产阶级占据统治地位，阶级本性决定了它不可能自动放弃剥削统治而退出历史舞台，因此社会从资本主义到社会主义的过渡不可能是自发的，只能是无产阶级领导人民群众自觉斗争的结果。无产阶级是资本主义的掘墓

---

① 《马克思恩格斯选集》第3卷，人民出版社1995年版，第548页。

人和共产主义的建设者。推翻资本主义建设社会主义的伟大历史使命只有无产阶级才能承担。而无产阶级和人民群众只有在先进分子所组成的政党的领导下，依靠科学世界观的指导，集中群众的智慧、经验和力量，正确地计划和组织革命行动，团结奋斗，就一定能克服各种困难和挫折，战胜一切敌人，完成它的历史使命。

第四，掌握社会主义革命和改革的战略和策略。这部分内容创始于马克思、恩格斯，之后，是由各国马克思主义者结合革命实践经验，加以修正、充实和发展，形成了指导各国革命和建设的战略和策略。具有普遍意义的原则是，各国党必须根据本国国情和时代特征，制定正确的路线、方针、政策，团结领导最广大的人民群众开展革命斗争，首先推翻反动政权，建立人民民主的社会主义国家；然后依靠人民政权的力量，组织和发挥人民群众的积极性和创造性，建立新的社会主义经济基础和上层建筑，改革旧的社会制度和体制，解放和发展生产力，开展社会主义建设，使社会主义由理想变为现实。

第五，学习和掌握关于社会主义建设的理论。马克思、恩格斯生活在资本主义社会，只能根据资本主义社会存在的各种矛盾和弊病，以及当时无产阶级革命实践（如巴黎公社）所提供的经验教训，对如何建设社会主义的问题提出一些原则性的设想。俄国革命胜利后，共产党领导苏联人民建设社会主义，提供了比较系统的社会主义建设理论。中国革命胜利后，共产党总结国际和本国建设社会主义的经验教训，根据中国国情和国际形势的新变化，提出了建设中国特色社会主义的理论，随着实践经验的积累，这一理论也会不断修正、充实和发展。

（三）为实现共产主义崇高理想而奋斗

我们现在所倡导和信仰的共产主义理想，既不同于古代思想家们关于"大同世界"的美好幻想，也不同于空想社会主义者从头脑中虚构出来的关于未来社会的"方案"、"标准"（尽管它们作为人类的文化遗产，给后人提供了启发思想的宝贵资料），而是指马克思和恩格斯所创建的新的社会理想。这个理想是马克思、恩格斯从社会存在的客观事实出发，通过对资本主义现实矛盾的分析，抓住了它的本质和规律，以此为据合乎逻辑地推论出来的关于未来社会应有的基本特征。同时，这个理想完全符合无产阶级和广大人民群众的根本利益。所以，我们说它是科学的信仰，崇高的理想。

马克思、恩格斯确立自己的共产主义理想是在 1845—1847 年间。1847 年 11 月，马克思、恩格斯受共产主义者同盟委托起草同盟的纲领。先由恩格斯写了《共产主义原理》一文，其中就提到，无产阶级革命胜利后将发展生产，改造旧社会，废除私有制，"由社会全体成员组成的共同联合体来共同地和有计划地利用生产力；把生产发展到能够满足所有人的需要的规模；结束牺牲一些人的利益来满足另一些人的需要的状况；彻底消灭阶级和阶级对立；通过消除旧的分工，通过产业教育、变换工种、所有人共同享受大家创造出来的福利；通过城乡的融合，使社会全体成员的才能得到全面发展"。接着，马克思、恩格斯在共同创作的不朽经典文献《共产党宣言》中，明确提出："代替那存在着阶级和阶级对立的资产阶级旧社会的，将是这样一个联合体，在那里，每个人的自由发展是一切人的自由发展的条件。"① 之后，经过近二十年的革命斗争和理论思考，马克思在《哥达纲领批判》一书中，又对共产主义理想作了新的发挥。他认为共产主义不是无产阶级革命胜利后就能马上实现的，而要经历一个很长的过程。首先，"在资本主义社会和共产主义社会之间，有一个从前者变为后者的革命转变时期。同这个时期相适应的也有一个政治上的过渡时期，这个时期的国家只能是无产阶级的革命专政"。不仅如此，即便进入了共产主义社会，也还有一个从低级到高级的发展过程。他第一次提出了共产主义社会将经历两个发展阶段的思想，并阐述了它们的基本特征：共产主义社会的第一阶段即低级阶段，"是刚刚从资本主义社会中产生出来的，因此它在各方面，在经济、道德和精神方面都还带着它脱胎出来的那个旧社会的痕迹"。由于社会经济文化发展水平的制约，对生活资料只能按等价交换原则实行按劳分配。也就是说，人人平等的权利仍然要受到限制，"它默认，劳动者的不同等的天赋，从而不同等的工作能力，是天然特权"。只有经过了第一阶段，才能发展到第二阶段即高级阶段。"在共产主义社会高级阶段，在迫使个人奴隶般地服从分工的情形已经消失，从而脑力劳动和体力劳动的对立也随之消失之后；在劳动已经不仅仅是谋生的手段，而且本身成了生活的第一需要之后；在随

---

① 《马克思恩格斯选集》第 1 卷，人民出版社 1995 年版，第 243、294 页。

着个人的全面发展，他们的生产力也增长起来，而集体财富的一切源泉都充分涌流之后；——只有在那个时候，才能完全超出资产阶级权利的狭隘眼界，社会才能在自己的旗帜上写上：各尽所能，按需分配！"① 1877 年，马克思在《给〈祖国纪事〉杂志编辑部的信》中，对共产主义还作过这样的表述："在保证社会劳动生产中极高度发展的同时又保证每个生产者个人最全面的发展的这样一种经济形态。"② 后来，列宁在《国家与革命》一书中，根据马克思关于共产主义有两个阶段的思想，明确区分了社会主义和共产主义。社会主义专指马克思所说的共产主义社会的第一阶段或低级阶段，共产主义则是指第二阶段或高级阶段。这个观点为各国马克思主义者所普遍接受。

中国共产党以马克思列宁主义为党的指导思想，坚持理论和实践结合的原则，在历届党章中，都把实现共产主义理想确定为党的最高纲领和最终奋斗目标，同时根据中国的国情制定每个阶段（如民主革命时期、过渡时期和社会主义革命时期、社会主义建设时期）的基本纲领即最低纲领和具体目标。要求每个共产党员都必须树立共产主义的崇高理想，同时为实现当前的基本纲领而努力奋斗。20 世纪 80 年代，邓小平总结国际共产主义运动和我国社会主义革命和建设的经验教训，提出了建设中国特色社会主义的理论，认为建设社会主义是一个很长的历史过程，在中国这样人口众多、人均资源相对不足，经济文化水平落后的国家，虽然建立了社会主义的基本制度，但将长期处于不发达的初级阶段。他提出了"三步走"的战略，首先使中国人民摆脱贫困进入小康，接着全面建设小康社会，再经过几十年的奋斗，基本实现现代化，建成富强民主文明的社会主义国家。实际上，就是马克思理想中的完全意义上的社会主义社会，共产主义低级阶段。然后再向高级阶段前进，实现最终目标——共产主义伟大理想。进入 21 世纪，江泽民《在庆祝中国共产党成立八十周年大会上的讲话》中，强调"我们是最低纲领与最高纲领的统一论者"。指出，"共产主义只有在社会主义社会充分发展和高度发达的基础上才能实现"。同时对共产主义社会的基本特征作了这样的表述："共产主义社会，将是物质财富极大丰富，人民精神境界极大提

①② 《马克思恩格斯选集》第 3 卷，人民出版社 1995 年版，第 305、342 页。

高，每个人自由而全面发展的社会。"2002 年举行的党的十六大，进一步明确规定到 2020 年实现全面建设小康社会的目标，再奋斗几十年，到本世纪中叶基本实现现代化，把中国建成富强民主文明的社会主义国家。

因此，我们对共产主义理想可以有这样的认识：这是一个多层次的系统概念。作为新的社会形态，共产主义包含初级和高级，即社会主义和共产主义两个大的发展阶段，在不同国家根据具体国情，社会主义又可分若干发展阶段。如，中国的社会主义就分为初级阶段、中等发达阶段和发达阶段。与此对应，理想也是分层次的，可以划分为：以建成富强民主文明的、高度发达的社会主义社会为目标的全国人民的共同理想；以实现共产主义为最终奋斗目标的共产党人和先进分子的远大理想。当然不同层次之间具有内在的本质联系，前者是后者的前提和准备，后者是前者发展的必然趋势，都是共产主义理想的组成部分，统一于科学社会主义的理论和实践。应该说，我们现在对共产主义理想的认识，比马克思、恩格斯、列宁、毛泽东是前进和发展了。

随着人类文明特别是中国特色社会主义建设实践的发展，人们对整个人类社会的历史和发展趋势，对资本主义的本质和发展规律，对社会主义的发展规律，以及对人自身的生存和发展的认识，都将不断地深化。从而对作为未来社会理想的共产主义，也必定会有更加丰富更加接近真理的认识。

第三节　人生境遇中的具体问题和指导原则

清楚了人是什么，做人的意义，懂得了规划人生，接着要面对的就是人生实践的问题。人是在改造世界的实践中获得生存和发展的，人的本质也是在这个实践中获得体现和完善的。人生实践中，人要遇到许多问题，概括而言，有如下几个方面。

一、义与利的关系

（一）义利之含义

"义"与"利"即中国传统人生哲学中的"道义"与"功利"。从古汉语的字形与读音看，"义"的本义与"我"有关，[1] 是主体对自身的裁断，"我"是其所正的对象。因此，"义"是判断人的价值的尺度，是人的行为必须遵循的原则，人们据此做正当之事，不做不当之事。

儒家义利观对中国的文化传统影响最大。在儒家经典中，"义"的含义不是单一的。概括来说：一是指合理的、正义的、有道理的；二是指尊卑上下的等级关系。如《孟子·尽心上》有："敬长，义也。"《孟子·万章下》更是明确："用下敬上，谓之贵贵；用上敬下谓之尊贤。贵贵尊贤，其义一也。"三是指各种道德规范的总和，但也兼有前两种含义。在这三种含义中，儒家赋予"义"的最基本的规定性，是作为人们一切行为必须遵守的原则的意义。所谓利，本意指器物合于使用。在中国哲学史上，不同流派所言之"利"意味不同。儒家是指个人的私利；墨家则意指公利，即"国家百姓人民之利"。

用现代语言表述，义是指在一定社会中规范人的社会行为的准则，是为社会所认可的正确的行为模式；利，则是指人们在社会中所必不可少的利益和权益。在社会生活中，义和利都是制约人们行为的重要因素，缺少任何一项，人的社会生活都不可想象，它们是正常社会生活的保证。

(二) 中国哲学史上的义利之辩

义利观是指人们在社会生活中涉及个人利益或局部利益与道义原则发生矛盾时应持的立场、观点，和应采取的态度（即选择）。所谓道义原则是指协调和处理个人利益与他人利益、社会公利的关系的规范。

义利之辩在中国哲学史上影响深远。

儒家义利观的基础是"义以为上"。《孟子·梁惠王章句上》开篇即引入了对义与利的讨论："孟子见梁惠王。王曰：'叟！不远千里而来，亦将有以利吾国乎？'孟子对曰：'王！何必曰利？亦有仁义而已矣。'"孟子把义与利看做是冲突的观点跃然纸上。孟子为什么不屑于言利呢？在他看来，"王曰，'何以利吾国？'大夫曰，'何以利吾家？'士庶人曰，'何以利吾身？'上下交征利而国危矣"。换句话说，如果人们都唯利是图国家社会就会出现危机。那么，义利应该是一种什么样的关系呢？孟子说："苟为后义

---

[1]　据专家考证，繁体字"义"与"我"型同；在古音中，义、仪、我、俄四字相通。

而先利，不夺不餍。未有仁而遗其亲者也，未有义而后其君者也。"这就是说，义利有先后、轻重之分，义重于利，义先利后。如果颠倒了二者的次序，人们之间的争斗就永远不会停止。

这种区分，对应的是人自身价值的二重性矛盾。人作为客体，他的价值是对社会的效用性；作为主体，他又要求社会尊重和满足自己的利益。这种矛盾表现为理想与现实、社会与个人、公利与私利的矛盾。因而处理义利问题的原则是：第一，社会整体利益大于个人利益；第二，个人可以依地位取得自己应得之利益；第三，老百姓的基本生活权利应该得到保证。

墨家的义利观与儒家相对。墨家从兼爱原则出发，主张贵义尚利，以"利"作为评判价值的标准。与儒家不同的是，墨家所强调的"利"是"国家百姓人民之利"，是公利，不是个人私利，也就是"义"。墨子说："义，利也。"（《墨经·经上》）也就是说，义和利是统一的。墨家所谓的"义"就是利人、利天下；"不义"就是亏人、害天下。最大的"义"就是"兴天下之利，除天下之害"。

（三）马克思主义的义利观

马克思主义在对待义利关系问题上反对简单的片面的态度和方法。首先，认为义与利不是绝对对立的。青年马克思在谈到职业选择时就指出过，不应认为"人类的幸福和我们自身的完美……这两种利益是敌对的，互相冲突的，一种利益必须消灭另一种；人类的天性本来就是这样的：人们只有为同时代人的完美、为他们的幸福而工作，才能使自己也达到完美"。其次，所谓义与利的观念，有其产生的社会基础和合理性。在《德意志意识形态》中，马克思恩格斯谈到利己主义和自我牺牲（也就是我们所说的义和利）问题，指出：利己主义和自我牺牲是"个人发展的两个方面，这两个方面同样是个人生活的经验条件所产生的，它们不过是人们的同一种个人发展的表现，所以它们仅仅在表面上是对立的。至于由发展的特殊条件和分工所决定的这个个人的地位如何，他比较多地代表矛盾的这一面或那一面……这个问题也只有在一定的历史时代内对一定的个人提出才可能具有任何一点意义"。① 第三，着重于揭示利己主义和自我牺牲对立的物质根源。

① 《马克思恩格斯全集》第3卷，人民出版社1960年版，第274页。

"随着物质根源的消失，这种对立自然而然也就消灭。"①

从上述关于义利问题的讨论，可以得到以下启示：

首先，义与利确有区别。人是自然存在物，衣食住行和许多相应条件的保证是人的生存需要，也是人的利益和权益。同时，人又是社会存在物、精神存在物，其个人利益的满足，总是在一定的社会条件下，在与他人的交往和关系中进行的，涉及社会和他人的利益，这就需要一定的社会准则和规范指引。"君子爱财，取之有道"，说明义与利不是截然对立的；而"为仁不富"、"为富不仁"，说明二者之间的确存在矛盾与冲突，"义"确有超越于"利"的因素，是处理各种利益关系时的准则。处理各种利益关系（自我与他人，个人与集体、国家、民族等，人类与自然），得当就是义，不当就是不义。因此，义常被表述为一些经过人们世代经验积累，符合一定阶级利益的规则和准则。没有它，人类社会就处于无序状态，每个人的利益都难以实现；有了它，虽然不可避免地伴随着一些利益的牺牲，但总体上是增进了人们的利益。

其次，就本质而言，义指向维护人们赖以生存和发展的根本的、长远的利益。也就是说，义既不是脱离利益而独立存在的，也不一定是与功利格格不入。所以，毛泽东提出要"给人民以看得见的物质福利"。② 在中国的社会主义实践中，中国共产党始终以"为人民服务"为宗旨，以为人民谋幸福为使命，以人为本、执政为民的理念深入人心。

二、成功与失败

（一）顺境与逆境

按照自己的规划去实现人的本质，在学习、工作和生活中，可能伴随而来的是一帆风顺、取得成绩或获得成功，也可能会有不顺、挫折，甚至是失败。前者我们可以称为人生的顺境，后者则是人生的逆境。一般而言，顺境可以表现为学业的顺利、地位的升迁、财富的增长、事业的成功、婚姻的美满等等；逆境常常表现为天灾、人祸、事业受挫、家境贫寒、婚姻不幸等

① 《马克思恩格斯全集》第3卷，人民出版社1960年版，第275页。
② 收入《毛泽东著作选读》下册，中央文献出版社1990年版。

等。如何面对成功与失败、顺境与逆境，是人生十分重要的课题。

一般说来，人生的顺境和逆境是同主体的努力与客观环境契合或不契合造成的，有时又与某种运气或生存环境的变化有关。当人在某个方面或某个领域的认识及其努力有所收获，得到了社会的认可，并以某些相应的荣誉、地位、物质利益结合的方式得到彰显，这无疑是身处顺境；而人在社会生活中虽然付出了努力，但总是不被理解，甚至遭到挫折，这不得不说是逆境。顺境是对人生努力的一种积极的肯定，它对个人的生活会产生综合的影响。一方面，主体深知顺境是因努力与相应的付出而来，是对自己的劳动与价值的肯定，而一旦停止自己的追求，顺境也会随之消失，因此他会在更高的层次上，在更为优越的环境中，力求取得更大的成就。这种影响无疑是积极的。另一方面，如果主体对因成功而带来的顺境没有清醒的认识，放弃自己在事业上的努力，放松自己的人生修养，产生可以松气享受的想法，或唯我独尊，看不起他人，最终往往会丧失顺境。也就是说，单从主体方面而言，因主体的态度与努力的变化就会引起境况顺逆的转化，更不要提顺境、逆境还与客观的环境密切相关了。同样，人生的逆境也不是一成不变的。逆境的改变，也需要主体的坚韧不拔、百折不挠的精神。在逆境面前，若不能及时调整精神，只是听天由命，怨天尤人，借口"人不能跟命争"，放弃自己的努力，人生的境况是不会有大的改观的。相反，如果主体不甘于厄运，在艰难困苦中卧薪尝胆，在逆境的压力下体验人生、认识人生，磨炼自己的意志，是一定能够走出逆境，使人生显现灿烂辉煌的。

总之，人生的顺境与逆境固然与客观的环境有关，但是主体的努力并不是无关紧要的。顺境与逆境对人生作用不是一个简单的正负关系，主体的人生态度决定着它对人生的作用。

与顺境和逆境相应的另一个问题是如何面对机遇和挑战。人们常说，人生中充满着机遇和挑战。所谓机遇，就是指对人实现潜能和发展事业有利的机会。这种机会是在主观与客观条件的综合作用下出现的，其中很重要的一点，就是个人的主观努力适应了社会的某种需要。俗话讲，"幸运常常光顾有准备的头脑"。道理很简单，要想抓住机遇，必须在平时有所准备，有所积累，这样才有在机遇来到身边时能够抓住它的本领。可见，机会对具体个人是有所要求的。从另一个角度说，这种要求实际上就是对人的挑战。机遇对人的挑战是全方位的，它要求个人有相应的知识、敏锐的判断力、稳定的心理素质、顽强的意志、竞争的精神等等。具备这种综合素质的人，在机遇和挑战面前常常可以大显身手，一展宏图，创出伟业，充分显现出自己做人的价值，赢得人们的尊重；而不具备这种素质，缺乏准备的人，面对机会和挑战只能眼睁睁地看着机会从自己眼前溜走，在挑战面前束手无策，怨天尤人，自己的价值也就很难得到社会和他人的肯定。

（二）人生境遇带给人的荣与辱、苦与乐

顺境和逆境、成功和失败会给人带来不同的感受，比如荣与辱、苦与乐等等。

1. 荣与辱

荣誉与耻辱的观念是社会意识的一种形式，是社会存在的反映。不同时代的人们对荣与辱的看法往往有差异。在原始社会，社会生产力极其低下，人们的荣辱观是同维护氏族集体的共同利益、共同劳动、平均分配相适应的。因此，人们以遵守诚实劳动、分配公平的原始道德观念为荣，以违反这些规范为耻。进入阶级社会后，不同的阶级和社会集团在荣辱观上也存在着差异。广大工农群众始终认为劳动光荣，剥削可耻，而剥削阶级则以不劳而获为荣，以诚实劳动为耻。在荣辱问题上存在着不同历史观和价值观的对立。

在中国进入全面建设小康社会新阶段，胡锦涛同志提出了"八荣八耻"的主张，即"以热爱祖国为荣、以危害祖国为耻，以服务人民为荣、以背离人民为耻，以崇尚科学为荣、以愚昧无知为耻，以辛勤劳动为荣、以好逸恶劳为耻，以团结互助为荣、以损人利己为耻，以诚实守信为荣、以见利忘义为耻，以遵纪守法为荣、以违法乱纪为耻，以艰苦奋斗为荣、以骄奢淫逸为耻"，这是社会主义核心价值体系在荣辱观上的全面表达。说明荣辱观不仅对应于人生的成功与失败，而且渗透在人的一切行为之中，这是在社会主义初级阶段条件下做人的行为准则。

人们对待社会、他人给予自身的肯定与否定评价的主观感受，以及据此而产生对行为趋避取向就反映了他的荣辱观。"荣"即光荣、荣誉，是人由于某种行为或长期稳定的优良表现，得到社会的肯定或积极的评价（以社会舆论的形式，或以自身成就的形式表现）而产生的满足感或自豪感。"辱"即耻辱，是人们由于某种行为或长期稳定的行为表现，招致社会的否

定或消极的评价（也是以社会舆论或自身无成就的形式表现）而产生的耻辱感或自卑感。

荣与辱是两种截然相反的人生感受，它们是对立统一的关系。首先，它们的内容属性鲜明立判，荣就是光荣，辱就是耻辱。正因为如此，人们才在人生实践中追求自身的光荣与荣誉、尊严，拒绝对自身的羞辱与贬斥。人们对正义的事与善良的人才称赞有加，赞美表扬；对于邪恶的人和事，深恶痛绝，严厉拒斥。其次，二者又相互依存，各以对方为自己的存在条件。没有荣就无所谓辱，反之亦然。没有耻辱感这种人生的尴尬境地，就没有荣誉感这种辉煌的人生感受。没有对耻辱的拒斥，就没有对荣誉的追求。第三，对于个人的人生过程而言，它们又不是一成不变的，在一定的条件下，二者会在同一个主体身上发生转化。这种转化是双向的，包含两种可能：一种是因辱而致荣，一种是因荣而招辱。历史上因遭受奇耻大辱而发奋图强、成就辉煌的人和事都是常见的。我国春秋战国时代遭受亡国之辱的越王勾践，经过卧薪尝胆、励精图治，依靠人民的支持，最终洗雪耻辱、光复国家的故事，就是因辱致荣的例证。而因荣誉导致遭受屈辱的事例更是不胜枚举。一个获得荣誉的人，如果放松对自己的要求，产生骄傲自满的情绪，极易招致失败和挫折，给人生带来耻辱。因此，要想保持荣誉，就必须谦虚谨慎，不骄不躁，严格要求自己，不断加强自己在各方面的修养。

人的荣誉是对其人生价值的一种肯定。荣誉往往是社会或集体对其成员的创造性成就的肯定。贡献是获得荣誉的前提。因此，追求荣誉的最有效途径就是勤奋学习，不断地充实自己，刻苦钻研，努力工作，加强自身的修养，以自己对社会、对集体的贡献赢得社会的肯定。而那种不愿付出辛苦，只想向社会索取，好逸恶劳的人，最终只能一事无成，遭世人耻笑。

荣誉是与履行义务相联系的。履行义务、恪守职责是做人的起码要求。任何社会对模范履行义务的行为都会给予表彰，给履行义务的个人以荣誉。相反，对不履行作为社会成员的义务，践踏社会秩序的人，社会就要予以谴责。义务包括对国家、对集体、对家庭的义务和责任。从大的方面而言，就是爱国主义、集体主义，从一般方面来讲，就是模范遵守社会的法律规范、伦理规范，如助人为乐、勤劳致富、尊老爱幼、尊重师长、关心集体等等。

2. 苦与乐

苦与乐也是人们在社会中对人生及其具体境况的两种基本感受。身处顺境，常常感到快乐；身处逆境，往往感到痛苦。

所谓苦乐观，就是人们在工作和生活中，对与主体需要、期望、努力、付出等相关联的两种境况的截然相反的情感体验与理性认识，以及在此基础上形成的处世态度。"苦"是人们因自身需要、期望、追求不被理解，不能满足和实现而感受到的肉体上、情感上的煎熬和思想上的痛苦。"乐"是人们的需要、期望、努力与付出得到满足或回报后的肉体上、情感上、精神上的愉悦状态。

正是因为苦与乐是主体自身的精神或肉体的截然相反的感受，所以它无形中给个人的人生选择取舍预制了导向。感性主义者以此断定人的行为取向是趋乐避苦，因而认为，一切能够给人带来快乐的事物，都是善的，都是值得追求的；而一切给人带来痛苦的事物，都是不好的，都应该躲避。这种苦乐观实际上是把人定位为感性的存在物，在感性的驱使下行动；对人来说，在"乐"之外没有更高的价值，除"苦"之外，没有更应该躲避的事物。持有这种观点的人忽略了人同时又是有理性的社会存在物。人的欲望、感受要由理性来调控，否则人将沉溺于感性的肉欲的享乐之中。在现实生活中，享乐主义是感性主义苦乐观的实践者。在享乐主义看来，人生的唯一目的就是追求个人的享受，因此在涉及个人与社会、自我与他人的诸多事物时，一切以能否给自己带来感官或精神上的快乐为标准。能带来快乐者则趋之，不能带来快乐者则避之。这种苦乐观的典型表现就是纵欲主义，所谓及时行乐。禁欲主义则与此相反。他们把一切感官的欲望看做是罪恶的源泉，因此主张否定欲望，压制合理的需要，使人的意识和心理不受任何欲望和需要所左右，不让欲望和需要影响和制约人的行为，甚至提出"饿死事小，失节事大"的极端主张。这是对待苦乐问题上的两种极端的主张。

在人生哲学和日常生活中，由于人们在感到幸福时，往往伴随着肉体或精神上的愉悦和快乐，因而常常有人把"乐"与"幸福"、"苦"与不幸相提并论。前者如 18 世纪法国唯物主义者霍尔巴赫主张，"幸福只是连续的快乐"。[①]

[①] 周辅成编：《西方伦理学名著选辑》下卷，商务印书馆 1987 年版，第 88 页。

但是，在哲学史上，也有更多的思想家指出，幸福并不简单地等于感官的快乐。亚里士多德曾经把幸福规定为"合乎德行的精神生活"。《论语》中有对生活清苦的精神境界的描述，讲孔子曰："饭疏食，饮水，曲肱而枕之，乐亦在其中矣。不义而富且贵，于我如浮云。"（《论语·述而》）孔子称赞弟子颜回："善哉，回也！一箪食、一瓢饮、在陋巷，人不堪其忧，回也不改其乐。贤哉，回也！"（《论语·雍也》）这就是说，生活的顺境和逆境，优裕和清苦，并非一定是与乐、与苦一一对应的。感受如何取决于个人的信念和理想，取决于其对如何做人的理解。

现代日本心理学家宫城音弥对幸福与快乐的关系作过这样的深层次的辨析，他指出快乐并不总是对应着幸福，"既有'愉快'而不幸的时候，也有痛苦而幸福的时候"。比如说，"同情一个可怜的人时，由于同情而品尝到痛苦，但同时又会品尝到拯救他人的幸福。朋友信赖自己，倾吐其烦恼想寻求帮助时，在从同情品尝到痛苦的同时，肯定会因自己得到信赖而产生幸福感"。[1] 同样，吸毒会产生快感，但那绝对不是幸福。分娩会有痛苦但绝不能冲淡母亲的幸福感。可以说，幸福是对生活状态和过程的整体的综合的评价，而快乐则偏重于某一方面的感觉或感受。或者说，幸福是一种精神上心旷神怡的境界或符合一定意义的积极向上的生活境况。

"苦"是人们对自己所经受的人生过程的一种难受、痛楚的不自在感受。苦当然不是人生的追求。一般而言，这种感受不是人生的唯一感受和全部感受，否则人生就难以忍受，就会像叔本华主张的那样，因为"人生如钟摆，在痛苦和无聊之间摇摆"而选择自杀。但是，苦是否就是不幸呢？从词义上讲，"苦"指的是感觉或感受，而不偏重具体的事件。而"不幸"有三层含义：不幸运，使人失望、伤心、痛苦；表示不希望发生而竟然发生；指灾祸。可见，"不幸"则偏重于具体的比较严重的意外事件。这是两个层次的概念。当人遭受不幸时，会感到痛苦；但人感到苦时，并不一定是遇到了可以称为不幸的事。因此，不幸对人生来说，毫无疑问算得上是个应该竭力避免的坏事，而苦对人生来说则有着另外的意义。

关于苦，孟子曾经讲过："夫天将降大任于斯人也，必先苦其心志，劳

---

①　宫城音弥：《情感与理性》，陕西人民出版社 1988 年版，第 4 页。

其筋骨，饿其体肤，空乏其身，行拂乱其所为，所以动心忍性，增益其所不能。"（《孟子·告子下》）也有学者从周公之言"冬口冰冻如不固，则春夏草木虽长而不茂"，引出若不经过千辛万苦，就不能取得人生的胜利，不能达到人的完成。在这个意义上可以认为，经历痛苦对人生来说不但是必须的，而且是有益的，越是要成就大事业者，越是要经过痛苦的磨炼。幻想一帆风顺，不经风雨，就能成就伟大事业，到头来只能是竹篮打水一场空。古今中外成就大事业者的成功实践都证明了这一点。

当然，我们肯定痛苦对人生有一定的积极意义的同时，也不能走向另一个极端，即在处理人与人之间的关系时，有意地给别人造成不必要的痛苦。关于这一点，英国哲学家罗素说："对于一个有能力的人来说，痛苦也许是一种很有价值的激励，因为我认为，如果我们已经十分幸福，我们就不会去追求更大的幸福了。但是，我并不认为，因为痛苦能够带来成果，人类的责任就是将痛苦带给别人。在百分之九十九的情况下，痛苦只能起到破坏作用。"① 这是值得借鉴的做人的经验之谈。

必须辩证地看待苦乐关系，对所谓人生应选择"趋乐避苦"原则要进行分析。

首先，从价值上看，苦与乐对人来说并非是最大（最高）价值和最小（最低）价值。在苦与乐之上，还有正义，还有其他对人更有价值的东西。因此，趋乐避苦并不能成为人生的行为准则。孟子就说过："乐亦我所欲，所欲有甚于乐者，故不为苟得也；苦亦我所恶。所恶有甚于苦者，故患有所不辟也。"不能孤立地把苦乐作为统帅人生的标的。

其次，苦与乐二者是相对而言的，没有苦即无所谓乐。作为人生感受的自然现象，人之所以有苦的感觉，是因为有另一种截然相反的乐的感觉相对照，没有苦的痛楚就不会有乐的欢欣。因此，在个人的人生中，不可能只有快乐，没有痛苦，感觉不到痛苦就同样感觉不到快乐。另一方面，就感受主体而言，对某些事物或行为的感受结果也有差别。有些人在帮助别人的行为中，感受到快乐；而有些人则在损害别人的行为中，感到快乐。对痛苦的感觉也是如此。就此而言，"趋乐避苦"不能作为做人的一项原则。

———————
① 罗素：《婚姻革命》，东方出版社1988年版，第195页。

第三，苦与乐是互相蕴涵的，人们常说"苦中有乐"、"祸福相倚"、"居安思危"就是这个道理。人的感觉不可能是单向的，人生的体验往往是多种滋味，是复合的感觉。苦和乐的感觉也是这样。苦与乐都可以分为肉体的和精神的。肉体的和精神的苦与乐有一致的时候，肉体的痛苦同时也就是精神上的折磨，肉体的快乐同时也就是精神的愉悦。但它们之间的不一致也是常见的。有人以感官上的刺激来掩饰自己精神的极度空虚与痛苦，结果更深陷于痛苦之中。也有人在为社会或他人的有益奉献中，虽然没有身体上的感官快乐甚至会有劳累的感觉，但却因为奉献本身的价值而在精神上感到幸福和快乐。因此，"趋乐避苦"很难涵盖苦乐关系的辩证内容。

第四，在一定条件下，苦与乐可以互相转化。人做任何事情都会有一个过程。如果这个过程很容易就完成了，没有付出艰苦的努力和意志的磨炼，也就很难产生成功的喜悦。如果这个过程要经过艰苦的努力，需要意志与精神的巨大付出，那么成功后的快乐就会喷涌而出。付出的努力越大，收获的喜悦就越强烈。这时所谓的苦就转化成了乐。同样，人在安定的环境下，在取得一定的成就后，若耽于喜悦之中，丧失忧患意识，不再努力继续工作，也有可能很快失去成功后的优势，逐渐走向失败的深渊，终究会品尝到刻骨铭心的痛苦。

三、爱情、婚姻、家庭

在婚姻家庭中，做人就是如何做夫妻，如何做父母和长辈，如何做儿女。

家庭是社会的细胞。人们通过婚姻组成家庭，在家庭中度过自己一生中的大部分时光，爱情、婚姻是人生必经阶段。在婚姻家庭中，人所面对的是夫妇、亲子、长幼等关系。在中国传统的做人之道中，有"夫为妻纲、父为子纲……"等封建道德规范，现代社会当然不能继承。但是，婚姻家庭中夫妇关系、亲子关系、长幼关系是客观存在，仍然有做人所不能回避而必须正确对待的态度和原则。

（一）爱情中的男女

人类两性结合的爱情方式是区别于动物的重要方面。性别，对动物来说，意味着物种繁衍所必须的两个部分。人虽然是自然界进化的最高成果，但性别的意义同动物有着同样的内容。恩格斯说过："人来源于动物界这一事实已经决定了人永远不能完全摆脱兽性"。① 但是，这并不意味着人类两性的结合层次同动物是完全一样的。人类个体的成熟虽然需要两性之间的交往、结合，但他具有动物完全不具备的情感内容，即人类两性之间的爱情。

爱情是人的本质在人类两性结合上的独特表现，反映了人身上自然需求的社会性与高尚性程度，反映了人远离动物性的程度。马克思指出："人和人之间的直接的、自然的、必然的关系是男女之间的关系。……这种关系通过感性的形式，作为一种显而易见的事实，表现出人的本质在何种程度上对人说来成了自然界，或者自然界在何种程度上成了人具有的人的本质。因而，从这种关系就可以判断人的整个教养程度。从这种关系的性质就可以看出，人在何种程度上成为并把自己理解为类存在物、人。……这种关系表明人的自然的行为在何种程度上成了人的行为，或者人的本质在何种程度上对人来说成了自然的本质，他的人的本性在何种程度上对他来说成了自然界。这种关系还表明，人具有的需要在何种程度上成了人的需要，也就是说，别人作为人在何种程度上对他说来成了需要，他作为个人的存在在何种程度上同时又是社会存在物。"② 马克思在这句话中所强调的"人的本质"、"人的需要"，显然不只是人作为自然存在物的本质和动物式的自然需要，而指已发展成为社会存在物的社会性本质和社全性需要，其中就包括了性爱即爱情。也就是说，作为最贴近自然关系的男女两性关系在社会中的实现形式，真正反映了人在何种程度上成为了区别于动物的大写的"人"。

爱情是组成婚姻家庭的前提。虽然人类婚姻一开始直到现在，并不是或者并非所有的婚姻都是爱情的产物，婚姻制度也并不是自古就以爱情为基础，但是婚姻是否具有爱情基础，确实体现了人脱离动物界而提升为人类的程度。

爱情起于人生中的某个阶段（一般是从青年时代起），是一种伴随着男女双方性意识萌动而产生的相互爱悦，渴望对方成为自己终身伴侣的强烈、深沉而美好的情感。恩格斯曾经这样解释现代的爱情："现代的性爱，同古代人单纯的性要求，同厄洛斯（情欲），是根本不同的。第一，性爱是以所

---

① 《马克思恩格斯选集》第 3 卷，人民出版社 1972 年版，第 140 页。
② 《马克思恩格斯选集》第 42 卷，人民出版社 1979 年版，第 119 页。

爱者的对应的爱为前提的；从这方面说，妇女处于同男子平等的地位，而在古代的厄洛斯时代，决不是一向都征求妇女同意的。第二，性爱常常达到这样强烈的程度，如果不能结合和彼此分离，对双方来说即使不是一个最大的不幸，也是一个大不幸；为了能彼此结合，双方甘冒很大的危险，直至拿生命孤注一掷，而这种事情在古代充其量只是在通奸的场合才发生。最后，对于性关系的评价，产生了一种新的道德标准，人们不禁要问：它是婚姻的还是私通的，而且要问：是不是由于爱和对应的爱而发生的?"①

爱情观就是人们对男女之间表现出的爱慕之情的看法和态度，涉及爱情的基础、情感与自然的欲望、爱情在生活中的位置等等。马克思主义的爱情观概括起来有以下几点：

第一，爱情是男女之间自主的、对等的爱慕情感，它不容许任何强迫，任何勉强。它是以两个独立的人格为前提条件的，是男女当事人的权利。这种权利的具体内容包括：（1）青年男女有权利自由地支配他们自己、自己的身体以及身体的器官；（2）夫妇之爱是表达性爱的正确形式；（3）相爱者自主结婚是他们的权利和义务；（4）相爱者结合的权利高于父母、亲属及其他传统的婚姻中介人和任何媒妁的权利。

第二，爱情具有排他性和专一性。相爱男女的情感世界，本能地排斥第三者对他们任何一方的亲近行为。这是人的社会性表现。对于恋爱者来说，如果是以自己全部身心和热情投入地爱自己的所爱，就不会有精力有心思去朝秦暮楚。当然，爱情的排他性和专一性，并不排斥恋人的正常社会交往和友谊，它只是拒绝另一位异性的示爱亲近。爱情的专一性和排他性还表现为：一旦相爱的双方由于各种原因不再相爱，或一方又产生了新的爱情，那么离异就是不可避免的。恩格斯认为："如果说只有以爱情为基础的婚姻才是合乎道德的，那么也只有继续保持爱情的婚姻才合乎道德。不过，个人性爱的持久性在各个不同的个人中间，尤其在男子中间，是很不相同的，如果爱情确实已经消失或者已经被新的热烈的爱情所排挤，那就会使离婚无论对于双方或对于社会都成为幸事。"②

第三，爱情具有持续性和持久性。爱情不是一闪即逝的，它一般总要持

_____

①②　《马克思恩格斯选集》第4卷，人民出版社1995年版，第75、81页。

续很长的时期，甚至伴随相爱者的一生。爱情在人的一生中表现的形式有所不同。热恋时期，往往伴随着恋爱者的如醉如痴的追求和激情。爱情稳定的中年时期，则表现为共创家业，风雨同舟，患难与共的深沉与温存。成熟的老年时期，则蕴涵在相助相扶，互相珍视的含蓄典雅之中。爱情的持续性和持久性也是人的性爱的具体表现形式。

第四，爱情具有社会性和道德内容。爱情作为人的社会本质的一种实现形式，它有着丰富的社会道德内容。真正的爱情是不夹杂任何其他因素的，但是在社会发展的不同阶段上，即使是社会发展到现代化的阶段，经济或其他因素还往往左右着人们的择偶行为，因此在人们的爱情观中不可避免地反映着时代的、传统的、民族的和社会的、阶级的内容。

人成熟到一定阶段，大多数都不可避免地会遭遇爱情，有时爱情会影响人的社会生存。爱情是美好的，值得追求。但是，青年人还必须要明白爱情在生活中的位置，否则就会因爱而影响学业、事业，甚至会发生因失恋而轻生悲剧。就人生来说，爱情是生活中最重要的事情之一，但绝不是生活的全部和唯一。对此，别林斯基有一句话："如果我们生活的全部目的仅在于我们个人的幸福，而我们个人的幸福又仅仅在于一个爱情，那么生活就会变成一片遍布荒茔枯冢和破碎心灵的真正阴暗的荒原，变成一座可怕的地狱。"因此，青年人不能因为爱情的缘故而抛弃事业和人生的其他责任。应该正确处理爱情与事业、与个性发展、人生责任的关系。

（二）婚姻中的夫妇

如果说恋爱中的男女关系充满了理想和激情的话，那么，婚姻中的夫妻关系则要现实得多。

在日常生活中，常听说"婚姻是爱情的坟墓"，这是一种片面的论调。但是婚姻中的夫妻关系与恋爱中的男女关系相比确实是有所变化的，问题是如何重视和正确对待这种变化。婚姻改变了青年男女的相处方式。从朝思暮想渴望同对方朝夕相处，到实实在在地生活在一起；从处于激情和光晕中的欣赏和爱慕，到彼此在生活中全方位的亲密接触……从前所认识不到或感受不深的东西变得清晰起来，因而会对男女之间的关系产生微妙的影响，处理不好的话，会对婚姻甚至人生造成消极的影响。

首先，男女之间在思维方式、生活方式等方面都存在差异，现实生活中一些传统因素也造成了男女在追求、倾向上的某些不同。因此，在婚姻中要承认和尊重彼此的差异性。

其次，婚姻不是爱情的完成，而是新的生活的开始，需要男女双方的共同经营和构建。婚姻即使是在爱情基础上缔结的，也不能保证一劳永逸地幸福。莫罗阿说，"婚姻不但是待你去做，且应继续不断把它重造的一件事"。① 因此，"婚姻绝非如浪漫底克的人们所想象的那样；而是建筑于一种本能之上的制度，且其成功的条件不独要有肉体的吸引力，且也得要有意志、耐心、相互的接受和容忍。由此才能形成美妙的坚固的情感、爱情、友谊、性感、尊敬等等的融合，惟有这方为真正的婚姻。"②这个观点可供参考。

再次，在婚姻中体现持久的爱情。爱情在人的一生中表现的形式有所不同。热恋时期，往往伴随着恋爱者的如醉如痴的追求和激情；爱情稳定的中年时期，则表现为共创家业，风雨同舟，患难与共的深沉与温存；成熟的老年时期，则蕴涵在相助相扶，互相珍视的含蓄典雅之中。爱情的持续和持久也是人性的具体表现形式。

当然，如果在婚姻生活中确因双方的性格、难以容忍的缺点或其他原因导致爱情消失，婚姻关系对于男女双方来说都是一种折磨的话，那么在妥善处理好子女的抚养问题后，离婚无论对于双方或对于社会都是幸事。

（三）家庭中的父母和子女

人们的爱情通过婚姻的形式组成家庭，生儿育女。如果说在爱情阶段面临的是男女两性之间的关系的话，那么在婚姻家庭中还要面对子女与父母长辈的关系。

1. 父母长辈对子女

在家庭中，父母长辈应该如何与子女相处，如何理解、教育和引导子女成长呢？

首先，父母长辈对子女要有健康正面的影响。人们常说，父母是子女人生的第一位老师，他们的言谈举止对孩子的影响是终身的。莫罗阿揭示了母亲对孩子性格、人性的培养，对孩子认识社会和人生观的树立等方面的影响。他指出："凡是乐观主义者，虽然经过失败与忧患，而自始至终抱着信

---

①② 莫罗阿：《人生五大问题》，生活·读书·新知三联书店1986年版，第33、36页。

赖人生的态度的人们，往往都是由一个温良的母亲教养起来的。反之，一个恶母，一个偏私的母亲，对于儿童是最可悲的领导者。她造成悲观主义者，造成烦恼不安的人"。① 可以说，在家庭中做好母亲，不仅是自己做人的使命，也是规划影响子女人生的使命。作为父亲也同样如此。

其次，对待子女要善于发现和培养他们自己的兴趣爱好，不要把自己的想法强加于子女。在家庭中，经常碰到这样的现象，由于父母曾经拥有的一些理想抱负没有实现，就希望自己的儿女能够替自己实现，或者因为父母自己有很优越的地位，也希望子女能够按照自己给出的规划发展，达到跟自己一样的成就或者超过自己。这样往往会造成一些家庭的悲剧。同时，父母等长辈常常不顾子女成长的阶段性特点，原封不动地、不容置疑地把自己的生活经验教给子女，希望他们接受，结果常常事与愿违。因为许多人生经验即使能够传授，也要被教导者所接受，有的必须要等待他亲身经历了人生的那个阶段才行。有的心理学家和教育学家认为，人从 40 岁开始，当生命—心理机能开始衰退时，精神意识机能才开始更加充分地发挥作用而走向成熟。也就是说，思想与年龄是同时演化的，有些德性和智慧是与肉体的衰老关联着的。因此，父母对孩子的引导和教诲，要以不伤害孩子的思想、情操、性情，有利于他们的健康成长为前提。

最后，父母不仅应该对子女有智力能力上的培养，更应该对子女进行道德人格的潜移默化的教育。特别是循序渐进地教导孩子接受和实行人类的优秀道德品格，一方面要注意言传身教，以身作则；另一方面要采取孩子乐于接受的形式，寓教于乐，寓教于常，以达到，"随风潜入夜，润物细无声"的效果。

2. 子女对父母长辈

作为子女，应该如何对待生养自己并把自己抚养成人的父母呢？

在中国传统道德中，把子女对父母的行为规范概括为"孝"。关于"孝"，在儒家经典《论语》中有许多说法，如"不孝有三，无后为大"；"无违"，"父母在，不远游"等等。也有"今之孝，是谓能养。至于犬马，皆能有养；不敬，何以别乎"等合理的思想。我们应除其封建性的糟粕，继承其进步性的精髓，创建反映新时代精神的人伦道德。

---

① 莫罗阿：《人生五大问题》，生活·读书·新知三联书店 1986 年版，第 40—41 页。

首先，子女要尊敬父母长辈。对父母长辈的尊敬表现在许多方面。比如在语言态度上的尊重，在行为上的有礼貌等。《论语》中记载，子夏问孝，子曰："色难。有事，服其劳；有酒食，先生馔。曾是以为孝乎？""孝子之有深爱者，必有和气；有和气者，必有愉色；有愉色者，必有婉容。"（《礼记·祭义篇》）也就是说，对父母长辈的孝，不仅表现在做事和饮食上的侍奉，还要表现在态度上发自内心的由衷的愉悦。中国传统伦理中关于以敬统帅子女之孝的思想，至今仍是值得推崇的。

其次，要养亲。赡养父母既是子女的道德义务，也是公民的法律义务。在古代生产力普遍不发达，人们的生活水平不高，没有建立有效的社会保障制度，"事父母，能竭其力"（《论语·学而》）是孝的明显表现，即使是在现代社会中，也是令人称道的。虽然目前在部分人群中，养亲已经主要不再是经济上奉养父母长辈，因为许多老年人通过领取退休金或养老金，在经济上不再是没有依靠。但是，老年人日常生活上、精神上对于子女关心的需要，却是儿女不容忽视的。几年前，一首《常回家看看》的歌曲唱遍了中国的大江南北，就是这种亲情需要的反映。现在，许多地方存在的"空巢老人"现象，值得做子女的反思和警醒：做人不仅有对自己的责任，也有对父母亲人的责任！

四、生与死

万物有生就有死，这是自然现象。因此，人生不可避免地要面临死亡。人可以通过对死亡的反思体验生存的意义。在一定意义上可以说，只有对死亡有觉悟的人，才能真正地拥有全部人生。

人与动物面对生死时的状态是不同的。动物只是被动地遭遇死亡，不能因此而对其生存提供意义。人则不然。人通过对生命有限性的思考，对生命的意义、价值和实现条件有更深刻的理解，使生命过程充满真实而具体的丰富内容。

（一）人对死亡现象的思考和态度

人在看到死亡现象的时候，在不可避免地接近死亡的时候（老年或处在危险境地），在生活中遭遇挫折感到无助的时候……特别容易产生对生命现象、对生与死的思考。

对死亡与不朽问题，中国古代哲人早已作过深刻的思考。《左传·襄公二十四年》最早记录了对这一问题的讨论。"穆叔如晋，范宣子逆之，问焉。曰：'古人有言曰，死而不朽，何谓也？'穆叔未对。宣子曰：'昔亡？之祖，自虞以上为陶唐氏，在下为御龙氏，在商为豕韦氏，在周为唐杜氏，晋主夏盟为范氏，其是之谓乎？'穆叔曰：'以豹所闻，此之谓世禄，非不朽也。鲁有先大夫臧文仲，既没，其立言，其是之谓乎！豹闻之，大上有立德，其次立功，其次有立言。虽久不废，此之谓三不朽。"在这里，涉及了人追求不朽的四种做法：立德、立功、立言、立嗣。前三者是通过对社会、对子孙的贡献和精神与业绩的长远影响来实现个体生命的超越，而立嗣则是通过传宗接代的子孙繁衍来超越个体生命的有限性。

历史和现实中，还有一些因生死问题导致的人生状态。比如，庄子所讲："人之生也有涯，知也无涯。以有涯逐无涯，殆矣！"孟子有一句脍炙人口的宣示："生亦我所欲也，义亦我所欲也；二者不可得兼，舍生而取义者也。生亦我所欲，所欲有甚于生者，故不为苟得也；死亦我所恶。所恶有甚于死者，故患有所不辟也。"（《孟子·告子上》）在中国古代也有许多人试图用各种方法（如炼丹、修炼气功）超越死亡、追求长生不死的仙道之术，结果无论是炼丹道士还是王公贵戚，无一能逃脱死亡的命运。还有因为人生苦短，所以提出及时行乐的享乐主义观点等等。

恩格斯在1893年致弗·雅·施穆伊洛夫的信中，也曾经表达了他如何在生存状态与死亡之间的取舍："您友好地祝愿我活90岁，我非常感谢；如果我仍然能够像现在这样，我并不反对，但是，如果我的肉体和精神注定要像许多人那样变得呆滞的话，那就敬请原谅，我不能从命了。"[①] 也就是说，当人的身体和精神已经不能体现人之为人的本质时，生命是不值得留恋的。

（二）树立科学的生死观

上述这些例子反映的是人们对人生中不可避免的生存与死亡现象的认识与态度，也就是生死观。它围绕着如何超越生命的有限性，更好地实现人的创造本性，创造永恒的价值问题展开讨论，力图以超越生死之上体现人的最高价值来指导人生，规定做人的行为方向。从中可以看出，不同时代、不同

---

① 《马克思恩格斯选集》第4卷，人民出版社1995年版，第720页。

处境、不同知识背景、不同立场方法的人，对生死问题的看法是不同的，它导致了人生态度的差异。不能科学地对待生死，确立正确的生死观，往往使人生趋于消极；而正确地、科学地认识生死现象，是产生积极人生态度的前提。

第一，世界万物都处于一个永恒的变动之中，这是一个从孕育到产生、发展、衰弱到消亡的过程。自然万物，无论其生存时间长短，这是一个无可逃避的规律。就人的生命过程来说，从出生到成长、成熟、衰老、死亡，就是这一规律的体现。历史上试图摆脱这一规律控制的人，最终都被它所无情吞没。历史与科学都表明，就人的个体生命的具体存在而言，死亡是不可避免的归宿。但是，把个体的生命融入到类的生生不息的事业中，超越个体的生命存在，对社会作出较大的贡献，以自己对人类的贡献而名垂千古，则是古今中外仁人志士的自觉追求。

第二，人生的价值在于，在有限的生命中尽己所能，创造出无愧于生命的价值。对死亡问题的思考，之所以可以赋予生命以意义，使人的生命活动趋于高尚，是因为它可以使人珍惜生命，只争朝夕地完善生命。雷锋有一句话："人的生命是有限的，可是为人民服务是无限的。我要把有限的生命投入到无限的为人民服务之中去。"这是一个普通共产党人对生命有限与无限的体认和人生回答，是对人生真谛的准确表达，愈是经久愈是耐人寻味。"把有限的生命投入到无限的为人民服务之中去"，意味着奉献，意味着发挥主体的才智，这本身就是人生价值的实现，同个人的自我实现并不矛盾。人生的价值大小，取决于个体生命对社会的贡献大小。个人会随生命的终结而消亡，但他的贡献、他的精神，会超越实体的限制，达到永恒和不朽。

第三，生命是美好的，人要珍惜生命。中国古代有"身体发肤，受之父母"，不可随意处置的观念。就现代的价值观而言，珍惜生命也是必须的。现实生活中经常发生一些青年人，也有成年人，由于生活中这样那样的压力、挫折，对人生丧失信心，产生厌世轻生的念头，甚至选择自杀等方式，人为地扼杀自己的生命。这是对做人错误认识的结果，是不可取的。

第四，并非什么样的生都值得留恋。苟且偷生已丧失做人的意义。舍生取义是人生崇高价值的体现。死亡使生命活动趋于高尚，不仅指它使人意识到生命的短暂，从而努力在有限的生命历程中作出较大的贡献，还在于在特殊情况下，面对生死选择时舍生取义，以死来升华生命的价值。中国古代哲学家张载《西铭》所言"存，吾顺事，没，吾宁也"是对这一原则在人对待生命有限性问题上应取态度的简明表达。

第四节　指导人生实践的基本原则

综上所述可见，人生在世，必须面对三个方面的关系：第一是人类与自然的关系，第二是个人与社会的关系，第三是个人之间的关系。这三种关系会外在地影响人的生存环境，也会内在地影响人的心理。那么，应该如何处理上述这些关系呢？

一、人与自然和谐共处原则

这是处理人与自然（人与自然界，人与发生在自己身上的自然现象如生与死）关系的基本原则。在确认人与自然是什么关系的问题上，自古以来就有不同的看法。一种观点认为，人与自然是改造与被改造、征服与被征服的关系。另一种观点则认为，人与自然的关系是一体的关系，表述为"天人合一"。近代以来，在前一种观点的支配下，人类改造自然的活动取得了巨大的成果，充分表现了人的本质力量的强大。但是，人类改造自然的活动也产生了越来越严重的负面结果，遭到了自然界的报复。比如由于过度排放二氧化碳造成大气中的臭氧层被破坏，引起全球气候变暖；过度砍伐森林造成生态环境失衡、新疾病产生、物种灭绝、淡水资源缺乏等等。对此，恩格斯早就警告过："我们不要过分陶醉于我们人类对自然的胜利，对于每一次这样的胜利，自然界都对我们进行报复。每一次胜利，起初确实取得了我们预期的结果，但是往后和再往后却发生完全不同的、出乎意料的影响，常常把最初的结果又消除了。"① 这些问题如果得不到有效解决，不仅要毁灭人类的生存环境，也会毁灭人类本身。人与自然和谐相处的问题越来越迫切地摆在了人类的面前。因此，人既要改造自然环境，利用自然资源，以满足人类生存发展的需要，又必须遵循人与自然和谐共处的原则，保证人类的

---

① 《马克思恩格斯选集》第 4 卷，人民出版社 1995 年版，第 383 页。

持久生存和可持续发展。

科学发展观不仅是指导如何正确建设社会的理论，也是指导人如何建设自己即如何做人的理论。它把人与自然的关系问题，提到了关乎人民群众切身利益和中华民族生存发展的高度，提出"必须把建设能源节约型、环境友好型社会放在工业化、现代化发展战略的突出位置，落实到每个单位、每个家庭"。对个人来说，不仅是在改造自然的活动中，而且在日常生活中，直至面对生死存亡的问题上，都应自觉实践科学发展。

二、以人为本——社会、集体和个人利益正确结合的原则

这是处理个人与社会关系的基本原则。在前面我们已经指出，马克思主义认为，人类社会中的利益关系，并不都是绝对对立的、敌对的和互相冲突的。人类的本质决定了：人们只有承认和理解社会、人民的利益，并为其实现而工作，才能获得自己的利益和达到自己的完美。

同时，马克思主义也不回避个人利益与社会、群体、他人利益之间可能发生矛盾甚至冲突，因此，它要求在处理个人与社会的关系时，遵循利益差序、梯级服从的原则：一方面，在个人利益与社会利益、集体利益、民族利益冲突情况下，个人利益服从集体的、社会的、民族的利益。反对极端个人主义、利己主义，反对为了个人利益的实现不择手段地损坏他人、群体和社会的利益，反对损人利己、利欲熏心的行为。另一方面，社会应尽最大努力满足全体人民和每个公民的正当权益和需要，尊重和保障人权。努力创造每个人全面发展的社会条件和和谐氛围，使每个人都能够充分地发挥自己的潜能，实现对社会的价值。这两方面的内容是不可分割、互相促进的，其指导思想就是全面贯彻以人为本的核心理念。

上述要求表现在社会主义社会的公民道德原则——爱国主义和集体主义的实质内容之中，是做人必须遵守的基本原则。

三、与人为善、见义勇为的原则

这是处理个体之间关系的原则，也就是人际交往的原则。交往是人的社会本质的重要表现之一，人在交往中、在社会关系中做人。所谓交往就是处在一定社会环境中的人们之间必不可少的相互接触、交流、协作的人际活

动。社会学家们把这种人际活动区分为血缘交往、业缘交往、学缘交往、地缘交往、机缘交往等等。用通俗的语言来说，交往就是发生在亲戚、同事、师生同学、邻里及随机的其他场合的交际活动。其实质就是人们的各种社会关系。无论是哪一种交往形式，诸如正义、平等、宽容、和善、诚信等，都是社会的基本价值观念和社会正义所要求的内容。社会中的个人，都是相对独立的利益主体，也是彼此关联的群体的组成分子。一切人，无论地位高低、贫富、健康与伤残、从事何种职业，人格都是平等的，都具有人的价值，因此在交往中，要彼此尊重人格、需求、习惯。互助友爱、宽容体谅、尊重合作是现代人自觉做人所必备的基本素质，也是建设社会主义和谐社会的基本要求。

应该指出的是，与人为善并不意味着对社会丑恶现象和行为的妥协和容忍。相反，它要求人们对待社会中大量存在的一些消极丑恶现象，具有明确而强烈的是非、善恶观念。见贤思齐、见义勇为、舍生取义，是古人都倡导的做人德行，更是现代社会中特别是社会主义核心价值观念大力推行的高尚品行。这是人生实践的重要内容。

就现实而言，在我国社会主义初级阶段里，既存在中国特色社会主义意识形态的强大影响，也存在市场经济负面效应所带来的各种消极后果。因此，更加有必要大力弘扬爱国主义、集体主义、社会主义思想，有针对性地采取有助于增强全体公民的诚信意识的各种手段，加强社会公德、职业道德、家庭美德、个人品德建设，发挥道德榜样作用，引导人们自觉履行法定义务、社会责任、家庭责任。所谓做人意味着实现和发挥人的价值，意味着完善道德人格，只能在具体的社会实践和人生实践中实现。因此，每一个想在自己有限的一生中，发挥出自己为人的本质，无疑地都应该以积极的态度投入到社会实践中去，努力奋斗，自觉地维护、运用好作为一名公民的正当权利，同时履行好自己对社会、家庭的义务和责任。用《周易·乾》的话说，就是：天行健，君子以自强不息！

第五篇

辩证唯物主义认识论

马克思主义的哲学辩证唯物主义是世界观、认识论和方法论的统一。它的整个体系和每一个原理都具有认识论的意义或功能，这就是马克思主义哲学中广义的认识论。

本篇讨论狭义的认识论。狭义的认识论是马克思主义哲学体系中的一个部分，即专门以人类认识为对象的部分。它用辩证唯物主义的世界观和社会历史观去观察人类认识运动，揭示认识的本质、规律和方法，阐明"认识是什么"和"如何认识"的问题。

本篇的主要内容有：论述人类认识的本质和认识的存在形式，回答"认识是什么"的问题；论述认识和实践的关系，回答"人类认识的基础是什么"的问题；论述认识的基本规律和围绕它展开的其他若干认识规律，回答"如何认识"的问题；论述认识与真理的关系、真理的性质、真理的检验，回答"真理是什么"和"如何达到真理"的问题。

第 一 章

认识的本质和基础

本章讨论两个问题。第一节和第二节，在论述认识的主体、客体及其关系的基础上，着重研究认识的本质问题，同时阐明认识的存在形式，从而说明"认识是什么"。第三节讨论人类认识的基础问题，阐明实践是认识的基础。

第一节 认识的主体和客体

回答认识是什么的问题，需要明确"谁在认识"和"认识什么"，所以我们的讨论就从研究认识者和认识对象即认识的主体、客体及其相互关系开始。

一、主体

主体和客体是标志认识者和认识对象的哲学范畴。认识与实践是不可分的过程，认识者，也是实践者，认识对象，也是实践对象。因此主体和客体可以界定为：主体是标志认识者和实践者的哲学范畴，它是指认识和实践活动的承担者；客体是标志认识和实践对象的哲学范畴。

哲学家们对认识者和认识对象的认识，较之用"主体"和"客体"范畴去指称它们要早得多。当苏格拉底提出"认识你自己"时，对认识者、认识对象的认识问题，已经以某种方式被模糊地意识到了。贝克莱是较早地从感知和被感知相互关联的意义上规定主体和客体的哲学家。我国公元前五世纪的《管子》一书中说："其所知，彼也；其所以知，此也。"① 这"所知"、"所以知"就是分别指认识的对象和认识者。可见，今天讲的主体和客体曾经有过别的名称。另一方面，"主体"这个词，在它被用来指称认识者之前，曾经在别的意义上被使用，有些用法还沿袭至今。亚里士多德著作中的"主体"是指属性的承担者，相当于实体这个概念。马克思、恩格斯也在这个意义上使用过"主体"一词，他们在《神圣家族》中叙述霍布斯的观点时说："决不可以把思维同那思维着的物质分开。物质是一切变化的主体。"② 这里讲的"主体"是运动的承担者（物质）。它不是与"客体"相对应的概念。今天"主体"还常在另一种意义上使用，即指整体中的主要部分，如"以公有制为主体"、"劳动群众是人民群众的主体"等等。这些不同的用法属于一词多义。我们在认识论意义上讲的主体，就是指认识和实践者。它是与客体相对应的范畴。在历史观领域，主体和客体则是分别指社会的认识者、改造者和认识、改造的对象。这样，我们就能把认识论和历史观中的主体和客体范畴统一起来，建立起在马克思主义哲学体系中一以贯之的主体和客体范畴。

　　主体是现实的人。第一，只有人才是主体。物不能成为主体。动物也不是主体。主体这个概念和"认识"一样是专属于人的概念。电脑不是主体，而是人制造和使用的工具。第二，主体不是人的精神或思想，而是具有精神或思想的人本身。思想是认识活动的产物、结果，而不是认识者，认识者是作为物质实体的人。主体的头脑中有一个精神世界，但是不能把具有精神世界的主体等同于主体的精神世界。主体不等于主观。第三，主体不是孤立的个人，而是作为一定社会关系之总和的现实的人。不仅个人是主体，由一定的社会关系联结在一起而形成的各种社会集团（如科学家集团、学派、政党、阶级、民族等等）也可以成为主体。这样，主体就有了两种形态：个人主体和集团主体，其中集团主体又包括多种不同性质、不同形式、不同大小、不同层次的社会集团。有学者提出，主体还有"社会总体"和"人类

---

① 《管子·心术上》。
② 《马克思恩格斯全集》第 2 卷，人民出版社 1957 年版，第 164 页。

总体"两种形态，前者指一定地域、时间中不同社会集团和个人构成的社会，后者指包括不同国家和地区的人们的整个人类。这两个概念可以在某些具体场合使用。比如当我们谈论人类对天体演化、生命起源、物质结构的认识时，就是把一定时代的整个社会或整个人类作为认识主体的，但是不能不看到：由于人类社会分裂成为阶级，在对许多问题特别是社会问题（也包括人与自然关系中的一些问题）的认识上，并没有形成为一个统一的认识主体。因此，不能将社会总体或人类总体理解为某种统一的独立的认识主体。如马克思所说，在阶级社会中，"把社会当作一个单一的主体来考察，是对它作了不正确的考察；思辨式的考察。"① 总的说来，主体是个人与社会的统一，社会的人与人的社会的统一。

深入研究认识的主体，就要考察主体能力和主体的精神世界。使人成为认识主体的能力，我们称为主体能力，它是包括感知能力、思维能力与实践能力等在内的综合能力。影响主体能力的基本因素，包括相互关联的三个方面：物质生理基础或自然物质条件、社会性因素和精神性因素。这三个方面的因素结合在一起，使主体具备了认识和改造世界的能力而不同于客体，也使每一个现实的具体的人表现出自己的特殊性而区别于其他个人主体。在一般意义上，主体能力是指一切主体所共有的能力，即不同主体中包含的共性、普遍性；在特殊意义上，主体能力是指特定主体的能力，即具有个体差异的不同主体的能力。我们说物质生理性因素、社会性因素和精神性因素是构成主体能力的基本因素，也包含两层含义：第一，具备这些因素，是一切主体区别于客体的特殊性，亦即一切主体的共性、普遍性。第二，每一个现实主体区别于其他主体的特殊性，也是由这三方面的因素以及它们的相互结合决定的。

精神性因素是主体在物质生理条件的基础上，在一定的社会关系和社会实践中形成的精神世界，是由社会关系和社会实践决定的社会意识。社会性因素对主体能力的影响，都会在主体精神世界中体现出来，在这个意义上也可以说，主体之所以不同于客体，就在于他有一个精神世界；特定主体之所以不同于其他主体，就是因为其精神世界不同。因此，研究主体能力问题，

① 《马克思恩格斯全集》第30卷，人民出版社1995年版，第35页。

可以着重讨论主体精神世界的构成及其在认识中的作用。

现实的认识主体认识事物时，其头脑中有一个精神世界，而不是一块白板。主体的精神世界是从何而来的呢？它是人通过社会实践对物质的反映。人的意识是以往实践和认识活动的产物，又是获取新的认识的前提条件，它们当做开始新的认识活动的精神准备、起始状态来看，就是在认识活动中起着重要作用的主体精神世界。由于人的意识、认识不是静止不变的，所以主体精神世界，包括个人的主观世界、认识能力和整个人类的认识能力都是不断发展变化着的。主体精神世界以及由它决定的认识能力的构成因素问题，实际上也就是人的意识的结构问题。对意识的结构可以从各个不同的角度进行划分。心理学上将其分为知、情、意。从意识的自觉程度可以分为自觉的意识和不自觉的意识。从意识对象的角度，可以分为对象意识和自我意识。按内容和形式划分，有各种不同的社会意识形式。意识还可以分为理性因素和非理性因素。这种种划分是分别按照不同的标准做出的，因而是彼此交叉重叠的，不是相互排斥的。主体精神世界是由多种复杂因素构成的，但它又是一个整体，它是作为一个整体去参与认识活动的。主体能力是由各种因素有机结合在一起构成的综合性能力。

二、客体

作为认识和实践对象的客体是什么的问题，说到底就是"世界是什么"的问题。回答这个问题，是认识论研究的本体论前提。实际上，马克思主义哲学关于物质、运动、时空、规律以及人类社会运动的本质和规律的论述，都是对"客体是什么"的回答和论证。世界是物质的世界，世界的统一性是在于它的物质性，所以归根到底，客体就是物质世界。

统一的物质世界中存在着意识现象，即人类的精神活动和精神产品，所以客体也包括意识现象，即精神客体。意识现象是物质的产物、属性或物质运动的一种形式，它们借助于物质外壳表现出来，成为对象性的存在。主体认识意识现象，不是仅仅认识其物质外壳，而是要认识它们作为精神客体的思想内容。所以，客体从根本上说是物质，而又包括作为物质运动形式的精神现象。概括地说，客体是包括精神现象在内的统一的物质世界。物质性，或客观性，是客体的根本属性。

客体是物质，但并非整个物质世界都已经成为认识的客体。现实的客体，只是物质世界的一部分，即进入人们实践和认识活动的领域，与主体发生了联系的那一部分事物。尚未进入人类实践和认识活动领域的事物，是可能意义上的客体。从人类认识无限发展的意义上说，整个物质世界都是认识的客体。确认这个可能意义上的客体并非是可有可无的事情，因为它表明，实践和认识所追求的是整个物质世界，不应该将它限于一定历史阶段上所达到的有限的范围。客体和物质这两个范畴既是本质上一致的，又是有区别的。

对客体可以从多种不同的角度去分类，如分成物质客体和精神客体、自然客体和社会客体等等。人自身及其实践、认识活动作为对象性的存在物，也是客体。

主体和客体的区分既是确定的，又是不确定的。在人与自然的关系中，主体和客体的区分是确定的，即人是主体，自然是客体。如马克思所说："主体是人，客体是自然。"① 这是因为，区别于人和社会的狭义的自然永远只是客体，不能是主体。但是在社会历史领域中，每一个人、每一个社会集团都既是主体，又是客体。作为实践者、认识者，他是主体，作为实践、认识的对象，他同时又是客体。一个人、一个集团，还以自身为认识和改造的对象，即以自身为客体，自我认识、自我改造。毛泽东讲的改造主观世界，就是以自身为客体的实践、认识活动。这时主体和客体都集于一身。

必须按具体的实践、认识活动来区分主体和客体。在不同的实践、认识活动中，主体和客体的区分是不同的。这一认识活动中的主体可以是那一认识活动中的客体。但是，对于每一项确定的实践、认识活动来说，主体和客体的区别是确定的，客体具有不依主体意志为转移的客观性、物质性。比如一个人写自传，认识的主体和客体都是他本人，但这二者又是不同的存在。主体是此时此地从事撰写自传这种认识活动的人，客体是此前已成为历史的他的活动和功过是非，这些虽然属于他自身，却又是一种不依他此时此地的意志为转移的客观存在，主体和客体的区分仍然具有确定性、客观性。

总之，主体和客体的区分依具体的实践和认识活动为转移，在不同的场

---

① 《马克思恩格斯选集》第 2 卷，人民出版社 1995 年版，第 3 页。

合，有不同的划分，而在每一确定的场合，主体和客体的区分是确定的。有的论者把认识分为主体对客体（指对自然）的认识，主体对主体（指对他人）的认识，主体对主体自身（指对自己）的认识，这样就把此时此地作为认识对象的他人或本人也称为"主体"。在同一场合同一关系中，既说它是认识对象，又称它为"主体"，难免引起概念混乱。在其他场合可以充当主体的他人或本人，在此时此地确定的场合、确定的关系中既然是认识的对象，那就不是主体，而是客体。实际上，这是把主体和客体分别看做人和物，而不是了解为确定的实践——认识活动中的认识者和认识对象。

三、主体和客体的相互作用：实践和认识

事物之间总是同时存在多种相互作用的关系，主客体关系是事物之间的相互关系之一。主体和客体之间同时存在着双重关系，即实践关系和认识关系。

实践和认识都是主体和客体之间的相互作用。实践是主体改造客体，从物质形态上改变它，使它适合于自己的需要，这种改造同时受着客体性质和规律的制约，而且主体自身在实践过程中也在客体的作用下发生着变化。认识是客体作用于主体的感官而形成的主体的感知觉和观念。认识的内容都是客体给予的，所以它是客体对主体的作用，但主体在认识活动中是主动的而不是被动的，认识的产生要靠主体对客体信息的主动的选择和加工。所以无论实践或认识，都是主体发动的对客体的作用，同时又都受到客体的制约，而不是主客体之间某种单向的运动。

主客体之间的相互作用是以工具为中介的。制造和使用工具是主体和客体分化的标志。工具作为中介始终存在于主客体关系中，主客体之间矛盾的解决也离不开工具。主体对客体的认识和改造受着自身生理条件的限制，所以必须制造出各种工具，通过工具作用于对象，来解决主体和客体之间的矛盾。工具，包括实践工具和认识工具，是主体改造过的客体，是人的生理器官的模拟、延伸和替代物。在现实中，实践工具和认识工具常常是统一而不可分的。从工具的来源、性质和作用看，它的地位是主体和客体之间的中介。作为主体和客体之间相互作用的实践和认识，都是通过工具这个中介进行的。所以，存在于实践和认识活动中的矛盾，不是主体和客体两极关系，

而是主体、客体加上工具三者之间的关系，是由这三者构成的矛盾体系，这就使矛盾运动呈现出非常丰富、复杂的情况。

实践关系和认识关系是主体和客体之间同时存在的双重关系。一方面，实践和认识是主客体之间的两种不同关系，不能将它们等同；另一方面，它们又是作为一个统一的矛盾运动过程中的两种关系而存在的，不能把它们分割开来。主体和客体之间以工具为中介的实践和认识这双重关系的矛盾运动，贯穿于人类活动的全过程，实践—认识活动的全过程，这是认识过程中的基本矛盾。

研究主体和客体之间的复杂关系，必须充分注意到实践—认识活动和价值之间的关系。第一，追求价值是认识和实践的目的。认识的目的是指导实践，实践的目的是改造客体使它适合于主体的需要，满足主体的需要也就是获得价值。离开了价值关系，无法说明人们为什么要进行实践——认识活动。第二，价值关系是认识的重要对象。认识所反映的对象，不只是一定事物自身的现象、本质和规律，还有事物与主体之间的关系，特别是它对主体的价值关系，如它有没有价值，有什么价值，如何改造它才能使它有价值或使它有更大的价值等等。所以，认识的对象包括事物同主体之间的价值关系，认识成果的内容也包括对价值关系的反映。第三，实践—认识活动是受价值关系和主体的价值观制约的。人们选择什么样的事物作为认识、研究和改造的对象，即实践—认识活动向什么方向发展，在客观上是受价值关系制约的，在主观上是受主体的价值观制约的。第四，价值评估是对认识成果的评价的重要方面。对认识成果的评价，既要通过实践检验它是否与认识对象相符合，即是不是真理，又要同一定的价值主体联系起来评估它有没有价值或有多大的价值，能不能满足或在多大程度上、在哪些方面可以满足人们物质生活和精神生活的需要。

第二节　认识的本质和存在形式

人类认识史、哲学史上对于"认识是什么"的问题有过各种不同的回答。正确地回答这个问题，就是要科学地揭示认识的本质，并全面地把握认识存在的形式。

马克思主义认为，认识是主体对客体的能动的反映。关于认识本质的这一基本观点是同唯心主义相对立的，也同旧唯物主义有原则上的区别。

一、认识论中的反映概念

我们用"反映"来说明"认识"，不能不回答"反映"又是什么的问题。

"反映"一词来自光的反射，原来是照镜子的意思。但是，一个哲学概念的内涵，不能仅从语源学上去确定，更要根据它在哲学中实际使用的情况去确定。考察中外哲学史上的各种认识理论可以看到，除庸俗唯物主义外的一切唯物主义哲学在认识论上有两个共同的观点：一是承认客观事物独立于人的意识之外，认识的产生依赖于物质客体的作用；二是相信认识能够表现客体的真实面貌和性质，即能够与客体相符合。"认识是反映"的命题，就是对一切唯物主义哲学在认识论上这两个共同的基本观点的概括，把这一命题进一步浓缩为一个概念，就是"反映"。

认识论中"反映"这个概念的内涵，就是指出认识的产生离不开客体的作用，并且能够与客体相符合。除此之外，"反映"概念没有更多的内涵，它既不包括"消极的直观的"的含义，也不包括"能动的、辩证的"含义，因而它既可以同消极的直观的形而上学观点相结合，也可以同能动的辩证的观点相结合，从而成为不同的反映论。它不是马克思主义哲学所特有的概念，也不是旧唯物主义所专有的概念，而是一般唯物主义在认识论上共同观点的表达。旧唯物主义哲学对认识本质的理解是有严重缺陷的，但它肯定认识是对客体的反映这一点是正确的。马克思主义哲学在许多问题上与旧唯物主义认识论是有原则分歧的，但在肯定认识是对客体的反映这一点上是相同的。马克思主义坚持反映论的观点。有人说，反映论本身就是机械唯物主义的观点，是消极直观的观点。这是把唯物主义反映论的一般原则混同于它的某一种具体形式，把批评旧唯物主义的缺陷变成了否定唯物主义认识论的基本原则。其原因之一，就是限于从语源学上、从字面上去理解"反映"概念。

认识是反映，并不意味着所有的反映都是认识。意识都是人脑对客观存在的反映，而意识作为人类的心理活动，除了认识之外，还包括感情（情绪和情感）和意志等因素。认识之为"反映"，意味着它把对象的性质和规律在观念形态中表现出来，它是关于对象的知；感情和意志之为"反映"，不是在人脑的活动中表现出对象自身，而是根源于对象的作用形成主体的态度和行动意向。意识论中的"反映"概念，同时包含了以上两方面的含义，因此更宽泛一些。意识是整体，而认识是其中的一部分。

"反映"的内涵之一，是肯定认识能够与客体相符合。这一观点是与不可知论相对立的。当我们说唯物主义的认识论都是反映论时，包含了它们都认为世界可以被认识这一层含义。唯心主义者中的多数人也主张世界可以被认识。由于对"世界"、"客体"的理解不同，即对所知者为何物的看法不同，所以在唯物主义者和主张世界可知的唯心主义者之间不存在一个统一的世界可知论。不过他们在反对不可知论的问题上，又有许多共同之处。

认识论史上不可知论的典型表现主要出现在两个时期：一是古代的怀疑论；二是近代休谟和康德的不可知论。古代怀疑论的特点是，对关于世界、客体的各种问题，拒绝做任何肯定的或否定的回答，而且对他人作出的任何肯定的或否定的回答都加以否定。它分别侧重从对客体的看法和对主体的看法两方面表现出来。表现为对客体的看法，就是认为客体不可认识。表现为对主体的看法，就是怀疑主体的认识能力，不相信感觉，也不相信思维。古希腊晚期哲学家皮浪和中国战国时期哲学家庄子都是古代不可知论的代表。

不可知论在近代的表现，以休谟和康德为主要代表。休谟不可知论的特点是不超出知觉，认为我所知觉的，就是我心中的知觉，而知觉是由一种未知的原因产生的。休谟把知觉之外还有没有其他任何东西存在的问题取消了，认为这个问题根本无法解决，这样当然也就谈不上对任何客体的认识。康德承认有一个自在的客体，即"物自体"。康德给自己的认识论提出的主要任务，是批判地考察主体的认识能力。考察的结果，他认为主体用感性直观的时空形式和知性的十二范畴整理了感觉材料，对它们做了增加和改变，而理性追求对物自体的认识时，会陷入"二律背反"，即可以得出并证明两种相反的结论。所以，虽然是物自体作用于感官引起了感觉，但人所认识的，只是这种感觉，或称"现象"，而不是物自体本身。物自体和它的现象之间隔着一条鸿沟，它处在现象的彼岸，永远也不可认识。

从不可知论同唯物主义、唯心主义的关系看，它动摇于唯物主义和唯心主义之间，对二者采取了调和的立场。休谟除了知觉以外，既不承认有物质实体，也不承认有精神实体，也不承认有上帝，就表现了这种态度。这同贝克莱式的唯心主义是有区别的。康德既承认有物自体，又认为主体有先验的感性形式和知性范畴，也是调和唯物主义与唯心主义的表现。在唯物主义和唯心主义之间，休谟、康德更倾向于唯心主义，但不能说他们的不可知论观点本身就是唯心主义。

不可知论的实质，就是如它的名称所标示的，认为世界不可知。恩格斯说："还有其他一些哲学家否认认识世界的可能性，或者至少是否认彻底认识世界的可能性。"① 不可知论者就是持这种观点的哲学家。列宁进一步分析说："不可知论者路线的**本质**是什么呢？就是他**不超出**感觉，**他停留在现象的此岸**，不承认在感觉的界限之外有任何'确实的'东西。关于**这些物本身**……我们是根本不能确实知道的，这就是不可知论者的十分肯定的论述。"② 不可知论认为认识不能超出感觉而反映客体本身，这就把感觉当成了隔离主体和客体的屏障，否认了感觉是由物质客体对主体的作用引起的，并且能够与客体相符合，也就是否定了唯物主义的反映论。不同的不可知论者得出其结论的认识论原因、思维方式、论证方式是不同的，需要具体分析，但否定反映论的基本原则是其共同的特征和实质。坚持唯物主义的反映论，必须反对不可知论。

对不可知论做合乎实际的评价，不应该忽视以下两个方面。第一，不可知论的产生，有其必然性；不可知论提出的问题，对推动人类认识的自我反思有启发和促进作用。不可知论以认识本身或认识的主体为对象，是对认识内容的再认识或对主体认识能力的审视，是人类认识的一种自我反省。古代的怀疑论就是对认识的一种自我反思，可以说，是以否定的形式出现的认识论研究的开端。休谟、康德的不可知论以尖锐的形式提出了对认识主体进行考察的任务，推动了认识论研究的深入。不可知论的产生和它的克服，是人类认识发展中必然要经过的一个环节，是前进中的阶梯。各种不可知论揭露了认识过程中的许多矛盾，客观上推动了人们去认识和解决这些矛盾，因而

① 《马克思恩格斯选集》第4卷，人民出版社1995年版，第225页。
② 《列宁全集》第18卷，人民出版社1988年版，第106页。

促进了人类认识的自身反思。第二，不可知论的结论是错误的，是不符合实际的；这些结论、观点的作用是消极的，它要人们消极无为，只能阻碍认识的发展。不可知论揭露认识中的矛盾，不是为了解决矛盾，而是为了证明人的认识不可靠，从而取消认识。不可知论看到了人的认识能力的有限性，知识的相对性，却否认了认识发展过程中人的认识能力的无限性和真理的绝对性的一面，得出了错误的结论。

对于各种不可知论观点，需要做具体分析，指出它夸大了什么，否认或忽视了什么，而对不可知论的最有力的驳斥，是社会实践。这是因为，实践可以检验认识的真理性，可以一次又一次地证明人对这一事物、那一事物的认识是正确的，从而也就一次又一次地证明了人是具备正确认识世界的能力的，证明了世界是可知的。驳斥不可知论，只以实践为依据，指出其结论错误，那是不够的，只做认识论的分析更是不够的，最后必须诉诸实践。

二、认识的本质：反映性与能动性的统一

反映性和能动性都是人的认识所固有的基本属性。坚持认识的反映性和能动性的统一，才能全面、准确地把握认识的本质，既反对唯心主义的认识论，也反对旧唯物主义认识论的形而上学性。

认识的反映性与能动性的统一，可以从以下两个方面去考察。

第一，没有主体的能动性就没有认识。认识与实践的关系决定了主体在认识活动中是积极能动的。为了实践的需要，主体必须积极地去认识客体，去揭示它的本质。主体在实践中形成了自己的主观精神世界，他的头脑不是一个消极的信息接收器，他有自己的认知结构、思维结构，他已有的认识、感情、意志、价值观、世界观等各种因素都会积极参与到认识的活动中去。

主体的能动性主要表现在反映客观世界时的选择性和创造性。其一，认识是有选择的反映。主体所面对的是无限的物质世界，其中的每个事物又具有无限多的质、属性和关系，他总是着重把无限世界中的某些事物，把事物某些方面的属性和关系选择为自己认识、研究的对象。而在反映这些对象时，感官在头脑指挥下采集信息是有选择的，思维对感性材料加工时又有进一步的选择。如果主体不加区分地接受来自客体的一切信息，就不可能深入认识任何事物，什么都"看见"了，就什么也看不明白。其二，认识是创

造性的反映。认识是把外部事物，特别是它的本质和规律转化为人脑中观念形态的东西。而事物的本质和规律是不具有形象、看不见、摸不着的，所以这种转化实质上都是一种创造性的精神活动。主体要创造出某种不同于外部客观对象的精神产品来，用它去把握丰富、复杂的客观对象。在概念思维中，主体创造出各种概念以及由概念、判断、推理构成的体系；在形象思维中，主体创造出生活中没有现成原型的典型的生动的形象。离开了思维的创造性，就没有反映事物本质和规律的人类认识。所以，能动性是人的认识所固有的属性。没有任何能动性的人类认识主体是不存在的，完全消极直观的反映只是旧唯物主义哲学对认识的一种不正确的理解。

从认识发展的过程看，主体的能动性突出地表现于认识过程中的两次飞跃。主体选择了信息，并且作了创造性的加工，创造出了概念，形成了判断、推理，所以有了第一次飞跃；主体还从观念形态上改变客体，创造出实践所要达到的目标的蓝图来，指导着实践向这一目标前进，所以，有了第二次飞跃。因此，从认识发展的过程看，能动性集中表现于两次飞跃的环节，而从能动性具体起作用的方式看，主要表现于主体在认识活动中的选择性和创造性。这两个方面是统一的。

第二，能动的认识始终是对客体的反映。认识的能动性是与它的反映性不可分的。主体的选择都是反映中的选择，被选择的信息终究都是来自不依赖于人脑的客观对象。从间接经验得来的信息，最终也是来自直接经验。离开了客观对象，主体选择什么，如何选择，都无从谈起。思维的创造都是以反映客体的感性材料为基础的，而且创造出来的概念、理论，只有经过实践的检验，被证明为与对象相符合，才具有真理性。无论多么抽象的理论学说，多么新奇的艺术形象，总是可以在客观对象中找到它们的根源。离开来自客体的信息，主体是无从创造的。

坚持还是否定反映论历来是认识论中唯物主义和唯心主义哲学争论的焦点。20 世纪 80 年代以来，国内一些学者在正当地强调主体能动性的同时，也对反映论提出了质疑和反对的意见。有论者提出要用"选择论"、"重构论"取代反映论。有些论者以狭义相对论和量子力学中的"测不准关系"（即"不确定关系"）为论据提出，现代科学的成果已经否定了反映论。爱因斯坦的相对论揭示了"尺缩钟慢"的时空效应，即运动的尺子变短，运动的时钟变慢。这表明，如果有两个系统以接近光速的高速度相对做匀速直线运动，那么分别从这两个系统去测量同一过程的时间或同一物体的空间，会得出不同的结果。有人说，这就表明物体的空间、时间长度是随着测量主体的不同而变化的，不同的主体会得出不同的认识，所以排斥主体因素、按照客观事物的本来面目去反映事物是不可能做到的。事实上，测量结果并不是随测量主体的不同，而是随主体所在的客观的物质系统的不同而变化的。引起"尺缩钟慢"效应的，不是某一位观测主体的主观意识，而是被观测的客体同两个不同的参考系之间的不同关系。这种关系是客观存在的物质关系，同一客体对这两个不同参考系之间的关系不同，因而表现出不同的时空特性。这不同的时空特性，不管人们是否测量了它，认识了它，它都存在着。所以认识对象仍然是独立于主体意识之外的客观存在，认识仍然是对事物自身固有关系的反映。

在量子力学所研究的微观领域，人们要运用仪器，发出探测波，才能观测微观粒子，而这些探测波要与被观测的微观粒子相互作用，就必然要扰动它。这表明，人们所能观测到的，都是微观粒子在仪器（或探测波）作用下的表现，而不可能观测到对象在未受到仪器干扰时的状态。有人说，这就表明人不可能认识微观客体的本来面目，因而直接宣告了反映论认识理想的破灭。这里应该问一问：什么是对象的"本来面目"？事物的本来面目是如何表现出来的？事物都是相互作用的，事物的性质都是在相互作用中表现出来的，而相互作用都会使事物发生变化。事物在相互作用中的表现，就是它的本来面目的显现。在对微观粒子的测量中，扰动对象的，不是观测者的思想，而是仪器这种物质实体发出的探测波，它与观测对象之间的关系，是物质的相互作用，对象在这种相互作用中所表现的，正是它的本来面目。如果我们认识了微观粒子在同仪器的各种相互作用中的运动，我们也就认识了微观粒子本身。所以，在这里同在宏观领域中一样，认识依然是对独立于主体意识之外的客观存在的反映，以此为依据来否定反映论的观点是不能成立的。

认识的反映性与能动性的统一意味着，越是充分发挥主体的能动性，就越能正确反映客体的本来面貌。相反，将认识的能动性与反映性对立起来，实际上是认为，主体的能动性发挥得越充分，认识的结果就离客体越远，越不能如实反映客体的面貌。实际上，这种观点是将主体的能动性当成了不顾客观实际的主观性，而不是理解为主体正确认识客观对象的自觉性、积极主动性。

将认识的能动性与反映性相对立，以能动性否定反映性的观点还表现为否定作为认识对象的物质客体独立存在于主体意识之外。有论者称，量子力学中的不确定关系表明，"电子的存在是因为我们观察到它"，① 而"电子和基本粒子是宇宙的'砖块'，一旦它们的性质成为主观的，那不就意味着整个宇宙是主观的吗?"② 这表明，坚持唯物主义的反映论，就其理论意义来说，不只是一个认识论问题，即人的认识能不能反映客体、要不要如实地反映客体的问题，它也是直接关系到坚持唯物主义、反对唯心主义世界观的根本问题。

认识是主体对客体的能动反映，这就是马克思主义关于认识的本质的根本观点。这一命题的基本含义是：第一，认识的对象是独立于主体意识之外的客观物质世界，认识的产生依赖于客观对象，认识的内容终究是来自客观对象；第二，认识的主体是具有能动性的社会的人，认识是主体发挥其能动性走向客体，揭示客体的过程；第三，认识能够达到与客体相符合，不仅可以描绘客体的现象，而且能够揭示出客体的本质和规律。

马克思主义关于认识本质的基本观点，是同唯心主义的认识论相对立的，是反对不可知论的，又同旧唯物主义消极直观的反映论有原则的区别。

马克思主义认识论是积极能动的反映论。它在坚持"认识是反映"的唯物主义基础上，充分肯定主体的精神世界在认识过程中的重要作用，认为认识是主客体相互作用的产物。认识达到什么样的水平，不是取决于客体，而是取决于主体。没有主体的能动性，就没有反映、没有认识。但是，主体的能动的认识始终是对客体的反映，强调主体认识的能动性不应该导致否定认识的反映性。认识的本质就在于它是主体对客体的能动的反映。认识是主体能动地反映客体的活动过程及其结果。反映性和能动性的统一是认识的基本性质。

马克思主义关于认识本质的理论从根本上阐明了人们的认识能够并且必

---

①②　金观涛:《人的哲学》，四川人民出版社 1988 年版，第6、23 页。

须同客观实际相符合。它指出认识都是对客体的反映，从而说明了客体、客观规律对主体具有制约性，这就要求人们在实践中必须从实际出发，实事求是，按照事物固有的面目认识事物，并遵循客观规律从事实践活动，而不能从主观愿望出发。不承认认识是对客观存在的反映，就从根本上否定了主观符合客观的必要性和可能性，在实践中必然导致主观与客观相分离。马克思主义认识论肯定认识的能动性，从而揭示了人们在实践、认识活动中达到主观与客观相符合的途径。要揭示事物的本质和规律，达到主观符合于客观，必须充分发挥主体的能动性。如果忽视主体的能动性，即使有主观符合客观的愿望，也不可能达到主观与客观的统一。各种唯心主义和旧唯物主义哲学的认识论都不能正确阐明认识的本质，只有马克思主义的能动反映论，才是正确揭示了人类认识本质的科学理论，才能真正体现改革创新的时代精神并指导当前的实践。

三、认识的存在形式

回答"认识是什么"的问题，除了揭示认识的本质外，还要研究认识存在的形式。随着现代科学技术特别是信息科学和技术的发展，认识的存在形式越来越丰富、复杂，探究认识的存在形式已经成为认识论研究中的一个重要课题。

（一）认识存在的内在形式和外在形式

认识作为一种意识现象不能脱离一定的物质载体而独立存在。我们可以根据认识存在所依赖的物质载体的不同对它们进行划分。认识的存在形式首先可以区分为内在形式和外在形式。主体在实践中反映客体而形成的认识，最初都是以自身的大脑为物质载体的，即存在于主体的头脑之中，这就是认识存在的内在形式。主体借助于自身头脑之外的物质载体（语言文字、书刊、数字化符号等）将认识表达或表现出来，使其成为自身之外对象性的存在，认识便获得了外在存在形式。

感性认识和理性认识是对认识的另一种划分，同认识存在的内在形式与外在形式的划分是两个不同的问题。感性和理性作为认识中的两种因素，各自都是一定的内容和形式的统一，认识的感性形式（感觉、知觉、表象）与理性形式（概念、判断、推理），分别以对客体的现象或本质的反映为其内容。无论以内在形式或以外在形式存在的认识，都既包括感性认识因素，也包括理性认识因素；无论感性认识因素或理性认识因素，都既能够以内在形式又能够以外在形式存在。

认识存在的内在形式和外在形式，在形成的时间上有先后之分。一种认识总是先在主体头脑中形成，然后才表达出来，转化为外在形式。认识的外在形式也可以转化为内在形式。每一个人头脑中的认识，既有通过亲自实践获得的直接经验，又有通过读书或口头传授学习、掌握的间接经验，后者就是从认识的外在形式转化而来的。可见，认识的这两种形式是相互转化的。

认识的这两种形式各有其特点，也各有其不可取代的作用。以内在形式存在于主体头脑中的认识时时都可以随着主体的实践活动和观察、思考而扩展和深化，因而具有明显的变动性。它是一种"活的"认识，具有自主发展的能力。认识一旦表达出来取得外在的形式，就具有相对独立性和稳定性。它借助于物质载体成为一种独立于主体意识之外的存在，具有不依赖于它的生产者的客观性和确定性。仅仅存在人们头脑中的认识不能为他人所感知，因而不能在不同主体之间交流，也不能以社会遗传的方式传承下去。认识的交流和传承都离不开外在的物质载体。即使是在口头的甚至只通过表情或肢体动作的交流中，内在的认识也已经溢于言表，取得了某种外在的形式。一定主体将自己获得的认识表达出来的过程，往往也是对这些认识反思、加工的过程，而认识一旦获得社会性的外部存在形式，就可以成为人们共同的反思、讨论的对象，从而使其能够通过反复的加工、打磨具有较之内在形式的认识更加丰富更加系统的内容和更加严谨的结构。认识是在反思中前进的，而外在形式的认识是主体反思的主要对象。因此，认识表达出来取得外在形式可以有力地推动认识的反思和认识的发展。但是，认识的发展，新的认识成果的取得，最终只有通过现实的个人在头脑中进行的加工思考才得以实现。因此，内在的和外在的形式都是认识存在和发展所不可缺少的形式，认识是在这二者相互促进、相互转化中向前推进的。

（二）语言符号与认识存在形式

认识的存在通常要以某种符号为载体。符号是人们在实践中创造出来用于意谓和指称某种对象的标志物。符号的构成极为复杂，根据研究角度的不同，可以对符号进行多种分类。符号可以分为语言符号和非语言符号。非语言符号包括人脸的表情、手势等身体动作，以及服饰和其他实物等。语言符号是人们认识活动中最常用的符号。符号都是由形式和意义两方面构成的，语言符号的形式是语音、文字等，它们与意义相结合，成为认识活动及其结果的载体。语言符号包括口语和书面语。口语是凭借人的口、耳等器官进行交流的语言；在口语的基础上形成的书面语，是用文字记录下来供人们"看"的语言符号系统。有了书面语，就使听说的语言符号系统变成"看"的语言符号系统。书面语是通过对口语的加工形成的，因而两者所表达的内容或所代表的认识基本上是一致的。

包括口语和书面语的语言符号是认识存在的基本形式，是迄今为止最重要的认识存在形式。虽然某些认识（例如原始人类和婴幼儿的萌芽状态的认识）可以不通过语言或不依存于语言而存在，但总体上说，认识的存在离不开语言。马克思恩格斯在谈到意识、精神同物质的关系时说："'精神'从一开始就很倒霉，受到物质的'纠缠'，物质在这里表现为振动着的空气层、声音，简言之，即语言。"① 意识、认识总是受到语言的"纠缠"，是同语言形影相伴的。马克思恩格斯把语言看做是"现实的意识"、"思想的直接现实"。② 人的认识的产生和存在通常都离不开语言，思维借助于语言才能经过抽象概括事物的本质和规律。现代神经生理学证明，掌握了语言才可能有逻辑思维能力。人的大脑的左半球控制着语言活动，因而掌管着抽象概括的思维活动，如果一个人的大脑左半球受伤或发生严重病变，他就会失去语言和抽象思维的能力。动物没有语言，也就没有逻辑思维能力。

认识存在的其他形式往往是同语言符号相关联的，人们往往要通过语言符号对其他符号作出解释和说明。从这个意义上说，其他符号可以看做是语言符号的代替物，语言符号可以成为各种物质现象和精神现象的信息载体。为什么语言符号能够成为认识存在的主要的或基本的形式呢？探究这个问题，就要考察语言符号自身的特征。语言符号的形式与意义的结合是随着社会的发展在语言的实际运用中约定俗成的。语言自身作为符号系统而存在，它一方面指代客体，一方面又可以进入主体的头脑，从而使主体可以运用这

---

① 《马克思恩格斯选集》第 1 卷，人民出版社 1995 年版，第 81 页。
② 《马克思恩格斯全集》第 3 卷，人民出版社 1960 年版，第 34、525 页。

一符号系统反映、表达客体，反映客体的运动及其各种联系、关系。语言的使用要根据规则一个符号跟随着一个符号出现，在时间的线条上绵延，并且语言可以重复使用，使人们可以根据交往的需要将有限的语言符号排列组合成无限的话语。因此，人们运用语言，就可以借助于具有外在形象的符号表达不具有形象的事物的本质和规律，在有限的头脑中反映时间、空间上无限的外部世界，使认识获得可以被感知的外部存在形式，得以交流和传承。正如货币最适合充当商品的一般等价物一样，语言符号自身的特点使它最适合充当人类认识的载体，因而成了认识存在的基本形式。

语言和认识紧密联系，不可分割，但二者并不等同。认识以语言为载体，但载体并不等于它所表达的认识。同样的语言在不同的社会生活环境、不同的语境中所表达的思想可能各不相同。人们对表达在语言中的认识的理解，不能离开特定的语境。同一种认识又可以用不同的语言来表达。不仅在同一民族的语言中人们可以用各种不同的方式表达共同的认识，而且用一种语言写成的著作可以翻译成其他语言文字，使一种思想同时获得多种语言表达形式。语言具有民族性，一个民族的语言是它区别于其他民族最显著的特征之一，是民族的象征和民族认同的重要标志。而思维的规律和规范，尤其是形式逻辑所揭示和阐明的思维形式的规律和规范，则不具有民族性，是人类思维共同的普遍的规律，是使用任何语言的正常的思维活动都必须遵循的规范。

认识和语言是在相互作用中发展的。社会实践和认识的发展决定和推动着语言的发展，语言的发展又成为认识发展的重要工具。书面语言的出现，是语言发展史上适应实践和认识发展需要而产生的历史性飞跃。书面语言突破了口语所受到的时空限制，使认识活动能够在广阔的空间中交流，认识成果得以世世代代地积累，成为认识交流与传承的主要工具，因而书面语言的发明和应用成为人类社会进入文明时代的重要标志。近代以来，随着科学技术的进步，人工符号语言产生并发展起来，这是语言发展的又一次重大变革，它对人类认识发展的推动作用正日益显现出来。数学、物理、化学等各门学科特别是现代计算机技术中使用的人工符号语言，具有更加普遍化、简单化、形式化的显著特征和优势，不仅使认识的交流、传播和积累更加便捷，而且使人类思维活动的机器模拟得以实现，延长了人脑。计算机和互联网的应用和普及，正在改变着人类的工作和生活面貌。今天人们已经在谈论着建立"数字地球"、"数字中国",展望着"数字化生存"的信息社会了。如果没有人工符号语言,这些都是不可想象的。

语言与人类认识的紧密关联,自古以来就引起了中外哲学家的关注。以注重符号著称的德国近代哲学家兼数学家莱布尼茨,不仅创设了许多沿用至今的数学符号,而且提出建立一种普遍的符号语言,借助它把数学、语言、思维三者沟通起来,运用符号语言进行思维的演算,这使他成为数理逻辑学科的先驱。[①] 现代西方哲学家普遍重视语言,一些哲学流派把语言视为哲学研究重要的甚至是主要的对象,导致了 20 世纪西方哲学的"语言转向"。重视对语言的哲学研究,无论对于语言学或哲学的发展都是有益的。重视语言可以促使哲学家的思考和表达更加明确、清晰、严谨,这是语言对认识的推动作用在哲学发展中的体现,而且将语言当做哲学研究的对象之一也为哲学增添了一条新路,拓宽了哲学发展的途径。但是,语言作为认识的载体和交流思想、传播信息的工具,终究是不能脱离其指称的对象的,语言只有在与事物的关联中才能得到正确的理解和把握。把哲学的任务仅仅归结为对语言的分析,就夸大了语言的地位和作用,使语言分析脱离其外部对象,远离现实,这样既不能真正解决语言问题,更否认了哲学的世界观和认识论意义,也不可能使哲学获得真正重要的深刻内容。

综上所述,认识离不开语言,语言又不等于认识。认识与语言的结合,是对立面的统一。认识和语言,是在既对立又统一的矛盾运动中发展的。

(三) 虚拟现实与认识存在形式

虚拟现实(virtual reality)又称虚拟环境(virtual environments)、合成环境(synthetic environments)。汪成为院士在《人类认识世界的帮手——虚拟现实》一书中说:"虚拟现实是用高科技手段构造出来的一种人工环境,它具有模仿人的视觉、听觉、触觉等感知功能的能力,具有使人可以亲身体验沉浸在这种虚拟环境中并与之相互作用的能力。"[②] 一个虚拟环境的构成,包括一个虚拟的场景,以及这个场景中的许多虚拟物体。[③]虚拟现实技术的诞生,使人类得以将自己对对象的感知、理解和构想结合在一起,以逼真的

---

① 参见孙小礼:《莱布尼茨与中国文化》,首都师范大学出版社 2006 年版,第 45、141—143 页。

②③ 汪成为:《人类认识世界的帮手——虚拟现实》,清华大学出版社、暨南大学出版社 2000 年版,第 3、94 页。

形式呈现出来，从而使认识获得了一种新的存在形式。

在观念的领域凭想象创造某种不同于现实物质客体的场景和物体，这种虚拟现象在人的精神生活中早已相当普遍地存在，并非始于今日。宗教、神话和文学艺术作品创造中的想象都可以看做是一种虚拟现象。在这种传统意义的虚拟中，虚构的场景和物体或存在于人们的头脑中，或通过语言符号系统及音乐、绘画等描述出来，或通过雕塑、人自身的形体等以实物的形式表现出来。现代科学技术所创造的"虚拟现实"与它们相比有了一个质的飞跃。今天我们所讨论的"虚拟现实"，是 20 世纪中后期随着科学技术的发展，特别是计算机信息技术系统、传感设备等的发展出现的新成果，它是在望远镜、显微镜等扩展人类感知能力技术的基础上，在照相、电影、电视、磁带录像、激光视盘、立体电影和立体电视等再现人类感知技术的基础上发展起来的。它以光、电、声等物质运动形式逼真地呈现虚构的场景，构造出一种时域和空域可变的人工环境。同以往的科学技术成果相比，虚拟现实技术的主要特点是：它能够提供尽可能逼真的虚拟对象、虚拟环境；它能使人沉浸其中，获得身临其境的体验；它可以根据需要扩大或缩小虚拟世界的时间尺度和空间尺度，如可以在数秒钟内观察地壳的演变历程；它能够使人与这个虚拟世界交流，触摸和移动其中的虚拟物体，与虚拟世界发生相互作用。① 由虚拟的场景和各种虚拟事物组成的虚拟现实同现实世界相比具有质的区别，它不是客观实在的东西，而是客观实在在人们头脑中的反映，是这种反映的一种特殊的存在形式。同其他一切意识一样，其本质在于它是主体对客体的能动的反映；它区别于其他意识的特殊性，则在于存在形式的不同，在于它是一种特殊的意识性存在，即以数字化方式构成的新型意识现象。虚拟现实与虚拟现实技术是两个有区别的概念，虚拟现实本身不等于它所依存的虚拟现实技术的物质手段以及数字化符号这种物质载体，其本质在于它所包含的思想和所传递的精神活动。构成虚拟现实的数字化的知识、虚拟事物都属于意识现象。数字化的知识是以数字化的形式存在和传递的知识，它是人类意识活动的结果，是主观对客观的反映。虚拟事物可以分为模

①　参见汪成为：《人类认识世界的帮手——虚拟现实》，清华大学出版社、暨南大学出版社 2000 年版，第 2—3 页。

仿性虚拟事物和非模仿性虚拟事物。模仿性虚拟事物是对真实事物的再现，它与其现实原型之间是反映与被反映的关系。非模仿性虚拟事物虽然就其整体而言在客观世界中找不到原型，但在分解的形式中总是可以找到其现实的根源，它是主体运用数字化方式进行的观念建构，它与想象等意识形式相联系，突出地表现了意识的巨大的能动性。

在物质与意识的分野中，虚拟现实属于意识，但从世界物质统一性的观点看，如同一切意识作为人脑对物质的反映都是物质运动的一种特殊形式一样，虚拟现实也是物质运动的一种形式。它不是物质世界之外与物质并列的独立的精神实体，也不是什么既非物质又非意识的特殊存在。虚拟现实的内容都是对物质运动的能动的反映，它的产生既离不开人脑这个反映主体，又离不开作为反映对象的客观事物，还依存于作为意识存在外在形式所必需的物质载体。总之，从本体论的视角去考察虚拟现实，它是统一的物质世界中作为物质运动的一种特殊形式而存在的意识现象。

虚拟现实中的物体虽然逼真，在人的感官知觉中与实际物质世界的物体十分相似，却并不是物质上存在的东西。它可以给人的感觉器官带来如同真实物质客体所造成的感知觉，但这种感知觉却并非来自真实物质客体对人的作用，而是运用再现人类感知的技术由机器作用于主体感官而造成的。例如，虚拟物体虽然有力感、触感、压感等，但它只是一个由计算机生成的三维图像，并无真正的重量、质地。人类认识到物体的重量、质地及其在现实中作用于人的感官时带给人的感觉，并把它们转化为数据，然后通过计算机系统把这些属性数据及时地传递到一种特殊的手套，使佩戴手套的人在"触摸"、"搬动"物体的同时产生触感和力感。[①] 所以，主体在虚拟环境中获得的逼真的体验不过是现实中人体与客体相互作用时产生的感知觉通过科学技术手段的再现。这表明，虚拟物体与实在的物体有本质的区别。按其实质来说，它是一种反映，是一种通过虚拟现实技术获得了特殊的外在形式的意识或认识。这种认识存在形式的一个显著特点是，它把感性和理性、概念思维和形象思维相统一，既生动具体地再现客体的形象，又反映客体运动的

---

① 参见汪成为：《人类认识世界的帮手——虚拟现实》，清华大学出版社、暨南大学出版社2000年版，第112—113页。

规律，从而使通过特殊的装置（手套、头盔显示器等）接受这种认识成果的人可以"浸入"其中，并可深入事物的内部结构，还可以在互动中认识客体运动的规律。

虚拟现实技术的诞生，使人类获得了一个认识世界的好帮手。虚拟现实发展了认识存在的外在形式，也扩展了这种形式在认识发展中的作用。

虚拟现实技术运用中配备的头盔显示器和各类传感器延伸了人的感官，扩大和增强了人的认识能力。虚拟现实能逼真地把包括感官的感知觉和对运动规律的理解在内的观念形态的认识生动地再现出来，便于他人了解、接受认识的成果。当代虚拟现实发展的重要趋势是建构多人共享式的沉浸式的虚拟现实显示系统。这种虚拟现实显示系统可以允许多个研究人员同时处于同一个虚拟环境中，一起遨游虚拟空间，生动直观地交流认识、探讨问题、构建模型，共同发展、扩大认识成果。例如大型挖掘机的设计人员可以利用虚拟现实共同观察，讨论、修改设计方案。在虚拟现实中模拟汽车和飞机驾驶、模拟航天计划实施、模拟军事训练和作战，以及模拟医疗手术等实践、认识活动，可以使人们在与虚拟环境的互动中"亲身"体验各种可能发生的复杂情况。虚拟现实是虚拟的，人们从中获得的体验却是实实在在的。这种犹如"身临其境"的"人工经验"能够有效地培养、锻炼主体的认识能力和实践能力。目前正在发展中的"增强型虚拟现实"正致力于解决"虚实结合"的问题。例如，应用增强型虚拟现实技术开发的虚实结合的外科手术系统，将可以使医生直接看到病人身体内需要动手术的部位的景象，并且实施手术。这种虚拟现实不只是反映对象，它可以在虚实结合中直接改变对象。

虚拟现实技术作为当代科学技术发展的新成果为人类认识和改造世界提供了新的工具，带来了认识方法上的变革。它的进一步发展和广泛运用，将会极大地提高主体的认识能力和实践能力，为人类认识的发展展现出新的前景。

第三节　认识的基础：社会实践

人类认识为什么会产生，因什么而发展，靠什么来保证它的正确性，这些问题可以归结为认识的基础问题。马克思主义认为，认识的基础是社会实践。

一、作为人类认识基础的社会实践

研究认识和实践的关系，不能不考察社会实践本身。对于作为人类社会存在方式的实践的本质、特征和形式等问题，本书在第三篇第一章中已有专门的论述。这里，我们再从同认识论相关的角度，讨论关于社会实践的几个问题。

（一）从整体上把握社会实践的本质

实践是主体改造世界的自觉的物质活动，它具有客观物质性、自觉能动性和社会历史性。单独考察实践的某一种特征，不能将实践同其他一切事物区别开来而把握它所特有的本质。实践的客观物质性使它同认识活动、意识活动区别开来，但是不能将实践同自然界中的物质运动形式包括动物的活动区分开来。实践的自觉能动性和社会历史性使它同自然界中的物质运动区分开来，但是，只看到这些性质，不能将实践同认识、意识活动区分开来。列宁说："**客观**过程的两个形式：自然界（机械的和化学的）和人的有**目的**的活动。"① 实践和自然界中的物质运动都属于"客观过程"，是客观过程的两个形式，实践是"人的有目的的活动"，它以目的性、自觉能动性同自然过程区别开来了。实践同认识等意识活动相比，同属于"人的有目的活动"，但实践又属于"客观过程"，它以客观物质性同意识活动区别开来了。实践是一种内在地包含着精神因素的特殊物质活动，是人所特有的社会性的自觉的物质运动，这就是实践既区别于客观物质，又区别于主观思想，同时又将这二者统一在一起的基本特征。毛泽东说："思想等等是主观的东西，做或行动是主观见之于客观的东西，都是人类特殊的能动性。"② "主观见之于客观"，这就是实践既区别于"思想等等"主观的东西，又区别于不具有"人类特殊的能动性"的其他物质运动的特点。

（二）实践高于理论的认识，它具有直接现实性的品格

实践具有直接现实性，这是列宁在批判地吸收黑格尔哲学思想的基础上提出来的。列宁说："**实践高于（理论的）认识**，因为它不仅具有普遍性的

① 《列宁全集》第 55 卷，人民出版社 1990 年版，第 158 页。
② 《毛泽东选集》第 2 卷，人民出版社 1991 年版，第 477 页。

品格，而且还具有直接现实性的品格。"① 这里，列宁将实践与理论相比较，指出了两点：

其一，实践和理论都具有普遍性。这是二者的共性。任何一项实践都在其特殊性中包含着一类实践乃至一切实践的共性，这是实践的普遍性。概括实践经验而产生的理论也具有普遍性。

其二，实践具有直接现实性，而理论没有直接现实性。这是实践区别于理论的特殊性。列宁说："目的的活动不是指向自己……而且为了通过消灭**外部**世界的规定的（方面、特征、现象）**来获得具有外部现实形式的实在性**……。"②实践是以现实的物质力量直接作用于客体的，它是"目的的活动"，但不是仅仅停留在思想范围内的观念活动，它不是指向自己，而是指向外部世界、改变外部世界面貌的活动，因而它能把主体的目的、观念变成客观的现实。这就是实践的直接现实性。理论作为主观认识范围之内的东西，不能直接作用于客观世界，不能直接转变为现实。符合实际的正确理论能够通过指导实践而转变成现实，因而也具有现实性，但它的现实性是间接的，不是直接的。直接改变对象的是实践，而不是理论，所以只有实践才具有直接现实性。实践同理论相比的这一特点，正是实践优于理论之处，正是它决定了在实践与理论的相互作用中，实践的地位高于理论，归根到底是实践起着决定的作用。

（三）必须通过具体场合下的具体分析把握实践范畴的外延

讨论实践是认识的来源、检验认识真理性的标准等问题，常常会面临关于某种活动"是不是实践"的追问。回答这样的追问，必须联系具体条件作具体分析。

实践的内容和形式同社会生活本身一样是无限丰富、复杂多样和发展变化的。生产活动、处理与改造社会关系的活动和科学实验是三项基本的社会实践。社会实践不限于这三项，还有多种其他的内容和形式。凡是人们有意识有目的地改造客观世界的物质性活动，都属于实践的范畴。从总体上看，只有使用物质力量直接改变客观对象的活动，才属于实践的范畴。但是，不能笼统地将所有非直接变革对象的活动都排除在实践范畴之外。实践是人们

———————————

①② 《列宁全集》第55卷，人民出版社1990年版，第183页。

结成一定社会关系共同进行的活动，因而是包含着多种因素和多个环节的复杂过程。由于社会分工的存在，有些人可能终生主要从事于其中某一个环节的工作，这项工作本身并不直接改变客观对象，却是改变客观对象的总体实践中所不可缺少的环节，在这个意义上，它们也属于社会实践的范畴，就是说，它们虽不是某种独立存在的社会实践，但却是构成一定的实践活动的内在因素。消极的直观不同于能动的实践，但任何实践活动都内在地包含了直观或观察。"袖手旁观"不是实践，但观察是直接动手变革对象之前、之中或之后所不可缺少的，在许多场合，观察活动如天文观测、气象预报、资源勘察、环境监测、社会调查等等，都是社会实践的重要构成部分。"光说不练"不是实践，但教师讲课的"说"，本身就是实践活动的构成因素。人们的"看"或"说"的活动，当它同改造客观世界的物质活动联系在一起，成为这一系统中的一个有机构成部分或一个环节时，便可以作为一定的内在因素归属于社会实践的范畴之中。

（四）努力探讨社会实践的规律

实践规律也是人的认识的对象，对认识规律的把握离不开对实践规律的理解，应该看到实践活动是有规律的，并努力探讨实践规律。

实践规律是人们改造世界的物质性活动中固有的本质关系，它既同自然规律一样是客观规律，又包含自然规律所没有的意识性、社会历史性因素。恩格斯所说的"人们自己的社会行动的规律"，[①] 既可以理解为社会规律，又可以看做是实践规律，我们应从社会客体运动规律与主体实践活动规律的统一中去认识和把握人类社会发展的规律。认识规律也是主体活动的规律，它是主体在实践基础上反映客体的观念形态的活动的矛盾运动规律，而实践规律是有意识因素参与的主体改造客体的物质形态的活动的矛盾运动规律。

实践规律依其普遍性程度和作用范围不同，可以区分为多种层次的特殊规律和一般规律。把实践规律作为认识对象去研究，既要研究存在于一切实践活动中的本质关系，如主体和客观的关系、实践和认识的关系等等；又要研究不同类型的实践和同一类型实践在其发展不同阶段中的特殊规律，并运用这些规律性的认识去指导具体的实践活动。

---

① 《马克思恩格斯选集》第 3 卷，人民出版社 1995 年版，第 634 页。

实践规律是包含着意识因素的客观规律，它的存在和起作用不依人的意志为转移。实践规律之所以具有客观性，根本原因在于其中的意识因素是对物质的反映，归根到底受物质性因素的决定和制约。承认实践规律的客观性，是认识和运用实践规律的唯物主义前提。反思实践本身，自觉地认识和运用实践规律，使人们的实践活动不仅符合于实践所改造的客观对象的规律，而且符合于实践自身的规律，才能获得实践的成功。

（五）实践具有相对性和绝对性

实践的社会历史性决定了它具有相对性和绝对性。社会实践就其总体、发展来说，具有无限性或绝对性。实践的对象是无限发展着的物质世界，实践的主体是世代延续的人民群众，实践改造客观世界的广度和深度有无限发展的可能性。社会实践同时又有其相对性的一面。每一项具体的实践活动，每一代人所实际从事的实践活动，就其主体、对象和改造世界的能力来说，都是有限的、相对的。实践的工具具有无限发展的可能性，但在每一个历史时代所能达到的水平却总是有限的。工具的有限性规定着人们改造世界的实践活动在广度和深度上的有限性。一定历史阶段上实践的有限性决定着认识的有限性，认识或科学水平的有限性又反过来影响着实践发展的水平。因此，人们每一项具体的实践活动，都只能在一定的范围内和一定的程度上改变客观世界。这就是实践的相对性。社会实践同时具有绝对性和相对性，是这二者的统一。每一项具体的实践活动都是对一定的具体对象的改造，因而是有限的或相对的，但它同时在本质上也是对整个物质世界的改造，它是无限发展的人类实践总体的一部分，因而又是绝对的。绝对的人类实践活动的总体就存在于每一项具体的实践活动之中，它通过这些具体的实践活动而不断地实现出来。

明确认识到实践具有绝对性和相对性，对于理解认识论、真理观中的许多问题都是不可缺少的。实践的绝对性和相对性的统一，决定了人的认识既是无限的又是有限的、真理既是绝对的又是相对的、检验认识的真理性的实践标准既是确定的又是不确定的。

（六）坚持物质与实践的统一

在认识论研究中深入探讨作为认识基础的社会实践，必然会遇到实践与物质的关系问题。马克思主义既反对离开实践去理解物质，又反对用实践去取代物质。

第一，应该从实践的观点去理解物质。对物质世界，除了从客体方面去了解，还应该当做实践去理解。实践是物质运动的一部分，我们不能离开人的实践而把物质世界仅仅理解为人之外的自然界。对于人周围世界的理解，必须将人的实践活动的巨大作用包括在内。人周围的世界是实践改造过的、正在改造的或将来可以改造的事物，我们不能脱离人的实践将其仅仅看成是人的直观的对象，看做是某种从来如此、永远如此的，只影响人却不受人类影响的世界。客观世界是独立于人的意识之外的，却决不是与人的活动无关的。我们既要从客体方面把世界看做是不依赖于人的意识而独立存在的，又要从主体方面把世界看做是包含着人的实践并被实践改造着的世界。世界的本体是物质而不是实践，但这物质本体中包含着具有巨大能动作用的实践。

在马克思主义哲学中，物质作为独立于人的意识之外的客观实在，不仅包括自然界，而且包括人类社会，包括人的实践和在实践中形成的人们之间的物质的社会关系。

第二，应该从世界物质统一性的观点去理解实践。我们必须充分认识实践的意义，但又不能夸大实践在物质世界中的作用，不能用实践去取代物质。

有的论者主张用"实践本体论"取代"物质本体论"。世界的本体是物质，不是意识，也不是实践。实践是物质运动中的一个特殊部分。把实践说成是世界的本体，就否定了人类产生之前的和现今仍处于人类实践活动之外的客观物质世界。实践是专属于人的物质运动，实践与人的这种关系，决定了实践与物质的关系是物质先于实践并且不依存于实践。

有的论者提出，物质只有通过实践才能获得现实存在的权利。这是从只有通过实践才能把握并确证物质出发，得出了离开实践物质就不存在的结论。这种"存在就是被实践"的观点，同"存在就是被感知"表现出同样的思维逻辑。它把人对物质的认识离不开实践当成了物质自身的存在依赖于人的实践，把人通过实践认识物质、改变物质的形态变成了人的实践产生物质。事实是，物质世界存在于人类产生之前和人通过实践变革它之前，然后才被作为物质自身发展产物的人所改造、所反映。即使在人类实践所及的范围之内，也不能把实践当成本体，用实践去取代物质。实践的主体和对象都是物质，但实践本身不是一种物质实体，而是物质的运动。人在实践中只能改变物质的形态，而不能创造或消灭物质。实践的结果虽然是主体活动的产物，却独立存在于主体意识之外。经过实践改造的物质形态，无论是人化自然或社会存在，其属性、规律仍然是客观的。因此，本体是物质，而实践是物质的运动。实践决不是先于物质并派生出物质的本原的存在。

二、认识和实践

"实践是认识的基础"是马克思主义认识论的一个根本观点，它揭示了认识对于实践的依赖关系。这种依赖关系体现在认识发展的全过程，体现在人的全部认识活动之中。毛泽东在《实践论》中对这一关系作过系统的阐述。简要地说，认识对实践的依赖关系可以概括为以下几点：（1）实践是认识的来源，认识是在实践中发生的；（2）实践是认识发展的动力，认识是在实践中发展的；（3）实践是检验认识的真理性的标准，只有通过实践才能区分认识中的真理和谬误；（4）实践是认识的目的，认识只有通过指导实践才能转化为改变世界的物质力量，实现认识的价值。对于这些观点，此处不拟详论，其中有些在本书其他部分会进一步论及。这里我们讨论深入理解认识对实践的依赖关系应予注意的几个问题。

第一，应该从认识发生学的意义上探究认识的来源问题。认识从何而来的问题，不只是某一具体的认识或对一定对象的认识是如何产生的问题。所谓认识的产生，包括三层含义：（1）作为一种社会现象的人类认识的产生；（2）一个人的认识的最初产生；（3）已经具备了认识能力的主体对某一具体对象的认识的产生。因此，研究认识的来源问题，需要探究整个人类的认识以及个人的认识最初是如何发生的。

人类的认识是在实践中发生的。人类的产生，不只是自然物质进化的产物，劳动在从猿到人的进化中起了决定性的作用。人的手、脑以及与此相关的整个机体之所以得以逐步形成，逐步由类人猿的相应器官的变化中产生出来，主要是由于劳动。作为认识的物质生理基础的大脑，是在自然界物质进化的前提下，使用工具从事劳动的产物，劳动着的双手为人脑的建构起了导向的作用。这里，"劳动"和"人"的出现，同样都经历了一个生成的过程。在从猿到人的漫长岁月中，采集果实、猎取野兽等为获取物质生活资料而从事的活动，逐步从猿类的活动变成人的劳动，猿也随之逐步转变为人，即正在形成中的"劳动"促使正在形成中的"人"逐步成为真正的人。所以恩格斯说："劳动创造了人本身。"① 同样，我们也可以说，是劳动这种最重要最基本的社会实践创造了人类的认识。

个体的认识也是在实践中发生的。一个人并非生来就是认识的主体。从初生儿到现实的认识主体，有一个成长的过程，因而个体的认识也有一个从无到有的发生过程。个人的生理发育是人类种族发育的重演，个人的思维发育也是人类思维、认识的种族发育的一种重演。个体的认识同人类的认识一样，也是在实践中发生的。根据皮亚杰对儿童心理发展的研究，个体认识的发生起源于人的动作、活动。他用心理学的观察、实验证明，初生婴儿处于主客体不分的混沌状态，由于吸吮、抓握、玩玩具等动作或活动的发展，儿童才逐步把自己与客体区分开来，成为具有一定内部结构（"图式"）的主体，并运用这种图式去认识客体（"同化"）。所以他认为，应当在行动中找到一切认识的来源，"认识起因于主客体之间的相互作用"。② 皮亚杰从心理学上讲的儿童的动作、活动，不同于成年人改造世界的社会实践，但可以看做是人类个体发展中正在形成的实践活动，它们在个体认识发生中的作用，同从猿到人过程中正在形成的"劳动"的作用相类似。因此我们可以说，没有实践，就没有个体认识的发生。人生来就有的物质头脑提供了他形成认识能力的可能性，人周围的物质世界是他的认识的对象，但有了这些并不等于就有了认识，只有社会实践，才能使一个人的认识真正开始发生。

第二，不仅要研究认识的内容的来源，还要研究认识的形式尤其是思维形式的来源。社会的历史的实践是思维形式的来源。如果我们对某一具体的认识成果，比如对某一种理论学说进行分析，可以发现其中认识的内容和思维的逻辑形式，就其直接的来源来说是有区别的。在主体对某一具体对象的认识活动中，他所运用的思维形式并非来源于这一具体实践活动中对这一具体对象的反映。虽然主体对逻辑范畴及方法的把握也可能在这一实践中有新的发展，但总的说来，是在此之前就已经具备的。

---

① 《马克思恩格斯选集》第 4 卷，人民出版社 1995 年版，第 374 页。
② ［瑞士］皮亚杰：《发生认识论原理》，王宪钿等译，商务印书馆 1981 年版，第 21 页。

　　思维的形式是从何而来的呢？这是一个被旧唯物主义哲学忽视了的问题。旧唯物主义者离开社会的历史的实践去观察认识问题，将认识仅仅看做是对眼前感性对象的直接反映，因而他们在论述反映论的观点、反驳唯心主义认识论时，主要限于阐明认识的内容来自客观对象，而未能提出和回答思维形式的来源问题。当康德对人的认识的知性形式进行考察时，他实际上是提出了思维形式的来源问题，但他把因果性、必然性等逻辑范畴看做是与经验无关的先验形式，作出了错误的回答。如果我们不提出和回答思维形式从何而来的问题，仅仅重复旧唯物主义哲学的观点，是不能驳倒像康德的先验论这样的唯心主义观点的。

　　思维的逻辑形式（逻辑范畴和方法）只能来自长期的社会实践，它们既不是人脑中先天具有的，也不能单靠直观从对个别对象的感知中产生。每一次具体的认识活动中运用的逻辑思维范畴并非是同感性材料一起来自对个别认识对象的直接感知。逻辑范畴所反映的原型存在于客观对象之中，但是不能凭感官直接感知到，只有在长期社会实践中，观察了许多的现象和过程，经过思维的抽象，才能揭示出来。列宁说："人的实践经过亿万次的重复，在人的意识中以逻辑的式固定下来。这些式正是（而且只是）由于亿万次的重复才有着先入之见的巩固性和公理的性质。"① 这里指出了，三段式等逻辑推理的规则是来自实践，并由实践证明其正确性的。对于个人来说，学习、掌握前人已经形成的逻辑范畴和逻辑思维的规则、方法，也必须经过长期的社会实践。将认识在实践中产生和发展看做是一个历史过程，揭示认识的内容和思维的形式都来源于实践，才能在完整的意义上阐明实践是认识的来源，才能真正驳倒唯心主义的先验论。

　　第三，应当研究物质世界、感觉和实践作为认识来源的关系。20 世纪 80 年代国内哲学界曾经就认识源泉的问题展开讨论，主要有三种观点：（1）物质世界是认识的唯一来源；（2）反映物质世界的感觉（不是唯心主义的经验论者所主张的主观自生的感觉）是认识的来源；（3）实践是认识的来源。这三种观点不是根本对立的，不能认为肯定其中的一个就必须否定另外两个。但是，也不能认为认识有三种不同的来源，或认为客观实在、感

_____
① 《列宁全集》第 55 卷，人民出版社 1990 年版，第 186 页。

觉和实践三者都在同样的意义上是认识的来源。

　　实际的情况是：人的一切认识都是对物质的反映；主体反映物质的形式首先是感觉；人只有在实践中才能通过感觉全面地反映客观实在，形成认识。概括成一句话就是：主体在实践中通过感觉反映客观实在，这就是认识的来源。所以，当我们以"实践是认识的来源"或"实践是认识的唯一来源"这一命题概括马克思主义对认识来源问题的回答时，其含义就是：认识的发生，都是靠主体在实践中通过感觉反映客观实在。因此，应该把上述三个命题统一起来，统一到实践是认识的来源这一科学结论上来。虽然在一定意义上，说物质世界是认识的来源或感觉经验是认识的来源都是对的，但是不能说，认识的来源就是物质世界，或就是感觉经验。全面地考察认识来源问题时，仅仅看到物质世界或感觉经验对于认识产生的作用，是不够的。而"实践是认识的来源"的观点，内在地包含了这样的思想：第一，尽管认识都是对客观存在的反映，但是单有客观存在本身并不能产生认识，只有实践才使人的认识开始发生。第二，尽管一切认识的产生都要通过感觉，但是离开实践的消极的感性直观，只能反映客体的某些外表现象，不能揭示事物的本质和规律，只有通过实践才能做到这一点。所以，"实践是认识的来源"这一命题，没有排除物质世界和感觉经验对于认识产生的重要作用，而是将对它们的作用的认识作为真理的组成部分包含在自身之中，同时又增添了新的认识，成为全面揭示人类认识来源的科学真理。

　　人们在实践中认识事物都必须通过感官知觉，那么为什么说消极的直观只能反映事物的某些现象，只有能动的实践才能揭示出本质和规律呢？

　　其一，消极的直观必然受到人体感官生理条件的限制，不可能全面观察到事物的一切现象；由于受主体情绪状态等主观因素影响，观测也很难准确无误。能动的实践通过工具作用于对象，使对象的性质在与工具这种物质实体的相互作用中表现出来，主体可以客观地从一旁观测、记载客体在与工具的相互作用中表现出的性质。工具的发展是无限的，因而可以突破人体生理条件的限制，使客体的各种性质都能在与不同工具的相互作用中充分表现出来。

　　其二，消极的直观只能反映对象自然呈现在主体面前的那一部分现象；能动的实践则要触动对象，参与到客体运动的过程之中去改变它，而客体的本质和规律只有在发展变化的过程中，在各种复杂的关系、多方面的相互作用中才得到充分的表现。

其三，在某些领域，比如量子力学所研究的微观领域，人们如果不通过仪器作用于对象，就根本无法观测对象，离开实践的消极的直观在这里完全无能为力，能动的实践成了获得认识的唯一途径。

其四，消极的直观只能反映特定具体事物的现象，不可能产生高度概括诸种事物的本质和规律的逻辑范畴、逻辑思维的规律和方法——它们只能从社会的历史的实践中得来。

其五，社会实践也是认识的对象之一，对社会实践的本质和规律的认识，只能来自亲身参加变革对象的实践。

可见，实践是认识的来源，这才是对认识来源问题的完整回答。说客观实在是认识的来源，或感觉经验是认识的来源，是说出了部分真理；如果反过来讲认识的来源就是客观实在，或就是感觉经验，则是得出了片面的结论。把客观实在或反映客观实在的感觉经验看做认识的来源，这是马克思主义和旧唯物主义所共有的观点，如果看不到实践是认识的来源，那么对认识来源的理解就停留在旧唯物主义的水平之上，还没有达到马克思主义的高度。

第四，应当研究认识依赖于实践和认识发展相对独立性的统一。认识自身的发展，除了归根到底依赖于实践，由实践所决定外，也有它相对的独立性。认识的发展有其自身的矛盾运动及其规律。认识的课题是由实践中提出的，它们产生于实践的需要，但这并不排除从理论本身的矛盾运动中也可以产生出认识的课题。一种理论一旦产生，它就包含着自身的内在矛盾运动，各门学科之间相互影响相互渗透，也构成一种矛盾运动，这种运动中可以产生新的理论、新的认识。认识以指导实践为目的，但并非每一项理论研究都有直接的实践目的。有些理论研究的课题和研究成果在一定时期中还看不出在实践中可以派上什么用场，比如哥德巴赫猜想以及类似的纯数学的研究，它们推动了数学科学的发展，但本身并非产生于直接的实用的目的。实践是推动认识发展的根本动力，但在相对的意义上，好奇心、兴趣也可以成为一种认识的动力。间接经验在认识发展中的作用是认识发展相对独立性的突出表现。认识来源于实践，但并非每一个人的认识只能来自自己的直接经验。

个人通过间接经验获得的认识通常比他从自己的亲身实践中获得的更多。每一代人都要接受前人获得的认识成果，以此作为自己认识发展的起点，又经过自己的实践，增添新的认识，再传给下一代，这样才有人类知识的积累。实践是检验认识的真理性的唯一标准，但逻辑证明这种理性思维活动在实践检验真理的过程中，起着重要的不可缺少的作用。

但是，认识发展中的独立性是相对的而不是绝对的。在认识、理论自身的矛盾运动中相互影响的各种思想、观点，以及人们在这种思维运动中所运用的逻辑范畴和逻辑规律，终究都是以往的实践的产物。好奇心和兴趣本身也是一定历史条件下的社会产物，它们的产生总是可以从社会实践中以及对实践的理解中得到说明。对个人而言的间接知识，最终也是来源于他人的实践，而且个人接受间接知识也不能离开直接经验。逻辑证明也是以实践为基础的，是从实践标准中派生出来的，它在检验真理中的作用，最终仍然包含在实践标准的作用之内。肯定认识的相对独立性不是否定认识对实践的依赖性，相反，充分认识并科学说明认识的相对独立性才能避免对认识依赖于实践的简单化的片面、肤浅的理解，牢固地树立实践是认识的基础的观点。

三、实践的唯物主义和直观的唯物主义　实践的唯心主义

马克思主义的能动反映论和旧唯物主义的消极直观的反映论是两种不同的反映论。它们的主要区别在于：（1）有没有科学的实践观点，即是否把实践看做是认识的基础；（2）有没有辩证的观点，即是否用辩证的观点去看认识的过程和发展。

在强调马克思主义哲学具有实践性的特点这个意义上，我们可以称它为"实践的唯物主义"。马克思曾经称费尔巴哈的哲学为"直观的唯物主义"。他在《关于费尔巴哈的提纲》中说："直观的唯物主义，即不是把感性理解为实践活动的唯物主义。"① 我们可以以费尔巴哈为代表来研究不懂得实践的旧的唯物主义及其与实践的唯物主义的对立。

实践的唯物主义与直观的唯物主义的对立，首先是唯物史观与唯心史观两种历史观的对立。旧的唯物主义哲学由于社会历史观上的缺陷，不懂得社

---

① 《马克思恩格斯选集》第1卷，人民出版社1995年版，第56页。

会的历史的实践以及认识对实践的依赖关系，因而把直观而不是把实践当做认识的基础，其主要表现是：第一，对于认识的对象，它看做是与人们的实践活动无关的纯客观的东西，而没有看做是人的实践改造的对象，是人通过实践改造过的或将要被改造的东西。它没有将人的实践当做客观的物质世界运动的一部分，没有看到人的实践对周围世界的巨大影响。第二，对于认识的来源，它仅仅看做是感性直观，而没有看做是能动的实践。费尔巴哈说："直观提供出与存在直接同一的实体。"① 显然，在他看来，单凭感性直观就足以认识客观对象，认识事物的本质，达到真理。他的错误不在于肯定感性直观在认识发生中的作用，而在于离开实践，只讲直观，把脱离实践的消极、被动的直观当做认识的基础。第三，对于检验认识的真理性的标准，它也不是看做实践而是看做直观。在费尔巴哈看来，直观既然是认识的来源，它也就是真理的标准。他说具有客观真理性的思维是通过感性直观而确定自身和修正自身的。由此，费尔巴哈把人的"感觉的相同"即多数人同意当做真理的标准，认为大家的联合、认可，"就是真理的标志和确证"。②第四，对于认识的目的，它不懂得是在于改造世界。费尔巴哈只希望达到对现存事实的正确的理解，合理的说明，而不是要推翻现存的东西，改变世界。所以他认为只有理论活动才是高尚的、纯洁的，而实践活动则是卑污的、利己主义的。

确认实践是认识的基础，不只是要划清实践的唯物主义与直观的唯物主义的界限，更要反对唯心主义。唯心主义虽然与旧唯物主义忽视主体的能动性相反，非常强调人的能动性，但它所讲的只是精神的能动性，而不是实践的能动性。马克思说："唯心主义是不知道现实的、感性的活动本身的。"③所以，忽视实践是马克思主义以前的一切旧哲学——包括旧唯物主义和唯心主义的通病，实践性是马克思主义区别于一切旧哲学的最显著的特点之一。

那么，是否把实践提到首位的、高度重视实践的哲学就一定是马克思主义的哲学，就等于实践的唯物主义呢？

哲学史和当代哲学论争都表明，重视实践不一定对实践有科学的理解，

①② ［德］费尔巴哈：《费尔巴哈哲学著作选集》上卷，荣震华等译，生活·读书·新知三联书店1959年版，第111、56页。

③《马克思恩格斯选集》第1卷，人民出版社1995年版，第54页。

也不一定能保证一种哲学是唯物主义哲学。

英国实用主义哲学家席勒在《人本主义研究》中写道："实践优于理论"，"理论应该从属于实践"，"理论是既不应该、也不能够脱离实践的"，实践具有"检验、证实和发展理论的功用"。① 如果离开整个体系单从字面上看，这些言论似乎与马克思主义的观点没有什么区别。

实用主义哲学的主要特色，就是强调实践、重视实效。从实用主义的创始人皮尔士提出"实用主义"这个概念和它的基本思想时起，他就把"实践"（或称"行动"）提到了首位。实用主义的主要理论家之一詹姆士说，"实用主义"这个词是从希腊文的"行动"一词派生出来的，而"实践"（practice）和"实践的"（practical）也是从这同一个词来的。② 不光实用主义者这样看他们的哲学的特点，马克思主义者也是这么看的。詹姆士的《实用主义》一书 1907 年在美国出版，列宁 1908 年写成的《唯物主义和经验批判主义》在第六章第四节有一个较长的小注，专门分析实用主义哲学，其中说："在最新的美国哲学中，'最时髦的东西'可以说是'实用主义'了。"③ 列宁根据《实用主义》一书一针见血地指出了实用主义哲学的主要特点："它宣扬经验而且仅仅宣扬经验；认为实践是唯一标准"，它"极其顺利地从这一切中推演出上帝，这是为了实践的目的，而且仅仅为了实践"。④ 实用主义无疑也是一种强调实践、将实践提到首位的哲学。另一方面的明显事实是：实用主义是唯心主义而不是唯物主义哲学。

可见，强调实践的哲学，不一定是实践的唯物主义，其中既有唯物主义哲学，也有唯心主义哲学。我们为这种以强调实践为特征的唯心主义的哲学取了个名称，叫做"实践的唯心主义"。⑤ 实用主义的著名代表杜威自己用过一个类似的名称："行动的唯心主义"。把实践提到首位的哲学中，包含着实践的唯物主义与实践的唯心主义的对立。实用主义哲学是实践的唯心主

---

① ［英］席勒：《人本主义研究》，麻乔志译，上海人民出版社 1966 年版，第 150、158—159、162 页。

② 参见［美］威廉·詹姆士：《实用主义》，陈羽纶、孙瑞禾译，商务印书馆 1979 年版，第 26 页。

③④ 《列宁选集》第 2 卷，人民出版社 1995 年版，第 234 页。

⑤ 参见田心铭：《实践的唯物主义与实践的唯心主义——马克思主义与实用主义哲学的比较研究》，载《北京大学学报》1989 年第 1 期。

义的典型代表，是有系统化的理论并且影响最大的代表，我们可以以它为代表分析实践的唯心主义，就像以费尔巴哈为代表分析旧唯物主义一样。但是，实践的唯心主义哲学并不限于实用主义哲学。在现实的哲学论争中，我们也不难发现实践的唯心主义的表现。同样是高度重视实践的哲学却又有唯物主义和唯心主义之分，这与实践本身的特点不无关系。实践是有自觉意识的物质活动，它结合着人的物质活动和精神活动，自身体现着这二者的统一，所以那种夸大主体能动性的唯心主义观点，既可以像传统唯心主义哲学那样，表现为夸大意识的作用而贬低实践，也可以表现为夸大实践的作用，用实践去取代物质。所以我们坚持实践的唯物主义的观点，要在两条战线上作战，既反对直观的唯物主义，也反对实践的唯心主义。

第 二 章

认识的规律和方法

什么是认识，如何认识，这是哲学认识论所要回答的主要问题。深入研究如何认识的问题，就是要探讨认识的规律和方法。

第一节 认识的规律性和认识方法的客观依据

认识的发展有没有客观规律？认识的方法有没有客观依据？这是探究认识规律和认识方法必须首先回答的问题。我们的讨论就从这两个问题开始。

一、认识是有规律的发展过程

认识作为活动是一个过程，认识作为结果，即知识，也是过程。这是因为，认识活动中充满矛盾，矛盾推动着认识的发展。认识中的矛盾极其丰富和复杂，难以被认识的反思所穷尽，而只能在认识论的发展过程中不断被揭示出来。不能把认识过程中的矛盾简单地归结为某一对或几对矛盾。举例来说，认识中的矛盾包括：主体与客体之间以工具为中介的矛盾，认识与实践（包括理论与实践）的矛盾，感性与理性，经验与理论，真理与谬误，知识与能力，认识与感情、意志，个体的认识与各个层次的社会群体的认识，对客体的各个层次的个性的认识与共性的认识（即认识中的个别与一般、特殊性与普遍性），对客体的各个层次的整体的认识与部分的认识，分析与综合，对事物内容的认识和对事物形式的认识，认识自身的内容与形式，抽象与具体，逻辑与历史，概念思维与形象思维，理性与非理性，逻辑与非逻辑，以及认识的有限与无限、相对与绝对等等。各对矛盾之间，又可能互为矛盾，由此构成复杂的矛盾体系，推动了认识的发展。而对这些矛盾的分析，则构成认识规律论的理论体系。

认识的发展，同外界客观事物的发展一样，是有规律的。认识的规律就是构成认识运动的各种要素之间的本质联系、本质关系。认识运动中每一对矛盾的两个方面之间以及各对矛盾之间既对立又统一的关系，都从某一方面制约着认识的发展过程，都是认识发展中的一条规律。所以认识发展的规律是无限多的。列宁说："辩证法是**活生生的**、多方面的（方面的数目永远增加着的）认识，其中包含着无数的各式各样观察现实、接近现实的成分。"①列宁这一表述已经蕴涵着认识发展具有无限多的规律的思想，因为这些"成分"中的每一种对立统一关系，都是认识的一条规律。所以，不仅现有的哲学认识论体系未能揭示出认识发展的一切规律，而且认识论将来的发展也不可能穷尽它。

客观性是包括认识规律在内的一切规律的最根本的性质。认识规律如果不具有客观性，就不能被称为规律。但是，在物质与意识的分野中属于意识因而是属于主观领域的认识为何又具有客观的规律呢？

对认识、意识活动及其规律究竟是主观的还是客观的这个问题，可以区分为两个层面，从两种不同意义上去讨论。第一，从认识论、意识论的层面去考察认识及其规律，我们看到，物质是本原的，而意识，包括一切认识，都是物质的反映，认识活动及其规律属于不同于外部物质世界的主观的领域，决不能将其同本原的、物质的东西混为一谈。看不到这一点，就抹杀了意识和物质、主观和客观的区别，取消了哲学的基本问题。第二，从本体论的层面，从世界物质统一性的根本观点去考察人类认识的本质及其规律，我们又看到，认识、思维的运动是作为客观物质世界运动的一部分而存在的，它们的存在、运动及其发展的规律，不依所有思考并运用这些认识规律的人们的意志为转移，不依任何认识论研究者的意志为转移，这也就是说，它们具有客观性。看不到这一点，就会把认识、意识看成物质之外的与物质并行

---

① 《列宁全集》第 55 卷，人民出版社 1990 年版，第 308 页。

而独立的存在，陷入二元论。

认识活动的规律为什么具有客观性呢？

这首先是因为，认识是在主客体的物质性的相互作用中产生的。认识客体是物质世界，主体是作为物质实体的社会的人。作为反映器官的人脑和人的感觉器官，都是物质的。产生认识的生理基础，即人的生理结构和生理运动规律具有客观性。认识的最初形成是感觉，在什么条件下产生什么样的感觉（比如产生何种颜色的视觉），是有客观规律的。尽管因不同个人主体的区别而具有差异性，但人的物质生理结构的共性、普遍性决定了感觉的产生具有普遍性的规律。个体感觉的特异性和人类感觉产生的普遍性，从主体感官与客体物质相互作用的意义上说，都有其客观的根源。

认识规律的客观性不仅仅根源于产生认识的生理基础。认识是社会的历史的现象，认识产生、发展的规律，是一种以实践为基础的社会运动中的规律。社会运动规律、实践发展规律的客观性，决定着认识发展规律的客观性。一定历史阶段的社会实践，在归根到底的意义上决定着相应的认识成果的产生。在同一实践中可能产生不同的认识，在不同实践中可能产生相同的认识，这些复杂情况的存在，并不表明认识发展不具有客观的普遍的规律。对具体情况作具体分析，总是可以找到其中认识活动的规律。

认识发展规律具有客观性，当然并不意味着认识规律是某种可以离开人的认识活动独立存在而又支配着人的认识的东西，而是表明，人的认识的发展和认识成果的取得，不论主体自觉与否，都是有规律的，是受客观规律制约的。人们的认识活动，有些是合乎认识规律的，因而获得了积极的认识成果；有些是违背认识规律的，因而导致了错误。应该看到，人们违背认识规律的活动本身也是有规律可循的，即也是受一定规律支配的。比如，有人因不懂得感性认识阶段与理性认识阶段关系的规律，以为理性认识可以不从感性活动得来，犯了教条主义乃至唯心主义的错误，那么他的认识活动违背了感性阶段与理性阶段相互关系的规律。但另一方面，如果我们把他的认识活动本身当做一个客体去分析、研究，就会发现他之所以发生这样的错误也是有规律的，也体现了客观认识规律对他的认识活动的支配，比如体现了唯心主义产生的规律：唯心主义总是片面地夸大了认识过程中的某一个环节。在这里，是夸大了理性阶段的这个环节而陷入了唯心主义。这个例子说明，应该具体分析各种陷入错误的认识活动违背了什么规律，而这种违背规律的活动本身又体现了什么规律的支配作用。这里应该同时确认人类认识活动中的两个事实，其一是存在着违背客观规律的认识活动，其二是违背某些规律的认识活动也受到另一些规律的支配。

确认认识规律的客观性及其与人们认识活动的自觉性的统一，无论对于认识论的理论研究或对于人们实际的认识活动都具有重要意义。

第一，其理论意义在于，它提供了进行科学的认识论研究的基本前提和方法论原则。认识论研究的任务是揭示认识发展的客观规律。假如认识本身不具有客观规律，或所谓"认识规律"不具有客观性，那么认识论（以及所有以人类认识和思维为研究对象的科学）就失去了作为科学存在的权利。只有确认认识有其客观规律，才谈得上以严肃的科学态度去探讨、揭示这些规律。确认认识规律的客观性，也给我们指出了从事认识论研究的根本方法论原则，即实事求是，从认识发展的历史和现实的实际情况出发，占有材料，去发现认识的规律，并努力找出决定这些认识规律的客观的依据，给它们以科学的说明。

第二，其实践意义在于，它告诉我们应该在认识—实践活动中自觉地学习马克思主义认识论，努力掌握和运用认识的客观规律。人类的认识活动及其规律，早在马克思主义的认识论产生以前就存在着，个人的认识活动及其规律，也早在他学习马克思主义认识论、理解认识的客观规律之前就存在着。人们并非是不学认识论就不能从事认识活动的，但是是否自觉地认识到和自觉地运用认识规律，自觉的程度如何，直接影响着认识活动的效果。认识活动的结果并不取决于认识者的主观愿望，而是受着认识客观规律的支配，因而受到认识者对认识规律把握程度的制约。如果人们自觉认识到了认识活动的规律，并自觉地遵循它，认识活动就能比较顺利地开展，获得积极的成果。

认识规律具有客观性，而人们的认识活动都具有自觉性，这二者并不是根本对立或相互排斥的，正是它们的辩证统一决定着人类以及个人的认识运动。否认人们认识活动的自觉性，客观的认识规律就被当成了神秘的"天意"；而否认认识规律的客观性，人们认识活动的自觉性便成了任意性和盲目性。

二、认识方法和认识规律、客观事物规律

研究认识规律是为了在认识和实践活动中运用这些规律。当人们掌握了认识的规律，并自觉地将其运用于认识活动时，它们便作为认识方法起作用了。关于认识方法及其与认识规律的关系，这里我们讨论几个问题。

（一）认识方法和认识规律是统一的

各种有效的认识方法不是认识主体任意制造或采用的，它们都有其客观依据。正确的认识方法是主体对认识规律的运用。认识规律以及客观事物规律是正确的认识方法的客观依据。虽然主体在运用某种方法时对于他所遵循的认识规律不一定是自觉的，但不论自觉与否，他的认识活动在多大程度上符合客观的认识规律，他的方法才会在相应的程度上具备科学性或正确性。正确的认识方法从本质上说是与认识的客观规律相统一的。

正因为如此，对于正确的认识方法的理论表达，同对于认识客观规律的阐述，其内容也必然是统一的。认识论揭示认识发展的规律，同时也就是告诉人们应当遵循这些规律去从事认识活动。例如，两次飞跃及其多次反复和无限发展是人类认识发展的基本规律，揭示这一规律，同时也就是阐明认识活动的基本方法，告诉我们要在理论指导下，通过实践，收集感性材料，经过思维加工，形成理论，再回到实践中去。另一方面，研究认识的方法，比如归纳和演绎、分析和综合、从抽象到具体等科学的思维方法，同时也就是在探讨认识发展的客观规律，因为归纳和演绎的统一、分析和综合的统一、思维从抽象上升到具体等也是认识活动固有的规律。假如认识本身不具有这些规律，那么作为认识方法和思维方法的归纳和演绎、分析和综合、从抽象上升到具体就失去了客观依据。所以，当我们侧重于认识规律的研究时，要指出这些规律的方法论意义，否则对认识规律的研究就成了脱离实际的空谈；而当我们侧重于认识方法的阐述时，要指出这些方法是认识客观规律的运用，否则对方法的讨论就成了无根据的主观臆断。认识规律论和认识方法论讨论问题的角度和侧重点不同，但它们研究的对象是统一的，它们的理论内容是相通的。

（二）认识规律和客观事物规律向认识方法的转化

认识方法与认识规律以及客观事物规律的统一并不是等同，而是包含着

差别的对立面的统一。客观事物规律、认识规律是事物本身和认识活动本身固有的，无论主体是否认识到它们，它们都存在和起作用。认识方法则是主体在认识活动中自觉地加以运用的，是由主体自主决定的实践—认识活动的路径、程序、方式，就此而论，它是属于主体的，它体现了客观规律在主体的认识活动中从自在向自为的转化。

人们揭示或理解了某一条认识规律之后，它是如何转化为认识方法的呢？对认识规律的认识，也作为一个概念体系被表达出来，人们学习了认识论，掌握了这些概念体系，并且结合自己亲身从事认识活动的经验理解了它，就会在头脑中形成一个关于认识发展规律的思维框架、思维结构，逐渐自觉地按照它去理解自己和他人的认识活动，也按照这个路子去从事认识活动，这时它就转化成一种被掌握了的认识方法。除了哲学认识论自觉地研究和揭示认识的规律之外，每一个人也都可以在自己的实践—认识活动中，在经验的层面对这样或那样的认识规律有所领悟，并将这种经验运用到自己新的认识活动中去，这也是认识规律向认识方法的转化。

主体已经获得的对客观事物规律的认识，从对于一定具体对象的认识到对于物质世界普遍规律的理解，即他已经学习和掌握的各门科学以及哲学的概念体系，也在他的头脑中形成一种思维框架、"思维之网"，当他在实践中面对新的认识对象时，会运用这思维之网去获取新的认识，这时，他所掌握的客观事物的规律，也转化成了一种获得新认识的方法。所以，认识方法既是认识规律的运用，又是客观事物规律的运用。

认识方法有正确与错误之分。人们所从事的一切认识活动都必然采用一定的方法，但未必是采用了符合认识客观规律的正确的方法。人们对认识规律的认识、理解和对正确的认识方法的把握、运用，都有一个逐步由不自觉到自觉、由浅入深的过程。揭示出客观存在的认识规律，才能自觉地把它们转化为主体所运用的正确认识方法。有时人们获得了某些关于规律的知识，但还不知道如何运用它，这时它还没有转化为方法。也有时人们已经根据自己的经验在运用某种认识方法，但还没自觉思考过它所依据的规律是什么，还没有自觉地认识到这些规律。主体运用的认识方法较之认识规律更具多样性，一定的认识规律在主体能动的认识活动中可以呈现为多种不同的认识方法。这些情况都表明，认识方法与认识规律是有区别的。看到这种区别，可以更自觉地把对规律的认识转化成实际运用的认识方法，更自觉地去探索认识方法所依据的规律，从而使方法建立在可靠的基础之上。

（三）认识方法的稳定性和变动性、统一性和多样性

从总体上讨论认识方法时，还会遇到另一个带根本性的问题：究竟有没有统一的应该普遍遵循的认识方法？认识方法是稳定的，还是不断变动的？这就是认识方法的统一性与多样性、稳定性与变动性的关系问题。

现代西方科学哲学中的逻辑主义和历史主义，在对科学方法的稳定性和变动性、统一性和多样性的关系的看法上各执一端。

逻辑主义认为，存在着普遍有效的和不变的认识方法。他们认为，科学方法不受理论内容的影响，所以科学方法是统一的、不变的，科学活动应当遵循普遍的固定的规则。研究工作的目的就是要建立规范的方法论。逻辑实证主义主张经验证实原则，波普主张经验证伪原则，他们都把某种方法论原则看做是普遍适用的、固定不变的法则，在这一点上是一致的。

与逻辑主义相反，历史主义认为并不存在统一的、固定不变的科学方法。他们认为，科学方法是随着理论的更替而历史地演变的。历史上有不同类型的科学，也有不同类型的科学方法。科学方法只是一种描述性的、经验性的学科，作为规范学科的科学方法是不存在的。不同的方法不可比较，无法评价。库恩的"科学革命论"认为科学的发展是不断从常规科学经历科学革命到新的常规科学的过程，而科学革命就是其中用新"范式"取代旧"范式"的剧烈变革阶段，不同的、新的与旧的范式之间"不可通约"（后来他又改为只能"部分通约"）。法伊尔阿本德在其代表作《反对方法》中反复强调："只有一条原理，它在一切境况下和人类发展的一切阶段上都可以加以维护。这条原理就是：怎么都行。"① 他反对任何统一的、不变的方法，主张方法论的多元主义，主张什么方法都可以用于科学事业，无论神话、宗教、偏见、幻想、说实话者和说谎者，都可以对文化作贡献。

对于认识方法的稳定性和变动性、统一性和多样性的关系，应该看到两个方面：

---

① ［美］保罗·法伊尔阿本德：《反对方法——无政府主义知识论纲要》，周忠昌译，上海译文出版社 1992 年版，第 6 页。

第一，认识方法是发展变化的，而不是固定不变的；是多种多样的，而不是单一的。

在科学史上，科学在理论上的重大突破常常有方法上的重大突破相伴随，常常是以方法上的突破为条件的。在科学方法上局限于原有的框子里，理论内容也就不大可能有重大的或者根本性的突破。人们使用的各种方法，是在历史发展中逐渐形成的，如果认识史上没有认识方法的不断创新，就没有今天积累起来的这些认识方法。认识是发展的，认识方法也是发展的。人类对于自身认识规律的认识，是一个由不知到知、由少知到多知、由浅入深的过程，同样地人们对认识方法的领悟和应用，也是一个不断拓展和深化的过程。认识是复杂的矛盾运动过程，认识的规律是多方面的，所以认识的方法也是多种多样的。看到认识方法的变动性和多样性，才能防止思想僵化，鼓励思维创新。

第二，科学方法、认识方法又有其相对稳定性和统一性。法伊尔阿本德从科学史的研究中看到了科学方法的变动性和多样性，因而有其合理之处，但他否认了变动中的相对稳定性、多样中的统一性，因而走向了相对主义与非理性主义。

如果我们承认物质世界在变化发展中有其相对稳定性，人类认识也在其发展中有相对稳定的规律，那就应该肯定，认识的方法也有相对的稳定性。如果我们承认物质世界是多样性的统一，人类丰富多彩、千变万化的认识活动中也包含着规律，而且在多种认识规律中有基本的规律，那就应该肯定，认识的方法也有其统一性。学习、掌握以往积累起来的认识方法，不等于用这些方法束缚人的思想，不允许方法上的创新。相反，正如掌握现有知识是理论创新的必要条件一样，掌握前人积累起来的认识方法，对于开创新的方法也是一种起促进作用的积极因素，是一种必要条件。在科学史和人类认识史上，作为认识成果的知识，与获得这些知识的方法，同样都是继承和变革的统一。

第二节　认识的基本规律

认识活动是包含多种矛盾的复杂过程，因而具有多方面的规律。研究认识的规律，首先要探讨其中的基本规律。

一、认识过程基本矛盾运动的规律是认识的基本规律

分析复杂的人类认识的矛盾运动，需要找出贯穿认识过程始终并支配着认识运动全过程的基本矛盾。认识是主体对客体的反映，主体和客体之间存在着反映和改造即认识和实践双重关系，因此主体与客体的矛盾、主观与客观的矛盾、认识与实践的矛盾都是贯穿认识过程始终并支配着认识运动全过程的矛盾。其中，主体与客体的矛盾内在地包含主观与客观的矛盾，而实践和认识都是主体与客体之间的关系，由此看来，认识的基本矛盾，就是主体与客体之间的认识与实践双重关系的矛盾。

构成认识运动中基本矛盾的双方，就其实体来说是主体与客体。这是我们分析认识活动时首先遇到的矛盾。而主体与客体矛盾的具体内容，一是主体反映客体，即认识；二是主体改造客体，即实践。认识和实践之间又构成一对矛盾，这是认识活动中更深一个层次的矛盾。构成认识基本矛盾的实体是主体和客体，而认识和实践的矛盾则是这双方之间矛盾关系的重要内容。对认识与实践的矛盾追溯其实体，必然会追到主体与客体；对主体与客体的矛盾作深入探讨，必须进入到对认识与实践的关系的分析。我们也可以简略地说，认识过程的基本矛盾就是认识与实践的矛盾，只是不可忘记了认识与实践都是主客体之间相互作用，因而主体、客体范畴及其对立统一关系已经内在地包含于这种简化了的表述形式中。

认识中基本矛盾运动的规律，就是支配着认识发展一般过程的规律，就是认识的基本规律。这一规律所表示的是：从纵向说，整个人类复杂的认识运动，其一般的进展过程是怎样的；从横向说，在不同的具体认识活动中，即在不同的主体对自然、社会和思维的各个不同对象领域的认识活动中，包含着什么最普遍的共性或最一般的规律。

认识基本规律的内容是什么呢？列宁说："从生动的直观到抽象的思维，**并从抽象的思维到实践**，这就是认识**真理**、认识客观实在的辩证途径。"[①] 这是列宁从宏观整体上对认识发展辩证途径所作的概括，它已经蕴涵着对认识基本规律的认识，但是没有展开。在这一表述中，人作为认识主

---

① 《列宁全集》第 55 卷，人民出版社 1990 年版，第 142 页。

体隐含在其中，认识的客体就是"客观实在"。认识从生动的直观开始，上升到抽象的思维，并经过实践的检验获得真理，这就是认识发展的一般过程。毛泽东《实践论》的思想与此是一脉相承的，又将其大大地丰富和发展了。《实践论》中所阐述的从感性认识到理性认识，又从理性认识到实践，这两次飞跃及其多次反复、无限发展的过程，就是认识发展的基本规律，而《实践论》文末总结的"实践，认识，再实践，再认识，循环往复，以至无穷"的总公式，就是对认识基本规律的高度概括的表述。

认识的基本矛盾是认识过程本身所固有的。人们揭示出这一基本规律，遵循它去从事认识活动，它就转化为人们认识活动的基本方法。对认识基本规律的考察，在一定意义上同时也是关于认识基本方法的讨论。

面对着无限丰富复杂的人类认识这一社会历史现象，要揭示出贯穿于其中并支配着一切认识运动的基本规律，应该从何着手呢？从方法论的角度说，马克思主义认识论对认识基本规律的揭示包含了以下三个层次的分析。

其一，从认识发展的长过程中，截取出相对独立的一段来进行解剖、分析。结果发现，认识的发展，首先表现为在实践的基础上从感性认识阶段到理性认识阶段的飞跃；从实践与认识的关系看，这是从实践到认识的飞跃；从主观与客观的关系看，这是从物质到精神的飞跃。其次，又有从理性认识阶段到实践的飞跃，这是从认识到实践、从精神到物质的飞跃。简单地说，认识发展中一个相对独立的过程，表现为"两次飞跃"。"两次飞跃"这一理论是采取了分析的方法，科学抽象的方法，从认识的完整过程中截取相对独立的一个片断进行分析得出的，因此还必须有以下两个层次的研究。

其二，分析人们对一定对象认识的全过程。结果发现，对一定对象的正确认识，是经过从感性阶段到理性阶段，又从理性阶段到实践这"两次飞跃"的多次反复而得到的。这里所谓"一定对象"，在不同的具体场合是可变的，而在每一特定的场合又是确定的。对一定对象的认识，可以达到相对意义上的完成，即主观与客观符合，但是需要经过"两次飞跃"的多次反复，仅仅一个"两次飞跃"的过程，通常是完成不了的。"反复性"是认识的基本规律的内容之一。

其三，研究认识过程的第三个层次是：在上述基础上考察人类对整个物质世界的认识发展过程。结果发现，这就是"两次飞跃"在不断反复中无限发展的过程，这个过程是永远也不会最终完成的。"无限性"也是认识基本规律的内容之一。

简言之，认识发展的基本过程是"两次飞跃"的多次反复和无限发展。这就是认识的基本规律。"两次飞跃"、反复性、无限性，这些就是认识基本规律的主要内容，也是我们掌握认识基本规律的关键之处。这当然是一种简化的概括，以下我们将分别展开讨论。

二、感性认识和理性认识：认识过程中的两种因素和两个阶段

感性和理性的对立统一是认识过程中的重要矛盾，这二者的关系问题是理解认识基本规律的一个关键问题，也是哲学史上长期争论不休的一个重要问题。这里我们围绕感性和理性的关系讨论几个问题。

（一）"感性认识"和"理性认识"：一对术语中的两对概念

在毛泽东的《实践论》中，"感性认识"和"理性认识"是指认识发展过程中的两个阶段。感性认识是低级阶段，理性认识是高级阶段。这也是这一对术语最常见的用法。但是在另外一些场合，这一对术语实际上是指同时贯穿认识全过程的两种认识因素，而不是指两个认识发展阶段。

人们在实践中认识客观事物，一面通过感官感知事物的现象，形成感觉、知觉、表象，这就是认识中的感性因素；一面又通过头脑的思维把握事物的本质，形成概念、判断、推理，这就是认识中的理性因素。人们认识中的感性因素与理性因素是同时并存的，它们结合在一起贯穿于认识发展的全过程，构成了人类认识的整体。

但是，在认识发展过程中，感性因素与理性因素二者的地位和相互关系发生着变化，由感性因素为主上升到理性因素为主，从而使认识的发展显示出阶段性来，这就是认识中的感性阶段和理性阶段。感性阶段和理性阶段是先后相继的。

因此，在不同的场合，"感性认识"和"理性认识"这一对术语分别被用来指称认识中的两种因素或两个阶段，都是合理的，问题在于，应该将它们区分开来，而不能混同起来。我们可以分别称为"感性认识因素"和"理性认识因素"（或"感性因素"和"理性因素"）、"感性认识阶段"和"理性认识阶段"（或"感性阶段"和"理性阶段"），避免在同样的"感性

认识"和"理性认识"的表述中将二者混为一谈。

（二）认识发展中感性因素和理性因素的统一

将感性和理性统一起来而不是分割开来、对立起来，才能全面把握人的认识发展过程，克服认识史上常见的经验论和唯理论的错误。而感性和理性的统一，不仅表现于认识发展的感性阶段和理性阶段之间的统一，而且表现于各个阶段的认识都是感性因素和理性因素的统一。

第一，感性阶段中有理性认识因素，它不是由纯粹的感性因素构成的。人们对一个特定对象的认识，在揭示出它的本质并形成相应的概念之前，处于感性认识阶段。但这一阶段的认识中也有理性认识因素存在和起作用。决定这一现象的根本原因是，实践和认识是一种社会历史现象，有它的连续性、继承性，因而人们对每一特定对象的认识不是从空白状态开始的。当主体对某一对象的认识还处在感性阶段时，他就在运用已经具备的理性认识成果对感性材料进行加工，所以感性阶段的认识从一开始就允满着理性的因素，人们在感知对象的同时就在试图理解它，感性直观始终有理性思维相伴随。

在每一个具体认识的感性阶段，既存在着此前获得的某些关于事物本质方面的认识以及与此相应的概念、判断、推理的形式，又有主体已经掌握的逻辑范畴、逻辑思维的规律和方法参与了认识的活动。认识之所以能从感性阶段飞跃到理性阶段，正是感性阶段中的理性因素发展的结果。如果看不到感性阶段中有理性认识因素，把感性阶段的认识设想成纯粹是由感性因素构成的，实际上是离开人类认识的历史发展孤立地考察单个的认识活动，也是忽视了认识的主体性而将认识者设想成如同一张白纸的消极的信息接收器。那种不包含理性因素的纯粹由感性因素构成的认识，在人的认识活动中是不存在的，它只存在于人的意识发展的史前阶段，存在于动物和婴儿的心理活动中，而它们都还不是本来意义上的认识。

哲学史上的唯理论和经验论的错误，都同不能正确地理解感性阶段就已经存在的逻辑的范畴、规律和方法及其作用相关。唯理论夸大了这种作用，把它们对于一个具体认识来说具有先在性这一事实，夸大成是先于一切经验的主观自生的东西，把它们看做是认识的来源。经验论者则忽视了这种作用，不懂得它们对于加工整理感性材料的能动作用。唯理论和经验论都不能正确地说明逻辑的范畴、规律和方法的来源。这说明，正确理解感性阶段中的理性因素及其作用，对于把握认识发展过程的规律，克服经验论或唯理论的错误有重要意义。

第二，理性阶段中有感性认识因素，它不是由纯粹的理性因素构成的。在理性阶段，人们的认识主要是以概念、判断、推理的形式反映事物的本质和规律，但是人们头脑中同时也有感性的形象在活动。理性阶段的感性认识因素主要是以表象的形式出现的，它有两个来源：其一，在认识上升到理性阶段之前的感性阶段所获得的感性材料会保留在人们的记忆里，并伴随着思维活动再现出来；其二，人们的感知活动并不因为认识达到理性阶段而终止，由于理解了事物的本质，还会变得更加敏锐和自觉，因而会继续获得新的感性材料。

理性阶段中之所以具有感性因素，首先是由认识对象决定的。作为认识对象的客观事物的本质和现象之间存在不可分割的联系，因而人们对事物本质和规律的理解不能完全脱离反映事物现象的感性形象。其次，这是由认识的发展过程决定的。理性阶段的认识是从感性阶段发展而来的，它不可能割断与感性阶段认识的历史联系。再次，这也是由理性阶段认识的性质和任务决定的。理性阶段的认识要能指导实践，就必须把握本质和现象相统一的事物整体，这就决定了人们在进行抽象思维的同时，也要不断接触实际，联系具体的例子，诉诸某些感性的形象。

第三，指导实践的认识是理性因素与感性因素结合在一起的认识。认识过程中理性因素与感性因素的统一，不仅表现在感性阶段和理性阶段，还表现在认识过程的第二次飞跃中，指导实践的理论，并不是纯粹抽象形式的理论。理论要指导实践，就必须与具体的实践对象相结合，从一般理论转化为对具体对象的认识，而这是一种理性因素与感性因素结合在一起的完整形态的认识。

由上述可见，人的认识从发生、发展到回到实践中去的全过程，始终是由感性的和理性的两种因素的结合构成的，而不存在纯粹由感性因素或纯粹由理性因素构成的认识阶段。这就告诉我们，坚持感性与理性的统一，不仅要全面把握感性阶段和理性阶段之间的关系，还要在其中的每一个阶段，在实践和认识活动的每一个环节上，都自觉地把抽象思维和感性直观、把理论和实践紧密结合在一起。

（三）认识过程中感性阶段和理性阶段的区分

毛泽东在《实践论》中总结实践和认识活动的经验以及哲学史上唯理论和经验论的教训，阐述了人的认识发展中感性阶段和理性阶段的关系。我们肯定认识的全过程都贯穿着感性因素和理性因素的统一，决不是否定认识过程中感性阶段和理性阶段的区分。在感性阶段，认识的主要内容是映现出事物的现象，主要形式是感觉、知觉、表象；在理性阶段，认识的主要内容是反映事物的本质，主要形式是概念、判断、推理。感性阶段和理性阶段是认识发展中首尾相连、先后相继的两个阶段。《实践论》中说，理性认识依赖于感性认识，感性认识有待于上升到理性认识，从感性认识到理性认识是认识发展过程中一个质的飞跃，就是讲的这两个认识阶段之间的关系。

有些学者批评《实践论》将认识过程划分为感性阶段和理性阶段的观点，认为认识过程中不存在感性和理性两个先后相继的阶段。① 这里我们归纳他们的主要论据，作一些讨论。

（1）他们认为，人通过感觉得到的认识也是以思维的形式来表达的，而思维的产生和存在又是离不开感性的，它内部包含着感性因素，所以不能把感性的东西和理性的东西看成是在时间上分离开来的独立的认识阶段。"感性和理性不是认识中的两个阶段，而是贯穿于认识发展的一切形式和一切阶段的两种因素。"②

这种以感性和理性两因素的统一为根据否认认识过程中两阶段划分的论证是不能成立的。第一，就每一具体认识对象来说，虽然它的本质和现象是同时存在的，但人们达到对它的现象的感知和对它的本质的把握并不是同时的。看到了现象不等于立即就认识了本质，其间有一个从外在的现象深入到内在的本质的过程。从认识的形式说，反映这一特定对象的特殊本质的概

---

① 参见［苏］柯普宁：《作为认识论和逻辑学的辩证法》，赵修义译，华东师范大学出版社1984年版，第3章第5节。柯普宁：《马克思主义认识论导论》，求实出版社1982年版，第6章第3节。岩崎允胤、宫原将平：《科学认识论》，黑龙江人民出版社1984年版，第3章第3节。
② ［苏］柯普宁：《作为认识论和逻辑学的辩证法》，赵修义译，华东师范大学出版社1984年版，第118页。

念、判断和推理也有一个形成过程。这就是人们对该事物的认识从感性阶段达到理性阶段的过程。第二，虽然在感性阶段和理性阶段中，构成认识的都有感性和理性两种因素，但是这两个阶段作为系统整体各有其不同的质，因而区分为两个不同的认识阶段。在感性阶段，尽管认识中有理性因素，但作为一个系统整体，感性认识是它的质的规定性；在理性阶段，尽管认识中有感性因素，但作为系统整体，其本质规定在于它是理性的认识。

（2）他们认为，只能从认识发生史的角度将动物的认识和人的认识分别看成是感性阶段和理性阶段，而不能把人的认识分为感性阶段和理性阶段，因为人的所有认识都具有思维形式，感觉虽然是认识的源泉，但它本身还不是认识，感性的东西是在时间上先于人的认识的。

不能用动物心理与人的意识的区别来否定人的认识中感性阶段和理性阶段的区别。正因为人的感知活动中渗透着理性因素而不同于动物，所以它不仅是理性阶段认识的来源，而且它本身就是一种认识，是对事物现象的认识，是人的认识发展的初级阶段。它既不同于动物心理，又与人的理性阶段的认识有质的区别。从动物心理到人的意识产生，是物质反应形式发展中一次质的飞跃；从感性阶段到理性阶段，是人对一定对象的认识在其自身发展中一次质的飞跃。这是两个不同性质的问题，不能将二者混为一谈，用前者取代后者。

（3）他们认为，认识可以区分为经验知识和理论知识两个水平，但不能分为感性认识和理性认识两个阶段。

从认识可以区分为经验和理论两个水平得不出认识不能区分为感性和理性两个阶段的结论。经验和理论、感性阶段和理性阶段，这是两对虽有关联但并不等同的范畴。经验不等于感性认识阶段，它也可以是指理性阶段的初步认识。理论也不等于理性认识阶段，理性阶段的初期，认识可能还属于经验的范畴，发展到一定程度有了相对完整的形态，才能称为理论。用经验和理论这一对范畴，不足以确切地阐明感性和理性两个认识阶段之间的关系，因而不能取而代之。

总之，我们既要看到感性因素和理性因素之间的对立和统一，又要看到感性阶段和理性阶段之间的区分和关联，才能全面地把握认识发展中感性和理性的关系，克服种种经验论和唯理论、经验主义和教条主义的错误。

（四）感性、知性、理性"三个阶段"论与感性、理性"两阶段"论

有论者提出，认识发展的阶段，不是感性和理性两个阶段，而是感性、知性、理性三个阶段；感性和理性两个阶段的划分，使人忽视了知性，忽视了知性和理性的区别。

这里我们谈谈"三阶段"论与"两阶段"论的关系。康德把人的认识能力分为感性、知性和理性，他从这三个环节去考察人的认识能力。我们认为，就认识发展的阶段性而言，在感性、知性、理性"三阶段"论中，知性和理性二者，都属于以上我们讨论的感性和理性"两阶段"论中的"理性认识阶段"。由感性认识阶段发展而来的理性认识阶段是以完整的表象为起点，经过思维的抽象，上升到思维中的具体。所以，对理性阶段的认识作进一步的分析，又可以分为思维中的抽象和思维中的具体两个阶段，前者可以称知性阶段，后者就是"三阶段"论中所说的理性阶段。在我们看来，这是狭义的"理性"阶段，"两阶段"论中区别于感性阶段的广义的理性阶段则是将"知性"和"理性"二者都包括在内的。提出"三阶段"的观点，其积极作用在于，可以推动认识论对理性认识阶段作进一步深入的研究，对它作出进一步的划分。但是，"三阶段"论不能取代或否定"两阶段"论中感性阶段和理性阶段的划分。因为这里讲的"知性"和"理性"，同感性阶段和理性阶段的划分相比，属于下一个层次的问题，是第二级的划分，不应将两个不同层次的划分混同起来。

三、认识过程的第一次飞跃

"两次飞跃"是认识发展过程中的两个关节点。研究认识的基本规律，必须对"两次飞跃"分别进行剖析。

人们对每一特定对象的认识，都是从感知现象发展到把握本质和规律，从掌握感性材料，飞跃到形成概念、作出判断和推理，这是认识发展的客观规律。我们把它称为认识过程的第一次飞跃。这一次飞跃，是人的认识从客体的现象深入到其本质和规律的质变。其标志是新的概念及运用这些概念的判断和推理的产生。

认识的第一次飞跃是如何实现的呢？《实践论》对这个问题的论述可以概括为两条：一是"感觉的材料十分丰富（不是零碎不全）和合乎实际

（不是错觉）"，① 这是说必须有正确的、丰富的感性阶段的认识做基础，才能达到对事物本质的正确认识；二是"必须经过思考作用，将丰富的感觉材料加以去粗取精、去伪存真、由此及彼、由表及里的改造制作工夫"，②就是说要对感性材料进行理性的加工思考。这里用 16 个字精辟地概括了加工思考的基本原则和途径。那么，究竟怎样才能做到"去粗取精、去伪存真、由此及彼、由表及里"呢？

首先，这是一个需要综合运用多种科学的思维方法的非常复杂的思维过程。在这里，归纳和演绎、分析和综合、从抽象上升到具体、逻辑与历史的统一，以及类比、假说、系统方法等都综合在一起，各自以不同的方式起着作用。科学的逻辑思维方法是已经被人类理性所把握的可以自觉加以运用的方法；运用这些思维方法的认识活动，是人们可以自觉地遵循一定的逻辑规律进行的思维活动。

其次，在认识发展的这一关节点上，除了运用概念，自觉遵循逻辑规律进行思维活动外，还有其他多种思维活动、思维方法和心理因素在发生作用。这里不只是有概念思维，还有形象思维的作用；不只是有逻辑思维，还有非逻辑因素的作用；不只是有自觉的意识活动，还有前意识领域的活动；不只是有认知性的活动，感情、意志、价值观、世界观等精神因素也发挥着不可忽视的导向和动力作用。形象思维、直觉、灵感、顿悟、前意识等在"第一次飞跃"中的作用是不应该被忽略的。

再次，认识发展中"第一次飞跃"的实现是个人认识与社会群体认识的统一，是个人钻研与社会交往的统一。实现认识飞跃的改造制作工夫，无疑是作为认识主体的个人费尽心血、独立思考的过程，但认识飞跃的实现却决不是个人闭门造车式的冥想的结果。个人主体是社会的存在物，面对同一客体的不同认识主体之间的相互交往、相互交流对于认识的发展起着重要作用。在"第一次飞跃"的关节点上，个人主体不仅在其精神世界中凝聚着社会的历史的思想文化成果，构成他从事认识活动的主体能力，而且对于当下面对的特定客体的认识，也离不开不同主体之间的交流、切磋、相互启发、相互促进。因此，"第一次飞跃"实现的过程，既是发生在个人主体头

①② 《毛泽东选集》第 1 卷，人民出版社 1991 年版，第 290、291 页。

脑中的思维运动，也是一种社会历史性的活动。

综上所述，为了实现从感性阶段到理性阶段的飞跃，主体应该从认识的感性阶段开始，充分发挥能动性，在正确的世界观、价值观指导下，综合运用各种科学的思维方法，借鉴已有的认识成果，在独立钻研的基础上加强相互交流和彼此协作，以坚强的意志克服前进中的困难，以热烈而平稳的感情去追求真理，并善于抓住机遇，捕捉灵感，发挥想象力，通过对感性材料的加工，制作出揭示客体本质和规律的概念和命题来。

四、认识过程的第二次飞跃

认识过程的第二次飞跃，是从理性认识到实践的飞跃，也是精神变物质的飞跃。毛泽东在《实践论》和《人的正确思想是从哪里来的?》中着重论述了第二次飞跃的重要意义，指出它"比起前一次飞跃来，意义更加伟大"。[①]

"第二次飞跃"是认识回到实践中去，既指导实践，又接受实践检验，并在实践中继续发展的过程。认识只有在指导实践的过程中才能使自己经受实践的检验而确立为真理。"如何实现第二次飞跃"的问题，也就是认识如何指导实践的问题。认识指导实践要经过两次转化。

第一，把理论转化为对具体实践对象的认识。理论是以经过思维抽象的纯粹的形式反映事物的，它是对一类事物的共同本质、一般规律的反映。认识上升为理论时，已经舍弃了个别对象的感性形象和特殊本质。而当人们面临着直接行动的任务时，他们所面对的实践对象，即客观现实，并不是什么纯粹的本质或纯粹的普遍性，而是现象与本质、特殊性与普遍性以及多方面质的规定性统一的具体整体。被理论所舍弃的非本质的现象和事物的特殊性质，都会在实践中起作用。因此，实践所需要的是理性和感性、普遍性和特殊性相统一的认识。实践对象作为具体整体，具有多方面的质的规定性和多方面的联系，而全面反映事物多个方面的性质和关系，是由多门学科的多种理论共同完成的任务。一种理论只是从一个方面反映事物的本质和规律。因此，指导实践的，不只是某一门科学的或某一方面的理论，更不只是某一条

---

① 《毛泽东著作选读》下册，人民出版社 1986 年版，第 840 页。

原理或某一条科学定律，而是多学科的理论的综合运用。所以，实际的情形是，人们在一定的世界观指引下，把多种自然科学、社会科学的知识综合运用于同一个具体对象，获得关于它的尽可能完整的整体性的认识，并用这样的认识去指导实践。

因此，理论要指导实践，在实践中发挥威力，就必须转化为对具体实践对象的认识。而要认识具体的实践对象，就只能从它本身的实际情况出发，而不能从原理、概念出发，作脱离客观实际的演绎。只有这样，理论与实际才能统一，才能实现理论对实践的指导。

第二，把认识转化为实践观念。以理论为指导，从具体实践对象的实际出发，获得与客体相符合的认识，是为了使主体的实践活动合乎客体的规律性。但是，仅仅有了反映客体的认识，还不足以构成实践活动所要求的直接支配人们行动的观念。在实践中直接支配人们行动的观念，是关于实践活动所要实现的目标、结果，以及实现这一目标、结果的具体途径和活动方式的观念，也就是关于"做什么"和"怎么做"的观念，我们可以称为"实践观念"。实践观念的主要内容，是主体在特定实践过程结束时所要达到的目标，以及对通往这一目标的实践活动方式的构想。它是主体可以直接付诸实践的观念。实践观念不仅可以存在于实践主体的头脑之中，还可以借助于物质手段表达出来，表现为发展规划、改革计划、实施方案、施工蓝图、作战计划等形式。

实践观念的形成，既依赖于对客体的认识，也离不开对主体自身的认识。认识了主体自身的利益和需求，才能使实践活动既合乎客观规律又合乎自身目的，达到合规律性与合目的性的统一。认识了主体自身能力和条件，才能处理好实践中需要与可能的关系，防止主观愿望脱离实际能力。实践的主体是由一定社会关系结合在一起的群众。形成实践观念，要研究参加该项实践的群众的状况，他们的需要和要求，各部分群体之间的利益关系、分工协作、投入和产出的分配，并将行动计划通过有效的宣传和管理变成群众自觉的有序的行动。对主体自身利益和需求的认识，必须将个人利益与社会群体利益、局部利益与全局利益、眼前利益与长远利益统一起来。

实践观念的形成，还依赖于对实践活动规律的认识。从事某一项具体的实践活动，离不开主体以前具备的对实践活动普遍规律的认识，更需要有对于该项实践的特殊本质特殊规律的认识，而这种认识只能来自现实的具体的实践，这使得认识实践活动自身的规律成为正确的实践观念形成过程中最为关键和复杂的因素。每一项关于全局的重大实践措施的出台，都应该先有一个试点的过程，通过总结试点的经验初步认识该项实践活动的规律。

对客体、主体、主客体关系以及实践活动规律的认识，都是形成正确的实践观念所不可缺少的，但是这些都属于"认识"的范畴，而实践观念的形成仅仅有"认识"是不够的。因为实践观念已不只是认识，不只是对现存事物的"知"，它是主体创造出来的关于事物将来"应如何"以及怎样达到这一目标的观念。因此，实践观念的形成，除了上述种种认识因素外，还有感情、意志、审美观、价值观的作用，想象力也发挥着重要作用。在这些因素共同起作用的基础上产生的"实践观念"，才是直接参与或直接支配实践活动的内在因素。可见，理论指导实践是一个复杂的过程，要经过一系列中间环节。

第二次飞跃是认识指导实践和实践检验认识相统一的过程。指导着人们实践的认识，有些是已经经受过以往实践反复检验的科学理论；有些是在第一次飞跃中新产生的理性认识，它们是否正确，是否成其为科学理论，有待于实践来回答。对于后者来说，第二次飞跃的首要意义，还不是发挥它们指导实践的作用，而是检验它们是否正确。所以，理论指导实践和接受实践检验是一个过程中同时存在的两个方面。对于第二次飞跃的这双重意义，不能只看到一个方面而忽视另一个方面。

五、认识过程的反复性

认识过程的反复性，是指一个正确的认识，即与一个确定的对象相符合的比较完整的认识，通常要经过"两次飞跃"的多次反复才能完成。这也是认识活动的一条规律，是认识基本规律中的一部分内容。这里我们主要讨论两个问题：一是认识为什么有反复性；二是确认认识的反复性有何意义，即这一规律有什么方法论意义。

认识过程的反复性，意味着人们在获得一个正确的认识之前难免多次发生与客体不符合或不完全符合的认识，可能要经历许多错误。其原因可以从主体和客体两个方面去考察。概括地说，一方面是因为主体能力的有限性，一方面是因为客体的复杂性。

一定条件下的主体，其实践能力和认识能力都是有限的。就个人主体来说，他的一次实践只是在一定的范围、一定的程度上改造着客观世界，因而在实践中接触事物的广度和深度是有限的；他认识事物时已经具备的知识和观察、记忆的能力也是有限的，因而不可能在一次实践中全面无误地观察、记录到客体的所有现象，漏观察、误观察是难以避免的；他的思维能力、分析加工能力是有限的，难于一次就透过大量现象全面、准确地把握事物的本质，得出片面的或错误的结论是常见的事情。不仅个人主体是如此，上述实践的广度和深度、知识和观察能力、思维加工能力三个方面的限制，对集团主体或社会主体来说同样都存在。就整个社会来说，主体能力的有限性还表现在：全社会的物质基础条件的限制，即由一定生产力水平、科学发展水平所决定的技术装备、实验设备、信息处理手段等物质基础条件对认识的限制；全社会的科学和哲学发展的理论水平的限制，这既影响着认识主体对感性材料的思维加工，也影响主体对现象的观察即感性材料的搜集，有些在理论上没有得到反映的现象，人们在观察中很可能视而不见，被忽略掉；社会经济关系以及建立在经济关系上的政治和思想条件的限制，包括阶级的偏见、反动政治势力的压迫、体制的制约、宗教的偏见、落后的习惯势力的影响等等。认识既然是一种社会现象，它就在任何时候都要受社会历史条件的制约。

认识的客体具有复杂性。客观事物都是多样性统一的复杂整体，包含多种矛盾，具有多方面的质的规定性。事物既有呈现在人们面前的变动不居的现象，包括各种假象，也有隐藏在现象背后的只能通过思维去把握的本质。事物发展中有必然的趋势，也有偶然的表现。每一事物又与其他事物之间具有多种复杂联系。一个事物所具有的质，它与其他各种事物的关系，它在这种关系中所表现出来的属性，都是无限多的。事物自身及其与他事物的关系又都处于永恒的发展变化之中。认识对象的复杂性造成了人们认识中的困难，造成了认识中发生错误的可能性。

这里需要着重指出的是，认识受着客体自身的发展和表现程度的限制。

事物都是作为发展过程而存在的，它的性质和规律表现在全过程之中，因而只有完整地观察它的全过程，才能充分地全面地认识它。但是，人们认识事物，首要的目的是满足现实实践的需要，因而当事物还处在发展过程中甚至刚刚产生时，人们就开始了对它的认识，不仅要积累感性材料，而且需要进行理论上的概括，而不能等到事物发展过程已经完结，已经成为历史之后才去研究它。这时，事物的现象还没有充分表现出来，本质和规律还没有完全暴露，因而即使对感性材料的搜集，也不可能是全面的，所以人们的认识不可避免地是不全面的，甚至是不正确的。毛泽东在《实践论》中说："从事变革现实的人们，常常受着许多的限制，不但常常受着科学条件和技术条件的限制，而且也受着客观过程的发展及其表现程度的限制（客观过程的方面及本质尚未充分暴露）。"① 从前获得的科学理论可以指导我们认识现实事物，但不能代替对现实事物的具体特点的认识。一定事物的过去、现在和将来之间有必然联系，但事物在发展中总会有新的特点，有不同阶段的矛盾特殊性，因而基于对过去和现在的认识的关于未来的预见不可能是完美无缺的。总之，真理性的认识要求全面性，但人们又必须去认识那些现象、本质和规律都尚未完全暴露的事物。客体本身的表现尚且不完全，认识却要求全面性，这是认识过程中客观存在的一个不可避免的矛盾，是主观和客观之间的一种非常深刻的矛盾。这一矛盾不可能消除或最终解决，而只能在认识过程中不断克服，又不断产生，由此就决定了错误的发生是不可避免的，决定了认识过程的反复性。

确认认识过程的反复性是认识发展的一条客观规律，其方法论意义在于告诉我们要正确对待认识中的错误，善于通过纠正错误而达到真理。

在认识过程的反复中排除错误而达到真理，是迈向真理的必经之路，这就要求我们在追求真理的道路上有战胜错误的勇气，承认自己会犯错误，也允许别人犯错误，不能因为害怕出现错误而畏首畏尾，或因为发生了错误而止步不前。同时，要提高防止错误和克服错误的自觉性，使错误成为达到真理的先导。应该努力避免认识中的主观性、片面性和表面性，尽可能使主观符合于客观；应该自觉地让自己的认识接受实践的检验，使错误的认识及时得到纠正。

在工作实践中尤其在作出重要决断时必须反复思索，慎重考虑，"三思

① 《毛泽东选集》第1卷，人民出版社1991年版，第294页。

而后行"。陈云多次强调"交换、比较、反复"，他说："反复，就是决定问题不要太匆忙，要留一个反复考虑的时间。""因为人们对事物的认识，往往不是一次就能完成的。"①

认识过程反复性的规律不能用来为某些本来可以避免的错误作辩护。重复性的错误是可以避免的错误。因为已经发生的错误提供了前车之鉴，提供了克服此类错误而通向真理的条件。认识应该从错误走向真理，而不应从错误走向错误。在特定的具体条件下，是可以做到避免错误的。在某些生命攸关的问题上，是不允许发生错误的，提出"万无一失"的要求是完全必要的，也是经过努力可以达到的。

六、认识过程的无限性

认识过程具有无限性，这也是认识发展的一条规律，是认识基本规律中的重要内容。

认识的反复性是对有限的具体对象的认识而言的；认识的无限性是对整个人类认识而言的。作为整体的人类认识或人类对整个物质世界的认识是一个无限的发展过程。这是因为：第一，认识的客体具有无限性。物质世界是无限的。客观世界中的具体物质形态或过程是无限多的，每一具体物质形态或过程又有无限多的因素或方面，事物从低级到高级、从简单到复杂的发展也是无限的。因此，人们认识了一个事物或过程，不等于认识了所有事物或过程；认识了事物或过程的一个方面、一个层次，不等于认识了它的所有方面、所有层次；认识了事物或过程中的一个阶段，不等于认识了事物或过程发展的全部内容。第二，认识的主体是世代延续的。每一代人都继承了前人传承下来的认识成果，并在新的社会历史条件下不断获得新的认识。第三，作为人类认识基础的社会实践也是永无止境地向前发展的，实践不断向认识提出新要求、新问题、新经验，推动认识向前发展。第四，主体的认识能力是随着实践和认识自身的发展而发展的。在实践的基础上，主体精神世界的丰富、发展和主体能力的提高，是一个无限地向前推进的过程。总之，物质世界的无限性、认识主体的世代延续、人类改造世界的实践活动和人类认识

---

① 《陈云文选》第 3 卷，人民出版社 1995 年版，第 372 页。

能力发展的无限性，决定了人类认识发展的无限性。

每一个具体的认识都是有限的，而整个人类的认识是无限的。这种有限和无限的矛盾，是人类认识本身所固有的矛盾。正如无限的物质世界就存在于各种有限的具体事物之中一样，无限的人类认识就是由无限多种有限的具体认识活动构成的，是通过有限认识的不断交替而向前推移并无限延伸的。每一个具体的有限的认识都是人类探视无限物质世界的一个窗口，是认识通向无限世界的一个阶梯。人们正是通过有限认识的无限发展来不断地逼近无限的客观世界的。因此，认识过程的无限性决不意味着可以轻视有限的认识，决不表明有限的认识是无意义的。

另一方面，每一个具体认识都不可避免其有限性，决不意味着人类不应该去追求对无限世界的认识，决不表明认识对无限的追求是无意义的或徒劳的。认识过程的无限性表明它是一个动态的开放系统，人们每一次有限的认识正是在这个无限的动态过程中获得了意义。有限的认识正因为是处于无限的认识发展过程之中的，它才永远是活生生的生长着的运动过程。人类永远不会达到对整个物质世界完整无缺的认识，已经获得的认识在任何时候都是有限的，追求对无限世界的认识是一个不断前进却永远不会完成的过程。但正是在这个过程中，人类不断地获得对愈来愈多的具体事物的认识，并且从个别中认识一般，从有限中找到无限，不断深入地把握客观世界的规律，从必然走向自由，改造自然，也改造社会和人自身，创造出辉煌的科学与文化，造福于人类自身。可以说，认识过程具有无限性的规律，正是有限认识无限发展的规律，正是对无限世界的追求推动了人类有限认识的不断积累和不断前进。

认识的有限性和无限性的关系告诉我们，任何时候都不应满足于已有的认识。在求知的道路上，应该永不停息地攀登，而不应止步不前。已经获得的知识无论看上去多么完美，都是有限的，它具有无限发展的可能性。认识发展的道路，是不断从不知转化为知的过程。这是一个无限的过程。

毛泽东在论述认识过程的无限性时提出："我们的结论是主观和客观、理论和实践、知和行的具体的历史的统一，反对一切离开具体历史的'左'的或右的错误思想。"① "具体的历史的统一"，是毛泽东认识论思想中一条

---

① 《毛泽东选集》第1卷，人民出版社1991年版，第296页。

重要的基本原则或基本要求。认识的任务就在于达到主观和客观、理论和实践的具体的历史的统一。按照唯物主义的反映论，我们对认识的根本要求是主观认识符合于客观实际，而客观对象、实践和认识这三者都是变化发展的，不是静止不变的，因此它们之间的统一也不是静止不变的统一，而是发展变化着的统一。我们必须如实地将认识和它所反映的客观对象都看做是动态的发展过程，要求以发展变化着的认识反映客体在每一发展阶段上的具体历史特点，从而达到与客体相符合，既不落后，也不超前。所以，"具体的历史的统一"是"主观和客观相统一"这一原则的题中应有之意，而不是在它之外的。只要提出主观认识与客观实际相统一的要求，就同时意味着这种统一是具体的历史的，而不是抽象的，不是脱离客观对象和认识发展的历史过程的。为此，就要求认识随实践的发展而发展，要求理论和实践的统一也是具体的历史的。如果将反映事物以往情况的认识或预测中的事物将来的情况加之于现实的事物，就背离了"具体的历史的统一"的原则，因而必然导致主观与客观相分裂的错误。

　　毛泽东在阐述"具体的历史的统一"这一认识论原则时提出，要"反对一切离开具体历史的'左'的或右的错误思想"。"左"和右在实际社会生活的不同领域中有不同的表现。从认识论的视角看，判断一种思想及其指导下的实践是否"左"或右的标准，就是主观和客观、认识和实践具体的历史的统一的原则。判断的方法，就是拿主观认识与客观实际相对照。主观认识落后于客观实际的，是右；主观认识或主观要求超越了客观事物的现实阶段的，则是"左"。"具体的历史的统一"的认识论原则为我们在不同领域中识别"左"的或右的错误思想，防止和克服"左"的和右的错误，提供了科学的标准和有力的思想武器。

　　至此，我们讨论了认识从感性阶段上升到理性阶段，再从理性阶段到实践这两次飞跃及其多次反复和无限发展的过程。我们认为，这就是人类认识发展的一般过程，这就是贯穿于人类认识始终的基本规律。毛泽东提出的"实践、认识、再实践、再认识"的公式，是对认识基本规律和基本方法的高度概括。感性和理性的辩证统一，第一次飞跃，第二次飞跃，认识过程的反复性，认识过程的无限性，这些就是认识基本规律和基本方法的主要内容。对这些内容的不同部分、方面或环节可以分别进行研究，但又必须将它们联系起来，达到对人类认识基本过程的整体性把握。认识是在实践的基础上，在多种因素的参与下，逐步地从认识事物的现象到认识事物的本质，从认识事物的特殊本质到认识事物的一般本质，再把对事物本质和规律的认识转化为实践观念，指导实践并接受实践检验的过程，是不断反复的和无限发展的过程。全面把握认识的这一基本规律和基本方法，才能使我们在理论上对认识过程有深刻的理解，从而自觉地遵循认识基本规律去从事认识活动。也只有全面地把握认识的基本规律和基本方法，才能为进一步研究和把握围绕着它展开的其他认识规律和认识方法打下坚实的基础。

第三节　认识中的若干对立统一关系

认识的基本规律，即认识过程中基本矛盾运动的规律，支配着认识发展的全过程。除了认识的基本矛盾外，认识运动还包含着其他多种矛盾，每一矛盾双方之间的对立统一关系都是认识规律的体现。因此，制约着认识发展过程的，还有其他多种认识规律。研究认识中的各种对立统一关系，也就是研究围绕认识基本规律和基本方法展开的其他认识规律和认识方法。在这一节中，我们将讨论认识中的若干对立统一关系。

一、逻辑的东西和历史的东西

"逻辑的东西"是指以概念、判断、推理等理性形式系统化地表现出来的认识成果。"历史的东西"一是指客观事物发展的历史过程，二是指人类认识发展的历史过程。

逻辑的东西和历史的东西是反映和被反映、被决定者和决定者的关系。历史的东西决定逻辑的东西，逻辑的东西反映历史的东西。历史的东西是逻辑的东西的反映对象，逻辑的东西是历史的东西在理性思维中的再现。客观事物发展的实际历史进程是第一性的，逻辑的东西是第二性的。但是，逻辑的东西作为能动的反映，是"经过修正的"，它和历史的东西不可能完全重合。客观事物发展的过程和人类认识的发展过程都是曲折复杂的，包含无数的细节和偶然因素。逻辑的东西不可能也不需要简单地重复客观事物和人类认识发展的全过程，不可能也不需要把历史发展过程的所有细节和偶然因素都反映出来。如果逻辑的东西局限于对历史细节的描绘和偶然因素的堆积，那么它就无法揭示客观事物和人类认识发展的本质和规律。只有扬弃历史发展过程中的细节和偶然因素，逻辑的东西才能更好地揭示历史发展过程中的本质的、必然的东西，更深刻地反映历史的东西。恩格斯说："在历史的发展中，偶然性发挥着作用，而在辩证的思维中就像在胚胎的发展中一样，这种偶然性**融合在必然性中**。"①

逻辑的东西和历史的东西是统一的，这种统一表现在两个层面。

第一，逻辑的东西和客观事物发展的历史过程是统一的。客观事物是作为过程而存在的，人的认识要如实地反映客观事物，逻辑的东西就必须和客观事物的发展过程相一致。一方面，客观事物的发展过程从哪里开始，思想的逻辑进程也应该从哪里开始；一个正确反映客观事物的理论体系，它的逻辑起点应当是客观事物发展的历史起点。另一方面，理论体系逐步展开的逻辑顺序应当和客观事物发展的基本过程相一致，如实反映客观事物发展所固有的内在必然性。

第二，逻辑的东西和人类认识发展的历史过程是统一的。逻辑的东西是人类认识发展的结晶，它不仅应该和客观事物发展的历史相一致，而且应该和人类认识发展的历史相一致。就像动物个体在胚胎的发育过程中重演自身的种的全部进化史一样，逻辑的东西也重演人类认识的发展史。恩格斯说："在思维的历史中，一个概念或概念关系（肯定和否定，原因和结果，实体和偶体）的发展同它们在个别辩证论者头脑中的发展关系，正像一个有机体在古生物学中的发展同它在胚胎学中的发展的关系一样（或者不如说在历史中和在个别胚胎中）。"②

在哲学史上，首先提出逻辑的东西和历史的东西这二者相一致的是黑格尔。他说："在哲学历史上所表述的思维进展的过程，也同样是在哲学本身里所表述的思维进展的过程，不过在哲学本身里，它是摆脱了那历史的外在性或偶然性，而纯粹从思维的本质去发挥思维进展的逻辑过程罢了。"③ 黑格尔的合理思想受到列宁的肯定，列宁指出："总的说来，在逻辑中思想史

---

① ② 《马克思恩格斯选集》第 4 卷，人民出版社 1995 年版，第 331 页。

③ ［德］黑格尔：《小逻辑》，贺麟译，商务印书馆 1980 年版，第 55 页。

应当和思维规律相吻合。"① 但是，黑格尔颠倒了逻辑的东西和历史的东西的关系，他把逻辑的东西看成是历史的东西的基础，认为历史的东西是逻辑的东西推演出来的，是逻辑的东西的再现，他所主张的，是历史的东西同逻辑的东西相一致，这就带有强烈的唯心主义色彩。

逻辑的东西和历史的东西的统一，是认识运动的一条规律，因而也是认识活动中应该遵循的一条基本的方法论原则。在科学研究和理论创新中，我们应该努力使自己的理论的逻辑系统与客观对象的历史以及认识发展的历史相一致，正确运用逻辑的方法和历史的方法。

逻辑的方法是运用概念、判断、推理，以理论体系的形式揭示客观事物和认识发展的本质与规律的思维方法。历史的方法是通过考察、描述客观事物和认识发展的具体历史过程揭示其发展规律的思维方法。运用历史的方法，必须追随客观事物和认识发展过程中的一系列重大事件，再现客观事物和认识发展的具体的历史过程。

逻辑的方法和历史的方法各有其特点，这使它们在不同的学科中有不同的运用。各种历史类学科需要生动地再现包括历史的曲折和某些偶然事件在内的具体历史进程，因而主要运用历史的方法；各门理论类学科不需要描述具体的历史过程，因而侧重于运用逻辑的方法。恩格斯在论述政治经济学的方法时说："历史常常是跳跃式地和曲折地前进的，如果必须处处跟随着它，那就势必不仅会注意许多无关紧要的材料，而且也会常常打断思想进程"，"因此，逻辑的方式是唯一适用的方式"。②

历史的方法和逻辑的方法是相互联系、不可分割的。一方面，历史的方法离不开逻辑的方法。考察客观事物和认识发展的具体历史过程，也需要对一些重大历史事件进行逻辑分析。如果完全拒斥逻辑的方法，只能停留在对客观事物和认识发展过程的经验描述，无法揭示其本质与规律。另一方面，逻辑的方法也离不开历史的方法。对任何客观对象的逻辑分析都不能脱离对其历史的考察，正如恩格斯所说："采用这个方法时，逻辑的发展完全不必限于纯抽象的领域。相反，它需要历史的例证，需要不断接触现实。"③恩格

---

① 《列宁全集》第55卷，人民出版社1990年版，第289页。
②③ 《马克思恩格斯选集》第2卷，人民出版社1995年版，第43、45页。

斯还说："历史从哪里开始，思想进程也应当从哪里开始，而思想进程的进一步发展不过是历史过程在抽象的、理论上前后一贯的形式上的反映；这种反映是经过修正的，然而是按照现实的历史过程本身的规律修正的。"① 如果完全抛弃历史的方法，就会成为空洞、抽象的概念推演，导致理论脱离实际，无法科学揭示历史发展的本质和规律。因此，必须把历史的方法和逻辑的方法结合在一起运用。

认识的基本规律是认识在其运动中逐步达到主观和客观符合的规律，而逻辑的东西和历史的东西的一致，是主观符合客观的重要表现。因此，逻辑的和历史的相统一的原则内在地包含于认识的基本规律之中，当我们遵循认识基本规律前进时，必须始终坚持这一原则。

二、意识和前意识

主体反映客观对象的心理活动（即广义的意识）包括自觉反映和非自觉反映两个层次，非自觉反映层次的心理活动我们称为前意识（也被称为潜意识、无意识或下意识），与此相对应，狭义的意识指自觉反映层次的心理活动（又称显意识）。要全面把握人类的认识活动，必须研究前意识，研究意识与前意识的关系。忽视、贬低或夸大前意识的倾向都是错误的。

人类非自觉意识的心理活动，很早以前就通过梦的现象被人们察觉了，不少思想家进行过相应的分析和阐述。弗洛伊德通过对梦的解析和对精神病的分析，专门研究了人的非自觉意识的心理活动，形成了系统的精神分析理论，对后世产生了深远的影响。

相对于意识而言，前意识属于人类心理活动的较低层次。事实上，无意识的心理活动是一些高等动物就有的，从动物的心理发展到人的意识是一个质的飞跃。人的意识具有自觉性，人能够形成自我意识，而动物的心理只具有自发性，动物不可能形成自我意识。人的意识能够通过实践活动认识世界和改造世界，而且，人的意识的自觉性越高，人们按照客观规律办事的能力就越强，就越能在外部世界实现自己的目的。因此，人的意识显然处于比非自觉的动物心理更高的层次，这从一个侧面表明自觉的意识是比非自觉的前

---

① 《马克思恩格斯选集》第2卷，人民出版社1995年版，第43页。

意识更高级的心理活动。人们可以在自觉意识的支配下调节自身的生理活动和心理活动，并且能够通过自觉的意识活动开展对前意识的科学研究，这也显示了意识相对于前意识的优势地位。自觉性高于非自觉性，意识优于前意识。夸大前意识、贬低意识的倾向颠倒了这二者之间的关系。

弗洛伊德把人的心理结构分成潜意识、前意识、意识三个层次。他认为，潜意识主要是人的本能和欲望，它的活动是一个原发性过程，是最活跃的精神因素，是整个心理系统最根本的动力源泉。而意识则是一个继发性过程，它不是心理的本质，而是心理的属性，因为意识源于潜意识，一切意识都只不过是潜意识的直接或间接的表现。意识通过前意识与潜意识发生联系，潜意识通过前意识这个中介到达意识，意识则通过前意识统摄着潜意识。总之，人类一切心理现象无非是潜意识以各种形式表现出来的结果。

前意识的产生，与人的生理本能密切相关。但是，生理本能并不是前意识。前意识是心理的东西，而生理本能作为人体生理过程的表现，是心理活动反映的对象，而不是心理的东西。正如意识一样，前意识的对象主要是外部客观世界和人类社会，决不限于人自身的生理活动。如果认为前意识仅仅专注于人体自身的本能甚至仅仅是性本能，那就否定了前意识丰富多彩的内容，使前意识成为封闭于人体自身之内的苍白、贫乏的东西。

欲望与生理本能不是同一个东西，二者间存在反映与被反映的关系，分属于心理和生理两个不同领域。欲望反映的对象不限于生理本能，还有外部事物，而且欲望对生理本能的反映有自觉与非自觉之分，其中不自觉的反映属于前意识，自觉的反映则属于意识。弗洛伊德把本能和欲望都归入潜意识，并把潜意识的作用主要归结为性本能的作用，将性本能看成是人的一切活动的根本内驱力，混淆了生理的东西和心理的东西，夸大了潜意识的作用。

前意识的一个重要来源，是退出主体自觉意识活动领域的从前的意识。这种从前的意识处于蛰伏的非自觉状态后就成为前意识，继续存在于人的头脑中。在一定条件的刺激下，这种前意识会再次浮现于自觉意识的领域，实现前意识向意识的转化。人们可以通过回忆或再认识的方式重新呈现以前形成的表象、概念、情绪等意识，这一事实表明，在此番回忆或再认识之前，它们确实是作为前意识存在于头脑中的。有了记忆，才有了经验的积累，人的心理活动才成为连续的统一过程。记忆的重要作用，从一个侧面表明了前意识的重要性。

在前意识中，虽然人的心理活动是非自觉的，但是对信息进行加工制作的过程并没有中断。顿悟、灵感等现象就是同前意识领域的心理活动及其向自觉意识的转化相关联的。

顿悟，作为一种认识现象，就是在求索的过程中突然领悟到问题的关键而获得对特定事物的深刻理解。顿悟是主体非自觉心理活动的产物，而不是主体自觉进行推理、判断等逻辑思维活动的结果，这就使顿悟显得突如其来、莫名其妙、难以捉摸，蒙上了一层神秘的色彩。如果我们将研究的视野扩展到前意识的领域，就可以发现，顿悟现象一点也不神秘。在前意识中始终进行着信息加工的活动，这种信息加工过程一旦产生了对客观对象总体的根本性理解，就会超出前意识领域而浮现于意识之中，出现顿悟。[1]

灵感现象具有突发性、偶然性的特征，在自觉意识的领域中无法找到原因，这使它在很长一段时期内被视为神秘的东西。从前意识的角度看，灵感同顿悟一样，也是主体的心理活动由前意识领域进入意识领域的交汇点上出现的认识现象，是前意识中主体在非自觉状态下进行信息加工达到某个关节点时浮现于意识领域的。它们的区别主要在于，顿悟主要表现于心理活动的结果之中，表现为主体突然获得了对客观对象的融会贯通式的根本理解；而灵感主要表现于心理活动的过程之中，表现为信息加工活动从前意识领域飞跃到意识领域继续进行的过程。顿悟的出现，标志着主体的求索活动已经达到了某种程度的完成。而灵感的出现，表明主体的创造性思维活动刚刚进入巅峰状态，进入到思如泉涌的高效阶段。

从前意识与意识辩证统一的观点来探讨顿悟和灵感的产生及其实质，可以看到，它们都是社会实践基础上人脑对客观对象的一种反映形式。顿悟、灵感本身是反映的活动，由此得到的思想、观念、作品是反映的产物。它们的产生和发展，同其他认识活动一样，是有规律可循的，并可以成为主体认识的对象、科学研究的对象。

---

[1]　参见吴文辉、潘翠菁：《前意识论与文艺学》，广西师范大学出版社 2004 年版，第五章第二节。

三、理性和非理性　逻辑和非逻辑

主体的精神世界既包括理性因素又包括非理性因素。把握认识发展的规律和方法，需要研究理性、非理性及其相互关系。

什么是理性？什么是非理性？黑格尔说过："我们一般时常和多次听人说起理性，并诉诸理性，却少有人说明理性是什么，理性的规定性是什么。"① 理性一词有多种多样的含义，从与非理性相对应的角度看，理性可以了解为人类自觉的逻辑思维的能力、活动及其产物，其中包括：人类通过逻辑思维把握事物的本质和规律的认识能力；运用逻辑思维认识事物的活动；逻辑思维的产物，如科学的命题及其体系；运用逻辑思维及其成果指导实践、规范自我行为的能力。与理性相对应的非理性主要是指人的意识结构中非逻辑的、非思维的东西，如情感、欲望、直觉、意志、信仰和前意识等等。

各种非理性因素都是人的精神世界的重要构成部分，忽视或贬低非理性因素，就不能全面正确地理解人类的精神生活和实践活动。科学发现、学术理论、文艺作品等精神产品，既是理性的结晶，也凝聚着非理性因素的作用。

非理性主义者把人的意识乃至整个世界归结为这样或那样的非理性因素。德国哲学家尼采是现代西方非理性主义思潮的鼻祖。尼采认为，理性和科学让人们相信自然界可知，相信知识可以造福，因而给人类造成了迷误，导致"求知欲的泛滥"和"现代高得吓人的知识金字塔"。理性成了暴君，它排斥人的本能生活和幸福。在尼采看来，人们自以为支配着自己行动的是知识，但实际上却是追求强大生命的本能冲动——权力意志。尼采不仅认为人的一切行为动机都根源于权力意志，而且把奔腾不息的世界万物统统归结为权力意志。他说："这是权力意志的世界——此外一切皆无！你自身也是权力意志——此外一切皆无！"②

尼采等非理性主义者对非理性因素的深入思考为我们提供了有益的启示

---

① ［德］黑格尔：《小逻辑》，贺麟译，商务印书馆 1980 年版，第 355—356 页。
② ［德］弗里德里希·尼采：《权力意志》，张念东、凌素心译，商务印书馆 1991 年版，第 701 页。

和思想资料。但是，他们夸大了非理性因素的作用，贬低了理性因素的重要作用，从总体上是不可取的。非理性离不开理性，感情、意志离不开理性认识。情绪和情感作为人们对一定事物态度的表现，它们的产生是同人们对事物以及事物与自身之间关系的认识分不开的。意志具有自觉的目的，而目的产生于人们对自身需要和外部对象的认识。离开对事物的认识，无法说明人为什么会产生这样的而不是那样的感情，这种而不是那种意志。脱离科学理性的消极情绪、情感和盲目冲动只能把人们的实践引入歧途。把人的非理性因素变成独立的、不受理性约束的本能活动，无异于把人降低为动物。马克思早就说过："吃、喝、生殖等等，固然也是真正的人的机能。但是，如果加以抽象，使这些机能脱离人的其他活动领域并成为最后的和惟一的终极目的，那它们就是动物的机能。"①

理性和非理性不是人的意识中平行的起同等作用的因素。在理性和非理性的相互作用中，总的说来，是理性决定非理性；在影响人的实践活动的多种精神因素中，起决定作用的是把握客观事物本质和规律的理性，而不是非理性。因此，忽视非理性因素是片面的，夸大非理性因素而贬低理性更是错误的。

同理性和非理性密切相关的有逻辑和非逻辑。在理性和非理性的关系中包含着逻辑和非逻辑的关系。"逻辑"是指思维活动的规律，特别是推理的形式和规律。理性思维是有逻辑的思维，是遵守逻辑规则的思维。

但人的认识活动并非都是逻辑思维。在概念、理论形成的过程中，除了逻辑思维外，非逻辑的因素也起着重要作用。其中，直觉就是一种引起人们广泛关注的非逻辑因素。

直觉最基本的特征是思维、认识活动中的逻辑跳跃。人们在实践中认识客观事物，从事科学研究，积累了丰富的感性材料，或是通过亲身实践直接感知到事物的各种现象，或是接受间接经验掌握了大量资料，在此基础上，可能突然产生一个认识上的飞跃，不经过自觉的、系统的分析与综合、归纳与演绎等常规的逻辑推理过程，直接得出关于对象的本质、全体和规律性的认识，产生出有关的概念、理论、模型或基本结论。这就是直觉。巴甫洛夫

---

① 《马克思恩格斯全集》第 3 卷，人民出版社 2002 年版，第 271 页。

说："对全部直觉应当这样理解，即人记住最终的东西，而他走过的、准备过的全部过程，他没有把它计算到这个环节上。"① 通过直觉，人们可以跳跃式地从对事物某些现象的认识得出关于事物本质的结论，从对事物某一局部的认识得出关于整体的结论，从对有限的个别事物的认识得出一般性的结论，因而能够在多种可能的结论中迅速作出选择、判断。

直觉这种现象广泛存在于人类的认识活动之中，许多哲学家、艺术家和科学家都对直觉进行过分析和阐述。恩格斯曾经称古希腊的朴素的自然观是"天才的直觉"。② 爱因斯坦把不通过逻辑推理而从感觉或直接经验中得出具有普遍性的概念或命题的认识过程称为直觉。1935 年他在悼念居里夫人的讲演中说，居里夫人证明放射性元素存在并把它分离出来这一伟大的功绩，除了靠工作的热忱和顽强之外，也是"靠着大胆的直觉"。③ 法国著名物理学家德·布洛依说，人类科学"仅仅凭借智力的突然飞跃就能实现最出色的成果，这时表现出来的那种摆脱严格推论这付沉重桎梏的能力，就称之为想象、直觉、灵感"。④

直觉的产生，离不开丰富的实践经验，离不开在实践基础上获得的大量的感性材料。科学家从事创造性的科学研究，工程师处理复杂的技术问题，军事家指挥战争，刑侦专家侦破刑事案件，当他们必须从多种可能性中迅速作出判断，从多种可供选择的行动方案中作出决定时，除了依靠缜密的逻辑推理外，直觉也发挥着重要作用。

逻辑与非逻辑，或人的思维活动中的逻辑推理与逻辑跳跃，既是相互区别的，又是相互联系的。人并不是像计算机那样时时处处严格地循着逻辑推演的程序去思考问题的。思维活动中普遍存在着"省略"或"压缩"逻辑推理过程的现象，"省略"或"压缩"超过一定的限度，成了逻辑跳跃，就表现为直觉。柯普宁认为："在直觉中，这种逻辑推论过程可以压缩到人一

---

① 《巴甫洛夫介质》，莫斯科——列宁格勒 1949 年版，第 227 页；转引自柯普宁：《马克思主义认识论导论》，求实出版社 1982 年版，第 199 页。

② 《马克思恩格斯选集》第 4 卷，人民出版社 1995 年版，第 271 页。

③ ［德］爱因斯坦：《爱因斯坦文集》第 1 卷，许良英等编译，商务印书馆 1976 年版，第 339 页。

④ 德·布洛依：《科学的道路》，莫斯科 1962 年版，第 295 页；转引自柯普宁：《作为认识论和逻辑的辩证法》，华东师范大学出版社 1984 年版，第 115 页。

般只记录下结果的程度。"① 逻辑思维经验较丰富、逻辑思维能力较强的人，通过直觉把握事物的能力也较强，这显示出逻辑推理与直觉在一定条件下的联系。

直觉的发生，可能与类比推理的关系更为密切，并且与前意识领域的心理活动相关联。类比或类比推理是从两个事物有某些性质相同或相似，推测它们在其他方面也相同或相似，因而从已知一个事物有某种性质，对另一个事物未知的性质作出推测。类比是一种自觉的逻辑思维活动，按照黑格尔的说法，"类推可说是理性的本能"。② 但是，两个对象在此一方面性质相同或相似并非必然意味着它们在另一方面也相同或相似，因此这种推理的逻辑性是不完全的，它已经包含着逻辑跳跃。直觉是在看到了事物某些性质的基础上产生的，从事物的这些性质想到它可能具有某些其他的性质，并进而提出具有整体性、普遍性的结论，可能包含着一种在前意识领域展开的主体没有自觉意识到的类比，其结果则突然显现于自觉的意识之中。在这里，直觉与作为逻辑思维的类比推理的区别是，在直觉中类比也可能不具有自觉性。

直觉的结论具有非必然性和非精确性。黑格尔说："类推可能很肤浅，也可能很深彻。"③直觉更是如此。直觉本身是一种猜测，它有一定的根据，又不具备充分的根据，它既可能是天才的，也可能是愚蠢的。爱因斯坦说过：直觉的联系"不是必然的，是可以改变的"。④ 直觉的非必然性和非精确性表明它具有十分明显的缺陷，表明只有将它与逻辑思维统一起来，相互补充，才能正确发挥直觉的作用。否认直觉的存在或忽视直觉的作用是片面的，夸大直觉的作用而贬低逻辑思维的重要作用更是不正确的。

四、概念思维和形象思维

根据思维活动中的基本单元（或细胞）的不同，可以将思维分为概念思维和形象思维。

概念思维是以概念为基本单元的思维活动。概念是对客观事物的共同属性及其本质的反映，它的物质外壳是语词。概念只有借助语词才得以表现并

---

① 柯普宁：《作为认识论和逻辑的辩证法》，华东师范大学出版社 1984 年版，第 116 页。

②③ ［德］黑格尔：《小逻辑》，贺麟译，商务印书馆 1980 年版，第 368、369 页。

④ ［德］爱因斯坦：《爱因斯坦文集》第 1 卷，许良英等编译，商务印书馆 1976 年版，第 541 页。

发挥作用，语词只有适应于概念才是充实的。概念是构成判断、推理等思维形式的基本要素，理性思维中的判断、推理都是运用概念进行的。

形象思维是以形象为基本单元的思维活动。作为思维对象的具体事物，都有其形象。作为思维细胞的形象，以客观对象本身的形象为来源，但不是具体事物的形象本身。主体头脑中的形象或它的对象化的产物，才是形象思维的基本单元，它是客体在主体头脑中的能动反映，而不是客体自身，不是思维活动的对象所具有的形象。

形象思维作为一种认识现象是客观存在的，并且具有普遍性。但是，关于形象思维，认识论史上研究得不多。形象思维的问题最初是在文学艺术、文艺美学的讨论中被提出来的。别林斯基说过："诗歌是寓于形象的思维"，"诗人用形象来思考，他不证明真理，却显示真理"。① 毛泽东在 1965 年致陈毅的一封信中也说"诗要用形象思维"。②

最能显示形象思维存在和作用的领域，是艺术。艺术的一个基本特征就是通过塑造形象来反映社会生活。绘画、雕塑、舞蹈、音乐、文学、戏剧、电影等等，都要塑造形象。阅读、欣赏艺术作品，都要感受艺术家创造的形象，并在欣赏者头脑中形成形象。除了艺术领域之外，凡是同制造有形产品相关的设计、生产和创造发明都有形象思维在起作用，建筑就是其中的典型。在自然科学、社会科学乃至哲学的理论研究中，也都有形象思维在起作用。物理学中的原子结构模型、生物学中的遗传基因学说、哲学中的"经济基础"及"上层建筑"等理论，它们的产生，既是概念思维，同时也凝结着形象思维的成果。

人们实际的思维活动，不是单纯的概念思维或单纯的形象思维，而是二者的统一。形象思维中有概念的运用。例如，文学是语言的艺术，它是塑造形象的，但又是用语言塑造的，而这些语言常常正是概念的表达形式。马克思在《1844 年经济学哲学手稿》中论及货币时，引用了莎士比亚《雅典的泰门》中讲金子的一段话，其中有："这东西，只这一点点儿，就可以使黑的变成白的，丑的变成美的；错的变成对的，卑贱变成尊贵，老人变成少

---

① 别林斯基：《别林斯基选集》第 2 卷，上海文艺出版社 1963 年版，第 14 页。
② 《毛泽东书信选集》，人民出版社 1983 年版，第 608 页。

年，懦夫变成勇士。"① 这里，莎士比亚的思维属于形象思维，但它运用了大量概念，如丑、美、卑贱、尊贵等等。另一方面，概念思维中也可以有形象。马克思的《1844 年经济学哲学手稿》是理论著作，其中对货币本质的揭露，属于概念思维，但就是在这些论述中，他不仅大段引用了莎士比亚的诗句，而且自己也用大段生动形象的语言来阐述货币的特征，比如他说："货币也是作为这种**颠倒黑白**的力量出现的。它把坚贞变成背叛，把爱变成恨，把恨变成爱，把德行变成恶行，把恶行变成德行，把奴隶变成主人，把主人变成奴隶，把愚蠢变成明智，把明智变成愚蠢。"② 从马克思的这些论述中，我们可感受到渗透在概念思维之中的形象。不同的认识活动，因研究对象、学科性质及个人思维习惯的不同，会在概念思维或形象思维中有所侧重，但都是这二者的结合。概念思维和形象思维都不是以单纯的形态孤立地存在的。

同形象思维相对应的思维活动，有人称为抽象思维或逻辑思维。我们认为，称概念思维更为确切。第一，概念是通过对感性材料的概括形成的，相对于形象思维的形象性，概念思维也可以说具有抽象性，所以称为抽象思维也不无道理；但是抽象是对具体而言的，而概念思维本身也有抽象与具体的区别，它是一个由抽象上升到具体的过程，它的目标是达到思维中的具体。概念思维自身中相对于具体而言的抽象性，同相对于形象思维的概念思维的抽象性，是两个不同的问题。将概念思维称为抽象思维，有可能发生歧义，引起误解，似乎概念思维仅仅是抽象的，没有具体性。所以，概念思维较之抽象思维更能准确地、无歧义地表达与形象思维相区别的这一思维类型。第二，将区别于形象思维的概念思维称为"逻辑思维"也不妥当。一方面，概念思维中也有非逻辑的因素。爱因斯坦就曾指出，对于日常思维的基本概念和科学中公理体系的产生来说，非逻辑的直觉起着重要作用。另一方面，形象思维并非都是非逻辑的思维。形象思维中固然有非逻辑的直觉和想象，却也有逻辑规则、逻辑方法的应用。比如文学艺术作品中故事情节的发展，人物和人物间关系的变化，必须合乎生活的逻辑，它自身就要遵循思维形象运动的逻辑。

①② 《马克思恩格斯全集》第 3 卷，人民出版社 2002 年版，第 360、364 页。

五、个体认识和群体认识　认识和交往

认识的主体既包括个人，又包括多种不同性质、不同大小、不同层次的社会集团。个体认识和社会群体认识的对立统一，始终是人类认识运动的一对内在矛盾。认识在个体认识和群体认识的相互作用中发展，是认识运动中的又一条规律。无论个体认识或群体认识，都是在社会交往中形成和发展的。所谓交往，是指人们之间的相互联系、相互作用。人们之间除了彼此直接接触的如当面讨论切磋、协作攻关这样的直接交往外，还有间接交往，即通过一定的中介进行的交往，如通过书刊和互联网进行的交往。

在当代社会，互联网作为新的交往方式对认识的形成与发展具有重要作用。第一，互联网拓展和深化了个体主体和群体主体的认识领域。互联网可以超越现实时空和物质条件的局限，将人类的文化成果和现实世界中各种各样的事物以及正在发生的事件汇集到网络中，变成可在虚拟空间中展现的对象，这就为主体的认识提供了极其广阔的空间，开拓了新的认识领域。第二，互联网增强了主体的认识能力。互联网消除了交往的时空障碍，促进了交往的普遍化，丰富了人的社会联系，为主体的素质与能力的发展创造了条件。互联网使全球范围的信息和知识共享，使人们获取信息和知识更加快捷高效。不管是位于繁华都市，还是身处穷乡僻壤，每个人都可以通过互联网利用各种层次的信息和知识资源，接受最先进的现代教育，这就推动了个体和群体的科学文化水平的提高和认识能力的增强。第三，互联网促进知识创新。网络空间是符号、声音、形象等的复合体，对网络空间的认知，需要人的思维处于整体激活状态，这就使人的概念思维能力和形象思维能力得到立体整合，有利于增强人的创新能力。网络环境创造了一种民主、自由的氛围，有利于增强人的自主性和独立性，激发人的创新意识和创新能力。在网络世界中，新信息不断涌现，不同的思想观念、价值取向、生活方式、民族风情异彩纷呈，使人们能够不断地揭示出新问题、新联系，产生新思想、新观念、新方法，从而推动知识创新。

当然也要看到，互联网中的信息鱼龙混杂，需要细心辨别真伪。以互联网为中介形成的认识缺乏客观事物固有的具体丰富性，同感性具体的现实事物有很大的差距。如果过度依靠网络来认识世界，会导致片面的认识。

　　马克思主义从人民群众与个人作用的统一来理解人类社会的历史发展，也从社会群体与个人作用的统一来理解人类认识运动。

　　一方面，认识从本质上说是社会群体的活动，马克思主义坚持用唯物史观观察人类认识活动，把认识的发展看做是社会群体认识和个体认识的统一。个体认识离不开社会交往，离不开群体认识。第一，个体只有在社会交往中才能成为现实的认识主体。新生儿只是可能意义上的认识主体。通过社会交往，个体从社会环境中接受了在历史发展中积累起来的知识、语言、感情、思维方式和价值观念，在头脑中形成了自己的精神世界，从而成为一个现实的主体。第二，个体认识必须以人民群众的社会实践为基础。离开了人民群众的实践，个人的冥思苦想不可能产生重大的认识成果。第三，个体的认识活动只有在社会交往中才能存在和发展，才能产生积极的成果。

　　现代科学技术的发展，越来越依赖于社会的协调与合作，依赖于科学家们有组织的联合攻关。20世纪80年代以来受到越来越多的国家重视的"国家创新体系"，就是在一个国家的范围内由政府部门、大学、研究所、企业、中介机构等多种相关机构和人员组成的复杂网络系统，这一系统中不同机构与人员之间的相互联系和相互作用，直接影响着一个国家的创新能力。建设创新型国家，必须依靠全国人民的共同努力。

　　社会交往不仅在同一代人之间进行，也在前后代人之间展开，不仅在空间伸展，也在时间中延续。从一定意义上说，教育就是一种系统的有组织的社会交往活动，它负载着通过前后代之间的交往传递知识、积累文化的社会功能。假如没有教育，就很难有人类知识的传播和科学文化成果的积累。

　　在同一时空领域中的交往，本质上都是相互的，不同的个体和社会群体之间是相互作用的。同时，人们也同自己未曾谋面的祖先进行一种特殊形式的交往，他们自己认识的发展必然受到祖先留下的传统文化的强烈影响和制约。

　　另一方面，认识终究是通过个体的活动进行的，社会群体是由一定社会关系中结合在一起的个体构成的，社会群体的认识离不开构成这一群体的个体的认识。

　　同物质生产等实践活动相比，作为精神生产的认识活动更加依存于个人主体。认识作为一种探索客体本质和规律的精神活动，只能在个人的头脑中展开。任何重要认识成果的产生，都是富于创造性思维的头脑的产物。虽然就其来源和基础来说，认识离不开客观的物质对象、群体的实践和主体之间的交往，但思想成果终究只能产生于思维着的头脑之中，终究要靠个人的独立思考和创新能力的发挥。

各种社会群体的认识，并不等于这一群体中个人认识的相加，却只能通过个体的认识活动而存在，只能在各个个体认识的相互作用中发展。在人类文明史上，同千百万人共同创造的物质成果相比较，精神生产的成果如科学概念和原理、公式、理论学说、文学艺术作品等更多地打上了个体的烙印，并且常常以个人的名字命名。我们强调尊重知识、尊重人才，强调当代世界综合国力竞争最主要的是人才的竞争，当然不应被理解为国家、民族的命运系于少数杰出人物，但这里确实包含着对个人作为创新认识主体作用的充分肯定。强调社会群体的作用和充分肯定包含在其中的个体的作用是统一的，不是相互排斥的。

认识的主体是由无数个人和各种社会集团相互作用构成的复杂系统，因此认识始终是个体认识和社会群体认识的统一。社会群体的认识只有通过个体的认识活动才得以实现，社会应努力为个人才能的发挥创造良好的环境，尊重精神生产的规律，尊重知识分子的劳动，让他们能够聚精会神地从事科学研究和学术探讨，独立思考，勇于创新，捕捉稍纵即逝的思想火花，并自由地发表自己的见解，不断开拓认识和科学前进的道路。另一方面，个体认识离不开社会群体的认识，因此个人的科学研究和学术活动不能脱离社会实践和社会交往去闭门造车，不能背对着现实世界，面向着自己的内心去寻觅灵感。个人要善于吸收已有的思想成果，在掌握前人相关成果的基础上继续向前开拓，善于在社会交往特别是同行们的切磋交流、思想碰撞中获得有益的启示，点燃思想的火花，善于在集体的科学研究中协调关系，通力合作，联合攻关，成为集体中积极的活跃的一员。科学上的"百家争鸣"和艺术上的"百花齐放"，是认识发展和科学文化繁荣的推进器。"双百"方针的制定和实施是对认识发展规律的自觉运用。

个人主体的认识按其来源，可以分为直接认识和间接认识。直接认识是通过亲身实践直接接触客观对象获得的认识，间接认识是通过各种形式的社会交往接受的由他人从客观对象获得的认识。直接认识是个人主体接受间接认识的基础，间接认识是个人主体不可缺少的认识来源。个人只有把获取直接认识和接受间接认识结合起来，使二者相互促进，才能使自己的认识不断丰富和发展，才能为人类知识的宝库增添新的财富。科学研究工作是人类探索自然、社会和人类自身奥秘的前沿阵地，科学研究工作者是人类认识的尖兵。科学研究工作者作为认识的主体，一方面面对着他要探寻的客观对象，另一方面也面对着人类已有的知识宝库。人类积累起来的知识已经浩如烟海，搜集、梳理、检索、运用已有的知识成了专门的学问。在向未知领域进军的过程中能否正确认识和对待前人的知识，如何处理面前的客观世界和人类现有知识的关系，直接影响着科学研究工作的成效。自觉地理解和把握认识发展中个体认识与社会群体认识的关系、直接认识与间接认识的关系、个人独立思考与社会交往的关系，可以在科学研究工作中少走弯路，多出成果。

六、知识和能力　知识和智慧

认识是主体运用自己的能力去求得知识的活动。认识的发展，既是主体知识增长的过程，也是主体能力提高的过程。知识和能力的相互作用，构成了认识过程中的一对矛盾，推动着认识的发展。

知识是主体从精神上对客体的把握，是人类认识世界所获得的精神成果。根据知识的高低层次不同，可以分为经验知识和理论知识。经验知识是知识的初级形态，主要表现于人们在日常生产、生活和社会交往中获得并口传身授的经验之中，基本上从属于特定的个体或群体。它可能转化为理论知识，也可能始终停留在特定个体或群体的范围之内。理论知识是知识的高级形态，它通过概念、判断、推理、假说、预见等思维形式表现出来。科学和科学形态的哲学是理论知识的最高形态，是正确反映客观世界的本质和规律的知识体系。根据知识传递的方式不同，可以分为言传知识（Codified knowledge，verbal knowledge，又称显性知识、编码知识）和意会知识（tatic knowledge，non-verbalknowledge，又称缄默知识、隐性知识）。言传知识能借助语言、文字符号表达出来，可以脱离认识主体以信息的形式储存在磁带、光盘、书刊等载体之中。意会知识是只能意会、体验而不能言传的知识，它难以脱离认知主体，必须靠亲身体验来获得。言传知识是人类知识的主体，但意会知识如技巧、技能、个人经验等也是人类知识的重要形式。意会知识能够通过行为、动作、情感等表现出来，并不是不可捉摸的神秘之物。经验知识中许多是意会知识。理论知识都是言传知识。

能力是人所具有的把握客体的力量，它使人区别于其他物质实体而成为能动的主体。主体能力包括认识能力和实践能力。认识能力是人们能动地反映客体、从观念上把握客体的能力；实践能力是人们能动地改造客体、通过物质活动变革客体的能力。这里我们所讨论的主要是人们在实践中认识世界的能力，是以实践为基础的认识能力。

主体认识能力表现为人们在实践中观察、思维、记忆和表达等诸方面的能力。从信息论的观点看，主体能力表现为接受信息（观察、阅读、理解等）、加工处理信息（归纳、演绎、分析、综合、抽象、直觉、想象等）、贮存和提取信息（记忆、查询、联想等），以及输出信息（语言文字表达等）和运用（分析和解决实际问题）的能力。

主体的知识和能力是统一的。知识作为主体精神世界的重要组成部分，是决定主体能力的最重要因素之一。从人类认识最初发生的意义上说，知识的产生和能力的形成是同一个过程。没有认识能力的形成，就没有知识的产生；认识能力又只能是逐步形成于获取知识的过程之中，并通过知识的获得表现出来，得到确证。一般说来，在其他条件相当的前提下，主体的知识越丰富，他认识世界和改造世界的能力就越强；主体能力越强，能力的发挥越充分，知识的增长就越多越快。在认识过程中，知识转化为能力，能力的提高又为获取新的知识提供了新的可能性。认识能力在获取知识、揭示真理、创造精神产品的过程中表现出来，实现自己，同时这也就是能力向知识的转化。主体的知识和能力在实践基础上统一，在认识过程中相互作用，相互转化，推动了认识的前进运动。

主体的知识和能力的统一是相互区别的对立面的统一。一定主体的知识和能力之间也常常表现出不一致的一面，这是因为：

第一，知识和能力的转化是有条件的。主体既有的能力只是为他提供了获得新知识的可能性。可能性变成现实，必须经过实践和认识活动，这是能力转化为知识的条件。知识转化为能力也是有条件的。主体具有对待知识的科学态度，并善于联想和思考，是知识转化为能力的基本条件。如果以教条主义的态度对待已有的知识，把知识当做固定不变的东西死记硬背、生搬硬套，知识就难以转化为能力。

第二，知识只是构成主体精神世界的因素之一，能力的形成和发展并非仅仅取决于知识，决定和影响主体能力的因素包括物质生理基础、社会性因素和多种精神性因素。如果将主体能力的高低仅仅归结于知识的多寡，那是非常片面的。感情、意志、价值观、世界观的激励、支撑、定向、指导作用，当认识还处于感性阶段时就已经显示出来，它们是影响感知能力、思维加工和创造能力的重要因素。科学认识活动中协调人际关系的能力和组织管理能力，社会交往所必须的语言表达能力，也是主体能力的重要组成部分。这些能力的形成和发展，单靠知识的积累显然是远远不够的。

智慧是同知识密切相关的又一个重要范畴。古汉语中，"智"既可以与"知"通用，又在另一些场合包容了更多的内涵。智慧又同能力紧密关联。仅限于某一侧面或某一层次的能力，未必都是智慧的表现，但智慧总是表现于能力之中，超凡出众的综合能力是主体智慧的显现。智慧作为主体所具有的一种素质，是在知识和能力协调发展的基础上形成的，是在一定的价值观和思维方式引导下对世界和人生的本质与规律的洞察和正确运用。

知识不等于智慧，智慧不能仅仅归结为知识。

知识的基本品质是真，而智慧则要求真善美的统一。知识告诉我们客体是什么、是怎样的，它要求分清真假，揭示本质和规律。知识之所以为知识，就在于它正确反映了客观对象，是具有真理性的认识。智慧也具有真的品质，它以客观规律为根据，以把握真理为前提，但真理只是构成智慧的因素之一，还不是智慧的全部。获得知识不等于已经具备了智慧。赫拉克利特说："爱智慧的人必须熟悉很多很多东西"，但"博学并不能使人智慧"，[①]他认为，"智慧就在于说出真理，并且按照自然行事，听自然的话。"[②]智慧不仅要求说出真理，而且要求正确运用真理对待自然、对待社会、对待人生，确立正确的价值导向、人生追求和行为目标，促进社会的进步和人自身的发展。除了真理性的认识外，正确的世界观、人生观、价值观、思维方式

①②　北京大学哲学系外国哲学史教研室编译：《西方哲学原著选读》上卷，商务印书馆1981年版，第25、26页。

以及健全的心理品质都是构成智慧所不可缺少的因素。机关算尽、斤斤计较于个人得失进退的小聪明之所以不同于为国为民深谋远虑的大智慧，其差距不只在于知识的深浅、多少，首先是在于根本出发点、立足点不同，人生观、价值观迥异。有知识未必有智慧，知识多未必智慧高。饱学之士也可能因钻营一己私利而遮蔽了聪明，甚至利令智昏、倒行逆施，无智慧可言。

知识和智慧又是统一的，它们相互依赖，相互促进，不可分割。

智慧离不开知识。在一定意义上说，知识是智慧的基础，智慧是知识的运用。有知识不等于有智慧，但没有知识，就没有智慧。智慧不能只靠知识得来，但也不能游离于知识领域之外。知识是智慧发展的手段和资源，智慧存在于、发展于学习知识和运用知识的过程之中。智慧的发展和知识的增长是同一过程中相伴前行的两个方面。

知识更离不开智慧。智慧是知识的向导，知识是智慧的工具。知识就是力量，但知识掌握在不同的人手中会成为不同的甚至相反的力量。知识掌握在没有智慧的人手中，可能是无用的或有害的，因为没有智慧的人或者不会运用知识，或者会把知识运用于错误的目标甚至邪恶的目的，把知识变成危害社会和人自身的力量。智慧是知识的主人和向导，知识必须受智慧的引导和制约。智慧的头脑掌握了知识，就会把知识变成造福人类的巨大力量。智慧的发展必然有力地促进知识的增长、创新和运用。离开了智慧，人就会迷失在纷乱的知识丛林之中，知识就会被误用、滥用，或弃之不用。

主体在社会实践中不断认识世界、增长知识，又不断超越具体的知识，经过深入思考和亲身体悟，达到对世界对人生的深刻理解，改造自己的主观世界，把知识上升成为智慧，用智慧统领知识，这样才能使知识与智慧相互促进、相互转化，使自身认识世界、改造世界的能力不断提高。

七、认识和反思

反思作为认识论的范畴是指对人们的认识活动、认识产物及其发展规律的认识和思考，即人类认识反诸自身的思考。反思不等于否定从前的认识，反思的结果既有否定性的评价，也有肯定性的评价。如果认为进行反思本身就意味着否定，那实际上是在反思开始之前就有了先入为主的结论，背离了反思所应有的实事求是的精神。

在人类社会生活中，反思是包括多种不同主体和不同对象，多层次多方位展开的丰富多彩的活动。各门学科的学科史和学科论，如经济学史和经济学论、哲学史学等，都是以本门学科为对象的反思。认识论是在哲学层次上对人类认识的本质及其规律的反思，是最高层次的反思。

反思是人类认识中的普遍现象，人类认识发展的过程始终伴随着对认识的反思。

人与动物的本质区别在于人能从事劳动。马克思说："有意识的生命活动把人同动物的生命活动直接区别开来。""他自己的生活对他来说是对象。仅仅由于这一点，他的活动才是自由的活动。"① 人改变自然的劳动之所以不同于动物的活动，人的意识之所以不同于动物的心理活动，就是因为人把自己的这些活动也当成自己意识的对象。正是对认识的认识，即反思，才使人的认识成为自觉的活动而同动物的心理区别开来。从这个意义上说，反思是人类认识的本性，没有反思就没有认识。

反思同主体反映客观对象的认识活动相伴而行，认识活动中反思的普遍性表现于认识发展的一般过程之中。在认识从感性阶段到理性阶段飞跃的过程中，头脑对感性材料加工思考的认识活动已经具有反思的性质：它是以感性认识为对象的认识。没有这种最初形式的反思，就没有认识的第一次飞跃。在认识第二次飞跃的过程中，主体让第一次飞跃中获得的认识回到实践中去，一边用它指导实践，一边用实践检验认识的真理性。第一次飞跃中形成的认识在第二次飞跃中被当成了认识的对象或反思的对象。对同一对象的认识，通常是通过两次飞跃的多次反复而完成的。认识过程的这种反复性同时也是反思的反复性。认识过程的无限性同时也是反思的无限性。认识通过主体不断进行的反思而向前发展，这是实践、认识、再实践、再认识的认识基本规律中的内容之一。

反思也是认识，认识包括反思。认识的对象包括了认识活动及其产物，这就使反思成为人类认识中的一部分，即以认识为对象的特殊部分。作为人类认识的一部分，反思具有辩证唯物主义认识论所揭示的人类认识的一切根本性质，只不过这些根本性质在反思中有其特殊的表现方式。

---

① 《马克思恩格斯全集》第3卷，人民出版社2002年版，第273页。

反思也是反映，是人脑对物质的能动的反映。反思的直接对象，是人的认识这种精神活动，以及作为认识活动结果的精神产品。反思性认识的这种特殊性使人不易看清反思归根到底仍然是以物质世界为对象的，因而对其反映性本质的认识容易变得模糊起来。但是，任何反思性的认识终究都是对物质的反映。首先，作为反思对象的精神客体，都有其物质载体或物质表现形式，它只有借助于物质载体成为一种对象性存在，才能作用于人的感官而引起反思性的认识。其次，作为反思性认识对象的精神客体，追根溯源，都是来自对物质客体的反映，最终离不开独立于人的意识之外的物质客体。离开了物质客体，就没有反映或认识，也就没有对认识的认识或反思。

正因为反思性认识仍然是对物质的这样或那样的反映，因此反思性认识同其他认识一样，有正确与错误之分。一种反思性认识只有当其与自己所反映的对象相符合时才是真理，不符合的则是谬误，而检验反思性认识是真理还是谬误的标准，归根到底仍然是社会实践。判定一种反思性认识是真理还是错误，必须经过反复的实践，首先将它与所反思的精神客体相对照，并最终要同这些精神客体所反映的客观的物质的事实相对照。在反思性认识中，面对众说纷纭的各种观点，离开了实践的检验和客观的事实，就无从分辨真理和错误。

不同的反思性认识有不同的价值，产生不同的社会历史作用，而人们对反思性认识的价值评估，也总是与不同的反思主体的立场、利益和价值尺度分不开的。任何主体总是处于一定的社会关系之中，总是从一定的立场、观点出发去反思、评价各种思想、观点、学说和历史人物的是非功过的。在认识的反思中，如同在其他认识活动中一样，只有以最广大人民的根本利益为出发点，才能对不同的认识活动及其产物作出正确的价值评估，实现真理与价值的统一。

反思这种特殊的认识活动凸显了人类认识所固有的能动性，即主体在认识活动中的自觉性、主动性。反思始终作为一个内在因素包含于认识过程之中，意味着主体在认识客观对象的同时，又随时将自己的这种认识活动及其结果当成第二级的认识对象或反映对象予以观察和思考。随着主体反映客体的认识活动的进展，主体对自身认识的反思也向前推进。在反思中，主体将自己设想为第三者，他在想象中从自身走出来，从旁观察、审视自己的认识活动。因此，反思实际上是主体对自身认识活动的自我监测和自我调控。反思的普遍性意味着人类的或个体的认识都内在地包含着自我监测和自我调控的机制。假如没有这种自我监测和自我调控，"认识"就是盲目的、不自觉的活动，它就不是人的或人类的认识，而是动物的心理活动。

　　不同主体的认识活动中的自我监测和自我调控有强弱的不同，有自觉程度的区别，这是构成不同主体的认识能力和认识成果的个体性差异的一个重要因素。反思的自觉性的高低，表现了不同主体在认识活动中不同程度的能动性，它影响着认识的发展，影响着主体能否自觉遵循认识的客观规律，能否达到真理，创造出有价值的精神产品。反思的意义，就在于提高主体认识活动的自觉性，发挥主体能动性，使主体的认识活动更自觉地遵循认识的客观规律。无论对于个体或对于社会，为了获得真理，减少错误，推动实践，改造世界，都要善于反思。

第 三 章

真 理

认识的任务在于探求真理。只有真理性的认识才能指导人们在实践中获得成功。对真理问题的研究，构成了认识论的一个重要部分。

第一节 认识、真理和价值

真理属于人的认识。认识是真理与错误的矛盾统一体。

一、真理和错误

认识都是对客体的反映，其中与客体符合的是真理，不符合的是错误。一种认识要么是真理，要么是错误。实际存在的认识成果常常掺杂着真理和错误的成分，但不存在某种既非真理又非错误的认识成分。社会实践和认识发展的历史表明，人类能够正确认识世界、获得真理，同时，人的认识中不可避免地会出现错误。

真理概念既具有确定性又具有不确定性，在不同的场合，"真理"可以指称不同的对象：（1）个别真理或真理个体。即指某一个与客观对象相符合的认识，或对一定具体对象的正确反映，它可以是一个命题，或一个由许多命题构成的体系，一种理论、学说。（2）一定历史条件下人类获得的某一方面的真理性认识的总和或所有真理性认识的总和。即一定历史阶段中某一方面的或全部真理的总和。（3）真理总体或真理总和。即指一切与客观对象相符合的认识，或人的全部认识中与客观对象相符合的那个"类"，而区别于认识中与客观对象不相符合的那一"类"，即错误。这时真理是一个类概念。由于认识是无限发展的，所以真理总体或真理总和也是作为一个无限发展的过程而存在的。真理总体是无限的，但真理个体以及一定历史条件下的真理的总和都是有限的。

真理和错误是相互对立的。真理与错误之间存在着确定的界限，二者有本质的区别。在认识和实践中，既不能把错误当成真理，也不能把真理当成错误。真理和错误不能并立，坚持真理必须排除错误。真理和错误作为人类认识中的矛盾双方又是相互依存的。它们同为人类认识的产物，人类认识中永远不可能只有真理或只有错误。在一定条件下，真理和错误可以相互转化。任何真理，如果加以夸大，就会转化为错误。把真理凝固化，在客观过程和社会实践向前发展之后依然固守原来的认识，也会使真理转化为错误。把个别原理从科学真理的体系中抽取出来，孤立地运用于具体对象，会使它成为片面的认识而转化为错误。另一方面，认识中发生了错误，通过对它的分析、批判，可以从中吸取经验，获得真理，这是错误向真理的转化。真理同错误相比较而存在，相斗争而发展，是真理发展的一条规律。这条规律的方法论意义在于，告诉我们要正确对待认识中的真理和错误，学会在同各种错误的斗争中去发展真理。

真理是否包含错误，曾经是一个长期争论的问题。主张真理包含错误的观点，其论据归结起来主要有三条：（1）按照对立统一规律，矛盾双方是相互渗透的，而相互渗透就是存在"你中有我"、"我中有你"的相互包含关系。运用到真理和错误的关系上，就是真理包含错误，错误包含真理。（2）用马克思主义经典作家的话做论据。恩格斯说："今天被认为是合乎真理的认识都有它隐蔽着的、以后会显露出来的错误的方面，同样，今天已经被认为是错误的认识也有它合乎真理的方面，因而它从前才能被认为是合乎真理的。"① （3）用一些实例来证明真理包含错误，例如：牛顿力学是真理，但包含着绝对时空观的错误；哥白尼日心说是真理，但包含着太阳是宇宙的中心、行星绕日运行的轨道是圆形的错误，等等。

---

① 《马克思恩格斯选集》第4卷，人民出版社1995年版，第244页。

关于第一个论据，对立统一规律告诉我们真理和错误具有同一性，但是真理和错误同一性的具体表现，只有通过对真理和错误之间实际关系的具体分析才能获得，而不能靠演绎法推导出来。普遍性原理不能当做真理的标准。这种从普遍性原理出发通过演绎推理去证明某一特殊性结论的论证，其基本方法是不能成立的。关于第二个论据，其一，它把经典作家的论述当做真理的标准，这在方法论上是不正确的。引证只能证明经典作家有某种观点，而不能证明某一观点的正确性。其二，恩格斯的论述是正确的，但引证者有意无意把其中"今天被认为是合乎真理的认识"混同于真理。某种被认为是合乎真理的认识不等于真理，明天的实践可能证明它是错误的，今天被认为是真理的认识包含错误并不意味着真理包含错误。关于第三个论据，论者举例中所讨论的"真理"指的是就整体而言是正确的，同时也包含着某些不正确成分的知识成果、理论学说，是指这些学说的整体，而不是专指其中与客休符合的部分。这样的"真理"概念缺乏确定的内涵，不能将真理与错误区分开来，是不科学的。如果说真理可以包含错误，那么，一种认识中究竟包含多少错误可以被称为真理，超过什么限度才不是真理呢？一种认识是不是真理，并不取决于它是否"被认为"是真理，而仅仅取决于它是否与客体符合。在实际生活中，真理性的认识通常并不是以某种排除了一切错误的纯粹的形态存在的，因而强调一定历史条件下被认为是真理的认识很可能包含错误，而非纯粹的真理，这对于克服错误、发展真理、防止思想僵化是重要的，但如果由此得出真理包含错误的结论，那就在认识论的理论层面模糊了真理与错误的界限，将二者混同了。

真理是否包含感性认识的问题也曾引起过争论。有些论者主张，感性认识不应包含在真理的概念之中。感性认识反映事物的现象，不能揭示事物的本质，但是这不能成为将感性认识排除于真理概念之外的根据。事物的现象也是客观的，对事物现象的反映也有真假之分，也有与客体符合或不符合的区别。现象与感觉是两回事，它们之间是被反映者与反映的关系。感觉中有错觉的存在，恰好说明人的感觉存在着是否如实反映事物现象的区别。恩格斯说："当我们按照我们所感知的事物的特性来利用这些事物的时候，我们的感性知觉是否正确便受到准确无误的检验。如果这些知觉是错误的，我们关于能否利用这个事物的判断必然也是错误的，要想利用也决不会成功。"① 既然感性认识有正确与错误之分，那么是否应该将正确的感性认识纳入真理的概念之中呢？我们界定真理概念，是因为需要将认识中正确的与错误的成分区分开来，用其中正确的认识指导实践，如我们在本篇第二章第二节所阐述的，认识过程中感性的和理性的两种因素始终是结合在一起的，指导实践的认识并不是抽象形态的理论，而是运用理论分析具体对象所获得的既反映其本质又反映其现象，既反映其中的普遍性又反映其特殊性的感性与理性两因素相统一的认识。所以，真理虽然主要是以理性的形式存在着，但它整个说来是感性和理性两因素相统一的认识，将正确的感性认识包含于真理概念之中，是与这一概念所指称的客体相符合的。将感性认识排除于真理概念之外，会导致正确的感性认识既不属于真理又不属于错误的归属困难。还有论者认为，在真理概念中包含感性认识就会否定从感性认识阶段向理性认识阶段飞跃的必要性。这种观点也难以成立，因为我们并非将真理仅仅理解为正确的感性认识，并非满足于这样的认识，我们在肯定正确的感性认识也包含在真理概念之中的同时，还指出感性认识有其局限性，只有理性认识才能反映对象的本质和规律，我们要求的是感性和理性相统一的、能把握对象的本质和规律同时又能把握其现象的认识。我们不是将真理分为感性真理和理性真理两种真理，而是确认在统一的真理中包含着感性的和理性的两种认识因素。

二、真理、错误和价值

真理与价值的关系包括两个方面：一方面是真理反映价值关系，另一方面是真理自身具有价值。

人对客观事物的认识，不仅要了解客观事物自身的属性，它的现象、本质和规律，而且要弄清主体与客体之间的价值关系，以便满足主体的需要。因此，真理的对象包括客体对主体的价值关系，真理的内容包括对价值关系的正确反映。

客体与主体之间的价值关系是一种客观存在的事实，一定的客体对某一主体来说是否有价值、有什么样的价值，不依主体的意志为转移。不同的主

① 《马克思恩格斯选集》第3卷，人民出版社1995年版，第702页。

体有不同的价值观念和价值取向，对同一种价值关系有不同的看法和评价。但是，现实存在的价值关系并不随人们的评价或价值观念的不同而改变。只有同主客体之间实际存在的价值关系相符合的认识才是真理。人们的价值观念是形形色色的，但是反映同一种价值关系的真理或真理体系只能有一个。对价值关系的认识，应该同对事物其他方面的认识一样，力求按照客观对象的本来面目去反映它。

真理是人类创造的精神产品，它满足人们物质实践和精神生活的需要，具有价值。真理的价值归根到底在于它能够指导实践改造世界，实现主体的目的，满足主体的需要。在基础理论研究中，有时某些科学真理产生之后在实践中一时还派不上用场，看不出有什么用处，但是凡属正确反映客观对象的科学真理，终究都能通过指导实践变成改造世界的物质力量，造福人类。真理还具有精神上的价值。获得真理，摆脱思想上的困惑，这本身已是一种精神享受。真理能够充实人们的头脑，提高人们的理解能力和思维能力，是探求新知识、创造新的精神产品的重要条件。

最广大人民的根本利益是我们价值判断的根本尺度。以人民群众作为价值主体，任何真理都是有价值的。但这并不是说，一切真理对任何个体都具有同样的价值，都能满足他的某种需要。真理是改造世界、造福人民、促进社会进步的力量，如果特定主体的某种目的与人民根本利益和社会进步的趋势相背离，那么反映社会客观规律的真理不可能适合于他的需要。所以，肯定真理的价值，不等于说每一个真理对一切人都有用。但是，对于整个人类实践和认识的发展来说，认识的真理性和价值性是统一的。凡是真理必定具有价值。无数志士仁人不惜牺牲自己的一切去追求真理，正是因为他们对真理的价值抱有坚定的信念。否定了真理的价值，也就否认了人类追求真理的意义。

真理有价值，是否意味着有价值的观念就是真理呢？马克思主义和实用主义存在着原则分歧。

实用主义不是根据观念与客观对象的关系，而是根据它与一定价值主体的关系去区分真理和错误，把能够满足一定主体需要的观念称为真理。美国哲学家詹姆士说，你可以说"它是有用的，因为它是真的"，或者说"它是真的，因为它是有用的"，"这两句话的意思是一样的"。① 在他看来，真理"只有一个共同的性质，那就是这些真理是合算的"。②他把"有用"或"合算"看做是一种观念成为真理的唯一条件，认为"有用的观念"就等同于"真理"。詹姆士说："根据实用主义的原则，只要关于上帝的假设在最广泛的意义上能令人满意地起作用，那这假设就是真的。不管它还有什么旁的疑难问题，但经验表明，这假设确是有用的。"③他认为，相信上帝存在，人们就可以无忧无虑地让上帝去安排一切，自己充分享受"精神上的休假日"。上帝存在的观念既然是有用的，那它就是真理。杜威把各种理论看做是帮助人们应付环境的工具，他认为，工具无所谓真的或假的，只是有效的或无效的，适当的或不适当的，经济的或浪费的。如果理论工具有效地完成了任务，那它们就是真理，否则就是假的。他说："起作用的假设就是真的假设。"④ 杜威把真理定义为"真理即功效"。⑤英国实用主义者席勒明确提出："真是价值的一种形式"，"有用的就是'真'"，"无用或有害的就是'假'。"⑥

马克思主义肯定真理能够指导人们的实践活动，达到改造世界的目的。但是，真理是否有用，是相对于一定的主体的，而不同的主体有不同的需要和利益，在阶级社会中还存在着根本对立的阶级利益和价值观念，因此对某一主体"有用"的观念不一定都是真理。从根本上说，认识的真理性与认识的价值是统一的，认识的价值根源于它的真理性，而真理性的认识必然具有价值。但是，认识的真理性和认识的价值、认识的有用性毕竟是两个不同的问题，"有用的观念"不等于"真理"。一种认识之所以为真理，不是因为它对某个主体有用，而是因为它与自己反映的客观对象相符合。

真理性的认识具有价值，错误的认识有没有价值呢？错误的价值性问题可以分为两个方面来讨论。

从认识和实践的关系来看，错误的认识不具有能动地指导实践、改造世界的价值。错误的认识歪曲地反映客观对象的本来面目及其发展规律，不能

---

①②③ ［美］威廉·詹姆士：《实用主义》，陈羽纶、孙瑞禾译，商务印书馆 1979 年版，第 104、152、111 页。

④⑤ 洪谦主编：《现代西方哲学论著选辑》上册，商务印书馆 1993 年版，第 230、231 页。

⑥ ［英］席勒：《人本主义研究》，麻乔志译，上海人民出版社 1966 年版，第 31—32 页。

不导致人们的行动违背客观规律而招致失败。对于某些个人或集团来说，错误的认识可能有某种用处。以错误的认识为指导，也可能在暂时的局部的实践中获得某种成功，带来一定的利益。但是，以人民群众的根本利益作为价值尺度，从人民群众的当前利益和长远利益、局部利益和整体利益的统一来考察，错误就其对实践的关系来说，不具有价值或具有负价值。当然应当看到，一个从根本上、整体上说是错误的理论，也可能包含着一些在不同程度上与客观对象符合的合理的思想，因而当它运用于社会实践时，在整体上产生误导作用的同时，也可以在某些方面发生积极的作用。

从认识本身的发展来看，错误是有价值的。错误是通向真理的一个阶梯，产生了错误的认识活动是求索真理的过程中的一个环节。错误的认识对于探求真理也是有价值的。认识上的失足有深浅的不同，探索过程中在深处失足的错误，对后人是很宝贵的财富。在科学研究和社会变革中，先驱者在荆棘丛生、复杂多变的道路上奋进，他们成功的经验和失误的教训同样是弥足珍贵的。肯定错误在认识发展中的价值，并不是要为可以避免的错误辩护，不是鼓动人们多犯错误以便积累经验，不是主张在科学研究和实践活动中可以采取轻率的态度，而是要求珍视已经发生的犯错误的经验，其目的仍在于追求真理，排除错误。

真理与错误同价值的不同关系告诉我们，必须坚持真理，修正错误。坚持真理，修正错误，不只是单纯的认识问题，同时也是一个利害攸关的问题。它同人们在一定社会关系中的地位，同人们的立场密切相关。因此，要坚持真理，修正错误，首先必须站稳正确的立场，无论何时何地，都要把最广大人民的根本利益作为自己行动的根本出发点。只有站稳正确的立场，才能经得起任何风浪的考验，始终为真理而斗争。

其次，必须坚定真理必胜的信念。由于错误的产生既有深刻的认识根源又有复杂的社会历史根源，在探索真理和坚持、捍卫真理的过程中，错误的东西是长期存在的。真理与错误的斗争是复杂的，错误有时会占上风，但是真理最终会取得胜利。只有坚信真理必胜，才能具有无所畏惧的气概，敢于同任何错误、任何邪恶势力作毫不妥协的斗争。

再次，需要不断提高主体自身的综合素质和能力。真理是朴素的平淡的，而错误往往披着迷人的时髦的外衣，变换出新奇的形式，还常常打着真理的旗号，因此如果缺乏必要的素质和能力，就难以分清真理与错误，无法坚持真理、修正错误。

第二节　真理的性质

不同的真理有不同的对象和不同的具体内容，又有一些共同的性质。研究真理的性质，可以更好地把握真理。

一、真理的客观性和主观性

国内马克思主义理论界一般说来都承认真理具有客观性，认为客观性是真理区别于错误的根本属性。但是，对于什么是真理的客观性，存在着不同的理解。

有人把真理的客观性理解为真理的来源的客观性，即真理的内容以客观事物及其本质和规律为唯一来源，它的来源是客观的，所以真理是客观的。以客观事物为认识的来源或反映对象，是包括真理与错误在内的一切认识乃至一切意识的共性，而不是真理区别于错误的特殊性，把真理的客观性理解为真理的来源是客观的，无法把真理和错误区分开来。

有人把真理的客观性理解为某种真理是否存在以及如何存在，作为思想领域中的一种事实是不以认识者的意志为转移的，相对于以它为对象的认识者来说，它具有客观性。在这一视角中，真理是被当做一种认识对象即客体来考察的。客体不依赖于认识它的主体这种性质，不仅是这里作为考察对象的真理与错误所共有的，而且是作为认识对象的一切事物所共有的。它不是真理之为真理的规定性，而是包括精神现象在内的一切客体的共性。

有人认为真理具有客观性就是真理可以离开意识而独立存在，也就是把真理的客观性理解为外部事物所具有的客观性即物质性。这实际上是把真理当成了客观事物、客观规律本身。真理和它所反映的客观事物、客观规律分属于两个不同的领域。真理属于人的认识，是一种意识现象，是第二性的东西，而客观事物、客观规律是第一性的东西，二者有着根本的区别，决不能等同。客观世界、客观规律在没有人和人的认识以前就已经存在着，它们无所谓真理与错误。随着人和人的认识的出现，才有了真理和错误的区分。真理和错误都属于主体的认识，不属于客观世界本身。我们从来都是在认识论的范围内来讨论真理及其与错误的关系的。如果把真理理解为客观事物、客观规律，认识论中有关真理的各种命题如"实践是检验认识真理性的唯一标准"、"真理与错误相比较而存在、相斗争而发展"等，就都成为毫无意义或不可理解的了。

我们认为，所谓真理的客观性，就是它与客观对象相符合的性质，即它作为一种认识与客体的符合性。人们认识事物必须从客观实际出发，如实地反映客观对象，认识如果达到了这样的要求，与客体相符合，就具备了客观性，就是真理。客观性是真理最基本的属性，有时候为了强调真理的客观性，又称为客观真理。正是客观性这一本质属性使真理与错误区别开来。任何真理都具有客观性，都是同客观对象相符合的认识；错误不具有客观性，是同客观对象不相符合的认识。

真理也具有主观性。真理的主观性是指真理属于人的意识，是一种认识，是对客观对象的反映，而不是客观对象本身。真理的形式，如概念、判断、推理等，是人的认识所特有的，不是客观世界固有的；真理的内容，是与概念、判断、推理等结合在一起的思想观念，它同客观对象相符合，却并不是客观对象本身。真理的主观性是真理区别于物质客体的性质，它把真理同客观事物及其规律区别开来。客观事物及其本质和规律不具有主观性，而真理是对客观事物及其本质和规律的正确反映，是观念形态的东西，具有主观性。列宁说："自然科学关于地球存在于人类之前的论断是客观真理。"①这里所说的"客观真理"，是指自然科学关于地球的存在与人类的出现时间先后关系的"论断"，至于地球存在于人类出现之前这一客观事实，那是先于任何自然科学和它们的任何论断的，二者不是一回事。

必须严格界定真理的"主观性"的含义。真理具有主观性决不意味着真理可以由人们根据自己的爱好或需要主观认定。除了表明真理属于人的意识外，真理的主观性没有更多的内涵。如果在意识性的意义之外去讲真理的主观性，就会否认真理的客观性而导向唯心主义的真理观。

承认真理有主观性，会不会混淆真理与错误的界限？的确，只看到真理

① 《列宁全集》第18卷，人民出版社1988年版，第123页。

的主观性，不能把真理与错误区别开来，因为真理与错误的区别本来就不在这里。主观性是真理与错误都具有的共性。但是，承认真理与错误的共性，并不等于否定二者的本质区别。将真理与错误区别开来的是真理的客观性。只要我们在承认真理的主观性的同时确认真理的客观性，就能在肯定真理和错误同属于人类认识的同时划清二者的界限。

真理属于人的认识，不同于认识所反映的外部客观对象。真理又是认识中与客观对象相符合的部分，不同于认识中与客观对象不相符合的部分即错误。这就是真理所具有的相互联系的两种性质：主观性和客观性。正是客观性和主观性的统一，将真理同其他一切事物区分开来。任何真理都是客观性和主观性的统一。否认真理的客观性，就分不清真理和错误的界限；否认真理的主观性，就会把真理与客观事物、客观规律混为一谈。

关于真理的客观性与主观性的统一，有一种常见的说法：真理的内容是客观的，形式是主观的，真理是客观的内容与主观的形式的统一。这种说法是不妥当的。真理的内容，除了客观性之外，也有主观性；真理的形式，除了主观性之外，也有客观性。一方面，一种认识是否是真理，既要看它的内容，又要看它的形式是否与客观对象相符合。与客观对象相符合的思想内容，必须有与客观对象相符合的思维形式，这就意味着真理的形式也具有客观性。真理的形式与客观对象相符合，主要表现为在思维形式上符合逻辑规律。不违背逻辑规律的认识不一定是真理，但是真理都是符合逻辑规律的认识。另一方面，真理的主观性不仅表现于真理的形式，也表现于真理的内容。真理的形式具有主观性，这是没有什么疑义的。应该看到，真理的内容也并不是客观事物及其本质和规律自身，而是它们反映在人脑中形成的思想内容，因而具有主观性。理解真理内容的主观性，关键是将真理的内容和真理的对象区分开来。真理的对象和真理的内容分别属于客观和主观两个不同的领域。真理的对象是客观事物及其本质和规律，具有不依赖于认识主体的独立性，真理的内容是属于主体意识的，是与感觉、知觉、表象和概念、判断、推理等意识形式结合在一起的思想内容。真理的内容与真理的对象是反映与被反映的关系，这种反映是与客观对象相符合的，但它是与客观对象不同的另一种存在，是依存于主体的头脑或依存于表达思想的物质载体的一种精神现象，而且真理的内容与其对象的符合是一个随着认识的发展而无限接近的过程，不是绝对的符合，因而决不能把它与真理的对象等同起来，正如镜中花不同于现实中的化，水中月不同于天上的月一样。

总之，客观性和主观性是真理的基本属性，而这两种性质都应从内容与形式的统一中去理解。真理的客观性在于真理的内容和形式都与客观对象相符合，真理的主观性在于它作为内容与形式的统一体是不同于外部客观对象的观念形态的东西。

在真理观上，存在着唯物主义真理观和唯心主义真理观的对立。这种对立集中表现为坚持还是否认真理的客观性。唯物主义哲学认为世界是物质的世界，认识是物质的反映，从这一基本立场出发，必然要求人们的认识如实反映客观对象，因而坚持真理的客观性。唯心主义认为世界是精神的世界，否认认识是物质的反映，从这一基本立场出发，必然否认认识应该同客观对象相符合，否认真理的客观性。

二、真理的相对性和绝对性

真理的相对性是指真理的有条件性、有限性，它包括两层含义。

第一，真理所反映的对象具有有限性。任何真理都是对物质世界的一部分、一方面或一定层次的正确反映，不可能穷尽无限的物质世界。真理的对象或真理所反映范围的有限性，也可称为真理在广度上的有限性。辩证唯物主义所揭示的真理，虽然普遍适用于物质世界的各个领域，但它只是在最普遍的本质和最一般的规律这个层次上反映世界，因而也只是对事物一定层次的认识，不能代替对各种具体事物和各种具体的物质运动形式的诸多层次的特殊本质、特殊规律的认识，仍然具有有限性、相对性。

第二，真理与自己对象符合的程度具有有限性。人的认识总是受到一定历史条件下主体、客体和作为二者中介的工具等方面的限制，所以任何真理同自己的客观对象的符合都是近似的、相对的，而不可能是绝对精确的。这是真理在深度上的有限性。主体通过感官知觉对客体现象的反映，包括运用仪器获得的测量数据，都具有近似性。理性运用概念对于对象的反映也是近似的。恩格斯说："一个事物的概念和它的现实，就像两条渐近线一样，一齐向前延伸，彼此不断接近，但是永远不会相交。"①

真理的绝对性是指真理的无条件性、无限性，它也包括两层含义。

第一，每一个真理性的认识都具有绝对性。首先，每一个真理性的认识都在对有限对象的反映中同时包含着对无限的物质世界的认识。无限的物质世界存在于各种有限事物之中，每一个有限的具体事物，作为物质世界的一部分，都在有限性中包含着无限性。因此，对有限的具体事物的认识，同时也就是对无限的物质世界的一种认识，正如恩格斯所说："对自然界的一切真实的认识，都是对永恒的东西、对无限的东西的认识，因而本质上是绝对的。"②其次，每一个真理性的认识都同自己的客观对象相符合，都具有客观性，这一点也具有无条件性或绝对性。真理与客观对象的符合是近似的符合，但近似并不意味着不正确、不符合。真理与客观对象的符合既是近似的，又是确定无疑的。列宁说："图画的轮廓是受历史条件制约的，而这幅图画描绘客观地存在着的模特儿，这是无条件的。"又说："任何思想体系都是受历史条件制约的，可是，任何科学的思想体系（例如不同于宗教的思想体系）都和客观真理（引者注：指客观事实、客观规律）、绝对自然相符合，这是无条件的。"③

第二，真理就其发展来说，无论在广度或深度方面都是无限的。真理，既可以指具体真理，即某一个真理性的认识或一定历史条件下获得的真理性认识，也可以指真理总体，即过去、现在和将来不断发展着的真理性认识的总和。具体真理在广度和深度上都是有限的，而真理总体是永恒发展的，无论在广度或深度上都是无限的。人类获得的真理，从广度上说，可以反映物质世界越来越多的部分、越来越多的方面和层次，这种发展是无限的；从深度上说，它与客观对象越来越接近，反映日益精确化，这种发展也是无限的。从原则上说，物质世界中不存在永远不可认识之物，认识的发展没有不可逾越的领域，认识的精度也没有不可超越的界限。

在关于真理的相对性和绝对性问题的探讨中，我们常常遇到如何理解"相对真理"和"绝对真理"这两个概念的问题。在一些哲学论著包括教科

---

① ② 《马克思恩格斯选集》第 4 卷，人民出版社 1995 年版，第 744、341 页。
③ 《列宁全集》第 18 卷，人民出版社 1988 年版，第 137 页。

书中，一方面绝对真理与真理的绝对性、相对真理与真理的相对性被混同使用或互换使用（这种将实体范畴和属性范畴等同起来混用的做法已经是不符合逻辑规则的），另一方面又有绝对真理是无数相对真理的总和的论述。这样，它们实际上是分别在两种不同的意义上使用了"绝对真理"和"相对真理"这两个用语。在前一种情况下，两个概念被用来指称同一个真理，分别强调其一个方面的性质；在后一种情况下，两个概念分别指称真理总体与一个个的具体真理。这样就没有保持概念的一致性，有违形式逻辑的同一律。

列宁在《唯物主义和经验批判主义》中说："绝对真理是由发展中的相对真理的总和构成的；相对真理是不依赖于人类而存在的客体的相对正确的反映；这些反映愈来愈正确；每一个科学真理尽管有相对性，其中都含有绝对真理的成分。"① 毛泽东在《实践论》中说："在绝对真理的长河中，人们对于在各个一定发展阶段上的具体过程的认识只具有相对的真理性。无数相对的真理之总和，就是绝对的真理。"② 综观列宁、毛泽东对"相对真理"和"绝对真理"的使用，可以看出，这两个概念实际上分别是指一个个具体真理（包括一定历史阶段上的真理）和真理总体。所谓"相对真理"，就是指一个个有限的真理性认识，包括各种真理性的科学理论体系，以及每一历史时代所达到的真理性认识。而"绝对真理"是指不断发展着的无数真理性认识的总和，指永远只能作为一个发展过程而不能以某种完成形态存在的真理总体。马克思主义承认绝对真理，并不是认为人类有一天可以最终完成对无限的物质世界的认识，而是肯定认识发展和真理发展的无限性。相对真理的概念鲜明地、突出地表达了每一个具体真理都具有相对性的思想。绝对真理的概念明确表达了物质世界可知、真理可以无限发展的思想。"无数相对真理的总和构成绝对真理"的命题，准确而简明地揭示了真理发展的过程。这些概念和命题在马克思主义真理观的体系中有其存在的价值，不应该轻易否定。同时，为了防止逻辑混乱，应该只在具体真理和真理总体的意义上使用相对真理和绝对真理的概念，而不应该在其他意义上使用这一对概

---

① 《列宁全集》第18卷，人民出版社1988年版，第323页。
② 《毛泽东选集》第1卷，人民出版社1991年版，第295页。

念,不应该把这两个概念分别同真理的相对性或真理的绝对性混用,把个别的真理在称为相对真理的同时又称为绝对真理。

真理的绝对性和相对性是统一的,这主要表现在两个方面。

第一,每一个具体的真理性认识都同时具有相对性和绝对性,体现着这二者的统一。一方面,任何真理都是在一定条件下广度和深度有限的认识,因而具有相对性;另一方面,任何真理都确定无疑地是对客观对象的正确反映,它既是近似的认识,又是确实可靠的认识,并且在对有限对象的反映中同时包含着对无限的物质世界的某种认识,因而又具有绝对性。不存在只具有相对性的真理,也不存在只具有绝对性的真理。真理的相对性要求我们发展真理,真理的绝对性要求我们坚持真理。我们必须在坚持真理中发展真理,在发展真理中坚持真理,把坚持真理和发展真理有机地统一起来。

第二,真理发展的过程,也体现着真理的相对性和绝对性的统一。真理是过程,是通过相对真理的积累不断走向绝对真理的过程,是无数相对真理的总和构成绝对真理的过程。绝对真理不能离开相对真理而单独存在,它不是相对真理之外的另一种真理,而是由相对真理构成的并通过相对真理而存在的。相对真理也不是离开绝对真理而存在的,它是绝对真理的构成成分。

割裂真理的相对性与绝对性,会导致真理观中的相对主义和绝对主义。相对主义的真理观片面强调真理的相对性,否认真理的绝对性。它把真理具有相对性理解为真理是因人而异的、缺乏任何确定性内容的东西,抹杀了真理的客观性,抹杀了真理和错误的界限,是一种是非不分的真理观。绝对主义的真理观片面强调真理的绝对性,否认真理的相对性。它把真理的绝对性理解为脱离了相对性的僵死的绝对性,看不到任何真理都有其适用条件、任何真理都需要进一步发展,是一种僵化的、束缚人的思想的真理观。坚持真理的相对性和绝对性的统一,必须反对这两种错误的真理观。

三、真理的抽象性和具体性

真理的抽象性包括两层含义。

第一,每一个具体真理都包含着各种简单的抽象的规定。抽象是指人的思维从事物整体中提取其中的一部分或一方面。通过抽象思维活动获得的关于事物某一方面的认识,就是"抽象的规定"。具体真理形成的过程都离不开抽象这个环节，作为完整体系的具体真理都是由多种抽象的规定构成的，所以具体真理仍然具有某种抽象性。

第二，真理的形式是抽象的。真理是正确的感性认识和理性认识的统一体，而主要表现为正确的理性认识。理性认识的真理舍弃了事物的感性形象，表现为概念、判断和推理等形式，无不具有形式上的抽象性。

真理的具体性也包括相互紧密关联的两层含义。

第一，真理是多样性统一的完整的认识，具有全面性。真理是多样性统一的事物整体在思维中的再现，是对事物全面的正确的反映。现实存在的客观事物都是由多方面规定性构成的统一整体。马克思说："具体之所以具体，因为它是许多的规定的综合，因而是多样性的统一。"① 客观对象的具体性决定了真理的具体性。全面深刻地反映了客观对象的真理性认识，必定是对客观对象多方面规定性的正确认识的有机统一。列宁说："真理是全面的。"② 他又说："真理就是由现象、现实的**一切**方面的**总和**以及它们的（相互）**关系**构成的。"③

客观对象的某一方面或某一联系不能代表客观对象的整体。一种认识如果只是对客观对象的某一方面或某一联系的正确认识，虽然对于这一方面或这一联系来说它是真理，但对于客观对象的整体来说，它只是一种片面的认识，不能称为真理。真理的具体性要求我们，在认识客观对象时必须力求把握它的所有方面和一切联系，而不能满足于对它的个别方面或个别联系的认识。

客观事物所具有的某一方面的性质，例如一朵花的红色，如果被单独抽出来考察，并不是该事物所独有的，而是它与其他一些事物共有的，但是一个事物多方面的规定性结合在一起，却使它成为区别于其他任何事物的独一无二的"这一个"事物。正因为多样性的统一使每一事物同其他事物区分开来，所以事物的具体性又意味着它的独特性。而这就决定了，与一个具体对象相符合的认识即具体真理，必定是反映了它的特殊性的认识，必定是多方面规定性统一起来的认识。

---

① 《马克思恩格斯全集》第30卷，人民出版社1995年版，第42页。
②③ 《列宁全集》第55卷，人民出版社1990年版，第168、166页。

第二，真理都是对一定条件下的一定对象的正确认识，具有条件性。一种认识之是否为真理，总是同一定的条件、一定的对象相联系的。真理不能离开一定的对象，不能随意地搬用于其他对象或其他条件。反映某一特定事物的真理性认识，搬用到另一个不同对象就不再是真理；适用于某一历史时期的真理性认识，搬用到另一历史时期就不再是真理。这就要求我们具体问题具体分析，要求我们注意每一种科学理论和每一个科学结论所适用的对象、范围、环境等条件，不能把真理当成凭空出现的抽象的教条，到处乱用。

真理的具体性和抽象性是统一的。在真理所具有的具体性和抽象性这两方面的性质中，具体性是本质的、决定性的方面，所以我们说真理是具体的。要把握真理，必须把真理的具体性和抽象性联系起来、统一起来去理解。

第一，每一个具体真理作为整体是具体的，但它又包含着各种简单的抽象的规定，它是完整的体系和简单的抽象规定的统一。列宁说："一般概念、规律等等的**无限**总和才提供完全的**具体**事物。"① 科学认识的体系是由许多简单规定或个别原理综合在一起构成的，个别原理在其联系中是具体的，把其中某些部分单独抽出来，则成为抽象的。一种真理性认识就其整体或总和来说是具体的，而其中各个部分在被分离的情况下来看则是抽象的。因此，我们必须把科学理论当做一个完整的体系来把握，而不能把它的个别原理抽取出来，孤立地加以运用。如果人们孤立地看待具体真理体系中的个别命题，将它同整个体系割裂开来，具体真理就会转化为片面的抽象的认识，即转化为错误。

第二，真理就其内容来说是具体的，就其形式来说是抽象的，它是具体的内容和抽象的形式的统一。事物是现象与本质的统一体。认识从感性上升到理性，达到思维中的具体，是从分析事物的现象入手，但又舍弃了现象而抽取其本质和规律。相对于事物的整体来说，本质和规律只是部分。列宁说："规律＝部分"，"**现象比规律丰富**"。又说："规律、任何规律都是狭隘

---

① 《列宁全集》第55卷，人民出版社1990年版，第239页。

的、不完全的、近似的。"① 因此，思维中的具体对于客观事物来说，仍然是一种抽象，即舍弃现象而抽取木质。以概念的形式反映在真理中的事物，已不再具有生动、直观的形象，不能凭感官去把握，只能靠思维着的头脑去理解，这就是舍弃了事物现象方面的结果，也是真理的抽象性的表现。黑格尔说："概念作为概念是不能用手去捉摸的，当我们在进行概念思维时，听觉和视觉必定已经成为过去了。"② 真理的具体性是思维中的具体，不同于客观事物的实在的具体性，真理是对事物的科学抽象，其具体性是抽象的具体或具体的抽象。

但是，真理形式上的抽象性并不妨碍它能把握事物的具体整体。因为真理是对事物本质属性的反映，而事物的本质和现象是统一的。本质决定现象，现象是本质的表现。列宁说：规律"能把握现象的总体"，③"思维应当**把握住**运动着的全部'表象'"。④科学真理既然揭示了事物的本质和规律，它就能同时把握事物丰富多彩的现象，从而把握本质与现象相统一的事物整体。

具体真理形式上的抽象性，要求我们善于透过它的抽象的形式领会它的具体内容，而不能只看到形式的方面，把真理当成是抽象的。作为科学抽象的具体真理，离开了感性具体，却又更正确、更深刻、更完全地反映对象，因此认识事物不能满足于对事物的直接感知，而应掌握科学理论。

第三，真理的普遍性在形式上是抽象的普遍性，但在实质上是包含着特殊东西的丰富性的普遍性，即具体的普遍性。客观事物都具有普遍性与特殊性的统一。认识从感性上升到理性，是从个别中找到一般。理性认识的真理无不具有或大或小的普遍性，从一定意义上说，都是普遍真理。普遍真理是通过对具体事物的抽象和概括形成的，抽象和概括的程度越高，真理的普遍性越大，被它舍弃的特殊的规定性就越多，因而它的形式就越抽象。同时，概括的程度越高，普遍真理适用的范围越广，就越是把更多、更丰富的特殊的东西包含在同一普遍性的形式中，因而它在实质上就越具体。恩格斯说："运动形式变换的一般规律，比运动形式变换的任何个别的'具体的'例证

---

① 《列宁全集》第 55 卷，人民出版社 1990 年版，第 127 页。
② ［德］黑格尔：《小逻辑》，贺麟译，商务印书馆 1980 年版，第 328 页。
③④ 《列宁全集》第 55 卷，人民出版社 1990 年版，第 128、197 页。

都要更具体得多。"①

当普遍真理作为认识的结果被高度概括出来时，它表现为单一的普遍形式，似乎它仅仅是普遍性的，是排斥特殊性的。但实质上，真理在普遍性的形式中包含着特殊性。这些特殊性，展示在普遍真理形成和发展的过程之中，然后被概括在单一的普遍形式之下，而当人们以普遍真理为指导去认识各种具体事物时，包含在其中的特殊性就会再一次展开，呈现在人们面前。黑格尔说："真理不是抽象的普遍性，而是具体的普遍性。"② 列宁曾高度赞扬黑格尔的"绝妙的公式"："不只是抽象的普遍，而且是自身体现着特殊的、个体的、个别的东西的丰富性的这种普遍"。③

形式上是抽象的普遍性，实质上是具体的普遍性。由于真理性质自身的这种矛盾，如果人们把真理仅仅了解为结果，只从简单的既成的形式去了解它，这一真理对他们来说就是抽象的，或者说他们的理解只能停留在真理的抽象的普遍形式上。因为，"真理，如果一开始就直说出来，也不过只是提出些单纯的论断而已"④。相反，如果人们把真理不仅了解为结果，而且了解为过程，联系认识发展过程即普遍真理形成和发展的过程来理解它，就能深入领会到其中包含的丰富的特殊性，这一真理对他们来说就是具体的。

形式上是抽象的普遍性，实质上是包含着特殊东西的丰富性的普遍性，是普遍性与特殊性的统一，这是真理中最深刻的具体性和抽象性的矛盾。这一矛盾的存在，要求我们不能把真理了解为简单的结果或抽象的公式，而应把它当做一个过程或一个体系来把握，联系各种具体事物的特殊性来理解和运用普遍真理。

需要指出的是，普遍真理虽然是包含特殊性的具体真理，却不能代替对个别事物的认识。普遍真理揭示了特殊中的一般，因而就其概括了一定范围内的各种特殊的东西来说是具体的；但是，对于这一范围内的每一个具体事物来说，普遍真理所概括的，只是它的一部分或一方面，而不是它的全部规定性，因而又是抽象的。"任何一般都是个别的（一部分，或一方面，或本

---

① 《马克思恩格斯选集》第4卷，人民出版社1995年版，第331—332页。
② ［德］黑格尔：《小逻辑》，贺麟译，商务印书馆1980年版，第152页。
③ 《列宁全集》第55卷，人民出版社1990年版，第83页。
④ ［德］黑格尔：《小逻辑》，贺麟译，商务印书馆1980年版，第326页。

质）。任何一般只是大致地包括一切个别事物。任何个别都不能完全地包括在一般之中"。① 如果用普遍真理代替对具体事物的具体分析，它就会转化为抽象的认识，不再是具体真理。

真理具体性理论的方法论意义主要在于：（1）真理的具体性要求我们对每一个现实事物，都应全面地认识和把握，如列宁所说："要真正地认识事物，就必须把握住、研究清楚它的一切方面、一切联系和'中介'。我们永远也不会完全做到这一点，但是，全面性这一要求可以使我们防止犯错误和防止僵化。"② （2）真理的具体性要求我们对科学理论体系必须完整、准确地把握，不能肢解，不能断章取义。（3）必须坚持具体问题具体分析，一切以时间、地点和条件为转移。人们对每一具体事物的真理性认识都只有通过对它自身的分析和研究才能获得，而不可能从普遍性的原理中推导出来。

四、真理有没有阶级性

对于真理有没有阶级性的问题，我国理论界曾经进行过长期的争论，至今仍然存在着很大的分歧。目前理论界比较一致的看法是，自然科学和某些社会科学（如语言学、逻辑学）的真理没有阶级性。争论双方的分歧在于，是否社会科学的真理都没有阶级性？概括地说，争论一方的观点是，"一切真理都没有阶级性"；另一方的观点是，"有的真理有阶级性"。我们认为，大部分社会科学的真理具有阶级性。

阶级性不是一切真理的共性，不是一种认识成为真理的必要条件。一种认识是不是真理，只取决于它是否同客观对象相符合，即是否具有客观性，与它是否有阶级性没有必然联系。不能将是否符合某个阶级的利益看做是一种认识成为真理的条件。问题在于：是否有一些真理在具有客观性的同时又具有阶级性？

讨论这个问题，首先必须明确"阶级性"的含义。真理属于认识，包括真理在内的认识的阶级性具有两层含义：第一，由于一些认识所反映的对

---

① 《列宁全集》第55卷，人民出版社1990年版，第307页。
② 《列宁全集》第40卷，人民出版社1986年版，第291页。

象，包括了社会阶级关系、阶级斗争，它的内容包括了对社会阶级、阶级斗争的本质和规律的反映，所以这些认识本身，作为人类社会生活中的一种现象，是和不同阶级的利益相关联的，它们与不同的阶级之间存在着不同的以至完全相反的利益关系，也就是说，它们的社会作用，它们作为社会意识反作用于社会存在的结果，必然对不同的阶级产生有利或不利的不同影响。这是认识的阶级性、真理的阶级性最基本的含义。第二，人们对具有阶级性的社会现象的认识，即对反映这些对象的真理的理解、把握，是受其阶级立场、阶级关系、阶级利益制约的。阶级的偏见会使一定阶级的人们自觉或不自觉地歪曲反映具有阶级性的客观对象，不能获得真理。

按照对"阶级性"的这种理解，许多反映社会关系、社会现象的认识，无论是正确的或错误的认识，都是有阶级性的。正是在这个意义上，我们可以说，大部分社会科学的真理具有阶级性。

下面我们对主张一切真理都没有阶级性的观点作一些讨论。

第一，有人认为，真理有客观性，就不能有阶级性；主张真理有阶级性，就否认了真理的客观性。一种认识正确反映了阶级、阶级斗争的客观规律，它就是真理，具有客观性。同时，这种正确认识的社会作用与不同阶级的利益相关联，因而对它的认识和运用也因阶级的不同而不同，所以它又具有阶级性。客观性和阶级性共处于特定正确认识的统一体中，并不互相排斥。也就是说，在部分真理中，真理的客观性和阶级性是相容的。不能用真理的客观性否定真理的阶级性。

以真理的客观性为依据否认真理的阶级性，实际上是把真理的阶级性理解为：不同的阶级有不同的真理，一种认识是不是真理以一定阶级的利益和意志为转移。这样来理解的所谓"真理的阶级性"显然是一种错误的观点，是同坚持真理的客观性相对立的，但这是对真理阶级性的误读，同以上我们界定的真理的阶级性是两回事。人们有充分的理由反对这种观点，但是没有理由以反对这种错误观点为依据而否认部分社会科学真理所固有的阶级性。

第二，有人说，虽然社会科学具有阶级性，但是社会科学的真理没有阶级性；马克思主义有阶级性，但是马克思主义的真理没有阶级性。提出这样的观点，是为了坚持一切真理都没有阶级性，而又避免导致否认马克思主义和一切社会科学的阶级性的结论。其用意是好的，但这种说法逻辑上是混乱的。难道是在"马克思主义"中除了"马克思主义的真理"之外另有不具备真理性的其他部分，这一部分有阶级性从而使马克思主义有了阶级性？马克思主义是既正确反映物质世界和人类社会发展的客观规律，又表达了无产阶级的利益和要求的思想体系，它既是科学真理，又是无产阶级的意识形态。不能将"马克思主义"和"马克思主义的真理"分开，说前者有阶级性而后者没有阶级性。

有人说，马克思主义的阶级性是说它代表无产阶级的利益，马克思主义的真理性是说它如实地反映了客观规律，这是它的两个不同方面的性质，不能从马克思主义既有阶级性又有真理性推出真理有阶级性。

我们说有些真理有阶级性，其含义正是说，有些与客观对象符合的认识具有阶级性。马克思主义正是如此。一种认识可以同时既具有与对象的符合性，因而被称为真理，又代表一定阶级的利益，因而被称为阶级的意识形态，这不正表明有些真理有阶级性吗？认识的真理性和认识的阶级性是两种不同的性质，但它们可以是某一些真理性认识同时具有的两种性质。某些真理性认识同时又具有阶级性，这不就意味着有些真理有阶级性吗？

第三，有人说，对真理的运用有阶级性，不等于这些真理本身有阶级性。真理本身即具有真理性的认识本身有无阶级性，人们对真理的运用有无阶级性，这是两个既有区别又有联系的问题。自然科学的真理本身没有阶级性，人们对它们的运用有阶级性。这两者不能混同。但是，许多社会科学的真理，不仅人们对它的运用与其阶级立场、阶级利益相关，而且这些真理的内容就包括对直接关联着阶级利益的社会关系、社会规律的反映，因而这些真理性的认识本身就有阶级性，而且正因为如此，才决定了不同阶级对自然科学真理的态度比较容易取得一致，而对社会科学真理的理解和运用则极不相同。部分真理有阶级性的结论，并不是从人们对真理的运用有阶级性这一事实推导出来的，而是对这些真理同人们的阶级利益之间固有关系的如实反映。

真理有没有阶级性的争论的实质是，是否承认某些社会科学的真理关系着不同阶级的利益，因而在这些领域中发生的真理与错误的斗争除了认识论根源外，还有阶级根源。它涉及是否承认社会科学的阶级性、马克思主义的阶级性，要不要在社会意识形态领域自觉坚持无产阶级的立场、坚持阶级分析等一系列重大问题。

五、真理是一元的

马克思主义的真理观是一元论的真理观，它认为真理是一元的而不是多元的，关于同一个认识对象的真理只有一个。马克思主义的真理一元论是同真理多元论相对立的。坚持马克思主义的真理观，必须反对真理多元论。

在不同的真理观中，既有唯物主义的真理一元论，又有唯心主义的真理一元论，还有真理多元论。在哲学史上，大多数哲学家的真理观都是一元论的，但是也有一些哲学家主张真理多元论。实用主义是哲学史上真理多元论的典型代表。美国实用主义哲学家詹姆士说："真理是多元的。"① 英国实用主义哲学家席勒认为，真理是相对于目的来说的，不与任何目的相关的真理是没有意义的，所以，"如果你和我的目的不相同，那么'同一个'断言对我是'真'对你却可能是'假'"。② 把真理看做是依赖于个人目的的，必然导致真理多元论。20 世纪 80 年代，我国有些人也提出真理是多元的，批评马克思主义的真理一元论。坚持马克思主义的一元论真理观，需要辨析真理多元论的一些主张。

任何真理都有自己确定的对象。人们认识不同的对象，就有不同的真理，不能用关于这个对象的真理去排斥关于其他对象的真理。我们坚持真理一元论，当然不是主张人类的全部认识中只有某一个命题或某一种理论体系是真理，其他一切认识都是错误。毛泽东在《新民主主义论》中说："真理只有一个，而究竟谁发现了真理，不依靠主观的夸张，而依靠客观的实践。只有千百万人民的革命实践，才是检验真理的尺度。"③ "真理只有一个"是马克思主义真理一元论最简明的表达。针对当时重大而紧迫的"中国向何处去"的问题，国内各种政治势力作出了不同回答，除了汉奸卖国贼外，主要有三种回答：顽固派主张建立资产阶级专政的共和国，左倾空谈主义者主张一次革命论，以毛泽东为代表的中国共产党人主张分两步走，第一步是新民主主义革命，然后过渡到社会主义。在这些不同的回答中，真理只有

---

① ［美］威廉·詹姆士：《实用主义》，陈羽纶、孙瑞禾译，商务印书馆 1979 年版，第 37 页。
② ［英］席勒：《人本主义研究》，麻乔志译，上海人民出版社 1966 年版，第 68 页。
③ 《毛泽东选集》第 2 卷，人民出版社 1991 年版，第 663 页。

一个。

　　所谓确定的认识对象，不能做机械的理解。一个认识对象不等于一个事物。（1）一个认识对象可以指一个事物（比如一个人）；（2）一个认识对象也可以指一个事物的某一方面（比如一个人某一方面的规定性：国籍、职业、年龄或性别等）。假如我说张三是一个中国人，而你说他是一个大学生，还有人说他是个年轻人等等。这多个命题可以同为真理，但认识的对象是不同的：这些不同的命题分别以张三的不同方面的规定性为认识对象。所以，这里多个命题同真并不表明真理是多元的。如果认识对象都是这个人的国籍，那么说他是中国人是真理，说他是别的国籍的人就不能是真理。如果人们的认识分别以同一事物的不同方面的属性为对象，那么这些认识同为真理并不表明真理是多元的，因为它们虽然讲的是同一个事物，但认识的对象并不相同，关于同一对象即关于该事物某一方面规定性的真理仍然是一个而不是多个。（3）一个认识对象还可以是由多种事物构成的复杂系统，例如哲学的对象是世界的普遍本质和最一般规律，反映这个对象的认识就是各种哲学的理论体系。在涉及这样的认识对象时，真理是一个还是多个的问题就表现为：不同的、互相对立的哲学体系就整体而言（而不是就其中的个别观点而言）能否同真，即真理体系是一个还是多个。总的说来，依具体场合不同，所谓一个认识对象，其含义是不同的；但在每一个确定的场合，在讨论同一个问题的过程中，一个"认识对象"必须有确定的含义和范围，不能扩大或缩小，不能随意变换。

　　真理只有一个，并不意味着一个真理性认识只能有一种表现形式或表达方式。同一个真理的表现形式可以多种多样，但在关于同一对象的实质上、内容上不同的认识中，真理只有一个。

　　一个真理并非都表现为一个单一的命题。真理只有一个，并非是说真理只有一句话，或一个命题。一个科学真理通常表现为复杂的由许多命题构成的体系，它不是多元的真理。不能把构成同一真理体系的真理性认识说成是多元的真理。

　　在同一领域中，往往有多种理论、学说并存。但理论、学说并不等于真理，所以有多种理论存在，并不表明真理是多元的。

　　任何真理的获得，都离不开认识主体的能动的创造，不同主体所处的特定社会环境，他的立场、观点、方法，不同的知识背景、个人兴趣爱好等都会赋予认识产物以不同的个性特征，但是对于其中的真理性认识来说，主体个人因素只能影响它的表现形式，而不能改变它与客观对象相符合的实质。一种认识是不是真理，只取决于它与客观对象的关系，即它是否与客体相符合，而与它出自何人无关。一种认识中加进了多少不符合客观对象的主观成分，它就在多大程度上不再是真理。认识是多种多样的，但其中只有与客观对象相符合的那一种认识才是真理，其他的即与客观对象不符合的认识都不是真理，而哪一种认识与客观对象相符合，只能由实践来确认，多种认识中只存在一元的真理。

真理多元论者说，真理是相对的，所以不是唯一的，如果说真理只有一个，就否认了真理的发展。

真理有相对性是否意味着它是多元的？坚持真理一元论，是否就否定了真理的相对性和真理的发展？人类对整个物质世界的认识是不断扩展和加深的，这表现为人类获得的科学真理的体系是不断丰富和发展的，但是其中的各个部分是统一的，它们构成一元的科学真理的体系，而不是互相对立的多元的真理。人类对每一个具体事物的认识，总是不断认识到它的更多的方面和更深的层次，这表现为每一种科学理论也是不断发展的，不断有新的真理产生出来。但这并不表明真理是多元的，因为这些发展着的真理不是相互排斥的不同的真理，而是统一在同一个真理体系之中，统一在同一个发展过程之中。确认真理只有一个，是排除与真理相对立的谬误，而不是否认真理的发展。真理具有相对性，同时又具有一元性，二者并不矛盾。

真理多元论者认为，真理存在于各派学说中，没有任何一派可以妄称为唯一的真理，而每一派都在不同程度上道出了部分真理，所以真理是多元的，而不是一元的。

真理与学派的关系是复杂的，不同学派之间的争论同真理与错误的对立密切相关，但并不等同。

任何一个学派都有自己确定的研究领域、研究对象，它不能代替对其他领域的认识，因而在这一领域之外必然还有其他的真理；它在自己的研究领域内，也没有并且永远不能穷尽对事物的认识，它需要在不断发展中获得新的真理；它难免会包含错误。所以，任何学派的确都不是什么"唯一的真理"。另一方面，任何一个学派，包括基本观点完全错误的学派，也不可能在其众多的命题和论证中一句真话都没有。基本观点错误的学说，比如唯心主义的哲学体系，也可以在某些问题的研究中获得真理，并为人类认识的发展作出自己的贡献。就此而论，也可以说"真理存在于各个学派之中"。但是，这是否意味着真理是多元的呢？

第一，从对于各个具体问题的看法来说，互相对立的学派中，可能各自包含着一些真理性的认识，如果把这些真理性的认识加以比较，它们之间的关系不外是两种情形：其一，它们是对同一问题的实质上相同的回答，即对象是相同的，回答也是相同的，这时它们虽然分属于不同学派，但实质上是同一个真理。其二，它们是对不同问题的不同回答，即对象实际上是不同的，所以虽然回答不同，但可以同真。这时它们也不是关于同一对象的多元的真理。

第二，如果就各个学派的整体而言，那么同一领域中相互对立的即实质上不同的各种学派，不可能同为真理，只能有一个科学真理的体系。当然，也可能其中根本没有科学真理的体系。互相对立的不同体系可以同假，但不可以同真。承认任何一个学派都包含真理，又都没有穷尽真理，决不是说它们在真理性上没有区别，决不是说它们是多元的、平权的真理。笼统地讲每一个学派中都有真理又都不是唯一的真理，就掩盖了它们作为整体有科学真理体系与非科学真理体系之分。

无论从整体上看，还是具体分析对每一个具体问题的看法，在互相对立的观点中，真理或真理体系都只有一个，而错误可以是多种多样的。

真理多元论者说，古希腊和春秋战国时期学派林立、学术繁荣，证明真理多元论能促进学术的发展和科学的进步。其实，当时各家各派那么多学者之所以去争鸣，并不是因为他们相信真理是多元的，而是因为他们相信自己真理在握，同时认为与自己对立的观点不是真理。以普罗泰戈拉或以庄子为代表的真理多元论至多是一家之言，并没有取得统治地位，否则就不可能出现百家争鸣的局面。既然真理多元论者认为不同的人有不同的真理，为什么还要去与别人争辩呢？有什么理由要求别人抛弃与他们不同的观点呢？真理多元论者激烈地抨击真理一元论，就在真理究竟是一元还是多元的问题上背离了自己多元论的主张而陷入了自相矛盾的尴尬境地。

真理多元论的实质是否认真理的客观性，否认实践是检验认识的真理性的标准。这是一种主观唯心主义的真理观。

第三节　认识的真理性的检验

人类的认识中既有真理又有错误，要把真理和错误区分开来，必须对认识的真理性进行检验。

一、实践是检验认识的真理性的唯一标准

认识真理性的检验标准问题，是认识论中的一个重要问题。有的哲学家否认存在着检验认识真理性的确定标准，如先秦的庄子主张"彼亦一是非，此亦一是非"。多数哲学家主张存在着检验认识真理性的确定标准，但对于这个标准是什么却众说纷纭。我国汉代的扬雄说："万物纷错则悬诸天，众言淆乱则折诸圣。"① 这是把圣人说的话当做检验认识的真理性的标准。明代的王守仁说："尔那一点良知，是尔自家的准则。尔意念着处，他是便知是，非便知非。"② 这是主张把个人的良知当做检验认识的真理性的标准。中世纪的基督教哲学把圣经当做检验认识真理性的标准，认为符合圣经教条的就是真理，不符合的就是歪理邪说。法国思想家笛卡尔说："凡是我们十分明白，十分清楚地设想到的东西，都是真的。"③ 这是把清楚明白当做检验认识的真理性的标准。德国哲学家费尔巴哈说："人与人的交往，乃是真理性和普遍性最基本的原则和标准……我一个人所见到的东西，是值得怀疑的，别人也见到的东西，才是确实的。"④ 这实际上是把多数人的看法当做检验认识的真理性的标准。诸如此类的检验认识的真理性的标准还有很多。由于缺乏科学的实践观点，马克思主义之前的哲学家都没有正确地解决认识

① 《法言·吾子》。

② 《传习录》下。

③ 北京大学哲学系外国哲学史教研室编译：《十六——十八世纪西欧各国哲学》，商务印书馆 1975 年版，第 148 页。

④ ［德］费尔巴哈：《费尔巴哈哲学著作选集》上卷，荣震华等译，生活·读书·新知三联书店 1959 年版，第 173 页。

的真理性的检验标准问题。只有马克思主义才从科学的实践观出发，正确解决了这一认识论的重大问题。马克思主义认为，实践是检验认识真理性的唯一标准。马克思说："人的思维是否具有客观的真理性，这不是一个理论的问题，而是一个**实践的**问题。人应该在实践中证明自己思维的真理性。"①毛泽东说："只有千百万人民的革命实践，才是检验真理的尺度。"②

为什么说实践是检验认识的真理性的唯一标准呢？

真理是同客体相符合的认识，检验认识的真理性就是将认识同客体联系起来加以对照。检验真理是主体的活动。主体用什么去作这种对照呢？在主体检验真理的活动中，客体是判明一种认识是否与其相符合的唯一参照对象，而不是被用来对照的东西。可能被主体用来将认识与客体相对照的即作为真理检验标准的东西，实际上只有两类：一是实践，二是认识本身，包括观察、思考等认识活动及已经认识的成果。实践之所以能成为检验认识的真理性的标准，是因为它是主观见之于客观的东西，能够把认识和客体联系起来加以对照。实践标准之所以具有唯一性，是因为认识本身属于主观的领域，它不能解决另一种认识同客体之间是否一致的问题，离开了实践，无论是靠感性直观或理性推导，都无法最终判明认识的真理性。

实践是以认识为指导的。在实践活动中，实践目的的确定，实践手段的选择，都是建立在对客观对象认识的基础之上的。实践又是客观的物质活动，它是作为物质实体的实践主体通过物质手段作用于物质客体，因此实践过程受客观规律的支配，实践结果是在客观规律作用下形成的，它不依实践主体的意志为转移。实践目的是主观认识的集中体现，实践结果是客观对象在客观规律作用下运动变化的表现。把这两者加以对照，实际上就是把主体的认识与其反映的客观对象相对照。因此，从这二者是否一致，可以判定主观认识与客观对象是否符合，是真理还是错误。恩格斯说："布丁的滋味一尝便知。当我们按照我们所感知的事物的特性来利用这些事物的时候，我们的感性知觉是否正确便受到准确无误的检验。""如果我们达到了我们的目的，发现事物符合我们关于该事物的观念，并产生我们所预期的效果，这就

---

① 《马克思恩格斯选集》第 1 卷，人民出版社 1995 年版，第 55 页。
② 《毛泽东选集》第 2 卷，人民出版社 1991 年版，第 663 页。

肯定地证明，**到此时为止**，我们对事物及其特性的知觉符合存在于我们之外的现实。"①

　　一种认识是不是真理的问题，停留在主观认识的范围内，不通过实践把认识与客观对象联系起来加以比较，是永远无法解决的。即使是已经被实践证实的真理，也不能成为检验认识真理性的标准。一种认识之所以需要检验，是因为它具有新的内容、新的形式，超出了从前人们把握到的真理的范围。需要检验的认识与现有的真理之间的关系无非是三种：（1）需要检验的认识与现有的真理属于不同的领域。在这种情况下，现有的真理当然不能检验新的认识。（2）需要检验的认识与现有的真理属于相同的领域，但新的认识有更大的普遍性，在这种情况下，现有的真理无法对超出自己范围之外的认识作出检验。（3）现有的真理是普遍真理，而需要检验的认识是对同一领域中的个别事物或局部领域的认识。在这种情况下，现有的真理仍然不能对新认识的真理性作出检验，因为一般只是个别的一个部分，或一个方面，它只能大致地包括个别事物。在普遍真理适用的范围内，违背它的认识是错误的，但不违背它的认识却不一定正确反映了特定对象的特殊性，因而不一定是真理。把现有的真理当做检验认识真理性的标准，不可能解决新的认识是否符合客观对象的问题。

　　把真理当做真理的标准，无异于宣布人们的认识只能停留于现有的范围之内，只能重复现有的真理，不允许超越它去探索新的领域，为真理的宝库增添新的内容，那就等于彻底扼杀新的认识、新的思想，阻塞真理的发展之路。即使已经被实践证明为真理的认识，也需要继续接受实践的检验并随着实践的发展而不断发展。当实践中出现了现有的被认为是真理的理论无法解释的新事实时，人们不能根据现有的理论去否定新的事实，而只能根据新的实践经验去检验和发展真理。

　　把实践作为检验认识真理性的标准，这是人类认识史上的客观事实。无论在生产活动或日常生活中，人们总是根据行动的结果来校正自己的认识。在科学研究中，人们把那些在实际应用中取得预期效果的理论看做真理，否则便视为错误。离开实践标准，人类就不可能确立任何真理，就不可能在认

① 《马克思恩格斯选集》第3卷，人民出版社1995年版，第702页。

识世界和改造世界的过程中创造出社会文明，甚至无法从事正常的生产活动和生活活动，无法生存。在人类认识史上，人们已经无数次地运用实践去检验各种认识的真理性。这一事实也曾在历史上中外一些哲学家的思想中以这样那样的形式反映出来，只不过在马克思主义产生之前，还未能自觉地明确地认识到这一点。马克思主义哲学把这一事实揭示出来并加以科学的阐明，从而使人们的认识活动建立在更加自觉的基础之上。

1978 年，我国开展了一场关于实践是检验真理的唯一标准问题的讨论。在认识论上，这场讨论的焦点是：能不能把认识包括真理性的认识作为检验真理的标准？这场讨论推动了马克思主义实践是检验真理的唯一标准思想的广泛普及和深入研究，并且对于促进全党和全国人民解放思想，端正思想路线产生了具有深远历史意义的影响。

二、实践标准和逻辑证明

确认实践是检验认识的真理性的唯一标准，并不否定逻辑证明在检验认识的真理性中的重要作用。

逻辑证明是运用现有的正确判断作为前提，经过符合逻辑规则的推理，来判明特定判断是否具有真理性。在检验认识真理性的过程中，逻辑证明具有以下重要作用。

第一，逻辑证明为实践检验提供理论指导。实践检验需要人们付出相应的代价。在通过实践对认识的真理性进行检验之前，先进行逻辑论证，可以初步排除错误，从而降低实践的代价或成本。人们在探索真理的过程中，常常提出许多假说，它们并非全都被付诸实践去检验，而是先通过逻辑论证进行筛选。重要的理论、计划、方案在实施之前，必须经过可行性论证，包括计算机模拟，依据已经确定的科学真理和逻辑规则，尽可能地排除其中的错误。对那些确定了要付诸实践的认识，还要通过逻辑思维，在科学真理的指导下，精心设计，选择适当的条件，确定实施的措施和步骤。离开逻辑证明，实践就会陷入盲目性，无法自觉地有效地检验认识的真理性。

第二，依据实践的结果判明认识是否具有真理性，离不开逻辑思维。实践检验认识的真理性，是把实践结果同指导实践的认识加以对照。无论客体、实践或认识，自身都既有普遍性又有特殊性，都包含着特殊性与普遍性的矛盾，要把它们联系起来加以比较，必然离不开逻辑思维。任何具体的实践活动结果都是特殊的、有限的，理论则是以普遍的、无限的形式存在的。恩格斯说："没有理论思维，的确无法使自然界中的两件事实联系起来，或者洞察二者之间的既有的联系。"① 要把特殊和普遍、有限和无限联系起来，离不开逻辑思维。没有逻辑思维活动，无法根据特殊的有限的实践结果，去判别它是否证实了某种具有普遍性和无限性的认识。而且，支配人们实践活动的思想，并不是某一个简单的认识（一个观点，一个判断），而是由对客体、主体以及实践本身的多方面的认识，由许多概念、判断和推理交错在一起的复杂认识系统，加上感情、意志等其他多种意识因素的作用结合在一起而形成的实践观念。实践的结果也是复杂的，不仅有现象与本质、偶然表现与必然趋势的矛盾，而且常常既有成功的方面又有失败的方面。因此，指导实践的认识与实践结果之间的关系也是复杂的。人们观察实践结果，通过思维将它们与实践观念联系起来，判定是否达到了预期结果，在哪些方面达到了，哪些方面没有达到，分析成败得失同指导实践活动，构成实践观念的多种认识、理论之间的关系，从而得出检验认识真理性的结论，都离不开逻辑思维。实践检验离不开逻辑证明。看不到逻辑证明在检验认识真理性中的重要作用，就会导致对实践标准和实践检验的简单化理解。

但是，逻辑证明不是与实践并立的另一个真理标准，逻辑证明的重要作用并没有否定实践是检验认识的真理性的唯一标准。

第一，逻辑证明是以实践为基础的。逻辑证明是一种思维活动，它依靠逻辑推理的前提和规则的正确性来判明结论是否能够成立，而逻辑推理的前提和规则的正确性是靠实践来检验的。列宁说："人的实践经过亿万次的重复，在人的意识中以逻辑的式固定下来。这些式正是（而且只是）由于亿万次的重复才有着先入之见的巩固性和公理的性质。"②

逻辑证明的前提，必须是被以往的实践证明为真理的正确认识。在公理化体系中，作为体系出发点的那些公理、公设，都是来自实践并在实践中得到反复确证的，并且需要继续在实践中检验和发展。只有在实践证明了逻辑

---

① 《马克思恩格斯选集》第 4 卷，人民出版社 1995 年版，第 300 页。
② 《列宁全集》第 55 卷，人民出版社 1990 年版，第 186 页。

推理的前提和规则之后，人们才能运用它们去判明结论的正确性。可见，逻辑证明是以实践为基础的，逻辑证明在检验认识真理性中的作用实质上仍然是实践标准起作用的一种表现。

第二，确立真理最终要靠实践检验。逻辑证明作为一种思维活动，它所判定的是结论在逻辑上的真与假。但逻辑上真的结论，并非一定是真理。从一个错误的大前提出发，作出合乎逻辑的推理，其结论在逻辑上也是真的，但并不是真理。有些错误或片面的理论，其错误或缺陷往往正是隐藏在不为人们所注意的逻辑起点之中。在人们运用科学理论解决复杂的实际问题时，如果忽略了某些重要的相关因素，尽管推理过程合乎逻辑，其结论也会发生错误。当人们把逻辑证明运用于特定的具体对象时，由于对象自身及其与其他事物关系的复杂性，人的认识不可能穷尽一切相关因素，因而推理的前提就未必全面和完全正确。在逻辑证明的过程中，人们是否正确地确定了推理前提并正确地运用了逻辑规则，这本身也是需要通过实践来检验的认识，因而推理的结论最终仍然必须接受实践的检验。

有些认识的真理性是无法用逻辑推理来证明的。如世界的物质统一性原理，既不能用逻辑推理的归纳方法来证明，因为那意味着必须穷尽无限世界的一切事物，才能证明世界的物质统一性；也不能用演绎法得出，因为那意味着必须有一个普遍性更大的真判断作为推理的前提，而这样的前提是没有的。世界的物质统一性原理只能由不断发展的社会实践来证明。在一个科学理论体系中，总有一些初始的命题是不能由逻辑推演得出的，它们的真理性的检验只能直接诉诸实践。所以，逻辑证明可以排除错误，但不能确立真理。

三、实践标准的确定性、不确定性和实践检验过程的反复性

社会实践具有绝对性和相对性两种属性，因此检验认识真理性的实践标准，既是绝对的，又是相对的，既是确定的，又是不确定的，是绝对与相对的统一，确定性与不确定性的统一。

人类社会实践的无限性、绝对性决定了实践标准的确定性。实践标准的确定性有两层含义：（1）实践是检验认识真理性的唯一标准，此外再无别的标准。（2）无限发展的人类实践能够对一切认识的真理性作出检验，不存在实践永远无法检验的认识。一个认识如果是真理，最终必定能够被实践

所证实；一个认识如果是错误，最终必定能够被实践所证伪。

一定历史阶段上实践的有限性、相对性决定了实践标准的不确定性。实践标准的不确定性表现在两个方面：（1）特定历史条件下的实践不可能对现有一切认识的真理性都作出检验。有的认识是真理，但特定历史阶段的实践无法加以证实；有的认识是错误，但特定历史阶段的实践无法加以证伪，许多年之后才在进一步发展了的实践中暴露出它的错误。（2）实践对认识真理性的检验需要经过多次反复，单靠一次实践不足以完全证实或证伪特定的认识。有些认识，虽然得到过实践的证明，还需要反复接受实践的检验。至于一个认识需要经过多少次的实践检验，这是由问题的深度、广度和性质来决定的。一般来说，普遍性越大的认识，需要接受实践检验的次数就越多。至于唯物辩证法的普遍原理，则是由人类全部实践来证明的，不能说经过哪一次证明之后，实践检验就最终完成了。

列宁在谈到实践标准时指出："这个标准也是这样的'不确定'，以便不让人的知识变成'绝对'，同时它又是这样的确定，以便同唯心主义和不可知论的一切变种进行无情的斗争。"① 正确运用实践标准，必须把实践标准的确定性和不确定性统一起来。实践标准的确定性要求我们必须坚持实践是检验认识真理性的唯一标准，与唯心主义和不可知论划清界限。否定实践标准的确定性，其结果要么是认为有些认识的真理性无法通过实践得到检验，因而真理与错误无法通过实践加以区分；要么是否定实践标准，在实践之外去寻找检验认识真理性的标准。这样必定陷入唯心主义或不可知论。实践标准的不确定性要求我们必须辩证地理解和运用实践标准，与形而上学划清界限。看不到实践标准的不确定性，以为特定历史条件下的实践能够对现有的一切认识都做出检验，以为单靠一次或几次实践就足以确定认识的真理性，就会根据有限的实践轻率地肯定或否定特定认识的真理性。这样就难免陷入形而上学的误区。

实践检验认识的真理性是一个复杂的过程。某一次实践成功了，不足以证明有关的认识全都是正确的；某一次实践失败了，也不表明有关的认识全都是错误的。在科学实验、技术创新中常有这样的情形：基本思想是正确的，

---

① 《列宁全集》第 18 卷，人民出版社 1988 年第 2 版，第 144 页。

但在某一个哪怕是细小的环节上出了偏差，结果还是不能取得成功。如果根据一次或几次的失败，就否定了基本思路或方向，那就可能导致新事物的夭折。实践的结果，不一定是完全的成功或彻底的失败，往往是基本成功或基本失败。因此，要确定某一认识与实践结果之间的关系，必须经过反复的实践，进行深入细致的分析，决不能把实践标准和实践检验的过程简单化。

人们在社会实践中的成功或失败，有时是不同力量交互作用的结果。毛泽东说："在社会斗争中，代表先进阶级的势力，有时候有些失败，并不是因为思想不正确，而是因为在斗争力量的对比上，先进势力这一方，暂时还不如反动势力那一方，所以暂时失败了，但是以后总有一天会要成功的。"①思想正确也可能因为在力量对比中处于劣势而招致失败，这使得社会斗争中实践成功与否同思想正确与否之间的关系变得更加复杂。实践成功与认识正确之间确有联系，但并不等同。失败可能是却又未必是因为思想不正确，也可能经历反复斗争的实践所取得的全局性的胜利终将证明其指导思想和基本策略思想的正确性。这进一步表明，正确运用实践标准，必须深刻理解实践标准的确定性、不确定性和实践检验过程的反复性。

人们在实践中的成功或失败，有必然性的作用，也有偶然因素的影响。深入理解实践检验认识真理性过程的复杂性，不能忽视事物发展中必然性与偶然性的辩证统一。思想不正确，也有"歪打正着"的时候；思想正确，也可能因"天有不测风云"而遭受挫折。由不可预测的偶然因素导致的实践中偶然的成功或偶然的失败，不能证明思想正确或错误。但是，在事物的发展过程中，必然性起决定性作用。由某种或某些偶然因素导致的实践的成功或失败，不可能多次重复出现。因此，通过反复的实践，总是可以分清事物发展中的偶然表现和必然趋势，判定实践成功或失败是偶然的还是必然的，从而对指导实践的思想的真理性作出检验。

四、马克思主义的实践标准和实用主义的实践标准

实用主义是现代西方哲学中最容易与马克思主义混同的哲学，美国实用主义哲学家、杜威的学生悉尼·胡克甚至说："在今天的世界上，马克思思想

---

① 《毛泽东著作选读》下册，人民出版社1986年版，第840页。

中最优秀因素在其中得到表现的最杰出的人物便是约翰·杜威。这些因素都为他独立地作了发展。"① 实用主义明确提出了真理标准问题，认为行动的效果就是真理的标准。席勒说："一个真理（断言）的真实性（确实性）是由它的后果的价值来检验和确立的。"② 马克思主义的实践标准与实用主义的实践标准常常被人们混同，似乎二者都是根据实践效果来判明一种认识是不是真理。实际上，在实践标准问题上，马克思主义和实用主义有着根本的区别。

第一，"检验什么"不同。由于马克思主义和实用主义的真理概念不同，因而对"检验什么"的看法实际上完全不同。马克思主义认为，真理是同客观对象相符合的认识。一种认识是不是真理，只取决于认识是否与客观对象相符合，而同认识是否有用或是否有价值的问题无关。因此，检验认识的真理性，就是通过实践把认识同客观对象联系起来加以比较，看二者是否符合。而实用主义认为，真理就是有用的观念，"真理即功效"，"起作用的假设就是真的假设"。③ 一种认识是不是真理，只取决于认识是否能够满足主体的需要、是否对主体有用。所以，检验真理，就是把认识同主体的需要联系起来加以比较，看它是否"合算"。

第二，"如何检验"不同。由于马克思主义和实用主义的实践概念不同，因而对"如何检验"的看法也不同。马克思主义所说的实践，是人们在一定的社会关系中改造客观世界的物质活动；而实用主义所说的实践或"行动"，是个人应付环境的行为，是个人作为生物有机体按照自己的构造调整自己的行为去适应环境。在马克思主义哲学中，实践是一个专属人的范畴，是人类区别于动物的特有活动，体现着主体对客体的自觉改造。在实用主义哲学中，实践或行动是一个从生物学中引申出来的范畴，是指生物对环境的适应。马克思主义认为，实践受到客观对象及其规律的制约，而且它本身作为物质运动的形式之一，也具有客观规律性。而实用主义不承认客观规律。马克思主义认为，检验认识的真理性，要靠长期的、反复的实践，不能仅仅依据一时一地的实践效果轻率地肯定或否定认识的真理性。实践成功与思想正确之间

---

① ［美］悉尼·胡克：《理性、社会神话和民主》，金克、徐崇温译，上海人民出版社1965年版，第132页。

② ［英］席勒：《人本主义研究》，麻乔志译，上海人民出版社1966年版，第38页。

③ 洪谦主编：《现代西方哲学论著选辑》上册，商务印书馆1993年版，第231、230页。

并不是直接同一的。不正确的思想也可能在实践中产生暂时的和局部的效果，而正确的思想未必能立即带来实际效益。对于某些特定的主体来说，荒谬的观点也可能"有用"，科学的真理也可能威胁他的利益。所以，马克思主义强调实践检验认识的真理性是一个复杂的需要反复进行的过程，同时把人民群众的根本利益作为衡量实践活动合理性的尺度。而实用主义是通过个人应付环境的行为去检验某一观念是否对自己有效用，因而个人行动中的任何成功都可以被看做是真理的证明，即使将来的实践可能显示出相反的结果，也不妨碍实用主义者今天将这些思想称为真理。席勒说，"通常'真理'如果适合它们的直接的目的，它们便是真实的"。① 一个观念只要能给特定个体带来眼前的直接利益，达到直接的目的，那就证明了这个观念是真理。

第三，"检验"的结果不同。按照马克思主义的实践标准去检验认识的真理性，其结果是，随着社会实践的发展，一切符合于客观对象的认识终将被确立为真理，而一切不符合客观对象的认识终究会被实践所推翻，关于同一认识对象的真理性认识只有一个，真理是一元的。按照实用主义的实践标准去"检验"真理，每一个人都可以把对自己有用的观念宣布为真理，不同的人有不同的利益和需要，就有不同的真理。由于同一个人也有不同的需要，所以他还可以把不同的甚至是相反的观念都说成真理。在詹姆士看来，上帝事实上存在与否的问题是没有意义的，有意义的只是上帝存在的观念是否有用，所以人们可以根据不同的需要，将肯定或否定上帝存在的观念都说成是"真理"。按照实用主义的主张，荒谬的观念也可以因为它适合某些主体的需要而被证明为"真理"，科学的认识也可以因为不符合某些人的利益而被宣布为错误；关于同一对象可以有多个不同的真理，真理是多元的。

我们反对"有用即真理"，当然不是主张"有用非真理"。当人们按照实用主义"有用即真理"的标准去取舍观念时，他们所得到的并非都是错误的观念，也可能是真理，即可能不自觉地获得一些与客观对象相符合的认识，并因此在行动中取得成功。这也是"有用即真理"的实用主义真理观易于被一些人接受并将其与马克思主义的真理观混同的一个原因。坚持马克思主义的真理观，必须划清马克思主义与实用主义的界限。

---

① ［英］席勒：《人本主义研究》，麻乔志译，上海人民出版社 1966 年版，第 38 页。

第六篇

辩证唯物主义价值论

价值论是哲学的重要组成部分，也是马克思主义哲学的重要组成部分。马克思主义哲学不仅包括世界观、历史观、人学、认识论，还包括价值论。价值问题作为哲学问题进行研究，开展得比较迟。古代的哲学主要研究本体论或存在论，近代的哲学主要研究认识论，价值哲学到 19 世纪末 20 世纪初才形成为独立的哲学学科。这以后，价值论才成为哲学的重要组成部分。世界万物都包含两个维度，即事实的维度和价值的维度，事物作为客观存在，这是事实，事物对人的意义与作用，这是价值。以往的哲学，只研究世界观、历史观、人学、认识论、实践论，不研究价值论，只研究事实存在而不研究价值存在。价值论成为哲学的重要组成部分，是哲学的重大发展，使哲学不仅研究事实存在，而且研究价值存在，使哲学的内容更丰富更全面，标志着哲学发展到了一个新的阶段。不研究价值论的哲学，是不够全面的，是落后于时代的哲学。

价值论的内容很丰富，主要包括三个方面：一是价值本体论，含价值与存在、价值的基础、价值的根据、价值的本质、价值的特性、价值的分类和价值基本范畴等；二是价值活动论，含价值认知与评价、价值选择、价值创造、价值实现等；三是价值意识与价值观念，含价值心理、价值知识或价值认识、价值观念、价值观等。根据价值论的内容，本篇主要研究以下三个问题：一、价值的本质；二、价值评价；三、价值意识与价值观念。

第 一 章

价 值 的 本 质

　　价值范畴是价值论的逻辑起点和基石，要研究价值论，首先必须研究价值本质的问题。而要研究价值本质问题，必须以实事求是的思想为指导，从客观实际出发，从价值的客观存在出发，按照价值的本来面目去理解价值。为此，我们首先必须深入研究价值与存在问题。

第一节　价值与存在

一、事实与价值

　　价值哲学的诞生，是从区分事实与价值开始的。不区分事实与价值，就不会有价值哲学。区分事实与价值，是理解价值的本质的关键，把事实混同于价值，就不可能理解价值的本质。所以，研究价值论必须首先研究事实与价值的关系问题。

　　区分事实与价值，是价值哲学的起点。在哲学史上，英国哲学家休谟在1739—1740年出版的《人性论》中，首先提出要区分"是"与"应该"，区分事实和价值。他还提出区分事实的知识和价值的知识。认为事实的知识是从经验中得来的，可以用经验来证明，有真假之分；价值的知识不是从经验中得来的，而是人们的喜爱或社会风尚，不能用经验证明，无所谓真假。

　　康德进而将世界分为事实世界和价值世界，认为事实世界是人们可以经验到的现象世界；价值世界则是现象世界之外的本体世界，是真正自觉自由的世界。人类理性的能力是有限的，只能把握现象世界，不能认识本体世界。他也将知识分为事实知识与价值知识，认为事实知识是现象世界的知识、经验知识；价值知识则是先验知识，不能从经验中获得证明。

康德关于区分事实世界与价值世界的思想，直接影响到德国哲学家洛采。洛采进一步把世界划分为事实、普遍规律和价值三大领域，认为事实和规律是手段，价值则是目的。概念的真理性就在于它是否有意义、有价值，而价值则是意义的标准。他把价值提到哲学中心的地位。在他的影响下，形成了以价值为中心的哲学流派即新康德主义的弗赖堡学派。弗赖堡学派的奠基人文德尔班认为，存在着两个不同的世界，即事实世界和价值世界。事实世界是表象的世界、现象的世界、理论的世界，属于主体的表象；价值世界是本体（自在之物）的世界、实践的世界，是主体的一种公设。这两个世界都不是实在的、客观的世界，都是主观的东西。与事实世界和价值世界相适应，有两种知识，即事实的知识和价值的知识。事实的知识的命题是普通逻辑判断，价值的知识的命题则完全取决于主体的情感和意志，取决于主体的态度，不包含必然性。他认为价值是主体情感意志的产物，是纯主观的。所以，他的价值哲学是主观唯心主义的价值哲学。这样就形成了价值哲学这一门新的哲学学科。

事实与价值的关系是怎样的呢？新康德主义弗赖堡学派的李凯尔特说："价值决不是现实，既不是物理的现实，也不是心理的现实。价值的实质在于它的有效性，而不在于它的实际的事实性。"[①] 他认为价值不是事实，否认价值的存在。

逻辑实证主义者罗素也在价值与事实之间划一道鸿沟。他说："当我们断言这个或那个具有'价值'时，我们是在表达我们自己的感情，而不是在表达一个即使我们个人的感情各不相同但却仍然是可靠的事实。"[②] 他也认为价值不是事实，同样也否认价值的存在。

西方一些学者以价值不是事实为理由，否认价值的存在，并以此作为他

---

① ［德］李凯尔特：《文化科学与自然科学》，商务印书馆1996年版，第78页。

② ［英］罗素：《宗教与科学》，商务印书馆1982年版，第123页。

们的主观价值论或先验价值论的根据，在理论上造成混乱。要正确理解价值的本质，必须深入研究事实与价值的关系。

什么是事实？事实这个范畴主要有两种含义：一是本体论意义上的事实；二是认识论意义上的事实。从本体论意义上说，事实就是客观存在。英国哲学家罗素说："事实的意义就是某件存在的事物，不管有没有人认为它存在还是不存在。"①他所说的事实，就是本体论意义上的事实。从认识论意义上说，事实是客观存在在人脑中的反映。如"摆事实讲道理"中所说的事实，即事实概念或事实陈述，就是认识论意义上的事实。有的学者说："所谓事实乃是呈现于感官之前的事物的实际情况的一种陈述。"②这里所说的事实就是认识论意义上的事实。他又认为："事实之所以是事实，即事实陈述或事实概念，即事实概况或事实陈述，首先必须是存在的。"③即事实是客观存在的。而作为客观存在的事实，就是本体论意义上的事实。价值论所研究的事实，首先是本体论意义上的事实。事实具有以下特点：一是客观性，其内容是不依赖于人的意识的，是可靠的；二是既成性，事实是已经发生的客观情况；三是相对稳定性。客观事实始终保持原来的样子，原有的事物发展变化了，但原有的事实却不变。

什么是价值？价值有广义与狭义之分。广义的价值包含正价值与负价值，狭义的价值则指正价值。广义的价值是客体对主体的效应，狭义的价值是客体对主体的积极效应，即客体对主体的积极作用和影响。客体对主体的效应、作用和影响也是客观存在的。所以，价值也是一种客观存在，也是一种事实，即价值事实。事实也有广义与狭义之分。广义的事实，是作为客观存在的事实。广义的事实中包含作为价值存在的事实即价值事实和非价值事实，后者即狭义的事实。

事实与价值的关系，从广义的事实与价值来看，是整体与部分的关系，广义的事实中包含价值事实，价值事实是广义的事实中的一部分。

价值哲学或价值论中所说的事实与价值的关系，主要指狭义的事实与价值的关系。狭义的事实与价值的关系既有联系，又有区别。二者的联系是：

① ［英］罗素：《人类的知识》，商务印书馆1983年版，第177页。
② 彭漪涟：《事实论》，上海社会科学院出版社1996年版，第71页。
③ 彭漪涟：《论事实》，载《学术月刊》1991年第11期。

二者都是客观存在，都是广义的事实；事实与价值的关系，是非价值事实与价值事实的关系。

二者的区别：第一，事实可以是实体、属性、过程、非价值关系；价值则不是实体，也不是客体固有的属性。价值范畴是关系范畴、功能范畴。第二，事实是未直接现实地作用于主体、未对主体产生直接现实效应的客观存在；价值则是主客体相互作用的产物，是客体对主体的积极效应。第三，事实不因人而异；价值则因人而异。第四，事实是中性的，它本身无所谓善恶；而价值则有方向性。价值从广义上说，包括正价值与负价值，但人们通常所说某物有价值是指正价值，人们追求价值也是追求正价值。从这个意义上说，价值必定是善的。

把事实混同于价值，必然导致混乱。例如，情感愉快、符合兴趣、满足欲望、满足需要与否，都是事实，而不是价值。这些现象对主体并非都是善的。只有当这些现象作用于主体对主体产生的积极效应才是价值。把产生情感愉悦、符合兴趣、满足欲望、满足需要当做价值，就是把事实当做价值，就会导致混乱。当代价值哲学中的许多混乱，都是由于把事实混同于价值而产生的。区分事实与价值，是正确理解价值本质的关键。

二、"是"与"应当"

在价值论中，与事实和价值相联系，还有一个"是"与"应当"或"应该"的关系问题，即能不能从"是"推导出"应当"，从事实判断推导出价值判断的问题。如果不能从"是"推导出"应当"，不能从事实推导出价值，那就说明价值是不存在的。所以研究价值与存在的关系问题必须同时研究"是"与"应当"的关系问题。

"是"指事实的陈述，即"实然"；"应当"或"应该"是一种价值取向，是规范判断，指"应然"。价值是客体对主体生存发展完善的积极效应。说某事物是有价值的，这也是事实（价值事实）的陈述。所以价值不等于规范，不等于价值取向，但它内含规范，内含价值取向。因为既然某客体是有价值的，主体就"应当"珍惜它。价值判断是规范判断即"应当"的前提，规范判断是以价值判断为基础的，是价值判断逻辑推导的结论。由于规范判断"应当"如何以价值判断为前提，所表达的是一种价值取向，这与事实判断是不同的。在这个意义上可以说，规范判断"应当"如何，也属于广义的价值判断。

"是"能否推导出"应当"或"应该"的问题，是由休谟在《人性论》中首先提出来的。他说："在我所遇到的每一个道德学体系中，我一向注意到，作者在一个时期中是照平常的推理方式进行的，确定了上帝的存在，或是对人事作了一番议论；可是突然之间，我却大吃一惊地发现，我所遇到的不再是命题中通常的'是'与'不是'等联系词，而是没有一个命题不是由一个'应该'或一个'不应该'联系起来的。这个变化虽是不知不觉的，却是有极其重大的关系的。因为这个应该或不应该既然表示一种新的关系或肯定，所以就必需加以论述和说明；同时对于这种似乎完全不可思议的事情，即这个新关系如何能由完全不同的另外一些关系推出来的，也应当举出理由加以说明。"① 休谟指出，用"是"或"不是"作联系词与用"应该"或"不应该"作联系词是表示两种不同的关系，由前者变为后者具有极其重大的关系。并说，对前一种关系如何推导出一种新的关系来，应当加以论述和说明。他并未明确肯定能否由"是"推导出"应该"的问题。但从他认为道德上的善恶是由心灵上感觉的愉快和不快决定的，而不是决定于对象的性质，否认理性对道德的作用来看，他实际上认为不能从"是"推导出"应该"。

西方一些学者认为不能从"是"推导出"应当"或"应该"来。例如，波普尔说："事实，不管是关于自然界的或是关于历史的事实，都不能为我们作出决定，都不能决定我们所要选择的目的。""自然和历史都不能告诉我们应该做什么。"② "事实本身没有意义，只有通过我们的决断，才获得意义。"③ 他认为价值、意义是由主体决定的，从"是"不可能推导出"应该"。

西方也有一些学者肯定能由"是"推导出"应该"，马斯洛就是如此。他认为"是"命令"应该"，事实创造应该。"一个人要弄清他应该做什么，最好的办法是先找出他是谁，他是什么样的人，因为达到伦理的和价值的决

---

① ［英］休谟：《人性论》下册，商务印书馆1997年版，第509—510页。
②③　洪谦主编：《西方现代资产阶级哲学论著选辑》，商务印书馆1982年版，第339、340页。

定、达到聪明的选择、达到'应该'的途径是通过'是',是通过事实、真理、现实而发现的,是经过特定的人的本性而发现的。"① 麦克因特也说:"从前提'他是一位船长',就能有效地推出结论:'他应该做一位船长应该做的一切'。"② 马斯洛和麦克因特等人的上述看法,是有道理的。也就是说,只要确定了主体是谁,就可以推导出"应当"或"应该",不能在"是"与"应该"之间划一道不可逾越的鸿沟。但是马斯洛认为,"'是'命令'应该'",③ 关于世界是如何也是一个价值论述,把"是"和"应该"、事实与价值等同起来,否认二者的区别,则是欠妥的。应当承认"是"与"应该"是两种不同的关系,二者是有区别的,不能等同。由"是"推导出"应该"是有条件的;缺乏一定的条件,就不可能由"是"推导出"应该"。

J. 塞尔把事实陈述("是")分为自然事实和惯例事实。认为自然事实不能推导出价值判断或规范判断;惯例事实是社会生活中形成的惯例,从表述惯例事实的"是"可以推导出"应当"或"应该"。例如,琼斯已经允诺史密斯,答应要付给他 5 元钱。根据这一事实,我们就应得出结论:琼斯应该付给史密斯 5 元钱。因为"允诺"这一事实,决定了他承担着要使这一允诺兑现的责任,这就是惯例。塞尔的看法,说明从一些事实,如惯例事实("是")中可以推导出价值判断或规范判断("应当")。这种社会惯例和习俗实际上是一种规范,内含着"应当"如何。由这种惯例事实的"是"推出"应当",表面上看是从"是"推导出"应当",实际上是从内含的"应当"推导出"应当",即从价值事实推导出"应当"。

塞尔认为从自然事实不能推导出价值判断或规范判断"应当",这正是"是"能否推导出"应当"的难点和关键。西方学者认为从"是"不能推导出"应当",他们所依据的是这样一条逻辑规则,即"在一个有效推论中,凡是在前提中没有的东西就绝对不会出现在结论中"。④ 这条逻辑规则

---

① ［美］马斯洛:《人性能达的境界》,云南人民出版社 1987 年版,第 112—123 页。
② 转引自:《价值和评价——现代英美价值论集粹》,中国人民大学出版社 1989 年版,第 205 页。
③ 参见［美］R. B. 培里等著:《价值和评价——现代英美价值论集粹》,中国人民大学出版社 1989 年版,第 178—179 页。
④ 引自《价值和评价——现代英美价值论集粹》,中国人民大学出版社 1989 年版,第 205 页。

泛指一切事实陈述，特别是指自然事实的陈述的"是"，不能推导出"应当"。对此我们作一些分析：

从"是"能否推导出"应当"，主要有三种类型：第一种"是"表述的主词是人，是主体；第二种"是"表述的是价值事实；第三种"是"表述的是自然事实或非价值事实。

第一种类型："是"的主词是主体，是人。如前所述，在这种类型里，只要知道主体是谁，就不难推导出他"应当"如何。例如：

> 他是人民警察；
> 人民警察的职责是维护社会治安；
> 所以，他应该维护社会治安。

第二种类型：从表述价值事实的"是"，也很容易推导出"应当"。例如：

> 环境污染是严重危害人类生存的事情；
> 某造纸厂排放大量污水污染河水"
> 我们应当制止这种污染环境的行为。

在这里，大前提是一个价值判断，反映的是一种价值事实。在这种价值事实中，内含着"应当"制止污染环境的行为的这个结论。不难看出，从这一类型的"是"推导出"应当"不会有什么困难。

第三种类型：从表述自然事实或非价值事实的"是"能否推导出"应当"如何的问题，则比上述两种类型复杂。从表述自然事实或非价值事实的"是"推导出"应当"，要以主体利益为中介，即一定的自然事实与主体利益相联系，根据自然事实与主体利益的价值联系，就可推出"应当"如何。例如：

> 氟利昂是破坏臭氧层的物质；
> 破坏臭氧层对人类有害；

我们应当禁止使用氟利昂。

这是从表述自然的事实的"是"，经过主体利益（对人类有害）的价值判断为中介，推导出"应当"。

又如：

这容器里装的是硝酸铵；
硝酸铵受热受震易发生爆炸；
我们应当防止容器受热受震。

这是从表述自然事实的"是"，经过事实陈述（内含价值判断：硝酸铵受热受震易发生爆炸危及人们安全）作中介，推导出"应当"。

所以，由表述自然事实或非价值事实的"是"，在一定条件下，也可以推导出"应当"。这个条件就是以主体利益为中介。有了这个中介，就使作为大前提的自然事实与主体利益联系起来，形成一个价值判断；根据这个价值判断，就可以作出规范判断"应当"如何来。由此可见，在一定条件下，从表述自然事实的"是"，也可以推导出"应当"。由"是"推导出"应当"，需要一定条件；没有一定条件，没有一定中介（主体利益），就不能从"是"推导出"应当"。

在一定条件下，"是"可以推导出"应当"，其理论根据何在？这是因为人们认识的目的，是掌握真理，进而改造世界，创造和实现价值。为此，人的认识不但要认识客观事实，而且要认识事物的价值，并根据事物的价值对人的行为作出价值选择，决定价值取向，决定"应当"如何。从事实认识到价值认识、价值判断，到作出规范判断，作出价值选择指导行动，正是人们从认识到行动的规律。这一规律决定了从事实陈述（"是"），经过主体利益为基础的价值判断（中介），可以过渡到规范判断（"应当"）。由此可见，不仅"是"可以推导出"应当"，而且"应当"必须以"是"为根据，规范判断（"应当"）必须以事实陈述（"是"）为基础。"应当"如何的规范判断是客观存在的事实与主体利益之间的价值关系决定的，是这一价值关系的反映。

从社会生活实践来说，"是"揭示客观事实，"应当"揭示或规定主体的价值取向或价值导向。主体的价值取向或价值导向不仅要从主体的根本利益出发，而且还必须以客观事物的性质和规律为根据，即以事实为根据。缺乏事实根据的价值取向或价值导向是主观盲动，必然导致失误。所以主体在决定自己的价值取向或价值导向，作出价值选择时，既要了解客观事实，从客观实际出发，又要了解客观事实与自身的根本利益的关系，才能作出科学的决策。"是"是实现科学决策"应当"如何的必要条件。从这里又一次说明，不仅"是"可以推导出"应当"，而且"应当"必须以"是"为根据。

三、价值与存在

（一）价值是否存在

要搞清楚价值是否存在的问题，首先要了解什么是存在。存在这个范畴有两种含义：一是相对于思维而言，指物质；二是相对于无而言，指有，即实存、实有或客观存在，包括物质和精神性的东西。这里主要指第二种意义的存在。

"价值是否存在"这个问题，不同的哲学家有不同的回答。新康德主义者李凯尔特说："关于价值，我们不能说它们实际上存在着或不存在，而只能说它们是有意义的，还是无意义的。"① 他否定了价值的存在。如前所述，罗素认为，说某物有价值，仅仅是主体感情的表达，而不是表达一种可靠的事实，他也认为价值不是客观存在。新康德主义者和逻辑实证主义者只承认事实存在，而否认价值存在。他们只看到事实与价值的区别，而未看到二者的联系。

西方一些学者否认价值的存在，一个重要理由是价值陈述"是不可证实的"。例如，艾耶尔就认为：价值陈述"不是科学的陈述"，"价值陈述就不是在实际意义上有意义的陈述，而只是既不真又不假的情感的表达"，"是不可证实的"。② 由此而否定了价值的客观存在。

要讨论能否证实价值存在，首先要解决价值是什么的问题。西方一些学

---

① ［德］李凯尔特：《文化科学与自然科学》，商务印书馆1996年版，第21页。
② ［英］艾耶尔：《语言、真理与逻辑》，上海译文出版社1981年版，第116、123页。

者认为价值是不可证实的，其前提是认为价值不过是主体情感意志的产物或情感的表达，是纯粹主观的、随意的。按他们这样理解，价值当然无法证实。

这种观点的错误首先是其前提的错误。要讨论价值是否可证实，首先要明确什么是价值。通俗地说，价值就是意义，即事物或客体的意义。实质上，广义的价值就是客体对主体生存发展完善的作用和影响；狭义的价值则是客体对主体生存发展完善的积极作用和影响，即客体对主体生存、发展、完善的积极效应。这种作用和影响或效应有许多是显而易见的，如食可饱腹、衣可暖身、水可解渴、房可居住、车可助行、体育锻炼可强身、良药苦口可治病、读书可以益智、音乐可以娱情等，客体的这些价值是人所共知的，生活实践使人们对这些价值的存在深信不疑。

在经济领域，经济价值即经济效益的好与坏、高与低，不仅可以验证，而且可以计算，从量上作出精确的测定，从而有力地证明价值的客观存在。

政治价值比较复杂。但是许多重要事件的政治价值，如辛亥革命、五四运动、遵义会议、抗日战争、解放战争、中华人民共和国的成立、党的十一届三中全会及改革开放对中国社会政治发展的重大价值，即重大作用和影响，是客观存在、有目共睹的，谁也无法否认。

自然科学、技术、教育、医疗、体育等的效益、效应即价值，是可以用实证证实并可以科学计量的。

哲学、社会科学、人文科学及文化领域的文学、艺术等的价值特别复杂，它们对社会生活的作用和影响往往是间接的，往往需要较长时间才能显现其价值；但它们的价值也是客观存在的。例如，古希腊的哲学著作和其他学术文化，近代莎士比亚的戏剧、贝多芬的乐曲、托尔斯泰的小说，我国古代的哲学著作《老子》、《论语》，屈原的《离骚》，司马迁的《史记》，李白、杜甫的诗，曹雪芹的《红楼梦》等等，都影响了一代又一代人，其价值是谁也无法否认的，是客观存在的。现实生活中大量的事实证明，优秀的文化艺术作品，催人奋进，使人朝气蓬勃；而黄色淫秽的作品则使人消沉、颓废、萎靡不振，甚至走向堕落。这难道不是对文化价值客观性的有力验证吗？

西方一些学者否认价值存在，还有一个原因，这就是不了解价值存在的特点。价值存在与事实存在各有特点。首先，事实存在表现为实体、属性、过程与非价值的关系，可直接呈现在人们面前；而价值范畴则是关系范畴，狭义的价值是主客体相互作用产生的对主体生存、发展、完善的积极效应，表现为对主体的作用、影响、功效。马克思曾说，在商品体中没有一个价值原子，其他价值也是如此。价值是看不见摸不着的，难于把握。这就是说，价值不是实体。其次，事实不因人而异，而价值则因人而异。再次，对事实的把握通过认知来实现，认知的目的在于获得真理，而真理只有一个。对价值的把握也可以通过认知，但主要通过评价来实现。评价受主体利益及情感意志的影响较大，同一客体，不同的人评价不同。

价值存在不同于事实存在的这些特点，特别是价值多元性和评价多元化现象，使西方一些学者认为，事实包含因果必然性，可以通过实证验证；而价值则是情感意志的产物，不包含必然性。这种看法只看到现象，不了解本质，实质上是一种误解。同一客体不同的人评价不同，这是评价的多元化现象，价值评价的多元化决定于价值多元性。价值多元性即同一客体对不同主体价值不同的性质。价值不仅具有多元性，而且具有一元性，即同一客体对一定历史条件下的社会主体，对一定时空条件下的每一具体主体，其价值是一元的确定的，而不是多元的，因而价值是客观存在的。

（二）价值存在于何处

肯定了价值是客观存在的，还有一个价值存在于何处的问题。这个问题存在着以下几种观点：

一是客体论。即价值存在于客体或其属性中。英国伦理学家摩尔认为："许多的不同事物本身就是善的或者恶的"。[①] 在美学中也有这样的观点。蔡仪说："客观现实事物的美，就在于客观现实事物本身，决不是外加的。"[②] 善与恶、美与丑，都是价值范畴。摩尔与蔡仪实际认为价值存在于客体之中。这种观点看到客体及其属性对形成价值的作用，强调价值的客观性，有其合理之处。但他们把价值或善、美看成客体所固有的，忽视了主体的作用，则是片面的，不能解释价值因人而异的现象。

---

① ［英］摩尔：《伦理学原理》，商务印书馆1983年版，第3页。

② 蔡仪：《新美学》（改写本）第1卷，中国社会科学出版社1985年版，第238页。

　　二是主体论。有的学者认为："价值是人"① 或人"既是价值的设定者又是价值本身"。② 认为"价值是人"或人就是"价值本身"，按照这种观点，显然价值就存在于人中。在主客体关系中，人相对于物来说是主体，所以这种观点实际上认为价值存在于主体中。这种观点看到了主体对价值形成的作用，有其合理的一面，但忽视客体的作用则是片面的。价值有人的价值，也有物的价值。就是讲人的价值，也不能说价值是人。因为人是事实，事实不同于价值。人是实体，价值范畴则是关系范畴、功能范畴，而不是实体范畴。如果价值就是人本身，还用人们去追求价值吗？至于物的价值，更不能说价值是人，因为没有物及其与人的作用，当然就不会有物的价值。所以这种看法显然失之片面。

　　三是主观论。西方许多学者持此观点。如文德尔班认为，价值是"相对于一个估价的心灵而言……。抽开意志与情感，就不会有价值这个东西。"③ 罗素则认为，当我们断言这个或那个具有价值时，我们是在表达我们的感情。他们认为价值是情感意志的产物或情感的表达。实际上认为价值是纯主观的，只存在于心灵中。这种观点看到主观因素在价值形成中的作用，有其合理之处。但就其忽视客体的作用，否认价值的客观性而言则是片面的。

　　那么价值存在于何处呢？要搞清楚这个问题，首先要区分价值客体与价值、区分可能的价值与现实价值。

　　马克思说："产品在消费中才得到最后完成。一条铁路，如果没有通车。不被磨损、不被消费，它只是可能性的铁路，不是现实的铁路。""一件衣服由于穿的行为才现实地成为衣服；一间房屋无人居住，事实上就不成其为现实的房屋。"④ 马克思这里说的产品就是主体劳动创造的价值客体。从马克思的论述来看，价值客体不等于价值，价值客体只是可能的价值，即内在价值，而不是现实价值。只有价值客体作用于主体，被主体消费，才由

　　① 韩东屏：《"价值是人"及其意蕴》，载《哲学研究》1993 年第 1 期。
　　② 赖金良：《哲学价值论研究的人学基础》，载《哲学研究》2004 年第 5 期。
　　③ ［德］文德尔班：《哲学概论》，第 215 页；转引自刘放桐等编著：《现代西方哲学》（修订本）上册，人民出版社 1990 年版，第 143 页。
　　④ 《马克思恩格斯全集》第 46 卷（上），人民出版社 1979 年版，第 28 页。

内在价值或可能的价值转化为现实价值。

所以，价值不存在于孤立的客体之中，因为离开了主体对客体的作用和客体对主体的作用，就不会有价值；价值是因人而异的，单纯从客体出发，无法解释复杂的价值现象。同样，价值也不存在于孤立的主体之中，因为离开客体和客体对主体的作用，当然也就不存在客体的价值。即使是主体或人的价值，即主体对主体的价值，也不存在于孤立的主体（人）中，因为主体是实体，而价值范畴是关系范畴，不是实体范畴，也不是实体固有的属性。价值也不存在于单纯的价值中介之中，因为价值中介的作用是使价值主体与价值客体（或价值主体）发生直接作用以产生价值，离开主体和客体（或主体），单纯的价值中介不会产生价值。

价值到底存在于何处？价值存在于主体与客体的相互作用中，存在于客体对主体的作用和影响之中。只要存在着主客体相互作用，存在着客体对主体的作用和影响，就存在着价值（广义的价值）。客体对主体的作用和影响，即客体对主体的效应，就是广义的价值。客体对主体产生积极的作用和影响或积极的效应，就是正价值；这种作用和影响越大，正价值越大。产生消极的作用和影响或消极的效应，就是负价值；这种作用和影响越大，负价值越大。不产生作用和影响，就无价值或是零价值。客体对主体的作用和影响就是价值的存在形态。客体是客观存在的，主体是客观存在的，主体与客体的相互作用也是客观存在的，客体对主体的效应必然是客观存在的，因而价值是客观存在的。

价值存在的内在根据是事物的普遍联系。事物都是普遍联系的，相互联系必然相互作用。主客体（或主体与主体）之间相互联系也必然相互作用，必然相互产生一定的作用和影响，包括主体对客体和客体（或主体）对主体的作用和影响。这种作用和影响是普遍存在的，客体（或主体）对主体的作用和影响即效应也是普遍存在的，因而价值是普遍存在的。

（三）价值与存在的关系

价值与存在既有联系，又有区别。

价值与存在有着内在联系：从广义说，价值也是一种事实，即价值事实，也是一种客观存在。所以，价值与存在都是客观存在。

价值与存在也有重要区别：首先，价值与存在的关系是特殊与一般的关系。价值也是一种存在，是一种区别于狭义的事实存在的特殊存在，即价值存在；而存在则是指一般存在。其次，价值与存在的关系也是部分与整体的关系。价值存在是整个存在的一部分。价值不仅与客体的属性及功能有关，而且与主体的素质及活动有关。价值是因人而异的，特别是价值观念、价值评价、价值选择、价值取向、价值创造等都是人所特有的。所以价值存在是一种属人的存在，而存在则包括属人的存在和自然存在。

第二节　价值的本质

价值范畴是价值哲学的逻辑起点和基石，要深入研究价值理论，不仅要了解价值与存在的关系，还必须深入研究价值的本质。

一、价值范畴是关系范畴

要认识价值的本质，首先要有正确的方法论，即价值论研究的思维模式。目前研究价值论的思维模式很多，影响最大的有三种：

一是实体说。实体说把价值理解为实体。实体说又分为唯客体论的实体说与唯主体论的实体说。

唯客体论的实体说把价值等同于客体。如前所述，英国哲学家摩尔认为："许多的不同的东西本身就是善的或者恶的"，[①] 就是一种唯客体论的实体说。这种观点只看到客体对价值的作用，忽视主体的作用，不能解释价值因人而异的现象，是片面的。实质上是一种机械论的观点。

唯主体论的实体说把价值等同于人或认为人就是价值本身。如前所述，有的学者认为人既是价值的设定者又是价值本身，[②] 或价值是人；[③] 而人相对于物来说是主体，又是实体。所以，这种观点在方法论上持唯主体论的实体说。价值不是实体，也不是事物固有的属性。用实体说解释人的价值存在着不少困难。首先，价值哲学的起点是区分事实与价值。人是事实而不是价值，事实不同于价值。说人就是价值本身，就是把事实等同于价值，就会导

---

① ［英］摩尔：《伦理学原理》，商务印书馆 1983 年版，第 3 页。
② 赖金良：《哲学价值论研究的人学基础》，载《哲学研究》2004 年第 5 期。
③ 韩东屏：《"价值是人"及其意蕴》，载《哲学研究》1993 年第 11 期。

致混乱。其次，我们的研究应从现实的、有生命的人本身出发，而不应从抽象的人出发。而现实的人则是很复杂的，既有真善美，又有假恶丑。把现实的人一概视为价值，这样就会认为人都是善的，不符合社会生活的现实。再次，如果说人就是价值本身，就无法解释人的价值追求。因为人本身就是价值，还有什么必要去追求价值呢？这不仅是逻辑上的混乱，而且也无助于人自身的超越。最后，这种观点在价值本质上，认为"价值是人类所赞赏、所希望、所追求、所期待的东西"，[①] 或认为"价值应定义为：人依据自身需求或某种标准对对象所作的评价"。[②] 前一种理解把价值视作人类所赞赏的东西，就是人们评价所肯定的东西，即把价值混同于评价；后一种理解更是明确地把价值混同于评价。而把价值混同于评价，正是西方主观价值论失误的认识论根源。这种观点实际上是重蹈西方学者的覆辙。

二是固有属性说。这种观点把价值视为客体本身固有的属性。例如，美国学者罗尔斯顿说："进入人们视野的那些自然属性，是在人类出现之前就已客观地存在于大自然中的。""自然物的这些属性被观赏者的知觉记录下来，并被翻译成了实实在在的价值。"[③] 他认为人们知觉的价值是自然物的属性的反映。自然物的这种属性是客观的，价值也是客观的。属性说看到客体及其属性的作用，坚持价值的客观性，有其合理之处。但它未看到主体的作用，不能解释价值因人而异的特点，是一种片面的机械论的观点，同样难以成立。

三是关系说。关系说认为价值范畴是关系范畴，不是实体范畴，也不是事物固有的属性。广义的关系说认为价值是事物（或人）相对于人或物而言的。狭义的关系说认为价值是对象或客体相对于人而言的。狭义的关系说被称为主客体价值关系说。通常所谓关系说指的是主客体关系说。关系说认为，价值是主客体相互作用的产物，价值既离不开客体，也离不开主体，离不开主体与客体的相互作用。价值是主体与客体相互作用的产物，是客体对主体的作用和影响，狭义的价值是客体对主体生存发展完善的积极效应。这种观点从价值的存在出发，既肯定主体的作用，又肯定客体的作用，既坚持

① 赖金良：《人道价值的概念及其意义》，载《天津社会科学》1997 年第 3 期。
② 韩东屏：《质疑非人类中心主义环境伦理学的内在价值论》，载《道德与文明》2003 年第 3 期。
③ ［美］罗尔斯顿：《环境伦理学》，中国社会科学出版社 2002 年版，第 156—157 页。

价值的客观性，又肯定价值的主体性，能较好地解释价值因人而异的现象，比之实体说和固有属性说更为合理。

关系说是借鉴价值哲学发展史上主观主义价值论与客观主义价值论的合理之处及其不足而发展起来的。西方价值哲学历史上的主观主义价值论者，有的已看到价值不是事物本身的性质，但他们夸大了主观的心灵的作用，忽视客体的作用，因而失之片面；西方客观主义价值论者则肯定客体的作用，肯定价值的客观性，而忽视主体的作用，陷入机械的客观论，同样失之片面。关系说是在吸取了价值哲学发展史上主观主义价值论与客观主义价值论失误的教训，扬弃二者而发展起来的，是对西方主观主义价值论与客观主义价值论的超越，是价值哲学发展史上的重要突破。

关系说比较切合价值的特点。我们讲价值，总是指"什么"对"什么"的价值。前一个"什么"指价值客体或价值载体，后一个"什么"指价值主体或价值受体。孤立的一件事物，无所谓价值，也无法确定其价值。所以，价值范畴是关系范畴，这就决定了我们必须用关系思维去研究价值。主客体价值关系论是关系说采用的一种思维模式，这种模式中的主体与客体与认识论中的主体与客体并不等同。坚持关系思维就必须从主客体关系出发，从主客体相互作用出发去研究价值问题。必须坚持全面的彻底的关系思维，反对单极思维，既要反对唯客体论的单极思维，也要反对唯主体论的单相思维。唯客体论是西方客观主义价值论的基本观点。如前所述，这种观点看到客体对形成价值的重要作用，肯定价值的客观性，有其合理之处，但它忽视主体的作用，则是片面的、机械的观点，不能科学地揭示价值的本质。

唯主体论的一种表现是西方的主观主义价值论。它认为价值是主体情感、兴趣、欲望、需要的产物，是纯主观的，忽视客体的作用，显然是片面的。

唯主体论的另一种表现认为价值是人或人既是价值的设定者又是价值本身。对这种观点前面已做过分析，这里不赘述。

唯主体论的再一种表现是坚持关系说，却又认为"主体是价值原、客体是价值载体"。① 或认为价值是一种主体性，"价值是一种主体性的

① 高清海主编：《马克思主义哲学基础》下册，人民出版社 1987 年版，第 56 页。

内容"。^① 价值这个概念概括的是普遍的主客体关系的一个方面，即主体对客体作用的过程，亦即"主体性的内容和尺度。"^② "价值事实不是客体性的事实，而是主体性的事实"。^③这种看法对不对呢？首先这种看法认为客体是价值载体是对的，但价值是主客体相互作用的产物，认为"主体是价值原"则显然失之片面了。同理，价值既是主客体相互作用的产物，必然既有主体性，也有客体性，也要受客体制约。认为价值是一种主体性的内容，价值事实是主体性事实，而不是客体性事实，同样失之片面。其次主体性是一种事实，而事实不同于价值；主体性并非都是合理的，而价值则必定是善的。再次主体性固然不等于主观性，但主体性也不等于客观性。主体是有思维的人，主体性包含主观性的一面，是客观性与主观性的统一；而价值则是客观的。把价值视为一种主体性，理论上是说不通的。这种观点虽然也强调应当坚持关系思维，但实质上是一种唯主体论的单极思维。唯主体论看到主体、主体性对价值的重要作用，有其合理之处。但它夸大了主体、主体性的作用，贬低了客体的作用，显然是片面的，同样不能科学地揭示价值的本质。

持价值是一种主体性的观点的学者，在价值本质的界定上持满足需要论，即认为应"从对象（物）的存在和属性与主体（人）需要的关系中去理解'价值'"。"能够按照满足主体的尺度满足主体需要，即为正价值，反之则是负价值。"^④ 认为价值是客体对主体需要的满足。

在中国价值哲学领域，满足需要论居主导地位。我国的这种观点，既有其不同于西方满足需要论的特点，又包含与西方满足需要论相同的共性。

1. 中国的满足需要论包含某些合理因素

（1）坚持价值的客观性。这一点，不同于西方的主观价值论。

（2）满足合理的需要、满足社会发展的客观需要是有价值的。

2. 满足需要论是西方学者首先提出来的，在西方是公认的主观价值论

（1）满足需要论是由詹姆士和文德尔班提出来的。著名的美国实用主义哲学家詹姆士在1897年出版的《信仰的意志》一书中说："善的本质，

---

①②③ 李德顺：《价值论——一种主体性研究》，中国人民大学出版社1987年版，第378、106、276页。

④ 李德顺：《价值论》，中国人民大学出版社2007年版，第79页。

简单说来就是满足需要。"① 他所说的善就是指价值，即认为价值的本质就是满足需要。

德国新康德主义弗赖堡学派价值哲学奠基人文德尔班，在其 1914 年出版的《哲学概论》一书中说："每种价值首先意味着满足某种需要或引起某种快感的东西。"② 他也认为价值就是满足某种需要的东西，即认为价值就是满足需要。

（2）在西方，满足需要论是公认的主观价值论。詹姆士主张以满足需要界定价值。同时，他又认为价值是人的心灵赋予的。他说："我们周围的世界似乎具有的那些价值、兴趣或意义，纯粹是观察者的心灵送给世界的礼物。"③ 所以，他的价值论是主观价值论，满足需要论是他的主观价值论的具体表现。

德国文德尔班也主张用满足需要界定价值。同时他又认为，抽开了意志和情感，就不会有价值这个东西，即认为价值是人的意志和情感的产物。他的价值论是典型的主观价值论。在这种观点指导下，他的满足需要论，也是一种主观价值论。

美国新实在论者培里提出兴趣价值论，他认为价值是兴趣的对象。这也是一种典型的主观价值论。他认为兴趣与欲望有密切关系，认为价值对欲望有依赖性。他的兴趣价值论，实质上是欲望价值论。在培里那里，欲望、欲求与兴趣、需要是密切联系的。可见，培里的兴趣价值论或欲望价值论与满足需要论是相通的。所以，张岱年先生说"兴趣价值论"与"满足需要论"也有类似之处。正像兴趣价值论被公认为是主观价值论一样，"满足需要论"在西方也被公认为是主观价值论。

（3）这种观点，在西方也受到杜威、罗尔斯等学者的批评，认为在理论上陷于混乱。杜威说："享受这些事物（即满足需要——引者注），认为

---

① ［美］詹姆士：《信仰的意志》（1897 年）。转引自张岱年：《论价值的层次》，载《中国社会科学》1990 年第 3 期。
② ［德］文德尔班：《哲学概论》第 254 页；转引自杜任之主编：《现代西方著名哲学家述评》（续集），生活·读书·新知三联书店 1983 年版，第 35 页。
③ 转引自［美］罗尔斯顿：《环境伦理学》，中国社会科学出版社 2000 年版，第 151 页。

是善，并不保证只会带来善的后果。"① 即满足需要并不能保证后果都是善的。罗尔斯认为："善被定义为合理欲望的满足。"② 也就是说，并不是满足任何欲望或需要都是善的。但在中国，以满足主体需要界定价值的观点却被认为是马克思主义哲学原理，写进了马克思主义哲学原理教科书。这岂非怪事。

3. 我国持满足需要论观点的学者，主观上是坚持价值客观性的，但他们对价值的界定却与西方学者的界定完全相同，实质上是主观价值论

（1）在理论根据上，这种观点是对马克思、恩格斯论述的误解。例如，有的学者根据马克思著作中曾说"'价值'这个普遍的概念是从人们对待满足他们需要的外界物的关系中产生的"③ 这句话，就认为价值就是客体对主体需要的满足。这是误解。这句话是马克思在评瓦格纳的政治经济学教科书时说的。在马克思看来，商品价值是商品中凝结的一般人类劳动，能满足人们的需要则是商品的使用价值。能满足人们的需要既不是商品价值，更不是哲学价值。把外界物能够满足人们的需要当做价值的普遍概念，实际上是把使用价值当成了哲学价值。这不是马克思的观点。

有的学者以《德意志意识形态》中的一句话，即"他们的需要即他们的本性"④ 为根据，证明其满足需要论，也难以成立。因为这句话并未讲价值与需要的关系，而且恩格斯在《卡尔·马克思》一文中提出，未来社会应"保证每个人一切合理的需要日益得到满足"。⑤ 恩格斯的论述明确地说明，不能认为满足一切需要都有价值；只有满足合理的需要，才是有价值的。

（2）主体需要并非天然合理，这是毋庸置疑的客观事实。这种观点却认为，只要满足需要，不论需要是否合理，都是有价值的。这是以偏概全，因而是片面的，而片面性也是一种主观性。我国有许多学者都承认主体需要

① ［美］杜威：《确定性的寻求》。转引自周辅成编：《西方伦理学名著选辑》下卷，商务印书馆1987年版，第711页。
② ［美］罗尔斯：《正义论》，中国社会科学出版社1988年版，第27页。
③ 《马克思恩格斯全集》第19卷，人民出版社1963年版，第406页。
④ 《马克思恩格斯全集》第3卷，人民出版社1960年版，第514页。
⑤ 《马克思恩格斯全集》第19卷，人民出版社1963年版，第124页。

并非天然合理，这是实事求是的科学的态度。但也有一些学者不承认主体需要并非天然合理这一客观事实，这不是一种实事求是的客观的科学的态度。这种观点在理论上陷于混乱。如果把这种观点的逻辑贯彻到底，就会作出满足吸毒贩毒、嫖娼卖淫等需要也是"有价值"的有害结论，不利于贯彻以人为本、全面协调可持续发展的科学发展观，不利于社会主义精神文明建设与和谐社会构建，不利于每一个人的自由全面的发展。在实践上就会对社会生活产生严重危害。

（3）这种观点也讲要坚持关系思维，实质上是唯主体论的单极思维，是片面的。

（4）这种观点把事实混同于价值。满足某种需要，享受某物，是事实而非价值；事实不一定是善的，而人们通常所谓有价值则必定是善的。

（5）这种观点认为主体需要全部都是客观的，未看到需要既有客观的，也有主观的，即存在着由主体思想认识、情感、兴趣、爱好等产生的需要，因而也是片面的。这种观点难以确保价值的客观性。

（6）这种观点实际上是把使用价值当做哲学价值。

（7）从思想根源来说，这种观点是崇拜自发性的产物。人们从本能出发总是自发地认为能满足主体需要就有价值，不论其后果如何。所以，这种观点是社会生活中的自发性的表现。

这种观点自发地认为满足需要就有价值，不顾客观后果，实际上并非满足主体任何需要都有价值，实质上是一种主观的价值判断或价值观念。所以，这种观点，实质上是主观价值论。

由此可见，在价值哲学研究中，不仅要坚持关系思维，而且要正确地全面彻底地坚持关系思维，反对单极思维。既要反对唯客体论的单极思维的片面性，又要反对唯主体论的单极思维的片面性，才能科学地把握价值的本质。

主客体关系，全面地说，应包括主体与客体的关系，主体与主体的关系，客体与客体的关系，主客体与其中介及时间、地点或环境因素的关系等。只有全面地研究主客体这些方面的关系，才能全面理解价值的本质。

有的学者认为，主客体关系论，只讲客体对主体的价值，能很好地解释人和物的效用价值、手段价值。但不能解释人的主体价值、目的价值、内在价值，忽视了人的人道价值或主体价值，即人的生命的存在，人的尊严、自由和权利的价值。这种批评对狭义的主客体关系论，即单纯地从主体与客体的价值关系去理解价值的理论来说，是中肯的。但主客体关系还包括主体与主体的关系。在主体与主体的关系中，相互联系相互作用的双方都是人，都是主体，或者说互为主客体。这里的价值是主体对主体的价值，也就是人的主体价值。

还应看到，人的主体价值包括两方面：一是人的生命存在以及人的自由、尊严、权利、人格和发展的价值，这是一切人都具有的，是人的人道价值。人道价值特别是人的生命、自由、尊严、权利和人格的价值是人人平等的。二是人的劳动、创造及贡献等的价值。人的能力有大小，人的劳动创造也有多少之别，人的贡献是不相同的，从这一方面说人的价值又是不平等的。人对社会的贡献，表面上看是人作为客体的价值即人的客体价值，实际上是人作为主体劳动创造的价值，即人的主体价值。人的主体价值既是平等的，又是不平等的。人的人道价值是人的目的价值、主体价值；人的奉献价值则既是手段价值或工具价值、客体价值，又是目的价值、主体价值。所以人的主体价值是人的目的价值和手段价值的统一，主体价值与客体价值的统一，人道价值和奉献价值的统一。由此可见，主客体价值关系论不仅能很好地揭示人的客体价值、手段价值，而且能更全面地揭示人的主体价值、目的价值。

二、价值与发展

用关系思维去研究价值，是正确理解价值本质的基本思路，这是一百多年价值哲学的历史证明了的一条历史经验。但是仅仅坚持关系思维还不够，还不能保证正确理解价值的本质。例如，在价值哲学发展史上，奥地利学者艾伦菲尔斯在其《价值论体系》一书中，就提出价值是主体与客体之间的关系，他认为"价值可定义为一种对象与主体对它欲求之间的关系"。[①] 他虽然认为价值是关系范畴，却陷入了主观主义价值论的欲望说，未能正确理

---

① 转引自［阿根廷］方迪启：《价值是什么——价值学引论》，（中国）台北联经出版事业公司1986年版，第34页。

解价值的本质。又如德国新康德主义者文德尔班认为："价值（不论是肯定方面或否定方面）决不能作为对象本身的特性，它是相对于一个估价的心灵而言……。"① 他的这一看法说明他也认为价值不是对象本身的特性，而是关系范畴。但他却认为价值是相对于一个估价的心灵而言的，因而他也陷入主观主义价值论。日本学者牧口常三郎也认为："价值是关系概念而不是实体概念。"②"价值不是客体自身"，③而"是由主客体的关系而产生的"。④但他又认为："价值只能存在于一个人在一定时刻与客体发生联系时所体验的价值感受中"。"在这个意义上，每一种价值都是主观的"，⑤最终也陷入主观价值论的泥坑之中。

以上事实说明，仅仅坚持关系思维还不能保证正确理解价值的本质。因为坚持关系说，认为价值是主体与客体的关系的产物，还有一个价值是客体相对于主体的什么而言的问题，即主体尺度问题。西方一些学者，有的认为价值是相对于主体估价的心灵而言；有的认为是相对于主体的兴趣而言；有的认为是相对于欲望而言；有的认为是相对于主体的需要而言，最终都陷入主观主义价值论。

马克思在《1844年经济学哲学手稿》中说："动物只是按照它所属的那个种的尺度和需要来建造，而人却懂得按照任何一个种的尺度来进行生产，并且懂得怎样处处都把内在的尺度运用到对象上去；因此，人也按照美的规律来建造。"⑥ 马克思在这里指出，人的生产有两种尺度，即任何一个种的尺度和内在尺度。学术界一般认为任何一个种的尺度，即客体尺度；内在尺度即主体尺度。客体尺度，即客观规律；主体尺度，即主体需要。把主体尺度理解为主体需要，是目前流行的观点。这种看法对不对呢？现在看来，值得进一步反思。首先，马克思在关于两个尺度的论述中明确指出："动物只是在直接的肉体需要的支配下生产，而人甚至不受肉体需要的支配也进行生

---

①　［德］文德尔班：《哲学概论》，第215页。转引自刘放桐编著：《现代西方哲学》（修订本）上册，人民出版社1990年版，第143页。

②③④⑤　［日］牧口常三郎：《价值哲学》，马俊峰、江畅译，中国人民大学出版社1989年版，第13、59、20、71页。

⑥　《马克思恩格斯全集》第42卷，人民出版社1979年版，第97页。

产，并且只有不受这种需要的支配时才进行真正的生产"。① 可见，"不受肉体需要的支配"是人的生产不同于动物生产的重要特点，而人的肉体需要是人的重要的强烈的需要。显然，马克思所说的"内在尺度"不是指主体需要。其次，应当承认主体需要与主体情感、兴趣、爱好、偏好、欲望等一样，的确是一种重要的主体尺度，人们往往自发地从主体需要出发去判断价值。但主体需要并非天然合理。恩格斯在谈到未来社会时说，要"使社会生产力及其所制成的产品增长到能够保证每个人的一切合理的需要日益得到满足的程度"。② 可见，主体需要并非都是合理的。只有满足主体合理的需要才是有价值的，满足不健康不合理的需要则是负价值。所以，主体需要的确是一种主体尺度，但不是一种科学的主体尺度，不能作为普遍的主体尺度。

那么，价值是相对于主体的什么而言，即主体的尺度究竟应当是什么呢？这个问题我们首先看一看马克思的论述。马克思说未来社会是"以每个人的全面而自由的发展为基本原则的社会形式"。③ 可见，人的发展，特别是人的全面而自由的发展，是马克思所追求的最根本的价值目标。价值目标决定价值尺度或价值标准。所以，主体尺度或人的内在尺度，从根本上说，就是人的发展，即人的全面而自由的发展。

再从价值的本性来看。如前所述，价值是相对于事实（狭义的、不因人而异的事实）而言的。广义的价值包括正价值与负价值。但人们通常说的价值，指的是正价值，即狭义的价值。事实无所谓善恶。而价值（狭义）必定是善的。所以价值是对事实的超越。事实是实然，价值也是一种存在，也是一种广义的事实，从这个意义上说价值也是实然。但价值必定是善的，内含着"应当"如何，所以价值内在地包含着应然。实然是现实的存在，应然是理想的存在。理想是对现实的超越，应然是对实然的超越，所以，价值是对事实的超越。价值的超越性决定了价值的本质在于发展，在于使事物更美好，使主体特别是社会主体发展、完善，更加美好。

价值是对事实的超越，这就要求区分事实与价值，不能将事实混同于价

①　《马克思恩格斯全集》第42卷，人民出版社1979年版，第97页。
②　马克思：《资本论》第1卷（下），人民出版社1975年版，第649页。
③　《邓小平文选》第3卷，人民出版社1993年版，第377页。

值。是否感到快乐，对某物是否有兴趣，是否满足欲望、是否满足需要，都是事实而不是价值。事实本身无所谓善恶，无所谓价值；只有当事实作用于主体对主体产生积极的效应，才是价值。把事实混同于价值，必然产生混乱。不区分事实与价值，是当代世界各国居于主导地位的价值哲学理论陷于混乱的一个重要的理论根源。

价值的超越性要求我们从事实出发去追求价值，从实然出发去追求应然，从现实出发去追求远大理想，追求真善美。价值必定是善的。善是以不损害社会和他人利益为前提的，善就是利群，越是有益于他人、公众、国家、民族、人类社会，其价值越大。价值是对一切腐朽丑恶现象的超越。它内在地要求自我全面发展，要求关心他人、关爱大众、舍己为人、奉献社会。追求真理使人聪明、睿智；追求价值使人高尚、正直，使人奋发向上，使人类社会更美好。

价值的超越性，要求超越停滞与平庸，追求卓越，促进发展。价值是对主体生存、发展、完善的积极效应。生存是发展完善的基础，发展完善以生存为前提，而要生存特别是要更好地生存，必须发展。无论是自然界还是人类社会，都是不断发展的。发展充满着竞争和挑战，竞争导致优胜劣汰。要在竞争中取胜，必须发展；不发展就会落后，落后就会挨打，就有被淘汰的危险，就难以生存。邓小平说："发展才是硬道理。"① "最根本的因素，还是经济增长速度，而且要体现在人民的生活逐步地好起来。"这种以人为本的发展观是总结几千年人类历史经验得出的精辟结论。中国近代一百多年落后、挨打、失败、屈辱的历史使我们对此体会尤深。"发展才是硬道理"这一思想，不仅适用于经济发展，实际上对整个人类社会，对社会生活各方面，对每一个人都有重要意义。历史上许多国家、民族灭亡，就是因为长期停滞落后、不发展而被淘汰。一种产品如果不发展创新，提高质量，更新换代，就会被具有更先进功能、物美价廉的产品所取代而失去市场，从而被淘汰。一个人如果不能奋发向上，不断进取，开拓创新，就会停滞落后，就很难为社会作出大的贡献，就很难实现人生的美好价值。所以，价值从根本上说在于促进事物发展，在于促进主体特别是社会主体发展完善，使人类社会

---

① 《邓小平文选》第 3 卷，人民出版社 1993 年版，第 355 页。

更美好，使每个人自由而全面的发展。只有以人的发展作主体尺度，从客体对主体特别是对人类社会发展完善，对每个人自由而全面发展的效应去理解价值，才能真正理解价值。

三、价值与功能

价值的实质是什么？这个问题在价值哲学的历史上早有人探讨过。德国学者李凯尔特在他 1921 年出版的《文化科学和自然科学》中就曾说："价值的实质在于它的有效性，而不在于它的实际的事实性。"[①] 他说价值的实质不在于它的事实性，从价值不同于事实来说是对的；从他以此否认价值的存在来说，则是错误的。但他认为价值的实质在于它的有效性，认为价值是一种功效，则比较切近价值的实质。日本学者牧口常三郎也有类似的观点，他说："价值，因为它是同人类生活相关的客体的固有属性与评价它的主体相互作用时产生的功能。"[②] 牧口从功能去理解价值，他所说的功能，指的就是主客体之间相互作用产生的影响或功效，他的这个看法与李凯尔特的看法有相似之处。

马克思说："共产主义的博爱则从一开始就是现实的和直接追求实效的。"[③] 他很重视实效。邓小平也很重视实效。他在讲植树造林时，要求"保证实效"。[④] 在经济工作中，他要求"一定要首先抓好管理和质量，讲求经济效益和总的社会效益，这样的速度才过得硬"。[⑤]还说："思想文化教育卫生部门，都要以社会效益为一切活动的唯一准则，它们所属的企业也要以社会效益为最高准则。"[⑥]邓小平讲的实效、效益指的都是功效，实际上就是价值。例如，经济效益指经济价值，社会效益或社会效果指社会价值。他从实效、效益去理解价值，就是从主客体相互作用产生的客观效果或功效去理解价值。所谓功效，就是功能。

认为价值是一种功效或功能，这就是价值理论中的功能说。功能说认为，价值范畴是关系范畴，也是功能范畴或功效范畴。主客体之间的关系有

---

① ［德］李凯尔特：《文化科学和自然科学》，商务印书馆 1996 年版，第 78 页。
② ［日］牧口常三郎：《价值哲学》，中国人民大学出版社 1989 年版，第 20 页。
③ 《马克思恩格斯全集》第 42 卷，人民出版社 1979 年版，第 121 页。
④⑤⑥ 《邓小平文选》第 3 卷，人民出版社 1993 年版，第 21、143、145 页。

实践关系、认识关系、价值关系。主客体实践关系是主体改造客体和自身的感性物质活动和对象性关系；主客体认识关系是主体对客体信息的反映与被反映的关系；主客体价值关系则是主客体之间的功能关系或功效关系，这是价值关系不同于实践关系和认识关系的本质特点。广义地说，价值是主客体相互作用中客体对主体的效应或功效，积极效应或功效是正价值，消极效应或功效则是负价值，正是从功能关系或功效关系上去理解价值。这种理解切合价值的本质特点，使我们对价值本质的认识更具体，也使我们对价值的存在的认识更深入一步，有利于确证价值的客观存在，也有利于回答价值到底是什么的问题。但是我们必须看到，仅仅从功能或实效出发，还不能科学把握价值的本质，还不能与实用主义者和新康德主义者划清界限。必须坚持以实事求是的思想为指导，把科学的实践观引入价值论，从客观的实践效果出发，才能科学把握价值的本质。

四、实践与价值

要了解价值的本质，还必须了解实践与价值的关系。实践与价值的关系主要有两方面：一是实践与价值源泉问题；二是实践与价值本质的认识问题。

（一）实践与价值源泉问题

什么是实践？实践是人们改造客体并相应地改造主体的双向的感性物质活动，是主体本质力量对象化的感性物质活动；而价值则是主客体相互作用中客体对主体生存、发展、完善的积极效应，是主客体相互作用的产物、结果。离开客体不可能有客体的价值，离开主体及主体对客体的作用也不会有价值。价值不仅来源于主体，也来源于客体，来源于主体与客体相互作用。主客体相互作用是价值的源泉。主客体相互作用包括实践、认识、价值三种形式，而实践是认识和价值的基础和源泉。

有的学者说价值是主体的本质力量现实化的表现，或是主体本质力量对象化。因为"'价值'在根本上表现的是主体的创造性本质；事物的属性只是价值表现的客观依据，这一属性的意义即'有用性'是主体所从事的改造活动的结果；体现在价值中的主观性与客观性的统一乃是人作为主体的本质力量现实化的表现。由此就可以得出人是价值的主体，人的实践是价值形成的基础，即主体是价值原、客体是价值载体的结论"。①

这种观点认为，实践是价值形成的基础，客体是价值的载体是对的，但又认为价值在根本上表现的是主体的创造性本质，是主体本质力量现实化的表现。主体本质力量对象化或现实化，其产物是对象化产品，即人化自然。而人化自然是价值客体，价值客体不等于价值。这种看法实际上把价值混同于人化自然即价值客体。这种观点肯定主体、主体对象性活动及主体本质力量对形成人化自然的价值的重要作用，有其合理之处。但价值是主客体相互作用的产物，而这种观点却认为"主体是价值原"，只强调主体及主体本质力量对象化或现实化的作用，忽视客体的作用，显然是片面的。

马克思说："劳动不是一切财富的源泉。自然界同劳动一样也是使用价值（而物质财富就是由使用价值构成的！）的源泉。"还说："资产者有很充分的理由硬给劳动加上一种超自然的创造力。"② 因为"没有自然界，没有感性的外部世界，工人什么也不能创造"。③ 马克思进一步分析说："人在生产中只能像自然本身那样发挥作用，就是说，只能改变物质的形态。不仅如此，他在这种改变形态的劳动中还要经常依靠自然力的帮助。因此，劳动并不是它所生产的使用价值即物质财富的唯一源泉。正像威廉·配第所说，劳动是财富之父，土地是财富之母。"④ 马克思在这里所说的是使用价值。使用价值是特殊价值，特殊中包含普遍。不难看出，劳动也不是价值的唯一源泉，自然界也是价值的源泉。认为主体是价值原，价值是主体本质力量对象化或现实化，实质上就是认为主体的劳动创造是价值的唯一源泉，忽视了自然界的作用，忽视了客体的作用，是不全面的。

如果用这种观点来概括人化自然的价值的本质和源泉是片面的，那么以此来概括自然价值或天然物的价值的本质和源泉就更难以说通。天然物如日月星辰、阳光雨露、南极冰峰、高空臭氧层及未经人工改造的山川河流、湖泊海洋等等，它们不是人化自然，不是劳动加工产品。但未经改造的天然物或大自然对人类广施恩泽，有重要价值。这种价值当然要经过人的机体的内

---

① 高清海主编：《马克思主义哲学基础》下册，人民出版社1987年版，第55—56页。
② 《马克思恩格斯选集》第3卷，人民出版社1995年版，第298页。
③ 《马克思恩格斯选集》第1卷，人民出版社1995年版，第42页。
④ 马克思：《资本论》第1卷（上），人民出版社1975年版，第56—57页。

在机制的作用而造福于人类，而不是离开主体存在的。但这种价值主要来源于大自然与主体相互作用，而不是仅仅来源于主体或主体本质力量对象化、现实化。如果硬要说天然物或大自然的价值也是主体本质力量对象化或现实化，主体是价值源，那就更加夸大了主体的作用，贬低了作为客体的天然物或大自然的作用。

（二）实践与价值本质的认识问题

价值的本质是什么？不同学派、不同观点的人有不同的回答。一百多年来，众说纷纭，莫衷一是。纵观各学派对价值本质的观点，主要有以下思路：

第一种思路是主观主义或心理主义的思路，这是西方主观主义价值论的思路。这种思路从主观心理出发，如从是否使主体愉快、是否符合主体兴趣、是否满足主体欲望、是否满足主体需要等出发，以主体心理的适意、满足界定价值，或把价值视为情感的表达。愉快、兴趣、欲望、情感是纯主观的东西。需要则比较复杂，既有客观的需要，也有主观的需要。我国一些学者强调需要都是客观的，而西方学者则把需要与兴趣等联系起来，把它作为一个心理学范畴来理解。所以，在西方，上述观点都被公认为是主观价值论。这种思路把价值视为主观偏好，从根本上否认价值的客观性，使价值概念失去了科学性，使西方价值哲学理论陷于混乱，并长期停滞不前。

第二种思路是唯客体论的思路。这种思路是由于不满意主观主义价值论而发展起来的。这种思路认为价值是客体固有的，或价值是客体固有的属性。这种思路是西方客观主义价值论的思路。如前所述，这种思路肯定客体对价值的作用，能有力地说明价值的客观性，但忽视主体的作用，忽视主体性，不能说明价值因人而异的现象，是一种机械的观点，作为一个学派已经从哲坛消失。

第三种思路是唯主体论的思路，即从主体出发理解价值，把主体理解为价值原，或认为价值概括的是主体性的内容和尺度，认为价值是一种主体性，价值事实是主体性事实。这种理解突出地强调价值的主体性，能解释价值因人而异的现象，但忽视客体对价值的作用，显然是片面的。此种观点虽然坚持价值的客观性，却又认为价值就是客体对主体需要的满足，对价值的这种界定与西方流行的主观主义价值论观点相同。有的学者甚至认为价值是人，或人既是价值的设定者又是价值本身。这是更为典型的唯主体论观点。如前所述，这种观点认为价值是人所作的评价；而把价值混同于评价，正是西方主观主义价值论的失足之处。可见，唯主体论思路在价值界定上最后的结局都与当代西方主导的主观主义价值论观点相同，这就充分暴露了这种思路的局限性。

第四种思路是实践、实践结果说。这种思路在西方学者中也曾有人提出过。如美国学者杜威认为："一个道德的法则，也像一个物理学上的法则一样，并不是无论如何都必须贸然加以信誓和固守的；……它的正确性和恰当性，是靠实行它以后的结果来加以验证的。"他说："以后果为验证较之以固定的一般规则为验证，更要严正些。"① 他主张把验证法运用于道德领域，即主张从实践的后果去把握价值。他的这一看法是有重要意义的。但是他在价值本质的理解上却认为："必须用作为智慧行动后果的享受来界说价值。"② 即认为价值是智慧行为的后果的享受。这就是说，享受不一定有价值，只有用思想调节行为产生的后果的享受才是价值。他说："如果没有思想夹入其间，享受就不是价值而只是有问题的善。"③ 他把价值看做是思想、智慧调节行为产生后果的享受，而思想、智慧是主观的东西。可见，最后还是陷入主观价值论的窠臼之中。杜威陷入主观价值论最根本的是他实用主义的哲学观即他的经验自然主义的哲学观决定的。所谓经验自然主义，就是强调经验与自然合一，把经验当做包括人的情感、意志等主观心理的东西和事物事件等客观的东西的统一整体，认为经验是融主体和客体于一身的兼收并蓄的整体。这样就可以消除主体与客体、物质和精神问题上的二元论。实质上是把客观世界完全纳入到人的主观世界中，客观世界失去了它本身应有的独立性，而沦为人的意识的附庸。所以，他的经验自然主义，实际上是主观唯心主义的哲学。在这种哲学观的指导下，杜威的价值理论最终陷入主观价值论是不足为奇的。

从实践、实践结果出发理解价值的思路方面，最有启发的是马克思关于如何解决认识真理性问题的论述。马克思说："人的思维是否具有客观的真

①②③ ［美］杜威：《确定性的寻求》，载周辅成编：《西方伦理学名著选辑》下卷，商务印书馆1987年版，第720、701页。

理性，这不是一个理论的问题，而是一个实践的问题。人应该在实践中证明自己思维的真理性，即自己思维的现实性和力量，自己思维的此岸性。关于思维——离开实践的思维——的现实性或非现实性的争论，是一个纯粹经院哲学的问题。"① 马克思的这段话，给我们以深刻的启发。他说离开实践去讨论思维的真理性和非真理性的问题，是一个纯粹经院哲学问题。在价值问题上也是如此，离开实践单纯从理论上去讨论价值问题，是永远也讨论不清楚的。马克思说："人应该在实践中证明自己思维的真理性。"价值问题比真理问题复杂，同样，人也应该在实践中证明自己对价值本质问题的认识的正确性。实践对认识真理性的证明主要是通过实践结果来证明，对价值本质认识的正确性的证明也只能通过实践结果来证明。所以，只有从实践、实践结果出发，才能正确理解价值的本质。

列宁进一步指出："必须把人的全部实践——作为真理的标准，也作为事物同人所需要它的那一点的联系的实际确定者——包括到事物的完整的'定义'中去。"② 列宁在这里也强调以实践作为真理的标准，同时他还说，实践"也作为事物同人所需要它的那一点的联系的实际确定者"。即实践是事物与人需要与不需要，需要是合理的还是不合理的实际确定者，亦即实践是事物是否真正有价值的实际确定者，也就是说实践不仅是真理的标准，也是价值的标准，应当从实践出发去确定价值。

邓小平也是从实践、实践结果出发理解价值。在 1962 年 7 月 7 日的一次讲话中，邓小平说："生产关系究竟以什么形式为最好，恐怕要采取这样一种态度，就是哪种形式在哪个地方能够比较容易比较快地恢复和发展农业生产，就采取哪种形式；群众愿意采取哪种形式，就应该采取哪种形式，不合法的使它合法起来。"③ 生产关系好与不好，以什么形式为最好，是一个价值问题。所以，他在这里提出的是一个价值问题，即生产关系以什么形式为最有价值的问题。他的回答是，要看哪种形式在哪个地方能够更快地恢复和发展农业生产，即有利于生产力发展，群众愿意采取哪种形式，即哪种形式符合群众利益，就应该采取哪种形式。怎样判断生产关系是否有利于生产

---

① 《马克思恩格斯选集》第 1 卷，人民出版社 1995 年版，第 55 页。
② 《列宁选集》第 4 卷，人民出版社 1995 年版，第 419 页。
③ 《邓小平文选》第 1 卷，人民出版社 1994 年版，第 323 页。

力发展和是否符合人民利益呢？他说："刘伯承同志经常讲一句四川话：'黄猫、黑猫，只要捉住老鼠就是好猫。'这是说的打仗。我们之所以能够打败蒋介石，就是不讲老规矩，不按老路子打，一切看情况，打赢算数。"① 这就是说，一种事物有没有价值，要看实践、看实践结果如何，正如一只猫是不是好猫，要看它能不能捉住老鼠，在战争中一种打法好不好，就看用这种打法能不能取胜一样。实践、实践结果是判断价值的最终标准。

1986 年 3 月 28 日，邓小平在会见新西兰总理朗伊谈到农村改革时说："农村改革，开始的一两年里有些地区根本不理睬，他们不相信这条路，就是不搞。"这说明，一些人开始还不认识改革的价值。怎样对待这种情况呢？邓小平说："我们的做法是允许不同观点存在，拿事实来说话。"② 他说，有的"观望了一年，有的观望了两年，看到凡是执行改革政策的都好起来了，他们就跟着走了"。所以，改革的政策，人们一开始并不是都能理解的，"要通过事实的证明才能被普遍接受"。③ 这里的"事实"，就是改革的"成效"，即"凡是执行改革的都好起来了"，也就是改革的实践结果或实践效果。"用事实来说话"，就是用作为实践结果的事实来证明改革的价值，就是把实践、实践标准用于价值论或价值评价。实践既有普遍性，又具有直接现实性，作为实践结果的"事实"是不因人而异的客观存在。事实胜于雄辩，事实最有说服力，它最有力地回答了价值的有无与大小问题。对具体事物的价值问题，只能通过实践、实践结果来回答；对价值本质即一般价值问题，也只能通过实践、实践结果来解决。把实践引入价值论，是科学地解决价值本质问题的关键。

邓小平从实践、实践结果出发理解价值的思想，为我们科学地解决价值本质问题指明了方向。在邓小平看来，农村改革有无价值，要看是否有"成效"。④ 植树造林，要"保证实效"。⑤ 经济建设，要"讲求效益"，⑥ 要"讲求经济效益和总的社会效益"。⑦ "思想文化教育卫生工作部门，都要以社会效益为一切活动的唯一准则，它们所属的企业也要以社会效益为最高准则。"⑧ 领导干部"要取信于民，要干出实绩"。⑨ 成效、实效、实绩、效益、

①　《邓小平文选》第 1 卷，人民出版社 1994 年版，第 323 页。
②③④⑤⑥⑦⑧⑨　《邓小平文选》第 3 卷，人民出版社 1993 年版，第 155、21、375、143、145、299 页。

经济效益、社会效益，都是实践结果或实践效果。总之，邓小平是从实效、实践结果、实践效果出发去理解价值。根据邓小平上述思想，价值就是客体对主体的效益、效果、实效、实绩、成效。这是邓小平把实践引入价值论，从实践结果出发理解价值得出的重要结论，也是邓小平哲学价值思想对我们的重要启示。

邓小平从实践、实践结果，从实效出发理解价值，西方实用主义也重视实践、实践结果、重视实效。邓小平的价值理论，与实用主义的价值理论有何不同？第一，邓小平的价值理论是以实事求是的哲学观为指导，实用主义的价值理论则是以经验主义的哲学观为指导，而经验主义的哲学观是唯心主义的哲学观。第二，邓小平从实践、实践结果，从实效出发理解价值，用事实来证明有无价值，是从客观的实践结果、实际效果出发理解价值；而实用主义本质上是一种唯我主义，只要对我有利、有用，就有价值，不论其是否符合实际，所以实用主义的价值理论是一种唯我主义的主观价值论，是一种庸俗的价值论。第三，邓小平的价值理论，以人民为价值主体，以广大人民的根本利益为价值标准；而实用主义的价值理论，则是以个人为价值主体，以个人利益为价值标准。

从实践、实践结果出发理解价值的本质，较之西方的主观主义价值论与客观主义价值论及我国的人学价值论或人道价值论，具有明显的优越性。西方的主观主义价值论与我国的人学价值论或人道价值论，只重视主观或主体的作用而忽视客体的作用，是一种唯主体论的单极思维，在理论上陷于片面性。西方的客观主义价值论只重视价值客体的作用，忽视主体的作用，是一种唯客体论的单极思维，是一种机械论的观点，不能解释价值因人而异的现象而失去其生命力，最后作为一个学派走向消亡。

从实践、实践结果出发有助于科学地理解价值。实践是主客体相互作用的感性物质活动，实践结果是这一过程的结晶。从实践、实践结果出发理解价值，就是从主客体相互作用及其结果出发去理解价值。这样就克服了西方主观主义价值论和客观主义价值论及我国人学价值论或人道价值论的单极思维的偏颇，科学地全面地理解价值。实践既具有普遍性，又具有直接现实性，实践结果是感性的客观事实，从实践、实践结果理解价值有力地确证了价值的客观性和普遍性。这样理解价值，既肯定了价值的主体性，能解释价值因人而异的现象，又克服了西方客观主义价值论的机械论的局限。所以，从实践、实践结果理解价值，是揭示价值本质的一条科学的思路。

从以上分析中我们发现，在当今世界上，存在着两种形态的价值哲学，即经院价值哲学或理论的价值哲学和实践的价值哲学。经院的或理论的价值哲学就是离开实践，单纯从理论出发或从主观心理，从表面现象出发去探讨价值问题的价值哲学；实践的价值哲学则是从实践、实践结果出发去理解价值问题的价值哲学。经院的或理论的价值哲学的指导思想是唯主体论或唯客体论的单极思维；实践的价值哲学的指导思想则是实事求是，从主客体相互作用或双向作用出发全面地理解价值。经院的或理论的价值哲学脱离实际，无视事实，不尊重事实，导致理论混乱，不能经受实践的检验；实践的价值哲学则密切联系实际，尊重事实，拿事实来说话，论证有力，在实践中得到充分证明。西方居于统治地位的价值哲学就是经院的或理论的价值哲学。而邓小平的价值哲学思想，即中国特色的马克思主义价值哲学，则是实践的价值哲学。西方的经院的或理论的价值哲学陷于困境，长期停滞不前，受到有识之士的尖锐批评。而邓小平的实践的价值哲学思想则为中国广大群众所信服，充满了生机与活力，并指导中国人民的改革开放和现代化建设事业取得了举世公认的伟大成就，受到全世界的瞩目，显示了强大的生命力。经院的或理论的价值哲学与实践的价值哲学的区分，是从指导思想和出发点上区分，是从实质上区分，而不是从表面上区分。实践价值哲学本身是一种严谨的价值哲学理论，它并不忽视理论，而是把理论与实践结合起来，把理论奠基于实践基础之上，坚持以实事求是思想为指导，从实践、实践结果理解价值，尊重事实，用事实来说话。西方价值哲学中的实用主义也重视实践，甚至以"行为"作为其哲学"关注的核心论题"，① 即以实践为核心。但是由于其指导思想是经验主义，唯我主义，实质上是以唯主体论的单极思维为指导，因而作出了"善的本质，简单说来就是满足需要"② 的价值界定，最终陷于主观价值论。我国学者大都高度重视实践，有的还主张用实践思维去研

---

① ［美］莫利斯：《美国哲学中的实用主义运动》，1970 年英文版，第 10 页；转引自刘放桐编著：《现代西方哲学》（上册）修订本，人民出版社 1990 年版，第 274 页。

② ［美］詹姆士：《信仰的意志》（1897）；转引自张岱年：《论价值的层次》，载《中国社会科学》1990 年第 3 期。

究价值问题，但有的学者不是从实践、实践结果出发理解价值，而是从主体、从主体性出发理解价值，认为主体是价值源，价值是一种主体性的内容，价值概括的是主体性的内容和尺度，价值事实是主体性事实，从而作出以客体是否满足主体需要界定价值的结论。这些学者虽然坚持价值的客观性，但在价值界定上却重蹈一百多年前西方学者的覆辙。

为什么一些学者主张用实践思维去研究价值问题，但却从主体、主体性去理解价值呢？这是一些学者对马克思《关于费尔巴哈的提纲》第一条的理解决定的。马克思说："从前的一切唯物主义（包括费尔巴哈的唯物主义）的主要缺点是：对对象、现实、感性，只是从客体的或直观的形式去理解，而不是把它们当做感性的人的活动，当作实践去理解，不是从主体方面去理解。"① 有的学者看到马克思批评旧唯物主义对对象、现实、感性不是把它们当做感性的人的活动，当做实践去理解，不是从主体方面去理解，便认为，对对象、现实、感性，应当做实践去理解，就是应从主体方面去理解。从这一理解出发，他们便把用实践思维研究价值问题，变成从主体、主体性出发去理解价值。他们这种理解，实际上是把应"当作实践去理解"，等同于"从主体方面去理解"。对马克思《关于费尔巴哈的提纲》的这种理解，是欠全面的。因为，首先，马克思在《提纲》第一条中批评旧唯物主义的主要缺点是：对对象、现实、感性，"只是"从客体的或直观的形式去理解，是片面的，并不是说不应当从客体的方面去理解。也就是说，马克思是肯定了对对象应当从客体方面去理解的，但"只是"从客体方面去理解，而不从实践，不从主体方面去理解，就片面了。其次，"当作实践去理解"不能等同于"从主体方面去理解"。实践是主客体相互作用或双向作用的感性物质活动，既包括主体对客体的作用，也包括客体对主体的作用；而"从主体方面去理解"，只是从实践活动的一个方面即主体对客体作用方面去理解，所以二者不能等同。只有在坚持从客体方面去理解的前提下，坚持从主体方面去理解，才是正确的。把"当作实践去理解"等同于"从主体方面去理解"，这样去理解实践是片面的，不是实事求是的理解，而是一种误解。一些学者正是从这种误解出发，把从实践出发变成从主体、主体性出

---

① 《马克思恩格斯选集》第 1 卷，人民出版社 1995 年版，第 54 页。

发，把实践思维变成单纯的主体、主体性思维的单极思维。所以，他们在对价值本质的界定上，作出了与西方一些学者的唯主体论的单极思维相同的结论，是不奇怪的。这一事实表明，离开以实事求是思想为指导，离开从实践、实践结果去理解价值，不可能科学地理解价值，只能导致混乱。只有坚持以实事求是思想为指导，从实践、实践结果出发，从主客体双向作用理解价值，尊重客观事实，拿事实来说话，才能科学地理解价值的本质。

第三节　价值的特性

价值的本质通过其特性表现出来，价值的特性是价值本质的体现。价值具有客观性、客体性与主体性，社会性与历史性，相对性与绝对性，多元性与一元性。要深刻理解价值的本质，必须深入研究价值的特性。

一、价值的客观性、客体性与主体性

（一）价值的客观性

价值（狭义的价值）作为主客体相互作用产生的客体对主体生存发展完善的积极效应，是不依赖于评价主体而独立存在的，具有客观性。主要表现是：

第一，实存性。价值的根据，即价值主体、价值客体、价值中介、价值活动都是实际存在的，主客体相互作用是实际存在的，主客体相互作用产生的客体对主体的作用和影响即效应，也是实存的，因而价值是客观的。

第二，自在性。价值是不依赖于评价主体而存在的。这里要区分价值主体与评价主体。价值主体的对象是价值客体；评价主体的对象或评价客体，则是价值或价值关系（价值关系即价值主体与价值客体的关系），而不是价值客体。在同一价值关系中，价值主体也可以是评价主体，即以价值主体自身与价值客体的价值关系为对象进行评价，这时评价的对象仍然是价值关系（价值主体与价值客体的价值关系），而不是价值客体。在评价活动中，作为评价对象的价值、价值关系是不依赖于评价主体而独立存在的，是自在存在的，即使评价主体与其评价对象（价值、价值关系）中的价值主体相重合，也是如此。所以，价值具有客观性。

　　第三，可感受性。价值范畴是关系范畴，不是实体范畴，也不是事物固有的属性，是看不见摸不着的。但价值存在于主客体价值关系中，存在于主体与客体相互作用中，存在于客体对主体的作用和影响中，它是一种感性存在，具有可感受性。例如，从物质价值来说，食可饱腹、水可解渴、衣可御寒、房可居住、舟车可助行等等，这些价值都是可以亲身感受到的。

　　社会政治历史价值比较复杂，其作用和影响往往要在较长时间里才表现出来，而且不同的人对同一社会政治历史事件的感受和评价往往不同。但社会历史事件对社会政治历史发展有一定作用和影响则是客观存在的。这种作用和影响也可以感受到。例如，鸦片战争、甲午战争、五四运动、抗日战争等历史事件对我国近代历史的作用和影响，1949 年新中国成立、1978 年党的十一届三中全会及近 30 多年来我国改革开放对我国社会政治历史及人民生活水平提高的作用和影响，都是可以感受到的。

　　科学、技术、教育、医疗、体育对社会生活的作用和影响即价值，人们是容易感受到的。在文化领域，读书可以益智，可增长知识；音乐可以愉情，可使人直接获得美的享受，也是可以感受到的。

　　第四，可验证性。西方逻辑实证主义者认为价值判断是情感的表达，而不是可靠的事实，认为价值是"不可证实的"，[①] 因而否认价值的客观性。实际上，价值是主客体相互作用中客体对主体的积极效应，是客体对主体的积极作用和影响，这种作用和影响是可以证实的。用什么来证实？最根本的是社会实践。物质价值可以通过生产生活实践来证实；社会政治价值可以通过社会政治历史实践来证实；精神价值可以通过对物质生产、精神文化和人的发展的影响来证实。总之，价值是可以证实的，这就证明价值是客观存在的。

（二）价值的客体性

　　价值的客体性是价值客观性的重要表现。所谓客体性就是在对象性关系中客体的客观性、自在性、外在性、对象性，对主体的制约性。其表现是：首先，客观性、自在性。价值客体无论物质客体还是精神客体，都是不依赖于评价主体的意识而自在存在的，具有客观性、自在性。其次，外在性。客

---

　　① ［英］艾耶尔：《语言、真理与逻辑》，上海译文出版社 1981 年版，第 116、123 页。

体在主体之外存在，没有客体，也无所谓主体。再次，对象性。马克思说："对象如何对他说来成为他的对象，这取决于对象的性质以及与之相适应的本质力量的性质。"① 主体以某种事物为对象，首先取决于客体的性质，客体没有相应的性质，就不能与主体构成对象性关系。最后，客体的规律对主体的制约性。客体的客观规律是不可抗拒的，它有力地制约着主体。主体必须尊重客观规律，按客观规律办事，否则就会失败。

（三）价值的主体性

价值是主客体相互作用的产物，必然既具有客体性，也具有主体性。价值的主体性是价值的重要特性。所谓主体性，就是人作为主体在对象性活动中表现出来的本质特性，是主体在与客体相互作用中形成的自觉性、自主性、能动性（含创造性）、为我性等特性。价值的主体性主要表现在：

第一，自主性。价值是主客体相互作用产生的客体对主体的积极效应。在主客体价值关系中，客体的属性和功能是产生价值的前提，主体必须尊重客体的规律并受客体制约。但一定的客体对主体的价值有无与大小却取决于主体尺度，即对主体利益、主体发展的作用如何；因而同一客体对不同主体价值不同，对不同时间、不同条件下的同一主体价值不同。这种情况表明在价值关系中，主体居于主动、主导、支配的地位，即价值主体具有自主性，自主性是价值主体性的重要表现。

第二，超越性。价值主体性的重要表现是主体具有能动性。主体能动性使主体能超越现存事物，因而主体具有超越性。主体的这种超越性在对象性的价值关系中表现出来，就是价值的超越性。超越性是价值主体性的重要表现，主要表现在以下方面：

首先是优越性。我们说一种东西有价值，就是说这种东西能使主体发展，使主体更美好，即比原有的事物优越。价值的优越性是价值的本质决定的。价值的本质在于促进事物的发展，使主体特别是使人类社会更美好。能促进事物发展，使主体特别是使人类社会更美好的东西就是优越的东西，所以优越性是价值本质的表现，是真、善、美、利的集中表现。一种新产品之所以占领市场，一种旧型号的产品之所以丧失顾客，就是因为新产品具有更

---

① 《马克思恩格斯全集》第 42 卷，人民出版社 1979 年版，第 125 页。

先进的性能，比旧产品优越，优越意味着更有利于主体生存、发展、完善，使主体更美好，即更有价值，优越标志着价值更高，优越吸引着主体，决定着主体的价值取向。价值的优越性体现了主体的进取性。优越性是具体的、历史的，是相对于一定历史条件而言的。条件变了，原来优越的东西就失去其优越性，就要被更优越的东西所取代。人类总是追求更高的价值，总是不断追求更优越更有价值的东西。人类的这种价值追求，激励着人们不断地开拓进取，不断创新。

其次是创造性。价值从根本上说在于促进事物发展，促进主体发展。而发展从根本上说来源于主体的创造、创新。价值的超越性的根本表现就是创造、创新，实现对原有事物的超越。创造性是价值主体性的集中表现，也是主体本质力量的集中表现。

主体的创造既创造正价值，也创造负价值。在物质生产方面，既生产大量能促进主体生存、发展、完善的产品，也生产毒品和假冒伪劣产品。在精神生产方面，人们创作了大量有助于增长智慧，净化灵魂，催人奋发向上，使人获得美的享受的有价值的精品；也创作出一些黄色下流，腐蚀人们灵魂，诱人堕落的毒品。可见并非任何创造都有价值。所以，主体的创造有一个价值导向问题。没有正确的价值导向，主体性的发挥也不会创造价值，还可能产生负价值。所以，主体性、创造性不等于价值，主体性、创造性的发挥有一个方向问题。

再次是理想性。价值主体性的重要表现是价值主体都有一定的价值目标，有一定的价值追求，都力图追求新的更多更先进的价值客体，使主体，使人类社会更美好。人们实现了一定的价值目标，又会追求新的价值目标，追求更大价值。价值主体总是趋向于超越现实，指向未来，所以价值具有超前性、理想性。理想性是价值主体性的重要表现。理想是激励人们前进的巨大动力，所以价值总是催人向上，使人不断进取，不断创新，不断超越。

第三，主观性。人作为主体是物质与意识的统一。主体是物质实体，具有客观性；主体又具有意识，因而又具有主观性。主体性是主体在对象性活动中表现出来的本质特性。主体性不等于主观性，也不等于客观性，主体性是客观性与主观性的统一，它不仅表现为实践能动性，还表现为意识能动性即主观性或主观能动性。主体的主观性或主观能动性对价值的形成具有重要作用。

首先是主体认识图式、知识结构对价值形成的影响。一种先进的设备，如果缺乏先进的知识结构，就无法启动，这种先进的设备就等于废物。同一客体，主体的知识结构不同，对它的利用及其效率大不相同，其实际效应也不同，因而实际价值也不同。而知识结构存在于主体意识中，是主观的东西。这是主体的主观性或主观能动性的重要表现。

其次是主体能力对形成价值的作用。知识结构与能力密切联系，知识是能力的基础，能力是知识运用，但知识不等于能力。有的人知识不少，但能力不高，不善于运用所学知识分析和解决实际问题，成为书呆子。从知识到能力的转化，要有一定条件，这就是在一定的生理素质、心理素质基础上反复实践、思维、练习或训练和运用。马克思说："对于没有音乐感的耳朵来说，最美的音乐也毫无意义，不是对象，因为我的对象只能是我的一种本质力量的确证。"① 可见主体能力对产生价值具有重要影响。能力或主体本质力量是使主体与客体结合，使之相互作用产生现实价值的中介，没有这个中介，就不会产生价值。而能力的产生不仅以一定的生理素质和实践活动为基础，也包含主体心理素质、思维活力的作用。所以，主体能力对价值形成特别是对价值实现的作用，是价值形成过程中主体的主观性或主观能动性的重要表现。

再次是主体情感、意志对价值形成的影响。情感有选择性，它直接影响价值对象的选择。马克思说："忧心忡忡的穷人甚至对最美丽的景色都没有什么感觉。"②主体忧愁时，往往无心欣赏美景，这时秀丽的风光对他来说没有价值。对欢欣鼓舞的人来说，忧伤的乐曲使他讨厌，这时忧伤的乐曲对他没有价值。主体情感影响主体意志，意志对形成价值也有重要作用。主体情感意志是主观的东西，主体情感意志对价值形成的作用，是主体的主观性或主观能动性的重要表现，也是价值主体性的重要表现。

以上分析说明，主体主观因素对价值的形成有重要作用，说明价值主体性不仅包括实践能动性，还包括意识能动性，不仅包括客观性，还包括主观性。正因为如此，价值主体性现象表现得特别复杂。

①② 《马克思恩格斯全集》第42卷，人民出版社1979年版，第126页。

价值主体性是客观性与主观性的统一，一般说来，主导方面是客观性。首先，主体是物质与意识的统一，客观物质性居于主导方面；其次，主体性突出表现为实践能动性，而实践是客观物质活动；再次，主体的主观因素的形成以社会实践和一定的客观条件为基础，主体的主观因素是社会物质生活的反映；最后，价值主观性的发挥是建立在一定物质条件包括生理条件基础上，建立在实践基础之上，并借助一定工具而实现的。当主体性离开客观规律和一定的物质条件时，主观性就居于主导方面，就成为主观盲动。

承认主体主观因素对产生价值的作用，并不能因此而否定价值的客观性。因为主体的主观因素与客体相互作用产生的效应，不论是正效应还是负效应，都是一种客观存在，而主客体相互作用对主体产生的积极效应，就是价值，因而价值是一种客观存在。所以，虽然价值主体性包含着主观性，即价值形成过程中主体主观因素起了重要作用，但作为主客体相互作用产生的价值却是客观存在的。我们不能因为价值主体性包含主观性，就否认价值的客观性；也不能因为价值的客观性而否认价值主体性中包含主观性。西方主观主义价值论就是只看到价值主体性包含主观性而否认价值的客观性；西方客观主义价值论则是只看到价值的客观性而否认价值主体性中包含主观性。二者各执一端，其失足都在于片面性。

这里的关键在于要区分价值活动的过程和结果。价值活动是主客体相互作用过程，在这一过程中，主体的主观因素对价值的形成产生了重要作用，这是不能否认的；但主客体相互作用，主体包括主体主观因素与客体之间的相互作用及其产生的结果，即客体对主体的效应，或客体对主体的作用和影响是客观存在的。这种效应可能是物质效应，也可能是精神效应，可能是正效应，也可能是负效应。但这种效应是不以认识主体或评价主体为转移的，是客观存在的。

二、价值的社会性与历史性

价值是主体与客体相互作用的产物。这里的主体一般指的是人，人是社会的存在物，因而价值具有社会性。而社会是发展的，价值也是发展的，因而价值又具有历史性。社会性与历史性是价值的基本性质。

（一）价值的社会性

要了解什么是价值的社会性，首先要了解什么是社会。马克思说："社会，即联合起来的单个人"。① 社会是人们交互作用的产物，是以共同的物质生产活动为基础而相互联系的人们的共同体。所谓社会性，就是事物受社会影响和制约的性质。所谓价值的社会性，就是指价值受社会影响和制约，打下社会烙印的性质，也就是指价值受一定的社会生产方式、社会经济、政治制度和社会文化的深刻影响和制约的性质。

价值的社会性主要表现在以下几个方面：

第一，价值关系的社会性。价值关系是主体与客体的效应关系。从主体来看，价值主体是人，人是社会的存在物，不能离开社会而存在。离开社会就无所谓人，无所谓主体。主体可分为个体主体、群体主体、社会主体。个人是社会的细胞，群体是社会的一部分，社会主体是最根本的价值主体。所以价值主体具有社会性。

从客体来看，价值客体包括物质客体、精神客体、人以及社会政治经济关系等。物质客体包括人化自然与天然物。人化自然是主体本质力量对象化的产物，是社会生产的产品，具有社会性。天然物本身不是主体劳动的产品，但天然物的价值在许多方面要受到生产力水平、科学技术、人的能力及社会制度的制约。精神客体与作为客体的人及社会政治经济制度都是社会的产物，它们与主体的关系是社会内部的关系，更要受到社会的制约。所以，价值客体具有社会性。价值主体与价值客体都具有社会性，主体与客体之间的价值关系也必然具有突出的社会性。

第二，价值活动的社会性。价值活动是价值主体认识或评价、选择、创造、实现价值的活动。价值主体是人，人是社会的存在物，人不能离开社会而进行价值活动。要进行价值活动首先要获得一定的衣食住行等物质生活资料，这些生活资料绝大多数都是社会提供的。主体从事价值活动所运用的知识和工具，都是社会实践的产物。主体的价值活动是在一定的社会环境中进行的，必然要受到社会历史条件的制约。所以主体价值活动必然具有社会性。

① 《马克思恩格斯全集》第46卷（下），人民出版社1980年版，第20页。

　　第三，实际效应的社会性。价值是主客体相互作用中客体对主体的积极效应，主体是社会的人，因此这种效应也是一种社会效应。作为客体的人化自然本身就是社会产品，作用于主体，必然会对社会产生一定作用和影响，具有社会性；天然物作用于主体也会影响到社会。历史上往往风调雨顺，农业丰收，就国泰民安；大灾之年则哀鸿遍野，民不聊生，往往导致社会矛盾激化，影响政局稳定，对社会产生重大影响。至于人和精神现象以及社会经济政治制度等作为客体对主体的效应，其社会性更不用说了。

　　第四，价值意识、价值观念的社会性。不同国家、民族，不同阶级、阶层、集团的人们，由于经济地位、政治利益、生活条件和文化背景不同，有着不同的价值意识、价值观念。不同的价值意识、价值观念是人们社会经济政治地位和文化生活的反映，也表现了价值的社会性。

（二）价值的历史性

　　价值具有社会性，而社会是发展的，价值也随着社会历史的发展而发展，因而价值具有历史性。价值的历史性主要表现在以下几方面：

　　第一，价值主体的历史性。人类社会是从低级到高级逐步发展的。随着社会的发展，随着生产力，特别是科学技术的发展，生产关系、政治文化生活也不断发展，人们的利益关系、主体素质、主体本质力量也随着发展。随着主体的发展，价值也不断发展。

　　第二，价值客体的历史性。随着社会实践的发展，生产力的发展和科学技术的进步，经济文化的交流，人的能力不断发展，对自然客体开发利用的深度和广度不断扩展，人们生产的人化自然的价值客体越来越多，性能越来越先进。新的价值客体不断涌现，原有价值客体不断被淘汰。一些在历史上有重要价值的客体随着时间的流逝而黯然失色；而原来被视为废物或不屑一顾的东西，却被视为珍宝而身价百倍。同一客体在不同时代有不同的价值，这是价值历史性的重要表现。

　　第三，价值活动、价值中介的历史性。主体和客体是发展的，作为主体与客体相互作用的价值活动也是发展的。价值活动是借助于一定的中介而进行的。价值活动的基本中介是实践，而实践是随着社会发展而发展的。价值活动必须借助于工具作中介，而工具是随着实践，随着生产力、科学技术的发展而发展的。随着生产工具的发展，人们的价值活动也不断发展，创造的新的价值客体越来越多，性能越来越先进，价值也随之而发展。

第四，价值意识、价值观念的历史性。人们的价值意识、价值观念是一定的社会经济、政治、文化生活的反映，是一定的价值活动的产物或积淀。随着社会经济、政治、文化生活和价值活动的发展，人们的价值意识、价值观念也相应地发展。

价值是发展的，而发展以继承为前提，不继承原来的合理因素就不能发展。价值的历史性并不否认价值的继承性。价值的历史性表现了价值的变动性，而价值的继承性则表现了价值的延续性、稳定性。科学中的基本原理，文学艺术中的珍品，一个历史时期有代表性的东西，具有长久的历史保留价值，有些甚至历史越久而价值越高，这些都表现了价值的继承性、稳定性。所以，价值是历史性与继承性、变化性与稳定性的统一。

三、价值的相对性与绝对性

价值的历史性表现了价值的变动性、相对性，而价值的继承性、稳定性则表现了价值的恒常性、绝对性。所以，价值既具有相对性又具有绝对性，是相对性与绝对性的统一。价值的相对性与绝对性是价值的重要特性。

（一）价值的相对性

价值是一定的客体相对于一定的主体而言的，是具体的、有条件的、发展的，因而是相对的，具有相对性。价值的相对性主要表现为主体性、条件性、特殊性、历史性。

第一，主体性。价值是客体相对一定主体而言的，具有主体性。同一客体对不同主体、对不同时空条件下的同一主体，对同一主体的不同方面，其价值不同。价值是因人而异的，这是价值主体性的重要表现，也是价值相对性的重要表现。

第二，条件性。价值是有条件的，随着时间、地点、条件的改变而发生变化。皮衣皮帽在北方特别是东北和西北高寒地区很有价值，在热带则价值不大。轮船是江湖海洋的重要交通工具，有重要价值，但在内陆高原地区和沙漠地带却无价值。在农业生产上，天旱缺雨，骄阳似火，下雨有重要价值；而在洪水泛滥，抗洪抢险时下雨就是负价值。所以，价值都是有条件的，都以一定时间、环境、条件为转移，具有相对性。

第三，特殊性。世界上的事物千差万别各有特点，各种事物的价值各有其特殊性。例如，同属精神产品，自然科学的价值不同于社会科学的价值；音乐的价值不同于绘画、雕塑的价值。客体价值的这种差别性或特殊性，是相对于不同客体而言的，是价值相对性的重要表现。

第四，历史性或变易性。价值是随历史发展而发展变化的，具有历史性或变易性。一些在历史上曾很有价值的东西，如弓箭，随着历史的发展，随着科学技术的发展，变得价值不大了；相反，一些在历史上价值不大的东西，如石油，随着历史的发展，随着生产力的发展，科学技术的进步，变得很有价值了。这些都表现了价值的历史性或变易性，价值的历史性或变易性是价值相对性的重要表现。

（二）价值的绝对性

价值是相对的，又是绝对的，相对中有绝对。价值的绝对性，即无条件性，主要表现为客观性、确定性、普遍性、恒常性。

第一，客观性。价值（狭义的价值）是主客体相互作用中客体对主体的积极效应。主体、客体和价值中介都是客观的，主客体相互作用也是客观的，主客体相互作用产生的效应，即对主体的作用和影响也必然是客观的，因而价值是客观的。价值的客观性表明价值的存在不以认识或评价主体的意志为转移，是无条件的，具有绝对性。

第二，确定性。价值是有条件的、发展的，具有相对性。价值的相对性是价值的不确定性。价值又是具体的，同一客体对一定时空条件下的每一具体主体其价值是确定不移的，具有确定性。例如，久旱无雨，禾苗枯焦，下雨有重要价值，这是确定不移的。一个人青少年时期刻苦学习，锻炼身体，培养良好品德，对他一生都有重要价值，这是确定不移的。一个人生了病，找一个好医生进行正确的诊断把病治好，对病人很有价值，这样的价值也是确定不移的，具有确定性。价值的确定性是价值绝对性的重要表现。

第三，普遍性。现实的价值都是具体的，各具特点的，具有特殊性。但特殊性中存在着普遍性，个性中有共性。例如，不论各种价值有多大差别，它们都是价值，都是主客体相互作用中客体对主体的积极效应，这是相同的、普遍的。整个人类社会存在着共同的、普遍的价值。例如，当今世界，和平、发展、合作，发展科学教育、医疗保健、体育，保护生态环境，以及人类文明的优秀成果，特别是优秀的文化古迹，优秀的文学艺术，秀丽的自然风光等等，对整个人类都具有价值。这些价值对人类社会具有共同性、普遍性、无条件性，因而具有绝对性。

普遍性与特殊性是相对的。人类共同价值是最普遍的价值。相对于一个国家、一个民族而言，人们共同的价值就更多。共同的价值使这个国家、民族团结起来共同奋斗。这种共同价值对相应的国家、民族来说也是普遍的、绝对的，具有绝对性。而对于人类共同价值来说则是特殊的、相对的，具有特殊性。

第四，恒常性。价值是随着历史的发展而发展的，具有历史性、变易性；价值又具有继承性、稳定性、恒常性。所谓价值的恒常性，就是指人类历史发展过程中存在着某种稳定的持续的价值的特性。价值的恒常性表现在许多方面，如社会实践的价值，特别是生产劳动的价值、科学技术的价值、教育的价值、医药卫生的价值、体育的价值、人类优秀文化的价值、自然的价值等等，都是人类社会发展不可或缺的，对于人类社会来说都是永恒的价值。其中有的价值，如人类的文化古迹、文化遗产和自然价值，时间越久其价值越高。价值的恒常性也是价值绝对性的重要表现。

四、价值的多元性与一元性

价值的相对性与绝对性的重要表现是价值既有多元性，又有一元性。价值多元性与一元性的统一是价值的本质特性。要深刻认识价值多元性与一元性及其重要意义，首先必须深入了解价值多元性与价值多样性的关系。

（一）价值多样性与价值多元性

价值既有多样性，又有多元性。价值多元性是价值多样性的重要内容和突出表现。价值多样性包括价值多类性与价值多元性两种形式。价值多类性，指不同客体有不同价值的性质，或不同客体对同一主体价值不同，即指价值因客体而异；价值多元性，则是指同一客体对不同主体价值不同的性质，即指价值因主体而异。前者决定于不同客体，后者则决定于不同主体。事物的多样性是世界上万事万物的共性，而价值既有多元性，又有一元性，则是价值独有的本质特性。价值多类性，即不同客体对主体价值不同，是不言而喻的，很容易理解，也无争议；而价值多元性，特别是价值多元性与一元性的统一，则往往使人困惑难解，甚至使人感到难以捉摸，以致产生错觉，感到价值是不确定的、主观的，从而否认价值的存在。价值问题的复杂性不在于价值多样性、多类性，而在于价值多元性，在于价值是多元性与一元性的统一。人们对价值多样性往往主要从多类性意义上理解，即从不同客体的价值不同上去理解。如果只讲价值多样性，不讲价值多元性，就容易忽视价值多元性，忽视价值多元性与一元性的统一，就会掩盖价值的复杂性，就会把复杂的价值问题简单化，就不可能科学地认识价值的本质特性。所以，不能只讲价值多样性，不讲价值多元性，不讲价值多元性与一元性的统一。要深入了解价值的本质特性，不仅要深入理解价值多样性，还必须深入研究价值多元性与一元性及其相互关系。

（二）价值多元性

要正确理解价值多元性，必须首先了解真理的一元性。真理是客观事物的本质和规律的正确反映。对同一事物的本质和规律的正确反映只有一个，不因主体不同而不同。所以，真理是一元的，而不是多元的。而价值与真理不同，价值既有多元性，又有一元性，是多元性与一元性的统一。

为什么价值会具有多元性呢？这是价值的本质决定的。价值（狭义的价值）是主客体相互作用中客体对主体的积极效应。同一客体对不同主体的效应不同，所以价值具有多元性。价值多元性，是指同一客体对不同主体或不同时空条件下的同一主体或同一主体的不同方面，其价值不同的性质。主要表现是：第一，同一客体对不同主体，其价值不同；第二，同一客体对不同时间、不同地点、不同条件下的同一主体，其价值不同；第三，同一客体对同一主体的不同方面，其价值不同。

价值多元性首先是由主体的多元性和不同主体的利益多元性决定的。主体分为个体主体、群体主体、社会主体，而各个个体主体与群体主体又各有特点。不同主体有不同利益。主体的多元性，主体利益的多元性决定了价值多元性。

其次，价值多元性，是由同一主体在不同时期、环境、条件下其利益和特点不同决定的。同一客体对儿童有价值，对成年人、老年人不一定有价值，如儿童玩具。同一客体对儿童、青年、中年人无价值，对老年人却有价值，如老年保健品。同一客体对不同时空条件下的同一个人，其价值不同。

再次，价值多元性是由同一主体不同方面有不同特点决定的。主体是一个系统，由多种要素、许多层次、许多方面组成。主体不同要素、不同层次、不同方面各有特点，同一客体对同一主体的不同要素、不同层次、不同方面价值不同，呈现价值多元性。例如，有的药对治疗肺病有价值，对肝却有负价值。

价值多元性是价值的普遍性质，在社会生活中表现为价值多元化。价值多元性决定价值多元化，价值多元化是价值多元性的表现形式。

价值多元性是价值复杂性的重要表现，在价值评价中，价值多元性往往会导致价值评价多元化，出现"公说公有理，婆说婆有理"现象，给价值评价造成困难。价值评价的多元化是由价值主体多元化、主体利益多元化决定的，是价值多元性的表现。从价值多元性来看，"公说公有理，婆说婆有理"，就客体对各个主体的利益而言，可能都是有理由的。对这类价值评价多元化现象，要分辨孰是孰非，就必须了解价值一元性，借助于同一客体对同一历史时期社会主体的价值一元性来加以解决。

（三）价值一元性

价值既具有多元性，又具有一元性。价值一元性是指价值的确定性，即同一客体对同一时期的社会主体，或对一定时间、环境、条件下的每一具体主体，或对每一具体主体的某一方面的价值是确定的、一元的，而不是多元的性质。价值一元性主要表现在：第一，同一客体对同一历史时期的社会主体的价值是一元的而不是多元的；第二，同一客体对一定时间、环境、条件下的每一具体主体，其价值是一元的而不是多元的；第三，同一客体，对一定时间、环境、条件下的每一具体主体的某一方面，其价值是一元的而不是多元的。

价值的一元性，首先是由同一历史时期的社会主体利益的一元性决定的。同一历史时期社会主体只有一个，同一历史时期社会主体的利益只能是一元的，而不是多元的，同一客体对同一历史时期社会主体的价值必然是一元的，而不是多元的。其次，价值的一元性是价值的具体性决定的。在一定时间、环境、条件下每一具体主体的利益是确定的一元的，同一客体对一定时间、环境、条件下的每一具体主体，其价值必然是确定的、一元的，而不是多元的。再次，价值一元性，也是事物特点的稳定性决定的。在一定时

期、环境、条件下主体的某一具体方面的特点具有相对稳定性，同一客体对
一定时间、环境、条件下的主体的某一具体方面，其价值是确定的、一元
的，而不是多元的。

（四）价值多元性与一元性的关系

价值既有多元性，又有一元性。价值多元性与一元性是对立的统一，不
可分割的。只有了解价值多元性与一元性的辩证统一关系，才能真正理解价
值的本质特性。

价值多元性与一元性的关系，包含着价值的个别性、特殊性与一般性的
关系。价值多元性是同一客体对不同主体，特别是对不同的个体主体、群体
主体其价值不同，表现了价值的个别性、特殊性；价值一元性的重要方面，
是指同一客体对同一历史时期的社会主体的价值是确定的一元的，而这一方
面则表现了价值的一般性。个别的、特殊的东西中包含着一般的东西，价值
多元性中包含价值一元性。社会主体的利益代表了各个个体主体、群体主体
共同的根本利益。客体对社会主体的价值是最根本的价值。客体对各个个体
主体、群体主体的价值都要服从于对社会主体的价值，价值多元性服从于价
值一元性。在社会生活中，当出现了"公说公有理，婆说婆有理"的价值
评价多元化现象，难于分辨孰是孰非时，只要我们从客体对社会主体的价值
出发，以社会主体的利益或人民的根本利益为价值标准，就可以准确地判断
客体的价值。社会主体的利益或人民的根本利益，是判断一切价值的最高价
值标准。

价值多元性与价值一元性的关系，反映了主体的多样性、变动性、多维
性与主体的具体性、相对稳定性、确定性的关系。主体的多样性、变动性、
多维性，决定了价值多元性；主体的具体性、相对稳定性、确定性，则决定
了价值一元性。主体多样性、变动性、多维性与具体性、相对稳定性、确定
性的统一，决定了价值多元性与一元性的统一。同一客体，对不同主体，对
不同时空条件下的同一主体，对同一主体的不同方面，其价值不同，具有多
元性；而同一客体，对一定时空条件下的每一具体主体，对每一具体主体的
某一方面，其价值是确定的、一元的，所以价值多元性内在地包含价值一元
性。价值一元性，决定价值多元性；价值多元性是价值一元性在复杂的社会
现实生活中的表现形式，表现了价值的复杂性、丰富性。价值从根本上说是

一元的，而其表现则是多元的。价值多元性与一元性的关系，是以一元性为基础的一元性与多元性辩证统一的关系。

价值多元性与一元性的关系，是相对与绝对的关系。价值多元性，表现了价值的特殊性、变动性、相对性；价值一元性则表现了价值的普遍性、恒常性、绝对性。价值多元性与一元性的统一，表现了价值相对性与绝对性的统一。

只讲价值多元性而否定价值一元性，就会导致相对主义、主观主义；只讲价值一元性而否认价值多元性，就会导致思想僵化、导致机械论、教条主义。西方价值哲学中的主观主义价值论其失误就在于只看到价值的多元性、相对性，而忽视价值一元性、绝对性；而西方价值哲学中的客观主义价值论其失误则在于只看到价值的一元性、绝对性，而否认价值的多元性、相对性，二者都失之片面。只有既承认价值具有多元性，又承认价值具有一元性，才能科学地认识价值的本质特性。

有的学者只讲价值多样性，不讲价值多元性。担心讲价值多元性就会否定真理的一元性，否定价值导向的一元性，就会导致混乱。其实这种担心是不必要的。如前所述，真理是一元的，而价值则是多元性与一元性的统一，这是真理与价值的本质决定的。坚持价值是多元性与一元性的统一，并不否认真理的一元性，而是要坚持客观真理的一元性。价值既有多元性，又有一元性，价值多元性中内在地包含着价值一元性，价值多元性是由价值一元性决定的。所以，讲价值多元性，内在地要求坚持价值一元性和价值导向的一元性。我们与西方后现代主义者不同，我们讲价值多元性，不是在否定价值一元性的意义上讲价值多元性，而是在价值一元性与多元性内在统一基础上讲价值多元性。这样理解价值多元性，决不会导致否认价值导向的一元性。

有些学者只讲价值多元性或价值多元化，而否认价值一元性，认为承认价值一元性就会导致专制主义、霸权主义，这也是一种误解。价值既有多元性，又有一元性，是一元性与多元性的统一。我们讲价值多元性，是价值一元性与价值多元性内在统一的价值多元性；我们讲价值一元性，是价值多元性内含的价值一元性，是与价值多元性内在统一的价值一元性。这样理解价值一元性，只会使社会生活既生动活泼又安定有序，而不会导致专制主义、霸权主义。

价值既有多元性，又有一元性，这是价值的一种客观性质。我们应当如实地认识和承认价值的这一重要特性，决不能因为其复杂和难于理解而回避它。历史和现实的经验告诉我们，价值多元性与价值一元性并非都是坏事。我国经济生活中既有市场竞争，又有宏观调控；政治生活中既有民主，又有集中，既发扬民主，又加强法治；文化生活中既开展百花齐放、百家争鸣，又坚持马克思主义指导、坚持为人民服务、为社会主义服务的方向；社会生活中既讲效率，又重视公平，既生动活泼，充满活力，又安定有序，和谐稳定等等，都有力地促进了我国经济社会全面、协调、快速、健康发展与和谐社会构建，而这些都是价值多元性与一元性统一在社会生活中的重要体现。所以，深入研究价值多元性与一元性及其相互关系，具有重要的理论意义和实践意义。

第四节　价值的分类

要深入研究价值理论，不仅要了解价值的本质和特性，还要了解价值的类型。价值的类型可以按各种不同的参考系来划分。如按价值活动领域来划分，可分为经济价值、政治价值、文化价值、生态价值等；按主体类型来划分，可分为个人价值、群体价值、社会价值等；按性质来分，可分为正价值、负价值、零价值等。划分的方法很多，各有特点和不足。我们采用按价值客体划分的方法，将价值分为物质价值、精神价值和人的价值三类进行研究。

一、物质价值

物质价值就是物质客体对主体的积极效应。物质价值又可分为自然价值、人化自然价值、人体自然价值和社会存在价值四类。

（一）自然价值

自然价值即作为客体的自然物或天然物对主体的积极效应。天然物是大自然的产物，是未经人类实践活动改造的天然的物质客体。自然客体如阳光、空气、雨露、土地、山川、海洋、潮汐、气候、矿藏等等，作为主体作用的对象也与人发生作用，对人产生一定影响、效应，包括正效应和负效应，所以它们对人类也有价值。

自然价值首先是本原价值或根源价值。人类是大自然的产物，自然界是人类的摇篮，人类生存发展离不开自然。大自然的价值，特别是生态价值，对人类生存、发展、延续、可持续发展具有重要意义，越来越受到人类的关注。人们往往认为自然物的价值只是资源价值，或只是人的工具。美国环境伦理学家罗尔斯顿说："我们探寻的不是资源，而是我们的根源。"他说："自然环境是生养我们、我们须臾不可离的生命母体。自然一词的最初含义是生命母体，它来源于拉丁文 natans，其意为分娩、母亲地球。"他说："在自然的这出历史剧中，人只是一个后来者。"① 他深刻地论证了自然的本原价值或根源价值。自然是人类生命存在与发展的基础与源泉。没有自然界人们就无法生存，更不可能发展。

其次，自然界是人类创造价值的基础和资源。马克思说："种种商品体，是自然物质和劳动这两种要素的结合。"② 还说："没有自然界，没有感性的外部世界，工人就什么也不能创造。"③ 人们要生产物质财富，需要自然资源。自然资源的有无与数量、质量直接影响到人们的生产成效，影响到一个国家和地区的发展和人们生活水平的提高。中东一些国家和地区，因为有大量石油资源很快富裕起来。这种石油资源是大自然的恩赐，是一种自然价值。而一些国家资源贫乏，经济发展就受到许多限制。

再次，自然还有一定的社会政治价值。在历史上，风调雨顺，五谷丰登，因而国泰民安，社会稳定；而大灾之年哀鸿遍野，民不聊生，灾民流离失所，往往加剧社会矛盾，引发社会政治事变。

最后，大自然有审美价值。自然景观给人以美的享受。长河落日，秋水蓝天，令人神往，具有重要的审美价值。

（二）人化自然价值

人化自然是主体本质力量对象化的产物，是主体劳动创造的产品，是主体对自然物进行加工改造以后改变了形态的劳动产品。能改造自然，生产出众多人化自然是人类区别于动物的根本特点。随着人类社会实践的发展，随

---

① ［美］罗尔斯顿：《环境伦理学》，杨通进译，中国社会科学出版社 2000 年版，第 269 页。
② 马克思：《资本论》等 1 卷，人民出版社 1975 年版，第 56 页。
③ 《马克思恩格斯全集》第 42 卷，人民出版社 1979 年版，第 92 页。

着生产力和科学技术的发展，人类对自然物的加工改造范围越来越大，生产的人化自然越来越多。人化自然对人类社会具有重要价值。

首先，人化自然是人类生存发展的物质基础。物质资料的生产是社会生存和发展的基础。人们为了能够创造历史，必须能够生活，必须吃、喝、住、穿，必须生产人们所必需的物质生活资料。自然界为我们提供了大量原料和物质，其中有少数可以被人直接摄取享用，但绝大多数不能直接为人类享用，需要经过人的劳动加工改造才能变为人的物质生活资料。人化自然即人们劳动加工改造过的自然，是主体本质力量对象化的产品。这些产品一部分供人消费，变为人的机体的内在要素，变为人体自然，维持主体的生存，为主体进行再生产提供劳动力。其余产品作为生产资料，供人类进行再生产创造出新产品，促进人类发展。离开了人们劳动的产品人化自然，人类就不能生存，也不能发展。

其次，人化自然是人的本质力量的确证，是社会发展的表征。人化自然是主体本质力量对象化的产物。人的本质力量越强，人化自然的品种、花色越多，性能越高级。人化自然的品种花色千姿百态，质量特征功能巧夺天工，这些都是人的智慧的结晶，是主体本质力量的确证。一代又一代的新产品出现，表现了生产力的发展，科学技术的发展，人的本质力量的增强，表现了历史的发展进步。特别是作为人化自然的生产工具的重大变革，是社会发展进程的重要标志，具有划时代的重要意义。

第三，人化自然的生产过程，是提高主体本质力量和人的价值的过程。人化自然的生产过程是主体改造客体使之获得新的形态和功能的过程，同时也是客体作用于主体，改造主体提高主体品德和能力增强主体本质力量的过程。主体要成功地改造客体，生产出具有更好的特性功能的产品，必须认识客体的本质和规律，熟悉客体的属性与功能，必须克服主体思维中的一些缺点和不足，提高主体的知识和能力，培养良好品德，从而使主体本质力量逐步增强。随着主体本质力量的增强，主体自由也相应扩大，主体创造的对象化产品质量更高功能更先进。人的价值与其所创造的价值成正比。人们创造的价值越多，人的价值也越大。

第四，人化自然具有重要的认识价值。我们从古代的石器、玉器、陶瓷、青铜器、铁器等文物中可以了解古代的生产力水平、工艺特点、文化特征等。从一个国家产品的质量、功能、造型、外貌、包装设计等，可以了解一个国家的生产力水平、科学技术水平、民族的素质、文化特点等。通过人化自然我们可以了解它的生产者的素质、工艺水平及文化意蕴。

最后，人化自然还具有审美价值。许多人化自然不仅具有使用价值，还具有审美价值。一些有独特造型的建筑物，不仅可以居住，还有很高的审美价值。人们日常用的许多家具也是既有使用价值，也可做装饰品，具有审美价值。作为工艺品的人化自然，不仅有经济价值，更有其突出的审美价值。

（三）人体自然价值

人体自然就是人自身的自然，即人的身体，包括大脑及五官、四肢、肌肉、骨骼、内脏、血管、血液等。人的身体是大自然进化的产物，是一种自然物，是一种物质存在，它要受自然规律特别是生物规律支配。在这一点上与其他动物机体没有什么不同。但人是社会动物，是社会存在物，能劳动，能创造人化自然。人的生育、成长、营养、保健与疾病治疗，受社会制约，与一般动物不同。所以人体自然又不同于其他动物机体。

人体自然，即人的身体是生命存在的物质基础。对个人来说，人的价值首先是生命的价值。生命只有一次，生命存在本身就有重要价值。生命存在是人的尊严、自由、权利、人格的基础，是使自身全面而自由发展，实现人生自我价值的前提；也是为社会创造财富，关爱他人，促进社会进步和他人幸福，充分发挥个人光和热的前提。所以人体自然对个人具有重要的自我价值和社会价值。

对社会来说，个人是组成社会的细胞。马克思、恩格斯说："全部人类历史的第一个前提无疑是有生命的个人的存在。"① 而人体自然是个人生命的物质基础。所以，人体自然是人类社会存在和发展的物质前提。人体自然的情况如何，人们的健康状况如何，对社会、国家、民族及种族的繁衍、兴旺都至关重要。旧中国备受列强的侵略和欺凌，国家贫弱，中国人也被称为"东亚病夫"，受人鄙视。所以，一个国家、民族人民体质不好，就不能自立于世界民族之林。广大人民的体质，对一个国家、民族以至整个人类社会生存发展都具有重大价值。以人为本，首先要关爱人的生命，关爱人的健

---

① 《马克思恩格斯选集》第 1 卷，人民出版社 1995 年版，第 67 页。

康，坚持"健康第一"。要实现每个人自由而全面的发展，首先要努力增强每一个人的体质。要在大力发展经济的基础上，努力提高人民物质义化生活水平，提高生活质量，改善营养，加强体育锻炼，改善医疗保健条件，促进广大人民体质的提高。

物质价值还包括社会实践、生产力和生产关系等社会存在的价值。这些价值在唯物史观中已作了深刻论述，在此从略。

二、精神价值

精神价值是精神客体的价值，即精神客体对主体的积极效应。精神客体很多，这里主要研究知识价值、道德价值、审美价值、宗教价值。

（一）知识价值

知识是人类认识的结晶，是人类在实践基础上对客观事物的反映，包括止确的反映与错误的反映。知识包括经验和系统的科学理论。按内容来划分，知识可分为自然科学知识和社会科学知识。正确反映客观事物本质和规律的知识是真理，错误反映客观事物的本质和规律的知识则是谬误。知识的价值主要指正确的知识即真理的价值。知识或真理的价值主要表现在以下几方面：

首先，真理是认识世界的阶梯，是认识世界的工具。实践是认识的基础，知识来源于实践。但一个人的实践领域是很有限的，对以往历史上的一些事情，对他人、其他领域实践的结果，只能通过间接知识来获得。真理性的知识的传播和学习，大大丰富了人们的头脑，增加了对世界的认识，这是认识世界的一种捷径。

其次，真理能增强主体本质力量，增长主体能力。知识不等于智慧和能力，但真知是智慧和能力的基础，而无知则是与愚蠢无能相联系的。主体能力以对必然性的认识为基础，即以对真理的认识为前提。一个人知识多，见多识广，思路开阔，办法就多，能力相应也更强。知识的积累是创造发明的基础，在充分占有大量知识的基础上，就可以通过分析对比，获得新的发现发明和创造。

再次，真理是实践成功的保证。人们要想在实践中取得成功，必须使自己的思想符合客观外在的规律性，而真理正是对客观事物本质和规律的正确反映。知识就是力量，科学技术是第一生产力。当今世界被称为知识经济时代、信息时代。知识特别是高科技知识，已成为经济增长的决定性因素。高科技知识的这种重要作用，是知识价值的重要表现。同样，正确的哲学社会科学理论，也有重要价值。我国近30多年经济社会快速发展，是在有中国特色社会主义理论指导下取得的。我国改革开放和社会主义建设的伟大成就，充分证明了哲学社会科学对指导实践的巨大价值。

最后，真理具有信仰价值。对真理的认识与坚定的信仰，能激发人们高涨的热情与坚强的意志，去战胜前进道路上的艰难险阻，为实现远大理想而英勇奋斗。"砍头不要紧，只要主义真。"这是革命烈士夏明翰慷慨就义时的豪言壮语，它表现了对共产主义的坚定信仰和为实现这一信仰不惜流血牺牲的大无畏英雄气概。对真理的坚定信仰，是共产党人坚强不屈的精神支柱和强大动力。

（二）道德价值

道德是依靠社会舆论、传统习惯和内心信念调节人与人、人与社会关系的思想原则和行为规范的总和。它是由一定的社会关系决定的，并为一定的社会关系服务。道德内容，从个人方面说，指个人的道德意识和道德实践，包括道德信念、道德理想、道德情感、道德意志、道德判断、道德行为和道德品质等；从社会方面说，指一定社会的伦理关系、伦理原则、道德标准、道德规范及社会公德、职业道德、家庭美德等。道德实践以道德意识为指导，而道德规范则以道德意识为基础。所以，道德价值是精神价值的一个重要方面。道德的基本范畴是善与恶，道德价值就是善的价值。

道德的基础是社会群体利益或公共利益。道德意义上的善，就是利群，个人是群体的细胞，因而也是利他与利己的统一。善是以不损害社会和他人利益为前提或底线的。不损害社会和他人而利己的行为，也是善，因为这也是有利于社会的。损害社会和他人利益的行为则是恶。道德的价值主要表现在以下几方面：

首先，道德有教化作用。道德有重要的认识价值。它能帮助人们识别善恶，促进人们为善去恶，约束自己，使自己言行合乎道德规范，克服行为失范现象，关心社会群体，关爱他人，促进人们德智体美全面发展。

其次，道德是精神支柱。道德是人格的基础。一个人具有坚定的道德信念、道德理想、道德情感和道德意志，就能严于律己，自觉地坚持道德原则，就能保持高尚的人格，自觉地抵制不良行为。做到"富贵不能淫，贫贱不能移，威武不能屈"，永葆高尚情操和人格，做一个有益于人民的人。

再次，道德是强大动力。一个有良好道德品质的人，不仅自己能克己奉公，还能将自己的道德理想、道德情感化作强大的动力。推动自己奋发向上，自强不息，刻苦学习，奋力拼搏，创造性地劳动，为人民造福，把整个生命与精力都献给社会，献给祖国和人民。

最后，道德有重要的调节作用。良好的道德有助于正确处理个人与他人，个人利益与社会利益、眼前利益与长远利益的关系，有利于发扬顾全大局、奉献社会的精神，使社会既生动活泼，又安定有序地发展；也有利于克服急功近利倾向，正确处理人与自然的关系，实现人与自然和谐，从而有利于坚持以人为本，促进经济社会全面、协调、可持续发展和社会主义和谐社会的构建。

（三）审美价值

什么是美？几千年来众说纷纭，至今仍然是一个争议很大的问题。在美学界，对美的本质问题主要有三种观点：第一种观点是客体属性论。认为美是客体的某种固有属性，强调美的客观性，而忽视主体的作用。第二种观点是主观论。认为美只存在于观赏者的心灵中，忽视客体的作用，否认美的客观性。这两种观点各执一端，各有其合理之处，又各有其片面性。第三种观点是主客体关系论。这种观点是在扬弃前二者的基础上发展起来的，相对来说比前二者更合理。这种理论认为，美离不开客体，也离不开主体，是主客体相互作用的产物，是主客体相互作用产生的客体对主体超功利的愉悦效应。客体对主体的超功利的愉悦效应，就是审美价值。这种超功利的愉悦效应，是一种精神效应，所以审美的价值属于精神价值。美作为一种精神价值，具有以下特点：第一，客观性。首先，审美客体、审美主体、主客体相互作用都是客观存在的；审美效应即审美价值必然也是客观存在的；其次，美具有直接现实性，它可以直接呈现出来。这也证明美是客观存在的；再次，美的产生必须以一定的物质条件为基础，以解决了温饱问题、安全问题和其他令人担忧的问题为前提。第二，主体性。美的产生要受主体情感、兴趣、能力等的影响和制约。第三，社会性。美要受到传统文化、风俗习惯、宗教信仰等社会文化生活的影响。第四，愉悦性。休谟说："各种各样的美都给予我们以特殊的高兴和愉快"，[①] "美只是产生快乐的一个形相"。[②]第五，超功利性。美具有愉悦性，但并非使人愉悦就是美。真正的美是超功利的。

审美价值的主要表现：首先，能美化生活，使生活多姿多彩。真善美是人们追求的目标，人们总是力求使自己的一切尽善尽美。造型奇特的建筑，雅致的室内陈设与装饰等，给人以美的享受。绿色的草坪，五彩缤纷的花坛，使人忘掉疲劳，心情舒畅。生活中多一点美，就多一分愉悦，多一分朝气。其次，能陶冶情操。美是超功利的，美能净化人的灵魂，陶冶人的情操。我国近代著名思想家严复曾说，美术能"移情动魄"，"移风易俗"，使人民"有高尚之精神"。[③]近代学者蔡元培也认为，"不信宗教之国民，何以有道德心，全恃美术之作用"。[④]他还说："纯粹之美育，所以陶养吾人之感情，使有高尚纯洁之习惯，而使人我之见、利己损人之思念，以渐消沮者也。"[⑤]他认为美育能培养良好品德，化解损人利己的思想。因为美有普遍性，能破人我之见，去利害得失之计较。美有超越性，能破生死利害的顾忌，使人从功名利禄等追求中解脱出来，淡泊名利，化解私欲，纯真待人，使人忠厚纯朴。再次，有经济价值。我们生产的产品，不仅要有好的性能和使用价值，还要有审美价值。一块普通的石头，经过工匠的雕刻，成为一头壮伟的雄狮，不仅有观赏价值，而且可增加经济效益。人们都喜欢买物美价廉的商品，商品的审美特性，使商品能吸引顾客，占领市场，打开销路，实现价值，具有重要的经济价值。

（四）宗教价值

宗教是支配人们日常生活的外部力量在人们头脑中的虚幻的反映，是笃信和崇拜超自然的神灵的社会意识形态。宗教产生于原始社会的后期。宗教的起源在于生产力水平低下，人们无法控制自然而产生的对自然的敬畏和神秘感。在阶级社会中劳动者蒙受深重苦难无法解脱，只能把希望寄托于神

---

①② ［英］休谟：《人性论》下册，商务印书馆 1997 年版，第 333、334 页。

③ 严复：《孟德斯鸠法意》十九卷，五章按语。

④ 蔡元培：《致〈新青年〉记者函》。

⑤ 蔡元培：《以美育代宗教说》。

灵，使之得以广泛传播。在社会主义社会里，某些严重的自然灾害和社会上一些不测事件仍困扰着人们，一些人还会崇拜某种超自然的神灵，宗教不可避免地还将长期存在。宗教的内容是宗教信仰、宗教情感等宗教意识。宗教形式有宗教仪式、宗教教规、宗教组织等。宗教的核心是宗教信仰。宗教的价值是一种精神价值，即信仰价值。

宗教是一种复杂敏感的社会现象。宗教价值也很复杂，既有重要的积极作用，又有一定的消极作用，必须全面地进行分析。

宗教对社会生活有重要价值。首先，宗教有慰藉价值，能给信徒以心灵上的寄托与安慰，消除心灵上的困惑，使人们从恐惧不安中解脱出来。其次，宗教有道德感化价值。宗教的教义要求信徒自律自戒趋善祛恶，对教徒有教化作用。第三，宗教具有重要的文化价值。宗教本身是一种文化现象，传播着一定的文化观念。宗教活动是人们的重要文化活动，宗教保存了古代的许多优秀文化。宗教的许多经典、教义、教规、传说、宗教仪式、寺庙等，有重要的文化价值。第四，宗教具有重要的社会政治价值。历史上，宗教曾经是农民起义的一种形式。在今天，宗教对巩固爱国统一战线，加强全国各民族大团结，巩固边防，化解社会矛盾，构建社会主义和谐社会有重要作用。广大信徒同胞都爱国爱教，通过宗教联系，对实现祖国统一大业有重要促进作用。在国际上，利用宗教联系和宗教情感的认同作用，可多交朋友，发展国际统一战线，为我国社会主义现代化建设营造良好的国际环境。

宗教也有消极作用。首先，宗教有虚幻性。宗教是外部力量在人们头脑中的歪曲、虚幻的反映，是不科学的，从这个意义上说，宗教是麻痹人民的鸦片烟，对人们的思想有一定束缚作用。其次，宗教有稳定性、保守性。宗教有一种相对稳定的思想观念、风俗习惯、教规戒律，不易接受新的思想观念，有一定的保守性，容易束缚人的思想，不利于人们自由而全面的发展。再次，宗教具有敏感性和群体性。宗教徒都有自己的宗教感情，对自己信仰的宗教怀有特殊的感情，不容伤害。这种宗教感情如受到伤害，往往会在信徒中产生广泛影响，容易产生骚乱。世界上一些地方，一些宗教纠纷，导致严重的社会冲突，影响深远，很难解决。所以对宗教问题，特别是信教群众的宗教感情问题，应极为慎重。应尊重人们宗教信仰自由和信教群众的风俗习惯，不能伤害教徒的宗教感情。

三、人的价值

人的价值是价值的又一基本类型。世间一切事物中，人是最宝贵的。所以，在一切价值中，人的价值是最重要的价值。价值哲学探讨的各类价值都是人的价值，都是为了增大和提高人的价值，使人类生活得更美好。可以说，人的价值问题是价值哲学的核心，也是争论最多、最复杂、最困难的问题之一。人的价值问题内容很多，这里只简要地探讨几个较重要的问题。

（一）人的自我价值与社会价值

人的价值问题中最重要的是人的自我价值和社会价值问题。在这两个问题上歧见最多，争议也最大。有的人只承认人的社会价值，而把自我价值等同于自我中心，等同于个人主义而加以申斥；也有人只关心自我价值，而忽视社会价值。这两种看法都失之片面。所以，这是两个重要的需要深入探讨的问题。

人的价值，是人对社会、集体、他人和自我的价值，概括地说是人对社会（包括集体和他人）和自我的价值。人对社会的价值，就是人的社会价值；人对自我的价值就是人的自我价值。这是人的价值的两个方面。这里的人，可以是主体，也可以是客体；这里的社会（包括集体和他人）、自我则是主体。自我包括大我（社会）、中我（集体）和小我（个人），社会、集体和个人都有一个自我价值问题，可见自我价值不等于个人价值，也不等于个人的自我价值。社会、集体的自我价值，即对社会、集体的价值，实际上是对社会的价值，即对社会自身的价值。所以人的价值是人作为主体或作为客体对主体（社会、集体、他人）和自我的价值。人们研究人对社会的价值，实际上就是研究人类社会、集体的自我价值，因此，人的自我价值主要指个人对自身的价值。而个人价值则包括个人对社会、集体、他人和自我的价值，所以个人价值包括（个人的）社会价值和自我价值。

我们通常说的人的价值，指的是人的社会价值，即人对社会的价值。所谓人的社会价值，就是人对社会的积极效应，即人对社会的贡献。人对社会的贡献越大其社会价值越大。人是社会的存在物，人的社会价值是人的根本价值。爱因斯坦说："一个人的价值，应该看他贡献什么，而不应该看他取得什么。""一个人对社会的价值首先取决于他的感情、思想和行动对增进人类利益有多大作用。"① 爱因斯坦认为，人的价值在于对社会的贡献，他正确地揭示了人的价值的实质。他所说的人的价值，是整个人的价值，即包括人的社会价值和人的自我价值在内。而人对社会的贡献，实际是人的社会价值。可见，人的社会价值是人的根本价值，从这个意义上说，人的社会价值，就是人的价值。

什么是人的自我价值呢？人的自我价值就是人对自身的价值。人（作为主体或客体）的思想言行对自身生存、发展完善也会产生一定的效应。这种效应也有积极与消极、正与负、大与小之分。一般地讲，人的自我价值，指积极效应即正价值。真正的自我价值，在于人的思想、言行对自身的积极效应，使自我自由而全面地发展，使自我健康发展，使自我更加完美，反之则是负价值。个人不能离开社会而存在。社会的生存与发展，是个人生存发展的基础。要使自我健康地发展，使自我更加完美，必须以有利于促进社会发展、完善，能促进人类进步为基础，以不损害社会和他人发展、完善为前提，否则就只能走向反面，甚至会受到社会惩罚。所以，人的自我价值必须以社会价值为基础。人的自我价值就在于人的思想、言行在推动社会、他人发展完善的基础上促进自我健康发展，使自我更加完美。德国诗人歌德说："你若喜爱自己的价值，你就得给世界创造价值。"② 他所说的"自己的价值"，包括自己的社会价值和自我价值在内。他的诗句也启示我们：人的价值包括社会价值和自我价值都在于为社会创造价值，都在于对社会作出贡献。马克思说："在选择职业时，我们应该遵循的主要指针是人类的幸福和我们自身的完美。"③ "人类的幸福"，是人的社会价值；"我们自身的完美"，是人的自我价值。人应该既有社会价值，又有自我价值。马克思说："人们只有为同时代人的完美，为他们的幸福而工作，才能使自己也达到完美。"④这就是说，只有促进同时代人的完美，才能使自己达到完美，只有具有较大的社会价值，才有完美的自我价值；只有为社会作出贡献，才会有人生的美好价值，人的社会价值，是人的根本价值。

但我们不能只重视人的社会价值而忽视自我价值。这是因为：首先，实

---

① 《纪念爱因斯坦译文集》，上海科学技术出版社1979年版，第68—69页。
② ［德］歌德：《格言诗》，载《德国诗选》，上海译文出版社1982年版，第111页。
③④ 《马克思恩格斯全集》第40卷，人民出版社1982年版，第7页。

现人的自我价值是实现人的社会价值的必要条件，马克思、恩格斯说："每个人的自由发展是一切人的自由发展的条件。"① 自我价值的实质是促进自我自由而全面地发展。所以自我价值是实现社会价值，促进社会发展的重要条件。一个人要为社会作出贡献，他必须享受一定的物质生活资料，受到良好的教育、训练，使自己德智体美等素质得到良好发展。即他必须首先享有一定的自我价值，否则就不可能为社会创造价值。其次，自我价值是人们从事各种活动的出发点和内在动力。马克思恩格斯说："个人总是并且也不可能不是从自己本身出发的"② 只有关心群众的自我价值，群众才会投身社会为社会创造价值；失去自我价值就失去内在动力。所以，人的价值是社会价值与自我价值的统一，二者是互为前提不可分割的。

人的社会价值是人对社会的贡献，实质是使社会和他人更美好；人的自我价值在于使自身健康发展，实质是使自身自由而全面地发展。要使自身健康发展，为社会作出贡献，必须享有必要的物质文化生活资料。从这个意义上说，人的社会价值与自我价值的关系，是人的贡献与享有的关系。享有是贡献的必要条件；但从整个人类历史的长河来看，对社会的贡献是享有的前提，享有是贡献的结果，享有来源于贡献。归根到底，是生产决定消费，贡献决定享有。一个人对社会作出了贡献，必然相应地享有一定的社会财富，他既有社会价值又有自我价值。为社会贡献越大，自我享有越多，其社会价值和自我价值越大。一个对社会毫无贡献而享有社会财富的人，他就是社会的蛀虫，其社会价值是负价值；这样的人为社会所鄙弃，其自我价值也是负价值。其享有越多，负价值越大。所以，从根本上说，人的价值在于对社会的贡献。

（二）人的客体价值与主体价值

主体与客体的关系包括主体与客体、主体与主体、客体与客体等关系。在复杂的社会生活中，人既是主体，也是客体。人既有主体价值，也有客体价值。人的主体价值就是人作为主体对主体的价值；人的客体价值就是人作为客体对主体的价值。人的价值是人的主体价值与客体价值的统一。

---

① 《马克思恩格斯选集》第 1 卷，人民出版社 1995 年版，第 294 页。
② 《马克思恩格斯全集》第 3 卷，人民出版社 1960 年版，第 274 页。

人的客体价值即人作为客体对主体（社会、集体、他人与自我）的积极效应。人的客体价值包括社会价值和自我价值。在这里，人的社会价值是人作为客体对社会（含集体、他人）的积极效应，即对社会的贡献。人的能力有大小，人对社会的贡献有大小之分。人的自我价值则是人作为客体对自我发展的积极效应，即使自身健康发展，使自我更加美好。人的客体价值是人的工具价值、手段价值、效用价值。

人的主体价值是人作为主体对主体（社会、集体、他人与自我）的积极效应。人的主体价值包括两个方面：一是人道价值；二是社会价值。人的人道价值是人作为主体对自身的积极效应，即人作为主体的自我价值。人道价值包括三方面的内容：第一是人的生命的价值，这是人的全部价值的基础；第二是人格价值，即人的自由、尊严、人格、权利等的价值，这是人作为主体的基本条件；第三是人的发展的价值，即人的自由而全面发展的价值，这是人的价值的归宿。人道价值是作为主体的人的目的价值，是人的主体价值的重要方面。从人道价值来看，特别是从人的生命、自由、尊严、人格、权利来看，一切人都是平等的，无高低贵贱之分。

人的主体价值还有一个方面，即人的社会价值，亦即人的劳动创造和对社会的贡献。为什么说这也是人的主体价值呢？这是因为：第一，人能够劳动创造，生产人化自然，是人的主体性的集中表现和确证。所以人的劳动创造和对社会作出贡献是人的主体价值的重要方面。第二，人是社会的细胞，而人的社会价值的本质在于使社会（大我）更美好，这是人类自身的目的价值或终极价值，因而也是人的主体价值。人的主体价值中的人道价值与社会价值都是目的价值，但二者也有差别：人道价值是人作为主体的自我价值；而社会价值则是人作为主体对社会、集体、他人的价值，是人的劳动成果贡献给社会，使社会更美好。在这里人的劳动成果直接表现为工具和手段，而使社会更美好则是目的。所以人的社会价值其直接表现是手段价值、工具价值、客体价值，但实质上是为使人类社会更美好，而这正是人（个体、群体或人类）的目的价值。可见人的社会价值在形式上表现上是客体价值、手段价值、工具价值，实质上是主体价值、目的价值。

如前所述，在社会生活中，人既是主体，也是客体，既要享受社会或别人对自己提供的服务，也要为社会、集体、他人服务。所以，人既有主体价值，也有客体价值。讲人有客体价值并不否认人有主体价值；同样，讲人有主体价值，也并不否认人有客体价值。我们常讲"为人民服务"，就是讲人的客体价值、手段价值。我们既要为人民服务，同时也是别人服务的对象。正如说一个人全心全意为人民服务是他的高尚品德一样，讲人有客体价值并不是对人的价值的贬低。人的价值是主体价值与客体价值的统一，这是人的价值不同于物的价值的根本特点。只讲人的客体价值，忽视人的主体价值是片面的；同样，只重视人的主体价值，忽视人的客体价值，也是片面的。坚持以人为本，关爱人的生命，尊重人的自由、尊严、人格与权利，促进每个人的自由而全面的发展，这就是尊重人的主体价值；而全心全意为人民服务，则是实现人的客体价值。只有全面地辩证地认识人的主体价值与客体价值，才能科学地认识人的价值。

（三）人的潜在价值、内在价值、外在价值或现实价值

人的价值是从潜在价值到内在价值，再到外在价值即现实价值的发展过程。

人的潜在价值是人自身潜在的或可开发而尚未开发的生理和心理素质的价值。人的内在价值是一个人自身已具备的或已经形成的良好的体质、品德、知识、能力、情感、意志等，即内在的本质力量的价值，主要是人自身的德智体美等良好素质的价值。而人的外在价值则是人的内在价值即人的本质力量的对象化，对社会产生的现实的积极效应，人的外在价值就是人的现实价值。

由人的潜在价值到内在价值的转化，是主体内在素质与潜能经过学习、培训、社会实践、自我修养等一系列中介活动，开发、提炼、培养形成主体德智体美等优良品质的过程。这种优良品质的价值是主体内在具有的尚未对象化、尚未产生现实效应，因而是人的内在价值。这种内在价值运用到现实生活中，发挥主体的聪明才智，为社会创造物质和精神财富，为社会作出贡献，使主体本质力量（内在价值）对象化，从而使人的内在价值转化为外在价值，即转化为现实价值。人的潜在价值无限多，所以由潜在价值转化为内在价值的过程是一个无限的转化发展过程。由内在价值向外在价值转化也需要一定条件，缺少一定条件，就不能使内在价值转化为外在价值或现实价值。实践是内在价值转化为外在价值的基础和最根本的条件。除此之外，还

需要一定的机遇，一定的社会环境条件，需要伯乐的慧眼推荐和优秀人才个人的主观努力等等。"沧海横流，方显出英雄本色"，"艰难困苦，玉汝于成"，艰苦的环境正是杰出人才施展才智的大好时机和重要条件。没有这些条件，人的内在价值就不可能转化为外在价值。千里马就会"食不饱，力不足，才美不外见"，"只辱于奴隶人之手，骈死于槽枥之间，不以千里称也"。①

人的内在价值决定其外在价值或现实价值，人的外在价值或现实价值是人的内在价值在现实生活中的表现。人的内在价值在转化为外在价值或现实价值的过程中，又进一步丰富和发展人的内在价值。一般地说，人的内在价值与外在价值是统一的，但也存在着差异与矛盾。外在价值或现实价值是由内在价值与一定外部环境相互作用下产生的价值。同一个人在不同环境下往往会受到不同影响而发生变化，其内在价值在不同的环境作用下产生的外在价值或现实价值不尽相同。在现实生活中还存在着动机与效果不一致的情况。动机与效果的统一，言与行的统一，表里如一，是内在价值与外在价值统一的表现；而口蜜腹剑、两面三刀、表里不一，则是内在价值与外在价值背离的表现。所以，人的内在价值与外在价值的关系是十分复杂的。在现实生活中，需要透过现象对具体问题进行具体分析。人的内在价值与外在价值的关系问题，对于人的价值的评价和伦理学研究具有重要意义。

---

① 韩愈：《杂说四》。

第　二　章

价　值　评　价

　　价值评价是价值活动的重要内容。价值活动包括价值评价、价值选择、价值创造、价值实现等活动。价值评价贯穿于整个价值活动中，是价值选择、价值创造、价值实现等活动的前提。价值评价在社会生活中运用很广，对社会生活有重大影响。所以，研究价值论必须深入研究价值评价问题。

第一节　评价的本质与特点

　　评价一词，有广义与狭义之分。广义的评价，包括真理性的评价和价值评价。真理性的评价，亦称真值评价，如科学评价或学术评价等，是对学术理论的真理性、科学性，即是否反映事物本质和规律的评估；价值评价则是对客体价值的评估。二者的评价标准或评价尺度不同。通常讲评价，主要指价值评价，即狭义的评价；有时亦兼指真理性的评价与价值评价，即在广义上使用评价一词。

　　价值评价（以下简称评价）是对事物价值的评估。要研究评价问题，首先要了解评价的本质与特点，了解价值与评价的关系。

一、评价的本质

　　实践是评价的基础。实践的目的是改造客体以获得更大价值。要进行实践活动，达到预期的目的，使实践获得成功，必须对实践活动的对象、目的、方法等进行评价，价值选择看实践活动是否有价值。在此基础上进行价值选择，开展创造和实现价值的活动。正确的价值评价是正确的价值选择的基础。只有确定地认为实践活动是有价值的或者正价值大于负价值，人们才会进行实践，否则实践就成为盲目蛮干，往往劳而无功或事倍功半，导致实践失败。所以正确的评价是实践获得成功的重要因素。同时实践的结果是否成功，也需要评价，即对实践结果作全面考察，看其实际作用和影响如何，是正效应大还是负效应大，从而对实践的价值作出评价。如实践活动正效应大于负效应，实践就是基本成功的，否则就是失败的。对实践结果的评价是进一步实践的依据。所以，评价是实践活动的重要环节或因素。

什么是评价？评价是对价值的评估活动。评价以价值的客观存在为前提。如果价值是纯主观的东西，就无法对其作出客观评价。价值是主客体相互作用中客体对主体的积极效应，是一种客观存在。评价一词包含过程与结果。作为过程，指评价活动；作为结果，表现为一定的价值判断。评价的目的在于运用一定的评价标准对事物的价值作出正确的评价或价值判断，而正确的评价或正确的价值判断，必须符合事物客观存在的价值。所以，评价过程是一个认识过程或反映过程。评价的本质是评价主体对事物价值的能动反映，是评价主体观念地把握客体价值的一种认识活动。

价值与评价的关系是：价值是客观存在，评价是价值的反映；价值决定评价，评价反映价值并能动地反作用于价值。对事物的评价往往对人们的价值选择、价值创造、价值实现活动产生重要影响。

评价关系不同于价值关系。从对象来看，价值关系是价值主体与价值客体的关系，价值主体的对象是价值客体；而评价关系则是评价主体与评价客体的关系，评价主体的对象是评价客体，即价值、价值关系，而不是价值客体。从主体来看，评价主体比价值主体复杂，有三种情况：一是评价主体与价值主体重合，价值主体同时也是评价主体；二是评价主体与价值主体部分重合，评价主体是价值主体的一部分；三是评价主体在价值主体之外。常言道：当局者迷，旁观者清。"不识庐山真面目，只缘身在此山中。"往往只有当评价主体在价值主体之外时，才能作出客观公正的评价。当评价主体与价值主体重合或部分重合时，评价主体往往容易受自身利益与情感等影响而干扰评价，从而影响评价的客观公正性。而这两种情况是常有的。所以，评价过程显得特别复杂。

二、评价的特点

（一）价值认识与价值评价

人的认识包括对事实的认识和对价值的认识。对事实的认识是通过认知的方式来实现，即在实践基础上从感性认识到理性认识，再通过实践检验，以认识事物的本质和规律。

对价值的认识有两种方式：一种是价值认知，一种是价值评价。价值认知与事实认知的过程基本上是一致的。例如，我们对针灸的价值的认识，就是在实践中看到医生用针灸疗法治好了某种疾病，产生了良好的医疗效益，我们就认识到针灸对治某些病有价值。这个过程实际上是一个认知过程。此外，对食可充饥、衣可暖身、水可解渴、房可居住等，这些通过直接经验而得到的价值认识，也是通过价值认知而获得的。这种认识是对客体的价值或意义的认识，属价值认识，而不同于对客体的事实认识，即不同于对客体属性、本质、规律的认识。价值认识虽然也可以通过认知而获得，但是通过认知方式获得的价值认识往往是对比较简单的价值现象的认识。对一些复杂的特别是重大的、有争议的、需慎重对待的事物的价值问题，只能通过评价的方式去把握。评价是价值认识的主要形式。所以，我们应着重研究评价问题。

（二）评价的特点

认知（包括事实认知与价值认知）与评价都是认识，都是对事物或事物的价值的反映。二者本质上是相同的，也是密切联系的。认知是评价的基础，认知为评价提供有关事实材料。认知越准确、越深刻，评价就越准确、越深刻，评价就越可靠。而评价也影响认知。人们总是首先探索认知那些评价高的课题，正确的评价能促进人们有效地探索认知，错误的评价则阻碍人们有效地探索认知。认知与评价又各有特点：

第一，对象不同。认知的对象是一切客体，包括事实与价值、价值关系；而评价的对象则是价值与价值关系。所以认知的对象比评价的对象要广。

第二，目的不同。认知的目的在于掌握事物的本质与规律，在于掌握真理；而评价的目的则在于正确地把握价值。

第三，尺度不同。认知旨在使主体认识与客体相符合，所用的是客体尺度；而评价则旨在了解客体的属性与功能对主体发展是否有益，所用的是主体尺度。

第四，主客体运动的方向不同。认知过程要求主体认识符合客体本质与规律，表现为主体向客体运动；评价则是评估客体是否符合主体利益，是否有利于主体发展，表现为客体向主体运动。

第五，中介不同。认知过程的中介主要是主体的认识图识、逻辑结构、知识结构等；而评价的中介主要是价值标准或评价标准，如主体发展、主体利益等。

第六，确定性不同。认知有较高的确定性，对同一客体的本质与规律的真理性认识只有一个，不因主体不同而不同。所以客观真理具有一元性。而同一客体对不同主体其价值不同，具有多元性，因而不同评价主体对同一客体的价值所作的评价也不同，而且不同评价主体对同一客体的价值所作的不同评价可能都是合理的。所以评价具有多元性。但对同一客体对每一具体主体的价值的正确评价是一元的，对同一客体对社会主体的价值的正确评价也是一元的。所以评价既有多元性又有一元性，既有确定性又有不确定性。

第七，理性程度不同。认知活动有情感与意志等非理性因素参与，但主要是以理性思维形式反映客体的本质与规律。在认知活动中理性思维起主导作用。而评价是用主体尺度去衡量客体价值，评价结果往往与主体有利害关系，所以评价受主体利益、感情、意志影响较大。在评价活动中理性思维有重要作用，但非理性因素对评价的影响比认知活动大得多，因而评价比认知更为复杂和困难。

第二节　评价的类型

评价活动是多种多样的，按照不同的视角可以将评价活动划分为不同的类型。如按评价的领域划分，可划分为经济评价、政治评价、科学评价、道德评价、审美评价、宗教评价等类型。根据价值客体来划分，可划分为物的评价和人的评价。对人的评价又可分为个人评价、群体评价、社会评价和自我评价。从时间来划分，可划分为历史评价、现实评价和未来评价等。根据价值的性质来划分，可划分为功利评价、科学评价或学术评价、道德评价、审美评价等。这里采用最后一种划分方法，对几类评价做一些简略的研究。

一、功利评价

功利评价是对客体功利价值的评估。功利指功效、效用、利益，核心是利。利与义相对，义主要指道德价值；利或功利，首先指物质利益、经济利益，同时还包括政治利益、精神文化的社会效益和权益。物质资料的生产是人类社会生存发展的前提和基础。人们对真善美的追求要以一定的对功利价值的享有为基础，缺乏最基本的功利价值，就谈不到对真善美的追求。所以功利价值是一种基础性的价值。人们追求价值，首先是追求功利价值，人们追求功利价值是正常的。功利价值又是较低层次的价值，而真善美则具有超功利性，是更高层次的价值。如果只追求功利价值、物质价值，认为"金钱就是上帝"，就会物欲膨胀，人欲横流，沦为金钱财富的奴隶，沦为经济动物了。所以，功利价值有其局限性。

功利评价是最基本最广泛的一种评价，包括经济价值的评价，政治价值的评价，社会价值的评价，生态价值、环境价值的评价，文化、科学、教育、医疗、体育生活中有关经济效益、社会效益或社会意义、个人权益如名誉权、著作权、肖像权等的评价，都属于功利评价。道德价值是一种超功利的价值，道德评价本身是一种超功利的评价，但道德评价中也包含一定的功利评价。如道德对社会经济政治文化和人的发展的影响，就属于功利评价。艺术也是如此，艺术评价本身属于超功利的审美评价，但艺术的社会效益及经济效益如何，则属于功利评价。

功利评价的内容，主要是评估一定对象对主体是有利还是有害。包括对哪些方面有利，哪些方面有害，有多大的利，有多大的害；什么情况下有利，什么情况下有害；当有几个对象存在时，哪一个最有利，哪一个最有害。当达到一定目的可采取多种手段时，哪一种手段最有利，哪一种较有利，哪一种最不利，哪一种代价最大，哪一种代价较大，哪一种代价最小。还要对眼前价值、近期价值、长远价值，眼前的弊端、近期的危害、长远的危害、潜在的危害等作出评价，以便作出最佳价值选择。

功利评价的标准是主体利益，基本的评价标准是人民利益。毛泽东说："任何一种东西，必须能够使人民得到真实的利益，才是好的东西。"[①] 还说："共产党人的一切言论行动，必须以合乎最广大人民群众的最大利益，为最广大人民群众所拥护为最高标准。"[②]人民利益或最广大人民的根本利益，是根本的价值标准或评价标准。为什么必须以人民的根本利益作最根本的价值标准呢？因为主体利益包括个体利益、群体利益、社会利益。社会利益就是人民利益。以个体利益、群体利益作价值标准进行评价时，由于同一客体对不同主体价值不同，不同的个体和群体主体往往会出现评价多元性现象。所以，必须以社会主体利益即广大人民的根本利益为价值标准，才能作出正确的评价。广大人民的根本利益代表了各个个体主体与群体主体的共同利益，以广大人民根本利益为价值标准，是最科学最合理的价值标准。要坚持以人民根本利益为价值标准，必须坚持人民眼前利益与长远利益相结合，局部利益与全局利益相结合，国家利益、集体利益与个人利益相结合。在个人利益、集体利益与社会利益、国家利益不相冲突的情况下，也可以个人利益与集体利益为价值标准或评价标准。

功利评价的形式很多。从时间来看，有事前评价即预测评价、阶段评价、总结评价、事后评价、历史评价等。从空间来看，有当地评价、外地评价、国内评价、国外评价等。以评价主体来看，有个人评价、社会评价。个人评价包括个人自我评价、他人评价；社会评价包括社会舆论评价、会议评价等。从评价的形式看，有口头评价、书面评价、歌谣评价、情感评价、实践或行动评价等。功利评价是否正确要以社会实践为最终标准，要在长期的社会实践中检验，要经受时间的检验和历史的检验。

二、科学评价或学术评价

科学评价或学术评价指对自然科学和社会科学的科学理论或学术理论、学说、观点、方法、科学成果或学术成果的价值的评估。广义地说，科学评价或学术评价应包括功利评价在内；狭义地说，科学评价或学术评价主要指

---

①② 《毛泽东选集》第 3 卷，人民出版社 1991 年版，第 864—865、1096 页。

对科学成果或学术成果的科学价值或学术价值的评估。在这里主要从狭义上理解，即主要探讨科学成果、学术成果的科学价值和学术价值的评价问题。

科学评价、学术评价的对象是科学成果和学术成果的科学价值、学术价值，即科学成果和学术成果对科学发展、理论发展、学术发展的价值，对人类探索真理，认识自然、社会、思维发展的本质与规律的价值。

科学评价、学术评价的内容是多方面的。首先是科学性、真理性问题。包括成果要解决的问题的重要性，即选题的意义，理论根据是否正确，材料是否真实、充分、有力，逻辑分析是否严密，推理是否正确，概括是否准确，语言表达是否精确，理论是否有普适性，是否得到实践或实验证实，证实是否有力等等。其次，原创性。含成果对原有科学理论、学术理论有哪些创新、发展，创新程度如何，弥补了原有科学或学术理论的哪些不足，解决了原有理论的哪些困难和问题，纠正了原有理论的哪些失误，对科学理论、学术理论的研究有哪些重要推进、建树，有何长远的理论、学术价值等等。再次，方法论意义。成果提出的新的学说、观点、方法有何方法论意义，对推进科学研究、学术研究有何价值。最后，不足或失误之处，失误原因及其教训。科学研究中的失误有二重性：它本身是负价值，但又可使人们在探索真理中少走弯路。谬误往往是真理的铺路石，是探索真理的一个阶梯，具有重要的借鉴价值。

科学评价的标准，是看科学理论或学术理论是否符合客观事物的本质与规律，即科学理论或学术理论的真理性和科学性问题，最根本的评价标准是社会实践，包括科学实验、生产实践、社会政治文化等实践。

科学评价、学术评价包括自我评价和社会评价。自我评价是科研成果、学术成果的作者（个人或群体）对自己的成果的科学价值、学术价值的评估。这种自我评价对科学研究有重要意义，它有助于了解科学研究的进展情况，发现存在的问题，及时加以改进弥补。科学研究中的自我评价包括选题的自我评价，理论体系的自我评价，成果的科学性、创造性、逻辑严谨性、方法论、语言表达以及资料的翔实性等的自我评价。自我评价越严、越深入，产生的成果的质量越高。自我评价主要是以科学前沿、学术前沿的最新和质量最高的成果作参考系，评估成果在科学研究上有何新进展、有何建树、有何重要价值。

对科学成果、学术成果的主要评价是社会评价。对科学成果、学术成果的社会评价主要有以下形式：

第一，社会反馈，即成果的社会评价或社会反响。包括人们口头议论、引用、刊物转载、复印、评介、质疑、商榷等。这种自发的评价很重要，是成果的主要社会评价形式之一。

第二，有组织的评价，即同行评议，亦即组织同行专家通过会议形式如成果鉴定会或通讯评审等，对成果进行评价。同行专家对相关专业有专门研究，对成果所研究的内容比较熟悉，比较了解科学前沿或学术前沿的情况，对研究成果能作出比较中肯的评价。同行专家从不同视角所作的各种评价，有利于从总体上对相关成果作出正确评价。因而同行评议具有较高的可靠性，受到科学界、学术界的普遍重视。

同行评议中最重要的是权威评价，即科学界、学术界权威人士或权威机构的评价。这种评价是同行评议中最高水平的一种评价。权威评价之所以有权威，一是由于评价者是权威人士或权威机构。权威人士是某一领域中最有造诣的专家，权威机构一般由这一领域最有影响的专家组成，最有发言权；二是评审过程更为严格、慎重，评价更可靠。权威评价中权威机构的评价比权威人士的评价更具有权威性，受到人们的普遍尊重。权威评价对科学成果、学术成果在社会生活中推广运用起很大作用。权威评价较高的成果往往会被社会广为推广应用，而被权威评价所否定的成果，往往会被社会拒绝。

第三，实践评价与时间评价。评价作为人的一种认识形式，不可能没有失误或偏颇，不可能百分之百都客观公正，这是人的认识的相对性、局限性决定的。一个专家，他对某一方面有很深的研究，但不可能对各方面的认识都正确；而且一个学者的认识，还要受到整个时代科学水平、学术研究进展的限制，因而任何一个人的评价都难免会带有一定的局限性。所以社会反馈、社会舆论、同行评议、权威评价在作出大量公正评价的同时，也往往存在着某些评价上的偏颇失当之处，甚至产生根本性的错误评价。

还应看到，科学评价、学术评价不仅要求评价者有较高的专业素质或学术水平，而且要求有科学的态度和公正无私的正直品德。然而社会生活是复杂的，在各种各样的科学评价、学术评价中，不可能每一个评价者都是公正无私的，难免有某些人因个人学术成见或个人感情、个人关系等原因，对成果的评价过高或偏低，甚至对优秀成果全盘否定，而对低劣成果却过多溢美，因而导致评价的失当。这种情况只有经过长期的实践检验和时间检验，即经过实践评价和时间评价才能作出公正的评价。实践是检验真理的唯一标准，也是对科学成果和学术成果价值作出公正评价的根本标准。实践是一个过程，实践检验也是一个反复检验的过程；实践过程需要一定时间，因而实践的评价表现为时间的评价。实践评价、时间评价、历史评价是对科学成果和学术成果价值的最终最权威的评价。对一个追求真理的人来说，如果一个具有真理性、科学性的成果受到不公正的评价，不应为之气馁，应坚定信心，坚信真理必然战胜谬误，那些无视真理的不公正的评价，必然要被实践的评价和时间的评价所推倒。真理是不可战胜的。苏联李森科等人对遗传学基因理论的错误评价及对苏联学者的迫害，严重阻碍了苏联生物学的发展。实践证明李森科对遗传学的评价是错误的。我国20世纪50年代，马寅初提出的《新人口论》曾被加上新马尔萨斯主义的罪名而遭到粗暴的否定。历史实践证明，马寅初的《新人口论》的主张是正确的，马寅初的冤屈终于得到平反昭雪。这些都有力地证明，实践的评价、时间的评价是最权威的最公正的评价。

三、道德评价

道德评价是对人的行为的道德价值的评估。人的行为不仅有道德价值，还有功利价值、审美价值。道德评价的客体是人们行为的道德价值，而不是其他价值，也不是人的行为。人的行为是道德价值关系中的价值客体，价值客体不等于价值；只有价值客体（人的行为）作用于主体（社会、群体或他人）产生的积极效应才是道德价值。

道德价值的基本范畴是善和恶，所以道德评价的内容是对人们行为善恶及其程度的评估。道德价值是人的行为对社会、群体、他人的积极效应。道德效应有积极与消极之分。积极的有益的效应是善，消极的有害的效应是恶。积极的效应越大，善越大；反之，消极的效应越大，恶越大。善恶有大小，最大的善是至善，最小的善是小善；最大的恶是极恶，最小的恶是小恶。道德评价不仅要评价人的行为的善恶，还要评价人的行为善恶的程度与大小。

道德评价的一般标准是社会群体利益或公共利益。道德的特点是利群。

道德是以不损害社会、群体、他人利益为前提的，这就是道德底线。有利于社会、群体、他人的行为就是善，越是有利于社会、群体、他人的行为，其善越大；反之，危害社会、群体、他人的行为则是恶，危害越大，恶越大。真正有高尚道德品质的人，是自觉造福社会、他人而不计个人功利的，即无私奉献的人，所以道德具有超功利性。不损害社会群众他人利益而安分守己的人，其行为也是善，这是最起码的善。

道德评价的具体标准是道德规范，符合道德规范的行为就是善，反之则是恶。道德规范是在一定的社会历史条件下，从一定社会或阶级利益出发制订的，用以调整人与人之间利益关系的行为准则或善恶标准，是一定社会物质生活条件及相应的社会关系的反映。它具有社会性、历史性、阶级性、民族性。道德评价是通过对行为是否符合道德规范来判断人的行为是否符合社会或群体利益，从而确定行为的善恶的。

道德评价的根据是动机与效果的统一。这是道德评价的突出特点。功利评价、科学评价或学术评价主要看效果，道德评价却不仅要看效果，而且要看动机。动机就是行为主体的意图，效果则是主体行为的实际后果。在伦理学历史上，对道德评价问题有康德的动机论和功利主义的效果论两种对立的观点。动机论只看行为的动机，忽视效果，淡化道德责任，容易成为一些人推卸责任的借口；效果论只看行为的效果，不看动机，容易给一些卑劣的伪善者披上道德的外衣。二者都是片面的。所以在道德评价上必须坚持动机与效果统一论。一个人的动机是内在的，比较难于把握，而效果则具有直接现实性，比较容易把握。在道德评价上，首先应考察行为的社会效果，并通过对人的全部历史和全部活动的后果及其态度的分析去把握其行为的真正动机，然后根据动机与效果统一的原则确定其道德价值。在动机与效果统一的情况下，好的动机产生好的效果，是善；效果越大，善越大。坏的动机产生坏的效果，是恶；效果越坏，恶越大。当动机与效果不一致时，判断道德价值往往很困难。一般地说，一个人动机好，也努力去做，但事与愿违，效果不好，应肯定其道德价值。一个人干了某些好事，而动机恶毒，或怀有不可告人的目的，从道德上说则是恶。可见道德评价具有超功利性。动机与效果是对立的统一。从动机到产生效果是一个复杂而曲折的过程。其间要以一系列客观和主观条件，包括机遇等偶然事件为中介。人的道德评价也是一个复杂的过程，必须根据具体情况作具体分析，才能作出公正的评价。

道德评价有两种形式，即自我道德评价和社会道德评价。自我道德评价就是按照一定的道德规范对自我的言行进行自我反省、自我检讨、自我评价。自我评价是道德修养的重要途径。曾子说："吾日三省吾身"，[1] 就是重视自我反省、自我评价、自我修养。这是中国儒家的优良道德传统。自我道德评价表现了自我约束、自我反省，自觉扬善抑恶的道德自律意识。这是提高道德品质的内在动力和基本途径。一个真正有道德的人，都是有自律意识自觉践行道德规范的人。

道德的社会评价形式很多，主要有社会舆论包括街谈巷议、新闻媒介宣传报道，会议讨论，组织考核、评比、表彰奖励等等。道德的社会评价具有重要意义。道德不仅要靠自律，还要靠他律。道德的社会评价活动为人们树立良好的榜样，批评不良道德行为，引导人们学先进找差距，造成人人重视培养良好道德品质的氛围，具有强大的道德他律作用，可以催人上进，促进人们努力提高道德境界。

四、审美评价

审美评价是对客体审美价值的评估。审美价值是客体与具有一定审美能力的主体相互作用，对主体的超功利的愉悦效应。审美价值的基本范畴是美与丑。如前所述，美具有客观性、主体性、社会性、愉悦性和超功利性。美的客观性、社会性决定了审美标准的客观性，是审美评价的理论基础。美具有主体性，同一客体对不同主体的审美效应不同，所以审美价值非常复杂，审美评价也非常复杂。

美有个性美与共同美。个性美是审美客体对个人特有的审美效应，表现了个人审美情趣的个性特点。例如，有的服装，有的人感到美，别人却感到不美；有的家庭装饰，有人感到美，有人感到并不美等等。个性美是由个人生活经历、文化背景、审美情趣、审美追求等个性因素决定的。个性美的审美标准主要是对个人的审美效应或实际的审美体验。是否具有个性美要看客体是否对个人产生了审美效应。在个性美的评价上，只要这种评价是符合主

---

[1] 《论语·学而》。

体（个人）的实际审美体验的，就应承认这种评价是合理的。

共同美是客体对一定共同体成员的普遍的审美效应，包括自然美、工艺美、服饰美、人体美、建筑美、装饰美、文艺美、音乐美、绘画美、舞蹈美、雕塑美等。例如，桂林山水、黄山奇峰等自然风光，万里长城、苏州园林等雄伟秀丽的人文景观，无论中国人还是外国人都感到美。这说明在审美领域，不仅存在着个性美，也存在着共同美。个性美与共同美的关系是个性与共性的关系。共性存在于个性之中，个性中包含着共性，共性是各个个性中共同的东西。美是个性美与共同美的统一。个性美的评价，只能以客体是否使主体（个人）获得实际的审美效应或审美体验为根据，别人很难再作评议。所以，审美评价主要是对共同美的评价。

审美价值的产生过程包括三个方面的因素：一是客体因素，即客体的奇特造型；二是主体因素，即主体审美能力、审美情趣等；三是主客体相互作用及由此而产生的审美效应。直接影响审美价值的主要是客体因素与主体因素。不同的主体的审美能力、审美情趣各不相同，审美评价时只能设想主体是具有充分审美能力和良好审美情趣的理想的审美主体。审美评价的重点是客体的结构造型特点，如形态、线条、色彩、情节、形象、节奏、旋律、语言、音韵、动作、姿态、表情、意蕴等方面的动人特点。不同客体有不同造型特点。客体一旦具有一定的独特的造型特点，就具备了与具有一定审美能力和审美情趣的主体相互作用产生美的可能性。根据客体的独特的造型特点和审美规律或审美逻辑，就可以对客体作出审美评价。这种审美评价是一般的审美评价。因为，首先，这是根据一般审美规律对共同美所作的审美评价；其次，这是根据一般审美能力或有较高审美能力的审美主体与客体作用作出的评价。这种评价是对共同美的一般评价。同一客体对不同审美主体产生的审美效应不同，不同的审美评价主体对同一客体的审美评价也不同。所以，在对共同美的评价中，也存在着审美评价的个体差异性。对同一客体的审美评价，既有一般的共同认可的评价，即存在着评价的同一性、一元性，也存在着各种不同的评价，存在着评价的差异性、多元性。审美评价是同一性与差异性、一元性与多元性的统一。

审美评价有自我评价和社会评价之分。自我评价是主体对自己创作的审美客体的审美价值的评价。古人在诗词创作上反复推敲，提出"语不惊人死不休"，就是对自己诗歌作品进行严格的自我评价，精益求精，力求达到至善至美的境界的写照。自我审美评价是文学艺术创作的重要手段和内在动力，具有重要意义。不重视自我审美评价或者自我审美评价不严，要求不高，都不能创作出高水平的文学艺术作品，社会对他的成果的审美评价也不可能高。

自我审美评价有一定局限性，往往受个人审美能力、审美情感兴趣的影响，产生偏爱而使评价受到限制，失去公正性。社会审美评价则是人们从多方面多视角进行评价，因而可以克服自我审美评价的这种局限。所以，社会审美评价是更为重要的审美评价形式。

社会审美评价的形式很多。一是自发的社会审美评价，如街谈巷议、自发议论、报刊等媒体的评介、学术争鸣和学术批评等等，这些属于社会舆论的评价。这方面的审美评价很重要，特别是文艺评论这种理论形式的审美评价及其争鸣，对促进审美评价的深入和公正，提高文学艺术评价的水平，推动文学艺术创作有重要意义。二是有组织的社会审美评价，包括同行审美鉴定、权威审美评价等。这些审美评价由同行专家进行评价，一般更为深入、全面。特别是权威审美评价由权威人士、权威机构作出，是最高层次的审美评价，受到社会高度重视和尊重。三是历史评价和时间评价。无论自发的社会审美评价还是有组织的社会审美评价，包括同行评议和权威评价在内，由于评价归根到底都是通过个人进行的，而个人的审美能力及文化素养、思想修养等方面总是有局限的，因而审美评价中产生失误、偏颇甚至错误评价往往是难免的。但是审美价值高的文学艺术作品和其他审美客体，经过历史的检验和时间的检验，总是历久而弥新，受到历代的珍视。如屈原的《离骚》，司马迁的《史记》，李白、杜甫的诗，唐宋八大家的散文，曹雪芹的《红楼梦》，罗贯中的《三国演义》，鲁迅的小说、杂文等等，其审美价值为历代人们所公认。这表明在审美领域存在着审美评价的一元性。尽管如此，人们对这些公认的文化瑰宝仍然存在着不同的甚至相反的审美评价，这表明在审美领域同样存在着审美评价多元化现象。历史的经验告诉我们：美既有客观性，又有主体性，既有一元性，又有多元性，是客观性与主体性的统一、多元性与一元性的统一。只有把审美标准的客观性与主体性，审美评价的一元性与多元性辩证地统一起来，才能全面地把握审美评价。

第三节　影响评价的因素

评价活动是复杂的价值活动，要受许多因素的制约和影响。正因为如此，要获得客观、公正的评价往往非常困难。所以，研究影响评价的种种因素，对评价活动具有重要意义。影响评价的因素很多，有主体因素、客体因素、环境因素及评价中介如评价标准与价值标准等。其中最重要的是主体因素与评价标准、价值标准等评价中介对评价的影响。

一、主体因素对评价的影响

评价是评价主体运用一定评价标准对客体价值的评估活动，评价主体的主体因素直接对评价产生重要影响。影响评价的主体因素很多，主要有以下几方面：

（一）思想观念

第一，世界观对评价的影响。不同世界观的人，对同一事物的价值往往会作出不同的评价。

第二，人生观对评价的影响。人生观是关于人生目的、意义、理想、追求的根本观点。人生观对评价的影响主要表现为人生目的、理想、信念、追求和立场对评价的影响。有不同人生目的、理想、信念、追求和立场的人，往往对同一事物的价值的评价不同，甚至相反。所以，人生观对评价有重要影响。

第三，价值观对评价的影响。价值观决定价值观念，一定的价值观念是一定的价值观的体现。价值观对评价的影响直接表现为价值观念对评价的影响。价值观念内含一定的价值标准。具有不同价值观念的人，对同一事物的价值所作的评价往往不同，甚至相反。

另外，还有偏见对评价的影响。偏见是片面的、褊狭的、固执的成见。偏见可以说是一种片面的、偏执的价值观念。它形成一种先入之见，使人戴上有色眼镜去看事物，往往使评价失去公正性。

（二）情感、意志

评价主体的情感是影响评价的重要因素。价值关系到人们的利益，会牵动人们的思想情感,往往会引起强烈的情感反应,对评价产生重要影响。主要表现是:第一,情感有导向作用,影响评价主体选择评价对象。评价主体往往选择主体最感兴趣的东西作评价对象,而忽视其他东西。第二,评价信息的选择过滤作用。情感有排他性,它好比一种过滤器,人们往往以它作标准对信息进行筛选。对那些与自己情感产生共鸣的东西或自己喜欢的信息,容易吸收;而对那些与自己情感格格不入的信息,则往往被拒斥或忽视。由于情感的作用,会有意无意地突出某些情节,掩盖或忽视某些环节,往往导致偏听偏信,使评价失当。第三,放大或遮蔽作用。评价主体对喜欢的人或事,往往评价偏高,对不喜欢的人或事则往往评价偏低,甚至被说得一无是处,产生感情用事现象。第四,智力激发作用。良好的心态,使主体智力活跃,反应敏捷,思考严密,易于作出客观公正的评价;相反,心情不好,情绪不高,或心绪不宁,心情沉闷,人们的智力便受到抑制,往往感觉迟钝,思维呆滞,思绪紊乱,思考难以深入,容易作出表面的肤浅的轻率的甚至失当的评价。

与情感相联系的是意志对评价的作用。意志是人为了一定目的自觉地控制自己的思想和行动同困难作斗争的心理过程。意志,以一定的认识为基础,以情感为动力。意志指向一定价值目标,具有自觉性或目的性、专注性、坚韧性等特点。意志对评价有重要影响:第一,影响评价对象的选择。意志指向一定的价值目标,而评价主体往往把与自己价值目标相关的事物作为优先评价的对象;对其他事物则往往会被排除在对象之外或缓后评价。第二,意志指向一定的价值目标,而价值目标本身是一个价值尺度。凡符合价值目标的事物,评价主体就给以肯定的评价,反之则给以否定的评价。第三,意志保证评价主体集中精力关注有效信息,克服困难和干扰,坚持不懈地从各个方面审视评价对象,这是保证作出正确评价的必要条件。第四,意志对情感有控制与调节作用。它可以调节情感的方向和强度,使之有利于作出客观公正的评价。

(三) 知识结构

知识是评价的前提。要对客体价值作出正确评价,必须要有相关的专业知识和历史知识,要了解国内外历史及研究现状,了解相关的前沿信息。相关的知识越丰富、越深刻,作出的评价越中肯。缺乏相关知识或知识面窄,不懂行，不识货，就无法作出正确评价。

（四）能力结构

能力是主体完成某种活动的本质力量或本领。能力以知识为基础，但知识不等于能力，能力是知识的灵活运用。评价是一个复杂而艰巨的过程，需要运用各种能力，特别是要有很高的理解、分析、比较、批判、识别能力，还要有很高的逻辑分析能力。缺乏一定能力，即使具有丰富的知识，也不可能作出正确的评价。

二、客体因素对评价的影响

评价客体或评价对象就是价值、价值关系，亦即价值事实。价值关系包括价值主体、价值客体和客体对主体的实际效应三个方面，这三个方面对评价都有重要影响。

（一）价值客体

首先是价值客体的稀缺度对评价的影响。"物以稀为贵"。人们给以最高评价的东西往往不是有很高价值而大量存在的东西，而是稀有的东西。当人们拥有某种东西时，往往感觉不到它的价值，只有失去它时人们才发现它的价值。其次，客体的复杂性是影响评价的重要因素。例如，人们对商品经济、市场经济的评价就是如此。在很长一段时间里，人们认为商品经济、货币、市场，"与旧社会差不多"，认为市场经济是资本主义经济，计划经济是社会主义经济。直到20世纪70年代末，特别是1992年邓小平发表南巡谈话以后，人们才开始认识到，市场经济不等于资本主义，社会主义也可以搞市场经济。计划与市场都是手段。客体的复杂性，在人作为价值客体时更为突出。人们往往因为其貌不扬，或受花言巧语所迷惑，以貌取人，或听其言而信其人，造成用人不当。所以，对人要听其言而观其行。对一个人不能只看一时一事，要看他的全部历史、全部工作，才能对人作出正确评价。再次，客体是发展的，客体的价值也是发展的。有些东西原来很有价值，随着时间的推移变成价值不大或无价值；有些东西原来无价值或价值不大，后来变得有价值甚至很有价值。如果看不到客体价值的发展变化，对客体价值就会作出错误的评价。

（二）价值主体

首先，不同主体具有不同利益和特点，其生活经历、文化背景、工作性质、思维特点和实践能力各不相同。同一客体对不同主体的价值也不相同，价值具有多元性。客体对某一主体的价值如何，必须根据这一主体的实际利益和特点进行评价，不能搞一刀切，用千篇一律的公式去套。其次，价值不仅具有多元性，还具有一元性。同一客体对社会主体的价值是一元的，对每一具体主体的价值也是一元的。当出现价值多元化和评价多元化现象，难于确定到底客体价值如何时，就应从客体对社会主体的价值，即以最广大人民的根本利益去评价客体的价值。再次，在社会生活中，对一项政策的评价，不仅要看它是否符合人民的根本利益，还要考虑到群众的觉悟程度和承受程度，即群众是否认识到这项改革的价值和改革带来的变化与震动群众是否能承受。只有把改革的力度与群众的觉悟程度和承受力结合起来，才能对改革作出正确评价。

（三）客体对主体的效应

评价主要就是评估客体对主体的效应如何。客体的这种效应即对主体的作用和影响。这种作用和影响有正有负，有大有小，有强有弱，有广有窄，有近有远，有隐有显，有表面的，也有深层的。是一个从无到有，从小到大，从隐到显，从近到远，从眼前到长远的显现过程。当这种效应较小较隐蔽时，人们往往不重视其价值。由于效应是从近到远的，人们也往往容易看到眼前价值，忽视长远价值，从而产生评价失当。客体对主体效应信息的强度与显度、深度，及能否全面地把握各方面的效应信息，特别是能否及时把握萌芽式的隐蔽的、深层的信息，预测长远效应，对作出正确评价至关重要。历史的经验证明，人们往往是在经过长期实践获得正反面效应，产生了尖锐的价值冲突时，才能深刻地评价某一事物的价值。例如，毁林开荒、围湖造田，可以获得显著的近期价值。只有当严重影响生态环境，带来严重干旱和洪涝灾害时，人们才认识其负价值。

三、环境因素对评价的影响

环境有自然环境与社会环境，两种环境对评价都有影响。

（一）自然环境

自然环境，如地理环境对一些事物的评价就有重要影响。同一客体其价值不仅因人而异，也因地而异。在北方特别是在北极圈，皮衣、皮帽、皮靴等抗寒保暖用品有很高的生活价值。而在南方特别是热带，这些东西则价值不大。又如捕鱼、水产的生产工具在江湖及沿海地区很有价值，而在高山、内陆、沙漠地区则价值不大。同一客体在不同自然环境下，人们的评价不同。所以自然环境对评价有重要影响。

（二）社会环境

社会环境比自然环境复杂，对评价的影响也更大。社会环境包括政治环境、经济环境、文化环境，对评价都有重要影响。

社会环境对评价的影响，首先是政治环境对评价的影响。政治环境包括许多方面，其中很重要的是党和政府的政策及其价值导向。例如，在我国20世纪50年代后期至"文化大革命"时期，以"阶级斗争为纲"，忽视科学技术，贬低知识和知识分子，认为书读得越多越蠢，知识分子成了"臭老九"，对知识、知识分子评价很低。党的十一届三中全会后，坚持以经济建设为中心，邓小平提出科学技术是第一生产力，尊重知识、尊重人才。一些地方把科技人才尊为"财神"，科技价值、知识价值、人才价值升值，对科技、知识、人才的评价也相应提高。所以政治环境，特别是党和政府的政策导向，对评价有重要影响。

其次是经济环境对评价的影响。这方面马克思有过生动的论述，他说："一座小房子不管怎样小，在周围的房屋都是这样小的时候，它是能够满足社会对住房的一切要求的。但是，一旦在这座小房近旁耸立起一座宫殿，这座小房子就缩成可怜的茅舍模样了。这时，狭小的房子证明它的居住者毫不讲究或者要求很低……那末较小房子的居住者就会在四壁之内越发觉得不舒适，越发不满意，越发被人轻视。"[①] 原来评价不错的东西，环境变了，评价就变低了，就不满意了。可见评价随着经济环境的改变而改变。

再次是文化环境对评价的影响，表现在：其一，传统文化、传统观念对评价有重要影响。我国传统文化包括中华民族的传统文化和革命传统文化，

---

① 《马克思恩格斯全集》第6卷，人民出版社1961年版，第492页。

是中华民族优秀思想的积淀。文化的核心是价值观念，它本身含着价值标准。有什么样的传统文化就有什么样的价值观念，就有什么样的价值标准，就按什么样的价值标准去评价。宗教信仰是传统文化的重要内容。宗教信仰是对超自然的神灵的虔诚崇拜，包含着深层次的宗教价值观念，包含着一定的价值标准。受宗教文化影响深的国家和地区，人们的评价往往受到宗教信仰的深刻影响。其二，社会舆论对评价的影响。社会舆论是社会生活中广大群众对社会现象的社会评价的一种形式。社会舆论有群众自发形成的，也有自上而下有组织有领导地利用新闻媒体形式发布的。社会舆论是一种公众的议论和看法，具有群众性。舆论有导向作用，违反舆论就受到舆论谴责，形成舆论压力，所以人们的评价往往要受社会舆论影响。其三，社会风俗习惯和社会风气对评价的影响。一个民族、一个地区、一个时期有自己独特的风俗习惯和社会风气，形成一种惯例和一种潮流。这种惯例和潮流作为一种世俗的价值标准，自发地影响人们的评价。凡是符合风俗习惯的评价就高，反之人们评价就低，甚至给以否定的评价。

四、评价中介对评价的影响

评价是评价主体运用一定中介对客体价值的评估过程和结果。评价中介对评价有重要影响。评价中介有评价尺度与评价参考系等，它们各有其特点。

（一）评价尺度

评价尺度有主体尺度和客体尺度。评价的主体尺度，如主体利益、主体发展等是价值评价（狭义的评价）的评价标准或价值标准。评价主体是借助于一定的尺度或标准来评估客体价值的，这是评价不同于价值认知的一个重要特点。人们通常说的评价标准是评价主体直接用于衡量客体价值的主体尺度。价值标准决定评价标准，评价标准是价值标准的反映。价值标准也可以直接用做评价标准。从评价标准是衡量价值的标准的意义上说，评价标准也是一种广义的价值标准。所以，评价的主体尺度是评价标准或价值标准。

评价的主体尺度很多，主体需要、欲望、兴趣、爱好、偏好、情感、理想、信仰等都是主体尺度。主体需要是一种国内外流行的重要的主体尺度，一种人们常用的价值标准或评价标准。持此种观点的学者认为，凡能满足主体需要就有价值，反之就没有价值。但需要并非天然合理。符合广大人民需要或满足合理的需要是有价值的；满足吸毒贩毒者对吸毒贩毒的需要或其他不合理的需要，则是有害的、有负价值的。只有满足合理需要才有价值。所以，主体需要不能作普遍的价值标准，用主体需要作普遍的一般的价值标准必然导致混乱。同样，兴趣、爱好、偏好、情感、欲望、理想、信念、信仰等也并非都是合理的，用它们作为主体尺度去进行评价也必然导致混乱。主体尺度是否合理，是影响评价的最关键的因素。什么尺度是合理的主体尺度？合理的主体尺度是主体利益。凡是符合主体利益的就有价值，反之则无价值或是负价值。以主体利益作主体尺度，能保证理论上的逻辑一贯性。如何确定客体是否符合主体利益，最根本的要看是否有利于主体发展。所以，主体尺度最根本的是主体发展，用主体发展作主体尺度可以正确地评价客体价值。主体发展是科学的主体尺度，即科学的评价标准或价值标准。

　　评价中介除了主体尺度以外，还有客体尺度。对不同客体价值的评价，要用不同的客体尺度。如量长度用尺，称重量用公斤，衡量时间用时、分、秒一样，功利价值的评价尺度不同于科学价值、道德价值的评价尺度，新闻价值的评价尺度不同于小说价值的评价尺度。真理性的评价，主要用客体尺度。客体尺度运用不当，同样不能作出正确的评价。

（二）评价参考系

　　评价中介除了评价尺度之外还有评价参考系。评价参考系是评价中的参照物。评价过程是一个对比分析过程，人们总是将评价对象与一定的参考系相比较而作出有无价值及价值大小的评价的。所以评价参考系问题对评价有重要意义。

　　评价参考系是多种多样的，大致说来有以下几类：一是以自己过去作参考系作历史对比，看有何变化，变好变坏，变化大小。这是纵向对比。二是以他人他物作参考系，从对比中作出评价，这是横向对比。以他人他物作参考系，包括以本国、本地区的他人他物和以外国、其他地区的人和事物作参考系，也包括以先进国家、先进地区的人或事物作参考系和以落后的国家、后进地区的人和事物作参考系。以先进的国家、地区的人或事物作参考系，可能作出的评价较低；以落后的国家、地区的人或事物作参考系，可能作出的评价较高。要作出全面的比较准确的评价，必须既以先进的国家、地区的人和事物作参考系，又以落后的国家和地区的人和事作参考系，而以前者为主。在科学理论评价或学术评价中，如果只看科学成果或学术成果本身的有关资料，不了解国内外同类课题的研究现状，不了解科学或学术研究前沿情况，就无法确定一项成果有无创新之处及创新程度如何，就无法作出准确的评价。所以正确选用评价参考系，对于保证评价的科学性具有重要意义。

第四节　评价的科学性或合理性问题

价值评价的目的是对客体的价值作出客观公正的评价，以指导实践，使人类社会更美好。要获得客观公正的评价，评价必须是科学的、合理的。评价缺乏科学性、合理性，很难保证其客观公正性。用这样的评价指导实践必然产生失误。所以评价的科学性或合理性问题是评价理论的重要问题。影响评价科学性或合理性的因素很多，这里主要探讨以下几个问题。

一、评价标准的科学性

评价活动是评价主体以一定评价标准去衡量客体价值的过程，评价标准是影响评价科学性的核心或关键的因素。如果评价标准缺乏科学性，评价必然失去科学性。

价值标准决定评价标准，评价标准是价值标准的反映和运用。评价标准的科学性问题决定于价值标准的科学性问题。所以研究评价标准的科学性问题，首先必须研究价值标准的科学性问题。

（一）国内外学者关于价值标准的基本观点

西方不同学派的学者对价值标准的看法不同。直觉主义者认为，基本的价值标准是善、正当、义务。自然主义者认为，基本的价值标准是兴趣、欲望、需要、喜欢等。功利主义者认为，基本的价值标准是快乐或幸福。情感主义者认为价值是情感的表达，也就无评价可言了；如果要评价，其基本的价值标准是主体的情感、态度、欲望、意愿等。国外关于价值标准的看法众说纷纭，莫衷一是。

我国学者关于价值标准的看法主要有三种：

第一种见解，也是多数人的见解，认为价值是客体对主体需要的满足，价值标准是主体需要，评价标准是对价值标准的反映。

第二种见解，认为价值认识尺度或价值认识标准有主体需要、兴趣、偏爱。主体需要是首要的、最根本的价值认识尺度，其他尺度都与它有关，或由它派生出来。因为所谓价值，归根到底就是客体对主体需要的满足。

第三种见解，认为价值标准是一个多层次、多指标的复杂系统，包括客体尺度（物种尺度）、主体尺度（人的尺度）、实践尺度三大层次的标准。每个大层次的标准又都包含着更小层次的标准和尺度，每项标准又有多项指标。客体尺度即物种尺度，物种无限多，客体尺度也无限多。创造价值首先必须遵循客体尺度，评价也必须运用物种自身尺度。不同物种有不同尺度。评价文艺作品要用艺术标准，评价新闻要用新闻标准。每种标准又都有多项指标。客体尺度不能错用，否则就会导致评价失误。主体尺度或人的尺度，主要指主体需要、利益及其理想、愿望、兴趣、爱好等。主体尺度有个体尺度、群体尺度、人类尺度（社会历史尺度）三个层次，个体尺度、群体尺度应服从社会历史尺度。实践尺度就是以实践结果、效果、效益作为标准进行价值评价。实践尺度就是实践标准，实践标准是标准的标准，是价值标准的最终裁决者。

这三种见解相同之处是都以主体需要作价值标准或最根本的价值标准，这是我国评价理论中主导的观点。

（二）主体需要是不是科学的价值标准

应当承认主体需要的确是一种重要的主体尺度，或重要的价值标准。因为在现实生活中，每个人都自发地首先以自身的需要作价值标准去进行评价。自发地认为：凡是符合自己需要的，就是有价值的；凡是不符合自己需要的，就是无价值的；凡是阻碍满足自己需要的，就是有负价值的。主体需要是一种自发的主体尺度或自发的价值标准，这是客观事实，不可否认。人们自发的价值标准还有兴趣、爱好、情感、愿望、欲望、理想、信念、信仰等。

主体需要作为价值标准，是不是一种科学的合理的价值标准呢？

以主体需要作为一种基本的普遍的价值标准，其前提是主体需要必须都是合理的。只有主体需要都是合理的，才能作出"凡能满足主体需要就有价值"的结论。

怎样判断主体需要是否合理？主要看主体需要是否有利于主体发展，特别是要看是否有利于促进人类社会生存发展完善，是否有利于每个人自由而全面发展。对此，许多学者已提出过自己的看法。

例如，张岱年认为，"需要也有高下之分"，"人们都承认，有些需要是比较高级的，有些需要是比较低级的"。在民族危急时期救国的需要，在有人陷入危难之时加以拯救的需要，是高级需要；追求声色货利、贪财好色的需要，则是低级趣味，低级的需要。①

李连科认为，"个体有着复杂的、各式各样的需要"，"按社会价值划分，有合理的、有益的、健康的需要和不合理的、有害的、病态的（如吸毒、卖淫、同性恋等）需要"。②

袁贵仁认为，"人的需要并非都是天然合理的，都是必须满足的。有些属于正当需要，也就是有利于人和人类生存、享受和发展的需要"。"能够满足主体的正当需要的客体对主体是有价值的"。"人还有不正当的需要，这类需要一旦得到满足，客观上就有害于人和人类生存、享受和发展"。所以，"满足不正当需要的是没有价值的；相反，不满足这种需要或限制这种需要得到满足的则是有价值的"。③

由此可见，主体需要并非天然合理，这是客观事实，也是许多学者的共识。既然如此，满足主体需要并非都有价值。所以，主体需要不是科学的价值标准，不能把它作为一种基本的、普遍的价值标准。

有的学者说，以主体需要作价值标准，是以社会主体的需要，以人类整体的需要，以广大人民的基本需要作为价值标准。满足不正当、不合理的需要，的确无价值或有负价值，但用社会主体的需要作价值标准来衡量，满足不正当、不合理的需要是负价值。所以用主体需要作价值标准并没有错。这种看法用社会主体需要、人类整体需要、广大人民的基本需要作价值标准，的确没有错，但社会主体需要、人类整体需要、广大人民的基本需要，只是整个主体需要的一部分。实际上是用有利于社会主体生存发展、完善的需要作价值标准，亦即用正当的、合理的需要作价值标准。把主体需要混同于社

① 张岱年：《论价值的层次》，载《中国社会科学》1990 年第 3 期。
② 《李连科集》，黑龙江教育出版社 1989 年版，第 75 页。
③ 袁贵仁：《价值学引论》，北京师范大学出版社 1991 年版，第 53—54 页。

会主体需要、人类整体需要、广大人民的基本需要，无视主体需要并非都是合理的，这在逻辑上是以偏概全，是片面的。

以主体需要作基本的普遍的价值标准，不仅在理论上是片面的，在实践上也会产生一系列不良后果。因为如果把这种观点的逻辑贯彻到底，就必须承认满足吸毒贩毒、嫖娼卖淫等需要也是"有价值的"荒谬的结论，甚至会作出满足贪污盗窃、制黄贩黄、搞假冒伪劣、坑蒙拐骗、谋财害命等需要都是"有价值的"结论。社会生活中的这些罪恶活动都是从主体需要，甚至是从主体的强烈需要出发的，任何主体都不会去干他所不需要的事情。如果持这种观点，社会主义道德和法制如何维护？社会还有和谐可言吗？人们还能健康发展吗？所以，主体需要不是一种科学的价值标准。

（三）价值标准的科学性的条件

怎样的价值标准才是科学的价值标准呢？科学的价值标准至少需要以下条件：

第一，客观性。科学的价值标准必须是客观的价值标准，主体情感、兴趣、爱好、欲望、愿望、理想、信念、信仰等主观的东西，具有由己性，都不是科学的价值标准。主体需要既是经济、社会、历史范畴，又是心理学范畴，既有大量的客观需要，也有由兴趣、爱好、嗜好、情感等心理因素决定的主观需要，而且主体需要往往以欲望、愿望等主观形式表现出来，以主体需要作价值标准同样难以保证评价的客观性。所以主体需要也不是科学的价值标准。

第二，普适性或普遍性，即不矛盾性或逻辑一贯性。爱因斯坦说："一个希望受到应有的信任的理论，必须建立在有普遍意义的事实之上"。[1]"理论不应当同经验事实相矛盾。"[2]科学的价值标准必须具有普遍性，即符合这种标准的都是有价值的，而不会出现符合这种标准的部分有价值、部分无价值或有负价值的情况，不会违背逻辑一贯性。以主体需要作价值标准，就不具有普适性。因为主体需要并非天然合理。满足合理的需要是有价值的，满足不合理的需要则无价值或是负价值，这就违背了逻辑一贯性。

第三，准确性。这一标准必须真实可靠，具有充分的说服力。

---

①② 《爱因斯坦文集》第1卷，商务印书馆1976年版，第104、10页。

　　符合上述第一、二两个条件的价值标准是主体利益标准、主体发展标准，特别是人民根本利益标准、社会发展进步标准，符合上述三个条件的是实效标准，主体发展的实效标准，特别是社会发展进步的实效标准。

　　为什么说主体发展，特别是社会主体发展进步的实效标准是科学的价值标准呢？因为客体的价值是相对于一定的主体而言的。同一客体对不同主体价值不同。要评价事物的价值，首先要确定价值主体，运用主体尺度。主体需要是一种自发的主体尺度，如前所述，由于需要并非天然合理，所以主体需要不是科学的价值标准。毛泽东说："任何一种东西，必须能使人民群众得到真实的利益，才是好的东西。"① 他把人民利益作为价值标准，特别是以"最广大人民群众的最大利益"作最高标准。② 人民利益是特殊利益，特殊中包含一般，一般地说，能做主体尺度的价值标准是主体利益。利益是社会关系范畴，是在一定社会关系中人们所享有的权益。作为主体的人是客观存在的，社会关系是客观存在的，主体利益也是客观存在的。符合主体利益的客体就有价值，反之则无价值。以主体利益作价值标准能保证逻辑一贯性。

　　有人说，利益是"人们通过社会关系表现出来的不同需要"。③ 把利益与需要等同起来。这种看法只看到二者的联系，未看到二者的区别，是欠全面的。利益是对主体有利、有益。从主体自身主观上说，符合自己需要就是符合自己的利益；从客观上说，真正对主体有利、有益的是正当的、合理的需要，不合理不正当的需要表面上对主体有利，实际上对主体有害，因而是违背主体利益的。所以主体利益是一般的普遍的价值标准，而需要却不能作为一般的普遍的价值标准。

　　如何衡量是否符合主体利益？最根本的是要看是否有利于主体发展，特别是要看是否有利于社会主体发展，是否有利于每个人自由而全面的发展。主体发展是主体利益的核心所在。所以主体发展是最根本的主体尺度。

　　主体有个体主体、群体主体、社会主体。不同的个体主体、群体主体的利益不同，同一客体对不同个体主体、群体主体价值不同，存在着价值多元

―――――――――

①② 《毛泽东选集》第 3 卷，人民出版社 1991 年版，第 864—865、1096 页。
③ 《哲学大辞典·马克思主义哲学卷》，上海辞书出版社 1990 年版，第 467 页。

化现象。当我们谈到客体对某一个体主体或群体主体的价值时，运用主体利益、主体发展做价值标准就行了；当我们遇到同一客体对不同的个体主体或群体主体价值不同，难以确定到底客体的价值如何时，就必须以社会主体发展为价值标准。社会主体发展或社会发展进步是最根本的价值标准。这种标准不偏向任何一个人或任何一个群体，具有公正性。以社会发展进步作价值标准，能确保评价的公正性。

主体发展特别是社会发展进步标准是客观的标准，并且有普遍性，运用这一标准进行评价，能保持逻辑一贯性。但这一标准毕竟是抽象的价值标准。在实际运用中到底如何判断客体是否有利于推动社会发展进步，人们往往感到缺乏具体依据，难以把握，因而对同一客体的价值的评价往往不尽相同，而且作出的价值判断说服力不强，容易产生争议。所以，仅仅用一般的社会发展进步标准作评价标准，还不能确保评价的科学性。

为了解决这个问题，必须借助于实践，把价值标准建立在实践结果的客观事实之上。这种客观事实，就是主客体相互作用中客体对主体的效应，这种效应是主体与客体之间直接的感性的相互作用的结果或产物，即实践结果或实效标准。实效标准是实践标准在评价理论上的应用。实践具有普遍性和直接现实性，实效或效应也具有普遍性和直接现实性，因而实效标准或效应标准既有普遍性又有客观性。它不仅普遍适用于各种价值评价，而且可产生直接现实的感性的客观效果的事实。事实是不因人而异的客观存在，事实胜于雄辩，以实效或效应作为价值标准，具有很强的说服力，有利于确保评价的准确性、可靠性。所以，实效标准或效应标准是科学的价值标准。

以实效或效应做价值标准也有一个对什么主体的实效或效应的问题。所以实效标准或效应标准必须与主体尺度相结合。根本的主体尺度是主体发展标准，最根本的是社会发展进步标准。实效标准与主体尺度相统一，就是主体发展特别是社会发展进步的实效标准，简称社会发展进步的实效标准。社会发展进步标准与实效标准是不可分割的。社会发展进步标准是最根本的价值标准，而实效标准则是解决到底如何确定是否真正有利于社会发展进步的问题。前者保证了评价的正确的价值导向，后者保证了评价的客观性、准确性、可靠性。把实践或实效引入价值标准，是保证价值标准科学性的关键所在。

价值标准决定评价标准，有了科学的价值标准，就为科学的评价标准奠定了基础。

评价尺度，首先是主体尺度。除了主体尺度之外，还有客体尺度。对不同客体的评价要用不同的客体尺度，客体尺度也有一个科学性问题。客体尺度的科学性问题也是一个重要问题，需要另做专门研究。

二、评价信息的真实性

评价是对客体价值的评估。对客体价值的评价依据的是评价客体的信息。要作出正确的评价，评价主体所掌握的评价信息必须是真实的。评价主体所依据的评价信息失真，作出的评价必然是错误的。所以评价信息的真实性是评价科学性的一个重要前提。评价信息是关于评价客体，即主客体价值关系及其结果的信息，包括四方面内容：一是价值客体的属性、功能、结构、层次等信息；二是价值主体利益、需要、兴趣、爱好、情感、意志、价值观念、主体能力、生存发展状况及特点等信息；三是价值中介、价值环境方面的信息；四是主客体相互作用及其产物，即客体对主体的效应的信息，如客体对主体的哪些方面产生影响，产生了多大的作用和影响等。

所谓评价信息的真实性，就是信息的客观性、准确性、全面性。客观性就是要如实反映客观实际；准确性就是不夸大、不缩小、准确可靠；全面性就是全面地反映评价对象各个方面的情况，既包括正面信息，又包括负面信息；既包括主导方面的信息，也包括次要方面的信息；既包括眼前的影响，也包括长远的影响，还要了解付出的代价等。客体信息有隐有显，不仅要善于把握明显的信息，还要善于捕捉隐形的信息，要见微知著，防微杜渐，才能增强评价的预见性，充分发挥评价的警示功能。

客体信息的搜集应全程式搜集，不能只搜集某一阶段的信息。信息有时效性，搜集信息要把握适当时机，以便获取最有用的信息。为了确保评价信息的真实性，必须对评价信息进行核实、鉴定和筛选，消除假象，淘汰失真的或用处不大的信息，保留真实可靠的重要信息。这是保证评价科学性的重要条件。

要根据评价信息对客体价值作出正确评价，还有一个对评价信息的解读、理解的问题。对评价信息的解读决定于评价主体的认识图式、知识结构、逻辑结构，需要有相关的广博知识；否则就不可能真正理解评价信息，就不可能作出正确的评价。

三、评价判断的严谨性

要保证评价的科学性，评价过程和评价判断必须具有逻辑的严谨性。

评价过程是评价主体运用一定的评价标准去分析衡量评价信息作出评价即价值判断的过程。从运用一定评价标准去分析评估评价信息，到作出评价即作出价值判断，这个过程是一个逻辑分析过程。即使评价标准是科学的，评价信息是真实而全面的，如果逻辑分析上出现问题，逻辑分析不严密，或缺乏逻辑一贯性，仍然无法保证评价的科学性，评价结论即价值判断就可能是靠不住的、不准确的。所以，评价过程和评价判断必须坚持逻辑严谨性。

评价过程的逻辑严谨性与评价判断的逻辑严谨性是密切联系的。评价过程的逻辑严谨性，是评价判断的逻辑严谨性的前提；评价判断的逻辑严谨性，是评价过程的逻辑严谨性的结果。评价过程的逻辑严谨性，是为评价判断的逻辑严谨性服务的，归根到底是为了保证评价判断的逻辑严谨性。

评价判断必须坚持逻辑严谨性，是价值判断的性质决定的。在价值哲学历史上，对价值判断的性质存在着两种对立的观点。一种是杜威的观点。他认为伦理判断（即价值判断）与物理判断都是科学判断。他说："一切科学的判断，无论是物理的还是伦理的，最后都是要用客观的（即一般的）名辞来陈述经验以指导进一步的经验的。"① 既然无论是物理判断还是伦理判断或价值判断都是科学判断，评价当然就应坚持逻辑严谨性。艾耶尔则认为，价值判断或价值陈述"不是科学的陈述"，"而只是既不真又不假的情感的表达"。② 既然如此，那就谈不到遵守逻辑规律，坚持逻辑严谨性的问题。价值是一种客观存在。从广义的事实来说，价值也是一种事实，即价值事实，而评价即价值判断是对价值事实的反映。既然如此，价值判断就应当和狭义的事实判断一样，必须遵守逻辑规律，必须坚持逻辑严谨性。一般地说，任何学术理论都必须坚持逻辑严谨性；失去学术严谨性，就失去学术理

---

① ［美］杜威：《人的问题》，上海人民出版社1965年版，第201页。
② ［英］艾耶尔：《语言、真理与逻辑》，上海译文出版社1981年版，第116页。

论的科学性，也失去评价的科学性。

要坚持评价判断的逻辑严谨性，首先必须要有科学的评价标准。如前所述，评价标准是价值标准的反映，所以要保证评价判断的逻辑严谨性，首先必须保证价值标准的科学性。例如，以"主体需要"作价值标准，就无法保证逻辑一贯性。因为以"主体需要"作价值标准，作出的价值判断是"凡是能满足主体需要的都有价值"，这是一个全称判断，即"满足主体的任何需要都是有价值的"。但主体需要并非天然合理，这是不容否定的客观事实。满足主体合理的需要是有价值的，而满足主体不合理的需要则是无价值的或有负价值的。所以，以主体需要作价值标准，正确的结论是"满足合理的需要是有价值的"，这是一个特称判断。把这种特称判断换成一个全称判断，就会出现这样一种情况，即"满足一切需要包括满足不健康不合理的需要都是有价值的"这样的判断，这显然是荒谬的。这种把特称判断变成全称判断，以偏概全的现象，是一种逻辑上的混乱。而以主体利益、主体发展特别是以人民根本利益、社会发展进步为价值标准，则能保证逻辑严谨性。因为符合主体利益，有利于主体发展，特别是符合人民根本利益，有利于社会发展进步的都是有价值的，反之则是无价值的。所以，价值标准的科学性是坚持评价判断的逻辑严谨性的一个重要前提。价值标准失去科学性，就不可能坚持评价判断的逻辑严谨性。

要坚持评价判断的逻辑严谨性，必须坚持以实事求是的思想为指导，尊重客观事实。我国价值哲学中的一些分歧，就是由于一些学者不承认客观事实造成的。例如，一些学者坚持以主体需要作价值标准，就是因为不承认"主体需要并非天然合理"反映的是客观事实。诚然，"主体需要并非天然合理"，这是一个价值判断。但这个价值判断反映的是这样一种客观事实，即有些需要是合理的正当的；有的需要是不合理的不正当的，如吸毒贩毒、嫖娼卖淫，搞假冒伪劣，坑蒙拐骗等需要，就是既不利于主体个人的全面发展，更不利于社会发展进步的不正当的需要。这是一种客观事实，不以评价主体的意志为转移，谁也无法否认。但是有的学者却无视这一客观事实，坚持以主体需要作基本的普遍的价值标准。如果坚持以实事求是思想为指导，按照事物的本来面目去认识它，就应该如实地承认：主体需要并非天然合理，反映的是客观事实。从这一事实出发，我们就可作出"主体需要不是科学的价值标准"的结论，从而为采用科学的价值标准，为保证价值评价的科学性创造了条件。

四、评价检验的可靠性

认识过程是从实践到认识，再从认识到实践，循环往复螺旋发展的过程。评价是价值认识的一种形式，评价过程也是从实践到评价，再从评价到实践，循环往复螺旋发展的过程。评价的目的是为了获得客体价值的正确的价值判断，以指导实践。在实践基础上搜集到各种评价信息，运用评价标准进行价值评估，作出客体价值的评价，即作出价值判断，这个过程就是从实践到评价的过程。这是评价过程的第一阶段。但评价过程并未结束。因为作出的评价即价值判断虽然经过逻辑检验证明正确，但到底是否正确，在第一阶段还没有解决，必须将作出的评价运用于实践中，让评价接受实践的检验。这是评价过程的第二个阶段，即从评价到实践的阶段。评价过程的第二阶段包括两方面的内容：一是将评价结果运用于实践，指导实践；二是在实践中检验评价。这两个方面是密切联系的，评价运用于实践中用以指导实践，同时也接受实践检验。评价的科学性不仅要求评价标准的科学性、评价信息的真实性、评价判断的严谨性，还要求评价检验的可靠性。一种产品没有经过严格检验，无法证明是合格产品；一种评价没有经过严格检验，也无法保证其正确性。所以，评价检验的可靠性是评价科学性的重要保证。

评价的检验包括逻辑检验和实践检验。

评价检验第一步是逻辑检验。逻辑检验的内容包括对评价标准是否科学，评价信息是否全面、真实可靠，评价判断推理是否符合逻辑，是否全面准确。如评价是否既考虑到客体是否符合主体利益、主体发展，又考虑到主体有无必要的条件和能力；是否既考虑到眼前价值，又考虑到长远价值；既考虑到局部利益，又考虑到全局利益；以及评价判断是否准确、严谨等等。逻辑检验的形式：一是评价主体自我审查检验。二是群众评议，广泛征求意见，倾听各方面的意见，包括正反两方面的意见，特别要听取弱势群体的意见。发动群众共同审议，这样使检验更为全面和公正。三是专家评审，充分听取同行专家的意见。评价的逻辑检验应在评价的第一阶段结束后立即进行，是评价过程第一阶段的最后一步工作。只有经过逻辑检验证明正确的评价，才能将它运用于实践，使之接受实践的检验。

评价的实践检验有两种形式：一是试点；二是推广，广泛付诸实践。试点即在小范围内进行实践，看实践结果是否与评价相符合。如果不符合，就要进行分析，看是什么原因造成的：是实践条件或操作方面的问题，还是评价本身的问题。如果是评价本身的问题，就要对评价作出修正，将修正后的评价再进行试点，在实践中再检验。如果是实践过程中条件不具备或操作有问题，就应改进实践条件与操作，再作试验。如在试点中失败，证明评价错误，就不能推广，不能扩大实践。如在试点的实践中证明评价正确，就可以逐步推广扩大实践，使之在更大范围内接受社会实践的检验。推广是对试点的检验的再一次检验。只有在大范围内广泛推广的实践中取得成功，才能证明评价是正确的。社会实践主体是广大人民群众。广大人民群众的根本利益是一致的，但不同的个人和群体则有不同利益和不同情况。社会实践中某些个人和群体对某一事物的评价往往是多元的、不一致的。必须以广大人民的根本利益作价值标准去衡量实践结果是否成功。如果实践结果符合广大人民根本利益，评价就是正确的，反之则是错误的。实践是一个过程。对一种事物的评价往往要经过长期实践检验才能确定其是否正确。实践检验是最权威的检验。经过实践检验证明评价正确，就有力地证明了评价的客观公正性，从而保证了评价的科学性。但实践是发展的，评价也是发展的，经过一个阶段实践证明是正确的评价，还要在新的实践中接受新的检验。所以实践对评价的检验是一个无限发展的过程。

评价过程既要有严谨的逻辑检验，又要有反复的实践检验，二者之中最重要的是实践检验。因为实践既具有普遍性，又具有直接现实性，实践结果以直接的感性的现实的客观事实展现在人们面前，最客观而有力地证明了价值的有无与大小。所以实践检验是对评价的最重要的检验。但逻辑检验也很重要，逻辑的格是实践的客观规律的积淀，逻辑严谨性有助于保证评价的客观公正性。所以，坚持严肃的逻辑检验与严格的实践检验，是评价科学性的最可靠的保证。

第 三 章

价值意识与价值观念

价值是一种客观存在。存在决定意识，价值存在必然要反映到人的意识中来，形成价值意识。价值意识包括价值心理、价值知识或价值认识、价值观念、价值观等。价值意识中的价值心埋、价值知识或价值认识，特别是价值观念、价值观对社会生活有重要影响。人们即使不了解价值哲学，也经常说到价值观、价值观念。所以，研究价值论不仅要深入研究价值的本质与价值评价，还要深入研究价值意识，特别要深入研究价值观、价值观念及其对社会生活的重要影响。

第一节　价值意识

一、价值意识及其特点

（一）价值意识与事实意识

存在决定意识，意识是存在的反映，这种反映是以实践为中介的。客观世界存在着两个维度：一个维度是事实的维度，即客观事物是什么，有何性质、规律等等；另一个维度是价值的维度，即客观事物有何价值，有何意义，应当如何等。因而存在包括事实存在与价值存在，相应地意识也包括事实意识与价值意识。客观存在的事物的结构、层次、属性、功能、本质、规律等等，是事实存在或非价值存在，反映事实存在的意识是事实意识。客观存在的价值、价值关系是价值存在，反映价值存在的意识是价值意识。例如，"这朵花是红的"，这是一种事实陈述，反映一种客观事实，是一种事实意识；而"这朵花很美"，则是一个价值判断、价值意识，反映事物的价值、意义，内含着应当如何，这种意识是一种价值意识。人们的意识既包括事实意识，又包括价值意识。

（二）价值意识的特点

价值意识有着不同于事实意识或非价值意识的显著特点：

第一，价值意识是关于事物对主体（人）的价值、意义、作用、影响的意识，是对主体的好坏、利害、得失、善恶、美丑、祸福等的意识；而事实意识或非价值意识则是对客观事物自身的性质、结构、层次、功能、本质、规律等的意识。

第二，价值意识有正与负、肯定与否定之分，有方向性；而事实意识或非价值意识则无正负、肯定与否定之分，无方向性。

第三，对同一客体的价值意识往往因人而异，因主体不同而不同；而对同一客体的事实意识却并不因人而异，不因主体不同而不同。

第四，价值意识内含着价值取向，即内含着"应当"如何，内含着主体态度如何。例如，说"这朵花很美"，就内含着"应当"爱护它、珍惜它。而事实意识则不包含"应当"如何。例如，说"这朵花是红的"，只陈述一种事实，并不表明主体的态度。

二、价值意识的层次

（一）价值意识的内容

意识包括知、情、意三个方面，价值意识也包括这样三个方面。价值意识中的知（知识），指价值知识或价值认识，是理性的价值意识；价值意识中的情（情感）、意（意志），属于价值心理，主要是非理性的价值意识。所以，价值意识包括价值心理和价值知识或价值认识，包括非理性价值意识和理性价值意识。

价值心理包括情感、意志等很多内容。主要有兴趣、爱好、需要、动机、意向、愿望或欲望、情绪、情感、意志等，其特点是具有鲜明的价值倾向性。兴趣是力求探究某种事物或从事某种活动的心理倾向。它使人对某种事物优先注意并产生向往的心情，使人专注于某一事物。所以，兴趣表现了主体对客体的一种肯定的价值评价或价值取向。爱好是兴趣的表现，当兴趣进一步发展成为从事实际活动的心理倾向时，就变成了爱好，即对某一种事物特别喜好，这也表现了主体的价值取向。需要既是哲学、经济学、政治学、社会学范畴，也是心理学范畴。有客观需要、物质需要，也有主观需要、心理需要。作为一个心理学范畴，"需要是个体在生活中感到某种欠缺而力求获得满足的一种内心状态，它是机体自身或外部生活条件的要求在脑中的反映"。① 它是主体对某种生活条件的依赖关系的反映，以意向、动机、愿望、欲望等形式表现出来。意向是需要的模糊的表现，是主体的一种模糊的内心倾向或取向。动机是推动一个人进行活动的内部心理动因或念头，是需要的具体表现。愿望是人有意识地指向一定目的的心理倾向或内心取向。欲望是强烈地倾向于要实现某一目标获得某一客体的心理倾向。情包括情绪与情感，是由于客观事物是否符合主体需要与愿望而产生的态度的心理体验。情绪通常指有机体的生物需要是否获得满足而产生的暂时性的不稳定的剧烈的态度的心理体验，有喜怒哀乐等表现形式。情绪为人与动物所共有，是情的初级阶段。而情感则是由于人的社会需要是否得到满足而产生的深刻的稳定的态度的心理体验，情感是人类所特有的，是情的高级阶段。情绪和情感都表现出对客体的肯定或否定的态度与评价，表现了主体鲜明的价值取向。意志是主体自觉地支配其行动去克服困难，坚持不懈地努力实现预定目标的心理过程。意志有目的性、专注性、坚韧性。意志有目的性，有明确的价值取向。从有一定目的来说，意向特别是欲望、愿望与意志相同；但后三者缺乏专注性、坚韧性。意志有随意性，容易受主体认识，特别是受情绪、情感的影响。当主体由于情绪、情感的冲动而改变行为目标时，就是感情用事现象。所以情感是意志的动力。真正坚强的意志可以控制情感，使喜怒不形于色。意志是理性主导的，但又受情感的深刻影响，因而它既包含理性因素，又包含非理性因素。

价值知识或价值认识不同于事实知识或事实认识，它是对事物的价值、价值关系的反映。价值知识或价值认识包括感性价值知识（或感性价值认

---

① 章志光主编：《心理学》，人民教育出版社 1984 年版，第 56 页。

识）和理性价值知识（或理性价值认识）。感性价值知识包括价值感觉、价值知觉、价值经验等，是对客体价值的表面的现象的反映或概括。理性价值知识是在感性价值知识的基础上形成的，是在对客体价值和主客体价值关系进行理性分析思考的基础上形成的关于价值、价值关系的本质和价值活动规律的反映。理性价值知识包括价值概念、价值范畴、价值判断、价值推理、价值分析、价值论证、价值选择、价值预测、价值决策等。

价值心理与价值知识或价值认识是相互渗透相互影响的。兴趣、爱好、情感、意志等价值心理活动都受一定的价值知识或价值认识的影响；在获得价值知识或价值认识过程中，有价值心理，如兴趣、爱好、情感、意志等参与其中并发挥重要作用。所以，这两方面是紧密联系的。

价值知识与价值心理相互渗透融合，经过积淀提升就形成价值观念。各种价值知识或价值认识和价值观念的进一步概括就形成价值观。

（二）价值意识的层次

价值意识按照稳定性和价值目标的明确性程度及其概括程度，从低到高可分为三个层次：

价值意识的最低层次是价值心理和感性价值知识或感性价值认识。价值心理，如兴趣、爱好、情感、意志等，是非理性的价值意识，有其鲜明的价值取向。感性价值知识或感性价值认识，如价值感觉、价值知觉、价值经验等，是理性的价值意识，也包含一定的有关客体有价值或无价值的判断。这个层次的价值意识往往缺乏稳定性。

价值意识的中间层次是价值观念和理性价值知识或理性价值认识。价值观念是关于客体价值和主客体价值关系的稳定的观念模式，是关于客体价值的价值信念、价值目标、价值标准、价值规范的稳定的观念系统。价值观念是非稳定的朦胧的价值意识经过多次重复长期积淀而形成的稳定的思维模式。价值观念包含情感、意志等心理因素和主体价值知识或价值认识等理性因素，是理性因素与非理性因素的统一。社会风俗习惯和传统文化对价值观念有重要影响。价值观念具有稳定性，但也随着社会变革而发生变革。理性价值知识或理性价值认识包括价值概念、范畴、价值判断或价值评价、价值推理、价值选择、价值预测、价值决策等。

价值意识的最高层次是价值观。价值观是关于价值、价值关系的根本观点，正如世界观是人们对整个世界的根本观点一样。价值观概括了各种价值观念、价值知识或价值认识中的一般观点。价值观与价值观念、价值知识或价值认识的关系，是一般与特殊的关系，一般存在于特殊之中，价值观存在于价值观念、价值知识或价值认识之中。现实生活中人们经常接触到的是各种价值观念和价值知识或价值认识，而这些价值观念、价值知识或价值认识中都内含一定的价值观。价值观指导价值观念和价值知识或价值认识，而一定的价值观念和价值知识或价值认识则体现了一定的价值观。

第二节   价值观念

价值观念是价值意识的重要内容，对社会生活有重要影响。所以研究价值意识问题必须深入研究价值观念。

一、价值观念的内涵

价值观念与价值意识不同。价值意识是价值存在的反映，是客观存在的价值、价值关系的反映。它包括价值心理、价值知识或价值认识、价值观念、价值观。价值观念是价值意识的一个层次或一个方面。所以，价值意识与价值观念的关系是整体与部分的关系。价值观念也不同于价值心理。价值心理指兴趣、爱好、意向、愿望、情感、意志等心理水平的价值意识，是价值意识的低级形式；价值观念则是长期积淀形成的人们对某一类价值的稳定的观念模式，是较高层次的价值意识。价值观念也不同于价值知识或价值认识。价值观念与价值知识或价值认识都属于价值意识。但价值知识或价值认识属于理性价值意识，价值观念则既有理性价值意识，又有非理性价值意识；价值知识或价值认识随事物的价值不同而不同，没有固定的模式，而价值观念则具有稳定的观念模式或思维定势。

价值观念有其深刻的内涵。首先价值观念内含某种坚定的价值信念。如"时间就是金钱"，"一寸光阴一寸金"，都是关于时间的价值观念，表达的是对时间重要性的价值信念。这种价值信念是在社会生活中通过多次的价值活动，反复的价值评价积淀而形成的对某类价值的坚定信念。价值信念是价值观念的基础，没有价值信念就没有价值观念。其次，价值观念的重要内容是具有稳定的明确的价值追求、价值取向，因而内含确定的价值目标。例如，有"质量是企业的生命"的价值观念，就会以提高产品质量作为企业生产的主要目标，坚持质量第一。第三，价值观念内含着鲜明的价值标准。价值信念、价值目标决定价值标准。价值观念具有坚定的价值信念和稳定的价值目标，就会以这一价值信念和价值目标作价值标准去衡量事物的价值。就会认为，凡是符合这一价值观念的，就是有价值的；凡是不符合这一价值观念的，就是无价值或有负价值的。价值观念内含鲜明的价值标准或评价标准，是价值观念的重要内涵和突出表现。第四，价值观念内含着价值规范。一个人有了一定的价值观念，就有了一定的价值信念、价值目标、价值标准，就会用它们去规范自己的行为。所以价值观念内含一定的价值规范，它启示人们应当怎样做，不应当怎样做，从而对人们的言行起一定的范导作用。

价值观念具有社会性，是一定的社会利益关系的反映；具有历史性，随着历史的发展而发展；具有群体性，往往为一定群体所共有；具有相对稳定性，一经形成就很难改变，它是对一类事物或一类现象的价值的稳定的观念模式或思维定势。因而价值观念对社会生活有重要影响。

所以，价值观念是在长期价值活动中积淀而形成的对某类事物的价值信念、价值目标、价值标准、价值规范的稳定的观念模式的系统。

价值观念的形成，既有理性思维的作用，又有非理性思维的作用。有不少价值观念是以理性思维为主，是人们在社会实践中经过反复的思考，在反复的价值判断、价值选择基础上形成的。但也包含着一些非理性因素的作用，如受社会风俗习惯、传统文化、社会舆论、社会风气、社会思潮、社会群体的影响，在从众心理的影响下不假思索而形成的；有的甚至非理性因素占主导地位。所以，价值观念与人们的情感意志有紧密联系。

价值观念是一个系统，有核心的或主导的价值观念和从属的非主导的价值观念之分。核心的或主导的价值观念是一定社会中居核心或主导地位的价值观念，其他价值观念则是从属的或非主导的价值观念。核心的或主导的价值观念决定了价值观念体系的性质和基本特征及其价值取向，支配着非主导的从属的价值观念。只要核心的主导的价值观念没有变化，整个价值观念体系就仍然是稳定的。把握一个价值观念体系，最关键的是要把握核心的主导的价值观念。在当今中国，以人为本、科学发展、共同富裕、爱国主义、改革创新等价值观念就是核心的主导的价值观念，其他价值观念则是从属的非主导的价值观念。

影响价值观念的因素很多，首先是人们的利益和需要，这是价值观念的基础。人们不同的利益和需要决定不同的价值观念。为什么不同时代、不同阶级、不同民族有不同的价值观念？原因很多很复杂，主要是由于不同时代、不同阶级、不同民族的利益和需要不同。其次，是受生产力和科学技术发展状况的制约。例如，在自然经济条件下，生产力发展缓慢，往往年复一年照老皇历办事，这样就形成了因循守旧、安于现状、求稳怕乱的价值观念。市场经济时代，产品必须有竞争力，必须提高质量、节约时间、提高效率，必须不断开发新产品，因而就产生了"时间就是金钱，效率就是生命"的价值观念和开拓创新的价值观念。再次，是受传统文化、传统观念的影响。西方人的价值观念不同于东方人的价值观念，信奉某种宗教的人的价值观念不同于信奉另一种宗教和不信教的人的价值观念。这些都是受传统文化、传统观念的影响。

二、价值观念的功能

价值观念对社会生活有重要影响，因为它具有多方面的功能。其功能主要有以下几方面：

第一，导向功能。价值观念内含着一定的价值信念、价值目标、价值标准、价值规范，使主体具有鲜明的价值取向和突出的倾向性，因而具有导向功能，能引导人们向着一定方向前进。

第二，动力功能或激励功能。价值观念内含着价值信念、价值目标或价值追求，是主体前进的巨大动力，能鼓舞人们去追求美好的价值目标，激发主体的热情和意志，因而对主体具有重要的激励作用。

第三，权衡功能。价值观念包含一定的价值标准或评价标准，因而具有重要的权衡作用。具有某种价值观念的人不假思索地就会认为，凡是符合自己的价值观念的就是有价值的；反之则是无价值或有负价值的。在这里人们往往把价值观念当做评价尺度使用。价值观念的这种功能就是权衡功能。

第四，凝聚功能。价值观念具有重要的认同作用。价值观念具有强大的群体定势。有相同价值观念的人，具有相同的稳定的价值信念、价值目标、价值标准、价值规范，彼此之间自然地就会相互认同、相互吸引、感到亲切，因而能团结起来共同行动。所以价值观念具有重要的凝聚功能。价值观念不同，价值信念、价值目标、价值标准、价值规范不同，价值取向、价值追求不同，对事物的评价与态度不同，就没有共同语言，就产生反感和拒斥。价值观念的这种凝聚功能，在文化生活中最为明显。有的民族在世界上居住分散，虽历时数千年却始终保持着自己的民族特色，重要原因之一就是这个民族始终保持着自己特有的价值观念。我们中华民族具有巨大的凝聚力，这种凝聚力从根本上说，就是我国文化中内含的价值观念的巨大凝聚力。因为有了这样巨大的凝聚力，我们中华民族虽然历经磨难，终于能够从苦难中崛起，自立于世界民族之林。有了这种强大的凝聚力，任何人也无法分裂中华民族，我们中华民族一定能够团结起来实现祖国的完全统一和伟大的复兴。这是中华民族文化心理中蕴涵的共同的价值观念所决定的，任何人也不能逆转。

第五，规范功能。价值观念内含着价值信念、价值目标、价值标准，因而蕴涵着价值规范。有了某种价值观念，就内含着"应当"做什么，"不应当"做什么，因而对主体行为有内在的规范作用。这种规范作用，对主体自身是一种内在的约束，一种内在范导和自律；对社会则起着舆论导向作用和他律作用，可以规范社会生活。

第六，调节功能。价值观念具有重要的调节功能，能改变那些不符合主体价值观念的东西，使之向着符合主体价值观念的方向变化发展，具有能动地改造世界的作用。价值观念的调节功能有两个方面，即自我调节和社会调节。自我调节即自省自律，强化或增大一些符合自身价值观念的思想行为，抑制或克服一些与自身价值观念相矛盾的思想行为。社会调节则是按照一定的价值观念去调节社会生活，支持鼓励扶持那些符合一定价值观念的东西，抑制抵制削弱那些不符合一定价值观念的东西。价值观念对社会生活的调节是一种自发的调节，往往是通过风俗习惯、传统文化、社会舆论并借助于社会实践而起作用。这种调节首先是改变人们的观念，从而影响人们的实践，实现社会调节。而要调节社会生活，不是个体主体的实践所能实现的，必须使广大群众行动起来才能实现。所以社会调节的主体是社会主体。社会主体对社会的调节，实际上是社会主体的自我调节。从社会主体意义上说，自我调节与社会调节是统一的过程。这个过程表现为社会主体在一定的价值观念指导下的社会变革。这种变革可能是前进，也可能是倒退，这取决于价值观念的性质是先进的，还是落后的。只有先进的价值观念对社会的调节才有利于社会进步，这种调节就是社会改革；落后的价值观念对社会的调节，只能把社会引向倒退。所以，价值观念对社会生活有重要影响。要充分发挥先进的价值观念对社会生活的积极作用，抑制落后的价值观念的消极作用，必须坚持社会主义先进文化的前进方向，坚持正确的价值导向。

三、价值观念与价值规范

价值观念与价值规范密切联系。要了解价值观念与价值规范的关系，首先要了解价值与规范的关系。

广义地说价值是客体对主体的效应，狭义地说价值是客体对主体的积极效应；规范则是主体的行为准则或规则，是对人们"应当"如何行动的具体规定。规范内含主体"应当"如何的具体的行为规定，体现了一定的价值取向、价值判断。从这个意义上说，规范体现了价值，属于价值范畴。

但规范与价值不同。首先价值是一种客观存在，属于"是"什么的问题；而规范作为主体的行为准则，则是一种价值意识，属于"应当"如何的问题。其次，价值主要指客体对主体的积极效应或意义；而规范则主要指主体的义务、责任、行为准则及价值取向。再次，价值是一般，规范是特殊；价值比较抽象，规范比较具体。价值虽然蕴涵"应当"如何，但并未具体指出"应当"如何，而规范则具体指出"应当"如何。

规范有两种类型：一种是事实规范，如科学规范、学术规范、技术规范、操作规范、语言规范等。这一类规范是根据客体的属性、功能、本质和规律制定的。另一种是价值规范，如道德规范、政治规范、法律规范、管理规范等。这一类规范是根据社会群体的利益制定的。这两类规范与价值都有联系。事实规范是根据客体尺度即客体的属性、功能、本质、规律制定的，规定人们"应该"遵循客体尺度行动，否则就会失败。所以，事实规范也体现了一定的价值取向，也包含着价值问题，属于价值范畴。价值规范则是根据主体尺度即社会群体利益制定的。利益问题是一个价值问题。一种东西有价值，就意味着"应当"珍视它、肯定它。所以，价值蕴涵着"应当"如何，蕴涵着规范。价值规范以价值为根据，价值决定价值规范，价值规范是价值的体现。从以上分析可见，事实规范与价值规范与价值都有联系，都体现了一定的价值取向，都规定了具体"应当"如何，都属于价值范畴。但二者也有区别，主要区别在于，事实规范是根据事实、根据客体尺度制定的，价值规范则是根据价值、根据主体尺度制定的；价值规范与价值的关系比事实规范与价值的关系更为密切。

价值观念内含一定的价值规范，即内含"应当"如何行动。所以，价值观念与价值规范有密切联系。一般地说，价值观念决定价值规范，价值规范体现一定的价值观念。但二者也有区别。

首先，抽象程度不同。价值观念与价值规范的关系是一般与特殊的关系，价值观念虽然内含价值规范，即蕴涵"应当"如何，但只是一般地指出"应当"如何，并未具体规定"应当"如何；而价值规范则具体规定"应当"如何。

其次，复杂性不同。价值观念比价值规范复杂，价值观念是价值信念、价值目标、价值标准、价值规范的稳定的观念模式，是一个稳定的观念系统；而价值规范则比较单纯，它主要规定主体"应当"如何，规定行为的具体准则。

再次，形成过程不同。价值观念的形成，自觉的教育、灌输、诱导与自发的熏陶，如社会风气、社会思潮、社会舆论等都具有重要作用；而价值规范的形成则主要是根据社会群体利益自觉制定的。

最后，作用特点不同。价值观念对人们行为的规范，是通过人们的观念作为人们内在的动力来影响社会，属于柔性规范；而价值规范则是一种人们必须遵守的外在行为准则，强制人们遵守，不得违反，是刚性规范。价值观念对社会生活的影响体现了自觉性、主动性和自律的作用；而价值规范对社会生活的影响则体现了强制性、受动性和他律的作用。

价值规范的这些特点，对于发挥价值观念的作用具有重要意义。由于价值观念是一般地指出"应当"如何而缺乏具体规定，同时价值观念的作用是一种自律作用，主要靠自觉，是一种柔性规范，所以仅仅依靠价值观念去调节社会生活就不够有力，或者说缺乏力度。对一些缺乏自觉的人，只好听之任之，无能为力。把柔性的价值观念与刚性的价值规范结合起来，就把自律与他律结合起来，把启发自觉与强制遵守结合起来，把一般性的"应当"如何变成可操作的具体规范，这样就可以更好地发挥价值观念对社会生活的调节作用。价值观念是通过价值规范而起作用的。由此可见，价值规范对社会生活有重要影响。

四、改革与价值观念变革

价值观念随着时代的发展而发展，也会随着社会改革而发生变革。

（一）价值观念变革的根据

价值观念具有稳定性，不易发生变化，往往经济生活变化了，人们的价值观念还固守着老一套。但是社会存在决定社会意识，随着经济体制的改革，人们的价值观念或迟或早也要发生变革。

价值观念变革是生产力发展的客观要求。高度集中的计划经济体制实行统一计划，按计划生产，统购统销。企业只管生产，不管销售，导致产销脱节，高投入，低产出，高消耗，低效益，生产力发展缓慢。在计划经济条件下形成的吃大锅饭、干好干坏一个样、重产值，轻效益，重生产，轻销售、皇帝女儿不愁嫁等旧的价值观念，压抑人们的积极性、创造性，严重束缚了生产力的发展。生产力的发展，要求对经济体制进行改革，由计划经济转变为社会主义市场经济。随着经济体制改革的推进，迫切要求改变不适应生产力发展的计划经济时期的价值观念，代之以适应社会化大生产和社会主义市场经济的新的价值观念。

价值观念变革是科学技术发展的内在要求。科学技术是第一生产力，生产力发展要依靠科学技术。现代科学技术在生产中的应用，使产品的技术含量增加，知识含量增加，信息成为经济增长的关键因素；而知识、信息与人才是紧密联系的。国际上和企业之间经济上的竞争，集中表现为科学技术的竞争、知识的竞争、人才的竞争。确立尊重科学、尊重知识、尊重人才，重视信息的价值观念，是现代科学发展的内在要求。科学技术的发展，基础在教育，树立百年大计、教育为本、尊师重教等价值观念，也是科学技术发展的客观要求。

价值观念变革是社会生活实践的迫切要求。我国建国后长期的生活实践证明，高度集中的计划经济体制，吃大锅饭的价值观念，严重束缚生产力发展，不利于人民物质文化生活水平的提高。而一些经济特区和沿海城市，率先实行社会主义市场经济体制，树立"时间就是金钱"、"效率就是生命"、"顾客就是上帝"等价值观念，使生产力快速发展，人民物质文化生活水平快速提高。生活实践的逻辑先于观念的逻辑，生活实践决定了人们的价值观念变革。生活实践证明，吃大锅饭等旧的价值观念不利于生产力发展和人民生活水平提高，与广大人民的根本利益相冲突，这是人们抛弃旧的价值观念，产生价值观念变革的根本原因；而与现代化大生产和社会主义市场经济相适应的新的价值观念之所以应运而生，则是因为它有利于生产力的发展和提高人民生活水平，符合广大人民的根本利益。生活实践证明，是广大人民的根本利益，决定了广大人民的价值选择，决定了价值观念变革。

（二）价值观念变革的内容

我国经济体制改革的目标模式是社会主义市场经济。由计划经济到社会主义市场经济，是经济体制的重大改革。经济基础决定上层建筑，随着计划经济向社会主义市场经济的转变，人们的价值观念相应地也要求发生变革。在计划经济条件下，经济生活的中心是国家指令性计划。国家计划就是法律，整个经济生活就是为了完成国家计划。只要完成了产值，就是完成了计划。计划第一，产值第一，重计划，轻市场，重产值，轻效益，吃大锅饭，轻视效率、效果等计划经济下的价值观念，严重阻碍了生产力的发展。

市场经济的重要机制是运用市场竞争调节生产，实现资源的合理配置和有效利用，促进生产力发展。在市场经济条件下，各企业的产品在价值规律的作用下，平等竞争，优胜劣汰，对企业形成巨大压力。这种压力作用于企业，成为推动企业进步的巨大动力，推动企业更新技术，改善管理，提高劳动者素质，节约成本，提高劳动生产率，提高产品质量，从而推动生产力快速发展。

市场经济要求把企业推向市场，要求树立市场观念，一切从市场出发，接受市场竞争的检验。

有市场就有竞争，有竞争就有风险，就有压力。这就要求树立竞争观念、风险观念。要勇敢地面对竞争，敢冒风险，敢于迎接挑战，才能在竞争中取胜。

要取得市场竞争的胜利，就要重视信息，重视机遇。这就要求树立信息就是财富的观念，树立机不可失的观念。

要在市场竞争中取胜，必须提高劳动生产率，节约人力物力，节约时间，降低成本。这就要求树立时间就是金钱，效率就是生命的观念。

要在市场竞争中取胜，要使产品占领市场，打开销路，就要赢得顾客青睐，让顾客满意。这就要求尊重顾客，树立顾客就是上帝的观念。

要在市场竞争中取胜，要赢得顾客，占领市场，必须守合同，重信用，重视信誉。这就要求树立诚信为本的观念。

要在市场竞争中取胜，关键在于提高产品质量。这就要求树立质量第一，质量是企业的生命的观念。

要在市场竞争中取胜，提高质量，降低成本，增加花色品种，开发新产品，必须依靠科学技术，依靠人才。这就要求树立科学技术是第一生产力的观念，树立尊重知识、尊重人才，人才是一切资本中最宝贵的资本的观念。

要在市场竞争中取胜，不仅要重视产品质量和产值，还要看销售，看效益。这就要求树立效益观念。

社会主义市场经济是社会主义公有制为主体条件下的市场经济。社会主义市场经济不仅要讲经济效益，还要讲社会效益；不仅要建设物质文明，而且要建设政治文明、精神文明、生态文明、构建和谐社会。这就要求树立义利统一，经济效益与社会效益、生态效益相统一的价值观念。特别是要树立以人为本，全面、协调、可持续发展的科学发展观。

（三）价值观念变革的实质与意义

经济体制改革及随之而来的破除旧的计划经济体制下的价值观念，代之以适应社会化大生产和社会主义市场经济体制的价值观念，是思想领域的一场深刻的革命。这一改革和价值观念变革的目的是要促进生产力发展和提高人民生活水平，促进经济社会和人的全面发展。价值观念变革的实质是解放思想，破除主观僵化的旧的价值观念，坚持一切从实际出发，实事求是，以人为本，全面协调可持续发展的科学发展观，使我国经济社会又好又快地发展。

价值观念变革对我国经济社会发展和提高人民物质文化生活水平具有重要意义。社会存在决定社会意识，社会意识又对社会存在有反作用。先进的适合生产力发展的价值观念，对经济社会发展和人民生活水平的提高，具有重要的促进作用；而落后的不适应生产力发展的价值观念，则不利于经济社会快速发展和提高人民生活水平。如果对经济体制进行改革，由计划经济转变为社会主义市场经济，而价值观念却不能随之变革，仍然固守计划经济体制下的价值观念，我国经济社会就难以快速发展，人民生活水平也很难提高。结果只能是回到计划经济体制的老路上去，继续过普遍贫穷的生活。改革开放以来，随着经济体制改革的深入推进，我国社会的价值观念也随之发生了深刻的变革，破除了计划经济下的一些旧的价值观念，代之以新的适合社会化大生产和社会主义市场经济的新的价值观念，从而有力地破除了旧的思想束缚，解放了人们的思想，振奋了人们的精神。人们实事求是地从经济发展的客观规律出发，从市场竞争的实际出发，去求发展，谋发展，有力地促进了我国经济社会的快速崛起和人民生活水平的大幅度提高。近30多年改革的实践证明，价值观念变革是我国经济社会发展的重要动力，对我国经济社会发展具有极其重要的意义。

第三节 价值观

价值意识的最高层次是价值观。什么是价值观？价值观与价值观念是什么关系？这是研究价值观首先必须搞清楚的问题。

一、价值观与价值观念

价值观一词有多种理解：其一，是关于价值问题的根本观点；其二，是关于价值问题的观点或看法；其三，指价值观念。

第一种理解，认为价值观是关于价值问题的根本观点，这是价值范畴的基本含义。我们常说世界观、人生观、价值观，这里的价值观就是指关于价值问题的根本观点。

第二种理解，实际上是从字面上理解，是一种表面的理解。关于价值问题的观点很多，并非任何关于价值问题的观点都是价值观，只有关于价值问题的根本观点才是价值观，正如世界观是关于整个世界的根本观点，历史观是关于历史发展的根本观点一样。

第三种理解，把价值观等同于价值观念。这是一种习惯用法，或习惯的简略用法。

价值观是世界观的一个重要方面，是价值意识的最高层次，而价值观念则是中间层次的价值意识。价值观是关于价值问题的一般性的根本观点，而价值观念则是长期价值活动中积淀而成的关于某一类事物的价值信念、价值目标、价值标准、价值规范的稳定的观念模式或思维定势，是对一些具体事物价值的稳定的观念模式。价值观与价值观念的关系是一般与特殊的关系。价值观指导价值观念，价值观念包含一定的价值观并体现了一定的价值观。二者具有内在联系，也有重要区别，但不能等同。如果把二者等同看待，用价值观指价值观念，没有多大困难，因为价值观要通过价值观念表现出来；但如果用价值观念指价值观，就有很大的困难。例如，我们讲世界观、人生观、价值观，但不能讲世界观、人生观、价值观念，因为世界观、人生观都是一般范畴，而价值观念是特殊范畴，只有价值观才是一般范畴，才能与世界观、人生观相对应。

价值观有主导的、居于统摄地位的、核心的价值观与从属的、居于被支配地位的、非核心的价值观之分。对于一个国家、一个社会来说，最重要的是主导的、居于统摄地位的、核心的价值观，其他价值观则居于从属、被支配、被决定的地位。每一个国家都有自己主导的、居于统摄地位的、核心价值观。社会主义核心价值体系就是有中国特色的核心价值观。坚持社会主义核心价值体系，就是要坚持不懈地用马克思主义中国化最新成果武装全党、教育人民，用中国特色社会主义共同理想凝聚力量，用以爱国主义为核心的民族精神和以改革创新为核心的时代精神鼓舞斗志，用社会主义荣辱观引领风尚，巩固全党全国各族人民团结奋斗的共同思想基础。社会主义核心价值体系是社会主义意识形态的本质体现。要努力建设社会主义核心价值体系，增强社会主义意识形态的吸引力和凝聚力，用社会主义核心价值体系引领社会思潮，团结和鼓舞全国各族人民，为把我国建设成为有中国特色的社会主义现代化强国而共同奋斗。

二、世界观、历史观、真理观与价值观

价值观与世界观、历史观、真理观有密切的联系。要深入理解价值观，

必须深入研究世界观、历史观、真理观与价值观的关系。

（一）世界观与价值观

哲学是关于世界观的学问。世界观也称"宇宙观"，是关于整个世界的根本观点，即对整个自然界、人类社会和人的思维的根本观点。客观世界有两个维度：一是事实的维度，如客观世界的本原、本质、规律是什么，客观世界是怎样发展的等等。这类问题是属于狭义的事实问题，是不因人而异的客观存在。二是价值的维度，如客观世界对人有何意义，我们应当怎样使世界变得更美好等等。这类问题属于价值问题。世界观应包括关于世界的事实问题的根本观点和关于价值问题的根本观点。关于价值问题的根本观点就是价值观。所以世界观包括价值观，价值观是世界观的重要组成部分。

世界观是一个体系，一个系统，包括世界本原观、发展观、自然观、实践观、历史观、人学观、真理观（认识论）、价值观等。完整的世界观应包含价值观，不包含价值观的世界观不是完整的世界观。世界观从不同领域来看，包括自然观、历史观、思维观（认识论、逻辑等），自然观、历史观、思维观中都包含价值观，如自然价值观、历史价值观、思维价值观。人生观是世界观、历史观的重要表现，同样也包含着价值观，即人生价值观。价值观渗透于世界观的各个方面，成为主体的内在动力与评价标准，决定主体价值取向与价值选择，对社会生活有重要影响。

世界观决定价值观，价值观从属于世界观，并体现一定的世界观。有什么样的世界观，就有什么样的价值观。唯心主义的世界观，决定其价值观必然是唯心主义的。新康德主义唯心主义的世界观，决定了新康德主义唯心主义的价值观；实用主义的世界观，决定了其价值观是实用主义的价值观；马克思主义的世界观决定了其价值观是马克思主义的价值观。世界观决定价值观，这是从归根到底的意义上和总的倾向上说的。世界观相同的人，由于对同一世界观的理解各有特点及文化背景的差异，其价值观也可能有差异。

马克思说："哲学家们只是用不同的方式解释世界，而问题在于改变世界。"① 解释世界，即了解世界是什么，世界发展的规律是怎样的，世界对人有何意义；改变世界就是运用客观规律改造世界，创造出更适合人类生存

———————

① 《马克思恩格斯选集》第 1 卷，人民出版社 1995 年版，第 57 页。

发展的人化自然，即更好地创造价值和实现价值，使世界变得对人类更有价值，更有利于人的生存和发展。不难看出，马克思主义哲学世界观内在地包含着价值观。哲学作为世界观的理论体系，应该是世界本原观、发展观、自然观、实践观、历史观、人学观、真理观（认识论）、价值观的统一，缺乏价值观的哲学不是完整的哲学。在过去很长时间里，价值范畴被视为经济学范畴，人们对哲学价值问题未作专门研究，因而在以往的马克思主义哲学教科书中，不包括价值观，这无疑是一个缺陷。这种情况直到20世纪60年代初才开始有所改变。这以后特别是近20多年马克思主义哲学对价值问题做了广泛而深入的研究，人们已普遍认识到世界观应包括价值观。从世界观不包括价值观到世界观包括价值观，即认识到价值观是世界观的重要组成部分，是对哲学的丰富和发展，是哲学发展的新阶段。

（二）历史观与价值观

价值观不仅以世界观为基础，也以历史观为基础；世界观、历史观决定价值观，价值观体现世界观、历史观。历史观或社会历史观，是关于社会历史的根本观点，即关于人类社会的起源、本质、动力和发展规律的根本观点。历史观是世界观的重要组成部分。价值观是相对于一定的主体即相对于人而言的。主体有个体主体、群体主体、社会主体即人类社会。无论是个体的人还是群体的人，都是社会的存在物，都是社会的人，都随着社会发展而发展。所以，价值范畴是社会历史范畴，历史观决定价值观，价值观是历史观的体现。有什么样的历史观就有什么样的价值观。有新康德主义的历史观，就有新康德主义的价值观；有实用主义的历史观，就有实用主义的价值观；有马克思主义的历史观即唯物史观，就有马克思主义的价值观。在以往哲学史上的历史观都是唯心史观，有的是客观唯心主义的历史观，有的是主观唯心主义的历史观。只有马克思的唯物史观，才第一次使历史观成为科学的历史观。唯物史观克服了以往的历史观只考察人们历史活动的思想动机，不了解物质生产方式对社会历史的决定作用，认为历史是英雄创造的，忽视人民群众创造历史的伟大作用的缺陷；确立了社会存在决定社会意识，社会物质生产方式决定社会生活、政治生活和精神生活，人民群众是历史的创造者的根本观点。坚持唯物史观就会坚持以人为本，以人民为价值主体和评价主体，以广大人民的根本利益为根本的价值标准，以是否有利于促进生产力的发展、是否有利于社会进步、是否有利于提高人民生活水平、是否有利于促进每个人的自由而全面的发展做衡量社会价值的最高价值标准。马克思主义的价值观是唯物史观在价值领域的具体运用。只有坚持唯物史观，才能坚持马克思主义价值观。

（三）真理观与价值观

真理是认识论范畴，认识论是研究人类认识的本质、来源、过程及发展规律的哲学理论。认识的目的是获得真理，指导实践创造和实现价值。认识论包括认识真理的理论，即包括真理的本质、认识真理的规律、检验真理的标准等问题的理论。真理是认识的目的和结果，整个认识过程都是为了获得真理，认识论的其他部分都是为获得真理服务的。真理观是关于真理问题的根本观点，是认识论的核心和精髓。而价值观则是关于价值问题的根本观点。真理与价值是紧密联系的。人们认识真理的目的是创造价值和实现价值，而创造价值和实现价值必须以认识真理为基础；不认识真理就无法创造和实现价值，人们的价值活动就会失败。所以，真理观是价值观的基础。

如前所述，马克思在《1844 年经济学哲学手稿》中指出，人的生产要遵循两个尺度：任何一个种的尺度和内在尺度，即客体尺度和主体尺度。客体尺度就是客观规律。客体尺度就是真理的尺度，人们对真理认识越深刻，对客体的改造活动就越有成效。主体尺度就是主体利益、主体发展或主体发展规律，即看是否符合主体主要是广大人民的根本利益，是否有利于主体主要是社会主体生存发展，主体尺度就是价值尺度。人的实践活动既要遵循客体尺度，又要遵循主体尺度，既要遵循真理尺度，也要遵循价值尺度。真理与价值是统一的。恩格斯说："科学越是毫无顾忌和大公无私，它就越符合工人的利益和愿望。"① 毛泽东说："共产党人必须随时准备坚持真理，因为任何真理都是符合于人民利益的；共产党人必须随时准备修正错误，因为任何错误都是不符合于人民利益的。"② 这些论述说明，真理是符合人民利益的，即对人民有价值的，反之错误则是不符合人民利益的，即对人民无价值的或有害的。要维护人民利益，必须坚持真理；要实现价值，必须坚持真

---

① 《马克思恩格斯选集》第 4 卷，人民出版社 1995 年版，第 258 页。

② 《毛泽东选集》第 3 卷，人民出版社 1991 年版，第 1095 页。

理。科学的真理观是科学的价值观的基础和前提，没有科学的真理观就不会有科学的价值观。例如，实用主义的真理观认为有用就是真理，不论是否符合客观实际。其真理观是唯心主义的真理观，决定了其价值观是主观价值论。所以，要有科学的价值观，必须要有科学的真理观。马克思主义价值观，以马克思主义真理观为基础。

三、理想、信念、信仰与价值观

理想、信念、信仰是体现人们最高价值目标和价值追求的自我价值意识，对人的一生及社会生活具有重要影响。要深入研究价值意识和价值观念，必须深入研究理想、信念、信仰的本质及其与价值观念、价值观的关系。

理想、信念、信仰是三个紧密联系的概念，它们的关系是：信念是信仰的基础，信念、信仰是理想的基础。要研究理想、信念、信仰问题，首先必须研究信念。

信念是在对真理的确信与价值的认同基础上，超越现实、超越自我，坚信未来美好结果的稳定的持久的自我意识和思维定势，体现了主体坚定的价值追求。

信念是以对真理或自认为是真理的确信、对价值的坚信和对未来美好结果的坚信为基础的。对真理的确信，体现了对真理的追求；对价值的坚信，体现了对善的追求；对未来美好远景的坚信，体现了对美的追求。所以，信念体现了对真善美的追求。

信念的形成是一个过程。信念的基础是对真理的确信与对价值的坚信。信念的起点是"信"，由相信到信心、信任，再到深信，进而上升到坚信，由此而形成信念。信念比相信、信心、信任更深刻更稳定更持久，具有稳定性、持久性，形成一种稳定的思维定势。信念有多种：有社会信念，也有个人信念；有政治信念、道德信念、审美信念、宗教信念；有理性的信念，也有非理性的信念；有支配的主导的信念和一般信念。每一种价值观念都包含一定的价值信念，与理想、信仰并列的信念是支配的主导的最高信念。

在现实生活中，人们重视信念，主要指的是支配的信念或主导的信念，即支配人们行为的最高信念。这样的信念由于它坚信未来必将产生美好结果，因而就内含对未来美好价值目标的追求，并以此作为价值标准和价值规范去评价事物和规范人们的行为。所以，一种支配的主导的最高的信念，内含价值目标、价值标准、价值规范，同时它本身也是一种稳定的持久的观念模式或思维定势。这样的信念就是一种价值观念，而且是在价值观念系统中居于主导地位支配地位的核心的价值观念。

信仰以信念为基础，信念经过反复强化就进而凝结成信仰。信仰是对某一对象高度景仰、崇拜并以之统摄自己精神生活，作为精神寄托的主体终极的价值追求。信仰也是在对真理的确信与价值的认同基础上超越现实和自我，坚信未来美好结果的稳定的自我价值意识，也体现了对真善美的追求。信仰本身也是一种信念，是一切信念中最重要最根本的居于统摄、支配地位的最高信念。

信念与信仰密切联系，常常在等同的意义上使用，但严格说来信仰与信念是有区别的：第一，信仰是支配一切的信念，具有单一性；而信念不仅有支配性信念，还有其他从属性信念。第二，执著程度不同，信仰比信念更执著、深沉、投入，以致整个身心都为信仰对象所倾倒。第三，情感的融入程度不同，信仰比信念在情感上更融入，不仅是理智上对真理的确信与价值的认同，而且还是情感的皈依与虔诚的信奉。所以，信仰是最深层次的信念，也是居于支配地位的最高的信念。从这里可以看到，信仰与信念具有一致性。由于信仰是最高信念，人们往往在等同的意义上使用信念和信仰这两个概念，而忽视其差别。例如，人们常说对马克思主义的信念，对共产主义的信念，这里的信念指的就是居于支配地位的最高信念，实质上就是信仰。在这里，信念和信仰是同一的。信仰是多方面的，有政治信仰、宗教信仰、道德信仰、科学信仰、艺术信仰等。有理性的信仰，也有非理性的信仰。有进步的信仰，有世俗的信仰，也有落后的信仰、有害的信仰、反动的信仰。信仰作为支配地位的最高信念，也包含着价值目标、价值标准、价值规范，也是一种稳定的观念模式，因而也是一种重要的价值观念，是一种居于支配地位、统摄地位的核心的价值观念。

理想是人们立足现实，超越现实，超越自我，追求未来远大价值目标的高度自觉的自我意识，是人们为之奋斗的未来最完美的远大价值目标体系或模型。理想也是以对真理的确信和价值的认同为基础，是对未来美好目标的追求，也体现了对真善美的追求。一种进步的理想必须符合客观规律，符合社会发展方向，符合广大人民根本利益。理想不同于幻想。理想与现实是对立的统一。它从现实出发，立足现实，又高于现实，超越现实。理想的构成，有理性因素，也有非理性因素。理想有层次性，有阶段理想和最高理想，最高理想就是最远大的理想。理想也是多方面的，有社会政治理想、道德理想、科学理想、艺术理想、职业理想、个人生活理想等。

　　理想以信念、信仰为基础。人们追求远大的理想，就是对这一远大理想的价值目标的真理性及其重要价值有着坚定不移的信念、信仰。有什么样的信念、信仰，就有什么样的理想。例如，有马克思主义的信念、信仰，就会确立共产主义的远大理想。没有坚定的信念、信仰，就不会产生远大的理想。信念、信仰包含着对未来美好远景的执著向往与追求，而对未来远大价值目标的不懈追求正是理想的特点。所以，信念、信仰与理想是一致的。但信念、信仰与理想的内涵是不同的：第一，从内涵上说，信念、信仰主要揭示主体最高价值追求的方向，即价值取向；而理想则主要揭示主体最高价值追求的价值目标。第二，从思维特点上说，信念、信仰较抽象，而理想较具体。信念、信仰是对具有最高价值的对象的信服、崇敬、景仰、憧憬、向往，是对具有最高价值的对象的笃信的思想倾向；而理想则把这种向往和倾向进一步确立为远大的目标，使远大的价值追求更明确、更具体。第三，从与实践的关系来看，信念、信仰主要是一种精神寄托和景仰；而理想则使信念、信仰与现实结合起来，把远大价值追求化为远大目标及行动方案，以指导实践，从而使远大的价值追求与实践相结合。信念、信仰只有转化为理想，才能更好地发挥信念、信仰指导人们实践的重要作用。只有信念、信仰而无远大理想和行动方案，这样的信念、信仰对现实生活的影响就会大大降低。所以，信念、信仰向理想的转化是信念、信仰的内在要求。从信念、信仰到理想的转化，是人们最高价值追求的深化、明确化、具体化。从这个意义上说，理想是较之信念、信仰更为深刻的范畴。一般说来，信念、信仰是理想的基础，信念、信仰指导理想；理想体现信念、信仰，深化信念、信仰，强化信念、信仰，使信念、信仰在现实生活中发挥更大的作用。所以，我们既要重视信念、信仰的作用，又要重视理想的作用。理想以具有支配性的最高信念或信仰为基础，为实现最高价值目标而奋斗，相应地也内含一定的价值标准和价值规范，也是一种稳定的观念模式或系统，因而也是一种居于支配地位、统摄地位的核心价值观念。

总之，理想、信念、信仰都是具有一定的价值信念、价值目标、价值标准、价值规范的稳定的观念模式，都是重要的价值观念，而且是在各种价值观念中居于支配地位、统摄地位的价值观念，是核心的价值观念，是支配或决定人们全部思想言行的自我价值意识。

价值观决定价值观念，价值观念是价值观的体现。理想、信念、信仰是居于支配地位、统摄地位的核心的价值观念，所以是价值观的集中表现。例如，共产主义的理想、信念、信仰就是马克思主义价值观的集中体现；对上帝的崇拜与信仰，则是神学价值观的集中表现。

理想、信念、信仰，特别是共同的理想、信念、信仰具有重要功能：

第一，有导向功能。确立了革命的理想、信念、信仰，就确立了正确的价值目标和价值导向，就有了明确的前进方向，在错综复杂的征途中就不会迷失方向。

第二，有支柱功能。邓小平说："在我们最困难的时期，共产主义的理想是我们的精神支柱，多少人牺牲就是为了实现这个理想。"① 有了这样的理想，就有了浩然正气，就能"富贵不能淫，贫贱不能移，威武不能屈"，就能抵制金钱、女色、名利、权位的诱惑，就能经受任何艰难困苦的考验，永葆高风亮节。

第三，有益德功能。理想、信念、信仰是道德的基础。道德的基础是利群。只有目光远大、有远大抱负，献身社会的人，才会有高尚的品德。有了革命的理想、信念、信仰，勇于为社会、为人民、为祖国献身，他就能舍己为人，就会有高尚的道德，就能保持高尚的情操。

第四，有凝聚功能。邓小平说："根据我长期从事政治和军事活动的经验，我认为，最重要的是人的团结，要团结就要有共同的理想和坚定的信念。""我们过去几十年艰苦奋斗，就是靠用坚定的信念把人民团结起来，为人民自己的利益而奋斗。没有这样的信念，就没有凝聚力。没有这样的信

① 《邓小平文选》第3卷，人民出版社1993年版，第137页。

念，就没有一切。"① 有了共同的理想、信念、信仰就有共同的价值目标，就能使人们在共同的价值目标和共同利益的基础上团结起来，就有强大的凝聚力，就能万众一心，排除万难，去夺取胜利。

第五，有动力功能。邓小平说："对马克思主义的信仰，是中国革命胜利的一种精神动力。"②他还说："过去我们党无论怎样弱小，无论遇到什么困难，一直有强大的战斗力，因为我们有马克思主义和共产主义的信念。"③伟大的精力只能为伟大的目的而产生。有了远大的理想、信念、信仰，就有宏伟的价值目标，就会激励人们为之付出全部生命与精力，就会有火一般的热情与钢铁般的意志，就会不畏任何艰难险阻，不计个人得失，义无反顾，一往无前，就会具有强大的战斗力。

第四节　价值追求

价值追求是价值意识、价值观念的重要内容。要深入研究价值意识、价值观念，就必须深入研究价值追求。

一、价值意识、价值观念与价值追求

价值意识的重要形式是价值观念。稳定的价值目标是价值观念的重要内容。价值目标就是主体价值追求的目标，所以价值观念内含着价值追求。一定的价值观念决定一定的价值追求，一定的价值追求体现了一定的价值观念。但价值追求不仅存在于价值观念中。价值观念中的价值追求，是一种稳定的持久的价值追求。除此之外，还存在着不稳定的不断变化的价值追求，如由于一时的情绪、情感等偶然因素引发的某些价值追求。所以，价值追求是价值意识的重要内容，它比价值观念更广、更复杂。

什么是价值追求？价值追求是对一定的价值目标的执著向往并力图达到此目标的强烈驱动倾向。价值追求的基础是对客体价值的深刻认识，由此而推动主体执著地追求一定的价值目标。对客体价值的认识来源于实践基础上对客体价值的价值评价、价值判断。在价值评价、价值判断中，人们认为是

---

①②③　《邓小平文选》第 3 卷，人民出版社 1993 年版，第 190、63、144 页。

好的、有价值的东西，就产生好感、羡慕、欢迎。随着对事物重要价值认识的深化，人们便由倾慕积淀而形成执著的向往和产生获得此价值的强烈愿望，从而确立起坚定的价值目标，并千方百计地努力实现此目标，这样就形成了价值追求。

价值追求以一定的价值目标为前提，有了一定的价值目标就会产生一定的价值追求。所以价值目标与价值追求是不可分割的。但二者并不等同。价值目标是未来的美好远景，是未来的客体的观念模型，是主体实践的目的；而价值追求则是实现此目的的强大动力。价值追求是对一定价值目标的追求，价值追求包含着价值目标；有了价值目标，而无强烈的价值追求，价值目标也就难以实现。从价值目标的确立到产生强烈的价值追求，是价值活动的深化。

价值追求有三种形式：一是情感上对一定价值目标的执著向往、思念、倾慕和实现此价值目标的强烈愿望；二是认识上努力实现一定价值目标的坚定信念、不懈思考与探索；三是实践上采取实际行动，克服各种困难，为实现一定价值目标而奋发努力。没有付诸实践的价值追求是空想或者是价值追求不够强烈的表现。真正的价值追求都是三方面的统一，价值追求的突出能动作用也在于把情感上认识上的追求化为实践的追求。

价值追求是对一定价值目标的执著追求，从根本上说，属于价值意识、价值观念范畴。但它又不仅仅是价值意识、价值观念，还包含着价值实践活动，与人的实践活动密切联系，推动着人们用自己的实践去实现自己的价值目标。价值追求对人的实践具有重要作用。首先，价值追求对实践有重要的导向作用。有了一定的价值追求，人们就向一定的价值目标前进。价值追求决定人们前进的方向。其次，价值追求是人们实践活动的强大动力。美好的远景与宏伟的价值目标激励着人们，推动着人们振奋精神去战胜困难。再次，价值追求有调控作用，能协调主体的各种活动，把主体各方面的活动统一起来，排除各种干扰，集中精力去实现价值目标。最后，价值追求有巨大的承受作用。一个有坚定的价值追求的人，能忍受各种艰难困苦，能直面各种挫折、坎坷，忍受各种委屈、失败，一往无前地努力实现自己不懈追求的价值目标。

二、价值追求的两个层次：价值自发与价值自觉

价值追求是一个充满矛盾的过程，具有多样性、复杂性、层次性。

（一）价值追求的多样性和复杂性

社会生活是多姿多彩的，价值追求也是多种多样的。价值追求的多样性，首先表现在价值追求的主体是多样的。价值追求的主体是人。作为主体的人，可以是个人，可以是某一群体，也可以是民族、国家、人类社会。个人、群体、民族、国家都是多种多样的。由于不同主体的利益、需要及价值观念、生活经历、文化背景、兴趣爱好等不同，人们的价值追求也各不相同，因而价值追求具有多样性。

价值追求的多样性，还表现在价值目标或理想客体的多样性。价值追求是对一定的价值目标的追求。价值目标就是未来客体的理想状态，即理想客体的模型。理想客体是多样的，有物质客体，有精神客体，有人，也有活动或事业等。物质客体有生活资料，生产资料，金钱及科学、文化、教育用品等发展资料。精神客体有知识、能力、道德理想、审美境界及某种信仰对象等。作为理想客体的人，有理想的领导人、理想的朋友、理想的同事、理想的配偶、理想的自我等。理想的客体还有活动或事业，如某一活动成功、某一事业成功，或个人生活的美好远景等等。

价值追求的多样性还表现在它的错综复杂性。价值追求的价值目标，有合理的，也有不合理的；有健康向上的，也有黄色、腐朽、低下的；有对社会和他人有益的，也有损害社会和他人利益的等等。

价值追求的复杂性还表现在价值目标与价值手段的矛盾上，如为了发展经济而破坏生态平衡，污染环境；为了追求金钱而贪污盗窃，搞假冒伪劣，坑蒙拐骗；为了多出成果而剽窃他人成果；为了取得好的考试成绩而弄虚作假、考试作弊等等。

价值追求的多样性的原因，首先是主体的利益和需要的多样性决定的。不同主体或不同条件下的同一主体有不同的利益和需要，不同利益和需要决定不同的价值追求。主体利益和需要的多样性决定价值追求的多样性。利益和需要都是社会关系范畴。利益是对主体有益，有的需要对主体有益，有的需要却并不符合主体利益，利益较之需要更具有根本性。但主体自己总是认

为符合自己需要就是符合自己的真实利益的。人的一切行为都是为了追求一定的利益和满足一定的需要，人的利益和需要直接决定着人的价值追求。人的利益和需要既是人的价值追求的根源，又是人的价值追求的内在动力。而主体利益和主体需要都很复杂，有许多层次、许多方面。主体利益有国家利益、集体利益、个人利益，整体利益与局部利益，长远利益与眼前利益，真实利益与虚假利益，正当利益与不正当利益等；主体需要有社会需要与个人需要，整体需要与局部需要，长远需要与眼前需要，生存的需要、享受的需要、发展的需要、合理的需要与不合理的需要等。美国心理学家马斯洛将需要分为五个层次：生理需要、安全需要、爱的需要、尊重的需要、自我实现的需要。主体利益特别是主体需要的复杂性，决定了价值追求的复杂性、多样性。其次是世界的多样性、复杂性决定的。世界万物千姿百态，各有特点，各有不同的功能，对主体各有其不同的作用。世界万物错综复杂，不断发展变化。面对复杂多样的大千世界，主体的价值选择、价值追求必然是多样的复杂的。再次，是社会变革、经济快速发展的影响。社会变革、体制转型、经济快速发展，既造就了多元化的价值主体，又提供了多样化的价值资源，使价值选择个体化和自由度增大，从而使人们的利益和需要更加丰富而复杂，使价值追求更加复杂和多样化。

（二）价值追求的两个层次：价值自发与价值自觉

价值追求有两个基本层次：一是价值自发；二是价值自觉。自发是相对于自觉而言的。自发与自觉有两种含义：第一种含义，自发指无意识的，未意识到的；而自觉则指有目的有意识的，自己意识到的。第二种含义，自发指缺乏对事物本质和规律的认识，缺乏远大目标的活动；而自觉则是认识事物本质和规律，具有远大目标的活动。这里主要是在第二种含义上理解。所谓价值自发就是自发的价值追求，就是受本能支配，受非理性支配，不认识事物本质和规律，缺乏正确的远大的价值目标的盲目的价值追求；所谓价值自觉就是自觉的价值追求，指人们从科学的理性思维出发，在认识事物本质和规律的基础上，对正确的远大的价值目标的价值追求。价值自发是价值追求的第一阶段，是价值追求一开始必然产生的现象。人们一开始总是从本能、从自发心态、从眼前直接利益、需要出发去追求直接的近期价值，追求感官快乐，追求功利价值。这种自发的价值追求，虽然也可能产生一些好的效果，但往往会产生一些损害自己长远利益或损害社会和他人利益的不良后果，使自己受到惩罚，付出代价或遭到谴责。于是迫使主体反思自己的价值追求，使主体开始认识到自发价值追求的局限性，并逐渐地克服价值追求的自发性，逐渐地由价值自发过渡到价值自觉。价值自觉是对价值自发的扬弃，是在认识事物本质和规律的基础上，对正确的远大的价值目标的价值追求，它内在地包含、吸收了价值自发的一些合理因素，而不是一概否定自发价值追求的内容。价值自发是价值追求的低级阶段，而价值自觉则是价值追求的高级阶段。人们的价值追求从价值自发到价值自觉的转化，不是一帆风顺、一劳永逸的，而是一个曲折反复永无止境的过程。从价值自发过渡到价值自觉，这是一个飞跃，是价值追求上升到一个新的阶段。但实践是发展的，认识也是发展的，人们对事物价值的认识也是发展的。在一定阶段里对事物价值的认识，由现象上升到本质、规律，从片面到全面；事物发展了，人们又会出现对新的事物的价值缺乏认识，又会出现片面性、表面性，在价值追求上又会产生新的价值自发。实际上价值追求从价值自发过渡到价值自觉，往往并不是在一切方面、一切问题上都达到了价值自觉，而只是在主要方面、主要问题上达到了价值自觉，在另一些方面和另一些问题上，仍然会存在着价值自发。所以，价值自觉中往往都包含着某些价值自发，同时还会不断产生新的价值自发。从价值自发到价值自觉，是价值追求的一个具体过程的结束，同时又开始了新的由价值自发到价值自觉转化的过程。从价值自发到价值自觉，再由新的价值自发到新的价值自觉，循环往复以至无穷，这就是人类价值追求的无限过程。在人类的价值追求中，始终充满着价值自发与价值自觉的矛盾，这一矛盾的发展转化，推动着人类价值追求逐渐向着更高级的境界前进，推动着人类社会发展。

三、价值追求的两种境界：工具理性与价值理性

与价值追求的两个层次相适应，价值追求存在着两种境界：工具理性与价值理性。

工具理性与价值理性这两个命题，是德国社会学家马克斯·韦伯（Max Weber，1864—1920）提出来的。韦伯把人们的社会行为分为合理性与非理性两类；合理性又分为工具合理性与价值合理性。所谓工具合理性行为是指

能够计算和预测后果为条件来实现某种目的的行为；而价值合理性则是由对
价值的绝对性的确信所驱动的、不顾后果如何、条件如何都要完成的行动。
现在人们把这两个命题通常称为工具理性和价值理性。人们对这两个命题用
得很多，对二者的理解各不相同，其内涵还需要进一步深入研究。概括地
说，工具理性和价值理性是两个层次的价值理念，表现了人们对价值本质的
理解的两个层次和价值追求的两种境界。从对价值本质的理解来看，当今西
方世界的工具理性主要是从主观主义价值论特别是从情感主义价值论出发理
解价值，从使情感愉快，从是否满足兴趣、欲望、需要等出发去理解价值；
价值理性则是从实践、实践结果，从对主体发展，从对人类社会发展、对每
个人自由而全面发展的实践效果或效应出发理解价值。从价值追求的境界来
看，工具理性往往把直接的近期的物质功利，如金钱、财富、名利、感官快
乐、技术、效用、效率等实现某种功利目的的有效手段作为价值追求的主要
目标，忽视长远的、根本的价值，忽视远大理想，忽视对真善美的追求，缺
乏任何终极价值；而价值理性则是把整体的、长远的、根本的价值，把远大
理想和人类终极价值，把人的尊严的维护和人类美好未来，把对真善美的执
著追求作为价值追求的主要目标。韦伯认为工具合理性是排除价值判断或者
说是价值中立的，这是由于他认为价值判断完全是出于人的主观情感的作
用，是主观情感的表达。正如阿隆所说，韦伯认为价值立足于"纯粹由主
观性来证明其合理性的选择"，① 认为所有的信仰和评价，都是由情感发出
的主观命令。韦伯的这种观点，实际上是一种情感主义观点。价值是客体对
主体的积极效应，是一种客观存在，评价是价值的反映，而不是随心所欲的
主观命令。工具理性也是一种价值理念和价值追求，是以价值评价、价值判
断为基础的，并非排除价值判断的，也并非价值中立的。工具理性主要是追
求直接的物质功利，追求兑现近期眼前的直接功利，追求更大功利，是在价
值比较、价值判断基础上作出的价值选择，而不是排除价值判断的纯数学
计算。

工具理性与价值理性的主要区别是：工具理性是价值理念、价值追求的

---

① R. 阿隆：《在社会学主流思想中的马克斯·韦伯》，载麦金太尔：《德性之后》，龚群等译，中
国社会科学出版社 1995 年版，第 35 页。

较低层次或较低境界；价值理性则是价值理念、价值追求的较高层次或较高境界。工具理性主要追求手段价值、技术价值、功利价值，追求直接的眼前的价值；价值理性则主要追求目的价值、理想价值，特别是追求长远的整体的根本的目的和远大理想的价值，追求真善美的统一。

工具理性与价值理性的关系，是手段价值与目的价值、现实价值与理想价值的关系。目的与手段是相对的。手段是相对于一定的目的而言的，手段与目的都是多层次的。一种行为相对于一定的目的来说是手段，相对于实现它的行为来说则是目的。目的与手段是密切联系的：一方面，手段不能离开目的而存在，手段离开了目的，就失去其意义，就会产生迷误，就失去其合理性。工具理性正是由于只追求手段价值，忽视目的价值，导致物对人的统治，玩物丧志，物对人的惩罚，产生了严重的不良后果。所以工具理性依赖于价值理性，工具理性脱离价值理性必然导致价值迷失。另一方面，目的离开手段就不可能实现，价值理性也依赖于工具理性。工具理性直接实现着人们最关心、最直接、最现实的价值，它可以直接调动广大群众的积极性，促进技术进步，推动经济发展，提高人民生活水平，促进人的发展，不可忽视。离开工具理性去追求价值理性，对远大价值理想、对真善美的追求，就会脱离实际而失去其现实基础，就会变得苍白无力而无法实现。所以，真正合理的价值追求是工具理性与价值理性的统一，在价值理性的指导下去发挥工具理性的积极作用，抑制其消极效应；既不是脱离价值理性去崇拜工具理性，也不是只讲价值理性而否定工具理性。

从现实生活来看，市场经济追求利润最大化，追求金钱、财富、技术、能力、效率的价值，追求功利价值，塑造"经济人"，这表明市场经济培育着工具理性而忽视价值理性。由此可见，工具理性有其现实的社会基础。但是当代社会的发展，在展现工具理性的积极效应的同时，也日益暴露其局限与弊端。在现代市场经济的条件下，也有越来越多的人认识到，不能离开价值理性去追求工具理性；不能单纯追求金钱、利润、物质财富的增殖与感官享受，还应有远大的理想、高尚的情操、健康向上的精神生活与价值追求，还要重视自然价值、生态环境价值，坚持人与自然和谐发展，坚持可持续发展。可持续发展的思想的提出和在当代世界各国获得的广泛认同，表明人们已开始认识到工具理性导致的严重后果，开始由工具理性向工具理性与价值理性统一转化。这是一种历史的进步，也是社会发展的客观趋势。这种趋势并不是要排斥工具理性，而是要坚持工具理性与价值理性的统一，在价值理性的指导下去发挥工具理性的积极作用，抑制其消极效应。由单纯追求工具理性到工具理性与价值理性的统一，是价值追求由价值自发进到价值自觉的重要表现。

我国改革开放以来，坚持"三个有利于"价值标准，坚持"三个代表"的重要思想，坚持以人为本，全面协调可持续发展的科学发展观，构建社会主义和谐社会，坚持经济效益、社会效益、生态效益的统一，坚持物质文明、政治文明、精神文明建设共同进步，坚持人与自然和谐发展，努力促进整个人类的全面发展进步和每一个人的自由而全面的发展，就是工具理性与价值理性统一的生动体现，也是价值自觉的突出表现。在价值追求中逐步从价值自发进到价值自觉，实现工具理性与价值理性的统一，是我国改革开放以来经济社会全面、协调、健康、快速发展的思想保证。

四、价值追求与价值冲突

价值追求的多样性、复杂性必然导致价值冲突。所谓价值冲突就是不同价值、价值意识、价值观念、价值追求之间的矛盾与碰撞。价值冲突有两个层次：其一是不同价值之间的冲突；其二是不同价值意识价值观念之间的冲突。不同价值的冲突是不同价值意识、价值观念冲突的基础，不同价值意识、价值观念冲突是不同价值冲突的反映。而价值的基础是利益，所以价值冲突的实质或根源是利益冲突，表现为价值意识、价值观念的冲突，特别是表现为价值目标、价值选择、价值取向、价值追求上的冲突。

价值冲突是普遍存在的。从世界范围来看，有不同社会制度之间的价值冲突，如资本主义制度与社会主义制度、民主制度与专制制度、计划经济体制与市场经济体制之间的价值冲突，有不同宗教信仰之间、不同国家之间、不同文化传统之间的价值冲突，如西方文化与东方文化之间的价值冲突等等。

在同一国家、同一民族内部也存在着价值冲突。如个人利益、集体利益与国家利益之间的价值冲突；个人之间、地区之间、部门之间的价值冲突；领导与群众之间的价值冲突；物质价值与精神价值、功利价值与道德价值之间的价值冲突；先进的价值观念与落后的腐朽的价值观念的价值冲突；同一主体不同价值选择、价值取向、价值标准、价值规范之间的价值冲突等等。

价值冲突具有二重性：一方面，价值冲突可以对社会生活和人的发展产生积极效应。例如在经济领域，市场竞争就是在不同经济主体的利益驱动下的一种激烈的价值冲突。这一价值冲突可促进各经济主体改进技术，完善管理，合理利用资源，节约成本，提高效率，提高质量，推动生产力发展。在政治生活中，立党为公与以权谋私、廉洁奉公与贪污腐败之间，以人为本与官本位之间的价值冲突，可以促进民主法治，推动廉政建设。在科学文化领域，百花齐放、百家争鸣就是价值冲突的重要表现。百花齐放、百家争鸣能有力地促进科学文化的发展。在意识形态领域，新旧价值观念之间的价值冲突有力地冲击着旧的价值观念，促进旧的价值观念的消解，有利于展现新的价值观念的活力，促进价值观念更新。价值冲突是促使人们价值观念更新的重要契机，也是树立新的进步的价值观念的重要途径和重要动力。价值冲突是利益冲突和价值意识价值观念的冲突，人们总是维护其既得利益，人们的价值观念具有稳定性、惰性、惯性，不易改变。没有价值冲突，原有的价值观念就不会受到冲击，人们就不可能反思自己原有的价值观念，也就不可能有价值观念的变革。价值冲突使人们的思想经受到猛烈的冲击、震动，迫使人们反思，从而有助于人们调整其价值观念，接受新的价值观念。

另一方面，价值冲突往往也会对社会生活产生一些消极的效应。例如在经济领域，不同经济主体在利益驱动下进行的激烈的市场竞争，一是有利于提高效率，促进生产力发展。二是容易产生两极分化，加剧社会矛盾，导致一些企业破产，工人失业，使国民经济运转失序，不利于经济的顺利发展；一些企业对资源进行掠夺性开发，导致资源枯竭，环境污染，破坏了生态平衡，严重影响经济社会可持续发展。政治领域的价值冲突往往使各国之间或各政治集团之间矛盾冲突白热化，甚至出现政治危机，爆发战争，产生灾难性后果。社会生活领域的价值冲突往往使人际关系错综复杂，人际关系紧张，社会矛盾激化，导致社会运转失序，干扰社会正常生活，影响和谐社会构建。在思想文化领域，不同价值观念之间的价值冲突往往使主导的价值观念淡漠甚至失落，使人们的思想茫然无序，往往导致思想混乱，行动失范。价值冲突是普遍的，不可避免的。价值冲突既有积极效应，也有消极效应，不能简单地一概肯定或一概否定。应根据具体情况作具体分析，因势利导。坚持正确的价值导向，充分发挥其积极效应，尽量抑制其消极效应，使之有利于促进经济社会以人为本，全面、协调、可持续发展，促进和谐社会构建及人的自由而全面的发展。

五、价值追求与价值认同

不同价值追求之间，既可能产生价值冲突，也可能产生价值认同。要深入研究和认识价值追求，既要深入研究价值冲突，又要深入研究价值认同。

价值冲突与价值认同同时并存，是不同价值追求之间矛盾的两个方面。价值冲突是不同价值追求之间相互排斥、相互对立、相互否定；价值认同则是不同价值追求之间相互吸引、相互贯通、相互肯定。

价值认同是价值的特点决定的。首先，不同客体其价值各具特点，有其差异性；不同客体的价值之间又有共同性。价值的差异性往往导致相互排斥、相互对立、相互否定，产生价值冲突。价值的共同性会使人们相互吸引、相互贯通、相互肯定，产生价值认同。例如，当今世界经济全球化、政治多极化、文化多元化，各个国家、民族、地区都有自身的特殊利益、独特文化背景和价值观念，因而各个国家、民族、地区之间往往会因为利益和价值观念的差异而产生价值冲突。但是不同国家、民族、地区共同生活在同一地球上，彼此之间有着千丝万缕的交往与联系，特别是经济全球化使全球经济文化连成一体，使各个国家、民族、地区之间又有着共同的或相近的利益，因而各国人民之间在许多方面存在着广泛的认同，如和平、发展、合作、反对在国际争端中使用武力或以武力相威胁，加强经济发展和科学文化交流的主张，得到各国人民的广泛认同；民主、法治、自由、平等、科学、人权、环保、可持续发展等成为各国人民广泛认同的价值理念。

其次，价值既有多元性又有一元性。同一客体对不同主体其价值往往不同，具有多元性。价值多元性决定了人们价值追求的多样性、差异性。这种多样性、差异性往往相互排斥、对立，导致产生价值冲突。价值不仅具有多元性，也具有一元性。同一客体对不同主体其价值不同，但同一客体对社会主体、对每一具体主体的价值是一元的、同一的。价值一元性使同一客体对人类社会，对相同国家、民族、社会群体的人们具有共同价值，因而产生价值认同。例如，我国各族人民包括台湾同胞、港澳同胞、海外侨胞，生活在天南地北，各有自己的利益和特点，存在着各种差异，但是在维护祖国统一、反对分裂、快速发展经济、提高人民生活水平、振兴中华这些根本利益上，有着广泛的价值认同。这种价值认同，反映了价值一元性的内在要求。

再次，价值认同还决定于价值的超越性、开放性。事实是实然，而价值内含着应然，应然是对实然的超越，价值是对事实的超越，具有超越性；价值的本质在于发展，发展是对现实的超越，因而价值也具有超越性。价值的超越性使它不断超越自身，因而具有开放性。价值的超越性、开放性使它能吸收不同价值、价值观念中合理的东西，丰富、补充、发展自己，实现优势互补，相互促进，共同提高，互利双赢。我国汉唐文化灿烂辉煌、多姿多彩、气魄宏大，就是吸收各种外来文化而形成的丰硕成果。所以，在社会生活的各个领域，相异的东西之间往往相互吸引、相互补充、相互认同。我们不仅应当看到相异的东西之间存在着价值冲突的方面，还应当看到它们之间还存在着价值认同的方面。我们不应用狭隘的眼光排斥一切相异的东西，而应以开放的眼光、博大的胸怀去观察世界，努力发现并吸收有益于自己的与自己相异的东西来充实、丰富、完善自己，使自己更快地发展起来。毒草可以肥田，毒蛇可以提取蛇胆。相互对立甚至剧烈冲突的双方之间也有不少可资借鉴可以利用之处。但价值认同不是价值混同，不是机械的等同，而是异中之同，和而不同。吸收外来文化中合理的东西是为了发展有中国特色的社会主义先进文化，而不是用外来文化取代中国文化。价值认同并不意味着各种不同的价值、价值观念的差异的消解与混同，而是异中之同、存异求同。在求同中放射出异彩，展现自身特色。

价值认同也有二重性，有积极效应，也有消极效应。价值有正负之分，有好坏、真伪、善恶、美丑之别。认同真善美，认同广大人民的根本利益，认同健康向上的东西，认同有利于社会发展进步和人的自由而全面发展的东西，是好的、积极的、有价值的；反之，认同假恶丑，认同社会上腐朽丑恶的东西，认同不利于社会发展进步、不利于人的自由而全面发展的东西，则是消极的、有害的、有负价值的。社会生活是复杂的，价值认同也是很复杂的。在社会生活中，既有进步的有益的价值认同，也有消极的有害的价值认同。进步的有益的价值认同催人奋发进取，促进社会发展和人的自由而全面发展；而消极的有害的价值认同则引诱人颓废甚至堕落，不利于社会发展和人的自由而全面发展。我们应当努力倡导与促进进步的有益的价值认同，抑制、抵制消极的有害的价值认同。为此，必须提高价值自觉，坚持社会主义先进文化的正确方向，确立价值追求的正确导向，使人们区别什么是真善美，什么是假恶丑，以对祖国、对人民、对社会发展、对人的全面发展是否有利作价值标准，去引导价值认同，决定价值选择。对社会生活中价值认同如不加以引导，让价值追求自发地发展，就可能使消极的有害的价值认同滋长泛滥，就会产生混乱，就会有害于社会进步与人的全面发展。

　　价值冲突与价值认同是紧密联系的。价值冲突与价值认同的统一，是不同价值追求之间的对立面的统一，是矛盾的斗争性与同一性的统一。我们既要看到不同价值追求之间的差异与冲突，也要看到不同价值追求之间的吸引与认同；既要看到价值冲突中包含着价值认同的因素，又要看到价值认同中包含着价值冲突的方面。对价值冲突与价值认同，既要看到其积极效应，也要看到其消极效应。应当逐步掌握价值追求的特点与规律，进行正确引导，使之有利于经济社会以人为本，全面、协调、可持续发展，有利于和谐社会的构建和人的自由而全面的发展。

第七篇

辩证唯物主义方法论

方 法论是辩证唯物主义的一个组成部分，本篇分为三章来加以论述。第一章从方法的重要性谈起，强调了科学方法和科学精神的相辅相成和相得益彰。方法论是以方法为研究对象的一门学问，已形成了三个研究层面：一是各门具体学科的方法论；二是概括自然科学研究方法的自然科学方法论和概括社会科学研究方法的社会科学方法论；三是从哲学的认识论的高度，从自然科学方法论和社会科学方法论概括和总结出最一般的方法论；这三者呈现出个别——特殊——普遍的关系。无论在哪一个层面，无论在古代、近代、现代，方法论都是一个哲学与科学相交融的研究领域，其著作都呈现为联结哲学和科学的纽带。马克思主义哲学的诞生，在方法论的演进史上树起了一座新的里程碑，由于引入了实践概念，使方法论的研究提高到了一个新的境界。为了从哲学层面上推进辩证唯物主义方法论的研究，我们提出了"方法论的范畴研究"的设想，即运用哲学的范畴思维来探讨自然科学和社会科学共同关心的方法论问题，概括和提升人们研究自然和研究社会的共同经验。由于模型方法是现代科学研究的核心方法，在自然科学研究中运用物质形式和思维形式这样两类模型，在社会科学研究中主要运用思维形式或理论形式的模型，所以在方法论的诸多对立范畴中，模型与原型居于最为突出的核心地位。本篇第二章比较展开地论述模型方法的意义和作用。在第三章中选析了六对方法论范畴：已知与未知、归纳与演绎、分析与综合、抽象与具体、定性与定量、学习与创造。

第　一　章

方法和方法论

第一节　科学方法和科学精神

一、何谓方法

"方法"一词，在我国最早出现在春秋战国时代的思想家墨子的《天志》篇中①，指的是度量方形之法，以后这个词的含义逐渐扩大和演化为做任何事情的手段和方法。在西方，方法（method）表示研究和认识的途径、理论或学说。在英语中"A man of method"，是指有条有理的人、有办法的人，也就是我们平时所说的"能人"。

德国哲学家黑格尔（1770—1831）在其《逻辑学》中有这样一段话："在探索的认识中，方法也就是工具，是主观方面的某个手段，主观方面通过这个手段和客体发生关系……"②。这是对方法的一种哲理性描述。

哲学家们历来很重视方法，曾把"方法"作为重要条目列在各种哲学辞书中，对方法给出哲学层次上的定义。例如：

---

① 出现"方法"一词的全句为："匠人亦操其矩，将以度量天下之方与不方也，曰：'中吾矩者谓之方，不中吾矩者谓之不方。'是以方与不方皆可得而知之。此其故何？则方法明也。"《墨子》，朱越利校点，辽宁教育出版社1997年版，第57页。

② 《列宁全集》第38卷，人民出版社1959年版，第236页。

方法——严格地说应该是"按照某种途径"［源自希腊文"沿着"（μετα）和道路（686σ）］这个术语，是指某种步骤的详细说明，这些步骤是为了达到一定的目的而必须按规定的顺序进行的。（［美］《哲学百科全书》第 7 卷，1972 年）

方法——就一般意义说，是达到目的的方式，是按一定方式进行的有次序的活动。在专门的哲学意义上，作为认识手段的方法，就是在思维中复制研究对象的那种方式。（［俄］《哲学辞典》，1963 年）

方法——根据研究对象的运动规律，从实践上和理论上把握现实的形式；改造的即实践活动的或认识的即理论活动的规律性原则体系。（［俄］《哲学百科全书》1960—1970 年）

方法——人的一切有意识、有目的的活动的调节原则所组成的体系；达到业已精确陈述的目的的途径。（［德］《哲.学和自然科学辞典》1978 年）

对"方法"的定义虽有多种表述，但基本内容大致相同。这里，我们概括为：方法就是人们在认识或变革客体时为达到一定目的所采用的手段和途径，包括实践活动方式和理论活动方式。

应该指出，方法不是孤立存在的：（1）方法与任务是联系在一起的。不同的任务，不同的目的，就有不同的方法。（2）方法与理论是联系在一起的。方法不但与所要解决任务的各种具体对象的理论有关，而且同与之有直接或间接联系的各种理论知识有关，还同人们的世界观、哲学观点有关。从一定意义上说，方法就是人们已有的理论、思想的一种特殊的具体化，是一种特殊的理论活动。（3）方法与实践是联系在一起的。方法可以看成在一定理论指导下的一种特殊的实践活动，而且是极富有创造性的实践活动。所以，对于一个确定的任务来说，方法是联结理论与实践的必不可少的环节。科学理论通过它在方法中的体现显示出理论对实践的指导作用，而人们在实践中不断创造出来的种种新方法又是丰富和发展理论的一种重要源泉。

二、方法的重要性

人们从事任何工作，都要采用一定的方法，而方法的好坏，则关系到事情的成功和失败。所谓"事半功倍"还是"事倍功半",就是工作效率问题,与方法的选取和运用直接相关,方法好,效率高,能达到"多、快、好、省"的效果;而方法不好,效率低,就会造成"少、慢、差、费"的恶果。

（一）方法问题历来为许多领袖人物所重视

我国历史上治国有方的唐太宗曾有名言:"取法乎上,仅得其中;取法乎中,故得其下。"这句脍炙人口的话是唐太宗的一条重要经验总结,其中也包含着注重方法方面的选择和效法问题,即治国处事都应选取和效法高标准的上等的方法。

毛泽东对于方法之重视是非常突出的,他经常总结工作方法的经验,有许多这方面的文章,例如,《关于工作方法问题》（1934）、《学会领导方法》（1940）、《关于领导方法的若干问题》（1943）、《学会分析事物的方法》（1944）、《党委会的工作方法》（1949）等①。在《关心群众生活,注意工作方法》一文中,他说:"我们不但要提出任务,而且要解决完成任务的方法问题。我们的任务是过河,但是没有桥或船就不能过。不解决桥或船的问题,过河就是一句空话。不解决方法问题,任务也只是瞎说一顿。"② 这段话不但强调了方法的极端重要性,而且生动地说明了方法与任务的关系。

我国的许多领袖人物都很重视方法,对方法论都有重要论述。例如,周恩来:《调查研究,实事求是》（1961）、《说真话,鼓真劲,做实事、收实效》（1962）;刘少奇:《调查研究是做好工作的根本方法》（1961）、《要踏踏实实地、不抱成见地去做调查》（1962）;邓小平:《按照实际情况决定工作方针是最基本的思想方法、工作方法》（1978）、《现代化建设必须从中国的实际出发》（1982）;陈云: 《掌握真实情况,注意多听不同意见》（1955）、《关于调查研究的方法》（1987）等。③

（二）方法问题历来为科学家们所重视

科学家们从自身科学实践的经历中深切感受到方法对于促进科学进步的

---

① 毛泽东、朱德、周恩来、邓小平、刘少奇、陈云:《思想方法工作方法文选》,中央文献出版社1990年版。

② 《毛泽东选集》第1卷,人民出版社1991年版,第139页。

③ 毛泽东、朱德、周恩来、邓小平、刘少奇、陈云:《思想方法工作方法文选》,中央文献出版社1990年版;《论调查研究》,中央文献出版社2006年版。

重要性，以及方法对于发挥人的创造性才华的积极作用。在他们撰著的科学著作和教科书中，人都要以或多或少的篇幅来进行关于科学方法的阐发，或画龙点睛地说明方法的重要意义。

例如，法国的天文学家和数学家拉普拉斯（1749—1827）在其名著《宇宙体系论》中，叙述了牛顿对万有引力等重要原理的发现，同时着重指出："认识一位天才的研究方法，对于科学的进步，甚至对于他本人的荣誉，并不比发现本身更少用处。科学研究的方法经常是极富兴趣的部分。"①他说撰写这部书的目标，一方面是使读者了解人类智慧在天文学上取得的成就；另一方面就是使读者了解"寻找自然规律所应遵循的科学方法"。②

又如，俄国生理学家巴甫洛夫（1849—1936）曾经深有体会地说："初期研究的障碍，乃在于缺乏研究方法。无怪乎人们常说，科学是随着研究法所获得的成就而前进的。研究法每前进一步，我们就更提高一步，随之在我们面前也就开拓了一个充满着种种新鲜事物的，更辽阔的远景。因此，我们头等重要的任务乃是制定研究法。"他指出："方法是最主要和最基本的东西"，"有了良好的方法，即使是没有多大才干的人也能做出许多成就。如果方法不好，即使是有天才的人也将一事无成"，"方法掌握着研究的命运"。③

再如，法国生理学家 C·贝尔纳（1813—1878）指出："科学中难能可贵的创造性才华，由于方法拙劣可能被削弱，甚至被扼杀；而良好的方法则会增长、促进这种才华。"④

（三）方法问题历来为教育家们所重视

蔡元培（1868—1940）作为一位科学涵养很深的教育家，一贯重视科学方法的普及教育。为了说明科学方法之重要，他常讲这样一个故事：传说仙人吕洞宾有点石成金的本领，遇一贫士，就手点一石成金，要把金送给他；然而这位贫士却不要这块金，而要仙人那点石成金的手指。蔡先生说：科学结论是点成的金，量终有限；科学方法是点石的手指，可以产生无穷的金。对于读书，他说：我们读学者的著作，可以得到两种利益：一是得他的

---

① ② 拉普拉斯：《宇宙体系论》，上海译文出版社 1978 年版，第 445、1 页。
③ 《巴甫洛夫全集》第 5 卷，人民卫生出版社 1959 年版，第 16—18 页。
④ 贝弗里奇：《科学研究的艺术》序，科学出版社 1979 年版。

知识；二是得他的方法。我们得知识是得金，得方法是得手指，自然是方法更重要了。他讲的故事与人们平时所说："与其授之以鱼，不如授之以渔"，是同一个道理，只有学会捕鱼，才能得到食之不尽的鱼。

蔡元培先生早在1922年中华教育改进社第一次年会的开幕词中，就指出中国教育有不重视方法的缺点，他说："昔日所教授者，如理化、历史、地理等科，皆为前人之研究成果，言进程及方法者极少，今当注意方法问题。"

注重方法不够，至今仍然是我国学校的教学工作和教材编写中的弱点。然而也确有很好的范例。例如，我国著名化学家和化学教育家傅鹰教授，就注重把科学思想和科学方法注入教科书中，他在1956年撰著出版的《大学普通化学》一书是他数十年教学工作的结晶，是花费不少心血、经过多遍修改写成的。傅鹰先生用生动活泼的文字，由浅入深，由现象到本质，结合化学发展的历史，详细叙述了一些重要概念、定律和理论如何产生和演进的过程；他十分强调实验方法在科学发展中的重要作用，明确指出：实验是科学的最高法庭。他引用大量实验数据严格论证一些定律的精确程度和有效范围，使学生深刻理解科学概念的建立必须基于可靠的实验基础之上，同时也使学生能够掌握实验研究方法的要旨和精髓；他在书中指出现今理论有哪些不完善之处，提出当前尚未解决的各种问题，启发人们思考，鼓励青年勇往直前，继续探索科学真理。由于教学效果极好，在很长时间里，这部具有独到优点的教材成为我国化学界许多师生争相借阅、爱不释手的教学参考书。[1]

（四）方法问题历来为思想家们所重视

许多哲学家把方法作为研究对象，撰写出流传千古的重要著作，在下一节中将作介绍，这里略说军事思想家给予我们的宝贵启示。

我国古代军事思想家孙武（公元前五世纪）和孙膑（公元前四世纪），先后留下了重要著作《孙子兵法》和《孙膑兵法》，这两部书的意义和影响绝不仅仅限于军事，作为战争胜败的历史经验总结，是具有普适性的，适用于任何包含有竞争活动的领域。这两部书都是用"舍事而言理"的抽象方

---

[1]　傅鹰：《大学普通化学》，人民教育出版社1980年版。

法撰写的，我们从中可学得"获胜之道"、"趋利避害"之道。例如，在《孙子兵法》的"谋攻篇"中所述"知己知彼，百战不殆；不知彼而知己，一胜一负；不知彼，不知己，每战必殆"早已是流传中外的至理名言。《孙子兵法》有多种文字的译本，是世界各国军事家必读之书，近几十年来，它又成为中外许多企业家的必读之书。《孙膑兵法》在失传一千余年之后，于1972年在山东临沂银雀山汉墓中重新发现①，作为《孙子兵法》的发展和续篇，内容丰富卓越，正日益受到国人和世人的重视。事实上，任何人读了这两部书，都会受益匪浅，对于科研人员，当然也是一样。

毛泽东在其军事著作②中根据我国的历史，特别是中国的抗日战争史和革命战争史，总结出许多以弱胜强、以劣制优的宝贵经验。对于敌人，要"战略上藐视"，"战术上重视"，或者说，战略上"以一当十"，战术上"以十当一"。实际上，战胜任何困难，都需要战略上加以藐视，战术上予以重视，都需要把战略上的"以一当十"和战术上的"以十当一"结合起来。

现在中国正奋斗在由弱变强的征途上，要想进入世界强国之林，就必须努力增强我国的综合国力，也就是增强在各个领域（军事、经济、科技、文化等等）的国际竞争力。为此，在各个领域都需要培养和涌现出一批帅才、将才，即领军人物。正像在数学领域，著名数学家陈省身所说，中国已经是数学大国了，但还不是数学强国。他中肯地指出："做大容易，做强却很难。难在中国现在还没有出现领袖级的能够挑大梁的人物。"③

要在各个领域里培养大师级或领军级人物，提倡学习军事思想，是大有裨益的。从军事著作中吸取思想精华，可以增智增勇，既具有战略头脑和战略眼光，能高瞻远瞩，统帅全局，又十分重视战术，英勇善战，直至胜利。当然，大师级、领军级人才，也就是帅才，一般不是只靠学习就能培养出来的，除了学习，还需要在实践中磨练。

---

① 《孙膑兵法》，银雀山竹简整理小组整理，文物出版社1975年版。
② 《毛泽东军事文集》，军事出版社、中央文献出版社1993年版。
③ 孙小礼：《文理交融——奔向21世纪的科学潮流》，北京大学出版社2003年版，第211页。

三、科学方法和科学精神

科学方法的重要性还表现在它是弘扬科学精神的一种内在的能力和支柱。如果人们对科学的方法一无所知，或者知之甚少，不能掌握和运用科学方法，那么天天高喊"弘扬科学精神"，就会把这一号召流为空洞的套语或口号。

在我国，科学精神一词，可能最早是见之于任鸿隽先生在 1916 年发表的《科学精神论》一文。[①] 文中说："科学精神者何？求真理是已。"又说："真理之为物，无不在也。科学家之所知者，以事实为基，以试验为稽，以推用为表，以证验为决，而无所容心于已成之教，前人之言。""苟已成之教，前人之言，有与吾所见之真理相背者，则虽艰难其身，赴汤蹈火以与之战，至死而不悔，若是者吾谓之科学精神。"他又指出：言及科学精神，有不可不具之二要素，一是**崇实**，二是**贵确**。他对**崇实**解释说："吾所谓实者，凡立一说，当根据事实，归纳群象，而不以称诵前言，凭虚构造为能。""故真具有科学精神者，未有不崇尚事实者也。"对于**贵确**，他说："吾所谓确，谓于事物之观察，当容其真象，尽其底细，而不以模棱无畔岸之言为足是也。"从以上所引，可以看出，科学精神表现为追求真理和为捍卫真理而舍身的精神，而要追求真理就必须运用科学的方法。他所提倡的**崇实和贵确**，既是科学精神，也是科学方法。所以任鸿隽先生所论之科学精神是融科学方法于其中的，要依靠科学方法来实现科学精神。

1922 年，梁启超先生在一次题为"科学精神与东西文化"的演讲中，批评中国学术界缺乏"科学精神"时，非常明确地把科学精神和科学方法看做一回事，他说："有系统之真知识，叫做科学；可以教人求得有系统之真知识的方法，叫做科学精神。"[②]

1939 年，竺可桢先生把科学精神归纳为"求是"二字，并把"求是"

① 樊洪业、张久春选编：《科学救国之梦——任鸿隽文存》，上海科技教育出版社、上海科学技术出版社 2002 年版，第 68—75 页。

② 樊洪业：《科学精神的历史线索与语义分析》，载王大珩、于光远主编《论科学精神》，中央编译出版社 2001 年版。

定为浙江大学的校训。他向学生解释道：何谓求是？就是追求真理、忠于真理。① 他在 1941 年发表的文章《科学之方法与精神》② 中首先讲述了科学方法的演变，然后指出，"提倡科学，不但要晓得科学的方法，而尤贵在乎认清近代科学的目标。近代科学的目标是什么？就是探求真理。……也就是科学的精神"。他提倡科学家应有这样的科学态度：（1）不盲从，不附和，依理智为归。如遇横逆之境遇，则不屈不挠，不畏强御，只问是非，不计利害。（2）虚怀若谷，不武断，不蛮横。（3）专心一致，实事求是，不作无病之呻吟，严谨毫不苟且。

谈科学精神时，人们常常提到美国科学社会学家默顿发表于 1942 年的文章《民主秩序中的科学和技术》③，其中他认为"科学的精神特质（ethos）"是由以下四类制度性必需的规范构成的：普遍性（Universalism）、公有性（Communism）、无私利性（Disinterestedness）、有条理的怀疑性（Organized Skepticism）。这一看法曾在西方颇有影响。

近些年来，在我国经济快速增长、市场日益繁荣、国家日渐强盛的同时，也出现了伪产品泛滥成灾，伪科学招摇过市，豆腐渣工程层出不穷，以及学风、文风的浮躁败坏等等社会弊端。针对时弊，举国上下，都痛感大有弘扬科学精神之必要，报刊上、会议上常有关于科学精神的探讨。例如，任仲平认为科学精神包括：探索求真的理性精神，实验取证的求实精神，开拓创新的进取精神，竞争协作的包容精神，执著敬业的献身精神。④ 再如，蔡德诚认为科学精神的实质性的要素和内涵可概括为六条：客观的依据、理性的怀疑、多元的思考、平权的争论、实践的检验、宽容的激励。⑤

以上种种都是对于科学精神的相当精辟的概括，虽然存在着多元的理解，然而也能明显地看出其中的共识。科学方法与科学精神的相辅相成和相得益彰，就是一种共识。培养科学精神，需要学习科学知识和掌握科学方法，弘扬科学精神，必须有科学方法这种实际能力作为内在的支撑和保证；

① 王大珩、于光远主编：《论科学精神》，中央编译出版社 2001 年版，第 35、109 页。
② 《竺可桢文集》，科学出版社 1979 年版，第 229—233 页。
③ R.K. 默顿："科学的规范结构"，林聚任译，《哲学译丛》，2000 年第 3 期，第 56—60 页。
④ 龚育之：《党史札记》，浙江人民出版社 2002 年版，第 373 页。
⑤ 王大珩、于光远主编：《论科学精神》，中央编译出版社 2001 年版，第 115—122 页。

而要发挥科学方法的作用和力量，又需要科学精神和科学思想作为目标、方向和理性的导引。总之，科学方法和科学精神是难解难分、相互交融的。实际上，现在常说的所谓"四科"：科学知识、科学思想、科学方法、科学精神，这四者也同样是难解难分、相互交融的。

方法的重要性是否已经不言而喻，众所公认了呢？在科学工作中，在社会生活中，人们在实际做事的时候，是否都能成为注意方法的"有心人"呢？是否对方法之优劣高下都能够认真加以考虑和比较，从而尽可能选取最优或较优的方法呢？并不尽然。现实告诉我们，由于方法不对头而误事，甚至造成巨大损失和灾难的情况屡屡发生。所以，仍然需要不断地向人们强调方法之重要，并从理论上对科学的方法加以探讨、阐述和广泛宣传，使科学方法的重要性真正深入人心。

第二节 方法论：哲学与科学的纽带

一、方法论和方法论研究的三个层面

以方法作为研究对象，已形成了专门的学问——方法论。方法论是从认识论的角度总结人类认识世界、改造世界、保护和发展世界的经验，探讨各种方法的性质和作用以及方法之间的相互联系，概括出关于方法的规律性的理论知识。

对于方法论的意义和作用，人们存在着不同的看法。有的科学家完全否定方法论的作用，强调科学研究方法的自由，美国著名物理学家，操作主义的代表人物 P. W. 布里奇曼甚至说："有多少位科学家，就会有多少种科学方法"[1]，认为在科学中不存在共同的一般的方法，没有可能也没有必要研究科学方法论。我们认为，不但每个科学家在研究方法上有自己的风格、习惯和特点，不同的学科因对象不同，更有各门学科所特有的研究方法，比如物理学实验、化学实验、生物学实验表面看来是迥然不同的，甚至物理学

---

[1] P. W. 布里奇曼：《一个物理学家的反省》（1955 年），转引自 G. 霍尔顿等编：《运动的概念》，陈寿祖译，文化教育出版社 1981 年版，第 27 页。

中热学、光学、电学的实验也有很明显的差别。但是作为科学实验方法，是否有共同之点呢？是否有一些共同的必须遵守的原则呢？我们认为是有的。"个别中存在着一般"，不但实验方法有，科学研究中的各种方法都有。从个别人、个别学派、个别学科的研究方法和研究经验中，总结出一般的共同性的东西，概括出科学研究这种认识过程的规律，这就是方法论。这种研究不但是可能的，而且是必要的。

还有人认为：像观察、实验这样一些具体方法是可以加以研究和总结的，但是思维过程比较复杂，除了一些逻辑推理过程，可以总结出一般的方法（如归纳，演绎等）外，还有一些充分体现人的创造性才能的思维环节，如一些巧妙的想法或构思，一些新的思路或观念的突现，似乎是说不清楚也无法总结的，或者说"只可意会，不可言传"。我们认为，只要是客观存在的事实，都是可以在一定条件下加以研究和逐步达到较多的认识的，也有可能由浅入深，逐步给予说明。虽然研究人的思维现象是相当困难的，但是随着脑科学、思维科学以及心理学、人工智能等学科的发展，对于灵感、直觉、意会、想象和幻想等现象的研究早已提到日程上来了。对这些心理现象怎样在认识活动中产生，怎样起作用，人们已逐步总结出一些有益的带有一定规律性的经验知识。

还有一些人对方法论有不恰当或不合理的要求，以为研究和学习方法论，就应该从中得到解决各种问题的具体方法。其实，研究方法论，是在承认"个别中存在着一般"这个前提下，从个别中抽取出一般，也就是从各种各样个别的具体方法中间概括出思想方法和研究方法的一般原则。但是，不能用"一般"去代替"个别"。方法论提供给我们的是一般性的原则，而不是具体的方法本身。就以完成任务需要"桥"或"船"的比喻来说，方法论并不能给我们提供现成的"桥"或"船"，但是教给我们认识造"桥"和"船"的重要性，以及怎样造更好的"桥"或"船"的一般原则。这种一般性原则常常能给我们以重要的提示、启发或指引，使我们在各项工作中更好地发挥主观能动性，更自觉地去创造或选择良好的甚至是巧妙的方法。

方法论作为历史上各种方法的总结，帮助我们吸取前辈的经验教训，少走弯路，善于走"捷径"，用"巧劲"。而要高效率地完成任务，还需要在方法论所提供的一般性原则下，结合具体情况寻找或创建具体的合适的方法，不应奢望从方法论中立刻找到现成的解决问题的方案，但要重视从方法论中获得的提示、启发或指引，而这正是方法论的价值所在。

总结一般的方法论原则，绝不是设定固定的教条或框架，用一套固定化的模式或程序去束缚人们的手脚，而是提供经验使人们从事研究工作时有所参考，努力使所运用的方法更好地符合客观实际，符合认识规律。只有这样才能获得真正的自由，更充分地发挥人们的聪明才智和创造精神，否则，所谓的自由就会带有主观盲目性，甚至会重蹈前人的覆辙，再走前人走过的弯路。

总的看来，方法论的研究已形成了三个层面：第一个层面是具体的各门学科的方法论或方法学；第二个层面有概括自然科学研究方法的自然科学方法论和概括社会科学研究方法的社会科学方法论；第三个层面是从哲学的认识论的高度，从自然科学方法论和社会科学方法论概括和总结出最一般的方法论。这三者大体上呈现出个别——特殊——普遍的关系。

正像哲学家对"方法"有不同的定义一样，对于什么是方法论，怎样研究方法论也存在着不同的认识，在研究的内容方面也会各自抓住不同的重点。有的人针对某一种或某几种具体方法深入细致地剖析以总结经验；有的人研究某一个或某几个典型案例，从翔实的经验资料中使人获得"举一反三"的启示；有的人则对历史上已经成熟的各种方法作比较系统的论证；有的人针对某些带有共同性、普遍性的方法进行哲学反思，以寻求新的理论认识和概括。不同作法都是有益的。人类的科学认识和社会实践都在不断向前发展，方法论的研究也必然是要向前发展的，不应给它划定疆界，规定范围。当然，研究方法论应有共同的目的，就是在"方法"方面吸取前人的经验教训，以提高我们思想方法的水平，增强我们做事的本领。在这个总目标下，从各种途径开展研究，总结经验，都是宝贵的。

二、方法论：哲学与科学的纽带

方法论，特别是居于中间层次的科学方法论，是科学家和哲学家都感兴趣又都能有所作为的一个研究领域，作为联结科学与哲学的桥梁和纽带，其研究成果体现出科学和哲学的融合，既有益于科学，也有益于哲学。历史上许多有重要贡献的科学家和哲学家，都曾经从不同的方面或不同的层面对方法进行考察和总结，提出过很多精辟的见解，写过不少专门的论述，甚至有直接命名为方法论的著作，这些都应视为方法论的重要研究成果。从我们接触到的古今中外的方法论著作看，这些科学家、哲学家，确实是"八仙过海，各显神通"，各有重点，各有特色，各从不同的思路进行研究，都对方法论的发展做出了贡献。①

古希腊的亚里士多德（公元前384—322）被公认是逻辑学这门专门研究人的思维推理形式和规律的学科的创始人。后人将其逻辑学定名为"形式逻辑"，它的诞生有两方面的来源，一是古希腊社会生活中盛行的辩论术，一是古代最发达的学科——数学。

苏格拉底（公元前469—399）最早研究了辩论方法，他提出的"问答法"就是通过向对方提问，从对方的回答中发现矛盾，提出诘难，诱导对方做出新结论；经过不断地盘根究底地追问，把对方置于有进无退的境地，直至做出与其出发点相背离的推论，陷入自相矛盾之中。柏拉图（公元前428—348）发展了苏格拉底的问答法，并把研究如何提问和如何回答问题的学问叫做"辩证法"，在他的论述中已包含了归纳法和演绎法的萌芽。在辩论术中，对于如何驳倒对方和如何确立自己的论点这一类问题的研究，在亚里士多德那里得以集大成，包含在其早期著作《论辩篇》（也译为《论题篇》）中。

亚里士多德是熟悉数学的，他的有关推理和证明的论述正是从几何学证明方法中抽象出来的。而后来著名的数学家欧几里得（公元前323—275?）在总结几何学知识、撰写《几何原本》时，又明显地运用了亚里士多德的逻辑方法，把几何学整理成比较完整和严密的逻辑体系。可见，自古以来，数学和逻辑学在思想方法上就是紧密联系、相互促进的。

亚里士多德的逻辑学论著由他的后继者编集成书，因内容多属讨论研究学问的工具，故将此书命名为《工具论》。书中对概念（范畴）、判断、推理的逻辑结构和规则作了系统的阐述，总结出演绎推理的三段论图式，还对推理过程中由于违背逻辑规则而可能发生的谬误，作了系统的分析和分类。

---

① 参见孙小礼：《科学方法论史纲》，人民出版社1988年版；孙小礼主编：《自然辩证法通论》第二卷《方法论》第十章科学方法论的历史概述（李慎撰写），高等教育出版社1993年版，第274—329页。

"方法论"一词是英国哲学家 F·培根（1561—1626）首创的，他是近代以来系统地研究科学方法的先驱者，他第一个提出要以方法体系武装科学，并把这一思想体现在自己的著作《新工具》（出版于 1620 年）中。他把此书称为《新工具》，就是为了区别于亚里士多德的《工具论》，目的是要用一种新的逻辑学来代替亚里士多德的逻辑学，即用他新建立的归纳逻辑来代替三段论式的演绎逻辑。他推崇和倡导实验方法，认为实验和归纳是相辅相成的，都是科学研究的工具，都是科学发现的方法。他深刻地看到了实验对于提示自然奥秘的重要作用，他说："自然的奥秘也是在技术的干扰之下比在其自然活动时容易表露出来。"① 人们通过实验干扰和控制自然，逼迫自然招供，从而使人们获得对自然规律的认识。培根研究哲学和倡导的归纳法正是实验科学中探求因果联系的方法。

17 世纪上半叶，法国科学家和哲学家笛卡尔（1596—1650）也以研究科学方法著称。他对天文、物理、生物等许多领域都有所涉猎和研究，作为解析几何的创始人，对数学的发展做出了划时代的重大贡献。他于 1637 年出版的第一部论著就是《谈谈正确运用自己的理性在各门学问里寻求真理的方法》，现在中译本简译为《谈谈方法》②。这部方法论专著是用通俗易懂的自传体写成的，是他自己从事科学研究的经验总结，并附有三篇附录：《几何学》、《折光学》和《气象学》，是三个运用他的科学方法的范例，其中《几何学》正是他的数学创造——解析几何，这部《几何学》也是笛卡尔的唯一的一部数学专著。

笛卡尔认为，"在逻辑方面，三段论式和大部分其他法则只能用来向别人说明已知的东西"，"并不能求知未知的东西"，所以他想寻找另外的方法，这种方法包含他所熟悉的逻辑学、几何学、代数学这三门学问的长处，而不包含它们的短处。他相信："用不着制定大量规条构成一部逻辑"，对于他的新方法只列出了四条绝不应违反的原则。③

第一条是：凡是我没有明确地认识到的东西，我决不把它当成真的

---

① F. 培根：《新工具》，《十六——十八世纪西欧各国哲学》，北京大学哲学系外国哲学史教研室编译，生活·读书·新知三联书店 1958 年版，第 42 页。

②③ 笛卡尔：《谈谈方法》，王太庆译，商务印书馆 2000 年版，第 15—16 页。

接受。也就是说，要小心避免轻率的判断和先入之见，除了清楚分明地呈现在我心里、使我根本无法怀疑的东西以外，不要多放一点别的东西到我的判断里。

第二条是：把我所审查的每一个难题按照可能和必要的程度分成若干部分，以便一一妥为解决。

第三条是：按次序进行我的思考，从最简单、最容易认识的对象开始，一点一点逐步上升，直到认识最复杂的对象；就连那些本来没有先后关系的东西，也给它们设定一个次序。

第四条是：在任何情况之下，都要尽量全面地考察，尽量普遍地复查，做到确信毫无遗漏。

培根和笛卡尔都是反对中世纪那种繁琐论证的经院哲学的先锋，都认为只靠三段论式的推理不能获得新的知识，他们分别提出了新的方法论以代替亚里士多德的逻辑学。培根强调实验和归纳，笛卡尔重视数学和演绎。对于知识的起源问题和知识的可靠性问题，培根强调经验，认为一切可靠的知识来源于经验；而笛卡尔则认为只有依靠理性才能真正认识世界。在哲学史上，培根和笛卡尔分别成为经验主义哲学和唯理主义哲学的代表人物。此后，西方的哲学家也都依照他们对这些问题的观点的基本倾向而被划分为两派。霍布斯（1586—1679）、洛克（1632—1704）、休谟（1711—1776）等属于经验主义派，对英国的哲学和科学有比较明显的影响。而斯宾诺莎（1632—1677）、莱布尼兹（1646—1716）等属于唯理主义派，其思想在法国、德国等欧洲大陆国家盛行。他们的哲学著作按照不同的倾向论述科学方法，或强调经验，或强调理性，从而分别给予科学家以不同的思想影响，甚至形成两种不同的思想传统。

然而在科学实践中真正做出重大贡献的科学家，都是善于把经验和理性结合起来的。例如，伽利略是近代自然科学的开创者和近代科学方法的奠基人之一，他所创立的实验和数学相结合、实际实验和理想实验相结合的科学方法开辟了研究自然的有效途径，而这一途径正是体现了两种思想传统的融合。

再如，牛顿既重视实验和归纳，也重视数学和演绎，并在科学研究中把两者有机地加以结合，取得了划时代的科学成就。他在名著《自然哲学的数学原理》中提出了进行科学研究的四条法则：

法则 I：除那些真实而已足够说明其现象者外，不必去寻求自然界事物的其他原因。

法则 II：对于自然界中同一类结果，必须尽可能归之于同一种原因。

法则 III：物体的属性，凡既不能增强也不能减弱者，又为我们实验所能及的范围内的一切物体所具有者，就应视为所有物体的普遍属性。

法则 IV：在实验哲学中，我们必须把那些从各种现象中运用一般归纳而导出的命题看作是完全正确的，或者是非常接近于正确的；虽然可以想象出任何与相反的假说，但是没有出现其他现象足以使之更为正确或者出现例外以前，仍然应当给予如此的对待。

这四条法则后来成为科学家们赖以进行工作的准则，既充分发挥实验的作用，也充分发挥思维的作用。

又如爱因斯坦，他受到经验主义和唯理主义两种传统的影响，然而他能做出重大科学创造，正是由于他的思想突破了这两大传统。正像我国著名物理学家周培源所说：爱因斯坦"受到斯宾诺莎、莱布尼茨、休谟、康德、马赫的影响较深"，"在哲学上，他议论最多的是认识论问题。他既强调经验是一切知识的源泉，又强调思维能掌握实在，认为一个自然科学家不可避免地要在经验论和唯理论之间摇摆。这种看法，表明他的科学创造经验要求他突破经验论和唯理论的框框……"①

近代科学产生以后，由于实验方法的逐步完善，以及实验方法与理论方法的有机结合，促使科学节节进步。在很长一个时期，方法论的研究都是围绕着实验方法的种种问题展开的，诸如：归纳方法的局限和困难，观察、实验与理论的相互关系，理论的实验检验问题，以及实验方法能否应用于医学研究和社会研究等等。

① 《周培源文集》，孙小礼、盛森芝主编，北京大学出版社2002年版，第83—84页。

　　比较起来，在物理学的研究中实验与理论结合得最为成熟，而遇到的困难也表现得最为清楚，很多物理学家和哲学家都对其中的经验和难题作过探讨。例如，法国物理学家、科学史家和科学哲学家皮埃尔·迪昂（1861—1919）1906 年出版的名著《物理理论的目的与结构》就是一部很有特色的代表性著作。[①] 他认为构成物理理论的方法要经过四种基本工作：（1）物理量的定义和测量；（2）假说的选择；（3）理论的数学展开；（4）理论与实验的比较。最引人注目的是，他用物理学史的实例论证了自培根以来人们所公认的"判决性实验"实际上是不存在的，从而引起热烈讨论。

　　实验方法进入医学，使医学有了大踏步的进步，然而这已是 19 世纪的事情了。原先人们总以为医学只应该是一门观察的科学，而不应该是实验的科学，满足于观察和比较健康人与病人展示的不同现象，据此进行推理和研究。然而法国生理学家克洛德·贝尔纳（1813—1878）于 1865 年出版了《实验医学研究导论》一书，他说："我认为医学必须成为一门实验和进步的科学，也正由于这一点信念，我才着笔写这一部著作。"他全面论述了观察和实验方法，特别详细地讲述了生物学和医学的实验，还讨论了实验和理论，以及医学和哲学的关系。这部实验方法论的力作至今还在各国陆续出版。[②]

　　在 19 世纪、20 世纪之交，杰出的数学家、物理学家和科学哲学家庞加莱（1854—1912）在成名之后，很乐意向人们通俗地讲解数学和科学中的思想和方法，介绍自己的创造过程和实际经验。他的著作《科学与假设》、《科学与方法》、《科学的价值》等在全世界有广泛影响[③]。物理学家和科学哲学家马赫（1838—1916）非常重视科学的历史和科学的方法，爱因斯坦认为：马赫及其著作"对当代自然科学家在认识论上的倾向有极大的影响"。[④] 其实这一评价也同样适用于爱因斯坦自己，特别是他与英费尔德于

　　① P. Duhem, *The Aim and Structure of Physical Theory*, translated by Philip P. Wiener, Princeton University Press, 1954.

　　② ［法］克洛德·贝尔纳：《实验医学研究导论》，夏康农、管光东译，商务印书馆 1996 年版。

　　③ 《科学之价值》，文元模译，商务印书馆 1932 年版；《科学与方法》，郑太朴译，商务印书馆 1933 年版；《科学与假设》，叶蕴理译，商务印书馆 1957 年版；《科学的价值》，李醒民译，光明日报出版社 1988 年版。

　　④ 《爱因斯坦文集》第一卷，许良英、范岱年编译，商务印书馆 1976 年版，第 83—84 页。

1938 年合著出版的《物理学的进化》就是一本在物理的思想和方法方面影响极大的书。①

1987 年，著名物理学家杨振宁在北京的一次与青年学生的座谈中，对于物理学与哲学的关系，表达了这样一种观点，即认为存在两种哲学：第一种哲学是哲学家的哲学；第二种哲学是对物理问题的中距离的甚至是近距离的看法。这第二种哲学对于物理学有着关键性、长期性的影响，因为它决定了一个物理学家喜欢提什么问题，喜欢了解什么问题，当一个问题来时喜欢用什么方法去解决。这种哲学与一个人的风格、喜好有极为密切的关系，对一个人的研究成就有决定性的影响。每一个科学家根据他过去的经验都会形成他自己的这种哲学。②

我想，这第二种哲学何止是物理学家的哲学，实际上，可以推广说，这第二种哲学正是科学家的哲学。前面我所列举的一些著名论述和著作，就是一些有成就的科学家们根据自己的亲身实践，总结出的自己的科学思想观点和科学研究方法的准则，这类论及科学方法的书正是杨振宁先生所说的科学家自己的哲学。由于他们所论述的大都是对于科学问题或科学方法的中距离的，甚至是近距离的看法，所以特别能够引起科学工作者的兴趣和共鸣，因而在科学界的影响也特别大。

这类第二种哲学的书籍不断有新著问世，很多名著已有中文译本，都是启人心智的方法论著作。③ 在我国，早在 20 世纪三四十年代，陆续有科学家和哲学家撰著科学方法和科学方法论方面的书籍，④ 一些《科学概论》书

① A．爱因斯坦、L．英费尔德：《物理学的进化》，上海科学技术出版社 1962 年版。
② 《科技日报》1987 年 1 月 25 日。
③ 动物病理学家贝弗里奇：《科学研究的艺术》（科学出版社 1979 年版）、数学家乔治·波利亚：《数学的发现》（内蒙古人民出版社 1980 年版）、物理学家汤川秀树：《创造力与直觉》、《人类的创造》（河北科学技术出版社 2000、2002 年版），以及哲学家、科学哲学家 K·波普尔的《科学发现的逻辑》（上海译文出版社 1986 年版）、科学哲学家托马斯·库恩的《科学革命的结构》（北京出版社 2003 年版）、科学哲学家伊·拉卡托斯的《科学研究纲领方法论》（商务印书馆 1992 年版）、科学史家 G·霍尔顿的《物理科学的概念和理论导论》上下册（人民教育出版社、高等教育出版社 1983、1987 年版）等。
④ 化学家王星拱：《科学方法论》（北京大学出版部 1920 年版）、数学家胡明复：《科学方法》（商务印书馆 1931 年版）、生物学家汪敬熙：《科学方法漫谈》（商务印书馆 1940 年版），以及哲学家黄子通：《科学方法研究》（1936 年版）、逻辑学家汪奠基：《科学方法》（出版年代不详）、石兆棠：《科学方法论》（上海中华书局 1942 年版）、何兆清：《科学思想概论》（商务印书馆 1943 年版）等。

中常包括科学方法论的内容;在中国科学社主办的《科学》和辛垦书店主办的《二十世纪》等杂志上,也常刊登有关科学方法的文章。

科学的方法论,应该是一种"建立在通晓思维的历史和成就的基础上的理论思维"。① 由于自然科学发展得较早,并取得了举世公认的卓越成就,各门学科都具备了比较成熟和富有成效的研究方法,许多学科还形成了本门学科的方法论或方法学,这些都为更普遍的自然科学方法论的研究提供了丰富的源泉。

自 1949 年以来,在我国,科学方法论的研究是与马克思主义哲学的认识论研究联系在一起的,同时,也总是与科学技术工作相联系。在 1956 年制定的 12 年(1956—1967)全国科学规划中和 1978 年制定的 8 年(1978—1985)全国科学技术规划中,都包括有自然辩证法的研究规划,而自然科学方法论则是其中的一个重要方面。在高等学校开设的科学技术哲学(原称自然辩证法)课程中,自然科学方法论也一直是这一课程的一个重要组成部分。

近些年来,我国科学家和哲学家以及科学哲学(自然辩证法)工作者努力运用辩证唯物主义观点研究科学方法论,把哲学和科学有机地结合起来,不但在报刊上发表了很多文章,而且不断出现新的专著。②

20 世纪以来,社会科学家、人文科学家也日益重视方法论的研究,出现了各种学科如政治学、社会学、经济学、法学以及历史学、文艺学、语言学等的方法论或方法学。在我国,自上一世纪 80 年代中期起,社会科学和人文科学方法论的研究日渐增多,翻译成中文的外国著作和我国学者编著的

---

① 恩格斯:《自然辩证法》,人民出版社 1971 年版,第 187 页。

② 王梓坤:《科学发现纵横谈》(上海人民出版社 1978 年版)、《科学发现纵横谈新编》(北京师范大学出版社 1993 年版)、《莺啼梦晓——科研方法与成才之路》(上海教育出版社 2002 年版)、肖纪美:《梳理人、事、物的纠纷——问题分析方法》(清华大学出版社、暨南大学出版社 2000 年版)、许国志主编:《系统工程与工程研究》(上海科技教育出版社 2000 年版)、周立伟:《科学研究的途径》(北京理工大学出版社 2007 年版)、陈昌曙主编:《科学方法论丛书》(辽宁人民出版社 1985—1986 年版)、袁运开主编:《自然科学方法论研究》(华东师范大学出版社 1988 年版)、张巨青主编:《认知与方法丛书》(浙江科学技术出版社 1990 年版)、傅世侠、罗玲玲:《科学创造方法论》(中国经济出版社 2000 年版)、孙小礼主编:《自然辩证法通论》第二卷(方法论)(高等教育出版社 1993 年版)、《科学方法中的十大关系》(学林出版社 2004 年版)等。

书籍都越来越多，① 社会科学方法论的研究方兴未艾。

截至 2006 年，从北京国家图书馆的书目看，中文的方法论书籍共有 454 本、译著 119 本，其中 2001—2006 年间出版的方法论图书共 170 本、译著 22 本。同全国的自然科学、工程技术、社会科学、人文科学的书籍相比，方法论书籍只是区区小数。以方法论（Methodology）主题的外文图书有 3967 本，仅上世纪的 90 年代，英文的方法论书籍就有 1100 多种。2001—2006 年间出版的有 1072 种，专题研究较多，论文集较多，自然科学和社会科学的分界不像中文书那么明显。

纵观历史，从古至今，无论以整体性思维为特征的古代、以还原论思维为特征的近代，还是以系统论思维为主导的现代，方法论始终是一个哲学与科学相交融的研究领域，各种方法论著作都呈现为联结科学与哲学的纽带。然而就我国的目前情况看，方法论的研究还比较薄弱。为适应发展哲学和发展科学的需要以及培养人才的需要，还要大力提倡和加强方法论的研究和传播。

第三节　马克思主义哲学与方法论

一、方法论演进史上的一个里程碑

方法论是辩证唯物主义的一个组成部分。19 世纪马克思主义哲学的诞生，在科学方法和方法论的发展史上树起了一个新的里程碑。这是因为，马克思主义哲学第一次最明确地把实践引入了认识论，达到了对人的认识活动

---

① ［美］艾尔·巴比：《社会研究方法》第八版（华夏出版社 2000 年版）、第九版（清华大学出版社 2003 年版）、［美］罗伯特·K. 殷：《案例研究：设计与方法》第三版（重庆大学出版社 2004 年版）、［美］贝蒂·H. 齐斯克：《政治学研究方法举隅》（中国社会科学出版社 1985 年版）、［英］罗杰·E. 巴克豪斯编：《经济学方法论的新趋势》（经济科学出版社 2000 年版）、［美］D. K. 维索茨基：《社会研究方法读本》（北京大学出版社 2004 年版）、［德］卡尔·拉伦茨：《法学方法论》（商务印书馆 2003 年版）、袁方主编：《社会研究方法教程》（北京大学出版社 1997 年版）、陈向明：《质的研究方法与社会科学研究》（教育科学出版社 2000 年版）、张铭、严强：《政治学方法论》（苏州大学出版社 2003 年版）、唐盛明：《社会科学研究方法新解》（上海社会科学院出版社 2003 年版）、李可、罗洪洋：《法学方法论》（贵州人民出版社 2003 年版）、林聚任、刘玉安：《社会科学研究方法》（山东人民出版社 2004 年版）等。

的本质的理解，从而也使方法论的研究达到了新的境界和新的高度。实践之引入方法论表现在以下三个方面：

首先，实践是主体和客体相互联系、相互作用的关键环节。实践既是经验的来源，又是人的理性认识的物化。过去，在知识的起源问题上分道扬镳的经验主义和理性主义，各执一个侧面，都具有明显的片面性。实际上，在历史上有所作为的科学家和哲学家在自己的研究实践中，特别是在自己的研究方法中，都是力图把经验和理性协调起来、综合起来的。事实证明，只有在实践的基础上，在实践这一环节中，才能使经验和理性达到真正的内在的统一，才能使人们对客体获得正确的或比较正确的认识。

其次，实践为人的认识的真理性提供了一个客观的检验标准。马克思在《费尔巴哈论纲》中深刻地指出："人的思维是否具有客观的真理性，这不是一个理论的问题，而是一个实践的问题。"[①] 诚如恩格斯所说：对于"一切哲学上的怪论的最令人信服的驳斥是实践，即实验和工业。既然我们自己能够制造出某一自然过程，按照它的条件把它生产出来，并使它为我们的目的服务，从而证明我们对这一过程的理解是正确的，那么康德的不可捉摸的'自在之物'就完结了"。[②]

由于实践本身是历史的、发展的，所以认识真理是一个过程，检验真理也是一个过程。列宁在论述实践标准时指出："在这里不要忘记：实践标准实质上决不能完全地证实或驳倒人类的任何表象。这个标准也是这样的'不确定'，以便不让人的知识变成'绝对'，同时它又是这样的确定，以便同唯心主义和不可知论的一切变种进行无情的斗争。"[③]"人类思维按其本性是能够给我们提供并且正在提供由相对真理的总和所构成的绝对真理的。科学发展的每一个阶段，都在给这个绝对真理的总和增添新的一粟，可是每一科学原理的真理的界限都是相对的，它随着知识的增加时而扩张、时而缩小。"[④]

马克思主义运用"实践"观点说明："自在之物"能够通过实践转化为"为我之物"；而相对和绝对的辩证关系，则是理解人的认识的曲折性和复

---

① 《马克思恩格斯选集》第 1 卷，人民出版社 1995 年版，第 55 页。
② 《马克思恩格斯选集》第 4 卷，人民出版社 1995 年版，第 225—226 页。
③④ 《列宁选集》第 2 卷，人民出版社 1995 年版，第 103、95 页。

杂性的一把钥匙。

第三，马克思主义重视人在实践活动中的主观能动作用。马克思曾说，最蹩脚的建筑师比最灵巧的蜜蜂高明，因为他在用蜂蜡建筑蜂房以前，已经在自己的头脑中把它建成了。人是有目的、有计划地按照对客观世界所认识到的规律在进行劳动的，为了实现自己的意图，创造性地认识世界、改造世界和保护世界。

马克思主义经典作家对辩证唯物主义的思想方法和方法论有许多重要论述，详见《马克思恩格斯列宁斯大林〈思想方法论〉》等书。① 在《自然辩证法》中，恩格斯对体现在自然科学研究方法中的人的思维方面的能动作用更有许多具体的考察和精辟的论述。例如，在谈到分子和原子的时候，他说："在这里必须用思维，因为原子和分子等等是不能用显微镜来观察的，而只能用思维来把握。"② 对热力学中卡诺研究热机的方法，即设计一部理想热机来进行研究的抽象思维方法给予极高的评价。恩格斯对理论思维的一些具体形式如概念、假说等都是十分重视的，他认为只要自然科学在思维着，它的发展形式就是假说。他指出："一个民族想要站在科学的最高峰，就一刻也不能没有理论思维。"③

马克思主义哲学建立时注意吸取人类历史上的各种思想精华，特别认真地考察和汲取了 19 世纪科学思想和哲学思想的精华。正因为如此，马克思主义哲学才成为一个"伟大的认识工具"，在世界各国学术界受到人们的高度重视。

法国科学家郎之万（1872—1946）在 1945 年的法国百科全书二百周年纪念会上的演讲中说，辩证唯物主义表现为一次巨大的革命。他强调马克思主义的思想方法对于人类的理性和科学家的认识的必要性。④

英国科学家和科学学家 J．D．贝尔纳（1901—1971）认为，马克思和恩格斯创立的新科学是一个巨大的成就，可与伽利略对自然科学的贡献相

---

① 解放社编：《马克思恩格斯列宁斯大林〈思想方法论〉》，人民出版社 1949 年第 1 版；1963 年第 6 版；黎澍主编：《马克思恩格斯列宁斯大林〈论历史科学〉》，人民出版社 1980 年版。
② 恩格斯：《自然辩证法》，人民出版社 1984 年版，第 66 页。
③ 恩格斯：《自然辩证法》，人民出版社 1971 年版，第 29 页。
④ 参看郎之万：《思想与行动》，三联书店 1957 年版。

比，可与达尔文对生物学的贡献相比。他指出："马克思主义的价值在于它是一个方法和行动的指南。"①

英国科学家和数学家莱维（Hyman Levy）在 1938 年于伦敦出版的巨著《现代科学》（*Modern Science*）的结语中，把科学方法演进的历史分为三个阶段：第一阶段，努力把自然律从神秘的教条中解放出来，直到 17 世纪初。第二阶段，是机械的决定论时期。第三阶段，踏入了新的更科学的辩证法时代。

我国著名的前辈数学家、北京大学江泽涵教授在读了《资本论》第一卷以后，深有感慨地说："马克思研究资本主义的方法同我们研究数学的方法是一样的，《资本论》的论证方法同我们的数学的论证方法一样，都是严密地从逻辑上一步步推理和展开，无懈可击，令人信服。"数学的特点是高度的抽象性和逻辑的严密性，而马克思也特别强调研究经济问题要运用抽象力，即抽象思维的力量，而其研究成果《资本论》的论述正是以逻辑的严密而著称于世。

自 20 世纪 50 年代起，我国许多科学家，包括自然科学家和社会科学家，都非常赞赏毛泽东在其哲学著作《实践论》中所说的："要完全地反映整个的事物，反映事物的本质，反映事物的内部规律性，就必须经过思考作用，将丰富的感觉材料加以去粗取精、去伪存真、由此及彼、由表及里的改造制作工夫，造成概念和理论的系统。"都认为其中的"去粗取精、去伪存真、由此及彼、由表及里"这十六个字精辟地概括了科学的思想方法和研究方法的精华。实际上，这十六个字也正是表达了自然科学和社会科学的共同的思考方法和共同的科学目标。

从以上科学家们对马克思主义哲学的评价，可以看出，辩证唯物主义思想作为方法论演进史上的一个新的里程碑，在科学界产生的重大而又深远的影响。

二、关于方法论的范畴研究

虽然研究自然和研究社会由于对象之不同，在方法上有很大差异，这种

---

① 贝尔纳：《科学的社会功能》，商务印书馆 1982 年版，第 550 页。

差异是不容漠视的，绝对不能抹杀的。然而也不应忽视自然科学与社会科学有相统一的方面，就方法而言，异中也有同，两者也有许多相通之处。

在马克思主义哲学的经典著作中曾有对于归纳和演绎、分析和综合、具体和抽象、相对和绝对等哲学范畴的分析，特别是对各对范畴的辩证关系的分析是很深刻的，给人以思想上的启迪。而这些范畴正是在自然科学研究和社会科学研究中都要运用的，尤其是各对范畴的相互关系，无论是自然科学家还是社会科学家都是要经常面对、必须处理的，处理得是否得当常常关系研究工作的成功和失败。

我国著名哲学家张岱年先生在其《中国哲学史方法论发凡》中，论述了哲学思想的理论分析方法，特别强调要注意和分析哲学的概念范畴。而所谓范畴，就是指基本概念，即关于事物的基本类型的概念。

我们从马克思列宁主义经典著作的有关论述和张岱年先生的这一论见中获得启示，要从哲学层面上，从认识论层面上，存异求同，探讨自然科学和社会科学共同关心的方法论问题时，必须认真地从自然科学家和社会科学家的科研实践中提炼出一些共同的基本概念，运用哲学的范畴思维来概括、表达和提升人们研究自然和研究社会的共同经验，以推进辩证唯物主义方法论的研究。

顺着这一思路，我们提出了"方法论的范畴研究"的设想，列出了自然科学和社会科学都需要研究的一系列对立的范畴：主体和客体、已知和未知、部分和整体、归纳和演绎、分析和综合、具体和抽象、历史和逻辑、经验和理论、模型和原型、定性和定量、精确和模糊、简单和复杂、有限和无限、微观和宏观、连续和离散、状态和过程、确定和随机、逻辑和非逻辑、线性和非线性、平衡和非平衡、对称和非对称、有序和无序、系统和要素、同一和差异、学习和创造、战略和战术、成功和失败、正确和错误、感性和理性、相对和绝对等。

我们曾把对某些范畴的思考和心得在课堂上给北大的研究生们讲过，也写成某些专题文章发表过，有的专题（如模型和原型等）提交过有关的国际学术会议。从一些学生的反映和国内外学者的来信中可以看出，这样的研究引起了相当多人的共鸣和兴趣，其中有自然科学工作者，也有社会科学工作者。经过十多年的酝酿和探讨，我们确认这样的方法论研究是符合 21 世纪的科学发展潮流的，有现实意义也有理论意义，有益于自然科学、有益于社会科学，也有益于哲学。

在上述所列的诸对范畴中，从方法论的角度看，**模型与原型**居于最为突出的核心地位，可以说，如果没有模型这种有力工具，就不可能有现代科学。在自然科学的研究工作中运用物质形式和思维形式这样两类模型，而在社会科学的研究中则主要是运用思维形式或理论形式的模型。有的科学家深有体会地指出：模型方法乃是现代科学方法的核心。本篇特以第二章比较展开地来论述模型方法的意义和作用。在第三章中选择了以下六对范畴：**已知与未知、归纳和演绎、分析与综合、抽象与具体、定性与定量、学习和创造**，分别地试作一些探讨和分析，希望能对方法论的范畴研究起一点抛砖引玉的作用。

第　二　章

现代科学方法的核心：模型

——科学研究中的模型和原型

　　构建模型，把模型用作研究客体的一种手段，这是人类在认识世界和塑造世界的实践过程中的一大创造。例如，早在古代，人们就用抽象符号绘制表示地理位置的地图，地图就是一种常见的模型。

　　人类在制作和运用模型的悠久历史中，积累了丰富的经验，逐渐形成了具有普适性的模型方法。现在，在各种科学研究活动中，各种工程建设活动中，与电子计算机的使用相配合，几乎到处都能看到模型的作用。可以说，如果没有模型这种有力工具，就不可能有现代科学。有的科学家深有体会地指出：模型方法乃是科学方法的核心。[①]

　　一些科学家们明确地认为：科学知识是由一系列抽象模型（最可取的是形式模型，特殊场合是实体模型）所组成的。并且强调，不完全的模型（由于它可能是不完善的）是由科学所发展的用于理解世界的唯一手段。[②]

　　现代科学的研究对象，即原型客体，包括自然现象和社会现象，都日趋复杂，使研究工作面临种种困难。事实上，对于一个难于直接下手研究的复杂客体，怎样着手研究，能不能顺利地进行研究，其关键常常就在于能不能

---

　　① 在联合国教科文组织编的《科学对社会的影响》，1981 年，No. 4 中载有英国开放大学 G. S. Holister 教授所撰《赞颂模型方法》一文，他说：模型方法乃是人们所说的"科学方法"的核心。

　　② 引自 A. 罗森勃吕特、N. 维纳的文章《模型在科学中的作用》，《自然辩证法学习通讯》1981 年第 4 期第 37、22 页。

针对所要研究的问题构建出一个比较合适的科学模型。

在近几十年来的复杂性研究中，有科学家把系统理论看成是模型理论，因为各种不同类型的系统实际上就是不同类型的模型。当前，把系统简化成网络模型，用网络理论对复杂系统进行研究是比较有效的一种方法，而网络理论也可以看成是模型理论。①

第一节　科学模型及其两种形式

科学模型是人们按照科学研究的特定目的，在一定的假设条件下，用物质形式或思维形式再现原型客体的某种本质特征，诸如关于客体的某种结构（整体的或部分的）、功能、属性、关系、过程等等。通过对这种科学模型的研究，来推知客体的某种性质或规律。这种借助模型来获取关于客体的认识的方法，就是科学研究中常用的模型方法。

一、物质形式的科学模型

对要研究的客体，按照一定的研究目的，寻找一种天然存在的具有相似性的实物，或者人工地制造一种具有相似性的实物，作为原型客体的实际模拟物，即实物模型。运用这种实物模型，进行模拟实验或模型实验，以获取关于客体的某种规律性知识。

天然模型　即以天然存在物作为科学模型。最为典型和运用得最多的是生物模型，其方法论作用表现在两个方面。一方面，许多生物常具有人类所没有的奇妙的器官和功能，给人以启示，使人们想到模仿某种生物的功能来构思和建造能够服务于人类的某种工程或产品。像飞鸟就是飞机设计的雏型。另一方面，许多生物又常常具有与人类相似的器官和功能，因此在研究人体的时候，常常需要借助于某类生物作为科学模型来进行研究。

大家知道，为了研究动物体内各种器官的功能和活动规律，一般是对动物进行活体解剖，直接进行观察和实验。但是，在研究人体的生理现象时，

---

① 参见北京大学现代科学与哲学研究中心编《复杂性新探》中姜璐等人关于"复杂网络研究"的文章，人民出版社 2007 年版。

出于对人身健康、安全和伦理道德方面的考虑，就不便于直接对人体进行实验操作，即使能够进行某种观察和实验，也必然要受到种种严格的限制。因此，需要寻求间接的研究途径。科学家们常常是按照研究的特定目的，选择某种与人体具有相似性的哺乳动物，如猴、狗、鼠、兔等，作为人体的模型，即与人体在某些方面相似而又便于进行实验研究的模型。现在，关于人体生理学的许多知识都是通过研究一些哺乳动物的器官和机能得到的，这已成为人体生理学的基本研究方法。在医药学方面，对新医药的使用和效能的研究，也是先以动物为模型，在动物身上进行大量实验之后，推知这种药物对人体无害而且有益时，才开始在人体上使用。随着航天技术的发展而产生的宇宙生命科学，是在宇宙环境中对生命现象进行研究的一门科学，自上一世纪五十年代起已先后把微生物、植物、动物和人送入太空。各类生物虽然都是研究对象，而高等哺乳动物在太空中的生理反应则成为研究宇宙飞行对人体的生理影响的模型。太空动物实验的结果对于人类进行宇宙航行需要采取什么针对性措施，以及对宇航员的选拔和训练等，都提供了重要的科学依据。

人工模型 即以人工制作物作为科学模型。这种人工模型在工程技术中和科学研究中都大量地使用着。在工程技术中的实物模型，其特点是它们所模拟的是人们所设计的希望建造出来为人的某种需要服务的工程或产品，如水利工程、桥梁、房屋、船舶、飞机、人造卫星、宇宙飞船等等。从人们构思、设计到建造成功，中间必须经过大量的模型实验。通过对模型的不断修改，才能按照较优或最优的设计进入实际的工程建设或产品生产，从而达到或修改人们的预定目标。模型在工程技术方面所显示的必不可缺的巨大作用，已为人们普遍了解，这里不再多叙。

在科学认识活动中，不但对于那些不能直接进行观察的微观世界和宇观世界的客体需要制作人工模型进行实验研究，就是像人体这样的研究对象，现在也越来越多地制作人工的实物模型进行模拟研究。这种趋势，主要是由于人类科学知识的增长和物质技术手段的进步，使得对于像人体器官这样一些复杂客体制作实物模型有了可能。同时，也是因为人体的天然模拟物，即有些哺乳动物本身也是人类珍贵的保护对象而不宜加害于它们，况且以它们作为模型进行研究，事实上也具有难以克服的缺陷，所以产生了人工制作实物模型的实际需要。

人体颅骨模型　上海交通大学工程力学系固体力学教研室曾与上海华山医院协作，在对人体颅骨的力学性质进行研究时，用一种特殊的光弹性塑料铸造人体颅骨模型，取得了良好的研究成果，是一个很成功的事例。因为这一模型的制作和研究经过，相当典型地反映了科学工作者运用实物模型进行科学研究的大致步骤，并能比较明显地说明模型的重要意义和作用，所以我们在这里把人体颅骨模型作为运用科学模型的一个实际案例加以简要介绍：①

在人体骨科外伤中最严重的是颅脑损伤。在医生的临床诊断中常常发生令人困惑的现象：有时受伤者在脑壳前部受到严重打击，而裂痕却发生在脑壳后部；有时颅骨外部并未发生裂痕，而颅骨内壁却出现了裂纹。这究竟是什么原因？怎样解释这些病理现象？颅骨骨折与颅内结构损伤有什么样的联系？颅骨受力后的应力是怎样分布的？从医学临床实践中提出的这些疑难问题，可以归结为关于人体颅骨的力学性质这样一个研究课题。这一课题不但直接对颅骨损伤的临床诊断、治疗，以及平时的劳动安全保护工作有重要的实际意义，而且也是人体力学、生物力学方面的一项很有价值的科学研究工作。

上海交通大学工程力学系固体力学教研室李邦义、李秀治和韩菊林等人与上海华山医院医务人员相配合，运用力学理论联系医疗实际对于人体颅骨的力学性质进行了比较系统的探索研究，总结出颅骨受力后的应力分布规律。他们的研究方法中的一个关键性步骤，就是用一种特殊的光弹性塑料铸成人体颅骨模型，在此模型上对多种受力情况进行了一系列比较实验。

起初，他们曾设想运用光学方法直接测量颅骨受力后的应力变化情况，因为这种操作不可能在活人颅骨上进行，所以他们就运用尸体的颅骨进行实验。但是在尸骨上进行实验的结果——光应力的分布图形却不易显见，难以观察和测量。于是，他们想到用一种透明的光弹性塑料来制作颅骨模型，以

---

①　本案例的材料依据：文汇报 1983 年 7 月 11 日记者张自强所写的报道；上海交通大学 87 周年（1896—1983）校庆学术报告会论文摘要（工程力学专辑）；本篇作者孙小礼 1984 年委托徐永德、王先民访问课题研究者的来信，以及 1985 年 3 月亲自到上海交通大学工程力学系颅骨模型实验室的参观访问。

便容易显示光应力分布并易于进行测量。

问题是，这种塑料模型虽然因透明而具有能显示光应力分布图形的优点，但是否能够真实地反映人体颅骨的力学性能呢？

他们从上海华山医院所收集的 41 具尸体颅骨上（大多为手术后的弃骨和自愿捐献者的新鲜尸体颅骨），取出 669 个试件，通过实验分别测量出研究颅骨力学性能所需要掌握的一些参数值，如弹性模量、抗压强度、抗拉强度和冲击韧性等。将这些数据与他们对所选用的光弹性塑料所测得的相关参数进行对比和分析。数据分析说明了这种光弹性塑料确实与人体颅骨具有力学性能上的相似性，于是他们决定采用这种材料铸成颅骨模型，以便通过模型比较逼真地来探求人体颅骨的受力变化规律。

他们运用激光全息干涉法在颅骨模型上进行了多种应力测试，用不同的外力进行对比试验，画出了多种特殊受力情况下的应力分布图。然后根据力学理论和运用统计平均值计算方法对实验结果进行分析，对人体颅骨骨折得出了一些规律性的结论。将这些结论与华山医院在 1980 年至 1982 年间的191 个颅骨骨折病例作比较，情况大致相符，说明他们的结论是经得起实践检验的。

他们发现，颅骨受力的最大危险点是在太阳穴。同样的力，打到太阳穴上产生的应力比打到前额上产生的应力要大三至五倍，太阳穴的骨头强度最低。枕骨强度也低于前额骨强度。所以，后脑枕骨受伤比前额骨受伤的危险更大。他们还发现，颅骨受力面积大，则应力变小；颅骨受力后，骨骼内壁的表面应力大于外壁的表面应力等等。

根据这样一些规律性的认识，医生在临床诊断中所遇到的困惑现象便得到了科学的说明。颅骨前部受力，则可能在骨骼强度比较低的颅骨后部出现裂痕。由于颅骨内壁的表面应力大，所以颅骨外壁没有裂纹时，在颅骨内壁却可能出现裂纹。这样，以颅骨受力后的应力分布规律为依据，医生就能"按图索骥"，从颅骨的受力区出发，去寻找可能发生裂纹的范围和部位，而不至于因为表面没有伤痕而忽略了实际发生的颅骨损伤。

他们的这一研究成果确实为颅骨骨折的医疗诊断提供了很有价值的理论依据。同时，也为怎样设计劳动安全帽提供了科学依据：应对安全帽内的颅骨危险区特别是太阳穴处制作特殊的保护装置，并要尽量扩大安全保护装置与人脑颅骨的接触面积，以便受力时降低颅骨内应力，从而减轻受伤程度。

在这项研究工作中，用特殊的光弹性塑料制作人体颅骨模型，是科学工作者在研究方法上的创造。这一科学模型对于人们认识人体颅骨受力后的应力分布规律确实起到了重要的工具作用。而这一模型之所以能有效地起作用，首先是因为保证了这种光弹性塑料模型具有与人体颅骨在力学性能方面的相似性，才能以这种模型代替实际的人体颅骨进行实验研究；其次是这种模型还具有透明性这一人体颅骨所不具有的特点和优点，使得光弹性实验研究能够比较顺利地进行；第三是研究结果经与临床实践相比较，情况大致相符，从而使研究结论经受了实践检验而获得真理性，确实能为医疗实践和劳动保护措施提供科学的指导性意见，同时也为人体力学理论增添了新的内容。

二、思维形式的科学模型

对要研究的客体，按照一定的研究目的，经过科学的分析而抽象出它的本质属性和特征，构造一种思维形式的模拟物，即思维模型，常表现为抽象的、数学的、理论的形态。运用这种科学模型来进行分析、推理和演算，从而获得关于客体的规律性知识。

在近现代科学认识活动中，特别是在理论性研究中，大量地使用着思维形式的科学模型，诸如理想模型、数学模型、理论模型、半经验半理论的模型等，以下分别地加以说明：

（一）理想模型

这是对研究客体所作的一种科学抽象，人们也常将这种科学抽象称为简化或理想化。

实际的物体都是拥有多种属性的。例如固体都有一定的形状、体积和内部结构，具有一定的质量、弹性、温度和电荷态（正、负或中性），并且处于与其他物体的相互作用中，等等。但是当我们将某一物体作为特定的研究对象，针对某种目的，从某种角度进行研究时，有许多没有直接关系的属性和作用可以忽略不计。例如，我们从力学角度研究引力作用下的物体运动时，只需考虑质量这一最重要的属性，只需保留对物体运动起决定作用的引力关系，其他均可略去。对于具有一定质量的物体，假设其质量集中在物体的中心点即质量中心，便抽象出质点模型，这是一个简化了的理想模型。质点这一思维形式的模型，作为力学中的一个基本概念，有着极为广泛的应用，只要我们所考察的运动仅涉及物体的位置移动，并且所涉及的空间尺度比物体自身的尺度大得多时，都可以用质点模型来代表所研究的客体。在上述条件下，不但微观世界中的电子、质子、中子等基本粒子，地球上的各种生物和物体等都可用质点模型来代表，就是恒星、行星等各种天体，甚至大到由数十亿个恒星组成的星系运用质点作为理想模型都是很有效的。[①]

但是，当我们要研究的客体运动，需要涉及它自身的转动时，质点模型便不适用了，于是又抽象出刚体模型。刚体表示一种形状确定不变的物体，也就是说物体中任意两点的距离是不变的。真实的物体在受到力的作用时，多少会发生形状的变化，当这种形变可以忽略不计时，便近似于刚体，所以刚体也是一种简化了的理想模型。只要我们所研究运动仅涉及平移和转动，而不涉及物体的形变时，刚体便是很有效的力学模型。但是，需要考虑物体的形变时，刚体模型就不适用了，于是又需要抽象出理想的弹性体模型，等等。

科学研究离不开科学抽象，简化了的理想模型作为科学抽象的结果，在各门科学中比比皆是。例如，数学中的点、线、面；物理学和化学中的点电荷、绝对黑体、理想流体、理想晶体、理想热机、理想溶液；生物学中的模式细胞等等。由于这些理想模型反映了客体的本质属性，因而它们同时也是各门科学中的基本概念。

（二）数学模型

这是对所研究的问题进行一种数学上的抽象，即把问题用数学的符号语言表述为一种数学结构，亦称为数学模型。数学模型一般是以理想模型为基础建立起来的。

构建数学模型是一件创造性的工作，要根据不同的问题、不同的情况作不同的抽象和处理，没有刻板的建模程序。当然，概括前人建立数学模型的经验，也可看出大体上的建模步骤。[②]

---

① 参见［美］A. P. 弗伦奇：《牛顿力学》第 1 册，郭敦仁、何成钧译，人民教育出版社 1980 年版。

② 参见肖树铁：《数学模型》，《自然辩证法百科全书》，中国大百科全书出版社 1994 年版，第 498—499 页。

首先要对问题做一大略的调查分析；了解所要研究问题的历史和现状；搜集有关的数据；弄清与这一问题有关的科学理论知识，比较和探讨这一问题与已有的数学结构是否有对应关系；分析解决问题的关键所在，做直觉的猜测或判断；估计问题的解（结果）的精确程度（或误差范围）等。

然后再做细致的分析和处理：根据已有的数据和已知的科学规律，分析哪些是已知因素，哪些是未知因素，把问题适当地合理地加以简化，确定自变量和应变量以及有关的参量；分析这些变量是确定性的还是随机性的，是连续的还是离散的，是可控制的还是不可控制的；寻找或建立这些变量和有关参量应满足的关系，即建立初步的数学模型。一般来说，初建的模型总是力求简单，以后再逐步修改和完善。

总体来看，建立数学模型的基本点就是寻找出所研究的实际问题与某种数学结构的对应关系，从而使实际问题能通过合理的简化，归结成为一个数学问题。数学结构是由这样一些元素如定义、公理、命题、算法等构成的，因此，需要建立实际对象与各元素之间的对应关系。所对应的数学结构可能是数学中原来就有的，也可能是研究者根据需要来创立的。牛顿在研究太阳系的行星运动时，并无现成的数学结构供他使用，他在研究过程中创立了微积分这样一种新的数学系统。他首先以质点代表行星和太阳，进而把质点的速度与一阶微商相对应，把质点的加速度与二阶微商相对应，根据已知的力学定律，对行星运动建立起二阶线性微分方程这样一种数学模型。微积分以后转化为数学的重要组成部分，这种二阶线性微分方程则始终是在科学技术中运用十分广泛和得力的一种数学模型。

我们要研究的实际问题层出不穷、千姿百态，建立起来的数学模型也是多种多样，丰富多彩。数学的不断发展，为我们提供愈来愈多的数学结构，从古代的欧几里得几何，到微积分与微分方程、抽象代数、拓扑学、非欧几何、泛函分析、微分几何、概率论与数理统计，以至模糊数学、突变论、分形几何学等等。至于说要把数学模型划分为几种基本类型，有的书把数学模型归为确定性的、随机性的、突变性的和模糊性的四类，看来并不恰当，因为后二者与前二者并非按照同一分类标准，事实上是有交叉的。况且从应用的广度和深度看，后二者也不能与前二者同日而语。现在，在应用数学界得到公认的则仍然是确定性模型和随机性模型这两种基本形式，虽然这两者的界限也并不分明，纯属确定性的问题实际上是非常非常少的。混沌现象的发现说明在一些确定性模型中，如某些描述保守系统或耗散结构的非线性方程。在一定的参数范围会表现出"内在的随机性"。

应用数学家们是这样进行工作的：如果对制约研究对象变化过程的基本规律了解得比较清楚，在所求结果的精确度能符合需要时，就尽可能建立确定性模型，模型本身及其结果一般可以用数学公式来表示，可根据客体的初始状态来确定其未来的运动状态。如果我们对研究对象的变化规律知之甚少，但能测得较多数据，通常就建立随机性模型，用概率论与数理统计的方法，对客体未来可能的变化趋势做出估计性的预测。如果所研究问题十分复杂，变量和关系极多，所建立的数学模型不借助于计算机就无法实际应用，因此就要尽可能直接用计算机语言来模拟各种变量之间的关系，即所谓计算机仿真模型。在研究对象日益复杂而计算机的应用日益广泛的情况下，建立这种计算机仿真模型，已成为数学模型发展的主要趋向。

（三）理论模型

这是对所研究的对象领域中的某个基本问题及其有关问题，在积累了相当多的科学事实的基础上，系统地进行分析和综合，提出基本概念，并据此进行推论，对这一领域中的有关诸问题给出理论上一以贯之的回答和说明，还要提出新的预见，以求实验证实。这样的理论模型通常表现为一种科学学说。

在自然科学中，特别是在比较成熟的所谓精密科学，如力学、物理学中，所建立的理论模型都是定量化的，也就是说，是包括了数学模型的，能从一定的基本概念和数量关系出发，进行推理和演算，对有关的各种现象和问题，做出定量的解释和回答，并且推导出新的预言，做出具有一定误差范围的预测。

这里所说的基本概念，虽然是根据已知的科学事实和科学规律提出的，但一般只是根据科学家所掌握的部分事实和已经了解的有限的科学规律，而要用它去涵盖更多的事实，并能演绎出新的事实亦即预言，实际上必然含有推测的成分，具有假说性质。因此，作为一种科学学说的理论模型，一般是一种"假说——演绎体系"。

以原子结构的研究为例。自从放射性现象和电子的存在被发现之后，彻底打破了人们以为原子是构成物质的不可再分的最小单元的看法，人们认为原子是有内部结构的。是什么样的结构呢？对于这一问题，物理学家们是靠建立原子结构模型来进行探索和研究的。

建立原子模型，实际上就是要通过它来回答这样一系列问题：原子内部含有带负电的电子，但整个原子是中性的，所以原子中必定有带正电的部分，这正电部分具有什么性质，是怎样分布的？正负电荷之间怎样相互作用？原子内部有多少电子，电子数目如何决定？怎样才能保持原子的稳定状态？怎样解释元素的周期性？怎样解释原子光谱？怎样解释放射性？等等。

最著名的原子模型有物理学家卢瑟福（Rutherford, Ernst Lord）于 1911 年提出的原子有核模型，即电子在环绕原子核的轨道上运行，就像行星在环绕太阳的轨道上运行。1913 年玻尔（Bohr, Niels Henrik David）在此基础上建立起定态跃迁原子模型。20 世纪 20 年代以后，随着物理学的新发展，特别是量子力学的发展，科学家们又建立起比以前的原子学说都更完善的理论模型，即原子的量子理论。①

（四）半经验半理论模型

在建立理论性的模型时，如果其中含有明显的或相当数量的经验成分，实际上就是形成了一种理论加经验，或数学加经验的模型。运用这种半经验半理论的模型可以进行半定量半定性的研究。

现代科学的理论模型，一般希望它具有数学形式。但是，在很多情况下，对于十分复杂的对象系统，其中所涉及的变量和参量，不但数量大而且其中有许多因素是难以测量、难以定量化的，所以不能提炼出定量的数学模型。于是人们就常常在经验基础上，或是经验与理论相结合的基础上，对某些因素做出量的估计，并据以提出概念和假设。这时虽然也可能运用某种数学结构，也能进行推理和演算，但是所得到的结果其实只能理解为半定性半定量的，并不能作为严格的定量分析的依据，只能提供出定性的参考性推论。

这种半经验半理论模型，在科学中，特别是技术科学中大量地使用着，

---

① 参见［美］阿特·霍布森：《物理学：基本概念及其与方方面面的联系》，秦克诚、刘培森、周国荣译，上海科学技术出版社 2001 年版。

尤其对复杂系统的研究，像复杂的生物体、人体以及社会系统等，实际上只能运用这种模型进行定量分析与定性分析相结合的综合研究方法才是最有效的。

第二节　建立模型的方法论原则

在科学认识活动中，模型是主体与客体之间的一种特殊的中介。一方面，模型是主体即科学研究工作者所创建的、用来研究客体的工具或手段；一方面，模型又是客体的代表或替身，是主体进行研究的直接对象。所以，模型身兼二者，既是工具，又是对象。或者说，科学模型具有工具性与对象性双重性质。

科学模型作为研究对象，是为了能够对模型的研究结果有效地外推到原型客体，因此，必须要求模型与原型具有相似性，而且是本质上的相似性。同时，模型作为研究手段，是为了便于运用已有的各种知识和方法，伸展主体的各种才能，因此要求模型与原型相比，具有明显的简单性。要使相似性与简单性有机地统一起来，这不是很容易的事情，模型需要不断地经受检验和不断地加以改进，还需要科研工作者善于综合地灵活巧妙地运用多种方法。

以下我们从三个方面来讨论建立模型的方法论原则。

一、相似性与简单性的统一

从相似性来说，我们不可能也不必要要求模型与原型全面相似，即在外部形态、质料、结构、功能等所有特征上都一一相似。但是必须按照所要研究问题的性质和目的，使模型与原型具有本质上的相似性，也就是说，要在基本的主要的方面具有相似性。

建立模型的过程，也是对原型客体进行科学抽象的过程。要在尽可能周密地进行具体分析的基础上，分清主次。要敢于和善于撇开那些次要因素、次要矛盾、次要关系、次要过程，这样才能突出主要因素、主要矛盾、主要关系、主要过程。舍弃次要的无关大局的细节，正是为了舍末求本，抓住本质性和关键性的东西，从而才能建立具有科学性的模型。为此一定要防止主次混淆，更不能以次充主、舍本求末，否则就不能使模型与原型具有本质上的相似性。

　　从简单性来说，就是要化繁为简、化难为易，使复杂事物有可能通过比较简单的模型来进行研究。对于客体所处的状态、环境和条件，进行分析比较，做出一些合理的简化假设或处理，以便能够运用已有的科学知识和科学工具，或便于创造新的科学方法，使模型成为有效的研究手段。对于物质形式的科学模型，就是要便于进行观察和测量等实验性操作；对于思维形式的科学模型，就是要便于进行逻辑推理和数学演算等理论性操作。

　　在自然科学中，长期以来人们积累了许多进行简化的经验。诸如，把不规则的化为规则的；把不均匀的化为均匀的；把不光滑的化为光滑的；把有限的化为无限的；把连续的化为离散的；或把离散的化为连续的；把高维空间化为低维空间；把各向异性化为各向同性；把非线性关系化为线性关系，把非孤立系统化为孤立系统，等等。这些简化步骤在力学、物理学等所谓精密科学中，在很多场合，都曾经是很有效的处理办法。但是这些经验不能盲目套用，必须坚持具体情况具体分析的原则，尤其不能把研究比较简单的系统时所采用的简化都照搬到复杂系统的研究中。例如，对于与外界有物质和能量交换的生物系统就不能把它简化为孤立系统，其中的非线性关系就不能简化为线性关系，如果硬行这样的简化处理，就很可能造成对实际情况的严重歪曲或背离。在对复杂对象愈来愈多的研究中，科学家们正在探求和积累新的简化经验，塑造着像耗散结构、超循环等这样一些新的适用于研究复杂系统的科学模型。

　　模型必须具有与原型的相似性，才有科学研究的价值和意义，同时模型还要具有简单性，才能够在科学研究中实行操作，实际发挥作用。科学模型表现出来的简化、理想化不能是主观随意的、必须合理和适度，以不丧失模型与原型的本质上相似性为原则，而这种本质上的相似性是靠进行科学的抽象来保证的。也就是说，建立模型必须运用科学的抽象，才能达到相似性与简单性的统一。

　　坚持相似性与简单性相统一的原则，是建立科学模型的第一要义，是最重要的方法论原则。

二、可验证性

模型具有与原型的相似性，但是否是本质上的相似性呢？模型具有简单性，但是否是合理的简单性呢？这些都是需要加以验证的。如果一个模型不具有可验证性，就不是一个科学模型，是没有方法论意义的。

一般说来，只要模型具有可操作性，就有具体的操作过程，并能取得具体的研究结果，这结果是可以与实际进行对照和比较的，因而就是可检验的。科研工作者应主动地自觉地利用模型的可检验性对之进行检验。如果通过检验发现了模型的缺陷，就要对模型进行修改，甚至代之以新的模型。如果模型经受了实践检验，也还需要进而从理论上论证其科学性。

科学模型的验证，需要一个过程，有时要经历相当长的时间。像质点模型，这是一个体现了相似性与简单性相统一的典型例子。质点之所以能成为研究物体位移运动规律的有效模型，正因为它抽象出了质量这一本质因素。同时，在不考虑物体自身转动的条件下，将物体缩为一个点来处理，便于建立方程，进行数学运算。但是这个在现代科学家手中运用自如的质点，历史上曾经使人们困惑了二十年之久。[①]

质点是牛顿在研究万有引力定律时首先使用的。1666 年他在计算地球对其附近一个小物体的引力时，遇到一个困难问题：怎样确定这一物体与地球之间的距离呢？是物体离地面的高度，还是物体离地心的距离，还是物体离某一个别的点的距离？牛顿当时选用了物体离地心的距离进行计算，发现他计算出的理论值与实验中的实际值相当接近。但是他给友人的信中说，他尚不敢断言，地球对一物体的吸引恰如它的质量全部集中在中心点一样。这是牛顿当时虽已得出了万有引力公式而不敢公开发表的主要原因之一。1679 年英国科学家胡克在给牛顿的信中问及怎样证明行星是沿椭圆形轨道运动时，他写道："困难在于太阳和行星都是广袤物体，然而在理论上却不得不把它们的质量看作好像是集中在它们各自的中心点来处理。"1684 年，在英国曾有人特为解决这一难题而设立奖金悬赏。1685 年，牛顿证明了这样一

---

① 参见［美］弗·卡约里：《物理学史》，戴念祖译、范岱年校，内蒙古人民出版社 1981 年版。还可参见其他物理学史、科学史书籍。

个定理："两个球体之间的吸引力和假设每一个球的质量都集中在各自的中心点是相同的"，在人们逐渐消除了这一长时期的困惑以后，1686 年牛顿才正式公布他所发现的万有引力定律。

以质点代表地球、太阳和其他庞大天体，其有效性确实不是一眼就能看清楚的。只有经过实践检验和科学论证，质点作为一定条件下的正确模型，才获得了人们的理解和公认。事实上，任何一个模型的科学性都是经过检验和论证才获得承认的。前面介绍的人体颅骨模型，正是科研人员通过反复的试验、测量和对比，确证了它与人体颅骨具有力学性质的相似性，并有便于实验测量的优点，能在科学研究中显示成效，才获得了承认。

三、多种知识和方法的综合运用

建立模型、运用模型和检验模型，都没有刻板的程序和固定的方法，需要科研工作者综合地灵活地使用多种多样的知识和方法，充分发挥自己的创造性思维能力。

塑造一个有效的科学模型，既要严格地以原型为依据，又要广开思路，敢于提出大胆设想，它是艰苦的科学思维和科学劳动的成果，又是令人赞赏的富有魅力的科学艺术品，是多种知识、多种思维和多种方法相综合的产物。科学工作者要充分发挥想象力，善于联想和类比，善于捕捉直觉在刹那间闪现的新观念、新思想；也必须充分发挥科学抽象和逻辑推理的力量，进行认真的归纳和演绎，进行科学的分析和综合。总之，要使经验方法与理论方法结合，逻辑思维与非逻辑思维并用。科学模型能起作用，正因为其中凝结着科研工作者的经验、思维、知识、方法和技巧，是智慧与勤奋的结晶。

1986 年，物理学家尼科里斯和普里高津在他们合著的《探索复杂性》一书的中文版序言中说："我们的时代是以多种概念和方法相互冲击与汇合为特征的时代，这些概念和方法在经历了过去完全隔离的道路以后突然间彼此遭遇在一起，产生了蔚为壮观的进展。"① 模型的高度综合性特点正是适应了当今时代的需要，过去相互隔离的自然科学和社会科学的概念和方法，现在也开始汇聚在一些复杂系统的模型中。

① G. 尼科里斯、I. 普里高津：《探索复杂性》，陈奎宁译，四川教育出版社 1986 年版，中文版序。

模型的这种综合性特点，决定了建立模型需要自觉地去运用多种多样的思想、知识和方法，这是建立科学模型的又一个方法论原则。

第三节　科学模型的多重功能

一、科学模型的研究纲领作用

科学模型只有在人们对于客体已具有一定认识、积累了一定知识、数据和资料的基础上才有可能建立起来。建立模型是对已有的经验、知识进行去伪存真、去粗取精的思维加工过程。模型本身体现为对客体的已有认识的总结，是科学认识的一种阶段性成果。然而，模型又不仅是对已有认识的总结，作为科学工作者的创造，又加进了人们的新的猜测和假设，含有新的思想和概念。因此，科学模型，特别是理论模型又是进一步研究客体的新起点。

运用新的理论模型，是否能够说明各种有关的实验现象，是否能对过去已知的事实，做出回溯性的科学解释，是否还能预见新的事实？为此，需要进行一系列研究工作。要以新的模型为出发点，一方面设计实验，一方面进行理论的推导和计算，有目的有计划地把实验研究和理论研究全面推开。因此，对于科学研究来说，一个新的理论模型实际上能起到一种研究纲领的作用。无怪乎有的科学家说：建立一个完美的模型，比一千个事实还要珍贵。[①]

二、科学研究的间接方法

人类面对着一个无限广阔和无限丰富的客观世界，其中能够直接通过观察实验进行研究的客体只占少数，大多数对象需要采用间接研究的方法，借助于既有客观依据又带有主观想象的模型来开展研究，逐步推进认识。这里可以列举以下一些情况：

"事过境迁"，不再重复出现的现象，只能收集这一事件所留下的一些痕迹和某些间接得来的信息，加上人们的联想与假设，构建出实物的和思维的模型来开展实验研究和理论研究。像对已经灭绝的物种，如恐龙的研究，

---

① 联合国教科文组织编：《科学对社会的影响》1981 年 No. 4，第 30 页。

对于人类的起源、生命的起源、地球和太阳系以及诸种天体的起源等等都只能模拟当时的环境条件，运用模型来进行研究。

对于只能依靠科学仪器观测，获得部分信息的微观世界和宏观世界的现象，依靠已经积累到的数据资料，加上一些猜测和假设，构建实物的和理论的模型来开展研究。例如，对于原子结构、原子核结构的研究，对于远离地球的星系的研究等，都是借助于科学模型来逐步加深认识的。

对于人体、人脑这样的研究对象，出于人身健康、伦理道德的考虑，只能借助某种天然相似物或建造人工模型来加以研究。

从经济、安全等方面考虑，常常需要在实验室内制作模型进行各种实验研究以代替直接的现场研究。像高温、高压等特殊条件下的物性研究直接危害人身健康，或价格十分昂贵的实验研究，都需要借助模型。

至于在工程设计中，对于人们期望制造的人工客体，必须先通过模型进行大量试验和演算，才能做出优化的设计和施工方案，更是众所周知的了。

三、抽象模型与思想实验

自近代科学诞生以来，思想实验作为与实际实验相辅相成的一种理论研究方法早已显示出它在科学发现中的重要作用。这是一种与实际实验程序相类似的逻辑推理方法，是在思维模型的基础上，按照实际实验的格局和步骤展开的推理活动。实验对象、实验设备、实验条件等都是一些假想的思维模型；实验操作是在思维中进行的推理。这种思想实验的结果实际上是思维操作亦即逻辑推理的结果。思想实验之所以重要，是因为它能成为实际实验的逻辑补充。实际实验是实际物质活动，因为受到种种物质条件限制，对于研究对象、环境条件只能做到相对的简化、纯化和强化，而思想实验则可以做到绝对理想化、绝对的简化、纯化和强化。例如，在实际实验中人们只能达到一定程度的真空，得到相当程度的光滑表面等等，而在思想实验中人们可以设想绝对真空、完全光滑等等。如前边第一节中所列举的一些理想模型都是在实际实验中只能接近而无法达到的。而思想实验可以超越具体物质条件的限制，在思维中达到某种理想的、极限的境地，亦即用一种特殊的逻辑推理方法超越实际实验的局限，把终止了的实验在思维中继续进行下去，从而获得新的结论。伽利略之发现惯性定律正是运用了思想实验（或称理想实验）的结果，是实际实验与思想实验相结合的产物。爱因斯坦说："惯性定律标志着物理学上的第一个大进步，事实上是物理学的真正开端。它是由考虑一个即没有任何外力作用而永远运动的物体的理想实验得来的。从这个例子以及后来的许多旁的例子中，我们认识到用思维来创造理想实验的重要性。"① 爱因斯坦在建立狭义相对论和广义相对论时，也是巧妙地创造和运用了思想实验，即著名的同时性实验和升降机实验。②

由于思想实验是一种严密的逻辑推理过程，它使实验逻辑化，不但是建立新概念、新理论的一种发现工具，同时也是揭露旧理论、旧概念的逻辑矛盾的一种批判和反驳工具。伽利略正是用思想实验这种逻辑推理方法揭露了亚里士多德的运动理论中的矛盾，指出关于物体的下落速率同物体的重量成正比的结论是错误的。③

思想实验是在力学、物理学中首先使用和发展起来的，亦称为理想实验，以后逐渐推广到其他领域，包括社会科学领域。

四、数学模型与计算机实验

电子计算机作为一种强有力的计算手段进入人类认识活动以后，不但使得许多复杂困难的数学问题能够求得数值解，而且它还表现为一种认识手段，以计算机实验来部分地取代实际实验，或作为实际实验的补充能起到发现规律、检验理论、预测新现象的作用。

所谓计算机实验，就是把所要研究问题的数学模型，转换为能输入计算机进行数值运算的形式，或直接建立计算机仿真模型，在计算机上通过系统地变换参数作大量数值计算，经过分析比较从而得出某种结论或科学发现。计算机实验又称数学实验或计算机仿真实验，有的科学家也称之为科学计算。④

---

① 爱因斯坦、英费尔德：《物理学的进化》，周肇威译，上海科学技术出版社1962年版，第138页。
② 详见爱因斯坦：《狭义与广义相对论浅说》，杨润殷译，上海科学技术出版社1964年版。
③ G. Holton，《物理科学的概念和理论导论》上册，张大卫等译，高等教育出版社1983年版，第126页。
④ 石钟慈、桂文庄：《科学与工程计算》，中国科学技术协会第四次全国代表大会学术论文汇编，1991年。

对于许多难以在实验家里进行模拟研究的现象，像天文学中的超新星爆发过程、地质学中的地壳运动过程、分子生物学中一些大分子的复杂行为，等等，都可以在计算机上通过数学模型来模拟，对各种可能的理论解释和预测在计算机实验中进行比较和分析。

现代理论物理中有一系列新现象不是首先出现在实验室中或高能加速器中，而是通过计算机实验发现的。例如1965年发现奇异吸引子、1964年发现守恒系统的混沌现象、1965年发现孤立子，1978年发现分岔现象和湍流模型的普适性质等，都应归功于计算机的科学计算。计算机的科学计算使人们获得了对这些自然奥秘的更深入的认识。

现在，用计算机实验来部分取代或补充实际实验的情况是很多的。在空气动力学中，风洞实验是主要的研究方法，但费用昂贵。在计算机上用数值模拟方法进行"数值风洞"实验，已取得明显效果。虽然"数值风洞"还不能完全取代实际的风洞，但可人人减少实际风洞的实验次数。

在核技术研究中，核反应过程是在高温高压下进行的，核爆炸的巨大能量是在微秒量级的时间内释放出来的，要在核试验中测量出核爆炸内部的细微过程是十分困难的，只能提供一些综合效应的数据。但是，通过核反应过程的数学模型——一组非定常的非线性偏微分方程，在计算机上进行数值计算，却可以给出核爆炸各个细节的图像、定量的数据以及各种因素与机制的相互作用，从而可以更好了解核反应的规律。至于核技术产品的设计，每设计一个型号，从摸清规律、调整各种参量到方案的优选等等，需要计算成百上千的模型，在计算机上选择一套参量计算一个模型，就相当于进行一次核试验。在计算机上花费几百万元进行计算，可以节省数以亿元计的核试验经费，虽然核试验不能因之完全免去，但可减少试验次数，大大降低成本。

五、模型研究对实践的指导作用

科学模型是对实际客体的一种合理的正确的抽象，与实际情况相比，具有简化、优化和理想化的特点。所以，在模型上进行研究的结果，一般优于实际结果。这样，就能以科学模型所提供的优化条件作为追求目标，使人们找到在实践中怎样改善实际客体或环境条件、以争取达到最佳或较佳效果的方向和途径。

　　一个经典例子就是一般热机的效率问题。工程师卡诺（Carnot，Nicolas，Leonard Sadi）仔细考察了实际的蒸汽机内的气体循环过程，研究了其中温度、压强、体积、能量之间的变化关系，抽象出工作于两个恒温热源之间的由四个基本的可逆过程（绝热膨胀、等温压缩、绝热压缩、等温膨胀）构成的一部可逆热机作为理想模型，通过这一科学模型研究和计算理想热机的效率，得出两个结论：

　　（1）可逆热机效率 η 正比于高温热源 T_1 与低温热源 T_2 的温差 $\eta = \dfrac{T_1 - T_2}{T}$ 而与工作物质无关。

　　（2）作用于两个一定温度之间的热机，以可逆机的效率最大。

　　这就从理论上指出了提高热机效率的根本方向：一是尽可能增大两个热源之间的温差；二是尽可能使热机接近于理想的可逆机。这样的理论结论对实际热机怎样提高效率指明了方向和原则。在实践中，即尽可能地提高高温热源的温度 T_1。

　　在工程设计中，模型对实践的指导作用尤为直接和明显。所谓设计，就是首先制作模型，或者使设计方案模型化，通过在模型上反复试验和测算，并不断加以修改，直到确知能够顺利施工和保证产品达到预期要求时才能进入生产过程。

　　通过科学模型预测某一事物的未来发展情况，无论是做出短期的还是长期的预测，定性的或是定量的预测，对于人们的实践活动都有重要意义。现在，有了计算机实验这样强有力的科学手段，使许多复杂问题的预测成为可能，使人们对事物的发展有预见、有远见，这对于决策和管理的科学化是大有帮助的。

第四节　社会研究与模型方法

　　有人以为，模型方法只运用于自然科学和工程技术，其实不然。在社会研究中也同样大量地使用着模型。例如，平时常用的"典型"研究方法，典型就可以看做人们所要研究的社会客体的一种模型，类似于自然科学研究中所运用的天然模型，即实际存在着的一种原型客体的模型。社会科学家们同样需要认真考虑怎样选择好典型，使它具有较好的代表性、相似性，以便通过对于典型的研究来取得对于一类原型客体的认识。

诚如马克思所说："分析经济形式，既不能用显微镜，也不能用化学试剂。二者都必须用抽象力来代替。"在社会科学中就是运用抽象力，也就是凭借抽象思维的力量构建出种种思维形式的模型来开展研究工作。像"经济人"概念，就是一种理想模型，是经济学家们在研究人类经济活动规律时所作的一种抽象或理论上的假设。作为各种经济行为的实施者，"经济人"总是要追求自身利益的最大化，而人的其他属性则可舍弃不计了。

表示"理想、完美的社会"的乌托邦，也是社会科学家们所构建的关于社会发展的一种理想模型。有科学根据的符合社会发展规律的理想社会，作为人们的奋斗目标，对于人们的现实生活就能起到一种方向性的指导作用。例如，1992年，"联合国环境与发展大会"发表宣言，号召建立"可持续发展"的社会，当时有人认为这只是难以达到的理想。但是由于可持续发展观是许多学者对现实的社会生产方式和生活方式，特别是人与自然环境和资源的关系进行认真调研、批判和反思的结果，确有科学的依据，就使它逐渐成为人们的共识，成为21世纪社会发展的必然选择，引领世界各国政府和人民努力创建人与自然协调相处的方式和条件，以争取早日进入可持续发展社会。

正因为社会现象比自然现象更复杂，所以，在社会科学方法论的探索中，我们要特别着眼于自然科学中研究复杂事物的经验。这样的经验对于社会科学会更有参考价值和现实意义。

近些年来我国许多学者热心于将在自然科学中形成的系统科学的研究方法引入社会科学，在探讨怎样具体应用的时候，不能不考虑到一个核心问题或关键步骤，就是怎样建立合适的科学模型。如果根本没有注意到这一关键问题，那就谈不上系统科学之应用，只是引用了系统科学的一些名词和概念而已。当然，对于社会现象不可能都很快地建立起合适的数学模型，事实上，在社会科学的各种学科中，运用系统科学方法的有效程度是大有差别的。

　　刻画社会现象的各种指标，有的是能够定量化的，有的是不能定量化的，或者至少目前是难以定量化的。所以，有些社会问题，已经能够通过建立定量的科学模型来开展研究；有些社会问题则只能构建半定性半定量的模型，或者说是半经验半理论的模型；还有一些问题则难以，或至少目前尚难以建立模型。对于人口增长这类问题，在社会相对稳定时期，由于对人口的出生率、死亡率和迁移率等参数，都能够运用统计方法计算出比较准确的数值，能够看出和抓住人口增长的主要规律，从而有可能建立较好的模型。我国学者十几年前在人口研究方面，根据我国国情，通过建立数学模型，对人口增长趋势做出数值预测，为我国人口控制如何决策提供了一定的科学依据，这是运用数学模型研究社会问题的一个比较成功的事例。[①]

　　在社会科学诸学科中，经济学是最早运用数学的，其有效程度也明显优于其他学科。经济计量学[②]，即以数学作为主要研究工具的一个经济学分支，其英文名词为 Econometrics，仿照生物计量学名词（Biometrics）而创造出来的一个新词。经济计量学把经济学、数学和统计学三者融为一体，以经济学作为理论前提，运用数学和统计学方法，建立经济问题的数学模型，再用其计量结果来验证或修正作为理论前提的经济学说，以便确定经济关系和经济活动中的数量规律，并用这种规律解释过去、判断现实和预测未来。第二次世界大战以后，经济计量学蓬勃发展，涌现出一大批经济计量学家，当时，成就最卓著的首推 1980 年的诺贝尔经济学奖获得者 L. R. 克莱因。在瑞典皇家科学院颁发诺贝尔奖的公告中指出，克莱因促进了对经济计量模型和运用这类模型分析实际经济改革的可能性的研究，使经济计量模型的编制得到了广泛的应用。但是，20 世纪 80 年代以来，经济计量模型虽然在验证经济理论和经济改革方面发挥了很大的作用，而在预测经济发展趋势方面却屡屡败北。这说明经济计量学的研究成果是不能令人满意的，也就是说，数学在经济学研究中的运用还存在着许多问题，甚至还有可怕的"陷阱"。数学作为研究工具确有其犀利的一面，然而它本身还包含着种种局限。数学在

────────────

　　① 参见宋健、于景元：《人口控制论》，科学出版社 1985 年版；宋健，于景元、朱广田、胡顺菊：《人口控制论方略》，人民教育出版社 1985 年版。

　　② 苏通：《数学在西方经济学中的历史应用》，载［美］詹姆斯，M. 亨得森，里查德 . E. 匡特：《中级微观经济理论》，苏通译，北京大学出版社 1988 年版。

经济学研究中，尚且存在着困难，对于其他社会科学领域的困难也就更是可想而知了。

1990 年，我国科学家钱学森、于景元、戴汝为联名撰文论述开放的复杂巨系统的研究方法①。如果一个开放系统的子系统种类很多并有层次结构，它们之间的关联关系又很复杂，就称为开放的复杂巨系统。生物体、人体、人脑、社会、星系等皆属这类系统。就社会而言，因其子系统是以人为主体的，"开放"与"复杂"具有更为特殊的含义，表现在：（1）系统与系统中的子系统分别与外界有各种信息交换；（2）系统中的各子系统用不同方式通过学习获取知识，而知识的表达又各不相同。又由于人本身就是一个复杂的巨系统，加以人有意识作用，社会各子系统之间的关系不但复杂而且有极大的易变性。所以，在各类复杂巨系统中，社会无疑是最为复杂的系统。文章认为："现在能用的、唯一能有效处理开放的复杂巨系统（包括社会系统）的方法，就是定性定量相结合的综合集成方法。"而这种方法的实质就是"将专家群体（各种有关的专家）、数据和各种信息与计算机技术有机地结合起来，把各种学科的科学理论和人的经验知识结合起来"，运用系统思想和方法对要研究的问题建立模型；有了模型，借助于计算机，通过系统仿真可以研究系统在不同输入下的反应、系统的动态特性，预测未来行为，并进行系统优化。对于这样得到的定量结果，再经有关专家共同分析、讨论，判断其可信程度，以使修正调整模型，直到各方面专家都认为此结果可信时，才做出对问题的结论。看来，在这里，建立和运用模型正是关键性的步骤。

在自然科学中，特别是在精密科学中，怎样建立模型和运用模型已有比较成熟的经验，但是这些经验却不能生硬地照搬到社会系统的研究中。一些建模时的简化步骤，在力学、物理学中常常是颇为有效的，然而不一定适用于社会研究。例如，把非线性关系全都简化为线性关系，则可能造成对实际情况的歪曲或背离。建立社会系统的模型，无疑也需要简化，但怎样简化才不失其真实性，是大有讲究的，需要具体问题具体分析。

① 钱学森、于景元、戴汝为：《一个科学新领域——开放的复杂巨系统及其方法论》，《自然杂志》1990 年第 1 期。

模型方法用于社会研究，一方面，要大胆应用，敢于创造性地进行尝试，另一方面，又要慎之又慎，避免过于简单化而又不能达到认识的目的。总之，还需要通过不断的科研实践，摸索和总结模型方法在社会研究中的特殊经验。

第五节　模型的多样性和局限性

一、模型的多样性

"横看成岭侧成峰"，对于同一问题，人们从不同的角度去考察时，可以产生很不相同的认识。模型作为主体对客体的一种认识成果，不同的人、不同的科学共同体（学派），在研究同一客体的同一问题时，或由于采集到客体的不同信息，或采用了不同的思路、不同的方法，或依据了不同的科学概念、假说等理论知识，或由于加进了不同的想象和猜测，都可能构建出不同的模型。

对同一问题构建的科学模型不具有唯一性。因此，在科学认识活动中表现以下两方面情况。一方面，对同一研究对象，常有多个模型并存，形成相互竞争或对峙的局面；另一方面，对同一问题的认识深化过程，实际上也就是多种模型逐个更迭的过程。

在科学史上被记载下来的成功的科学模型是少数，由于它们对于推进科学认识起了巨大作用，或者它们本身表达了人们的重大认识成果，因而受到科学史家的青睐。而许许多多失败的模型则早被人们忘却，有的也只在史书中一掠而过。那些缺乏事实依据，源于思辨性猜测的模型是毫无生命力的，而过于复杂以致无从物化进行实验操作，也难以据之进行理论操作的模型，因为不能成为有效的研究工具而只能被人们搁置一边。至于过于简化而失真，虽然易于操作却不能反映客体的本质属性的模型，也必然会由于缺乏竞争力而被逐渐淘汰。

有一些模型曾被科学家运用了很长时期，获得人们的承认，表现过一定的生命力，如以太、热质、燃素等思想模型，借助于它们曾对客观现象做出过有效的解释，所以在历史的一段时间内被认为是科学的概念而存在。但这些模型终于经不起历史检验，当科学实验证实它们并不反映客体的本质时，就被科学家们所抛弃。

如果不同的科学模型，各从不同的方面反映了客体的本质属性，通过不同的操作，各被一些实验所证实，就都是成功的，有价值的并具有竞争力的模型。它们可能在不同的历史时期分别占过上风，但总的说来，是处于相互对峙、争执不下的局面，历史说明，这种情况往往不可能由一个模型取代另一个模型，而只能由一个更高级的、综合了各方优点的模型所取代。像光的波动说与微粒说的长期对峙便是一个突出的例子，它们终于被光的波粒二象性理论所取代。

在对客体的实际认识过程中，常常是不同模型的并存与更迭交替出现。例如在对原子的研究过程中，1910 年以前曾经提出过长岗的土星模型、勒纳德的中性微粒模型、里兹的磁原子模型、汤姆逊的实心带电球模型等，而以汤姆逊的原子模型最有成效也影响最大。但它不能解释 1906 年由卢瑟福首次观测到的 α 射线的散射现象，不久就被卢瑟福提出的原子有核模型所取代。但这一新原子模型也同样遇到了种种困难，比如怎样解释原子的稳定性等问题，于是它又被玻尔建立的定态跃迁原子模型所代替。玻尔模型应用到氢原子及类氢离子中，能很好地解释原子光谱实验数据，当时备受称赞，曾公认是相当成功和影响很大的一种原子结构学说。但是 20 世纪 20 年代以后，它又与新的实验相矛盾，不能解释稍复杂的元素的光谱线以及其他一些重要实验事实，因而又显示出很大的局限性。以后又被量子力学对原子结构的处理方法——原子的量子理论模型所取代。这一系列模型的嬗替，正是体现了人们对原子结构的认识在逐步深刻和精确，而这种认识至今还在继续深化的过程中。[①]

在科学实践中，对于不同的模型，人们当然要对它们进行比较、评价和筛选。评价固然要受多种因素的影响，但主要是根据模型在推进人们的认识过程中所做出的贡献。模型的使用过程，同时也是经受检验、获得评价的过程，并进而决定人们对模型的取舍。

---

① 参见郭奕玲：《原子光谱与原子模型》，《物理学史专题讲座汇编》北京物理学会印，1983 年。

二、模型方法的局限性

在充分认识科学模型在人类认识活动中的重要地位和作用的同时，还必须清醒地认识到模型方法的局限性。

贝塔朗菲曾经指出，模型有优点也有危险，"优点是这是一种创造理论的方法，亦即模型可以从前提进行推断、解释和预测、往往得到预料不到的结果。危险是过于简化：为了使它在概念上可以控制，把现实简化成了概念骨架……。现象愈多样化与复杂，过分简化的危险愈大"。①

作为科学模型，虽然具有与客体在本质上的相似性，但毕竟只是一种相似物，相似的程度有高有低，有时可能离原型还有极大的差距。加之，人的认识过程是极为复杂曲折的，实践检验也是复杂曲折的，实践标准本身就具有相对性。所以，有些模型可能在相当长时期内被人们公认是反映了客体的本质属性的科学模型，但最终证明它们与客体的相似是非本质的，甚至是大大偏离或歪曲了的。

模型本身固有的内在局限性，决定了模型方法的作用是有限度的，依靠模型方法绝不可能穷尽对客体的认识。用模型方法取得研究结果连同模型本身都是需要检验的。再好的科学模型也只是一种阶段性的认识成果，模型方法的实质不止是建构一个模型，还要用不断改进的模型，去逐步逼近真实的客体。科学工作者在运用模型方法时，要自觉地立足于检验，致力于模型的改进、再改进。

现代科学中的模型方法是以电子计算机的配合使用作为必要条件的。复杂系统的模型所包含的变量常常是数以百计、甚至千计、万计，只有依靠计算机才能有所作为。刻画同一对象的多种模型之间、孰优孰劣，也需要依靠计算机进行一一试算，才能对照比较，从中择优。对于择优选用的模型也需要通过检验加以改进。怎样改进为好，只有依靠计算机进行种种验算比较，才能找到较好的具体改进方案。所以，计算机实验成为模型的选择和改进的重要手段，实际上也成为克服模型的缺陷的重要手段。但是绝不能奢望依靠计算机实验一举消除模型的局限性，而应充分利用这一有力手段去不断改进

---

① L. 贝塔朗菲：《一般系统论》，秋同、袁嘉新译，社会科学文献出版社 1987 年版，第 168 页。

模型。

我们在这里强调模型方法的局限性，并不是要降低或冲淡科学模型的作用，相反，科学工作者只有正视这种局限性，有意识地去克服这种局限性，才能既充分又恰当地发挥科学模型的种种功能。正因为模型方法是现代科学方法的核心，所以，模型的好坏，将对科研工作的全局产生重要的影响。"牵一发而动全身"。在建立和使用模型时要保持清醒的头脑，尽可能考虑周全。这里还应该特别指出，克服模型的缺陷，不断改善模型，和建立模型一样，也是艰辛的科学创造。

第　三　章

方法论范畴选析

第一节　已知和未知

已知和未知是一对古老的哲学范畴，更是认识论和方法论的一对重要范畴。

人们对事物的认识总是经历着由不知到知、由知之较少到知之较多的发展过程。未知的东西不断转化为已知的东西，而积累起来的已知的东西又转而成为人们去开发新的未知领域和获取新的知识的基础和思想武器。当我们总结人类的认识经验，研究人的认识方法和认识规律的时候，必然要涉及已知和未知的关系，在我们的各种各样的认识活动和研究方法中，都包含着怎样看待和怎样处理已知和未知的关系问题。

一、有限的已知和无限的未知

回顾人类的认识历史，随着科学知识的日积月累，许多昔日之疑团，已成今日之常识。在人类的蒙昧时期，风云雷电等都是神秘莫测、超越人知的。各个民族都塑造过自己的"神"，编造过种种神话故事去解释自然现象。那时的人甘做自然——"神"的奴隶。然而，随着社会实践和科学技术的发展，人们从现象总结出规律，并且学会运用规律去利用自然，显示出人具有能够掌握和驾驭自然的力量。于是，各种"神"和神话便相继从人们头脑中退去，而代之以日益丰富的科学知识。人类变革自然的巨大成就，使人们愈来愈自信：人是可以认识自然和征服自然的！但是，在现实生活中，天灾的袭击、疾病的苦痛，以及人由于自己的失误而造成的种种灾难事故，又使人们愈来愈清醒地认识到：我们还远远没有认识自然，还远远没有达到使自然完全掌握或控制在人类的能力之下的理想境地！

虽然，人类的认识能力是在无限地发展的，然而，无限发展着的以无限多样性展开着的物质世界，不是任何个人、集体，民族、国家以至全人类的整整一代人、几十代人、几百代人在认识上所能穷尽的。自有人类以来，直到 21 世纪的今天，人类已经积累的知识门类繁多，浩如烟海，而且新知识的增加速度也愈来愈快。然而人类已有的知识再多，其总和仍是一个"有限的集合"。事实上，人类对于自己所处的环境和人类自身，尚停留在知之甚少的状态。物质世界的发展没有尽头，人类认识的发展也没有尽头。知无止境！

如果将所有的知识比作一个无限伸展的平面，人类的已知就好像是这个平面中一个圆圈围成的有限区域，无论这个圆圈怎么扩大，它围成的区域总是确定的、有限的；圆圈之外的平面区域便是人类的未知区域，显然，不管圆圈如何扩大，圆圈之外的区域总是无限的，即未知区域总是无限的。

古今中外的许多科学家，思想家都有这样的共同见解。例如，牛顿在临终前的自述中就有这样一段名言："我不知道别人看我是个什么样的人，但我自认为我不过像一个在海边玩耍的孩童，不时为发现比寻常更为绚丽的一块卵石或一片红色的贝壳而沾沾自喜，而对于展现在面前浩瀚的真理海洋，却全然没有发现。"这一段话绝不只是牛顿个人的谦虚之词，而是道出了深刻的哲理：已有的科学发现好比海滩上的一些卵石、贝壳，而未知的东西则犹如无垠的海洋！

有人认为随着已知的扩大，未知的范围会逐渐缩小。这种说法值得商榷。前面已经说过：已知有限，而未知无限，人类每一次获得新的认识，只不过是把很有限的未知变成了已知，从无限中减去有限是无损于无限的，未知的东西仍然是无限的，并未缩小。

树立起"已知的东西有限，未知的东西无限"这样一个根本性的观点，其意义在于：

第一，可以防止人们盲目地去构建自以为能够包罗万象、解释一切的知识体系，也防止人们盲目地轻信或迷信某种自称"完备"和"绝对"的真理体系，恩格斯在《反杜林论》中曾把这种体系讥讽为"高超的胡说"。

第二，可以鞭策和激励人们不要满足于已有的认识，不要在已有的科学理论面前停步，而要努力不懈地去开发那浩瀚的未知的海洋。

二、理论体系与探索求知

我们反对盲目地建立和盲目迷信那种所谓解释一切、完美无缺的"真理体系"，绝不是一般地反对建立科学的理论体系。把已有的知识整理成合乎逻辑的理论体系是科学认识的重要步骤，有重要的科学价值和方法论意义。科学的理论体系便于人们学习、继承和发展前人的知识，它不但不应堵塞人们的思路，而是更加有利于人们去发现已有认识中的困难和不足，从而找到新的探索未知的起点。正像法国哲学家狄德罗在说明他编纂百科全书的目的时所说："把世界上所有分散的知识收集起来，构成一个普遍的思想体系，使过去人类所作的工作不致废弃，使我们的后代更有教养……"，"重要的是，要使人们确实认识真理，防止谬误，确定出发点，从而使人们便于去探索尚待发现的事物。我们之所以征引事实、对照经验，创造许多方法，只是为了激励有才能的人，把那些伟大人物止步的地方作为开步的起点，去打开未知的道路，进而取得新的发现"。[①]

科学理论帮助人们全面系统地掌握人类已有的知识，避免盲目地重复前人的劳动，重走历史上人们已经走过的弯路。例如，早在 19 世纪，热力学第一定律已经说明，要制造一部不从外界输入任何能量而能不断对外界作功的机器，即第一类永动机是不可能的；热力学第二定律则说明，在一个循环过程中，从单一热源取热并使之完全转化为对外界作功的机器，即第二类永动机是不可能的。人类的长期实践也证明了这两个物理定律的正确性。然

---

① 孙小礼：《科学方法论史纲》，北京出版社 1988 年版，第 34 页。

而，时至今日，有一些缺乏科学知识的人还在耗费心机地想发明这类永动机。

科学理论不应使人陶醉于已有的认识，而应把人的思维引向新的未知。一个理论能否为其进一步的发展、为后人能够超越它本身、为新概念能够出现而留有一定的余地，应该成为评判这一科学理论的价值大小的一种标准。牛顿在其《光学》一书中详细他在光学方面的一系列研究成果，而在该书的最后部分列出了 31 个尚待研究的问题。他说："……作为结论我只提出一些疑问，以便别人可作进一步的探索。"牛顿的这种作法实应成为人们撰写科学著作的典范。

对于"未知"，可将其分为认识到的未知和未认识到的未知。我们能够研究的问题必定包含在认识到的未知之中，因为未知只有进入到我们的认识范围之中，才可能对之进行研究，未进入认识领域的未知没有现实的研究价值，而只有潜在的研究价值。由于进入人类认识领域的未知总是有限的，我们可以仿照现在编写的"已有知识"的百科全书的方式，试着搜集各门学科未知领域的各种问题，编写"未知百科全书"，或者在编纂百科全书时就包括已知和未知两个方面的知识。这种"未知百科全书"目前还很少，但已经有人付诸实施，如：1977 年，两位英国科学家邀请了许多世界著名科学家撰文探讨各门学科未知领域的一些重要问题，并结集成书，这是一部名副其实的小型"未知百科全书"。① 我国近年来也有这方面的出版物问世，如：吉林人民出版社 1998 年出版的《21 世纪 100 个科学难题》② 也是一部性质类似的著作，该书由 118 位颇有成就的科学家集体编写而成。这样的"未知百科全书"对于激发人们对于未知的兴趣和热情，以及启发科学家的研究思路，都大有裨益。

三、问题处于已知与未知的交界

对于从事科学研究的人（个人或集体）来说，是否善于发现问题和科学地提出问题，是衡量其科学研究的能力的一个重要标志。对于一个学科

---

① 参见［英］罗纳德·邓肯、米兰达·威斯登—司密斯合编：《科学的未知世界》，黄绍元、赵寿元、苏汝铿译，上海科学技术出版社 1985 年版。

② 参见 21 世纪 100 个科学难题编写组：《21 世纪 100 个科学难题》，吉林人民出版社 1998 年版。

（或一种学说）来说，是否存在要研究的问题，以及问题之多寡深浅，则是表征这一学科（或学说）是否具有旺盛的生命力的重要标志。在历史上，凡是思想活跃，学术繁荣的时期，必定也是问题层出不穷的时期。问题的不断解决，不断再生，正是表示科学的前沿在不断往前推进，表示人类的认识在不断地从已知向未知推进。

所谓问题，从认识论的角度看，就是要具体地找出未知的东西何在，具体找出未知和已知的关系。科学的问题是具体的，只有具体的问题才有科学研究的价值和实际研究的可能，人们常说，科学研究开始于"问题"，而问题正是存在于研究对象中已知与未知的交界处。只有找出这种已知和未知的具体交界，才能构成科学研究的具体"问题"，从而使"问题"成为从已知通向未知的"关口"或"突破口"。

发现问题需要知识，知识应包括两个方面：对"已知"的知和对"未知"的知。求知，就要注意求这两方面的知。对人类已经认识的东西知道得多，可避免误把已知当未知，提出"不成问题"的问题，即前人已经研究和解决的问题。对于人类已知的"未知"，即已经提出的各种难题、疑问和猜测等等知道得多，避免漏过"尚未认识"的东西和尚未解决的问题，误把未知当做已知。

一般说来，知识越多，发现问题的能力也应该越强，然而，事实上，人们的知识与其发现问题的能力却往往不是成正比的。发现问题的本领——找到已知与未知的交界处的本领是需要加以培养和锻炼的。

我国宋代思想家张载曾说："可疑而不疑者不曾学，学则需疑"；又说："于不疑处有疑，方是进矣"。这两句话是颇有启发的。这里所说的"疑"就是许多科学家、思想家都强调的怀疑精神。"善疑"应是科学家的一种素养，也是培养发现问题的本领所必需的。未知的东西，不论处于哪种形态，都常常与已知的东西相混杂，而且会被某种已知的知识帐幕所掩盖，它不可能以"现成"的问题面貌呈现在我们面前。所以，为了发现问题，揭示未知，必须"善疑"，"善疑"就是不应"可疑而不疑"，而且要有根据地"于不疑处有疑"。

恩格斯在《资本论》第二卷序言中，论述了马克思为什么能做出剩余价值理论这样的重大贡献。他指出，马克思就是"在前人认为已有答案的地方，他却认为只是问题所在"。恩格斯把马克思研究剩余价值理论的经过同化学史上拉瓦锡发现氧气的经过作了类比之后写道："在剩余价值理论方面，马克思与他的前人的关系，正如拉瓦锡与普利斯特列和舍勒的关系一样，在马克思以前很久，人们就已确定我们现在称为剩余价值的那部分产品价值的存在，同样也有人已经多少明确地说过，这部分价值是由什么构成的，也就是说，是由占有者不付等价物的那种劳动的产品所构成的。但是到这里人们就止步不前了。……都为既有的经济范畴所束缚。"而马克思却不受旧的经济范畴所束缚，根据这种经济事实，研究了全部既有的经济学，明确提出剩余价值概念，马克思成为第一个详尽地阐述了剩余价值的实际形成过程的人，并由此展开对资本主义经济的研究，剩余价值概念为解决经济学的许多复杂问题提供了钥匙，使经济理论发生了革命。

看来，不论研究自然现象，还是研究社会现象，不论是自然科学，还是社会科学，要想做出新的发现，新的理论贡献，都需要有怀疑精神，善于根据事实"于不疑处有疑"，找出问题之所在。马克思本人在科学研究的实践中是切实地体现了怀疑精神的。因此，怀疑精神是马克思主义认识论和方法论的题中应有之意。

中国古代的许多思想家在这方面有着深刻的认识。北宋著名思想家张载说："可疑而不疑者不曾学，学则需疑"，（《经学理窟·学大原下》）又说"于不疑处有疑，方是进矣"。（《经学理窟·义理》）明代著名学者陈献章也说："前辈谓学贵知疑，小疑则小进，大疑则大进。疑者，觉悟之机也。一番觉悟，一番长进。"当然，怀疑并不是胡乱猜疑，怀疑精神也并不是无根据地《怀疑一切》，而是有根据地发现问题，提出问题。这种怀疑精神的重要性，是来自人类认识经验的总结和科学研究规律的总结，具有现实的方法论功能。

科学家们对于问题的重要性非常重视，爱因斯坦曾说："提出一个问题往往比解决一个问题更重要，因为解决问题也许仅是一个数学或实验上的技能而已。而提出新问题，新的可能性，从新的角度去看旧的问题，却需要有创造性的想象力，而且标志着科学的真正进步。"[①] 著名美籍华人科学家李

① 转引自姜念涛：《科学家的思维方法》，云南人民出版社1984年版，第15页。

政道曾对青年学生说："敢问前人没有问过的问题，不要怕问错了，错了就改。可怕的倒是提不出问题来，迈不开第一步。"[①]

四、从已知到未知的艺术

人们研究和解决问题的总进程是从已知推向未知，使未知不断地转化为新的已知。但是，在研究和解决某个具体问题的实际过程中，如何灵活地巧用已知和未知的辩证关系，搭建好已知与未知之间的桥梁，使我们可以比较顺利地到达未知的彼岸，这种探索，既是一种方法，也是一种智慧和艺术。

已知和未知，一方面，两者要界限分明，不得含糊；另一方面，两者又是互相联系、互相依存的。对于任何一个正待研究的问题，我们首先要区分其中哪些是已知的因素，哪些是未知的因素，其次要考察已知因素与未知因素有怎样的相互联系，通过这种联系去寻找解决问题的具体途径。这种途径将充分显示出人的创造性和灵活性。下面略述两种方法的思路，希望能起到举一反三、触类旁通的作用。

（一）　反推方法与网状思维

有一句谚语："聪明人从结果开始，而傻瓜在起点就收场了。"[②] 著名数学家 G·波利亚曾引用这句谚语来形容解决数学问题的思维程序是从未知开始的。其实，这一思维程序不仅符合数学家们的解题经验，也符合科学家们研究问题的经验，甚至符合任何人解决任何一项具体任务的经验。这个谚语确实是人类研究和解决问题的宝贵经验总结。

"从结果开始"，可以理解为：从未知开始，即从我们要解决的问题或者要达到的目标开始。这也就是所谓的反推方法，概括地说就是从要研究的问题或要达到的目标开始考虑，一步一步将问题推向已知；然后再从已知一步一步地使问题最终得到解决。最简单的思路即为：要解决问题 A，则要有条件 B，要得到条件 B，又需要有 C……，为了有 P，则要有 Q，即一直推

---

① 陈献章、李政道的话转引自姜念涛：《科学家的思维方法》，云南人民出版社 1984 年版，第 14 页。

② 转引自 G·Polya, *Mathematical Discovery* Vol. II, p. 31, 这个谚语的英文原文是：A wise mam begins in the end, a fool man ends in the beginning, 中译文引自《数学的发现》第二卷，刘景林、曹之江、邹清莲译，内蒙古人民出版社 1981 年版，第 47 页。

到已知条件 Q 为止；对于比较复杂的问题，在研究过程中，有时要从已知推向未知，有时又要从未知推向已知，这两种过程相互交替，有时还相互包含，甚至有时还要穿插一些已知因素之间或未知因素之间的联系，这种思维过程就是立体的网状思维过程。这些都是很好的思路。

运用反推方法从未知推向已知，在实践中常常难以保证每一步都是充要条件型的反推，只要其中有一个环节是充分条件型的反推，就会使原命题变为更强的新命题，从而有可能增大问题的难度。因此，在运用反推方法时，应当注意尽可能用充要条件型的反推，尽量避免增大问题的难度。在实践中，只用反推方法往往难以完全解决问题，人们往往要用网状思维的方法来制订比较复杂的问题的实际研究步骤和工作计划。在运用网状思维分析、考虑问题时，应该特别注意理清各个环节之间错综复杂的关系，明确哪些是由已知可以推导出来的，哪些是正需要求解的未知，一定要避免犯循环论证的错误（即误将正需求解的某个环节当成由已知推导而来）。

（二）权把未知当已知

在数学中，有许多灵活巧妙的处理已知和未知的关系的经验，这些经验不只是属于数学的，因其简易明白，实际上，对于人们探索问题能有很好的启发。

从算术到代数

在算术中，只允许已知数参加运算，所要求的未知数，只能依靠已知数的计算而求得。所以在各种四则应用题中，像年龄问题、盈亏问题、鸡兔同笼问题等，都要煞费苦心地将已知与未知的关系列成一个算术式，以便通过这一算术式，计算出问题的答案，即所要求的未知量。这类问题若用代数方法来解就简易得多了，因为在代数中是允许未知数（用表示）和已知数（用表示）一起参加运算的。已知和未知的关系可以直接陈述为代数方程，与列算术式相比，写出代数方程就显得轻而易举了。只要列出了代数方程，通过求代数方程的解，便可达到化未知为已知的目的。可以看出，从算术方法发展到代数方法，这一方法上的飞跃，其关键就是从"只允许已知数参加运算"改变为"使已知数和未知数一起参加运算"。这一方法的根本改变，使数学从算术发展到了代数，并使人们在解决问题时直接尝到事半功倍的甜头。

迭代法

在计算数学中，对于线性方程组的求解，有一些有效的直接方法，如消去法、行列式法。但是当未知数非常多时，这些直接方法并不好用，况且一般不具有重复性的机械化运算程序，不便于在计算机上进行计算，所以需要寻求新的方法。迭代法，就是数学家创建的一种间接的求解方法。这一方法的关键性思想就是"权把未知当已知"，即对要求的解 x，先设定一个值 x_0，然后逐步修正，从而得解。

从已知和未知的关系来分析，迭代法的思路和步骤是：把设定的已知量 x_0 当做待求方程组的解散的初始值，即以已知量 x_0 来替代未知量 x，在方程组中与其他已知量一起进行运算，算出 x_1；再用 x_1 替代未知量 x，进而算出 x_2；经过足够多次的逐步迭代，最后算出足够精确的解。

这种迭代法，或者说逐步逼近的方法，是数学中，也是科学中常用的方法。

第二节 归纳与演绎

归纳和演绎是科学方法中的一对重要范畴。归纳指的是由个别到一般的推理形式和研究方法，既包括由单称命题推出全称判断的推理，也包括从某些经验事实中概括出一般原理的研究方法；与之相对应的，演绎则是从一般到个别的推理形式和研究方法，既包括由全称判断推出特称判断或单称判断的推理，也包括从普遍性理论知识出发认识特殊的个别的事件或属性。归纳和演绎作为人类基本的逻辑思维方法在人们的日常生活实践中，在人们由已知探求未知、发现真理的过程中都发挥着重要作用。古希腊以来科学进步的历史证明了归纳与演绎在方法论上的重要意义，而同时，归纳和演绎本身的逻辑学、认识论以及方法论问题也在人类智识资源的不断丰富中得以深入研究。

一、归纳和演绎及其历史概说

对于归纳和演绎的概说可以追溯到古希腊。在亚里士多德看来，人类获得真正知识的首要前提应该是分析学（逻辑学），否则就不可能进行研究哲学或者关于事物本质的科学。因此，逻辑学是一切知识的导言或绪论。而逻辑学的要旨是要分析思维的形式和内容以及获取知识的过程。自然，作为主要思维形式和方法的归纳和演绎就成为了亚里士多德所要研究的对象之一。在《工具论》中，亚里士多德第一次全面、系统地对范畴、概念、判断、推理做了阐释，重要的是他对三段论及其组成进行了分析，完成历史上第一个初级的演绎公理化体系。三段论是由某一前提必然得出新结论的一种论证，"如若三个词项相互间具有这样的联系，即小词整个包含在中词中，中词整个包含在或不包含在大词中，那么，这两个端词必定能构成一个完善的三段论。我所说的'中词'，是指既包含在另一个词项中又包含着其他词项于自身中的词项。它被称作中词，也是由于它所处的位置的缘故。端词是指包含在另一个词项中的词，或者包含着另一个词项的词"。① 在三段论中，从一般的前提必然得出了某一个别的判断，这就是演绎的实质。亚里士多德认为有根据的科学的论证永远应该采取三段论的形式，永远应该是三段论式的和演绎的。知识的获得只有通过一系列三段论式的演绎过程才有可能。

诚然，在追求知识确定性的亚里士多德那里，演绎占有最为重要的地位。但是对于这位演绎法三段论的创始人而言，归纳是和演绎紧密联系在一起的。亚里士多德知道，在获取知识的过程中遵循演绎是一以贯之的原则，然而在演绎三段论中，结论的真依赖于前提，而这些前提又是其他前提的结论，如此不断回溯，这一过程最终不能前进不已，最后必然要到达一个不能再通过演绎获得的普遍命题或第一原理。这时就需要归纳来发挥作用，"证明从普遍出发，归纳从特殊开始，但除非通过归纳，否则要认识普遍是不可能的"。②亚里士多德对于演绎和归纳的论述包括了其作为一种思维形式和作为一种方法两方面的内容。尽管后人更加推崇其为演绎逻辑所做出的贡献，但他对演绎、归纳以及它们之间关系的系统阐述无疑第一次对一种方法论意义上的归纳和演绎的基础做了精辟概括。

如果说亚里士多德是演绎法的代表，那么归纳尤其是归纳法主要应归功于培根的贡献。培根说："寻求和发现真理的道路只有两条，也只能有两条。一条是从感觉和特殊事物飞到最普遍的公理，把这些原理看成固定和不

①②　苗力田主编：《亚里士多德全集》第 1 卷，中国人民大学出版社 1990 年版，第 88—89、283 页。

变的真理，然后从这些原理出发，来进行判断和发现中间的公理。这条道路是现在流行的。另一条道路是从感觉与特殊事物把公理引申出来，然后不断地逐渐上升，最后才达到最普遍的公理。这是真正的道路，但是还没有试过。"① 这前一条道路指的就是亚里士多德以来的三段论式的演绎法，而后一条就是他所要倡导的归纳法。培根意识到在科学的发现中演绎无所作为，无助于追求真理。现在的三段论无非就是把已经发现的知识做特殊处理而已，同时构成三段论前提的命题甚至是所谓的普遍知识和第一原理都是建立在模糊的经验之上，这样的科学方法是不可靠的。相反，他强调科学要发现的恰恰是具有普遍性形式的原因和规律，所以归纳以及归纳法才是最重要的。"在确定公理的时候，必须制定一种与一向所用的不同的归纳形式；这种形式不仅是要用来证明和发现（所谓）第一原理，并且也要用来证明和发现较低的公理、中间的公理。也就是说，要用来证明和发现一切公理。"同时，"因为根据简单列举来进行的归纳是很幼稚的，它的结论是不稳固的"，② 所以培根倡导代替简单枚举归纳的科学归纳法。培根不仅历史性地将科学归纳法置于重要地位，而且还提出了具体的运用归纳法发现真理的手段。他首次提出整理和分析感性材料的"三表法"，即存在表、缺乏表和程度表，认为在此基础上，通过归纳方法，可以从特殊的事实命题逐级上升以致最后达到"最普遍的公理"。

从亚里士多德到培根，归纳和演绎在方法论上的地位获得了发现和肯定。对于演绎而言，很多人表示亚里士多德的工作已经如此完满以致本质上没有什么可以补充的。而对于归纳来说，问题和工作才刚刚开始。18 世纪的经验主义哲学家休谟对归纳提出了普遍的怀疑，由此归纳问题就和休谟问题一起频频出现在逻辑学、哲学和方法论的探讨中。19 世纪的逻辑学家约翰·穆勒回到培根的归纳主义立场上，继承和发展了培根的科学归纳法，总结出"穆勒五法"，即求同法、求异法、求同求异并用法、共变法和剩余法，试图用归纳建立全部的科学发现和证明。进入现代以后，尤其是概率论的出现为归纳问题带来了新的理论资源。凯恩斯、莱辛巴哈、卡尔纳普等相

---

①② 培根：《新工具》，转引自北京大学哲学系外国哲学史教研室编译《西方哲学原著选读》上卷，商务印书馆 2002 年版，第 358、360 页。

继用概率论的定量分析和形式化手段探索有限的经验事实对一定范围内的普遍原理的证据支持度，创立了现代归纳逻辑。归纳法以现代归纳逻辑这种新形式运用于经验科学中，在相当大的程度上减少了不完全归纳的或然性。"关于经验科学与归纳逻辑的这种相互配合，卡尔纳普按照类似康德所说的一句名言的方式用下面这句话作了总结：'归纳逻辑没有观察是空洞的，观察没有归纳逻辑是盲目的。'"① 然而现代归纳逻辑也面临着"蓝绿悖论"、"确认悖论"等等挑战，对于归纳问题和归纳逻辑的研究仍旧是一个有待完善的课题。总之，归纳和演绎作为两种相对的逻辑推理形式和一对重要的方法论范畴，尽管存在着一定的局限性，但它们在科学研究的历史实践中被证明是十分有用的方法或工具。

二、归纳和演绎的逻辑、认识论和方法论问题

科学哲学家拉卡托斯曾经说："每一种方法论都有其特定的认识论问题和逻辑问题。"② 归纳和演绎当然也不例外。归纳和演绎的逻辑问题和认识论问题涉及必然与或然、证据与辩护、理论与经验等等哲学上的争论。而讨论这些问题的目的在于深入研究它们作为科学方法的基础，澄清其方法论上的意义。

（一）演绎和归纳的逻辑问题和认识论问题

演绎以及三段论式的演绎法被人们认为是在逻辑上最为可靠的，因为演绎意味着从真前提必然地得出真结论，通过演绎法获得的知识的有效性似乎毋庸置疑。但是，演绎要求必须有一个真的前提，亚里士多德在分析三段论时就曾指出："在每个三段论中，一个前提必须是肯定的并且必须有一个全称前提。如果没有全称前提，那就要么三段论不能成立，要么结论与设定无关，要么犯'预期理由'的错误。"③ 我们不禁会问：这个真的全称前提从何而来呢？亚里士多德说它最终可来源于第一原理，而培根则为此质疑演绎法的作用。可见，虽然说演绎在科学研究中代表着必然的绝对可靠的方法，但是在科学研究的实际过程中我们也不可能将绝对的演绎进行到底。

---

① 施太格缪勒：《当代哲学主流》上卷，商务印书馆 2000 年版，第 477—478 页。
② 伊姆雷·拉卡托斯：《科学研究纲领方法论》，兰征译，上海译文出版社 2005 年版，第 131 页。
③ 苗力田主编：《亚里士多德全集》第 1 卷，中国人民大学出版社 1990 年版，第 143 页。

与演绎相对应的归纳的境况就更为复杂。对于归纳和归纳法的合理性的质疑与辩护从休谟开始一直延续至今。施太格缪勒更是断言："每一新的科学发现，每进一步从哲学上对归纳法的探讨，似乎都越来越证实哲学家 C. D. Broad 的这一论断：归纳法是自然科学的胜利，却是哲学的耻辱。"①休谟在《人性论》以及《人类理智研究》中，对归纳和归纳法的逻辑和认识的可靠基础提出了怀疑。休谟认为，人类获取知识的推理只有两种，"证明的推理"和"或然的推理"，亦即演绎和归纳。而在后者中，"似乎显然没有证明的论证，因为自然过程可以变化，而且一件事物纵然和我们曾经经验过的事物似乎相似，但也可以产生出不同或相反的结果，这些都是并不包含矛盾的事"②。所以归纳和演绎不同，归纳永远只具有或然的有效性，它不能得到经验的确证。休谟将归纳以及归纳法的基础归结为心理的联想和习惯。罗素在《哲学问题》中有专门一章论述归纳法，他赞同休谟对归纳必然性的怀疑，但是他又明白只有归纳法才有可能带来新的科学知识。因而我们不得不面对这个二难困境：归纳是我们进行科学发现的必不可少的有效方法，但其本身又不具有可靠的证明过程。"科学上的普遍原则，例如对于定律的支配力的信仰，对于每件事必有原因的信仰都和日常生活中的信仰一样，是完全依靠着归纳法原则的。所有这些普遍原则之所以为人所信，是因为人类已经发现了有关它们的真实性的无数事例，而没有发现过它们虚妄性的例子，但是，除非我们先承认归纳法原则作为前提，否则这也还是不能提供证据说它们在未来也会是真实的。"③ 20 世纪 30 年代开始，英国科学哲学家波普尔提出了一种鲜明的反归纳主义立场。他论证了归纳法的无效，将科学发现的逻辑诉诸证伪主义原则。"归纳原理观念是一种陈述——可被看做形而上学原理，或看做先天有效的或可几的，抑或仅仅看做是猜想——的观念，如果它是真的，就会提供我们信赖规则性的很好理由。因此，仅从逻辑和认识论上来说，具有必然性的演绎并不包含任何新知识，而无法消除或然性的归纳的确产生了更高程度的知识。通过归纳我们才获得全部关于实在的

①　洪谦主编：《逻辑经验主义》，商务印书馆 1989 年版，第 257 页。
②　休谟：《人类理智研究》，转引自北京大学哲学系外国哲学史教研室编译《西方哲学原著选读》上卷，商务印书馆 2002 年版，第 524—525 页。
③　罗素：《哲学问题》，何兆武译，商务印书馆 1999 年版，第 55 页。

科学内容，但是它却没有强有力的经验和逻辑的辩护基础"。

（二）归纳和演绎的方法论意义和局限性

众所周知，归纳和演绎在科学认识中对科学理论的发现和建构有着重要作用。由于科学归纳法所强调的已不是简单的枚举，不是单纯的感性直观和观察事实的拼凑，而是在理论指导下进行的初步的分析，因此通过归纳可以预见真理，进而提出各种猜想和假说。演绎作为一种逻辑证明的有用工具，在验证科学理论体系本身的一致性、完备性和严密性方面起到决定性作用；况且演绎对扩展知识和科学预见也有帮助。

归纳和演绎的局限性也越来越受到重视。归纳和演绎在方法论上的局限性源于其逻辑和认识论上的缺陷。具体地说，归纳法要求形成概括基础的观察数目必须足够大，必须在各种各样的条件下重复观察，而且任何观察到的事实都不应该与归纳导出的结论相矛盾。但是这些条件是很模糊以及很难准确满足的。"足够大"是多少？怎样定义"可重复的观察"？以及真的存在着与观察毫无例外的科学定律和知识吗？所以，我们运用归纳法得到的结论往往只是某一类事物的共性，探究的常常也只是事物在特定条件下的因果关系，归纳法的运用受到其观察样本范围的限制和影响。此外，当代科学是理论和实验的结合，很多当代的科学知识的指称对象是不可观察之物。我们如何运用归纳把来自观察的知识概括导出关于不可观察的理论实体的知识呢？查尔默斯说："不可观察世界的科学知识绝不可能由我们已经讨论过的那种归纳推理来建立。这使归纳主义者处于很不舒服的地位，因为它们不得不摒弃大部分当代科学，其根据是它超越了从不可观察之物的归纳概括能加以辩护的内容。"[①] 相对于归纳法的片面性，演绎法根本的问题在于它不能创造新知识，"知性的推理按其本性来说是分析的；这种推理只是把包含在一般真理中的特殊真理推论出来。除此而外，任何思维都不能提供比这更多的东西。思维只是通过演绎推理使已经获得的只是具有秩序和联系。它并不创造任何知识"。[②] 另外，演绎法所需要的真的前提知识的来源也是值得怀疑的，演绎法的局限性还表现在它往往陷入一个无限循环的困境之中。"因而，以

① 艾伦·查尔默斯：《科学究竟是什么》，邱仁宗译，河北科学技术出版社 2002 年版，第 80 页。
② M. 石里克：《普通认识论》，李步楼译，商务印书馆 2005 年版，第 464 页。

任何一般性知识作为逻辑出发点而形成的逻辑演绎体系，其覆盖范围即解释和预言的范围都是有限的。演绎方法的这种局限性，实际上也是科学理论的局限性"。[1]

三、归纳和演绎的统一

归纳和演绎是相互区别但又相互依赖的。正是因为单纯的归纳和演绎都存在着不可克服的局限性，所以科学的方法论要求将归纳和演绎结合起来使用，在归纳和演绎的统一中发挥其价值。事实上从亚里士多德最早对归纳和演绎的论述开始，归纳和演绎就紧密地联系在一起。恩格斯在《自然辩证法》中也曾对全归纳派和全演绎派提出了批判，全归纳派把归纳说成是唯一的科学方法，否认演绎的作用。全演绎派否认归纳的意义，突出演绎方法的唯一性。这两种观点都是片面的。"我们用世界上的一切归纳法都永远做不到把归纳过程弄清楚。只有对这个过程的分析才能做到这一点。——归纳和演绎，正如综合和分析一样，必然是属于一个整体的。不应当牺牲一个而把另一个捧到天上去，应当设法把每一个都用到该用的地方，但是只有记住它们是属于一个整体，它们是相辅相成的，才能做到这一点。"[2]

演绎离不开归纳。演绎推理前提的普遍性知识需要通过归纳才能得到；归纳也离不开演绎。在归纳推理的过程中，运用已知的理论对归纳的个别前提进行分析需要用到演绎推理。科学的方法是在归纳的基础上演绎，在演绎的指导下进行归纳。

归纳和演绎的结合使用是被科学史证明了的可靠有效的科学方法。16、17世纪的天文学家开普勒就通过归纳和演绎的结合使用寻求新的宇宙秩序。16世纪中期开始，开普勒的老师第谷·布拉赫在皇家天文台里广泛系统地观测、记录了近二十年的天象情况。这些观测材料后来被开普勒所利用，他据此归纳出了著名的行星运动三定律。开普勒还根据这些行星运动定律演绎推断出一些行星运动的现象变化。之后，当伽利略发明了第一架望远镜并且赠送了一架给他，开普勒又通过望远镜观测证实了他的推断。在归纳和演绎

---

① 孙小礼主编：《自然辩证法通论》第二卷方法论，高等教育出版社1993年版，第82页。
② 《马克思恩格斯选集》第4卷，人民出版社1995年版，第335页。

的结合中开普勒完成了对天空的立法。当然类似的例子在科学的历史上还有很多。

科学哲学家亨普耳曾把一个理想状态下的科学研究的过程描述为："第一，所有事实都被观察到和记录下来，关于它们的相对重要性不加选择也不作先验的猜测。第二，对被观察和记录下来的事实进行分析、比较和分类，除了必然包含在思想逻辑中的以外无需假说或公设。第三，从对事实的这种分析中，用归纳法引出有关事实间分类关系和因果关系的普遍性结论。第四，更进一步的研究既是演绎的，又是归纳的，因为要根据以前建立的普遍性结论使用推理。"① 其中，除去第一步完全的观察过程不直接涉及思维方法的运用（当然如果考虑理论和观察的关系，其中也涉及归纳和演绎推理）以外，第二步是在演绎法的指导下进行的；第三步则是明显的归纳过程；第四步是演绎和归纳的结合运用。因此可见，贯穿于整个科学研究过程的不是单纯的归纳法或演绎法，而是归纳和演绎的统一。

第三节　分析与综合

——科学研究中的部分与整体

分析是把事物分解为各个部分加以考察的方法；综合是在分析的基础上，把事物的各个部分联结成一个整体加以考察的方法。无论运用分析方法，还是综合方法，或者两者的结合，都要处理好部分与整体，或局部与全局这样一个关系问题，使人们能够全面、系统地认识事物，把握事物的本质，防止产生"只见树木，不见森林"或是"不见树木，只见森林"的片面认识。

一、从部分出发和从整体出发

对于如何处理部分与整体的关系，科学研究工作者在长期的科学研究实践中积累了不少的经验，形成了认识事物的两条路线：从部分出发和从整体出发，同时，既创造了从部分认识整体的有效方法，也创造了从整体着眼的

---

① 亨普耳：《自然科学的哲学》，张华夏等译，生活·读书·新知三联书店 1987 年版，第 19 页。

整体性方法，而且这两种方法常常是相辅相成的。

（一）从部分出发：近代科学的分析方法

整体是由部分组成的，是各部分之和，这是人们对事物认识的一个最直观的理解。按照这样的理解，人们对事物的认识自然会形成这样的思路：研究一个事物时，首先把它分解为各个部分，分别进行研究，然后加以综合，以求得对事物的整体认识。笛卡尔将这种思想方法总结为一条重要的方法论原则。

近代科学技术为这种从部分出发、把整体分解为部分、深入研究各个部分的思想方法提供了具体方法和实验手段。科学实验方法的形成和发展，使科学工作者有可能在实验室条件下，借助越来越精密的仪器设备，对事物的各种具体现象、各种具体过程，分门别类地进行相当精细的测量和研究，可以对生物体的各种组织器官，通过解剖做细致的观察，并把观察实验的数据加以整理和分析，从而获得关于整体的认识，同时也总结出了各种分析的方法。

正是借助于这种分析性的思维，依靠实验和数学的各种具体的方法，近代科学取得了非常辉煌的成就。因而，近代科学的这些方法也获得了人们的广泛的推崇。由于这些方法是在首先着眼于把整体分解为各个部分的基本思路下进行的，所以，人们常把它称之为分析方法。

当我们要研究的对象，可以用它的部分来代表其整体的时候，常常运用以下的具体方法，以达到"窥一斑，而知其全貌"的目的。

微元法

在近代科学中，尤其是力学和物理学中，有一种经典方法或传统方法，即所谓的微元法或元抽象法（Method of elementary abstraction）应用得非常普遍，曾经获得很大的成功。这是一种通过分析微元的动态过程以求得整体的运动规律的方法，也就是建立微分方程的方法。当我们要研究某一客体的运动规律时，如果客体是均匀的、连续的或者是能够近似地看成均匀、连续的，就可以取客体运动过程中的某一个小部分，称为微元（例如微小的线段元 dx，面积元 $ds = dxdy$，体积元 $dv = dxdydz$ 等），通过分析这个微元的运动情况，依据有关的科学原理，列出刻画这一微元的动态特征的微分方程，加上初始条件和边界条件，就构成了一个待解的数学问题。这样得到的微分方程的解能够从整体上刻画客体的运动规律，预见客体的未来行为。这就完成了一个从部分达到整体的研究过程。通常的情况下，微分方程的求解，需要借助计算机的运算才能得到近似解，只有在比较少的情况下，可以直接积分得到用解析式表达的解。

　　抽样法

　　在现实中，我们常常要遇到涉及一个数量很大的群体的问题，为了研究这一群体的某种性质或规律，对于刻画这一性质或规律的基本量或指标体系，不可能也没有必要对这一群体的每一个个体都逐一去测定它们的数据。通常我们采取的方法是：选取群体中的一部分个体作为代表，称为样品或样本，只要这些样本对于群体来说是具有代表性的，那么只需对这些样本测定数据，就可以根据对样本的数据进行分析得出的结论去推断或估计出整个群体的情况。这种方法称为抽样推断法或抽样估计法，简称抽样法。这种方法在自然科学和社会科学的研究中都广泛应用。例如，工厂生产的产品的质量检查，任何一种大批量生产的产品由于数量大，不可能对生产的每一件产品都逐个检查，通常是随机抽取一些样品进行试验，然后根据实验和检查的结果从整体上对所生产的产品的质量做出大致的估计或判断。

　　有些问题，虽然有可能对所研究问题所涉及的对象群体中的全部对象进行调查或测量，但从节约人力、物力、财力和时间考虑，也常常需要用抽样方法。例如，要了解一个地区城市居民的家庭收支情况，实际上只需选择若干有代表性的家庭作为样板进行调查，就能对这一地区的居民家庭收支状况做出推断。

　　当然，在运用抽样法研究群体问题时，有两个问题必须注意：一是如何抽取样本；二是抽取多少样本。在统计学中为了不受样本抽取人主观意念的影响，人们设计了多种方式来抽取样本，如随机取样、机械取样、整体取样、分层或类型取样等办法，其目的是要使样本具有代表性和典型性，并且所取的样本也必须适度，以避免由于样本过多而浪费人力、物力和财力，或是样本太少而不具备代表性。因此，为了从样本的数据资料对整体的某种特征或变化规律做出比较准确的估计和推断，制定尽可能科学合理的抽样方案，则是运用抽样法的关键。

（二）从整体出发：系统科学的新思维

现代科学所面临的对象大多是具有组织性、复杂性的系统，如社会系统、人与自然的系统等。非线性、不稳定性和不确定性形成了系统复杂性的根源。对于这样的复杂系统，用传统的思维方式是很难处理的，因为把某个复杂系统机械地分割开来进行分门别类的细致研究，就割裂了系统内部各要素之间的有机联系，以至于不能正确理解系统，而系统科学为探索复杂性事物提供了全新思维——系统思维方式。

系统科学是研究系统一般模式、结构和规律的科学。20世纪60年代以后，继一般系统论、控制论、信息论又陆续出现了耗散结构理论，协同学，超循环论等等。这些理论虽然各有不同的科学背景，所针对的具体问题也不相同，然而都是对于非线性系统的一种研究，而且它们都围绕着一个中心问题，即探讨系统的演化，特别是探讨系统的自发走向有序的过程，也被称为自组织理论。系统科学所涵盖的面是很广的，所有这些对于系统的研究成果，现在都统称为系统科学，是当今极有影响的一门综合性的交叉科学。

系统思维方式是如何认识复杂系统的呢，第一，把对象看做是其要素以一定的联系组成的结构与功能统一的整体，即系统。第二，认为整体具有不同于各要素功能简单相加的新功能，认识系统就在于找出系统的这种新性质。第三，认为所有的系统都是开放的系统，都处于一定的环境之中，与环境有着千丝万缕的联系和相互作用，进行着物质、能量、信息的不断交换。第四，侧重于研究系统的无序、不稳定性、多样性、不平衡性和非线性等的特征，这恰恰是传统思维无能为力的。

系统科学不仅是现代科学发展的重大理论成果，同时也是具有浓厚的方法论性质。半个多世纪以来，现代科学技术的发展为系统思想转变为系统方法，作了理论上、数学上和技术上的具体准备，提供了科学理论——系统科学和有关的各种理论，数学方法——运筹学以及现代数学的各有关分支学科，计算工具——效率不断增进、功能不断加大的电子计算机。正因为具备了这样一些条件，现在已经形成了对系统进行整体性研究能够具体操作的一些科学方法。这些方法就称为系统科学方法或系统方法。

系统方法就是按照系统科学的观点和理论，把研究对象作为系统，在认识和实践中运用系统、信息、反馈等综合的概念和现代手段来解决研究问题的方法的总称。从本质上说，系统科学方法就是要从整体上最优地解决复杂系统问题。也就是说，根据我们所要研究的系统和所要达到的目标，根据已知的有关科学理论和数学方法，把要解决的问题加以模型化，即建立一个整体性的模型，或者是能进行定量研究的数学模型，或者可进行半定量半定性研究的模型，这是系统方法的核心，也是系统方法区别于和高于先分析后综合的传统研究方法的关键所在。有了模型，运用电子计算机进行一系列数字的和逻辑的运算，有步骤地实现"多中择优"原则，从而为达到目标或接近目标找到能使"整体优化"的解决方案。

二、社会研究中的个体主义与整体主义[①]

（一）社会研究中的个体与整体

人类社会与物质世界既有联系又有明显的区别。自然物质同质性较高，相同分子的物质，其性质相同。因而自然科学注重类别的差异，正所谓"一叶知秋"，不需要注意每一片树叶的个别性，即可由个别推知一般。而社会科学研究的对象与自然科学有很大的不同，社会现象归根到底是人的活动，而人的活动不论是个体的活动还是群体的活动，不论是历史的活动还是现实的活动，都具有鲜明的是"这一个"而不是"那一个"的差异。

因此，社会研究中的"个体与整体"的关系要比自然现象中的"局部与整体"的关系要复杂得多。就个体而言，个人是具有独立性、主体意识的存在，在社会群体中具有不可置换性。历史上的康有为就不能用梁启超来代替。就群体（或整体）而言，群体与群体之间，无论有多少共同点，也同样存在差异，例如明末的农民起义军，李自成的队伍不等于张献忠的队伍，决不可"张冠李戴"。在群体中发生的社会事件也有它的独特性，即事件的"一次性"，我们常说，"历史是不会重演的"，指的就是这种事件的"一次性"。同样是"鸦片战争"，第一次"鸦片战争"不同于第二次"鸦片战争"，前者是林则徐虎门销烟的壮举，后者则演出了火烧圆明园的惨

---

① 本部分参阅了景天魁：《社会学方法论与马克思》（第一册，个体与整体），人民出版社 1993 年版；王宁：《个体主义与整体主义对立的新思考——社会研究方法论的基本问题之一》，《中山大学学报》2002 年 3 月；张文喜：《超越个体主义与整体主义的对立》，《安徽师大学报》1998 年第 1 期；彭启福：《社会科学中的整体主义和个体主义》，《安徽师大学报》1995 年第 3 期。

剧。虽然我们也说"历史是可能重演的",重演是指不同时期的历史现象的某种相似性,不能等同于自然科学规律的"可重复性"。

社会中的"个体与整体",无法简单地归结为包含和不包含、属于和不属于之类的关系。就其实质而言,它们的关系是独立和隶属、能动和受动、规范和被规范、认同和非认同、理解和被理解之类的体现人类社会特性的关系,或者是这些关系的某种综合关系。

(二) 个体主义与整体主义及其对立

个体与整体的关系一直是社会研究中的一个难题,并由此产生了以孔德、迪尔凯姆等为代表的整体主义,与以韦伯、波普尔、瓦特金斯等为代表的个体主义的相互对峙和争论。

任何整体主义者都承认社会是由个人组成的;任何个体主义者也都承认在个人之外存在着作为整体的社会。他们争论的问题是:是个体属性先于或高于整体属性还是相反?对社会的根本说明应该首先立足于社会的个体还是整体?个体和整体哪个更为根本、更为实在?等等。

究竟从个体出发还是从社会整体出发解释和说明社会现象,是科学中从部分出发还是从整体出发两条认识路线在社会研究领域的直接反映,形成了社会研究中的个体主义和整体主义这样两种对立的研究模式。

在整体主义看来,社会是一个有机的整体,社会作为一种整体现象是独特的、自成一格的客观实在,所以,社会虽然是由个人结合而成的,但社会整体所具有的特性,不是个体成员特性的简单加和,社会组织所具有的整体行为和功能不仅不能归结为个人的行为和特性,相反它支配和制约着任何个人的行为。因此,在方法论上就必须从整体去说明个体。这种强调整体的根本属性和对个人的制约的方法论原则就被称为整体主义。实证主义哲学家孔德和迪尔凯姆是其典型的代表。孔德认为,如果把社会分割为若干部分而分别进行研究,就不可能对社会的条件和社会的运动进行科学的研究。因此,在社会学的研究中只有一条正确的途径——方法论整体主义的途径,强调社会是一个有机整体,强调对社会的研究必须从整体出发才有可能,强调把要素放入整体中研究的向度,强调整体对于部分的规范作用等。迪尔凯姆进一步发展了孔德的整体主义研究方法,从本体论上论证社会现象在整体上是客观的和独立于个体的,以此来强调整体主义方法在社会学研究中的首要地位。例如，他在《自杀论》中，反对将自杀现象归于个人心理病理学上的原因，认为自杀现象的真实起因是社会原因，是社会"自杀潮流"这样一种社会或集团力量的产物。

以本体论的整体主义为基础，方法论的整体主义反对将以分析为基本特征的原子主义方法应用于社会学研究，认为社会整体的性质不能由其组成个体的性质得到完全的解释，群体的行为规律不能还原为个体的行为规律，不能从个人心理或生理的层次来解释和说明社会现象，认为解释和说明社会现象必须从社会整体，即社会制度、社会结构、社会群体、社会思潮、社会习俗和社会地位、规范、角色等社会的整体性出发。虽然这具有合理性，但是方法论的整体主义却忽视或否认了个体或部分对整体的内在包含关系和基础性的作用。

与此相反，方法论的个体主义认为，社会中的个体具有"独一无二"的特性，个体性是构成社会的真实特性，个体的存在和活动先于任何社会整体的存在，个体现象产生并决定社会整体现象，整体是个体的派生物，任何复杂的社会现象都是个体的动机、意向、需要、信念、境况、体能等组合的结果。因此，个体主义只把个体及其属性视为社会研究的分析单位，从个体出发解释和说明社会现象，把社会现象还原为个体行为、个人心理，用个体的行动、个体的性格、目标、意志、信仰、智力和道德来解释社会现象。

韦伯的社会研究理论总想驱逐整体性的"幽灵"而主张社会研究应从"个人行动"出发。逻辑实证主义对形而上学的拒斥，使他们在超经验的整体面前，走着还原主义的道路，把"社会是由个人组成的"的公理固定化并由此还原为个体主义。波普尔认为，描述任何历史状况的任何术语和命题都应建立在个体的可观察行为及其特性上，整体不能成为科学研究的对象。他说："整体主义者……企图用不可能的方法来研究我们的社会。"① 他认为把整体作为研究对象不仅是不可能的，也是反科学的。

社会整体是由个体组成的，显然从个体出发和从整体出发来研究社会正是两个合理的可能向度。然而，在整体主义和个体主义看来，这两个合理的研究向度却是互斥的。他们各执部分与整体（个体与整体）之一端，都有

---

① 波珀：《历史决定论的贫困》，杜汝楫、邱仁宗译，华夏出版社 1987 年版，第 62 页。

反驳对方的理由，而又都没有完全驳倒对方的逻辑证明和理论通道，这就是它们长期争论和对立的原因。这种情况的出现源于传统的部分与整体的逻辑"悖论"：凡要认识整体就必须先认识部分，因为整体是由部分构成的；但是，凡要认识部分又必须先认识整体，因为任何部分都是整体的部分。在部分与整体关系的这样的单值逻辑的、二分择一的思维传统中，就出现了方法论上的个体主义与整体主义的两者对立的独特景观。

三、分析方法和系统方法

（一）系统方法取代了分析方法所占有的统治地位

现代科学发展的总趋势是越来越走向综合，科学研究的对象从简单走向复杂，而且是越来越复杂。在系统科学方法出现以前，分析方法是科学研究最主要的方法。但是，随着现代科学的发展，面对的是许多越来越复杂的系统问题，分析方法已显得无能为力，而必须对研究对象采用整体性的系统方法加以综合、全面的系统考虑。在这种形势下，系统科学的思想方法必然会在人们的科学认识活动中逐渐成为起支配作用和占统治地位的思想方法。

但是，我们也必须看到，在科学走向综合的总趋势下，科学也在不断分化和走向精细，而且当我们的科学研究不断向未知推进的时候，在许多情况下，把整体分解为部分，以及从部分去认识整体的方法仍然是必需的和有效的，只不过不再是占据统治地位的研究方法。

所以，系统方法将取代的只是分析方法所占有的那种起支配作用的统治地位，而不是取消以分析为主的具体科学方法本身。在遇到适合于运用分析方法的时候，就仍然要敢于和善于运用分析方法。当然，分析方法本身也必然还会在现代科学技术进步的推动下，进一步得到丰富和发展。

（二）系统方法包含和高于分析方法

系统方法是随着系统科学的出现而出现的，它的产生适应了现代科学发展的实际需要，也是科学方法发展达到的一种新水平和新境界。系统方法不仅包含分析方法，而且高于分析方法。

首先，系统方法的出发点是从整体的角度，以系统综合的方式研究问题，但是它决不排斥分析方法，它的建立和运用也决不是对分析方法的否定和取代。运用系统方法解决复杂系统问题也需要对系统进行分析，不过是基于整体性考虑的分析。拉兹洛曾这样来形容新旧思维方式的区别："一个旧式的专家集中注意的是细部，他不大注意表明这个细部前后左右关系的那个更宽阔的结构。可是，一个新型的科学家，他集中注意的却是不同数量级和不同复杂程度的结构，他把细部安放到总的框架结构中去看。""系统论的观点是一种正在形成的关于组织化的复杂事物的当代观点，它比关于组织化的简单事物的牛顿观点高了一个等级。"①

其次，系统方法的总思路是：把系统作为一个整体看待，立足于整体来分析其部分以及部分与部分、部分与整体之间的关系，并通过对部分的分析来达到对整体的认识。系统方法要求全面地综合地研究系统中的各个子系统相互之间的关系，各子系统与它所属上一层次的系统乃至整个系统的关系，各子系统与它下一层次的子系统的关系，以及这一系统与外部环境，亦即与其他系统的关系等等。

从系统方法的这种思路和要求可以看出，在运用系统方法研究整体的时候，包括着对各个部分的深入分析研究。所以，系统方法与其说是否定和排除分析方法，倒不如说是包括了分析方法。钱学森在说明现代科学各部门用不同的角度研究客观世界时指出，"系统科学用的角度是系统或整体与局部的统一"。②

第三，"认识了部分才能更好地认识整体"，"认识了整体才能更好地认识部分"，这是同一条认识论原则的两个方面，是不应加以割裂和有所偏废的。分析方法恰恰是片面强调了从部分去认识整体，而忽视了从整体去认识部分。系统方法的应用正是具体体现了这两个方面的结合和统一。贝塔朗菲也曾指出，分析型思维和整体型思维所关心和强调的面不同，在科学中用一个方面反对另一个方面会造成许多危害。③

分析方法曾经解决了比较简单的系统中的整体与部分的关系，而现代系统方法则要解决比较复杂的具有多层次结构的系统中的整体与部分的关系。从这个意义上说，系统方法也是包括和高于分析方法的。它的实质正是从整体与部分的关系上考察和研究问题。以前有人曾经把系统方法简称为"整

---

① E.拉兹洛：《用系统的观点看世界》，中国社会科学出版社 1985 年版，第 11—14 页。

② 钱学森：《关于思维科学》，上海人民出版社 1987 年版，第 7 页。

③ L·贝塔朗菲：《一般系统论》，秋同等译，社会科学文献出版社 1987 年版，第 7 页。

体性方法"，这不过是突出了其从整体着眼的思路特点而已，并不能充分表达系统方法的实质。

第四节 具体与抽象

科学研究的目的，就是要透过复杂多变的现象，揭示事物的本质与规律，而要实现这一目标就需要对所搜集的客观事实材料进行分析和抽象，即从感性的具体上升到抽象的规定，再上升到思维中的具体。因此，正确认识具体与抽象的关系对于科学研究来说，是至关重要的。

马克思曾经指出："物理学家是在自然过程表现得最确实、最少受干扰的地方考察自然过程的，或者，如有可能，是在保证过程以其纯粹形态进行的条件下从事实验的。"① 对于社会科学家来说，情况就有所不同。"分析经济形式，既不能用显微镜，也不能用化学试剂。二者都必须用抽象力来代替。"②这里所说的抽象力，就是抽象思维的力量。

一、从具体到抽象和从抽象到具体

科学抽象方法的运用，包括两个基本环节或两个基本行程：从具体到抽象与从抽象到具体。从具体到抽象，是一个从"充分地占有的资料"中得出客体的普遍而抽象的规定的过程。"充分地占有资料"包括两个重要方面：（1）对具体客体的直接研究、调查，获得关于客体的第一手资料；（2）对他人的研究进行研究、分析，获得关于研究的第二手资料。所以，认识活动是一个既包括研究者亲自观察、思维加工，也包括研究者获取他人的观察、思维加工的成果，这样，认识活动就体现出累积性与发展性。

从具体到抽象的行程中，研究者经常把客体特殊性舍弃而只考虑一类事物的共性。例如，物理学中的理想气体舍弃分子的大小和分子之间的作用力这些特殊性，而只考虑分子的质量和碰撞这些共性。研究者也经常舍弃一事物与它事物的相互联系而孤立地考察事物的某些方面。例如，经济学中的经济人假设，只考虑人在经济方面的动机与行为，而舍弃人在经济以外的其他

---

①② 《马克思恩格斯选集》第2卷，人民出版社1995年版，第100、99—100页。

动机和行为。研究者还经常舍弃事物的时间条件和空间条件，而只考虑这些事物适合于所有时间和空间的特性。例如，马克思《资本论》中的商品概念，就舍弃了商品的时间属性（即这一概念不仅适合于资本主义社会，也适合于其他类型的社会）和空间属性（即这一概念不仅是适应于某些类型的国家，而是适应于所有的国家），只考虑商品的价值这一共性。虽然马克思在《资本论》中主要研究当时资本主义经济发展比较充分的英国，但马克思考虑的却是所有资本主义制度的国家。马克思说："如果德国读者看到英国工农业工人所处的境况而伪善地耸耸肩膀，或者以德国的情况远不是那样坏而乐观地自我安慰，那我就要大声地说：这正是说的阁下的事情！"①

从抽象到具体的行程，是科学家从已经获得的若干抽象规定或概念出发，经过逻辑推演，在思维中进一步加工综合，发现它们之间的内在联系，逐步形成思维中的具体。"从抽象上升到具体的方法，只是思维用来掌握具体、把它当做一个精神上的具体再现出来的方式"，②思维中的具体与认识起点的具体是有区别的，因为，"具体总体作为思维总体、作为思维具体，事实上是思维的、理解的产物"。③而现实的具体是一个存在于思维之外的综合性整体。但是两个具体之间是有密切联系的，否则思维中的具体就成了不依靠客观现实的空中楼阁。马克思指出，思维中的具体"决不是处于直观和表象之外或凌驾于其上而思维着的、自我产生着的概念的产物，而是把直观和表象加工成概念这一过程的产物"。④思维中的具体与表象中的具体的密切联系表现在：最一般的抽象总是产生在最丰富的具体发展的地方。

以上阐述了主体对客体认识活动的两个过程，实际上，在真实的科学认识活动中，这两个行程往往是交错进行而不是单独进行的。这两个行程中的具体与抽象的概念也不是恒定不变的。相对于某一认识阶段中的具体可能会成为另一阶段的抽象，而相对于某一认识阶段的抽象可能会成为另一认识阶段的具体。因为主体对客体的认识活动不是经过一次从具体到抽象或从抽象上升到具体就能完成的，它需要从具体到抽象然后再上升到具体这一过程反复不断地进行下去，直到最终找出问题的核心，揭示问题的本质。

---

①②③④　《马克思恩格斯选集》第 2 卷，人民出版社 1995 年版，第 100、19 页。

二、马克思《资本论》：处理具体与抽象的典范

马克思是运用科学抽象方法的大师。他对抽象方法的运用，涉及两个"具体"概念。一个是作为认识起点的具体，一个是作为认识结果的具体。从字面上看，都是"具体"，但二者的含义大不相同。马克思曾经描述过政治经济学研究方法的两条道路，"在第一条道路上，完整的表象蒸发为抽象的规定；在第二条道路上，抽象的规定在思维行程中导致具体的再现。"①这里，"第一条道路"中的"完整的表象"就是作为认识起点的具体，是"混沌的关于整体的表象"。它表现为各种各样的现象，如果不对这些现象进行抽象或理性地思考，就无法理解隐藏在表象背后的统一性和内在联系。第一条道路就是从具体到抽象的道路，沿着第一条道路，"从表象中的具体达到越来越稀薄的抽象，直到我达到一些最简单的规定。"②"第二条道路"中的"具体"是抽象的规定在思维中重现的结果，这一具体，已经和原来的具体有所区别，它已经不再是原先的表象，而是对表象经过抽象加工的理性重建。作为认识结果的具体，是理性中的具体，是通过科学抽象由思维把握的具体。

在经济学发展史上，第一条道路是马克思之前的经济学家们曾经走过的道路。英国经济学家亚当·斯密不仅提出了一个严肃的和作为科学探讨的独立学科的经济学，而且标志着古典经济学思想的开端，因此人们称他为"经济学之父"。亚当·斯密具有非凡的抽象力，他的这种能力不仅体现在他对《国富论》中那一只"看不见的手"的构思之中，也体现于他的另一本巨著《道德情操论》中对"旁观者理论"的构建之中。马克思的《资本论》，克服了斯密等古典经济学家的理论弱点，在"第二条道路上"构建了完整而严密的政治经济学理论体系。从资本主义财富的种种表现形式中抽象出商品以后，马克思开始认识商品的本质，商品的本质彻底理解了，于是将行程返回来，从商品这一抽象的形式开始，逐渐上升到具体——资本主义生产的总过程。这种上升的具体揭示了资本主义生产总过程的实质。但是这一理性把握的资本主义生产总过程同实际的客观过程已不完全是同一回事。这

---

①② 《马克思恩格斯选集》第2卷，人民出版社1995年版，第18页。

已经经过了加工的具体，是思维的、理解的产物。所以，马克思继承了斯密等人的科学抽象法，在自己的科学实践中，在《资本论》的研究中，又进一步发展并提高了原来的科学抽象法。

（一）《资本论》：运用科学抽象法的范例

马克思的《资本论》是社会科学中运用科学抽象法的典范。这部篇幅宏大的科学著作，共分四卷：《资本的生产过程》、《资本的流通过程》、《资本主义生产的总过程》和《剩余价值理论》。马克思严密而精确地使用"科学抽象法"作为《资本论》的逻辑基础，使得他的理论体系无懈可击。

我国著名经济学家王亚南这样评价："《资本论》的科学结构，是非常完整严密的，它不但全面地显示了资产阶级社会生产关系总合的内在相互联系，并还如实地体现了它的总的发展动态，从而，使得在这里面的每个经济范畴、规律，都很恰如其分地成为资本主义总现实关系或其总运动趋势之个别侧面的理论表现。"[1]

当代西方的经济学家们对马克思也有高度评价。埃克伦德和赫伯特在《经济理论和方法史》中写道："可以说，任何从生产的首要性进行推理以解释经济关系的经济学家，都受到了马克思的影响，对于那些强调辩证法的经济学家，不管他们是否最终接受马克思的分析结论，也是一样。"[2]

马克思在写给恩格斯的一封信中说："不论我的著作有什么缺点，它们却有一个长处，即它们是一个艺术的整体。"[3] 马克思曾对恩格斯说："我的书最好的地方是：（1）在第一章就着重指出了按不同情况表现为使用价值或交换价值的劳动二重性（这是对事实的全部理解的基础）；（2）研究剩余价值时，撇开了它的特殊形态——利润、利息、地租等等。"[4]

为什么说《资本论》是一个"艺术整体"呢？《资本论》是资本主义复杂的社会现象的完整的科学再现。政治经济学是研究生产关系的，而生产关系是生产、交换、分配、消费四个环节之间的关系的总和。马克思对这些

① 陈征、严正编：《〈资本论〉的对象、方法和结构——〈资本论〉教学研究参考资料.2》，福建人民出版社1982年版，第87页。
② Ekelund, Jr. R. B, Hebert, R. F. *A History of Economic Theory and Method*, McGRAW-Hill Book Company, 1983, p.245.
③④ 《马克思恩格斯〈资本论〉书信集》，人民出版社1976年版，第196、225页。

过程的再现是按照从简单到复杂、从抽象到具体、从本质到现象的过程进行的，逻辑严密、线索清晰。《资本论》的第一、二、三、四卷从各个不同的层次来反映资本主义经济形态。艺术地构成了一个由抽象上升到具体的理论体系。

（二）《资本论》与科学抽象法的第一行程

马克思在《资本论》研究中，批判地吸收前人的经济学成果，出色地完成了他在建立理论过程中的从具体到抽象的第一行程。

而科学的理论体系常常是从抽象概念出发来展开"论述"的。"在形式上，叙述方法必须与研究方法不同。"① 叙述方法必须建立在研究过程已经进行的基础之上，因为只有"充分地占有材料，分析它的各种发展形式，探寻这些形式的内在联系。只有这项工作完成以后，现实的动力才能适当地叙述出来"。②

从理论顺序看来，《资本论》中最抽象的东西都在第一卷，而对历史的批判性研究基本上都在第四卷，是一个从抽象到具体的过程；但是从马克思的研究进程来看，他首先进行考察的内容应该是第四卷，这是一个从具体到抽象的过程。可以说，马克思之所以能够正确地认识资本主义生产方式以及与之相应的生产关系，是因为他在第四卷所做的工作。从对重商主义开始到庸俗经济学告终的资产阶级经济学理论的分析、评论、批判，阐明利润、利息、地租等不过是剩余价值的特殊形式。在这一过程中，马克思以有针对性的批判和正面论述相结合的方式，对资本主义生产方式进行了系统而深刻的剖析。也只有这样，马克思才能相当充分地分析和阐明资本主义生产方式中有关商品生产、市场、范畴和规律，特别是对平均利润、利息、地租及其价值规律。经过这样一番工作，马克思才能写出第四卷的前言："所有经济学家都犯了一个错误：他们不是就剩余价值的纯粹形式，不是就剩余价值本身，而是就利润和地租这些特殊形式来考察剩余价值。由此必然会产生那些理论谬误，这将在第三章中得到更充分的揭示，那里要分析以利润形式出现的剩余价值所采取的完全转化了的形式。"③ 这虽然是一个极其简短的前言，

①② 《马克思恩格斯选集》第2卷，人民出版社1995年版，第111页。
③ 《马克思恩格斯全集》第26卷（1），人民出版社1972年版，第7页。

但它是马克思对整个剩余价值理论发展史的集中概括，体现了马克思在对待研究过程和理论论述过程的态度。

马克思认为，作为研究出发点的一定是客观事实或具体现实，而作为理论出发点的则是抽象的概念。我们从《资本论》中对后者看得比较清楚，而对前者就不是那么清楚，这是因为作为理论的论述，马克思不可能向读者具体展现他是如何实现从具体到抽象这一行程的。不过，从《资本论》的整个理论体系中我们可以探查到他所走过的第一行程的足迹。《资本论》把堆积如山的实际材料总结为几点概括的、彼此紧密相联系的思想。

抽象的范畴是马克思研究政治经济学的有力武器。具体的生产总是指在一定社会发展阶段上的生产，但研究时不能把一切社会发展阶段的生产列成清单，以了解每个社会的生产。这样，思想的力量就无法体现出来，所列举的生产也只不过是对不同社会生产的简单的历史归纳。"生产的一切是带有某些共同的标志，共同规定。生产一般是一个抽象，但是一个合理的抽象。不过，这个一般，或者说，经过比较而抽象出来的共同点，本身就是有许多组成部分的、分别有不同规定的东西。其中有一些属于一切时代，另一些是几个时代共有的，有些规定是最新时代和最古时代共有的。"①

在准备写作《资本论》的过程中，马克思为充分地占有资料花费了很大的功夫。据不完全统计②，马克思阅读了两千多册有关经济学的著作，收集了四千多种报纸杂志，研究了大量的英国官方文件与蓝皮书。他写的各种摘录、手稿、提纲、札记等达一百多本。他阅读和研究了当时能够找到的几乎全部的政治经济学著作。查找资料是很困难的，例如，1858 年，伦敦出版了麦克拉伦的《通货简史》，马克思从《经济学家》杂志上看到了它的摘引，他认为，在完成《资本论》中有关货币问题的论述之前，必须把这本书阅读一遍。这时候，图书馆没有这本书，他就让夫人燕妮去找出版商，但是这本书太贵了（价格是 9 先令 6 便士），这比马克思一家的整个"军费"金库所存的还要多。于是，他只能向恩格斯求援了。他写信给恩格斯："也许这本书对我来说并没有什么新东西；不过，由于《经济学家》的推荐和

---

① 《马克思恩格斯选集》，第 2 卷，人民出版社 1995 年版，第 88 页。
② 宋涛主编：《马克思主义经济理论全书》，吉林人民出版社 1992 年版，第 752—753 页。

我自己读了这些摘引，我的理论良心不允许我不读这本书就写下去。"① 马克思为了写作《资本论》，搜集了许许多多有关历史和现实的具体材料。他不仅亲自调查英国工人阶级的生活状况，查阅大量的英国蓝皮书，还想方设法弄到其他国家的经济资料。俄国统计学方面的书籍就有两千立方米之多。恩格斯评价说："他向来这样，总要把直到最后一天的所有资料都搜集齐全。"② 不仅如此，他还十分注意研究自然科学。他写作"机器大工业"一章时，为了弄清实用工艺学的问题，亲自到地质学院听韦斯利给工人开设的实验课。对一些具体的数字，他也不厌其烦地向恩格斯询问。恩格斯也从不含糊，对马克思每一个实际问题，都给予十分耐心而细致的回答。

可以说，在充分地占有前人的研究资料方面，马克思是一丝不苟的；在了解具体的现实材料方面，他也是不辞劳苦的。正因为这样，《资本论》才成为一部为世界惊叹的科学巨著。

（三）《资本论》与完整的科学抽象法

"从具体到抽象"与"从抽象到具体"这两条道路存在先后相继的关系，二者共同构成科学认识的完整旋律，不走任何一条道路或只走其中一条道路，都是不完整的。

在《资本论》中，马克思对科学抽象法的应用，达到了炉火纯青的地步。首先，马克思非常注意"撇开某些因素，纯化研究对象"。他在研究过程中，把资本主义发展中的偶然情况、暂时的曲折现象、前后社会形态混杂和交叉的过程，以及各国之间的具体差异等，都用科学抽象方法加以排除，在"纯粹形态"上研究资本主义社会的经济运动，集中揭示资本主义发生、发展和灭亡的规律。比如，马克思只研究资本主义经济形态，把其他经济形态暂时撇开。他始终使用这样的假定："在这里只有两个阶级：只能支配自己劳动力的工人阶级；对社会生产资料和货币拥有垄断权的资产阶级。"③ 而把资本主义社会中存在的其他阶级都用科学抽象法予以排除。与自始至终撇开某些因素的做法不同的是，在考察某些问题时，在最初阶段，对某些复杂因素予以舍弃，让问题在"纯粹的形态"上得以深入分析，当进行到下

① 《马克思恩格斯〈资本论〉书信集》，人民出版社1975年版，第137页。
② 《马克思恩格斯全集》第36卷，人民出版社1975年版，第47页。
③ 《马克思恩格斯全集》第24卷，人民出版社1972年版，第469页。

一阶段的考察时，再把最初舍弃的因素适当地考虑进来。比如，在考察价值时，暂时把剩余价值撇开，等到劳动价值论得以充分开展之后，再考察剩余价值问题。在考察剩余价值时，暂时撇开其具体形态——利润，等到把剩余价值讨论清楚之后，再转到对利润的分析上来。就这样，马克思运用科学抽象法作为研究政治经济学的"显微镜与化学试剂"。

其次，马克思应用多重抽象法进行研究，由一级抽象逐步深入到更深一级的抽象，使研究对象越来越抽象，越来越纯粹，最终找出问题的核心。例如，从商品这一抽象概念出发，深入到价值问题中去，是经过了几层抽象的。第一层：从资本主义制度这个混沌整体中抽象出商品这一经济细胞。第二层：从商品概念中抽象出交换价值。交换价值是一切商品的共同属性，它比商品更抽象。第三层：从交换价值抽象出价值。马克思撇开使用价值，找出不同商品可以相互比较的共同属性——价值，它是人类劳动的结果。第四层：从劳动二重性抽象出抽象劳动。马克思撇开创造形形色色的使用价值的具体劳动，抽象出所有劳动的共同的东西——人类劳动的耗费，即抽象劳动，为商品价值奠定了理论基础。第五层：从个别劳动时间中抽象出社会劳动时间。与此同时，还抽象出简单劳动，为解决交换比例奠定基础。第六层：从各种价值形式中抽象出一般等价物，揭示货币的起源与本质。通过这六层抽象，马克思充分说明了商品价值的社会性，揭露了隐藏在物的外壳之下的人与人之间的关系，发现了资本的秘密。

第三，从抽象上升到具体，是《资本论》的基本写作方法。在第一卷中，资本主义经济形态被作为资本的直接生产过程来考察，要阐明的问题是剩余价值的生产，这是资本主义经济形态的最深层结构。这一卷的研究对象是资本主义生产过程，他撇开生产、流通、分配、消费等具体过程，把资本的生产过程抽象出来单独进行考察，目的是研究剩余价值的生产与再生产。从商品的概念出发，资本主义的特殊性一步步地被考虑进去，资本的生产与再生产也一步步地展开。具体行程是：商品——商品二要素——劳动二重性——交换价值——价值——货币。

在第二卷中，马克思把资本的流通过程加了进来。剩余价值的生产知识作为资本循环、周转的一个环节来理解，在这一层次上，主要是阐明剩余价值的实现。这一卷的第一篇是资本的循环。在研究了货币资本、生产资本与商品资本的循环之后，又研究资本循环的三个公式，即三个资本循环形式的统一。货币资本的循环是抽象的，生产资本的循环就比较具体了，商品资本的循环更加具体。第二篇是资本的周转。资本周转是资本循环的周期性重复。马克思考察了两种不同类型的资本构成：固定资本与流动资本。考察它们怎样以不同的时间、不同的方式进行各种周期性循环。这里考察的资本周转的各种问题，是一层层走向复杂化、具体化的展开。第三篇是社会总资本的运动过程。这一部分首先分析资本主义简单再生产，然后再分析扩大再生产，显示了从抽象走向具体的行程。

在第三卷中，考察资本作为一个总体的运动过程所呈现的各种具体形态，阐明资本在社会上所表现出来的具体形式，即剩余价值的分配问题。这是资本主义社会经济形态结构的表面的层次。

第四卷，从历史的角度考察各种经济范畴特别是剩余价值范畴形成的历史。这样的综合上升过程符合人类的认知规律和资本主义经济形态的内部结构。这种综合绝不是机械的拼凑，而是由事物的内在矛盾决定的逻辑行程，逐步把那些原来进行科学抽象时所撇开的方面和因素加进来，使再现出来的思维具体完整地包含着客观具体事物的各种规定性和环节，从而接近于现实具体。

在《资本论》中，可以明显看出马克思对具体——抽象——具体的穿插使用。整部《资本论》，贯穿着先分析作为完整表象的具体，得出一些抽象规定，然后再综合这些抽象的规定，再现思维中的具体的红线。

三、抽象的出发点与不同的理论体系

经济学中的边际学派起源于19世纪70年代，其国际背景是古典经济学对现实问题解释的困难以及马克思《资本论》对以往经济学理论的严重冲击。这一学派的主要标志是他们都坚持边际效用论，而边际效用论在西方经济学的当代主流中也占据着十分重要的位置。这一场以边际分析为主要方法建立经济学体系的革命是当代经济学体系的总的基础，贯穿着自那时以来的经济学发展的整个历史。因此对边际学派的方法论中的科学抽象加以讨论对于理解当代经济学具有重要意义。

边际学派有三个最重要的代表人物，他们是这场革命的发起者。奥地利

的门格尔 1871 年出版了《国民经济学原理》，英国的杰文斯 1871 年出版了《政治经济学理论》，瑞士的瓦尔拉斯 1874 年出版了《纯粹经济学要义》。

　　与以往的经济学理论有所不同，这一时代的经济学理论开始注重把数学方法作为建立经济学体系的主要方法，开始把经济学个体作为经济学理论的重要对象，开始把个人的主观效用引入经济学理论的考虑范围，即开始了微观经济学的研究。在这三位经济学家中，门格尔在经济学方法论史上占有重要地位，这不但是因为他开创了经济学边际研究的先河，还因为他在同德国历史学派的长期争论中所起的重要作用。人们有时称以他为首的学派为奥地利学派。在经济学的研究方法上，这一学派反对历史学派的观点，主张以抽象演绎法取代历史归纳法。门格尔在政治经济学的研究中抽象出一些最简单的要素，然后以这些要素为基础建立他的经济学体系。这些简单的要素包括：（1）人的欲望；（2）自然所提供的物质；（3）在可能的范围内想完全满足欲望的能力。还抽象出了当代经济学的最基本的公理：稀缺法则。根据他们的看法，人类的欲望是无限的，而满足人类欲望的物质条件却是有限的，因而就引发了一个经济学之所以存在的最根本的前提问题：如何使用有限的物质条件以最大限度满足人类的欲望。以物品的稀缺性作为经济学最基本、最抽象的规定，门格尔得出了经济人最大限度地满足自己欲望的行为方式，即效用最大化的边际原理。

　　虽然说经济学都是研究财富的，但是研究财富的目的和角度不同，就会使得从具体到抽象的出发点产生区别。马克思研究的是资本主义社会的生产关系，要揭示的是社会经济中人与人之间的关系问题。门格尔以微观的决策者——个体的人与自然的矛盾作为经济学的出发点，归结为自然资源的稀缺性。这是马克思的政治经济学同门格尔的政治经济学的最重要的区别。通过对不同对象的具体研究抽象出经济学的逻辑起点是经济学的共同特点，而以不同的研究对象作为从具体到抽象的出发点则导致十分不同的经济学体系。

第五节　定性与定量

　　客观存在的一切事物都是质和量的统一体。作为事物的两种不同规定性，质和量构成了科学认识的两个侧重点，或两个取向。依据这两个不同取向，科学认识活动中就有了两种科学研究方法：质的研究和量的研究，或定性研究和定量研究。在科学史上对于这两种方法的看法有过偏颇，有过争论，然而，科学实践证明，正确地认识客观世界，需要我们把定性研究与定量研究结合起来，使两者相互补充、相互促进、相得益彰。

一、自然科学中的定量研究和定性研究

在自然科学中，从牛顿力学到麦克斯韦的电磁学理论，再到 20 世纪的相对论、量子力学，自然科学的每一步发展都与定量方法、数学方法的应用密不可分。当今科学研究最前沿的科学家，包括从事人工生命科学、生物信息科学和 DNA 计算机理论研究的学者，都把数学和计算作为不可或缺的科学思维工具，将生物化学反应过程用数学算符、计算机程序来表达，以描述生物的状态和生命的演化过程。

然而，自然科学的高度定量化、精确化使一些人产生了一种误解，认为自然科学就是定量研究，定性方法是次要的方法。一些研究人员单纯追求数量化、精确化，而忽视定性分析、定性研究。在他们的心目中，精密科学才是科学的典范，只有高度定量化的方法才是科学方法，"定性"一词往往带有贬义的成分，认为定性分析是出于不得已。英国物理学家卢瑟福（E·Rutherford）就曾这样说："定性就是定量不够。"[①] 英国物理学家汤姆孙（Thomson，W）也曾说："当你能把所研究的东西测量出来并用数学来表示时，那么你对这个东西已有所认识。但是如果不能用数学来表示，那么你的认识是不够的，不能令人满意的，可能只是初步的认识，在你的思想上，还没有上升到科学阶段，不论你讲的是什么。"[②]

事实上，定性研究是科学研究必不可少的方法。科学研究是一种探索性的事业，在定量研究条件不具备，或者数据不充分时，科学家通常采用质的方法进行定性描述，或者定性地分析和确定某种因素是否存在，判定和预言某些因素之间是否存在联系。例如，达尔文在"贝格尔"号舰的远洋航行中，对各地的动植物和地质构造方面进行质的观察，收集到大量的

① 赵凯华：《定性与半定量物理学》，高等教育出版社 1991 年版，第 1 页。
② 王梓坤：《莺啼梦晓——科研方法与成功之路》，上海教育出版社 2002 年版，第 126 页。

事实和标本，并且花费了 20 年的时间进行分类、整理和概括，于 1859 年发表了划时代的巨著《物种起源》，成为科学史上的重要里程碑。事实上，许多成功的科学发现、科学证明，都是利用定性观察、定性实验所取得的。例如，富兰克林"捕捉天电"以证明天空中闪电与地面上的电的一致性的风筝实验，贝克勒尔发现放射性现象的荧光晶体感光实验，否定以太存在的迈克尔逊—莫雷实验，以及证明实物粒子具有波粒二象性的电子衍射实验。

精确性是科学研究所追求的一个目标，但并非是科学知识的必要条件。自然科学中的很多学科，如地质学、潮汐学、气象学，也都是非精确的，但并不意味这些学科是不科学的。即便在作为"精密科学"的物理学中，科学家也不是完全依靠纯粹定量分析。例如，伽利略并不是基于实际的测量才发现了自由落体规律，爱因斯坦也并非完全依靠数学验算，才发现相对论，尽管这些科学定律都以数学公式来表示，但对于这些数学公式的理解和解释依靠概念、逻辑、直觉等定性分析方法。

任何事物的特性都是有程度和等级之别，作为各种特性的统一体，事物必然要以量为其存在方式。因此，在本体论意义上说，一切事物皆可以量化，即任何事物的属性都可以转化为数量信息。正如古人所说："物有万象，万象皆数。"伽利略也曾认为，宇宙是一部用数学语言写成的书，说明他已看到自然万物皆可量化的本质。承认本体论意义上的可量化性，与承认方法论、认识论意义上定量化和测量的艰难性不矛盾。事物的"量"不依赖我们的认识和测量而客观存在，它蕴涵于事物的"质"之中，需要研究者以一定测量仪器，以科学原理和科学方法为中介提取出来。但是，由于受人类的认识能力、科学发展水平、历史条件等多种因素的制约，定量化和测量具有条件性、历史性和艰难性。例如，光的传播速度是客观存在的，不依赖于人们的测量而存在，而测量出光速为每秒 30 万公里是科学发展到一定阶段的成果。又如，根据爱因斯坦广义相对论，科学家早在 20 世纪 30 年代就预言物体的加速运动将产生引力波。引力波不同于一般的波，它以光速传播，且不受任何干扰。如果能够测量出引力波将有助于人类揭开宇宙演化之谜。然而，尽管科学家采用多种测量原理和方法，但至今仍未取得公认的测量结果。

　　中国科学院院士、物理化学家卢嘉锡非常重视定性分析，包括半经验的近似计算、定性的描述、判断、估计和预测。他把这种定性分析叫做"毛估"，并认为毛估比不估好。他说："具有定性意义的毛估方法对于从事科学研究是很重要的。如果在立题研究的初期，研究者特别是学术带头人能定性地提出比较合理的目标模型（通常表现为某种科学假设或设想），对于正确地把握研究方向，避免走弯路是很有意义、很有价值的。"① 我国物理学家赵凯华也指出，物理学家进行探索性的科学研究时，常常从定性的或半定量的方法入手。这包括对称性的考虑和守恒量的利用，量纲分析、数量级估计、极限情形和特例的讨论、简化模型的选择、以致概念和方法的类比，等等。通过定性分析或半定性半定量的研究，力求先对研究对象的性质、解的概貌取得一个总体的估计和理解，如果一下子陷入细枝末节的计算，往往会一叶障目，只见树木，不识森林。②

　　随着科学研究对象的日益复杂化，定性研究的基础地位和先导作用变得更加突出。只有对测量对象的"质"有了足够了解，定性认识和理解达到了一定程度，才有可能进行正确的定量分析。

　　总的看来，现在自然科学家已公认，定性与定量在科学研究中是相辅相成、互为补充的方法。定量注重具体的、技术层面的、细节上的准确把握，定性则强调对事物的整体性认识，对事物的本质作出直观的洞察和预见，对研究活动进行方向性、战略性的把握。如果过分依靠定量方法，仅仅关注事物的定量特征，而忽视定性研究，就会影响对事物的整体性理解，甚至会迷失研究方向。只有把定性与定量结合起来，才能逐步揭示事物的本质与规律。

　　我国数学家王梓坤院士有这样一段总结性论述。他说："一般地，研究性质的属于定性，求出数量关系的属于定量。定性是定量的基础，定量是定性的精化。定性决定一个塑像的身段轮廓，而定量则规定身段各部分的尺寸。因此，二者是互相补充的。"③

---

　　① 孙殿义：《院士成才启示录》下册，广东科技出版社 2003 年版，第 14 页。
　　② 赵凯华：《定性与半定量物理学》，高等教育出版社 1991 年版，第 2 页。
　　③ 王梓坤：《莺啼梦晓——科学方法与成才之路》，上海教育出版社 2002 年版，第 124 页。

二、社会科学中关于质的研究与量的研究之争

长期以来，在西方社会科学界中形成了两个对立的阵营：一是倾向于自然科学的以变量、操作化、测量、假设检验为主要特征的量的研究阵营；二是倾向于人文学科的以强调自然情景、参与观察、亲身体验、主观理解的质的研究阵营。这两个阵营从不同的方法论立场出发，强调各自方法的绝对优势，揭露对方所使用方法的局限性，从而产生了关于质的研究与量的研究的激烈争论。

（一）关于实证方法与理解方法之争

争论可以追溯到 19 世纪中叶的实证主义者与人文主义者之间关于实证方法与理解方法的争论。实证主义者主张，自然与社会之间存在连续性、一致性，社会科学家应把社会现象当做独立存在的、没有内在意义的事物来看待，以中立的、不偏不倚的方式研究，从而发现与自然规律一样的、具有普适性的社会规律，运用这种规律进行适当干预就能使社会进步。与此相反，人文主义者认为，社会研究不能无视人的主观世界，不顾人的情景、价值、利益，不能采用自然科学的实证方法。狄尔泰在 1883 年出版的《精神科学引论》序言中指出："从中世纪结束时，各门具体科学就开始解放出来。但是，经过相当漫长的岁月，直到 18 世纪，关于社会和历史的研究依然停留在传统的形而上学范围内。不幸的是，社会科学和历史科学刚刚从形而上学的束缚中解脱出来，它们又落入了自然科学的限制中，并遭受着不亚于过去的所遭受的压迫。"[①] 他认为："人文研究区别于自然科学的最主要方面是，自然科学的研究对象是客观事实，是我们的意识能够从外部感知的、孤立的现象，而人文研究的对象则来源于现实生活的连续过程。因此，自然科学面对的是一个自然的系统，只需用一系列假设把经验材料和各种推论结合起来进行研究。相反地，人文研究的最主要、最基本的资料来源于精神生活。自然需要说明，精神生活需要理解。因此，对于精神生活，历史和社会的研究

①　C. A. Bryant, *Positivism in social theory and research*, London: Macmilian Publishers LTD, 1985, p. 65.

方法完全不同于研究自然的方法。"①

（二）统计方法与个案研究之争

20世纪二三十年代，美国社会学界曾发生一场关于统计方法与个案研究孰优孰劣的争论。1920年，泰勒（Taylor, Carl. C）在《抽样调查与科学的社会学》（1920）一文中，援引孔德、穆勒、彭加勒、皮尔逊等人的观点，论证社会学研究应该遵循的科学原则和方法，认为统计方法是社会学的主要方法，并预言社会学将进入一个专业化、科学化的新阶段。与泰勒一样，斯莫（Small, A. W, 1854—1926）在1923—1925年间发表一系列论文批评社会学中的非专业化研究，呼吁用科学化、专业化的方法研究社会。1926年，当时担任美国社会学学会主席的吉里恩（Gillin, J. L）也发表了同样的观点，他指出，大学里仍然留有第一代自称社会学家的残余势力，这些人的兴趣在于改良社会而不是科学地研究社会，他们把社会学变成了"没有根据，没有条理，缺乏证明的零乱观点，并设法吸引了许多大学低年级的学生和夏令营的成员"。②

奥格本更坦率地指出，社会学是一门科学，其志趣不在于改良社会，尽管社会学家都是社会的成员。社会学的价值在于用科学的方法严格地检验社会理论，从而逐步扩大人类的新知识。他有一句格言："如果没有测量，知识将是贫乏和难以令人满意的。"还有一些更为激进的定量社会学家认为，只有统计方法才是科学的方法，社会学的所有领域都应该使用统计方法，否则社会学家简直就是过时的哲学家了。

对于主张质的研究、个案研究的社会学家来说，量的研究和统计方法以自然科学为模式，忽视了社会现象的特殊性，忽视了社会现象的政治、文化、社会结构等背景因素，忽略了个体之间的互动、协调对研究结果的影响，因此，它们不适用于研究复杂的、动态的、主观因素与客观因素交织在一起的社会系统。在他们看来，量的研究的操作化过程会挤掉抽象概念所包含的丰富意义，用变量和变量关系来概括社会世界会抽象掉社会生活的特

---

① M. Hammersley, *The dilemma of qualitative method*, London and New York,: Routledge, 1989, p. 26.

② C. A. Bryant, *Positivism in social theory and research*, London: Macmilian Publishers LTD, 1985, p. 137.

点，从而得出扭曲的、非决定的、非相关的、陈腐的、甚至错误的结论。人的行为具有复杂、变动的特性，无法还原为某种固定的格式。社会文化既是行为的结果，又是行为的原因。

社会学家库利曾在《社会知识的根基》（1926）一文中写道："任何精确科学都无法预测汽车工业和亨利·福特的迅速崛起，尽管在它发展起来，形成体系之后，我们或许能够相对精确地计算它未来的发展趋势。"①

伯吉斯在他的一篇有影响的文章《个案研究与统计方法》中指出，量的研究更适于研究行为的自然的、外在的方面，而那些更能洞悉人的情感的、理解的方法才是透过表象，描述和分析个人内在世界的必要方法。在他看来，对于那些内在的、主观的社会现象，统计方法是无能为力的。他说："人的态度，人的这种自然的、社会的主观现象怎么能用数字表述？人类生活的无形的、质的方面事实怎么能够用粗糙的统计工具来理解？夫妻情感、父亲为儿子自豪的程度以及个人魅力、忠诚、领导个性等品质怎么能用数字度量出来？"②

麦基弗和佐尼克在他们的著作《社会学的方法》（1934）中指出，社会研究过程包含着主观因素和客观因素，这两种因素对于社会学解释都很重要，仅仅强调客观因素，依靠定量方法并不能使社会学成为科学。在他们看来，任何社会现象都产生于社会实在内部系统与外部系统的互动和调整。内部系统包括愿望和动机，外部系统包括环境因素和社会符号。解释任何社会现象都必须发现内外系统的具体特点。其中，内部系统的特点与现象相关，外部系统是现象发生的环境。麦基弗强调说："我并不反对社会科学中所谓的定量方法。这种方法越发展，我们所获得的知识就越好、越可靠。我所反对的是那些过分相信统计方法的幼稚的想法。其实，量的研究方法除了提供定量资料，别的什么也不能提供。获得定量资料并不是社会科学的目的，而只是研究的手段。我们的目的是理解社会关系系统，而不是理解一串数字。因此，量的方法必须与逻辑分析和综合方法携手并肩。"③

佐尼克也曾尖锐地批评那种过分倚重量的研究方法的倾向。他这样说：

---

①②③　M. Hammersley, *The dilemma of qualitative method*, London and New York, Routledge, 1989, pp. 94, 106—107.

"过分强调量的研究，起因在于人们过分急功近利，甚至不顾结论表面化。要进行定量推断，就必须先研究若干同类现象，然后描述它们的共同特点。但这是自相矛盾的：如果不知道所研究事物的本质特征，就无法确定其属于哪种类型，而如果能够确定现象所属的各种类型，那么岂不是已经知道定量推断的结论了吗？"[①]

对于一些社会学家唯统计方法才是科学的观点，符号互动论的代表人物布鲁默提出了批评：第一，定量方法不等于统计方法，在统计思想和方法出现以前，物理学依靠定量方法已经取得显著成就；第二，统计方法并不是科学的方法。科学规律应该是普遍的，而不是或然性的，承认统计规律无疑是容忍例外，从而削弱科学的进步。从自然科学的历史经验来看，只有当自然科学发展停顿时才会使用统计方法；第三，社会科学的精确化不一定非要采用数学的、定量的表述，自然语言足以给出精确的描述。个案研究、访问和生活史研究都能得出非统计性的一般结论，强迫这些方法得出统计性结论会损害它们的价值；第四，统计方法的价值是很有限的，因为统计方法只能处理静态资料，它套用的是"刺激—反应"行为模式，只有在行为变得程式化条件下，统计方法才有用武之地。而且，统计分析所提供的只是现象之间的相关关系，并不是因果关系。因此，寻求社会现象之间的统计相关性是徒劳无益的，因为这种相关性与现实的社会生活不相符。[②]

（三）争论走向缓和

从 20 世纪 70 年代开始，在社会研究领域，质的研究成为一场学术变革运动的代名词。在这场运动中，许多学者从认识论、方法论、政治上和伦理上对社会科学中的实验方法、准实验方法、统计和相关分析方法及其方法论基础提出批评和质疑。采用非结构性观察和访问方法收集资料，并运用语言描述和解释的定性方法从边缘状态进入中心地位。

经过这场学术变革运动，质的研究方法在社会研究中的应用有了长足进展，其合法性在学术界也得到普遍认可。在社会科学的许多领域中，这种采用非结构性观察和访问方法收集资料，并运用语言描述和解释，而不是测量

①② M. Hammersley, *The dilemma of qualitative method*, London and New York, Routledge, 1989, pp. 108, 113—117.

和统计分析的方法从边缘状态进入中心地位。在这一时期，争论主要表现为，双方站在范式互不通约立场上，抨击对方研究范式的合法性、有效性，从方法论原则或哲学基础上辩论两种范式的优劣特性。

20世纪后期，20世纪90年代以后，争论趋于缓和，越来越多的学者意识到，要使社会科学健康发展，就不能再把精力花费在激烈的论战上，必须放弃二元对立的思维。一些学者指出，定性与定量并不构成两种对立范式，因为所有的研究都要关注事物的质，量化其实也是为了认识事物的质。文字与数字没有本质的区别，文字可以变成数字，数字也能用文字来描述。① 尽管质的研究与量的研究没有完全摆脱二元对立状态，但是争论已经日益发展为用"缓和"、"恢复友好关系"等词语形容的状态，人们越来越注重运用定性与定量相接的方法研究社会现象。

三、定性研究与定量研究相结合

从科学实践看，研究活动是一个从定性到定量的连续的、反复的循环过程。其中包含两个相对独立的子循环：定性研究的循环、定量研究的循环。定量研究的循环是一个由研究假设、资料收集、资料分析、解释和说明等阶段组成的连续循环过程。相似地，定性研究的循环也是一个连续循环过程，只是预先没有研究假设或者研究假设并不那么精确，资料的收集与分析方法也不必预先选定。定性研究通过多次这样的循环过程归纳出理论，然后理论是由定量研究来检验。假设检验过程是一个以演绎逻辑为主的循环过程，先对理论进行操作化，形成具体变量，然后收集定量信息和统计分析，以拒绝或接受该理论。如图6–3所示：

定性研究：定性资料→定性分析→结论→理论

定量研究：理论→研究假设→定量资料→定量分析→检验理论

图6–3　定性研究的循环与定量研究的循环

---

① S. Gorard, *Can we overcome the methodological schism?* Research paper in education, 2002, Vol. 17, No. 4, p. 345.

在研究循环中，定性研究与定量研究相互交叉、相互重叠、相互补充，共同构成了完整的研究过程。早在20世纪70年代，莫利（Mouly，G.J）就提出把定性与定量、归纳和演绎逻辑结合起来的多视角研究方案。他说："现代科学方法的精髓是多视角的研究。实际研究是一个反复归纳和演绎的过程，最基本的形式就是从经验归纳出假设，而假设是按照能够被验证的思路演绎出来的。"[①]

科学哲学家波普也曾指出，描述和解释、实证和理解并非绝然对立，而是相互包含的，因为科学研究始于问题，而问题的提出本身包含着理论预设和背景知识，也包含着对现象的关注和思考，所以不存在纯粹的、中立的观察和绝对的、原始的事实，经验描述必然包含着解释，解释本身也可以视为一种描述，实证需要用观察来检验假设，这个检验的过程本身就是一种理解和认同的过程。因此，采取主观与客观、描述与解释、实证与理解二元对立起来的观点，对于自然科学和社会科学来说都是不成立的。

如果不能对事物进行测量，用数量方法表示它，那么我们对事物的认识是不完备的，研究结果是难以令人满意的。但是，定量研究无法代替定性研究，因为定量研究必须以定性研究为基础，由定性研究提供测量指标、变量，对研究结果进行解释和说明。可以说，一切研究都始于定性分析，只有在定性分析的基础上，才能进行概念的操作化，进而获得定量研究所必备的测量指标和变量。对于定性分析的重要作用，曾任美国经济学学会主席的米提切尔（Mitchel，W）有过这样的一段话，他说："即便在量化程度很高的领域，定性分析仍然占有一席之地，因为我们的思维领域永远大于我们可以测量的范围，人们的预先设想影响结论的形成，我们对新问题的初步认识，一般性推论都依靠定性方式。事实上，我们在使用更广泛、更精确、更可靠的定量方法的同时，定性方法也发挥更大作用，取得更大的用武之地，引发人们更大的兴趣……经济学中的定性、定量两种方法可以像在化学中的情况那样，是合作的、互补的。"[②]

---

①　I. Newman and C. R. Benz, *Qualitative-Quantitative Research Methodology*, Carbondale and Edwardsville: Southern Illinois University Press, 1998, p. 19.

②　G. A. Lundberg, *Quantitative Methods in Sociology: 1920—1960*, Social Forces, Vol. 39, No. 1, 1961, p. 20.

在社会研究中，定性与定量、统计方法与实地研究是相互补充、相互依赖但又独立地发挥着各自的作用，只有把定性与定量结合起来，用多种方法研究同一个问题，从而达到各种方法之间优势互补，才能构成完备的社会研究方法。

在方法论层面上，最早提出要把定性研究与定量研究进行结合的是实用主义者。20 世纪 50 年代，实用主义者提出混合方法论，认为定性研究和定量研究既不是相互排斥的、也不能相互替代，而是科学研究连续统一体中的两种独立方法，应该把它们结合起来。1956 年，美国学者坎贝尔首次在社会科学中引进了"三元法"（Triangulation）的概念，用来表示多种方法的混合使用，主要是指采用多种方法收集资料来描述一个概念或结构。到 70 年代，美国学者丹增又把"三元法"的概念推广到研究资料、理论、人员、方法论等四个方面。其中，研究资料的三元法，是指使用多种来源的资料；理论的三元法，是指运用多种观点解释研究结果；研究人员三元法，要求多位研究人员参与研究活动；方法论的多元化，是指采用多种方法研究来研究问题。① "三元法"强调两种方法的各要素之间应该混合使用，但它主要是原则性的提法，因此仍然是方法论层面上的探索。

在具体的研究设计上，关于两种方法的有效结合，美国学者马克斯威尔（J. Maxwell）提出了两种结合方式：整体式结合和分解式结合。所谓的整体式结合是把定性研究和定量研究作为独立的方法和过程，在总体的研究设计中，将它们结合起来使用。比如，顺序使用，即先使用一种方法，然后使用另一种方法，或者平行使用，即同时使用两种方法，或者分叉使用，即先使用一种方法，然后再把两者一起使用。所谓分解式结合是把两种方法分解为多个部分、多个阶段，然后在不同阶段上进行重新选择，交错使用各个具体部分，组合成一个新的、完整的研究过程。分解式结合有三种设计方案：一是混合式设计，即把定性研究和定量研究都分解为研究设计、测量、分析三个部分，然后，把两种方法的各部分进行交叉使用；二是整合式设计，即两种研究方法在不同的层面上同时进行，并且保持互动；三是内含式设计，即

---

① Bruce L. Berg：*Qualitative research methods for the social sciences*，Boston：Allyn and Bacon，1995，p. 4.

以一种方法作为总体研究框架，另一种方法在其中发挥作用。[1]

20世纪40年代，系统科学的出现及其广泛应用，提供了定性研究与定量研究有效结合的方式和方法。按照系统科学的观点，一个开放的复杂系统，无法用单一的定量方法或定性方法来研究，而必须采用定性定量相结合的综合集成方法。

如何把定性研究与定量研究有机结合起来，并贯穿科学研究的全过程，目前还是科学家们正在不断探索的方法论问题。

第六节　学习与创造

将来的社会是学习型的社会，更是创造型的社会，科学要发展、社会要进步就一刻也不能离开学习和创造！科学研究既是学习的过程，也是创造的过程。本节将"学习与创造"作为方法论的一对范畴，阐述从学习中如何积累创造的优势，创造又如何给学习带来契机和动力。

一、创造是科学研究的灵魂

劳动是人类的伟大创造，它将人与动物区分开来。人类任何点滴的进步都是人的心智劳动的成果，都是创造的奇迹。有人类生存居住的地方，就会有创造，人类在创造中逐渐告别风餐露宿，告别黑暗和寒冷，告别野蛮和愚昧，并进而创造出丰富、生动、健康、昌盛的现代文明。没有创造，就没有人类社会的前进，创造是人类文明的灵魂。科学研究，作为人类一项特殊的实践活动，它的形成和发展更是须臾离不开创造，创造更是科学研究的灵魂！从某种意义上说，创造几乎就是一种革命。然而，正是这一次又一次不见硝烟的"革命"，催生了我们今天的现代科学和现代文明。

创造必定要强调和突出一个"新"字，"新"乃是创造的根本特点。创造可以从继承开始，但继承中要有突破；可以从模仿开始，但模仿中要有创

---

① 陈向明：《质的研究方法与社会科学研究》，教育科学出版社2000年版，第477—482页。

新。总之，既然是一项创造，就要有新的东西、变化的东西、超越的东西、进步的东西。科学研究的创造，可以是新问题的发现，可以是新观点的提出，可以是新数据的获得，或者新材料的发掘，可以是建立了新的研究方法，或是改进了研究的方法，或者研制出新的工具，或是拟出了新的思路，甚至提出了新的理论。"新"的内容可多可少，意义有大有小，但都是在"新"字上做文章。

任何一项科学创造都应该是经得起检验的，人们将在重复性的实践中获得同样的结果。如果提出了新的科学理论，这理论不但应与已有的经过检验的正确理论相兼容，而且还要做出新的预言或预测，并使之不断在新的实践中经受检验。

任何一项创造，都要有一个逐步被人们承认和接受的过程。据统计，从1901 年到1999 年，诺贝尔物理学奖获得者做出代表性的工作与获奖时的时间差为16.1 年，化学奖为15.4 年，生理学医学奖为18.1 年。

科学创造时刻都在接受科学实践的检验，相信随着科学的进步，这种检验的力度和速度都会大大提高。

二、学习是萌发创造的土壤

不是随便一个什么新的想法都是创造，创造是建立在学习的基础上继承和领会前人的成果，然后加以突破的过程。我们常说孩子充满了想象力，有无尽的创造精神，但这些想法少有能成为现实的。其中一个很重要的原因就是孩子的积累不够，无论是知识的积累还是思维方法的训练都还远远不够。这个积累的过程就是学习的过程，在学习的过程中，孩子们的智力水平不断提高，他们身上表现出来的各种创造倾向就越来越容易转化为现实创造力。除了智力因素的积累以外，创造也是艰苦的劳动过程，因此更需要非智力品质的保障。以学习作为创造的出发点，就是要从智力因素和非智力因素这两个方面为创造打基础。

（一）智力因素的积累

人的智力因素可总结为三类：知识储备、思维能力和实践能力。对于创造，知识储备是基础，动手实践是阶梯，思考分析是关键，三者都需要通过学习来加以培养和提高。

知识的积累

知识的积累和储备是从事创造活动的首要因素，它始终贯穿着从学习到创造的整个过程。没有积累，其他一切都无从谈起。

就知识的储备而言，一方面，"学无止境"，要强调"博览群书"，"学识渊博"。心理学研究表明，当研究者涉猎的知识面比较广泛时，在工作和生活中容易刺激神经，引起大脑兴奋，进而思考和联想的点也会多，这样更容易产生灵感、激发创造性思维。杰出的创造性人物一般都同意这种说法：大量的信息储备是必须的，因为思维的成败在一定程度上取决于记忆存贮中有关信息的多寡。

另一方面，"学有止境"，在科技高速发展的今天，新的信息呈几何级数上升，要做到全面了解和掌握各种知识是不可能的。创造并不一定与知识的积累数量成正比，还应强调学习要有较强的针对性，要形成一套合理的知识结构。很多在科学上取得不凡成就的人对于学习过程中的知识取舍都是以各自研究领域内的创新为目标，都有自己的标准和原则。

爱因斯坦在《物理学的进化》一书中将科学研究比喻为福尔摩斯的侦察破案，这位大名鼎鼎的侦探，也做不到无所不知，但他的知识结构却详略得当，随时取用自如。知识结构的合理是以建构一个扎实、有效的知识体系为目标。我们所学的知识，在逐步积累的过程中总是零散和片面的。而一个综合的问题，导致它发生的必然是来自各方面的因素，那么要找寻它的解决办法也应该站在一个总揽全局的角度和高度。既要顾及知识的全面，注意多样化，尤其是自己所从事专业的领域内知识的多样化；同时又要有专业深度，学习中要逐渐形成自己的价值和特色。福尔摩斯告诉我们："人的脑子本来像一间空空的小阁楼，应该有选择地把一些家具装进去，只有傻瓜才会把他碰到的各种各样的破烂杂碎一股脑儿装进去。这样一来，那些对他有用的知识反而被挤了出来；或者，最多不过是和许多其他的东西掺杂在一起。因此，在取用的时候也就感到困难了。"[①] 难怪有的人知识并不十分渊博，但能运用自如，学有所成，表现出惊人的创造力；而有的人虽然学识渊博，但始终难以取得创造性的成果。

---

① 王通讯、雷贞孝：《祝你成才》，上海人民出版社 1980 年版，第 36 页。

思维能力的培养

创造既是一个劳动过程，更是一种思维过程，创造说到底是思维上的突破。思考能力的培养是个很复杂很微妙的过程。自古以来就有很多哲人、学者以人类的思维作为研究对象，从思维方式、推理过程等方面总结出系统、规律的知识，形成"逻辑学"。早期的逻辑学撇开思维的具体内容，只研究思维形式，即概念、判断、推理、证明等等"逻辑思维"的性质、特点和结构，也叫形式逻辑。它教给人们基本的逻辑思维方法，如比较、分类、归纳、演绎、分析、综合等等，目的是让人们学会推理，并且思维要符合规律和逻辑。形式逻辑发展到数理逻辑阶段后，便借助数学方法来研究思维过程，各种数字和符号成了思维的载体。现阶段的"辩证逻辑"则更加重视对矛盾的揭示，对对立过程如何统一的研究，强调运动、发展和变化的观点。辩证逻辑的研究成果是对人们认识经验的总结，从而也成为人们重要的思维武器。逻辑思维具有条理性、清晰性和严密性的特征，在科学认识活动中的作用是非常突出的。常规的学习过程中接受的思维训练往往是这一类，而且学习中的思维活动尤其强调逻辑的严密性。

但是，科学发展史中许多重大难题的解决、许多伟大的发明创造的诞生却并不是严格的逻辑思维的结果。如凯库勒梦见蛇舞让他想到苯分子的结构式也该如此，从而扫除了有机化学发展进程上的一大障碍；阿基米德洗澡的时候突然想到溢出浴缸的水与浸入水中的他的身体的关系，从而破解了"王冠之谜"，发现了浮力定律等等。这类佳话举不胜举。当一个新的念头突然出现在我们头脑中的时候，它通常快得让人分辨不清方向，不知这个让人兴奋的思想从何而来。这就是想象、灵感、直觉等非逻辑思维活动，是跳跃式、发散式的思维过程。逻辑思维是线式的，它可以依照一个方向深入而且专注地前行，可以很透彻很细致，但难有新意；而非逻辑思维是面式的，任大脑天马行空出神入化。"创造"往往是在这个过程中产生的。

非逻辑思维在创造中的作用越来越引起人们的注意，但是对这种思维方式的研究相对逻辑思维来说有一定难度。逻辑思维的研究相对来说要成熟和完善得多，起码这种思维还可以用符号来表达、用数字来计算，可以变抽象的思维为相对具体的演算。但是非逻辑思维却还停留在难以表达和重复的阶段，目前也还只是在经验和统计的水平上总结出一些规律性的资料和知识。

正是因为非逻辑思维让人难以捉摸，创造才显得神秘莫测。很多科学家回忆他们获得灵感的那一刻都是在非正常的工作状态中，或做梦、或散步、或聊天等等，但这也绝对不是说离开艰苦扎实的学习和研究，可以凭空等来灵感的光顾。许多杰出的科学工作者的工作中都告诉我们学习的重要性。没有深厚的知识铺垫，是不会激发出灵感的。学习，始终是孕育创造的土壤！就像许多科学家都体会到：灵感只来到有准备的头脑。

在真正的科学认识过程中，逻辑思维需要非逻辑思维的升华和突破，非逻辑思维需要逻辑思维的铺垫和证明，二者缺一不可，相辅相成，共同融会在学习和创造的过程中。

实践能力的锻炼

在自然科学领域，人们的实践能力表现为对于科学实验的动手能力，比如对一些精密仪器的使用，对一些实验技巧的掌握，尤其是善于设计出新颖的有重要意义的实验。在社会科学领域，如果空有满腹理论，不善于做社会调查，不能参与社会实践，也难以做出创造性的工作。实践能力不同于知识，更不同于思维，不是传授就可以领会的，一定要在亲身实践中感悟和提高。

美籍华裔物理学家杨振宁、李政道于1956年提出了宇称不守恒观点。第二年就得到另一位美籍华裔物理学家吴健雄和她的合作者的实验证实，使杨振宁和李政道获得当年的诺贝尔奖。吴健雄是世界公认的最杰出的女性物理学家、世界物理学界的传奇人物，被誉为"核子物理女皇"、"中国的居里夫人"。科学上有很多伟大的创新，都是通过实验这个重要环节得以实现的。如果缺乏必要的实验，就可能造成创新过程中的"瓶颈"，其重要性可想而知。创新离不开知识基础，离不开高层次的思维能力和实践能力。

（二）非智力因素的积累

所谓非智力因素，就是除去智力因素以外在创造过程中发挥着潜在而又必不可少的作用的诸多因素，比如毅力、胆魄、品质、热情、正确的出发点等等。爱因斯坦曾有一个著名的数学公式：$A = X + Y + Z$，A代表成功，X代表艰苦的劳动，Y代表正确的方法，Z代表少说空话。在X、Y、Z中，除了"Y"是智力因素，其他都可以归为非智力因素。并且，由X和Z还可以引申出其他许多要素。非智力因素还包括有外界的环境和机遇，这里我们侧重于谈个人素质方面的一些要素，都是可以通过个人的努力学习而改变和加强的。

　　美国丹拿威大学的占士·克鲁斯教授曾和他的助理一起对1217名从事各种职业的成功人士进行调查分析。结果发现，这些成功人士的智商并不高，甚至可以归入"弱智"或"低能"的行列。① 这说明了什么呢？当我们称羡创造者的成果时，可能更应该思考一下，看到他们成功背后的东西，比如他们的付出、他们的忍耐等等。成绩的取得并不是完全因为他们幸运地拥有一颗聪慧的大脑，他们的才华和睿智也是在生活的摔打中积累和磨砺出来的。在医学高度发展的今天，人的智商高低差异越来越小，正是人本身所具有的这些非智力因素使得不同的人表现出不同的个性，或勤奋、或慵懒、或高尚、或鄙俗等。高尚的情操和健全的人格似一股强大的动力激励着创造者不断取得事业上的成功，反之则会严重阻碍创造者的进步。

　　所以，千万不可忽视对非智力因素的培养，从事创造力研究的学者们也越来越重视这个层面对创造的影响，大量的研究都表明具有某些人格特征的人相对其他人更容易获得创造性的成果。"具有创造性的个体应该是一定的智力、智力风格和人格三者的完美结合体。"② 这三者在创造过程中不同权重的组合使得创造力表现出丰富多彩的个人风格。这里的智力和智力风格，如知识积累程度以及思维方式等都可以归为智力因素的范围，而人格则代表了非智力因素。在科学方法论的研究中我们更注重对科技创造人员的智力因素的分析，因为这是一个学习的过程，而非智力因素的培养则一般是在日常生活的潜移默化中形成的。因此，在日常生活中养成良好的个性以及保持良好的习惯对于培养和发挥人们的创造力是十分必要的。

　　总之，每一点滴的创造和进步都是巨大的心智活动，智力因素和非智力因素便是两个坚实的基点，共同支撑起宏伟的创造大厦！

三、学习与创造

　　人类的长期实践说明：创造是人的本能。无论人类的认识史、技术史、

---

① 朗加明：《创新的奥秘》，中国青年出版社1993年版，第8页。
② 傅世侠、罗玲玲：《科学创造方法论》，中国经济出版社2000年版，第531页。

科学史，还是文化史、社会史，实际上都是人们不断推陈出新的历史，或者说都是人们不断创造出新东西的历史。正像陶行知先生所说：人类社会处处是创造之地，天天是创造之时，人人是创造之人。

然而，历史实践也告诉我们：创造虽然是人的本能，但是这种本能并非人人都能充分显现和发挥出来，创新的意识和创造的本领需要学习、培养和锻炼。

邓小平同志指出："学习是前进的基础。"① 这是千真万确的，要想前进，就必须学习。创新是一种超越，是对现有成就和现有水平的超越。要实现创新式前进必须善于学习。

首先，要善于从前人的经验中学习。对于自己所从事的领域需要有一种有系统的历史的知识，这是前进的基础、创新的基础。就学术研究来说，学术研究就是要在前人已有研究成果的基础上继续前进，有所创新。学习，就是要了解前人的研究是在何处止步的，并以此作为创新的起点，作出新的发现或新的创造。正如蔡元培先生所说："研究学问，是要接受一种有系统的知识，而窥破他有不足或不确的点，专心研求，要有一种新发明或新发现，来补充他，或改正他。"

其次，要善于从他人的经验中学习。"他山之石，可以攻玉。"这是人们常说的一种经验之谈，说明他国、他地、他人的经验都是值得重视和学习的。学习的一个重要方面，就是要借鉴他人的经验，同时要研究他人的不足之处。

模仿和重复也是一种很重要的学习方式。我们接受知识其实就是从模仿开始的，在学校里做实验、做习题都是模仿式的学习；对于刚刚进入研究领域的人来说，借助前人或旁人的经验和方法更是一种模仿性的训练。杨振宁教授在诺贝尔奖的获奖演说辞中说道，年轻人在开始从事研究工作时，一开始就想做出重大的发现，自成一家，这是不可能的。"学问是积累起来的，所以必须先学习别人所做的东西，然后才可能有自己的见解。"② 不过，他也强调在学到一定程度之后得积极发展自己的见解，不要老跟在"权威"

---

① 《学习时报》2001 年 1 月 1 日头版的邓小平题词。

② 杨振宁：《关于做学问方法的几点建议》，1982 年 6 月 20 日在美国石溪对中国访问学者和研究生的谈话，见《杨振宁演讲集》，南开大学出版社 1989 年版，第 71 页。

后面跑。"带着质疑去重复前人的工作是非常有意义的科学实践",① 借助他人的经验和方法去分析和解决难题,虽然是一种模仿性的练习,但"熟能生巧",在模仿中可能孕育出创造的种子。为了达到某个新的目标,当模仿遇到困难或障碍的时候,正是人们发挥创造能力的契机,是进行新的创造的开始。起初可能只是作一些改进和革新,进而则有可能作出根本性的创造。

由于创新是一种超越,因此,学习和模仿,都要瞄准今人已经达到的最高水平,这样,才能真正找到创新的起点,迈上创新之路。

第三,善于从失败的经验中学习。新事物不是一蹴而就的,创新需要经历一个反复钻研、不断试验的奋斗过程。在创新的路途上,常常要经历挫折和失败。从失败走向成功,这是人们的共同经验,即所谓"失败是成功之母"。无论是过去历史中的失败,还是当今现实中的失败;无论是他人的失败,还是自己的失败,都给我们留下了宝贵的精神财富,要善于从各式各样的失败中总结和记取经验教训,使自己变得更聪明一些,在创新的过程中不但可能少走或不走弯路,而且还善于闯新路、找捷径。

被誉为我国"汉字激光照排系统之父"的王选院士在谈到创造的心得时说,他的成功得益于对文献的大量阅读。在从事高级语言编译系统的研制工作时,他非常详尽地精读了多篇国内外文献,完全弄清楚了文章里的所有内容。在精读文献、特别是了解国外先进技术的过程中,他能发现问题,找到人家的优缺点,"其不足之处就是我们创新的源泉"。② 此外,王选院士还浏览了大量的国内外文献和资料,以掌握相关领域的最新动态。他的习惯是做研究前先看文献,研究国外的情况,熟悉最新的进展。他开始研究照排的时候,已知道中国原有的方案都是落后过时的,美国当时流行的是第三代数字存储,而正在研究的已经是第四代激光扫描了。就这样,他一下子把自己的研究方向定位在国外还没有成为商品的第四代激光照排系统。接下来是连续 18 年没有节假日的工作,最后终于取得了具有国际先进水平的创造性成果,并获得国家科技进步一等奖!我国加入 WTO 之后,王选院士随即指出:外国产品蜂拥进入我国,寻找和发现国外名牌产品的不足是一种乐趣,也是

---

① 范庆书:《"重复研究"惹了谁》,《科学时报》2003 年 6 月 25 日。

② 王选:《精读与浏览》,《北京大学校报》2003 年 2 月 20 日。

创新的源泉之一。

　　"在人的心灵深处，都有一种根深蒂固的需要，这就是希望自己是一个发现者、研究者、探索者。"[1] 人人都希望自己能有所创造，但是创造远远不是学习的终结。任何一个领域内，新的问题、新的创造都会层出不穷，新的事物永无止境。创造能让我们实现对现有知识的突破，意味着新的学习领域的发现和开拓。

　　科学研究过程就是学习与创新不断交替、相互融合的过程，正如中国科学院院士蔡睿贤所言："学习学习再学习，创新创新更创新。"[2]

---

①　转引自周洪林：《站在巨人的肩膀上》，复旦大学出版社 2001 年版，第 533 页。
②　《科学时报》2003 年 9 月 9 日《院士治学格言》。

后　记

　　本书由主编提出本书的理论框架，主编与六位副主编分别主持 7 篇的研究与写作，并对全书共同审稿与统编，最后由主编定稿。本书各篇的主编和作者如下：

第一篇　主编　黄枬森（北京大学教授）
　　　　作者　第一章　聂锦芳（北京大学教授）
　　　　　　　第二章　杨学功（北京大学副教授）、黄枬森
　　　　　　　第三章　黄枬森
第二篇　作者　赵光武（北京大学教授）
第三篇　作者　赵家祥（北京大学教授）
第四篇　主编　陈志尚（北京大学教授）
　　　　作者　第一章　陈志尚、王善超（《新华文摘》杂志社副总编、
　　　　　　　　　　　编审）
　　　　　　　第二章　徐　春（北京大学副教授）
　　　　　　　第三章　王善超
　　　　　　　第四章　陈志尚
　　　　　　　第五章　张　永（当代中国出版社副总编、编审）、王平生
　　　　　　　　　　　（中国人民公安大学校长办公室主任）
第五篇　主编　田心铭（教育部社会科学发展研究中心原主任、教授）
　　　　作者　第一章　田心铭、张炳奎（北京大学副教授）、任红杰（中
　　　　　　　　　　　国人民公安大学教授）
　　　　　　　第二章　田心铭、张炳奎、任红杰
　　　　　　　第三章　田心铭、任红杰、张炳奎

第六篇　作者　王玉樑（陕西省社会科学院研究员）

第七篇　主编　孙小礼（北京大学教授）

　　　　作者　第一章　孙小礼

　　　　　　　第二章　孙小礼

　　　　　　　第三章　张　立（浙江大学副教授）、郁锋（中国人民大学博士生）、欧阳光明（上海大学教授）、李和平（河北大学教授）、噶日达（北京市委党校教授）、杜阳（北京市科学技术协会主任科员）、孙小礼。

黄枬森

策划编辑:柯尊全
责任编辑:柯尊全　陈　光
装帧设计:肖　辉
责任校对:周　昕

图书在版编目(CIP)数据

马克思主义哲学体系的当代构建/黄枬森 主编. —北京:人民出版社,2011.4
(马克思主义哲学创新研究)
ISBN 978 - 7 - 01 - 009934 - 7

Ⅰ.①马…　Ⅱ.①黄…　Ⅲ.①马克思主义哲学-研究　Ⅳ.①B0 - 0

中国版本图书馆 CIP 数据核字(2011)第 098770 号

马克思主义哲学体系的当代构建
MAKESI ZHUYI ZHEXUE TIXI DE DANGDAI GOUJIAN

黄枬森　主编

人民出版社 出版发行
(100706　北京朝阳门内大街 166 号)

北京市文林印务有限公司印刷　新华书店经销

2011 年 4 月第 1 版　2011 年 4 月北京第 1 次印刷
开本:700 毫米×1000 毫米 1/16　印张:70.5
字数:1125 千字　印数:0,001-3,000 册

ISBN 978 - 7 - 01 - 009934 - 7　定价(上、下册):138.00 元

邮购地址　100706　北京朝阳门内大街 166 号
人民东方图书销售中心　电话　(010)65250042　65289539